Alfred Krause

Staat – Beamter – Gesellschaft

Quellen und Darstellungen zur Geschichte des deutschen Beamtentums

Herausgegeben von
Carl August Lückerath

Band 1

Carl Heymanns Verlag KG · Köln · Berlin · Bonn · München

Alfred Krause

Alfred Krause

Staat – Beamter – Gesellschaft

Ausgewählte Reden und Beiträge der Jahre 1959 bis 1987

Bearbeitet von Rainer Salzmann

Mit einer Einführung von Carl August Lückerath

Carl Heymanns Verlag KG · Köln · Berlin · Bonn · München

CIP-Kurztitelaufnahme der Deutschen Bibliothek

Krause, Alfred:
Alfred Krause, Staat – Beamter – Gesellschaft:
ausgew. Reden u. Beitr. d. Jahre 1959–1987 /
[Alfred Krause]. Bearb. von Rainer Salzmann.
Mit e. Einf. von Carl August Lückerath. – Köln; Berlin; Bonn; München:
Heymann, 1987.
(Quellen und Darstellungen zur Geschichte des deutschen Beamtentums; Band 1)
ISBN 3-452-20751-X

NE: Salzmann, Rainer [Bearb.]; HST; GT

ISBN 3-452-20751-X
Gedruckt im Druckhaus Thiele & Schwarz GmbH, Kassel

Inhalt

1970–1976 Selbstbehauptung des Berufsbeamtentums

EINFÜHRUNG

Engagierte politisch-gesellschaftliche Aktivität läßt für auf die eigene Person bezogene Rückblicke oder gar Memoiren wenig Raum. Auch der wissenschaftliche Biograph tut sich schwer, abschließende Urteile über herausragende, noch mitten im Wirkungskreis tätige Persönlichkeiten abzugeben. So hat diese Auswahledition allenfalls eine Vorreiterfunktion hinsichtlich einer biographischen Darstellung, aber auch hinsichtlich einer monographischen zeithistorischen Analyse des organisierten deutschen Beamtentums.

Unter demokratischem Vorzeichen ist das Signum der Zeitgeschichte die Schnellebigkeit; das Erfordernis, ein Mandat nur auf Zeit wahrnehmen zu können, führt in Politik und Verbandspolitik zu einem relativ raschen Wechsel der Amtsträger. Im politischen Raum gibt es nur wenige, die in gleicher Funktion über Jahrzehnte hinweg exponiert wirksam sind, wiewohl es eine etwas größere Anzahl von Persönlichkeiten gibt, die stetig, wenn auch in wechselnden Ämtern, eine hohe politische Virulenz entfalten. Im berufsständischen Raum finden sich hingegen solche Persönlichkeiten noch viel seltener. Eine große Ausnahme bildet Alfred Krause, der langjährige Bundesvorsitzende des Deutschen Beamtenbundes. Er kann für sich in Anspruch nehmen, über nahezu drei Jahrzehnte hinweg kontinuierlich maßgeblich für seine Organisation, den Deutschen Beamtenbund, die deutsche Beamtenpolitik mitgestaltet zu haben, d.h. auch, daß Alfred Krause den Rang einer Gestalt der Zeitgeschichte verkörpert.

Diesem stets zielbewußten, aber auch stets moderaten Verbandspolitiker stand es nicht an der Wiege geschrieben, daß er in eine solche zeithistorische Rolle hineinwachsen würde. Der 1922 in Gelsenkirchen geborene, unter bescheidenen Verhältnissen nach dem frühen Tod des Vaters aufgewachsene Alfred Krause trat in den Dienst der damaligen

Deutschen Reichsbahn ein und wurde für den mittleren Dienst ausgebildet, ohne zunächst andere als berufliche Ambitionen erkennen zu lassen. Die Erfahrungen des Dritten Reiches mit Fronteinsätzen als Soldat, zuletzt als Kompanieführer, und der Zusammenbruch prägten bei Alfred Krause das Bewußtsein für das Gebot der Stunde in seinem Tätigkeitsbereich, nachdem er aus der Kriegsgefangenschaft 1946 wieder in seinen Beruf zurückgekehrt war. Sofort mit dem Einsetzen politischer und gesellschaftlicher Regungen nach der »Stunde Null« gehörte er angesichts sich unter politischen Vorzeichen zusammenbrauenden Konflikten zu den Wiederbegründern von Beamtengewerkschaften der Eisenbahner. Entscheidend wurde einmal die Absicht, die sich nach dem Zusammenbruch allmählich wieder regenerierende deutsche Beamtenschaft der politischen Radikalisierung fernzuhalten. Zum zweiten zwang sich aber ein deutlich erkennbarer Programmpunkt auf, nämlich das von bestimmter Seite zur Gänze als politisch diskreditiert gehandelte Berufsbeamtentum beizubehalten. Die erste Absicht zielte darauf hin, neben der der Arbeiterbewegung verpflichteten Gewerkschaftsbewegung im Sinne einer Einheitsgewerkschaft spezielle Beamtengewerkschaften zu etablieren. Spielte sich dies im verbandspolitischen Raum ab, so mußte die zweite Absicht in den politischen Raum hineinwirken. Der Adressat wurde hier nach dessen Konstituierung der Parlamentarische Rat. Als jungem Beamten kam zumindest Alfred Krause bereits in dieser Richtung das unerläßliche strategische Problembewußtsein zu.

Alfred Krauses Aktivitäten hatten sich zunächst auf die lokalen Wiederbegründungen und nach der Neukonstituierung auf das Werben neuer Mitglieder zu konzentrieren. Diese zeitaufwendige Tätigkeit erfolgte neben Beruf, Ausbildung und Fachprüfung für den gehobenen Dienst ehrenamtlich. In diesem Zusammenhang kam Krause von Anfang an seine Überzeugungsgabe, gepaart mit rhetorischem Talent, das fähig war, sich jeweils auf die Zuhörerschaft einzustellen, zugute. Sein tonangebendes Gewicht in den diversen Vorständen schob ihn dann bald nach der Wiedergründung des Deutschen Beamtenbundes als des Dachverbandes der Beamteneinzelgewerkschaften in dessen Vorstand, nämlich 1951 als Jugendvertreter.

In den fünfziger Jahren waren zunächst auf dem Gebiet der Beamtengesetzgebung die großen Themen die Verabschiedung eines neuen

Beamtengesetzes mit Folgegesetzen und als ein Vergangenheitsbewältigungsproblem die Frage der sogenannten 131er einer befriedigenden Regelung zuzuführen. Krause hat an der Lösung beider Aufgabenstellungen Anteil genommen.

Die Nachkriegsvorsitzenden des Deutschen Beamtenbundes, Hans Schäfer und Angelo Kramel, haben den jungen Vorstandskollegen Krause sehr bald kennen, schätzen und achten gelernt. Seit 1955 war dieser Stellvertretender Vorsitzender des DBB. Nach dem Abgang des nur kurz amtierenden Kramel hat Krause als »Interims-Statthalter« die Aufgaben des Vorsitzenden eine Zeitlang wahrgenommen, bis er 1959 dann offiziell durch Wahl in dieses Amt gelangte.

Alfred Krauses öffentliche und offizielle verbandspolitischen Verlautbarungen lassen Selbstaussagen nur indirekt erkennen, sie zeichnen sich durch bescheidene Rücknahme der eigenen Person aus – Vergleiche mit Persönlichkeiten im DGB manifestieren den Abstand eindrucksvoll.

Diese Auswahledition der Reden und Beiträge – nicht inbegriffen sind also die vielen Kontakte, Gespräche, Interviews, Briefe, Memoranden etc. persönlicher, vertraulicher oder bloß tagesaktueller Art – aus den Jahren 1959 bis 1987 setzt mit dem Amtsantritt Krauses als Bundesvorsitzender ein. Über diesen Zeitraum bis 1987 wird die breite Palette der Themen, die sich gestellt haben, nach Möglichkeit und konzeptionell mit Priorität der »Außenwirkung«, berücksichtigt. Die Auswahl verzichtet weitgehend auf die Grundmelodie der sich in Abständen wiederholenden Auseinandersetzung mit den Dienstherren, Bund und Ländern, um Gehaltszuwächse und andere Anpassungen. Die Akzente für diese Auswahledition liefern dagegen die durch die politischen Zeitläufe provozierten Beamtenrechtsdiskussionen in Einzelpunkten und Konsequenzen aus parteipolitischer Programmatik. Ist das große Thema der sechziger Jahre noch die Frage der Konsolidierung und Abgrenzung der organisierten Beamtenschaft, also der Stabilisierung auf gesichertem Fundament (1959–1964) sowie die von Reformwillen geprägte Durchsetzung beamtenpolitischer Forderungen (1965–1969), auch hinsichtlich deren Nicht-Vertretung durch die Einheitsgewerkschaft, so drängt in den siebziger Jahren mit unerhörter Vehemenz ein viel grundsätzlicheres Thema nach vorn, nämlich die Frage, ob das Berufsbeamtentum noch zeitgemäß sei, damit dessen Selbstbehauptung (1970–1976). Die Diskussion um das Status- und Folgerecht, die vollständige oder wenigstens teilweise Ersetzung des Gesetzesvorbehaltes durch Tarifrecht, das Einheitsdienstrecht für den Öffentlichen Dienst, waren die brisanten Themen dieser Zeit. Hinzu kam in den frühen siebziger Jahren in der übersteigerten Reformphase der sozialliberalen Ära – Züge einer Krise ließen sich derweil nicht übersehen – die Exponiertheit bestimmter Beamtengruppen, so der Polizei- und der Justizbeamten sowie der Lehrer. Die in den endsiebziger Jahren aufgekommenen, auch weit in die achtziger Jahre hinüberreichenden Fragen nach den Erfordernissen einer Anpassung an moderne Technologien und Selbstverständnisproblemen innerhalb der bundesdeutschen Gesellschaft läuteten jenseits der Defensive wieder neue sachbetonte Beamtengesetzgebungsdiskussionen und Aufgabenstellungen ein (1977–1987).

Diesem Paradigma-Wechsel über Jahrzehnte hinweg ist Alfred Krause in souveräner Weise gerecht geworden. Er hat zudem seine politische Neutralität, wie der stets sachbetonte Umgang mit den verschiedenen politischen Führungsequipen der Bundesrepublik beweist, anerkanntermaßen in allen politischen Lagern sich bewahren können, und verbandsintern ist er mehr und mehr zu einer überragenden Autorität geworden. Zu all den bis in die Einzelheiten reichenden Sachfragen hat Krause mit einer von stupender Sachkunde getragenen Griffigkeit immer wieder in Reden und Beiträgen Stellung genommen. Dabei nuanciert Krause sehr deutlich zwischen Überzeugungsreden, die auf gelegentliche Spitzen nicht verzichten und eine gewisse Vorliebe für das eingängige Zitat zeigen, und Sachvorträgen, in denen sich stilistisch-sprachlich der nüchterne Zweck niederschlägt. Als oberste Gebote befolgt Alfred Krause aber in allen Fällen die Verständlichkeit seiner Ausführungen und die Schlüssigkeit deren Argumentation. Aus diesem spezifischen Blickwinkel soll diese Auswahledition ein repräsentativer Spiegel der Entwicklung der Beamtenpolitik seit Ende der fünfziger Jahre bis zur Gegenwart sein.

Unter editorischen Gesichtspunkten ist über die Tatsache hinaus, daß es sich um eine Auswahledition handelt, die Mischung aus Redemanuskripten und gedruckten Beiträgen hervorzuheben. Die Auswahl erfolgte sachlich nach der jeweiligen Originalität der Materie, was gelegentliche Wiederholungen auch in der Edition nicht ausschließt. Auf eine breite Streuung hinsichtlich der Adressaten, der Landesbünde und anderer Mitgliedsverbände konnte kein Wert gelegt werden. Die Beiträge sind streng chronologisch angeordnet, da inhaltliche Momente das entscheidende Auswahlkriterium boten. Zur Editionsmethode sei bemerkt, daß auf verändernde Eingriffe in den Text grundsätzlich verzichtet wurde, lediglich gelegentliche Verbesserungen der Interpunktion und Korrektur eindeutiger Schreib- bzw. Druckfehler wurden vorgenommen. Eckige Klammern bedeuten durch den Bearbeiter vorgenommene Auslassungen, Ergänzungen oder Erläuterungen. Die gedruckten Beiträge sind im Volltext wiedergegeben. Bei den Redetexten werden Anreden, Begrüßungs- und Schlußfloskeln in aller Regel weggelassen. Bei diesen Texten ließen sich gelegentliche Kürzungen nicht vermeiden, jedoch jeweils unter inhaltlicher Notierung der Kürzung in den Anmerkungen und unter Erhaltung des Sinnzusammenhanges.

Die Wiedergabe aus den Manuskripten, die in dem Fundus der Teilarchive des Deutschen Beamtenbundes aufbewahrt werden, richtet sich nach dem tatsächlich gehaltenen Wortlaut der Rede, der gelegentlich von dem der für die Presse bereitgestellten Vorabzügen abweicht. Diese Diskrepanzen lassen sich nach der Gewohnheit Alfred Krauses, der das Redetyposkript in aller Regel einer handschriftlichen Bearbeitung, die Streichungen und Ergänzungen enthalten konnte, unterzog, ablesen. Diese Bearbeitungen konnten sich auf stilistische Verbesserungen bis hin zu Änderungen ganzer Passagen steigern. Die dabei anfallenden häufigen Unterstreichungen einzelner Wörter und ganzer Satzelemente sind als redetechnische Orientierungen ebenso wie die häufigen Spatiierungen in Typoskripten der Jahre seit 1970 bewertet worden und deshalb nicht als Hervorhebungen in die Edition eingegangen. Die authentischen Redetexte liegen der Auswahledition zugrunde, ohne daß auf die nicht zum Vortrag gelangte Fassung rekurriert wird. Soweit nicht im DBB-Archiv vorhanden, ist auf die Beiziehung vollständiger oder teilweiser Drucke dieser Redemanuskripte in Periodica der Mitgliedsverbände des Deutschen Beamtenbundes, nicht zuletzt aus dem Grunde, daß diese Druckerzeugnisse, zumal im Falle älterer Ausgaben, sich kaum noch lückenlos nachweisen lassen, verzichtet worden.

In dem kleinen Kopfregest werden neben dem Datum der Titel, der Anlaß mit Ortsangabe sowie die genaue Quelle notiert. Philologische

Anmerkungen ergaben sich nur in begrenztem Umfang, der Sachapparat ist auf das Notwendigste beschränkt. Doch auch in dieser spartanischen Dokumentation dürften die versammelten Texte einer wissenschaftlichen Nutzung ein solides Fundament bieten.

Zum wissenschaftlichen Beiwerk gehört die Auflistung der Reden und Beiträge Alfred Krauses aus den Jahren 1959 bis 1987 mit den einschlägigen bibliographischen Angaben, zusammengestellt von Herrn Dr. Walter Schmitz.

Die Auswahledition möge der Öffentlichkeit demonstrieren, daß der Deutsche Beamtenbund, repräsentiert durch Alfred Krause, nicht nur eine eng begrenzte Interessenpolitik betrieben hat, sondern sich stets den Forderungen der Stunde, die weit über ein berufsständisch begrenztes Wohl und Wehe der Beamtenschaft hinausreichen, gestellt hat. Insofern sollen mit diesem Auswahlband weniger Erkenntnisse der berufsständischen Wirkungsgeschichte als vielmehr ein Stück Dokumentation zur Zeitgeschichte vermittelt werden, wenn auch unter dem angezeigten ganz spezifischen Blickwinkel.

Der Herausgeber hat an dieser Stelle Persönlichkeiten und Institutionen mannigfachen Dank abzustatten, so Herrn Kollegen Professor Dr. H. Messelken für förderlichen Rat, so den Herren Dr. W. Schmitz, der dem Vorhaben durch das Recherchieren der Reden und Beiträge Alfred Krauses nachhaltigen Impuls gab, und Dr. des. V. Franke, der aus seiner reichen Archivkenntnis wichtige Zuarbeit leistete, so auch der Wissenschaftlichen Hilfskraft Frau Y. Blauen für die Bearbeitung des Personenregisters und schließlich Institutionen des DBB.

Köln und Bonn, den 11. August 1986

Carl August Lückerath

1959–1964
Stabilisierung auf gesichertem Fundament

23. September 1959

Kommunaldienst als staatspolitische Aufgabe

Festvortrag vor dem 10. Ordentlichen Vertretertag des Bundes Deutscher Kommunalbeamten und -angestellten (Komba) im DBB in Berlin

Quelle: DBB-Archiv, Abt. Bulei 15 000-2 (maschinenschriftlich)
Druck: Komba – Rundschau für Kommunalbeamte und -angestellte. Organ des Bundes Deutscher Kommunalbeamten und -angestellten (Komba) e. V. im Deutschen Beamtenbund (Gewerkschaftsbund der Berufsbeamten). Landesverbände Nordrhein-Westfalen, Schleswig-Holstein, Rheinland-Pfalz, Hessen, Baden-Württemberg. 53. Jg., Nr. 10, S. 210ff.

Ihr Wunsch, zum diesjährigen Bundesvertretertag des Komba durch den Bundesvorsitzenden des Deutschen Beamtenbundes keine kurze Begrüßungsansprache, sondern einen Festvortrag halten zu lassen, hat mich – das muß ich offen zugeben – ein wenig verlegen gemacht. Ich bin, wie Sie wissen – und das verstößt vielleicht etwas gegen einen bei Festvorträgen üblich gewordenen Stil – kein Mann der Wissenschaft. Ich gehöre auch nicht dem Verwaltungszweig an, über den ich sprechen soll, und ich habe schließlich noch nicht einmal das Lebensalter, aus dem heraus ich aufgrund von Erfahrung – innerhalb und außerhalb des öffentlichen Dienstes – endgültige Erkenntnisse über das Thema gewonnen haben könnte.

Sie müssen sich also mit mir auf das Abenteuer einlassen, anhand ganz einfacher Gedankengänge den Überlegungen zu folgen, die sich bei dem Thema »Kommunaldienst als staatspolitische Aufgabe« einstellen; Sie müssen mir aber auch verzeihen, wenn ich diese Überlegungen von meinem Blickpunkt aus anstelle, der ja nun einmal der Blickpunkt des Vorsitzenden des Deutschen Beamtenbundes ist. Hiermit ist schon einiges gesagt: es liegt darin die berufspolitische Linie unserer Organisation, die Auffassung, die wir vom öffentlichen Dienst und seinen Pflichten hegen, und die Vorstellung, die wir vom Dienstherrn haben. Es liegt schließlich auch die Problematik darin, die den öffentlichen Dienst als Mittler zwischen Staat und Volk betrifft, und die sich einmal in den Anforderungen äußert, die der Staat an uns Beamte stellt, und zum anderen in den Erwartungen, die das Volk in unsere Rolle im Staatsleben setzt, eine Problematik, die ständig in unsere Arbeit einbezogen werden muß. Wenn wir diese Problematik im Zusammenhang mit dem Kommunaldienst prüfen wollen, dann müssen wir bedenken, daß es sich beim Kommunaldienst sozusagen um den Fronteinsatz des Beamten handelt, um behördliche Stellen, in denen der Beamte unmittelbar mit allen Lebensäußerungen des Volkes zu tun hat. Die Gemeinde und darüber der Gemeindeverband, denen die Kommunalverwaltung dient, ist ja nun einmal eine örtliche Gemeinschaft, sie ist, wie die Soziologen sagen, eine globale Gesellschaft auf lokaler Basis. Das mag sich gelehrt anhören; es ist aber nur die Umschreibung dafür, daß durch die Kommunalverwaltung nicht der Mensch als Verkehrsteilnehmer, als Steuerzahler, als Postkunde oder sonst in einer der vielen möglichen Schnittflächen von Mensch und Staat erfaßt wird, sondern in seiner Totalität als Mensch. Die Behörde, die dem Menschen am nächsten ist, das ist und bleibt die Kommunalverwaltung. Hier wird der junge Erdenbürger zum ersten Male verwaltet, wenn er das Licht der Welt erblickt, und hier verwaltet man ihn auch zum letzten Male, wenn er seine Augen schließt. Dazwischen liegt das Menschenleben, von der Wiege bis zur Bahre von den Beamten begleitet, die als Kommunalbeamte über sein Wohl in Verbindung mit dem Wohl der Gemeinschaft zu wachen haben.

Sie sehen schon, daß der Kommunaldienst, wenn man ihn unter dem Gesichtspunkt der Globalität betrachtet, für das Verhältnis vom Bürger zum Beamten ein ganz besonderes Gewicht erhält. Der Frontdienst, verzeihen Sie diese militärische, aber – wie ich glaube – anschauliche Ausdrucksweise, ist stets vom Generalstabsdienst wesentlich unterschieden, sowohl was den persönlichen Einsatz anlangt, aber auch was die Lebensnähe der persönlichen Entscheidung betrifft, die nun einmal hier in das Ermessen des Beamten gestellt ist. Der Kommunaldienst ist aber auch insofern von einem großen Teil der anderen Beamtensparten unterschieden, als sich hier das Beamten-Angestellten-Verhältnis, das

Verhältnis also derjenigen, die als Kommunalbeamte und derjenigen, die als kommunale Angestellte tätig sind, in sozusagen ganz natürlicher Weise geregelt hat. Der gemeinsame Heimatboden, der die Beamten und Angestellten in unseren 22 500 Gemeinden über 500 Einwohner nun einmal eint und zusammenführt, läßt auch hier eine natürliche Entwicklung zu, so daß man sagen kann, ein eigentliches beamtenpolitisches Problem im Sinne einer Auseinandersetzung Beamte–Angestellte ist in den Gemeinden hier nicht zu finden. Deswegen darf in diesem Falle, wo die Beamtenschaft des kommunalen Dienstes fast in allen Fällen aus der Angestelltenschaft hervorgegangen ist, ein Großteil der Ausführungen, die ich über Beamte zu machen gedenke, auch für die kommunalen Angestellten gelten.

Durch wen aber, meine Damen und Herren, wünscht die örtliche Gemeinschaft, die die Gemeinde darstellt, ihre Belange verwaltet zu wissen? Die Geschichte der deutschen Gemeindeverwaltung ist eine lange und ruhmreiche Geschichte, und gerade die scharfe Kritik des Freiherrn vom Stein an dem »Mietlings-Geist« des Bürokraten, den er damals vorfand, hat uns den Weg gezeigt zu einer besseren, freieren und menschlicheren Auffassung vom Beamten, dessen Aufgabe es ist, jene Übereinstimmung von Staat und Nation herzustellen, deren jedes Volk so sehr bedarf. Gerade in der Gemeinde, wo der Zusammenhang zwischen Gemeinschaft und Eigeninteresse noch spürbar ist, wo der Gemeinsinn noch leibhaftig werden kann, da verlangt der Bürger jenen Beamtentyp, den wir als den Berufsbeamten bezeichnen. Sie wissen alle, was sich unsere Organisation unter diesem Berufsbeamten vorstellt. Der Beamte, wie wir ihn verstehen, zeichnet sich in seiner Haltung und in seiner Denkweise durch eine Reihe von geistig-seelischen Eigenschaften aus, die die Voraussetzung seines Denkens und Handelns bilden. Er ist einmal der Statthalter der Rechtlichkeit, also der Gerechtigkeit verpflichtet, die ihn sachliche Entscheidungen treffen läßt »ohne Ansehen der Person«. Er ist zum anderen einer Gehorsamspflicht unterworfen, die sonst in dieser Strenge nur für den Soldaten gilt, und er ist schließlich bei allen dienstlichen Verrichtungen stets Treuhänder der Gemeinschaft. Diese drei Grundvoraussetzungen seines Denkens prägen ihn und lassen ihn im Laufe seines Beamtenlebens jene Mentalität gewinnen, deren eigenartiger Ausdruck das spezifische Berufsethos des Beamten ist, das wir bejahen und dessen Aushöhlung wir heutzutage in manchem Falle beklagen müssen. Was heißt es denn, wenn soeben in unserem lieben Bundeshauptstädtchen Bonn ein »Kommunalbeamter« – ich setze das Wort in Gänsefüßchen –, der sich für lukrative Omnibusgeschäfte munter hat spicken lassen, vor Gericht aussagt, er habe sich eigentlich nie recht als Beamter gefühlt, er sei sozusagen nur aus Versehen verbeamtet worden? Das heißt, meine Damen und Herren, daß er zeit seines Lebens nicht dazu gekommen ist, durch Ausbildung und Erfahrung im öffentlichen Dienst jene Treuhänderhaltung zu erwerben, die nun einmal für den Beamten verbindlich ist. Wird eine der drei Grundvoraussetzungen des Beamtendienstes nicht beachtet, die Gerechtigkeit, die Gehorsamspflicht und das Treuhändertum, dann resultiert daraus eine Pflichtverletzung, die schließlich zu seiner Ausstoßung aus dem Beamtenkorps führen muß.

Wenn es denn nun aber spezifische Merkmale gibt, die den Beamten in seinem Amte verpflichten, dann gibt es auch eine besondere Grundhaltung, in der sich der Beamte im Kreise seiner Kollegen bewähren muß. Wir sind nicht der Meinung, daß der Beamte »etwas Besseres« ist als andere Volksschichten, aber wir bejahen die Tatsache, daß aus den besonderen Pflichten des Beamten ein Ehrenkodex sich entwickelt hat, den man sehr richtig als die sittliche Haltung eines Berufsstandes, als Berufsethos gekennzeichnet hat. Man kann dem Beamten diese von Staats wegen von ihm geforderte Eigenschaft nicht einfach ausreden, wie es die Gleichmacher verschiedener Herkunft gerne möchten, sondern man muß ihm immer wieder sagen, daß von ihm mehr gefordert wird als von anderen Mitbürgern, und man muß ihm dazu sagen, daß er sich trotzdem nicht als etwas Besseres fühlen darf. Das ist der Unterschied zwischen der Beamtenideologie des Deutschen Gewerkschaftsbundes und der Beamtengesinnung, die der Deutsche Beamtenbund vertritt. Die Aufgabe der Mittlerschaft zwischen Bürger und Gesetz, die dem Beamten zukommt, stattet ihre Träger mit Sonderpflichten aus, denen in geringem Umfange Sonderrechte entsprechen. Daraus und aus den dem Beamtentum innewohnenden eigentümlichen Denkvoraussetzungen entwickelt sich ein spezifisches Berufsethos, das den Beamten von der Berufsgesinnung anderer Berufe unterscheidet. Je nach dem Grade der Teilhabe an den Aufgaben des Großen und Ganzen wird er auf diese

Haltung stolz sein dürfen, und er wird auch stolz sein dürfen auf das Mehr an Pflichten, das ihm auferlegt ist. Zugleich aber verlangt das gleiche Berufsethos von ihm, daß er sich den anderen Bürgern nicht überlegen fühlt, obwohl sein Amt ihn heraushebt, sondern mit ihnen dem Staat gegenüber auf der gleichen Ebene demokratischen Verhaltens seine Pflicht tut. Das mag schwierig klingen, aber Sie alle, meine Damen und Herren, und alle guten deutschen Beamten erbringen seit Jahrzehnten den Beweis, daß es möglich ist!

Wenn hier aber von Mittlertum die Rede ist, dann muß man auch sagen, daß jeder, der vermittelt, gewissen Gefahren unterliegt. Es ist nun einmal nicht einfach, zwischen zwei Stühlen sitzend eine gerade Haltung einzunehmen. Der Beamte steht im Spannungsfeld zwischen Gesetz und Mensch. In der Kommunikation mit dem Publikum und unter dem Gesetz seiner Beamtenpflichten stehend, ist der Beamte selbst täglich der Schauplatz von seelischen Kämpfen, die ihm Gelegenheit geben, die Bedrängnis, aber auch die Befriedigung echten Mittlertums zu erleben. In der Spannung zwischen Pflicht und Neigung erst ist der Beamte imstande, seine wahren menschlichen Werte zu offenbaren, und wir würden Vogel-Strauß-Politik betreiben, wenn wir nicht wüßten, wie sehr es hierbei auf die innere Unabhängigkeit des Beamten ankommt.

Ein Beamter nämlich, der alle die Voraussetzungen erfüllte, die das Gesetz von ihm fordert, und der obendrein auch die rechte Haltung zeigt, wie wir sie uns wünschen, wäre dennoch fehl am Platze, wenn er nicht unabhängig wäre. Ich will hier gar nicht von der äußeren, der wirtschaftlichen Unabhängigkeit sprechen. Sie wissen, daß der Deutsche Beamtenbund gerade in diesem Augenblick dabei ist, Maßnahmen zur Erhaltung dieser wirtschaftlichen Unabhängigkeit zu treffen. Natürlich ist ein Hungerleider eher der Gefahr ausgesetzt, sich bestechen zu lassen, als einer, der satt zu essen hat. Und natürlich »leiht« sich niemand ein Auto, der instand gesetzt ist, aus eigenem Einkommen ein solches zu unterhalten. Viel gefährlicher aber erscheint uns die Antastung der inneren Unabhängigkeit, das heißt all die Dinge, die mit der sogenannten Idealkorruption zusammenhängen, wie sie Professor Eschenburg aus Tübingen genannt hat. Die Denkvoraussetzung der Gerechtigkeit nämlich, die den Beamten auszuzeichnen hat, wird in allen Fällen ausgehöhlt, wenn der Beamte vor irgend jemand Furcht hat, und wenn er irgend jemand etwas zu verdanken hat.

Und auch hier steht der Kommunaldienst wieder in vorderster Front. Sie wissen alle, daß parteipolitische Beeinflussung des Beamtendienstes nicht im Interesse einer wohlverstandenen Staatspolitik liegt. Und dennoch ist die Kommunalpolitik eine der Einbruchstellen der Parteipolitik in die staatliche Verwaltung, des Einbruchs also von partikulären Interessen in eine Institution, die der Gesamtheit zu dienen berufen ist. Sie werden mir entgegenhalten, daß dies nicht nur in den Gemeinden der Fall ist; schon im Grundgesetz ist ein gewisses Proporzsystem festgelegt, nach welchem die Länder bzw. die Länderverwaltungen an der Bundesverwaltung zu beteiligen sind, und der konfessionelle Proporz – es ist schrecklich, welche fürchterlichen Worte man behalten muß, wenn man sich in die Politik begibt – hat in Bundes- und Landesverwaltung ein gewisses, still geduldetes Heimatrecht erhalten, obgleich er im Grundgesetz ausdrücklich abgelehnt wird. Das geht so weit, daß in einem kleinen Lande, das ohnehin nach der Meinung der Fachleute von seinen vier Regierungsbezirken zwei entbehren könnte, anstelle eines Schulrates zwei amtieren müssen, damit von jeder Konfession einer da ist. Zu diesen Beeinflussungen der staatlichen Personalhoheit, denn darum handelt es sich doch, wenn der Dienstherr daran gebunden ist, nicht den tüchtigsten, sondern einen katholischen oder evangelischen Schulrat auszusuchen – zu diesen Beeinflussungen der staatlichen Personalhoheit gesellt sich mehr und mehr der politische Proporz, den wir in seiner Gesamtheit ablehnen müssen. Er erstreckt sich leider nicht nur auf die sogenannten »politischen Beamten«, die, wenn man von Ministern und allenfalls noch Staatsekretären absieht, ja ohnehin eine beamtenrechtliche Fehlkonstruktion sind, sondern er geht herunter bis in die einzelnen Verwaltungen, wo sich, um es einmal vornehm auszudrücken, der Prozeß der parlamentarischen Regierungsbildung am unzulänglichen Modell wiederholt.

Es ist neulich der Vorschlag gemacht worden, einmal zu untersuchen, wie es denn mit der parteipolitischen Bindung nicht der Ehrenbeamten, sondern der Verwaltungsleiter in den Gemeinden und Gemeindeverbänden steht. Man könnte auch die Frage anknüpfen, wie es denn mit der Eignung, Befähigung und fachlichen Leistung der Verwaltungsleiter steht, und ob wir sie als Berufsbeamte bezeichnen können?

Soweit ich unterrichtet bin, geht die Autonomie der Gemeinde- und Kreisräte bei der Berufung ihrer Verwaltungsleiter sehr weit; abgesehen von dem Widerspruchsrecht der Aufsichtsbehörden gegen die Bürgermeisterwahl in Schleswig-Holstein und dem Erfordernis der Bestätigung der Bürgermeisterwahl im Saarland (in beiden Fällen sind die Bürgermeister die Verwaltungsleiter der Gemeinde) sind Beschränkungen bei der Wahl des Verwaltungsleiters unbekannt. Die Wahl des Verwaltungsleiters erfolgt in Bayern und Baden-Württemberg durch die Bürger; hier finden sich auch nach einer Umfrage, die kürzlich von einer großen deutschen Tageszeitung gemacht wurde (»Deutsche Zeitung und Wirtschaftszeitung«[1]), die meisten parteilosen Verwaltungsbeamten. In den übrigen Ländern aber wird der Gemeindedirektor oder Bürgermeister durch den Rat gewählt. Daneben, soweit nicht die Befähigung zum Richteramt oder zum höheren Verwaltungsdienst gefordert wird, was meist in größeren Gemeinden der Fall ist, bestehen für die Verwaltungsleiter auch keine besonderen Laufbahnvorschriften. Es hieße Eulen nach Athen tragen, wenn ich Ihnen, meine Damen und Herren, sagen würde, was der Erfolg solcher Bestimmungen ist. Der von der politischen Ratsmehrheit gewählte leitende Beamte einer Gemeinde oder eines Gemeindeverbandes kann nur dann wirklich unabhängig sein, wenn er eine ganz starke Persönlichkeit ist. Sonst fühlt er eine gewisse Dankespflicht gegenüber der Mehrheit, die ihn gewählt hat, und diese emotionale Bindung hindert ihn an der Ausübung gerade der Pflichten, die Gerechtigkeit gegen jedermann ohne Ansehen der Person (oder Partei!) verlangen.

Aber die innere Unabhängigkeit der Beamten ist auch noch von anderer Seite her bedroht. Oftmals sind es nicht Parteien, sondern Verbände oder Gewerkschaften, die mit Hilfe ihrer Verbindungen die Placierung eines verdienten Gewerkschaftssekretärs in einem Beamten- oder Angestelltenposten durchsetzen. Auch hier kommt der seelische Mechanismus in Bewegung, der die Unabhängigkeit bedroht, und dem ersten Schock folgen viele, viele Gelegenheiten, in denen das Ermessen,

1 Vgl. Helmut Cron: Wer in unseren Rathäusern regiert. Die Parteizugehörigkeit der Oberbürgermeister und Bürgermeister in der Bundesrepublik, in: Deutsche Zeitung. Nr. 66, 22. Juni 1959. Vgl. auch »Parteipolitik in den Gemeinden«, in: Komba – Rundschau für Kommunalbeamte und -angestellte. 53. Jg., Nr. 9, S. 192.

ganz ohne Bestechung, beeinflußt werden kann in einer Richtung, die dem Patron, der Partei oder der Gewerkschaft vorteilhaft erscheint.

Von der Übernachtung, die sich ein Beamter von einer Firma hat bezahlen lassen, kann man sogar in amerikanischen und südafrikanischen Zeitungen lesen, aber von der Idealkorruption, die in unseren Amtsstuben beginnt heimisch zu werden, weiß kaum einer etwas zu sagen. Man kann auch an Empfehlungen und Gefälligkeiten denken, die man für den Vorgesetzten, für Rats- oder Parlamentsmitglieder oder sonstige, einflußreiche Persönlichkeiten ausführt, ohne dafür einen Gegenwert zu erhalten; man kann an Vermischungen zwischen Legislative und Exekutive denken, die zuweilen offenbar werden, und die alle das Gefüge der Verwaltung stören und die öffentliche Ordnung zu hintertreiben geeignet sind.

Bei all dem ist die Kommunalverwaltung ebenfalls die vorderste Front dieser Entwicklung, weil die Unterscheidung zwischen den Einflüssen der Parteipolitik, die die Räte in die Verwaltung hineinbringen und die nach den Gemeindeordnungen erlaubt sind, und anderen, unstatthaften Einmischungen außerordentlich schwierig ist. Hier muß dem Kommunalbeamten der Rücken gestärkt werden, damit er sich getraut, auch dem einflußreichsten Ratsmitglied einmal »Nein« zu sagen und dem geregelten Dienstablauf den Vorzug zu geben. Gerade der Kommunalbeamte braucht die meiste Zivilcourage; nicht nur weil er den Erfolg von Gesetzen und Verfügungen am Gesicht seiner Bürger ablesen kann, sondern auch weil man auf ihn von den verschiedensten Seiten einzuwirken versucht.

Glauben Sie bitte nicht, meine Damen und Herren, daß dies theoretische Redereien sind, die einem Festvortrag wohl anstehen. Ich halte es vielmehr für Probleme, die uns Beamten auf den Nägeln brennen, wenn wir unseren Berufsstand für mehr halten als einen einträglichen Job, der uns außerdem der Vorsorge fürs Alter enthebt. Warum gehört denn zu den hergebrachten Grundsätzen des Berufsbeamtentums die lebenslängliche Anstellung und die Pensionsgewährung? Doch nicht aus lauter Menschenfreundlichkeit – nein, der Staat wollte damit die Unabhängigkeit des Beamten sicherstellen, und er wollte sicherstellen, daß der Beamte eben gerade das tun kann, was er heutzutage in den seltensten Fällen tut: Nein sagen. Er sollte nicht zu fürchten haben, daß man ihn aus seiner Stellung wirft, wenn er als Hüter der Rechtlichkeit Zivilcourage und Mut zum rechtlichen Handeln auch gegenüber den Mächtigen beweist. Und die Mächtigen, das sind heute nicht mehr die Könige früherer Zeiten, sondern die Verbandsfürsten, die Partei-Herzöge, die Gewerkschaftsbosse, deren Einfluß auf die öffentlichen Angelegenheiten mehr und mehr im Wachstum begriffen ist! Vergessen wir doch nicht, welche wahrhaft demokratische Sache die Begründung des Berufsbeamtentums gewesen ist; demokratisch in dem Sinne, daß sich ein absoluter Fürst – es war Friedrich Wilhelm I., an dessen Krückstock sich manche Mauern in dieser Reichshauptstadt noch wohl zu erinnern vermögen – seines absoluten Eingriffsrechts freiwillig begab und von seinen Beamten forderte, daß sie allein das Wohl des Landes im Auge haben sollten, auch auf die Gefahr hin, ihm zu mißfallen. Daraus, und nicht aus der immer wieder hervorgeholten Institution der »Fürstendiener«, entwickelte sich das rechtliche Berufsethos unseres Berufsstandes, und darin, meine Damen und Herren, besteht es noch heute. Bedenken Sie doch die großartige Vision eines Beamtentums, in dem aus allen Schichten des Volkes ausgewählte Anwärter in den Dienst strömen, gebildet und ausgebildet nach Grundsätzen, die allein dem Gemeinwohl verpflichtet sind, und die im Laufe ihres Dienstes diesen großen Gedanken des Gemeinwohls, der Teilhabe am Ganzen, nach Kräften fördern und im Auge behalten, so daß das Volk wahrhaft herrscht durch seine eigenen Glieder! Das ist freilich ein anderes Bild als kleinliche Proporz-Krämerei, Ämterpatronage und Parteilichkeit; es verlangt den ganzen Menschen im Dienst des Staates, die ganze Persönlichkeit im Auftrage einer Staatsinstitution, in der das Volk seinen gerechten Rahmen findet.

Beamtendienst als staatspolitische Aufgabe – und die Gemeinde als vorderstes Einsatzgebiet, das ist es, was ich mit diesen wenigen Worten sagen wollte. Und wenn Sie nun nach der Aufgabe der Berufsorganisation fragen, und was eine solche Organisation dem Beamten bei der Erreichung des Zieles nützen kann, ein guter Beamter nach unseren gemeinsamen Vorstellungen zu sein oder zu werden – Sie werden nicht mehr daran zweifeln, daß es eine der Hauptaufgaben der rechten Berufsorganisation ist, dem Beamten die Möglichkeit für diese Unabhängigkeit zu geben.

Der Mensch wird leicht zum Michael Kohlhaas, wenn er mit seiner

Auffassung von Recht und Gerechtigkeit allein dazustehen meint. Er braucht die Zustimmung, die Übereinstimmung mit Gleichgesinnten, deren Meinung er als belangvoll empfindet, um die seelische Sicherheit seines Menschentums zu fühlen. Die Idee des Zusammenschlusses von Beamten hat eine andere Grundlage als die Idee des Zusammenschlusses von Arbeitern der Wirtschaft. Diese schließen sich zusammen, weil sie ihren Arbeitgeber von vornherein als Gegner empfinden müssen, dem sie geschlossen gegenübertreten wollen. Die Beamten aber schließen sich zusammen aus dem Bedürfnis, den Staat, ihren Dienstherrn, durch ihren Zusammenschluß bei der Durchführung seiner Aufgaben zu unterstützen, und sie müssen dies manchmal, so paradox es klingt, gegen seinen Willen tun. Hier herrscht aber von der Definition her keine Feindschaft zwischen Arbeitnehmer und Arbeitgeber, sondern der Wille, dem Dienstherrn klarzumachen, daß seine Beamtenpolitik zu allererst dem Staate dient. Das ist eine Erkenntnis, die der Deutsche Beamtenbund schon lange vertritt; allerdings haben wir in der Vergangenheit hier und da den Eindruck gewinnen müssen, daß nicht alle Dienstherren auf der gleichen Höhe der Erkenntnis stehen.

Die Organisation stärkt also dem Beamten den Rücken; nicht damit er gegen seinen Dienstherrn kämpfen kann, sondern damit er seine Beamtenpflicht so tun kann, wie es in der Verfassung steht und wie es die große Tradition unseres Berufsbeamtentums verlangt. In der Organisation findet der Beamte die Gleichgesinnten, deren Urteil ihm belangvoll erscheint, und die Beamtenorganisation gibt ihm den Rückhalt, dessen er gerade heute so dringend bedarf.

Die Menschheit besteht nun einmal nicht aus lauter Helden, die auch ohne Unterstützung stets den rechten Weg finden und es fertigbringen, gegen jede Anfechtung gefeit zu sein und obendrein den Mächtigen zu trotzen. Diese Aufgabe des Deutschen Beamtenbundes, ein Zusammenschluß der Statthalter der Rechtlichkeit zu sein, als die wir die Beamten betrachten, ist nach meiner Meinung unsere wichtigste Aufgabe, die in den turbulenten Jahren des Anfangs und der Besoldungskämpfe zu sehr in den Hintergrund getreten ist. Gerade heute, wo sich die Gefahren am Horizont abzeichnen, die aus einer Korrumpierung des Berufsbeamtengedankens erwachsen, muß unsere Berufsorganisation der Rufer im Streite sein, der die Reinhaltung des

Beamtenethos und damit die Reinhaltung des Berufsbeamtentums unablässig fordert.

Welches der anstehenden Probleme Sie auch betrachten wollen, ob Besoldung, Arbeitszeit, Beihilfen – alle führen sie uns auf unser Zentralproblem zurück, von dem aus jede Forderung, jeder Wunsch und jede Ablehnung überdacht werden muß. Wenn wir unseren Staat recht verstehen, und wenn wir ihn lieben, meine Damen und Herren, wenn wir ihn in rechter Einsicht tatsächlich als Demokratie verstehen, in der das Volk durch sich selber herrscht, dann sind alle Regelungen, die die Diener des Staates betreffen, von ausschlaggebender staatspolitischer Bedeutung. Dann ist aber auch jeder Korruptionsprozeß ein Schlag gegen diesen Staat, und jede Ämterpatronage, jede Bevorzugung von ungeeigneten Außenseitern, jede Kungelei und jede Gefälligkeitsentscheidung – sie sind Angriffe gegen den Staat der Ordnung und der Rechtlichkeit, dem wir dienen wollen, indem wir ihm im Recht und in der Wahrheit dienen.

Immer wieder muß ich darauf kommen, daß der Kommunaldienst bei allen diesen Aufgaben ganz an der Spitze steht, weil er den Menschen in seiner Totalität erfaßt und der Kommunalbedienstete allen Äußerungen des menschlichen Lebens gegenübersteht. Die Kommune ist eben für alles zuständig, und daher sind die Gefahren so groß, daß hier in der Behandlung des Bürgers irgendwelche Fehler gemacht werden. Wir bekommen sicherlich kein angenehmeres Verhältnis zu den verwalteten Bürgern, wenn wir an unseren Schreibtischen Schilder aufstellen, auf denen zu lesen steht, »Hier bedient Sie Herr Soundso«; aber wir stehen dem Bürger richtig gegenüber, wenn wir trotz der Würde unseres Amtes den Mitmenschen in ihm sehen. Der Kommunaldienst ist deswegen für die Staatspolitik von so überragender Bedeutung, weil hier auch die Menschen, die sonst mit Staatsbeamten in ihrem ganzen Leben nichts zu tun haben, notwendigerweise vielleicht erstmalig mit jener Macht zusammentreffen, die über ihr Leben wesentlich zu entscheiden hat, mit dem Staat, und mit dessen Vertretern, den Beamten.

Spielt sich hier die erste Kenntnisnahme von Bürger und Staat ab, so ist hier auch zugleich die gefährdete Einbruchstelle für die Einflußnahme Außenstehender und der Ort, wo der Beamte sich sowohl menschlich wie rechtlich zu bewähren hat. Die Gemeinde ist nicht nur die Keimzelle des Staates, sondern auch der Brennpunkt der staatlichen Probleme.

Sie werden gemerkt haben, meine Damen und Herren, daß ich bisher davon Abstand genommen habe, diese Ausführungen, wie es einem Festvortrag eigentlich gemäß gewesen wäre, mit Dichterworten und Autoritätenzitaten anzureichern. Es lag mir daran, hier ganz einfache Wahrheiten auszusprechen, die dennoch sowohl für unser Staatswesen als auch vor allem für unseren Berufsstand eine gewisse Bedeutung haben. Aber wenn ich nun zum Schluß komme und Ihrem Vertretertag bestes Gelingen wünsche, dann möchte ich doch mit dem Wort eines Mannes schließen, der wie kein zweiter gerade für die deutsche Gemeindeverfassung und Gemeindeverwaltung aus dem Geiste des Gemeinwesens heraus so unendlich viel Beispielhaftes geschaffen hat, des Reichsfreiherrn vom Stein. Besser als ich es je vermöchte, hat er in einem Brief vom 5. Februar 1822 seine politische Ethik umschrieben, die uns auch heute noch ein Beispiel uneigennütziger Pflichterfüllung sein mag. Stein schreibt: »Denn nicht der Erfolg soll uns in unserer Haltung bestimmen, ihn hat die Vorsehung dem Auge des Menschen entrückt; die Menge der ineinandergreifenden Umstände, von denen er abhängt, ist unübersehbar und unberechenbar, daher hat sie in des Menschen Brust das Gefühl für Recht und Pflicht gelegt, das uns in dem Dunkel, worin sie die Zukunft gehüllt hat, leiten soll.« Diese Gedanken des Rechts und der Pflicht, meine Damen und Herren, sind die Leitgedanken des deutschen Berufsbeamtentums, und ihnen zu dienen heißt dem Staat zu dienen, dem Staat, der in der wahren Demokratie – wir selber sind.

Januar 1960

Jahresausblick

Jahresausblick 1960

Quelle: Der Beamtenbund. Monats-Zeitschrift des Deutschen Beamtenbundes (Gewerkschaftsbund der Berufsbeamten). 11. Jg., Nr. 1, Januar 1960, S. 3

Zu Beginn des neuen Jahres ist es mir ein aufrichtiges Bedürfnis, allen Mitgliedern des Deutschen Beamtenbundes meine besten Wünsche für 1960 auszusprechen. Ich möchte dies mit einem Rückblick auf das alte Jahr verbinden, mit dem ich Ihnen, liebe Kolleginnen und Kollegen, die Entwicklung auf einem Teilgebiet unserer Arbeit, das Sie besonders interessiert, einmal im einzelnen schildere. Das Jahr 1959 hat dem Deutschen Beamtenbund vor Beginn der neuen Anpassungsaktion bereits eine Fülle besoldungsrechtlicher Arbeit gebracht; allein 62 wohlbegründete Schreiben und Anträge liegen in diesem Jahre dem Bundesinnenministerium vor, darunter eine große Reihe von Anregungen, denen das Bundesinnenministerium inzwischen entsprochen hat und die daher also im Sinne des Deutschen Beamtenbundes geregelt worden sind. Ich erwähne nur die Technikerzulage für Beamte der Besoldungsgruppe A 9, den Härteausgleich für zu den Bundesfachschulen übergetretene Studienräte, die Versorgungsbezüge der ehemaligen Reichsbankbeamten, die Regelung der Familienheimfahrten, die Berücksichtigung der Dienstzeitunterbrechungen bei Festsetzung des Besoldungsdienstalters und vieles andere mehr, das sich vielleicht jeweils nur für wenige Beamte auswirkt, aber im Ganzen gesehen doch unser Eintreten für die Besserstellung unserer Mitglieder deutlich macht.

Am 4. und 5. September befaßte sich der Bundesvorstand des DBB wiederum mit der allgemeinen Besoldungslage für alle Beamten, nachdem der DBB seit der Besoldungsneuregelung des Jahres 1957 abgewartet hatte, ob die von der Bundesregierung versprochenen Preissenkungen oder aber die Beruhigung der Einkommensbewegung tatsächlich einträte. Jeder weiß, daß dies nicht der Fall war. Von April 1957 erhöhte sich der Preisindex der Lebenshaltung um 8 Prozent, die Durchschnittseinkommen der Versicherten in der Arbeiter- und Angestelltenversicherung um 12,3 Prozent, und mit dem Stande vom 1. Januar 1960 sogar um 18,5 Prozent. Der Bundesvorstand beschloß daher in seiner Sitzung Anfang September, dem Bundesinnenministerium diese Entwicklung aufzuzeigen und um Überprüfung der Besoldungslage zu ersuchen, die eine objektive Grundlage für eine notwendige Besoldungsanpassung ergeben sollte. Mit Schreiben vom 18. September wurde dieser Auftrag des Bundesvorstands von der Bundesleitung ausgeführt.[1]

Über die Besoldungslage verhandelte darauf am 4. und 5. Oktober der Bundeshauptvorstand in Goslar und stellte fest, daß im damaligen Zeitpunkt eine Anpassung der Besoldung um etwa 12 Prozent der Gesamtbezüge notwendig wäre. Am 8. Oktober 1959 sagte Bundesinnenminister Dr. Schröder dem Deutschen Beamtenbund zu, daß er eine Überprüfung der Besoldungslage vornehmen lasse und das Ergebnis bis zum Ende des Jahres vorlegen würde. Damit war der Stein ins Rollen gebracht und die Forderung der Beamtenschaft zunächst angenommen. Ganz deutlich geht auch aus dieser chronologischen Aufzählung hervor, daß die Initiative dieser ganzen Aktion in den Händen des Deutschen Beamtenbundes lag.

Auch unser Gespräch mit dem Bundesinnenminister fand in der Öffentlichkeit große Beachtung, wenn sich auch bereits jetzt einzelne Stimmen meldeten, die mit gezücktem Rechenstift und gerunzelter Stirn die Milliardenbeträge addierten, die eine etwaige Besoldungsanpassung kosten könnte. Am 11. November unterrichteten wir das Bundesinnenministerium aufs neue über die allgemeine Einkommensentwicklung und kamen zu dem Schluß, daß es bei der im November eingetretenen Einkommensentwicklung einer Erhöhung um 12 Prozent bedurfte; wir ließen aber keinen Zweifel darüber, daß im damaligen Augenblick bei der allgemeinen Auftriebstendenz keine endgültige Besoldungsforde-

1 Vgl. DBB-Nachrichten. Nr. 176, 21. September 1959.

rung von uns abgegeben werden könne. Schon am 13. November forderten wir vom Bundesfinanzministerium die Bereitstellung von Haushaltsmitteln für eine Besoldungsanpassung im Jahre 1960, und am 17. November verlangten wir vom Innenministerium eine Überbrükkungsmaßnahme zur Anpassung der Beamtenbesoldung in Höhe eines halben Monatsgehalts. Am 2. Dezember beschäftigte sich zum ersten Mal der Deutsche Bundestag mit den Besoldungswünschen des Deutschen Beamtenbundes. Das Mitglied unseres Bundeshauptvorstandes Dr. Herwart Miessner, MdB, fragte in der Fragestunde des Deutschen Bundestages den Staatssekretär im Bundesinnenministerium, Dr. Anders, was denn die Bundesregierung angesichts des deutlichen Nachhinkens der Beamtenbesoldung hinter der allgemeinen Einkommensentwicklung zu tun gedenke. Hierbei äußerte der Staatssekretär nunmehr offiziell, daß die gewünschte Prüfung der Besoldungslage beschleunigt durchgeführt werde, konnte aber irgendwelche Sofortmaßnahmen nicht in Aussicht stellen.[2]

Die Bemerkung des Staatssekretärs, daß die Beamtenbesoldung angesichts der kommenden Tarifverhandlungen mit diesen »synchronisiert« werden müsse, veranlaßte den Deutschen Beamtenbund, unter dem 5. Dezember an Staatssekretär Dr. Anders zu schreiben, daß seine Antwort leider den Eindruck hervorgerufen hätte, als würde wieder einmal eine aus objektiven Gründen notwendige Besoldungsneuregelung nur unter dem Druck von Tarifverhandlungen vorgenommen. Kurz davor, am 30. November, mischte sich das von der Großindustrie und den Arbeitgeberverbänden finanzierte Deutsche Industrieinstitut in die bisher sachlich geführte Besoldungsdiskussion ein; in zwei Zeitungen wurden Untersuchungen dieses Instituts über die gegenwärtige Lage der Beamtenschaft veröffentlicht und die Behauptung aufgestellt, daß die Beamten zwar nicht durch die Besoldungsneuregelung selbst, aber durch Besoldungserhöhungen »auf kaltem Wege« zumindest die Arbeitnehmer in der freien Wirtschaft einigermaßen eingeholt hätten.[3] Wir haben sofort reagiert und dem Institut nachweisen können, daß seine Vorstellungen

2 Für die Frage des Abg. Miessner (FDP) und die Antwort des Staatssekretärs Anders vgl. Verhandlungen des Deutschen Bundestages. 3. Wahlperiode 1957. Bd. 44, 91. Sitzung, S. 4931.

3 Vgl. Deutsche Zeitung. Nr. 205, 2. Dezember 1959 (»Beamte verdienen mehr als

wenn nicht überhaupt auf falschen Vergleichszahlen, so doch auf falschen Vorstellungen über die Zusammensetzung der Beamtenschaft beruhten.[4]

Zur 1. Lesung des Haushaltsgesetzes im Bundestag[5] verteilten wir – gleichzeitig auch an alle Länderparlamente – eine Denkschrift über den gegenwärtigen Stand der Beamtenbesoldung, die nach den Grundsätzen moderner graphischer Gestaltung ausgestattet war und – wie wir meinen möchten – großen Anklang gefunden hat.[6] Am 23. Dezember wandten wir uns angesichts der neuen Lohnwelle wiederum an den Bundesinnenminister und wiesen darauf hin, daß durch die jüngste Entwicklung sich der Abstand zwischen Löhnen und Gehältern in der Wirtschaft und der Beamtenbesoldung weiter vergrößert habe. Wir forderten eine Überbrückungszahlung für die vergangene Zeit und die Anpassung der Gehälter ab 1. Januar 1960 unter Berücksichtigung der mit Sicherheit zu erwartenden Lohn- und Preissteigerungen. Für das neue Jahr ist der Bundesvorstand am 11. Januar zu einer Sondersitzung eingeladen worden, die als einzigen Punkt der Tagesordnung die Besoldungslage beraten soll. Ich glaube, daß der Deutsche Beamtenbund mit Befriedigung auf die Arbeit zurückblicken kann, die er im vergangenen Jahre geleistet hat und von der ich einen kleinen Ausschnitt nannte, der das Besoldungsgebiet betrifft. Ich weiß aber auch, daß das Jahr 1960 noch viele harte Kämpfe bringen wird, zumal die gegenwärtig wieder angelaufene Lohnbewegung die Beamten in die mißliche Lage bringt, um die Gehälter zu kämpfen, die sie schon heute haben müßten, während die anderen schon die Löhne von morgen zu erreichen suchen.

Es muß aber das Ziel einer Organisation sein, nicht die erste, sondern die letzte Schlacht zu gewinnen, und wir dürfen die Gewißheit ins neue Jahr mitnehmen, daß unsere Argumente, die wir der Regierung vorgelegt haben, jeder Nachprüfung standhalten. Obendrein können wir, wenn

Angestellte. Das Deutsche Industrieinstitut meldet Bedenken gegen Besoldungserhöhung an«).

4 Vgl. DBB-Nachrichten. Nr. 229, 4. Dezember 1959 und Nr. 233, 10. Dezember 1959.

5 Der Haushalt wurde am 10. Dezember 1959 eingebracht. Zur 1. Lesung vgl. Verhandlungen des Deutschen Bundestages. 3. Wahlperiode 1957. Bd. 45, 93. Sitzung, S. 5119ff.

6 Vermutlich ist die Broschüre des DBB vom 17. November 1959 »Auf ein Wort, Herr Abgeordneter« gemeint.

wir im neuen Jahr mit Besoldungsforderungen hervortreten, dies mit ruhigem Gewissen tun: wir schädigen damit niemand und nützen schließlich der Aufrechterhaltung eines leistungsfähigen öffentlichen Dienstes. Ein solcher ist aber gerade in der Demokratie zur Sicherung der staatlichen Kontinuität und zur Wahrung der Rechtsstaatlichkeit unerläßlich. Die Bedeutung des öffentlichen Dienstes und seiner gerechten Behandlung allen Mitbürgern klarzumachen, wird unsere wichtigste Aufgabe auch 1960 sein.

Helfen Sie alle dabei mit wie bisher!

12. Januar 1961

Tradition und Zukunft des deutschen Beamten

Eine Betrachtung zum Jahresbeginn

Rede auf der Großkundgebung des DBB-Landesbundes Bremen

Quelle: DBB-Archiv, Abt. Bulei 15 000-2 (maschinenschriftlich)

Das mir für heute gestellte Thema liegt zweifellos nicht in dem Bereich, in dem sich die gewerkschaftliche Arbeit der letzten Jahre und Monate vorwiegend abspielte, also nicht in dem Bereich, der mit den akuten Problemen unseres Berufsstandes – wie den Fragen der Besoldung, der Versorgung, des G 131, der Stellenpläne usw., die zur selbstverständlichen täglichen Arbeit des Deutschen Beamtenbundes gehören, gefüllt war. Und wenngleich es mir auch heute sicher leichter fallen würde, Ihnen aus der täglichen Arbeit des Deutschen Beamtenbundes zu berichten, bin ich doch dankbar, daß das Thema mich zwingt, mich einmal auch selbst wieder mit den grundsätzlichen Vorstellungen, die mit unserer Arbeit zusammenhängen, zu befassen, daß es mir zum anderen aber auch die Möglichkeit gibt, hier daran zu erinnern, daß Lage, Stellung, Haltung und Entwicklung unseres Berufsstandes nicht nur von Augenblicksergebnissen abhängen oder für den Augenblick von Bedeutung sind, sondern daß größere Zusammenhänge eine Rolle spielen, Zusammenhänge, auf die wir uns alle hin und wieder besinnen sollten.

Der Deutsche Beamtenbund bemüht sich seit seinem Bestehen, diesen Zusammenhängen nachzuspüren, und er führt seit einigen Jahren z. B. beamtenpolitische Arbeitstagungen durch, auf denen solche Zusammenhänge vor allem der Öffentlichkeit und den Politikern deutlich gemacht werden. Ich komme gerade von einer solchen Tagung, die unter dem

Generalthema »Staat – Beamter – Gesellschaft« stand[1] und deren Zweck es war, weitere Voraussetzungen für die richtige Einordnung unseres Berufsstandes in einer in der Bundesrepublik sich neu entwickelnden Gesellschaftsordnung zu schaffen. Es steht wohl außer jedem Zweifel, daß in den letzten Jahren die Gesellschaftsordnung, also auch die Einstufung und Bewertung der verschiedenen Berufsgruppen im gesellschaftlichen Aufbau unseres Volkes, einen außerordentlichen Wandel unterworfen war.

Während z. B. vor Jahrzehnten – noch bis in die Zeit nach dem Ersten Weltkrieg – gerade der Beruf des Beamten hohes Ansehen genoß, haben in den letzten Jahren von Meinungsforschern durchgeführte Untersuchungen ein wesentlich anderes Bild ergeben. Nach den vorliegenden Ergebnissen solcher Befragungen – aber bisher auch nach dem unter uns vorhandenen Eindruck – kann festgestellt werden, daß in der Bevölkerung das Ansehen der Beamten gelitten hat, daß aber auch – und das scheint eine wesentliche Ursache für den Ansehensverlust zu sein – die Einstellung des Bürgers zum Staat eine andere geworden ist! Aufgabe und Funktion der Verwaltung werden falsch bewertet, nicht der Dienst am Gemeinwohl schafft Anerkennung, sondern fast ausschließlich die Höhe des Einkommens ist zum Maßstab für das Sozialprestige geworden.

Obwohl aber nun längst nicht alle Organisationen, die noch Beamte zu ihren Mitgliedern zählen, bereit sind, die Bedeutung unseres Berufsstandes auch der Bevölkerung deutlich zu machen, und vielmehr glauben machen wollen, die beste Interessenvertretung sei, am lautesten nach der höchsten Zahl von Besoldungsprozenten zu rufen, obwohl der Beamte von vielen eben nur als der Arbeitnehmer des Arbeitgebers Staat gesehen wird, obwohl diese Umstände alle noch eine Rolle spielen, ist jetzt schon klar, daß das Berufsbeamtentum auch in unserem neuen Staat besondere Funktionen zu erfüllen hat, daß es also nicht aufgehen wird in der Gemeinsamkeit aller Arbeitnehmer – um sich dann vielleicht mit der ÖTV an Sympathieerklärungen für politische Forderungen in Belgien zu beteiligen –, sondern daß das Berufsbeamtentum wie in der Vergangen-

1 Unter diesem Thema stand die Dritte beamtenpolitische Arbeitstagung des DBB vom 9. bis 11. Januar 1961 auf Bühler Höhe. Unter obigem Titel erschienen die Vorträge und Diskussionen als Heft 24 der Schriftenreihe des DBB (Bad Godesberg 1961).

heit unabhängig und uneigennützig dem Wohl des Ganzen zu dienen haben wird. Tradition und Zukunft des deutschen Beamten, so heißt mein Thema, und es ist sicher nicht falsch, wenn ich bemerke, daß es eine ganze Reihe von Menschen gibt, die sich schon unangenehm berührt fühlen, wenn sie nur das Wort »Tradition« hören. Die einen fürchten, daß hier unter dem Deckmantel der Ehrwürdigkeit in Wahrheit nur der trägen Beharrung das Wort geredet wird, und »Tradition« wird ihnen oft sogar gleichbedeutend mit »Reaktion« im Sinne des Rückschritts; sie spüren dabei den Triumph des Herkömmlichen, und Gedankenverbindungen wie »Ochsentour« und Sturheit sind schnell bei der Hand. Die anderen erschrecken vor dem Bild einer eingefahrenen und festgefügten Ordnung, in der sie sich mit ihren Auffassungen und ihrem Verhalten als Außenseiter vorkommen müssen; Außenseiter, denen keine Möglichkeit geboten wird, ständig wechselnde Moden zu bestimmen oder sie anzupreisen, und damit sich eine ihrer Veranlagung entsprechende Existenzgrundlage zu schaffen. Von der Tradition gar des deutschen Beamten zu sprechen, wird vollends gefährlich: zu tief sitzt die alte, liberale Abneigung gegen den Obrigkeitsstaat in vielen Köpfen, um nicht bei der Vorstellung eines traditionellen Beamtentums zugleich auch an den Federfuchser mit dem Stehkragen und den Ärmelschonern denken zu lassen, der lange Zeit als Spießbürger, Bürokrat und als Prototyp des Untertanen gesehen wurde. Es ist also nicht leicht, heutzutage von Tradition zu reden, und wer es tut und sie dabei womöglich noch bejaht, der kommt eben in den Geruch des Rückständigen und steht in Gefahr, als Verteidiger vergangener Anschauungen, als Reaktionär und Rückschrittler gebrandmarkt zu werden. Die Haltung des Deutschen Beamtenbundes, der sich immer zur echten Tradition des deutschen Beamtentums bekannt hat, ist dann auch von anderen Organisationen bewußt mißverstanden und angegriffen worden. Nun, wir haben keine Angst, das Richtige zu sagen, auch wenn es einmal unpopulär sein sollte oder den Reformsüchtigen aller Richtungen unangenehm im Ohre klingt. Wir stehen nach wie vor zur Tradition des deutschen Beamtentums. Sie ist uns nicht Rückschritt und starres Festhalten am Alten, sondern wir betrachten traditionelle Werte mit den Augen des modernen Menschen:

– wir wollen das Gute bewahren,
– wir wollen die bewährten Formen der neuen Zeit anpassen,

– wir wollen die beständigen Inhalte echten Beamtentums erhalten,
– wir wollen schließlich uns allem widersetzen, was zu einer Verwässerung der ethischen Grundlagen wahren Beamtentums führt.

Von Form und Inhalt ist dabei die Rede; zwei Begriffe, über die man streiten kann. Vor allem ist die wechselseitige Beeinflussung von Form und Inhalt strittig, insofern als einmal der Inhalt die Form und ein andermal die Form den Inhalt bestimmen kann. Wer sich innerlich der guten Tradition verhaftet fühlt, wird immer dann aufhorchen, wenn irgendwelche Bestrebungen nicht nur die Form, sondern auch den Inhalt einer Institution antasten, und er wird sich zur Wehr setzen, wenn er merkt, daß kleine Formänderungen, die manchmal unmerklich sind, zur Veränderung dessen führen können, was wir die Berufsgesinnung des Beamten nennen.

Aber andererseits wird man auch nicht daran vorbeisehen können, daß gerade die Form, in der das Berufsbeamtentum in Erscheinung trat, vielfach abgestoßen hat und mit Recht als reaktionär empfunden wurde; hier rechtzeitig die Anpassung an die allgemeine Entwicklung zu suchen, ist dann notwendig, wenn mit überlebten Formen nicht auch der dann damit verbunden bleibende, aber durchaus noch zeitgemäße Inhalt begraben werden soll.

Worin besteht aber heute der Inhalt eines »zeitgemäßen Berufsbeamtentums«?

Berufsbeamtentum heißt ja mehr als nur »Verwaltung«. Die Verwaltung, also die treuhänderische Bewahrung anvertrauten Gutes, ist alt. Wir sehen sie schon, und zwar in der ausgeprägtesten Form der Bürokratie, im alten Ägypten ausgebildet; hier hat sie jedoch jenen obrigkeitlichen Charakter, der sie zutiefst von der modernen Verwaltung unterscheidet. Der Berufsbeamte hingegen, wie wir ihn verstehen, ist ein Kind modernerer Zeiten. Seine Tätigkeit begann, als das Streben nach Wohlfahrt für das ganze Staatsvolk und nicht nur für einige Privilegierte zum Staatszweck wurde, nachdem also wirtschaftliche Aufgaben größten Ausmaßes vom Staat in Angriff genommen und gelöst werden mußten, und der Berufsbeamte wurde zur Notwendigkeit, als der Gedanke der gegen jedermann zu übenden Gerechtigkeit die Entwicklung zum Rechtsstaat einleitete. Seit dieser Zeit können wir mit Recht davon sprechen, daß der Berufsbeamte zum Hüter der Rechtlichkeit wird, und er bildet sich daraufhin nicht nur zum Treuhänder des Staates, sondern auch zum Treuhänder des Volkes aus. In der preußischen Tradition, der die bayerische und die österreichische folgte, ist der erste Einbruch moderner Verwaltung in das starre Ämterkaufsystem der merkantilistischen Frühzeit die Verwaltungsreform König Friedrich Wilhelms I. – zwar noch im patriarchalischen Sinne, aber bereits aufs Ganze des Staatsvolkes gerichtet –, durch die er in seinen 27 Regierungsjahren aus einem verrotteten, verschuldeten und mit seinen Teilen über das ganze Reich verstreuten Lande ein blühendes Staatswesen machen konnte, das daraufhin den Weg zur europäischen Großmacht antrat. »Man soll mir künftig nicht mehr zu gefallen suchen auf Kosten des Landes und seiner Untertanen«, das sind Töne, die in die Zukunft weisen und den Beamten in eine Verpflichtung nehmen, deren Anspruch sich über die Zeiten hinweg bis heute erhalten hat.

Der Beamte, wie wir ihn verstehen, und wie er in jenen Zeiten als Entwurf seiner selbst entstand, zeichnet sich in seiner Haltung und in seiner Denkweise durch eine Reihe von geistig-seelischen Eigenschaften aus, die die Voraussetzung seines Denkens und Handelns bilden. Er ist einmal

– der Gerechtigkeit verpflichtet,

die ihn sachliche Entscheidungen nur nach Recht und Gesetz treffen läßt, »ohne Ansehen der Person«, und er ist zum anderen

– der Gehorsamspflicht unterworfen,

die sonst in dieser Strenge nur für den Soldaten gilt, und er ist schließlich

– Treuhänder bei allen dienstlichen Verrichtungen.

Zu diesen grundsätzlichen Eigentümlichkeiten seines pflichtgemäßen Handelns, die seine Mentalität bestimmen und seine Berufsgesinnung ausbilden, kommen einige andere Merkmale, die sich aus den Eigenheiten des – im soziologischen Sinne verstandenen – bürokratischen Systems ergeben. Dies ist einmal die lebenslängliche Verpflichtung, Staat und Volk zu dienen, die streng gegliederte Ordnung der Dienstbereiche und Anordnungsbefugnisse, der Dienst nach Gesetz und Verordnung unter strengem Reglement und unter Dienstanordnungen, die jede Unregelmäßigkeit verhindern, sowie in neuerer Zeit die Nachprüfbarkeit jeder Verwaltungsentscheidung durch unabhängige Gerichte.

All diese Sicherungen dienen dazu, den Beamten unabhängig zu machen und ihn vor Einflüssen zu schützen, die seine sachliche und der Gesamtheit dienende Entscheidung verfälschen könnten. All dies macht seine Berufsgesinnung aus, ohne die er weder Staat noch Volk recht dienen könnte, und die im Letzten eine pflichtbezogene Haltung ist, die das Interesse der Volksgesamtheit über das eigene Interesse stellt.

Wenn es denn nun aber spezifische Merkmale gibt, die den Beamten in seinem Amte verpflichten, dann gibt es auch eine besondere Grundhaltung, in der sich der Beamte im Kreise seiner Kollegen bewähren muß. Wir sind nicht der Meinung, daß der Beamte »etwas Besseres« ist als andere Volksschichten, aber wir bejahen die Tatsache, daß sich aus den besonderen Pflichten des Beamten ein Ehrenkodex entwickelt hat, den man völlig richtig als die sittliche Haltung eines Berufsstandes, als Berufsethos gekennzeichnet hat. Man kann dem Beamten diese von der Allgemeinheit von ihm geforderte Eigenschaft nicht einfach ausreden, wie es die Gleichmacher verschiedener Herkunft gerne möchten, sondern man muß ihm und der Öffentlichkeit immer wieder sagen, daß von den Beamten mehr gefordert wird als von anderen Mitbürgern und daß er sich trotzdem nicht als etwas Besseres fühlen darf. Das ist auch der Unterschied zwischen der Beamtenideologie des Deutschen Gewerkschaftsbundes, die den Beamten soziologisch unter die Arbeitnehmer einreihen will, und der Beamtengesinnung, die der Deutsche Beamtenbund vertritt. Die Aufgabe der Mittlerschaft zwischen Bürger und Gesetz, die dem Beamten zukommt, stattet ihre Träger mit Sonderpflichten aus, denen in geringem Umfange Sonderrechte entsprechen. Daraus und aus den dem Beamtentum innewohnenden Denkvoraussetzungen entwickelt sich eine spezifische Berufsgesinnung, die den Beamten von der Berufsgesinnung anderer Berufe unterscheidet. Je nach dem Grade der Teilhabe an den Aufgaben der Volksgesamtheit wird er auf diese Haltung stolz sein dürfen, und er wird auch stolz sein dürfen auf das Mehr an Pflichten und das Mehr an Verzicht, das ihm abgefordert ist. Zugleich aber verlangt die gleiche Berufsgesinnung von ihm, daß er sich den anderen Bürgern nicht überlegen fühlt, obwohl sein Amt ihn heraushebt, sondern mit ihnen dem Staat gegenüber auf der gleichen Ebene demokratischen Verhaltens seine Pflicht tut.

Mittlertum – das weiß jeder, der einmal den Versuch gemacht hat, zu vermitteln – unterliegt gewissen Gefahren. Der Beamte ist Mittler zwischen Staat und Bürger, zwischen Gesetz und Bürger. Er steht im Spannungsfeld zwischen Gesetz und Mensch, und in der Kommunikation mit dem Publikum zugleich unter dem strengen Gesetz seiner Beamtenpflichten stehend, ist er selbst Tag für Tag der Schauplatz seelischer Kämpfe, die ihm Gelegenheit geben, die Bedrängnis, aber auch die Befriedigung echten Mittlertums zu erleben.

So sehen wir die Tradition deutschen Berufsbeamtentums, die wir bewahren und erhalten möchten. Wir wollen nicht den Feldwebel-Typus vergangener Zeiten, der das Publikum schurigelt, sondern wir wollen, aus der Tradition der Verpflichtung auf das Ganze, den Beamten, der immer mehr zum Helfer des Bürgers wird, der Treuhänder des Volksvermögens ist und der bei alledem das Menschliche im Mitmenschen fühlt, umsorgt und anerkennt. Solchermaßen wird das Bekenntnis zur Tradition zugleich eine Verpflichtung für die Zukunft, und die Erziehungsaufgabe, die heutzutage einer großen gewerkschaftlichen Organisation zuwächst, muß von uns sehr ernst genommen werden.

Wenn hier von der Tradition des deutschen Beamten die Rede war, und wenn von seinen vermehrten Pflichten gesprochen wurde, dann soll auch von seinen Rechten die Rede sein. Und damit sind wir bereits mitten in der Gegenwart. Es entspricht der hergebrachten Auffassung des Berufsbeamtentums, daß der Beamte eben nicht einen Lohn für seine Arbeit erhält, sondern daß er vom Dienstherrn alimentiert wird. In diesem Unterschied steckt der Beamtenbegriff, die Treuhänderschaft, der Dienstgedanke und all das, was ihn vom Arbeitnehmer unterscheidet. Der Deutsche Beamtenbund hat nun seit seiner Wiederbegründung immer wieder darauf hingewiesen, daß der Beamte trotz des Alimentationsgesichtspunktes nicht im leeren Raume steht, sondern gerade im freiheitlich-demokratischen Rechtsstaat zutiefst im Volke verwurzelt sein muß. Es ist daher nicht möglich, ihn an den wirtschaftlichen und sozialen Veränderungen unserer Zeit nicht teilhaben zu lassen, und es ist daher eine unabdingbare Voraussetzung für den modernen Beamten, wie wir ihn wünschen, daß er sowohl an der Veränderung der Kaufkraft seines Geldes als auch an der allgemeinen Einkommensentwicklung wie aber auch am allgemeinen sozialen Fortschritt in angemessener Weise teilnimmt. Wenn man ihn nicht in die Absonderung, ja vielleicht sogar in ein Beamtenghetto treiben will, dann muß sich der Dienstherr diese Forderungen gefallen lassen und sogar von sich aus dafür sorgen, daß dem Beamten sein Recht wird.

Das war die Auffassung, die wir seit jeher vertreten und nunmehr zuerst im Bund auch erfolgreich durchgesetzt haben. Es berührt uns dabei gar nicht, daß der auf der Strecke gebliebene Deutsche Gewerkschaftsbund sein lautes Geschrei anstimmt. Schließlich kann man von seinen führenden Leuten nicht das Eingeständnis verlangen, sie hätten das Verhalten der Bundesregierung und des Gesetzgebers falsch eingeschätzt und sie begrüßten es, daß Besoldungsfragen nicht mehr im Schlepptau der Tarifverhandlungen und besser und schneller, als von ihnen erwartet, erledigt wurden. Ihr Feld ist die Tarifpolitik, und da ist es eben schwer, andere Vorstellungen und Bedingungen zu akzeptieren. Man kennt das Verfahren, das bei Tarifverhandlungen üblich ist: doppelt soviel verlangen, als man zu erreichen hofft, und sich dann auf der Mitte zwischen Angebot und Forderung einigen, so daß jeder Partner »gesiegt« hat.

Aus solcher »Tarifmentalität« war es zu verstehen, wenn der Deutsche Gewerkschaftsbund beim letzten Besoldungskampfe eine Gehaltserhöhung von 15 Prozent verlangte. Er glaubte natürlich nicht einen Augenblick, daß diese Forderung erfüllt werden würde, er konnte auch keine vernünftigen Gründe für diesen Satz vorbringen, der nach der Besoldungserhöhung um sieben Prozent im Frühjahr zweifellos erheblich über der allgemeinen Einkommensentwicklung lag. Aber er war nun baß erstaunt, als der Deutsche Beamtenbund aus dem Bewußtsein seiner starken Position heraus auf alle agitatorischen Mätzchen verzichtete und eine Forderung erhob, die hieb- und stichfest war und mit durchschlagenden Argumenten begründet werden konnte.

Daß es sich dabei um mehr als Verzicht auf Propaganda handelte, haben einsichtige Beobachter inzwischen erkannt. Wenn jemals, so mußte es diesmal darauf ankommen, die Beamtenbesoldung endlich aus der unseligen Verstrickung mit den Tarifverhandlungen für Angestellte und Arbeiter des öffentlichen Dienstes zu lösen, die in der Vergangenheit immer wieder einen so verhängnisvollen Einfluß ausgeübt hatte. Der Deutsche Gewerkschaftsbund hatte sicher seine Hoffnungen darauf gesetzt, daß die Bundesregierung sich zu einer Gehaltsrevision vor dem 1. April 1961 nicht verstehen würde, weil die Tarife für den öffentlichen Dienst erst am 31. März ablaufen. Wenn die Eigenständigkeit der Beamtenbesoldung endlich erreicht werden sollte, kam es also vor allem darauf an, die Tarifverknüpfung mit den kommenden Tarifverhandlungen zu lösen, dieses Ziel war von einer entscheidenden Bedeutung. Der Deutsche Beamtenbund hat dieses Ziel erreicht, und wer meine Worte der Anerkennung gegenüber dem Verhalten der Bundesregierung richtig verstanden hat, der weiß, daß sie sich auf diesen Erfolg bezogen.

Dem Drängen des Deutschen Beamtenbundes war es somit zuzuschreiben, daß sich die Bundesregierung endlich zu einem neuen Stil ihrer Besoldungspolitik entschließen mußte. Künftig werden sich die Bezüge auch für Angestellte und Arbeiter des öffentlichen Dienstes nach den Sätzen bemessen müssen, die der Gesetzgeber für die Beamten festlegt; die unnatürliche Verquickung der Beamtenbesoldung mit den Arbeitnehmertarifen gehört hoffentlich endgültig der Vergangenheit an. Man wird verstehen, daß diese Entwicklung für den Deutschen Gewerkschaftsbund eine schwere Niederlage bedeutet. Er sieht sich in seiner Beamtenpolitik vor einem Scherbenhaufen, weil nun die einzige Behauptung nicht mehr zieht, mit der er die Notwendigkeit einer gemeinsamen Organisation von Beamten und Arbeitnehmern des öffentlichen Dienstes zu begründen suchte, die Abhängigkeit nämlich der Beamtengehälter von den Tarifverhandlungen. Niemand kann jetzt noch bezweifeln, daß nur der Deutsche Beamtenbund die organisatorische Heimstatt der gesamten Beamtenschaft sein kann und werden muß.

Sicher wird es auch in unseren Reihen eine ganze Zahl von Kollegen geben, die mißtrauisch in der Frage sind, ob eine solche veränderte Haltung gegenüber den Beamten von Dauer sein wird. Diese Kollegen sollten sich aber die Frage stellen, ob die Beamten es sich erlauben können, an der Ehrlichkeit solcher Beteuerungen zu zweifeln. Wir sollten alle bereit sein, hier einmal Vertrauen in gegebene Zusagen zu haben und ich glaube nicht, daß eine Regierung und eine verantwortliche politische Partei es sich erlauben kann, ein solches Vertrauen zu enttäuschen.

Es hieße die Intelligenz der DGB-Funktionäre unterschätzen, wollte man ihnen unterstellen, daß sie sich über die organisatorischen Folgerungen dieser neuen Entwicklung nicht klar sind; was das Beamtenorgan des DGB, die Zeitung »Der Deutsche Beamte«, in seiner Dezember-Ausgabe über die Besoldungsneuregelung zu sagen weiß[2], liefert den eindeutigen Beweis dafür. Es ist ein Verlegenheitsprodukt, ein Rückzugsgefecht, das auf die sonst an dieser Stelle üblichen starken Worte verzichtet und weil selbst dieses Blatt den vom Deutschen Beamtenbund erzielten Terminerfolg nicht leugnen kann, flüchtet er sich zu dem angeblichen Vorteil, den die Annahme der höheren Forderung des Gewerkschaftsbundes durch den Beamtenbund der Beamtenschaft hätte bringen können.

Für uns ist diese Argumentation von besonderem Interesse. Während der DGB vor noch gar nicht langer Zeit unseren Kollegen ständig mit den altbekannten Methoden der Massenpropaganda – nur oft genug wiederholen, dann glaubt man auch daran – einzuhämmern versucht, nur der DGB würde entscheidend sein, versteckt er sich hinter dem DBB. Also: weil der DBB nicht mitmacht, kann der DGB nichts erreichen. Wenn uns die DGB-Meinung interessieren würde, könnten wir daraus immerhin einen erheblichen Achtungserfolg herauslesen.

Die »Gründe«, die für die höhere Forderung vom DGB vorgebracht werden, sind freilich fadenscheinig genug. Die Zeitung »Der Deutsche Beamte« möchte nicht das allgemeine Einkommensniveau, wie der Deutsche Beamtenbund, sondern die Entwicklung des Sozialproduktes zum Maßstab für die Beamtengehälter machen: bekanntlich ein gefährlicher Grundsatz, weil ein Absinken des Sozialprodukts sich unmittelbar dann auch bei der Beamtenbesoldung auswirken müßte, deren Stabilität anerkanntermaßen einen wichtigen volkswirtschaftlichen Faktor darstellt. Noch bedenklicher aber ist das andere Argument, das einfach von der naiven Vorstellung ausgeht, die höchste Forderung sei auch die beste »Interessenvertretung«. Aus der Gewerkschaftsmentalität mit ihrem tarifpolitischen Hintergrund heraus wäre ein solcher Standpunkt vielleicht verständlich, mit äußerster Schärfe muß aber der Auffassung entgegengetreten werden, daß Beamtenangelegenheiten allein unter dem

2 Vgl. Werner Behr: Bundestag beschließt: Es bleibt bei acht Prozent, in: Der Deutsche Beamte. Zeitschrift des Deutschen Gewerkschaftsbundes. 10. Jg., Nr. 12, Dezember 1960, S. 1.

Gesichtspunkt einer in der Hauptsache Tarifpolitik betreibenden Interessenvertretung gesehen werden dürfen. Der Deutsche Beamtenbund hat inzwischen mit Erfolg die Öffentlichkeit darüber aufzuklären versucht, daß alle Fragen des Beamtenrechts und der Beamtenbesoldung von staatspolitischer Bedeutung sind. Die Beamtenschaft muß deshalb aus dem Kreise eigensüchtiger Interessentenkämpfe herausgehalten werden, weil sie im Staatskörper nun einmal eine Sonderstellung einnimmt.

Wer das Beamtentum schädigt, der unterhöhlt den Staat. Dem »Deutschen Beamten« des Deutschen Gewerkschaftsbundes bleibt es vorbehalten, diese in der Öffentlichkeit inzwischen gewonnene Einsicht erneut in Frage zu stellen und die Beamten, wie dies leider früher üblich war, in die allgemeine Front der Auseinandersetzungen über Löhne und Gehälter in der freien Wirtschaft einzuordnen. Wem es mit der Erhaltung der Grundsätze des deutschen Berufsbeamtentums ernst ist, der muß nachdrücklichen Protest gegen eine Auffassung erheben, die nun endlich auch an offizieller Stelle überwunden scheint und die niemals wieder ihren Einzug in die Beamtenpolitik halten darf.

Die Beamtenabteilung des Deutschen Gewerkschaftsbundes hat in den letzten Wochen versucht, an die Instinkte der Uneinsichtigen im Lande zu appellieren, und darauf vertraut, daß diesen die großen beamtenpolitischen Zusammenhänge verborgen bleiben würden. Die Veröffentlichung des »Deutschen Beamten« liefert den Beweis dafür, daß dieser Versuch an der verständnisvollen Haltung der überwiegenden Mehrheit der deutschen Beamtenschaft gescheitert ist. Wir stehen an der Schwelle einer neuen beamtenpolitischen Epoche. Mit der gesamten Bundesregierung hat sich der Bundeskanzler dazu entschlossen, die Beamtenpolitik künftig nicht mehr, wie dereinst, nach finanziellen, sondern nach den allein angemessenen politischen Gesichtspunkten auszurichten. Es kann nicht ausbleiben, daß sich aus dieser Wandlung auch organisatorische Folgerungen ergeben: wer noch immer sein Heil bei der Einheitsgewerkschaft zu finden glaubt, wird endlich seinen Standort überprüfen müssen.

Verzeihen Sie, wenn ich von meinem Thema aus aktuellem Anlaß etwas abgewichen bin, vielleicht sollte man den Deutschen Gewerkschaftsbund wirklich sich selbst und den Leichtgläubigen überlassen, die noch auf seine Propaganda hereinfallen. Da fällt mir im übrigen noch ein bezeichnendes Beispiel ein: Im ÖTV-Magazin vom Dezember war auf Seite 15 zu lesen, ich zitiere[3]: »Wie nun am 2. November 1960 die Bundesregierung verlauten ließ, hatte sie eine Erhöhung der Beamtenbesoldung um lediglich vier bis sechs Prozent ins Auge gefaßt und gleichzeitig diese Regelung den Landesparlamenten vorgeschlagen. Daraufhin erhob der DGB-Bundesvorstand sofort schärfsten Protest und forderte beharrlich, die Besoldung der Beamten endlich der allgemeinen Einkommensentwicklung anzupassen. Bereits am 3. November 1960 beschloß das Bundeskabinett unter dem einmütigen Druck der DGB-Gewerkschaften, sich für eine Erhöhung der Beamtengehälter um acht Prozent auszusprechen.« Das ist glatter Schwindel, bereits am 2. November hat die Bundesregierung beschlossen, der DGB kam also viel zu spät.

Aber nun lassen Sie uns noch den Blick in die Zukunft des deutschen Beamten werfen. Man kann hier und da immer noch hören, daß es in der modernen Zeit vielleicht »modernere« Formen der Verwaltung geben könnte, als es die deutsche Verwaltung nach Tradition und Herkommen ist. Man blickt über den großen Teich, man schaut auf die Nachbarländer, und man kommt dann vielleicht auf den Gedanken, daß der Beamte zwar nützlich ist, aber in vielen Fällen durch den Angestellten ersetzt werden könnte. Glücklicherweise – ich bitte dies nicht als Zynismus zu verstehen – stellt sich dann immer zur rechten Zeit ein Eisenbahner- oder Postlerstreik ein, wie jetzt eben in Belgien, oder ein Streik der Verkehrs- und Versorgungsbetriebe, und dann sind die Kritiker des deutschen Berufsbeamtentums wieder für eine Weile mit dem alten Zustand zufrieden, bei dem alles zu klappen pflegt und bei der Arbeitskampf ausgeschaltet ist. Die moderne Massendemokratie, wie wir sie in allen Staaten des freien Westens sehen, weist dem lebenslänglich angestellten Beamten eine ganz besondere Bedeutung zu. Die moderne Demokratie unterscheidet sich ja von den liberalen Vorstellungen, von den Idealvorstellungen des 19. Jahrhunderts erheblich, weil

3 Vgl. Das ÖTV-Magazin. Nr. 12, Dezember 1960, S. 15 (»Eine achtprozentige Erhöhung der Beamtengehälter reicht nicht aus. DGB und ÖTV fordern nach wie vor 15 Prozent mehr für Beamte«).

große Interessentengruppen auf die Politik Einfluß nehmen und der Staat, also die Verkörperung der Volksgesamtheit, ständig in Gefahr ist, durch »partikuläre Interessen kolonisiert« zu werden, wie ein geistreicher Franzose einmal gesagt hat. Zwar heben sich, wie es den Anschein hat, in dem allgemeinen Gewoge entgegengesetzter oder zufällig verbündeter Interessen die gegensätzlichsten dieser Bestrebungen gegeneinander auf, so daß es immer noch zu einer gewissen Wahrung des Gemeininteresses kommt, aber dennoch braucht die Allgemeinheit selbst ein Korps von uneigennützigen, am Ausgang der Interessenkämpfe nicht interessierter Menschen, die für die Kontinuität der staatlichen Politik und für den Ausgleich der gegensätzlichen Bestrebungen Sorge tragen.

Diese Gesichtspunkte, nämlich die Kontinuität der Verwaltungshandlung und die Möglichkeit neutraler Verwaltung, erfordern den Berufsbeamten im modernen Staat fast noch mehr als in den Zeiten, wo der absolute Herrscher seinen Willen leichter durchsetzen konnte. Und die Versuche der neueren Geschichte, einen Staat ohne Berufsbeamtentum aufzubauen, in den USA nämlich und in Sowjetrußland, haben gezeigt, daß es auf die Dauer nicht möglich ist. In den USA mußte man nach einer langen Zeit der Mißwirtschaft und Parteikorruption – das sogenannte Beutesystem –, erst in jüngster Zeit ein Berufsbeamtentum zumindest für die Bundesverwaltung einführen, und in Sowjetrußland hat man an Stelle des alten Beamtentums eine riesige Menge von Staatsfunktionären, die in ihrer Anzahl die Verwaltung demokratischer Staaten um ein Vielfaches übersteigen und die dennoch wegen der dortzulande geforderten Parteilichkeit eine geregelte Verwaltung nicht gewährleisten können.

Die notwendigen Sicherungen, die dem Berufsbeamtentum erst die Möglichkeit kontinuierlicher Arbeit geben, sind in jüngster Zeit mehrmals in Frage gestellt gewesen. Während der Umbruch von 1918, der Übergang von der monarchischen auf die republikanische Staatsform, das Beamtentum ziemlich intakt ließ, hat der Übergang auf die Diktatur im Jahre 1933 wesentliche Einbrüche nicht nur in die Festigkeit des Beamtenverhältnisses, sondern auch in den Geist des Berufsbeamtentums mit sich gebracht. Einmal ist auf gesetzlichem Wege die hergebrachte Form, Beamte nur aufgrund dienstlicher Verfehlungen entlassen zu können, durch das »Gesetz zur Wiederherstellung des Berufsbeamtentums« vom 7. April 1933[4] durchbrochen worden. Zum anderen wurde in der nationalsozialistischen Zeit die öffentliche Verwaltung in vielen Fällen zur Pfründe bewährter Parteigenossen, und das Parteibuchbeamtentum, das nur Gesinnung, aber keine fachliche Eignung voraussetzte, gewann in dieser Zeit verhängnisvolle Bedeutung. Der andere Einbruch in die Lebenslänglichkeit der Beamtentätigkeit geschah nach 1945, als die hereinströmenden Flüchtlinge der verlorenen Ostgebiete ihrer Beamtenrechte verlustig gingen und es vier Jahre dauerte, bis der Parlamentarische Rat am 14. Januar 1949[5] die Grundlage zum späteren Artikel 131 des Grundgesetzes schuf. Die Behandlung der sogenannten 131er in den folgenden Jahren war nicht dazu angetan, den Glauben der Beamtenschaft an die Lebenslänglichkeit ihres Dienstverhältnisses zu stärken; noch heute warten 131er darauf, daß die Reste jener wenig gerechten Gesetzgebung aus den ersten Nachkriegsjahren endgültig getilgt und sie wieder in die Reihen der übrigen Beamten eingereiht werden.

Ebenso muß der Deutsche Beamtenbund seine warnende Stimme erheben, wenn die Unparteilichkeit der Verwaltung – das zweite Erfordernis neben der Kontinuität – durch Patronage aller Art, durch Proporzsystem oder andere Maßnahmen gefährdet wird. Allein die Leistung und die fachliche und charakterliche Eignung, diese drei Grundlagen einer geordneten Verwaltung, dürfen der Maßstab bei der Auswahl der Beamtenschaft sein. Es geht nicht an, daß man unter dem Vorwand, »frischen Wind in die Amtsstuben« zu bringen, die Verwaltung mit untauglichen Pfründenbesitzern anreichert, so wenig dagegen zu sagen ist, daß ein wirklich tüchtiger Bürger ausnahmsweise auch dann Beamter werden soll – meist in höherem Lebensalter –, wenn seine Mitarbeit für die Verwaltung von besonderem Nutzen ist. In jedem anderen Falle ist die Auswahl des Beamtennachwuchses in demokratischer und korrekter Weise so gewährleistet, daß man nicht auf Außenseiter zurückgreifen braucht.

4 Vgl. RGBl I. 1933, S. 175ff.

5 Vgl. die 40. Sitzung des Hauptausschusses vom 14. Januar 1949; Parlamentarischer Rat. Verhandlungen des Hauptausschusses, Bonn 1948/49, S. 493ff. Für die Entstehungsgeschichte von Art. 131 GG vgl. Jahrbuch des öffentlichen Rechts. Neue Folge / Bd. 1, S. 858ff.

Eine weitere Frage, die sich auch in Zukunft immer wieder stellen wird, ist die Frage der politischen Betätigung des Beamten. Der Deutsche Beamtenbund steht auf dem Standpunkt, daß der Beamte sich in den durch die Gesetze gezogenen Grenzen politisch betätigen soll und muß, ohne daß diese Betätigung – auch das ist eine Forderung an seine besondere Berufsgesinnung – sich in seinen Amtshandlungen auswirken darf. Er muß darüber hinaus aber jedenfalls ein zutiefst politischer Mensch sein, einerlei ob er einer Partei angehört oder nicht, weil die Verwaltung, der er sein Leben widmet, ja nichts als der Niederschlag der Politik ist und weil er deswegen mit politischen Gedankengängen vertraut sein muß. Es wäre nach unserer Ansicht falsch und unrichtig, den Beamten durch Verbot seiner politischen Betätigung aus der Politik auszuschalten und ihm etwa das passive Wahlrecht zu nehmen. Es gibt auch ein politisches Ghetto, in das der Beamte dann verstoßen wäre. Natürlich gehört es zu seinen Dienstpflichten, sich dem freiheitlich-demokratischen Rechtsstaat zu verschreiben; nur hier ist die Institution des Berufsbeamtentums für Volk und Staat segensreich.

Eine andere Frage ist die nach der gewerkschaftlichen Organisation der Beamten. Wir sind der Auffassung, daß die Beamtenschaft wegen des besonderen Charakters ihres Dienst- und Treueverhältnisses zum Staat und wegen der besonderen Probleme, die dieses Verhältnis auch hinsichtlich der Vertretung durch einen Berufsverband aufwirft, gemeinsam als Beamte und Beamtenanwärter in einer eigenen gewerkschaftlichen Organisation zusammengefaßt sein sollte, wie sie der Deutsche Beamtenbund darstellt. Das hat nichts mit Sonderbündelei oder gar Beamtendünkel zu tun, sondern ist eine klare Folge des andersartigen Rechtsverhältnisses, dem die Beamten unterliegen. Diesem Deutschen Beamtenbund muß strikte parteipolitische Neutralität eigen sein; eine Richtungsgewerkschaft, die sich »Deutscher Beamtenbund« nennt, müssen wir ganz energisch ablehnen. Nur im Rahmen dieser parteipolitischen Neutralität wird es uns auch in Zukunft möglich sein, allen Parteien in gleicher Weise die Anliegen der Beamtenschaft nahezubringen und, wenn es nötig ist, auch alle Parteien in ihrem Verhalten einer scharfen Beobachtung und Kritik zu unterziehen. Die innere Unabhängigkeit, die jeden Beamten zur korrekten Dienstleistung befähigt, muß auch seine gewerkschaftliche Vertretung, den Deutschen Beamtenbund, für seine eigentlichen Aufgaben freimachen. Nur so wird es in Zukunft möglich sein, daß wir für unsere Mitglieder nach Kräften eintreten und dennoch nicht das Wohl des Ganzen aus den Augen verlieren.

Wenn sich für das kommende Jahr ein Wunsch ergibt, dann sollten wir uns wünschen, daß der Deutsche Beamtenbund auf dem Wege fortschreitet, auf dem er angetreten ist. Aus der Tradition des deutschen Beamten, die wir bejahen, wollen wir die Zukunft des deutschen Beamten bauen, indem wir den Inhalt des Berufsbeamtentums, Statthalter der Rechtlichkeit zu sein, im Bewußtsein des ganzen deutschen Volkes verankern. Ein Beamtentum, dem jeder Bürger Vertrauen schenkt, kann auch mit Vertrauen in die Zukunft blicken.

Juli 1961

Beamtenbund und Berufsverbände

Mit diesem Beitrag entsprach A. Krause einer Bitte des Bundes Deutscher Rechtspfleger

Quelle: DBB-Archiv, Abt. Bulei 15 000-2 (maschinenschriftlich)
Druck: Rechtspflegerblatt. 9. Jg., Heft 2, Juli 1961, S. 42f.

Der Deutsche Beamtenbund ist eine Spitzenorganisation. Das heißt, daß er ein »Verband von Verbänden« ist und in seinen Reihen sowohl die Spitzenvereinigungen der Landes- und Kommunalbeamten, wie auch Bundesbeamtenverbände zusammenfaßt. Die Organisation des DBB ist in weitem Maße von der staatlichen Konstruktion unserer Bundesrepublik Deutschland abhängig, die – mehr als bei der Weimarer Republik – zum Bundesstaat tendiert und den Ländern in der Gesetzgebung weite Freiheiten läßt. Dies erfordert die Aufrechterhaltung starker Landesorganisationen des Deutschen Beamtenbundes, die bei ihren Landesregierungen und Landesparlamenten einzeln die Durchsetzung ihrer Wünsche erstreiten müssen; auf der anderen Seite ist die Masse der Bundesbeamten, man denke nur an Bundesbahn, Bundespost, Zollverwaltung und den Bundesgrenzschutz, auf eine direkte Einwirkung des DBB bei Bundesregierung und Bundestag angewiesen.

Mehr als in früheren Zeiten ist also die Funktion des Organisationszusammenhanges von den politischen Gegebenheiten abhängig, wenn auch im Rahmen des Deutschen Beamtenbundes aufgrund einer gefestigten Solidarität der Mitgliedsverbände Kompetenzstreitigkeiten, wie sie zwischen Bund und Ländern üblich sind, vermieden werden können. Zur Erhaltung der rechten Balance innerhalb der Gremien des Deutschen Beamtenbundes sind die Verbände, die sich aus auf Bundesebene zusammengeschlossenen Beamtenvereinigungen zusammensetzen, von unschätzbarem Wert. Hier liegt die Initiative der Steuerbeamten, der Kommunalbeamten und vieler anderer Beamtenverbände mehr, die zwar als Dienstherren die Länder und Kommunen ansehen, aber dennoch aufgrund ihrer Organisation und ihrer gemeinsamen Interessen auf bundeseinheitliche Regelungen Wert legen.

Man sieht, es ist ein buntes Bild, das sich hier abzeichnet, aber es hindert den Deutschen Beamtenbund nicht daran, in seiner beamtenpolitischen Konzeption einen geraden Weg zu gehen, der allen Mitgliedern nützen soll. Um diesen Weg zu erläutern, bedarf es einiger grundsätzlicher Ausführungen über die Aufgaben einer Großorganisation auf Bundesebene. Jedermann weiß, daß in unserer politischen Wirklichkeit nicht nur die Parteien zur Willensbildung beitragen, sondern auch die anderen Zusammenschlüsse auf freiwilliger Basis, die sich Gewerkschaften, Verbände, Bundesvereinigungen usw. nennen. Allen gemeinsam ist der Wunsch, aufgrund der zusammengefaßten Kraft ihrer Mitglieder irgendwelche im Interesse dieser Mitglieder selbst liegenden Wünsche durchzusetzen; die augenfälligsten Beispiele dafür sind die Gewerkschaften, die es durch ihren Zusammenschluß in den letzten 70 Jahren dazu gebracht haben, daß der Arbeiter (der Proletarier, wie es einstmals hieß) zum angesehenen und einflußreichen Mitbürger unserer Demokratie geworden ist. Zu diesen Verbänden, die man manchmal auch Interessenverbände nennt, rechnet sich auf der einen Seite auch der Deutsche Beamtenbund. Er hält es für durchaus legitim, die Interessen seiner Mitglieder zu vertreten, und er hat in den letzten Jahren wiederholt bewiesen, daß er dazu in der Lage ist.

Interessenvertretung kann nun auf der anderen Seite auch dazu führen, daß die Interessen einer Gruppe auf Kosten der Belange anderer Gruppen befriedigt werden, und hier beginnt die »Herrschaft der Verbände«, wie es Professor Eschenburg einmal nannte, für die demokratische Willensbildung unter Umständen zu einer gewissen Gefahr zu werden. Es erscheint unnötig, Beispiele für diese Gefahr aufzuführen, weil man bei der Lektüre einer einzigen Zeitung unserer Bundesrepublik an vielen Stellen darauf hingewiesen wird. Auf der anderen Seite ist die Interessenvertretung durch große, dazu befähigte Verbände für den Staat eine Art Vorkontrolle, durch die die Wünsche der in den Spitzenorganisationen zusammengefaßten Verbände sozusagen artikuliert und erst in der rechten, für alle Mitglieder tragbaren Weise koordiniert werden. Man muß immer bedenken, daß die Verhandlungen, die eine Spitzenorganisation zu führen hat, Vorbereitungen erfordern, an denen oft ein ganzer Stab von Experten wochenlang zu arbeiten hat; auf der anderen Seite, also beim Parlament und bei den Regierungen, bei den Arbeitgebern oder bei anderen Partnern, sitzen ja auch Experten, die sich keinesfalls durch demagogische Tiraden, sondern nur durch Argumente und Gegenargumente beeinflussen lassen.

So betrachtet, hat die Großorganisation eine echte staatspolitische Aufgabe, nämlich die Aufgabe, den Partnern und den Parlamenten durch ihre Expertentätigkeit das Material aufzubereiten und die Gründe plausibel zu machen, die sie überhaupt erst zu einem Beschluß befähigen. Zudem bedeutet die Verhandlung innerhalb der Beschlußgremien der Großorganisation, daß etwaige Differenzen zwischen den Wünschen und Ansichten der einzelnen, in ihr zusammengeschlossenen Gruppen bereits abgeklärt und auf dem ehrlichen Kompromißwege – dem Goldenen Mittelweg der Demokratie! – so abgeschliffen sind, daß alle Mitglieder damit einverstanden sind.

Solche Beschlüsse, hinter denen dann die Bedeutung der Großorganisation steht, sind natürlich viel leichter durchzusetzen und viel treffender zu begründen, als wenn eine kleine Organisation, die auf die entgegenstehenden Interessen vielleicht sogar ihrer eigenen Berufskollegen nicht genügend achten kann, im Alleingang Forderungen durchzukämpfen versucht, für die Argumente der notwendigen Qualität nicht ohne weiteres beizubringen sind. Der Deutsche Beamtenbund, der von der Seite der DGB-Gewerkschaften manchmal als ein Konglomerat von »Organisatiönchen« bezeichnet wird, ist in der glücklichen Lage, gerade diese Aufgabe der Artikulierung und Koordination von Mitgliederwünschen zum Nutzen aller Beamten und Behördenangehörigen in mustergültiger Weise durchzuführen, da in seinen Beschlußgremien, sowohl im Bundesvorstand als auch im Bundeshauptvorstand, die Vorsitzenden aller angeschlossenen Verbände zu Worte kommen können.

Die Aufgaben einer Großorganisation wie des Deutschen Beamtenbundes wären aber noch nicht vollständig umrissen, wenn man nicht gerade beim DBB seine Verantwortung vor der Volksgesamtheit betonen würde. Ein Verband von Beamten und Behördenbediensteten, der in seiner Gesamtheit »die öffentliche Verwaltung« repräsentiert, würde seine eigenen Worte vom »Treuhänder für die Allgemeinheit« Lügen strafen, wenn er nicht in seiner Politik neben der Interessenvertretung für seine Mitglieder stets das Wohl des Ganzen im Auge hätte. Dennoch besteht die Gefahr, daß Forderungen, die der DBB gerade aus dieser Verantwortung erhebt, als Interessenwünsche gebrandmarkt werden: bei den Debatten über die Beamtenbesoldung in den letzten Jahren hat sich erst durch den massiven Einsatz aller publizistischen Möglichkeiten des Deutschen Beamtenbundes die Meinung durchgesetzt, daß die Beamtenbesoldung eine Frage ist, die in erster Linie aus staatspolitischen Gesichtspunkten beurteilt werden muß. Dabei hat sich der DBB bemüht, in der Behandlung aller Probleme des Dienstrechts stets die Verbesserung der Funktion des Berufsbeamtentums im Auge zu behalten, die letzten Endes eine Qualitätsverbesserung der staatlichen Verwaltung mit sich bringt.

So hat der Deutsche Beamtenbund, in enger Mitarbeit aller seiner ihm angeschlossenen Verbände, in der heutigen Demokratie, die neben den Parteien auch andere Großorganisationen an der politischen Willensbildung beteiligt, eine legitime und verantwortungsvolle Aufgabe, die ihm nur gelingen kann, wenn die Solidarität der Mitglieder und die Bejahung seiner Ziele ein gemeinsames Band schafft, das einen einheitlichen Willen deutlich macht und die Kraft zur Durchsetzung der staatspolitisch wichtigen Anliegen aus der allgemeinen Übereinstimmung schöpft.

13. November 1961

Der Deutsche Beamtenbund als politischer und beamtenpolitischer Faktor

Vortrag auf dem Schulungskurs des DBB für Vertreter der DBB-Mitgliedsverbände in Hennef/Sieg

Quelle: DBB-Archiv, Abt. Bulei 15000-2 (maschinenschriftlich)

Der Deutsche Beamtenbund ist, wie seine Satzung deutlich festlegt, parteipolitisch neutral. Parteipolitische Neutralität bedeutet aber nicht, daß sich der Deutsche Beamtenbund nicht als politischer Faktor empfände, und gar in der Beamtenpolitik muß er als der entscheidende Anreger und Beweger der politischen Willensbildung betrachtet werden. Diese lapidaren Sätze, die ich Ihnen als der Vorsitzende des DBB sozusagen an den Kopf werfe, wollen bewiesen sein, und sie wollen daneben auch recht verstanden sein. Um den Beweis zu führen und um das Verständnis dafür zu wecken, ist es notwendig, daß wir uns mit dieser Frage etwas näher beschäftigen. Es genügt nämlich durchaus nicht, auf zur Zeit übliche Schlagworte über die »Herrschaft der Verbände« oder »Politik der Interessenten« zurückzugreifen. Mit solchen geschwinden Formulierungen mag man wohl eine gewisse Kritik an den bestehenden Zuständen umreißen, sie bringen uns aber im Verständnis der eigentlichen Probleme nicht weiter. Wenn wir weiterkommen wollen, dann dürfen wir weder die Erörterung gewisser historischer Zusammenhänge noch die soziologische und politisch-wissenschaftliche Begriffserklärung scheuen.

Zunächst einmal: woher stammt eigentlich der negative Wertakzent, den man dem Begriff des »Interesses« zu geben pflegt? Jeder Mensch, so will ich meinen, hat das ganz legitime Interesse zu essen, zu trinken und zu wohnen, seine Familie zu ernähren und im Leben vorwärtszukommen. Das kann, wenn man's alles in allem nimmt, doch wohl nichts Schlechtes sein. Daneben gibt es das »öffentliche Interesse«. Es besteht am Straßenbau, auf den alle Wert legen, an der allgemeinen Ordnung und Sicherheit, an der Pünktlichkeit der Eisenbahnen und an hunderterlei Dingen, die alle ebenfalls durch allgemeine Zustimmung bejaht werden.

Interessant wird die Frage der »Interessen« erst, wenn es zu Konflikten kommt. Erst im Konfliktfalle wird das Interesse des einen gegen das Interesse des anderen ausgespielt, und der Konfliktfall war es auch, der zur Gründung von Interessenorganiationen führte.

Eine solche Organisation ist, soziologisch gesehen, wie alle Soziologen versichern, durchaus zu begrüßen. Der Konflikt wird durch die Gründung der Organisation »institutionalisiert«, wie der Fachausdruck heißt. Das bedeutet, daß zum Austragen oder zur Regelung eines Konfliktes gewisse, von den Partnern des Konflikts anerkannte Regeln aufgestellt werden, innerhalb derer sich nun der Konflikt sozusagen verharmlost, ohne in den Bürgerkrieg auszuarten. In diesem Sinne ist die Interessenorganisation also ein Mittel zur Demokratisierung der sozialen Konflikte.

Schwierig wird die Sache, wenn zu dem Konflikt mit dem Partner, also beispielsweise zwischen Arbeitnehmern und Arbeitgebern, noch eine weitere Konfliktmöglichkeit hinzutritt: der Konflikt mit dem öffentlichen Interesse oder mit dem Gemeinwohl. Hier kann Interessenvertretung, die sonst nicht ein Übel schlechthin ist, zu einem Übel werden; vor allem dann, wenn sie mit der Kraft der Ellenbogen ohne Rücksicht auf die entgegenstehenden Interessen weiter Bevölkerungsteile womöglich mit der Drohung durchgesetzt wird, andernfalls die Volksgesamtheit zu schädigen.

Wir hatten gesehen, daß der Zusammenschluß von einzelnen durch Bildung von Organisationen zur Durchsetzung ihrer Interessen nicht nur legitim, sondern auch demokratisch erwünscht ist. Dies ist die Grundlage, auf der die Verbände in der Bundesrepublik politisch handeln, und dies hat im Verfassungsrecht auch die richtige Entsprechung: das Koalitionsrecht. In allen freiheitlichen Verfassungen ist ein solches Koalitionsrecht festgelegt, mit seiner anderen Seite, dem sogenannten negativen Koalitionsrecht, das die Möglichkeit einer Einzelperson einschließt, einer solchen Koalition fernzubleiben.

Wie aber kommt die Organisation zu politischer Wirksamkeit? Sie wissen alle, daß die Weimarer Verfassung in ihren Artikeln keine Parteien kannte. In der Weimarer Verfassung gab es nur Staatsbürger, die sich zu Parteien zusammenschließen konnten, ohne daß diese Parteien in der Verfassung ausdrücklich Erwähnung fanden. Dennoch wurde die Weimarer Demokratie von den Parteien getragen. Im Bonner Grundgesetz sind die Parteien ausdrücklich erwähnt; ihnen ist die Vertretung im Parlament vorbehalten. Die Verbände dagegen, also die Gewerkschaften, die Berufsverbände, die Arbeitgeberverbände und die verschiedenen Verbände einzelner Industriezweige, die Verbände der Landwirtschaft, der Ärzte usw. usw. – sie alle sind von der parlamentarischen Verantwortung ausgenommen, die allein den Parteien überlassen ist.

Diese Sachlage zeigt gewisse Schwierigkeiten auf, die aus der historischen Entwicklung unserer Demokratie herrühren. Die »repräsentative« Demokratie, wie sie manche Soziologen nennen, ist ein Relikt der liberalen Staatsauffassung. Wir wissen alle, daß man »Demokratie« als Volksherrschaft zu übersetzen pflegt und daß man dann bei der Erklärung dieser Staatsform all jene Begriffe abzuspulen pflegt, die das Ideal liberaler Staatsdenker des 19. Jahrhunderts gewesen sind. Die Enttäuschung über die Verfassungswirklichkeit ist um so stärker, je mehr der staatsbürgerliche Unterricht jene liberalen, rechtsstaatlichen Gesichtspunkte der Demokratie betont hat.

In Wahrheit ist unsere deutsche Demokratie eine Mischform zwischen Rechts- und Sozialstaat, eine Mischung also zwischen der liberalen Form des Staatswesens, das sich im Parlament repräsentiert sieht, und einer großen Menge von organisierten Interessen einzelner Berufs- und Industriegruppen, die ihrerseits, zusammengenommen, ebenfalls einen großen Teil der Volksgesamtheit repräsentieren. Der Unterschied zwischen den beiden Formen liegt lediglich darin, daß die Parteien die parlamentarische Verantwortung tragen, während die Verbände ihr Wesen im sogenannten »vorparlamentarischen Raum« treiben.

Es kann jetzt nicht unsere Aufgabe sein zu untersuchen, auf welche Weise man verfassungsrechtlich auch die Verbände an der Verantwortung beteiligen könnte. Unsere Aufgabe ist nur festzustellen, inwiefern die Verbände, und somit auch der Deutsche Beamtenbund, politische Faktoren sind, deren Einfluß auch auf der politischen Ebene ernst genommen werden muß.[1]

Wenn wir zur Erklärung der Herkunft von Verbänden wiederum in die Geschichte zurückkehren wollen, so müssen wir feststellen, daß verschiedene geschichtliche Epochen und verschiedene Kulturkreise unterschiedliche Formen der Organisation von Minderheiten gegenüber der Volksgesamtheit kennen. Ich nenne hier nur die Kaste, die Zunft und die Klasse.

Wir wissen, daß es sich bei der Kaste um eine feste Zuordnung nach Geburt und Herkunft handelt, die mit gewissen Rassentheorien vergleichbar ist, wie wir sie heute noch in Südafrika gültig sehen, und wie sie in Deutschland vor nicht allzu langer Zeit ebenfalls im Schwange waren. In seine Kaste wird man hineingeboren; alle Kastenmitglieder stammen wiederum von Kastenmitgliedern derselben Kaste ab, und es gibt keinen Zugang zur Kaste als durch die innerhalb der Kaste erfolgte Geburt. Hier sogleich eine kleine Abschweifung: der so oft zitierte »Kastengeist« der deutschen Beamtenschaft ist eine Verleumdung. Es gibt kaum einen Berufsstand in unserem Staate, dessen Rekrutierungsprinzip so stark demokratisch abgesichert und so sehr lediglich von Ausbildung und Leistung bestimmt ist wie das Beamtentum. Zumindest seit der Demokratisierung der Beamtenschaft durch die Weimarer Reichsverfassung ist die deutsche Beamtenschaft niemals eine Kaste gewesen, weil ihr die wesentlichen soziologischen Merkmale der Kaste fehlen.

Eine andere Organisationsform einer Minderheit gegenüber der Mehrheit des Volkes ist die Zunft. Die Zünfte des Mittelalters beruhten auf dem durchaus gesunden Prinzip der Organisation aufgrund gleicher Tätigkeit im Berufsleben und daher auch annähernd gleicher Interessen gegenüber anderen Gruppen. Spätere Auswüchse des Zunftwesens, die sich im übrigen bis heute verfolgen lassen – man denke an die Zunft der Fliesenleger, die noch heute den Zugang zur Zunft durch mancherlei Schwierigkeiten zu versperren verstehen –, dürfen bei der historischen

1 Im Manuskript folgt an dieser Stelle der Zwischentitel: Geschichte der Minderheitenorganisation.

Betrachtung nicht darüber hinwegtäuschen, daß die Zünfte ursprünglich eine durchaus demokratische und auf germanisch-genossenschaftlicher Grundlage beruhende Organisationsform gewesen sind. Sie haben sehr viel zur freiheitlichen Staatsverfassung der Freien Reichsstädte beigetragen und zeigen gerade dort demokratische Formen zu einer Zeit, als andere Gegenden noch feudalistisch verwaltet wurden.

Wieder eine andere, der Sozialphilosophie des 19. Jahrhunderts entspringende Form der Minderheitenorganisation ist die Klasse. Die sozialphilosophischen Vorstellungen der Frühsozialisten wie auch die von Karl Marx versuchen, den Gang der Geschichte auf den Klassenkonflikt zurückzuführen, wobei sie die Ablösung der herrschenden Klasse durch die je niedrigere zum geschichtlichen Gesetz erklärten. Da dieser Vortrag aber kaum geeignet sein dürfte, mit der Marxismuskritik einzusetzen, wollen wir uns mit dem allgemeinen soziologischen Hinweis begnügen, daß weder die Annahme einer begrenzten Klassenzahl noch aber der geschichtliche Automatismus, wie ihn Marx annahm, der historischen und politischen Wirklichkeit entspricht.

Bei allen drei, als Beispielen angeführten Formen der Minderheitenorganisation lassen sich bestimmte Entartungserscheinungen feststellen, die einmal zur »zünftlerischen« Abschließung, zum andern aber zur »Verkastung«, also zur Kastenbildung führen können. Gerade der Vulgärmarxismus neigt dazu, den Klassenangehörigen durch Geburt und Herkunft in der Klasse selbst festzulegen; ein Wechsel der Klassenzugehörigkeit wird von den marxistischen Theoretikern für unwahrscheinlich und regelwidrig gehalten. Zum andern kann aber die Minderheitenorganisation in Zunft- oder Kastenform auch zur Klasse hin entarten; dann nämlich, wenn der politische Akzent der »unterdrückten« Klasse zu sehr in den Vordergrund eines sonst berufsständischen Zusammenschlusses gerät.[2]

Gehen wir nun nach diesem sehr gedrängten Überblick über die historischen Formen der Minderheitenorganisation zu den Verhältnissen im modernen demokratischen, industriellen Flächenstaat über, so stellt sich heraus, daß auch die Verbände innerhalb unseres Staates einen historischen Ursprung besitzen; sie stammen einmal – als Berufsstände –

2 Im Manuskript folgt der Zwischentitel: Die moderne Demokratie.

mehr von der Zunfttradition, dann aber, als Gewerkschaften, mehr von der Klassentradition ab. Als Folge der gewerkschaftlichen Klassenorganisation finden sich neuerdings auch Organisationen der Arbeitgeber, die die Gegenpole zur gewerkschaftlichen Organisation der Arbeitnehmer darstellen, und daneben viele Verbände, die als Organisationsprinzip die Zugehörigkeit zu einem bestimmten Beruf benutzen. Nur diese letzteren Verbände dürften streng genommen als »Berufsverbände« bezeichnet werden; die Bezeichnung ist aber auch für die Gewerkschaften einzelner Industriezweige geläufig.

Obgleich, wie gesagt, Berufsverbände, Gewerkschaften und andere Interessenorganisationen in der verfassungsrechtlichen Theorie konstitutionell nicht belangvoll sind, zeigt sich doch in der politischen Wirklichkeit ein außerordentlich dichtes Gefüge von Verbänden, die alle auf ihre Art auch auf die Willensbildung der gesetzgebenden Gremien Einfluß zu nehmen versuchen. Der Mensch von heute fühlt sich durch die Parteien, die ihn gewissermaßen als »ganzen Menschen« repräsentieren sollen, nicht genügend und nicht ausreichend repräsentiert; er will daneben, und zwar im gesellschaftlichen Raum, auch noch als Interessent ganz verschiedener Art repräsentiert werden. Und dazu dienen ihm die Verbände, deren Gesamtmitgliederzahlen, wenn man alle Verbände zusammenrechnet, selbstverständlich eine Überrepräsentation des einzelnen Bürgers ausmachen. Das heißt: der Deutsche ist in der Bundesrepublik mehrfach repräsentiert, und zwar je nach der sozialen Rolle, die das Individuum in der Großgruppe unserer Gesellschaft verkörpern kann. So kann es geschehen, daß ein und derselbe Staatsbürger als Autofahrer von einem Kraftfahrklub, als Kinderreicher vom Verband der Kinderreichen, als Beamter vom Deutschen Beamtenbund und als Steuerzahler vom Bund der Steuerzahler unterstützt wird. Jeder einzelne Verband dient als Verstärker der jeweiligen sozialen Rolle des Bürgers, und in jedem dieser Verbände ist ein Stück echten, legitimen Interesses dieses Bürgers repräsentiert.

Das Parlament, das ursprünglich (auch unser Grundgesetz geht davon aus) im Sinne der liberalen Staatsidee des 19. Jahrhunderts konzipiert war, sieht sich nun vor die Tatsache gestellt, daß der Abgeordnete nicht ausschließlich von parteiideologischen Gesichtspunkten, sondern auch von parteitaktischen Gesichtspunkten gewählt wird; teilweise wird er schon heute sozusagen von Verbänden »delegiert«. Die Tatsache, daß in unserem Bundestag, wenn ich recht unterrichtet bin, 183 Abgeordnete sind, die dem Deutschen Gewerkschaftsbund angehören, zeigt meines Erachtens zwei Tatsachen: entweder ist die politische Aktivität im DGB so stark, daß man an den Kandidaten, die dem DGB angehören, gar nicht vorbei kann, oder aber sie sind vom DGB in den Bundestag delegiert, wobei sie dann in allen Fraktionen die Politik des Deutschen Gewerkschaftsbundes stützen helfen. Daß sich hier eine Verkennung der Aufgabe eines Abgeordneten einzuschleichen beginnt, scheint mir erwähnenswert.

Auf der anderen Seite ist es natürlich eine durchaus legale Möglichkeit, daß ein Verband zu Einfluß innerhalb des Parlaments gelangen will, indem er sich dort Freunde sucht oder versucht, seine Freunde ins Parlament gelangen zu lassen. Wir kommen auf diese Weise zu den Einflußmöglichkeiten, die ein Verband heutzutage als politischer Faktor haben kann.

Ein direkter Einfluß ist dem Verband im Parlament untersagt. Er kann weder einen Initiativgesetzentwurf einreichen noch im Parlament selbst zu Wort kommen. Eine »zweite Kammer«, in der das Volk nach seinen verbandlichen, wirtschaftlichen und berufsmäßigen Zusammenhängen repräsentiert wäre, ist im Grundgesetz unserer Bundesrepublik nicht vorgesehen. Es gibt so etwas, beispielsweise den Senat in Bayern, doch hat dieser kein Vetorecht, sondern nur eine beratende Funktion. Direkter parlamentarischer Einfluß ist also den Vertretern der gesellschaftlichen Organisationen des Volkes nicht gegeben, soweit es sich um echte parlamentarische Demokratien handelt. Daß die sogenannten »Massenorganisationen« beispielsweise in der Sowjetzone auch in dem dortigen Parlament vertreten sind, steht auf einem anderen Blatt. Weder sind dort die Gewerkschaften frei, noch gibt es ein freies Parlament.

Die Verbände sind also, wie man so schön sagt, auf den vorparlamentarischen Raum verwiesen; sie gehören zu den »Lobbyisten«. Dies unschöne Wort, das aus dem Amerikanischen stammt und die Vorhalle meint, in der bestimmte Interessenvertreter sich aufhalten, um die Abgeordneten, die in den Plenarsaal gehen, dort zu beeinflussen, hat in den letzten Jahren auch in Deutschland an Bedeutung gewonnen.

Nun scheint es mir ein gewaltiger Unterschied zu sein, ob der

Vertreter einer Organisation von freiwillig zusammengeschlossenen Mitgliedern einen Abgeordneten zu beeinflussen sucht, oder ob dies ein Firmenvertreter tut, der für seine Firma einen Staatsauftrag hereinholen will. Gleichviel – in beiden Fällen muß eine Einwirkung auf das Parlament versucht werden, damit dies zu einem Entschluß kommt, der die Interessen des Verbands- oder Firmenvertreters berücksichtigt.

Wenn ich sagte, daß die Verbände keine legale Einwirkungsmöglichkeit besitzen, dann gilt dies nur für das Parlament. In anderen Fragen, so in der eminent wichtigen Frage der Entlohnung, haben die Gewerkschaften ein Privileg, die Tariffähigkeit und die Tarifhoheit. Die Gewerkschaften (und auch einige Berufsverbände, so die DAG und einige dem Deutschen Beamtenbund angeschlossene Organisationen) können mit ihren Tarifpartnern Fragen der Entlohnung, der Arbeitszeit, des Urlaubs, der Sonderzuwendungen usw. frei aushandeln, ohne daß das Parlament etwas damit zu tun hat. Auf diesem wichtigen Sondergebiet des Wirtschafts- und Soziallebens ist hier ein Raum geschaffen worden, der von der politischen Reglementierung frei ist, und in dem sich die Interessen frei bewegen können. Man kann zu dieser Regelung stehen wie man will; sicher ist das eine, daß die Tariffähigkeit und die Tarifhoheit der Gewerkschaften dazu geführt hat, den Konfliktstoff, der zwischen Arbeitgebern und Arbeitnehmern gerade auf diesem Gebiet immer vorhanden ist, in geregelte Kanäle zu lenken und durch Verhandlungen zu entschärfen. Der Druck der Streikdrohung, die Arbeitsmarktlage und die Befürchtung der Arbeitgeber, durch Streiks geschädigt zu werden, hat hier zur Ausbildung von Verhandlungsmechanismen geführt, die im großen und ganzen den Arbeitnehmern immer wieder neue Zugeständnisse machen. Es ist fraglich, ob dieser Mechanismus auf die Dauer in der gleichen Weise flott weiter funktionieren wird; sicher ist nur, daß er bisher funktioniert hat und daß dadurch das Masseneinkommen eine gewaltige Steigerung erfahren konnte.

Ein Druck der Gewerkschaften auf die Organe der politischen Willensbildung, der sogenannte »politische Streik«, wird dagegen strikt abgelehnt; man hält auch seitens der Verfassungsgerichtsbarkeit nur den »sozial adäquaten« Streik für berechtigt, weil das Parlament gesellschaftlichen Einflüssen nicht ausgesetzt sein soll. Wir wissen, wie umstritten diese Auffassung zumal in Gewerkschaftskreisen ist, und wir wissen auch, daß in einigen Fällen Lohnstreiks so manipuliert worden sind, daß sie von einem politischen Streik nicht mehr recht zu unterscheiden waren.[3]

An dieser Stelle ist ein entscheidender Unterschied zwischen den Möglichkeiten der Industriegewerkschaften und der tariffähigen Verbände und den beamtenpolitischen Einflüssen des Deutschen Beamtenbundes offen zutage getreten.

– Der Beamte hat zur Aushandelung seiner Entlohnung keinen Tarifpartner, sondern sein Partner ist das Parlament, und es geht um Besoldung.

– Der Beamte hat als Druck- und Beeinflussungsmöglichkeit kein Streikrecht.

Diese beiden wesentlichen Unterschiede in der gesellschaftlichen Situation müssen ganz deutlich erkannt werden, wenn man sich überhaupt über den Deutschen Beamtenbund als politischer und beamtenpolitischer Faktor Gedanken machen will. Diese Situation, die aus der rechtlichen Besonderheit des Beamtenverhältnisses herrührt, ist natürlich auch für die Wahl der Mittel von entscheidender Bedeutung, mit denen der DBB seinen Einfluß geltend machen kann. Der Deutsche Beamtenbund muß also schon aus dieser Erkenntnis heraus eine gewissermaßen konziliantere Kampfführung einsetzen, wenn er Forderungen erreichen will, was im übrigen nicht ausschließt, daß er dabei die gleichen Erfolge erringen kann wie die Gewerkschaften.

Es gibt aber noch einen anderen Grund dafür, daß der DBB in der ganzen Form seiner Einflußnahme ruhiger, vernünftiger und im ganzen sachlicher kämpfen muß, das ist die Tatsache, als Gegenüber den Staat als Repräsentanten der Volksgesamtheit zu wissen.

Wir halten an der traditionellen Auffassung fest, daß der Staat, der in der Demokratie die Gesamtheit der Bürger darstellt, nicht nur der Repräsentant der gerade herrschenden Klasse ist, sondern daß ihm Eigenschaften zukommen, die über jedes Sonder- und Einzelinteresse erhaben sind.

Mag es uns auch manchmal noch so schwer fallen, wir stehen zu der

3 Im Manuskript folgt der Zwischentitel: Politische Möglichkeiten des Deutschen Beamtenbundes.

grundlegenden Bestimmung unseres Beamtenrechts, daß der Beamte dem ganzen Volke, nicht einer Partei zu dienen hat. Erst aus dieser Bestimmung des Beamten, dem Ganzen verpflichtet zu sein, kann sich für uns die spezifische Berufsgesinnung entwickeln, die treuhänderische Haltung, die Pflicht zum Gehorsam und den Dienstbegriff einschließt.

Ein Beamtenverband, der von solchen Maximen ausgeht, und für den die Pflichterfüllung sich nicht im Absitzen von Bürostunden erschöpft, kann und muß in seiner gesamten Einstellung, aber auch in seinen Argumenten im Staat, der sein Dienstherr ist, nicht den Gegner sehen, sondern er muß überzeugen, wo andere auftrumpfen.

Was bleibt dem Deutschen Beamtenbund nun, um die politischen Gremien, von denen die Erfüllung unserer berechtigten Wünsche abhängt, auf die Dauer zu überzeugen?

Zunächst ist es vonnöten, bei allen Wünschen, die der Deutsche Beamtenbund vorbringt, nach einer stichhaltigen Begründung zu suchen. Wir sind nun einmal der vielleicht etwas altmodischen Auffassung, daß derjenige, der etwas haben will, auch einen Grund für seinen Wunsch angeben muß. Andere Organisationen wünschen etwas, und damit basta. Sie sind der Auffassung, daß solche Wünsche »auf der politischen Ebene« gewährt oder abgelehnt werden müssen; der DBB ist der Meinung, daß es rationale Gründe dafür geben muß. An der Geschichte der Besoldungskämpfe ist dies deutlich abzulesen:

DBB: Begründung allgemeine Einkommensentwicklung, Bundesverfassungsgericht erkennt an, Regierung erkennt an. Die von den Gewerkschaften vertretene Auffassung ist eine andere (England: Was wollen Sie eigentlich? Kurz und knapp: mehr).

Man soll nicht glauben, daß heutzutage das Argument kein Gewicht mehr hat. Der DBB wird jedenfalls stets versuchen, zunächst mit Hilfe rationaler Argumente durchzudringen.

Es genügt aber natürlich nicht, das Argument wirken zu lassen. Man muß auch dafür Sorge tragen, daß es in die richtigen Ohren gelangt. Hier muß der Verband, dem an der Wirkung seiner Argumente gelegen ist, sowohl durch die Aufbereitung der Begründung als auch durch die Form des Vortrags dafür sorgen, daß ein Argument »ankommt«, wie man heute so schön sagt.

Dies ist der Grund, weshalb der DBB als moderner Verband so viel

Wert auf seine Öffentlichkeitsarbeit legen muß, und hier, nämlich in der Öffentlichkeit, sind auch die größten Hemmschuhe wie die größten Fürsprecher unserer Tätigkeit zu suchen. Eine Presse, ein Rundfunk, ein Fernsehen, die ihrerseits den Wünschen des DBB mißtrauisch gegenüberstehen, sind für deren Verwirklichung außerordentlich gefährlich. Denn auch der Abgeordnete, der schließlich über einen Regierungsentwurf abstimmen muß, ist der Wirkung der öffentlichen Meinung unterworfen, auch er ist, bei allem vorausgesetzten Sachverstand, in gewissem Sinne von der Zeitung abhängig, die er am Morgen gelesen hat.

Politik, meine Zuhörer, wird von Menschen gemacht, und es kommt für einen Verband, so groß er auch sein mag, stets darauf an, Zugang zu den Menschen zu haben, die diese Politik machen. Und in der Demokratie, in der sich die Regierung alle vier Jahre dem Wahlvolk zu stellen hat, gibt es auch ohne Streikmöglichkeiten noch eine Reihe weiterer Ansatzpunkte, die ein Verband für sich und die Interessen seiner Mitglieder ausnutzen kann. Ich formuliere diesen Passus aber deswegen so vorsichtig, weil man mit dem Argument der Wählerstimmen nicht immerzu und nicht alle Tage arbeiten kann und weil solch Argument auch einmal ganz erheblich ins Auge gehen kann.

Alles in allem kann der Verband durch das Argument, durch seinen Einfluß auf Menschen und durch seinen Einfluß auf die Öffentlichkeit Wünsche seiner Mitglieder durchsetzen. Dazu gehört aber, daß die von ihm vertretenen Mitglieder als Gruppe – also hier die Beamten und die Beamtenanwärter – und daß der Verband selbst das Wohlwollen der Öffentlichkeit genießt und – das würde ich das Wichtigste nennen – glaubhaft bleibt. Jeder Schritt, den ein Verband in der Öffentlichkeit tut – und glauben Sie mir, es gibt bei einem Verband wie dem Deutschen Beamtenbund kaum noch etwas, was nicht an die Öffentlichkeit dringt –, ist eine solche Probe auf seine Glaubhaftigkeit. Ebenso ist jeder berechtigte Anstand, den man an der öffentlichen Verwaltung erheben könnte, ein schwerer Schlag gegen den Gedanken des deutschen Berufsbeamtentums und gegen unseren Verband.

Schließlich könnte man fragen, was denn ein Verband wie der Deutsche Beamtenbund seinerseits der Allgemeinheit nützt. Wie bereits anfangs erwähnt, ist der Verband die Institutionalisierung eines latenten Konflikts, der ohne Institution, ohne Organisation unter Umständen zu

Explosionen führen könnte. Das ist der eine Vorteil des Verbandes. Dann aber ist es nur im Rahmen eines solchen Verbandes möglich, die Wünsche der einzelnen Mitglieder oder Mitgliedergruppen gewissermaßen zu filtrieren, so daß ein innerverbandlicher Kompromiß zustande kommt. Der Verband muß die sozusagen »dumpfen« Mitgliederwünsche formulieren und dadurch erst einmal ins Bewußtsein heben, andererseits durch die Normsetzung innerhalb des Verbandes Gegensätze ausgleichen, um so den Willen des Gesamtverbandes gegenüber dem jeweiligen Partner zur Geltung zu bringen. Neben der innerverbandlichen Demokratie sind diese beiden Probleme die eigentlich schwierigen der Verbände. Die Filtrierung der Mitgliederwünsche auf den verschiedenen Ebenen der innerverbandlichen Willensbildung, sei es im Orts-, Kreis- oder Fachverband, und ihre Integration zu einem gemeinsamen Verbandswillen halten die Organe des Verbandes in dauernder, komplizierter Verhandlungsarbeit; die Durchsetzung des herausfiltrierten Willens gegenüber der Öffentlichkeit und gegenüber anderen Gruppen ist dann die zweite wichtige Arbeit, die an den Verband herantritt.

Wer diese nicht unkomplizierte Lage des Verbandes in der Demokratie verstanden hat, der wird auch für die Arbeit Verständnis haben, die in den verschiedenen Verbandsgremien von ehrenamtlichen und bestellten Funktionären zu leisten ist. In einem verantwortungsbewußt geleiteten Verband kann keine Rede davon sein, daß der einzige Wunsch der Organisation darin besteht, für seine Mitglieder »mehr« zu fordern. Schon der Filtrationsprozeß, dem eine noch so berechtigte Forderung beim Durchlaufen der Gruppenfilter unterliegt, hat eine Wirkung, die schließlich zum Kompromiß innerhalb des Verbandes führen muß. Die Verteidigung des Verbandswunsches nach außen zwingt dann als nächstes den Verband dazu, der Öffentlichkeit und den Verhandlungspartnern – oder Verhandlungsgegnern, wenn Sie wollen – ausreichende Begründung für eine erhobene Forderung zu liefern. Dabei muß oft auch bedacht werden, ob eine Forderung nicht etwa der Verbandsideologie widerspricht und somit das »Gesetz« verletzt, nach dem der Verband »angetreten« ist. Zumal beim Beamtenverband, der ja nicht einen einzelnen Tarifpartner, sondern auf allen Ebenen die Parlamente und die Öffentlichkeit zu überzeugen hat und außerdem Rücksicht auf das Beamtenverhältnis selbst zu nehmen hat, ist dieser Zwang besonders deutlich. Es ist für ihn erforderlich, seine Argumente so hieb- und stichfest zu machen, daß es gelingt, auch eine zunächst widerstrebende Öffentlichkeit von der Notwendigkeit einer erwünschten Maßnahme zu überzeugen, wobei er obendrein noch gegen eingewurzelte klischeehafte Vorstellungen von den »besonderen Privilegien« der Beamtenschaft anzukämpfen hat.[4]

Um den DBB als beamtenpolitischen Faktor zu beschreiben, kann ich mich recht kurz fassen. Als größte Beamtenorganisation der Bundesrepublik, Europas und damit sogar der Erde ist der Deutsche Beamtenbund Anreger und Initiator einer modernen Beamtenpolitik, wo immer sie betrieben wird. Sie wissen, daß wir in Konkurrenz mit den Gewerkschaften des DGB stehen, die ebenfalls Beamte organisieren. Besonders stark ist diese Konkurrenz unter den Betriebsverwaltungen des Bundes, also bei der Post und bei der Bahn. Beide dortigen DGB-Gewerkschaften treiben auch Beamtenpolitik, und, soweit sie sich den Wünschen und Forderungen des DBB anschließen, sogar keine schlechte Beamtenpolitik. Aber immer wieder müssen sie in den eigenen Reihen, vor allem innerhalb des Deutschen Gewerkschaftsbundes, gegen die herrschende Meinung ankämpfen, die ja dort nach wie vor von der Industriearbeiterschaft beherrscht wird. Eine klare Konzentration auf Beamtenpolitik ist eben in Gewerkschaften nicht möglich, in denen die Beamten den kleinsten Teil der Mitglieder stellen. Deswegen – manchmal können einem die Beamtenvertreter im DGB tatsächlich leid tun – ist die Konzeption der Beamtenpolitik im DGB faktisch im Schlepptau des Deutschen Beamtenbundes; nachdem die Trumpfkarte des DGB nicht mehr sticht, den DBB als einen albernen Haufen von Reaktionären hinzustellen, nachdem sich der DBB an wohlverstandener »Modernität« bei aller Wahrung des traditionellen Inhalts unseres Beamtenstatus von den Industriegewerkschaften nicht übertreffen läßt, ist von dem Konkurrenzkampf nur das eine übriggeblieben: der DBB geht zielsicher seinen Weg einer modernen, aber traditionsgerechten Beamtenpolitik, während der DGB nach inneren Kämpfen mit den Beamtengegnern in seinen Reihen immer ein paar Schritte hinterherläuft. Wer heute als Mitglied des Deutschen Beamtenbundes immer noch der alten, wie ein

4 Im Manuskript folgt der Zwischentitel: Der DBB als beamtenpolitischer Faktor.

Klischee wirkenden Vorstellung unterliegt, der DGB sei aufgrund seiner Mitgliederzahl, aufgrund seines Kapitals und seiner Beeinflussungsmöglichkeiten der Öffentlichkeit dem DBB überlegen, der hat nicht bemerkt, daß sich dies in der Frage der Beamtenpolitik schon seit geraumer Zeit ganz erheblich geändert hat.

Wir können also als Mitglieder des DBB mit Stolz darauf hinweisen, daß der DBB für die Beamtenpolitik der entscheidende Faktor in unserer Bundesrepublik ist. Beamtenpolitik ohne DBB ist heutzutage nicht mehr möglich; Beamtenpolitik mit dem DBB hat der Beamtenschaft in den letzten Jahren eine immer bessere Berücksichtigung ihrer Belange gebracht, wobei das Verständnis der Öffentlichkeit für begründete Wünsche des DBB immer mehr gewachsen ist.

Ich komme zum Schluß: Wesen und Aufgabe der Verbände in unserer Zeit liegt im ganzen gesehen darin, daß die Verbände die Organisationsform des gesellschaftlichen Bereichs darstellen, welche die in ihren Interessen differenzierte und deshalb notwendig »pluralistische« Gesellschaft repräsentieren. Der Staat und seine Organe sind nicht in der Lage, dem Glück des einzelnen Bürgers und den Problemen des Individuums individuelles Entgegenkommen zu zeigen, sondern das Parlament kann nur in allgemeinen Regelungen dafür sorgen, daß möglichst keiner zu kurz kommt. Der tiefste Sinn der Verbände, und somit auch unseres Deutschen Beamtenbundes, ist es daher, wie dies Bundespräsident Heuss in seiner Silvesteransprache 1955 umschrieben hat, »als legitimes Organ der modernen Gesellschaft den Staat zu entlasten«.[5]

Diese Aufgabe der Verbände ist unter staatspolitischer Sicht und im Rahmen der Gesamtheit unseres Volkes eine ehrenvolle Pflicht, der sich jeder in einem Verband Tätige mit mehr oder weniger Geschick, jedoch stets mit dem guten Willen zum allgemeinen Besten unterziehen sollte.

5 Für den Wortlaut der Rundfunkansprache vgl. Bulletin des Presse- und Informationsamtes der Bundesregierung. Nr. 1, 3. Januar 1956, S. 1f.

Januar 1962

Wege und Ziele

Was 1961 getan wurde – was 1962 zu tun ist

Jahresausblick 1962

Quelle: Der Beamtenbund. Monatszeitung des Deutschen Beamtenbundes. 13. Jg., Nr. 1, Januar 1962, S. 3 f.

Das Jahr 1961, das uns alle in ständiger Spannung gehalten hat, ist das Jahr der eindrucksvollen politischen Ereignisse. Die außenpolitische Situation, in die die Bundesrepublik geraten ist, Wahlkampf und Bundestagswahl, die schwierige Regierungsbildung und im Hintergrund drohend und das ganze politische Leben beschattend die Mauer von Berlin alles das trägt dazu bei, rückschauend in der Erinnerung das Bild dieses Jahres in dunklen Farben entstehen zu lassen. Die Beamtenpolitik macht – von längst fälligen Regelungen für einzelne Beamtengruppen abgesehen – keine Ausnahme.

Sicher war unsere Arbeit nicht ohne Erfolg. Die Dritte Novelle zum G 131[1] ebenso wie die Novelle zum Bundesbeamtengesetz, die nach ihrem Initiator »Kühlthau-Novelle« genannt wurde[2], haben für den davon betroffenen Personenkreis beträchtliche Verbesserungen gebracht. Aber die Befriedigung über diese neuen Gesetze ist getrübt: Die 131er-Novelle brachte noch immer nicht das Schlußgesetz, auf das die 131er

1 Vgl. Drittes Gesetz zur Änderung des Gesetzes zur Regelung der Rechtsverhältnisse der unter Artikel 131 des Grundgesetzes fallenden Personen vom 21. August 1961; BGBl I. 1961, S. 1557 f.

2 Vgl. Gesetz zur Änderung beamtenrechtlicher und besoldungsrechtlicher Vorschriften vom 21. August 1961; BGBl I. 1961, S. 1361 f. Vgl. dazu auch Walter Kühlthau: Die Beamtenrechtsnovelle verabschiedet, in: Der Beamtenbund. 12. Jg., Nr. 8, August 1961, S. 74.

schon lange warten, und die Novelle zum Bundesbeamtengesetz hat eine ganze Reihe von berechtigten Wünschen der Versorgungsempfänger unberücksichtigt gelassen. Ihr Kernstück, die Regelung der sogenannten Doppelversorgung, wurde auf den nächsten Bundestag vertagt; Beratungen und Entscheidung darüber stehen noch bevor. Ohne Zweifel gibt es jedoch bei diesen beiden neuen Gesetzen einigen Grund zur Anerkennung. Da ist einmal die Erhöhung der Mindestgrenzen für Pensionen, Witwen- und Waisengelder, und da ist zum anderen eine Änderung des § 48 des Bundesbesoldungsgesetzes[3], die den Pensionären zwar nicht, wie der Deutsche Beamtenbund es seit Jahren fordert, die volle strukturelle Überleitung in das Besoldungssystem von 1957 gewährt, aber sie immerhin mit der sogenannten »spitzen« Überleitung bedenkt. Dennoch stehen noch Wünsche offen, und die Pensionäre weisen mit Recht auf ihre Forderungen hin, die sich alle auf die besondere Fürsorgepflicht des Dienstherrn gründen, dem Beamten auch nach der Beendigung seiner aktiven Dienstzeit einen angemessenen Lebensstandard zu garantieren. Fragen des Ortszuschlages, der nach den neuen Gesetzen nach dem tatsächlichen Wohnort gezahlt wird, Fragen aber auch der Versorgung der Ehefrau stehen im Vordergrund unserer Überlegungen, auf welche Weise die Ruhestandsbeamten an einer Entwicklung beteiligt werden, die durch den ständigen Ausbau der Versorgung für alle anderen Bevölkerungsschichten früher bestehende Privilegien aufgehoben hat.

131er- und Wiedergutmachungsnovelle haben Schwierigkeiten ausgeräumt, die einer gerechten Behandlung der betroffenen Personenkreise im Wege standen, und eine Änderung der Bundesdisziplinarordnung hat das Problem der Tilgung von Disziplinarstrafen zeitlichen Entwicklungen angepaßt.

Auch unsere tägliche Kleinarbeit, die sich mit Einzelheiten der Beamten- und Besoldungsgesetzgebung zu befassen hat, brachte seit langem erstrebte Verbesserungen – wie z. B. die Erhöhung der Nachtdienstzulage der Bundesbahnbeamten. Vergessen wir auch nicht, daß der diesjährige Bundesvertretertag des Deutschen Beamtenbundes in Bad

3 Für den Wortlaut vom § 48 a–d des Gesetzes zur Änderung beamtenrechtlicher und besoldungsrechtlicher Vorschriften vgl. die Angaben von Anm. 2.

Godesberg[4] eine der glanzvollsten Veranstaltungen in der Geschichte des DBB gewesen ist; Bundespräsident, Bundeskanzler, Bundesinnenminister, der Vorsitzende des Innenausschusses des Bundestages haben dabei grundlegende Ausführungen zur Aufgabe und Stellung des deutschen Beamten gemacht, und die große Zahl der Ehrengäste ließ die Delegierten mit Stolz empfinden, welche Anerkennung der Deutsche Beamtenbund in der politischen Öffentlichkeit genießt.

So weit, so gut. Wir hatten Erfolge, und hier und da blieb uns 1961 im Einzelfall der Erfolg versagt und muß im kommenden Jahr neu erstrebt werden. Aber – wir gestehen es offen – wenn wir den Weg des Berufsbeamtentums 1961 insgesamt betrachten, sind wir nicht befriedigt.

Es ist nicht in einem ausreichenden Maße gelungen, andere Berufs- und Bevölkerungsgruppen von der Notwendigkeit eines gut funktionierenden Beamtentums in der Bundesrepublik und dafür zu treffende statusrechtliche und wirtschaftliche Regelungen zu überzeugen. Es ist nicht gelungen, vorhandene Neidkomplexe in einem nennenswerten Umfange abzubauen. Es ist nicht gelungen, mit der Anerkennung und Achtung unseres Staatswesens auch die Anerkennung und Achtung der dafür arbeitenden Menschen allgemein zu erreichen.

Und – leider muß auch das gesagt werden – es ist nicht gelungen, zu Beginn der Arbeit des Vierten Deutschen Bundestages die die Beamten betreffende Frage einer Zuwendung zu Weihnachten einer sachlichen Erörterung zuzuführen; vielmehr mußten wir erkennen, daß stärker als im vorangegangenen Bundestag alte und neue politische Kräfte im Parlament die Gewichte anders wägen, als es nach unserer Meinung Recht und Fürsorgepflicht gegenüber den Beamten erfordern.

Aus diesen Erkenntnissen ergeben sich neue und den Einzelproblemen übergeordnete Zielsetzungen: Mehr und mit größerem Nachdruck als in der Vergangenheit wird es zukünftig darauf ankommen, in der Politik, im Organisatorischen und im Menschlichen die Voraussetzungen dafür zu schaffen, daß unsere gerechtfertigten und begründeten Wünsche auf Sachlichkeit und Aufgeschlossenheit treffen. Dazu gehört eine zielstrebige Arbeit, die sich gleichermaßen auf die Mitglieder wie

4 Am 30. und 31. Mai 1961. Vgl. dazu Deutscher Beamtenbund. Gewerkschaftsbund der Berufsbeamten (Hrsg.): Bundesvertretertag 1961. Protokoll, o. O., o. J. (Bad Godesberg 1961).

auf die Öffentlichkeit erstreckt und von der es abhängt, ob schließlich die Möglichkeit besteht, Erfolge auch in der Gesetzgebung zu erreichen. Diese Bemerkung bezieht sich nicht nur auf die Spitze einer Organisation, sondern in gleicher Weise auch auf die Mitgliedsverbände. In jedem dieser Verbände wird jetzt die Bilanz der beamtenpolitischen Tätigkeit gezogen, und eine Fülle von bewältigter Arbeit wird auf der Habenseite zu verbuchen sein. Sowohl die Organisationen in den Ländern, die Landesbünde, wie auch die einzelnen Bundesbeamtenverbände – sie alle haben dabei beamtenpolitisch am gleichen Strang gezogen und konnten ihre Arbeit zum Wohle der Berufsbeamten verrichten.

Der Arbeit der Mitgliedsverbände des DBB gebührt deshalb Dank und Anerkennung, Dank und Anerkennung gebühren aber vor allem der großen Anzahl von Kollegen, die an dieser Arbeit beteiligt waren.

Was im neuen Jahr zu erwarten steht

Das neue Jahr wird, neben der weltpolitischen Belastung, die noch immer nicht abgeklungen ist, auch beamtenpolitisch ohne Zweifel ein interessantes Jahr werden. Keineswegs sind alle Probleme der Beamtenpolitik ein für allemal so geregelt, daß Änderungen nicht mehr zu erwarten sind. Schon bei der ersten Besprechung mit dem neuen Bundesinnenminister Höcherl am 28. November 1961 kam bei den Zukunftsplänen, die der Minister äußerte, jener Zug zum Ausdruck, der zu einer »Harmonisierung« – sprich Vereinheitlichung – des Beamten- und Besoldungsrechts in Bund und Ländern hinstrebt. Wir werden zwischen den Ländern und dem Bund Auseinandersetzungen erleben, die sich um das Beamtenrecht drehen, und es ist durchaus noch nicht ganz klar ersichtlich, ob es dabei um die Übernahme der besseren beamten- und besoldungsrechtlichen Länderregelungen auf den Bund geht, oder ob nicht der Bund – vielleicht sogar durch eine Änderung des Grundgesetzes – einen selbständigen Weg der Länder zu besseren Gesetzen verbauen will. Harmonisierung wäre dann der falsche Ausdruck, schließlich sind mit diesem Wort begrifflich die Vorstellungen von Eintracht, Übereinstimmung und Wohlklang verbunden, Vorstellungen also, die sich nur durch die freiwillige Zustimmung aller Beteiligten, auch der Beamten, erreichen lassen.

Deshalb wird der Deutsche Beamtenbund, und zwar nicht nur seine Landesorganisationen und die Verbände von Landesbeamten, sondern auch die Bundesspitze, sich mit Nachdruck gegen alle Verschlechterungen wenden, die etwa durch Bundeszwang – wenn man dies so nennen kann – eingeführt werden sollten; auf der anderen Seite aber ist nicht zu verkennen, daß eine Harmonisierung des Beamtenrechts, wie wir sie uns vorstellen, als gemeinschaftliche Leistung aller Beteiligten durchaus zu begrüßen wäre. Dazu ist aber eine Besoldungsordnung vonnöten, die keineswegs nur die Angleichung an das Länderrecht mit sich zu bringen haben wird.

In dieser Besoldungsnovelle, wie sie vom Bundesinnenministerium zur Zeit vorbereitet und in den Organen des DBB beraten wird, muß auch die Frage der Zuwendung zu Weihnachten an die Beamten endlich geregelt werden. Die Bundesregierung steht, wie aus den Ausführungen des Bundesinnenministers im Bundestag hervorgeht, auf dem Standpunkt, daß solche Zuwendungen zu Weihnachten dem Beamten- und Besoldungsrecht »systemfremd« sind.[5] Das mag stimmen, wenn man »Tradition« im Sinne eines starren Festhaltens am Hergebrachten auffaßt. Es stimmt aber keineswegs, wenn man daran denkt, daß die sozialen Verhältnisse sich entwickeln und daher laufend ändern. Was 1952 noch richtig gewesen sein mag, das ist zehn Jahre später nicht mehr richtig und wenn alle unselbständig Tätigen aus sozialen Gründen gerechtfertigte Zuwendungen erhalten, dann kann die auf diese Weise erreichte Einkommensverbesserung nicht ohne Auswirkungen auf die Beamten bleiben. Der Deutsche Beamtenbund hat noch niemals ein Hehl daraus gemacht, daß er es für richtig hielte, wenn den Beamten als Ausgleich für die im sonstigen Wirtschaftsleben gewährten freiwilligen sozialen Zuwendungen des Arbeitgebers ein 13. Monatsgehalt gewährt würde. Das würde auch denjenigen gefallen müssen, die die »Systemwidrigkeit« der Weihnachtszuwendung in der Tatsache erblicken, daß die Beträge für jedermann gleich sind. Daß das gleiche beim Kindergeld der Fall ist, ist den Systemfreunden noch nicht aufgefallen.

In nächster Zeit wird der DBB sein Augenmerk darauf richten

5 Vgl. die Ausführungen von Innenminister Höcherl am 29. November 1961; Verhandlungen des Deutschen Bundestages. 4. Wahlperiode 1961. Bd. 50, 5. Sitzung, S. 45f.

müssen, daß die Weisung des Bundesverfassungsgerichts, den Beamten einen angemessenen Lebensunterhalt zu gewähren, der zu dem allgemeinen Lebensstandard und zu der durchschnittlichen Einkommensentwicklung in Beziehung steht[6], in jedem Falle in Bund und Ländern eingehalten wird. Bisher haben die Regierungen von sich aus nicht dafür gesorgt, sondern es bedurfte stets eines Anstoßes durch den Deutschen Beamtenbund. In der im Bundestag geübten Kritik an der Regierungserklärung der neuen Bundesregierung ist dies mit erfreulicher Deutlichkeit zum Ausdruck gekommen. Vielleicht – man soll die Hoffnung nie fahren lassen – wird das nun anders; sein Wächteramt kann der Deutsche Beamtenbund deswegen aber noch nicht aufgeben.

Die allgemeine Aufgabe

Alles das, was ich vorstehend aufführte, hängt aber mit der allgemeinen Aufgabe zusammen, die sich der Deutsche Beamtenbund auch in diesem kommenden Jahr zu setzen hat. Er hat jetzt eine Bedeutung in unserem politischen Leben erlangt, die zwar nicht unwesentlich mit seinem Umfange und der Zahl seiner Mitglieder zusammenhängt, aber auch unabhängig davon auf Grund seiner Haltung zu Fragen der Staatspolitik mehr und mehr beachtet wird. Ein solcher Verband, der den Großteil der Beamten und obendrein noch einen großen Teil der übrigen Angehörigen des öffentlichen Dienstes vertritt, muß alle seine Äußerungen, Wünsche und Forderungen in den großen Zusammenhang des ganzen Volkes stellen. Der DBB hat dies in den vergangenen Jahren getan, und er wird es weiter tun. Es gibt durchaus die Möglichkeit, die Interessen der Mitglieder zu wahren und zur gleichen Zeit das Gemeinwohl im Auge zu behalten.

In unserem Staat, der dem Ideal der liberalen Demokratie des 19. Jahrhunderts nicht mehr ähnlich sehen kann, ist eine Vielzahl von organisierten Interessenten damit beschäftigt, für sich selber die besten Stücke des Kuchens zu erreichen, den unser Sozialprodukt darstellt. Ein Beamtenverband wie der Deutsche Beamtenbund, der zugegebenerma-

6 Vgl. das Urteil vom 11. Juni 1958; BVerfGE. Bd. 8, S. 1ff.

ßen ebenfalls Interessen, und zwar die Interessen seiner Mitglieder vertritt, unterscheidet sich von den Lobbyisten nur dadurch, daß seine Mitglieder nicht einer Firma oder einem Konzern, sondern dem Staat als Ganzem dienen. Das ist der entscheidende Unterschied, der Unterschied zwischen dem organisierten Interesse der Wirtschaft oder bestimmter Bevölkerungsschichten und dem Interesse derjenigen, die zugleich die vollendete Funktion unseres Staatswesens zu garantieren vermögen. Der Deutsche Beamtenbund ist also ein Interessenverband, denn er kämpft für seine Mitglieder. Das letzte Interesse, das er dabei im Auge hat, ist aber die Funktion der öffentlichen Verwaltung, der öffentlichen Betriebe und der Gemeinden: ein Interesse, das über allen anderen Interessen steht und das wir schlicht als »Gemeinwohl« bezeichnen.

Wer diese Zeilen aufmerksam gelesen hat, der versteht, weswegen sich die Beamten bisweilen wehren, als »Interessenten« bezeichnet zu werden. Er versteht auch, weswegen die Beamten so besonders empört sind, wenn man sie als solche behandelt. Und dennoch: in einem Staate, in dem sich alle wie Interessenten gebärden (und es fragt sich, ob sie überhaupt anders können!), und in dem man auch die Beamten als Interessenten behandelt, müssen sie, ob sie wollen oder nicht, sich der Mittel bedienen, die ihnen zum Erfolge verhelfen. Daß sie mit dem Erfolg auch die rationelle und störungsfreie Funktion der Staatsmaschinerie sichern, das steht auf einem anderen Blatt.

Dazu kommt aber noch ein anderes. Im Gegensatz zu allen anderen organisierten Gruppen unseres Volkes haben die Beamten und die Angehörigen der Verwaltung bei der Bemühung um ihre Forderungen und Wünsche neben dem Vorurteil, daß es sich ja »nur um Interessenten« handelt, noch ein weiteres Vorurteil zu überwinden. Es geht darum, daß »die Verwaltung«, »die Beamten« überhaupt im Volke noch immer nicht in dem Ansehen stehen, das ihnen auf Grund ihrer Dienstleistung für Volk und Staat gebührt. Wir wissen, daß das Vorurteil, »die Beamten« seien eigentlich nur drohnenartige Nutznießer des Steuersäkkels, nicht von heute stammt. Es kann sich sogar des zweifelhaften Vorteils rühmen, von Hitler in seinem Buch »Mein Kampf« verwendet zu sein; es war aber schon darin nicht originell, sondern es bestand seit vielen Jahrzehnten. Marx und seine Nachfolger haben die Beamten immer wieder als die Exekutive des Klassenfeindes bezeichnet, und mit dem Kampf gegen jede Autorität wurde auch der Beamte angegriffen, der wohl oder übel den Willen der Mehrheit durchsetzen mußte.

Freilich hat sich vieles geändert, und es wird heute ziemlich schwierig sein, noch Vertreter des Klassenkampfes zu finden, die die Beamten für Klassenfeinde halten. Presse und Öffentlichkeit haben zum großen Teil mittlerweile eingesehen, daß Beamte und öffentliche Verwaltung für unser Gemeinwesen echte Dienstleistungen erbringen, und nur noch versteckt findet sich das alte Klischee, daß die Beamten eigentlich »nichts tun«. Aber wenn es darum geht, Besoldungsforderungen der Beamtenschaft zu diskutieren, die ja immer in der breiten Öffentlichkeit diskutiert werden müssen, während Tarifverhandlungen hinter verschlossenen Türen geführt werden – wenn es also darum geht, irgendwelche Maßnahmen für die Beamten zu treffen, die Geld kosten, dann wird manchmal das alte Stereotyp wieder herausgeholt und blankgeputzt. Für den DBB geht es dann darum, erst einmal dies Klischee zu bekämpfen, und dann auch noch den Kampf mit all denen zu führen, die von Amts wegen oder der Politik wegen gegen Forderungen aller Art aufzutreten haben.

Was ich damit sagen will, ist dies: es genügt nicht, für die berechtigten Forderungen der Beamten einzutreten, sondern es gilt, für ihre objektive Behandlung zunächst einmal die Voraussetzungen zu schaffen. Und diese sind nur zu erreichen, wenn man alles daran setzt, die ungünstigen Bilder, die sich Volk und Öffentlichkeit noch immer von »den Beamten« machen, in Richtung einer freundlichen Vorstellung von den Beamten zu verändern, die das Ganze in Ordnung halten. Der Deutsche Beamtenbund hat durch seine beamtenpolitischen Arbeitstagungen seit Jahren dieses Ziel verfolgt und er hat im letzten Jahr durch einen Farbfilm, der im Jahre 1962 bei den Landesfilmdiensten für jedermann kostenlos erhältlich sein wird, einen weiteren Schritt getan. Zudem ist er in seiner ganzen Publizistik, bei Pressekonferenzen und überall, wo er mit der Öffentlichkeit zusammenkommt, um die gleiche Wirkung bemüht. Eine hervorragende Unterstützung dieser seiner Absichten würde der DBB dadurch erhalten, daß alle Organisationen und Mitgliedsverbände, bis in die Ortsgruppen hinein, sich ebenfalls Mühe gäben, den Deutschen Beamtenbund als die Organisation des modernen, aufgeschlossenen, in die Zeit passenden Berufsbeamtentums zu repräsentieren. Steter Tropfen höhlt den Stein, und ich habe die Hoffnung, daß es dem Deutschen Beamtenbund eines nicht zu fernen Tages gelingen wird, das Vorstellungsbild, das Volk und Öffentlichkeit von der Arbeit des deutschen Beamten haben, entscheidend zu verbessern.

Es geht um den Staatsbegriff

Ein Staatsbeamter ist in seinem sozialen Prestige aber noch von einer anderen Beurteilung entscheidend abhängig: von dem Staat, den er für die Bevölkerung repräsentiert. Mit zunehmender Besorgnis muß der Deutsche Beamtenbund beobachten, wie wenig Achtung in unserem Volke unserer Demokratie entgegengebracht wird. »Bonn« ist beinahe schon wieder zum Spottwort geworden, und die Schwierigkeiten der Regierungsbildung in diesem Jahre haben nicht unwesentlich dazu beigetragen, daß man einen Teil der Parteien des Deutschen Bundestages mit Achselzucken, wenn nicht gar mit mitleidigem Lächeln bedenkt. Ein Beamter in einem Staat, der von der Bevölkerung nicht geachtet wird, hat aber ein besonders schweres Leben. Weniger um unserer Kollegen willen, mehr noch, weil es uns alle angeht, muß der Deutsche Beamtenbund als Organisation von Menschen, die zum Staat in einem besonderen Treueverhältnis stehen, auf eine andere Einstellung zum Gemeinwesen hinwirken. Freilich bietet der soziale Rechtsstaat, vor allem in seiner Rolle als Sozialstaat, wenig erhebende Züge; die Tatsache aber, daß er von der weit überwiegenden Mehrheit unseres Volkes als unser Staat getragen wird, sollte jedermann dazu anhalten, ihn zu ehren und nicht herabzusetzen. Aus diesem Grunde begrüßt der Deutsche Beamtenbund die Erklärung des Sprechers der Opposition im Deutschen Bundestag, der ausdrücklich darauf hinwies, daß diese Regierung, weil sie ordnungsgemäß zustande gekommen ist, unser aller Regierung ist, und daß die Opposition alles unternehmen will, um bei Schicksalsfragen der Nation von parteipolitischen Auseinandersetzungen abzusehen und dem Ganzen mitzudienen.[7]

7 Vgl. die Ausführungen des SPD-Abg. Willy Brandt vom 6. Dezember 1961; Verhandlungen des Deutschen Bundestages. 4. Wahlperiode 1961. Bd. 50, 6. Sitzung, S. 53 ff., hier S. 53.

Ein solcher Dienst schwebt auch den Beamten vor, die unsere Mitglieder sind. Es kann keineswegs nur darum gehen, die Interessen der Beamten zu vertreten und etwa für eine bessere Fassung der Beihilfenvorschriften zu sorgen. Unser Kampf um die Erhaltung, Sicherung und Festigung des Berufsbeamtentums hängt aufs engste mit unserer Einstellung zum Staat als dem Gemeinwesen zusammen. Wir halten die Beamtenverwaltung für die rationellste und effektivste Verwaltung überhaupt, die der Funktion unseres Staates dienen kann, und damit diese funktioniert, verlangt die Vernunft, daß die Verwaltungsangehörigen ihrer Arbeit in Zufriedenheit nachgehen können. Ist diese Verbindung einmal erkannt, dann wächst das Interesse der von uns organisierten Beamten und Verwaltungsangehörigen mit dem Interesse des Gemeinwesens so eng zusammen, daß sie kaum noch voneinander unterschieden werden können. Keiner würde den einen Interessenten nennen, der sich um den Staat sorgt. Der DBB, der sich um den Staat sorgt, auf dem Umwege über die Beamten, ist daher kein Lobbyist, sondern ein sehr bewußter Kämpfer für unsere Demokratie.

Anstand im Organisationskampf

Der Deutsche Beamtenbund steht auf dem Standpunkt, daß gewerkschaftliche Organisationen, zu denen er sich selber zählt, im Sozialstaat ihre legitime Bedeutung besitzen. Er wird sich daher mit anderen Organisationen sachlich auseinandersetzen und Toleranz üben. Konkurrenzorganisationen sind für ihn Organisationen, die das gleiche Recht haben wie der DBB auch. Allerdings muß man sie an ihren Wirkungen erkennen können, und daher kann der DBB irgendwelche kleinen Gruppen, die von den Erfolgen der Großen zehren und im übrigen ein befristetes Schattendasein führen, als Organisationen nicht für gleichberechtigt ansehen. Anders ist es mit jenen gewerkschaftlichen Verbänden, die als Spitzenorganisationen gleich dem DBB zugelassen sind und von deren Arbeit man auch auf Bundesebene hört. Aber gerade hier scheint in der letzten Zeit ein merkwürdiges Verhalten Platz gegriffen zu haben: mehr als einmal mußte der Deutsche Beamtenbund feststellen, daß die dem Deutschen Gewerkschaftsbund angehörenden Gewerkschaften in entscheidenden beamtenpolitischen Kampfsituationen den DBB allein kämpfen ließen, um dann hinterher den erzielten Erfolg in ihren Publikationen auf das eigene Konto zu buchen. Ich glaube nicht, daß dies ein faires Verhalten ist. Auf die Dauer werden aber auch die Beamten erkennen, welche Methoden der Verbandsarbeit noch unterstützt oder hingenommen und welche mißbilligt werden müssen. Der DBB stellt seine Tätigkeit nicht nur auf Augenblickserfolge ab: seine Auffassungen werden deshalb mit dem überzeugenden Argument vertreten und nicht mit den Methoden der Massenreklame aufgedrängt.

Die Achtung voreinander und das Bewußtsein, einem im Grunde ähnlichen Zweck zu dienen, sollten z. B. auch in den kommenden Kämpfen um die Personalratssitze in den Bundesverwaltungen das Feld beherrschen. Der DBB fürchtet, daß diese Worte bei der Gegenseite nicht auf allzu fruchtbaren Boden fallen werden, aber dennoch seien sie ausgesprochen. Wir müssen uns als gewerkschaftliche Organisation darüber im klaren sein, daß nicht nur die Parteien, sondern auch die Organisationen zu den staatstragenden Säulen gehören; Säulen, deren Wanken den demokratischen Staat ins Wanken bringen kann. Wer sich dessen bewußt ist, der wird auch im Konkurrenzkampf den richtigen Ton finden, der den sachlichen Unterschied, nicht aber die Verdächtigung anspricht. Wer behauptet, der Deutsche Beamtenbund sei immer gegen Weihnachtszuwendungen für Beamte gewesen und dies mit einer offiziösen Meldung aus dem Jahre 1952 zu beweisen versucht, als es darum ging, den Beamten anstelle einer Besoldungserhöhung eine Weihnachtszuwendung zu geben, der berichtet nicht sachlich, sondern betreibt unsachliche Polemik.

Eine schwierige Zeit liegt hinter uns, und schwierige Zeiten stehen uns bevor. Deshalb richte ich meine Bitte an alle Mitglieder des Deutschen Beamtenbundes, die Ziele ihres Berufsverbandes weiter mit Nachdruck zu unterstützen, aber auch an alle Vertreter der Parlamente und der Öffentlichkeit, Verständnis für die Belange der Beamten und Verwaltungsangehörigen zu zeigen. Es geht immer und in allem ums Ganze, nämlich um unseren Staat, unser Volk und das Gemeinwohl.

20. Mai 1962

Die anderen laufen davon[1]

Beitrag anläßlich des Beamtentages des Deutschen Gewerkschaftsbundes 1962, auf dem die Frage der Besoldungsreform im Mittelpunkt der Diskussionen stand

Quelle: Sonntagsblatt. Nr. 20, 20. Mai 1962

Die gegenwärtige Lage der deutschen Beamtenschaft ist insofern merkwürdig zu nennen, als die Bundesregierung nicht, wie in früheren Jahren, die Besoldungswünsche der Beamten als unberechtigt ablehnt, sondern sie für durchaus berechtigt hält. Das sollte die Beamten freudig

1 Die Redaktion des »Sonntagsblattes« stellte dem Beitrag folgende Bemerkung voran: Anfang Mai fand in Berlin der diesjährige Beamtentag des Deutschen Gewerkschaftsbundes statt, auf dem das Für und Wider einer Besoldungsreform für Bundesbeamte erneut lebhaft erörtert wurde. Der Vorsitzende des Deutschen Beamtenbundes (DBB), der zweitgrößten gewerkschaftlichen Dachorganisation in der Bundesrepublik, Alfred Krause, übermittelte uns hierzu den folgenden Beitrag, den wir – zusammen mit einer Stellungnahme der Redaktion – veröffentlichen.

Die Stellungnahme der Redaktion – unter der Überschrift: Hannemann, geh' du voran – hat folgenden Wortlaut:

Wie jeder, der seine Arbeitskraft einsetzt, hat auch der Staatsbedienstete ein Anrecht, am wirtschaftlichen und sozialen Fortschritt unserer Zeit teilzunehmen. Aber unsere Zeit schickt sich an, mit dem Arbeitsertrag einer anderen Gruppe des Volkes, die zwar der Zahl, nicht aber der Qualität nach unbedeutend ist, leichtsinnig umzugehen. Mit allen, die private Vorsorge gegen Alter, Krankheit und Invalidität treiben müssen.

Eine solche Vorsorge braucht kein Beamter zu treiben. Sein Arbeitsverhältnis bedeutet totale Sicherheit, bedeutet fünfundsiebzig Prozent des Endgehalts als Pension, Unkündbarkeit und viele, viele Wochen Urlaub – Dinge sämtlich, von denen jeder andere Arbeitnehmer nur träumen kann, ohne sie zu erhoffen: Mag die Beamtenschaft mit ihrer Gehaltsentwicklung stets ein wenig zurück sein, mit ihren allgemeinen Arbeitsbedingungen ist sie meilenweit voraus.

Nicht zuletzt deshalb hat die Bundesregierung es vielleicht richtig gefunden, bei den Beamten zu erreichen, was Erhards Maßhalteappell und die Streitgespräche mit Nordhoff nicht vermocht haben: Aus dem Teufelskreis ständiger Lohn- und Preisstei-

stimmen, wenn nicht die Bundesregierung und die Koalitionsfraktionen des Bundestages zur gleichen Zeit bei aller Anerkennung der Forderungen von den Beamten verlangen würden, in diesem Jahre trotzdem »stillzuhalten«. In der augenblicklichen wirtschaftspolitischen Situation hegt man die Hoffnung, daß durch eine Verweigerung der Besoldungs- und Gehaltsforderungen im öffentlichen Dienst eine allgemeine Beruhigung der Lohnsituation herbeigeführt werden könnte, und kommt zusätzlich mit dem – den Beamten seit vielen Jahren wohlbekannten – Argument, daß die Bundeskasse leer sei. Zusätzlich wird noch ins Treffen geführt, daß die Gewährung von Besoldungsanpassungen für die Beamten gewisse Berufungen nach sich ziehen würde. Man denkt da vor allem an die Wünsche der Kriegsopfer, Lastenausgleichsgeschädigten usw., die dann auch mehr bekommen müßten. Eine Besoldungsanpassung für die Bundesbeamten, so sagt die Bundesregierung, würde einen »Dammbruch« verursachen und außerdem unter Umständen die Initialzündung für eine neue Lohnwelle in der Wirtschaft abgeben.

Diese Argumente, die man auch wieder aus dem Munde von Regierungsvertretern anläßlich der Berliner Beamten-Tagung des Deutschen Gewerkschaftsbundes hören konnte, sind keineswegs neu. Es fragt sich nur, ob sie durch die Wiederholung richtiger werden; wir glauben dies nicht. Einmal ist die wirtschaftliche Lage der Bundesrepublik bei weitem nicht so gefährlich, wie dies in den ersten Monaten des Jahres 1962, im wesentlichen auf dem Gebiet der Exportüberschüsse, scheinen mochte, sondern die Konjunktur nimmt weiter einen erfreulichen Verlauf, so daß sogar mit einer Steigerung der Steuereinnahmen 1962 über die Schätzung hinaus gerechnet werden kann. Daß die Bundesregierung dennoch zum Maßhalten bei Löhnen und Preisen mahnt, ist ihr

gerungen, den uns die Überbeschäftigung bescherte, auszubrechen. Aber: Warum gerade bei uns? fragen die Beamten. Warum gerade bei uns? hat auch der DGB gefragt, und warum bei mir? fragt der einzelne Unternehmer, dem Preisdisziplin anempfohlen wird. Hannemann, geh' du voran, sagen sie sämtlich. Einer aber muß wirklich vorangehen – warum nicht der, von dem der Staat am meisten Verständnis erwarten kann?

Doch der Beamtenbund spricht nur von verschwenderischer Haushaltsführung und davon, daß er teilhaben wolle an der Frucht wirtschaftlichen Fortschritts. Beides stimmt. Aber könnten nicht gerade die Beamten in den Parlamenten mancher Verschwendung steuern? Und was den Lohn betrifft, gestatten wir uns die Frage: Warum gerade jetzt?

gutes Recht, denn die Anforderungen an den Bundeshaushalt, vor allem für militärische Ausgaben und die Berlin-Hilfe, werden zweifellos steigen.

Der Deutsche Beamtenbund ist aber der Auffassung, daß die Maßhalte-Appelle an die falsche Adresse gerichtet sind, wenn man damit lediglich die Beamten zu beeinflussen sucht. Gerade die Beamten haben in der vergangenen Zeit mehr als einmal bewiesen, daß sie nicht zu den Spitzenreitern der Lohnentwicklung zählen, sondern mit ihren Gehältern lediglich den allgemeinen Stand der Einkommensentwicklung, in dem sich ja auch die Preisentwicklung spiegelt, erreichen wollen. Diesem Zweck diente die Forderung des Deutschen Beamtenbundes, die Beamtengehälter ab 1. Januar 1962 um 7,7 Prozent zu erhöhen.

Man sieht also, daß die Beamtenforderungen darauf ausgehen, für die Beamten einen Stand zu erreichen, den andere Bevölkerungskreise, ja die Gesamtbevölkerung nach den Zahlen des Statistischen Bundesamtes bereits am 1. Januar 1962 erreicht hatten. Insofern kann also mit keinem Wort die Rede davon sein, daß die Beamten, wie auch die übrigen Angehörigen des öffentlichen Dienstes, sich der im Gange befindlichen neuen Lohnwelle anschließen. Es gehört zu den Eigenarten der Besoldung im öffentlichen Dienst, daß sie stets erst hinterher an die allgemeine Einkommensentwicklung angepaßt werden kann. Niemals kann daher eine Besoldungsanpassung der Grund für neue Lohnforderungen in der Wirtschaft sein, obgleich dies häufig so dargestellt wird.

Das Argument, vor allem des Bundesfinanzministers, man könne durch ein Besoldungsmoratorium im öffentlichen Dienst die Lohnsituation überhaupt beeinflussen, kann nur dann einige Hoffnung auf Durchschlagskraft besitzen, wenn alle Angehörigen des öffentlichen Dienstes von dem Moratorium betroffen werden. Nun gibt es den öffentlichen Dienst aber nicht nur in verschiedenen Rechtsverhältnissen – Beamte, Angestellte, Arbeiter –, sondern auch noch in verschiedenen Unterstellungsverhältnissen: Bund, Länder, Gemeinden. Und die Lohnverhandlungen für die Angestellten und Arbeiter der Gemeinden haben bewiesen, daß zumindest die Gemeinden bereit sind, schon in diesem Jahre eine Gehaltserhöhung von etwa fünf bis sechs Prozent zu bewilligen. Ein sehr großer Teil, ein gutes Drittel, ist dadurch aus der Front herausgebrochen, die der Bundesfinanzminister zu errichten hoffte, und es ist durchaus noch nicht klar, ob nicht auch die Länder sich dem Vorgehen der Gemeinden anschließen werden.

Bleiben noch zwei Gründe, die von der Bundesregierung für die Ablehnung einer Besoldungsanpassung angeführt werden: die leeren Kassen und die Berufungen der Kriegsgeschädigten und Lastenausgleichsrentner. Leere Kassen, so muß man leider hier einmal ganz deutlich sagen, hat man immer dann, wenn das Geld ausgegeben ist. Und es hat bisher noch keinen Bundeshaushalt gegeben, der etwa von vornherein einen Überschuß aufgewiesen hätte. Aber die Kassen erst leermachen und dann den Beamten zu sagen, daß für sie nichts mehr da ist, das kann man kaum eine zielbewußte Beamtenpolitik nennen. Vor allem dann nicht, wenn man im Zeichen des allgemeinen Maßhaltens eine Reihe von Ausgaben erhöht – nicht nur auf dem militärischen, sondern auch auf dem zivilen Sektor –, über deren Notwendigkeit man zumindest geteilter Meinung sein könnte.

Was der Deutsche Beamtenbund der Bundesregierung zum Vorwurf machen muß, ist einmal die Tatsache, daß sie bisher noch niemals von sich aus in eine Prüfung der Besoldungslage der Beamten eingetreten ist, Vergleiche zur allgemeinen Einkommensentwicklung angestellt hat und dann daraufhin in der Frage der Anpassung aktiv geworden ist. Stets ist sie durch die Beamtenorganisationen, vor allem den Deutschen Beamtenbund, erst dazu aufgefordert worden. Und was man ihr weiterhin zum Vorwurf machen muß, das ist ihre Befürchtung, daß eine Besoldungsanpassung für die Beamten weitere Forderungen anderer Kreise nach sich zöge. Der Deutsche Beamtenbund hat alles Verständnis dafür, daß sowohl die Kriegsbeschädigtenbezüge wie auch die Renten der Lastenausgleichsempfänger den Betroffenen eine wirkliche Hilfe, wenn nicht gar eine Existenzsicherung bieten. Aber die Beamten verstehen es nicht, wie man solche Menschen, die für den Bund, die Länder und die Gemeinden arbeiten oder aber ihre Ansprüche aus einer für diese Dienstherren geleisteten Arbeit herleiten, mit anderen Menschen gleichstellen kann, deren Anspruch an den Staat nicht aus einem Rechtsverhältnis, sondern aus moralischen Erwägungen stammt.

Man bekommt nachgerade den Eindruck, als geniere sich die Bundesregierung, etwas für ihre Bediensteten zu tun, obgleich sie weiß, daß dies notwendig wäre. Und wenn sich dieser Eindruck in der Beamtenschaft verstärkt, dann zieht das die Erwägung nach sich, ob denn auf die gegenseitige Treuepflicht eines solchen Staates auf die Dauer Verlaß wäre. Ein Vertrauen, das sich anbahnte, kann hier leichtfertig verspielt werden, nur weil man auf dem Rücken der Beamten Wirtschaftspolitik zu treiben gedenkt, oder das, was man dafür hält.

Die Forderung der Beamtenschaft, noch in diesem Jahr eine Besoldungsanpassung durchzuführen, einerlei ob dies nun mit einem Besoldungsänderungsgesetz mit rückläufigem Inkrafttreten oder aber mit einer einmaligen Übergangsmaßnahme geschieht, ist also durchaus legitim. Die Beamten können schon deshalb nicht darauf verzichten, weil die Lohnbewegung ringsum munter weitergeht und sie nach Jahresfrist noch viel weiter zurückliegen würden, als dies schon am 1. Januar 1962 der Fall war. Gewisse Äußerungen des Bundesministers auf der Berliner Beamtentagung[2], der dies zweifellos erkannt hat, lassen darauf schließen, daß man sich wenigstens im Beamtenministerium Gedanken darüber macht, wie den Beamten noch im Jahre 1962 zu helfen wäre. Der Deutsche Beamtenbund muß jedenfalls auf seiner Forderung bestehen, wobei ausdrücklich darauf hinzuweisen ist, daß die sogenannte »Harmonisierungsnovelle«, eine Änderung des Bundesbesoldungsgesetzes mit der Anhebung einiger weniger Besoldungsgruppen, zur Beschwichtigung der Beamten keineswegs ausreicht.

2 Zum 5. Deutschen Beamtentag des DGB am 8. und 9. Mai 1962 und zu einem Bericht über die Rede Höcherls vgl. Der Deutsche Beamte. 12. Jg., Nr. 6, Juni 1962, S. 83ff., insbesondere S. 85f.

27. Juni 1962

Gesellschaft – Staat – Beamter

Vortrag vor dem Deutschen Philologenverband im DBB Landesbezirk Nordwürttemberg in Stuttgart

Quelle: DBB-Archiv, Abt. Bulei 15000-2 (maschinenschriftlich mit handschriftlichen Änderungen A. Krauses)

In einer Zeit, in der akute Probleme in der Wirtschaft und Beamtenpolitik im Vordergrund stehen, mag es zunächst ein wenig abwegig erscheinen, daß der Vorsitzende des Deutschen Beamtenbundes ein Referat hält, das so sehr theoretisch aussieht; so abstrakt und wirklichkeitsfern, und das so sehr nach Wissenschaft schmeckt. Aber einmal ist es geradezu eine geistige Erholung, sich in so hektischen Zeiten zu besinnen und auf die Grundlagen zurückzugehen, auf denen ja schließlich auch unsere Tagespolitik fußt, und zum andern verlangen die Zuhörer, vor denen ich heute hier reden darf, als Angehörige des wissenschaftlichen Schulzweiges ein Referat, das auch unter Anlegung strengerer Maßstäbe überzeugt. Überzeugt nicht nur, sondern auch klarlegt, welche tiefere Bedeutung der Tageskampf hat und wie sehr sich in der Politik des Deutschen Beamtenbundes die Sorge um die Wohlfahrt des Ganzen widerspiegelt. »Gesellschaft – Staat – Beamter« – damit ist der Rahmen umrissen, in dem es sich um den Standort der Beamtenschaft handelt; die Gesellschaft, in der wir leben, der Staat, der unser Dienstherr und zugleich unsere eigene soziale Veranstaltung ist, und der Beamte, dessen Stellung in beiden zu zeigen wäre.

Ich sage Ihnen nichts Neues, wenn ich auf die gewaltigen Änderungen der sozialen Verhältnisse in den letzten 50 Jahren verweise. In diesen wenigen Jahrzehnten hat unser Land die große Umwälzung von der früher vorwiegend agrarproduktiven zur industriellen Gesellschaft durchgemacht. Heute gehen nur etwa noch 15 Prozent der Bevölkerung der Agrarwirtschaft nach, während die übrigen 85 Prozent der Bevölkerung in der Industrie oder im sogenannten tertiären Bereich, in den Dienstleistungsbetrieben, tätig sind. Man nennt diese moderne Lebensform, die wir in allen hochindustrialisierten Staaten finden, die industriell-bürokratische Gesellschaft, und wenn es auf die Größe der untersuchten Gesellschaft ankommt, dann pflegt man noch hinzuzufügen: industriell-bürokratischer Flächenstaat. Der Wandel der Sozialstruktur, den ich eben anzudeuten versuchte, mit dem immer weiter ansteigenden Anteil der Großsiedlungen, industrieller Ballungsgebiete, auf engstem Raume, hat zu einer Ausbildung und Feinheit der Verwaltungsmethoden führen müssen, so daß der Begriff des »Bürokratischen«, der hier nicht abwertend gebraucht werden darf, eine immer größere Unabdingbarkeit erfuhr. Zum industriellen Flächenstaat gehört eine ausgebildete Bürokratie, ebenso wie dazu eine immer mächtiger werdende Technik gehört.

Die Struktur der Gesellschaft ist ebenfalls von der Änderung der Lebensform abhängig. Während einer weitgehend agrar ausgerichteten Gesellschaft gewisse feudale, auf die Bodenbearbeitung ausgerichtete Sozialsysteme eigentümlich sind, erhält die soziale Struktur bei fortschreitender Industrialisierung einen nivellierenden Zug, der auf eine Ausgleichung sozialer Gegensätze tendiert. Der Frühkapitalismus, wie ihn Karl Marx in England erlebte, mag vielleicht nur ein Übergangszustand sein, während gerade die hochindustrialisierte Gesellschaft, wie wir sie in den USA, aber auch in der Bundesrepublik Deutschland finden, jenen deutlichen Gleichheitstrend zum Mittelstand besitzt, der, wie in Amerika erkennbar, ein »Zeitalter der Gleichheit« heraufführen mag. Ich will mich keineswegs in die wissenschaftlichen Streitigkeiten der Soziologen einmischen, von denen die einen behaupten, wir hätten eine »mobile Klassengesellschaft«, also eine starke Aufstiegs- und Abstiegsmobilität auf der sozialen Stufenleiter bei gleichzeitig beibehaltenen sozialen Klassenunterschieden, während andere, übrigens wiederum ohne abwertenden Beigeschmack, die Bundesrepublik Deutschland als »kapitalistische Gesellschaft« beschreiben, bei der sogar – man höre und staune! – die Beamten eine Art Bildungs- und Herrschaftsmonopol innehätten (Dahrendorf!). Alles in allem läßt sich feststellen, daß die Veränderungen von der agrarischen zur industriellen Lebensform auch in unserem Lande zu starken Veränderungen der sozialen Struktur geführt haben, die auch die Aufgaben des Staates in geradezu entscheidender Weise verändert haben.

Denn auch der Staat ist in den letzten 50 Jahren anders geworden. Ich meine hier nicht die Umstellung von der konstitutionellen Monarchie zur modernen Demokratie, obgleich auch dies zu gewissen Änderungen des Lebensgefühls gerade der Staatsdiener geführt hat, sondern die Umstellung des Staates vom Staat als Lenker, als Eingreifer zum Staat als Leistungsträger. Die Ordnung der industriellen Ballungsräume, ihre Versorgung mit Lebensmitteln, die Bereitstellung von Leistungen aller Art, im Verkehrswesen, im Nachrichtenwesen, in der Wasser- und Stromversorgung, im hygienischen Bereich und nicht zuletzt auf dem Gebiete der Bildung und Ausbildung – alles dies läßt den Staat der Mitte des 20. Jahrhunderts als einen völlig anderen erscheinen, als er dies zu Anfang des Jahrhunderts gewesen ist.

Dazu gesellt sich ein gewisser Abbau der staatlichen Autorität, zu dem nicht nur die Katastrophen beigetragen haben, die unser Land gerade in den letzten fünfzig Jahren mehrfach erlebte, sondern der sich gewissermaßen durch die Änderung der sozialen Verhältnisse von selber ergibt. Der soziologische Begriff der Herrschaft wirkt sich in der täglichen Praxis als Verwaltung aus, wie Max Weber sagte, und dem Staat kommt im Laufe der Zeit, gerade weil er so viele Leistungen und Dienstleistungen bereithalten muß, ein genossenschaftlicher Charakter zu, hinter dem das Autoritative mehr und mehr zurücktritt.

Die moderne industrielle Flächendemokratie unterscheidet sich zudem von dem Ideal der liberalen Demokratie, das uns allen zunächst vorschwebte, ganz erheblich. Viele Enttäuschungen, die gerade junge Menschen heute erleben, wenn sie die Verfassungswirklichkeit unseres Staates betrachten, rühren sicher auch zum Teil daher, daß sie in der Demokratie ein Ideal verkörpert sehen wollten, das in Wahrheit aus dem 19. Jahrhundert stammt und sich heute gar nicht mehr verwirklichen läßt. Die moderne Demokratie mit einer großen Bevölkerungsmenge kann nicht mehr eine direkte Demokratie sein, wie das vielleicht in der Schweiz noch möglich ist. Demokratie kann heute nur aufgefaßt werden, wie der politische Soziologe Professor Stammer sagt, »als eine zu alternativer

Führung und Regierung tendierende Kombination verschiedener politischer Gruppen unter Aufsicht und unter Kontrolle des Volkes«[1]. Sie ruht auf den Parteien, von denen zumindest die beiden größten Volksparteien sind, deren Ziele und Methoden voneinander nicht so wesentlich abweichen, daß zwischen sie eine Todfeindschaft gesetzt sein müßte. Dazu gesellen sich andere politische Gruppen, die, zunächst allein durch ihr Vorhandensein, dann aber auch durch die hohen Mitgliederzahlen und schließlich durch ihren Einfluß auf die Parteien zweifellos als politische Größen anzusehen sind.

Man kann nun Kritik daran üben, daß auf diese Weise das Wahlvolk selbst entmachtet sei und alle Gewalt nicht mehr, wie das in der Verfassung niedergelegt ist, vom Volke ausgehe, sondern von den Funktionären. Aber auch das ist im Zeitalter der ungeheuerlichen Komplizierung aller Lebensumstände nur scheinbar ein Fehler; der einzelne Bürger, der vielleicht gerade noch die Verhältnisse seiner eigenen Wohngemeinde überblicken kann (obgleich auch hieran zu zweifeln ist: der Beweis dafür kann darin erblickt werden, wie wenig Bürger die jährlich ausgelegten Haushaltspläne ihrer Gemeinden prüfen!), der einzelne Bürger also bedarf zur Entscheidung über größere Zusammenhänge der fachgerechten Lenkung und Aufklärung, und ebenso wie die Verbände, von denen hier die Rede ist, den zunächst noch unklaren und vielleicht sogar gegensätzlichen Willen der Mitglieder filtern und artikulieren, ebenso bringen sie auch nach unten, in die Mitgliedschaft hinein die Chance des Verständnisses für komplizierte politische und soziale Umstände und Verhältnisse.

Sie sehen, meine Damen und Herren, daß die Dinge immer komplizierter werden, je tiefer man in sie eindringt, und daß die moderne Gesellschaft und die moderne Demokratie allein schon wegen der verschiedenen sozialen Rollen, die der einzelne Bürger in ihnen verkörpert, ein System von gegenseitigen Abhängigkeiten darstellt, eine Verfilzung von Interessen und Ansprüchen, die aufzulösen eine schiere Unmöglichkeit ist. In diesem Gewirr hat der Staat aber noch die weitere,

1 Vgl. Otto Stammer: Demokratie und Diktatur. Vortrag, gehalten am 29. und 31. Januar 1955 bei den Hochschulwochen für staatswissenschaftliche Fortbildung in Bad Homburg vor der Höhe (Sonderdruck), Bad Homburg v.d.H. – Berlin o. J., S. 14.

und bisher nicht erwähnte, Verpflichtung, als Staat für die Interessen der Gesamtheit des Volkes, ja sogar als Teilhaber der Freien Welt für mehr als nur das Volk einzustehen. Denn über dem Genossenschaftscharakter des Staates, von dem ich sprach, steht noch ein Restbestand staatlicher Hoheit, der sich zwar im politischen Tageskampf häufig – leider – dem Blick entzieht, der aber zweifellos vorhanden sein muß.

Es geht hier um alle jene vom freien Bürger auf den Staat delegierten Rechte, die seine freiwillige Unterwerfung unter den Staat ausmachen; es geht um die Möglichkeit, die der Bürger dem Staate einräumt, für seine im Namen der Gesamtheit gegebenen Befehle Gehorsam zu finden. Der Restbestand an Staatshoheit ist jenseits der feinen Nahtstelle zu finden, an der sich die genossenschaftliche soziale Veranstaltung, die wir Staatswesen nennen, plötzlich nicht mehr als Leistungsträger fühlt, der den Genossen Dienstleistungen zu erbringen hätte, sondern wo der Staat vom Bürger fordert, die Gesetze einzuhalten. Der Staat hat nach wie vor das Gewaltmonopol, auch in der Demokratie, und er hat auch in der Demokratie die Möglichkeit, mit Gewalt durchzusetzen, was er im Namen des Volkes für notwendig hält.

Ein solcher Staat, meine Damen und Herren, ist gerade dann, wenn er eine Demokratie ist, also seine Legitimität nicht von der Erbfolge eines Fürsten herleitet, sondern legal ist vom Volkswillen her – ein solcher Staat ist ungemein empfindlich, um nicht zu sagen: anfällig für Gefahren aller Art, und es ist sicher nicht zuviel gesagt, wenn man behauptet, daß das Wesen der modernen Demokratie im labilen Gleichgewicht zwischen Anarchie und Diktatur zu sehen ist.

Die vielfältigen Interessengruppierungen, die sich in die staatstragenden Parteien hinein fortsetzen, sichtbar fortsetzen, und daneben ihr Eigenleben führen, die föderalistische Struktur mit ihren Eigeninteressen, die sich ebenfalls in den Bundestag hinein fortsetzt, der notwendige Egoismus des Bundes selbst und schließlich die mannigfaltigen personellen, ja geradezu persönlichen, sozialen und Prestige-Interessen – sie alle mischen an jenem manchmal süßen, öfter bitteren Tranke mit, den wir als Politik tagtäglich genießen müssen.

Und nun die Beamten. – Ich darf auf Professor Arnold Gehlen zurückgreifen und zitiere aus einem Referat, das dieser bei der Dritten beamtenpolitischen Arbeitstagung des Deutschen Beamtenbundes auf der Bühler

Höhe gehalten hat.[2] »Die Situation des Berufsbeamtentums«, so führte Gehlen damals aus, »hat sich seit dem Anfang unseres Jahrhunderts außerordentlich kompliziert, denn damals bewegte sich die Wirtschaft eigengesetzlich neben dem Staate her und überließ diesem im wesentlichen nur die von ihr gesetzten Notstände zur Reparatur, und die Innenpolitik stand im Zeichen revolutionärer Angriffe gegen die Staatsverfassung selbst, wodurch für die Beamten die Orientierung völlig vereinfacht war.« Heute dagegen ist dies anders, da der Staat wegen seiner gewaltigen Aufgaben der Daseinsvorsorge immer mehr zum wirtschaftenden Staat wird, und wie Loschelder 1955 sagte, der Wesensinhalt »gestaltender Verwaltung gegenüber den rein obrigkeitlichen Tätigkeiten viel stärker in den Vordergrund« tritt.

Es kann sich also, von der politischen Wissenschaft her gesehen, nur um eine Tätigkeit des Beamten handeln, die aus seinem besonderen Status heraus einen stabilisierenden Faktor innerhalb des Volksganzen darstellt. Die Kontinuität der Verwaltung, ihre Stabilität gegenüber möglicherweise wechselnden Mehrheiten und das Interesse, das alle Parteien an einer korrekten und funktionierenden Verwaltung haben, gibt der Beamtenschaft als Institution eine eigenartige politische Gegnerschaftslosigkeit, wie Gehlen feststellt, bei der zwar nicht der Ausgleich zwischen widerstreitenden Interessen zu liegen hat, die aber doch durch ihren Zug auf die Rechtskorrektheit hin ein eigentümliches, durch die Amtspflicht gekennzeichnetes Korrektiv der Interessenlagen ausmacht. Gehlen nennt den Beamtenstatus einen »nicht in Funktionen und Leistungen auflösbaren gesellschaftlichen Realort von daseinsmäßiger Geltung«, gibt also dem Beamtentum als Institution und dem einzelnen Beamten als Amtsträger eine ganz eigenartige Stellung.

Innerhalb dieser, in ihrer sozialen Struktur veränderten Gesellschaft und innerhalb dieses Staates, der ebenfalls durch die Änderung seiner Aufgaben seine ursprüngliche Struktur verändert hat, ist dem Beamten nun die Aufgabe zugewiesen, Bürger unter Bürgern zu sein und zugleich

2 Vgl. Arnold Gehlen: Das Berufsbeamtentum in der modernen Gesellschaft, in: Staat – Beamter – Gesellschaft. Dritte beamtenpolitische Arbeitstagung des Deutschen Beamtenbundes vom 9. bis 11. Januar 1961. Vorträge und Diskussionen (= Schriftenreihe des Deutschen Beamtenbundes. Hrsg. von der Bundesleitung. Heft 24), S. 65 ff. (Zitat S. 68). Für die folgenden Zitate von Loschelder und Gehlen vgl. a.a.O., S. 68 f.

die Ansprüche des Staates durchzusetzen. Er ist gegenüber dem Staat der Dolmetscher des Volkswillens und gegenüber der Bevölkerung der Dolmetscher des staatlichen Gebots. Seine Situation war zur Zeit der Einführung des Berufsbeamtentums, also zur Zeit des Absolutismus, vergleichsweise einfach. Damals war – und das war das Modernste zur damaligen Zeit – der Wille des Fürsten mit dem Begriff identisch, der als »Volkswohl« angesehen wurde. Wir wissen, daß dies nicht in allen Fällen so gewesen ist, wenn auch teilweise im »aufgeklärten Absolutismus« die Übereinstimmung zwischen Wohlfahrt des Volks und Fürstenwille hier und da hergestellt gewesen zu sein scheint. Für den damaligen Beamten stellt sich aber bald, spätestens mit Einführung des Allgemeinen Landrechts in Preußen, schon die Frage, ob die Amtspflicht nicht etwa über den Befehl des Monarchen gestellt werden müsse. Der Fall des Müllers Arnold (der im Gegensatz zum anekdotischen Müller von Sanssouci historisch ist) führte denn auch fast zu einer Rebellion der Berliner Bürgerschaft gegen Friedrich den Großen, weil dieser entgegen dem Votum des Kammergerichts ein durchaus gerechtes Urteil zu Gunsten eines kleinen Gewerbetreibenden kassiert hatte. Die Bindung an die Rechtskorrektheit wird mehr und mehr zum Leitstern des Beamtentums, dazu gesellt sich der Begriff der unterschiedslosen Gerechtigkeit gegen jedermann im Rahmen der Gesetze, und schließlich ist dem Beamten eine treuhänderische Gesinnung eigen, in der sich Dienstethos und Bindung an die Gesamtheit treffen. Max Weber hat dies in seiner idealtypischen Beschreibung der legalen Herrschaft als die Tatsache bezeichnet, daß der Beamte seinem Tätigkeitsgegenstand »nicht appropriiert« sei, also – im Gegensatz zu jeder kaufmännischen Tätigkeit – am Gegenstand seines Dienstes kein persönliches materielles Interesse zeigt.

Vom Fürstendiener, wie es immer so schön heißt, obgleich der Berufsbeamte dies in den wenigsten Fällen gewesen ist, geht der Weg also zum Staatsdiener, wobei die demokratische Staatsform, gerade in ihrer modernen Ausprägung, vom Beamten den größten Anteil von verstehender Eigenleistung, von Einsicht in die Zusammenhänge verlangt. Zugleich ist aber damit verbunden, daß Mangel an Einsicht oder aber berechtigte Zweifel an der Richtigkeit von Staatsmaßnahmen in der Demokratie bei dem – wie ich sagte – labilen Gleichgewicht demokratischer Zustände, gerade wenn sie bei den Beamten herrschen, die Funktion des Staates leicht gefährden können.

Bisher war, wenn von den Beamten die Rede war, fast ausschließlich die Verwaltungstätigkeit angesprochen. Dabei hatten wir vorhin gesehen, daß der moderne Staat in viel stärkerem Maße Dienstleistungen bereitstellt, als dies früher der Fall war. Etwa vier Fünftel aller Beamten in der Bundesrepublik sind nicht verwaltungsmäßig, sondern mit der Erbringung echter Dienstleistungen beschäftigt. Hierher gehören alle die Lehrer, Richter, Polizeibeamten, Postbeamten, Bundesbahnbeamten, die der Bevölkerung ja etwas an Dienstleistung erbringen, was sie woanders nicht oder nicht zu den gleichen Bedingungen erwerben könnte. Nur etwa 20 Prozent der Beamten tun das, was man gemeinhin Verwalten nennt, und unter diesen befinden sich auch noch die Steuerbeamten, die ja schließlich nun wieder dem Staate als der Gemeinschaft aller Bürger jene Mittel aufbereiten, deren er zur Erfüllung der gleichen Dienstleistungspflichten bedarf.

Diese Zahlen sollten sich alle diejenigen hinter die Ohren schreiben, die unter Verwaltungsvereinfachung immer noch einen Beamtenabbau verstehen oder die anraten, man solle »wenige, aber gutbezahlte Beamte« haben. Sie vergessen bei ihren nicht gerade sachkundigen Vorstellungen, daß die Bevölkerung auf die Dienstleistungen, die ihnen ihr Staat bereitstellt, weder verzichten will noch verzichten kann.

Aus der Tatsache aber, daß die Bevölkerung überall und fast täglich mit Beamten und anderen Angehörigen des öffentlichen Dienstes zusammentrifft, ergibt sich eine Wirkungsmöglichkeit der Beamten, die man nicht unterschätzen sollte. Nach Erhebungen, die das Hamburger Psychologische Institut in Zusammenhang mit einem Forschungsauftrag des Deutschen Beamtenbundes angestellt hat, haben über 60 Prozent der befragten Bevölkerung einen Beamten in ihrer näheren Bekanntschaft; dienstlich hatten die Befragten mit durchschnittlich etwa drei Beamten zu tun gehabt.[3] Setzt man dabei in Rechnung, daß diese Befragten in den

3 Für eine zusammenfassende Darlegung dieser Erhebungen vgl. Peter Hofstätter: Der Beamtenberuf in sozialpsychologischer Sicht, in: Staat – Beamter – Gesellschaft (vgl. Anm. 2), S. 47 f. Für die ausführliche Darstellung vgl. Peter R. Hofstätter, Werner H. Tack: Das Bild des Beamten in der Öffentlichkeit. Eine sozialpsychologische Untersuchung, Bad Godesberg 1963.

meisten Fällen vollständig vergessen, daß die Lehrer, die ihnen das Lesen und Schreiben beigebracht haben, aber auch die Studienräte, die sie in die höheren Künste des Lebensverständnisses einzuweihen versuchten, ebenfalls Beamte waren, dann erhöht sich diese Zahl noch ganz erheblich. Die Beamten können also, wenn man so sagen will, durchaus zum Sauerteig einer neuen, notwendigen Staatsgesinnung werden, wenn sie ihren Einfluß auf die Bevölkerung geltend machen, und es wäre gerade für den Deutschen Beamtenbund die schönste und der Organisation würdigste Aufgabe, wenn er dabei helfen könnte. Statt dessen muß er sich Jahr für Jahr in Besoldungskämpfe verwickeln, die unnötig wären, wenn der Dienstherr seine Fürsorgepflicht so begreifen würde, wie er das eigentlich tun müßte. Aber das nur nebenbei.

Die Bedeutung der Beamtenschaft für die Heranbildung, die Aufzucht eines Nachwuchses an Kindern, die die höhere Schule bis zu Ende durchmachen und schließlich die Universitäten beziehen, geht deutlich aus der Tatsache hervor, daß mehr als 30 Prozent aller deutschen Studenten aus Beamtenfamilien stammen; der Bundeskanzler hat anläßlich unseres letzten Delegiertentages auf dies Phänomen ausdrücklich hingewiesen.[4] Ich darf nur darauf verweisen, daß die Opfer, die die Beamteneltern für eine höhere Ausbildung ihrer Kinder bringen, durchaus noch nicht genügend gewürdigt worden sind und auch in den Vorstellungen nicht gewürdigt werden, die man sich hier und da von einer Reform der Beamtenbesoldung macht.

Aber nicht nur in soziologischer Hinsicht, sondern auch aus der Beamtentätigkeit selbst resultiert etwas, das ich die schöpferische Kraft der Beamtenschaft nennen möchte. Vergessen wir doch nicht, daß es neben der wirtschaftlichen Elite in unserem Land eine Verwaltungselite gibt, und daß es neben dieser Verwaltungselite eine wissenschaftliche Elite gibt. Alle Angehörigen dieser Formationen sind im Regelfall durch die höhere Schule gegangen, sie alle sind von dem Ernst und von der Wissensvermittlung der höheren Schule, durch die erzieherische Kraft des deutschen Gymnasiums geformt worden und haben wesentliche Eindrücke für ihr ganzes Leben von dort empfangen. Wenn der Staat

4 Für den Wortlaut der Ansprache Adenauers vgl. Der Beamtenbund. 12. Jg., Nr. 7, Juli 1961 S. 64.

irgendeine Dienstleistung zur Verfügung hält, die für das ganze Volk von ausschlaggebender Bedeutung ist, dann ist es die Bildungsleistung der deutschen höheren Schulen.

Mit der schöpferischen Möglichkeit des Beamtentums hängt es aber zusammen, daß es für die Beamten ein, wie ich es einmal nennen möchte, charakteristisches Ermessensgefälle gibt, das vom höchsten Beamten bis zum sogenannten kleinen Beamten immer enger umrissen ist. Das Ermessen, eine dem Beamtenstatus eigentümliche Form der Gesetzesauslegung und -anwendung, gehört zu den wirklichen »Privilegien« eines unabhängigen Beamtenstandes; der Gesetzgeber traut es diesen Beamten damit zu, oder man kann auch manchmal sagen: er mutet es ihnen zu – im Rahmen des Rechtes das Gesetz auszulegen auf den bestimmten Einzelfall hin. Gerade der ständige Konflikt zwischen dem »Ich habe meine Vorschriften« und den Möglichkeiten der Ausnutzung eines Ermessensspielraums, der mit steigender Verantwortung sich ausweitet, das ist der Anpassungskonflikt des Beamten, der ihm immer wieder neue Impulse gibt und die Verknöcherung vermeidet.

Es ist daher nur aufs dringendste davor zu warnen, den bei uns geradezu grassierenden Gesetzesperfektionismus so weit zu treiben, daß der Ermessensraum der Beamtenschaft immer weiter eingeengt wird. Eine solche Verwaltung, bei der alles bis ins kleinste festgelegt wird, kann man auch mit Automaten betreiben, von deren Intelligenz man ohnehin Wunderdinge hört. Es sind dann nur keine Menschen mehr, die sich mit dem einzelnen Bürger beschäftigen, sondern funktionierende Funktionäre, die den Vorstellungen des Deutschen Beamtenbundes vom deutschen Beamten nicht mehr entsprechen.

Aus der Tatsache des Ermessensgefälles wird man verstehen, daß die Einengung dieses Ermessensraumes natürlich diejenigen am meisten trifft, die über den größten Raum verfügen. Es ist also im wesentlichen ein Anliegen des gehobenen und höheren Dienstes, wenn hier die Ermessensfreiheit gefordert und vor der Einschränkung dieser wahren Beamtenfreiheit gewarnt wird. Der spanische Stiefel der immer enger und enger werdenden Vorschriften und Zusatzverordnungen für jeden einzelnen Fall lähmt den Fuß, der frei ausschreiten will, und der schöpferische Impuls der Verwaltung erstickt im dichten Netz der Verfügungen. Wir werden uns als Deutscher Beamtenbund stets dagegen wehren, daß hier die Verwaltung sozusagen automatisiert wird, und wenn wir auch Verständnis dafür haben, daß gerade im industriellen Flächenstaat wegen des notwendigen Überblicks gewisse Regelungen zentral getroffen werden müssen, so darf doch eine der wesentlichen Aufgaben gerade des unabhängigen Beamten, nämlich die Geltendmachung eigenen Ermessens, darunter keineswegs leiden. Ich sprach, meine Damen und Herren, vom unabhängigen Beamten. In der Tat ist diese Unabhängigkeit des Beamten im Rahmen der Verfassung und der Gesetze heute ebenso wie zur Zeit der Einführung des Berufsbeamtentums die entscheidende Voraussetzung für die gerechte Funktion des öffentlichen Dienstes. Machen wir uns doch nichts vor: lebenslängliche Anstellung und Pensionsrechte des Beamten, die beiden Dinge, die ihm heute immer noch als »Privilegien« angerechnet werden, obwohl sie keineswegs mehr nur die Beamten betreffen, waren ja nicht geschaffen, um den Beamten dadurch einen besonderen Gefallen zu tun. Sie waren geschaffen, um dem Beamten die Möglichkeit zu geben, sich nur nach der Gerechtigkeit und der Rechtskorrektheit auszurichten, sie sind geschaffen worden, damit der Beamte in die Lage versetzt wird, auch einmal »Nein« zu sagen, ohne daß ihm dies die Existenz kostet.

Unter diesem Gesichtspunkt betrachtet, ist also das vorgebliche Privileg in Wahrheit eine höhere Verpflichtung des Beamten, und so muß es – so meine ich – auch aufgefaßt werden. Nicht der Beamten wegen sind die Beamten geschaffen worden, sondern um des Staates und um des Ganzen willen. Dies bringt uns, meine Damen und Herren, zu den Aufgaben, die in unserem Staate und in unserer Gesellschaft dem Beamten selbst, aber auch der Berufsorganisation der Beamtenschaft zugewiesen werden müssen.

Wir hatten gesehen, daß die Beamten als Institution die staatliche Kontinuität verkörpern und daß ihr Dienst zur Stabilisation staatlichen Wirkens beiträgt. Ohne die Beamten nun für die Schiedsrichter im Interessenkampf zu halten, kommt ihnen doch eine abwägende Funktion zu, die im Tiefsten aus ihrer Verpflichtung dem Ganzen gegenüber herstammt. Bedenken Sie, daß es Beamte sind, die in Bund und Ländern die Gesetzentwürfe auszuarbeiten haben, und daß es ebenfalls Beamte sind, die z. B. dem Bundesfinanzminister die Unterlagen dafür zusammenstellen, daß er etwa vorgetragene Stellenplan- oder Besoldungswünsche ablehnt! Es wird auch heute noch, gerade von der höheren Beamtenschaft, ein Maß von Selbstdisziplin verlangt, das man kaum von einem anderen Berufsstand verlangen könnte. Und gerade wegen der dienstlichen Pflichten, die manchmal geradezu Handlungen verlangen, die den Beamten selber Schaden zufügen, ist es so sehr notwendig, daß die Beamten eine Berufsorganisation hinter sich wissen. Der Beamtenverband übernimmt die Vertretung der Beamten ja nicht nur gegenüber den Dienstherren, sondern ebenso gegenüber der gesamten Öffentlichkeit, die schließlich wieder über ihre Rückwirkungen auf Abgeordnete und Minister die Meinung des Dienstherrn beeinflußt.

Deswegen kommt unserem alten Schlachtruf, der einmal das Motto unseres Delegiertentages war, noch heute und immer noch die gleiche Bedeutung zu: »Beamtenpolitik ist Staatspolitik.« Der Staat wird ein solcher erst durch die Kontinuität ständigen, rechtskorrekten Verwaltungshandelns, und somit ist die Ausbildung einer ständigen Beamtenschaft eine der Grundtatsachen der Staatswerdung. Die gerechte Behandlung aber dieser Beamtenschaft, ihre Erhaltung und die Fürsorge für sie ist daher ein staatspolitisches Erfordernis. So sehen wir auch als Deutscher Beamtenbund unsere Aufgabe, und wenn andere Interessenorganisationen geradezu logische Bocksprünge unternehmen müssen, um ihre Interessen – und das ist ja der Hauptinhalt dessen, was man modern »public relations« nennt – so darzustellen, als seien es die Interessen der Gesamtheit –, wenn andere Verbände also große Mühe haben, sich eine Ideologie zurechtzuzimmern, die als Gesamtinteresse ausgibt, was in Wahrheit nur ihr eigenes Interesse ist, dann haben wir es als Deutscher Beamtenbund in dieser Frage wesentlich leichter. Denn das Interesse an der Erhaltung und Festigung des Berufsbeamtentums ist in der Tat ein Interesse, das die Gesamtheit hat und haben muß. Ich sage, daß wir es in dieser Hinsicht leichter haben; allerdings liegt in dieser Konstruktion unserer staatspolitischen Stellung auch zur gleichen Zeit eine Erschwerung unseres Standpunktes. Gerade ein Berufsstand, der dem Staat so eng verbunden ist wie die Beamten, muß bei seinen Wünschen, Forderungen und Stellungnahmen, sicher auch die Interessen dieses Staates bedenken, und ebensowenig wie wir Beamten den Staat durch einen Streik zwingen können, unseren Wünschen nachzugeben, ebensowenig können wir unsere Politik ohne den Blick nach rechts und links betreiben. Rechts und links stehen hier nicht für politische Richtungen, sondern sie sind die Symbole für die anderen Berufsstände, für die anderen Bürger, ja schließlich für das Gemeinwohl.

Eins aber dürfen die Beamten verlangen, und das werden sie in Zukunft mit immer lauterer Stimme tun: sie dürfen erwarten, daß der Staat, der Dienstherr, die Parlamente, oder wer auch immer das Ganze verkörpert, sie nicht an letzter Stelle rangieren läßt, wenn es gilt, Planungen für die Zukunft zu machen. Wir wollen uns doch hier in diesem Kreise darüber klar sein, daß die ganzen Besoldungskämpfe, die wir in den letzten Jahren führen mußten, im Grunde unnötig waren. Unnötig in dem Sinne, daß die Bundesregierung als Vertreter des Dienstherrn Bund von sich aus hätte prüfen müssen, was für die Beamten getan werden muß, und daß sie von sich aus alle Erwägungen trifft, die zur Festigung und Erhaltung des Berufsbeamtentums dienen. Es ist einfach unwürdig, daß die Beamten Jahr für Jahr durch ihre Berufsvertretung immer wieder den Finger auf die Wunde legen müssen, und es ist beschämend, daß der Staat an seine Pflichten erinnert werden muß, obwohl er die Pflichttreue der Beamtenschaft ohne Gewissensbisse in Anspruch nimmt.

Ja, es ist nicht nur unwürdig und beschämend, wenn der Staat an seine Pflichten erinnert werden muß, es stellt sich auch die Frage, ob die Machthaber im Staat diesen Staat nicht unglaubwürdig machen – mit allen Auswirkungen auf die Absicht, daß dieser Staat ein Beispiel geben soll –, wenn sie gegebene Zusagen nicht einhalten und verfassungsmäßige Grundsätze übersehen. Ganz zu schweigen von dem Autoritäts- und Ansehensverlust, der eintreten muß, wenn es so offensichtlich wie jetzt bei der Bundesregierung wird, daß jede Streikdrohung Erfolg hat, berechtigte Wünsche aber unberücksichtigt bleiben, wenn nicht der massive Druck der Streikdrohung dahintersteht.

Meine Damen und Herren! Es könnte so aussehen, als seien diese Feststellungen, als sei unser ganzer Kampf um die gerechte Einordnung des Berufsbeamtentums ins soziale Gefüge unseres Volkes eben doch ein Interessentenkampf, bei dem die »Funktionäre«, wie es so schön heißt, sozusagen zur Rechtfertigung ihrer eigenen Existenz fordern und immer wieder fordern. Wenn irgendein Berufsstand diesen Verdacht von sich weisen kann, dann sind es die Beamten. Einmal deswegen, weil sie ja immer nur die Anpassung wollen, also den Punkt erreichen, den die anderen lange innehaben, und niemals den Reigen des sozialen Fortschritts ihrerseits anführen. Zum andern aber deswegen, weil bei der innigen Verquickung der Beamten mit dem Staate der Status der Beamten sozusagen beispielhaft auch für die Sozialpolitik wirken muß und gewirkt hat. Ein Drittes aber, meine Damen und Herren, erscheint mir gerade vor dem Hintergrund der weltpolitischen Entwicklung das allerwichtigste: das ist die Beispielhaftigkeit dieser unserer Bundesrepublik Deutschland gegenüber unseren Landsleuten in der Sowjetzone.

Wenn der Staatsbürger an unserem Staate Kritik übt, dann muß dies eine aufbauende Kritik sein, die uns weiterführt und die Wege zeigt, wie es besser gemacht werden könnte. Und wenn wir Beamten an unserem Staate Kritik üben, dann ist das gerade eben jene Kritik, die förderlich ist und den Staat zu einem Zustand führen soll, den alle Bürger bejahen. Um die Beispielhaftigkeit unseres Staates geht es aber auch, wenn wir im vollen Bewußtsein der Bedeutung des Berufsbeamtentums eben gerade für die freiheitliche Demokratie, für den sozialen Rechtsstaat die Festigung und die soziale Sicherheit der Beamten fordern. Man blickt auf uns, den freien Teil Deutschlands, und eine verdrossene Beamtenschaft und verdrossene Staatsdiener in einem Staate, der ein leuchtendes Beispiel für die freiheitliche Verfassungsform sein will, das ist eine schlechte, um nicht zu sagen die allerschlechteste Reklame für die Freiheit. Es geht auch bei der Besoldung um mehr als nur die Prozente, es geht um die Lust und Liebe zu unserer Demokratie, um die Liebe zu unserem Staat, an dem wir alle teilhaben. Vor diesem weltpolitischen Hintergrund bekommt die Beamtenpolitik unserer Bundesregierung einen bedrohlichen Aspekt, den sie wohl erstmalig zu sehen bereit war, als die Streikdrohung der Post und der Bahn auf dem Tisch lag.[5] Sie sollte nicht so kurzsichtig sein zu glauben, daß eine verdrossene Beamtenschaft eine geringere Gefahr darstellt; auf die Dauer gesehen ist die Gefahr sogar größer, als wenn die Post ein paar Tage gestreikt hätte.

Denn bei den Beamten geht es in vielen Fällen, wie ich glaube gezeigt zu haben, um schöpferische Impulse, um geistige Mitarbeit, die nun

5 Einen Überblick über die sog. Aktionen »Igel« und »Adler« geben die Pressestimmen in: Die Beamten und das Streikrecht. DBB-Dokumente 4, S. 32 ff.

einmal in einem verdrossenen Klima nicht gedeiht und zu der man die innere Überzeugung braucht, die allein zur geistigen Leistung befähigt. Schon einmal ist eine deutsche Demokratie als »abgelehnter Staat« betrachtet worden, und kluge ausländische Beobachter haben von unserem Staat gesagt, er sei ein »geduldeter Staat«. Ständige Enttäuschungen aber können dazu führen, daß auch dieser Staat mit seiner Politik von den Beamten schließlich nur noch als geduldeter Staat angesehen wird, und wenn die Beamtenschaft erst einmal auf diesem Punkt angelangt ist, dann ist eine schlimme Entwicklung im Gange. Kein Mensch wird annehmen, daß derjenige eine besondere Liebe zu einem Dienstherrn aufbringt, der es – aus Unbedacht oder mit Fleiß – darauf anlegt, seine Bediensteten zu kränken. Das Betriebsklima im öffentlichen Dienst, so will ich meinen, ist gegenwärtig nur von den letzten Enttäuschungen überschattet. Wenn sich aber erst einmal der Gedanke durchgesetzt hat, daß die Beamten, weil sie nicht mit Streik drohen können, zum Experimentierfeld wirtschaftspolitischen Dilettantismus gemacht werden können, zu Versuchstierchen marktwirtschaftlicher Pannensituationen, dann ist es mit dem Vertrauen in den Dienstherrn vorbei, und auch die Lehrerschaft wird in ihrer Erziehungsarbeit von den Segnungen des sozialen Rechtsstaates nur noch mit gewissem Vorbehalt sprechen können.

Meine Damen und Herren, ich komme zum Schluß. Ich habe Ihnen zu zeigen versucht, wie sehr sich Sozialstruktur und Staatsstruktur in den letzten fünfzig Jahren unseres Jahrhunderts verändert haben, und ich habe Ihnen die Stellung zu zeigen versucht, die die Beamtenschaft in diesem Rahmen einnimmt. Bei der Betrachtung der politischen Verhältnisse gerade in der modernen Demokratie war es notwendig, auf die politische Wirksamkeit von Gruppen hinzuweisen, die außerhalb der Parteien und der staatlichen Organisation ebenfalls politischen Willen verkörpern und ausdrücken. Die Beamtenschaft hat in diesem Kreise von Gruppen ihren ganz bestimmten Platz, und sie nimmt auf der einen Seite teil an der staatlichen Autorität, von der zumindest ein Restbestand übriggeblieben ist, zum anderen Teil ist sie als politischer Faktor in dem eben beschriebenen Sinne selbst angesprochen. Aber aus der Mittlerschaft des Beamten erwächst ihm seine Würde, die in der treuhänderischen Verwaltung des Staatsinteresses und der Bürgerwünsche besteht.

Er ist zwar nicht ausschließlich jene neutrale Kraft, die die Interessengegensätze ausgleicht, weil dies nach der Theorie das Parlament tun soll; sein Zug zur Rechtskontinuität verleiht ihm aber jedenfalls jene Eigenschaften, von denen Hegel sagte, die Beamten seien »ein Stand, der die allgemeinen Interessen des gesellschaftlichen Zustandes zu seinem Geschäfte hat«.

Neben der Rolle des Beamten im Amt hat er aber noch die Rolle des Staatsbürgers zu verkörpern, und in dieser Eigenschaft ist der Beamte schutz- und vertretungsbedürftig wie jeder andere Bürger in unserer Demokratie. Allein in dieser Rolle ist der Beamte Mitglied seiner Berufsorganisation, und in dieser Rolle steht er bisweilen im Gegensatz zu seinem Dienstherrn, der sich zu seiner Fürsorgepflicht zwar gern bekennt, sie aber nicht in allen Fällen und zu jeder Zeit wahrnimmt. Man verkenne nicht, daß diese Rollenteilung im Menschen zwar weitgehend durchgeführt werden kann, aber niemals die Einheit der Persönlichkeit vollständig sprengt. Daher ist ein Beamter, der sich im menschlichen, bürgerlichen Teil seiner Rolle enttäuscht sieht, unter Umständen ein verdrossener, ein lustloser Beamter. Was dies beispielsweise gerade im Beruf des Erziehers und des wissenschaftlichen Lehrers bedeutet, das brauche ich Ihnen nicht zu sagen. Es ist aber auch für alle anderen Beamtenkategorien eine schwere Belastung, und es wirkt sich ohne Zweifel auf den ganzen Dienstbetrieb und damit auf die Funktion und das Ansehen des Staates aus.

Hoffen wir, daß die Einsicht über diese Zusammenhänge auch bis in jene Kreise in Regierungen und Parlamente dringt, die die Verantwortung dafür zu tragen vorgeben, und lassen wir uns nicht die Legitimation nehmen, als Deutscher Beamtenbund für die Beamten im Amte und die Beamten als Bürger zugleich zu sprechen. Wer unsere Mahnungen beherzigt, der braucht um die Funktion des Staates nicht bange zu sein.

15. Dezember 1962

Kampfloser Fortschritt?

Gedanken über neue Wege der Gewerkschaftspolitik im deutschen Beamtentum

Vortrag auf der Tagung der Evangelischen Akademie Bad Boll*

Quelle: DBB-Archiv, Abt. Bulei 15000-3 (maschinenschriftlich)
Druck: Evangelische Akademie Bad Boll. Protokolldienst. 1962, Nr. 44, S. 30 ff. (Auszug)

Bevor ich auf den Kern der Sache zu sprechen komme, um die es mir im Rahmen dieser Veranstaltung zu gehen scheint, sehe ich mich genötigt, einige allgemeine Bemerkungen zur Themenstellung selbst vorauszuschicken. Die Frage nach dem kampflosen Fortschritt ist hier gestellt. Von neuen Wegen der Gewerkschaftspolitik im deutschen Beamtentum soll hier die Rede sein. Unsere Erörterungen sollen, wie ich daraus entnehme, einen gedanklichen Beitrag zur Steuerung einer wohl als kritisch angesehenen Entwicklung liefern, von der das deutsche Berufsbeamtentum erfaßt worden ist, und zwar, wie es nach der Formulierung des Themas den Anschein haben könnte, weil es sich mit seiner Gewerkschaftspolitik auf einen falschen, vielleicht sogar gefährlichen Weg begeben habe.

Ich bin nun allerdings, als ich daranging, mich zunächst einmal zu fragen, was in unserem Thema drinsteckt und warum es gerade in dieser Form gestellt worden ist, über die hinter der Themastellung liegenden

* Als Vorlage diente das für den Druck vorbereitete Redemanuskript; es wurde unverändert – d. h. unter Beibehaltung der im Manuskript angefügten Anmerkungen und ohne Hinzufügung weiterer Fußnoten – in die vorliegende Edition übernommen. Der Abdruck in der oben zitierten Publikation erfolgte in stark gekürzter Form.

Vorstellungen nicht recht klar geworden. Ich könnte mir zwar denken, daß bei der Formulierung des Themas und insbesondere wegen des doch wohl vorauszusetzenden inneren Zusammenhanges zwischen Obertitel (kampfloser Fortschritt) und Untertitel (neue Wege) davon ausgegangen worden ist, die gewerkschaftlich organisierten Beamten hätten in der zurückliegenden Zeit den Fortschritt in erster Linie oder vielleicht sogar ausschließlich mit Mitteln des Kampfes zu erreichen versucht: als sei das der bisherige alte Weg, und es gelte jetzt zu überlegen, ob es nicht zweckmäßiger und dem Beamtentum dienlicher sei, die Kampfhaltung aufzugeben und den Fortschritt auf friedliche Weise anzustreben: der künftige neue Weg.

Wenn aber das Thema so anzugehen wäre, wenn also mit anderen Worten von mir erwartet würde, ich solle in einer Art Selbstkritik den bisher vom Deutschen Beamtenbund verfolgten Weg seiner Gewerkschaftspolitik unter den soeben angedeuteten Gesichtspunkten beleuchten, also unter der Notwendigkeit, die bisherige Kampfhaltung aufzugeben und zukünftig friedlich zu sein – wenn das erwartet würde, so würde ich mich in einer ziemlich schwierigen, ja besser gesagt ausweglosen Lage befinden. Denn dann stünde ich sogleich vor der Tatsache, über die sich doch alle Beteiligten einig sind, vor der Tatsache nämlich, daß den Beamtengewerkschaften gar keine echten Kampfmittel zur Verfügung standen und stehen und daß sie aus den im Wesen des Beamtenverhältnisses liegenden Gründen deshalb von vornherein nur mit friedlichen Mitteln zu ihrem Ziel gelangen können. Andere Auffassungen haben nur die hier und da vorhandene Unsicherheit über den Inhalt des Beamtenverhältnisses bewiesen; sie ändern nichts an den Tatbeständen.

In dieser Hinsicht gibt es also weder einen alten noch einen neuen Weg, es gibt nur den einen Weg, die Gewerkschaftspolitik, soweit sie nach außen in Erscheinung tritt, in der bisherigen Weise fortzusetzen. Insoweit, d.h. allein abgestellt auf die Praxis des gewerkschaftlichen Handelns, sehe ich keine Möglichkeit, durch die Schilderung möglicher neuer Methoden der Auseinandersetzung einen fruchtbaren Beitrag zu unserem Thema zu leisten. Das also zur Klarstellung!

Und ein weiteres: Der Deutsche Beamtenbund hat nie ein Hehl daraus gemacht, daß er sich zur Idee der Ordnung bekennt. Sein Ordnungsbild ist seit seiner Wiederbegründung das in unserer freiheitlichen demokratischen Grundordnung wurzelnde Prinzip des sozialen Rechtsstaates gewesen. In ihm ist der Gedanke des Fortschritts von Natur aus angelegt. Darüber, ob diesem Gedanken zum Durchbruch verholfen werden kann, entscheidet nun aber nicht primär die gewerkschaftspolitische Grundeinstellung und Verhaltensweise des Deutschen Beamtenbundes, die auch da, wo es sich um die Vertretung eines Gruppeninteresses handelt, auf die Erhaltung der staatlichen Ordnung und damit eines befriedeten Zustandes Rücksicht zu nehmen gewillt ist. Darüber entscheiden ganz andere Kräfte. Und diese Kräfte sind nicht auf unserer Seite, sondern sie sind auf der Seite des Dienstherrn zu suchen. Von seiner Einstellung zu unserer gewerkschaftlichen Tätigkeit, zu unseren Vorschlägen und Forderungen hängt es ab, welches Gesicht unsere Gewerkschaftspolitik in der Praxis annimmt. Hier kann unser gewerkschaftliches Handeln dann auch in der Tat einen durchaus kämpferischen Akzent erhalten. Das haben die Ereignisse des hinter uns liegenden Jahres ja deutlich genug bewiesen. Aber im Kern geht es dabei doch nicht um die Frage nach neuen Wegen der Gewerkschaftspolitik im deutschen Beamtentum, und insoweit scheint mir das Thema mit seiner ausschließlichen Erfassung der Gewerkschaftspolitik die Verantwortlichkeiten und Zuständigkeiten nicht voll zu treffen. Aus der Misere, in der wir uns zweifellos befinden, führen nach meiner Überzeugung nur neue Wege der Beamtenpolitik heraus, für die eben nicht nur die Gewerkschaften zuständig sind und auf die ihr Einfluß auch unterschiedlich wirkt.

Hier stehen sich nämlich zwei ganz verschiedene Kräfte gegenüber; auf der einen Seite die gewerkschaftlich organisierte Beamtenschaft, auf der anderen Seite der Dienstherr. Sie wirken entweder gegeneinander oder sie wirken zusammen. Nur aus einer Durchleuchtung dieser wechselseitigen Beziehungen werden sich gewisse Ansätze gewinnen lassen, mit deren Entwicklung man vielleicht ein Stück weiterkommen könnte. Und das ist ja wohl auch, wenn ich den Sinn unserer hiesigen Veranstaltung richtig sehe, ihr eigentlicher Zweck: Sie soll zu einer Besinnung auf die gegenwärtige Situation des Berufsbeamtentums führen, damit Wege aufgewiesen werden können, die diese Institution zu der ihr in unserem demokratischen Gemeinwesen zukommenden Bedeutung gelangen und den ihr dienenden Menschen das zuteil werden lassen, was ihnen zusteht.

Wenn Sie mir also gestatten, daß ich die eigentliche Themenstellung aus den geschilderten Gründen und in dem bereits angedeuteten Sinn etwas abändere, so möchte ich Ihnen nunmehr meine Gedanken über neue Wege der Beamtenpolitik unter besonderer Berücksichtigung der Rolle vortragen, die dabei der Gewerkschaftspolitik im deutschen Beamtentum zufällt.

Ich darf dabei an einen Satz anknüpfen, den der Innenminister des Landes, auf dessen Territorium wir uns hier befinden, ausgesprochen hat, als er am 16. März 1961 den Regierungsentwurf eines neuen Landesbeamtengesetzes im Landtag begründete. Herr Minister Dr. Filbinger sagte damals:

»Die richtige Einordnung des Beamten in den demokratischen Staat und die Beseitigung des Gegensatzes zwischen der Lebenswirklichkeit der modernen Industriegesellschaft und den aus einer Welt patriarchalischer Geborgenheit überkommenen Grundsätzen des Berufsbeamtentums ist eine staatspolitische Aufgabe ersten Ranges.«

Vor dieser Aufgabe stehen wir in der Tat, und mit dem »Wir« meine ich an dieser Stelle die beiden Seiten, von denen ich vorhin sprach, nämlich sowohl den Dienstherrn wie auch die gewerkschaftlich organisierte Beamtenschaft. Hier ist in einem Satz ausgesprochen und sozusagen in der Nußschale enthalten das Problem, um dessen Lösung sich beide Seiten gemeinsam bemühen müßten.

Wir alle empfinden mehr oder weniger bewußt, daß in unserer heutigen Beamtenpolitik die Spannung zwischen Tradition und Fortschritt noch nicht in der rechten Weise ausgeglichen ist und daß es deshalb auch den Gegensatz, von dem Herr Dr. Filbinger gesprochen hat, erst noch zu beseitigen gilt. In manchem hinkt die Entwicklung des Berufsbeamtentums noch hinter der Lebenswirklichkeit unserer modernen Gesellschaftsordnung her. Vor allem daraus ergeben sich gewisse Krisenerscheinungen, Fehlentwicklungen, Konfliktsfälle oder, wie man das nun sonst nennen will, woran der einzelne in diesem Zusammenhang auf Grund persönlicher Erfahrung und Einstellung jetzt denken mag.

Vor dem Problem einer zeitgemäßen Fortentwicklung bestehender Einrichtungen, seien sie staatlicher oder gesellschaftlicher Art, haben schon viele Generationen vor uns gestanden. Im Grund ist es ein uraltes Problem, das in der Geschichte des sozialen Zusammenlebens der Menschen immer wieder von neuem auftaucht und zur Lösung herausfordert. Die Schwierigkeit liegt stets nur darin, eine überzeugende Antwort auf die Frage zu finden, was unter »zeitgemäßer Fortentwicklung« oder, um bei der Formulierung des Obertitels unseres Themas zu bleiben, was unter »Fortschritt« zu verstehen ist.

Was nämlich dem einen Fortschritt ist, das ist dem anderen Verfall und Dekadenz. Ein jeder bezeichnet die Annäherung an einen ihm wünschenswerten Zustand als »Fortschritt«. Mit dem Begriff »Fortschritt« verbinden sich mit anderen Worten zumeist rein subjektive Wunschvorstellungen, und deshalb ist es so schwierig, objektiv festzustellen, was nun wirklich »Fortschritt« ist und was nicht.[1] Von dem Philosophen Max Scheler stammt das sarkastische Wort vom Fortschritt als einem munteren Laufburschen, der darauflos rennt, ohne sich Gedanken zu machen wohin er rennt.

Wir werden also, ohne daß die hier angedeutete Problematik im Augenblick weiter vertieft werden kann, sehr sorgsam zu bedenken haben, wohin, wenn wir von einer fortschrittlichen Beamtenpolitik oder von einer fortschrittlichen Gewerkschaftspolitik im deutschen Beamtentum sprechen, der Fortschritt gehen soll und was letzten Endes dabei für das Berufsbeamtentum und seine Bestimmung herauskommt.

Das kritiklose Operieren mit dem Begriff »Fortschritt« in bezug auf das Berufsbeamtentum könnte nämlich sonst zu durchaus unerwünschten Ergebnissen führen und die eigentliche Bestimmung dieser Einrichtung in ihrem Wesenskern verfälschen. Hier müssen viele Gesichtspunkte gegeneinander abgewogen werden. Der »Fortschritt« besteht nicht allein schon darin, daß man Hergebrachtes, auch soweit es gesund ist, über Bord wirft, und dann jeden »rückständig« nennt, der aus guten Gründen daran festhalten will. Gedient ist dem Berufsbeamtentum nur, wenn es auf einen Weg findet, bei dem sich der Wille zu einer kraftvollen Neugestaltung mit dem sicheren Gefühl für die gesunde Tradition der Institution verbindet.[2]

In die ältere Tradition des deutschen Berufsbeamtentums ist mit dem Zugeständnis der Koalitionsfreiheit auch an die Beamten, einem Zugeständnis, das die Folge einer uns allen geläufigen historischen Umwäl-

1 Theodor Geiger: Ideologie und Wahrheit, Stuttgart-Wien 1953, S. 87.
2 Goetz Briefs: Zwischen Kapitalismus und Syndikalismus. Die Gewerkschaften am Scheideweg, Bern 1952, S. 180.

zung war, etwas gänzlich Neuartiges eingedrungen. Daß der Beamte, der als der geborene Sachwalter des Gesamtinteresses galt und der dem einzelnen Bürger als der Repräsentant eines Staates gegenübertrat, der autoritär bestimmte, was als Gesamtinteresse zu gelten hatte, daß dieser selbe Beamte sich nun zur Wahrung seines privaten, seines Eigeninteresses gewerkschaftlich organisieren durfte, war zweifellos ein gewaltiger Einbruch in eine bis dahin für unumstößlich feststehend gehaltene Vorstellungswelt. Und das Berufsbeamtentum selbst sah sich nun plötzlich aus seiner eigenen engen personalen Bindung an den Monarchen, aus einer, wie es Herr Dr. Filbinger formuliert hat, »Welt patriarchalischer Geborgenheit« herausgedrängt und in einer von Grund auf veränderten Staats- und Gesellschaftsordnung hineingeworfen in die wesentlich rauhere Lebenswirklichkeit der modernen Industriegesellschaft. Hier, wo nun nicht mehr ein patriarchalischer Dienstherr die schützende, wenn auch strenge Hand über seinen treuen Diener hielt, hier, wo die Beamten in den Augen der anderen Gesellschaftsgruppen nun ebenfalls nur noch als eine gesellschaftliche Gruppe unter vielen anderen gewertet wurden, hier galt es nun, die Wahrung insbesondere der materiellen Interessen weitgehend in die eigene Hand zu nehmen. Die Beamtenschaft trat mit zum Wettlauf der Gruppeninteressen an, der für die industrielle Gesellschaft kennzeichnend ist.

Eine solche Schau der Dinge mag auf manchen schockierend wirken, und wenn ich soeben vom Wettlauf der Gruppeninteressen sprach, in den sich die Beamtenschaft eingereiht habe oder sich wegen ihrer von Grund auf veränderten Situation habe zwangsläufig einreihen müssen, so mag das nicht zu allen Zeiten der letzten 40 Jahre mit gleicher Deutlichkeit hervorgetreten sein. Aber wenn wir von unseren inzwischen gesammelten Erfahrungen ausgehen und unsere gegenwärtige Lage einmal ganz nüchtern überdenken, so werden wir nicht umhin können, das soeben verwendete Bild als den Tatsachen entsprechend hinzunehmen.

Das Widerspruchsvolle, was sich aus dieser Tatbestandsaufnahme ergibt, ist meiner Meinung nach nun folgendes: Trotz aller umstürzenden Wandlungen, die sich sowohl im staatlichen wie im gesellschaftlichen Bereich vollzogen haben, ist das Rechtsverhältnis, in dem der Beamte steht, auch heute noch als ein persönliches Treueverhältnis gekennzeichnet. Und da erhebt sich die schwerwiegende Frage, ob ein solches Treueverhältnis, das ja auf dem Gedanken »Treue um Treue« beruht und das vom Gefolgsherrn, dem treue Gefolgschaft gelobt wird, persönlichen Einsatz für den Gefolgsmann verlangt, heute überhaupt noch sinnvoll ist oder ob es seines ursprünglichen Sinnes nicht vielleicht gänzlich entleert ist. Der Münchener Rechtslehrer Hans Liermann hat dazu einmal gesagt[3]:

»Diese Treuepflicht kann der unpersönliche moderne Staat niemals leisten. Er ›sorgt‹ zwar für die Beamten. Aber er muß im fiskalischen Interesse ängstlich darauf bedacht sein, daß diese Sorge ja nicht zu üppig wird. Die fiskalische Fürsorge ist etwas ganz anderes als persönliche Treue, die unter den veränderten Verhältnissen gar nicht gefordert werden kann.«

Und Liermann spricht dann im selben Zusammenhang von »dem unpersönlichen, der persönlichen Tugend der Treue seinerseits nicht fähigen Staat«.

Ich habe diese Frage hier einmal angeschnitten, weil sie mir ganz besonders deutlich zu machen scheint, in welcher im Grunde genommen ausweglosen Lage sich eine Beamtengewerkschaft unter den ihr heute gegebenen Möglichkeiten befindet, wenn sie ihrer Aufgabe, oder sagen wir es noch deutlicher: ihrem grundgesetzlich, nämlich durch Art. 9 Abs. 3 GG, verbürgten Grundrecht genügen will, die Arbeits- und Wirtschaftsbedingungen ihrer Mitglieder zu wahren und zu fördern. Kann sie von sich aus neue Wege der Gewerkschaftspolitik beschreiten, wenn ihr, was unbestritten ist, keine echten gewerkschaftlichen Kampfmittel zur Verfügung stehen, sie es aber gleichzeitig mit einem »Dienstherrn« zu tun hat, der ihr nach der treffenden Formulierung Liermanns als ein unpersönlicher, der persönlichen Tugend der Treue seinerseits nicht fähiger Staat gegenübertritt?

Ich meine, mit dieser Frage dürfte ja nun die wirkliche Problemstellung, mit der wir es hier bei unseren Gesprächen zu tun haben, ganz klar umrissen sein. Eine Beamtengewerkschaft, die, wie es ihr zukommt, den Boden des Rechts nicht verlassen will, kann, wenn es über irgendwel-

3 Hans Liermann: Grundsätzliches zur Frage des Beamteneides, in: Bayerische Beamtenzeitung 1952, S. 49.

chen Forderungen mit dem »Dienstherrn« zum Konflikt kommt, papierne Proteste loslassen und an die Treue des dieser persönlichen Tugend nicht fähigen unpersönlichen Staates appellieren; sie kann auf das Parlament und die öffentliche Meinung einzuwirken versuchen; sie kann sich im Bewußtsein ihrer tatsächlichen Ohnmacht allenfalls noch zu gewissen Drohungen (»Dienst nach Vorschrift« usw.) veranlaßt sehen. Das ist aber auch alles.

Im übrigen – so jedenfalls hat sich uns das in diesem Jahr wieder in voller Deutlichkeit dargestellt – legt der Staat im Wettlauf der Gruppeninteressen die Dringlichkeitsordnung nach seinem Gutdünken fest, und ob dabei die Beamten berücksichtigt werden können, hängt von gänzlich unwägbaren und nicht vorherzusehenden Umständen, offensichtlich aber nicht von der sachlichen Berechtigung ihrer Forderungen ab. Da mögen mächtigere Gruppeninteressen vorgezogen, da mag auf Parlamentswahlen usw. Rücksicht genommen werden. Welche Überlegungen bei der Behandlung von Beamtenforderungen auch jeweils mitspielen mögen – eins steht fest: sachliche, auf die Bedeutung des Berufsbeamtentums in unserer Demokratie gerichtete, auf übergeordneten staatspolitischen Gesichtspunkten beruhende Erwägungen kommen erst in letzter Linie zum Zuge.

Dafür wird die Beamtenschaft dann aber bereitwilligst mit Floskeln bedient, wie etwa der folgenden: »Wir brauchen eine Beamtenschaft, die bereit ist, selbst berechtigte eigene Forderungen hinter dem Wohl der Allgemeinheit zurücktreten zu lassen.« Nur kann man der Beamtenschaft eben nicht auch gleichzeitig begreiflich machen, was bei einem politischen Stil, wie wir ihn letzthin vor Augen geführt bekommen haben, eigentlich mit dem »Wohl der Allgemeinheit« gemeint sein soll. Und es ist deshalb nur zu gut zu verstehen, wenn kürzlich ein aufgebrachter Leser an »Die Zeit« schrieb, es handele sich bei der Berufung auf das Wohl der Allgemeinheit in dieser Frage um nichts anderes als plumpe Bauernfängerei. »Denn der Verzicht der Beamten auf bessere Besoldung kommt ja nicht der Allgemeinheit zugute, sondern allen den Interessenverbänden, die mit allem Nachdruck, ja mit allen Mitteln sich auf die von den Beamten nicht beanspruchten Gelder stürzen.«

Es geht mir auch hierbei nur um eine nüchterne Tatbestandsaufnahme.

Sie schließt freilich die Frage in sich, ob der aufgenommene Tatbestand heil ist oder nicht. Müßten wir diese Frage verneinen, und ich fürchte, es wird uns nichts anderes übrigbleiben, taucht wieder das Problem auf, das zu behandeln uns mit dem hier gestellten Thema aufgegeben ist. Und es werden auch meine einleitend geäußerten Zweifel von neuem laut, ob die Dinge, die ich hier nur ganz grob skizziert vor Ihnen ausgebreitet habe, von uns, den Beamtengewerkschaften, geändert werden können, indem wir mit unserer Gewerkschaftspolitik neue Wege zu beschreiten hätten, um gegebenenfalls kampflos zu unserem Ziel zu kommen.

Wir müssen, so jedenfalls meine ich, unsere Überlegungen da doch noch in eine etwas andere Richtung lenken. Die Soziologen nennen das, worüber wir uns hier Gedanken machen, einen sozialen Konflikt. Mit dem Begriff Konflikt wird dabei »jede Beziehung von Elementen« bezeichnet, »die sich durch objektive ... oder subjektive ... Gegensätzlichkeit bezeichnen läßt«, und »sozial« heißt ein Konflikt dann, »wenn er sich aus der Struktur sozialer Einheiten ableiten läßt, also überindividuell ist«[4].

Kein Zweifel, daß diese Begriffsmerkmale eines sozialen Konflikts auf den Sachverhalt zutreffen, der uns hier in besonderem Maße beschäftigt, nämlich auf die Gegensätzlichkeit von Dienstherr und gewerkschaftlich organisierter Beamtenschaft. Es ist unter »Konflikt«, in dem hier verwendeten Sinne wohlgemerkt, nicht schon unbedingt ein offener Kampf zu verstehen. Auch ein friedlicher Zustand braucht nicht unbedingt konfliktlos zu sein. Es geht hier nur um eine Gegensätzlichkeit, die sich sozusagen aus der Natur der Sache ergibt, und in unserem speziellen Falle um eine Gegensätzlichkeit zwischen einer übergeordneten (Dienstherr) und einer untergeordneten (Beamtengewerkschaft) sozialen Einheit.

Auf die Regelung sozialer Konflikte hat man in der Soziologie viel Gedankenarbeit verwandt, und mir will scheinen, daß sich einige der dabei erzielten Erkenntnisse auch für uns fruchtbar machen lassen könnten. Dabei muß ich, wenn ich jetzt dazu einiges ausführe, freilich schon aus rein zeitlichen Gründen mehr oder weniger an der Oberfläche

4 Ralf Dahrendorf: Elemente einer Theorie des sozialen Konflikts, in: Gesellschaft nach Freiheit. Zur soziologischen Analyse der Gegenwart, München 1961, S. 197 ff., hier: S. 201 f.

bleiben und kann nur das zum Verständnis der Dinge unbedingt Notwendige mitteilen.

Aus einer Studie, die der Tübinger Soziologe Ralf Dahrendorf über »Elemente einer Theorie des sozialen Konflikts« geschrieben hat, entnehme ich einige für unsere Zwecke mir wesentlich erscheinende Gesichtspunkte.

Man kann soziale Konflikte unterdrücken, oder man kann sie lösen. Die erste Möglichkeit nennt Dahrendorf »nicht nur eine unmoralische, sondern auch eine unwirksame Weise der Behandlung sozialer Konflikte. In dem Maße«, so sagt Dahrendorf, »in dem man soziale Konflikte zu unterdrücken versucht, nehmen diese an potentieller Virulenz zu, verlangen sie damit nach noch gewaltsamerer Unterdrückung, bis schließlich keine Macht der Erde mehr in der Lage ist, die ihres Ausdrucks beraubten Konfliktenergien niederzuhalten.« Zur anderen Möglichkeit, zur Lösung sozialer Konflikte, die er als »Regelung von Konflikten« bezeichnet, äußert sich Dahrendorf wie folgt:

»Die Regelung sozialer Konflikte ist das entscheidende Mittel der Verminderung der Gewaltsamkeit nahezu aller Arten von Konflikten, Konflikte verschwinden durch ihre Regelung nicht; sie werden nicht einmal notwendig weniger intensiv; in dem Maße aber, indem es gelingt, sie zu regeln, werden sie kontrollierbar und wird ihre schöpferische Kraft in den Dienst einer allmählichen Entwicklung sozialer Strukturen gestellt.«

Und an anderer Stelle heißt es, und ich halte das dort Gesagte für eine im Grundsätzlichen richtige und brauchbare Antwort auf den Obertitel unseres Themas »Kampfloser Fortschritt?«: »Es ist noch einmal zu betonen, daß Konflikte durch ihre Regelung nicht verschwinden. Wo es Gesellschaft gibt, gibt es auch Konflikte. Die Formen der Regelung haben jedoch Auswirkungen auf die Gewaltsamkeit von Konflikten. Der geregelte Konflikt ist gewissermaßen entschärft: obwohl er unverändert besteht und außerordentlich intensiv sein kann, vollzieht er sich in Formen, die sich mit einer kontinuierlich sich wandelnden Sozialstruktur vertragen.«

In diesen wichtigen Zitaten aus Dahrendorfs Abhandlung steckt eigentlich gedanklich alles drin, was uns, den Deutschen Beamtenbund, seit Jahren beschäftigt hat, um zu einer vernünftigen, sowohl dem recht verstandenen Interesse der Allgemeinheit als auch den Interessen der Beamtenschaft gerecht werdenden Ausschaltung derartig unerquicklicher Auseinandersetzungen um eine gerechte Berücksichtigung der materiellen Interessen der Beamten zu kommen, wie wir sie in diesem Jahr in wohl bisher noch nie dagewesener Weise erlebt haben. Sollten sich derartige Konflikte wirklich nicht »kanalisieren«, d. h. in Formen bringen lassen, die den beiden hier in Betracht kommenden Seiten, dem Dienstherrn und den Beamtengewerkschaften, gerecht zu werden vermögen?

Was habt ihr denn anzubieten, so werden Sie mich vielleicht fragen, um zu einer Regelung möglicher Konflikte im Dahrendorfschen Sinne zu kommen? Und von der Seite des Dienstherrn wird mir möglicherweise entgegengehalten werden: Wir sind euch doch schon weit genug entgegengekommen. Was wollt ihr denn noch mehr? Nach den in Bund und Ländern geltenden beamtenrechtlichen Vorschriften bietet euch der Dienstherr nicht nur die Möglichkeit, sondern es ist sogar seine Rechtspflicht, euch bei der Vorbereitung allgemeiner Regelungen der beamtenrechtlichen Verhältnisse zu beteiligen, ihr könnt im Rahmen dieser gesetzlichen Regelungen alle eure Forderungen zur Sprache bringen, ihr könnt mit uns über sie diskutieren, wir sagen euch eine objektive Prüfung eurer Wünsche zu und werden sie im Rahmen des Möglichen berücksichtigen. Was wollt ihr denn noch mehr?

Wir haben diesen Weg jetzt ein reichliches Jahrzehnt praktiziert. Herausgekommen ist dabei in den wirklich entscheidenden Fragen so gut wie nichts. Selbst wenn wir zugestehen können, daß man uns regierungsseitig wohlwollend angehört und sich teilweise auch bereit gezeigt hat, unseren Forderungen zu entsprechen – sobald unsere Anliegen in das Getriebe der politischen Kräfte – der entscheidenden Kräfte also – gerieten, war es in aller Regel von reinen Zufälligkeiten, jedenfalls aber nicht von der Berücksichtigung irgendwelcher festliegender sachlicher Maßstäbe abhängig, ob ihnen entsprochen wurde.

Wir, d. h. der Deutsche Beamtenbund, haben seit Jahren die Bindung an bestimmte sachliche Maßstäbe, insbesondere bei der Festlegung der Beamtenbesoldung angeboten. Wir haben die Forderung nach einem unabhängigen Besoldungsbeirat aufgestellt, der nach wissenschaftlichen Methoden Maßstäbe setzen sollte. Sicher ist die Entscheidung, die hier fällt, eine politische. Darin stimme ich durchaus mit Herrn Reuter überein. Aber auch die politische Entscheidung braucht Orientierungspunkte, die hier noch leichter gefunden werden könnten, wenn der öffentliche Dienst als eine allgemeine Aufgabe betrachtet würde. Wir selbst haben uns jedenfalls bei der Fixierung der Höhe unserer Forderungen jederzeit streng an derartige Maßstäbe gebunden gefühlt. Wir haben uns diese Selbstbindung aus staatspolitischem Verantwortungsgefühl auferlegt und nie mehr beansprucht, als was sich aus amtlichen Unterlagen über die Entwicklung der allgemeinen wirtschaftlichen Lage in der Bundesrepublik und insbesondere über die Entwicklung der allgemeinen Einkommensverhältnisse ablesen ließ.

Nachdem im Jahre 1958 das Bundesverfassungsgericht in einem grundlegenden Urteil entschieden hatte, daß der Beamte auf Grund eines vom Gesetzgeber zu beachtenden hergebrachten Grundsatzes des Berufsbeamtentums Anspruch auf einen angemessenen Lebensunterhalt hat, und nachdem das Gericht in seinem Urteil ausdrücklich auch ausgesprochen hatte, daß bei der Bestimmung der Angemessenheit des Lebensunterhalts von der »Entwicklung der allgemeinen wirtschaftlichen und finanziellen Verhältnisse und des allgemeinen Lebensstandards« auszugehen sei, haben wir es für eine Selbstverständlichkeit gehalten, der Gesetzgeber werde sich nun auch seinerseits an diese Maßstäbe halten, dieselben nämlich, von denen wir bei unserer Besoldungspolitik schon immer ausgegangen waren.

In unserer Erwartung, der Gesetzgeber werde nach der Entscheidung des Bundesverfassungsgerichts die gebotene staatspolitische Einsicht zeigen, und es nicht wieder zu diesem widerwärtigen »Feilschen um die Prozente« kommen lassen, er werde also künftig vermeiden, die Beamtenschaft vor der Öffentlichkeit als eine ewig unzufriedene Interessentengruppe bloßzustellen, die mit angeblich ungerechtfertigten Forderungen das gesamte Wirtschaftsgefüge der Bundesrepublik ins Wanken zu bringen drohe – in dieser unserer Erwartung sind wir wiederum aufs gröblichste enttäuscht worden. Ich brauche das nicht im einzelnen zu begründen, weil die Erinnerung an die Umstände, unter denen das Tauziehen um eine Anpassung der Beamtenbesoldung an die veränderten wirtschaftlichen Verhältnisse in diesem Jahre vor sich gegangen ist, noch frisch genug ist. Und das alles, obwohl zu keinem Zeitpunkt und von keiner ernst zu nehmenden Stelle die sachliche Berechtigung unserer Forderung in Zweifel gezogen worden ist.

Daß es so nicht weitergehen kann, liegt offen zutage. Wie es anders werden soll, welcher Weg aus diesem unhaltbaren Zustand herauszuführen vermag, steht als offene Frage vor uns. Ich habe schon ausgeführt, daß man unter den heutigen Verhältnissen soziale Konflikte nur wird bändigen können, wenn man sie zu regeln, d. h. Formen zu finden versucht, die Auswirkungen ungeregelter Konflikte, wie wir sie jüngst erlebt haben, ausschließen. Wird man dieser Aufgabe nicht Herr – und hier handelt es sich, wie wiederum Dahrendorf ganz richtig sagt, um »eine der zentralen Aufgaben der Politik« –, so werden wir eines Tages den Punkt erreicht haben, von dem wir schon in diesem Jahr nicht mehr sehr weit entfernt waren, den Punkt nämlich, wo sich die in einem ungeregelten sozialen Konflikt schlummernde Explosivität in gewaltsamen Formen entlädt. Auch eine besonnene und zur Vernunft mahnende Gewerkschaftspolitik wird daran nichts ändern können.

Deshalb nun noch einmal: Neue Wege der Gewerkschaftspolitik im deutschen Beamtentum führen nicht zu dem wünschenswerten Ziel des kampflosen Fortschritts. Für die Gewerkschaftspolitik des Deutschen Beamtenbundes sehe ich jedenfalls keinen neuen Weg, der mit größerer Aussicht auf Erfolg als die bisher beschrittenen Wege eingeschlagen werden könnte, wenn nicht endlich der Dienstherr zu der Einsicht gelangt, daß mit den Methoden, mit denen bisher unsere Forderungen behandelt worden sind, staatspolitisches Kapital in geradezu unverantwortlicher Weise verwirtschaftet wird.

Wenn ich hier lediglich als Interessenvertreter x-beliebiger Art spräche, könnte mir das alles verhältnismäßig gleichgültig sein. Aber ich spreche als Beamtenvertreter und bin deshalb – jedenfalls ist das meine Meinung – sozusagen von Amts wegen verpflichtet, mir auch Gedanken darüber zu machen, welche Auswirkungen die Gewerkschaftspolitik meines Verbandes und ihre Widerspiegelung im Verhalten des Dienstherrn in staatspolitischer Hinsicht hat. Das Berufsbeamtentum hat in unserer freiheitlich rechtsstaatlichen Demokratie an staatspolitischer Bedeutung nichts eingebüßt, ja wegen der mit dem Sozialstaatsprinzip zusammenhängenden Ausweitung der Verwaltung auf das große Gebiet der Daseinsvorsorge eher an staatspolitischem Gewicht zugenommen.

Wie Hans Freyer ganz richtig sagt: »So ernst wir auch die Tatsache nehmen mögen, daß die moderne Großdemokratie zu einem Staat der Massenparteien und der Verbände, also zu einem pluralistischen System geworden ist, so klar wir uns darüber sein müssen, daß die Synthesis der politischen Willensbildung in einem solchen Staat nur als Zusammenspiel von immer mannigfaltigeren gesellschaftlichen Interessen möglich ist: die Idee, dem Staat als solchen, dem Staat als Ganzen zu dienen, hat damit ihre Bedeutung als Gesinnungsgrundlage für das Handeln der Fachbürokratie durchaus nicht verloren; sie gibt dem Beamtentum ›einen Kompaß, der es auf das Gemeinwohl hinweist‹ (Morstein Marx).«[5]

Mißweisungen dieses Kompasses sind jedoch unabwendbar, wenn aus sogleich noch kurz zu erörternden Gründen die politische Wirklichkeit in unserem demokratischen Gemeinwesen keine klaren Richtpunkte mehr für die Bestimmung des Gemeinwohls erkennbar werden läßt und wenn ferner der Eindruck entsteht, als ziehe der Dienst am Staat als Ganzen zwangsläufig den Verzicht auf die Wahrung des Eigeninteresses nach sich. In letzterer Hinsicht hat bereits Hegel folgendes klar erkannt[6]:

»Der allgemeine Stand (wie er die Beamtenschaft nennt) hat die allgemeinen Interessen des gesellschaftlichen Zustandes zu seinem Geschäfte, der direkten Arbeit für die Bedürfnisse muß er daher entweder durch Privatvermögen oder dadurch enthoben sein, daß er vom Staat, der seine Tätigkeit in Anspruch nimmt, schadlos gehalten wird, so daß das Privatinteresse in seiner Arbeit für das Allgemeine seine Befriedigung findet.«

Das heißt doch eben, der Staat muß in auskömmlicher und damit in einer Weise für seine Beamten sorgen, daß sie aus der Befriedigung ihres Privatinteresses den notwendigen Impuls für ihre Arbeit für das Allgemeine erhalten – ein zwar materieller, nichtsdestoweniger aber auch staatspolitisch wichtiger Gesichtspunkt, weil unzufriedene, wenn

5 Hans Freyer: Die Situation der Bürokratie in der Mitte des 20. Jahrhunderts, in: Mitteilungen der Kommunalen Gemeinschaftsstelle für Verwaltungsvereinfachung (KGSt), Juni 1961 (Sonderdruck).

6 G. W. F. Hegel: Grundlinien der Philosophie des Rechts, Hamburg [4]1955, S. 177 (§ 205).

im übrigen auch durchaus pflichtbewußte und dienstwillige Menschen naturnotwendig in ihrer Leistungsbereitschaft erlahmen werden und dadurch Schaden für die Allgemeinheit entsteht.

An dem stärkeren Zug zum Materiellen, der in der heutigen Beamtenschaft unverkennbar vorhanden ist, werden wir ohnehin nichts ändern können. Er ist als ein Faktum hinzunehmen, das aus einer allgemeinen gesellschaftlichen Entwicklung folgt. Die nivellierte Mittelstandsgesellschaft, in der wir heute leben, hat die Vergleichsmaßstäbe zwischen den einzelnen gesellschaftlichen Gruppen grundlegend verschoben. Insoweit kann auch von einem Beamten keine asketische Haltung erwartet oder gar verlangt werden, weil das einfach zu einer unzumutbaren gesellschaftlichen Deklassierung, zu einem Verlust an Sozialprestige führen würde, was wiederum staatspolitisch bedenklich wäre.

Doch wollte ich auch noch ein paar Worte zu einem zweiten bereits angedeuteten Übelstand sagen, zu der Frage nämlich, daß die heutige politische Wirklichkeit keine klaren Richtpunkte mehr für die Bestimmung des Gemeinwohls erkennbar werden läßt, ein Übelstand, der sowohl staatspolitische als auch beamtenpolitische Gefahren in sich birgt, die bei unseren Erörterungen nicht übersehen werden sollten. Wenn unser Staatsbild sich durch den Übergang vom repräsentativen Verfassungsstaat, der idealistischen Ursprungs war, zur reellen Volksherrschaft, d. h. zur Demokratie, von Grund aus gewandelt hat, und wir Deutschen in der Bundesrepublik in einer Demokratie durch Gruppenkonkurrenz leben, hervorgehend aus einem Prozeß, der wesentlich auf den Parteien ruht, so schließt das doch nicht aus, den Gedanken der Ordnung zu stärken und ihn »zur wegleitenden Verpflichtung« zu machen.[7] Wenn man heute einen derartigen Gedanken äußert, setzt man sich natürlich bei manchen sofort dem Verdacht aus, man spiele wohl bereits wieder mit autoritären Vorstellungen. Aber das soll mich nicht abhalten, mit dem gehörigen Ernst darzulegen, aus welchen Gründen und aus welcher Richtung gerade die reale Demokratie, zu der man sich immer und immer wieder in feierlicher Form bekennt, in ihrem Bestand bedroht ist, wenn wir den Ordnungsgedanken mißachten.

Wir laufen heute Gefahr, unseren demokratischen Staat als ein

7 Max Imboden: Die politischen Systeme, Basel–Stuttgart 1962, S. 148.

Ordnungsgebilde eigener Art abzuwerten zu einer »pluralistischen Funktionsgemeinschaft«. Der Ausdruck stammt von dem Baseler Staatsrechtslehrer Max Imboden, der in seinem erst kürzlich erschienenen Buch »Die politischen Systeme« die Zusammenhänge, die ich hier nur streifen kann, in eindringlicher Weise aufzuhellen verstanden hat. Imboden hat aufgezeigt, daß die pluralistische Funktionsgemeinschaft, an deren Anfang der durchaus zu bejahende Gedanke der Daseinsvorsorge steht, den Staat zum bloßen Werkzeug erniedrigt. Er hat die Aufgabe, »Wohlstand für alle« zu bringen und jedem in seiner besonderen Lebenslage beizustehen. Und um nun ein paar Gedanken Imbodens wörtlich zu zitieren:

»Wird der Staat aber einmal instrumental gesehen, dann ist es unausweichlich, daß er im Bewußtsein der Menschen nur solange eine Daseinsberechtigung behält, als er sich als Werkzeug zu bewähren, und zwar immer neu zu bewähren vermag. Der sichtbare Nutzen begründet und rechtfertigt die Ordnung . . .«[8]

Und weiter: »Mit der Ausrichtung des Staates auf einen reinen Nützlichkeitsmaßstab wird die abendländische Staatsidee in ihrem Kern verfälscht. Niemals kann die uns umschließende äußere Ordnung nur als Instrument zur Schaffung besserer Daseinsbedingungen verstanden werden.«[9]

Und schließlich:

»Die pluralistische Funktionsgemeinschaft ebnet ein. Die Strukturen des Sozialkörpers und des Staates verblassen. Auch der Raum möglicher demokratischer Entscheidung wird schmäler. Nach der grundsätzlichen Anerkennung umfassender Daseinsvorsorge besteht die Rolle der entscheidenden Instanzen vor allem noch darin, im Wettlauf der Gruppeninteressen die Dringlichkeitsordnung festzulegen.«[10]

Sie werden sich nun sicher fragen, was das alles eigentlich noch mit unserem Thema zu tun habe, wo es doch um Gedanken über neue Wege der Gewerkschaftspolitik im deutschen Beamtentum gehen soll. Ich antworte darauf: sehr viel!

Worauf es mir ankam, war, einmal zu zeigen, in welcher Situation sich

8 A.a.O., S. 81.
9 A.a.O., S. 82.
10 A.a.O., S. 86.

das heutige Beamtentum befindet, wenn man es in den größeren Zusammenhang mit den unser politisches Leben treibenden Kräften stellt; denn daraus ergibt sich unmittelbar die innere Einstellung, aus der heraus der Beamte seinen Dienst für den Staat leistet. Wenn dieser Staat vom Staatsbürger jetzt noch nach seinem Nützlichkeitswert für ihn als einzelnen beurteilt wird, können Rückwirkungen auf die Einstellung des Beamten zum Staat, dem er dient, nicht ausbleiben. Daß man ihn als Treuhänder des Allgemeininteresses deklariert und ihn unter diesem Vorzeichen besondere Pflichten auferlegt, hilft nicht darüber hinweg, daß er in der Praxis zum bloßen Funktionär dieser sog. pluralistischen Funktionsgemeinschaft degradiert wird, in der eben gerade das Wohl des einzelnen den Vorrang vor dem Gemeinwohl hat. »Die pluralistische Funktionsgemeinschaft«, um noch einmal Imboden zu zitieren, »läßt die Ordnung in der äußeren Euphorie des Wohllebens verblassen; sie macht sich und den anderen vor, daß Nützlichkeitswert die Stelle der letzten Richtpunkte des sozialen Gefüges einzunehmen vermögen.«[11]

Kurzum, wer sich über neue Wege der Gewerkschaftspolitik im deutschen Beamtentum Gedanken macht, wird nicht umhin können, auch die grundsätzlichen staatspolitischen Fragen mit in seine Überlegungen einzubeziehen, von denen soeben, wenn auch nur andeutungsweise, die Rede war. Bliebe die Gewerkschaftspolitik im deutschen Beamtentum nur auf die rein materiellen Fragen beschränkt, so würde sie ihre Aufgabe nur unvollkommen erfüllen. Daß die materiellen Fragen bislang das Bild dieser Gewerkschaftspolitik nach außen hin beherrscht haben, ist nicht die Schuld der gewerkschaftlich organisierten Beamtenschaft. Die ständige Auseinandersetzung mit dieser Seite unseres gewerkschaftlichen Wirkens ist uns durch die so wenig verständnisvolle und, wie ich es jetzt einmal offen aussprechen muß, gänzlich konzeptionslose Einstellung des Dienstherrn aufgedrängt worden.

Der Deutsche Beamtenbund ist auch in dieser Hinsicht um Ordnung bemüht gewesen, um einen vernünftigen Ausgleich, um Herstellung eines tragfähigen Einvernehmens zwischen der gewerkschaftlich organisierten Beamtenschaft und dem Dienstherrn. Wir werden in unseren Bemühungen, in dieser Richtung zum Ziele zu kommen, trotz aller

11 A.a.O., S. 148.

enttäuschenden Erfahrungen nicht nachlassen. Wir werden weiter konstruktive Vorschläge machen, wie dem gegenwärtigen unhaltbaren Zustand begegnet werden kann, alles unter dem Gesichtspunkt, die richtige Einordnung des Beamten in den demokratischen Staat zu erzielen, weil auch wir hierin mit Herrn Dr. Filbinger eine staatspolitische Aufgabe ersten Ranges sehen.

Ob wir damit zum kampflosen Fortschritt kommen – und ich betone das jetzt zum letzten Male –, ist aber keine Frage einer Umorientierung, eines Suchens nach neuen Wegen der Gewerkschaftspolitik, und hier insbesondere der Gewerkschaftspolitik des Deutschen Beamtenbundes, es ist eine Frage, deren Lösung einzig und allein von der Einsicht des Dienstherrn abhängt, von der Einsicht nämlich, daß fiskalisches Denken am allerwenigsten da angebracht ist, wo Fragen der Ordnung unseres demokratischen Gemeinwesens auf dem Spiele stehen, Fragen, die für das Wohl und Wehe unseres Volkes von entscheidender Bedeutung sind.

22. Februar 1963

Das Beamtentum in Staat und Gesellschaft

Vortrag auf dem Vertretertag des Verbandes der Landesbeamten Nordrhein-Westfalen im DBB in Bielefeld

Quelle: DBB-Archiv, Abt. Bulei 15000-2 (maschinenschriftlich mit handschriftlichen Ergänzungen A. Krauses)

In den letzten Jahren ist allen Interessierten zusehends deutlicher geworden, daß ein für das Berufsbeamtentum entscheidendes Problem bisher nicht gelöst wurde, das Problem der richtigen Einordnung dieses Berufsstandes in den nach 1945 gegründeten Staat und in die sich neu formierende und in weiten Bereichen einem Wandel unterworfene Gesellschaftsordnung. Zwar konnte – dank der Eigenhilfe der Beamtenschaft über die von ihr gebildeten Berufsorganisationen – den materiellen, d. h. wirtschaftlichen Interessen zur Anerkennung verholfen werden, aber alle Auseinandersetzungen auch der vergangenen Jahre haben doch sehr deutlich gemacht, auf welch schwankendem Boden trotz aller rechtlichen Sicherungen die Institution des Berufsbeamtentums heute steht, und zwar deshalb steht, weil es ihr nicht gelingt, sich einer im wirtschaftlichen, vor allem aber auch im sozialen Bereich anhaltenden Weiterentwicklung laufend anzupassen und damit ihren den Zeitverhältnissen angepaßten echten »Zeitwert« zu erhalten.

Im Bereich der Politik, die sich um alle gesellschaftlichen Gruppen kümmert, hat man im allgemeinen das Berufsbeamtentum von den Überlegungen über die Entwicklungen in unserem Staat ausgeklammert und stärker als bei jedem anderen Berufsstand ist es zu unserer eigenen Aufgabe geworden, die richtige Vorstellung von Aufgabe und Bedeutung des Berufsbeamtentums im Gedächtnis der Öffentlichkeit zu verankern.

Es ist deshalb nötig und nach meiner Meinung sehr zu begrüßen, wenn die Beamtenorganisationen so, wie das hier heute geschieht, sich immer wieder vergewissern, in welcher Situation sich die Beamtenschaft in der Bundesrepublik befindet. Nur aus der den aktuellen Entwicklungen angepaßten Lagebeurteilung lassen sich ja die Konsequenzen ziehen, die wir für eine erfolgreiche Arbeit zu beachten haben. Zu diesem Thema aber heute vor Ihnen zu sprechen, ist mir – das möchte ich noch betonen – eine besondere Freude, weil ich es hier mit einem Kreis auch besonders Sachverständiger zu tun habe, bei dem ich sicher bin, daß schon die dienstliche Tätigkeit den Anlaß dazu gibt, sich mehr Gedanken über größere Zusammenhänge zu machen, als man es im allgemeinen erwarten kann.

Das Beamtentum in Staat und Gesellschaft – das ist das Thema, über das ich zu sprechen habe –, ein Thema, das wir alle aber auch ständig versuchen sollten, in das Bewußtsein der Öffentlichkeit zu bringen, um die richtige Behandlung dieses Berufsstandes zu sichern. Ist aber – um das gleich dabei zu fragen – in der Öffentlichkeit für dieses Thema überhaupt Interesse vorhanden? Lassen Sie uns das Problem zunächst einmal von dieser Seite angehen: Die Beamtenschaft ist – durchaus und für jeden sichtbar – außerordentlich eng mit dem täglichen Leben in unserem Volke verknüpft. In seiner Erinnerung hat jeder schon einmal »mit einem Beamten« zu tun gehabt. Dazu seien einige Zahlen genannt: Rund 2,7 Millionen Menschen stehen in der Bundesrepublik in irgendeiner Weise im öffentlichen Dienst. Gemessen an der Gesamtzahl der unselbständig Tätigen sind dies im Jahre 1961 11,9 Prozent gewesen, während im Jahre 1950 sogar noch 13,7 Prozent der unselbständig Tätigen im öffentlichen Dienst arbeiteten. Der Anteil der öffentlichen Bediensteten an der Zahl der unselbständig Tätigen ist also in den letzten zehn Jahren zurückgegangen, wie ausdrücklich festzustellen ist.

Von diesen 2,7 Millionen öffentlichen Bediensteten sind rund 1,2 Millionen Beamte, 675 000 Angestellte und 833 000 Arbeiter. Wenn wir hier von Berufsbeamtentum und Beamtenschaft sprechen, dann sind also diese 1,2 Millionen aktiven Beamten gemeint, deren Zahl etwas über 5 Prozent der Gesamtzahl der unselbständig Tätigen ausmacht. In der Meinung der Öffentlichkeit und der Bevölkerung – eine nicht immer übereinstimmende Meinung! – wird allerdings von den dienstrechtlichen

Unterschieden zwischen den einzelnen Gruppen des öffentlichen Dienstes nicht immer Kenntnis genommen. Der einzelne Staatsbürger, der etwa eine Gemeinde- oder Kreisverwaltung aufsucht oder zu einem Finanzamt kommt, weiß ja durchaus nicht immer, ob er einem Beamten oder einem Angestellten gegenübersteht, weil ja beide dienstrechtlichen Kategorien zum Teil in den gleichen Funktionen Verwendung finden.

Aus einer Umfrage, die der Deutsche Beamtenbund zusammen mit dem Psychologischen Institut der Universität Hamburg im Laufe des vergangenen Jahres veranstaltet hat[1], geht hervor, daß jeder der befragten Nichtbeamten durchschnittlich mit 2,6 Beamten in seinem Leben näher zu tun gehabt hat, daß aber 62,6 Prozent der befragten Nichtbeamten in ihrem näheren Bekanntenkreis Beamte haben. Direkt auf die Frage angesprochen, ob sie den Unterschied zwischen Beamten und Angestellten kennen, äußerten 45 Prozent der Befragten, die Beamten unterscheiden sich von den Angestellten durch größere Sicherheit ihrer Stellung, und über 42 Prozent sehen den einzigen Unterschied zwischen Beamten und Angestellten darin, daß der Lebensabend der Beamten gesichert sei.

Es erübrigt sich, näher darauf einzugehen, daß beide Kriterien nicht in vollem Umfange zutreffen. Die Angestellten sind nach 15 Jahren Dienstzeit laut BAT unkündbar, und durch die Rentenversicherung mit den Zusatzversicherungen des öffentlichen Dienstes ist ihr Lebensabend ebenfalls in weitgehendem Maße gesichert, ja zum Teil erhalten sie Renten, die über den Pensionssätzen für Beamte liegen. Auf den entscheidenden, vom Staat her entscheidenden Unterschied, daß nämlich nach dem Grundgesetz und den Beamtengesetzen (Art. 33 Abs. 4 GG) Hoheitsaufgaben und Aufgaben zur Sicherung des Staates auf die Dauer nicht von Angestellten durchgeführt werden sollen, sondern nur von Beamten, sind die Befragten nicht eingegangen. [. . .][2]

Aus den umfangreichen und inzwischen mehrfach publizierten Untersuchungen des Deutschen Beamtenbundes geht nun hervor, daß

1 Vgl. die Angaben S. 80 Anm. 3.

2 An dieser Stelle sind handschriftliche stichwortartige Ergänzungen A. Krauses zur Rede notiert, in denen er auf eine Fernsehsendung vom Vortag eingeht, die ein äußerst einseitiges Bild vom Beamten vermittelte.

60 Prozent dieser Beamten, Angestellten und Arbeiter, die das Personal des öffentlichen Dienstes ausmachen, mit »Dienstleistungen« beschäftigt sind, die nach außen unmittelbar in Erscheinung treten. Sie sind in den Aufgabengebieten des Bildungswesens (Lehrer, Studienräte, Professoren), der Rechtspflege (Richter, Staatsanwälte, Justizbeamte), der Exekutivpolizei, des Sozial- und Gesundheitswesens sowie der gemeindlichen Anstalten und Einrichtungen tätig. Dazu gesellen sich die großen Zahlen der Beschäftigten bei Bundesbahn und Bundespost, die ebenfalls als Angehörige reiner Dienstleistungsberufe anzusehen sind. Zieht man außerdem die Angehörigen der Verwaltungszweige der »sonstigen Kriegsfolgelasten«, der Verteidigung und des Bundesgrenzschutzes ab, so bleiben für die eigentlichen Verwaltungsberufe, also oberste Staatsorgane, innere Verwaltung und Finanzverwaltung, noch nicht einmal 25 v. H. des Gesamtpersonals übrig. Teilweise sind die Zahlen noch viel überzeugender: in der Hansestadt Hamburg z. B., in der rund 80 000 Beamte, Angestellte und Arbeiter im öffentlichen Dienst tätig sind, beträgt die Zahl derjenigen, die in der »Verwaltung der Verwaltung« tätig sind, nur 6 Prozent der Gesamtpersonalstärke. Alle anderen erbringen Dienstleistungen, von denen der Bürger etwas spürt und die nur die öffentliche Hand überhaupt vornehmen kann.

Mit dieser Übersicht ist der Kreis des zu betrachtenden Phänomens, nämlich das Berufsbeamtentum, schon stark eingegrenzt. Es besteht kein Zweifel, daß es Lehrer, Richter, Polizeibeamte usw. geben muß und daß sie, da unser Staat bzw. unsere Länder das Bildungs-, Gerichts- und Gewaltmonopol haben, auch Beamte sein müssen. Eher könnte man von diesen Beamten sagen, daß es zu wenig von ihnen gibt, als daß wir derer zu viele hätten.

Um nun über Standort und Funktion der übrigen Beamten einen Überblick zu gewinnen, muß man sich ein wenig mit soziologischen Gedankengängen befassen.

Die Soziologie reiht unsere Gesellschaft, also die Gesellschaft in der Bundesrepublik Deutschland, unter die industriell-bürokratischen Gesellschaften ein. Während in den vorindustriellen Gesellschaften etwa 80 Prozent der Bevölkerung ihre Nahrung in der Agrarproduktion fanden, ist dies in einer industriellen Gesellschaft nur bei etwa 15 Prozent der Fall. Mehr als die Hälfte des Sozialprodukts wird in solchen industriellen Gesellschaften von der Industrie, einschließlich Bergbau und Baugewerbe, erwirtschaftet. Von der Industrie aus werden auch sehr große Teile des Handels und der Verkehrswirtschaft bewegt.

Die vorwiegende Siedlungsform ist, wie Professor Arnold Gehlen ausführte[3], unter unseren Verhältnissen die städtische, und nur die stürmischen Fortschritte der Industrie und Technik haben es möglich gemacht, so große Menschenmassen am Leben zu halten und zu ernähren, wie sie heutzutage in den großen Städten zusammengedrängt leben. Mit der Industrialisierung einher geht die Bürokratisierung. Wie es Max Weber formulierte: »Die Entwicklung moderner Verbandsformen auf allen Gebieten ist schlechthin identisch mit der Entwicklung und stetigen Zunahme der bürokratischen Verwaltung.«

Auf diesem sozialen Hintergrund, der unbestritten ist, muß man nun auch die Entwicklung jener »bürokratischen Verwaltung« sehen, die staatliche »Herrschaft« (im soziologischen Sinne) verkörpert und ausmacht. Der Staat hat sich in dem Zeitalter der zunehmenden Industrialisierung mehr und mehr zum Leistungsträger entwickelt, wie Forsthoff feststellte, und aus dem Kontrolleur Staat ist mittlerweile der Verteiler Staat geworden.[4] Je mehr aber Aufgaben der Umverteilung des Eigentums vom Staat wahrgenommen werden, desto mehr wird die Verwaltung zum Verteiler sozialer Vorteile. Der Soziologe Freyer hat in seinem Buch »Theorie des gegenwärtigen Zeitalters« festgestellt, daß Staatsaufgabe mehr und mehr »Verwaltung von Sachen« wird, hierbei ein Wort von Karl Marx aufnehmend[5]; Freyer hat aber auch zu erkennen gegeben, daß bei dieser weitgehenden Versachlichung des Verwaltungsobjekts die Gefahr besteht, daß vielleicht auch die verwalteten Menschen wie Sachen verwaltet werden können.

Dieser Entwicklung der Gesellschaft im Rahmen eines Staates als Leistungsträger entspricht eine zunehmende Angleichung des sozialen Standards der verschiedenen Bevölkerungsschichten. Man braucht nur einmal daran zu denken, wie es in Süditalien aussieht, wie dort die Klassengegensätze, die riesigen Unterschiede zwischen Arm und Reich

3 Vgl. die Angaben S. 78 Anm. 2 auch für das nachfolgende Zitat von Max Weber.

4 Vgl. Ernst Forsthoff: Lehrbuch des Verwaltungsrechts. 1. Bd. Allgemeiner Teil, München–Berlin [8]1961, S. 58.

5 Vgl. Hans Freyer: Theorie des gegenwärtigen Zeitalters, Stuttgart 1955, S. 100.

noch bestehen, die Tatsache der Einebnung der Klassenunterschiede ist mir wieder so richtig deutlich geworden, als im Sommer 1962 eine Gruppe italienischer Beamtenkinder im Austausch mit deutschen Beamtenkindern hier bei uns war – der Deutsche Beamtenbund arbeitet da mit einer italienischen Organisation zusammen – und die Kinder fragten: »Gibt es denn in Deutschland gar keine armen Leute?« Uns fällt das nicht so auf, aber für die italienischen Kinder war es ein starker Eindruck.

Diese Einebnung der Klassenunterschiede geht aber wiederum einher mit einer gewissen Verschiebung in den sozialen Prestigeverhältnissen. Während der Staat in der Zeit vor dem Ersten Weltkrieg seine Beamten mit dem unmittelbaren Obrigkeitsprestige ausstattete, das er selbst genoß und für sich in Anspruch nahm, ist natürlich dieser Verteilerstaat des industriell-bürokratischen Zeitalters sehr viel weniger ein Prestigeträger, und noch weniger überträgt er sein Prestige auf die Beamten, die ihm dienen. Das Sozialprestige, so geht jedenfalls aus jüngsten Untersuchungen von Kluth hervor, wird nach dem Grade der Teilhabe am sozialen Ganzen gemessen, und der sogenannte kleine Beamte, auf den früher noch ein Abglanz der obrigkeitlichen Majestät fallen konnte, wird heute ein geringeres Prestige genießen, weil man ihn nach dem Grade seiner Teilhabe am Ganzen beurteilt.[6]

Aus der Einebnung der Klassen- und Prestigeunterschiede aber auch unter der Gleichheitsideologie, die ja den Demokraten immanent ist, kommen nun neuerdings andere Prestigesymptome hervor, die wesentlich mehr als früher vom Einkommen, mehr aber noch vom Konsum bestimmt sind. Wir alle kennen das Ansehen »reicher Leute«, wissen aber auch, wie schnell sich ein ganzes Volk daran gewöhnen kann, das soziale Ansehen seines Mitbürgers sozusagen vom Blickpunkt des Hotelportiers aus zu beurteilen. Der kleine oder große Wagen, das Fernsehgerät, die Waschmaschine – sie alle sind im Fortgang des sozialen Entwicklungsprozesses Prestigesymbole geworden. Diese Entwicklung soll hier nicht verurteilt werden, aber sie ist für die Beamtenschaft, deren

6 Vgl. dazu und zum Folgenden Dr. Arthur Rathke jun.: Wie leben die Beamten? Eine Untersuchung über die sozialen Verhältnisse der deutschen Beamtenschaft im Jahr 1957. Ein wissenschaftlicher Beitrag aus den Materialien des Deutschen Beamtenbundes zur Besoldungsgesetzgebung 1957. Pressestelle des DBB 1958.

Ansehen bisher aus anderen Kategorien zu begreifen war, in der letzten Zeit zu einem schwierigen Problem geworden. Es gibt ein soziales Gesetz, das da besagt, von einem bestimmten Minimum an Einkommenshöhe betrachte man sein Einkommen nicht mehr absolut, nicht mehr als ausreichend oder nicht ausreichend, sondern man betrachte es relativ: im Verhältnis zum Nachbarn oder im Verhältnis zu sozialen Gruppen, denen man sich gleichberechtigt fühlt. Und hier ist in der letzten Zeit, in einer Zeit steigenden wirtschaftlichen Aufschwunges, steigender wirtschaftlicher Prosperität und steigender Löhne und Gehälter eine Reihe von Schwierigkeiten aufgetreten, die mit der schleppenden Abwicklung von Besoldungsreformen ebenso zusammenhängen wie mit der Rangordnung, welche der Staat (vertreten durch die Regierungen) den Erfordernissen der Beamtenpolitik zubilligt.

Wir erinnern uns aus der Geschichte unserer jungen Republik an ähnliche Zeiten, so etwa unmittelbar vor der Besoldungsneuregelung des Jahres 1957, in der – wiederum in einer Umfrage des Deutschen Beamtenbundes – 92,3 Prozent der Beamten der Auffassung waren, kein ausreichendes Einkommen zu haben und 94 Prozent einen Verfall der sozialen Geltung der Beamtenschaft beklagten. Damals gaben 86,9 Prozent der befragten Beamten an, sie würden ihrem Sohn nicht raten, den Beamtenberuf zu ergreifen. Mittlerweile, sowohl durch die Maßnahmen des Jahres 1957, als auch vor allem durch die Maßnahmen des Jahres 1960, dürfte sich dies Verhältnis geändert haben; in den letzten neun Monaten des vergangenen Jahres eines andauernden und mit großer Erbitterung auf Bundesebene geführten Besoldungskampfes hat sich aber bereits wieder herausgestellt, daß die Beamtenschaft – und hier vor allem die Bundesbeamten – wiederum über die Behandlung empört ist, die ihnen zuteil wurde, und Nachwuchsmangel ist für die großen Betriebsverwaltungen der Bundesbahn und Bundespost nicht nur eine Folge der angespannten Arbeitsmarktlage, sondern ebenso der als mäßig beurteilten Zukunftsaussichten, die ein junger Mensch hat, wenn er heute in den öffentlichen Dienst als Beamter eintritt. [. . .].[7]

Dies ist der soziale Standort der Beamtenschaft, und es wäre

7 Die Auslassung bezieht sich auf handschriftliche stichwortartige Redenotizen A. Krauses zu aktuellen Besoldungsfragen.

platterdings übertrieben, wenn man hier von einer fugenlosen Einordnung ins soziale Gefüge unserer Zeit sprechen würde. Ein Beamter, der früher in den seltensten Fällen (meist waren es dann persönliche Gründe) den Dienst quittierte, ist heute sehr viel eher dazu bereit. Unsere jüngste Umfrage hat festgestellt, daß 31,4 Prozent der befragten Beamten des einfachen Dienstes ihren Dienst freiwillig quittieren würden; beim mittleren Dienst sind es 24,2 Prozent, im gehobenen Dienst 29,6 Prozent und im höheren Dienst immer noch 17,1 Prozent. Als Hauptgrund für eine solche freiwillige Aufgabe wird von 61,3 Prozent der Befragten der schlechte finanzielle Status angegeben.[8] Auch das Rechtsinstitut des Berufsbeamtentums, also das besondere Dienst- und Treueverhältnis zu dem als Dienstherrn empfundenen ganzen Volk, ist in der letzten Zeit, und zwar gerade aus Gründen der sozialen Gleichheit im weitesten Sinne, von der Beamtenschaft selbst angezweifelt worden.

Die Gründe für solche Zweifel liegen im Sozialen, im Soziologischen ebenso wie in dem Gebiet, das mit dem Begriff der »Politik« allzu unklar umschrieben ist. Es sei daher erlaubt, einige Bemerkungen zur Staatsauffassung unserer Zeit zu machen.

Kaum ein traditionsreiches Volk unseres Kontinents ist in den letzten hundert Jahren seines Bestehens mit so vielen Staatsformen konfrontiert worden wie das deutsche. In diesen hundert Jahren liegt einmal die Begründung des Bismarckschen kleindeutschen Reiches, der Untergang der deutschen Monarchien, der Verfall der Weimarer Republik, der nationalsozialistische Führerstaat mit der Einbeziehung Österreichs und schließlich der totale Zusammenbruch alles Staatlichen und die Wiedererrichtung der Bundesrepublik. Wenn man von der Reichsgründung absieht, hat sich dies ganze Geschehen sogar in einem Zeitraum von nur fünfzig Jahren abgespielt, und es ist daher nur zu verständlich, wenn »der Deutsche« dem Staat gegenüber ein Unsicherheitsgefühl, wenn nicht sogar ein Unbehagen empfindet.

Verkennen wir doch nicht, daß die Form der Demokratie, die sich uns heute darbietet, schon deshalb allenthalben auf Kritik stößt, weil sie vom Ideal des 19. Jahrhunderts sich – um es vorsichtig auszudrücken – in manchem unterscheidet. Wir alle kennen die Worte vom Pluralismus,

8 Vgl. oben Anm. 1.

von der Massendemokratie, der Vermassung überhaupt, vom Perfektionismus und wie die Schimären alle heißen mögen, die uns schrecken.

Sicher ist das eine: Demokratie bedeutet weitmöglichsten Anteil der »Beherrschten« an der »Herrschaft«. Daß dieses Anteilhaben an der Herrschaft in einem 55-Millionen-Volk nur durch gewählte Repräsentanten geschehen kann, ergibt sich aus der Bevölkerungsmenge. Und daß sich für die verschiedenen sozialen Rollen, die einer im Rahmen des Volkes, im Rahmen der Gesellschaft verkörpert, auch verschiedene, ja gänzlich verschiedenartige Repräsentanzen finden, sollte jedermann verstehen, der sich einmal mit der Politik beschäftigt hat. Daraus erwächst aber jener Pluralismus, den manche heute beklagen. Er ist aber das Zeichen einer im weitesten Sinne repräsentativen Demokratie, um eine Prägung des Hamburger Soziologen Dahrendorf zu benutzen.[9] Er hält den repräsentativen Staat für die heutzutage einzige Möglichkeit, Freiheit des Menschen zu verwirklichen, und fordert zu diesem Zweck, daß alle Anstrengungen gemacht werden müssen, um die effektive staatsbürgerliche Gleichheit aller Menschen durchzusetzen, »d. h. dafür Sorge zu tragen, daß alle Bürger ihre Rechte ohne Bevorzugung oder Benachteiligung ausüben können. Zweitens ist es nötig, die pluralistische Struktur der Gesellschaft zu erhalten. Drittens müssen die vorhandenen sozialen Interessengegensätze und -konflikte als solche anerkannt, in ihrer Fruchtbarkeit gesehen und rational geregelt werden. Viertens«, so Dahrendorf, »ist es erforderlich, daß die öffentliche Tugend der Teilnahme am politischen Leben möglichst weit verbreitet wird.«

Der Bürger einerseits, der dem Staat gegenüber eben jenes Unbehagen fühlt, das aus dem unbewältigten Ressentiment jeder Herrschaft gegenüber stammt, aber auch durch die modernen Formen der repräsentativen Demokratie genährt wird, empfindet den Staat und dessen Ausprägung, die Verwaltung, häufig als Belästigung. Nur manchmal erkennt er dankbar an, daß der Staat »etwas für ihn tut«, und er denkt in seinem alltäglichen Verhalten gar nicht daran, daß es doch sozusagen seine eigenen Befehle sind, die der Beamte ihn auszuführen heißt. Die sog. dichotomische Denkweise, eine Denkweise, in der es jeweils heißt: Wir

9 Vgl. Ralf Dahrendorf: Der repräsentative Staat und seine Feinde, in: Gesellschaft und Freiheit. Zur soziologischen Analyse der Gegenwart, München 1961, S. 237ff. (Zitat S. 257).

und die anderen, läßt im Bürger auch dem Staate gegenüber nicht jenes für die Demokratie geradezu konstituierende Gefühl aufkommen, daß man sozusagen über sich selbst herrscht. Ohne eigentliche Erkenntnis der wahren Zusammenhänge demokratischer Willensbildung, ohne Kenntnis von den außerordentlich komplizierten gegenseitigen Abhängigkeiten des politischen Lebens sucht er »sein Schäfchen ins Trockene« zu bringen und ist zufrieden, wenn man ihn sonst möglichst unbehelligt läßt. Auf der anderen Seite bringt er dem Staat bestimmte Sicherungserwartungen entgegen, die dieser nicht in allen Fällen erfüllen kann, und auch dies ist wieder ein Grund zum Mißtrauen.

Es soll nun nicht im einzelnen ausgeführt werden, inwiefern der Bürger hier und da mit seiner Kritik recht hat, auch soll nicht auf die Schwierigkeiten etwa einer Koalitionsregierung hingewiesen werden, auf Autoritätsverluste, auf Prestigeeinbußen, die gerade in den letzten Monaten wieder und wieder zu verzeichnen waren. Hier soll nur der Versuch unternommen werden, die Aufgabe des Beamtentums in einem Staatswesen der repräsentativen Demokratie zu umreißen, damit die Schwierigkeiten erkannt werden können, die sich für die Berufsvertretung einer solchen Beamtenschaft ergeben können.

Wir hatten gesehen, daß die soziologische Entwicklung zum industriellen Flächenstaat eine Vermehrung bürokratischen Verwaltungshandelns notwendig macht, und daß die Wandlung des Staates zum »Sozialen Rechte-Staat« (Gehlen) den Verteilungs- und Umverteilungsmechanismus vergrößert. In all diesen Fällen ist nun aber Verwaltung durch Berufsbeamte notwendig. Durch Berufsbeamte, die nach den Kriterien von Max Weber »geschulte Fachbeamte« sein müssen, »deren Dienstverhältnis auf Kontrakt beruht, mit festem, nach dem Rang des Amtes, nicht nach dem Maß der Arbeit abgestuften Gehalt und Pensionsrecht nach festen Regeln und Avancements. Seine Verwaltung ist Berufsarbeit kraft sachlicher Amtspflicht.«[10]

Diese Form der aktenkundigen, sachlichen Verwaltung nennt Max Weber »Bürokratie«, und fährt fort: »Die Bürokratie ist der technisch

10 Vgl. Max Weber: Die drei reinen Typen der legitimen Herrschaft, in: Preußische Jahrbücher 187 (1922), S. 1ff.; Neudruck in: Max Weber, Soziologie. Universalgeschichtliche Analysen. Politik. Mit einer Einleitung von Eduard Baumgarten. Hrsg. von Johannes Winckelmann, Stuttgart ^{5}1973, S. 151ff. (Zitate S. 152f.).

reinste Typus der legalen Herrschaft.« Und dieser Typus ist nach wie vor modern, ja es besteht nach den Ausführungen Gehlens »kein Zweifel daran, daß die Qualität des Zeitgeistes dem Berufsbeamtentum günstig ist«.[11] Das Berufsbeamtentum ist modern trotz seiner alten Tradition schon wegen des stabilisierenden Faktors, der aus dem Daseinszweck dieser Institution erwächst. Es ist vor allem sachlich gerechtfertigt, weil alle Macht, auch die des Volkes über das Volk, versachlicht werden muß, damit sie nicht Willkür wird.

Es findet seine Rechtfertigung außerdem aus der Notwendigkeit der Verwaltungskontinuität, die allein die Stetigkeit staatlicher Herrschaft zu garantieren in der Lage ist, einer staatlichen Herrschaft, die in der Demokratie zugleich die Herrschaft des Volkswillens ist.

Wenn schon dieses Verwaltungskorps in den Zeiten einer noch unangefochtenen staatlichen Obrigkeitsfunktion einen besonderen Status brauchte, den Gehlen einmal »einen nicht in Funktion und Leistungen auflösbaren gesellschaftlichen Realort von daseinsmäßiger Geltung« nannte, wieviel mehr ist dieser Status notwendig in einer Gesellschaft, die durch Interessenpluralismus ausgezeichnet ist! Dabei hat jede politische Gruppe ein legitimes Interesse an einer Verwaltung, die nach Recht und Gerechtigkeit die ihr übertragenen Herrschaftsfunktionen, nur den sachlichen Gesichtspunkten unterworfen, uneigennützig ausübt.

Gerade im Interessengeflecht des Pluralismus ist es notwendig, daß es Menschen gibt, die nach ihrem dienstrechtlichen Anstellungsverhältnis und nach ihrer Tradition in der Lage sind, als Stand »die allgemeinen Interessen des gesellschaftlichen Zustandes zu seinem Geschäfte« zu haben, wie Hegel sagt.

Wohlgemerkt nicht als die »dritte Kraft«, sondern als ausführende und auf die Rechtlichkeit ihrer Handlungen bedachte Organe der Staatlichkeit, die zugleich Treuhänder der Allgemeinheit und Dolmetscher staatlicher Herrschaft sind.

Nun bleibt zu fragen, ob die Beamtenschaft und das Beamtentum angesichts ihres gesellschaftlichen Ortes heute noch in der Lage sind, ihre Aufgaben in dem angesprochenen Sinne durchzuführen. Um es deutlicher zu sagen: ist es noch vorhanden, das vielgerühmte »Beamten-

11 Für dieses und das nachfolgende Zitat von Arnold Gehlen vgl. oben Anm. 3.

ethos«, jene auf den sachlichen Zweck der Institution gerichtete Dienstgesinnung, in der Uneigennützigkeit mit Gerechtigkeit, Pflichtbewußtsein mit treuhänderischer Haltung gepaart war?

Was man auch immer gegen den Begriff des »Beamtenethos« sagen mag, das nichts mit Sonderbündelei oder gar affektierter Einbildung zu tun hat – es ist nach wie vor vorhanden und gehört zu den Triebfedern der Pflichterfüllung jedes einzelnen Beamten. Bisweilen wird von Organisationsvertretern, die dem Berufsbeamtentum ferner stehen, der Begriff dieser besonderen Dienstgesinnung mit dem Hinweis abgelehnt, daß »das Ethos unteilbar« sei. Niemand wird das bestreiten wollen, wenngleich wir in den letzten Jahren und Jahrzehnten zu unserem Leidwesen gelernt haben sollten, daß gewisse Dinge, die wir für »unteilbar« hielten, durchaus teilbar sind.

Im Falle der Beamten, die sich als eine einheitliche Gruppe fühlen, wenn es um den Inhalt ihrer Dienstgeschäfte geht, handelt es sich bei dieser besonderen Berufsgesinnung aber um eine der Gruppe immanente einheitliche Einstellung zum Zweck der Institution, die die Erfüllung der sachlichen, gesetzten Ziele über das Interesse des einzelnen stellt und daher die Zielrichtung des Pflichtgefühls der Gruppenangehörigen in eigentümlicher Weise bestimmt. Diese Berufsgesinnung prägt über den Beamten hinaus auch den Typus des Menschen, der im »öffentlichen Dienst« im weiteren Sinne tätig ist, und es besteht kein Zweifel, daß die typenbildende Kraft des Berufsbeamtentums auch auf die Arbeitnehmer im öffentlichen Dienst ausstrahlt.

Tatsache ist, daß dies bisher noch alles existiert und daß der deutsche Beamte auch heute noch leistungsfähig und leistungswillig ist wie eh und je, unterworfen seiner besonderen, der Gruppe eigentümlichen Dienst- und Pflichtgesinnung, die zu den Erziehungsergebnissen eben dieses Beamtentums selber gehört. Noch immer ist auch die Beamtenschaft in ihren Konsumgewohnheiten vom Arbeitnehmer, hier vor allem vom Arbeiter, wesentlich unterschieden. Wenn über ein Drittel unserer Studenten auf den deutschen Hochschulen aus der Beamtenschaft stammen, also aus einer Bevölkerungsgruppe, die etwa nur fünf Prozent der Bevölkerung ausmacht, dann ist dies ein Zeichen dafür, daß der Beamte als Vater noch immer größten Wert darauf legt, seinen Kindern die bestmögliche Ausbildung zu geben.

Dabei geht es durchaus nicht nur um wirtschaftliche Interessen der Beamten, die in letzter Zeit allerdings wieder im Vordergrund standen, sondern es geht genauso um Ausbildung und Fortbildung, um die Sicherung der Eigenständigkeit und Unparteilichkeit, ja im ganzen gesehen um die Erkenntnis der Bedeutung eines ordnungsmäßigen, von Beamten geleisteten öffentlichen Dienstes. Sie wird ohne Zweifel davon abhängen, ob diesem öffentlichen Dienst in allen Stufen seiner Hierarchie die Bedeutung im Gesamtgefüge unseres Volkes zuerkannt wird, die ihn seine Tätigkeit mit der Genugtuung der erfüllten Pflicht betrachten läßt.

Dies gilt genauso für den hohen Beamten wie für den kleinen Beamten. Sie alle sind – jeder an seinem Platz – nötig, um den Rechtsstaat zu verwirklichen, der ja in jeder Verwaltungshandlung erkennbar sein muß, wenn er im täglichen Leben unserer Bürger eine lebendige Wirklichkeit darstellen soll.

Es scheint mir also, daß Aufgabe und Bedeutung des Beamtentums in Staat und Gesellschaft jedermann klar erkennbar sein müssen. Diese Zusammenhänge nicht gesehen zu haben – aus Unvermögen oder bösem Willen – ist ein Vorwurf, dem sich niemand aussetzen sollte, der den Anspruch erhebt, Staatspolitik zu betreiben.

27. Mai 1963

Beamtenpolitik ist Staatspolitik

Vortrag auf der Arbeitstagung »Dienststellenvorsteher« der Gewerkschaft Deutscher Bundesbahnbeamten und -anwärter (GDBA) im DBB in Königswinter

Quelle: DBB-Archiv, Abt. Bulei 15000-4 (maschinenschriftlich)

Die Gewerkschaft Deutscher Bundesbahnbeamten und -anwärter hat als Thema meiner heutigen Ausführungen ein Wort genommen, das der Deutsche Beamtenbund schon einmal zum Motto eines seiner Vertretertage erhoben hatte[1], und ich glaube, daß die Behandlung dieses Themas immer noch notwendig ist. Die enge Verknüpfung der Beamtentätigkeit mit dem Gemeinwohl ist in diesem Thema angesprochen, und diese enge Verknüpfung wird auch von den Beamten selber als einer der wesentlichen Unterschiede des öffentlich-rechtlichen Treueverhältnisses zum privatrechtlichen Arbeitsverhältnis empfunden.

Dennoch ist die »Staatspolitik« natürlich aus der jeweiligen historischen Lage zu verstehen. Was jeweils »Staat« bedeutet, das hat in der Geschichte, und zumal in der Geschichte der letzten fünfzig, sechzig Jahre so häufig gewechselt, daß eine Besinnung auf die Aufgaben und die Pflichten, aber auch auf die Rechte des Beamten heute ohne einen kurzen historischen Überblick nicht möglich erscheint. Inwieweit die Beamten jeweils den Staat verkörpert haben, und wer jeweils den Staat repräsentierte, das ist gerade in dieser Zeit so verschiedenartig gewesen, daß uns

1 »Beamtenpolitik ist Staatspolitik« war das Motto des Bundesvertretertages des DBB am 26. Mai 1954 in Bonn. Vgl. 10 Jahre Deutscher Beamtenbund 1949–1959. Festschrift aus Anlaß des zehnjährigen Bestehens des Deutschen Beamtenbundes zum Bundesvertretertag 1959. Berlin 4. bis 6. Mai 1959. Hrsg. vom Bundesvorstand des Deutschen Beamtenbundes, Köln 1959, S. 82ff.

die heutige staatspolitische Bedeutung des Berufsbeamtentums, wie wir sie sehen müssen, nur dann klar werden kann, wenn wir uns gewisse Vorstellungen von der Herkunft dieser Institution machen. Das heißt nicht, daß wir nun mit dem Alten Fritz beginnen wollen oder gar mit seinem Vater Friedrich Wilhelm I., aber wir müssen uns, gerade wenn es um die heutige Bedeutung des Berufsbeamtentums in der Bundesrepublik geht, zumindest mit den letzten 100 Jahren der deutschen Geschichte etwas näher befassen.

Es handelt sich also um einen Zeitabschnitt, in dessen Beginn einer der Höhepunkte unserer Entwicklung überhaupt liegt, der gleichzeitig aber durch die größten Katastrophen gekennzeichnet ist, die unser Vaterland jemals betroffen haben, vielleicht wenn wir vom Dreißigjährigen Krieg absehen. Es wäre nun ein Wunder, wenn das Deutsche Beamtentum, bekanntlich mit dem Staat aufs engste verbunden und deshalb von seinem Schicksal immer aufs stärkste abhängig, in diesem Zeitraum nicht ebenfalls Wandlungen tiefgehender Art durchgemacht hätte. Tatsächlich haben die Einschnitte, die der Zusammenbruch von 1918, die darauf folgende Veränderung der Herrschaftsverhältnisse in Deutschland, dann wiederum die Episode des Nationalsozialismus und der erneute völlige Zusammenbruch von 1945 gebracht haben, tiefgehende Folgen jeweils auch für die Stellung der Beamtenschaft zu Volk und Staat hervorgerufen. Eine Betrachtung der Lage des Berufsbeamtentums seit Ende des deutsch-französischen Krieges von 1870/71 wird sich also vor allem nach diesen Einschnitten zu orientieren haben.

Eines der beiden entscheidenden Momente in diesem Zeitraum ist der Wandel der staatlichen Struktur unseres Volkes und, damit verbunden, die veränderte Stellung, die das Beamtentum zu diesem Staate einnimmt. Sie wissen, daß die Neuschöpfung des Reichs im Jahre 1871 uns eine konstitutionelle Monarchie beschert hat, also ein Übergangsstadium von der früheren Alleinherrschaft des Monarchen zur Demokratie der Gegenwart. In diesem politischen System ist es nun für die Stellung des Beamtentums entscheidend, daß die Angehörigen dieses Berufs, wie früher unter der absoluten Monarchie, weiterhin auf die Persönlichkeit des Monarchen vereidigt werden und diesem daher persönlich verpflichtet erscheinen. Man hat diese Stellung staatsrechtlich häufig falsch gedeutet, indem man in dem erwähnten persönlichen Verhältnis zum

Monarchen eine einfache Fortsetzung des früheren Königsdienertums erblickte. Das ist ein grundlegender Irrtum. Nicht nur in Preußen, sondern auch in den übrigen deutschen Staaten ist der Monarch schon seit dem 18. Jahrhundert nicht mehr Alleinherrscher, sondern lediglich Repräsentant der Staatsidee. Nur so ist es ja zu verstehen, daß dies von den Monarchen geschaffene Berufsbeamtentum nach seinen eigenen Gesetzen lebte und dem monarchischen Willen oft genug eine unüberschreitbare Schranke entgegensetzte. Denken Sie bitte an das bekannte Wort Friedrichs des Großen: »Da kennt Er Buchholzen schlecht«, womit der König auf den Widerstand seines Finanzministers gegen nicht vorgesehene Ausgaben hinwies und deutlich genug zum Ausdruck brachte, daß dieser Widerstand auch von ihm selbst nicht überwunden werden könne. Dies bedeutet also nichts anderes, als daß schon damals das Beamtentum eine Körperschaft darstellte, die mit größter Selbständigkeit neben dem König stand und deren Entscheidungen sich unter Umständen auch der Monarch selbst unterwerfen mußte.

Dieser Zug zur selbständigen Entscheidungsbefugnis hat sich dann natürlich in der folgenden Zeit unaufhörlich verstärkt. Gegen Ende des 18. Jahrhunderts brachte in Preußen das Allgemeine Landrecht gewissermaßen die erste Kodifizierung eines Beamtengesetzes; durch die Reformen Steins und v. Hardenbergs trat die Verselbständigung der Kommunalverwaltungen hinzu und alles dies bewirkte, daß eigentlicher Souverän des Beamtentums nicht mehr der Monarch, sondern der Staat selbst wurde. Wenn man trotzdem an der Vereidigung auf den Monarchen festhielt, so nur deswegen, weil der König eben als Repräsentation, als Verkörperung des Staates erschien, mit dem sogenannten »Fürstendienertum« hat dies also längst nichts mehr zu tun. Es ist nicht überflüssig, auf diese Tatsache nachdrücklich hinzuweisen. Aus dem Grunde nämlich, weil die Form des Eides später, besonders nach dem Ersten Weltkrieg, zu schwerwiegenden Mißdeutungen geführt hat. Es gab damals Stimmen, und sie blieben durchaus nicht vereinzelt, die es der Beamtenschaft gewissermaßen zum Vorwurf gemacht haben, daß sie nun in der Weimarer Zeit ihren Dienst ebenso der Republik leisteten, wie vordem dem König und Kaiser. Hier liegt eine offensichtliche Verkennung der staatsrechtlichen Situation des Beamtentums vor. Noch 1918 war der Staat eben nicht mehr durch den Monarchen repräsentiert, den entscheidenden Maßstab setzte jetzt die Verfassung, auf die deshalb die Vereidigung der Beamten erfolgte. Für die Einstellung des Beamten zum Staat bedeutete dies keineswegs einen Wandel, geschweige denn daß darin eine Untreue gegenüber der Vergangenheit oder, wie man gelegentlich gemeint hat, eine Unehrlichkeit gegenüber der Gegenwart lag. Der Beamte hat sich vor 1914 ebenso als Staatsdiener gefühlt, wie nach der Revolution von 1918. Der Wechsel der Herrschaftsform hat also einen Wechsel der Gesinnung durchaus nicht als Voraussetzung gehabt.

Hier muß eine kleine Einschränkung gemacht werden, sie ergibt sich daraus, daß in der Kaiserzeit politisch ein Unterschied zwischen sogenannten staatstragenden und staatsfeindlichen Parteien gemacht wurde. Der Grund dafür lag in der Stellung der Monarchie, die damals problematisch geworden war und von den Linksparteien bis hin zur »Freisinnigen Volkspartei«, den damaligen Demokraten, als überholt betrachtet wurde. Da nun jeder Staat, der heutige nicht anders als der damalige, von seinen Beamten Staatstreue, d.h. also Anerkennung der jeweiligen Grundprinzipien der Verfassung, verlangt und verlangen muß, schien es bis zum Ersten Weltkrieg untragbar, daß Beamte etwa für eine als »staatsfeindlich« angesehene Partei stimmten oder in ihr tätig waren. Für den einzelnen Beamten bedeutete dies natürlich unter Umständen eine persönliche und dienstliche Gefahr, und manch einer ist ihr zum Opfer gefallen. Ich erinnere nur an den späteren Führer der Postbeamtenschaft im Rahmen des Deutschen Beamtenbundes, Remmers, der damals sein Amt verlor und später zu den führenden Persönlichkeiten des Deutschen Beamtenbundes gehörte. Zwangsläufig mußte sich daraus ergeben, daß der einzelne Beamte zwar in seinem Dienst dem Staat in seiner damaligen Form treu diente, in seinem Gewissen jedoch und in seiner politischen Überzeugung die gleiche Zuneigung nicht empfinden konnte. Der innere Zwiespalt, der sich daraus ergab, hat damals zu vielen menschlichen Konflikten geführt, die auch das Mißlingen zahlreicher organisatorischer Versuche innerhalb der Beamtenschaft zur Folge hatten.

Es ist klar, daß sich mit dem Zusammenbruch von 1918 die Menschen nicht von einem Tag zum anderen geändert haben. Ein gewisser Zwiespalt wurde deshalb auch durch den Wechsel der Regierungsform, durch die Wandlung der Monarchie in eine Republik, in die Beamtenschaft hineingetragen. Wer dem früheren Staat auch mit politischer Überzeugung gedient hatte, sah sich nun zur Reserve gezwungen, während die früheren Gegner der Monarchie den Wechsel selbstverständlich mit Begeisterung begrüßten. Es ist also richtig, wenn gewisse Kritiker an der Einheitlichkeit des Beamtentums während der Weimarer Zeit gezweifelt haben, und es liegt auf der Hand, daß manche Angehörigen der höheren Beamtengruppen für die republikanische Staatsform weniger Sympathie empfanden als die Beamten des mittleren und einfachen Dienstes. Völlig falsch aber ist es, daraus die Behauptung herzuleiten, daß der Weimarer Staat letzten Endes am Widerstand des Beamtentums gescheitert sei. Wir haben diese irrtümliche Meinung leider erst vor einiger Zeit wieder auf einer unserer Tagungen auf der Bühler Höhe von einem der Referenten anklingen hören. Das Gegenteil ist richtig. Ebenso wie vor 1918 die gesamte Beamtenschaft treu zum Staate stand, auch wenn manche als Liberale oder Sozialdemokraten das Herrschaftssystem nicht guthießen, ebenso haben sich nach 1918 auch die früheren Anhänger der Monarchie als treue Diener des Staates erwiesen. Im Wesen des deutschen Berufsbeamtentums ist diese Haltung zum Staat, gleichgültig welcher Struktur, eben vorgebildet.

Wer nach Beweisen dafür sucht, braucht nur an den Kapp-Putsch zu denken, der zweifellos an der Haltung der Staatssekretäre nicht nur, sondern auch an der Arbeitseinstellung bei der Eisenbahn gescheitert ist. Man empfand diese Arbeitsverweigerung im übrigen durchaus nicht als Streik, war sie doch von der legalen Regierung, also der rechtmäßigen Repräsentation des Staates angeordnet. Diese positive Einstellung zum Staat, die nach 1918 manchem – übrigens nicht nur in der Beamtenschaft – nicht leicht gefallen ist, hat dann bis zum Ende der Weimarer Republik die Stellung des Beamtentums bestimmt. Die kommunistischen Unruhen im Rheinland und in Sachsen-Thüringen sind nicht nur wegen des Eingreifens der Reichswehr, sondern auch an der Haltung der Beamtenschaft in diesen Gebieten gescheitert. Einen besonders deutlichen Beweis dafür lieferte dann der passive Widerstand, der von der Beamtenschaft bei der Besetzung des Ruhrgebietes durch die Franzosen geleistet wurde und der Hunderte von Beamten gerade auch des höheren Dienstes ins Gefängnis brachte. Wer hätte sich wohl freiwillig damals solcher Gefahr ausgesetzt, wenn er nicht aus voller Überzeugung zu seinem Staate gestanden hätte? Wobei nicht vergessen sei, daß dieser Widerstand von jenen staatlichen Stellen der Weimarer Republik angeordnet worden war, der man also durch Befolgen dieses Befehls willigen Gehorsam erwies. Vielleicht geht die Behauptung zu weit, daß man sich mehr über die Lebensdauer der Weimarer Republik als über ihren Zusammenbruch wundern müsse. Aber so viel ist sicher richtig, daß ohne die treue Pflichterfüllung des deutschen Beamtentums der Bestand des Staates von Weimar schon in seinen Anfängen, besonders gegenüber der kommunistischen Bedrohung, fraglich gewesen wäre.

Mit dem Vorwurf, die Beamtenschaft trage einen Teil der Schuld am Zusammenbruch der Weimarer Republik, ist es also offensichtlich nichts. Sie hat ihr treues Staatsdienertum in jener Zeit ebenso bewiesen wie vorher – aber auch, und das sei nur besonders betont, wie nachher. Damit kommen wir nun nämlich zu jenem Zeitpunkt der deutschen Geschichte, der noch heute als Alpdruck auf unserem Gewissen lastet. Sie wissen, wovon ich spreche.

Die sogenannte »Machtergreifung« am 30. Januar 1933 setzte dem Staate von Weimar ein Ende, und an diesen Vorgang haben sich ebenfalls mancherlei Spekulationen über die Haltung der Beamtenschaft geknüpft. Hier ist zunächst einmal festzuhalten, daß sich der Herrschaftswechsel im Jahre 1933 für den Staatsbürger nicht nur, sondern auch für den Beamten in völlig legaler Form abspielte.

Der Usurpator jener Tage gehörte einer Partei an, die durch eine einwandfreie Wahl die überwiegende Mehrheit im Parlament erzielt hatte, und es war daher durchaus demokratischen Regeln entsprechend, daß der Führer dieser Partei vom Reichspräsidenten mit der Regierungsbildung beauftragt wurde. Das geschieht heute nicht anders als damals. Auch die Regierungsbildung selbst ging in der Form vor sich, daß nun der neue Regierungschef seine Ministerliste unter Heranziehung derjenigen Parteien aufstellte, die er zur Herstellung einer Mehrheit im Reichstage brauchte. Das war also ein normales Koalitionsverfahren. Es ist wirklich nicht zu verstehen, wie ein Beamter an diesem Vorgang hätte Anstoß nehmen sollen, und wenn heute daran Kritik geübt wird, so verpflanzen wir lediglich Erkenntnisse in die Vergangenheit, die wir heute erworben haben. Selbst das sogenannte Ermächtigungsgesetz, das wir nach unseren geschichtlichen Erfahrungen als Anfang vom Ende einer demokratischen Regierungsausübung betrachten müssen, kam in parlamentarisch durchaus zulässiger Form zur Annahme. Wenn dazu die vorherige Ausschaltung der Kommunistischen Partei Voraussetzung war, so können wir nicht leugnen, daß das gleiche Parteiverbot auch in der Bundesrepublik Deutschland ausgesprochen worden ist.

Ich darf wohl hier eine offene Frage aufwerfen: Was hätte im Frühjahr 1933 ein Postschaffner, ein Lokführer, ja sogar ein Bundesbahnrat oder ein Präsident einer Oberpostdirektion an Prophetengabe aufbringen sollen, um zu erkennen, daß nun eine katastrophale politische Entwicklung anlief? Er hatte recht, sich damals nicht den Kopf zu zerbrechen und ruhig seine dienstlichen Pflichten weiter zu tun, wie er es bisher getan hatte. Wenn also heutzutage auch von Leuten, die es besser wissen sollten, gelegentlich daraus ein Vorwurf für die Beamten abgeleitet wird, so schmeckt dies bedenklich nach dem bekannten Wort, »daß man aus dem Rathaus klüger hinausgeht, als man hineingekommen ist«. Das gleiche gilt nun aber auch für die Haltung und innere Einstellung der Beamtenschaft bei der weiteren Herrschaft des Nationalsozialismus. Selbst die Beamtenorganisation, also der damalige Deutsche Beamtenbund, darf dabei ein gutes Gewissen haben, nachdem es auch den Arbeitergewerkschaften nicht gelungen war, trotz der an sich gegebenen Streikmöglichkeiten – während des Kapp-Putsches hatte man ja davon Gebrauch gemacht – der politischen Entwicklung Einhalt zu tun. Die Nationalsozialisten versäumten nämlich nicht, den Beamtenbund sowohl an der Spitze als auch draußen im Lande schleunigst mit Parteianhängern zu infiltrieren, so daß freie Beschlußmöglichkeiten nicht mehr blieben. Trotzdem haben auch in der neugebildeten Beamtenorganisation jener Zeit, dem Reichsbund der Deutschen Beamten, verdienstvolle Persönlichkeiten, die aus dem Deutschen Beamtenbund verblieben waren, dafür gesorgt, daß den Nationalsozialisten die Vernichtung des deutschen Beamtenethos nicht gelang. Das war um so schwerer, als der eigentliche Vorstand des Beamtenbundes natürlich seiner Ämter beraubt wurde. Trotzdem konnte das von der Partei angestrebte Aufgehen der Beamtenorganisation im großen Mischmasch der Deutschen Arbeitsfront damals verhindert werden, und man übertreibt wohl nicht, wenn man die Behauptung wagt, daß ohne diese Sonderstellung im organisatorischen Verhältnis nach dem Kriege die Wiederherstellung des Deutschen Beamtenbundes und damit die Erhaltung des Berufsbeamtentums nicht möglich gewesen wäre.

Sie wissen ja, daß nach 1945 die Gesamtheit der früheren politischen und weltanschaulich ausgerichteten Gewerkschaften in der Einheitsfront des Deutschen Gewerkschaftsbundes zusammengefaßt worden ist, und diese Einheitsorganisation hat sich damals nach Kräften bemüht, auch die Beamtenschaft in ihre Reihen zu ziehen. Wahrscheinlich wäre ihr dies gelungen, wenn nicht bis zum Kriegsende der Reichsbund der Deutschen Beamten bestanden hätte. Es bleibt noch ein Wort zu sagen, wie sich die Beamtenschaft nun in der Zeit des nationalsozialistischen Regimes verhalten hat. Auch dieser Pseudo-Staat verlangte selbstverständlich, wie es Weimar und das Kaiserreich vorher getan hatten, daß sich die Beamten auch gesinnungsmäßig positiv zum Staat zu verhalten hätten. Sie gerieten dadurch in die gleiche Zwiespältigkeit, von der die Mehrheit des Volkes beherrscht war. Wir können auch nicht leugnen, daß es wie zu allen Zeiten auch damals einzelne gegeben hat, die zur Schau getragene Anhängerschaft zur Einstellung im Beamtenberuf und zu Beförderungen ausnutzten. Trotzdem wird heute kaum noch geleugnet, daß sich das deutsche Berufsbeamtentum auch in der Zeit der »politischen Beurteilungen« des einzelnen in seiner Gesamtheit seine Integrität bewahrt hat, ja daß die Machthaber bis zuletzt vergeblich versucht haben, das rechtsstaatliche Gerüst der deutschen Verwaltung und die allein auf ihre Verpflichtung für das Volksganze ausgerichtete Haltung der deutschen Beamten ihren Zwecken gefügig zu machen. Es gibt zahllose Beispiele dafür, wie rechtswidrige Anordnungen durch die Beamten, die sie ausführen sollten, verhindert oder wenigstens abgeschwächt wurden; eines der Opfer dieser Zeit, der Dichter Jochen Klepper, hat davon gezeugt. Man braucht schließlich nur an den 20. Juli 1944 zu erinnern, um die wahre Einstellung des Beamtentums zum Nationalsozialismus zu erkennen. Unter den Opfern jenes Aufstandes waren zahlreiche Berufsbeamte, auch wenn man heute mehr von den Offizieren und den wenigen Gewerkschaftsvertretern spricht, die daran beteiligt waren. Es gehört deshalb zu den merkwürdigsten Fehlentscheidungen eines deutschen Gerichts, daß das alte deutsche Beamtentum mit dem Jahre 1945 sein Ende erreicht habe[2], auch wenn jenes Urteil des Bundesverfassungsgerichts leider zunächst die ursprüngliche Konzeption des Gesetzes zu Artikel 131 bestimmt hat. Glücklicherweise ist diese Entscheidung damals eigentlich von der gesamten Rechtswissenschaft, besonders aber auch vom Bundesgerichtshof abgelehnt worden und deshalb ohne nachhaltige beamtenpolitische Folgen geblieben.

Nach alledem wird man sagen können, daß das deutsche Beamtentum nicht gerade unter günstigen Voraussetzungen in die größte Katastrophe hineingeraten ist, die den deutschen Staat beim Zusammenbruch von 1945 jemals betroffen hat. Damals schien dieser Staat nicht mehr zu existieren, und die Besatzungsmächte taten alles, um diesen Eindruck zu vertiefen. Damit aber fehlte im Grunde der Blickpunkt, nach dem sich die Beamtenschaft bisher ausgerichtet hatte, nämlich der irgendwie geartete deutsche Staat.

Ich scheue mich nicht zu sagen, daß es zu den höchsten Ehrenpunkten des deutschen Berufsbeamtentums gehört, wenn es in jener trüben Zeit an die Stelle des Staates die Staatsidee setzte und nun an ihrer Verkörperung, nämlich dem deutschen Volk, die gleiche Pflichtauffassung bewies, die es früher dem geordneten Staatswesen gezeigt hat. Wir haben viel zu schnell vergessen, daß die Rettung des ungeheuren Volksvermögens, denken wir nur an Bahn und Post, ausschließlich der Beamtenschaft, im weitesten Sinne den Angehörigen des öffentlichen Dienstes, zu verdanken ist. Wir haben vergessen, daß es nur die Beamten waren, die damals keine Kompensationsgeschäfte machen konnten und mit den Hungergehältern der Vorkriegszeit die Schwarzmarkt-Inflation überstanden, ohne ihren Dienst zu vernachlässigen. Wir haben auch vergessen, daß die gesamte Beamtenschaft der sogenannten Ratsklasse damals in Lagern verschwand, daß alle durch die Entnazifizierungsmühle gedreht wurden und daß doch jeder wieder an seinen Arbeitsplatz ging, sobald ihm das möglich war. Wir haben schließlich vergessen, daß die gesamte Beamtenschaft in jener Zeit allgemeiner Auflösung und Korruption trotz Besatzungsherrschaft, Günstlingswirtschaft und persönlicher Unsicherheit die öffentlichen Betriebe, die Verwaltung und die Rechtspflege aufrechterhalten hat. Wir haben in jüngster Zeit erfreu-

2 Vgl. das Urteil vom 17. Dezember 1953; BVerfGE. Bd. 3, S. 58ff.

licherweise aus prominentem Munde des öfteren hören können, daß die deutsche Beamtenschaft ein besonderes Verdienst nicht nur um den Wiederaufbau, sondern auch um das vielgerühmte Wirtschaftswunder hat. Ich möchte meinen, daß diese Verdienste längst nicht genügend gewürdigt worden sind und daß die Einsicht davon jedenfalls draußen im Lande viel zu wenig verbreitet ist.

II.

Und nun zu unserem Staat. Wir wissen alle, daß sich die Demokratie, wie wir sie heute bei uns erleben, in wesentlichen Stücken von dem Idealbild unterscheidet, das wir vielleicht in der Schule gelernt haben oder das uns die Volkshochschulen nahebringen wollen. Ein industrieller Flächenstaat wie der unsere kann nicht eine direkte Demokratie sein, wie etwa die Schweiz, wo man über jede Brücke eine Volksabstimmung veranstaltet. Unser Staat kann nur eine Demokratie in dem Sinne sein, daß in ihr die Möglichkeit einer Alternative besteht, das heißt, daß man in ihr als Wahlbürger zwischen mehreren Möglichkeiten wählen kann. Das Volk selber aber – weit entfernt davon, eine ungegliederte Masse zu sein – hat sich in vielfältiger Weise organisiert und benutzt für die verschiedenen Interessen, die es zu vertreten hat, verschiedene Repräsentanten. Das sind einmal die Parteien, die eine Gesamtvertretung aller Interessen zum Inhalt haben, und auf der anderen Seite die verschiedenartigen Verbände, darunter auch die Gewerkschaften und der Deutsche Beamtenbund. Die Mannigfaltigkeit dieser Interessenvertretung und die Vielzahl der Repräsentanten hat der modernen Demokratie auch den Namen »Repräsentative Demokratie« eingetragen.

Es ist für diese repräsentative Demokratie bezeichnend, daß der einzelne Bürger seine Wünsche nicht mehr selber vorbringt, sondern auf dem Wege über die Filterung durch große Organisationen, dafür aber um so wirkungsvoller, an das Parlament heranträgt.

Aber nicht nur das äußere Bild des Staates und die innere Einstellung zum Staat haben sich entscheidend verändert, sondern auch seine Aufgaben. Der Staat hat sich vom Obrigkeitsstaat zum Leistungsträger entwickelt. Mehr und mehr hat er Leistungen für die persönliche

Daseinsvorsorge zu erbringen. Mehr und mehr verlangen die Bürger vom Staate, daß er ihnen die Sorge um ihr persönliches Wohlergehen abnimmt. Aus dem Staat, der befiehlt, ist ein Staat geworden, der hilft. Wenn heutzutage ein so gewaltiger Teil des erarbeiteten Sozialprodukts in die Staatskassen fließt, dann nicht zuletzt deswegen, weil dem Staat viel stärker als bisher eine Leistung zugemutet wird, die früher der Bürger selber erbrachte. Während nun aber früher »der Staat« verkörpert war durch den Monarchen oder den Präsidenten (noch Hindenburg war eine solche halbmonarchische Vaterfigur), ist es in der repräsentativen Demokratie schwierig geworden, den Staat als Person repräsentiert zu sehen.

Die Abgeordneten, wie sie in die Landtage und den Bundestag gewählt werden, sind natürlich diejenigen, die dem Volke sichtbar den Staat »repräsentieren«. Aber aus dem sonst unsichtbaren Staate machen erst die Beamten, indem sie ihn verkörpern, jenen Staat, der seine Funktion in der Verwaltung, der Rechtspflege, der Bildungspflege, den öffentlichen Betrieben usw. äußert.

Natürlich hat sich die Funktionsänderung des Staates auch im Berufsbild des modernen Beamten niedergeschlagen. Der Beamte von heute empfindet sich viel mehr als früher als Helfer der Bürger, ja er weiß, daß ihm Züge zukommen, die mehr »mütterlicher« Art sind. Das hat die Untersuchung bewiesen, die der Deutsche Beamtenbund vom Psychologischen Institut Hamburg, Professor Hofstätter, hat anstellen lassen.[3] Gerade diese Wesensänderung des Beamten geht aus der Untersuchung deutlich hervor. Dagegen sehen die Nichtbeamten den Beamten immer noch ein wenig als Vertreter einer »Obrigkeit«, die es in Wahrheit gar nicht mehr gibt.

Während nun den Parteien im pluralistischen Staat die Aufgabe gestellt ist, die politische Einheit zu verwirklichen und die Demokratie möglich zu machen, kommt der Beamtenschaft, im weitesten Sinne dem öffentlichen Dienst überhaupt, die Aufgabe zu, den Rechtsstaat zu garantieren und dem Gemeinwohl zu dienen. Der Rechtsstaat, also die geformte, übersehbare und gegliederte Rechts- und Verwaltungsordnung, ist das Formprinzip der Demokratie. In ihm bewegt sich die

3 Vgl. die Angaben S. 80 Anm. 3.

politische Gestaltungskraft, und die Sicherung dieser rechtsstaatlichen, auf das Gemeinwohl ausgerichteten Grundstruktur ist die Aufgabe der öffentlichen Verwaltung, der der Beamte, gleichviel in welchem der zahlreichen Verwaltungszweige er seine Dienste leistet, die den ganzen öffentlichen Dienst prägende, von Gesinnung und Verpflichtung herrührende Gestalt gibt.

Dazu gesellt sich eine andere Aufgabe. Der moderne Rechtsstaat ist nicht nur rechtsstaatlich, um die Übermacht des Staatlichen einzuschränken, sondern er ist ein Prinzip der Gemeinschaftsordnung: er ist ein sozialer Rechtsstaat. Gerade weil ihm, der in weitgehendem Maße Vorsorge und Fürsorge für seine Bürger treibt, durch diese neue, soziale Aufgabe wesentlich mehr an Macht zuwächst, als dies beim »Nachtwächterstaat« des Liberalismus der Fall war, gerade aus diesem Grunde braucht er jene Hüter der Rechtsstaatlichkeit und des Gemeinwohls.

Die Berufsbeamten sind für diese Aufgabe aber deswegen so geeignet, ja geradezu notwendig, weil ihnen durch ihre besondere Stellung zum Staate jenes Maß an Unabhängigkeit gesichert wird, das sie zur Wahrnehmung ihrer Pflichten, Mittler des Staates und Wahrer der Rechtsstaatlichkeit und des Gemeinwohls zu sein, unabdingbar brauchen. Gerade der Sozialstaat, der durch die Maßnahmen der Vorsorge und Fürsorge einen großen Machtzuwachs erfährt, braucht die feste Rechtsbindung als das wesentlichste Element der Unparteilichkeit, das ihn vor wechselnden Richtungen und Interessen, aber auch vor anderen Einflüssen bewahren kann. Wäre im Sozialstaat die Rechtsstaatlichkeit nicht, dann könnten die sozialen Leistungen eine Beute des jeweils Mächtigsten werden, und sie würden in ihr Gegenteil verkehrt: sie wären dann nicht mehr die Vorbedingung, sondern die Bedrohung der persönlichen Freiheit. Darum brauchen wir also Beamte: weil der öffentliche Dienst unseres Staates nicht ein reines Verwaltungsproblem ist, sondern weil man die Funktion des Beamten im Gesamtzusammenhang heutiger Staatlichkeit sehen muß. Er ist nicht Instrument, sondern hat im heutigen Staat seine eigene Aufgabe, die in der Wahrung der Rechtsstaatlichkeit liegt, in welchem Begriff zugleich der Anspruch auf die Durchsetzung des Sozialen begründet ist. Sehen wir in unserem Staate einen Sinn und begreifen wir ihn nicht nur als ein technisches Hilfsmittel, die Bevölkerung möglichst reibungslos existieren zu lassen, dann brauchen wir als Hilfskorps dieses Staates auch die Beamten, die den Rechtsstaat durchsetzen.

Erst diese Sinngebung der Beamtentätigkeit verhilft uns dazu, die Staatstätigkeit richtig zu sehen und die Notwendigkeit zu erfassen, warum die überkommene Rechtsnatur des Berufsbeamtentums, aber auch die überkommenen Werte der pflichtmäßigen Bindung an das Ganze auch heute noch Gültigkeit haben. Ein so verstandenes Beamtentum, das durch seine Arbeit täglich den Beweis seines erfüllten Auftrags erbringt, wird auch wieder das soziale Ansehen genießen, das ihm nach Maßgabe seiner Bedeutung für das Gemeinwohl zukommt. Ein so verstandenes Beamtentum aber, das sich eingebunden weiß in das Wechselspiel der gesellschaftlichen und politischen Kräfte unseres Volkes, und das seine Aufgabe darin sieht, dem Rechtsstaat nicht als formalem Prinzip, sondern als einem Auftrage und einer Aufgabe verpflichtet zu sein, wird durch seine tägliche Pflichterfüllung und durch den Schutz, den es in seiner Berufsvertretung findet, in anderer Weise als bisher auch für die eigenen Interessen eintreten können.

In welchem Maß nach allem auch in unserem Staat Beamtenpolitik Staatspolitik ist, dürfte aus dem aufgezeigten engen Zusammenhang zwischen einem gut funktionierenden Berufsbeamtentum und der Funktionsfähigkeit des sozialen Rechtsstaates unschwer erkennbar geworden sein. Offen bleibt nur die Frage, ob die Beamtenpolitik heute tatsächlich ist, was sie sein sollte, nämlich Staatspolitik. Wie sieht denn nun die Wirklichkeit aus?

III.

Damit komme ich nun auf die Kernfrage zu sprechen, wer in unserem Staat eigentlich zielbewußt Beamtenpolitik treibt, zielbewußt vor allem auch in dem Sinne, daß die Beamtenpolitik sich mit den soeben geschilderten staatspolitischen Notwendigkeiten deckt. Wenn wir in dieser Hinsicht aus unseren jahrelangen Erfahrungen einmal das Fazit ziehen, dann zeigt sich leider, daß sich weder die Regierungen noch die Parlamente wirklich ernsthaft Gedanken über die Zukunft des Berufsbeamtentums machen. Zwar hören wir aus dem Munde von Politikern aller

Parteien und von Ministern der verschiedensten Ressorts bei jeder sich bietenden Gelegenheit, daß die Vorteile eines gut funktionierenden Berufsbeamtentums auch für unseren demokratischen Staat gar nicht hoch genug veranschlagt werden könnten. Sobald es aber darum geht, die schönen Worte in Taten umzusetzen, bekommt das alles ein ganz anderes Gesicht. Da behandelt man uns nicht anders wie eine x-beliebige sonstige Interessengruppe, nur mit dem Unterschied, daß wir den »Vorzug« unserer staatspolitischen Bedeutung vielfach unter Hinweis auf im Augenblick viel wichtigere staatspolitische Notwendigkeiten vor Augen geführt bekommen.

Typisch für diese Einstellung ist z. B. der bekannte »Viertelschritt«, den die Beamten nach Auffassung unseres Bundesministers des Innern immer hinter der allgemeinen Entwicklung hergehen müssen.[4] Das ist natürlich ein sehr bequemes Rezept. Man erspart sich dabei von vornherein die Mühe um eine eigene Konzeption, kann die Dinge laufen lassen und paßt sich zu gegebener Zeit bloß an. So stellen wir uns eine verantwortungsbewußte Beamtenpolitik natürlich nicht vor! Sie muß doch der Entwicklung stets einen Schritt voraus sein. Sie muß die Dinge vorausschauend in den Griff zu bekommen versuchen. Nur auf diese Weise läßt sich doch dieses unerquickliche Feilschen auch um den kleinsten Vorteil vermeiden. Bei jeder unserer Forderungen stellt man sich grundsätzlich erst auf die Hinterbeine, macht dann unter etwas stärkeren Druck gesetzt gewisse Konzessionen, um im gleichen Augenblick den durch die Verzögerungstaktik eingehandelten Zeitgewinn einzutauschen gegen inzwischen schon längst wieder fällig gewordene neue Forderungen.

Man könnte dieses ganze traurige Kapitel überschreiben »Taktik des Viertelschritts hinterher triumphiert über Strategie des einen Schritts voraus«.

So ist das nicht nur auf dem Gebiet der Besoldung. Es ist auf der ganzen Linie so. Kaum etwas geschieht ja, woraus sich auf eine

4 Für den Wortlaut der Rede von Bundesinnenminister Höcherl auf der Vierten beamtenpolitischen Tagung (8. bis 10. Januar 1962) vgl. Vorzüge und Mängel des öffentlichen Dienstes. Vierte beamtenpolitische Arbeitstagung des Deutschen Beamtenbundes auf der Bühler Höhe 1962. Referate und Diskussionen (= Schriftenreihe des Deutschen Beamtenbundes. Heft 29), Bad Godesberg 1962, S. 14ff., hier S. 22.

wohlüberlegte beamtenpolitische Konzeption schließen ließe. Alles, was geschieht, bedarf erst eines Anstoßes von außen. Das ist alles nur Stückwerk. Und dabei liegt so vieles im argen. So vieles müßte angepackt, neu durchdacht und neu geordnet werden. Aber davon sind wir wohl zur Zeit noch weit entfernt.

Nun läßt sich natürlich aus der Schau eines mit der politischen Verantwortung nicht unmittelbar Belasteten leicht an den Unterlassungssünden der Verantwortlichen Kritik üben. Und vielleicht wird mir jetzt mancher entgegenhalten: Habt ihr beim DBB denn eine wirkliche Konzeption, wie man bessere Beamtenpolitik machen könnte? O ja, die hätten wir, würde ich darauf antworten. Aber da höre ich schon die nächste kritische Frage: Selbst wenn ihr sie hättet, wie wollt ihr sie denn durchsetzen? Auch darauf wüßte ich eine Antwort, und es ist wahrscheinlich sogar besser, ich gebe sie im voraus und gehe erst dann auf die erste Frage ein.

Tatsache ist, daß schon heute die beamtenpolitische Initiative in erster Linie bei uns liegt. Wir brauchen da gar nicht nur an die Besoldungspolitik zu denken, wo dieser Sachverhalt ganz offenkundig ist. Es gibt auch mancherlei andere Beispiele, die für das einzelne Mitglied vielleicht nicht immer das gleiche Gewicht haben wie gerade die Besoldungsfrage, die aber trotzdem meine Behauptung beweisen, wir hätten die Initiative in der Beamtenpolitik an uns gerissen. Oder sind etwa nicht wir es, die die modernen Erkenntnisse der Gesellschaftspolitik ummünzen in konkrete Forderungen nach einer sozialgerechten Steuerpolitik, nach Beteiligung der Beamten an den Maßnahmen der Vermögensbildung, nach besserer Berücksichtigung der Familienlasten auch bei Beamten, nach Verbesserung der Bildungsmöglichkeiten von Beamtenkindern usw.? Wir sind es auch, die konstruktive Vorschläge für eine planmäßige dienstliche und staatspolitische Fortbildung, für die Neuordnung des Beurteilungswesens, für eine Verstärkung unseres Beteiligungsrechts bei der Vorbereitung von Gesetzen, Verordnungen, Verwaltungsvorschriften und Erlassen gemacht haben, wozu dann noch ein paar Worte mehr gesagt werden müssen. Ob es sich nun um diese oder um andere Fragen, wie z. B. die Schlußgesetzgebung zu G 131 oder zur Wiedergutmachung, handelt – hier wie dort sind wir es doch selbst, die die Probleme zuerst erkennen, sie dann durchdenken und sie schließlich mit eingehender sachlicher

Begründung zu konkreten Vorschlägen verarbeitet an die zuständigen Stellen herantragen.

Aber da höre ich schon wieder die kritische Stimme: Alles recht gut und schön, was kommt denn bei alledem nun wirklich heraus? Was heißt hier: Wir haben die beamtenpolitische Initiative an uns gerissen, wenn die Verantwortlichen eure Vorschläge auf ihrem Schreibtisch verschimmeln lassen?

Diese Frage ist in der Tat am Platze und trifft den neuralgischen Punkt. Was würde es uns nützen, wenn uns niemand unsere Sachen abkauft und damit unsere, wie ich es genannt habe, beamtenpolitische Initiative einfach im Sande verläuft?

Da muß ich nun ein wenig zurückstecken und wieder etwas Grundsätzlicher werden. Als noch halbwegs astreiner Zusammenschluß von Berufsbeamten, der sich seine Eigenständigkeit auch weiterhin bewahren will und es ablehnt, zur Förderung seiner Interessen andere Gruppen abhängig Beschäftigter Vorspanndienste leisten zu lassen, ist der DBB in der gewiß nicht einfachen Lage, nach sehr vielen Seiten hin Rücksicht nehmen zu müssen. Die Mitglieder sagen: Nun haut mal ordentlich auf den Tisch! Schön, wir hauen also auf den Tisch, aber . . . Sie alle wissen, was ich mit dem »Aber« meine. Es bleibt dann nämlich bei dem »auf den Tisch hauen«.

Angenommen, Sie nehmen mir ab, was ich vorhin gesagt habe, nämlich die beamtenpolitische Initiative liege eindeutig bei uns. Dann müßten wir aber auch Farbe bekennen; denn dann würden wir, wenn der Satz »Beamtenpolitik ist Staatspolitik« richtig ist, auch staatspolitische Verantwortung tragen. Wir dürfen es dann, auch wenn uns das zuzeiten noch so sehr gegen den Strich ginge, einfach nicht dazu kommen lassen, im Blick der Öffentlichkeit wie ein meuternder Haufen dazustehen. Wir müssen alles daransetzen, gewaltlos zum Ziele zu kommen. Das aber bedarf der Einsicht und der Geduld. Vor allem bedarf es überzeugender sachlicher Argumente und unermüdlicher Versuche, diese Argumente an den Mann zu bringen. Daß wir damit auch schon bisher recht beachtliche Erfolge erzielt haben, läßt sich ja nun einfach nicht bestreiten.

Niemand wird freilich behaupten wollen, daß der jetzige Zustand bereits voll befriedigend sei. Deshalb setzen wir auch alles daran, die

Wirkungsmöglichkeiten bei der Durchsetzung unserer beamtenpolitischen Ziele zu verbessern. Durch die Eigenart unseres Rechtsverhältnisses, an dessen Grundlagen wir nicht rütteln dürfen, wenn wir verantwortungsbewußt denken, sind wir auf andere Mittel des gewerkschaftlichen Wirkens angewiesen, als sie den Arbeitnehmergewerkschaften zur Verfügung stehen. Das heißt aber keineswegs, daß wir etwa unsere Forderungen nicht genau so selbstbewußt und, wenn es notwendig ist, in der Sache auch hart vertreten dürften wie jene. Nur müssen wir dafür andere Formen finden.

Hier bietet sich nun der auch in unseren Beamtenpolitischen Grundsätzen[5] neuerdings herausgestellte Partnerschaftsgedanke als ein erfolgversprechender Ansatz dafür an, unsere Beziehungen zu den für uns maßgebenden Organen des Dienstherrn, zur Bundesregierung und zum Parlament, auf eine neue Grundlage zu stellen.

Die Beamtenschaft hat sich im Laufe einer langen politischen Entwicklung aus einer früher oft totalen Gewaltunterworfenheit unter den Dienstherrn befreit. Mit zunehmender Verrechtlichung des Beamtenverhältnisses ist die aus rein obrigkeitsstaatlichem Denken hervorgegangene Auffassung vom Beamtenverhältnis als besonderem Gewaltverhältnis heute unzeitgemäß, sie muß revidiert werden. Natürlich spukt sie auf der Seite des Dienstherrn immer noch in vielen Köpfen. Das darf aber nicht daran hindern, immer wieder hervorzuheben, daß wir Beamte uns nicht auf eine Stufe stellen lassen mit Halbfreien, die nicht im Vollbesitz der staatsbürgerlichen Rechte wären. Wo wir als Gewerkschaft die Interessen unserer Mitglieder vertreten, dort nehmen wir selbstverständlich erst recht die staatsbürgerlichen Grundfreiheiten voll für uns in Anspruch. Wir lassen uns da nicht mit dem gelegentlich auch heute noch zu hörenden Hinweis auf jenes »besondere Gewaltverhältnis« an die Kette legen. Wir wollen gleichberechtigt mit den Vertretern des Dienstherrn verhandeln, und das heißt eben: als Partner und nicht als Gegenspieler genommen werden.

Die Möglichkeiten, die insoweit in unserem Beteiligungsrecht nach

5 Die Beamtenpolitischen Grundsätze des DBB waren auf dem Bundesvertretertag des DBB in Trier vom 2. bis 4. Mai 1963 verabschiedet worden. Für den Wortlaut vgl. Der Beamtenbund. 14. Jg., Nr. 6, Juni 1963, S. 1.

§ 94 BBG[6] liegen, sind noch längst nicht voll ausgeschöpft. Dieses Recht ist für uns die einzige Chance, unsere Interessen auch ohne die herkömmlichen Mittel des Arbeitskampfes wirksam vertreten zu können. Es ist sozusagen der Ausgleich dafür, daß wir diese Mittel nicht anwenden dürfen. Der innere Zusammenhang dieses Rechts mit dem Grundrecht der Koalitionsfreiheit und auch mit dem Sozialstaatsprinzip ist nicht zu bezweifeln. Darüber sind sich die Vertreter des Dienstherrn bei der praktischen Handhabung des § 94 BBG bloß noch nicht richtig im klaren. Und wir werden wie schon bisher und in Zukunft nicht müde werden, ihnen die Konsequenzen, die sich aus der verfassungsrechtlichen Abstützung des § 94 durch den Grundrechtsteil des Grundgesetzes ergeben, vor Augen zu führen.

Uns allen ist hinlänglich bekannt, daß die Beamtenschaft in unserer Demokratie keinen wirklichen »Patron« mehr hat, an den sie appellieren könnte, wenn sie sich in ihren berechtigten Interessen übergangen fühlt. Man hat versucht, uns an das Bundesverfassungsgericht als eine Art »Ersatzpatron« zu verweisen, mit welchem Erfolg, das wissen wir alle. Also kommt es auf uns selbst an, auf die Mitgliederstärke und innere Geschlossenheit unseres gewerkschaftlichen Zusammenschlusses. Je eindrucksvoller wir in dieser Hinsicht in der Öffentlichkeit auftreten, desto mehr wächst unsere Chance, die Konkurrenz mit anderen gesellschaftlichen Gruppen erfolgreich zu bestehen. Jedenfalls dürfen wir uns keinen Täuschungen darüber hingeben: So sehr der einzelne es im Interesse des großen Ganzen vielleicht auch wünschen möchte, gerade weil die staatspolitische Bedeutung des Berufsbeamtentums so offen zutage liegt – in einer ausgesprochen auf Gruppenkonkurrenz beruhenden Demokratie werden die politischen Kräfte, die die konkurrierenden Gruppen vertreten und bewegen, es immer nur widerstrebend zulassen, daß einer Gruppe aus einem übergeordneten staatspolitischen Interesse mehr zugestanden wird als den anderen. Und selbst das bloße Gleichziehen stößt bei der pluralistischen Struktur unseres Staates schon auf erheblichen Widerstand, der nur mit dem Einsatz einer respektablen Organisationsmacht überwunden werden kann.

6 § 94 BBG (in der Fassung vom 1. Oktober 1961) lautet: »Die Spitzenorganisationen der zuständigen Gewerkschaften sind bei der Vorbereitung allgemeiner Regelungen der beamtenrechtlichen Verhältnisse zu beteiligen.« Vgl. BGBl I. 1961, S. 1801.

Auf der einen Seite also unsere Bemühungen, bei der Vertretung unserer Interessen zu einer gewissen Versachlichung zu kommen (den Ausbau unseres Beteiligungsrechts nannte ich schon; es gehört dazu aber auch unsere Forderung nach einem Besoldungsbeirat oder zumindest nach einer gesetzlichen Verpflichtung der Bundesregierung zur jährlichen Überprüfung des Besoldungsniveaus), auf der anderen Seite dann aber unsere mindestens ebenso wichtigen Bemühungen, unseren Verband in seiner Organisationsmächtigkeit zu stärken, weil auch hiervon wesentlich abhängt, ob wir mit unseren Forderungen, aber auch mit unseren beamtenpolitischen Auffassungen durchdringen werden.

Und nach allem, was ich vorhin schon gesagt habe, trifft uns angesichts der Sterilität der von Rechts wegen Verantwortlichen auch hinsichtlich einer aktiven Beamtenpolitik eine weitgehende Selbstverantwortung. Wir müssen eine sowohl im Interesse des Staates, als auch im Interesse des Berufsbeamtentums selbst liegende Beamtenpolitik konzipieren. Das erfordert ein wenig kompliziertere Überlegungen, als wenn man sich auf den nackten Interessenstandpunkt stellen kann. Auf die Ausgewogenheit unserer Argumente kommt es besonders an. Wir sind dabei zeitnah genug, um uns nicht in der Pflege eines unfruchtbaren Traditionalismus zu verlieren, auf der anderen Seite aber auch nicht so verbohrt, nun einfach alles über Bord zu werfen, was das Wesen des Berufsbeamtentums ausmacht. Wir sehen vollkommen klar, daß die staatlichen und gesellschaftlichen Umwälzungen einstige Wesenszüge des Berufsbeamtentums stark verändert haben. In mancher Hinsicht haben wir allen Grund, uns über diese Veränderungen, wie z. B. die Demokratisierung, die Wandlung des Pflichtenkreises usw., zu freuen. Wir können allerdings auch davor nicht die Augen verschließen, daß das Soll an Pflichten und das Haben an Rechten sich nicht mehr die Waage hält.

Die starke Annäherung des Arbeitsverhältnisses – nicht etwa nur im öffentlichen Dienst – an das Beamtenverhältnis hat inzwischen einige sehr ernstzunehmende Probleme aufgeworfen. Wenn man die hier sichtbar werdenden Entwicklungstendenzen genauer ins Auge faßt, wird jenes Mißverhältnis zwischen Pflichten und Rechten auf die Dauer nicht hingenommen werden können. Dahin darf es jedenfalls nicht kommen, daß sich die Rechtsstellung des Beamten eines Tages nur noch dadurch von der Rechtsstellung der im öffentlichen Dienst stehenden Arbeitnehmer unterscheidet, daß dem Beamten vermehrte (auch außerdienstliche) Pflichten auferlegt sind, deren Verletzung von einer durchgreifenden Disziplinargerichtsbarkeit unnachsichtig gesühnt wird, während der Arbeitnehmer aus diesem besonderen Pflichtenkreis ausgeklammert bleibt, sich aber beamtengleicher Rechte erfreut.

Wir werden auch dieses Problem anpacken. Es ist in unseren Beamtenpolitischen Grundsätzen bereits angesprochen. Unter den verschiedenen Gruppen der heute im öffentlichen Dienst Tätigen müssen vernünftige Abgrenzungen geschaffen werden. Schon jetzt hängt es vielfach von reinen Zufälligkeiten ab, ob trotz des sog. Funktionsvorbehalts des Art. 33 Abs. 4 GG (ständige Ausübung hoheitsrechtlicher Aufgaben nur ausnahmsweise durch Nichtbeamte) für eine bestimmte (auch hoheitsrechtliche) Aufgabe ein Beamter oder ein Arbeitnehmer eingesetzt wird.

Wir sind der Auffassung, daß alle, die ständig Aufgaben der öffentlichen Verwaltung ausüben, die also in einem auf unbestimmte Dauer angelegten Dienstverhältnis stehen, zu Beamten gemacht werden müssen. Das müßte dann natürlich auch zu einer ganz anderen Nachwuchspolitik führen, bei der, wie es in unseren Beamtenpolitischen Grundsätzen heißt, der Beamtennachwuchs grundsätzlich schon mit Beginn der Ausbildung in das Beamtenverhältnis zu berufen wäre, der Anwärter auf eine solche Berufung also nicht, wie es bei den Betriebsverwaltungen, aber auch sonst weitverbreitete Übung ist, erst nach längerer Dienstleistung in einem anderen Rechtsverhältnis in das Beamtenverhältnis gelangt.

Ich kann das hier natürlich alles nur mehr andeutungsweise als in voller Breite und unter Berücksichtigung aller für und gegen eine solche Lösung sprechenden Gesichtspunkte sagen. Wir sind uns vollauf bewußt, daß wir auf eine Unterstützung unserer Absichten durch die DGB-Gewerkschaften und die DAG nicht rechnen können. Auch die Parlamentarier, die daran gewöhnt sind, nach ihrer (übrigens falschen) Meinung billigere Stellen für Arbeitnehmer leichten Herzens, Beamtenstellen dagegen nur unter größtem Widerstreben zu bewilligen, werden sich gegen uns stellen. Aber gelöst werden muß dieses Problem, wenn unter der Fortdauer des gegenwärtigen unhaltbar gewordenen Zustandes nicht wiederum der staatspolitischen Bedeutung des Berufsbeamtentums erheblicher Abbruch getan werden soll.

»Beamtenpolitik ist Staatspolitik«, so lautete mein Vortragsthema. Ich hoffe, daß es mir einigermaßen gelungen ist, den engen Sachzusammenhang, von dem das Thema ausgeht, zu verdeutlichen. Wenn ich im letzten Teil meines Vortrags eigentlich mehr von der Beamtenpolitik des DBB als von der Beamtenpolitik des Staates gesprochen habe, so hat das die erwähnten Ursachen und sagt nichts gegen die Richtigkeit des Satzes »Beamtenpolitik ist Staatspolitik« aus. Es wird dadurch nur bewiesen, wie stark der DBB sich heute auch staatspolitisch engagieren muß, wenn er in Übereinstimmung mit seinen satzungsmäßigen Aufgaben die staatspolitische Bedeutung des Berufsbeamtentums im Interesse seiner Mitglieder und im Interesse der Allgemeinheit bewahrt wissen will.

5. Februar 1964

Aufgaben und Aussichten des Berufsbeamtentums

Vortrag auf der öffentlichen Beamtenkundgebung der Gewerkschaft Deutscher Bundesbahnbeamten und -anwärter (GDBA) in Kassel

Quelle: DBB-Archiv, Abt. Bulei 15 000-4 (maschinenschriftlich)

Über Aufgaben und Aussichten des Berufsbeamtentums zu sprechen, könnte manchem als etwas abgedroschen erscheinen, der davon ausgeht, daß nach 15 Jahren des Bestehens unserer Bundesrepublik doch eigentlich alle grundsätzlichen Probleme bestens gelöst seien und es immer nur darum gehe, einen größeren Anteil an einer ständig fortschreitenden wirtschaftlichen und sozialen Entwicklung zu erreichen, und damit innerhalb des allgemeinen Strebens nach der »Hebung des Lebensstandards« nicht zu kurz zu kommen. Wenn ich deshalb das rechte Verständnis für das zu behandelnde Thema finden will, bleibt es mir nicht erspart, an den Anfang meiner Ausführungen die provozierende Frage zu stellen: »Ist das Berufsbeamtentum von heute, ja ist der öffentliche Dienst insgesamt, sich eigentlich der Aufgabe bewußt, die ihm gestellt wird?«

Ich könnte an diese erste Frage gleich eine zweite anschließen: »Ist sich die Öffentlichkeit – sowohl die politisch interessierte als auch die an der Funktion unseres Gemeinwesens nur aus egoistischen Gründen interessierte Öffentlichkeit – darüber im klaren, welche Aufgaben der öffentliche Dienst und in ihm in besonderer Weise das Berufsbeamtentum wahrzunehmen hat?«

Vielleicht ist jetzt schon der eine oder andere unter Ihnen, dem eine solche Fragestellung überflüssig erscheint und dessen Einstellung zu unserem Beruf von der Auffassung geprägt wird, daß der öffentliche

Dienst einschließlich des Beamtendienstes nur als eine Arbeitnehmertätigkeit beim Arbeitgeber Staat zu sehen sei und einer besonderen Auslegung nicht bedürfe.

So müßten mindestens alle die Kollegen denken, die Mitglieder des DGB sind. Schließlich hat der Vorsitzende des DGB, Rosenberg, kürzlich erneut deutlich gemacht, wie der DGB den Beamten sieht.[1] Mit diesen Vorstellungen müssen wir uns befassen, weil viele von uns sich allzu leicht damit beruhigen lassen, daß der DGB ja auch für das Berufsbeamtentum sei. Aber das ist ein leicht hingesprochenes Wort und entscheidend ist, welche Bedeutung man ihm gibt. Für das Berufsbeamtentum ist heute jeder, jeder legt den Begriff dann aber sehr eigenmächtig aus.

Was sagt z. B. Herr Rosenberg? Herr Rosenberg hatte erklärt – ich zitiere ihn –: »Die Beamtenschaft hat erkannt, daß die Zeit der Abkapselung von Berufsständen aus der großen Gemeinschaft aller Arbeitnehmer in Standesverbänden und Vereinen vorbei ist.«

Ich finde diese Äußerung Rosenbergs aus zweierlei Gründen bemerkenswert. Erstens drückt sich in ihr eine fromme Selbsttäuschung des DGB-Vorsitzenden aus; denn die übergroße Mehrheit der Beamtenschaft hat sich aus Erwägungen, die ich dann noch im einzelnen darlegen werde, gerade nicht dem vom DGB erhobenen Monopolanspruch auf den gewerkschaftlichen Zusammenschluß aller unselbständig Tätigen gebeugt. Und zweitens verfehlt der Seitenhieb Rosenbergs auf die angebliche »Abkapselung von Berufsständen ... in Standesverbänden oder Vereinen« insofern sein Ziel, als die beamtenpolitische Ideologie des DGB insgesamt so brüchig ist, daß kein Beamter, sofern er darüber nachdenkt, sich von ihr gefangennehmen lassen dürfte; man kann nicht »Abkapselung« nennen, was lediglich die Reaktion auf eine völlig verfehlte Beamtenpolitik des DGB ist.

Das Wort von der »großen Gemeinschaft aller Arbeitnehmer« fällt, wenn man es seines pathetischen Gewandes entkleidet, und, wie es gemeint ist, auch mit auf die Beamten bezieht, in sich auf die nüchterne Gleichung Beamter = Arbeitnehmer zusammen. Auch du, Beamter, so

1 Vgl. Der Verantwortung für das Ganze bewußt. Ludwig Rosenberg begründet das Grundsatzprogramm des DGB, in: Der Deutsche Beamte. 13. Jg., Nr. 12, Dezember 1963, S. 179.

sagt der DGB, bist doch nur ein »Wirtschaftsbürger« (so heißt das andere treffliche Schlagwort) wie jeder andere Arbeitnehmer. Auch dir geht es nur darum, daß sich deine materielle Lage ständig bessert. Komm zu uns, wir helfen dir bei der Verbesserung deiner Arbeits- und Wirtschaftsbedingungen. Wir, der große, mächtige DGB, verfügen dank unserer großen Mitgliederzahl und dank der Druckmittel, die – vielleicht neue Aktionen Igel und Adler[2] – wir einzusetzen haben, allein über die Möglichkeiten, dir zu dem zu verhelfen, was du dir persönlich wünschst. Wenn du dich aber ausschließt aus der »großen Gemeinschaft aller Arbeitnehmer«, dann bist du ein schlechter Demokrat. »Eine Gesellschaftsordnung, in der sich der Beamte anders einordnet als der nichtbeamtete Arbeitnehmer«, so sagt man von seiten des DGB wörtlich, »kann schlechterdings keine demokratische sein.« Was Demokratie ist, bestimmt also der DGB!

So und nicht anders ist es doch, nicht wahr, meine Kolleginnen und Kollegen? Und das ist auf eine ganz knappe Formel gebracht auch die beamtenpolitische Ideologie des DGB, und man sollte eigentlich annehmen, daß sich, um es zu wiederholen, wirklich kein Beamter, der seine fünf Sinne beisammen hat, von dieser Ideologie gefangennehmen lassen wird. Natürlich wissen wir, daß es so einfach nicht ist und daß wir noch viel Aufklärungsarbeit leisten müssen, um alle Beamten von dem erschreckend dürftigen, um nicht zu sagen primitiven Gehalt der »beamtenpolitischen Grundsätze« des DGB zu überzeugen. Viele von uns sind eben von der Tagesarbeit so beansprucht, daß sie über Hintergründe nicht nachdenken und viele lassen sich von dem auf Mitgliederwerbung ausgerichteten Funktionärskorps des DGB, das in den Verwaltungen bis in die Personalräte hinein alle Trümpfe einer mit der Arbeiterschaft geschaffenen Machtposition ausspielt, beeindrucken.

Um mir nun nicht entgegenhalten lassen zu müssen, ich argumentiere ja selbst reichlich primitiv und erläge dabei offensichtlich einem bloßen Vorurteil gegenüber einem unerwünschten Konkurrenten, in Wirklichkeit bekenne sich ja auch der DGB zum Berufsbeamtentum usw., wollen wir nun doch einmal die Probe aufs Exempel machen und fragen: Was tut der DGB denn tatsächlich auf beamtenpolitischem Gebiet? Bitte,

2 Vgl. dazu die Angaben S. 86 Anm. 5.

verstehen Sie diese Frage richtig! Ich sagte: auf beamtenpolitischem und nicht auf beamtenrechtlichem Gebiet. Selbstverständlich leistet der DGB, soweit es um die Fortentwicklung des Beamtenrechts durch gesetzliche Regelungen geht, auch seinen Teil. Wir wollen das gar nicht bestreiten und hier auch nicht darüber rechten, wer im gegebenen Fall den Prioritätsanspruch für diesen oder jenen Verbesserungsvorschlag erheben kann. Sehen wir von dieser Routinearbeit aber einmal ab und fragen wir nach der beamtenpolitischen Konzeption des DGB! Wie sehen die Dinge denn dann aus?

Unter Beamtenpolitik verstehe ich zunächst die Aufstellung klarer Grundsätze, wie das Berufsbeamtentum in unsere Staats- und Gesellschaftsordnung einzuordnen ist, welche Funktionen es in unserer freiheitlichen rechts- und sozialstaatlichen Demokratie zu erfüllen hat und welche Konsequenzen sich daraus für die rechtliche und wirtschaftliche Lage der Beamten selbst ergeben. Ich verstehe unter Beamtenpolitik des weiteren die Tätigkeit, die sich auf die Aufklärung der Beamtenschaft und der Öffentlichkeit über diese Grundsätze bezieht. Und ich verstehe unter Beamtenpolitik schließlich – das ist nun das Wichtigste – die Festlegung der Dienstherren und des Gesetzgebers auf diese Grundsätze. Um so wichtiger, als die Zeit des stürmischen Aufschwungs vorüber ist und jetzt anders als früher nicht die Machtposition ausgespielt, sondern nur überzeugt werden kann.

Was so betrachtet die Gleichung Beamter = Arbeitnehmer für eine »Beamtenpolitik« des DGB hergibt, liegt auf der Hand. Eingeschlossen in die »große Gemeinschaft aller Arbeitnehmer« segeln die Beamten im Fahrwasser der primär sozialpolitisch ausgerichteten Arbeit des DGB mit. Aber »Fahrwasser« ist vielleicht zuviel gesagt. Die Beamten segeln im Kielwasser mit; sie sind das fünfte Rad am Wagen. Um es ganz deutlich zu sagen: Wenn der DGB nach außen den Eindruck erwecken will – und aus einer im Dezember veranstalteten »beamtenpolitischen« Tagung ist zu schließen, daß er diese Absicht hat[3] –, er betreibe eine eigenständige Beamtenpolitik, so ist das ein Widerspruch in sich selbst. Wer sagt, der Beamte sei ein Arbeitnehmer wie jeder andere unselbständig Tätige auch, kann keine Beamtenpolitik, sondern allenfalls Arbeit-

3 Vgl. dazu Der Deutsche Beamte. 14. Jg., Nr. 1, Januar 1964, S. 3ff.

nehmerpolitik treiben. Daß der DGB hierbei erfolgreich war, wird nicht bestritten. Nur ist der öffentliche Dienst dabei auf der Strecke geblieben.

Dem wird natürlich immer wieder entgegengehalten, daß das große Verdienst des DGB darin bestünde, daß er mit seiner Arbeitnehmerpolitik erst die Voraussetzungen für beamten- und besoldungsrechtliche Verbesserungen schaffe. Sicher könnte es manchmal so scheinen, als ob diese Auffassung berechtigt wäre. Lassen Sie mich deshalb noch einige kurze Bemerkungen zu den immer wiederkehrenden Legenden über die angeblichen beamtenpolitischen Verdienste des DGB sagen:

Legende Nummer 1: Der DGB hat nach 1945 das Berufsbeamtentum gerettet.

Die institutionelle Sicherung des Berufsbeamtentums war mit der Verkündung des Bonner Grundgesetzes erreicht. Das Bonner Grundgesetz ist am 23. Mai 1949 verkündet worden. Der DGB wurde im Oktober 1949 – ein halbes Jahr nach diesem Zeitpunkt – gegründet. Es kann also allenfalls davon gesprochen werden, daß einzelne Organisationen, die früher bestanden, für das Berufsbeamtentum eingetreten sind. In diesen Organisationen ist aber die Meinung auch durch alle diejenigen gebildet worden, die später den DBB gegründet und in ihm gewirkt haben. Unbestritten ist, daß einige spätere DGB-Organisationen zunächst allein von den Besatzungsmächten zugelassen wurden und daß es dem DBB erst nach längeren Auseinandersetzungen seiner führenden Persönlichkeiten mit den damals politisch maßgeblichen Stellen gelang, den Gedanken der Koalitionsfreiheit auch für die Beamten durchzusetzen. Wäre es – wir wissen das alle – nach dem DGB gegangen, hätte in der Bundesrepublik die Koalitionsfreiheit nur in der bedingungslosen Anerkennung der Einheitsgewerkschaften bestanden.

Legende Nummer 2: Die Solidarität aller Arbeitnehmer (einschließlich der Beamten) verschafft jedem den gerechten Anteil am Sozialprodukt.

Dieser zunächst recht werbekräftig aussehende schöne Spruch hat sich in den Jahren seit der Begründung der Bundesrepublik von selbst widerlegt. Ich brauche nur daran zu erinnern, wie noch vor einigen Jahren die Öffentlichkeit das Schauspiel der Eifersucht zwischen den Industriegewerkschaften Metall und Bergbau erleben konnte, wer jeweils an der Spitze der Einkommensentwicklung zu marschieren habe und wie noch nie die Bestrebungen konjunkturell begünstigter Industriegewerkschaften durch Rücksichtnahme auf andere Berufsgruppen bestimmt waren. So ist es denn nicht verwunderlich, daß auch der öffentliche Dienst im Rahmen der Gesamtkonzeption des DGB keine wesentliche Unterstützung findet. Von den Beamten ganz zu schweigen. Der beste Beweis dafür ist das jetzt erst neu verfaßte Grundsatzprogramm des DGB – immerhin 16 Druckseiten –, in dem lediglich zwei ganze Sätze der Präambel und kein Satz in dem Hauptteil des Programms den Beamten gewidmet ist. Es heißt hier: »Die Gewerkschaften bekennen sich zum Berufsbeamtentum. Der DGB fordert die Weiterentwicklung der Grundsätze des Berufsbeamtentums in zeitgemäßer Form.«

Auch diese beiden Sätze sind erst auf dem Gewerkschaftskongreß hineingebracht worden, der Entwurf sah nichts dergleichen vor. Das Interesse des DGB an den Beamten ist damit deutlich bewiesen. Das Schlagwort »Berufsbeamtentum« ist wieder da, es zeigt sich beim DGB als die Fassade, hinter der man die allgemeine Gleichmacherei ungestört von den eigenen Beamtenmitgliedern weiter betreibt.

Legende Nummer 3: Der starke DGB hat bisher alles, was an Verbesserungen für die Beamten geschah, allein erreicht.

Hier ist der Ausdruck »Legende« schon gar nicht mehr angebracht, hier kann man nur noch von Märchen reden, die ja von der Werbepsychologie auch hin und wieder verwandt werden. Eine bekannte Methode ist im übrigen auch, eine Unwahrheit nur häufig genug zu wiederholen, um zu erreichen, daß sie letztlich doch von einem großen Teil geglaubt wird.

Aber zu der Behauptung selbst muß ich noch einige Worte sagen: die ganze Ohnmacht und Hilflosigkeit der DGB-Organisationen im öffentlichen Dienst hat sich mit den geplatzten Aktionen Adler und Igel erwiesen. Vielleicht erinnern sich unsere Kollegen, die manchmal allzu leichtgläubig die Beteuerungen der Stärke ernst nehmen, gelegentlich daran, welche Erfolglosigkeit, aber auch welcher Schaden im Ansehen der Öffentlichkeit mit diesem Versuch, Druck auszuüben, verbunden war. Und so sehr man Verständnis dafür haben kann, daß in einer Zeit, in der der öffentliche Dienst und insbesondere die Beamtenschaft durch alle zuständigen Stellen in ihrer wirtschaftlichen Lage in einem unerträglichen Maß benachteiligt wurde, sich die Empörung auch einmal in unbedachten Handlungen Luft machen kann, so sehr meine ich, muß man es einer verantwortlichen Organisation verübeln, wenn sie hier den leichteren Weg geht und nicht das tut, was ihre Pflicht ist – nämlich ihre Mitglieder vor unbedachten Schritten und deren Folgen zu bewahren. Aber hier wurde erneut deutlich, daß der ganze Schematismus des Tarifverhandlungsdenkens vor der Beamtenschaft nicht Halt macht und hier hat das Wort Rosenbergs von der »Gemeinschaft aller Arbeitnehmer« schon vorweg die praktische Bestätigung erfahren sollen.

Meine Damen und Herren, es würde sich nicht lohnen, alle diese Dinge erneut in Ihre Erinnerung zu rufen, wenn nicht große Teile unserer Kollegen von den Parolen des DGB infiziert wären. Damit ist aber eine Frage aufgeworfen, die beantwortet werden muß, die Frage nämlich, ob der öffentliche Dienst in seiner Gliederung nach Beamten, Angestellten und Arbeitern die ihm gestellten Aufgaben noch richtig erkennt, ob er bereit ist, seine Rolle als unparteiischer Mittler zwischen den Interessengruppen zu übernehmen und sich damit das notwendige Ansehen zu erwerben oder ob er wirklich nur sich in der Rolle des Arbeitnehmers sieht, der sich in den ständigen Interessenkonflikt zwischen Arbeitgebern und Arbeitnehmern einspannen läßt und damit von vornherein eine einseitige Haltung einnimmt.

Noch ist es nicht soweit! In den vergangenen Jahren ist es dem DBB gelungen, sich zur größten Beamtenorganisation der Bundesrepublik gegen harten Widerstand zu entwickeln und während alle anderen Organisationen Mitgliederschwund beklagen müssen, steigt bei uns der Zuwachs an Mitgliedern immer noch an. Das ist ein Zeichen dafür, daß die Beamtenschaft erkannt hat, daß ihre besondere Lage es erfordert, sich auch in einer besonderen Organisation zusammenzuschließen und das ist weiter ein Zeichen dafür, daß die Arbeit des DBB Anerkennung findet. In dieser organisatorischen Entwicklung gibt es eine interessante Erscheinung: Die Verteilung der Mitglieder auf den DBB und den DGB ist in den einzelnen Verwaltungen nicht gleichmäßig. Der weitaus größte Teil der Beamtenmitglieder des DGB kommt aus den sog. Betriebsverwaltungen Bahn und Post. Man hat oft gesagt, »das ist damit zu erklären, daß bei diesen Verwaltungen die Kollegen in verhältnismäßig späten Jahren in das Beamtenverhältnis berufen werden, daß sie sich vorher an die Arbeitnehmerorganisation und vielleicht in gewissem Umfange auch an das Arbeitnehmerdenken gewöhnt haben und daß es ihnen schwerfällt, sich umzustellen«. Das mag für den einen oder anderen zutreffen, der über Hintergründe nicht weiter nachdenkt. Nach meiner Meinung beruht der eben geschilderte Umstand aber nicht zuletzt auf der Tatsache, daß in den großen Betriebsverwaltungen des Bundes mit ihren vielen kleinen Dienststellen in den hier vorhandenen Personalräten die Organisation des DGB über ein Funktionärskorps verfügt, das sich nicht scheut, die nach dem Personalvertretungsgesetz wahrzunehmenden Aufgaben mit der gewerkschaftlichen Propaganda zu verbinden. Und hier sind es leider häufig die Bequemlichkeit und auch der Wunsch, in Ruhe gelassen zu werden, die es verhindern, daß den Monopolansprüchen der DGB-Gewerkschaften entgegengetreten wird.

Alles zusammengenommen: einmal die ständig wiederholte Parole, der Beamte ist Arbeitnehmer wie jeder andere auch, zum anderen der häufig fehlende Einblick in die Bedeutung der eigenen Tätigkeit und weiter das mangelnde Verständnis der Öffentlichkeit, alles das führt dazu, daß auch das Selbstverständnis des Beamten wie des öffentlichen Dienstes insgesamt in Gefahr geraten ist und daß der öffentliche Dienst schon hier und da nur noch als eine bürokratische Einrichtung betrachtet wird, zu deren Funktion der darin Beschäftigte nicht unbedingt einem besonderen Rechtsverhältnis unterliegen muß.

Unser Staat hat eine große Aufgabe zu erfüllen: er ist als freiheitlicher sozialer Rechtsstaat konzipiert und er hat in jeder seiner Handlungen deutlich zu machen, daß ihm die damit gegebenen Verpflichtungen ernst sind; d. h. er hat die Ideale der Rechtsstaatlichkeit mit sozialen und freiheitlichen Vorstellungen zu verbinden. Glaubwürdig wird er erst, wenn seine ganze Handlungsweise auf diese Grundlagen gestellt ist. Seine Handlungsweise zeigt sich aber in den Bereichen, in denen der Staat mit seiner Autorität und mit seinen Leistungen in Erscheinung tritt, sie zeigt sich also in dem, was man insgesamt als Verwaltung und öffentlicher Dienst bezeichnet.

Ich glaube, daß schon dieser kurze Hinweis jedem deutlich machen muß, wie notwendig es ist, diesen öffentlichen Dienst aus sachfremden Verpflichtungen herauszuhalten, wie notwendig es auch ist, daß jeder Angehörige des öffentlichen Dienstes sich seiner besonderen Situation bewußt ist. Das gilt in ganz besonderer Weise für den Beamten, der dem Staat im allgemeinen sein ganzes Leben lang verbunden bleibt.

Die vergangenen Jahre haben häufig Störungen in dem Verhältnis zwischen dem Staat und dem öffentlichen Dienst gebracht. Diese Störungen sind auf seiten der Beamtenschaft aber vielleicht auch deshalb als besonders niederschmetternd empfunden worden, weil viele unserer Kollegen noch nicht genügend vertraut mit den neuen Formen staatlichen Wirkens waren. Eine parlamentarische Demokratie funktioniert anders als ein autoritärer Staat und während in einem autoritären Staat die Regierung viele Fragen aus eigener Machtvollkommenheit regeln kann, ist es in der Demokratie das ständige Zusammenspiel zwischen Regierung und Parlament, das notwendige allgemeine Regelungen auch für den öffentlichen Dienst begleitet. In einem solchen Zusammenspiel, in dem auch die Regierung nur eine politische Funktion ausübt, kann der öffentliche Dienst nicht damit rechnen, für sich einen Patron zu finden, der sich seiner Probleme nicht nur annimmt, sondern sie auch selbständig zu regeln vermag. Um so größere Bedeutung kommt deshalb den Berufsorganisationen zu, deren Wirken ebenfalls ein politisches, wenn auch kein parteipolitisches, ist und die die ihnen übertragene Aufgabe der Interessenvertretung durchaus legitim wahrnehmen. Aber es reicht nicht, Aufgaben legitim wahrzunehmen, um Erfolg zu haben, müssen diese Aufgaben auch sachverständig wahrgenommen werden. Sachverständig ist es nicht, wenn man an und für sich richtige Ziele mit verkehrten Methoden anstrebt, d. h. also, wenn man Probleme des Beamtenrechts, die gesetzlich geregelt werden müssen, mit tarifrechtlichen Vorstellungen betreibt. Jeder, der nur einigermaßen mit der Arbeitsweise von Regierungen und Parlamenten vertraut ist, weiß, daß ein solches Verhalten nur mitleidiges Lächeln ernten kann.

Die von uns zu lösenden Probleme haben nicht abgenommen. In dem mir gestellten Thema ist die Frage nach den Aussichten des Berufsbeamtentums enthalten. Ich bin der festen Überzeugung, daß auch in der industriellen Massengesellschaft – wie unsere Form der Gesellschaft häufig genannt wird – das Berufsbeamtentum nicht nur seinen Platz behalten, sondern sogar noch eine vermehrte Bedeutung gewinnen wird. Mehr als früher ist der Staat verpflichtet, über die reinen Hoheitsaufgaben hinaus Leistungen für den Bürger zu vollbringen, heute schon

80 Prozent der Beamtentätigkeit insgesamt; mehr als früher muß deshalb der Staat, d. h. Regierung, Parlament und die Allgemeinheit, Wert darauf legen, gut ausgebildete, fachlich und charakterlich geeignete Kräfte im öffentlichen Dienst für die Ausführung der hier gestellten Aufgaben zur Verfügung zu haben. Neben den Dienstleistungen wird für den öffentlichen Dienst der Interessenausgleich in allen Ebenen unseres staatlichen Gemeinwesens zwischen den verschiedenen aus der Bevölkerung gestellten Ansprüchen die entscheidende Aufgabe sein, und es wird Aufgabe des öffentlichen Dienstes sein – ich unterstreiche es noch einmal –, den in unserem Grundgesetz verankerten freiheitlichen demokratischen Rechtsstaat in jeder Verwaltungshandlung deutlich zu machen, aber auch – und deshalb haben wir Beamte bei Bahn und Post – in jeder Lage die Versorgung, den Verkehr und andere öffentliche Leistungen sicherzustellen.

Die positive Beurteilung der Aussichten unseres Berufsstandes als Institution erhält aber erst eine tragfähige Grundlage, wenn auch die beruflichen Aussichten, die der einzelne im öffentlichen Dienst hat, die Voraussetzungen für eine gesunde berufliche Entwicklung abgeben. Hier den Propheten spielen zu wollen, wäre sicherlich verkehrt, die politischen Kräfte, die hier wirken, sind schwierig einzuschätzen und sie sind in ihren Reaktionen und Handlungen häufig unberechenbar. Aus diesem Grunde will ich mich darauf beschränken, die Vorstellungen des DBB in einigen wenigen kurzen Worten zur Beamtenpolitik der nächsten Zeit darzustellen:

Der Deutsche Beamtenbund betreibt eine eigenständige Beamtenpolitik, weil er als selbständige Beamtenorganisation keinen organisatorischen Bedingungen unterliegt. Anders ist es beim Deutschen Gewerkschaftsbund, der seine Beamtenpolitik mit der Tarifpolitik verbindet und deshalb beamtenpolitisch keine eigene Initiative entfaltet.

Die besondere rechtliche und wirtschaftliche Situation der Beamten im Vergleich zur allgemeinen Arbeitnehmerschaft fordert eine besondere beamtenpolitische Konzeption.

Aber auch die Verhältnisse der Angestellten und Arbeiter im öffentlichen Dienst sind von denen in der freien Wirtschaft so unterschiedlich, daß der öffentliche Dienst insgesamt nicht mit der Wirtschaft in einen Topf geworfen werden kann.

Die bisherige Vernachlässigung des öffentlichen Dienstes hat ganz eindeutig dazu geführt, daß der öffentliche Dienst seine frühere Funktion als soziales Leitbild, nach dem andere Berufsgruppen sich ausrichten konnten, aufgegeben hat und sich jetzt selber bemühen muß, einigermaßen Schritt zu halten. Auch das ist ein Ergebnis der bisher betriebenen Tarifpolitik. Dieser Entwicklung stellt der DBB seine Forderung entgegen, endlich auch im öffentlichen Dienst wirtschaftliche und soziale Verhältnisse zu schaffen, die die Anziehungskraft des öffentlichen Dienstes für einen qualifizierten Nachwuchs erhalten und jedem Angehörigen des öffentlichen Dienstes nicht lebenslange Unzufriedenheit verschaffen, weil er im öffentlichen Dienst tätig ist, sondern ihn mit Zufriedenheit seine Berufswahl betrachten lassen.

Sicher, mit Forderungen allein ist es nicht getan. Der DBB ist aber bisher durchaus erfolgreich auf diesem Weg trotz der vielen Widerstände gewesen; allerdings nicht in allen Bereichen, die von ihm betreut werden, gleichmäßig erfolgreich. Es mag vielleicht etwas demagogisch klingen, aber es entspricht nun mal den Tatsachen, daß die Beamtenpolitik des DBB bisher da am erfolgreichsten war, wo es keinen gewerkschaftlichen Konkurrenzkampf gab. Alle beamtenpolitischen Fortschritte, die wirklich als echte Fortschritte angesehen werden können, wie z. B. der Durchbruch in den Stellenplanverbesserungen, die Erhöhung des Kindergeldes, fast alle Besoldungsverbesserungen – alles das ist zuerst in den Ländern und für die Landesbeamten erreicht worden: in einem Bereich also, in dem der DGB kaum in Erscheinung trat. Nur zögernd konnten dagegen bisher da Verbesserungen erreicht werden, wo der DGB den größten Teil seiner Beamtenmitglieder hat, beim Bund.

Nun, das ist kein Verschulden des DGB. Der DBB hat genug Ärger in der Vergangenheit mit den zuständigen Stellen des Bundes gehabt, um zu wissen, wie schwierig es ist, hier zum Erfolg zu kommen. Aber mit einer gewissen Bitterkeit haben wir immer wieder feststellen müssen, daß alle anderen Organisationen stets die Erfolge für sich in Anspruch genommen haben, ohne aber in den harten Auseinandersetzungen wirklich tätig geworden zu sein. So war das in der Besoldungsauseinandersetzung des vergangenen Jahres, die zu dem bekannten Streit des DBB mit dem

Bundesinnenminister geführt hat[4], und so war es in vielen früheren Fällen, in denen der DBB sich die Unterstützung der öffentlichen Meinung verschaffte, während der DGB im Hintergrund blieb.

Wenn dieses Verhalten schon recht merkwürdig ist, so nimmt es geradezu bestürzende Formen an, wenn es dazu führt, daß man sich an die Öffentlichkeit nur noch wendet, um den öffentlichen Dienst in ein schlechtes Licht zu bringen. Der hervorstechendste Erfolg einer sog. beamtenpolitischen Tagung des DGB Ende vergangenen Jahres, mit der man wohl etwas vom Erfolg der inzwischen Tradition gewordenen beamtenpolitischen Tagungen des DBB erhaschen wollte, war z. B., daß die Öffentlichkeit durch den DGB über den undemokratischen Geist im öffentlichen Dienst unterrichtet wurde. Wie hieß es doch in Schlagzeilen?

»In den bundesdeutschen Amtsstuben soll demokratischer Wind wehen.«

»Duckmäuserei und Kriechertum gehören nicht in eine demokratische Verwaltung.«

»Der Maulkorb muß weg. Beamte sind keine Duckmäuser.«

»Es muß noch alles viel mehr demokratisiert werden.«

Ich bin weit davon entfernt, anzunehmen, daß überall der Dienstbetrieb reibungslos läuft und daß auch das Verhältnis zwischen Vorgesetzten und Untergebenen ohne Störung ist. Ich halte es aber für falsch und dem Ansehen des öffentlichen Dienstes im höchsten Grade abträglich, wenn der Eindruck erweckt wird, daß der öffentliche Dienst gewissermaßen das alleinige Reservat noch übriggebliebenen obrigkeitsstaatlichen Denkens sei und daß inmitten einer inzwischen voll demokratisierten Umwelt hier noch vielleicht nach Vorstellungen wilhelminischer Prägung verfahren werde. Wer solche Vorstellungen verbreitet, stützt nur die Vorbehalte, die noch vielerorts gegenüber dem öffentlichen

4 In einem Vortrag am 2. Juli 1963 hatte A. Krause den Vorwurf erhoben, daß die Bundesregierung über kein beamtenpolitisches Gesamtkonzept verfüge. Am 11. Juli äußerte das BMI scharfe Kritik an diesen Äußerungen; in der August-Ausgabe des »Beamtenbundes« erschien darauf ein ungezeichneter Artikel unter der Überschrift: »Unsachliche Vorwürfe zurückgewiesen. Die Auseinandersetzung mit dem Bundesinnenministerium.« Am 7. November 1963 fand ein Gespräch zwischen Bundesinnenminister Höcherl und A. Krause statt, in dem die Differenzen ausgeräumt wurden. Vgl. Der Beamtenbund. 14. Jg., Nr. 12, Dezember 1963, S. 112.

Dienst bestehen, und er schadet in ärgstem Maße allen denjenigen Bestrebungen, die das Vertrauen der Öffentlichkeit für den öffentlichen Dienst gewinnen wollen und auch schon weitgehend gewinnen konnten. Auch hier sieht sich der DBB allein als der Verfechter der Interessen des öffentlichen Dienstes. Auch der Dienstherr selbst tut wenig und längst nicht alles, was er tun müßte, um Aufgabe, Bedeutung und Leistung des öffentlichen Dienstes der gesamten Öffentlichkeit klarzumachen und damit die Voraussetzungen zu schaffen, die dann sachliche und gerechte Entscheidungen auch in wirtschaftlichen Fragen ermöglichen.

Zum Schluß will ich nur noch in einem kurzen Überblick die Ziele darstellen, die vom DBB auf materiellem Gebiet für 1964 angestrebt werden: Wiederum die wichtigste Aufgabe in diesem Jahr wird es sein, ein Viertes Besoldungserhöhungsgesetz mit der Angleichung der Beamtengehälter an die allgemeine Einkommensentwicklung zu erreichen. Dieses Gesetz soll nach den Vorstellungen des DBB weiter den Fortfall der Tarifklasse IV bringen und den in Baden-Württemberg bereits erzielten einheitlichen Kinderzuschlag von 50 DM wie auch den Fortfall der Ortsklasse B. Zur Zeit werden noch die erforderlichen Vorbesprechungen geführt. Sie wissen, daß der DBB – bisher übrigens allein der DBB – sich mit dem Bundesinnenminister und dem Bundesfinanzminister über das notwendige Ausmaß ausgesprochen hat. Wenn wir bisher noch keine konkreten Zahlen genannt haben, so deshalb, weil wir uns noch auf die Feststellungen des Statistischen Bundesamtes stützen wollen, die etwa im Monat März vorliegen werden. Klar sind wir uns auf alle Fälle darüber, daß der Regierungsentwurf des Vierten Besoldungserhöhungsgesetzes bereits in den nächsten Wochen wird vorgelegt werden müssen. Daß diesmal wahrscheinlich versucht werden wird, die Besoldungsanpassung gleichzeitig für die Beamten des Bundes, der Länder und der Gemeinden zu erreichen, ist eine Absicht, die von uns auch nur unterstützt werden kann. Es gibt hier und da schon einige Kollegen, die es vermissen, daß wir noch nicht in lauten Tönen reden. Das wäre aber im augenblicklichen Stadium der Gespräche völlig unzweckmäßig. Wir nehmen uns jede Glaubwürdigkeit, wenn wir mit unseren Gesprächspartnern verhandeln, sie zu überzeugen und damit etwas zu erreichen versuchen, aber gleichzeitig sie öffentlich beschimpfen. Auch diese Auseinandersetzung wird schwer genug werden; wir werden die Unterstützung der politisch wirkenden Kräfte und der Öffentlichkeit noch gebrauchen und wir wären falsch beraten, wenn wir schon Alarmrufe ausstoßen wollten, bevor die Gefahren echt erkennbar sind. Sie werden diesmal in erster Linie beim Parlament liegen, das sich in diesem Jahr bereits zugeknöpft gezeigt hat, als es um die Verbesserung der Stellenpläne ging.

Entgegen der ursprünglichen Absicht ist die Beratung dieser Verbesserung zunächst zurückgestellt und im Haushaltsausschuß des Bundestages ist die mit dieser Zurückstellung verbundene Einsparungsabsicht bereits deutlich geworden. Einsparungsabsicht in dem Sinne, daß man berechtigte Verbesserungen erst später in Kraft setzen und damit auch Beförderungen später möglich machen will.

Auch diese Frage fordert weiter unsere stärkste Aktivität, wie auch die beabsichtigte Änderung der Doppelversorgung, die mit einer Novellierung des gesamten Beamtenversorgungsrechts und mit der strukturellen Überleitung der Ruhestandsbeamten des Bundes verbunden werden soll.

Umzugs- und Reisekostenrecht werden zur Zeit geregelt. Hier wurden die Vorschläge des DBB weitgehend berücksichtigt, so daß eine Reihe wichtiger Verbesserungen auf diesem Gebiet eintreten kann.

Das Problem der Besteuerung der Versorgungsbezüge ist endlich auf das Drängen des DBB vom Bundesfinanzminister aufgenommen worden und wird zur Zeit mit den Ländern beraten.

Die Verbesserung der Beihilfevorschriften ist zu einem geringen Teil ab 1. Januar 1964 bereits in Kraft getreten und wird weiter für einen späteren Zeitpunkt vorbereitet.

Änderungen der Bundesdisziplinarordnung sind vorgesehen, das Problem der Vermögensbildung für den öffentlichen Dienst steht zur Entscheidung heran.

Alles das sind nur wenige Blüten aus dem großen Strauß von Arbeit, die der Deutsche Beamtenbund als Berufsorganisation zu leisten hat. Daß diese Arbeit nicht einfach ist, wird jedem einleuchten, daß sie aber – wenn wir die Jahre seit 1948 überdenken, seit der Wiederbegründung des DBB also – erfolgreich war, wird niemand bestreiten können. In zunehmendem Maße verbreitet sich die Erkenntnis, daß jeder Beamte in den DBB hineingehört, genauso wie sich die Erkenntnis verbreitet, daß es nicht darum geht, eine allgemeine Arbeitnehmerpolitik, sondern eine durchaus ausgeprägte und auf die Interessen unseres Berufsstandes abgestellte Berufs-, und ich sage es deutlich – Standespolitik zu betreiben. Das hat nichts mit Überheblichkeit und Klassengeist zu tun und redet nicht einer Restauration überkommener Vorstellungen das Wort. Aber ein Berufsstand – und zu dem gehören wir schließlich –, der seine besonderen Aufgaben hat, der sich in einer besonderen Rechtsstellung befindet, der besonderen gesetzlichen Regelungen unterworfen ist und der das besondere Vertrauen der Bevölkerung zu gewinnen hat, ein solcher Berufsstand ist einfach gezwungen, eine auf seine besondere Lage abgestellte Standespolitik zu betreiben, wenn er seinen Aufgaben gerecht werden soll.

Auf die Dauer werden wir Erfolg nur haben, wenn uns die Unterstützung unserer Kollegen gewährt wird. Diese Unterstützung wird optisch einen gewissen Ausdruck bei den Personalratswahlen in den Bundesverwaltungen gewinnen können. Unterstützen Sie uns bei unseren Bemühungen, klarzumachen, daß nicht nur Beamte in Ländern und Gemeinden, sondern auch und gerade die Beamten des Bundes den Deutschen Beamtenbund als ihre organisatorische Heimat betrachten.

2. Juni 1964

Berufsbeamte oder Staatsfunktionäre?

Vortrag ohne Anlaß- und Ortsangaben
(Auszug)

Quelle: DBB-Archiv, Abt. Bgst 500-7 (maschinenschriftlich)

Als Bundesinnenminister Höcherl Anfang Januar dieses Jahres unsere Bühler-Höhe-Tagung besuchte und dort seine beamtenpolitischen Absichten für das Jahr 1964 verkündete – Sie haben das damals vielleicht gelesen oder gehört –, da sagte er, und zwar im Zusammenhang mit Fragen der Besoldungspolitik, u. a. folgendes: »Ständiges Tauziehen um die Gehälter der Beamten vor dem Forum der Öffentlichkeit würde am Ende doch unweigerlich eines Tages die Frage aufwerfen, welchen Sinn die Aufrechterhaltung eines eigenständigen Berufsbeamtentums unserer Tradition eigentlich haben soll.«[1]

Ich habe über diesen Satz inzwischen viel nachgedacht und seinen tieferen Sinn zu ergründen versucht. Sollte damit nun gesagt werden, daß die Beamten selbst, weil sie der Regierung ständig mit Besoldungsforderungen in den Ohren lägen, die Existenzberechtigung eines eigenständigen Berufsbeamtentums in Frage stellen? Oder wollte sich Bundesminister Höcherl an die eigene Brust schlagen und mit seinen Worten anklingen lassen, daß die Bundesregierung künftig eine vernünftigere Besoldungspolitik treiben müsse, um es gar nicht erst zu dem beklagten Tauziehen vor der Öffentlichkeit kommen zu lassen und damit aus

1 Für den Wortlaut der Rede Höcherls vgl. Welchen Sinn hat es, diesem Staat zu dienen? Staatsidee, Staatsautorität und Staatsbewußtsein in der modernen Demokratie. Vorträge und Ansprachen auf der 6. beamtenpolitischen Arbeitstagung des DBB vom 9. bis 11. Januar 1964 auf Bühler Höhe (= Schriftenreihe des Deutschen Beamtenbundes. Heft 33), Bad Godesberg 1964, S. 14ff. (Zitat S. 18).

eigener klar empfundener Einsicht in die Unentbehrlichkeit des Berufsbeamtentums dessen Eigenständigkeit zu sichern?

Man kann aber schließlich die Frage nach dem tieferen Sinn des Höcherlschen Ausspruchs auch noch in eine andere, ganz allgemeine Richtung wenden: Steht es denn überhaupt im Belieben – nun sagen wir der Öffentlichkeit, irgendwelcher Politiker oder Regierungsmitglieder –, steht es denn überhaupt im Belieben irgend jemandes zu sagen: dieses ewige Gequengele da wegen der Beamtengehälter, das paßt mir nicht mehr. Dieses ganze »eigenständige Berufsbeamtentum unserer Tradition« ist sowieso ein alter Zopf, den schneiden wir jetzt ab?

Diese etwas provozierende Frage muß man doch wohl einmal stellen, wenn selbst der Beamtenminister es durchaus für möglich, ja, nicht nur für möglich, sondern für unweigerlich hält, daß unter den gegenwärtigen Aspekten der beamtenpolitischen Situation die Aufrechterhaltung eines eigenständigen Berufsbeamtentums mehr und mehr ihren eigentlichen Sinn einzubüßen im Begriffe sei.

Ja, was ist denn nun aber dieser »eigentliche Sinn«, worin liegt er denn? Machen ihn bloße Rücksichten auf Althergebrachtes aus? Halten wir also an diesem Berufsbeamtentum lediglich fest, weil es in Deutschland nun schon seit über 250 Jahren eine solche Einrichtung gibt und wir uns womöglich gar nicht vorstellen können, daß die dem Staat gestellten bedeutenderen Aufgaben einmal nicht mehr von Berufsbeamten ausgeübt werden? Oder aber ergibt sich der eigentliche Sinn eines eigenständigen Berufsbeamtentums aus ganz bestimmten staatspolitischen Notwendigkeiten, aus der Erkenntnis etwa, daß eine freiheitliche rechts- und sozialstaatliche Demokratie, daß gerade ein freiheitlich geordnetes und am Rechtsstaatsprinzip wie am Sozialstaatsprinzip ausgerichtetes demokratisches Gemeinwesen auf ein funktionsfähiges, unabhängiges Berufsbeamtentum angewiesen ist, wenn eine solche Staatsordnung reüssieren soll?

Da wird es nun freilich zunächst einmal notwendig sein, daß wir uns über den Inhalt eines Begriffs verständigen, den ich bisher gewissermaßen als selbstverständlich vorausgesetzt habe: Was ist denn überhaupt unter einem »eigenständigen Berufsbeamtentum« zu verstehen? Gibt es auch ein nicht eigenständiges oder uneigenständiges Berufsbeamtentum?

Schon wenn ich die Frage wie zuletzt stelle, zeigt sich, daß die

Eigenständigkeit des Berufsbeamtentums zu dessen Wesensmerkmalen gehört und daß ein uneigenständiges Berufsbeamtentum infolgedessen gar nicht vorstellbar ist, und zwar dann nicht, wenn ich Eigenständigkeit hier nur in dem Sinne verstehe, daß es sich um eine eigenen Gesetzen gehorchende und eigenen Rechtsregeln unterliegende Einrichtung handeln muß, die sich klar von irgendwelchen anderen Apparaturen oder Personalkörpern unterscheidet, mit denen man vielleicht sonst Aufgaben der öffentlichen Hand oder der privaten Wirtschaft zu bewältigen pflegt.

Denn das wissen wir ja alle: Zu den Wesenseigentümlichkeiten eines Berufsbeamtentums, wie wir es hier in Deutschland auffassen, gehört unabdingbar, daß es dem öffentlichen Recht und nicht dem privaten Recht zugeordnet ist, daß die Berufsbeamten ihrer Rechtsstellung nach also den Besonderheiten eines öffentlich-rechtlichen Statusverhältnisses unterliegen, sich ihre Rechtsstellung mithin nicht nach den Regeln des bürgerlich-rechtlichen Vertrags richtet, sondern sich aufbaut auf dem diese Rechtsstellung begründenden staatlichen Hoheitsakt der Ernennung, aus dem vertragliche Elemente, wie sie das Rechtsverhältnis der sonstigen Angehörigen des öffentlichen Dienstes kennzeichnen, so gut wie ganz ausgeschaltet sind.

Hierin liegt im wesentlichen beschlossen, was wir unter der »Eigenständigkeit« des Berufsbeamtentums verstehen. Sie muß im Verhältnis zu den andersartigen rechtlichen Beziehungen gesehen werden, in denen die Arbeitnehmer des öffentlichen Dienstes zum öffentlichen Arbeitgeber stehen. Und das ist ja nun wohl auch, was Bundesinnenminister Höcherl mit seinen eingangs zitierten Worten gemeint hat: Wenn das so weitergeht mit dem Tauziehen um die Beamtengehälter, dann brauchen wir, wollte er sagen – dann brauchen wir die Unterscheidung zwischen Berufsbeamten und Arbeitnehmern eigentlich gar nicht mehr aufrechtzuerhalten, dann hat sie ihren Sinn verloren. Die besondere Rechtsstellung des Berufsbeamten könnte dann aufgegeben werden, wir hätten dann nur noch Arbeitnehmer im öffentlichen Dienst, die einem einheitlichen Dienstrecht rein arbeitsrechtlicher Natur unterstehen würden mit der zwangsläufigen Konsequenz, daß die Dienstbedingungen tarifvertraglich zu regeln wären, daß die Mittel des Arbeitskampfes (Streik, Aussperrung usw.) angewendet werden dürften usw. Es bleibt uns nun gar nichts anderes übrig, als einmal am geschriebenen Recht zu prüfen, inwieweit eine solche vom Bundesinnenminister für möglich gehaltene Entwicklung überhaupt so manipuliert werden könnte, daß sie eines Tages in der Abschaffung des Berufsbeamtentums herkömmlicher Prägung gipfeln würde. Wir dürfen es aber bei einer solchen Analyse des geschriebenen Rechts nicht bewenden lassen, sondern werden gleichzeitig auch an den tatsächlichen Verhältnissen, die die heutige Situation des Berufsbeamtentums bestimmen, an der Wirklichkeit selbst also, abzumessen haben, was für und was gegen die Höcherlsche Prognose spricht.

Es ist ja eine immer wieder von neuem zu beklagende Tatsache, daß Probleme des Berufsbeamtentums und der Berufsbeamten heute mehr oder weniger nur unter verwaltungsrechtlichen oder organisatorischen Gesichtspunkten betrachtet und nur unter solchen Gesichtspunkten auch zu lösen versucht werden. Der öffentliche Dienst in seiner Gesamtheit wird dabei als eine personelle Einheit gesehen. Das Berufsbeamtentum schwimmt in dieser unaufhaltsam fortschreitenden Entwicklung nur noch als eine zwar durch besonderes Fachwissen und vielseitige Verwendbarkeit seiner Träger gekennzeichnete, keineswegs aber durch eine besondere verfassungspolitische Funktion ausgezeichnete Einrichtung mit. Es geht um die Funktionsfähigkeit eines Apparates, und zwar eines bürokratischen Apparates, der von den Ministern an der Spitze eingesetzt wird, um bestimmte politische Ziele zu verwirklichen. Nach dem tieferen Sinn seiner Zweckbestimmung wird nur noch selten gefragt. Hauptsache: der Laden klappt, die Leute spuren, das Rechtsverhältnis, in dem sie stehen, spielt dabei auch jetzt schon vielfach nur eine untergeordnete Rolle.

Unser Grundgesetz bestimmt nun allerdings sehr klar und eindeutig, daß bestimmte Staatsaufgaben, nämlich die hoheitsrechtlichen, wenn sie dauernd ausgeübt werden, grundsätzlich von Beamten wahrgenommen werden sollen. Die Verfassung, eben das Grundgesetz, enthält in dieser Hinsicht ein zwingendes Gebot. Es hat, wie manche andere Gebote des Grundgesetzes, die Eigentümlichkeit an sich, daß seine Einhaltung verfassungsgerichtlich nicht erzwungen werden kann. Aus Art. 33 Abs. 4 des Grundgesetzes kann niemand klagen: der Angestellte nicht, der diesem Gebot zuwider ständig mit hoheitsrechtlichen Aufgaben beschäftigt wird – er kann nicht auf Berufung in das Beamtenverhältnis klagen; wir als Spitzenorganisation und führende Vertretung der Berufsbeamten nicht, die Regierung nicht, der Bundesgesetzgeber, also der Bundestag bzw. der Bundesrat nicht – niemand. Aber auch für solche Fälle hat das Bundesverfassungsgericht schon wiederholt ausgesprochen, daß es für den bindenden Charakter eines Verfassungsgebotes in keiner Weise darauf ankomme, ob irgendwelche Rechtsmittel vorgesehen seien; es sei auch sonst unbedingt zu beachten. Bloß, wer hält sich dann daran?

Unser Grundgesetz sagt auch unmißverständlich, daß die Eigenständigkeit des Berufsbeamtentums darin ihren Ausdruck zu finden habe, daß die rechtlichen Verhältnisse der Berufsbeamten nach den »hergebrachten Grundsätzen des Berufsbeamtentums« auszugestalten seien.

Beide Grundsätze zusammen, der Funktionsvorbehalt (daß nämlich grundsätzlich Beamte und nur ausnahmsweise Angestellte hoheitsrechtliche Befugnisse ständig ausüben sollen) und der Auftrag an den Gesetzgeber, die Rechtsstellung der Beamten in ganz bestimmter Weise zu regeln, garantieren den Bestand des Berufsbeamtentums, machen ihn unabhängig von einer Zufallsmehrheit im Parlament, binden ihn an die bekannte Zweidrittelmehrheit der Mitglieder des Bundestages und der Stimmen des Bundesrates. Es ist hiernach also nicht so, daß nun irgendwelche Unmutsäußerungen der Öffentlichkeit oder wessen sonst immer auf dem Boden der geschriebenen Verfassung dazu führen könnten, das Berufsbeamtentum in seiner hergebrachten Eigenart einzuschmelzen in eine größere, aber völlig ungegliederte Einheit »Öffentlicher Dienst«. Die sog. institutionelle oder Einrichtungsgarantie des Berufsbeamtentums könnte nur auf dem beschriebenen Wege einer Verfassungsänderung beseitigt werden.

Das ist nun freilich nur die eine Seite des von uns zu betrachtenden Fragenkreises. Verfassungsgarantien können noch so stark in der geschriebenen Verfassung verankert werden, ob sie sich bewähren, hängt vielfach von anderen Gegebenheiten ab. Die Lebenswirklichkeit ist manchmal stärker als das geschriebene Recht, und nicht selten zeigt sich, daß »auf kaltem Wege« bewirkt werden kann, was klug ersonnene Verfassungsvorschriften zu verhindern bestrebt waren.

Vor diesem Problem stehen wir jetzt. Ich brauche die Einzelheiten hier gar nicht vor ihnen auszubreiten. Wir alle kennen das ja aus ungezählten Gesprächen, die wir mit Kollegen, sei es innerhalb, sei es außerhalb des Verbandes über Beamtenfragen geführt haben. Was unterscheidet uns eigentlich noch vom Arbeitnehmer? Ist die Unterscheidung zwischen einem Dienstverhältnis öffentlich-rechtlicher Art und einem privatrechtlichen Arbeitsverhältnis nicht eigentlich längst nur noch von rein formaler Bedeutung? Wo, so möchte ich fragen, bedeutet sie inhaltlich noch etwas? Alle Rechte und Pflichten, die die verschiedenen Gruppen des öffentlichen Dienstes (Beamte, Angestellte, Arbeiter) gegenwärtig haben, nähern sich einander immer mehr an. Der Angestellte rückt an den Beamten, der Arbeiter an den Angestellten heran. Mit jedem neuen Tarifvertrag, der mit einer der beiden Gruppen von Arbeitnehmern geschlossen wird, bröckelt etwas von den Unterscheidungsmerkmalen ab, die früher einmal ausschlaggebend gewesen sind. Wir sind ja doch heute schon bei einer derartigen Verzahnung des Tarifrechts mit dem Beamtenrecht angelangt, daß es nur noch eine Frage der Zeit ist, bis hinsichtlich der Rechte, die der einen oder der anderen im öffentlichen Dienst beschäftigten Personengruppe zustehen, nennenswerte Unterschiede kaum noch bestehen werden. Hinsichtlich der Pflichten mag das wesentlich anders sein. Jedenfalls schreitet die Nivellierung auf Kosten eines eigenständigen Berufsbeamtentums unaufhaltsam fort.

Und da sind nun wir es, wir, der Deutsche Beamtenbund, der sich dieser Nivellierungswelle entgegenstellt und sie zu brechen bemüht ist. Wir haben lange und gründlich über diese Fragen nachgedacht. Wir haben die Ursachen für diese ganze Entwicklung zu ergründen versucht. Wir wissen, daß manche ihrer Auswirkungen sich unserer Beeinflussung entziehen, weil sie auf der Zwangsläufigkeit bestimmter soziologischer oder politischer Wandlungen ganz allgemeiner Art beruhen. So können wir im Zeitalter der industriellen Massengesellschaft und im Zeichen des sozialen Fortschritts z. B. nichts daran ändern, daß immer breitere Bevölkerungsgruppen einer sozialen Sicherung ihrer Existenzbedingungen teilhaftig werden, die früher einmal die Stellung des Beamten allein kennzeichnete. Darum dreht es sich also innerhalb des Fragenkreises, den wir heute hier erörtern, nicht in erster Linie. Daß die Beamtenversorgung zum Modell für die Altersversorgung weitester Bevölkerungskreise geworden ist, daß auch die starke Sicherung des Arbeitsplatzes vor willkürlichen Eingriffen heute keine auf die Beamten beschränkte Sache mehr ist – wir alle wissen das und erkennen auch an, daß ein sozialer

Rechtsstaat wie der unsrige Daseinsvorsorge für alle seine ihr bedürftigen Bürger treiben muß.

Die Gefahren, von denen hier die Rede sein soll, liegen woanders. Sie ergeben sich einmal daraus, daß dieser bereits sehr weit fortgeschrittene Einebnungsprozeß es immer schwieriger macht, die eigenständige Rechtsstellung des Berufsbeamten überzeugend zu begründen. Sie liegen zum anderen darin, daß seitens der politisch Verantwortlichen nichts Durchgreifendes unternommen wird, um das Berufsbeamtentum entsprechend seiner Bedeutung für unseren Staat vor ständigen Beeinträchtigungen seines Wesensgehaltes zu schützen.

Hier wirken nun verschiedene, sehr unterschiedlich geartete Einflüsse zusammen. Eine starke Strömung geht vom Deutschen Gewerkschaftsbund aus. Er hat ja, was wir die Eigenständigkeit des Berufsbeamtentums nennen, längst abgeschrieben und einen Weg beschritten, der den Beamten in die »große Gemeinschaft aller Arbeitnehmer« einbeziehen soll. Wenn das geschriebene Verfassungsrecht den DGB zur Zeit auch noch zwingt, so zu tun, als bekenne auch er sich zu der eigentümlichen Rechtsstellung des Beamten, so ist in seiner gewerkschaftlichen Praxis doch alles darauf abgestellt, das Beamtenrecht immer mehr auszuhöhlen, und zwar dadurch auszuhöhlen, daß er, der DGB, die von ihm beherrschte Tarifpolitik auch zum Maßstab aller Dinge macht, die den Beamten zugute kommen sollen.

Wir haben gerade in jüngster Zeit eine Reihe schlagender Beweise dafür sammeln können, daß der DGB seine Beamtenbesoldungspolitik ausschließlich an tarifpolitischen Überlegungen ausrichtet. Das heißt: Die Beamtenbesoldung ist nach Ansicht des DGB mit der Vergütung des Tarifpersonals so zu koordinieren, daß sie der letzteren möglichst überhaupt nichts und, falls sich das aus irgendwelchen Gründen nicht vermeiden läßt, jedenfalls nur so viel vorausnimmt, daß spätere Tarifverhandlungen nicht durch Entscheidungen auf dem Gebiet der Beamtenbesoldung präjudiziert werden. In den Tarifverhandlungen, so argumentiert der DGB, entscheidet sich, was nach deren erfolgreichen Abschluß für die Beamten abfällt. Wer das ständige Sichherumdrücken des DGB um einen festen Prozentsatz beobachtet, wenn es um die Anpassung der Beamtengehälter an die allgemeine Einkommensentwicklung geht, wird sich auch durch noch so hochtrabende Bekenntnisse des DGB zum

Berufsbeamtentum nicht darüber hinwegtäuschen lassen, daß es ihm viel lieber wäre, wenn auch die Beamtenbesoldung mit Mitteln der Tarifpolitik ausgehandelt würde.

Wenn man sich einmal vergegenwärtigt, unter welchen Voraussetzungen in den letzten Jahren Maßnahmen zur Anpassung der Beamtengehälter an die allgemeine Einkommensentwicklung getroffen worden sind, so läßt sich unschwer erkennen, daß in der Praxis der DGB gar nicht so weit von seinem Ziel entfernt ist. 1962 war das jedenfalls sonnenklar. Erst als im Frühling jenes Jahres Tarifverhandlungen für die Angestellten zugunsten der Forderungen des DGB ausgegangen waren, ließ der Widerstand der Bundesregierung gegen eine überfällige Anpassung der Beamtengehälter allmählich nach. Bei Licht besehen vollzog dann eigentlich der Bundesgesetzgeber bloß nach, was sich aus den vorausgegangenen Tarifverhandlungen ergeben hatte. Ob man unter solchen Umständen noch von einer die Eigenständigkeit des Berufsbeamtentums bewahrenden Besoldungspolitik sprechen kann, dürfte doch wohl sehr die Frage sein.

In welch gefährlichem Maße sich die von mir geschilderte Entwicklung bereits zugespitzt hat, zeigt sich hierbei ganz deutlich. Und auch in dieser Hinsicht entbehrt die Frage des Bundesinnenministers nicht einer gewissen inneren Berechtigung, die Frage nämlich, welchen Sinn die Aufrechterhaltung eines eigenständigen Berufsbeamtentums unserer Tradition unter solchen Umständen eigentlich noch haben soll.

Mancher von Ihnen mag im Stillen bereits für sich persönlich eine Antwort auf das Entweder–Oder gegeben haben. Warum sollen wir uns überhaupt den Kopf so sehr über diese grundsätzlichen Dinge zerbrechen? Wir halten die Dinge ja doch nicht auf. Und ist es denn nun wirklich so entscheidend wichtig, in welcher Art von Rechtsverhältnis die Angehörigen des öffentlichen Dienstes stehen, um Aufgaben der öffentlichen Verwaltung wahrzunehmen? Wir haben doch gesehen, daß in wirtschaftlicher und sozialer Hinsicht kaum noch nennenswerte Unterschiede zwischen Beamten und Angestellten bestehen. Da ist es doch eigentlich ganz gleich, aus welchem rechtlichen Grund der einzelne die Mittel für die Bestreitung seines Lebensunterhalts bekommt.

Das Berufsbeamtentum ist in dem von den Sowjets besetzten Teil

Deutschlands bekanntlich gleich 1945 abgeschafft worden.[2] Ich zitiere über die Hintergründe, Ziele und Folgen dieser Maßnahme einige Sätze aus einer sowjetzonalen Veröffentlichung:

»Der Aufbau eines wahrhaft demokratischen deutschen Staates erfordert unabweisbar die Beseitigung des Berufsbeamtentums mit all seinen Privilegien und Vorrechten, seinem Kastengeist, seiner Isolierung von den werktätigen Massen ... Der Staatsapparat muß in die Hände der Arbeiterklasse übergehen, die Arbeiter müssen selbst den neuen Staat, ihren Staat, verwalten. Eines der wesentlichsten Erfordernisse der revolutionären Umwälzung auf dem Gebiet der Staatsverwaltung, der Zerschlagung des bürgerlichen und des Aufbaus eines neuen demokratischen Staatsapparates, besteht also darin, daß die privilegierte, über den Werktätigen stehende Gesellschaftsschicht der Staatsangestellten beseitigt wird. Dazu genügt es nicht, den Beamtenapparat seiner Privilegien zu entkleiden und ihn unter die Kontrolle des Volkes zu stellen. Die Verwaltung muß unmittelbar in die Hände der befreiten Werktätigen gelegt werden ... Weil die Werktätigen die Staatsgewalt nunmehr selbst ausüben, können die Angehörigen des demokratischen Staatsdienstes keine selbständige, privilegierte Gesellschaftsschicht mehr darstellen. Sie sind ja selbst Werktätige, die sich auf Grund ihrer Tätigkeit im Staatsapparat klassenmäßig in nichts von den Werktätigen unterscheiden ... die prinzipielle Übereinstimmung der sozialen Stellung in der Gesellschaft und des Charakters der Tätigkeit der Staatsfunktionäre und der übrigen Werktätigen muß dazu führen, daß die Staatsangestellten rechtlich grundsätzlich als Werktätige behandelt werden.«

Daß auch die Staatsfunktionäre grundsätzlich als Werktätige, also als Arbeitnehmer, zu gelten haben, hat nun insbesondere folgende rechtliche Wirkungen:

1. Auf das Rechtsverhältnis des Staatsfunktionärs findet grundsätzlich das allgemeine Arbeits- und Sozialrecht Anwendung.

2. Wie es in der offiziellen Sprache des Sowjetzonenregimes heißt, »besitzen die Mitarbeiter der staatlichen Verwaltungsorgane den ande-

2 Vgl. hierzu und zum Folgenden Gustav Leissner: Verwaltung und öffentlicher Dienst in der sowjetischen Besatzungszone Deutschlands. Eine kritische Würdigung aus gesamtdeutscher Sicht, Stuttgart-Köln 1961, passim, insbesondere S. 436f.

ren Werktätigen gegenüber keinerlei Vorrechte und sind jederzeit absetzbar«.

3. Der Staatsfunktionär ist grundsätzlich auf kurzfristig kündbaren Privatdienstvertrag angestellt. Er genießt Versorgungsrechte nur im Rahmen der Leistungen der Sozialversicherung.

4. Einstellung und Beförderung (man nennt das drüben »Kaderauslese«) sind vor allem abhängig von der Entscheidung des Kaderleiters, der, wenn nicht eingeschriebenes Mitglied, so doch zumindest treuer Gefolgsmann der SED sein muß.

5. Für die Besoldung ist ein auch für die Masse der übrigen Angestellten abgeschlossener Tarifvertrag maßgebend.

6. Es existieren zwar auch Einzelverträge, die einer kleinen Zahl von Schlüsselfunktionären gewisse Sonderrechte in Besoldung, Versorgung, Kündigungsfristen, Wohnungsansprüchen, Erholungs- und Fortbildungsmöglichkeiten zugestehen, für die große Masse der Staatsfunktionäre sind diese Vergünstigungen aber ohne jede Bedeutung. Sie genießt auch nicht wie jene Bevorrechtigten den Kündigungsschutz mit der Möglichkeit, Konfliktkommission und Arbeitsgericht anzurufen.

7. Auch für die Staatsfunktionäre der SBZ ist ein besonderes Disziplinarrecht geschaffen worden, worin man eine die Regel bestätigende Ausnahme zu erblicken hat, daß sonst grundsätzlich keine rechtlichen Unterschiede in den Arbeitsbedingungen der Staatsfunktionäre auf der einen und den sonstigen Werktätigen bestehen sollen. Der politischen Ideologie jenes politischen Systems entspricht es aber wiederum, daß dieses Disziplinarrecht für den ihm unterliegenden Staatsfunktionär keinerlei Rechtsgarantien kennt.

8. Der Rechtsschutz bei Streitigkeiten aus dem Arbeitsverhältnis ist sehr eng eingegrenzt und auf sehr wenige Zuständigkeiten der Arbeitsgerichte beschränkt.

Nun ist natürlich mit einer bloßen Aufzählung der Fakten, die die Rechtsstellung des Funktionärs eines totalitären Staates bestimmen, noch nicht allzuviel gewonnen. Man könnte ja sagen, ein solches Abgleiten in die Rechtlosigkeit habe seinen Grund insbesondere darin, daß eben die SBZ im Gegensatz zur Bundesrepublik kein Rechtsstaat sei. Wenn man sich beispielsweise das sowjetzonale Staatsfunktionärsverhältnis in die Bundesrepublik übertragen vorstelle und es mit den hier selbstverständlichen rechtsstaatlichen Garantien ausstatte, ließe sich über die Frage, ob nun ein solches reines Arbeitsverhältnis unbedingt weniger geeignet sei als das Beamtenverhältnis, die Rechtsstellung der im öffentlichen Dienst Tätigen zu fundieren, durchaus diskutieren.

Es müßten demnach also wohl noch andere Gründe dafür angeführt werden, um wirklich überzeugend aussagen zu können, daß nur ein Rechtsverhältnis wie unser jetziges Beamtenverhältnis den politischen Notwendigkeiten gerecht zu werden vermöge, die die Gewährleistung einer freiheitlichen Gesamtordnung, wie sie in unserem Grundgesetz verwurzelt ist, mit sich bringt.

Und hier kommt es nun meiner Meinung nach entscheidend auf folgende Gesichtspunkte an: Das Beamtenverhältnis soll im Gegensatz zu einem Funktionärsverhältnis ja neben der äußeren, durch eine entsprechende wirtschaftliche Sicherung bewirkten Unabhängigkeit des Beamten vor allem dessen innere Unabhängigkeit sichern. Der Beamte soll bei aller im Interesse einer funktionsfähigen Verwaltung liegenden Weisungsgebundenheit doch einen genügend großen Spielraum freien Ermessens haben, den er in eigener Verantwortung auszufüllen hat. Denn darin liegt für meine Begriffe der ganz wesentliche Unterschied zwischen einem Berufsbeamten und einem Staatsfunktionär: jener trägt Entscheidungsverantwortung, dieser dagegen nur Ausführungsverantwortung. Der Staatsfunktionär ist ja eben ein reiner »Funktionierer«, der nur auf Weisung von oben hin arbeitet und eigene Verantwortung für seine Entscheidungen zu tragen weder innerlich bereit noch auch seiner fachlichen Qualität nach in der Lage ist.

So ist es denn auch kein Wunder, daß wir die reinste Ausprägung des Staatsfunktionärstyps in den totalitären Staaten finden. Dort wird nur von oben nach unten befohlen und die Ausübung freien Ermessens im Bereich der Staatsverwaltung ist aufs äußerste eingeschränkt. Wo sich aber ja einmal ein gewisser Ermessensspielraum auftun sollte, dann ist dafür gesorgt, daß der Funktionär bei der Ausübung dieses Ermessens einen ganz bestimmten politischen Standort, nämlich den der Staatspartei, einzunehmen hat.

Schon aus diesen wenigen Hinweisen ergibt sich, daß der Funktionärstyp für die Verwaltung eines rechtsstaatlich geordneten Gemeinwesens gänzlich ungeeignet ist. Im Rechtsstaat wird nicht nach

Gesichtspunkten politischer Zweckmäßigkeit, sondern ausschließlich unter strenger Bindung an das Recht und ohne Ansehen der Person entschieden. Mit dem Übergang vom Berufsbeamten zum Staatsfunktionär wäre einer Politisierung der Verwaltung Tür und Tor geöffnet. Gerade um dies zu verhindern, sind ja doch die Bemühungen unseres freiheitlichen demokratischen Staates darauf gerichtet, die Tätigkeit der Beamten gegenüber parteipolitischen Einflüssen weitgehend zu neutralisieren, Verfassungsfeinde nicht nur von der funktionell politischen, sondern auch von der Beamtentätigkeit fernzuhalten und Vorsorge gegen die Möglichkeiten politischen Mißbrauchs in Verwaltung und Rechtsprechung zu treffen.

Kann man aber, wenn man sich das einmal richtig klarmacht, überhaupt nur im geringsten daran zweifeln, daß mit den soeben geschilderten Bemühungen rechtsstaatlichen und demokratischen Notwendigkeiten Rechnung getragen wird und daß, wenn man sie außer acht ließe, die grundgesetzlich festliegende freiheitliche demokratische Grundordnung unseres Staates in ihren Grundlagen aufs schwerste erschüttert würden?

Lassen Sie mich nun an dieser Stelle das bisher Gesagte noch einmal kurz zusammenfassen und damit aus der Fülle von Einzelfragen, die in den von unserem Thema aufgeworfenen Fragenkreis hineinspielen, das mir wesentlich Erscheinende herausschälen.

Wir waren davon ausgegangen, daß selbst ein Mann wie der Beamtenminister des Bundes, der ja doch das für die Beamtenpolitik primär zuständige höchste Staatsamt bekleidet, daß selbst ein solcher Mann es für durchaus möglich hält, eines Tages könne der Druck der öffentlichen Meinung die Führung unseres Staates vor die Frage stellen, ob die Existenz eines eigenständigen Berufsbeamtentums sich unter den gegebenen Verhältnissen überhaupt noch rechtfertigen lasse. Wir haben, um die Aufrechterhaltung eines eigenständigen Berufsbeamtentums von Verbands wegen bemüht, feststellen, und zwar auf Grund laufender praktischer Erfahrungen feststellen müssen, daß starke Kräfte, wie z. B. der DGB, wissentlich und politisch verantwortliche Kreise – wir wollen annehmen: unwissentlich – die Beamtenpolitik in eine Richtung steuern, bei der wir vom Deutschen Beamtenbund die Frage vorlegen müssen, ob hier nicht ständig der Wesensgehalt eines eigenständigen Berufsbeamtentums verfälscht und im einzelnen Beamten mehr oder weniger stark das Gefühl hervorgerufen wird, eine solche Einrichtung scheine heute tatsächlich überholt und entbehrlich zu sein; wahrscheinlich gäbe es bessere und unter modernen Gesichtspunkten betrachtet sogar zweckmäßigere Lösungen.

Beide Male ergibt sich daraus unausweichlich die Frage: Was wollt ihr denn an die Stelle des Berufsbeamtentums setzen? Berufsbeamte oder Staatsfunktionäre, so lautet ebenso unausweichlich die Alternative. Da sollte man doch nun eigentlich annehmen, daß jeder, der auch nur ein wenig über das Wesen eines freiheitlich-demokratischen Staates und über seine Funktionsweise nachgedacht hat, zu dem Ergebnis kommen müßte: Es gibt gar keine andere Lösung als das Festhalten an einem eigenständigen Berufsbeamtentum. Der Versuch, die Staatsaufgaben mit Staatsfunktionären im Sinne von bloßen Funktionierern zu bewältigen, würde dem Rechtsstaatsgedanken unermeßlichen Schaden zufügen.

Will also unser Staat seinen Charakter als freiheitliche rechts- und sozialstaatliche Demokratie bewahren, bleibt ihm gar keine andere Wahl, als sich zur Ausübung von Aufgaben der öffentlichen Verwaltung auf einen Personalkörper zu stützen, der in einem Rechtsverhältnis steht, das nicht nur auf die Gewährleistung der äußeren, sondern ebenso stark auch auf die Gewährleistung der inneren Unabhängigkeit der Träger von öffentlichen Ämtern Bedacht nimmt. Und hieraus resultiert nun eben die große Sorge, die wir uns wegen der andeutungsweise geschilderten, vielfach krisenhafte Züge aufweisenden Entwicklung der offiziell betriebenen Beamtenpolitik machen: Sie läßt kaum einmal deutlich spürbar werden, daß sie es nicht in erster Linie mit den Beamten und deren wirtschaftlichen Eigeninteresse zu tun hat, sondern daß ihre primäre Aufgabe sein müßte, dem Gesamtinteresse durch die Gewährleistung einer freiheitlichen Gesamtordnung dadurch zu dienen, daß sie bewußt und zielstrebig das dafür unentbehrliche Berufsbeamtentum in seiner Eigenständigkeit zu sichern sich bemüht. [. . .][3]

3 Abschließend wendet sich A. Krause aktuellen Besoldungsfragen zu.

3. November 1964

Partnerschaftliche Dienstrechtsgestaltung

Vortrag auf der von der Evangelischen Akademie Bad Boll veranstalteten Tagung für die Gewerkschaft Deutscher Bundesbahnbeamten und -anwärter (GDBA) im DBB

Quelle: DBB–Archiv, Abt. Bulei 15 000-5 (maschinenschriftlich mit handschriftlichen Ergänzungen A. Krauses)
Druck: Deutscher Beamtenbund. Werden und Wirken. Alfred Krause zum 50. Geburtstag, Regensburg 1972, S. 81 ff.

Einer der vom Bundesvertretertag des DBB im Jahre 1963 beschlossenen beamtenpolitischen Grundsätze lautet[1]:

»Die Rechtsverhältnisse und Dienstbedingungen der Beamten sind, ohne die Entscheidungsfreiheit des Gesetzgebers einzuschränken, in partnerschaftlicher Zusammenarbeit zwischen dem Dienstherrn und den Beamten zu regeln.«

Auf diesen beamtenpolitischen Grundsatz ist auch das Thema meines Vortrages abgestellt, und es wird deshalb meine Aufgabe sein, im einzelnen darzulegen, von welchen Überlegungen bei der programmatischen Forderung nach partnerschaftlicher Zusammenarbeit zwischen Dienstherrn und Beamten ausgegangen worden ist. Ich werde mich freilich nicht darauf beschränken können, Ihnen nur die rein praktischen Möglichkeiten einer solchen Zusammenarbeit vorzutragen. Ich muß etwas weiter ausgreifen und den Fragenkreis, der uns hier beschäftigen soll, in den größeren Zusammenhang mit bestimmten Grundgegebenheiten unserer heutigen Staats- und Gesellschaftsordnung stellen. Denn

1 Vgl. Deutscher Beamtenbund. Gewerkschaftsbund der Berufsbeamten. Bundesvertretertag 1963. Protokoll, o.O., o.J., S. 68.

ohne klare Vorstellung von dem aktuellen allgemeinpolitischen Hintergrund, der sich aus der Schilderung dieses Zusammenhanges ergeben wird, wird sich das rechte Verständnis für das Ziel, das wir uns gesteckt haben, nicht einstellen.

Das Verhältnis des Dienstherrn zu seinen Beamten war früher gekennzeichnet durch ein Verhältnis von Herrschaft und Unterworfenheit. Die absolute Unterordnung des Beamten unter die Gewalt des Dienstherrn drückte sich in der auch heute noch nicht restlos abgetanen Rechtsfigur des »besonderen Gewaltverhältnisses« aus. Mit ihr sollte eine im Verhältnis zum außerhalb der Verwaltung stehenden Staatsbürger gesteigerte Abhängigkeit des Beamten von der Verwaltung ausgedrückt werden. Daraus ging für den Beamten ein Zustand verminderter Freiheit hervor. Der öffentlichen Verwaltung wurde eine Art gesetzesfreier Haus- und Herrengewalt zugestanden, deren Anordnungen sich der Beamte auch fügen mußte, wenn diese sich nicht auf eine ausdrückliche Ermächtigung durch den Gesetzgeber stützen ließen. Der sog. Gesetzesvorbehalt, d. h. das sich an die vollziehende Gewalt richtende Gebot, sie dürfe in die Rechte der einzelnen Staatsbürger nur eingreifen, wenn sie ein Gesetz zu einem solchen Eingriff ausdrücklich ermächtige, galt also im besonderen Gewaltverhältnis nicht. Der Beamte war der vollziehenden Gewalt in einem viel weitergehenden Umfang unterworfen, er war im wirklichen Wortsinn eines von der früheren Rechtssprache geprägten Begriffes »Gewaltunterworfener«.

Diese Seite des besonderen Gewaltverhältnisses können wir heute als überholt ansehen. Im modernen Verfassungs- und Rechtsstaat gibt es rechtsfreie Räume nicht mehr. Seit dem Wegfall der das Beamtenverhältnis früher kennzeichnenden persönlichen Treuebindung des Beamten an den Monarchen sind die Beziehungen des Beamten zu seinem Dienstherrn, dem Staat als einem unpersönlichen Gebilde, in zunehmendem Maße versachlicht und schließlich auch verrechtlicht worden. Ein nahezu lückenloser Rechtsschutz, der in der Hand unabhängiger Gerichte liegt, gewährleistet dem Beamten, daß der Dienstherr auch ihm gegenüber an Gesetz und Recht gebunden ist. Das gilt auch für etwaige Ermessensentscheidungen. Wo bestimmte gesetzliche Regelungen dem Dienstherrn eine gewisse Ermessensfreiheit einräumen, darf er sich bei deren Ausübung ebenfalls nur von sachlichen rechtlichen Erwägungen leiten lassen. Die Gerichte nehmen auch die Nachprüfung von Ermessensentscheidungen insoweit für sich in Anspruch, als es sich um einen etwaigen Ermessensfehlgebrauch handelt, und ein solcher wird regelmäßig angenommen, wenn die Ermessensentscheidung mit herrschenden Rechtsgrundsätzen nicht zu vereinbaren ist oder wenn sie nachweisbar auf sachfremden Erwägungen beruht.

In dieser Hinsicht haben sich also die Verhältnisse im Vergleich zu früheren Zeiten, wo der Rechtsschutz des Beamten aus Gründen, die aus dem Wesen des besonderen Gewaltverhältnisses hergeleitet wurden, stark eingeschränkt war, bereits grundlegend geändert. Nach wie vor wird nun allerdings das Beamtenverhältnis nicht durch einen Vertrag begründet, bei dem sich die Vertragsschließenden auf gleicher Stufe gegenüberstehen, wie das beim Abschluß eines Arbeitsvertrages nach den Regeln des bürgerlichen Rechts der Fall ist. Das Beamtenverhältnis kommt durch Ernennung zustande, d. h. durch einen einseitigen staatlichen Hoheitsakt, bei dem der Dienstherr dem zu Ernennenden nicht gleichgeordnet, sondern übergeordnet ist. Die Begründung des Beamtenverhältnisses im Wege der Ernennung bedarf zwar der Zustimmung des Beamten; gegen seinen Willen kann niemand ins Beamtenverhältnis berufen werden. Das ändert aber nichts an dem Verhältnis der Über- und Unterordnung zwischen dem Ernennenden und dem Ernannten; denn dieses Verhältnis der Über- und Unterordnung ist eine Wesenseigentümlichkeit des öffentlichen Rechts, und das Beamtenverhältnis ist eben ein öffentlich-rechtliches Dienst- und Treueverhältnis, und zwar von Verfassungs wegen: Art. 33 Abs. 4 des Grundgesetzes legt dies ausdrücklich fest.

Diese rein rechtliche, unmittelbar auf der Verfassung beruhende Gegebenheit ist nun auch der eigentliche Grund dafür, daß wir uns hier mit den Fragen auseinandersetzen müssen, die durch das Vortragsthema aufgeworfen werden. Eine unmittelbare Folge der öffentlich-rechtlichen Natur des Beamtenverhältnisses ist es nämlich auch, daß die Rechtsverhältnisse und Dienstbedingungen der Beamten nicht im Wege zweiseitiger Vereinbarungen wie beim Abschluß von Tarifverträgen zwischen Arbeitgeber und Arbeitnehmer festgelegt, sondern vom Dienstherrn aufgrund eines Gesetzgebungsaktes einseitig geregelt werden.

Und nun kommen wir, der DBB, und fordern bei solchen Regelungen die »partnerschaftliche Zusammenarbeit« zwischen Dienstherrn und Beamten, mit anderen Worten also ein Verhandeln auf dem Boden der Gleichberechtigung. Wird damit denn aber nicht an den Grundlagen des Berufsbeamtentums gerüttelt? Sollen die Unterschiede zwischen dem Beamtenrecht und dem Arbeitsrecht, zwischen Beamten und Arbeitnehmern noch mehr verwischt werden? Auf der einen Seite macht sich der DBB stark für ein eigenständiges Berufsbeamtentum, auf der anderen Seite leitet er eine Entwicklung ein, die zwangsläufig in Kollektivverhandlungen enden muß?

Diese und ähnliche Fragen liegen natürlich nahe, wenn man zum ersten Male den Begriff der »partnerschaftlichen Zusammenarbeit« in dem bewußten Zusammenhang auftauchen sieht. Bei näherem Zusehen stellt sich jedoch schon bald heraus, daß der Gedanke einer partnerschaftlichen Zusammenarbeit auch im Verhältnis der Beamten zu ihrem Dienstherrn keineswegs etwas derartig revolutionierend Neues in sich schließt, um die Aufregung zu erklären, die er bei gewissen Gralshütern des Berufsbeamtentums ausgelöst hat. Um ihn recht zu verstehen, gilt es nur, sich mit der heutigen politischen Wirklichkeit vertraut zu machen und bestimmte Dinge, die auf ganz verschiedenen Ebenen liegen, sorgsam auseinanderzuhalten.

Um gleich mit dem letzteren zu beginnen: Der eingangs zitierte beamtenpolitische Grundsatz enthält eine wichtige Einschränkung. Die Entscheidungsfreiheit des Gesetzgebers soll durch die vom DBB geforderte partnerschaftliche Zusammenarbeit nicht in Frage gestellt werden. Der DBB erkennt also den von mir bereits hervorgehobenen rechtlichen Sachverhalt, demzufolge die beamtenrechtlichen Verhältnisse nicht im Wege zweiseitiger Vereinbarung, sondern durch einseitigen Akt des Gesetzgebers festgelegt werden, als grundsätzlich auch weiterhin maßgebend an. Infolgedessen kann es sich also nur darum handeln, eine partnerschaftliche Zusammenarbeit zwischen Dienstherrn und Beamten für die Dauer eines Stadiums zu gewährleisten, innerhalb dessen eine bestimmte allgemeine Regelung der beamtenrechtlichen Verhältnisse für den Gesetzgeber entscheidungsreif gemacht wird. Die Forderung des DBB bezieht sich nur auf dieses Vorbereitungsstadium, und da könnte manch einer nun vielleicht sagen: Was wollt ihr denn überhaupt? § 94 des Bundesbeamtengesetzes[2] gesteht euch doch bereits zu, daß ihr bei der Vorbereitung allgemeiner Regelungen der beamtenrechtlichen Verhältnisse beteiligt werden müßt. Ihr habt also doch schon, was ihr da neuerdings hochtönend fordert!

Aber darum geht es nun gerade. Es geht darum, der praktischen Handhabung des § 94 BBG eine Wendung zu geben, mit der vermieden wird, daß das Beteiligungsrecht der Spitzenorganisationen zu einer reinen Formalität erstarrt, und mit der erreicht wird, daß sich aus diesem Recht ein wirkliches Gespräch, ein Meinungsaustausch, eine Auseinandersetzung über vielfach auch gegensätzliche Standpunkte entwickelt, wobei sich beide Seiten bewußt sein müssen, daß sie aufeinander angewiesen sind und letztlich auch ein gemeinsames Ziel anzustreben haben, nämlich dem Interesse der Allgemeinheit an einem leistungsfähigen Berufsbeamtentum gerecht zu werden.

Damit wäre in dürren Worten gesagt, was unter »partnerschaftlicher Zusammenarbeit« verstanden werden soll. Um aber das, was ich soeben anführte, in seiner vollen Tragweite zu begreifen, müssen wir uns schon noch etwas mehr in diese ganze Materie vertiefen. Und da läßt sich nun nicht vermeiden, daß ich einmal die Erfahrungen schildere, die wir im Laufe von mehr als zehn Jahren bei der Ausübung unseres Beteiligungsrechts gemacht haben. Dabei wird dann sicherlich recht klar werden, daß sich alles auf die eine Frage zuspitzt: Was ist denn nun eigentlich unter »Beteiligen« zu verstehen und wen auf der Seite des Dienstherrn trifft die Verpflichtung, uns zu beteiligen.

Der Gedanke, Interessenverbände, auf deren Bedeutung speziell in bezug auf den Deutschen Beamtenbund ich später noch ausführlicher zu sprechen komme, bei der Vorbereitung von Gesetzen zu »beteiligen«, die den jeweiligen Interessenbereich eines bestimmten Verbandes berühren, ist nicht eben neu. So erklärte beispielsweise bereits Bismarck bei der Konstituierung des preußischen Volkswirtschaftsrates im Jahre 1882, auf die darin vertretenen Verbände anspielend: »Sie werden uns die Sachkunde aus dem praktischen Leben entgegenbringen. Sie sind berufen, ein einheitliches Zentralorgan zu bilden, welches durch ausreichendes Zusammenwirken die gemeinsamen und besonderen Interessen

2 Für den Wortlaut vgl. S. 138 Anm. 6.

von Handel, Gewerbe und Landwirtschaft durch freie Meinungäußerung wahrzunehmen hat.« Und wenn Sie einmal einen Blick in die Geschäftsordnungen beispielsweise der Bundesministerien oder des Bundestages werfen, so werden Sie sehen, daß dem Gedanken, sich die besonderen Sachkenntnisse der Interessenverbände bei der Vorbereitung von Gesetzen zunutze zu machen, ganz allgemein, also nicht etwa nur auf die Beamtengewerkschaften beschänkt, Rechnung getragen ist. So heißt es in § 23 des Besonderen Teils der Gemeinsamen Geschäftsordnung der Bundesministerien[3]:

»Bei der Vorbereitung von Gesetzen und wichtigen Verordnungen sind möglichst die Vertretungen der beteiligten Fachkreise rechtzeitig heranzuziehen. ... Die Verbände sollen hinreichend Zeit haben, ihre Unterverbände zu hören und deren Äußerungen zu verarbeiten.«

Und nach der Geschäftsordnung des Bundestages[4] können den nichtöffentlichen Sitzungen der Bundestagsausschüsse öffentliche Informationssitzungen vorausgehen, zu denen »nach Bedarf Interessenvertreter, Auskunftspersonen und Sachverständige, die Presse sowie sonstige Zuhörer zugelassen« sind.

Kennzeichnend für diese allgemeine Art der »Beteiligung« von Interessenverbänden aller Schattierungen ist aber nun, daß sie im Gegensatz zur Beteiligung der Spitzenorganisationen der Beamtengewerkschaften nicht auf einem Rechtsanspruch beruht – es bleibt dem Ermessen der beteiligenden Stellen, also dem zuständigen Bundesministerium oder dem zuständigen Bundestagsausschuß, überlassen, ob überhaupt und gegebenenfalls wen sie beteiligen wollen –, und kennzeichnend ist insoweit ferner, daß es sich im Falle einer Beteiligung immer nur um eine »Anhörung« der Beteiligten handeln wird. Und in ebendieser Weise hat man uns gegenüber zunächst den § 94 BBG praktiziert. Wir bekamen offiziell den Entwurf einer beabsichtigten allgemeinen Regelung der beamtenrechtlichen Verhältnisse in der Regel erst zu Gesicht, wenn er zwischen den beteiligten Bundesressorts und mit den Ländern abschließend ausgehandelt war. Dann hieß es: »Ach so,

3 Vgl. Gemeinsame Geschäftsordnung der Bundesministerien. Besonderer Teil (GGO II). Hrsg. vom Bundesministerium des Inneren, Bonn 1960 (§ 23, S. 21).

4 Vgl. die Geschäftsordnung des Deutschen Bundestages in der Fassung vom 28. Januar 1952; BGBl II. 1952, S. 389ff.

jetzt müssen wir ja auch noch die Verbände hören.« Und in der daraufhin stattfindenden mündlichen Besprechung trugen wir dann unsere Forderungen vor, die sich die Regierungsvertreter »wohlwollend« anhörten, deren Prüfung und Berücksichtigung »im Rahmen des Möglichen« sie versprachen, von denen sie aber in Wirklichkeit so gut wie nie ihre fertigen Entwürfe beeinflussen ließen; denn das hätte ja die Wiederaufnahme der Verhandlungen mit den beteiligten Bundesressorts und möglicherweise auch mit den Ländern bedeutet. Kurzum, wir befanden uns fast immer in der Situation eines Bittstellers, der mit Engelszungen redet, um sein Anliegen durchzubringen, im stillen aber davon überzeugt ist, daß er die vorgefaßte Entscheidung des anderen nicht mehr umstoßen wird.

Mit einer solchen einengenden Auslegung des Begriffs »Beteiligung«, mit einer Auslegung also, die daraus lediglich eine »Anhörung« macht, haben wir uns natürlich nicht abgefunden. Bei dem Begriff »Beteiligung« handelt es sich ja um einen Oberbegriff, unter den ganz verschiedene Spielarten einer Teilnahme an irgendwelchen Maßnahmen gebracht werden können. Wir kennen das auch aus dem Personalvertretungsrecht, wo unter dem Oberbegriff »Beteiligung« zusammengefaßt werden: die Anhörung, die Mitwirkung und die Mitbestimmung. Die Anhörung ist also die allerschwächste, und wenn man so will, die zu nichts verpflichtende Form der Beteiligung. Eine partnerschaftliche Zusammenarbeit, wie wir sie anstreben, läßt sich dadurch, daß man dem anderen lediglich Gehör schenkt, nicht erreichen. Freilich müssen wir auch die Mitbestimmung ausscheiden, wenn wir die Beteiligung i. S. des § 94 BBG mit einem unseren Vorstellungen entsprechenden Inhalt erfüllen wollen. Mitbestimmung würde nämlich Mitentscheidung bedeuten. Dem steht entgegen, daß unser Programmsatz den Gesetzgeber in seiner Entscheidungsfreiheit nicht einschränken will. Übrigbleibt somit der mittlere Weg, der sowohl an der Anhörung als schwächster als auch an der Mitbestimmung als stärkster Form der Beteiligung vorbeiführt. Und in der Tat läßt sich dieser mittlere Weg, d. h. die Mitwirkung, auch recht gut gleichsetzen mit dem, was wir unter »partnerschaftlicher Zusammenarbeit« verstanden wissen wollen.

Mittlerweile haben wir in langwierigen Verhandlungen mit dem Bundesminister des Innern in dieser Hinsicht auch gewisse Fortschritte erzielt. Daß sich die Beteiligung der Spitzenorganisationen bei der Vorbereitung allgemeiner Regelungen der beamtenrechtlichen Verhältnisse nicht in bloßer Anhörung erschöpfen darf – diese Auffassung teilt jetzt der Bundesminister des Innern. Er ist ebenfalls der Meinung, daß die Spitzenorganisationen dabei eine mitberatende Rolle zu spielen haben. Deshalb hat er verfügt, daß den Spitzenorganisationen schon im frühesten Stadium der Vorbereitung einer allgemeinen Regelung Gelegenheit gegeben werden muß, ihre eigenen Vorstellungen vorzutragen, damit sie bei den späteren Verhandlungen mit den beteiligten Bundesressorts und mit den Ländern mit berücksichtigt werden können. Auf diese Weise läßt sich vermeiden, daß wir, wie ich geschildert habe, mit in jeder Hinsicht zementierten Referentenentwürfen konfrontiert werden, in die unsere Vorstellungen und Forderungen aus in der Natur der Sache liegenden Gründen keinen Eingang mehr finden können.

Der Innenminister hat weiter verfügt, daß die Spitzenorganisationen zu unterrichten sind, wenn im Laufe der Verhandlungen mit den Ressorts und den Ländern wesentliche neue Gesichtspunkte auftauchen, die mit ihnen noch nicht erörtert worden sind. Auch in einem solchen Falle haben dann also jetzt die Spitzenorganisationen die Möglichkeit, sich mit diesen neuen Gesichtspunkten zu befassen und sie entweder zu billigen oder sie zu verwerfen.

Bei Beachtung dieser Grundsätze haben wir in der mündlichen Verhandlung über den fertigen Referentenentwurf natürlich eine weit bessere Position als früher, wo wir praktisch vor vollendeten Tatsachen standen. Die der mündlichen Verhandlung vorgeschalteten Möglichkeiten einer Einwirkung auf die Gestaltung des Entwurfs kommen einer Mitberatung ziemlich nahe, und es liegt nun ganz an uns selbst, ob und wie wir diese Möglichkeiten zu nutzen verstehen.

Ich will damit keineswegs sagen, daß wir nun bereits den Idealzustand einer unseren Vorstellungen entsprechenden partnerschaftlichen Zusammenarbeit erreicht hätten. Man muß dabei aber auch immer bedenken, in wie starkem Maße wir zunächst einmal eine im Herkömmlichen wurzelnde skeptische Einstellung der Ministerialbürokratie zu unserem Beteiligungsrecht abzubauen gezwungen waren. Daß man verpflichtet, wohlgemerkt, aufgrund eines gesetzlich verbrieften Rechtes der Spitzenorganisationen verpflichtet sein sollte, einem Außenstehenden – als solchen betrachtete man uns natürlich – Aufschluß über bestimmte Absichten zu geben, die die Rechtsbeziehungen der Beamten zu ihrem Dienstherrn betrafen, ging sicher manchem Beamten alter Schule, der noch in den Kategorien des besonderen Gewaltverhältnisses zu denken gewohnt war, gegen den Strich. Der Beamte hatte sich dem, was von oben verordnet wird, zu fügen; das Beteiligungsrecht wurde als Einmischung in eine Sache empfunden, die die Verbände im Grunde genommen nichts angeht.

So können wir unser Ziel, zu einer partnerschaftlichen Zusammenarbeit mit dem Dienstherrn zu kommen, nur Schritt für Schritt erreichen. Damit muß sich auch eine zielstrebige Aufklärungsarbeit verbinden. Nicht alle, um nicht zu sagen, nur wenige, erkennen nämlich, daß wir mit unserer Forderung nach partnerschaftlicher Zusammenarbeit mit dem Dienstherrn nur Folgerungen aus Prinzipien ziehen, die in unserer heutigen Verfassungsordnung angelegt sind. Es handelt sich dabei insbesondere um das Grundrecht der Koalitionsfreiheit sowie überhaupt um die Bedeutung und die Stellung der Verbände in der Verfassungswirklichkeit unseres demokratischen Staates.

Auf beide Fragen möchte ich jetzt noch etwas näher eingehen: denn sie stehen im unmittelbaren Zusammenhang mit unserem Thema. Soweit wir selbst Mitglieder oder auch Amtsinhaber in einem Verband sind, geben wir damit in der Regel auch gleichzeitig zu erkennen, daß wir eine solche Einrichtung für nützlich halten. Wir erhoffen von unserem Verband, daß er unsere beruflichen, rechtlichen und sozialen Interessen wirksam vertritt. Wenn wir zum gründlichen Nachdenken neigen, gelangen wir vielleicht sogar zu der Auffassung, daß die Verbände in einer Demokratie eine ganz bestimmte Ordnungsaufgabe zu erfüllen haben, die Aufgabe nämlich, im vorstaatlichen Raum an der politischen Willensbildung des Volkes in ähnlicher Weise mitzuwirken wie die politischen Parteien. Ich komme darauf dann noch zurück.

Zunächst möchte ich aber einmal die andere Seite zu Wort kommen lassen, die Seite nämlich, die keineswegs von der Nützlichkeit, sondern im Gegenteil von der Schädlichkeit der Verbände überzeugt ist. Ein Wissenschaftler hat sich kürzlich die Mühe gemacht, die Verdammungsurteile, die von den verschiedensten Seiten über die Verbände gefällt worden sind, zusammenzustellen. Aus der langen Reihe seiner Zitate will ich nur einige besonders markante herausgreifen. Es heißt da also: »Mobilisierung des Eigennutzes«, »Pathos des Forderns«, »Verbandsmacht ist Störungsmacht«, »Gruppenanarchie«, »naturalistisch-rüdes Gegeneinanderstehen von Kräften«, »Kolonisation des Staates durch Teilinteressen«, »Demokratie der Interessentenhaufen«, »Demontage des Staatlichen im Staat«, »Aushöhlung der inneren Souveränität der Demokratie und Entleerung des demokratischen Gewissens«, »Überwältigung der Parteien durch die Verbände«, und so geht das endlos weiter; es sind durchaus keine Außenseiter, von denen diese harten Worte kommen. Der Wissenschaftler, dem wir ihre Zusammenstellung verdanken, spricht deshalb auch mit einer spürbaren Resignation von den »weniger zahlreichen positiven Stimmen, die sich für die Interessenverbände aussprechen«.

Durch dieses Labyrinth von gegensätzlichen Meinungen müssen wir uns nun hindurchzuwinden versuchen, um einen eigenen Standpunkt zu finden, der es uns ermöglicht, auch im Grundsätzlichen die Stichhaltigkeit der Antworten zu erproben, die wir bisher auf die Frage gegeben haben, worum es sich bei der partnerschaftlichen Zusammenarbeit zwischen Dienstherrn und Beamten dreht.

Bekanntlich sind nach Art. 9 Abs. 3 des Grundgesetzes jedermann und alle Berufe, die Beamten also mit eingeschlossen, berechtigt, zur Wahrung und Förderung der Arbeits- und Wirtschaftsbedingungen Vereinigungen (sog. Koalitionen) zu bilden. Das hierdurch unter verfassungsrechtlichen Schutz gestellte besondere Grundrecht der Koalitionsfreiheit schließt nicht nur die einzelnen Staatsbürger ein, die eine Koalition bilden, es garantiert auch die Koalition als solche und, was in dem hier erörterten Zusammenhang besonders wichtig ist, es garantiert der Koalition die Möglichkeit, sich in einer dem Koalitionszweck angemessenen Weise zu betätigen. Das bedeutet: Einem Verband wie dem Deutschen Beamtenbund, dessen Zweck es nach der Satzung ist, die berufspolitischen, rechtlichen und sozialen Belange seiner Mitglieder zu vertreten und zu fördern, gewährleistet das Grundgesetz, sich aller rechtlich zulässigen Mittel zu bedienen, um den genannten Zweck zu erreichen.

Als Beamtengewerkschaft befinden wir uns bei der Wahl zweckgerechter Mittel freilich in einer besonderen Lage. Im Gegensatz zu den

Arbeitnehmervereinigungen, denen der Staat wie ihren sozialen Gegenspielern, den Arbeitgebervereinigungen, mit der Gewährung der Tarifautonomie die kollektive Gestaltung der Arbeitsbedingungen selbst überlassen hat, ist eine solche Selbstordnung der Dienstbedingungen der Beamten aus Gründen, die ich bereits dargelegt habe, ausgeschlossen. Die Beamten dürfen sich auch nicht der herkömmlichen Mittel des Arbeitskampfes bedienen. Sie sind, wie sich daraus ergibt, auf eine rein sachliche Darstellung ihrer Interessen angewiesen. Sie befinden sich aber auch noch aus einem anderen Grunde in einer besonderen Lage. Ihr Interesse fällt in aller Regel mit dem Interesse des Dienstherrn und damit der Allgemeinheit zusammen. Die herkömmlichen rechtlichen und wirtschaftlichen Sicherungen, die aus dem Beamtenverhältnis hervorgehen, werden den Beamten ja nicht in erster Linie zur Befriedigung ihres Eigeninteresses gewährt. Diese Sicherungen sind, wie das Bundesverfassungsgericht wiederholt ausgesprochen hat, lediglich die Voraussetzung dafür, daß das Berufsbeamtentum seine ihm im Interesse der Allgemeinheit zufallende besondere Funktion sachgerecht erfüllen kann.

Das Eigeninteresse der Beamten und das Interesse der Allgemeinheit berühren sich infolgedessen besonders eng. Das erlegt beiden Seiten, dem Dienstherrn wie den Beamtengewerkschaften, spezielle Verpflichtungen auf. Ein wenig vereinfachend läßt sich dieser Gedanke am einprägsamsten vielleicht so ausdrücken: Die Beamtengewerkschaften dürfen bei ihren Forderungen nicht lediglich an den privaten Geldbeutel ihrer Mitglieder denken; sie müssen den übergeordneten Gesichtspunkt, die Leistungsfähigkeit des Berufsbeamtentums zu erhalten und zu heben, im Auge behalten. Und umgekehrt darf der Dienstherr nicht in den Fehler verfallen, die Erfüllbarkeit unserer Forderungen ausschließlich an der Höhe der gegebenenfalls dadurch der Staatskasse zur Last fallenden Kosten zu messen; er muß sich bewußt sein, daß die bloße Manipulierung von Haushaltsansätzen und Stellenkegeln eine wirklich tragfähige Grundkonzeption der Beamtenpolitik nicht zu ersetzen vermag.

Gerade in dieser Hinsicht zeigt sich ein weiterer praktischer Ansatzpunkt für eine partnerschaftliche Zusammenarbeit zwischen Dienstherrn und Beamtengewerkschaften, wie wir sie uns vorstellen. Sie bewährt sich in der Praxis eigentlich auch schon seit längerem. Wenn Sie sich einmal die in den vergangenen Jahren getroffenen beamtenpolitischen Maßnahmen des Dienstherrn, mögen sie nun die rechtlichen oder die wirtschaftlichen Sicherungen des Beamten betreffen, in Ihr Gedächtnis zurückrufen, werden Sie erkennen, daß sie vorwiegend auf unsere eigene Initiative zurückgehen. Die Regel war es schließlich nicht, daß uns Verbesserungen der Besoldung, der Arbeitszeit, des Urlaubs usw. vom Dienstherrn angeboten worden wären; auch gegen die von uns geforderte Einführung von Jubiläums- und Weihnachtszuwendungen und sonstiger im sozialen Interesse seiner Beamten liegenden Zulagen, Zuwendungen und Beihilfen hat sich der Dienstherr meistens lange gestemmt. Sein Verhalten hat vielfach Unzufriedenheit, ja Verbitterung in der Beamtenschaft hervorgerufen, und wir haben es immer wieder darauf geschoben, daß er der heutigen Situation des Berufsbeamtentums konzeptionslos gegenübersteht und dadurch entscheidende Positionen dieser politischen Institution aufs Spiel setzt. Man braucht insoweit nur einmal daran zu denken, in welchem Maße Bestrebungen nachgegeben worden ist, die Vorrangigkeit der Beamtenpolitik durch die Tarifpolitik in Frage zu stellen.

Was wäre und würde also geschehen, wenn wir als Beamtenvertretung uns nicht unserer eigenen Verantwortung gegenüber unserem Berufsstand und gegenüber der Allgemeinheit bewußt wären und es unterließen, den Dienstherrn dahin zu bringen, daß er sich vor dem Forum der Öffentlichkeit mit unseren sachlich begründeten Forderungen auseinanderzusetzen gezwungen ist?

Von Herbert Krüger stammt das treffende Wort, daß nichts so zwanglos und nachhaltig auf Initiative und Verantwortung hinwirkt, wie die Gewißheit, daß einem niemand helfen wird, wenn man sich nicht selbst hilft. Und ich sage sicher nicht zuviel, wenn ich für den Deutschen Beamtenbund in Anspruch nehme, daß er viele schwierige Situationen ganz im Sinne dieses Wortes zu meistern versucht hat. Unversehens und aus dem Rahmen des in § 94 BBG statuierten Beteiligungsrechts der Spitzenorganisationen herausfallend, ist es auch darüber zu einer partnerschaftlichen Zusammenarbeit zwischen Beamtengewerkschaften und Dienstherrn gekommen. Eine solche Zusammenarbeit setzt also keineswegs immer eine bestimmte Initiative des Dienstherrn selbst voraus, wie das bei der Vorbereitung allgemeiner Regelungen der beamtenrechtlichen Verhältnisse durch den Dienstherrn der Fall zu sein pflegt. Auch unsere eigenen Initiativen appellieren ja an unseren Partner, den Dienstherrn, und fordern ihn auf, sich mit uns darüber in ein Gespräch einzulassen, sich mit unseren Argumenten auseinanderzusetzen und in gemeinsamer Aussprache einen Weg zu finden, der unter Berücksichtigung der Interessen beider Seiten gangbar erscheint. Auch ein solches unserer eigenen Initiative entspringendes Vorgehen liegt voll und ganz im Rahmen unserer durch das Grundrecht der Koalitionsfreiheit verfassungsrechtlich garantierten Betätigungsmöglichkeiten. Es kann infolgedessen nicht als Einmischung in Dinge angesehen werden, die uns nichts angehen; es ist unsere ureigenste Aufgabe, den Zweck unseres Verbandes mit allen uns zu Gebote stehenden Mitteln zu erreichen.

An diesem Punkt meiner Ausführungen ist es vielleicht angebracht, einzuschalten, daß wir bei der partnerschaftlichen Zusammenarbeit mit dem Dienstherrn nicht nur die Bundesregierung als Partner betrachten. Dienstherr der Beamten ist ja nicht ein einzelnes Verfassungsorgan oder etwa gar nur die oberste Dienstbehörde, in deren Bereich ein Beamter ein bestimmtes Amt bekleidet. Dienstherr der Bundesbeamten ist der Bund, der Landesbeamten das Land, der Gemeindebeamten die Gemeinde usw. Ich betone diese an sich geläufige Tatsache nur deshalb, weil viele, wenn sie das Wort »Dienstherr« hören, der Versuchung erliegen, diesen Begriff in ihrer Vorstellung mit einer natürlichen Person, also etwa mit einem Minister, zu verbinden. Bund, Land, Gemeinden usw. sind aber juristische Personen; sie handeln durch ihre Organe, von denen, wenn wir auf den Bund abstellen, die Bundesregierung nur eines, also nicht das einzige ist. Wir denken, wenn wir von partnerschaftlicher Zusammenarbeit mit dem Dienstherrn sprechen, dabei natürlich auch an den Gesetzgeber, d.h. an den Bundestag. Auch ihm gegenüber nehmen wir unser Beteiligungsrecht nach § 94 BBG in Anspruch. Rechtlich ist dieser Anspruch bislang noch nicht ganz so zweifelsfrei gesichert wie die Ausübung des Beteiligungsrechts gegenüber der Bundesregierung, zumal seit die Länder bewirkt haben, daß die dem § 94 BBG entsprechende Vorschrift des § 58 des Beamtenrechtsrahmengesetzes[5] ihrem Wortlaut

5 Vgl. das Rahmengesetz zur Vereinheitlichung des Beamtenrechts (Beamtenrechtsrahmengesetz – BRRG) in der Fassung vom 1. Oktober 1961; BGBl I. 1961, S. 1835ff. (§ 58, S. 1843).

nach die Beteiligung durch das Parlament ausdrücklich ausschließt; dort ist nämlich bestimmt, daß die Spitzenorganisationen nur bei der Vorbereitung durch die obersten Landesbehörden zu beteiligen sind.

Einmal ganz abgesehen davon, daß nach unserer Auffassung diese einschränkende Regelung ein unzulässiger Eingriff in das Grundrecht der Koalitionsfreiheit ist, sind wir de facto sowieso im ständigen Gespräch mit dem Gesetzgeber. Vor Beginn der Ausschußberatungen über eine Regierungsvorlage werden wir offiziell eingeladen, unsere von den Regierungsvorschlägen abweichenden Auffassungen vorzutragen und zu begründen. Problematisch ist unser Anspruch auf Beteiligung immer nur gewesen, wenn es sich bei allgemeinen Regelungen der beamtenrechtlichen Verhältnisse nicht um Regierungsvorlagen, sondern um Initiativgesetzentwürfe, d. h. um Gesetzesvorlagen aus der Mitte des Bundestages selbst gehandelt hat. Ich will auf die rechtliche Seite dieser Sache hier nicht weiter eingehen, weil die insoweit bestehenden Zweifelsfragen an praktischem Gewicht dadurch verlieren, daß wir bisher stets verstanden haben, unsere Vorstellungen trotzdem an den Mann zu bringen. Der Weg zu den Vorständen aller Fraktionen, zu den Mitgliedern des Innenausschusses und sonstigen Abgeordneten, die sich aufgeschlossen für die jeweils anstehenden Sachfragen zeigen, steht uns jederzeit offen, und wir haben insoweit auch noch nie die Erfahrung gemacht, daß man sich einem von uns erbetenen sachlichen Gespräch verschlossen hätte.

Die partnerschaftliche Zusammenarbeit zwischen Dienstherrn und Beamtengewerkschaften, wie wir sie verstehen, ist also auch von da her gesehen kein bloßer Wunschtraum, mit dem wir womöglich gar nur unser eigenes im rechtlichen Ausgangspunkt liegendes Unvermögen verschleiern möchten, hinter die von uns aufgestellten Forderungen den erforderlichen Druck zu setzen. Diese Zusammenarbeit ist bereits jetzt eine Tatsache. Sie weist gewiß noch manche Schwächen auf. Aber auch auf der Seite des Dienstherrn, und gerade in Kreisen des Bundestages, wächst die Einsicht, daß den Beamtengewerkschaften eine stärkere Einflußnahme auf die Gestaltung der beamtenrechtlichen Verhältnisse eingeräumt werden muß. Von maßgebenden Bundestagsabgeordneten ist schon mehrfach an die Bundesregierung appelliert worden, den § 94 BBG entsprechend zu handhaben, sich den Argumenten der Beamtengewerkschaften gegenüber aufgeschlossen zu zeigen und sie im Sinne der von uns angestrebten partnerschaftlichen Zusammenarbeit ernsthaft zu diskutieren.

Daß solche Appelle an die Bundesregierung aus Kreisen des Parlaments selbst kommen, ist an sich nicht weiter verwunderlich. Für den Gesetzgeber, der den politischen Willen des Volkes in Gesetzgebungsakten auszuformen hat, ist es von großer Wichtigkeit, daß er bei seiner Entscheidung die Positionen beider Seiten genau kennt, sich also mit anderen Worten darauf verlassen kann, daß bei der Vorbereitung einer Gesetzesvorlage von der Regierung nicht gänzlich einseitig verfahren worden ist. Er muß die Gewißheit haben, daß im Stadium dieser Vorbereitung auch die Auffassungen der anderen Seite, d. h. der Beamtengewerkschaften, nicht bloß zur Kenntnis genommen, sondern nach allen Seiten hin mit erwogen worden sind, eben dem Sinn und Zweck einer partnerschaftlichen Zusammenarbeit entsprechend.

Nun wird man sich freilich darüber im klaren sein müssen, daß eine solche Zusammenarbeit immer nur dann wirklich funktionieren wird, wenn man sich von Stellung und Aufgabe der Verbände in unserer heutigen politischen Wirklichkeit die richtige Vorstellung macht. Wenn wir Vertretern des Dienstherrn gegenüberstehen, die in den Verbänden allenfalls ein notwendiges Übel erblicken, im übrigen aber mehr dazu neigen, im Wirken der Verbände ein destruktives, staatsabträgliches Element zu erblicken – erinnern Sie sich bitte an die vorhin von mir zitierten abwertenden Urteile über die Verbandstätigkeit –, dann würde es von vornherein an einer wesentlichen Voraussetzung für das Zustandekommen einer partnerschaftlichen Zusammenarbeit fehlen.

Ich habe bisher schon einige der wichtigsten Ansatzpunkte für eine solche Zusammenarbeit hervorgehoben. Ich habe das unmittelbar auf das Grundrecht der Koalitionsfreiheit zurückführende Beteiligungsrecht der Spitzenorganisationen in seinen wesentlichen Erscheinungsformen behandelt. Ich habe ferner auch dargelegt, wie unsere eigenen beamtenpolitischen Initiativen, und zwar diese ebenfalls als unmittelbare Auswirkungen der Betätigung unseres Grundrechts der Koalitionsfreiheit betrachtet, ganz zwangsläufig zu einer partnerschaftlichen Zusammenarbeit der Beamtengewerkschaften mit dem Dienstherrn führen.

Abschließend möchte ich die Probe aufs Exempel auch noch insofern machen, als ich aus den Grundgegebenheiten unserer Verfassungswirklichkeit herzuleiten versuche, daß unsere Forderung nach partnerschaftlicher Zusammenarbeit ein zwingendes Gebot der Stunde ist.

Es ist für ein freiheitlich geordnetes demokratisches Staatswesen kennzeichnend, daß sich zwischen das grundsätzlich unorganisierte Volk und den in Ämtern und Gesetzen repräsentierenden Staat gesellschaftliche Gebilde eingeschoben haben, denen die Aufgabe zufällt, an der politischen Willensbildung des Volkes mitzuwirken, die, wie es Herbert Krüger einprägsam formuliert hat, »den Vorgang der Selbstaufbereitung eines Volkes zum Staat von seinen Anfängen jeweils ein Stück zum Endpunkt weiterzuführen haben«[6].

Nach den Erkenntnissen einer modernen Staatslehre besteht zwischen Staat und Gesellschaft kein Gegensatz mehr. Andererseits bilden Staat und Gesellschaft aber auch keine ununterscheidbare Einheit, wie das mitunter von den Soziologen behauptet wird. Unter Aufhebung des früher als sozusagen vorgegeben aufgefaßten Gegensatzes muß heute davon ausgegangen werden, daß wir es beim Staat und bei der Gesellschaft mit je verschiedenen Funktionsbereichen zu tun haben, die sich aber eben nun einander nicht ausschließen, sondern die sich ergänzen und die beide aufeinander angewiesen sind.

Ich deutete schon einmal an, daß die Verbände – für die Beamtengewerkschaften trifft das genauso zu – ihr Wirkungsfeld im gesellschaftlichen Raum als einem vorstaatlichen Raum finden. Ihre Tätigkeit vollzieht sich damit aber nun nicht im rein Privaten. Die Verbände sind, wie die politischen Parteien, die Presse, der Rundfunk und das Fernsehen, dem »Öffentlichen« zuzurechnen. Verbände von der Art des Deutschen Beamtenbundes haben erhebliche öffentliche Bedeutung. Sie haben deshalb auch einen öffentlichen Status, und regelmäßig sind es Zahl und Art der Mitglieder einerseits, der Grad und die Effizienz der Organisiertheit andererseits, die die Mächtigkeit eines Verbandes hervorbringen.

Die industrielle Gesellschaft bedarf dieser organisierten Verbandsmächte, um eine kontrollierte Ordnung im Bereich der gesellschaftlichen Interessen und Statusunterschiede zu ermöglichen. Und man kann mit

6 Vgl. Herbert Krüger: Allgemeine Staatslehre, Stuttgart 1964, S. 395f.

Otto Stammer und Ulrich Scheuner sagen: »Demokratie in der organisierten Großgesellschaft setzt ein System differenzierter Gruppenfilter voraus, mit deren Hilfe politische Meinung von ›unten‹ beeinflußt durch politische Zielsetzung und Entscheidung von ›oben‹, zu politischen Willensströmen verdichtet werden. Ohne diese Sammlung und Vorprüfung der Interessen und ihre Darstellung in der Öffentlichkeit würde es dem Staate nicht möglich sein, sich über die sozialen Voraussetzungen und Interessen des von ihm geregelten Bereiches zu orientieren.«[7]

Ich muß mich hier auf diese kurzen Bemerkungen zur Funktion der Verbände beschränken. Worum es mir ging, war vor allem, deutlich zu machen, daß den Verbänden in unserer Demokratie staatsintegrierende Bedeutung zugemessen werden muß, und zwar deshalb, weil sie im Bereich der Vorformung des politischen Willens als Vertreter vereinigter einzelner Interessenten wirken. Diesen einzelnen wird durch diese Mitwirkung des ihre Interessen repräsentierenden Verbandes an der politischen Willensbildung zugleich auch selbst zu ihrer für die Demokratie notwendigen Staatszuwendung verholfen. Man veranschlage auch diesen Gesichtspunkt nicht zu gering. Herbert Krüger sagt ganz richtig[8]:

»Der Mensch der Massengesellschaft ist nicht nur hinsichtlich seiner kreatürlichen Lebensbedürfnisse in einem unerhörten, besorgniserregenden Maße von der Versorgung vor allem durch Staat und Gemeinde abhängig geworden. Er vermag auch im übrigen seinen Pflichten und Aufgaben ohne ständige Beratung und Unterstützung von dritter Seite nicht mehr nachzukommen. Auch in dieser Hinsicht sind die Verbände Selbsthilfeorganisationen der Gesellschaft, die auf genossenschaftliche Art und Weise ihre Mitglieder mit dem versorgen sollen, was sie sich aus eigener Kraft nicht mehr zu beschaffen vermögen, und sie dort unterstützen sollen, wo sie sich selbst nicht mehr zu helfen wissen. Würde man die Verbände aus dem Bild des modernen Staates streichen, dann würde man nicht etwa erreichen, daß die Bürger dazu übergingen, sich selbst zu versorgen und zu helfen – eine solche Streichung würde vielmehr eine allgemeine Rat- und Hilflosigkeit zur Folge haben müssen,

7 Vgl. Otto Stammer: Politische Soziologie, in: Soziologie. Ein Lehr- und Handbuch zur modernen Gesellschaftskunde. Hrsg. von Arnold Gehlen und Helmut Schelsky, Düsseldorf 1955, S. 256ff. (Zitat S. 260).

8 Vgl. Krüger, a.a.O. (wie Anm. 6).

diese aber wiederum würde den Staat zwingen, seinerseits alle diese Arten der Betreuung in die Hand zu nehmen.«

Abgesehen von allen anderen Argumenten, die ich für die Notwendigkeit einer partnerschaftlichen Zusammenarbeit zwischen Dienstherrn und Beamtengewerkschaften vorgetragen habe, scheint mir auch in dieser von Krüger hervorgehobenen Eigenschaft der Verbände als Selbsthilfeorganisationen, die den Staat von Aufgaben entlasten, die er sonst selbst erfüllen müßte, ein weiterer zwingender Beweis dafür erbracht zu sein, daß der Dienstherr uns als ebenbürtigen Partner anerkennen muß, wenn es um die Gestaltung der rechtlichen Verhältnisse der Beamten geht. Und so darf ich denn am Ende meines Vortrages die Überzeugung ausdrücken, daß wir mit unserer programmatischen Forderung nach partnerschaftlicher Zusammenarbeit in jeder Hinsicht auf dem richtigen Wege sind; denn ich glaube, daß wir mit ihr, wie ich schon einmal sagte, nur Folgerungen aus Prinzipien ziehen, die unmittelbar in unserer heutigen politischen Wirklichkeit und unserer Verfassungsordnung angelegt sind.

1965–1969

Durchsetzung beamtenpolitischer Forderungen – Reformwillen

14. November 1965

Eigenständige Beamtenpolitik – eine staatspolitische Notwendigkeit

Vortrag auf der Veranstaltung des Verbandes der Bundesbankbeamten im DBB; ohne Ortsangabe

Quelle: DBB-Archiv, Abt. Bgst 500-8 (maschinenschriftlich)

Die Aktualität unseres Themas läßt sich vielleicht am besten kennzeichnen, wenn ich zu Beginn meiner Ausführungen einige Sätze aus einem erst kürzlich in der Wochenzeitschrift »Die Zeit« erschienenen Artikel zitiere. Der Verfasser[1] dieses Artikels setzt sich unter der Überschrift »Hierarchie von vorgestern – Das Beamtenrecht steht der Verwaltung eines modernen Industriestaates im Wege« des langen und breiten mit der Daseinsberechtigung eines der deutschen Verwaltungstradition entsprechenden Berufsbeamtentums in einer modernen Demokratie auseinander und kommt dabei dann im wesentlichen zu folgendem Ergebnis:

»Viele Argumente sprechen für ein Berufsbeamtentum, aber ebenso viele dagegen. Es wäre eine große politische Aufgabe, zu überlegen, wie hier ein für die Demokratie tragbarer Kompromiß gefunden werden kann. Die Sonderstellung der Beamten ist bei uns zu weit ausgebaut, als daß sie in einen demokratisch regierten Staat hineinpassen würde. Diese Sonderstellung zu beseitigen, ohne den Staat selbst zu gefährden, ist zwar schwierig. Trotzdem können sich die politischen Instanzen in der Bundesrepublik nicht darauf herausreden, das sei unmöglich.«

Damit dürfte die unseren eigenen beamtenpolitischen Vorstellungen entgegengesetzte Position deutlich genug abgesteckt sein, und wir

1 Jörg Eckart in: Die Zeit. Nr. 40, 1. Oktober 1965.

werden zu prüfen haben, ob wir uns etwa auf einem Irrweg befinden, wenn wir nach wie vor für ein unabhängiges Berufsbeamtentum eintreten und die Festigung seiner Grundlagen, wie unser Thema besagt, sogar für eine staatspolitische Notwendigkeit halten.

Ich könnte mir nun die Sache verhältnismäßig leicht machen, wenn ich die Argumente, die der Verfasser des Artikels in der »Zeit« zur Begründung seines Standpunktes vorgebracht hat, im einzelnen auf ihre Stichhaltigkeit hin untersuchen würde. In dieser Hinsicht ist aber eigentlich schon alles in dem Leserbrief gesagt, den ein Abgeordneter des Niedersächsischen Landtages an »Die Zeit« gerichtet hat.[2] »Ihre Stellungnahme«, so schreibt dieser Abgeordnete, »enthält eine Fülle objektiver Unrichtigkeiten und ungenauer Darstellungen. Die beamtenrechtliche Analyse ist in weiten Bereichen falsch oder einseitig und läßt wesentliche Fakten unberücksichtigt. Konkrete Änderungsvorschläge werden nicht gemacht. Fast in jedem Satz kommt deutlich zum Ausdruck, daß der Autor keine hinreichende Sachkenntnis besitzt und seine Zeilen offenbar lediglich einem allgemeinen Unbehagen über die staatliche Bürokratie entspringen.«

Es wäre kaum sinnvoll und mehr oder weniger bloße Spiegelfechterei, wenn wir uns mit der Widerlegung von sachlich so schwach fundierten Argumenten begnügen würden, um bereits dadurch die Richtigkeit unserer eigenen Auffassungen bestätigt zu finden. Wir müssen da schon ein wenig mehr in die Tiefe gehen, um vor uns selbst und vor unseren Kritikern zu bestehen. Denn eines steht ja doch fest: Die richtige Bestimmung des Ortes, der dem Berufsbeamtentum in unserer heutigen politischen Ordnung zukommt, ist tatsächlich ein ernstzunehmendes Problem, und wir sind die Letzten, die sich der Selbsttäuschung hingeben, dieses Problem sei bereits gelöst und unsere Aufgabe als Verband bestünde heute und künftig hauptsächlich darin, materielle Verbesserungen für die Beamten als eine Interessentengruppe unter vielen anderen durchzudrücken.

Nun gehören wir zwar nicht zu denjenigen, die links – zwei – drei und unverdrossen mit dem »Fortschritt« gehen, daß es nur so staubt, und wir

2 Vgl. den Leserbrief von Hans-Alexander Drechsler (SPD), Vorsitzender des Beamtenrechtsausschusses des Niedersächsischen Landtages und Vorsitzender der Deutschen Postgewerkschaft, in: Die Zeit. Nr. 42, 15. Oktober 1965.

rechnen uns auch nicht zu jenen, die aus der Idee des Berufsbeamtentums eine Weltanschauung machen möchten. Wohl aber sind wir voll aufgeschlossen für die gesellschaftspolitische Entwicklung unserer Zeit mit all ihrer in die Zukunft wirkenden Dynamik. Die hieraus folgenden Wandlungen in der Struktur und in der Aufgabenstellung der öffentlichen Verwaltung, die wir mit wachem Sinn beobachten, erfordern auch ein diesen Wandlungen angepaßtes Berufsbeamtentum. Insoweit ist tatsächlich noch manches dringend erneuerungsbedürftig. Das gilt für die Ausgestaltung der Rechtsverhältnisse der Beamten genauso wie für den organisatorischen Aufbau und die personelle Ausstattung des Berufsbeamtentums als einer politischen Institution. Wir wären schlecht beraten, wollten wir vor dieser Notwendigkeit die Augen verschließen.

Nur darf man dabei eben nicht, wozu die meisten Kritiker des Berufsbeamtentums und der Beamten neigen, das Kind mit dem Bade ausschütten. Wenn man immer wieder den Einwand zu hören bekommt, das Berufsbeamtentum sei, weil es unter obrigkeitsstaatlichen Vorzeichen und in vorindustrieller Zeit entstanden sei, in einer Demokratie und in der industriellen Gesellschaft ein Fremdkörper, und wenn die besondere Rechtsstellung des Beamten in eine dem demokratischen Gleichheitsgrundsatz widersprechende Privilegierung umgedeutet wird, so sind das, wie ich gleich noch näher darlegen werde, alles Argumente, die am Kern der Sache vorbeigehen. Solche Einwände beweisen nur, daß sich ihre Urheber von bestimmten sozialen Ressentiments, nicht aber von der Einsicht in die politischen Notwendigkeiten leiten lassen, von denen die Funktionsfähigkeit eines demokratisch verfaßten Gemeinwesens abhängt.

Eine kurze Analyse unserer staatlichen und gesellschaftlichen Wirklichkeit wird das beweisen. Hier gilt es nun zunächst klar die tiefgreifenden Veränderungen zu erkennen, denen unsere Vorstellungen vom Staat im Laufe der letzten 50 Jahre ausgesetzt waren. An der früheren Idee eines überparteilichen neutralen Staates, der ein vom Volke losgelöstes Eigendasein führte und als eine eigenständige Größe gleichsam vorgegeben war, können wir heute nicht mehr festhalten. Sie steht weder mit der demokratischen Verfassung noch mit der pluralistischen Wirklichkeit in Beziehung.

Damit haben sich auch die für die politische Willensbildung maßgebenden Gewichte entscheidend verlagert. In der heutigen Verfassungswirklichkeit vollzieht sich der Vorgang der politischen Willensbildung von unten nach oben. Das Volk hat gewissermaßen den Staat aus sich selbst hervorzubringen. Im modernen großräumigen industriellen Staat ist das Volk wirtschaftlich und interessenmäßig gegliedert und weithin durch berufliche und wirtschaftliche Vereinigungen organisiert, und es ist keine ganz neue Einsicht, daß die heutige Verfassungswirklichkeit von den Gruppen mitbestimmt wird. Das liegt im Wesen einer freiheitlich geordneten pluralistischen Demokratie.

Die politischen Parteien und die gesellschaftlichen Gruppen wirken je für sich am Prozeß der politischen Willensbildung mit. Im Vergleich zu den in Verbänden organisierten sozialen Gruppen, die im freien gesellschaftlichen Bereich wirken und auch dort nicht zum staatlichen Aufbau gehören, wo ihre Vertreter beratend oder mitwirkend herangezogen werden, geht die Funktion der politischen Parteien wesentlich weiter. Abgesehen davon, daß ihnen Artikel 21 des Grundgesetzes die Mitwirkung bei der Willensbildung des Volkes ausdrücklich aufträgt, ist ihre Funktion auf die politische Repräsentation des Ganzen gerichtet. Ihre Aufgabe ist es, aus den widerstreitenden Interessen der sozialen Gruppen heraus zu politischen Entscheidungen zu gelangen. Dabei koordinieren sie, wenn sie große Volksparteien sind, diese Interessen schon in gewissem Umfang in sich selbst.

Wichtig ist in diesem Zusammenhang aber trotz allem zu erkennen, daß die repräsentative Funktion der politischen Parteien auch wiederum von den sozialen Organisationen gestützt wird, und zwar insofern, als diese dazu beitragen, den Parteien und dem Parlament einen laufenden Kontakt mit den Gruppen der Bevölkerung zu ermöglichen. Daß die heutige politisch-gesellschaftliche Wirklichkeit, von der ich hier nur ein ganz flüchtiges Bild entwerfen konnte, in vielem äußerst problematisch ist, das wissen Sie alle. Manche befürchten ja sogar, daß sich eines Tages die Kraft der Interessenverbände als stärker als die Kraft der politischen Parteien erweisen könnte und daß sich, wenn es den politischen Parteien nicht mehr gelingen sollte, aus dem pluralistischen Neben- und Gegeneinander eine Linie des sozialen und politischen Ausgleichs zu finden, die Interessenverbände an die Stelle des Parlaments treten würden.

Darauf näher einzugehen, liegt aber nicht im Rahmen des mir

gestellten Themas. Mir kommt es im Augenblick nur darauf an, die beträchtliche Dynamik anzudeuten, die dadurch ausgelöst wird, daß – einem demokratischen Prinzip folgend – die gesellschaftlichen Gruppen heute in den Prozeß der politischen Willensbildung hereingenommen sind. Es entspricht der Idee der Freiheit, das Zustandekommen der politischen Entscheidung grundsätzlich für den Machtkampf aller an der Gestaltung des öffentlichen Lebens interessierten Gruppen offenzuhalten. Interessengegensätze dürfen staatlicherseits nicht unterdrückt, sie müssen unter Anwendung demokratischer Spielregeln ausgeglichen werden. Infolgedessen beruhen politische Entscheidungen in einer parteienstaatlichen Demokratie unter Anerkennung von Wirklichkeit und Notwendigkeit gegensätzlicher Interessen zumeist auf dem jeweiligen Ergebnis der Interessenkonkurrenz. Ihr wichtigstes Regulativ ist ein Kompromiß zwischen den auseinanderstrebenden Tendenzen der pluralistischen Interessen. Die im Hinblick auf diese auseinanderstrebenden Tendenzen notwendige einigende und zusammenfassende Wirkung beruht auf der Annahme der Mehrheitsentscheidung und deren Bestimmung über das Gemeinwohl. Sie kann nur durch Parlament und Parteien erfolgen. In dieser Spannung muß ihnen die Entscheidung wie auch die Kraft bleiben, den Ausgleich der Interessen zu finden, dem Egoismus partikularer Interessen Grenzen zu setzen und damit das Ganze darzustellen.

Wirkliche Freiheit kann sich aber nun eben nur in der Ordnung entfalten. Soll also die geschilderte Dynamik des Prozesses der politischen Willensbildung nicht zu einem chaotischen Verlauf der Wirtschafts- und Sozialentwicklung führen, muß diese Dynamik durch statische Ordnungselemente ausbalanciert werden. Auch in einem demokratisch verfaßten Gemeinwesen bedarf es daher der Ausübung staatlicher Herrschaft. Es müssen politische Institutionen vorhanden sein, durch welche die zum Staat verfaßte Gesellschaft den ihr obliegenden Gemeinschaftsaufgaben gerecht wird und durch welche die Dynamik der Machtentfaltung und der Sozialkontrolle sich vollzieht. Zu diesen Institutionen gehört nun außer der Regierung, dem Parlament, den Gerichten usw. vornehmlich auch das Berufsbeamtentum. Es gehört mit zu den Instrumenten staatlicher Herrschaftsausübung und Machtentfaltung, ohne die ein geordnetes Zusammenleben der Bürger auch in einer Demokratie nicht möglich wäre.

Das ist nun freilich zugleich auch der Punkt, der das Unbehagen vieler

Kritiker des Berufsbeamtentums auslöst, die in überspitzten Vorstellungen von staatsbürgerlicher Freiheit leben. Diejenigen, die öffentlich zur Einübung des Ungehorsams gegen den Staat auffordern oder es für eine vordringliche Aufgabe halten, einen gutgemachten Kriminalfilm zu drehen, »der« – ich zitiere wörtlich – »einige hunderttausend Deutsche lehren könnte, ihren Behörden zu mißtrauen (wozu sie wahrhaftig allen Grund hätten)« – diejenigen, die so denken, werden natürlich für die Notwendigkeit von Ordnungselementen, die das Umschlagen der pluralistischen Demokratie in die Anarchie oder in die Diktatur verhindern sollen, kein Verständnis aufbringen. Sie werden sich auf die Seite eines amerikanischen Schriftstellers stellen, der Mitte des vorigen Jahrhunderts einmal schrieb: »Ich erkläre dem Staat ganz gelassen den Krieg, obwohl ich ihn mir zunutze machen und zum Vorteil wenden will, wo ich nur kann.« Das aber nur nebenbei; es sollte nur zeigen, wo die Grenze der Verständigungsmöglichkeiten zwischen uns und unseren Kritikern liegt. Für uns ist die vom Grundgesetz geforderte Rechtsstaatlichkeit der demokratischen Ordnung nicht lediglich ein Gebot, auf das sich der einzelne zum Schutz unumschränkter individueller Freiheiten berufen kann. Für uns ist die Zuordnung von Staat und Recht der Angelpunkt des Selbstverständnisses unserer Aufgabe als Berufsbeamte.

Wie anders sollte sich ein Volk und eine Gesellschaft, die sich staatlich verfaßt haben, in ihrer Existenz sichern lassen, wenn die Staatsorgane nicht mit der Macht ausgestattet wären, die Gesetze, die sich ein Volk durch seine gewählten Vertreter gibt, auch tatsächlich vollziehen zu können. Dabei braucht man noch nicht einmal an die eigentlichen Fälle akuter Existenzbedrohung durch irgendwelche Notstände oder gar durch kriegerische Verwicklungen zu denken. Richtig aufgefaßt, ist der Staat nicht etwa das Gegenteil oder der Gegner – er ist in Wirklichkeit die Voraussetzung von Rechten und Freiheit. Denn was würden beispielsweise die Grundrechte für den einzelnen ohne Sicherheit und Ordnung bedeuten!? Praktisch wären sie ohne einen Staat, der wirksam und verläßlich Sicherheit und Ordnung zu schaffen und zu verbürgen vermag, wertlos. Erst ein solcher Staat erhebt Recht und Freiheit des Menschen aus einem bloßen Titel zu wirklichem Besitz.

Hermann Heller, der Verfasser einer bedeutenden »Staatslehre«, hat, worum es hier geht, einmal sehr treffend in die folgenden Worte gekleidet[3]:

»Das Recht muß als die notwendige Bedingung des heutigen Staates, der Staat aber als die notwendige Bedingung des heutigen Rechtes erkannt werden. Ohne machtbildenden Charakter des Rechts gibt es weder eine normative Rechtsgeltung noch eine Staatsmacht, ohne den rechtsbildenden Charakter der Staatsmacht aber gibt es weder eine Rechtspositivität noch einen Staat.«

So sind es denn auch nicht irgendwelche obrigkeitsstaatlichen Reminiszenzen oder sonstige restaurative Erwägungen gewesen, die die Väter unseres Grundgesetzes dazu bewogen haben, an der politischen Institution des Berufsbeamtentums festzuhalten und ihren Fortbestand verfassungsrechtlich zu garantieren. Aus den Materialien zum Grundgesetz ergeben sich hauptsächlich die folgenden drei Gesichtspunkte, die für diese politische Entscheidung ausschlaggebend gewesen sind, nämlich

1. daß ohne die Institutionalisierung des Berufsbeamtentums Legalität und Neutralisierung der Verwaltung nicht erreicht werden könnten;
2. die Bedeutung des Berufsbeamtentums »im Interesse der Stabilisierung des Staates« und
3. daß den Beamten eine besondere verfassungsrechtliche Stellung gegeben werden müsse, weil die Sicherung ihrer inneren Neutralität gegenüber den widerstreitenden Interessen eine staatspolitische Notwendigkeit sei.

Hier kommt also bereits klar zum Ausdruck, was ich einmal den verfassungspolitischen Auftrag des Berufsbeamtentums nennen möchte. Das Bundesverfassungsgericht hat später diesen Auftrag dahin umschrieben, daß das Berufsbeamtentum »eine stabile Verwaltung sichern und damit einen ausgleichenden Faktor gegenüber den das Staatsleben gestaltenden politischen Kräften darstellen soll«[4]. Der der Entscheidung des Parlamentarischen Rates über den Fortbestand des Berufsbeamtentums zugrunde liegende Gedanke wird vom Bundesverfassungsgericht, wie man sieht, nur anders gefaßt. Im Hinblick auf meine vorausgegangene kurze Analyse unserer heutigen politischen und gesellschaftlichen

3 Vgl. Hermann Heller: Staatslehre. Hrsg. von Gerhart Niemeyer, Leiden ^{3}1963, S. 191.
4 Vgl. das Urteil vom 17. Oktober 1957; BVerfGE. Bd. 7, S. 155ff. (Zitat S. 162).

Wirklichkeit dürfte damit nun, wie ich hoffe, klargestellt sein, worin die Bedeutung des Berufsbeamtentums für den demokratischen Staat liegt: Es soll als eine die staatliche Ordnung stabilisierende Einrichtung den Interessengegensätzen der pluralistischen Gesellschaft entzogen sein und den vollkommen interessenneutralen Vollzug der politischen Entscheidungen der verfassungsmäßigen Machtträger garantieren. Die gesellschaftlichen Interessen und Konflikte sollen sich, solange es um die Mitwirkung der politischen Parteien, der Verbände, der Lenkungsmittel der öffentlichen Meinung bei der politischen Willensbildung des Volkes geht, uneingeschränkt geltend machen und insoweit auch Einfluß auf die Formung des Staatswillens nehmen. Sobald aber der Staatswille durch die zuständigen Verfassungsorgane gebildet ist und sich zu konkreten politischen Entscheidungen, hauptsächlich also zu Gesetzen, ausgeformt hat, dürfen die Interessengegensätze sich keinesfalls auch des Vollzugs des Staatswillens bemächtigen. Aus dem institutionellen, staatlichen Bereich sind sie verbannt. Hier gilt ausschließlich die strenge Bindung an Gesetz und Recht. Kompromissen, den hauptsächlichen Regulativen im politischen Bereich, ist eine solche Bindung an feste Maßstäbe nicht mehr zugänglich.

Leider ist es nun so, daß der von mir hervorgehobene verfassungspolitische Auftrag des Berufsbeamtentums über seiner instrumentalen Bedeutung als Verwaltungsorgan oder als Vollzugsapparat der politischen Entscheidungen der Staatsführung meist völlig übersehen wird. Die rein fachlich-technische Erledigung von Verwaltungsaufgaben und öffentlichen Dienstleistungen tritt in den Vordergrund, und man braucht sich dann auch gar nicht zu wundern, wenn immer wieder die Frage gestellt wird, in welcher Hinsicht sich die staatliche Bürokratie eigentlich noch von jeder x-beliebigen außerstaatlichen Bürokratie unterscheide.

Der Göttinger Soziologe Hans Paul Bahrdt schreibt beispielsweise[5]:

»Auf jeden Fall unterscheiden sich die staatlichen Funktionen aus der Perspektive des Staatsdieners, der sie ausübt, wie auch in der Sicht der Öffentlichkeit inhaltlich nicht mehr so stark von den Tätigkeiten in der Privatwirtschaft, daß dem Staatsdienst die Weihe von etwas Besonderem

5 Vgl. Hans Paul Bahrdt: Die Beamten, in: Gibt es noch ein Proletariat? Hrsg. von Marianne Feuersenger, Frankfurt/Main, S. 34ff. (Zitate S. 41f.).

und Unvergleichbarem anhaftet. Hinzu kommt die ungeheure Aufblähung des Staatsapparates, die Demokratisierung des Bewußtseins, aber auch die Erinnerungen an die häufigen Wechsel der politischen Systeme in jüngerer Vergangenheit: All dies hat der Autorität des Staates und damit auch dem Prestige der Beamten geschadet.«

Und im Hinblick auf die weitere technische Entwicklung führt Bahrdt aus:

»Wir dürfen aber damit rechnen, daß die zweite industrielle Revolution, die auch die Beamtenfunktionen ergreifen wird, das schon lange in Krise befindliche Standesbewußtsein der Beamten völlig zersetzen muß.«

Das löst dann gleich die weitere Frage aus: Wozu ist denn dann noch das besondere Rechtsverhältnis des Beamten gut? Dann genügen doch auch für den Staat Dienstkräfte, die in einem privatrechtlichen Arbeitsverhältnis stehen. Damit wären die leidigen »Privilegien« der Beamten, ihre lebenslängliche Anstellung und Versorgung, beseitigt, und den Beamten täte man damit zugleich auch selbst einen Gefallen: Mit dem ständigen Tauziehen um ihre Gehälter wäre es vorbei, sie könnten als mit ihrem Arbeitgeber gleichberechtigte Sozialpartner im Rahmen der Tarifautonomie ganz anders auftreten und ihre Interessen viel wirksamer als unter dem gegenwärtigen Rechtszustand durchsetzen.

Hier stehen wir nun wie Herkules am Scheideweg! Wie sollen wir uns entscheiden? Wenn wir die uns aufgetragene Rolle, die sachgemäße Durchführung des Staatswillens zu garantieren und kraft der Sachbezogenheit und Unparteilichkeit unserer Arbeit der staatlichen Ordnung die Festigkeit und Kontinuität zu verleihen, unbefangen spielen könnten, gäbe es wohl in unseren Reihen kaum ein Schwanken, wie wir uns zu entscheiden hätten. Denn wir haben in der Vergangenheit oft genug staatspolitisches Verantwortungsbewußtsein bewiesen, indem wir gezeigt haben, daß wir nicht gewillt sind, dem Allgemeininteresse durch die überspitzte Vertretung unseres Gruppeninteresses Abbruch zu tun. Ich will der Bitterkeit, der Enttäuschung, die wir in dieser Hinsicht soeben erlebt haben, an dieser Stelle nicht weiter Ausdruck verleihen, sondern will dieses Faktum nur mit erwähnen, um in dem uns hier beschäftigenden Zusammenhang anzudeuten, wohin Vertrauensbrüche seitens derjenigen zwangsläufig führen, die die Verantwortung für die

Geschicke dieses Staates tragen. Sie alle sind hinreichend über die Zusammenhänge orientiert, auf die ich hier anspiele. Die volle Tragweite dessen, was sich in diesen Tagen abgespielt hat, wird auch, ohne daß ich auf die Einzelheiten eingehe, klar hervortreten, wenn wir nunmehr den Grundgedanken unseres Themas zu Ende denken.

Bei richtiger Einschätzung unserer Verfassungswirklichkeit steht die Notwendigkeit des Berufsbeamtentums außer jedem Zweifel. Und deshalb kann man auch nur immer wieder den Kopf darüber schütteln, wie wenig die offizielle Beamtenpolitik dieser Notwendigkeit gerecht wird. Wir bemühen uns nun seit Jahr und Tag hervorzuheben, daß wir bei unserem Eintreten für eine ausreichende wirtschaftliche Sicherung der Beamten nicht nur deren Eigeninteresse im Auge haben, sondern damit gleichzeitig auch das Interesse der Allgemeinheit zu wahren bemüht sind. Denn die rechtlichen und wirtschaftlichen Sicherungen des Beamten, seine besondere verfassungsrechtliche Stellung, stellen ja keine dem einzelnen Beamten zugedachten Rechtswohltaten dar. Sie dienen ausschließlich dazu, den Beamten in die Lage zu versetzen, die ihm zufallende Funktion im Interesse der Allgemeinheit mit der erforderlichen inneren und äußeren Unabhängigkeit erfüllen zu können.

Nichts ist also falscher, als jene rechtlichen und wirtschaftlichen Sicherungen des Beamten zu Privilegien zu stempeln, daraus auf eine Sonderstellung des Beamten zu schließen, die in einem demokratisch regierten Staat viel zu weit gehe. Auf die Verkennung des wirklichen Rechtsgrundes jener Sicherung sind manche Mißverständnisse zurückzuführen, vor allem auch jenes fundamentale, daß die den Beamten zustehenden Rechte heute weitgehend unter sozialpolitischen und nicht unter staatspolitischen Vorzeichen gewürdigt werden. Dahin ist es vor allem gekommen, weil die Dienstherren das notwendige Verständnis für die staatspolitische Bedeutung des Beamtenstatus vermissen ließen.

Der Öffentlichkeit, die über diese Zusammenhänge nicht unterrichtet ist, kann man es deshalb nicht verdenken, daß sich bei ihr nach den heftigen Besoldungskämpfen der vergangenen Jahre der Eindruck verfestigt hat, es handele sich bei diesen Auseinandersetzungen der Beamten mit ihren Dienstherren ja doch auch nur um eine Spielart der Lohnkämpfe der Arbeitnehmer. Und nun müssen sich die Beamten ständig ihre »Privilegien« vorhalten und sich sagen lassen, es gehe ihnen ja immer noch viel besser als der Masse der Arbeitnehmer, die, was die soziale Sicherheit anbelange, nach wie vor noch beträchtlich hinter den Beamten zurückliege.

Wir kennen alle die Einstellung mancher Beamten: Wozu noch die besonderen Beamtenpflichten, wenn die Beamtenrechte im Arbeitnehmerverhältnis mehr und mehr auch erreicht werden können? Dieses innere Widerstreben gegen den Beamtenstatus geht auf die gleichen Gründe zurück. Da in den vergangenen Jahren bisweilen ein so eklatantes Gefälle hinsichtlich der sozialen Stellung der Beamten im Verhältnis zu anderen vergleichbaren Berufsgruppen einzutreten drohte, ist der ausschließlich mit staatspolitischen Notwendigkeiten zu rechtfertigende Beamtenstatus in zunehmendem Maße in den Sog einer sozialpolitischen Argumentation geraten. Denn es blieb ja auch gar kein anderer Ausweg mehr, als die Dienstherren zur Herstellung der sozialen Gerechtigkeit auch ihren Beamten gegenüber zu ermahnen, mit dem Ergebnis, daß dadurch reichlich viel Wasser auf die Mühlen des Deutschen Gewerkschaftsbundes geleitet worden ist, der schon durch sein Organisationsprinzip deutlich genug zu erkennen gibt, daß er keine Beamten mehr, sondern nur noch Arbeitnehmer kennt.

Die Mühlen des DGB klapperten besonders dann sehr laut, wenn die Dienstherren mangels einer auf die staatspolitischen Notwendigkeiten eingestellten beamtenpolitischen Konzeption die Beamtenbesoldung ins Schlepptau der Tarifpolitik nahmen. Dann hieß es in den Gazetten des DGB alsbald: »Man sollte meinen, daß unter den vorstehend dargestellten Verhältnissen alles dafür spräche, den Tarifverhandlungen aus Gründen der Stärke der Verhandlungsposition der Gewerkschaften und der Zahl der Bediensteten allgemein den Vorrang einzuräumen.« Denn, so lautet ja die immer wiederkehrende Spachregelung des DGB, erst wenn wir, als Tarifpartner mit dem Druckmittel des Arbeitskampfes versehen, Bresche in die Front der Arbeitgeber geschlagen haben, könnt ihr rechtlich so stark benachteiligten Beamten mit eurer Besoldung nachziehen. Diese vom DGB nicht nur propagierte, sondern auch praktizierte Auslieferung der Wahrnehmung von ureigenen Beamteninteressen an die von den Tarifpartnern vertretenen Interessen beeinträchtigt unsere Verhandlungsposition, vor allem auf Bundesebene, jedesmal aufs empfindlichste.

Es war im Jahre 1964, es war auch im Jahre 1965 so: Der DGB sieht mit verschränkten Armen zu, wenn wir um eine Aufholung des Einkommensrückstandes der Beamten kämpfen. Er denkt nicht daran, initiativ zu werden, solange nicht auch auf dem Tarifsektor die Frage der Einkommenserhöhung akut ist. Seine einzige Aktivität besteht, wie z. B. in diesem Jahr, darin, die vom DBB erzielten Verhandlungsergebnisse als völlig unzureichend zu bezeichnen und seine Forderungen dann plötzlich auf einen so hohen Prozentsatz hinaufzuschrauben, daß selbst der Uneingeweihte die Unvereinbarkeit einer solchen Forderung mit den Realitäten der Haushaltslage auf Anhieb erkennen kann. Aber schließlich liegt auch das ganz im Sinne der, wie es in seinen offiziellen Verlautbarungen heißt, »durchdachten besoldungspolitischen Konzeption des Deutschen Gewerkschaftsbundes«. Ein derartiger Fehlschlag bestätigt seine Behauptung, daß die Beamten aus eigener Kraft niemals erreichen können, was ihnen zukommt. Dazu bedarf es der Vorspanndienste des mächtigen Tarifpartners bei den Tarifverhandlungen für die Angestellten des öffentlichen Dienstes. Auf sich allein gestellt sind die Beamten eine gänzlich ohnmächtige Gruppe. Sie schwimmen mit im Strom der Interessenvertretung der Arbeitnehmer. Die Chance einer erfolgreichen Wahrnehmung ihres eigenen Interesses ist gleich Null.

So sehen, realistisch betrachtet, die Dinge im Verhältnis von uns zum DGB aus. Eine eigenständige Beamtenpolitik zu betreiben, ist dem DGB nicht möglich. Bei ihm ist die Beamtenpolitik ein Anhängsel der Arbeitnehmerpolitik. Das ist bei dem großen Übergewicht der Arbeitnehmerinteressen in seinen Reihen auch gar nicht verwunderlich. Wir brauchen uns nur in die Zeit des Streites um das Personalvertretungsgesetz zurückzuversetzen. Für die Besonderheiten des öffentlichen Dienstes, für die staatspolitischen Notwendigkeiten, auf die es in diesem Bereich, wie ich zu schildern versucht habe, Bedacht zu nehmen gilt, war auf seiten des DGB nicht das geringste Verständnis vorhanden. Die staatlichen Behörden sind absolut nicht anders zu behandeln wie Fabrikbetriebe, deshalb sind sie in das Betriebsverfassungsgesetz einzubeziehen, so lautete die damals vom DGB ausgegebene Parole.

Ich glaube, damit die Fronten, die sich hier gegenüberstehen, genügend deutlich abgesteckt zu haben. Wer als Beamter seine berufspolitischen, rechtlichen und sozialen Interessen vom DGB vertreten läßt, kehrt dem Berufsbeamtentum den Rücken und kapituliert vor den Schwierigkeiten, die der Deutsche Beamtenbund bei der Verfolgung einer eigenständigen Beamtenpolitik zeitweilig zu überwinden hat, weil er bei manchen Dienstherren nicht immer das rechte Verständnis für die staatspolitische Notwendigkeit eines eigenständigen Berufsbeamtentums zu finden vermag.

Entweder lassen wir uns also mit hineinziehen in die Strömung, die der DGB mit seiner Parole, auch der Beamte gehöre hinein in »die große Gemeinschaft aller Arbeitnehmer«, verursacht und die eine kräftige Förderung des reinen Arbeitnehmerdenkens auch bei den Beamten zur Folge hat. Oder wir besinnen uns auf die Besonderheit unserer Aufgabe und die Besonderheit unseres mit dieser Aufgabe unlöslich verbundenen Rechtsverhältnisses. Bekennen wir uns aber zur Eigenständigkeit sowohl der politischen Institution des Berufsbeamtentums wie auch der Rechtsnatur des Beamtenverhältnisses und sind wir uns dieser Eigenständigkeit als einer staatspolitischen Notwendigkeit bewußt, dann kann es für uns kein Schwanken mehr geben, daß wir uns der Ausbreitung des arbeitnehmerähnlichen Selbstverständnisses der Beamten entschieden entgegenstellen und damit auch eigene Wege in der Vertretung unserer Interessen gehen müssen. Wir haben ein eigenes Interesse wahrzunehmen, das sich weder mit dem Arbeitnehmerinteresse deckt noch auch dadurch verfälscht werden darf, daß man seine Wahrung, wie es der DGB für richtig hält, gewissermaßen treuhänderisch einer anderen Interessengruppe, den Arbeitnehmern, anvertraut.

So gehört zum eigenständigen Berufsbeamtentum und zum eigenständigen Rechtsverhältnis des Beamten wesensmäßig auch das eigenständige Gruppeninteresse der Beamtenschaft. Eine eigenständige Beamtenpolitik muß diese drei Faktoren gemeinsam ins Auge fassen; sie lassen sich nicht voneinander trennen. Auf dieser Erkenntnis beruht die beamtenpolitische Konzeption des Deutschen Beamtenbundes, und wenn wir auf die lange Reihe unserer mit Hilfe dieser Konzeption erzielten tatsächlichen Erfolge zurückblicken, wird niemand sagen können, wir seien mit ihr schlecht gefahren.

Wenn diese Erfolge zeitweise hinter dem von uns Erstrebten zurückgeblieben sind, so ist das kein Argument gegen den richtigen Ansatz unserer Beamtenpolitik. Insoweit gilt es, zu erkennen, daß wir als

Interessengruppe mit einbezogen sind in die von mir gekennzeichnete Auseinandersetzung der verschiedenen Gruppeninteressen, in die Interessenauseinandersetzung also, die im Wesen einer pluralistischen Gesellschaft liegt. Wir müssen uns deshalb freimachen von dem Gedanken an einen Patron, der uns die Wahrnehmung unseres spezifischen Gruppeninteresses abnimmt.

So nahe es läge, aus der besonderen Nähe des Berufsbeamtentums zum Staat und aus dem Gedanken, daß diese Einrichtung ausschließlich Interessen der Allgemeinheit zu dienen bestimmt ist, zu folgern, die Beamtenschaft müsse dem Interessenkampf entzogen werden, die Struktur unserer Verfassung und die pluralistische Struktur unserer Gesellschaft bietet dafür keine Ansatzpunkte. Wir würden die Schlagkraft unserer Interessenvertretung entscheidend schwächen, wollten wir uns allein auf die Fürsorge unseres Dienstherrn, des Staates also, verlassen. Die Fürsorge eines anonymen Staates ist etwas anderes als die auf persönlichen Bindungen beruhende Treue eines Monarchen. Die Beamtenschaft ist einbezogen in die pluralistische Gesellschaft eines demokratischen Parteienstaates. Sie unterliegt deshalb ebenfalls den hier geltenden Gesetzlichkeiten. Das alles müssen wir ganz realistisch sehen. Es gehört heute mit zur Funktion der Beamtenschaft selber, für die Garantie des Berufsbeamtentums und einer auf die staatspolitischen Notwendigkeiten eingestellten Beamtenpolitik einzutreten.

Deshalb wäre es auch gänzlich verfehlt, uns aus verständlicher Enttäuschung über den Wortbruch des derzeitigen Regierungschefs[6] und über dessen, wie seine Regierungserklärung[7] gezeigt hat, völlige Interesselosigkeit an den Lebensfragen eines leistungsfähigen Berufsbeamtentums in den Schmollwinkel zurückzuziehen. Wir können uns, jeder für sich oder gemeinsam, über den schnöden Verstoß gegen den fundamentalen Grundsatz von Treu und Glauben entrüsten. Wir können uns auch über die Paradoxie Gedanken machen, daß ein und derselbe Mann eine

6 Am 28. Juni 1965 hatte Bundeskanzler Erhard eine vierprozentige Erhöhung der Beamtengehälter ab 1. Januar 1966 angekündigt. Vgl. DBB-Nachrichten. Nr. 120, 28. Juni 1965.

7 Für den Wortlaut der Regierungserklärung Erhards vom 10. November 1965 vgl. Verhandlungen des Deutschen Bundestages. 5. Wahlperiode 1965. Bd. 60, 4. Sitzung, S. 17ff.

»formierte Gesellschaft« zu seinem Programm macht und gleichzeitig das Berufsbeamtentum aufs schwerste brüskiert. Wenn, wie er sagt, die neue Gesellschaftspolitik auf die ganze Gesellschaft abzielen müsse, »auf die Erhaltung ihrer Leistungsfähigkeit und ihrer Dynamik«, wem sonst als dem Berufsbeamtentum fiele denn die Aufgabe zu, eine solche mit dem Blick aufs Ganze gerichtete Politik in die Wirklichkeit umzusetzen?

Alle derartigen Gefühls- und Verstandesregungen führen uns aber keinen Schritt weiter. Wir dürfen unsere beamtenpolitische Konzeption auf keinen Fall beeinflussen lassen durch unsere Enttäuschung über die mangelnde Einsicht des höchsten Regierungsvertreters in für uns selbstverständliche staatspolitische Notwendigkeiten. Er ist ein auf Zeit gewählter Amtsträger unseres Staates. Unsere Aufgaben im Dienste dieses Staates sind von unbegrenzter Dauer.

Die Konsequenzen, die wir aus der augenblicklichen Situation zu ziehen haben, können nur darin bestehen, daß wir, von der Richtigkeit unserer beamtenpolitischen Konzeption überzeugt und im Einklang mit den staatspolitischen Notwendigkeiten, den einmal beschrittenen Weg unbeirrt weiterverfolgen. Wir sind keineswegs so ohnmächtig, wie das manchem auf den ersten Blick erscheinen mag. Wir werden, wenn wir das mit unserer Mitgliederstärke verbundene Gewicht besonnen und zielbewußt geltend zu machen verstehen und es durch die Überzeugungskraft unserer sachlichen Argumente noch wesentlich verstärken, Unterstützung bei einer großen Zahl von einsichtigen Politikern in den politischen Parteien und im Parlament finden. Und wir werden – ich freue mich, das hier feststellen zu können – auch an dem neuen Bundesinnenminister [Lücke] einen Bundesgenossen haben, der unsere Sache im Kabinett mit der erforderlichen Entschiedenheit vertreten und – dessen bin ich sicher – auch alles daran setzen wird, das so arg strapazierte Vertrauen in die Redlichkeit der Politik wiederherzustellen.

Worauf es, wenn ich jetzt als Bundesvorsitzender den Deutschen Beamtenbund und seine Mitgliedsverbände selbst anspreche, in der nächsten Zeit ganz besonders ankommen wird, ist, wie ich meine, vor allem folgendes: Das Zusammengehörigkeitsgefühl unserer Mitglieder und damit ihr Gruppenbewußtsein muß noch weit mehr als bisher gefestigt werden. Das gemeinsame Bewußtsein des Dienstes für die Allgemeinheit darf auf keinen Fall durch politische Fehlgriffe selbst führender Politiker Schaden leiden. Das Zusammengehörigkeitsgefühl, von dem ich sprach und aus dem das lebendige Gruppenbewußtsein und die Überzeugung erwächst, ein für den Staat notwendiges Gruppeninteresse zu vertreten, ist eine der stärksten Waffen, über die wir verfügen: Im Bewußtsein der gemeinsamen Aufgabe wächst die rechte Dienstgesinnung, deren der Beamte bedarf. Das Bewußtsein, ein eigenständiges Beamteninteresse zu vertreten, macht uns immun gegen das vom DGB geförderte Arbeitnehmerdenken. Die Geschlossenheit, mit der wir sowohl nach der einen wie nach der anderen Richtung dann aufzutreten vermögen, verleiht uns die Stärke, um in der Öffentlichkeit im allgemeinen und gegenüber den Politikern im besonderen das erforderliche Verständnis für unsere berufspolitischen, rechtlichen und sozialen Belange zu finden.

»Eigenständige Beamtenpolitik – eine staatspolitische Notwendigkeit«, so lautet unser Thema. Ich habe versucht, diese These zu begründen und zugleich auch darzulegen, aus welchen Gründen es notwendiger denn je ist, ihr Beachtung zu verschaffen. Aus der Verfassungswirklichkeit einer parteienstaatlichen Demokratie, mit der die pluralistische Struktur unserer Gesellschaft einhergeht, folgt unausweichlich, daß ein eigenständiges, in seiner Unabhängigkeit und Integrität gefestigtes Berufsbeamtentum eine unabdingbare Voraussetzung für die Sicherung unserer freiheitlichen Ordnung, für die Entfaltung der Freiheit in der Ordnung ist. Ausschließlich diesem Interesse der Allgemeinheit dient auch das verfassungsrechtlich gesicherte besondere Rechtsverhältnis des Beamten. Oberstes Ziel einer gesunden Beamtenpolitik muß es daher sein, dieser staatspolitischen Notwendigkeit gerecht zu werden.

Dieses Ziel wird verfehlt, wenn das Berufsbeamtentum lediglich als Verwaltungsorgan oder als Vollzugsapparat zur fachlich-technischen Erledigung von Verwaltungsaufgaben und von öffentlichen Dienstleistungen betrachtet wird. Sein Auftrag geht weiter und wurzelt unmittelbar in der Verfassung.

Verwischt man diese klare Abgrenzung der Aufgaben des Berufsbeamtentums von den Aufgaben außerstaatlicher Bürokratien, wird die Rechtfertigung der eigenständigen Rechtsnatur des Beamtenverhältnisses fragwürdig. Dem heute schon weitverbreiteten arbeitnehmerählichen Selbstverständnis des Beamten können dann keine Schranken mehr gezogen werden.

Der Deutsche Beamtenbund hat es sich zur Aufgabe gemacht, die Eigenständigkeit des Berufsbeamtentums und des Beamtenverhältnisses in Erkenntnis von deren staatspolitischer Notwendigkeit zu bewahren und zu festigen. Er leitet aus dieser Erkenntnis auch ein eigenständiges Gruppeninteresse der Beamten her. Damit steht er im klaren Gegensatz zum Deutschen Gewerkschaftsbund, der eine eigenständige Beamtenpolitik nicht zu treiben vermag, weil er das Beamteninteresse nur im größeren Rahmen des Arbeitnehmerinteresses für richtig aufgehoben hält.

Der Deutsche Beamtenbund widersetzt sich den kollektivistischen Tendenzen des DGB, und zwar nicht nur, weil er die Verwischung eines vom Arbeitnehmer klar abgehobenen Beamteninteresses für eine staatspolitische Gefahr hält, sondern auch, weil er in dem vom DGB erhobenen Anspruch auf das Monopol der Organisierung aller unselbständig Tätigen eine Bedrohung der persönlichen Freiheit des einzelnen erblickt.

Die eigenständige Beamtenpolitik des Deutschen Beamtenbundes – und damit will ich schließen – hat sich, wie sich an vielen Beispielen aufzeigen läßt, in der Praxis voll bewährt. Der Führungsanspruch, den der Deutsche Beamtenbund in der Vertretung des eigenständigen Gruppeninteresses der Beamten geltend macht, kann ihm heute von niemandem mehr bestritten werden. An uns selbst wird es liegen, ihn gegen alle Widerstände zu behaupten. Das Vertrauen in die Richtigkeit des Weges, den wir beschritten haben, und das Bewußtsein unserer Stärke und der Überzeugungskraft unserer Argumente werden die sichersten Mittel sein, uns auch in der Zukunft die Erfolge zu garantieren, die wir über die Wahrung eigener Interessen hinaus im Interesse der Allgemeinheit anstreben, um die Festigkeit und Kontinuität unserer staatlichen Ordnung zu sichern.

Januar 1966

Wir werden auch 1966 zur Stelle sein

Jahresausblick 1966

Quelle: Der Beamtenbund. Monatszeitung des Deutschen Beamtenbundes. 17. Jg., Nr. 1, Januar 1966, S. 1

Das zweite Jahrzehnt nach dem Zweiten Weltkrieg ist vorüber. Und doch kein Friede. Deutschland nach wie vor geteilt. Die Bundesrepublik hat schon ihr fünftes Parlament gewählt. Der erneut berufene zweite Bundeskanzler steht vor schwierigeren Aufgaben als sein großer Vorgänger. Noch mag sein Bild als Staatsmann schwanken. Auch wird sich erst zeigen müssen, ob die Regierungskoalition hält und dem neuen Bundestag notwendig werdende Zweidrittelmehrheiten abzuringen imstande ist. Eins aber steht fest: Der Staat wird vor sich selber kapitulieren, wenn er nicht rechtzeitig die wesentlichen Voraussetzungen für die Durchführung der großen modernen Gemeinschaftsaufgaben schafft.

Die Grunderkenntnis

In der bisherigen Geschichte haben die Staaten zumeist eine bessere Beamtenschaft gehabt, als sie verdienten. Das wird in Zukunft nicht mehr so selbstverständlich sein. Kanzler, Regierung und Parlament werden nur in dem Maße gesellschaftspolitische Fortschritte erzielen, wie es ihnen gelingt, den öffentlichen Dienst attraktiv zu machen. Diese Erkenntnis ist das Grundmotiv der Politik des Deutschen Beamtenbundes. Sie hat seine Aktionen im abgelaufenen Jahr beflügelt. Sie wird ihm auch 1966 das Gesetz des Handelns vorschreiben.

Sofort nach der Besoldungserhöhung vom 1. Oktober 1964 hatte der Deutsche Beamtenbund die verantwortlichen Gremien wissen lassen, daß angesichts der Stellenplandiskrepanz zwischen Bundes- und Länderverwaltungen das Besoldungsproblem mit linearen Verbesserungen allein nicht zu lösen ist. Der Bund aber hat es vorerst bei der Bekundung der Notwendigkeit einer umfassenden Besoldungsneuordnung bewenden lassen. Er hat hier versagt, obschon ihm der Beamtenbund Reformvorschläge vorgelegt und ohne Unterlaß auf entsprechende Lösungen gedrängt hat. In gleicher Weise, doch mit Erfolg, war der DBB um die Neuordnung der Versorgung und Rechtsansprüche der 131er, um die steuerliche Begünstigung der Pensionen und die Förderung der Vermögensbildung auch für Beamte, bemüht.

Daneben aber blieb es sein dringendes Anliegen, den Staatsbediensteten weitere Benachteiligungen in der Besoldungsfrage zu ersparen. Als auch die Sachverständigen einen Rückstand von 14,7 Prozent errechnet hatten, ging es dem Beamtenbund darum, daß Regierung und Fraktionen diesen Tatbestand anerkannten, um eine klare Ausgangsbasis für die künftige Besoldungspolitik zu gewinnen. Und das ist zweifellos gelungen.

Bei dem Bemühen um einen sicheren Weg des Ausgleichs standen wir allerdings allein. Wir mußten sogar erleben, daß der uns vom Kanzler angetragene Kompromiß gerade von denen abgewertet wurde, die uns im Stich gelassen hatten, weil sie trotz der eigenständigen Rechtsverhältnisse der Beamten die Besoldung von Tarifverhandlungen abhängig machen möchten. Diese Abwertung geschah nicht zuletzt in der Hoffnung, die Beamtenschaft gegen den DBB einzunehmen. Die Bundesleitung wurde mit dem Vorwurf der Leichtgläubigkeit bedacht, obschon jeder, der den wirklichen Sachverhalt und den Verlauf der Verhandlungen kannte, eine Nichteinhaltung der Kanzlerzusage für ausgeschlossen halten mußte.

Denn: Schon im Juni war dem Bundeskanzler die drohende Haushaltsmisere bekannt. Eben darum glaubte er, den im Lauf mehrerer Jahre entstandenen Besoldungsrückstand nicht in einem Zuge ausgleichen zu können. Sein Stufenplan sah am 1. Januar 1966 die erste Ausgleichsrate, am 1. April den Beginn der Anpassung an die allgemeine Einkommensentwicklung vor. Die Beamten, die ohnehin als einzige Personengruppe mit persönlichem Einkommen zum Haushaltsausgleich beitragen müssen, wurden trotz des anerkannten Nachholbedarfs mit dem Versprechen terminierter Ratenzahlungen vertröstet.

Gerade deshalb aber mußte dieses Minimalprogramm gegenüber

weiteren Einschränkungsversuchen immun erscheinen. Daß der Kanzler wider Erwarten schon von dem sogenannten Streichquartett sein Wort vergewaltigen ließ, hat selbstverständlich Verbitterung und Proteste des DBB ausgelöst, berechtigt aber in keiner Weise zur Kritik an unserer Verhaltensweise. Um so weniger, als der DGB – von der Aussichtslosigkeit seiner Parole überzeugt – plötzlich 12 Prozent Gehaltserhöhung forderte und nach diesem optischen Coup sich nicht scheute, eine Beteiligung an den DBB-Vereinbarungen mit dem Kanzler vorzutäuschen. Die Opposition im Bundestag wiederum mag mit ihrem Antrag auf termingemäße Einhaltung auch der zweiten Kanzlerzusage beabsichtigt haben, die Regierungskoalition bei der Beamtenschaft zu diskreditieren. Vielleicht wurde dadurch dem Bundeskanzler besonders eindrucksvoll bedeutet, wie verhängnisvoll es war, die Besoldungsanpassung um sechs Monate hinauszuschieben und in seiner zweistündigen Regierungserklärung weder dies zu begründen, noch den öffentlichen Dienst überhaupt zu erwähnen.[1]

Mit dem Regierungschef ist auch die Mehrheit des Parlaments an der neuen Enttäuschung schuld, die man von Staats wegen der Beamtenschaft bereitet hat. Aber es ist weitaus mehr geschehen als das. Die Regierungskoalition hat nicht nur die Verwirklichung der von ihr unterstützten Kanzlerzusage, sondern auch verbriefte, von Regierung und Parlament übernommene und vom Bundespräsidenten verkündete Rechtsverpflichtungen auf verschiedenen Sektoren kurzerhand hinausgeschoben. Solche Manipulationen rütteln an den Grundlagen der Demokratie. Wenn die Wege, die zum sogenannten Haushaltssicherungsgesetz führten, Schule machen, wird das Vertrauen des Bürgers in diesen Staat mehr und mehr schwinden. Wir teilen hier voll und ganz die besorgte Auffassung des früheren Bundesministers und auch im neuen Bundestag vertretenen Abgeordneten Dr. Wuermeling, die wir an anderer Stelle dieser Ausgabe wiedergeben.

Schon die ersten Zeichen der Mißachtung des Grundsatzes von Treu und Glauben haben uns aufgeschreckt. Der DBB wird daher seinen Kampf um Gerechtigkeit für den öffentlichen Dienst mit dem Bestreben verbinden, die Redlichkeit in der Politik wiederherzustellen. Er wird

1 Vgl. die Angaben S. 206 Anm. 7.

dabei auch künftig um eine Versachlichung aller Streitfragen bemüht bleiben. Darin wird ihn die wachsende Überzeugung seiner Mitglieder bestärken, daß »Alles-oder-Nichts-Parolen« zwecklos sind und zu einer gerecht funktionierenden Demokratie der vernunftgemäße Kompromiß gehört. Wäre unsere Besoldungspolitik nicht von dieser Maxime bestimmt gewesen, gäbe es 1966 überhaupt keine Gehaltserhöhung für Beamte. Wir dürfen es darum trotz allem als einen Erfolg des DBB verbuchen, daß mit dem Beginn dieses neuen Jahres endlich der Ausgleich des Besoldungsrückstandes begonnen hat und noch im gleichen Jahr eine Anpassung an die laufende Einkommensentwicklung stattfinden wird. Diese Fakten sind nicht wegzuleugnen.

Videant Consules . . .

Wir haben außerdem Grund zu der Annahme, daß die Argumente des Beamtenbundes nicht mehr ignoriert werden können. Das war schon im Gespräch des Kanzlers mit den Sozialpartnern zu spüren, zu dem auch der Vorsitzende des Deutschen Beamtenbundes gebeten worden war.

Der entscheidende Gesprächspartner des Staates in Sachen Berufsbeamtentum heißt DBB. Er gibt keine Ansprüche auf. Aber er verficht sie mit Verstand. Er jagt keinen Illusionen nach. Er erwägt vielmehr die realen Möglichkeiten, für die er sich dann allerdings um so konsequenter einsetzt. Er geht bei all dem von der Überzeugung aus, daß ein Staat, der dem öffentlichen Dienst nicht zumindest Gerechtigkeit widerfahren läßt, keine Zukunft haben wird.

Wenn darum der Staat nicht Gefahr laufen will, daß seine eigene, fast drei Millionen zählende »Mannschaft« ohne tüchtigen Nachwuchs bleibt, muß er Beamte und Versorgungsempfänger schnellstmöglich aus ihrem stiefmütterlichen Status befreien und dafür Sorge tragen, daß sich allerorten in den Büros Elan und Freude an der Arbeit regen. Wenn er das nicht wahr macht, muß jedes deutsche Gemeinschaftswerk unvollendet bleiben. In dieser Überzeugung wird der DBB als Wahrer der Berufsinteressen des Beamtentums und als Mitgestalter einer modernen gesellschaftspolitischen Ordnung auch 1966 jeder Zeit zur Stelle sein!

1. Dezember 1966

Veränderte Grundlagen der Beamtenpolitik

Manuskript für einen Vortrag auf der Arbeitstagung der Ortsverbandsvorsitzenden des Bundes der Deutschen Zollbeamten im DBB (BDZ) in Hahnenklee[1] (Auszug)

Quelle: DBB-Archiv, Abt. Bulei 15 000-7 (maschinenschriftlich mit handschriftlichen Zusätzen A. Krauses)

Nach so verhältnismäßig kurzer Zeit nach einem Regierungswechsel von diesmal besonders einschneidender Bedeutung ist es sicher für uns alle wichtig, wenn wir uns einmal Gedanken über die zukünftige Beamtenpolitik machen, die zudem von »Veränderten Grundlagen« ausgehen wird – dieser Leitgedanke umgreift Fragen, die für das gegenwärtige und künftige Geschick unseres Berufsstandes entscheidendes Gewicht haben. Diese Fragen eignen sich für eine etwas gründlichere Betrachtung besonders in einem Zeitpunkt, der zur Besinnung auf die augenblickliche beamtenpolitische Lage und auf die aus ihr für die nächste Zeit zu ziehenden Konsequenzen deutlich herausfordert.

Die Frage drängt sich auf, ob mit der nun eingetretenen politischen Wende auch Chancen zum Durchbruch längst fälliger beamtenpolitischer Reformen heraufziehen, die der DBB seit Jahren fordert und für die er auf dem letzten Bundesvertretertag in Bad Godesberg die wesentlichen Grundlagen erarbeitet hat.[2] Vornehmlich mit der Gründung des

1 Wegen schlechten Wetters war A. Krause gezwungen, seine Teilnahme an dieser Tagung abzusagen. Vgl. Der Deutsche Zollbeamte. 20. Jg., Nr. 1, Januar 1967, S. 8. Der handschriftliche Zusatz »Trier« in der Überschrift des Manuskriptes konnte nicht verifiziert werden.

2 Vgl. dazu Bundesvertretertag des Deutschen Beamtenbundes vom 22. bis 24. September 1966 in Bad Godesberg; DBB-Dokumente 1.

Arbeitskreises für beamtenpolitische Reformfragen auf dem Bundesvertretertag haben wir Initiativen für Reformkonzeptionen vorbereitet, die eigentlich ein vordringliches Anliegen von Regierung und Parlament hätten sein müssen. Aber der Dienstherr hat sich im Gegenteil gegenüber allen Strömungen in Publizistik und Wissenschaft, durch die sowohl die rechtlichen als auch die ideellen Grundlagen des Berufsbeamtentums in Frage gestellt werden sollen, nur allzu passiv verhalten. Ja, Regierung und Parlament haben die den Staat tragende Beamtenschaft von jenen Strömungen in die geistige Defensive drängen und das gänzlich verzerrte Bild sich festigen lassen, das in der Öffentlichkeit von der Beamtenschaft entstanden ist. Dieser Entwicklung wurde noch dadurch Vorschub geleistet, daß der Dienstherr es mit der gerechten Besoldung seiner Beamten und Angestellten des öffentlichen Dienstes nicht mehr so genau nahm, daß er sie mit »kleinen Schritten« hinhielt, was dann zwangsläufig zu dauernden Interventionen seitens des DBB führte. Daß die damit verbundenen Besoldungskämpfe den Beamten in der Öffentlichkeit egoistische Prädikate einbrachten, darf uns nicht wundernehmen. Um so schwieriger aber ist es angesichts einer auf diese Weise irregeführten öffentlichen Meinung, den Forderungen nach einer Entbeamtung des öffentlichen Dienstes zu widerstehen und zugleich den wenigstens allmählichen Abbau des Besoldungsrückstandes zu fordern. Daß wir in diese Sackgasse geraten sind, das ist die Schuld des Dienstherrn, der damit eine Vertrauenskrise ausgelöst hat, die mit der Nichteinhaltung, Aufschiebung und Manipulation von Zusagen größer und größer wurde. Und es war letzten Endes die Enttäuschung über die Vernachlässigung nicht nur der Fürsorgepflicht des Dienstherrn, sondern vor allem auch des Schutzes seiner Bediensteten gegenüber den Verdächtigungen und Verzerrungen in der Öffentlichkeit, die sich auf dem Bundesvertretertag Luft gemacht hat.

Wenn ich soeben sagte, auf unserem Bundesvertretertag habe sich »Enttäuschung« über das Verhalten des Dienstherrn seinen Beamten gegenüber Luft gemacht, so kann man mir natürlich entgegenhalten: Derlei rein emotionale Vorgänge auf dem Delegiertentreffen eines großen Interessenverbandes seien noch längst kein Beweis dafür, daß es um die Beamtenpolitik wirklich schlecht bestellt sei. Viel eher sei darin doch der Versuch der Verbandsfunktionäre zu erblicken, sich gegenüber der Mitgliederschaft ein Alibi zu verschaffen: statt die Schuld für ihre auf weiten Strecken erfolglose Interessenpolitik bei sich selbst zu suchen, lenkten sie den Unmut der Mitglieder auf die für die Beamtenpolitik Verantwortlichen ab, die schließlich weiter nichts getan hätten, als die maßlosen, vom nackten Eigennutz diktierten Forderungen der Beamten mit dem Allgemeinwohl in Einklang zu bringen. Einsichtige Beamte, insbesondere solche, die sich nicht von den überspannten Vorstellungen der Verbandsfunktionäre leiten ließen, hätten für die Maßhaltepolitik des Dienstherrn durchaus Verständnis; sie wüßten nämlich, daß Währungsstabilität und ungestörtes wirtschaftliches Wachstum wichtiger seien als ständige Besoldungserhöhungen, die beides aufs schwerste gefährdeten usw.

Wir werden, um solchen und ähnlichen Argumenten gegen unsere Kritik an der offiziellen Beamtenpolitik zu begegnen, zuallererst einmal in aller Deutlichkeit sagen müssen,

- was wir überhaupt unter Beamtenpolitik verstehen,
- wo nach unserer Auffassung deren Grundlagen zu suchen sind und
- weshalb wir meinen, daß sich diese Grundlagen im Vergleich zu früheren Zeiten entscheidend verändert haben und weiter verändern werden.

Mit anderen Worten gilt es also, mit ganz klaren Vorstellungen an die Frage der »veränderten Grundlagen der Beamtenpolitik« heranzugehen und nicht bloß um die Dinge herumzureden. Das bedeutet:

- Wir dürfen uns bei diesem Unterfangen den Blick nicht durch einen engen Interessenstandpunkt trüben lassen.
- Wir müssen das große Ganze unserer heutigen politischen Ordnung ins Auge fassen und den Staat sowohl wie die Gesellschaft als die übergeordneten Bezugspunkte unserer beamtenpolitischen Aktivität anvisieren.
- Wir müssen erkennen, daß unsere beruflichen, rechtlichen und sozialen Interessen aufs engste verknüpft sind mit dem Bestand und dem Funktionieren einer Staats- und Gesellschaftsordnung, wie sie unser Grundgesetz konzipiert hat.

Beamtenpolitik ist nach allem für uns nicht etwa gleichbedeutend mit Verbandspolitik, d. h. mit einer reinen Interessenpolitik für die Beamten. Wir kommen als Beamte nicht darum herum, uns auch mitverantwortlich zu fühlen für die Schaffung angemessener Voraussetzungen für unser berufliches Wirken, für unseren dem ganzen Volk geleisteten Dienst. (Im Laufe meiner weiteren Ausführungen wird noch klarer werden, wie das zu verstehen ist.)

Gleich hier nun stoßen wir auf einen ersten Widerstand. Ich denke dabei im Augenblick weniger an aus unseren eigenen Reihen kommende Bedenken. Nein, die Dienstherren selbst sehen in einem von uns so weit gespannten Aktionsradius den Versuch einer Einmischung in Dinge, die uns nach ihrer Meinung nichts angehen. Ein Vorgang, der erst wenige Tage zurückliegt, war dafür typisch. Unserem Bund Deutscher Steuerbeamten, der Vorschläge für eine Reform der Steuergesetzgebung vorgelegt hatte, wurde von den Länderfinanzministern bedeutet, er solle sich gefälligst um die Interessenvertretung seiner Mitglieder, also vor allem um Besoldungsfragen, kümmern, die Reform der Steuergesetzgebung sei keine Sache, bei der die Vertretung der Steuerbeamten mitzureden habe.[3]

Ich nannte diesen Vorgang typisch, und er ist es, wie ich an weiteren Beispielen aufzeigen könnte, in der Tat. Er ist typisch vor allem auch insofern, als er auf der Seite der Dienstherren eine mitunter kaum noch zu überbietende Arroganz erkennbar werden läßt, eine Arroganz, die himmelweit entfernt ist von jener vertrauensvollen Zusammenarbeit zwischen Dienstherrn und Beamtenvertretung, die berufene Regierungs- und Parlamentsvertreter in Festreden unter dem Stichwort »Verwirklichung des Partnerschaftsgedankens« zu preisen pflegen, eine Arroganz zum anderen auch, in der sich die ganze Kurzsichtigkeit der offiziellen Beamtenpolitik widerspiegelt.

Aus dem Munde eines Beamtenvertreters klingt das natürlich wieder ungewöhnlich provozierend: Kurzsichtigkeit der offiziellen Beamtenpolitik.

Stimmt das denn aber etwa nicht und lege ich damit, daß ich das so unverblümt ausspreche und das Kind einfach beim Namen nenne, etwa nicht eine der Wurzeln für all das Unbehagen bloß, das wir wegen der Einstellung der Dienstherren zu Fragen der Beamtenpolitik unausgesetzt empfinden?

3 Vgl. dazu Der Steuerbeamte (Beilage zur Steuer-Warte). 15. Jg., Nr. 12, Dezember 1966, S. 114 und S. 119.

Nun, meine Damen und Herren, es wäre mir ein leichtes, an den Versäumnissen in der Besoldungspolitik das immer nur punktuelle Vorgehen des Gesetzgebers, das bloße Herumflicken an gröbsten Unzulänglichkeiten, das Ausweichen vor jeder durchgreifenden Neuordnung der Beamtenbesoldung in allen nur möglichen Einzelheiten über einen Zeitraum von mehr als einem Jahrzehnt nachzuweisen. Ich will davon aber hier jetzt absehen; denn ich erblicke in diesem Versagen und seinen höchst schädlichen Folgen nämlich nur ein Symptom für einen viel tieferliegenden Krankheitsherd. Ja, ich behaupte sogar: Es wäre zu diesen unerfreulichen Auseinandersetzungen über die materielle Seite des Beamtenberufs nie gekommen, wenn sich die verantwortlichen Politiker über eine richtige Rangordnung der für die Gegenwarts- und insbesondere Zukunftssicherung unseres politischen Gemeinwesens wirklich lebenswichtigen Aufgaben den Kopf zerbrochen, sich einen Gesamtüberblick verschafft, entsprechende Zielvorstellungen entwickelt und nicht bloß in Teilausschnitten gedacht und mehr oder weniger Gefälligkeitspolitik betrieben hätten. Die Folgen einer solchen kurzsichtigen Politik im allgemeinen brauche ich nicht näher zu schildern. Diese Folgen haben in Gestalt der augenblicklichen Finanzmisere alle Bürger dieses Staates auszubaden, nicht nur wir allein. Weil sie jedermann angehen, sind auch ihre Ursachen leichter begreiflich zu machen als der Ursachen-Folgen-Zusammenhang einer unzulänglichen Beamtenpolitik. Im Grunde haben wir es aber mit durchaus gleichartigen Erscheinungen zu tun.

Die Ursachen, auf die sachkundige Beobachter den gegenwärtigen mißlichen Zustand unserer Staatsfinanzen zurückführen, sind im wesentlichen dieselben wie diejenigen, die nach unseren Erfahrungen die mißliche beamtenpolitische Lage herbeigeführt haben:

- den Verantwortlichen fehlt ein Gesamtüberblick,
- sie haben keinen klaren Überblick über wichtige Zusammenhänge und die langfristige Tragweite von Einzelmaßnahmen,
- sie lassen ihr Handeln von einer kurzfristigen, punktuellen und kasuistischen Betrachtungsweise einer zu lösenden Problematik bestimmen (die »Politik der kleinen Schritte«!),
- sie lassen bei ihrer Willensbildung – wie z. B. in der Haushaltspolitik den Gesamtzusammenhang des Haushalts und seine künftige Ent-

wicklung – auch in der Beamtenpolitik deren Gesamtzusammenhang mit der öffentlichen Verwaltung und ihren Zukunftsproblemen weitgehend außer Betracht.

Hier wie dort fehlt es an einer ausreichenden Orientierung über wichtige Zusammenhänge zwischen einem bestimmten politischen Handeln und der gesellschaftspolitischen oder gesamtwirtschaftlichen Entwicklung.

Wir sagen deshalb, die für die Beamtenpolitik Verantwortlichen handelten vielfach konzeptionslos, es fehle ihnen an einer tragfähigen beamtenpolitischen Gesamtkonzeption, die es ermögliche, Beamtenpolitik auf weite Sicht und im Einklang mit vorhersehbaren Entwicklungen zu treiben.

Sind solche kritischen Äußerungen nun etwa sachlich nicht gerechtfertigt? Nehmen wir den Mund zu voll, wenn wir den Dienstherren Konzeptionslosigkeit vorwerfen?

Bei objektiver Beurteilung dessen, was ist, wird man sich wohl davor hüten müssen, einen so gravierenden Vorwurf gegen die Seite der Dienstherren schlechthin zu richten. Es gibt auch da Kräfte, die einsichtig genug sind, daß es so wie bisher auf die Dauer nicht weitergehen kann, und die den guten Willen haben, den jetzigen Zustand nicht fortdauern zu lassen. Aber es kommt in der Politik immer auf den Erfolg solcher Bemühungen an, und wir haben leider allen Grund, in dieser Hinsicht auch weiterhin skeptisch zu sein.

Ich will das, worum es in diesem Zusammenhang geht, an einem praktischen Beispiel veranschaulichen: Auch die Bundesregierung hat inzwischen erkannt, daß sie ohne den bisher fehlenden Gesamtüberblick keine zielstrebige, auf weite Sicht angelegte Beamtenpolitik treiben kann. Einen ersten Schritt zur Beschaffung der für einen Gesamtüberblick erforderlichen Unterlagen hat sie mit der Einbringung des Entwurfs eines Gesetzes über eine Statistik des Personals, der Dienstbezüge, Vergütungen und Löhne im öffentlichen Dienst unternommen.[4] Aus der

4 Für den Wortlaut des Gesetzentwurfs vgl. Bundesrat. Drucksache 442/66 (Entwurf eines Gesetzes über eine Statistik des Personals, der Dienstbezüge, Vergütungen und Löhne im öffentlichen Dienst). Für die erneute Ablehnung des Gesetzentwurfs am 11. November 1966 durch den Bundesrat vgl. Verhandlungen des Bundesrates 1966. 301. Sitzung, S. 248.

amtlichen Begründung dieses Gesetzentwurfs ist das Eingeständnis zu entnehmen, daß die bisherigen Unterlagen für die personalwirtschaftliche Planung der öffentlichen Verwaltung auf weite Sicht nicht ausgereicht haben. Und es heißt da dann wörtlich:

»Die jetzige und künftige Entwicklung, die durch
- umfangreiche und zum Teil neuartige Aufgaben,
- Einflüsse supranationaler Organisationen,
- Technisierung der Verwaltung und damit durch
- zunehmende Anforderungen an die Ausbildung gekennzeichnet ist, macht Maßnahmen auf vielen Gebieten des öffentlichen Dienst- und Tarifrechts notwendig. Zu ihrer Vorbereitung werden sorgfältige Planungsanalysen für längere Zeiträume gebraucht, die sich auf ausreichende statistische Unterlagen stützen müssen. Hierzu fehlt es insbesondere an Angaben über die Altersgliederung, die Vor- und Ausbildung sowie die effektive Bezahlung der Bediensteten.«

Diese Überlegungen entsprechen, wie man sieht, voll und ganz unseren eigenen Vorstellungen von einer beamtenpolitischen Konzeption, die auf einer mittel- und längerfristigen Vorausschau bestimmter für die öffentliche Verwaltung und den öffentlichen Dienst entscheidender Entwicklungen aufbaut und die sich dadurch freihält von jenem unbefriedigenden Herumflicken an Bestehendem, von jener kleingärtnerischen Betätigung am beamten- und besoldungsrechtlichen Detail, von jenem Stückwerk also, das in der vergangenen Zeit kennzeichnend für die offizielle Beamtenpolitik gewesen ist.

Denn worum geht es schließlich heute und morgen in der Beamtenpolitik? Es geht um die Lösung so vordringlicher Probleme wie z. B. des Nachwuchsbedarfs der öffentlichen Verwaltung, der Weiterentwicklung des Laufbahnwesens, der Besoldungsreform. Dafür müssen die erforderlichen Unterlagen vorhanden sein. Eine Erhebung über Gehälter und Löhne soll, wie es in der amtlichen Begründung des erwähnten Gesetzentwurfs heißt, »zuverlässiges Zahlenmaterial liefern, um objektive Maßstäbe für Gehalts- und Lohntarifverhandlungen zu entwickeln und eine vergleichende Beurteilung der Verdienstentwicklung im öffentlichen Dienst und in der Privatwirtschaft zu ermöglichen ... Eine mittel- und längerfristige Vorausschau zur Entwicklung des Personalstandes und der Personalausgaben sowie einen Überblick über den künftigen Umfang der Pensionslasten sind nur mit Hilfe der vorgesehenen Feststellungen möglich.«

Ist es, wenn man dies hört, nun übertrieben, wenn wir der bisherigen offiziellen Beamtenpolitik »Konzeptionslosigkeit« vorgeworfen haben? Zeigt die jetzt geplante Personalstrukturerhebung nicht deutlich genug, daß die Dienstherren bis auf den heutigen Tag keinen wirklichen Überblick über Daten haben, von denen die Tragfähigkeit einer beamtenpolitischen Konzeption entscheidend abhängt? Wie will man im Beamtenrecht und im Besoldungsrecht zu echten Lösungen kommen, wenn nicht einmal zuverlässige Unterlagen über die Personalstruktur vorhanden sind, man sich also immer nur auf vage Schätzungen und fragwürdige Vermutungen stützen kann?

Ich meine, daß an diesem von mir etwas breiter geschilderten Beispiel doch in voller Klarheit erkennbar werden dürfte, wie berechtigt unsere ständige Kritik an der Plan- und Ziellosigkeit der offiziellen Beamtenpolitik ist. Gewiß ist es ein gewisser Lichtblick, daß nun wenigstens der Bund hier auf Abhilfe hinarbeitet.

Aber im Augenblick ist noch längst nicht sicher, ob seine lobenswerte Initiative Erfolg haben wird. Wie schon in der vorigen Legislaturperiode hat nämlich der Bundesrat den erneut im Bundestag eingebrachten Regierungsentwurf inzwischen bereits wieder abgelehnt, und zwar beim ersten Durchgang am 11. November. Die Begründung, die der Bundesrat für seinen Beschluß namens der Länder gegeben hat, gibt unserer Kritik an der Konzeptionslosigkeit der offiziellen Beamtenpolitik wiederum voll und ganz recht, soweit es sich diesmal um die Länder als Dienstherren handelt. Der Bundesrat bestreitet rundweg die Notwendigkeit der von der Bundesregierung vorgeschlagenen Personalstrukturuntersuchung und erklärt: »Der mit der beabsichtigten Statistik verbundene Arbeits- und Finanzaufwand dürfte in keinem Verhältnis zu einem wie auch immer gearteten Erfolg stehen.«

Natürlich fehlt dann auch nicht der übliche Hinweis auf die »angespannte Haushaltslage von Bund und Ländern«. Das sind wir ja gewöhnt: aus Sparsamkeitsgründen muß die Lösung wichtigster beamtenpolitischer Fragen immer wieder hinter anderen, angeblich notwendigeren Maßnahmen zurücktreten. Der öffentliche Dienst ist eine Sorge zweiten Ranges, ein Funktionsbereich von gänzlich untergeordneter

Bedeutung. Einmalig einen Betrag von sage und schreibe sechs Millionen DM – das wäre der finanzielle Gesamtaufwand für die geplante Erhebung – auszugeben zur Beschaffung von Unterlagen, die für eine zielstrebige, vorausschauende Personal- und Dienstrechtspolitik unentbehrlich sind, würde nach der Auffassung des Bundesrates nichts anderes bedeuten, als das Geld sinnlos zum Fenster hinauswerfen.

An diesem Punkt zeichnen sich die Fronten, die in der Beamtenpolitik einander gegenüberstehen, recht klar ab. Während wir unsere beamtenpolitische Konzeption auf der Vorstellung von veränderten Grundlagen der Beamtenpolitik aufbauen, stellen sich andere vielfach so ein, als habe sich gar nichts geändert. Sind aber denn außer den tiefgreifenden Wandlungen, von denen unsere Staats- und Gesellschaftsordnung im Laufe des letzten halben Jahrhunderts ganz allgemein erfaßt worden ist, nicht auch außerordentlich tiefgreifende Wandlungen in der Struktur jenes öffentlichen Funktionsbereiches förmlich mit Händen zu greifen, dem der öffentliche Dienst zugeordnet ist? Haben sich denn etwa die Grundlagen der öffentlichen Verwaltung nicht einschneidend verändert und haben diese Veränderungen keinerlei Rückwirkungen auch auf die Grundlagen der Beamtenpolitik?

Hierauf müssen wir antworten: Der Umstand, daß die öffentliche Verwaltung heute eine Staatsfunktion von größter dynamischer Kraft ist und daß ein Blick auf die Realität des modernen Staates die überragende Bedeutung der Verwaltung offenbar macht – dieser Umstand wird vielfach auch heute noch nur zögernd, ja, geradezu widerstrebend zur Kenntnis genommen. Noch viel seltener wird darüber hinaus aber von der überragenden Bedeutung der Verwaltung für den modernen Staat auf eine entsprechende Bedeutung auch des öffentlichen Dienstes geschlossen, obwohl es ja schließlich den im öffentlichen Dienst stehenden Menschen zu verdanken ist, daß die öffentliche Verwaltung ihren Zweck für das allgemeine Wohl erfüllen kann.

Man hat oft den Eindruck, es sei eine absolute Selbstverständlichkeit, daß ein funktionierender öffentlicher Dienst da ist, der ohne viel Aufhebens die umfassenden Aufgaben sachgerecht und zuverlässig erledigt, die der heutige Staat im Dienste der Gesellschaft der Verwaltung übertragen hat.

Wir brauchen uns doch bloß einmal einen – bei weitem nicht

vollständigen – Katalog von Aufgaben anzusehen, die in die Zuständigkeit der heutigen Verwaltung und damit auch des heutigen öffentlichen Dienstes fallen, um zu erkennen, wie vielfältig sich der Funktionsbereich dieser Institutionen aufgefächert hat:

– Raumordnung, Verkehr, Reinigung von Luft und Wasser,
– Strukturpolitik, langfristige Strukturplanung,
– Konjunkturpolitik,
– Forschung und technische Auswertung,
– Eigentumspolitik,
– Bildungspolitik im weitesten Sinne,
– Gesundheitspflege,
– Sorge für die Alten,
– Familienpolitik.

Praktisch bleibt, wie man daraus ersehen kann, kaum ein Lebensbereich übrig, in den die Verwaltung unmittelbar oder mittelbar nicht eingreift. Die Verantwortung des öffentlichen Dienstes ist insgesamt dadurch beträchtlich gestiegen. Diese Entwicklung hängt, wie wir alle wissen, mit dem Übergang vom liberalen Rechtsstaat zum sozialen Rechtsstaat zusammen, d. h. mit der Tatsache, daß die in erster Linie ordnungsbewahrende, negative Polizeifunktion der Verwaltung zur Zeit des liberalen Rechtsstaates verdrängt worden ist durch eine positive Sozialgestaltungsfunktion. Die Verwaltung heute ist dadurch zu einem unentbehrlichen Steuerungsmittel der Gesellschaft und der Daseinssicherung geworden.

Man sollte nun meinen, der damit verbundene enorme Zuwachs von Aufgaben und von Verantwortung für den öffentlichen Dienst müßte sich auch in einer dieser Entwicklung angemessenen Pflege gerade dieses Funktionsbereiches äußern. Aber weit gefehlt: weder die verantwortlichen Politiker noch erst recht die Öffentlichkeit machen sich darum allzu große Sorgen. Nur selten werden in dieser Hinsicht aufbauende Gedanken geäußert.

Dem Politiker ist, was bis zu einem gewissen Grade verständlich sein mag, die nach außen in Erscheinung tretende »Optik« bestimmter Leistungen der Verwaltung wesentlich wichtiger als die Sorge darum, wie im Innenbereich der Verwaltung, d. h. im öffentlichen Dienst, die Voraussetzungen dafür geschaffen oder erhalten werden können, daß derartige Leistungen erbracht werden. Und für die Öffentlichkeit, so hat es den Anschein, spielt nur der Gedanke daran eine Rolle, daß diejenigen, die für ein sachgerechtes und unparteiisches Verwaltungshandeln im Allgemeininteresse verantwortlich sind, ihr Dasein auf Kosten der Steuerzahler fristen.

Ich habe das jetzt absichtlich einmal etwas zugespitzt gesagt. Eine solche Schwarzweiß-Malerei hat zuzeiten den Vorteil, das, worauf es ankommt, besonders randscharf hervortreten zu lassen. Hier wollte ich nur einmal auf das Mißverhältnis hinweisen, in dem die innere Einstellung sehr breiter Kreise unseres öffentlichen Lebens und der Bevölkerung überhaupt gegenüber dem öffentlichen Dienst zu dessen Verantwortung für Fragen der Daseins- und Zukunftssicherung der Gesamtgesellschaft steht. Sollte es denen, die meinen, den öffentlichen Dienst als eine Angelegenheit von untergeordneter Bedeutung behandeln zu können, nicht zu denken geben, wenn es in dem Bericht eines hohen Bundesbeamten über den Stand der Fortbildung im öffentlichen Dienst heißt[5]:

»Auf die Dauer gesehen müssen die Ausweitung der Funktionen und die Komplizierung der Aufgaben ohne eine methodische Fortbildung zu einem Zurückbleiben des Bundespersonals hinter den Anforderungen führen und damit das Niveau drücken. Es steht außer Zweifel, daß hierdurch die Sachgerechtigkeit und Wirtschaftlichkeit in der Verwaltung langfristig gesehen entscheidend gefährdet wird. Der Bundestag beschließt die Verausgabe von Milliardenbeträgen zur Beeinflussung der komplizierten Wirtschafts- und Sozialsachverhalte. Der konsumwirksame Effekt solcher zum Teil das volkswirtschaftliche Gleichgewicht störender Ausgaben ruft sekundäre Probleme verschiedener Art hervor. Die Gesamtabläufe werden nicht zuletzt deshalb bedenklich, weil das hinreichend qualifizierte, fachkundige Verwaltungspersonal fehlt, das der volkswirtschaftlichen Verantwortung gewachsen ist, die der moderne Interventionsstaat mit seiner Wirtschafts- und Sozialaktivität nun einmal übernimmt.«

5 Vgl. den Festvortrag, den Staatssekretär Schäfer anläßlich des vierzigjährigen Bestehens der Verwaltungs- und Wirtschaftsakademie Industriebezirk in Bochum am 21. Oktober 1965 hielt; Bulletin des Presse- und Informationsamtes der Bundesregierung. Nr. 174, 29. Oktober 1965, S. 1402ff. (Zitat S. 1402).

Hier kommt noch einmal sehr deutlich zum Ausdruck, was auf dem Spiele steht, wenn der DBB den Verantwortlichen vor aller Öffentlichkeit und mit der gebotenen Entschiedenheit ins Bewußsein ruft, sie müßten ihre Beamtenpolitik an die veränderten Grundlagen anpassen und endlich auch die Konsequenzen aus dem Strukturwandel der öffentlichen Verwaltung mit seinen einschneidenden Veränderungen für die Aufgabenstellung und Verantwortung des öffentlichen Dienstes ziehen.

Ich habe meine bisherigen Ausführungen absichtlich ein wenig grundsätzlich und damit allgemein gehalten. Den Anstoß dazu haben letztlich die Vorgänge auf unserem Vertretertag gegeben, die ja die Beamten, ihre Aufgabe und ihre Verantwortung mit einem Schlage ins Gespräch gebracht und damit auch zu einer verstärkten Auseinandersetzung mit Fragen des öffentlichen Dienstes ganz allgemein geführt haben.

Natürlich bin ich mit Ihnen vollkommen einer Meinung, daß wir uns bei unserer Verbandspolitik nicht ausschließlich von grundsätzlichen Überlegungen leiten lassen und gewissermaßen im luftleeren Raum operieren dürfen. Aktuelle interessenpolitische Fragen werden wir nur im Nahkampf mit den sich uns jeweils entgegenstellenden Realitäten zu unseren Gunsten meistern können. Gerade die letzten Wochen haben einige Realitäten erkennbar werden lassen, die nicht ohne Auswirkungen auf die zu erzielenden beamtenpolitischen Ergebnisse bleiben werden. Eine dieser Realitäten für die Beamtenpolitik des Bundes ist z. B. die Entwicklung der öffentlichen Finanzen.

Wenn noch vor einem Jahr der damals neue Bundesinnenminister Lücke es wagen konnte, für seine von ihm so genannte Große beamtenpolitische Konzeption Terminpläne für eine nahe Zukunft aufzustellen, so scheint heute wiederum vieles in Frage gestellt zu sein. Der Termin für die Verabschiedung des sog. Zweiten Vorschaltgesetzes ist unsicher geworden, Besoldungsanpassungsnotwendigkeiten werden von Bund und Ländern gemeinsam verzögert, ein neues Haushaltssicherungsgesetz – wenn auch mit anderem Inhalt – scheint möglich.

Das alles zeigt, daß wir uns gegenwärtig in einer recht schwierigen interessenpolitischen Lage befinden, und es wäre vermessen, wenn ich angesichts der augenblicklichen Krisenerscheinungen wagen würde, beachtliche Erfolge des DBB schon für die allernächste Zeit vorauszusagen.

Zunächst müssen wir uns mit der durch den Regierungswechsel

hervorgerufenen neuen gesamtpolitischen Lage vertraut machen und abwarten, wie sich das Klima unserer Verhandlungen mit den politischen Stellen unter den veränderten Umständen gestalten wird. Ein übertriebener Optimismus dürfte in dieser Hinsicht nicht angebracht sein. Wir werden weiter hart kämpfen müssen, um unseren beamtenpolitischen Vorstellungen zum Durchbruch zu verhelfen und Rückschläge abzuwenden.

Von vornherein müssen wir uns über eines im klaren sein: Zu den wichtigsten innenpolitischen Aufgaben der nächsten Zeit gehört die Beseitigung der akuten finanzpolitischen Schwierigkeiten des Bundes und eine längerfristig ausgerichtete Reform der Haushaltspolitik von Bund, Ländern und Gemeinden auf der Grundlage einer umfassenden finanzpolitischen Konzeption. Daß es zu dieser Misere kommen mußte, war schon seit längerer Zeit abzusehen und ist vom Deutschen Beamtenbund frühzeitig erkannt worden. Einerseits hat die verlangsamte allgemeine wirtschaftliche Entwicklung zwangsläufig zu einer abgeschwächten Einnahmesteigerung der öffentlichen Haushalte geführt, andererseits aber ist es bisher nicht gelungen, das jährliche Wachstum der öffentlichen Ausgaben auf das durch die Einnahmenentwicklung gezogene Maß zu begrenzen. Die Folge davon, vor allem aber auch das Fehlen der immer wieder hinausgeschobenen Finanzreform in Bund, Ländern und Gemeinden, ist, daß die öffentlichen Haushalte in zunehmendem Maße wachsenden Schwierigkeiten bei der Deckung ihres Finanzbedarfs gegenüberstehen. Nach der letzten vom Bundesfinanzministerium veröffentlichten mittelfristigen Finanzvorausschau ist selbst unter der Voraussetzung einer rechtzeitigen Verabschiedung der von der Bundesregierung zusammen mit dem Haushaltsentwurf 1967 und dem Ergänzungshaushalt vorgelegten Gesetzentwürfen (Finanzplanungsgesetz und Steueränderungsgesetz 1966) sowie eines gleichbleibenden Anteiles an der Einkommen- und Körperschaftsteuer von 39 v. H. in den kommenden Jahren mit wachsenden Defiziten zu rechnen. Für 1968 wird eine erneute Deckungslücke von 3,7 Mrd. DM errechnet, die sich 1969 auf 4,6 Mrd. DM und 1970 bei einem Ausgabevolumen von insgesamt 95,1 Mrd. DM auf 6,2 Mrd. DM erhöhen wird. Voraussetzung für eine befriedigende Lösung dieses Problems ist zunächst eine Finanzreform, deren Kernstück eine klare Festlegung der Aufgabenverteilung von

Bund, Ländern und Gemeinden und eine entsprechende Neuverteilung der finanziellen Mittel sein muß. Dabei ist es unerläßlich, zunächst eine von allen öffentlichen Verwaltungen gebilligte und befolgte Prioritätenliste der vorrangigen Aufgaben auf allen Ebenen aufzustellen. Dazu bedarf es aber einer mittelfristigen Finanzplanung wie sie im Entwurf des Stabilitätsgesetzes vorgeschrieben ist[6], weil erst dann ein umfassender Überblick über den Gesamtumfang und die Struktur der öffentlichen Ausgaben und der zur Verfügung stehenden Finanzmasse gewonnen werden kann, der für die Aufstellung von Prioritäten mit allgemeiner Bedeutung und Verbindlichkeit erforderlich ist.

Die mittelfristige Finanzplanung wird die Dienstherren aber auch zu einer neuen Einstellung zu den Personalausgaben zwingen und zu einem neuen Stil der Besoldungspolitik führen. Während bisher stets eine Besoldungspolitik im nachhinein betrieben worden ist, zwingt eine mittelfristige Finanzplanung zu einer vorausschauenden Besoldungspolitik, bei der man sich vorzeitig Gedanken über die Entwicklung der Personalausgaben machen muß, vor allem über die Anpassung der Gehälter und Löhne im öffentlichen Dienst an die allgemeine wirtschaftliche Entwicklung sowie über die notwendigen Veränderungen des Personalstandes. Vor allem aber werden Regierung und Parlament bei einer mittelfristigen Finanzplanung gezwungen, sich eindeutiger als bisher zu dem Rang zu bekennen, den sie den Personalausgaben im Rahmen der aufzustellenden Dringlichkeitsskala zukommen lassen wollen.

Verändert haben sich aber nicht nur die öffentlichen Finanzen, sondern auch die allgemeinen wirtschaftlichen Verhältnisse. Unter konjunkturpolitischen Gesichtspunkten befinden wir uns im Augenblick in einer Wachstumspause, der insgesamt vierten seit Bestehen der Bundesrepublik. Auch in dieser Phase der wirtschaftlichen Entwicklung steigt das Sozialprodukt weiter an und erhöht sich das allgemeine

6 Vgl. Deutscher Bundestag. 5. Wahlperiode 1965. Drucksache V/890. Anlagen-Band 106. Die 1. Beratung des Entwurfs eines Gesetzes zur Förderung der wirtschaftlichen Stabilität fand am 14. September 1966 statt. Vgl. Verhandlungen des Deutschen Bundestages. 5. Wahlperiode 1965. Bd. 62, 55. Sitzung, S. 2655ff. Zur 2. und 3. Beratung trat der Bundestag am 10. Mai 1967 zusammen. Vgl. a.a.O., Bd. 64, 108. Sitzung, S. 5100ff. Vgl. dazu auch Drucksache V/1678; Anlagen-Band 111. Vgl. ferner BGBl I. 1967, S. 582ff.

Einkommensniveau, jedoch bleiben die Zuwachsraten deutlich hinter den Zuwachsraten des konjunkturellen Aufschwunges zurück. Die derzeitige Wachstumspause, die sich bereits Mitte 1965 in Form einer deutlichen Abschwächung des Produktionszuwachses bemerkbar machte, zeichnet sich jedoch im Vergleich mit den vorangegangenen Phasen des Konjunkturabschwunges durch eine wesentlich stärkere Differenzierung der wirtschaftlichen Lage in den verschiedenen Branchen sowie durch ein stärkeres Hervortreten der strukturellen Veränderungen in unserer Gesamtwirtschaft aus. Die gegenwärtige wirtschaftliche Situation enthält jedoch gleichzeitig bereits wesentliche Voraussetzungen für einen erneuten konjunkturellen Aufschwung. Dazu gehören vor allem die seit Mai dieses Jahres zu beobachtende relative Preisstabilität und der für das ganze Jahr 1966 erwartete Exportüberschuß von fast sechs Mrd. DM, der damit den Exportüberschuß des Jahres 1965 von rund einer Mrd. DM ganz erheblich übersteigt. Deshalb wird die wirtschaftliche Entwicklung im Jahre 1967 aller Voraussicht nach wieder günstiger verlaufen als im Jahre 1966, besonders dann, wenn sich die politischen und finanziellen Verhältnisse durch eine entscheidungsfähige Bundesregierung. wieder stabilisiert haben und die Deutsche Bundesbank ihre bisherige harte restriktive Geld- und Kreditpolitik wieder lockern wird. Allerdings sind die Zeiten der wirtschaftlichen Aufwärtsentwicklung, wie wir sie in den fünfziger Jahren erlebt haben und bei denen wir mit jährlichen Zuwachsraten des Sozialproduktes von sieben v. H. bis acht v. H. rechnen konnten, vorbei. Wir werden uns in Zukunft mit einer Halbierung dieser Zuwachsraten begnügen müssen, d. h. die durchschnittliche Steigerung des Sozialproduktes wird in den kommenden Jahren zwischen drei v. H. und vier v. H. liegen. Auch dieses Wachstum unserer Wirtschaft, dessen Beibehaltung im Augenblick unsere Hauptsorge sein sollte, wird eine weitere Verbesserung des allgemeinen Lebensstandards ermöglichen, vor allem wenn es gelingt, die bisherigen Preisbewegungen weiter abzuschwächen.

Für die Beamten geht es dabei neben einer Anpassung ihrer Bezüge an die laufende wirtschaftliche Entwicklung zusätzlich um einen Abbau des bestehenden Besoldungsrückstandes von immer noch rund neun v. H. Es läßt sich bereits jetzt übersehen, daß durch die in diesem Jahre erfolgte lineare Besoldungsanhebung von insgesamt fünf v. H. sowie unter Berücksichtigung der strukturellen Besoldungsverbesserungen, insbesondere der weiteren Verbesserung der Beförderungsmöglichkeiten im Rahmen der Stellenpläne, sich an dem Einkommensrückstand der Beamten bis zum Ende dieses Jahres nichts Entscheidendes ändern wird, weil die Zuwachsrate der allgemeinen Besoldungsverbesserung der in diesem Jahre festzustellenden allgemeinen Einkommensentwicklung weitgehend entspricht. Für das kommende Jahr wird mit einer weiteren allgemeinen Einkommensentwicklung von sechs v. H. bis sieben v. H. gerechnet. Es liegt auf der Hand, daß bei einem einseitigen Lohn- und Gehaltsstopp im öffentlichen Dienst, wie ihn die Finanzminister der Länder bei der Beratung des Haushaltsplanes 1967 durch die Streichung der von der Bundesregierung für eine lineare Besoldungserhöhung vorgesehenen Mittel in Höhe von 76 Mio. DM praktisch befürwortet haben, der Einkommensrückstand der Beamten im nächsten Jahr zwangsläufig größer werden muß. [. . .][7]

7 Es folgen handschriftliche stichwortartige Redenotizen A. Krauses zu aktuellen Besoldungsfragen.

1. Juni 1967

Aktuelle Beamtenpolitik

Ansprache auf der Bundeshauptversammlung des Bundes der Deutschen Zollbeamten im DBB (BDZ) in Münster

Quelle: DBB-Archiv, Abt. Bgst 500-9 (maschinenschriftlich)
Druck: Der Deutsche Zollbeamte. Fachzeitschrift für Beamtenfragen/Zölle/Verbrauchsteuern/Monopole und Außenhandelsrecht. Hrsg. vom Bund der Deutschen Zollbeamten. 20. Jg. 1967, Nr. 8, S. 186ff.

Um Ihnen einen gewissen Einblick in die Fragestellungen der aktuellen Beamtenpolitik zu geben, möchte ich zunächst versuchen, wenigstens in ganz großen Zügen ein Bild von der gegenwärtigen beamtenpolitischen Lage zu zeichnen. Denn soviel steht ja wohl fest: eine Stellungnahme zur aktuellen Beamtenpolitik setzt klare Vorstellungen von der allgemeinen beamtenpolitischen Lage voraus, die wiederum nicht isoliert betrachtet werden kann, sondern in ihren Wechselbeziehungen zur staats- und gesellschaftspolitischen, heute insbesondere aber auch zur wirtschafts- und finanzpolitischen Lage erkannt werden muß. Erst eine möglichst umfassende Kenntnis und nüchterne Einschätzung aller dieser Zusammenhänge verhilft uns zu den Erkenntnissen, die wir für eine erfolgversprechende Interessenpolitik benötigen. Fassen wir nun zuerst den uns am nächsten liegenden Zusammenhang ins Auge, den Zusammenhang des öffentlichen Dienstes mit der öffentlichen Verwaltung, und fragen wir, wodurch hier die heutige und künftige Entwicklung gekennzeichnet ist!

Wir stellen fest:

- Die Aufgabenstellung der öffentlichen Verwaltung und damit des öffentlichen Dienstes hat sich im Zuge einer fortschreitenden Verwirklichung des sozialen Rechtsstaates nicht nur quantitativ, nämlich durch einen enormen Aufgabenzuwachs, sondern auch qualitativ, nämlich durch die Übernahme von zum Teil neuartigen, jedenfalls aber äußerst komplizierten Aufgaben, grundlegend gewandelt.

- In zunehmendem Maße machen sich Einflüsse der überstaatlichen Organisationen geltend, aus denen in der weiteren Zukunft ein Vereinigtes Europa herauswachsen soll.
- Probleme besonderer Art wirft die beginnende Technisierung des Verwaltungshandelns auf, die, wenn auch vielleicht nicht in dem von manchen erhofften Ausmaß, zu Personaleinsparungen, auf alle Fälle aber zu einer wesentlichen Verschiebung des zahlenmäßigen Verhältnisses zwischen dem unteren und mittleren Dienst einerseits und dem gehobenen und höheren Dienst andererseits führen wird, und zwar zugunsten der zuletzt genannten beiden Laufbahngruppen.
- Steigende Anforderungen an die Aus- und Weiterbildung folgen aus alledem ganz von selbst.

Wie jede Politik heißt nun auch Beamtenpolitik Planen und Handeln. Klar ist ferner, daß jede Politik, auf welchem Gebiet auch immer, eine Gesamtkonzeption voraussetzt. Nicht ohne Grund sind wir der Überzeugung, daß es um die Beamtenpolitik in dieser Hinsicht nicht zum besten bestellt ist. Unsere langjährigen Erfahrungen haben uns darüber belehrt, daß die amtliche Beamtenpolitik den jeweiligen beamtenpolitischen Notwendigkeiten vielfach nicht mit der wünschenswerten Vorsorge, und das heißt eben: mit planender, auf einer Gesamtkonzeption beruhender Vorausschau gerecht zu werden vermocht hat.

Abgesehen davon, daß die Dienstherren nur allzu oft bereit waren, die beamtenpolitischen Notwendigkeiten als minderrangig hinter angeblich vordringlicheren politischen Notwendigkeiten anderer Art zurücktreten zu lassen, sprechen die Tatsachen auch insofern eine klare Sprache im Sinne unserer kritischen Feststellungen, als es sonst wohl kaum zu jener beispiellosen Fehlentwicklung gekommen wäre, die die Besoldungseinheit in horizontaler wie in vertikaler Sicht aufgelöst und in der weiteren Folge das gesamte Besoldungsgefüge im öffentlichen Dienst erschüttert hat. An diesem Beispiel zeigt sich besonders deutlich, wohin die beamtenpolitische Entwicklung treibt, wenn man sie über einen längeren Zeitraum hinweg sich selbst überläßt und nicht in der Lage ist, schädliche Einflüsse rechtzeitig mit den geeigneten Mitteln von ihr abzuwenden.

Welcher Anstrengungen es jetzt bedarf, um die allgemein bekannte Ausuferung der Besoldungsentwicklung im Verhältnis von Bund und Ländern wieder einigermaßen zu kanalisieren, dazu kann ich mir einen ausführlichen Kommentar ersparen. Die Auseinandersetzung mit diesem Problem gehört seit Jahr und Tag zum täglichen Brot unserer Verbandsarbeit.

Ersparen kann ich mir jedoch nicht einen Hinweis auf den paradoxen Umstand, daß im Augenblick gerade die Finanzminister der Länder auf eine Anrufung des Vermittlungsausschusses durch den Bundesrat hinzuwirken versuchen, weil der Bundesgesetzgeber es unterlassen hat, in dem am 12. Mai verabschiedeten Ersten Besoldungsneuregelungsgesetz[1] die Lehrerbesoldung rahmenrechtlich zu binden.

Wem käme da nicht der Schreckensruf des Goetheschen »Zauberlehrlings« in den Sinn: »Herr, die Not ist groß! Die ich rief, die Geister, werd ich nun nicht los«!? Nachdem der Bundestag die Zeit noch nicht für reif befunden hat, den Ländern als Nothelfer beizuspringen, soll jetzt der Vermittlungsausschuß die Rolle des »alten Hexenmeisters« spielen und mit seinem Zauberwort: »In die Ecke, Besen! Besen! Seids gewesen« die Länderhaushalte vor der Ausgabenflut bewahren, die seit der Ausrufung des Bildungsnotstandes unaufhörlich wächst.

Bei planender Vorausschau und beim Vorhandensein einer beamtenpolitischen Gesamtkonzeption stünde man heute nicht vor dieser Schwierigkeit. Dann hätte man nämlich zur rechten Zeit voraussehen können, wohin es führt, wenn die Besoldungspolitik ihrem ureigenen Zweck als Instrument der Beamtenpolitik teilweise entfremdet und zum Instrument der Bildungs- und Schulpolitik gemacht wird.

Ich habe bereits im April 1965 einmal geschrieben[2]:

»Obwohl offenkundig ist, daß sich mit dem Aufbau und der Festigung des sozialen Rechtsstaates auch das Berufsbild der Verwal-

1 Vgl. BGBl I. 1967, S. 629ff.

2 Vgl. Innere Gerechtigkeit im Besoldungssystem, in: Der Beamtenbund. 16. Jg., Nr. 4, April 1965, S. 35.

tungsbeamten aller Sparten grundlegend gewandelt hat, gewann die Heraufbeschwörung des Bildungsnotstandes allgemein-politische Bedeutung. Das aber doch nur, weil sich die Dienstherren immer noch keine klaren Vorstellungen von der allgemein-, nämlich verfassungspolitischen Bedeutung des Berufsbeamtentums in seiner Gesamtheit zu machen scheinen.«

Nun ist der Schaden doppelt groß. Durch die eigengewichtige Entwicklung der Lehrerbesoldung ist das gesamte Besoldungssystem aus den Fugen geraten und zugleich mehren sich die Anzeichen dafür, daß die Länder jetzt vor der Wahl zwischen dem Schulbankrott und dem Staatsbankrott stehen.

Infolge der finanziellen Realitäten werde das Bildungswesen seinen Vorrang verlieren, so wird befürchtet. Gerade die bildungspolitisch als besonders fortschrittlich geltenden Länder, wie Baden-Württemberg, Hessen, Niedersachsen, sehen sich gezwungen, die Zahl der neuen Stellen für den Lehrernachwuchs weit unter den tatsächlichen Bedarf herunterzuschrauben. Soeben erst mit viel Aufwand ausgebildete Junglehrer würden dann »auf der Straße liegen«. Man sieht: eine Schraube ohne Ende. Und das alles eben nur, weil man es an planender Vorausschau und an einer entsprechenden Koordinierung der Bedürfnisse in den einzelnen Bereichen des öffentlichen Dienstes hat fehlen lassen.

Der Unmut der Öffentlichkeit über diese Entwicklung äußert sich in Ausdrücken wie z. B. »fiskalische Engstirnigkeit«. Obwohl wir ein Lied von dieser Untugend der Dienstherren zu singen wissen, scheint sie mir in dem geschilderten Zusammenhang die eigentliche Ursache des beklagten Zustandes nicht so recht zu treffen. »Fiskalische Engstirnigkeit« ist allemal nur das Symptom für einen tiefer liegenden Krankheitsherd, für das mangelnde Begreifen nämlich, daß der Zwang zum Sparen stets dann am größten wird, wenn unterlassen worden ist, rechtzeitig das zu tun, was unter den jeweils gegebenen Umständen zu tun geboten war.

Wie oft haben wir selbst das nicht schon aus dem Mund berufener Politiker gehört! Erst jüngst, bei der Verabschiedung des Ersten Besoldungsneuregelungsgesetzes, hat Bundesminister Lücke im Hinblick auf seinen Mehrstufenplan zur Besoldungsneuregelung wieder in einem fast beschwörenden Ton gesagt[3]: »Wenn dieses Werk nicht gelingt – das ist nicht eine enge Frage der Beamtenbesoldung, das ist eine staatspolitische Frage –, wird es zu teuer werden. Dann laufen die Entwicklungen weiter auseinander, und es wird niemand mehr in der Lage sein, das Beamtenrecht in Bund, Ländern und Gemeinden in Ordnung zu bringen.«

Hätte man das alles aber nicht von Anfang an viel billiger haben können?

Diese Frage bleibt offen – bei aller Anerkennung des guten Willens des amtierenden Beamtenministers, nun nachträglich das ihm überlassene schwierige Erbe doch noch zum Guten zu wenden.

Und um nun wieder zu meinem Ausgangspunkt zurückzukehren und meinen daran angeknüpften Gedankengang abzuschließen: Ich habe leider keinen stichhaltigen Anlaß, mich optimistisch zu der nach meinen bisherigen Ausführungen naheliegenden Frage zu äußern, ob denn nun wenigstens künftig derartig eklatante Fehlentwicklungen zu verhindern seien, wie sie uns in der Besoldungspolitik in einer mitunter nahezu unerträglichen Weise zugemutet worden und allgemein vertraut sind.

Beim gegenwärtigen Stand der Dinge vermag ich auch für die von mir angedeuteten strukturellen Fragen, die sich in allernächster Zeit verstärkt zur Geltung bringen werden, nicht auszuschließen, daß es zu entsprechenden Fehlentwicklungen kommen wird. Das gilt sowohl für die aus der gewandelten Aufgabenstellung der öffentlichen Verwaltung wie auch aus den supranationalen Einflüssen, der Technisierung des Verwaltungshandelns und aus den gestiegenen Anforderungen an die Aus- und Weiterbildung zu ziehenden Konsequenzen.

Alle diese Probleme bekäme man nur in den Griff, wenn ein Gesamtüberblick über die derzeitigen Strukturverhältnisse im öffentlichen Dienst vorhanden wäre. Bis zur Stunde gibt es aber die dafür erforderlichen statistischen und sonstigen Unterlagen nicht. Die Dienstherren wissen z. B. weder über die Altersgliederung, die Vor- und Ausbildung sowie über die effektive Bezahlung der Angehörigen des öffentlichen Dienstes wirklich Bescheid. Sie verfügen über kein zuverläs-

3 Am 12. Mai 1967. Vgl. Verhandlungen des Deutschen Bundestages. 5. Wahlperiode 196[illegible]. Bd. 64, 110. Sitzung, S. 5229f. (Zitat S. 5230).

siges Zahlenmaterial, um objektive Maßstäbe für Gehalts- und Lohntarifverhandlungen zu entwickeln. Infolgedessen ist auch keine vergleichende Beurteilung der Verdienstentwicklung im öffentlichen Dienst und in der Privatwirtschaft möglich. Erst recht scheitert am Fehlen dieser Unterlagen aber eine mittel- und längerfristige Vorausschau zur Entwicklung des Personalstandes und der Personalausgaben.

Wenn, wie ich schon sagte, jede Politik, und so auch Beamtenpolitik, Planen und Handeln heißt und wenn jede Politik, auf welchem Gebiet auch immer, eine Gesamtkonzeption voraussetzt: wie will man denn da, wo bereits zu dieser Voraussetzung die Voraussetzung fehlt, jemals zu einem Planen und Handeln gelangen, das die Bezeichnung »Beamtenpolitik« verdient?

Ich würde mich nicht wundern, wenn mir diese provozierend, womöglich sogar polemisch anmutende Frage bereits wieder als eine der für mich als typisch geltenden »Miesmachereien« angekreidet werden sollte. Darauf will ich es gern ankommen lassen. Denn mit der Zeit spricht es sich vielleicht doch herum, daß ich mir den Stoff zur Kritik an der Beamtenpolitik unserer Dienstherren nicht bloß aus den Fingern sauge, sondern mich in jedem Fall streng an beweisbare Tatsachen halte.

So auch hier. Wenn irgend jemand auch nur den geringsten Zweifel in die Stichhaltigkeit meiner Behauptungen setzen sollte, so darf ich ihm empfehlen, die Bundestagsdrucksache V/1721[4] einzusehen. Sie enthält den Entwurf eines Gesetzes über eine Statistik des Personals, der Dienstbezüge, Vergütungen und Löhne im öffentlichen Dienst. Die Bundesregierung hat mehr als fünf Jahre vergeblich versucht, diesen Entwurf die Hürde des Bundesrats nehmen zu lassen, um ihn im Bundestag einbringen zu können. Auf unser ständiges Drängen hin haben nun endlich die Fraktionen des Bundestages selbst das Gesetzesvorhaben flottgemacht und unter Vermeidung des ersten Durchgangs beim Bundesrat durch einen entsprechenden Initiativantrag bewirkt, daß sich jetzt der Bundesgesetzgeber mit den wichtigen Fragen befassen kann, die das sog. Personalstrukturerhebungsgesetz lösen soll.

Wer sich die Mühe macht und einmal die Begründung des Gesetzent-

4 Vgl. Verhandlungen des Deutschen Bundestages. 5. Wahlperiode 1965, Anlagen-Band 112. Vgl. auch S. 220 Anm. 4.

wurfs liest, wird Punkt für Punkt bestätigt finden, worüber ich mich kritisch geäußert habe. An einer Stelle heißt es dort wörtlich: »Eine mittel- und längerfristige Vorausschau zur Entwicklung des Personalstandes und der Personalausgaben sowie ein Überblick über den künftigen Umfang der Pensionslasten sind nur mit Hilfe der vorgesehenen Feststellungen möglich.«[5]

Mit dem hier bloßgelegten und vorerst noch keineswegs behobenen Mangel sollte sich die Öffentlichkeit einmal intensiv auseinandersetzen. Das wäre eine lohnendere und dem Allgemeininteresse zuträglichere Aufgabe, als uns unserer angeblich völlig unbegründeten »Querelen« wegen zurechtzuweisen, uns ständig das komische Gesetz des Mr. Parkinson vorzuhalten, von einer Aufblähung der Bürokratie zu reden und die sog. Beamtenprivilegien madig zu machen.

Das würde natürlich das ernsthafte Bestreben voraussetzen, sich von bloß vordergründigen Erscheinungen ab- und den wirklichen Ursachen für Fehlentwicklungen in Verwaltung und öffentlichem Dienst zuzuwenden, kurzum, in reichlich komplizierte Sachzusammenhänge einzudringen. Da es jedoch weitaus publikumswirksamer ist, sich über diese Sachzusammenhänge einfach hinwegzusetzen und Vorurteile der Bevölkerung über die Beamten zu pflegen, werden wir in dieser Hinsicht so schnell kaum einen Wandel in den bisherigen Methoden der öffentlichen Berichterstattung über Fragen des öffentlichen Dienstes erwarten dürfen. Für uns war es schon ein Lichtblick, dieser Tage aus dem Munde des Bundeskanzlers Kiesinger zu hören, daß es auch nach seiner Meinung auf dem Gebiet des öffentlichen Dienstes noch bedeutende Aufgaben zu bewältigen gilt. Er sprach in diesem Zusammenhang – es war in seinem Rechenschaftsbericht auf dem Bundesparteitag der CDU[6] – auch von den »längst fälligen Reformen unserer Verwaltung, die noch zu sehr in den Strukturen des 19. Jahrhunderts wurzelt und deren geschichtlich gewachsene Strukturen den Forderungen in unserer soviel komplizierteren heutigen Welt nicht mehr voll gerecht werden können«. Und dann

5 Vgl. a.a.O., S. 4.

6 Vgl. Christlich Demokratische Union Deutschlands. 15. CDU-Bundesparteitag. Braunschweig, 22./23. Mai 1967. Niederschrift. Hrsg. von der Christlich Demokratischen Union Deutschlands, Bundesgeschäftsstelle. Bonn o. J. (1967), S. 110ff. (Zitate S. 133).

sagte er wörtlich: »Nicht unseren Beamten müssen wir die Schuld geben, wenn es da und dort nicht klappt, sondern diesen überholten Strukturen.«

Wie sorglos die »veröffentlichte Meinung« vielfach mit uns betreffenden, rein sachlich motivierten Vorgängen umgeht, hat sich ja erst kürzlich wieder bei der Berichterstattung über mein Gespräch mit dem Präsidenten des Deutschen Bauernverbandes, Herrn Rehwinkel[7], sehr deutlich gezeigt. Was ist da nicht alles über die vermeintlichen Hintergründe dieser Begegnung zusammenphantasiert worden!

Daß man die angebliche NPD-Neigung Rehwinkels ins Spiel bringen und diese auf mich abfärben zu lassen versuchen werde, war wohl zu erwarten. Die Auguren, die das politische Gewissen unseres Staates verwalten, waren sich aber auch darüber weitgehend im klaren, daß sich hier etwas ganz und gar Demokratiefeindliches zusammenbraut, eine »Allianz der Habenichtse«[8], wie sie es nennen, »eine Flucht zugleich aus der parlamentarischen Demokratie, von der man sich mißverstanden, verlassen, verraten fühlt« (so »Christ und Welt« vom 14. April 1967).

Meine Damen und Herren, auf solche absurden Spekulationen oder auf Sätze wie diesen: »Man kann nicht mit engen materiellen Interessen einen Block oder gar eine Partei gründen, das hält man politisch nicht durch« auch nur mit einem Wort einzugehen, halte ich, rundheraus gesagt, für unter meiner Würde.

Wenn unser Demokratieverständnis schon so gelitten hat, daß jede einer gegenseitigen Konsultation und der sachlichen Unterrichtung über die beiderseitige Interessenlage dienende Fühlungnahme zwischen den Vertretern zweier Großgruppen unserer Gesellschaft als politisch anrüchig, ja, schon beinahe als hochverräterisch gilt, dann bleibt mir kaum noch etwas zu sagen übrig. Was mich – übrigens nicht zum erstenmal – mit Herrn Rehwinkel zusammengeführt hat, ist weiß Gott nicht die utopische Vorstellung, zwischen den von uns vertretenen gesellschaftlichen Gruppen ließe sich eine Interessenharmonie erzielen, aus der in letzter Konsequenz dann sogar auch noch ein gemeinsamer politischer Block hervorgehen könnte.

7 Am 29. März 1967.

8 Vgl. Wolfgang Höpker: Union der Unzufriedenen. Bauern, Beamte und Gewerbetreibende als »Allianz der Habenichtse«, in: Christ und Welt. Nr. 15, 14. April 1967.

Dergleichen ist zwischen uns nie erwogen, geschweige denn erörtert worden. Wohl aber haben wir eingehend darüber gesprochen, daß unsere beiden Gruppen sich insofern in einer vergleichbaren Lage befinden, als ihnen gegenüber eine unzuverlässige Politik betrieben und ihre verschiedenen Interessenpositionen völlig unsachlich interpretiert werden.

Weder in unserem noch im Falle der Bauern läßt sich das ernsthafte Bestreben erkennen, sich mit den tieferliegenden, vielfach sehr komplizierten Sachzusammenhängen unvoreingenommen vertraut zu machen. Vorurteile, nicht auf Grund eingehenden Sachstudiums abgewogene Urteile, kennzeichnen die Berichterstattung über die interessenpolitischen Aktionen beider Gruppen.

Liegt es unter diesen Umständen, so möchte ich fragen, wirklich so außerhalb jedes vertretbaren Rahmens, wenn sich die beiden Gesprächspartner zum Ziele gesetzt haben, wenigstens im Verhältnis ihrer Gruppen zueinander für eine sachlich fundierte Information über ihre beiderseitigen Interessenstandpunkte zu sorgen? Mir scheint, daß wir in dieser Hinsicht ja doch hinreichend gebrannte Kinder sind, daß also gerade wir Verständnis dafür aufbringen sollten, wenn eine andere Gruppe behauptet, sich in derselben Lage zu befinden, und daß es unseren Interessen ganz gewiß nicht abträglich sein kann, wenn uns eine andere gesellschaftliche Gruppe mit der Bereitschaft entgegentritt, ihr Urteil über unsere Interessenlage nicht nur auf Schlagzeilen und Informationen aus zweiter Hand, sondern auf Informationen aus erster Hand zu stützen. Darin erblicke ich jedenfalls eine demokratischere Verhaltensweise, als wenn jemand durch keinerlei Sachargumente fundierte Verdammungsurteile über einen Vorgang fällt und damit beweist, daß er auf rationale und logische Erwägungen nur irrational und emotional zu reagieren gewillt ist.

Bei der zeitlichen Bedrängnis, in der ich mich wegen der nur knappen Redezeit befinde, werden Sie verstehen, wenn ich einen zweiten für die Beurteilung der gegenwärtigen beamtenpolitischen Lage wichtigen Zusammenhang, nämlich den Zusammenhang mit der wirtschafts- und finanzpolitischen Lage, nicht mit der gleichen Ausführlichkeit behandeln kann wie den ersten. Im übrigen wäre es bei der Unzahl der einander widersprechenden Meinungsäußerungen zur gesamtwirtschaftlichen Lage und ihrer voraussichtlichen Entwicklung, die tagtäglich verbreitet werden, wohl auch äußerst schwierig, einen Standpunkt herauszukristallisieren, der von hinreichend gesicherten Tatsachen abgestützt wäre, um ihn als unseren eigenen ausgeben zu können.

Vorläufig haben wir zudem noch etwas Mühe, uns in dem neuen Vokabular zurechtzufinden, das jetzt aufgekommen ist. Ob wir alle bereits in der Lage sind, ohne eine ins einzelne gehende Erklärung in etwa dasselbe zu denken, wenn wir auf Begriffe wie Globalsteuerung, Wachstum nach Maß, konzertierte Aktion, Orientierungshilfen, soziale Symmetrie und dergleichen mehr stoßen, wage ich zu bezweifeln.

Nach meinem Eindruck kommt es im gegenwärtigen Zeitpunkt für uns in erster Linie darauf an, die weitere Entwicklung besonnen abzuwarten, ohne vorschnell in Pessimismus oder Optimismus zu verfallen. Der Wirtschaftspraktiker, der dem Bundeswirtschaftsminister auf der Messe in Hannover nach seiner Meinung über den »Aufschwung nach Maß« befragt, zur Antwort gab: »Die Wirtschaft ist eben kein Automat, in den man einen Groschen schmeißen kann und der sofort die Lösung ausspuckt«, scheint mir so ganz unrecht nicht zu haben. Deshalb würde ich es auch für völlig verfehlt halten, wenn ich hier etwa eigene Prognosen aufstellen und mir anmaßen wollte, genau vorauszusagen, zu welchem Zeitpunkt nun endlich die vielzitierte »Talsohle« der Konjunkturabschwächung durchschritten werde. »Prognosen brauchen nicht zu stimmen, aber sie müssen korrigierbar sein«, hat einmal ein kluger Mann ironisch bemerkt. Ihm möchte ich mich anschließen und auf irgendwelche verfängliche Spekulationen auf diesem Gebiet verzichten.

Halten wir uns stattdessen an authentische Äußerungen des Bundeswirtschaftsministers selbst! Er hat Anfang Mai in einem »Spiegel«-Interview erklärt[9]: ». . . jetzt werden wir nur noch den Monat Mai abwarten, und im Sommer werden die Aufträge aus dem Eventualhaushalt sowie die totalen Entsperrungen für Investitionen im Kernhaushalt 1967 und die Mehrausgaben der Gemeinden aus der Mineralölsteuer ganz schön wirksam werden.«

Auch sagte er bei derselben Gelegenheit, das, was aus seinen Maßnahmen für die Arbeitnehmer herauskommen solle, sei die Erhaltung des Arbeitsplatzes und der Anstieg ihrer Realeinkommen. Und

9 Vgl. Der Spiegel. Nr. 20, 8. Mai 1967, S. 31 f. (»Der erste Treibsatz wirkt im Sommer«).

danach dann wörtlich: »Wir rechnen aber gleichzeitig auf mittlere Sicht mit einem Anstieg der realen Einkommen, auch der Arbeitnehmer.«

Das sind, auf die Ihnen allen bekannten besoldungspolitischen Vorstellungen des DBB bezogen, bereits optimistischer stimmende Voraussagen; denn zumindest lassen sie erkennen, daß der Bundeswirtschaftsminister mit einer Stagnation der allgemeinen Einkommensentwicklung nicht rechnet. Nachdem am 12. Mai der Bundestag in Übereinstimmung mit unserer am 2. Januar erhobenen Forderung die Bundesregierung verbindlich damit beauftragt hat, die Beamtenbesoldung in die mittelfristige Finanzplanung einzubeziehen, nimmt unsere damals entwickelte Konzeption greifbare Gestalt an.[10] Unsere beiden Grundanliegen: Abbau des Besoldungsrückstandes und laufende Anpassung an die allgemeine Einkommensentwicklung müssen nun in den Rahmen der mittelfristigen Finanzplanung eingefügt werden.

Das setzt die Bereitstellung ausreichender Mittel voraus. Darüber verhandelt die Bundesleitung des DBB zur Zeit mit den zuständigen Mitgliedern der Bundesregierung. Die Verhandlungen schweben noch, so daß ich über ihren Ausgang noch nichts Konkretes mitteilen kann. Hier wird wieder einmal darüber entschieden werden, welchen Rang man den Personalausgaben im Verhältnis zu den sonstigen Staatsausgaben einzuräumen gewillt ist. Die Gespräche, die wir bisher geführt haben, insbesondere das Gespräch mit dem Bundesfinanzminister, sowie die Vorarbeiten, die in den Finanzministerien des Bundes und der Länder zur mittelfristigen Finanzplanung bisher geleistet worden sind, berechtigen hinsichtlich der Prioritätsfrage zunächst zu keinen allzu großen Hoffnungen. Das sage ich ganz offen, ohne damit auch nur im mindesten andeuten zu wollen, es sei bereits alles verloren.

10 Vgl. die 2. und 3. Beratung des Entwurfes eines Dritten Gesetzes zur Änderung des Besoldungsgesetzes am 12. Mai 1967; Verhandlungen des Deutschen Bundestages. 5. Wahlperiode 1965. Bd. 64, 110. Sitzung, S. 5212ff. Zu dem Gesetzentwurf schlug der Innenausschuß Entschließungsanträge vor, die die Einbeziehung der Besoldung in die mittelfristige Finanzplanung beinhalteten und vom Bundestag einstimmig angenommen wurden. Vgl. auch – für eine zusammenfassende Darstellung – DBB-Nachrichten. Nr. 90, 12. Mai 1967. Für das Memorandum des DBB vom 2. Januar 1967 an die Bundesregierung vgl. Deutscher Beamtenbund. Bundesvertretertag. Geschäftsbericht der Bundesleitung 1969, D/3ff. Vgl. ferner S. 228 Anm. 6.

Denn wir stehen gegenwärtig ja noch ganz am Anfang unserer Bemühungen um gerechte Lösungen.

In nächster Zeit wird es vor allem darauf ankommen, ob sich der Bundesinnenminister, den wir als unseren Verbündeten betrachten können, gegenüber den ausschließlich von Ersparniserwägungen diktierten Plänen des Finanzministers und im Kabinett selbst zu behaupten verstehen wird. Von Bundesminister Lücke wissen wir, daß er die Mittel, die er zur Verwirklichung seiner Besoldungskonzeption braucht, als »staatspolitisch wichtige und daher notwendige Ausgaben« ansieht, »die in der Rangordnung der Staatsausgaben mit an vorderster Stelle stehen müssen« (das sind seine eigenen Worte). Er hat sich zu seinen für uns im wesentlichen positiven Auffassungen zuletzt ausdrücklich auch wieder in der Bundestagsdebatte vom 12. Mai über das Erste Besoldungsneuregelungsgesetz bekannt.[11]

Gleichviel, wie nun das Ergebnis der demnächst stattfindenden Verhandlungen zwischen Lücke und Strauß ausfallen wird: ein Erfolg unserer eigenen Bemühungen wird uns nicht in den Schoß fallen; wir tun gut daran, uns auf bevorstehende harte Auseinandersetzungen einzustellen.

Daher schon jetzt mein Appell an Sie, meine Kolleginnen und Kollegen, das Vertrauen in die nachdrücklichen Bemühungen der Bundesleitung des DBB zu bewahren. Sie wird nichts unversucht lassen, um den von uns eindeutig bezogenen Standpunkt zur Geltung zu bringen.

Ich bin mir bewußt, daß gerade die Zollbeamten Grund zur Unzufriedenheit mit einer erst vor wenigen Wochen getroffenen Entscheidung des Haushaltsausschusses des Deutschen Bundestages haben. Die Streichung der Mittel für die seit langem fällige Zulage für Dienst zu ungünstigen Zeiten benachteiligt sie in einer besonders ungerechten Weise. Ich nehme an, Sie wissen, daß der DBB nachdrücklich gegen diesen überraschenden und diskriminierenden Schritt des Haushaltsausschusses protestiert und die Bundestagsfraktionen aufgefordert hat, sich bei der 2. und 3. Lesung des Haushaltsplanes 1967 in der Zeit vom 7. bis 9. Juni für die Beibehaltung der im Entwurf des Haushaltsplanes

11 Vgl. oben Anm. 3.

vorgesehenen Mittel einzusetzen, damit die Zulage auf jeden Fall bereits ab 1. Juli 1967 gewährt werden kann.[12]

Damit möchte ich meine kurze Betrachtung der aktuellen Beamtenpolitik schließen. Wenn ich aus zeitlichen Gründen auch viele Punkte, die eine ausführlichere Behandlung verdient hätten, nur streifen oder überhaupt nicht erörtern konnte, so hoffe ich trotzdem, Ihnen wenigstens eine gewisse Vorstellung von dem Geist vermittelt zu haben, mit dem Ihre Spitzenorganisation an die Auseinandersetzung mit den aktuellen Fragen der Beamtenpolitik herangeht. Es würde mich jedenfalls freuen, wenn es mir gelungen wäre, Ihnen auch die eine oder andere Anregung für den bevorstehenden Arbeitsabschnitt Ihrer Bundeshauptversammlung zu geben, für deren erfolgreichen Verlauf ich Ihnen nochmals die besten Wünsche sagen darf.

12 Vgl. dazu Der Deutsche Zollbeamte. 20. Jg., Nr. 4, April 1967, S. 81.

21. Juni 1967

Aufgaben und Ziele moderner Beamtenpolitik

Rede auf der Großkundgebung des Kreiskartells Uelzen im DBB (Auszug)

Quelle: DBB-Archiv, Abt. Bulei 15 000-8 (maschinenschriftlich)

Die gegenwärtige Lage der öffentlichen Finanzen, der Wirtschaft und Konjunktur in der Bundesrepublik rangiert so offensichtlich an der Spitze allgemeinen Interesses, daß man unbeabsichtigt in der Versuchung steht, sich vor allem damit zu befassen. Nun sind freilich Aufgaben und Ziele moderner Beamtenpolitik, über die ich heute zu Ihnen sprechen möchte, nicht auf die unmittelbare Tagespolitik abgestellt. Beamtenpolitische Aufgaben und Ziele auf weite Sicht verlangen ein hohes Maß analytischer und programmatischer Arbeit, die stets in einer kritischen Distanz zu Tagesereignissen geleistet werden muß.

Dennoch wird es an aktuellen Bezugnahmen bei dem, was ich zu sagen habe, nicht fehlen – schon zur Erläuterung von mitunter recht schwierigen Zusammenhängen.

Meine Damen und Herren, Beamtenpolitik ist Staatspolitik. Das klingt etwas abgegriffen und ist doch immer wieder nötig zu sagen, sie ist nämlich orientiert an der Verfassung unseres Staates, und diese geschriebene Verfassung – unser Grundgesetz – setzt den Rahmen für die Auseinandersetzung um das, was den Inhalt der Beamtenpolitik, ihre Aufgaben und Ziele ausmacht. Die Verfassung gibt gleichermaßen Raum für die Sicherung und für die Fortentwicklung des Berufsbeamtentums. Diesen Raum sind wir seit Jahren und nach Kräften bemüht, mit einem zukunftsorientierten Aktionsprogramm auszufüllen.

Wenn wir uns nun einmal ansehen, wie sich die beamtenpolitischen

Auseinandersetzungen der vergangenen Monate und Jahre in den Massenmedien darstellen, werden wir von einer Beamtenpolitik, die als Stück des Verfassungslebens erkannt und kommentiert würde, kaum einmal etwas entdecken können. Wir finden Berichte von der sozialen Sicherheit der Beamten, über die Vorteile ihrer lebenslänglichen Anstellung und beitragsfreien Versorgung beim Erreichen der Altersgrenze und bei Dienstunfähigkeit. So gilt das Beamtenverhältnis der veröffentlichten Meinung weitestgehend als ein Rechtsverhältnis, das dem einzelnen größtmögliche soziale Sicherheit verbürgt. Diese Auffassung wird zur Grundlage aller Erörterungen des Beamtenverhältnisses. Und obwohl seit der Rentenreform des Jahres 1957 bis hin zum Versorgungstarifvertrag für die Arbeitnehmer des öffentlichen Dienstes eine soziale Spitzenstellung der Beamten kaum mehr auszumachen ist, scheint die Kritik an den Privilegien des Beamtenverhältnisses eher anzuwachsen als zu verstummen.

Jetzt, da eine abgeschwächte Konjunktur Strukturkrisen bloßlegt und gar den Arbeitsmarkt in Mitleidenschaft zieht, droht die beamtenpolitische Diskussion vollends ins sozialpolitische Fahrwasser zu geraten. In seinem Strudel versinken staatspolitische Einsichten, und alte Vorurteile spülen an die Oberfläche.

Meine Damen und Herren, ich denke, es wird Sie nicht überraschen, daß traditionelle Kritiker der Beamten und des öffentlichen Dienstes – wie etwa der Bund der Steuerzahler – diese Vorgänge mit kaum verhohlener Freude verfolgen. Keinesfalls gleichgültig können wir dagegen zur Kenntnis nehmen, daß selbst der Dienstherr der Beamten derartigen Scheinargumenten nachzugeben scheint. In einer Stellungnahme des Bundesinnenministeriums zur Frage des Besoldungsrückstands hieß es[1]: »Bei einem Vergleich der Beamtengehälter mit der allgemeinen Einkommensentwicklung dürfen auch Umstände wie die durch den Beamtenstatus bedingte Sicherheit des Arbeitsplatzes und die auf Lebenszeit garantierte Alimentation nicht unberücksichtigt bleiben.«

1 Es handelt sich hierbei um eine Stellungnahme von Staatssekretär Gumbel (»Spektakuläre Hinweise sind nicht nötig«) für die Forum-Seite des »Sontagsblattes« (Nr. 6, 5. Februar 1967) zu einem Beitrag von A. Krause (»Keine Angst vor Friedrich dem Großen«). Außerdem äußerte sich noch Hermann Schmitt-Vockenhausen zu den Auffassungen A. Krauses Das »Forum«-Thema lautete: »Nur ein Krebsschaden der Gesellschaft? Von der erlaubten und unerlaubten Tätigkeit der Interessenverbände in unserem Staat.«.

Darauf haben wir geantwortet: »Ihr Versuch, die Bedeutung dieses unwiderleglichen Faktums (nämlich des vom Bundesinnenministeriums selbst anerkannten Einkommensrückstandes von 11,1 v.H.) mit dem Hinweis darauf abzuschwächen, daß dafür der Beamtenstatus auch eine besondere soziale Sicherheit verbürge, ist enttäuschend. Statt sich, wie es der Fürsorgepflicht des Dienstherren entspräche, in diesem Punkte aufklärend und schützend vor seine Beamten zu stellen, übernimmt damit das Beamtenministerium selbst die völlig abwegige Interpretation des Beamtenstatus durch eine breitere Öffentlichkeit. Die rechtliche und wirtschaftliche Sicherheit garantiert das Grundgesetz dem Beamten nicht um seiner selbst willen. Sie liegt ausschließlich im Interesse der Allgemeinheit und trägt der staatspolitischen Notwendigkeit Rechnung, dem Beamten zur inneren Unabhängigkeit zu verhelfen. Ohne sie könnte das Berufsbeamtentum die ihm in unserer Verfassungsordnung zufallende Funktion nicht erfüllen, einen ›ausgleichenden Faktor gegenüber den das Staatsleben gestaltenden Kräften‹ zu bilden (so das Bundesverfassungsgericht).«

Und ein weiterer Hinweis: »Der nachweisliche Einkommensrückstand der Beamten schließt einen Verstoß gegen den im Sozialstaatsprinzip unserer Verfassung wurzelnden Gedanken einer gerechten Einkommenspolitik für alle Bevölkerungsgruppen in sich. Diese Feststellung kann nicht dadurch entkräftet werden, daß man den Besoldungsrückstand aufzurechnen versucht mit der nicht auf sozialpolitischen Gesichtspunkten, sondern ausschließlich auf staatspolitischen Notwendigkeiten beruhenden Existenzsicherung des Beamten. Wer so argumentieren wollte, würde den ausschließlich verfassungspolitischen Zweck, der mit dem Beamtenstatus verfolgt wird, ummünzen in den effektiven sozialen Nutzwert, den dieser Status für den Beamten selbst hat, um ihn beim Einkommensvergleich als Haben-Posten einzusetzen. Das aber hieße, einen ideellen Wert in einen materiellen Wert umzufälschen. Damit zugleich würde der wirkliche Rechtfertigungsgrund für den Beamtenstatus abgewertet sowie das in diesem Punkte bestehende Übergewicht des Allgemeininteresses im Verhältnis zum Eigeninteresse des Beamten geleugnet, die tatsächliche Interessenlage also vollständig verschoben.«

Meine Damen und Herren, ich hoffe, hierin schon deutlich gemacht zu haben, daß die Aufgaben und Ziele moderner Beamtenpolitik über den

Bereich des öffentlichen Dienstes weit hinaus gehen. Ich wiederhole deshalb: Beamtenpolitik ist Staatspolitik schlechthin. Wenn unser Staat auf die Anforderungen der Zukunft besser vorbereitet werden soll, müssen überkommene, aber nicht mehr zeitgerechte Denkkategorien und Methoden der Beamtenpolitik natürlich überprüft und zur Diskussion gestellt werden. Diese Diskussion aber kann nicht mit sozialpolitischen Argumenten und mit dem engstirnigen Blick auf das Eigeninteresse der Beamten zu einem guten Ende geführt werden.

Eine Beamtenpolitik, die sich nicht am Interesse der Allgemeinheit an einer funktionsfähigen öffentlichen Verwaltung orientiert, baut auf Sand. Bei aller Entschlossenheit, mit der vom DBB das Eigeninteresse der Beamten und ihre angemessene Beteiligung an der allgemeinen Entwicklung des Lebensstandards vertreten wird, kann über die Grundorientierung unserer Konzeption kein Zweifel bestehen: im Zentrum, auch der aktuellen Aktionen des DBB, stehen prinzipielle Erwägungen der soeben skizzierten Art, und ich bin sicher, daß sie bei einem vorurteilsfreien Verständnis auch die allgemeine Anerkennung finden würden.

Die Frage, wie in unserem sozialen Rechtsstaat die der Staats- und Kommunalverwaltung gestellten Aufgaben mit der größtmöglichen Wirksamkeit erfüllt werden können, begreift der DBB als ständige Aufgabe. Denn darin allein besteht ja die Daseinsberechtigung des öffentlichen Dienstes; daß er im Interesse der Gesamtgesellschaft und der heutigen Bedeutung des Staates für das wirtschaftliche und soziale Leben entsprechend seinen Auftrag erfüllt: nämlich, begründet auf Sachwissen, fachliche Leistung und loyale Pflichterfüllung eine stabile Verwaltung zu sichern und damit einen ausgleichenden Faktor gegenüber den das Staatsleben gestaltenden Kräften zu bilden.

Diesen einleitenden Teil meiner Betrachtungen abschließend, darf ich, um jedem Mißverständnis vorzubeugen, nochmals betonen, daß dies ein verfassungspolitischer Auftrag an das Berufsbeamtentum ist. Allein zur Erfüllung dieses Auftrags garantiert das Grundgesetz dem Beamten seine wirtschaftlichen und rechtlichen Sicherungen. Wer diesen Zusammenhang leugnet und jene Sicherungen als soziale Privilegien der Beamten mißversteht, dem kann sicher nicht der notwendige beamtenpolitische Sachverstand unterstellt werden. Und doch, meine Damen und Herren, bleibt festzuhalten, daß wir gerade in diesem Punkte an fast allen unseren

Gesprächspartnern vorbeireden. Zu viele verschließen den Blick vor den verfassungspolitischen Notwendigkeiten, die hier auf dem Spiele stehen, oder erkennen sie nicht.

Doch ist es nicht nur verfassungspolitische Kurzsichtigkeit, die einer realistischen Einschätzung des Berufsbeamtentums im Wege steht. Ebenso weit verbreitet sind Unbehagen und Mißtrauen wegen der ständigen Ausweitung der Staatsaufgaben und der so produzierten Aufblähung der Bürokratie. Schlagworte wie etwa »Beamteninflation« werden ebenso unkritisch übernommen wie das ständige Gerede über die Rückständigkeit der Verwaltungsmethoden, der Verwaltungsorganisation, des Beamtenapparats.... Was im übrigen zum Thema Beamte und öffentliche Meinung zu bemerken wäre, gehört in ein noch ungeschriebenes Kapitel über das Thema Meinung und Meinungsbildung in der Bundesrepublik.

Unsere Antwort auf die öffentliche Kritik muß dennoch differenzieren nach den vermeintlichen und tatsächlichen Mängeln im öffentlichen Dienst. Unsere Bemühungen, das Bild des Beamten zu berichtigen und zu verbessern, machen uns nicht blind für tatsächliche Mängel. Wir selbst weisen deshalb auf verbesserungsbedürftige Zustände hin. Wir machen konstruktive Vorschläge, wie einfacher und sparsamer verwaltet werden kann. Wir warnen vor den Folgen sich abzeichnender Fehlentwicklungen – im Personalkörper, in Gesetzgebung, Verwaltungsorganisation und Verwaltungshandeln. Wir stellen klar, wo und bei wem die wahren Verantwortlichkeiten für Mängel des öffentlichen Dienstes liegen. Und so sind Lethargie, Schlendrian, mangelnde Eigenverantwortlichkeit und was sonst noch den Beamten an Untugenden angedichtet wird, in unseren Reihen nicht zu Hause.

Was aber ist die Resonanz unserer Initiativen auf allen Gebieten bei den dafür verantwortlichen Stellen? Man hält uns in aller Regel Ersparniserwägungen, fiskalische Gründe also, entgegen. Die politischen Willensträger bauen auf die Durchschlagskraft harter finanzpolitischer Wahrheiten. Von Einsicht in die finanziellen Schwierigkeiten ist da die Rede, von dem Zwang der leeren Kassen. Wir werden konfrontiert mit dem ganzen verfeinerten wirtschafts- und finanzpolitischen Vokabular, das die Herren Wirtschafts- und Finanzminister – wie ich gerne zugebe – nicht ohne psychologisches Geschick erfanden und anwenden.

Meine Damen und Herren, niemand möge glauben, daß der Deutsche

Beamtenbund die Misere der öffentlichen Finanzen unterschätzt oder gar ignoriert. Angesichts der notorischen Enge des haushaltspolitischen Aktionsspielraums sind tatsächlich Aufgaben von höchstem Schwierigkeitsgrad gestellt. Hier offenbaren sich aber vor allem grundlegende Schwächen im bisher praktizierten System unserer politischen Führung und Willensbildung. Die allseits beklagte Erstarrung der Haushaltswirtschaft, ihre Blockierung durch hohe Vorbelastungen beruht im wesentlichen darauf, daß Regierung und Parlament ohne hinreichenden Gesamtüberblick über den Zukunftsbedarf, seine Finanzierungsmöglichkeiten und die finanzwirtschaftlichen Zusammenhänge eine punktuelle, vornehmlich an den Wünschen des Tages orientierte Haushalts-, Wirtschafts-, Finanz- und auch Beamtenpolitik betrieben haben. Man hat sich zu lange von Fall zu Fall akuter Schwierigkeiten oder einzelner Ressort- und Gruppenwünsche angenommen und damit aus Unkenntnis über die Tragweite einer solchen Politik das finanzwirtschaftliche Leistungsvermögen überfordert. Damit wurde der derzeitige Zustand der öffentlichen Finanzen verhängnisvoll präjudiziert. Jetzt bleibt festzustellen, daß für eine schöpferische Staatspolitik, für eine vorausschauende Beamtenpolitik kaum noch finanzielle Bewegungsfreiheit besteht.

In dieser Situation, die sich bereits vor Monaten klar abzeichnete, hat der Deutsche Beamtenbund dazu aufgefordert, den Handlungsspielraum, den eine Beamtenpolitik nun einmal voraussetzt, zurückzugewinnen. Das ist nach unseren Vorstellungen weitgehend – wenn auch nur schrittweise – möglich im Rahmen der mittelfristigen Finanzplanung – ein Stichwort, auf das ich noch zurückkommen werde.

Hier war mir mit dem Hinweis auf den gegenwärtigen Stand der Dinge im haushaltspolitischen Raum daran gelegen, deutlich zu machen, wie sehr es für den Erfolg unserer Bemühungen auf den entschlossenen und mit überzeugenden Sachargumenten abgesicherten Einsatz aller Kräfte ankommt. Erfolg verspricht dabei nur die offene und harte Auseinandersetzung mit auftauchenden Widerständen. Das setzt die Besinnung auf die Grundlagen und Ziele moderner Beamtenpolitik voraus. Und hier bleibt festzuhalten, daß es uns um mehr als die vordergründige Programmierung dieser oder jener Verbesserung an jener oder dieser dienstrechtlichen Vorschrift geht. Das setzt aber auch das Verständnis dafür voraus, daß unserem Staat und unserer Gesellschaft mit der Nennung der Tatsachen mehr gedient ist als mit der ständigen Wiederholung von Allgemeinplätzen.

Zum Unterschied von Teilausschnitten der Beamtenpolitik, wie sie in der Vorstellung der politischen Willensträger bisher erst anzutreffen sind, stellt die Konzeption des DBB einen Entwurf auf das beamtenpolitisch Ganze dar. Und das schließlich macht erst eine moderne Beamtenpolitik aus: daß sie sich in der lebendigen Auseinandersetzung mit allen gesellschaftlichen Gruppen und Kräften und in aller Offenheit vollzieht. Hinter verschlossenen Türen betrieben, wäre Beamtenpolitik zum Scheitern verurteilt, in den Bereich des politischen Schacherns verwiesen, jedenfalls aber nicht modern. Wir müssen uns freilich darüber im klaren sein, daß es eine konfliktlose Beamtenpolitik so wenig gibt wie eine konfliktlose Politik überhaupt. Die Beamten sind eine soziologische Gruppe in einem immer differenzierteren Struktursystem der gesamten soziologischen Landschaft. Deshalb wird es auch in Zukunft darum gehen, klare, zweckmäßige und sachlich gerechtfertigte Lösungen aufzuzeigen. Deshalb sagen wir ja zum Interessenwettbewerb und zum Ausgleich der Interessen durch das Parlament. Seiner Entscheidung haben wir uns zu stellen.

Meine Damen und Herren, daß der Beamtenbund entschlossen ist, den Weg dieser offenen Auseinandersetzung zu beschreiten, dürfte inzwischen klar erkennbar geworden sein. Und ich möchte nun dazu übergehen, Sie noch etwas über die Hintergründe einiger Aktionen des DBB in den letzten Monaten und Wochen zu informieren.

In den vorangegangenen Anmerkungen klang bereits die Frage an, wie es um die Aufgaben und Ziele in der Beamtenpolitik und in der Praxis bestellt ist. Es hätte wohl wenig Sinn, darüber streiten zu wollen, ob das, was sich dort zeigt, eine Konzeption ist oder nicht. Das ist wohl eher eine Frage der Definition – vor allem aber der Zielvorstellungen offizieller Beamtenpolitik.

Und da zeigt sich nun, daß es nennenswerte Meinungsverschiedenheiten zwischen den für die Beamtenpolitik Verantwortlichen und uns nicht gibt. Das erklärte Ziel der Beamtenpolitik, wie es Bundesinnenminister Lücke erst im April wieder vor dem Deutschen Bundestag formulierte, unterscheidet sich kaum noch in Nuancen von unseren Vorstellungen. Zum Beweis dafür hier einige Sätze mit denen Minister Lücke seine Rede am 21.

April dieses Jahres beschloß[2]: »Ziel aller beamtenpolitischen Maßnahmen . . . sollte es sein, das Berufsbeamtentum in unserem Staat zu festigen. Die Beamten in den Gemeinden, in den Ländern und im Bund haben ihre Pflicht getan. Ohne ihren Einsatz und ihre Opferbereitschaft wäre der großartige Aufbau unseres sozialen Rechtsstaates im bisherigen Umfang nicht möglich gewesen. Es kann keinen Zweifel darüber geben . . ., daß wir auch in Zukunft ein unabhängiges, dem Menschen zugewandtes, dem Gemeinwohl verpflichtetes und den zukünftigen Aufgaben aufgeschlossenes Beamtentum brauchen werden. Wir brauchen ein Beamtentum, das dazu beiträgt, dem Staat die Sicherheit nach innen zu gewährleisten, ohne die unser Vaterland und unser Volk in Frieden und Freiheit nicht bestehen kann. Dieses Ziel verpflichtet uns zu gemeinsamem Handeln, wenn wir für eine gerechte und, wie ich ausdrücklich erwähnen möchte, moderne Neuordnung bei Bund, Ländern und Gemeinden eine gemeinsame Grundlage erzielen wollen.«

Meine Damen und Herren, die Übereinstimmung, die hier deutlich wird, beschränkt sich nicht einmal nur auf das abstrakte ministerielle Gedankengebäude zur Beamtenpolitik. Auch dort, wo Minister Lücke sein beamtenpolitisches Programm konkretisiert, findet er durchaus unsere Zustimmung – so etwa, wenn er sagt: »Der Rahmen für die Bewertung von Ämtern und Amtsgeschäften bei Bund, Ländern und Gemeinden muß unter Berücksichtigung der bewährten Grundsätze des Berufsbeamtentums wieder auf eine besoldungsrechtlich einheitliche Grundlage gebracht werden. Das muß auch für den Aufbau der Gehälter gelten.«

Und weiter: »Konstruktive Beiträge des Bundes sind hiermit in Richtung einer fortschrittlichen modernen Weiterentwicklung des Dienstrechts zu verbinden.« – »Alle diese Maßnahmen müssen Teil einer einheitlichen Gesamtplanung sein.«

Dieser Zitatenschatz nun könnte unschwer um Beiträge anderer Beamtenpolitiker aller Couleur erweitert werden, ohne daß sich gravierende Unterschiede zur Auffassung des DBB abzeichnen würden.

Das idyllische Bild von der nahezu uneingeschränkten Übereinstimmung wird erst gestört, wenn wir den Blick auf die beamtenpolitische

2 Für den Wortlaut dieser Rede vgl. Verhandlungen des Deutschen Bundestages. 5. Wahlperiode 1965. Bd. 61, 36. Sitzung, S. 1670ff. (Zitate S. 1671f.).

Praxis richten. Der schöne Schleier, der in noch schöneren Reden geflissentlich Mißstände überdecken soll, reißt da entzwei. Was dahinter sichtbar wird, ist zuweilen weniger als ein Abklatsch beamtenpolitischer Einsichten. Und eben dies ist Anlaß unserer Kritik: die weit klaffende Lücke zwischen Theorie und Praxis der Beamtenpolitik. Diese Schwächen können durch keine deklamatorische Aufwertung des Beamtentums überdeckt werden. Beamtenpolitische Einsichten dürfen nicht nur in der Theorie gefaßt werden, es gilt sie zu praktizieren. Alle Empfehlungen, Vorschläge, Appelle haben bislang nichts an der Tatsache zu ändern vermocht, daß bis zur Stunde nicht Plan, sondern Planlosigkeit, nicht Konzeption, sondern Konzeptionslosigkeit die beamtenpolitische Szene bestimmen. Besoldungschaos und Einkommensrückstand sind nur zwei Glieder in einer Kette von Ungereimtheiten und Widersprüchen, die in der Theorie längst als Übel ausgemacht wurden.

Allerdings: eine rationale, in sich widerspruchsfreie Beamtenpolitik läßt sich nur dann verwirklichen, wenn die vielfältigen Einzelmaßnahmen im öffentlichen Dienst unter dem Aspekt längerfristiger Zielvorstellungen systematisch abgestimmt und die knappen Mittel im Hinblick auf die angestrebten Ziele so wirtschaftlich wie möglich eingesetzt werden. Deshalb wird vom DBB seit langem ein Personalstrukturerhebungsgesetz mit dem Ziel eines Gesamtüberblicks gefordert; deshalb wurde der DBB immer wieder in einer Fülle von Fragen initiativ, die heute gelöst werden müssen, wenn sie nicht morgen jeden Fortschritt blockieren sollen. Einige unserer Initiativen sind nun auch einer breiten Öffentlichkeit aus Schlagzeilen bekannt. Sie erlangten Publizität, die wir begrüßen, die mich jedoch der Wahrheit und Klarheit unserer Vorstellungen wegen auch veranlaßt, Mißverständnisse, die sich an Schlagzeilen orientieren, auszuräumen.

»Beamtenbund fordert Erhöhung der Beamtengehälter um 25 Prozent bis 1970.« So lautete eine Schlagzeile, und ich hoffe, seither hinreichend deutlich gemacht zu haben, worum es uns in der Sache dabei ging. Es ging und geht uns um die Einbeziehung der Beamtenbesoldung in die mittelfristige Finanzplanung – mit Ansätzen, die den Abbau des Besoldungsrückstandes in diesem Zeitraum ebenso sichern wie die Anpassung der Beamtengehälter an die allgemeine Einkommensentwicklung.

Heute nun scheint die rechte Stunde zu sein, die mit der Schlagzeile zusammenhängenden Vorstellungen des Deutschen Beamtenbundes mit allem Nachdruck zu erneuern. In wenigen Wochen, vielleicht schon am 5. Juli dieses Jahres, fallen im Bundeskabinett die Entscheidungen zur mittelfristigen Finanzplanung.

Die Verzögerungen im ursprünglichen Zeitplan lassen vermuten, daß das neueingerichtete Finanzkabinett bis zur Stunde noch nicht über alle Einzelheiten dieser Finanzplanung bis 1971 einig ist. Schon ist in Schlagzeilen der Presse von einer Zerreißprobe für die Regierungskoalition die Rede. Unbestritten ist zur Stunde, daß die Konsolidierung der Bundesfinanzen mit Hilfe der mittelfristigen Finanzplanung die vordringlichste innenpolitische Aufgabe ist. Es hat sich herausgestellt, daß die durch Gesetz und andere Verpflichtungen festliegenden Ausgaben des Bundes die voraussichtlichen Einnahmen um jährlich rund zehn Milliarden DM übersteigen.

Bei allen düsteren Vorzeichen haben die Verantwortlichen jetzt jedoch die Chance, mit Sachverstand, Mut und Redlichkeit, Ordnung zu schaffen und mit klaren Prioritäten in der Finanzplanung die Zukunft zu sichern. Wird diese Bewährungsprobe bestanden, dann wird sich die Lektion, die uns mit der gegenwärtigen Finanzkrise erteilt worden ist, als heilsam erweisen.

Diese Bewährungsprobe aber kann nicht auf Kosten der Beamten bestanden werden. Der Interessenausgleich, den die mittelfristige Finanzplanung bedeutet, muß am Gemeinwohl orientiert sein. Das aber bedeutet, die Beamtenbesoldung in der von uns skizzierten Weise zu berücksichtigen. Wenn sie ihren Zweck erfüllen soll, wird die Finanzplanung an den beamtenpolitischen Erfordernissen nicht vorübergehen können. Jetzt, da die politische Phase der Planung beginnt, sagen wir das mit besonderem Nachdruck.

Und doch, meine Damen und Herren, sage ich gleichzeitig in aller Offenheit, daß bei dem gegenwärtigen Stand der Dinge von der Finanzplanung eher etwas zu befürchten, denn zu erhoffen ist. Zwar gibt es seit kurzem eine Entschließung des Deutschen Bundestages, in der die Bundesregierung ersucht wird, die Besoldung in die mittelfristige Finanzplanung einzubeziehen und weitere Vorschläge zur Lösung des Besoldungsproblems einzubringen.[3] Es gibt aber auch ebenso offene wie

3 Vgl. S. 241 Anm. 10.

harte Aussagen des Bundesfinanzministers, der bei Anerkenntnis aller Grundsatzforderungen des DBB ihre Realisierung durch den Zwang der leeren Kassen behindert, wenn nicht vereitelt sieht.

Wir haben uns deshalb rechtzeitig und entschlossen auf harte Auseinandersetzungen eingerichtet. Dies ist tatsächlich die Stunde einer nüchternen und zum Teil sicherlich auch erschütternden Erkenntnis unserer finanziellen Möglichkeiten. Es ist deshalb aber nicht Anlaß zu Resignation – einer Resignation, wie sie seit langem anscheinend die Beamtenpolitik des DGB charakterisiert.

Der DGB hat sich vorzeitig ausgeschaltet, seine Beamtenpolitik rangiert nicht erst seit heute offensichtlich im Schlepptau der Tarifpolitik. Sie wird betrieben nach Art einer Kabinettspolitik hinter verschlossenen Türen und – dies vor allem – sie scheut das Feld der offenen Auseinandersetzung. Hinter billigen Ausreden, wie sie an Verlautbarungen und Publikationen des DGB ablesbar sind, verbirgt sich ein unaufrichtiger und unwürdiger Schacher mit der Beamtenbesoldung. Sie werden von den Einzelheiten dieser Auseinandersetzung in Form offener Briefe aus unseren Publikationen wissen. Eine Fülle eindeutiger Zuschriften läßt mich sicher sein, daß die Beamten der von uns betriebenen Vertretung ihrer Interessen den Vorzug geben. [. . .][4]

4 Abschließend nimmt A. Krause nochmals Stellung zu seinem Gespräch mit Rehwinkel (vgl. S. 238 mit Anm. 7) und behandelt aktuelle Fragen der Besoldungspolitik.

11. Oktober 1967

Ansprache

Ansprache auf dem Verbandstag des Bezirkes Schleswig-Holstein des Bundes Deutscher Forstmänner im DBB (BDF) in Kiel

Quelle: DBB-Archiv, Abt. Bulei 15 000-8 (maschinenschriftlich)
Druck: Der deutsche Forstmann. Verbandsorgan des Bundes Deutscher Forstmänner mit fachlichen und technischen Informationen. 7. Jg., Nr. 11, November 1967, S. 4 ff.

Da zu Ihren besonderen berufspolitischen Fragen als Forstmänner Ihr Herr Bundesvorsitzender selbst Stellung nehmen wird, kann ich mich in meiner kurzen Ansprache auf einige allgemeine Ausführungen beschränken, wobei ich vor allem auf die Möglichkeiten eingehen möchte, denen wir auf besoldungspolitischem Gebiet nunmehr im Rahmen der mittelfristigen Finanzplanung des Bundes gegenüberstehen. Da sich in Ihrem Land die Beamtenbesoldung automatisch nach der Beamtenbesoldung des Bundes richtet, dürfte das, was ich zu den besoldungspolitischen Fragen aus der Sicht des Bundes sagen möchte, auch für Sie von unmittelbarem Interesse sein.

Durch die Einbeziehung der Beamtenbesoldung in die mittelfristige Finanzplanung[1] ist die besoldungspolitische Konzeption des DBB in eindrucksvoller Weise bestätigt worden, und zwar trotz zahlreicher Anfeindungen und Kritiken in der Öffentlichkeit und auch aus den eigenen Reihen. Bundesregierung und Parlament haben durch ihre Zustimmung zur mittelfristigen Finanzplanung erneut den vom DBB immer wieder betonten Grundsatz der Anpassung der Beamtenbesoldung an die allgemeine Einkommensentwicklung bekräftigt. Die Einbe-

1 Vgl. dazu S. 228 Anm. 6 und S. 241 Anm. 10.

ziehung der Beamtenbesoldung in die mittelfristige Finanzplanung wird zu einem neuen besoldungspolitischen Stil führen, der die Dienstherren dazu zwingen wird, im Gegensatz zu der bisherigen Ad-hoc-Politik in Zusammenhängen, Wechselwirkungen und weiter gefaßten Zeiträumen zu denken und zu handeln. Die Dienstherren werden vor aller Öffentlichkeit bekennen müssen, welche Prioritäten sie den einzelnen Staatsaufgaben zumessen.

Es war zu erwarten, daß der DGB alles versuchen würde, seine Niederlage propagandistisch in einen Erfolg umzumünzen. Dieses Umschwenken auf die Linie des DBB geschah jedoch so abrupt, und die Begleitmusik war so verlogen, daß der DGB sich damit erneut der Lächerlichkeit preisgegeben hat. Ich möchte nur daran erinnern, daß der DGB dem Deutschen Beamtenbund, als er mit seinen Forderungen Anfang des Jahres an die Öffentlichkeit trat, vorgeworfen hat, daß er mit seinen Forderungen auf dem Markt aufgetreten ist, während der DGB sich damals mehr für eine Geheimdiplomatie in Fragen der Besoldungspolitik aussprach. Darauf hat der Bürgermeister von Hamburg, Prof. Dr. Weichmann (SPD), in seiner Erklärung, die er am 6. September 1967 bei der Beratung der mittelfristigen Finanzplanung in der hamburgischen Bürgerschaft abgegeben hat[2], die richtige Antwort gegeben. Eine Antwort, die auch hier besonders aktuell ist. Weichmann sagte unter anderem: »Planung als Instrument, vor allem der Information, bedeutet Offenheit, und Offenheit ist das Lebenselement der Demokratie. Während es das Merkmal aller undemokratischen Staatsformen ist, wichtige Angelegenheiten des Gemeinwohls so lange als möglich geheim zu halten, Verantwortungen zu verschleiern und Staatstätigkeit im Dunkel zu lassen, ruht die Demokratie auf öffentlicher Kontrolle der Machtausübung, die eine Durchsichtigkeit der Verantwortungsstrukturen und grundsätzliche Klarheit in der Entwicklung des die Tätigkeit der Staatsapparatur bestimmenden Prozesses der Meinungsbildung verlangt. Diese vom demokratischen Prinzip geforderte Transparenz der Verantwortung wird durch die Finanzplanung gefördert werden. Die Öffentlichkeit wird früher und genauer als bisher wissen, auf welchem Kurs

2 Vgl. Verhandlungen der Bürgerschaft der Freien und Hansestadt Hamburg. 6. Wahlperiode, 34. Sitzung, 6. September 1967, S. 1437ff. (Zitat S. 1440).

sich das Staatsschiff bewegt, was nach dem Willen der Verantwortlichen geschehen und nicht geschehen soll. Und die Bürger werden die Sachverantwortung der einzelnen Politiker und der verschiedenen Parteien für die Kursbestimmung genauer und früher erkennen können als bisher.«

Genau das wollen aber auch wir erreichen: keine Geheimdiplomatie, sondern eine ehrliche Auseinandersetzung, bei der jeder weiß, woran er ist.

Im Zusammenhang mit der mittelfristigen Finanzplanung gilt es, ein weiteres Faktum deutlich zu machen: Es ist nämlich festzustellen, daß in den letzten Monaten die Erkenntnis der Bedeutung des öffentlichen Dienstes und der öffentlichen Investitionen für die gesamtwirtschaftliche Entwicklung und die Gewährleistung eines verbesserten Lebensstandards offensichtlich gewachsen ist. Vor allem wird die Tendenz immer stärker, die bisher auf diesem Gebiet entstandenen Versäumnisse aufzuholen, was ganz im Sinne der vom DBB seit Jahren verfolgten Bestrebungen ist. Noch vor wenigen Monaten machten sich Politiker und Publizisten verdient, wenn sie die Investitionssucht des öffentlichen Dienstes kritisierten und z. B. den Kommunen eine größere Zurückhaltung in ihren Investitionsplänen zum Zwecke der konjunkturellen Dämpfung nahelegten.

Heute ist die Situation völlig umgekehrt. Sowohl das erste Investitionsprogramm als auch das am 6. September 1967 vom Bundestag beschlossene zweite Konjunkturförderungsprogramm[3] sehen zur Überwindung der konjunkturellen Rezession und zur Wiederbelebung unserer Wirtschaft Maßnahmen vor, die fast ausschließlich auf eine Verstärkung der öffentlichen Investitionen, der sog. Infrastruktur, hinauslaufen.

Leider bedurfte es für diese Einsicht und zur Verstärkung der längst fälligen Maßnahmen erst einer konjunkturellen Abschwächung unserer Wirtschaft. Die Überwindung der konjunkturellen Talsohle soll mit Hilfe einer Verstärkung der öffentlichen Investitionen erfolgen. Im Mittelpunkt des Programms zur Überwindung der wirtschaftlichen Rezession steht die Verbesserung der wirtschaftlichen und gesellschaftli-

3 Vgl. Verhandlungen des Deutschen Bundestages. 5. Wahlperiode 1965. Bd. 64, 119. Sitzung. S. 5957ff. Vgl. auch Drucksache V/2070; Anlagen-Bd. 114.

chen Infrastruktur durch Verstärkung und Verbesserung der öffentlichen Investitionen. »Die Stunde der Inflation«, so hat Bundeswirtschaftsminister Schiller am 6. September im Bundestag treffend gesagt[4], »ist die Stunde der öffentlichen Investitionen.«

Jetzt besteht die Chance, den großen Nachholbedarf im Bau von Schulen und Krankenhäusern, von Verkehrswegen, von Nachrichtenverbindungen, Erholungsstätten, Wasserreinigungsanlagen usw. aufzuholen. Das ist nur möglich, weil sich immer stärker die Einsicht durchsetzt, daß öffentliche Investitionen, die nicht nur konjunkturell bedingte, sondern ständige Voraussetzung für die wirtschaftliche Weiterentwicklung und die Verbesserung des allgemeinen Lebensstandards sind.

Mit dieser Entwicklung wird auch die Bedeutung des öffentlichen Dienstes und der im öffentlichen Dienst Tätigen für die Gesamtwirtschaft wachsen. Der öffentliche Dienst insgesamt gehört, um es einmal börsenmäßig auszudrücken, zu den sogenannten Wachstumsindustrien, deren Aktien, würden sie an der Börse gehandelt, langfristig steigende Tendenz aufweisen. Der Bereich der Dienstleistungen, der sogenannte tertiäre Sektor, und in ihm vor allem der öffentliche Dienst, wird in Zukunft eine immer stärkere Bedeutung für die gesamtwirtschaftliche Entwicklung erhalten. Man könnte es fast mit dem Slogan kennzeichnen: dem öffentlichen Dienst gehört die Zukunft.

Diese Erkenntnis legt uns gleichzeitig die Verantwortung auf, alles in unseren Kräften Stehende zu tun, damit der öffentliche Dienst und damit die Angehörigen des öffentlichen Dienstes ihren kommenden Aufgaben auch gewachsen sind. Unter diesem Gesichtspunkt sollte die gesamte beamtenpolitische Tätigkeit des Deutschen Beamtenbundes viel stärker als bisher gesehen und ausgerichtet werden. Erfreulich ist, daß auch im Hinblick auf die Beurteilung der Bedeutung der öffentlichen Investitionen der DBB sich nunmehr bestätigt sehen kann.

Aber nicht nur das: die von uns zu diesem Thema herausgebrachten Broschüren sind inzwischen zu wichtigen Nachschlagewerken für alle geworden, die sich mit diesem Thema befassen. Noch nicht genügend ist allerdings dafür gesorgt, daß Strukturveränderungen im öffentlichen Dienst zwischen allen seinen Sparten ausgeglichen werden können. Wir

4 Vgl. a.a.O., S. 5966ff. (Zitat S. 5971).

dürfen sicher unsere Augen nicht vor der Erkenntnis verschließen, daß erst eine leichtere Austauschbarkeit des Personals auch zwischen den Verwaltungen technische Rationalisierungsmaßnahmen sinnvoll macht.

Es liegt mir fern, in den bis jetzt erzielten Ergebnissen allein schon einen vollen Erfolg unserer Arbeit zu erblicken. Denn noch längst ist ja nicht erreicht, was wir vor allem wirklich bezwecken: eine Versachlichung der Diskussion über unsere berufspolitischen Fragen mit entsprechenden politischen Entscheidungen. Nach wie vor fließen noch sehr viele Vorurteile in die Stellungnahme zu diesen Fragen ein, und es bedarf weiterer zielstrebiger Anstrengungen, um der Öffentlichkeit zu erklären, daß in dieser Hinsicht keineswegs nur unser eigenes Interesse, sondern das Interesse der Gesamtgesellschaft auf dem Spiele steht.

Es fehlt auch noch auf weiten Strecken der lebendige Dialog zwischen den maßgebenden Politikern und den Verbänden, der notwendig ist, wenn eine Vertrauensbasis gestärkt werden soll. Wer in der Gesamtverantwortung steht, sollte mehr als jeder andere auf die Selbstbestätigung nur in den eigenen Reihen verzichten und sich vor allem mit seinen Kritikern auseinandersetzen. Nur dadurch wird Politik glaubwürdig!

Erreicht worden ist bisher aber zumindest eines: die öffentliche Diskussion übergeht die uns berührenden und bewegenden Fragen nicht mehr einfach mit Stillschweigen. An uns wird es liegen, künftig die darin liegende Chance in jeder Beziehung zu nutzen, nämlich uns Gehör für unsere wahren Sorgen zu verschaffen.

Wenn ich vorhin die Einbeziehung der Beamtenbesoldung in die mittelfristige Finanzplanung als einen eindeutigen Arbeitserfolg des DBB herausgestellt und darauf hingewiesen habe, daß daran auch zu erkennen sei, daß die politische Führung entschlossen zu sein scheine, die eingefahrenen Gleise politischen Denkens und Handelns zu verlassen, so sind damit freilich noch nicht alle Schwierigkeiten beseitigt, diesem neuen politischen Stil der vorausschauenden Planung zum endgültigen Durchbruch zu verhelfen. Das zeigt sich z. B. an einem Beschluß, den die Länderfinanzminister am 4. Oktober 1967, in der vorigen Woche also erst, gefaßt haben.[5] Dieser Beschluß richtet sich nämlich nun gerade wieder gegen die Haushaltsansätze für Besoldungs-

5 Vgl. dazu DBB-Nachrichten. Nr. 193, 6. Oktober 1967.

verbesserungen im Rahmen der mittelfristigen Finanzplanung. So wird die Bundesregierung aufgefordert, den für 1968 vorgesehenen Zuwachs in Höhe von vier Prozent auf einen Teil zu kürzen, der noch unter einem Prozent liegen würde. Begründet wird diese Haltung damit, daß die Länder – wenn sie dem Verhalten des Bundes folgen müßten – vor ihrem finanziellen Ruin stünden.

Der Vorgang beweist nach meiner Meinung zweierlei: Einmal den Umstand, daß man nach wie vor die Sicherung der wirtschaftlichen Grundlagen des öffentlichen Dienstes noch nicht als eine staatspolitisch besonders wichtige Aufgabe betrachtet, von deren Lösung die Qualität dieses öffentlichen Dienstes in der Zukunft abhängig sein wird, eine Qualität, für die aber gerade jetzt die Weichen durch Regelungen gestellt werden, die für einen qualifizierten Nachwuchs attraktiv oder nicht attraktiv wirken.

Zweitens wird die leider schon oft gewonnene Erfahrung erneut bestätigt, daß man in den Personalkosten des öffentlichen Dienstes in den öffentlichen Haushalten die Stelle zu finden glaubt, bei der man mit dem geringsten Widerstand rechnen kann, wenn der Haushaltsausgleich zu Lasten eben dieser Gruppe der Angehörigen des öffentlichen Dienstes herbeigeführt werden soll.

Hätte man in den Ländern etwas früher etwas weitsichtiger die finanziellen Auswirkungen aller politischen Entscheidungen beurteilt, würde die Schwierigkeit, die sich jetzt wieder zu Lasten vor allem der Beamtenbesoldung auszuwirken droht, nicht bestehen.

Bundesregierung und Bundestag werden hoffentlich die von ihnen bisher für richtig erkannte Haltung, eine mittelfristige Finanzplanung als ein Gesamtkonzept auch unter Einbeziehung des öffentlichen Dienstes durchzusetzen, nicht aufgeben und damit dem Zwang zur Sachlichkeit, der schon jetzt von der mittelfristigen Finanzplanung des Bundes auf andere Bereiche ausstrahlt und übergreift, die notwendige feste Grundlage geben.

Ich will es bei diesen kurzen Ausführungen über eine allgemein interessierende beamtenpolitische Frage zunächst bewenden lassen. Sicher bietet sich im Laufe Ihres Verbandstages noch die eine oder andere Gelegenheit, Fragen, die Sie an mich richten möchten, zu beantworten.

Januar 1968

Rückblick und Ausblick zur Jahreswende

Jahresausblick 1968

Quelle: Der Beamtenbund. Monatszeitung des Deutschen Beamtenbundes. 19. Jg., Nr. 1, Januar 1968, S. 3

Die einem Kaufmann vom Gesetz aufgegebene Verpflichtung, für den Schluß eines jeden Geschäftsjahres »einen das Verhältnis des Vermögens und der Schulden darstellenden Abschluß zu machen«, ist mir als Verbandsvorsitzendem im Verhältnis zu den Mitgliedern des DBB gewissermaßen gewohnheitsrechtlich zugewachsen. Schneller als gedacht, gilt es, dieser Verpflichtung wieder einmal nachzukommen. Das Jahr 1967 ist abgelaufen, die Bilanz ist fällig.

Zugute kommt mir heute, daß ich die vorjährige Bilanz nicht »frisiert« und unsere Lage somit nicht günstiger dargestellt habe, als sie in Wirklichkeit ist. Wie manchem vielleicht noch erinnerlich sein wird, war mein zur gleichen Zeit an dieser Stelle erschienener Rechenschaftsbericht für das Jahr 1966 mit seinem Ausblick auf das Jahr 1967 ziemlich skeptisch gehalten.[1]

Nach den Erfahrungen des Jahres 1966 und der am 13. Dezember 1966 abgegebenen Regierungserklärung der Großen Koalition[2], die die gerade damals brennenden Fragen des öffentlichen Dienstes mit keinem Wort berührte, hatten wir auch keine Veranlassung, der nächsten Zukunft besonders hochgestimmt und erwartungsvoll entgegenzusehen.

1 Vgl. Der Beamtenbund. 18. Jg., Nr. 1, Januar 1967, S. 3 (»Unser Arbeitsprogramm für 1967«).

2 Vgl. die Regierungserklärung von Bundeskanzler Kiesinger am 13. Dezember 1966; Verhandlungen des Deutschen Bundestages. 5. Wahlperiode 1965. Bd. 63, 80. Sitzung, S. 3656 ff.

Nun soll gewiß nicht verkannt werden, daß sich dann manches besser angelassen hat, als ursprünglich zu befürchten war. Wir haben aus unserer Sicht einige beachtliche Erfolge erzielt. Dazu rechne ich – hier in der zeitlichen Reihenfolge angeführt – insbesondere:

– die Neuordnung des Bundesdisziplinarrechts[3],
– die Realisierung des ersten Teils des Planes zur Vereinheitlichung des Besoldungsrechts[4],
– die Einbeziehung der Beamtenbesoldung in die mittelfristige Finanzplanung[5].

Der Standort

Ob und inwieweit diese Maßnahmen tatsächlich als »beachtliche Erfolge« zu bewerten sind, hängt freilich schon wieder vom Standort des jeweiligen Betrachters ab. Die Bundesbeamten, deren Rechtsverhältnisse die Novellierung der BDO, das Erste Besoldungsneuregelungsgesetz und die vorrangige Berücksichtigung der Personalausgaben im Rahmen der mittelfristigen Finanzplanung in erster Linie betrafen, werden darüber verständlicherweise anders denken als die Beamten der Länder und Gemeinden.

Auf einen gemeinsamen Nenner läßt sich das alles nicht bringen, weil die Auswirkungen ganz unterschiedlich sind. Von der Neuordnung des Bundesdisziplinarrechts haben die Landesbeamten so lange nichts, solange die Landesgesetzgeber dem Beispiel des Bundes nicht gefolgt sind. Das gleiche gilt für die im Ersten Besoldungsneuregelungsgesetz vorgesehenen Verbesserungen des Besoldungssystems (BDA-Berechnung usw.). Für die Beamten der Länder, in denen die Stellenplanverhältnisse und damit die Fortkommenschancen des einzelnen Beamten schon bisher wesentlich günstiger waren als im Bund, gibt das Neuregelungsgesetz des Bundes gar nichts her, zeichnen sich im Gegenteil durch bestimmte rahmenrechtliche Bindungen eher Verschlechterungen des bisherigen Standes ab.

3 Vgl. Gesetz zur Neuordnung des Bundesdisziplinarrechts vom 20. Juli 1967; BGBl I. 1967, S. 725ff.
4 Vgl. die Angaben S. 233 Anm. 1.
5 Vgl. S. 241 Anm. 10.

Und damit schließlich, was aus der Sicht der Bundesbeamten als entscheidender Erfolg verzeichnet werden kann, nämlich der Übergang zur mittelfristigen Finanzplanung auch in bezug auf die Beamtenbesoldung, ist für die Beamten der Länder, die sich dem Vorgehen des Bundes bisher noch nicht angeschlossen haben, zunächst auch kein unmittelbarer Nutzen verbunden.

Insgesamt gesehen zeigt sich also, daß eine einheitliche Bilanz für Bund, Länder und Gemeinden gar nicht gezogen werden kann. Die »Geschäftsabschlüsse« für das Jahr 1967 würden ganz unterschiedlich ausfallen, sobald man in die Einzelheiten ginge. Man braucht da bloß an die Kürzung der Weihnachtszuwendung in Rheinland-Pfalz und Baden-Württemberg zu denken.

Die Besoldung

Ich muß mich jedoch bei diesem Rückblick auf das Jahr 1967 auf die Herausarbeitung bestimmter allgemeiner Entwicklungen und Entwicklungstendenzen beschränken. Sonst würden wir ins Uferlose geraten und nicht zu jener Gesamtschau der gegenwärtigen beamtenpolitischen Lage gelangen, die wir uns verschaffen müssen, wenn wir zugleich auch Schlüsse auf die voraussichtliche Weiterentwicklung im kommenden Jahr ziehen wollen.

Fassen wir dabei zunächst einmal die Besoldungsentwicklung ins Auge und versuchen wir zu klären, wo wir in diesem Punkte zur Zeit stehen: Was haben wir erreicht, was nicht, und wie wird es weitergehen.

Der Plan einer »Großen Besoldungsreform«, die vom Deutschen Beamtenbund schon seit längerem gefordert worden war, wurde von der Bundesregierung erstmalig am 18. Oktober 1963 aufgegriffen, als der damalige Bundeskanzler Erhard bei seinem Amtsantritt erklärte, die Bundesregierung werde sich bemühen, den Verbund der Besoldung in Bund, Ländern und Gemeinden als Voraussetzung für eine Große Besoldungsreform rechtlich zu fundieren.[6] Die damit geweckten Erwartungen, der Bund werde nunmehr zielstrebig an ein umfassendes

6 Vgl. Verhandlungen des Deutschen Bundestages. 4. Wahlperiode 1961. Bd. 53, 90. Sitzung, S. 4192ff.

Reformwerk herangehen, haben sich bis heute nur unvollkommen erfüllt.

Bund und Länder

Eine besondere Schwierigkeit besteht nach wie vor darin, daß es trotz aller Bemühungen der Bundesregierung und des Bundesministers des Innern infolge des Widerstandes der Länder an den für ein umfassendes Reformwerk notwendigen Unterlagen für eine klare Erfassung der Strukturverhältnisse im öffentlichen Dienst fehlt, auf der aufbauend wirklich leistungsgerechte Relationen in den Besoldungsordnungen überhaupt erst hergestellt werden könnten. Auch die dringend erforderlichen Untersuchungen über die Relationen der Einkommensverhältnisse im öffentlichen Dienst zu den Einkommensverhältnissen vergleichbarer Berufsgruppen außerhalb des öffentlichen Dienstes stehen noch immer aus.

Die zur Zeit von der Bundesregierung ergriffenen besoldungspolitischen Initiativen richten sich vorwiegend darauf, das sogenannte Besoldungschaos, hervorgerufen durch das hinreichend bekannte Auseinanderlaufen der Besoldungsentwicklung in Bund und Ländern, in eine harmonisch abgestimmte Ordnung zu bringen. Schon jetzt zeichnet sich aber ab, daß der eingeschlagene Weg kaum zu der erhofften »Harmonisierung« und damit zur Beseitigung offenkundiger Ungerechtigkeiten in der Besoldungsstruktur führen wird. Auch der Entwurf eines Zweiten Besoldungsneuregelungsgesetzes[7], der nächstens vom Bundeskabinett verabschiedet und dem Bundestag zugeleitet werden soll, vermag, wenn er wie geplant verabschiedet würde, die notwendige und angestrebte Besoldungsgerechtigkeit nicht herzustellen. Einer Reihe von Verbesserungen stünden vor allem in einzelnen Ländern nicht unerhebliche Verschlechterungen gegenüber.

Gerade unter solchen Vorzeichen begegnet die nunmehr vordringlich angestrebte Änderung des Artikels 75 Nr. 1 GG[8] besonderen Bedenken.

7 Vgl. dazu S. 280 Anm. 5.
8 Vgl. dazu u. a. Bruno Schmidt-Bleibtreu, Franz Klein: Kommentar zum Grundgesetz für die Bundesrepublik Deutschland, Neuwied-Berlin ³1973, S. 617f. Vgl. auch

Die beabsichtigte Erweiterung der Rahmenkompetenz des Bundes auf dem Gebiet des Besoldungsrechts birgt geradezu die Gefahr einer Verfestigung innerer Ungerechtigkeiten des Besoldungssystems in sich. Das hat sich im vergangenen Jahr vor allem an der Einstellung der Länder zu den besoldungspolitischen Initiativen des Bundes gezeigt.

Die Länder, früher vielfach Schrittmacher für eine positive Fortentwicklung der Beamtenbesoldung, neigen neuerdings eher zur Stagnation. Ihre Angriffe auf die Finanzplanung des Bundes bis 1971 und die im Bundeshaushalt 1968 für Besoldungsverbesserungen vorgesehenen Mittel beweisen, daß es ihnen jetzt vor allem darauf ankommt, vom Bund auf ihre eigenen Haushalte ausgehenden Rückwirkungen vorzubeugen.

Dafür würde ihnen die Änderung des Artikels 75 GG das geeignete Mittel in die Hand geben, denn der Bund könnte nach dieser Änderung auch für seine Beamten Besoldungsmaßnahmen nur mehr mit Zustimmung des Bundesrates treffen. Auch der beste Wille des Bundesinnenministers käme über eine solche Barriere nicht mehr hinweg.

Schon diese wenigen Feststellungen zu der Frage, in welcher Lage wir uns im Hinblick auf das 1963 gesteckte Ziel (Große Besoldungsreform) und seine Verwirklichung befinden, berechtigen zu einer allzu optimistischen Beurteilung der nächsten Zukunft ganz gewiß nicht.

Wohl hat sich unsere eigene Besoldungskonzeption im vergangenen Jahr in entscheidenden Punkten als im Grundsatz richtig angelegt erwiesen. Daß allein wir es waren, die dem Grundsatz einer Anpassung der Beamtenbesoldung an die allgemeine Einkommensentwicklung zur offiziellen Anerkennung auch im Rahmen der mittelfristigen Finanzplanung verholfen haben: diesen Erfolg kann uns niemand streitig machen. Er ist bei den soeben abgeschlossenen Tarifverhandlungen auch den Angestellten und Arbeitern des öffentlichen Dienstes zugute gekommen, weil der Bund bei seiner Finanzplanung selbstverständlich die Einkommensverhältnisse aller seiner Bediensteten berücksichtigt hat.

Der große »Eclat«, den die ominöse »25 %-Forderung« Anfang des

Deutscher Beamtenbund. Bundesvertretertag. Geschäftsbericht der Bundesleitung 1965. Hrsg. von der Bundesleitung des Deutschen Beamtenbundes, S. 9. Für den Wortlaut der neuen Fassung vgl. Zweiundzwanzigstes Gesetz zur Änderung des Grundgesetzes vom 12. Mai 1969; BGBl I. 1969, S. 363.

vergangenen Jahres hervorgerufen hat[9], stellt sich rückschauend als der Beginn einer offenen Diskussion über die Einkommenslage im öffentlichen Dienst dar. Als Ergebnis dieser oft hart geführten Auseinandersetzung ist immerhin herausgekommen, daß sich allmählich auch Kreise von der Notwendigkeit einer Beteiligung der Angehörigen des öffentlichen Dienstes an der allgemeinen Einkommensentwicklung haben überzeugen lassen, die sonst diesen Grundsatz schroff abgelehnt haben. »Auf längere Sicht führt kein Weg daran vorbei, Beamte, Angestellte und Arbeiter im öffentlichen Dienst an der allgemeinen Einkommenssteigerung zu beteiligen«, schrieb so z. B. »Der Volkswirt« vom 20. Oktober 1967, eine Wirtschafts- und Finanz-Zeitung, der man gewiß keine besonders beamtenfreundliche Einstellung nachrühmen kann.

Der Rückstand

Weniger aufgeschlossen zeigen sich breiteste Kreise der Öffentlichkeit, wenn wir auf den nach wie vor beträchtlichen Besoldungsrückstand verweisen. Er liegt z. Z. bei rund 7 v. H. Das bedeutet im Klartext gesprochen: Die Beamten des Bundes (einschließlich Bahn und Post) tragen allein schon mit einem Betrag von 1,2 Mrd. DM, die Beamten aller öffentlichen Dienstherren im Bundesgebiet mit einem Betrag von insgesamt 2,5 Mrd. DM zum Ausgleich der öffentlichen Haushalte bei.

Es bedarf also wohl kaum noch moralisierender Hinweise, gerade der öffentliche Dienst müsse mit gutem Beispiel vorangehen, wenn in Zeiten der Konjunkturabschwächung Einsparungen an öffentlichen Mitteln notwendig würden. Er gibt dieses Beispiel seit langem. Die Personalausgaben galten als stille Reserven, aus denen ein etwa anfallender Haushaltsfehlbedarf gedeckt werden kann, auch schon, als noch Hochkonjunktur herrschte. Sonst hätte man 1965 nicht vor der Tatsache gestanden, einen Besoldungsrückstand von annähernd 14 v. H. verzeichnen zu müssen.

Von Einkommensfragen, die natürlich die Versorgungsempfänger in

9 Ausgangspunkt bildete ein Interview A. Krauses mit der »Welt« am 4. Januar 1967. Exemplarisch für das Presseecho vgl. Stuttgarter Zeitung. Nr. 10, 13. Januar 1967 (»25 Prozent?«).

gleicher Weise berühren wie die aktiven Angehörigen des öffentlichen Dienstes, ist nun jedoch lange genug die Rede gewesen. Ich möchte nicht den Eindruck entstehen lassen, als seien die materiellen Sorgen unsere einzigen Sorgen. Ich habe die Besoldungspolitik hier vor allem deshalb etwas ausführlicher behandelt, weil das Jahr 1967 in dieser Hinsicht zweifellos ein Jahr gewesen ist, in dem für die weitere Entwicklung wichtige Weichen gestellt worden sind. Durch die Finanzplanung soll die bisherige Planlosigkeit zumindest in einem für uns wesentlichen Punkt beseitigt werden. An sichtbaren Anzeichen dafür, daß nun etwa auch aus dem Staatshandeln insgesamt, das dem öffentlichen Dienst übertragen ist, die Planlosigkeit ausgemerzt werden soll oder daß etwa gar auf eine verläßliche Planung der Struktur und des Ausbaus des öffentlichen Dienstes hingearbeitet wird, scheint es mir allerdings auch weiterhin zu fehlen. Ich glaube nicht, daß ich insofern allzu pessimistisch urteile.

Das Wort »Planung« erscheint heute in Verbindung mit den verschiedensten Aufgabenbereichen: Bildungsplanung, Verkehrsplanung, Wirtschaftsplanung, Städteplanung usw. usw. Im Zusammenhang damit tauchen dann Wortverbindungen auf, die auf einen allgemeinen Reformkurs hindeuten: Große Finanzreform, Verkehrsreform, Reform der Rentenversicherung und der Krankenkassen, Wahlrechtsreform, Strafrechtsreform, Wehrreform, Studienreform, Agrarreform, Reformprogramm für die Raumordnung. Viele dieser Reformvorhaben sind auch bereits tatkräftig in Angriff genommen.

Der Bundeskanzler

Von »Verwaltungsreform« ist natürlich auch oft die Rede. Wenn es nach der Zahl der darauf verwendeten Worte und Schriften ginge, müßte es sich bei diesem Reformvorhaben um eine seit vielen Jahrzehnten bestehende ständige Einrichtung handeln. Viel Brauchbares scheint dabei bisher aber noch nicht herausgekommen zu sein. Denn noch immer erklingt der Ruf nach einer durchgreifenden Verwaltungsreform von den verschiedensten Seiten.

Der Bundeskanzler selbst ist ein entschiedener Verfechter entsprechender Reformgedanken. Vor einiger Zeit nannte er neben dem »großen

Organisationsproblem im Bereich der Wirtschaft, wozu ich das Soziale rechne«, und dem »großen Organisationsproblem im Bereich der Wissenschaft und des Erziehungswesens« als drittes »das große und dringliche Organisationsproblem im Bereiche der Verwaltung bis hinauf in die höchsten Spitzen der Exekutive«, und als er am 4. November 1967 in Pirmasens, auf ein Jahr Bundesregierung der Großen Koalition zurückblickend, sprach, sagte er u. a.[10]:

». . . es ist wirklich an der Zeit, ein Verwaltungssystem – und dazu gehört auch die Ausbildung der Kräfte in diesem Verwaltungssystem – zu schaffen, das dieses noch aus dem 19. Jahrhundert stammende System an die Bedingungen des 20. Jahrhunderts und der Welt von morgen . . . anpaßt. Das wird ein langdauernder Prozeß sein. Sie wissen . . ., daß man sagt: Ach, warum soll ich gerade das auf mich nehmen, warum soll ich all die Feindschaft auf mich ziehen? Das dauert sowieso lange, das soll mein Nachfolger machen . . . Aber so denken wir nicht. Wir fassen es an, wohl wissend, daß es viele Jahre brauchen wird, bis diese Große Reform durchgeführt ist; aber einmal muß halt in Gottesnamen angefangen werden.«

Gehört dieser Fragenkreis nun auch in unsere Bilanz des Jahres 1967?

Initiativen des DBB

Auf diese Frage kann ich nicht entschieden genug erwidern: ob es gelingt, die vom Bundeskanzler gehegten Reformabsichten zu verwirklichen, ist für den gesamten öffentlichen Dienst von lebenswichtiger Bedeutung. Denn darüber sollten wir uns mit der Zeit klar geworden sein: von einem funktionsfähigen, den Erfordernissen unserer Tage angepaßten Verwaltungssystem, das entsprechende Methoden des Verwaltungshandelns natürlich ebenfalls voraussetzt, hängt ganz entscheidend auch unser eigenes gesellschaftliches Prestige ab. Denn schließlich sind wir es, ist es die »Bürokratie«, denen die offen zutage liegenden

10 Für den Wortlaut der Rede vgl. Bulletin des Presse- und Informationsamtes der Bundesregierung. Nr. 129, 10. November 1967, S. 1095.

Mängel unseres gegenwärtigen Regierungs- und Verwaltungssystems in den Augen der Öffentlichkeit zur Last fällt.

Infolgedessen haben wir allen Grund, uns auch aus eigener Initiative und durch unsere Berufsvertretung mit entsprechenden Reformplänen auseinanderzusetzen und selbst Überlegungen anzustellen, wie eine neue Struktur unseres öffentlichen Dienstes mit modernen Ausbildungsformen, am Leistungsgrundsatz orientiert und mit einem neuen Führungssystem, zuwege gebracht werden kann.

Wir selbst haben Gedanken, wie wir sie neuerdings aus dem Munde des Bundeskanzlers hören, schon seit langem geäußert. Wir haben auf Teilgebieten konstruktive Vorschläge entworfen. Beinahe auf jeder unserer bisherigen neun beamtenpolitischen Arbeitstagungen ist über die Notwendigkeit einer durchgreifenden Verwaltungsreform, gestützt auf umfassende statistische und sonstige Unterlagen, ausgiebig diskutiert worden.

Unvorbereitet treffen uns die sich jetzt verstärkt geltend machenden Reformforderungen zum Glück nicht. Wir haben uns inzwischen das erforderliche Rüstzeug verschafft, um an Reformplänen mitarbeiten zu können.

Die Voraussetzung

Vorläufig freilich, das sei abschließend gesagt, befinden wir uns selbst zur Zeit noch in der Rolle des vergeblich Mahnenden. Solange die verantwortlichen Politiker nicht selbst endlich ernst machen mit ihren Absichten, solange wird trotz vieler schöner Reden alles beim alten bleiben. Eindeutig in den roten Zahlen der Bilanz des Jahres 1967 verbuchen wir insofern, daß das sog. Personalstrukturerhebungsgesetz[11], dessen Bedeutung ich in meinem vorjährigen Rückblick und Ausblick zum Jahreswechsel ausführlich gewürdigt habe, trotz neuer vielversprechender Ansätze erneut am Widerstand des Bundesrates gescheitert ist.

Ich kann hier nur wieder darauf hinweisen, daß jede »Verwaltungsreform«, die zwangsläufig den öffentlichen Dienst mit einbegreifen müßte,

11 Vgl. dazu S. 220 Anm. 4.

von vornherein zum Scheitern verurteilt wäre, wenn nicht zunächst einmal der Gesamtüberblick über die gegenwärtigen Strukturverhältnisse des öffentlichen Dienstes vorhanden ist, den jenes Gesetz erstmalig ermöglichen soll.

24. März 1968

[Rede]

Rede auf der öffentlichen Kundgebung des Deutschen Postverbandes im DBB (DPV), Bezirksverband Koblenz

Quelle: DBB-Archiv, Abt. Bulei 15000-9 (maschinenschriftlich mit handschriftlichen Zusätzen A. Krauses)

Eine der nachdenklich stimmenden Erfahrungen mit der Demokratie ist, meine Damen und Herren, daß man so häufig die Bemerkung hört, eine Reform sei zwar dringend notwendig, aber politisch leider nicht oder nur in Grenzen möglich, innerhalb derer sie für die, die sie fordern, ohne Interesse ist. Gerät ein – so formulierte in diesen Tagen ein renommierter Rundfunkkommentator – »gerät ein in der Sache schlüssiges Vorhaben mit Überlegungen der politischen Zweckmäßigkeit in Konflikt, so ist es in aller Regel die Sache, die am Boden zerstört liegenbleibt«. Man kann das auch anders sagen: ein Plan, der zwar gut, aber nicht populär ist, hat nicht unbedingt die besseren Aussichten, verwirklicht zu werden, als einer der weitaus weniger gut, dafür aber sehr populär ist.

Das vorausgeschickt und vorausbedacht, meine Damen und Herren, tun wir gut daran, die Aussichten für die Verwirklichung auch unserer Vorstellungen mit einer gehörigen Portion Skepsis zu beurteilen. Seien wir zumindest solange skeptisch, als unsere Forderungen nicht den Beifall der Masse oder einer politischen Führung finden, die sich dazu versteht, das Notwendige und sachlich Richtige in diesen Fragen auch zum möglichen Nachteil ihrer Popularitätskurve zu praktizieren.

Machen wir uns vor allem darin nichts vor: weder sind unsere Forderungen regelmäßig des Zuspruchs der öffentlichen Meinung gewiß, noch ist unsere politische Führung bereit, in der Beamtenpolitik nach ausschließlich sachlichen Gesichtspunkten zu verfahren. Die Beamtenpolitik und der öffentliche Dienst unterliegen im allgemeinen strengen, aus der Sache und ihrer Bedeutung selbst sich ergebenden Gesetzen. Die Sachverhalte und Zusammenhänge, um die es hier in der Regel geht, sind kompliziert und nicht leicht zu überblicken. Und tatsächlich wird keine Partei und keine Regierung je hoffen können, daß sie solche doch recht komplizierten Gegenstände auch dem letzten Bürger klar und überzeugend erläutern kann.

Mit diesem Nachteil, meine Damen und Herren, tritt auch der Deutsche Beamtenbund an, wenn er – wie gerade in diesen Tagen – wieder mit Nachdruck bemüht ist, Fehlentwicklungen vom öffentlichen Dienst abzuwenden und den Blick der zuständigen politischen Stellen wie aller Beobachter für die tatsächlichen Notwendigkeiten zu schärfen.

Es ist dabei wohl kein Trost, zu beobachten, daß andere Gruppen unserer Gesellschaft vermeintlich oder tatsächlich ebenso behandelt werden. Ich glaube dennoch, daß es uns wohl ansteht, unsere Meinungsbildung über den Zustand unserer Demokratie und unserer Gesellschaft nicht einseitig an unserem eigenen Leisten – sprich: an den Unzulänglichkeiten der Beamtenpolitik – zu orientieren.

Als Angehörige einer Berufsgruppe, die nach dem Willen des Bundesverfassungsgerichts vor allem auch »ein ausgleichender Faktor gegenüber den das Staatsleben gestaltenden Kräften« sein soll[1], sind wir – wie ich meine – gefordert, und heute mehr denn je herausgefordert, uns an der Diskussion staatspolitischer und gesellschaftspolitischer Fragen zu beteiligen und Stellung zu nehmen, also auch solche Zusammenhänge in unsere Überlegungen einzubeziehen. Das bedeutet nicht unbedingt, daß wir uns zu jeder die Öffentlichkeit interessierenden Frage äußern müssen und Stellung zu nehmen haben, z. B. zu jenen Konflikten, die von radikalen Protestaktionen der Studenten ebenso veranlaßt sind, wie von den Mißständen an den Hochschulen, denen diese Sit-in, Teach-in, Go-in oder gar Happenings ja doch weitgehend auch heute noch gelten.

Meine Damen und Herren, viele dieser Aktionen richten sich selbst – vor allem dort, wo sie antidemokratischen Charakter zeigen, und dann müssen sie uns auch als entschlossene Gegner finden. Aber auch hier

1 Vgl. das Urteil vom 17. Oktober 1957; BVerfGE. Bd. 7, S. 155 ff., hier S. 162.

sind wie meist differenzierende Betrachtungen nötig. Bedenken wir dabei z. B., daß jeder dritte Student an unseren Hochschulen Sohn oder Tochter eines Beamten ist und bedenken wir auch, daß ihre Kritik an der Behandlung der Hochschulreform erst zu radikalen Methoden fand, als durchaus sachliche Argumente der Studenten in mehr als zehn Jahren kaum mehr als nichts auszurichten vermochten.

Prüfen wir außerdem, meine Damen und Herren, ob es unserem Verständnis der Spielregeln in Demokratie und pluralistischen Gesellschaftsformen entspricht, derartige Konflikte dadurch lösen zu wollen, daß man nach Knüppeln oder – wenig besser – nach Friseuren ruft. Scheuen wir uns ebensowenig vor der Frage, ob die einseitige Hervorkehrung von Ruhe, Sicherheit und Ordnung in Zeiten ungelöster gesellschaftlicher Konflikte nicht eher spießbürgerliches als staatsbürgerliches Bewußtsein verrät. Fragen wir uns, ob die autoritätsgewohnte Schau der Dinge nicht nur noch mehr Angriffspunkte und Angriffe produziert, als es selbst weniger kritischen Freunden von Staatsautorität und Staatsgewalt lieb sein kann.

So zu fragen, meine Damen und Herren, entspricht nun natürlich nicht mehr dem herkömmlichen Bild, das man sich vom Beamten und – wir wissen es – der Beamte oft genug noch von sich selbst macht.

So zu fragen scheint mir aber dann nötig zu sein, wenn das Beamtentum sich – wie notwendig – zu den Trägern des Zukunftswillens dieser Gesellschaft rechnen will.

Lassen Sie mich dieses einleitende Kapitel der bewußt offengehaltenen Fragen schließen mit dem Hinweis, daß die darin propagierte Bereitschaft der Beamten zum allgemein- und gesellschaftspolitischen Engagement dem erklärten Willen des Bundesvorstands des Deutschen Beamtenbundes – und damit der repräsentativen Vertretung der deutschen Beamten – entspricht.

Meine Damen und Herren, wir gehören nun nicht zu jenen, die immer dann, wenn irgend etwas nicht funktioniert, andere und vielleicht den Staat verantwortlich machen und die eigenen Hände in Unschuld waschen. Tatsächlich haben wir inzwischen wohl alle erkannt, daß die Zukunft der Beamten zu einem sehr wesentlichen und wahrscheinlich größeren Teil von den Beamten selbst gewonnen werden muß. Dennoch können wir unseren Regierungen in Bund und Ländern den Vorwurf nicht ersparen, daß sie z. B. den vieldiskutierten Zukunftsaufgaben in ihren Konsequenzen für den öffentlichen Dienst und seine Beschäftigten eine nur ungenügende Aufmerksamkeit widmeten. Die Regierungen haben lange Zeit nicht erkannt, daß die Reform des öffentlichen Dienstes nicht erst dann beginnen kann, wenn die Zukunftsaufgaben schon gegenwärtig sind.

Wenn der Staat bei der Lösung von inzwischen erkannten Aufgaben der Zukunft nicht versagen will – und das kann er nicht wollen –, dann muß heute darüber entschieden werden, wer wann, wie und wo ihre Lösung garantiert.

Jeder Versuch, diese Fragen zu beantworten, macht nun deutlich, daß der Löwenanteil bei der Lösung einer Reihe von Zukunftsaufgaben dem öffentlichen Dienst zufallen wird. Das gilt für die Probleme der Bevölkerungsexplosion, der Verstädterung der Menschheit und der Änderungen in der Sozialstruktur ebenso wie für viele Aspekte der Industrialisation und Automation. Alle diese Entwicklungstendenzen lassen Probleme der Organisation, der Planung und der Daseinsvorsorge entstehen, für deren Lösung der öffentliche Dienst gerüstet sein muß. Sicher, die schönen Worte darüber finden andere und manchem fließen dann »visionäre Vorstellungen« leicht von der Zunge, aber wenn es darum geht, daß etwas gemacht wird, dann geht es nicht ohne den öffentlichen Dienst. Nun mag es manchem so scheinen, wie wenn Zweifel unbegründet und die Skepsis gegenüber dem Reformwillen namentlich der Bundesregierung spätestens seit dem Bericht des Bundeskanzlers zur »Lage der Nation« ausgeräumt sind.[2] Tatsächlich hieß es ja darin – ich zitiere: »Dem Zwang zur Modernität dürfen sich auch die Strukturen und Institutionen des Staates nicht entziehen. Viele unserer aus den Traditionen des 19. Jahrhunderts überkommenen Einrichtungen und Verfahren genügen schon der heutigen Zeit nicht mehr und müßten vor den Anforderungen der Zukunft versagen.«

Das deckt sich im Hinblick auf das, was ich zur Zukunftsbewältigung ausgeführt habe, auch mit unserer eigenen Erkenntnis. Nur haben wir diese Erkenntnis nicht erst jetzt gewonnen, wir vertreten sie bereits seit

2 Vgl. die Ausführungen von Bundeskanzler Kiesinger vom 11. März 1968; Verhandlungen des Deutschen Bundestages. 5. Wahlperiode 1965. Bd. 66, 158. Sitzung, S. 8168 ff. (Zitat S. 8174).

langem, und zwar in aller Öffentlichkeit. Wir haben auf die Notwendigkeit aufmerksam gemacht, endlich brennende Fragen der modernen Aus- und Fortbildung der Beamten zu lösen, eine vorausschauend planende Personalpolitik zu betreiben, den öffentlichen Dienst insgesamt mehr mit einem den Anforderungen unserer Zeit angepaßten Organisations- und Arbeitsstil zu durchdringen.

Man mag uns entgegenhalten, unsere Vorschläge seien zu allgemein, zu wenig substantiiert und daher nicht praktikabel genug gewesen. Soweit es sich beispielsweise um die Fortbildung und ähnliche Fragen handelt, stimmt das keinesfalls. Da sind unsere sehr detaillierten und wohlfundierten Vorschläge ganz einfach an der mangelnden Bereitschaft gescheitert, das zu ihrer Verwirklichung erforderliche Geld zu bewilligen.

Niemand, der einigen Einblick in unsere unter Reformgesichtspunkten dieser oder jener Art geleistete Arbeit hat und unsere in dieser Hinsicht in die Öffentlichkeit und die politische Führung hineingegebenen Impulse kennt, wird uns auch nachsagen können, wir hätten uns um nichts anderes gekümmert, als um das materielle Eigeninteresse der Beamtenschaft. Ein Vorwurf, der immer wieder gern erhoben wird und einfach falsch ist.

So gesehen, können wir die wiederholten pauschalen Hinweise z. B. des Bundeskanzlers auf die Notwendigkeit einer Verwaltungsreform und einer verbesserten Aus- und Fortbildung der Beamten nur als eine Selbstbezichtigung der politischen Führung verstehen, an diesen Fragen bislang völlig vorbeigesehen zu haben. Wir jedenfalls, der Deutsche Beamtenbund, haben seit Jahr und Tag den Finger immer wieder auf diese wunden Punkte gelegt. Daß demgegenüber der Herr Bundeskanzler in seinem Lagebericht nicht zögerte, einen erkennbar nicht wunden Punkt des öffentlichen Dienstes als wunden Punkt zu erkennen und gar für die weitere Verbreitung eines der gängigsten, aber auch am häufigsten widerlegten Vorurteile gegenüber der Verwaltung zu sorgen – das, meine Damen und Herren, hindert den Deutschen Beamtenbund, an den jetzt immer wieder demonstrierten Reformwillen der Bundesregierung entsprechend hohe Erwartungen zu knüpfen.

Die Reform ist dringlich, nicht etwa – so formulierte der Bundeskanzler ja – »zu dem Zweck einer weiteren Ausdehnung des ohnehin schon allzu aufgeblähten Verwaltungsapparats«.[3] Im Zusammenhang mit der Reform wird also hier als Gegebenheit hingestellt, daß der Verwaltungsapparat allzu aufgebläht sei. Ich will diesen Allgemeinplatz nun nicht mit allgemeinen Hinweisen widerlegen; aber soweit ich es übersehen kann, liegen mit Ausnahme der bewußt ironisierenden These Parkinsons keine Untersuchungen über die Frage der aufgeblähten Verwaltung vor, die diese Behauptung zu mehr als einem Vorurteil machen könnten. Im Gegenteil: An Zahlen des Statistischen Bundesamts, die uns nahezu gleichzeitig mit den Worten des Bundeskanzlers erreichten, ist ablesbar, daß sich der Personalstand im unmittelbaren Bundesdienst 1967 gar noch verringerte.

Ich halte diese unkritische Aussage des Lageberichtes deshalb für geeignet, die Atmosphäre der Beratungen über eine Reform des öffentlichen Dienstes gefährlich zu vergiften. Sie übt – auch darin kaum anders als Parkinson – gewiß eine magische Wirkung auf alle Beteiligten aus. Sie vermittelt aber ein völlig falsches Bild von den Verhältnissen in der Verwaltung und mehr noch über die Möglichkeiten zur Erhaltung und Verbesserung ihrer Funktionsfähigkeit.

Ich möchte in diesem Zusammenhang nur auf die Bereiche Erziehung und Wissenschaft, öffentliche Sicherheit, soziale Aufgaben und Finanzverwaltung verweisen und fragen: Sind die dort allgemein feststellbaren personellen Engpässe etwa Indizien für einen aufgeblähten Verwaltungsapparat?

Dafür gibt es keinen Beweis. Beweise zuhauf aber bieten sich an für die Behauptung, daß dies sehr eindeutige Folgen der ideellen und materiellen Minderbewertung des öffentlichen Dienstes und seiner Beschäftigten sind. Folgen einer Minderbewertung, der sich der Herr Bundeskanzler nolens volens anschließt, wenn er – und sei es auch ironisch – dem »aufgeblähten Verwaltungsapparat« einen relevanten Platz in den Reformüberlegungen der Bundesregierung zuweist. Eben diese Minderbewertung des Leistungswillens der Beamtenschaft ist wohl auch dann feststellbar, wenn man in der verbesserten Ausbildung für Führungskräfte im öffentlichen Dienst und in ihrem Austausch mit der Wirtschaft allzu einseitig den Schlüssel zum funktionsfähigen und leistungsfähigen öffentlichen Dienst erkennt.

Lassen wir uns nicht täuschen: Mit den herkömmlichen Verwaltungs-

3 Vgl. ebenda.

methoden und -verfahren hat die deutsche Verwaltung in den Jahren des Wiederaufbaus Leistungen vollbracht, die, wenn vielleicht auch weniger unseren eigenen Politikern, so jedenfalls doch dem Ausland große Bewunderung abgenötigt haben. Wenn es dennoch unter dem übergroßen Druck der Aufgaben und einer Gesetzesschwemme sondergleichen heute in einzelnen Bereichen zu Fehlentwicklungen gekommen ist, so war daran nicht primär das mangelnde Leistungsvermögen des öffentlichen Dienstes schuld. Das hatte andere Gründe. Vor allem den, daß in der Euphorie des wirtschaftlichen Aufschwungs neue und veränderte Aufgaben von der politischen Führung nicht rechtzeitig erkannt wurden.

Natürlich sind jetzt Reformen unaufschiebbar. Dabei sollten aber die Umstände, die den desolaten Zustand der Verwaltung in einigen Bereichen bewirkten, den politisch Verantwortlichen den Blick dafür schärfen, daß es ohne eine gerechte ideelle und wirtschaftliche Einordnung der Beamten keine Reform mit dauernden Erfolgen geben wird. Man wird sich nicht länger um die Durchführung von Maßnahmen herumdrücken können, die ohnehin seit Jahren in Aussicht gestellt wurden.

Es fällt nicht schwer und ist doch schmerzlich, meine Damen und Herren, gerade auf der gegenwärtigen beamtenpolitischen Szene zu beobachten, daß sich die hauptsächlichen Akteure in entscheidenden Fragen der Beamtenpolitik um die Durchführung wirklicher Reformmaßnahmen herumdrücken. Da wird eine Harmonisierung des Beamten- und Besoldungsrechts vorbereitet, die in anerkannt bester Absicht Harmonisierung erreichen möchte, wo sie Nivellierung und Zementierung bewirken wird. Zu glauben, mit einer Änderung des Artikels 75 GG[4] und der dadurch bewirkten Erweiterung der Rahmenkompetenz des Bundes den Besoldungswirrwarr zu Gunsten einer Besoldungseinheit zu beenden, die mehr als nur optische Vorzüge hat, ist in keiner Hinsicht realistisch. Es sind von einer solchen Änderung kaum mehr als Schönheitsoperationen an beamtenpolitischen Details zu erhoffen.

Als Folge der vorgesehenen Bindung aller öffentlichen Dienstherren in der Gestaltung ihrer Stellenpläne ist dagegen zu befürchten, daß sich

4 Vgl. dazu die Angaben S. 266 Anm. 8.

der öffentliche Dienst in der Zukunft entgegen allen Notwendigkeiten noch weniger als heute als anpassungsfähig an unerwartete Strukturveränderungen erweisen wird. Der Verzicht auf diese Flexibilität in der Stellenplangestaltung ist ein sehr weitgehender Verzicht auf den Bewegungsspielraum, den eine konstruktive Beamtenpolitik voraussetzt. Es werden Entwicklungen eingeleitet, von denen keiner weiß, ob sie den heutigen Erwartungen, die sich zudem noch überwiegend sachfremden, weil fiskalischen Erwägungen verpflichtet zeigen, entsprechen werden.

Meine Damen und Herren, so wird die Zukunft des öffentlichen Dienstes in gar keiner Hinsicht geplant. So droht sie, verplant zu werden. Aber dieser Fall von Verplanen droht jetzt sogar in einem Bereich Schule zu machen, wo er im Vorjahr durch die mittelfristige Finanzplanung bis 1971 ausgemerzt schien.

Sie erinnern sich: Was im Januar des Vorjahres mit den vorschnell als Querschläger des Beamtenbundes kritisierten 25 Prozent begann, wurde zur Jahresmitte in den Ansätzen für die Personalausgaben in der mittelfristigen Finanzplanung bestätigt. Man beschloß, finanziell vorzusorgen, um die Beamtenbesoldung 1968 um linear vier Prozent, in den Jahren 1969, 1970 und 1971 um jeweils fünf Prozent erhöhen zu können. Damit, meine Damen und Herren, schien ein Schritt zur Versachlichung der Besoldungspolitik erreicht und das Feilschen um Besoldungsprozente beendet. Heute nun besteht bereits wieder Anlaß, von dieser schönen Aussicht Abschied zu nehmen. Die Bundesregierung nämlich hat dem Deutschen Bundestag mit dem am Mittwoch zur ersten Lesung anstehenden Zweiten Besoldungsneuregelungsgesetz ein Papier präsentiert[5], das entgegen den Ansätzen der mittelfristigen Finanzplanung die Beamtengehälter in diesem Jahr im Jahresergebnis um nur zwei Prozent zu erhöhen vorschlägt. Und schon haben sich die durch Finanzierungslücken besorgten Haushaltsexperten dem Versuch angeschlossen, den besoldungspolitischen Fortschritt der mittelfristigen Finanzplanung zu verwässern: Der Haushaltsausschuß beeilte sich, die bereits eingeplanten 724 Millionen DM im Bundeshaushalt 1968 auf 500 Millionen zu kürzen. Damit nicht genug – beschließt der Haushaltsausschuß außer-

5 Für den Wortlaut vgl. Drucksache V/2635; Verhandlungen des Deutschen Bundestages. 5. Wahlperiode 1965, Anlagen-Band 119. Für die 1. Lesung vgl. a.a.O., Bd. 66, 161. Sitzung, S. 8502.

dem, künftig jede fünfte freiwerdende Planstelle nicht wieder zu besetzen.[6]

Uns, meine Damen und Herren, haben diese Beschlüsse der Haushaltsexperten umgehend veranlaßt, in Schreiben an alle Fraktionen des Deutschen Bundestages darauf hinzuweisen, daß der Bundestag – würde er diesen Empfehlungen folgen – frühere und bessere Erkenntnisse in Sachen Beamtenbesoldung über Bord werfen würde.[7]

Wir jedenfalls erinnern uns genau, daß es der Deutsche Bundestag war, der vor knapp einem Jahr in einer Entschließung die Bundesregierung aufforderte, die Personalausgaben in ihre mittelfristige Finanzplanung einzubeziehen.[8] Dadurch sollte die Teilnahme der Beschäftigten im öffentlichen Dienst an der zu erwartenden allgemeinen Einkommensentwicklung sichergestellt werden. Am 6. Juli 1967 wurde es von der Bundesregierung dann auch so beschlossen. Die damals geplanten Besoldungsverbesserungen – zunächst vier und dann dreimal fünf Prozent – schienen zwar bei weitem nicht ausreichend, um auch zum Abbau des Besoldungsrückstandes beizutragen. Immerhin würde ihre konsequente Beachtung bewirken, daß dieser Rückstand wenigstens nicht noch weiter ansteigt.

Die Bundesregierung hat sich nun zunächst allen Bestrebungen, insbesondere von seiten der Länder, die Mittel für notwendige Besoldungsmaßnahmen zu kürzen, entschieden widersetzt. Das wurde zum Beispiel deutlich, als Bundesfinanzminister Strauß im Oktober vergangenen Jahres bei der Einbringung des Haushaltsentwurfs 1968 die Ansätze für die Personalausgaben begründete.[9]

Die Bundesregierung – so formulierte Strauß damals – würde sich dem Vorwurf der unrealistischen Haushaltsaufstellung aussetzen, wenn sie keine Mittel für Besoldungsmaßnahmen eingeplant hätte.

Genau dieser Vorwurf aber ist heute ausgerechnet an die Herren Haushaltsexperten zu richten. Sie verstoßen gegen die Grundsätze der

6 Vgl. Deutscher Bundestag. 5. Wahlperiode 1965. 13. Ausschuß. Protokoll Nr. 112: Kurzprotokoll der 112. Sitzung des Haushaltsausschusses vom 15. März 1968, S. 23 f.
7 Mit Schreiben vom 21. März 1968. Vgl. DBB-Nachrichten. Nr. 58, 22. März 1968.
8 Vgl. dazu S. 241 Anm. 10.
9 Vgl. die Rede vom 24. Oktober 1967; Verhandlungen des Deutschen Bundestages. 5. Wahlperiode 1965. Bd. 65, 127. Sitzung, S. 6416 ff., hier S. 6429.

mittelfristigen Finanzplanung und riskieren den Versuch, sich dringender finanzieller Sorgen – wie gehabt – durch Einsparung an der vermutlich schwächsten Stelle zu entledigen.

Das Vertrauen der Beamten in die politische Führung, vor allem aber in deren Entscheidungen – dieses Vertrauen, meine Damen und Herren, scheint dem Haushaltsausschuß demnach nicht 200 Millionen DM wert zu sein.

Das erlaubt wohl nur rhetorisch zu fragen, was denn dann wohl derartige Beschlüsse des Haushaltsausschusses wert sind?

Mittel für notwendige Personalausgaben werden ganz offensichtlich von diesem Ausschuß als Reservekasse zur Finanzierung anderer Vorhaben mißbraucht.

Meine Damen und Herren, wir haben dies alles gegenüber den Fraktionen des Bundestages zum Ausdruck gebracht. Ihre Stellungnahmen und die Stellungnahme des ganzen Deutschen Bundestages zu diesen Vorschlägen des Haushaltsausschusses werden Aufschluß darüber geben, ob der Bundesregierung ein funktionsfähiger öffentlicher Dienst mehr wert ist als das Fiskaldenken von Haushaltsexperten.

Nun mag es so scheinen, wie wenn der Haushaltsausschuß wenigstens dort gute Argumente für sich hat, wo er empfiehlt, jede fünfte freiwerdende Planstelle künftig nicht mehr zu besetzen. Tatsächlich wird man wohl einräumen müssen, daß es bei der derzeitigen Anspannung der öffentlichen Finanzen durchaus geboten ist, bestehende Möglichkeiten zur Einsparung von Personal und damit auch von Ausgaben für den öffentlichen Dienst zu nutzen.

Nun hat aber gerade erst eine Umfrage bei einer Reihe von Verwaltungen erwiesen, daß dabei die empfohlene Nichtwiederbesetzung freiwerdender Planstellen als denkbar ungeeignetes Mittel ausscheiden muß. Wo man es in den vergangenen Jahren nämlich praktizierte, hat man inzwischen erfahren, daß so die Personalausgaben nicht verringert werden, dafür aber der Funktionsfähigkeit im öffentlichen Dienst geschadet wird. Der Deutsche Beamtenbund hat in diesem Zusammenhang immer wieder darauf hingewiesen, daß es ohne Einschränkung von Aufgaben des öffentlichen Dienstes kaum eine Möglichkeit zur Einsparung von Ausgaben gibt. Ursächlich für die Entwicklung des Personalstands im öffentlichen Dienst sind dessen Aufgaben. Die aber vermehren und komplizieren sich in einem Ausmaß, daß es eher erstaunlich ist, mit wieviel wenig mehr Personal sie gelöst werden.

Meine Damen und Herren, es besteht heute mehr denn je Anlaß, die öffentlichen Dienstherren im Zusammenhang mit ihren Einsparungsabsichten an ihre Fürsorgepflicht und die Auswirkungen ihrer Vorhaben auf das Personal zu erinnern. Es liegt nämlich auf der Hand, daß bei gleichen Aufgaben und verringertem Personal die durchschnittliche Arbeitsbelastung des verbleibenden Personals zunimmt. Gleichzeitig verschlechtern sich die bisherigen Beförderungsaussichten. Zusätzliche Arbeitslast bei verminderten Aufstiegschancen würden im öffentlichen Dienst – wie ja wohl auch in der privaten Wirtschaft – Unzufriedenheit, Verärgerung und Enttäuschung auslösen können, die nicht eben geeignet scheinen, die Leistungen – wie gewünscht – zu steigern.

Die volle Ungereimtheit dieser Behandlung der Personalausgaben aber wird erst klar, wenn man sich der beredten Empfehlungen des Bundeswirtschaftsministers erinnert. Zur Stärkung der Massenkaufkraft nämlich hat Bundeswirtschaftsminister Schiller immer wieder in den vergangenen Wochen einen Anstieg der Löhne und Gehälter um vier bis fünf Prozent in diesem Jahr empfohlen.

Meine Damen und Herren, ich bin sicher, Sie werden diesen ungeheuren Widerspruch auch dann spontan erfassen, wenn ich an dieser Stelle einige Sätze verlese, mit denen vor wenigen Tagen ein Staatssekretär des Bundesinnenministeriums (Benda) vergeblich – wie ich meine – bemüht war, den Widerspruch aufzulösen.

Gilt die – so war von einem Abgeordneten gefragt worden – »Gilt die von der Bundesregierung für erforderlich gehaltene Lohn- und Gehaltserhöhung um vier bis fünf Prozent auch für den öffentlichen Dienst?« Und so ließ die Bundesregierung durch einen ihrer Staatssekretäre antworten[10] – ich zitiere:

»Für die Beamten sieht der dem Hohen Hause inzwischen zugestellte Entwurf eines Zweiten Besoldungsneuregelungsgesetzes neben strukturellen Verbesserungen für bestimmte Beamtengruppen eine allgemeine Erhöhung der Grundgehälter im Bundesbereich um mindestens drei

10 Für die Frage des FDP-Abg. Dorn und die Antwort des Staatssekretärs Benda vgl. Verhandlungen des Deutschen Bundestages. 5. Wahlperiode 1965. Bd. 66, 160. Sitzung (14. März 1968), S. 8292 f.

v.H. ab 1. Juli 1968 vor. Es sind ferner die Auswirkungen des erst am 1. Juli 1967 in Kraft getretenen Ersten Besoldungsneuregelungsgesetzes, insbesondere die noch im Gange befindliche Anpassung der Länder an dieses Gesetz zu berücksichtigen. Weitere Verbesserungen bringen ferner sonstige Strukturmaßnahmen, wie z. B. die Einführung von Zulagen für den Dienst zu ungünstigen Zeiten.«

»Im übrigen« – so hieß es dann weiter – »darf ich ganz allgemein noch darauf hinweisen, daß die Löhne und Gehälter im öffentlichen Dienst im Jahre 1967, das ein Rezessionsjahr war, kräftiger gestiegen sind als im Durchschnitt der Privatwirtschaft.«

Als daraufhin der Abgeordnete mit der weiteren Frage insistierte, ob die Bundesregierung nicht mit ihm der Meinung sei, daß die Beamten, Angestellten und Arbeiter des öffentlichen Dienstes in gleichem Umfange an diesen Steigerungen um vier bis fünf Prozent teilnehmen müßten, verwies der Regierungssprecher erneut darauf, daß es sich um »Durchschnittszahlen« handelte.

Der Staatssekretär, der spätestens jetzt wohl selbst erkannte, daß diese Argumentation nicht ausreicht, um den Widerspruch aufzulösen, entzog sich schließlich weiteren Fragen mit diesem Hinweis – ich zitiere: »Im übrigen wird das Hohe Haus ja bei der Beratung des ihm vorliegenden Zweiten Besoldungsneuregelungsgesetzes Gelegenheit haben, sich mit der Frage im einzelnen zu beschäftigen und entsprechende Entscheidungen zu treffen.«

Meine Damen und Herren, das ist keine objektive Darstellung über die Entwicklung der Beamtengehälter im Vergleich zur allgemeinen Einkommensentwicklung. Jeder weiß, daß die letzten linearen Besoldungsmaßnahmen von zweimal vier Prozent am 1. April und 1. Oktober 1966 zwei Jahre zurückliegen. Sie mögen sich zwar rein rechnerisch und theoretisch im Jahre 1967 mit einigen Prozenten ausgewirkt haben. Sie sind deshalb aber noch nicht geeignet, mit den effektiven Einkommensverbesserungen anderer Gruppen in diesem Jahre verglichen zu werden.

Zahlenspiegeleien dieser Art werden von uns durchschaut. Niemand möge glauben, daß eine Politik dadurch bei uns an Kredit gewinnt, daß sie trotz besseren Wissens und in krasser Fehleinschätzung der Beamtenmentalität die oft sogar objektiven Schwierigkeiten verschweigt, vor denen sie in der Beamtenbesoldung steht. Mit einer solchen Politik führt man die mittelfristige Finanzplanung ebenso ad absurdum wie die wirtschaftspolitischen Orientierungshilfen.

Schon das mag erklären, warum der Deutsche Beamtenbund sich seit geraumer Zeit wieder zu scharfer Kritik herausgefordert sieht. Lassen Sie mich aber noch einen Satz anfügen, der deutlich zeigt, worum es uns im Kern geht.

Es geht um die uns wiederholt zugesicherte Priorität der Personalausgaben und um die Anerkennung des vom Bundesverfassungsgericht aufgestellten Grundsatzes der Anpassung der Beamtengehälter an die allgemeine Einkommensentwicklung.[11] Dies und die Forderung nach einem Abbau des Besoldungsrückstands stehen nun schon seit vielen Jahren im Mittelpunkt einer Besoldungspolitik, wie sie die Beamten verdienen. Alle verantwortlichen Politiker haben sich inzwischen – in Worten – zu diesen Grundsätzen bekannt. Ihre Beachtung in der Politik ist deshalb nicht mehr eine Frage der Berechtigung unserer Forderungen. Sie ist eine Frage der Dringlichkeit.

Ich möchte nun dieses düstere Kapitel zur gegenwärtigen Besoldungssituation nicht beenden, ohne mit den bevorstehenden Beratungen im Bundestag die Hoffnung zu verbinden, daß dort die dringlichsten Erfordernisse doch noch erkannt werden. Unsere Bemühungen konzentrieren sich dementsprechend in diesen Tagen auf das Parlament und seine zuständigen Ausschüsse. Wir geben damit zugleich zu erkennen, daß unser Zutrauen in das Parlament groß genug ist, um nicht unbesehen zu glauben, daß jeder beamtenpolitische Sachverstand von dort ausgewandert ist. Zu fordern, daß man bei den Entscheidungen zu Fragen des öffentlichen Dienstes nicht der Versuchung erliegt, mehr an die Popularität oder Kostenseite geplanter Maßnahmen zu denken als an deren Sachgerechtigkeit – diese Forderung, meine Damen und Herren, richtet sich aber nicht nur an die Politik in Bonn. Sie wird vom Deutschen Beamtenbund und seinen Mitgliedsverbänden überall und allenthalben gestellt – auch in Mainz.

Sehr aktuell sind ja hier und heute in diesem Zusammenhang die Pläne und Überlegungen zur Auflösung der Bundesbahndirektion Mainz. Gerade hier ist zu fragen, ob ein solches Vorhaben tatsächlich zwingende

11 Vgl. die Angaben S. 60 Anm. 6.

Gründe für sich hat. Wer jedenfalls die speziell wirtschaftspolitischen Effekte einer solchen Stillegung glaubt gering schätzen zu können und auf den Kosteneinsparungseffekt der Maßnahme setzt, wird sich lebhafte Zweifel an seinem Sachverstand gefallen lassen müssen.

Solche Zweifel wurden – wie Ihnen ja zu einem Teil gewiß bekannt – von der GDBA im Deutschen Beamtenbund rechtzeitig angemeldet. Dort wird zum Beispiel darauf hingewiesen, daß im Falle einer Auflösung der Bundesbahndirektion Mainz Rheinland-Pfalz das einzige Land ohne Sitz einer Bundesbahndirektion wäre. Das würde zu Nachteilen für die Wirtschaft dieses Landes führen können, zu deren größten Auftraggebern die Deutsche Bundesbahn ja doch wohl gehört. Dieser Umstand und die für rund 1300 Beschäftigte bei der Direktion Mainz zu erwartenden sozialen Härten sowie die nicht unbeträchtlichen Kosten einer Stillegung sind jedenfalls Argumente, die bisher nicht widerlegt wurden.

Wie hier ließen sich in vielen anderen Bereichen des öffentlichen Dienstes Beobachtungen anstellen, die nicht weniger unerfreulich wären. Viel zu häufig und vor allem viel zu lange sind Regierungen und Parlamente vor tatkräftigen Reformen in angebliche politische Unmöglichkeiten geflohen. Jetzt muß deutlich werden, daß sich diese Furcht nicht auszahlt und nur dazu führt, daß die Beamten wieder einmal mit jenem Teil ihrer Bezüge, der ihnen gegenüber anderen Berufsgruppen vorenthalten wird, einstehen müssen, um für die Folgen einer falschen und nur vermeintlich populären Politik aufzukommen. Denn das zeigt ja wohl mein Rundgang an einigen Fronten der aktuellen Beamtenpolitik hinreichend klar: Nirgends präsentiert sich uns ein Konzept, das den Ansprüchen jener entspricht, die mit Recht mehr fordern als das kurzsichtige und kurzfristige Herumdoktern an einigen und nicht einmal den größten Übeln. Ganz im Gegenteil: An der jetzt drohenden Behandlung – oder besser gesagt: Mißhandlung – der Personalausgaben wird hinreichend klar, daß sich dort, wo sich im Vorjahr mit der mittelfristigen Finanzplanung ein solches Konzept für eine planvolle Besoldungspolitik zeigte, schon jetzt wieder Planlosigkeit präsentiert.

Unter dem Eindruck solcher Unzulänglichkeiten gehört nicht viel Phantasie dazu, das Bild einer krisenhaften Entwicklung im öffentlichen Dienst an die Wand zu malen. Tatsächlich brauchte man wohl mehr Phantasie, um sich vorzustellen, daß sich diese Befürchtung ohne eine radikale Umkehr der Beamtenpolitik eines Tages als übertrieben erweisen würde.

Meine Damen und Herren, ich habe die uns angehenden Fragen schon einleitend auf den Hintergrund wachsender gesellschaftlicher Konflikte in unserer Demokratie projiziert. Das geschah nun nicht etwa in der Absicht, eine Stimmung anzuheizen, aus der heraus man dazu neigt, unter Ausschaltung von Vernunftgründen radikalen Ansichten näherzutreten. Unsere Kritik ist genau in dem Maße extrem und radikal, wie es die Zustände oder Mißstände verdienen, denen sie gilt. Niemand möge aber glauben, daß sich die Beamten deshalb radikalisieren ließen. Zugleich aber sollte man allenthalben erkennen und anerkennen, daß heute die Beamtenschaft nicht mehr an den Maßstäben eines Staatsdienerkomments gemessen werden kann, der in erster Linie auf die Tugend unterwürfigen Gehorsams zurückgreift.

Die Pflege eines freiheitlichen Bewußtseins in unseren Reihen setzt die offene Austragung gegebenenfalls auch von Konflikten mit der jeweiligen Regierung voraus. Jede gegenteilige Ansicht würde in Kauf nehmen müssen, was gerade nicht erwünscht sein kann: Die Abkapselung einer großen gesellschaftlichen Gruppe von der übrigen Gesellschaft und ihre Rückwendung zu einer Berufsideologie, die unvereinbar wäre mit dem Bild unserer heutigen politischen Ordnung und von der wir uns inzwischen befreit zu haben glauben.

Zögern wir also nicht, meine Damen und Herren, auch die Konsequenzen dieses Wandels im Selbstverständnis der Beamten der oft genug noch erstaunten Umwelt klarzumachen. Die Beamten wollen und können in unserer heutigen gesellschaftlichen und politischen Ordnung nicht mehr grundsätzliche Privilegien für sich in Anspruch nehmen. Das Wesen der Demokratie schließt ein, daß es ein prinzipiell privilegiertes Beamtentum nicht mehr geben kann. D. h. aber nicht, daß die Bedeutung und der Beitrag der Beamten im Staat und für das politische Leben heute gegenüber früher abgenommen hätten. Die Beamten stehen heute im Schnittpunkt aller Teilinteressen mit dem Gesamtinteresse. Das führt absolut zwangsläufig zu der Erkenntnis, daß eine funktionsfähige Verwaltung, die sich auf ein leistungsfähiges Berufsbeamtentum gründet, eben kein ehrgeiziger Traum des Deutschen Beamtenbundes, sondern ein typisches Allgemeininteresse ist.

Es lohnt sich, ausführlich über das daraus resultierende Gewicht des öffentlichen Dienstes in unserem Staat nachzudenken. Es lohnt sich vor allem deshalb, weil solches Nachdenken unweigerlich zu der Erkenntnis führen würde, daß in der Beamtenpolitik mehr auf dem Spiel steht als Besoldungsprozente, Stellenschlüssel und ein ausgewogenes Zulagensystem.

Es geht – und damit möchte ich schließen – um die Festigung eines unabhängigen Berufsbeamtentums mit dem Ziel, einen Personalkörper heranzubilden und zu erhalten, der nach Leistungsfähigkeit und Integrität imstande ist, in den Dienst unseres politischen Gemeinwesens eine Verwaltung zu stellen, die den Anforderungen der modernen Zeit voll gewachsen ist.

19. April 1968

Zur beamtenpolitischen Lage

Rede auf dem Delegiertentag des DBB-Landesbundes Schleswig-Holstein in Kiel
(Auszug)

Quelle: DBB-Archiv, Abt. Bulei 15000-9 (maschinenschriftlich mit handschriftlichen Änderungen A. Krauses)

Sie haben mich nun freundlicherweise aufgefordert, einige Ausführungen zur gegenwärtigen beamtenpolitischen Lage zu machen. Dieser Aufforderung komme ich gerne nach, gerade bei Veranstaltungen wie der heutigen, wo sich ein verhältnismäßig großer Kreis von in der Verbandsarbeit stehenden und die verschiedensten Fachrichtungen des öffentlichen Dienstes vertretenden Kollegen zusammenfindet, Gelegenheiten dieser Art sich am ehesten nutzen lassen, um die beamtenpolitischen Auffassungen des DBB zu verbreiten. Solche Gelegenheiten sind ein geeigneter »Umschlagplatz« für Meinungen Ihrer Spitzenorganisation, die es ja, wie Ihnen vielleicht bewußt ist, nicht ganz leicht hat, das äußerst verwickelte Geflecht ihres organisatorischen Aufbaus mit seinen vielen Verknotungen zu durchdringen und es durchlässig zu machen für einen ungehinderten Informationsfluß von oben nach unten und umgekehrt.

So gern ich also dazu beitrage, das Wechselspiel der Meinungen in der Willensbildung unseres Gesamtverbandes zu fördern, so offen muß ich Ihnen allerdings auch eine gewisse Schwierigkeit eingestehen, die für mich damit verbunden ist. Sie liegt in der Fülle der Fragen, die aus der fortschreitenden Entwicklung unseres politischen und gesellschaftlichen Lebens entsteht, die zugleich aber auch daraus entsteht, daß uns selbst laufend neue Erkenntnisse zuwachsen.

Im Blick auf Sie als meine Zuhörer bedeutet das: Ich bin gezwungen, meine Lageschilderung und -beurteilung auf allgemeine Erscheinungen und Entwicklungstendenzen zu beschränken, kann also auf die zahlreichen Besonderheiten in den verschiedenen Fachbereichen nicht mit eingehen. Es bedeutet ferner: Ich werde mich anstrengen müssen, um Sie durch das, was Sie gern von mir hören möchten, für die Langeweile zu entschädigen, die ich Ihnen bereiten werde mit einigen kritisch-selbstkritischen Betrachtungen, auf die es meiner Meinung nach bei einer einigermaßen zutreffenden Beurteilung der gegenwärtigen beamtenpolitischen Lage viel mehr als auf alles andere ankommt. Ich würde mich jedoch dem Vorwurf der Schönfärberei aussetzen, wenn ich sie unterschlüge.

Es ist noch gar nicht so lange her, da hätte ich es mir ziemlich einfach machen und einen Lagebericht mit der Aufzählung einer Reihe von Initiativen bestreiten können, die entweder die Regierung oder der DBB ergriffen hat, um in diesem oder jenem Punkte eine Verbesserung der allgemeinen Regelungen der beamtenrechtlichen Verhältnisse zu erzielen. Der frühere Ministerpräsident Nordrhein-Westfalens, Dr. Meyers, hat diese Art von »Beamtenpolitik« auf unserem Bundesvertretertag 1966 einmal treffend die »kleingärtnerische Betätigung am beamten- und besoldungsrechtlichen Detail« genannt.[1] Dem Beispiel der Dienstherren folgend, haben auch wir uns längere Zeit hindurch an dieses »kleingärtnerische« Konzept gehalten. Erst nach und nach haben wir erkannt, daß uns ein weitaus größeres Feld, als nur einen Schrebergarten zu bestellen, aufgegeben ist, wenn wir Beamtenpolitik im eigentlichen Sinne treiben wollen.

Inzwischen ist nun eine Situation erreicht, die es nicht mehr zuläßt, im bisherigen Rahmen mit kleinen Eingriffen zu hantieren. Zwar mag sich bei oberflächlicher Betrachtung der beamtenpolitischen Lage und vor allem gemessen an den beamtenpolitischen Tagesfragen, die uns zur Zeit beschäftigen, ein grundlegender Wandel insofern noch nicht deutlich genug abzeichnen. Demjenigen aber, der Augen und Ohren offenhält und der zwischen beamten- und besoldungsrechtlicher Kleinarbeit und

1 Vgl. den Festvortrag (»Beamtenpolitik am Scheideweg«) des Ministerpräsidenten Dr. Franz Meyers auf dem Bundesvertretertag des DBB vom 22. bis 24. September 1966 in Bad Godesberg; DBB-Dokumente 1, S. 23ff. (Zitat S. 23).

tiefergehenden beamtenpolitischen Entwicklungstendenzen zu unterscheiden versteht, kann nicht verborgen bleiben, daß unter der Oberfläche manches vor sich geht, was auf bevorstehende eingreifendere Veränderungen hindeutet.

In der Verbandsspitze überlegen wir uns seit geraumer Zeit gründlich, welchen Weg der öffentliche Dienst und mit ihm das Berufsbeamtentum in der nächsten Zukunft gehen wird. Wir beobachten mit gewisser Sorge, wie sich die Verfassungswirklichkeit in mancherlei Hinsicht von der geschriebenen Verfassung entfernt und wie dadurch das Berufsbeamtentum in seinem Selbstverständnis unsicher wird.

Konkrete Erscheinungen, auf die wir in diesem Zusammenhang stoßen, mögen in den einzelnen Bereichen der öffentlichen Verwaltung nicht immer dasselbe Gewicht haben. Die Verhältnisse sind schon wegen der verschiedenartigen Aufgabenstellung in den einzelnen Verwaltungszweigen, aber auch in den einzelnen Verwaltungsstufen vielfach recht unterschiedlich. Verallgemeinern läßt sich das, was ich im folgenden auszuführen habe, also nicht ohne weiteres. Es ist nur so, daß sich dort, wo im Augenblick die größten Spannungen hervortreten, gewissermaßen auch der Prüfstand der politischen Führung befindet, die Stelle also, wo eines Tages über die für das Berufsbeamtentum lebenswichtigen Zukunftsfragen entschieden werden wird.

Einige dieser Fragen, die jetzt, dessen müssen wir uns bewußt sein, deutlicher als je zuvor auch in das Blickfeld der Öffentlichkeit gerückt sind, lauten etwa:

- Ist das Berufsbeamtentum in seiner herkömmlichen Gestalt überhaupt noch imstande, den Anforderungen der Zeit an eine moderne Verwaltung zu genügen?
- Haben wir die richtigen Beamten, d. h. sind unsere heutigen Beamten geeignet, mit den in allernächster Zeit auf sie zukommenden, sich immer mehr komplizierenden Aufgaben fertig zu werden?
- Was muß in der Spitze der Exekutive und in deren Verhältnis zur Legislative geändert werden, um Reibungen zwischen den beiden Staatsgewalten möglichst zu verringern und dadurch die Leistungsfähigkeit der öffentlichen Verwaltung zu heben?

Sowohl die soeben angeführten drei Fragen wie auch eine Reihe ähnlicher sind nun zwar in erster Linie an die oberste Stufe der

Verwaltung, hauptsächlich also an die Ministerialbürokratie gerichtet. Wir dürfen aber nicht übersehen, daß die Öffentlichkeit gemeinhin nicht ein so feines Unterscheidungsvermögen hat, um angesichts einer kompakten Meinungsfront, die eine gezielte Publizistik in neuerer Zeit gegen »die überwuchernde Bürokratie«, gegen »die Hierarchie von vorgestern«, gegen »das Beamtenrecht, das der Verwaltung eines modernen Industriestaates im Wege steht« usw. aufzubauen verstanden hat, deren eigentlichen Adressaten, eben die Ministerialbürokratie, zu erkennen. Die Öffentlichkeit neigt verständlicherweise dazu, alle in dieser Hinsicht vorgebrachten kritischen Äußerungen zu verallgemeinern und sie auf den gesamten öffentlichen Dienst in seinen vielfältigen Verzweigungen zu beziehen.

In gleicher Weise erliegen auch zahlreiche Politiker dieser Gefahr. Gewohnt, die »Bürokratie« als ihren natürlichen Gegenspieler zu betrachten, vielfach zudem befangen in dem Gefühl, vom Sachverstand der Bürokratie abhängig zu sein, neigen sie nicht selten dazu, sich die kritischen Urteile der Publizisten über die Unzulänglichkeiten der heutigen Beamten zu eigen zu machen. Die zwischen Beamten und politischer Führung bestehenden, an sich ganz natürlichen Spannungen spitzen sich dadurch in höchst gefährlicher Weise zu, sehr zum Schaden des Regierungsprozesses selbst.

Ich will Ihnen diesen Sachverhalt an einem konkreten Beispiel noch etwas deutlicher bewußt machen. Am 8. März 1968 veröffentlichte die Wochenzeitschrift »Christ und Welt« einen »Politik im Rollstuhl« betitelten Artikel mit der Unterzeile: »Bonns Führungsstil ist antiquiert.«[2] Der Verfasser äußert seine Zweifel an der Funktionsfähigkeit der Verwaltungs- und Regierungsapparatur Bonns zusammenfassend wie folgt:

»Kurzum, Stil und Struktur des politischen Führungssystems in Bonn sind antiquiert. Die Führungskräfte selbst sind ungemein aufwendig beschäftigt, aber auch so beansprucht, daß sie zum Denken nicht mehr kommen. Man ›läßt denken‹, man ‹läßt lesen‹ und wird so von beamteten Exzerpteuren und ghost-writern instrumentiert. Die Minister werden derart abhängig von ihrer Ministerialbürokratie, daß eine persönliche

2 Von Josef Othmar Zöller.

Verantwortung des Ressortministers faktisch nicht mehr gegeben ist. Da die Verwaltung in Deutschland ihrem Wesen nach aber restaurativem Denken unterliegt, geht die rasante Entwicklung beispielsweise auf dem Gebiet der Kybernetik spurlos an den Führungskräften vorbei. Mit dem Schlüsselbund der Macht in der Hand glauben hohe Verwaltungsbeamte von ihrem Metier das fernhalten zu können, was in Industrie und Handel Arbeiter und Angestellte bedroht, nämlich eine wesentliche Verminderung notwendiger Arbeitsplätze. Den Parlamentariern, schon längst nicht mehr Korrektiv der Verwaltung und deren Kontrolle, sondern Abstimmungsmechaniker über Verwaltungsvorlagen, fehlt es nicht nur an Mut, sondern mehr noch an Kenntnis über diese Interna der Ministerialbürokratie. Dort aber, wo sich junge oder neue Abgeordnete mutig der Aufgaben besinnen, derentwillen sie gewählt wurden, werden sie gleichsam von der Politik ausgesperrt oder von den Fraktionsherrschern unter Druck gesetzt. Dieses Unbehagen deutscher Parlamentarier an ihren Einpeitschern gehört zu den besten Informationsquellen der Magazine und Zeitungen. Während die Einpeitscher und ›Herrschenden‹ selbst vor die Fernsehkamera drängen, intonieren Reporter und Kommentatoren nicht nur ihre eigene Meinung, sondern weithin jene Meinungen, die im Parlament nicht laut werden können.«

Das Leserbriefecho ergriff, wie sich denken läßt, voll und ganz die Partei des Verfassers, und ein Bundestagsabgeordneter, der nicht etwa zu den Hinterbänklern gehört, schrieb[3]: »Der Beitrag war mir aus dem Herzen gesprochen. Ich möchte dem Verfasser ausdrücklich danken für seine treffenden Überlegungen.«

Ich habe mich bei diesem Punkte etwas länger aufgehalten, um Ihnen einmal vor Augen zu führen, daß wir heute, um zu einer zutreffenden Schilderung und Beurteilung der beamtenpolitischen Lage zu gelangen, über die unsere eigene Interessenpolitik betreffenden Angelegenheiten hinausgreifen müssen. Wir müssen auch Erscheinungen und Entwicklungen mit berücksichtigen, die streng genommen nicht im engeren Bereich unserer Interessen liegen, wo es sich ja vornehmlich um die Fortentwicklung, um den Ausbau unserer persönlichen Rechtsverhält-

3 Gemeint ist Manfred Wörner (CDU). Für den Wortlaut des Leserbriefes vgl. Christ und Welt. Nr. 15, 12. April 1968.

nisse, um Fragen des Laufbahn-, Urlaubs-, Besoldungs- und Versorgungsrechts und dergleichen Dinge mehr handelt.

Würden wir über einer einseitigen Hervorkehrung aller dieser Dinge die beamtenpolitischen Entwicklungen von grundsätzlicher Bedeutung aus dem Blick verlieren, bestünde die Gefahr, daß wir eines Tages mit dem anderen, was den einzelnen von uns aus naheliegenden Gründen am meisten interessiert, in der Luft hängen, weil die Politik den öffentlichen Dienst vom Status quo, an dem wir uns nach wie vor festklammern, weg in eine ganz andere Richtung gelenkt hat.

Ihnen allen ist bekannt, daß der derzeitige Bundeskanzler persönlich bei nahezu jeder sich bietenden Gelegenheit Reformabsichten äußert, die die öffentliche Verwaltung, den öffentlichen Dienst und die Beamtenausbildung angehen. Die Äußerungen des Bundeskanzlers zu diesem Fragenkreis sind regelmäßig knapp und ganz allgemein gehalten. Konkrete Vorstellungen, wie eine die drei genannten Punkte umfassende Reform im einzelnen aussehen soll, werden vom Kanzler nicht vorgetragen. Er beschränkt sich darauf, die Notwendigkeit der Reform hervorzuheben, und er pflegt sie damit zu begründen, daß unsere öffentliche Verwaltung mit ihrer Struktur noch im 19. Jahrhundert verwurzelt sei und ebenso wie der öffentliche Dienst und die Beamtenausbildung mit den Erfordernissen des modernen Industriezeitalters nicht Schritt gehalten habe.

Nun ist mit der Feststellung allein, das alles sei ja noch 19. Jahrhundert, noch nicht allzuviel gewonnen. Mir scheint, mit dieser Reformidee des Kanzlers verhält es sich so wie mit einer anderen »revolutionären« Idee, die kürzlich der in der Wochenzeitschrift »Die Zeit« schreibende Spaßvogel Wolfgang Ebert zum Anlaß für eine seiner witzigen Glossen zu aktuellen politischen Fragen nahm.[4] Es ging um eine Äußerung Kiesingers zur Auswahl des neuen Bundesinnenministers, derzufolge sich Kiesinger dafür ausgesprochen hat, den Nachfolger für Innenminister Lücke ausschließlich nach Gesichtspunkten der fachlichen und politischen Qualität zu suchen.

Daran knüpft Ebert nun ein fingiertes Gespräch mit dem »Kanzler-Berater Fäustle«, der ihm versichert: »Das war natürlich nicht beiläufig

4 Vgl. Die Zeit. Nr. 14, 5. April 1968.

gemeint, das war vielmehr das Startsignal zu einer gigantischen Reformbewegung, an deren Spitze sich der Kanzler stellen will.« Darauf Ebert: »Was will der Kanzler, was schwebt ihm vor?« Antwort: »Er will, daß bei der Besetzung wichtiger Ämter in Staat und Wirtschaft ganz neue Wege beschritten werden. Er fordert, daß solche Positionen fortan nur noch mit Leuten besetzt werden, die dafür geeignet sind.« Ebert verschlägt es die Sprache und er ruft entgeistert – begeistert: »Das ist die Revolution! Wie ist er nur auf diese geniale Idee gekommen?« Antwort: »Er fand sie vor und griff sie bloß auf. Der Plan existiert schon seit langem . . .«

So ist es in der Tat auch mit der sog. Verwaltungsreform und den in sie einbegriffenen anderen Reformfragen. Der Zufall spielte mir gerade dieser Tage ein altes Heft unserer Schriftenreihe in die Hände. Es ist 1956 erschienen und enthält einen Vortrag des früheren bayerischen Staatsministers Dr. Rudolf Zorn, gehalten auf unserem Bundesvertretertag 1956. Das Thema des Vortrages lautete: »Verwaltungsvereinfachung und Beamtenschaft.«[5]

Ich lasse zur Zeit prüfen, ob wir das Heft neu auflegen sollten. Es hat im Laufe der zwölf Jahre, die seit seinem Erscheinen verstrichen sind, nichts von seiner Aktualität eingebüßt. Ich brauche bloß einige Stichwörter aus dem Inhaltsverzeichnis zu nennen, und Sie werden sofort erkennen, daß wir in allen diesen Punkten im Grunde keinen Schritt weitergekommen sind. Da sind also etwa folgende Fragen:

– Hinkender Vergleich zwischen Behördenorganisation und Privatwirtschaft,
– Ursachen der Zunahme der öffentlichen Verwaltungen, darunter:
  a) Änderungen der soziologischen Struktur der Bevölkerung
  b) Ursachen auf Grund menschlichen Versagens, dazu Beispiele: Ordnung oder Vorsorge als Staatsaufgabe – Gesetzesinflation – Zu wenig Dezentralisation – Folgen der Technisierung – Schlechter Stil als Ursache der Verwaltungserschwerung – Perfektionismus.

  Ferner:
– Reformvorschläge, darunter:

5 Vgl. Rudolf Zorn: Verwaltungsvereinfachung und Beamtenschaft (= Schriftenreihe des Deutschen Beamtenbundes. Heft 13), Köln 1956.

a) Kein Schematismus
b) Mitarbeit des Staatsbürgers
c) Subsidiaritätsprinzip
d) Bereinigung der Vorschriften
e) Einheitlichkeit der Verwaltung
f) Gewaltenteilung
g) Keine Zentralisierung
h) Keine Überspitzung der Exekutiv-Kontrolle
i) Übersichtlichkeit der Haushalte.

Weitere Punkte sind schließlich:

– Mitarbeit der Bürokratie an der Verwaltungsreform
– Beamtenauslese nach dem Leistungsprinzip.

Mit diesem ganzen Fragenkatalog schlagen wir uns heute noch genauso herum wie vor zwölf Jahren. Wir haben viele dieser Fragen auch von uns aus immer wieder aufgegriffen, um sie den Politikern nahezubringen, und zwar schon lange, bevor sich die öffentliche Kritik zu regen begann, weil mit den Jahren natürlich auch nach draußen gedrungen ist, daß in der öffentlichen Verwaltung manches reformbedürftig sei.

Inzwischen haben sich – ich deutete es schon an – die Dinge in ganz anderer Weise zugespitzt. Die Kritik der Öffentlichkeit nimmt ständig zu, und dabei geschieht es dann, daß der Zustand der Diskussion immer unerfreulicher wird. Obwohl im Grunde beide Seiten im Punkte der Reformbedürftigkeit insoweit einig sind, als die Anforderungen der Zeit tatsächlich zu manchen Änderungen im Organisations- und Arbeitsstil und zu einer Verbesserung der Aus- und Fortbildung der Beamten führen müssen, rufen Kritiken an der Verwaltung und am öffentlichen Dienst, die deren Leistungsfähigkeit pauschal in Frage stellen, in unseren Reihen zwangsläufig Verärgerung hervor und machen die Verwaltung vollends unsicher.

So gesehen erweisen uns auch die fortgesetzten stereotypen Hinweise des Bundeskanzlers auf die Reformbedürftigkeit der Verwaltung und des öffentlichen Dienstes einen Bärendienst. Als ich vor drei Wochen hier in Kiel auf dem Bezirksvertretertag des Bundes Deutscher Zollbeamten sprach, bin ich auf diesen Punkt ausführlich eingegangen.[6] Ich habe den

6 Vgl. die Rede vom 30. März 1968 (»Die Beamtenpolitik des Bundes – Eine kritische Würdigung«); DBB-Archiv, Abt. Bulei 15000-9.

Kanzler angegriffen wegen seines »Berichtes über die Lage der Nation im geteilten Deutschland«, in dem er zwar die hervorragenden Leistungen der in der privaten Wirtschaft tätigen Menschen groß herausgestrichen, den Anteil des öffentlichen Dienstes an diesen Leistungen dagegen mit keinem Wort erwähnt hat. Insoweit hat er sich wiederum nur darauf beschränkt zu erklären[7]:

»Auch eine Reform unserer Verwaltung und des öffentlichen Dienstes ist dringlich. Nicht etwa zu dem Zwecke einer weiteren Ausdehnung des ohnehin schon allzu aufgeblähten Verwaltungsapparates; wir brauchen vielmehr neue Techniken der Planung und der Integration der verschiedenen Teilgebiete politischen Handelns. Für die Aus- und Weiterbildung hochqualifizierter Beamten müssen Einrichtungen geschaffen werden, wie sie schon in der Führungsakademie der Bundeswehr und der Ausbildungsstätte für den Auswärtigen Dienst bestehen. Der Austausch von Führungskräften aus dem Staatsdienst, der Wirtschaft und der Wissenschaft muß großzügig gefördert werden.«

In diesen Worten des Kanzlers mischen sich Wahres, Halbwahres und Unwahres (z. B. die Behauptung über die Aufblähung des Apparats) zu einer Aussage, die auf jeden, der nicht näher mit den Zusammenhängen und Hintergründen vertraut ist, die hierbei eine Rolle spielen, den Eindruck machen muß, der gesamte öffentliche Dienst tauge nichts, sei hoffnungslos veraltet und stehe kurz vor dem Zusammenbruch.

Ich kann hierzu ein Zitat aus der Feder eines renommierten Wissenschaftlers, und zwar des Tübinger Politologen Theodor Eschenburg, anführen, das ganz auf dieser Linie liegt. Eschenburg schrieb kürzlich in einem längeren Aufsatz in der »Zeit« u. a. folgendes[8]:

»Die Leistungen unseres öffentlichen Dienstes haben gegenüber der Weimarer und der kaiserlichen Zeit, abgesehen von wenigen Ausnahmen, stark nachgelassen. An zahllosen, sehr voneinander abweichenden alltäglichen Maßnahmen des vielgliedrigen und verschachtelten

7 Vgl. die Rede von Bundeskanzler Kiesinger am 11. März 1968; Verhandlungen des Deutschen Bundestages. 5. Wahlperiode 1965. Bd. 66, 150. Sitzung, S. 8168 ff. (Zitat S. 8174).

8 Vgl. Die Zeit. Nr. 2, 12. Januar 1968 (»Die Macht der Beziehungen. Wo die Herrschaft ist, da ist auch Unbehagen«).

Organismus spürt der einzelne das Versagen, um nicht gar von Ansätzen des Verfalls zu sprechen.«

Hieran sieht man einmal ganz deutlich, welche Sumpfblüten das auch vom Kanzler geübte pauschale Reden über die Reformbedürftigkeit der Verwaltung und ihres öffentlichen Dienstes hervortreibt. Ich werde dazu dann noch einiges sagen.

Zuvor will ich lediglich feststellen, daß sich der Kanzler auf unsere Vorstellungen hin inzwischen dagegen verwahrt hat, er wolle mit seinen öffentlich geäußerten Reformgedanken die Leistungen der Beamten schmälern. Er hat am 2. April 1968 anläßlich der zweiten Beratung des Haushaltsgesetzes 1968 im Bundestag nach vorausgegangenen Ausführungen zu anderen Reformfragen erklärt[9]:

»Das dritte Thema ist die Reform unseres Verwaltungssystems und unserer Beamtenausbildung. Hier muß ich leider ein polemisches Wort sagen.« (Warum »polemisch« weiß ich offengestanden nicht; denn unsere Reaktion ihm gegenüber war vollkommen sachlich gehalten; jedenfalls fuhr der Kanzler nun fort und sagte folgendes:) »Mir ist in den letzten Wochen vorgeworfen worden, daß meine Gedankengänge eine beamtenfeindliche Tendenz enthalten hätten, eine Unterschätzung der Leistung unserer Beamtenschaft. Meine Damen und Herren, nichts läge mir ferner als dieses! Ich weiß sehr wohl, was unsere Beamtenschaft leistet. Und gerade weil ich weiß, daß ihre Arbeit durch ein überaltertes Organisationsschema, das seine Wurzeln zum Teil noch in der vorindustriellen Gesellschaft hat, erschwert wird, wollen wir ihr durch unsere Reform das Leben und ihre Arbeit leichter machen. Was wir tun, ist also kein Tadeln unserer Beamtenschaft, sondern eine Hilfe und eine Unterstützung für sie.«

Soweit also nun die Gegenerklärung des Bundeskanzlers! Rein äußerlich ein voller Erfolg unserer Bemühungen um eine Klarstellung; bei Lichte besehen trotz aller beschönigenden Worte wiederum nur eine verschwommene Aussage, ein Wechsel auf lange Sicht, von dem niemand weiß, ob er jemals eingelöst wird; aus der Schau der Öffentlichkeit jedenfalls keine Erklärung, die geeignet wäre, die Beamten von dem Ruf

9 Vgl. Verhandlungen des Deutschen Bundestages. 5. Wahlperiode 1965. Bd. 66, 165. Sitzung, S. 8608 ff. (Zitat S. 8613).

der Rückständigkeit zu befreien, in den sie inzwischen durch die ständige Wiederholung von im Grunde nichtssagenden Floskeln über die Reformbedürftigkeit der öffentlichen Verwaltung und ihres öffentlichen Dienstes gebracht worden ist.

Um mir nun nicht selbst den Vorwurf zuzuziehen, den ich anderen mache, nämlich immer nur in allgemeinen Wendungen und verschwommenen Redensarten über eine Sache zu sprechen, von deren richtiger Einschätzung und Behandlung für die Zukunft unseres Landes viel abhängt, will ich in der gebotenen Kürze aufzuzeigen versuchen, wie sich nach meiner Ansicht wirklich verhält, worüber heute so lebhaft diskutiert wird, ohne daß bislang viel mehr dabei herausgekommen ist als die Bekräftigung eines alten Erfahrungssatzes, der da lautet: Im Verhältnis des »Verbalprodukts« zum »Realprodukt« besteht eine bestimmte Gegenläufigkeit: je größer nämlich das »Verbalprodukt«, d. h. die Menge der auf eine Sache verschwendeten Worte, desto kleiner das »Realprodukt«, d. h. der in der Sache selbst erzielte Erfolg – und umgekehrt! Ich glaube deshalb auch, daß der von mir vorhin erwähnte Dr. Zorn nicht so ganz unrecht hatte, als er 1956 in seinem Vortrag auf unserem Bundesvertretertag sagte[10]: »Wirklich durchgreifende Verwaltungsreformen sind selten geglückt; besonders selten aber sind sie im Zeitalter der Demokratie, da diejenigen darüber zu befinden haben, die in erster Linie von der Staats- und Verwaltungsvereinfachung betroffen würden. Sie müßten also die Äste absägen, auf denen sie sitzen.«

Aber das nur nebenbei! Was ich vor allem sagen wollte, ist folgendes: Nur Uneinsichtige werden leugnen, daß die öffentliche Verwaltung, daß auch ihr öffentlicher Dienst nicht in allem und jedem Schritt gehalten haben mit den Anforderungen der Zeit an eine moderne Vewaltung. Damit ist aber noch in keiner Weise gesagt, daß sich die gesamte deutsche Verwaltung im Zustand hoffnungsloser Unterentwicklung befände. Nur wäre es meiner Meinung nach ebenso falsch, wollten wir uns auf den Standpunkt stellen, es sei alles so, wie es sein müßte, und das »Geschwafel« von einer Verwaltungsreform oder Verwaltungsvereinfachung müsse nun endlich aufhören.

Um diesen Punkt, auf den ich großes Gewicht lege, mit der gebotenen

10 Vgl. die Angaben von Anm. 5; Zitat S. 6.

Unvoreingenommenheit und Sachlichkeit klarzustellen, möchte ich einige Sätze aus einem Vortrag zitieren, den der Bochumer Politologe Roman Schnur vor kurzem auf einer Fortbildungsveranstaltung des Bundesarbeitsministeriums gehalten hat. Er sagte dort[11]: »Bei näherer Betrachtung zeigt sich, daß die großen Leistungen der deutschen Verwaltung nach 1945 zum guten Teil auf solchen Aufgabenbereichen liegen, die ihr bereits mehr oder weniger vertraut waren. Soweit die Aufgaben im bewährten Stil gemeistert werden konnten, hat die deutsche Vewaltung Leistungen erbracht, um die man sie im Ausland oftmals beneidete. Das ist, wie wir wissen, lange Zeit so geblieben, und zwar solange, als die allgemeine politische und wirtschaftliche Entwicklung auf der Linie verlief, die sogleich bei der Gründung der Bundesrepublik festgelegt war.«

Und Schnur lenkt nun in Fortführung seines Gedankengangs den Blick vor allem darauf, daß das Tempo des Wiederaufbaus vielfach so gestiegen ist, daß sich mit dieser Entwicklung einstellende neue Probleme häufig lange Zeit unbeachtet geblieben sind und somit vor den Leistungen der Verwaltung einen großen Vorsprung erhielten. Schnur verweist beispielsweise auf die Entwicklung im Bildungs- und Verkehrswesen und sagt schließlich: »So kam es, daß man den Zeitpunkt, an dem man den sich abzeichnenden Veränderungen am günstigsten hätte begegnen können, bisweilen verpaßte.«

Woraus er dann den Schluß zieht, »daß auf etlichen Sektoren der öffentlichen Verwaltung die Notwendigkeit von Änderungen des bis dahin praktizierten Stils recht spät eingesehen wurde«. Worauf es also nach Schnurs Meinung vor allem ankommt, ist »die Notwendigkeit, die künftigen öffentlichen Aufgaben früher in den Blick zu bekommen« und die für die weitere Entwicklung von Staat und Gesellschaft entscheidend wichtigen Investitionen für die öffentliche Infrastruktur rechtzeitig vorzunehmen.

Das alles aber setzt vorausschauende Planung, die Festsetzung von Prioritäten und vieles andere mehr voraus – alles Dinge, die wir im

11 Vgl. Roman Schnur: Die Anforderungen der Zeit an die moderne Verwaltung, in: Bundesarbeitsblatt. Hrsg.: Der Bundesminister für Arbeit und Sozialordnung. Jg. 1967, S. 644 ff. (Zitat S. 645).

Verband nicht etwa nur im Hinblick auf die Situation unserer persönlichen Einkommensverhältnisse, sondern mit gleichem Nachdruck auch im Hinblick auf die soeben gestreiften öffentlichen Investitionen zur Verbesserung der Infrastruktur unseres Landes seit Jahren lebhaft diskutieren.

Insoweit scheinen auch mir in der Tat Maßnahmen erforderlich zu sein, die man unter den vieldeutigen Begriff »Verwaltungsreform« bringen kann. Denn läßt man einmal alle Klischeevorstellungen beiseite, die üblicherweise mit diesem Begriff in Verbindung gebracht werden und die im Grunde meist besagen, die Verwaltung habe nicht das richtige Personal, es müßten deshalb mehr »Außenseiter« hinein, Leute also, die nicht »betriebsblind« seien; die Verwaltung habe auch nicht den richtigen Arbeitsstil, das ginge alles viel zu langsam, und sie solle sich deshalb die Wirtschaft mit ihren modernen Managementmethoden zum Vorbild nehmen – läßt man diese und ähnliche Vorstellungen einmal beiseite und fragt, was es denn nun wirklich zu verbessern gilt, so dürfte Roman Schnur den eigentlich wunden Punkt ganz gut getroffen haben: Die deutsche Verwaltung wird mit den ihr gestellten laufenden Aufgaben auch heute noch gut fertig, besser jedenfalls, als das in so gut wie allen übrigen Ländern dieser Erde der Fall ist. Woran es ihr hauptsächlich fehlt und worin uns andere Länder zum Teil voraus sind, das ist eine gewisse Unsicherheit und Schwerfälligkeit, sobald es um die, wie Schnur sagt, Notwendigkeit geht, die künftigen öffentlichen Aufgaben früher in den Blick zu bekommen und sich auf deren rechtzeitige Meisterung vorausschauend planend einzustellen.

Wir brauchen vor allem in leitenden Ämtern Beamte, die nicht nur den Vollzug bereits getroffener politischer Entscheidungen anzuordnen verstehen, sondern die mit genügend Wissen, Phantasie und Initiative begabt sind, um der politischen Führung im rechten Augenblick Entscheidungen abzuringen, die bestimmte vorhersehbare »Engpässe«, »Notstände«, »Krisen« oder wie man das nun nennen will, was wir in jüngster Zeit wiederholt erlebt haben, gar nicht erst zur Entstehung kommen lassen.

So etwas läßt sich natürlich leichter sagen, als es getan ist, und ich weiß sehr wohl, daß ich mit dem, was ich soeben ausgesprochen habe, eine Reihe von äußerst problematischen Punkten berührt habe, gewisse Tabus vielleicht sogar, die im Verhältnis der Beamten zur politischen Führung begründet liegen.

Aus meiner Schau der Dinge werden wir jedoch auf die Dauer nicht umhin können, uns über solche Tabus hinwegzusetzen, wenn wir uns nicht immer weiter in die Rolle bloß noch wertfrei vollziehender Verwaltungstechniker abdrängen lassen wollen. Wenn die Institutionalisierung eines unabhängigen Berufsbeamtentums in unserer politischen Ordnung überhaupt einen Sinn haben soll, dann doch nur den, daß der Beamte das ihm anvertraute öffentliche Amt mit einer politischen Funktion zu erfüllen versteht, aus dem ihm anvertrauten öffentlichen Amt mithin den Auftrag ableitet, sich an seinem Platz und im Rahmen seiner dienstlichen Aufgaben mitverantwortlich zu fühlen für das große Ganze, für das politische Gemeinwesen.

So gesehen können wir als Beamte – vorausgesetzt natürlich immer, unser jeweiliges Amt gibt uns überhaupt solche Einflußmöglichkeiten, an die ich hier denke –, so gesehen können wir als Beamte nicht immer einfach nur der politischen Führung die Verantwortung dafür zuschieben, wenn etwas schiefgeht. Die politische Verantwortung im eigentlichen Sinne, die sie, die politische Führung, im wesentlichen also Regierung und Parlament, für sich allein trägt, entbindet uns, die Beamten, jedenfalls nicht von der politischen Mitverantwortung, soweit es um eine sachgerechte Beratung der politischen Führung geht, d. h. von einer politischen Mitverantwortung, in die wir auf alle Fälle die Eigeninitiative im Sinne einer rechtzeitigen Anregung und Vorbereitung von politischen Entscheidungen mit einbezogen sehen müssen.

Bei einer solchen Betrachtung der Zusammenhänge gewinnt natürlich auch mehr an Farbe, was der Kanzler zu einer Verbesserung und Modernisierung der Aus- und Fortbildung der Anwärter auf und der Inhaber von leitenden Ämtern zu sagen pflegt. Nur verhält es sich auch damit so, wie es auf seine witzige Art Wolfgang Ebert dargestellt hat. »Wie ist er nur auf diese geniale Idee gekommen?«, so lautete seine Frage an den Kanzlerberater, und er erhielt darauf die Antwort: »Er fand sie vor und griff sie bloß auf. Der Plan existiert schon seit langem . . .«

Ich könnte einen abendfüllenden Vortrag allein über die Bemühungen des DBB um eine durchgreifende Verbesserung der dienstlichen Fortbildung halten, nun freilich nicht beschränkt auf Beamte in leitenden

Funktionen, sondern auf die gesamte Beamtenschaft gerichtet. Aber für solche Zwecke war ja eben leider nie das erforderliche Geld vorhanden. Das ließe sich bis in alle Einzelheiten ein ganzes Jahrzehnt zurückverfolgen: auf der einen Seite wir, unterstützt von den entsprechenden Rufen zahlreicher Politiker, es müsse viel mehr für die Fortbildung, die berufliche Weiterbildung und staatspolitische Bildung der Angehörigen des öffentlichen Dienstes getan werden, auf der anderen Seite die für die Bundesfinanzen Verantwortlichen mit ihrem bedauernden Achselzukken, die Kassen seien leider leer. Ihr Bestand war, wie es so schön hieß, in erster Linie für konsumwirksame Ausgaben bestimmt. Den Bildungsbedürfnissen im öffentlichen Dienst gingen »Ersparniserwägungen« vor. Soweit Gelder für die heute in allen Lebensbereichen akute Notwendigkeit, das berufliche Wissen an den immer schnelleren Wandel der Anforderungen anzupassen, bewilligt wurden, flossen sie der privaten Wirtschaft im Rahmen einer großzügigen Bildungsförderung zu.

Das muß man einmal ganz klar sehen. Erst jüngst ist dieser Sachverhalt wieder durch ein typisches Beispiel eindeutig bestätigt worden. Dieses Beispiel betrifft zwar nicht unmittelbar unseren eigenen Bereich, aber doch gleichfalls den öffentlichen Dienst im weiteren Sinne. Ich meine die mit einem publizistischen Tamtam sondergleichen aus der Taufe gehobene »Deutsche Richterakademie«, einer Fortbildungseinrichtung für Richter und Staatsanwälte. Sie ist so epochemachend, daß sie nicht einmal bestehen oder stehen kann, sie fliegt. Diese »fliegende« Richterakademie, deren Gründung die Justizministerkonferenz im Herbst vorigen Jahres beschloß, wird dreimal im Jahr für jeweils 40 Richter und Staatsanwälte an wechselnden Orten der Bundesrepublik achttägige Fortbildungslehrgänge veranstalten, auf denen prominente Wissenschaftler und Politiker Vorträge halten.

In diesem Land hier ist ausgerechnet worden, daß es genau 100 Jahre dauern werde, um jeden der rund 15 000 Richter und Staatsanwälte wenigstens einmal in seinem Leben der Segnungen dieser grandiosen Fortbildungsstätte teilhaftig werden zu lassen.

Können Sie verstehen, daß ich den jetzt von höchster Stelle erwogenen Plänen, eine Akademie für öffentliche Verwaltung zu errichten, um damit der vom Bundeskanzler propagierten Bildungsreform im öffentlichen Dienst gerecht zu werden, reichlich skeptisch gegenüberstehe? Es müßte schon ein Stimmungsumschwung von geradezu revolutionärem Ausmaß innerhalb der politischen Führung eintreten, eine Anhebung des Stellenwertes des öffentlichen Dienstes in der Rangfolge der Staatsausgaben von einem Punkte nahe bei Null auf mindestens das Fünfzigfache, wenn die für die Verwirklichung jener Pläne erforderlichen enormen Mittel tatsächlich bereitgestellt würden. Aber vielleicht, und ich möchte sogar sagen: hoffentlich, sehe ich da zu schwarz und lasse mich in diesem Punkte zu sehr von der vermeintlichen Gültigkeit des ehernen Gesetzes von der Gegenläufigkeit im Verhältnis des »Verbal«- zum »Realprodukt« blenden. [. . .][12]

12 Abschließend wendet sich A. Krause aktuellen Besoldungsfragen zu.

August 1968

»Nichts ist geregelt, das nicht gerecht geregelt ist!«

Die Harmonisierung von Beamtenrecht und 131er Gesetzgebung

Vermutlicher Anlaß für diesen Beitrag war die schleppende Behandlung eines Schlußgesetzes zur 131er Gesetzgebung durch den Bundestagsinnenausschuß

Quelle: Der Beamtenbund. Monatszeitung des Deutschen Beamtenbundes. 9. Jg., Nr. 8, August 1968, S. 4

Ich möchte von Anfang an klarstellen, daß ich die Fragen der Regelung der Rechtsverhältnisse der 131er auf der Grundlage des allgemeinen Dienstrechts, also die »Harmonisierung im Beamtenrecht und im G 131«, keineswegs nur als eine politische, sondern zunächst als eine auf Rechtsgründen basierende Forderung ansehe. Der Deutsche Beamtenbund hat stets den Standpunkt verfochten, daß die zum Deutschen Reich bestehenden öffentlich-rechtlichen Dienstverhältnisse den 8. Mai 1945 überdauert haben. Das ist und bleibt die unverrückbare Grundlage der Arbeit des Deutschen Beamtenbundes für unsere amtsverdrängten Kollegen. Damit wird eindeutig an die am 8. Mai geltende Rechtslage angeknüpft. Das aber bedeutet insbesondere, daß die damals bestehenden Beamtenverhältnisse nach den Grundsätzen des Beamtenrechts zu regeln sind, was nicht die Befugnis des Gesetzgebers beeinträchtigt, Sondertatbestände durch Sondervorschriften – unter Beachtung der allgemeinen Grundsätze des Beamtenrechts – zu regeln.

Dienstrecht

Es kann keinen ernsthaften Zweifel geben, daß der Auftrag des Art. 131 des GG sich auf eine echte dienstrechtliche Regelung richtete. Es kann für gleiche Gruppen von Angehörigen des öffentlichen Dienstes nicht zweierlei Dienstrecht geben. Die Entwicklung der Gesetzgebung zu Art. 131 des GG läßt erkennen, daß auch der Bundesgesetzgeber selbst seinen Auftrag offenbar in diesem Sinne aufgefaßt hat. Er hat mit dem am 1. April 1951 in Kraft getretenen Gesetz eine dienstrechtliche Regelung getroffen.[1]

Der Deutsche Beamtenbund steht allerdings auf dem Standpunkt, daß die einschneidenden Rechtsminderungen, die das Gesetz zu Art. 131 des GG im Jahre 1951 enthielt, in diesem Umfang nicht erforderlich gewesen wären und daß die Verbesserungen, die mit den bisherigen vier Novellen erfolgt sind, durchaus hinter dem zurückbleiben, was im Zuge der politischen Stabilisierung und des wirtschaftlichen Aufschwungs der Bundesrepublik möglich, aber auch notwendig gewesen wäre.

Auch läßt der Deutsche Beamtenbund keinen Zweifel daran, daß er die Aufgabe des Art. 131 des GG solange nicht als erfüllt betrachten kann, solange der Charakter des Gesetzes zu Art. 131 des GG als eines Sondergesetzes für einen bestimmten Kreis Angehöriger des öffentlichen Dienstes aufrechterhalten wird und die aus dieser Vorstellung in das Gesetz aufgenommenen Rechtsminderungen, denen die übrigen Gruppen öffentlicher Bediensteter nicht unterworfen sind, auch nur zu einem kleinen Teil bestehen bleiben.

Widersprüche

So widerspricht der Beförderungsschnitt dem Leistungsprinzip; dies hat das Bundesverfassungsgericht eindeutig festgestellt.[2] Es läßt ihn aber im Bereich des Gesetzes zu Art. 131 des GG gelten. Das bedeutet nichts anderes, als daß in diesem Bereich das Leistungsprinzip keine Gültigkeit

1 Vgl. BGBl I. 1951, S. 307 ff.
2 Vgl. das Urteil vom 14. Juni 1960; BVerfGE. Bd. 11, S. 203 ff.

haben soll. Mit anderen Worten: Der Gesetzgeber soll befugt sein, Rechte und Rechtsstellungen in diesem Bereich auch dann unberücksichtigt zu lassen, wenn sie durch Leistung erdient sind. Wer will sich da wundern, wenn bei den betroffenen 131ern das Gefühl entstanden ist, von der Bundesrepublik als Staatsdiener zweiter oder dritter Klasse angesehen zu werden? Dabei ist zu berücksichtigen, daß das Deutsche Reich nach allgemein anerkannter Auffassung mit dem Zusammenbruch nicht untergegangen ist, daß die Bundesrepublik seine Rechte und Funktionen übernommen hat und auch das Recht der Alleinvertretung Deutschlands in Anspruch nimmt.

Ein anderer Punkt ist der sogenannte Zuzugs- oder Wohnsitzstichtag. Wo gibt es im allgemeinen Beamtenrecht eine Vorschrift, die die Inanspruchnahme erworbener Versorgungsansprüche davon abhängig machte, daß der Berechtigte bis zu einem bestimmten Termin seinen Wohnsitz im Bundesgebiet genommen hätte? Nirgends! Schon 1951 war eine derartig gezielte Gesetzesvorschrift trotz des finanzpolitisch nicht unberechtigten Hintergrundes äußerst bedenklich. Sie bedeutete politisch die Negierung der Einheit Deutschlands und stand im Gegensatz zu der erklärten Wiedervereinigungspolitik der Bundesregierung, obwohl nach der Präambel des Grundgesetzes, die sich auf den Art. 131 bezieht, der Gesetzgeber, »auch für jene Deutschen gehandelt hat, denen mitzuwirken versagt war«. Sie war in gleicher Weise dienstrechtlich bedenklich, da es im Widerspruch zu allgemeinen beamtenrechtlichen Grundsätzen steht, die Geltendmachung erdienter Versorgungsansprüche an die Voraussetzung zu binden, daß der Berechtigte an einem bestimmten Stichtag seinen Wohnsitz in einem bestimmten Gebiet genommen hat.

Man komme hier nicht mit dem oft gehörten Einwand, dieser Wohnsitzstichtag sei auch in zahlreichen anderen Gesetzen – etwa 20 – enthalten und seine Aufhebung im G 131 müsse doch Konsequenzen nach sich ziehen, die finanziell erheblich zu Buche schlügen. Dieser Einwand muß nachdrücklich zurückgewiesen werden. Er kann nämlich, wenn man diese anderen Gesetze (z. B. Lastenausgleichsgesetz, Allgemeines Kriegsfolgengesetz, Bundesvertriebenengesetz u. a.) betrachtet, nur aus der Vorstellung des Gesetzes zu Art. 131 des GG als eines Sozialgesetzes verstanden werden. Gerade dieser Ausgangspunkt ist aber falsch. Das G 131 ist ein dienstrechtliches Gesetz. Es regelt Rechtsverhältnisse des öffentlichen Dienstrechts, und nur diesem sind die anzuwendenden Maßstäbe zu entnehmen.

Wartezeiten

Wenn also der Wohnsitzstichtag aus dienstrechtlichen Gründen gestrichen wird, so ist das eine Rechtsgrundlage, aus der für angebliche »Konsequenzen« im Bereich anderer Gesetze nichts zu entnehmen ist (außer im Bereich des Wiedergutmachungsrechts für ehemalige Angehörige des öffentlichen Dienstes, wo diese Frage aber finanziell eine noch geringere Rolle spielt als im G 131).

Des weiteren verstößt die Behandlung der sogenannten amtlosen Zeit gegen die Grundsätze des allgemeinen Dienstrechts. Nicht nur, daß die Einführung der Wartezeit als solche in die Rechtsstellung der betroffenen Kollegen eingriff – das Deutsche Beamtengesetz forderte nach der Ernennung zum Beamten auf Lebenszeit keine besondere Dienstzeit mehr für den Erwerb eines Versorgungsanspruchs –, enthält die jetzige Regelung wiederum eine Rechtsminderung gegenüber dem allgemeinen Bundesbeamtenrecht. Denn nach diesem werden Zeiten, in denen der Beamte ohne Statusänderung nicht verwendet wird, auf die Wartezeit angerechnet, bei 131ern nach § 35 G 131 jedoch die amtlose Zeit nicht. Auch hier handelt es sich wieder um eine sehr schwerwiegende Rechtsminderung infolge ungenügender rechtlicher Gleichstellung der Bestimmungen des G 131 und des allgemeinen Beamtenrechts.

Ich habe mit Bedauern und Enttäuschung vernommen, daß die Bundesregierung einen Beschluß gefaßt hat, ihrerseits jedenfalls in dieser Legislaturperiode des Bundestages einen Entwurf für ein Abschlußgesetz zum G 131 nicht vorzulegen. Ich weiß nicht, ob dieser Beschluß auf einer Absprache mit den Koalitionsparteien beruht, deren Vertreter bei Verabschiedung der 4. Novelle übereinstimmend erklärten, daß noch eine Reihe von Fragen offenstünde, die bisher nicht hätten gelöst werden können.

Der Vertreter der SPD erklärte dazu ausdrücklich, der 5. Deutsche Bundestag dürfe die berechtigten Erwartungen nach einer abschließenden Regelung dieses Problems nicht enttäuschen.[3] Anfang 1966 brachte die SPD-Fraktion sogar einen Antrag im Bundestag ein, auf Grund dessen der Bundesregierung aufgegeben werden sollte, bis Ende 1967 den Entwurf eines Schlußgesetzes vorzulegen.[4] Damals war die SPD noch in der Opposition. Inzwischen ist es still um diesen seinerzeit dem Innenausschuß überwiesenen Antrag geworden.

Die FDP hat 1965 im Bundestag ebenfalls durch ihren Vertreter erklären lassen, daß sie die 4. Novelle nicht als Schlußgesetz ansehe und daß für sie diese Materie erst dann abgeschlossen sei, wenn auch für die 131er die volle Rechtsgleichheit erreicht sei.[5]

Warnung

Ich hoffe, daß alle Fraktionen zu ihren im Jahre 1965 gegebenen Worten stehen. Nachdem die Bundesregierung entschlossen ist, von sich aus einen Entwurf nicht vorzulegen, ist es Sache des Bundestages und der ihm angehörenden Fraktionen aller Parteien, entweder der Bundesregierung einen entsprechenden Auftrag zu erteilen oder selbst einen Initiativgesetzentwurf vorzulegen. Ein weiteres Hinausschieben des Schlußgesetzes in den nächsten Bundestag würde nicht nur eine bittere Enttäuschung für die davon betroffenen Kollegen bedeuten, sondern auch das Vertrauen in die Glaubwürdigkeit unseres demokratischen Rechtsstaates und seine Institutionen zusätzlich belasten oder gefährden.

Die Bundesregierung und die Abgeordneten aller Fraktionen des Bundestages werden zu bedenken haben, warum das anstehende Problem nicht unter fiskalischen Gesichtspunkten betrachtet werden darf. Es ist zunächst eine Frage des Rechts.

Die endgültige Bereinigung der 131er Gesetzgebung durch ein Abschlußgesetz, das die volle Harmonisierung im Beamtenrecht und im G 131 bringt, ist aber darüber hinaus eine Frage von eminenter

3 Vgl. die Ausführungen des SPD-Abg. Wilhelm vom 1. Juli 1965; Verhandlungen des Deutschen Bundestages. 4. Wahlperiode 1961. Bd. 59, 195. Sitzung, S. 9939.

4 Vgl. Verhandlungen des Deutschen Bundestages. 5. Wahlperiode 1965. Bd. 60, 23. Sitzung (18. Februar 1966), S. 1011 ff.

5 Vgl. die Ausführungen des FDP-Abg. Miessner; vgl. die Angaben von Anm. 3.

staatspolitischer Bedeutung. Allein die politische Vernunft sollte es schon verbieten, eine so große Gruppe von Staatsbürgern, noch dazu Angehörige des öffentlichen Dienstes – wenn auch einer früheren Zeit –, einer benachteiligenden Ausnahmegesetzgebung zu unterwerfen. Das muß bei diesen Personen das Gefühl hervorrufen, als mehr oder weniger lästige Staatsdiener und Staatsbürger zweiter Klasse angesehen zu werden. Die Folge kann nur zunehmende Verbitterung und Gleichgültigkeit gegenüber dem Schicksal unseres freiheitlich-demokratischen Rechtsstaates sein.

Vor allem muß auch daran gedacht werden, welche Auswirkungen die Gesetzgebung zu Art. 131 des GG auf die heute aktiven Angehörigen des öffentlichen Dienstes haben muß. Denn die Behandlung, die der Dienstherr den Staatsdienern seiner Rechtsvorgänger angedeihen läßt, wird ja ganz natürlich zum Maßstab dessen, was dem Dienstherrn von seinen aktiven Beamten als seine Auffassung vom Inhalt der zu ihm begründeten Dienstverhältnisse unterlegt wird.

Der Auffassung der Bundesregierung, es bedürfe keines Abschlußgesetzes mehr, muß darum auf das entschiedenste widersprochen werden. Solange noch nicht alle Vorschriften, die gegenüber dem allgemeinen Dienstrecht minderes Recht enthalten, beseitigt sind und die volle Harmonisierung von Beamtenrecht und G 131 hergestellt ist, kann der Auftrag des Art. 131 des GG nicht als erfüllt angesehen werden; denn, wie der amerikanische Präsident Jefferson einmal gesagt hat: »Nichts ist geregelt, das nicht gerecht geregelt ist.«

1. Oktober 1968

Vortrag

Vortrag auf der Veranstaltung »20 Jahre Kreisverband Gelsenkirchen des DBB«

Quelle: DBB-Archiv, Abt. Bgst 500-10 (maschinenschriftlich)

Wenn ich Ihnen nun einen kurzen Überblick über die beamten- und besoldungspolitische Lage geben soll, so erwarten Sie hoffentlich nicht von mir, daß ich dabei in die Einzelheiten gehe und aufzähle, in welchen Punkten unserer dienstrechtlichen Verhältnisse Fortschritte, Stagnation oder womöglich sogar Rückschritte zu verzeichnen sind. Abgesehen davon, daß ich, wenn ich so verfahren würde, mit meiner Redezeit nicht auskäme, scheinen mir solche Details im Augenblick schon wegen der düsteren weltpolitischen Lage, aber auch wegen mancher Sorgen, die uns bestimmte Entwicklungen im öffentlichen Leben unseres Landes bereiten, nicht so gewichtig zu sein, um sie hier vor Ihnen auszubreiten.

Es ist gewiß erfreulich, daß der Bund eine Erhöhung der Sätze für die Reisekostenvergütung um 20 Prozent in Aussicht genommen hat, daß er die Schulbeihilfen verbessern will und daß im öffentlichen Dienst ab 1. Januar 1969 die wöchentliche Höchstarbeitszeit von bisher 44 auf 43 Stunden herabgesetzt wird. Aber für die Beurteilung der allgemeinen beamtenpolitischen und besoldungspolitischen Lage geben solche Einzelregelungen nichts her. Insoweit müssen wir Entwicklungstendenzen bloßzulegen versuchen, die weniger an der Oberfläche liegen und sich nicht, wie etwa die Entwicklung unserer Einkommensverhältnisse oder unserer Freizeit, genau beziffern lassen, die aber insgesamt gesehen von weiterreichender berufspolitischer Bedeutung für uns alle sein dürften als bestimmte durch unsere Verbandsarbeit herausgeholten Einzelerfolge wie die soeben genannten.

Die Schwierigkeit, die Fakten einigermaßen genau zu bestimmen, aus denen sich ein Bild von der gegenwärtigen beamten- und besoldungspolitischen Lage formt, besteht nun vor allem darin, daß mit der zunehmenden Größe des öffentlichen Dienstes eine zunehmende Differenzierung des Ganzen einhergeht. Die Verhältnisse in den einzelnen Teilbereichen des öffentlichen Dienstes lassen sich nicht mehr über einen Kamm scheren. Was für den einen Teil gilt, stellt sich im anderen Teil in unterschiedlichem Licht dar. Jede Verwaltung hat ihre eigenen Probleme – in funktioneller genauso wie in personeller Beziehung. Kurzum, unseren Kollegen bei Bahn und Post brennen andere Fragen auf den Nägeln als denen vom Zoll oder von den Ministerien, den Kollegen aus der Kommunalverwaltung wiederum andere als den Steuerbeamten; von den Fragen, mit denen sich die technischen Beamten oder die Lehrer in je verschiedener Weise auseinanderzusetzen haben, ganz zu schweigen.

Ich will damit nur sagen: die sich an diesen wenigen Beispielen zeigende Auffächerung des öffentlichen Dienstes in die verschiedensten Fachrichtungen mit den verschiedenartigsten sachlichen und personellen Sonderproblemen zieht natürlich eine Fülle gegensätzlicher Aspekte und Interessen nach sich, wodurch der Versuch einer Schilderung der allgemeinen beamten- und besoldungspolitischen Lage nicht gerade erleichtert wird.

Bestimmte allgemeine Grundsätze, deren Befolgung möglicherweise das Auseinanderfallen des Ganzen in die einzelnen Teile hätte verhindern, jedenfalls aber diesen Vorgang stärker hätte bremsen können, sind leider vernachlässigt oder nicht rechtzeitig erkannt worden, vielleicht auch tatsächlich nicht mehr praktikabel.

Der langen Rede kurzer Sinn: wenn irgendwo, so erweist sich hier, daß ohne die organisatorische Klammer eines Gesamtzusammenschlusses der vielen einzelnen Zusammenschlüsse, die die Sonderinteressen der einzelnen Zweige des öffentlichen Dienstes vertreten, die Darstellung eines übergreifenden Gruppeninteresses der Angehörigen des öffentlichen Dienstes kaum noch möglich wäre. Das mag dem einen oder anderen so sehr gefährlich gar nicht erscheinen. Zu bedenken bleibt aber, daß bei einer realistischen Einschätzung der heutigen gesellschaftlichen und politischen Wirklichkeit Sonderinteressen von Teilgruppen einer größeren gesellschaftlichen Gruppe mit Erfolg und auf die Dauer nur zur Geltung gebracht und durchgesetzt werden können, wenn ein Ausgleich mit gegensätzlichen Sonderinteressen anderer Teilgruppen vorausgegangen ist, so daß das ursprüngliche Sonderinteresse nunmehr auch im allgemeinen Interesse der gesamten größeren Gruppe aufgehoben ist.

Man bezeichnet diesen Vorgang heute landläufig mit dem neudeutschen Wort »Integration«. Man kann dafür schlichter und ohne daß die Verständlichkeit dessen, was mit Integration ausgedrückt werden soll, darunter leidet, auch sagen: die Einbeziehung der Teile in das Ganze oder das Einswerden einer Vielheit, ohne daß dabei die Freiheit des einzelnen Teils verlorengeht.

Ich bin darauf hier kurz eingegangen, um Ihnen die wesentliche Aufgabe bewußt zu machen, die Ihrer Spitzenorganisation, dem DBB, gestellt ist. Sie besteht in nichts anderem, als jenen ständigen Prozeß zu steuern, in dem, bezogen auf die einzelnen Mitgliedsverbände des DBB, das Auseinanderstrebende sich doch zum Allgemeinen zusammenfindet und in dem die Vielfalt und Gegensätzlichkeit materieller Interessen schließlich doch in einem ideellen Gesamtbewußtsein mündet.

Trotz mancher kritischen Zuspitzungen hat sich der DBB, und das gilt auch für den alten DBB vor 1933, dessen 50. Gründungstag wir im Dezember dieses Jahres feiern wollen und an dessen Tradition wir bei der Wiederbegründung vor 20 Jahren angeknüpft haben – trotz mancher kritischen Zuspitzungen, wie gesagt, hat sich der DBB bislang seiner Aufgabe der »Integration« in dem von mir verdeutschten Sinn gewachsen gezeigt. Seine Bewährungsprobe hat er allerdings, so glaube ich jedenfalls, noch vor sich.

Lassen Sie mich meine Lagebeurteilung, die Sie nun immer im unmittelbaren Zusammenhang mit den soeben gemachten Ausführungen stehend aufnehmen wollen, mit dem besoldungspolitischen Teil beginnen.

Rückblickend betrachtet, befanden wir uns in der Besoldungspolitik in einer von Grund auf günstigeren Lage als unsere Vorgängerorganisation, der DBB vor 1933. Ihn zwang nämlich die ungleich ungünstigere, ja im Grunde mit der wirtschaftlichen Entwicklung der Bundesrepublik überhaupt nicht vergleichbare Wirtschaftslage zur Zeit der Weimarer Republik ständig nur zur besoldungspolitischen Defensive. Von einer einzigen Ausnahme abgesehen, und das war die Besoldungsreform 1927, auch sie aber nur ein Pyrrhussieg, ein Scheinsieg also, galt es damals ständig nur, erworbene Rechtspositionen gegen drohende Verschlechterungen zu verteidigen, und nicht einmal darin war gegen den Zwang der äußeren Umstände anzukommen.

Wir haben nun in den letzten 20 Jahren gewiß auch manchen harten Strauß in der Besoldungspolitik auszufechten gehabt. Vergessen wir aber über allen Fehlschlägen, die auch wir zuzeiten hinzunehmen gezwungen waren, nie, daß wir ständig in der Offensive waren. Das einzige Mal, wo es den Anschein hatte, wir sollten in die Defensive gedrängt werden, haben wir sofort mit einem so massiven »Sperrfeuer« reagiert, daß selbst ein Teil unserer eigenen Mitgliederschaft in Unkenntnis der Zusammenhänge unruhig geworden ist.

Wie richtig unsere Reaktion Anfang 1967 gewesen ist, haben die nachfolgenden Ereignisse bewiesen. Ich brauche darauf nicht noch einmal im einzelnen einzugehen. Mit der von uns geforderten Einbeziehung der Beamtenbesoldung in die mittelfristige Finanzplanung[1] ist ein Markstein gesetzt und zumindest zu einem wesentlichen Teil eine besoldungspolitische Grundsatzforderung des DBB verwirklicht worden, die Forderung nämlich, den Personalausgaben Vorrang vor sonstigen Staatsausgaben einzuräumen.

Ob die für die Verbesserung der Beamtenbesoldung eingeplanten Zuwachsraten ausreichend sind, darüber läßt sich natürlich streiten, und darüber werden wir auch streiten, wenn sich im Laufe des nächsten Jahres zeigen sollte, daß die allgemeine Einkommensentwicklung wesentlich günstiger verläuft, als bei der Aufstellung des Finanzplans vorausgeschätzt worden ist. Denn selbstverständlich haben wir unsere Forderung, den nach wie vor festzustellenden Besoldungsrückstand auszugleichen, nicht etwa aufgegeben.

Von solchen und ähnlichen Unstimmigkeiten abgesehen, sollten wir aber trotzdem gebührend würdigen, daß uns 1967 ein Durchbruch geglückt ist. Er ist um so höher zu bewerten, als wir ihn ganz auf uns allein gestellt erzielt haben. Wer sich noch entsinnt, mit welcher Perfidie uns damals der DGB in den Rücken gefallen und einzelnen Ministern in

1 Vgl. dazu S. 241 Anm. 10.

einen gewissen Körperteil gekrochen ist, um sein Wohlverhalten angesichts einer maßlos aufgebauschten Wirtschaftskrise zu demonstrieren und den DBB der »staatspolitischen Verantwortungslosigkeit« zu beschuldigen, um ein reichliches Vierteljahr später, als die Würfel längst gefallen waren, dann aber, wie man so schön sagt, die Forderung des DBB doch noch zu der seinigen zu machen – wer sich alles dessen noch entsinnt, müßte ein für allemal über die Brüchigkeit der Beamten- und Besoldungspolitik des DGB belehrt worden sein. Er kann nun einmal nicht der Umarmung durch die Tarifpolitik entfliehen und fühlt sich im übrigen darin wohl auch recht zufrieden.

Der ÖTV-Chef Kluncker hat erst noch vor wenigen Wochen in einem Interview mit dem »Münchner Merkur« unmißverständlich erklärt, von welchen Vorstellungen sich der DGB bei seiner sog. Beamtenpolitik leiten läßt.[2] Nach dem Verhältnis seiner Gewerkschaft zum DBB befragt, antwortete Kluncker: »Auch der Deutsche Beamtenbund ist eine Konkurrenzorganisation. Im Gegensatz zum Deutschen Beamtenbund, der als reine Beamtenorganisation auf die gesetzlich festgelegten Anhörungsrechte bei der Besoldungsgesetzgebung und beim Beamtenrecht beschränkt ist, kann die ÖTV als gemeinsame Organisation von Arbeitern, Angestellten und Beamten für die Arbeiter und Angestellten Tarifverträge abschließen, die dann für die Beamten übernommen werden.«

Die Großspurigkeit des Herrn Kluncker wird nur noch durch seine Ahnungslosigkeit übertroffen, kann man dazu bloß sagen. Wo wir heute in der Besoldungspolitik stünden, wenn wir uns in der vom DGB für zweckmäßig gehaltenen Weise ins Schlepptau der Tarifpolitik hätten nehmen lassen, möchte ich nicht wissen. Ich brauche nur daran zu erinnern, welchen Eiertanz der DGB vollführt hat, ehe er sich dazu entschlossen hat, die Forderung des DBB auf Anpassung der Beamtenbesoldung an die allgemeine Einkommenspolitik, um es wiederum stereotyp zu sagen, zu der seinigen zu machen.

Diese Formel, nach der wir seit mehr als zehn Jahren unsere Besoldungspolitik richten und mit der wir Besoldungsauseinandersetzungen in der Vergangenheit wiederholt zu unseren Gunsten bestanden

2 Vgl. Münchner Merkur. Nr. 161, 5. Juli 1968 (»Wir werden unbequem bleiben«).

haben, hat der DGB jahrelang erbittert bekämpft. Für ihn gab es überhaupt keinen näher zu bestimmenden Maßstab, an dem die Notwendigkeit von Besoldungsverbesserungen hätte gemessen werden können, weil, wie der Beamtenvertreter des DGB, Waldemar Reuter, zu wiederholten Malen in gemeinsamen Verhandlungen der Spitzenorganisationen mit der Bundesregierung im Brustton der Überzeugung geäußert hat, die Entscheidung über Besoldungserhöhungen »letztlich eine politische Entscheidung« sei.

O, heilige Einfalt! Damit hat der gute Mann im Grunde natürlich recht. Aber das schließt ja doch keineswegs aus, daß politische Entscheidungen über das Maß einer Besoldungserhöhung nicht einfach aus der Luft gegriffen, sondern bestimmte Richt- oder Vergleichszahlen zur Grundlage der Entscheidung gemacht werden.

Inzwischen kräht nach den besoldungspolitischen Weisheiten des DGB schon längst kein Hahn mehr. Denn die Entscheidung, mit der die Beamtenbesoldung in die mittelfristige Finanzplanung einbezogen worden ist, schließt in sich auch die Anerkennung der Tatsache, daß dabei vom Grundsatz der Anpassung an die allgemeine Einkommensentwicklung auszugehen ist.

Der Bundeskanzler, mit dem die Bundesleitung des DBB am 21. August ein Gespräch geführt hat, hat bei dieser Gelegenheit noch einmal ausdrücklich bekräftigt, die Bundesregierung werde bei ihrer Besoldungspolitik diesen Grundsatz zum Maßstab nehmen. Das hat insofern besonderes Gewicht, als das Bundesinnenministerium in dieser Frage bis dahin reichlich schwankend war und immer wieder versucht hat, das Prinzip der Anpassung an die allgemeine Einkommensentwicklung durch andere Formulierungen, wie z. B. »Anpassung an die allgemeine wirtschaftliche Entwicklung« oder »Anpassung an den Produktivitätszuwachs«, viel schwammigere Maßstäbe, wie man sieht, zu verwässern.

Nun gäbe es natürlich zur besoldungspolitischen Lage noch sehr viel mehr zu sagen. Wenn ich darüber hinweggehe, so vor allem deshalb, weil ich meine, daß Sie sich darüber auch aus der Oktober-Ausgabe der Bundeszeitschrift informieren können[3] – über die Beurteilung der

3 Vgl. Der Beamtenbund. 19. Jg., Nr. 10, Oktober 1968, S. 1 (»Weiterführung der Besoldungsneuregelung«).

neuesten Initiative der Bundesregierung, mit einem Zweiten Besoldungsneuregelungsgesetz den Wildwuchs im Besoldungsgefüge zu beschneiden, mit anderen Worten gesagt, die Auseinanderentwicklung der Beamtenbesoldung in Bund und Ländern zu beseitigen; über unsere Initiative, den zweiten Schritt in Richtung auf das 13. Monatsgehalt zu tun und das erste Drittel der Sonderzuwendung um ein zweites Drittel aufzustocken usw.

Das alles sind aber, wie gesagt, Fragen, über die Sie sich anderweitig unterrichten können. Ich möchte mir den Rest meiner Redezeit für einige mir noch besonders wichtig erscheinende Fragen beamtenpolitischer Natur nicht über Gebühr verkürzen. Was die besoldungspolitische Lage anbelangt, hoffe ich, Ihnen wenigstens die allerwichtigsten Punkte, von denen sie bestimmt wird, hinreichend nahegebracht zu haben. Ich gehe jetzt zu einer gedrängten Schilderung der beamtenpolitischen Lage über.

Sollten Sie sich darüber wundern, daß ich meine Ausführungen zur Besoldungspolitik vor die nun folgenden Darlegungen über die Beamtenpolitik gestellt habe, so bin selbstverständlich auch ich mir darüber im klaren, daß, abgesehen von der linearen Entwicklung der Besoldungshöhe, insbesondere das Besoldungsrecht sowie der Aufbau der Besoldung, das Besoldungssystem, die Ämterbewertung und dergleichen mehr bei richtiger Betrachtung mehr oder weniger nur eine Folge beamtenrechtlicher Regelungen und hier wiederum vor allem des Laufbahnrechts ist. Mir schien aber angezeigt zu sein, für unsere Zwecke hier die allgemeine Besoldungspolitik vorab zu behandeln, weil zahlreiche Unstimmigkeiten, auf die wir bei einer Prüfung der Besoldungsgerechtigkeit, d. h. der Frage nach dem Vorhandensein richtiger Relationen im inneren Besoldungsgefüge sowie in dessen Relationen nach draußen stoßen, eine unmittelbare Folge des Umstandes sind, daß die Grundlagen, auf denen unsere jetzige Ämterordnung beruht, in verschiedener Hinsicht brüchig geworden sind.

Das hat seine besonderen Gründe, von denen ich hier nicht alle anführen kann, aber wenigstens die wichtigsten hervorheben will. Da wir vor der Tatsache stehen, daß wir uns gerade in bezug auf das Ämterwesen in einer ausgesprochenen Übergangsphase, vor dem Beginn einer unausweichlich gewordenen Neuordnung sollte ich vielleicht besser sagen, befinden, werde ich mich freilich auf die Hervorhebung der Gründe beschränken müssen, ohne auch schon in Aussicht stehende Lösungen der in diesem Zusammenhang auftauchenden Probleme angeben zu können.

Es dürfte feststehen, daß fällige Reformen auf dem Gebiet des Laufbahnwesens an folgende Bedingungen geknüpft sind, nämlich an eine entsprechungsrichtige Ein- und Zuordnung
– von Personal und Funktion,
– von Personal und Organisation sowie schließlich
– von Personal und Arbeitsweise.

Wir alle wissen, daß in letzter Zeit gerade über diesen zunächst nur allgemein umschriebenen Fragenkomplex eine lebhafte öffentliche Diskussion entstanden ist, in die wir uns selbstverständlich eingeschaltet haben, zumal uns verbandsintern diese Dinge bereits seit langem beschäftigen.

Wenn ich jetzt das Stichwort »Verwaltungsreform« nenne, wird vielleicht schon etwas klarer, worum es sich konkret handelt. Einschränkend muß ich jedoch darauf hinweisen, daß hier nur eine ganz bestimmte Seite des vielschichtigen und vieldeutigen Begriffs »Verwaltungsreform« angesprochen wird, nämlich die innere Reorganisation der Verwaltung, bestehend aus einer Neuverteilung der Funktionen auf das Personal sowie aus einer Neuordnung der Verwaltungsverfahren und -methoden.

Ich kann hier nicht näher auf die vielfach kontroversen Fragen und Lösungsvorschläge eingehen, die in diesem Zusammenhang auftauchen. Ich muß mich darauf beschränken, nur zu solchen Fragen etwas ausführlicher Stellung zu nehmen, die das Personal der öffentlichen Verwaltung und damit auch uns am unmittelbarsten angehen.

Bei einer kritischen Würdigung der jetzigen Ämterordnung im öffentlichen Dienst und der Aufgabenverteilung im Verhältnis der einzelnen Laufbahngruppen zueinander, stellen wir eine ganze Reihe schwerwiegender Mängel fest. Ich deute sie hier nur an:
– im ganzen gesehen eine zu wenig flexible Regelung des Laufbahnrechts selbst;
– daraus folgend eine unzureichende Durchlässigkeit der Laufbahngruppenschranken;

- weitere Hemmnisse, die wie der soeben genannte Punkt der vollen Entfaltung des Leistungsgrundsatzes im Wege stehen;
- ungenügende Anpassung der Bildungsvoraussetzungen an die Anforderungen, die die Zeit an eine moderne Verwaltung stellt;
- keine entsprechungsrichtige Zuordnung von Personal und Funktion, so daß vielfach Funktionen von Inhabern höher bewerteter Ämter wahrgenommen werden, ohne daß dem der Funktionswert des einzelnen Amtes entspräche, was umgekehrt genauso zutrifft, daß nämlich Inhaber geringer bewerteter Ämter mit der Wahrnehmung höherwertiger Funktionen betraut sind;
- eine gewisse Rückständigkeit in der Arbeitsweise der öffentlichen Verwaltung, wobei nicht etwa nur an eine angeblich unzureichende, in Wirklichkeit aber durchaus zufriedenstellende Automation, sondern mehr noch an eine Vereinfachung der Gesetzgebung, an eine Straffung der Verwaltungsverfahren und an die Einführung neuer Verwaltungsmethoden zu denken ist.

Das ist bereits ein ganz ansehnlicher Katalog lösungsbedürftiger Fragen, und wer ihn nun wie wir vor sich hat und das Ziel verfolgt, ihn in den Griff zu bekommen und praktikable Reformvorschläge zu machen, steht alsbald vor einer Fülle von Schwierigkeiten.

Eine dieser Schwierigkeiten habe ich schon am Anfang meines Vortrages gestreift: ein für alle Zweige des öffentlichen Dienstes in gleicher Weise gültiges Reformmodell läßt sich bei der äußersten Differenziertheit der Verhältnisse schwerlich entwerfen. Eine weitere Schwierigkeit ergibt sich daraus, daß sich auf dem komplexen Gebiet der Bildungsreform zwar bestimmte Pläne etwas deutlicher abzuzeichnen beginnen, sich im übrigen aber das meiste, was in dieser Hinsicht eine Rolle spielt, noch im vollen Fluß befindet.

Abgesehen von allem anderen, was heute fragwürdig im Sinne von des Fragens würdig geworden ist, angefangen beim dienstrechtlichen Dualismus im Verhältnis Beamte – Angestellte, weiterführend zur Frage nach der Zweckmäßigkeit des Festhaltens am herkömmlichen Laufbahngruppensystem und endend bei der Frage nach Mitteln und Wegen, den Leistungsgrundsatz stärker als bisher zur Geltung zu bringen – abgesehen von diesen allgemeineren Fragen, wird man vorerst einmal nach einem bestimmten Fixpunkt suchen müssen, um überhaupt an den

Entwurf eines Reformmodells herangehen zu können, der nicht von vornherein bloß auf unbestimmten Annahmen beruht.

In dieser Hinsicht ist nun in jüngster Zeit ein Plan aufgetaucht, der mit dem Stichwort »Akademiereife«, besser gesagt »Fachhochschulreife«, gekennzeichnet werden kann.

Bevor ich diesen Plan erläutere, möchte ich mit einigen kurzen allgemeinen Bemerkungen das Kernproblem einer Neuordnung des Laufbahnwesens herausstellen. Bei unseren über eine lange Zeit hinweg angestellten eingehenden Untersuchungen und Überlegungen, wie man den offen zutage liegenden Mängeln in unserem Laufbahnwesen beikommen könne, sind wir immer wieder zu dem Ergebnis gekommen, daß eine Reform beim jetzigen gehobenen Dienst ansetzen muß. Er hat nicht nur im Gefüge der öffentlichen Verwaltung eine Schlüsselstellung, er steht auch im Laufbahnsystem herkömmlicher Prägung an einer Nahtstelle, die, wenn sie richtig erkannt ist, den entscheidenden Ansatzpunkt für Reformvorstellungen bildet.

Es ist weithin unbestritten, daß das jetzige Verhältnis zwischen gehobenem und höherem Dienst nicht mehr stimmt. Trotz formalrechtlich allgemein offener Aufstiegsmöglichkeiten funktioniert in der Praxis der Aufstieg in weiten Bereichen der öffentlichen Verwaltung so gut wie überhaupt nicht. Dagegen gibt es auch kaum erfolgversprechende Abhilfen, weil die Praktizierung des Aufstiegs, wie sich an der jetzigen rechtlichen Regelung der Aufstiegsfrage zeigt, kein Rechtsproblem ist, ihr vielmehr eine ganz bestimmte innere Einstellung der Angehörigen des höheren Dienstes entgegensteht, die darauf hinausläuft, den Kreis der Aufstiegsbeamten so klein wie möglich zu halten.

Schon seit längerem hat sich aber auch die Erkenntnis herausgebildet, daß die heutigen Vor- und Ausbildungserfordernisse für den gehobenen Dienst vielfach nicht mehr den ständig wachsenden Anforderungen an das Wissen und die Verantwortung genügen, denen im Zuge des Strukturwandels und des Aufgabenzuwachses der öffentlichen Verwaltung Beamten dieser Stellung gerecht zu werden haben. In dieser Hinsicht würde sich nun mit der Einführung der bereits erwähnten Fachhochschulreife eine Möglichkeit eröffnen, den seit langem fälligen Durchbruch zu erzielen und zugleich festeren Grund für die Neuordnung des gesamten Ämterwesens im öffentlichen Dienst zu legen.

Was hat man sich nun konkret unter der Fachhochschulreife und den sich daran knüpfenden Reformgedanken vorzustellen? Die Entstehung des zunächst unter der Bezeichnung »Akademiereife« bekanntgewordenen neuen Bildungskonzepts lasse ich außer Betracht, weil den Zusammenhang mit der Bildungsreform im einzelnen zu schildern zu weit führen würde. Ich stelle das Konzept jetzt bloß einmal ganz roh vor Sie hin, spare also Einzelfragen aus, über die man verschiedener Meinung sein kann und auch noch ist.

Nach unseren jetzigen Vorstellungen, die noch der Zustimmung der zuständigen Beschlußgremien des DBB bedürfen, sieht das Reformmodell wie folgt aus: Die Fachhochschulreife wird grundsätzlich mit dem erfolgreichen Besuch der Unterprima, d. h. nach dem zwölfjährigen Besuch allgemeinbildender Schulen, erworben. Sie berechtigt zum Studium an neu zu errichtenden Fachhochschulen, die dem universitären Bereich zuzuordnen sind. Das Bestehen der Fachhochschulprüfung berechtigt zum unmittelbaren Eintritt in den Vorbereitungsdienst eines gehobenen Dienstes neuer Art (daß die bisherigen Laufbahngruppenbezeichnungen dann nicht mehr stimmen würden, bemerke ich nur am Rande).

Ich möchte vor der Erörterung weiterer Einzelheiten gleich hier ausdrücklich betonen, daß wir den Erwerb der Fachhochschulreife nach zwölfjährigem Schulbesuch mit anschließendem dreijährigen Fachhochschulstudium, als künftige neue Eingangsvoraussetzung für den gehobenen Dienst, im Vergleich zur Abiturforderung, soweit sie in einzelnen Verwaltungen die Regel ist, für ein Mehr und nicht für ein Weniger halten. Wir stellen uns dabei auch vor, daß mit einer so geordneten Vorbildung gleichzeitig noch einem allgemeinen gesellschaftspolitischen Bedürfnis entsprochen werden könnte, nämlich einer gemeinschaftlichen Vorbildung des gesamten Nachwuchses für gehobene Positionen sowohl der öffentlichen als auch der privaten Verwaltung, der Heranbildung einer breiten Schicht des mittleren Managements, auf die der öffentliche Dienst in gleicher Weise zurückgreifen kann wie die private Wirtschaft.

Dadurch würde dann auch möglich, was schon lange im Gespräch ist: eine stärkere Fluktuation zwischen öffentlicher Verwaltung und privater Wirtschaft, einem Erfordernis, das sich bei der engen Verflechtung von Staat und Wirtschaft in einer hochindustrialisierten Gesellschaft sicherlich nicht von der Hand weisen läßt. Daß das natürlich auch Folgewirkungen in Gestalt einer Neuregelung einzelner beamtenrechtlicher Vorschriften haben würde, läßt sich denken. Hier müßte unter Wahrung bestimmter unverzichtbarer Positionen des Berufsbeamtentums alles sorgfältig abgewogen werden. Unüberwindliche Hindernisse dürften der Verwirklichung der geschilderten Reformkonzeption jedoch auch in dieser Hinsicht nicht entgegenstehen.

Im Regelfall würde sich an das abgeschlossene Studium an einer Fachhochschule, die für den nichttechnischen Bereich die Bezeichnung »Verwaltungs-, Finanz- und Wirtschaftshochschule« bekäme, die eigentliche Berufswahl des Fachhochschulabsolventen anschließen. Entscheidet er sich für den öffentlichen Dienst, würde er einen Vorbereitungsdienst von 1½ Jahren abzuleisten haben. Vor- und Ausbildung zusammen würden dann insgesamt 16½ Jahre erfordern: 12 Jahre allgemeinbildende Schulen, 3 Jahre Fachhochschulstudium und 1½ Jahre Ausbildung.

Der geschilderte Bildungsweg soll auch Realschülern und Abiturienten offenstehen. Die kürzere Schulzeit der Realschüler könnte durch ein zweijähriges Praktikum mit weiterführender theoretischer Bildung, die längere Schulzeit des Abiturienten durch eine Kürzung des Fachhochschulstudiums um 1 Jahr ausgeglichen werden. Vorsorge wäre auch dafür zu treffen, daß der Übergang von der Fachhochschule zum Studium an einer Universität offensteht.

So weit und nur in groben Umrissen geschildert ein Teilausschnitt, für meine Begriffe jedoch der wichtigste, aus einer Reformkonzeption für das Laufbahnwesen. Es bedarf sicher keiner allzu großen Phantasie, um zu erkennen, daß bei einer Verwirklichung des Fachhochschulplans sich Rückwirkungen auf den jetzigen höheren und mittleren Dienst sozusagen automatisch ergeben würden. Diese jetzt schon in allen Einzelheiten vorzutragen, wäre aber verfrüht, ganz abgesehen davon, daß ich meine Redezeit wohl schon überschritten habe.

Ich komme damit zum Schluß. Mehr als einen äußerst gedrängten und infolgedessen unvollständigen Einblick in die uns beschäftigenden beamten- und besoldungspolitischen Fragen konnte ich Ihnen in der Kürze der Zeit leider nicht geben. Ich hoffe aber trotzdem, wenigstens das eine deutlich gemacht zu haben, daß der DBB mit allen Kräften danach trachtet, mit den gesellschafts- und berufspolitischen Erfordernissen unserer Zeit Schritt zu halten.

5. Mai 1969

Grußwort

Grußwort zum Sechsten Bundesjugendtag der Deutschen Beamten-Jugend in Bad Godesberg

Quelle: DBB-Archiv, Abt. Bulei 15000–10 (maschinenschriftlich mit handschriftlichen Zusätzen A. Krauses)

Als ich Ihnen auf Ihrem letzten Bundesjugendtag vor nahezu drei Jahren die Grüße des Deutschen Beamtenbundes überbrachte, da war die Welt – jedenfalls in unseren engen bundesrepublikanischen Grenzen – äußerlich noch in Ordnung. Es gab noch keine Proteste, es gab keine revolutionierend neuen Ideen, und es gab kaum Zweifel an dem Wert dessen, was man in jahrelanger Arbeit seit dem Ende der tausend Jahre aufgebaut hatte. Heute aber – so stand es kürzlich in einer kritischen Zeitanalyse geschrieben – vollzieht sich vor unser aller Augen eine Entwicklung, in der sich die heranwachsenden Enkel nicht, wie es üblich war, mit den Großvätern gegen die Väter verbünden, sondern sich mühen, Jugendsünden der Großväter auf ihre eigene Weise zu wiederholen. Das sei – so hieß es dann weiter – eine Feststellung, die die revoltierende Jugend vielleicht als ungerecht empfinde, da sie wie jede Jugend denke, mit ihr beginne ein neues Leben am Nullpunkt. Die alte deutsche Neigung, von der berauschenden, allumfassenden Idee zu träumen, die eine neue Welt gebären solle, breche wieder durch.

Ich glaube, meine Kollegen, es wäre zu einfach, wenn man die heutige, unruhig gewordene Jugend so sehen wollte. Gewiß, Kommunen, Räte innerhalb der Studentenvertretungen, Schlagworte, Plakate und Demonstrationen deuten darauf hin, daß die Jugend ein neues Leben am Nullpunkt beginnen möchte, daß sie da beginnen möchte, wo es noch möglich ist, einen Weg einzuschlagen, an dessen Ende sich das Tor zu einer »herrlichen« Welt auftut. Aber der überwiegende Teil unserer Jugend gibt sich nach meiner Meinung diesen Illusionen kaum hin. Die Neigung zum Weltverbesserer scheint vielmehr einer Neigung gewichen, aus ganz konkreten Anlässen heraus mitzuarbeiten an einer Veränderung der Verhältnisse, die nicht nur von jungen, sondern auch von älteren Menschen als durchaus verbesserungsnotwendig erkannt werden.

Ich glaube, daß heute kein ernst zu nehmender Mitbürger mehr bezweifelt, daß wir alle uns allzu lange keinem anderen Interesse als dem der Vermehrung unseres eigenen wirtschaftlichen Potentials zugewandt hatten. Man sonnte sich wohlgefällig in der kräftig strahlenden Sonne des Wirtschaftswunders und vernachlässigte geflissentlich jedes geistige Interesse. Es war der Jugend vorbehalten, uns allen den Spiegel vorzuhalten und uns deutlich auf Mißstände hinzuweisen. Und das geschah nicht – wie es jetzt so oft den Anschein hat – in der Form des lautstarken Protestes, in der Form von Krawall und Klamauk, in der Form der Aktion der Aktion wegen; es geschah vielmehr in der Absicht und mit dem festen Willen, durch eigene Vorstellungen und eigenes Mitarbeiten zur Beseitigung der Mißstände beizutragen. Als aber nicht alles gleich geändert wurde, als nicht alles gleich so eingerichtet wurde, wie die Jugend es sich vorgestellt hatte und die Verantwortlichen in unserem Staat in vielen Fällen unverständlich lange zögerten, Reformen dort anzusetzen, wo man ihrer dringend bedurfte, da machte sich Ungeduld breit, da kam es zu Ausschreitungen und Zerstörungen, die viele wiederum dazu verleiten, vom Inhalt des Protestes abzulenken, indem man vor seinen Formen warnt.

So sehr es nun falsch wäre, vor der sachlich notwendigen Auseinandersetzung durch die Kritik an der Form auszuweichen, so wichtig ist es sicher auch für unsere demokratische Entwicklung, zu erkennen, daß noch so krasse Mißstände nicht die Anwendung von Gewalt als einzigem Mittel der politischen Auseinandersetzung rechtfertigen. Was aber die Öffentlichkeit bei ihrer Polemik dagegen versäumt, ist dies: der Hinweis auf die, die konstruktiv mitarbeiten an der Verbesserung der Verhältnisse, die mit eigenen Ideen versuchen, eine Gesellschaft zum Wohle aller zu reformieren, eine Gesellschaft, die sich allzu lange mit dem Erreichten zufriedengegeben hat. Zu diesen konstruktiv mitarbeitenden Gruppen unserer Jugend darf der Deutsche Beamtenbund mit einigem Stolz seine Beamtenbundjugend zählen, darf er die zählen, die seit vielen Jahren bereits mit eigenen Beiträgen, mit eigenen Vorstellungen und mit eigenen Ideen mithelfen an der Umgestaltung und Neugestaltung unserer Gesellschaft. Dieses Bemühen kommt immer wieder in zahlreichen Vorschlägen an die verantwortlichen Politiker, in vielen Publikationen und in so manchen Gesprächen mit führenden Politikern zum Ausdruck. Beispielhaft darf ich in diesem Zusammenhang das Gespräch der DBB-Jugend mit Ihnen, sehr verehrte Frau Bundesministerin [Brauksiepe], erwähnen.

Auch dieser Sechste Bundesjugendtag setzt seine Bemühungen in der eben aufgezeigten Richtung fort. Auch er beschäftigt sich wieder mit aktuellen staats- und berufspolitischen Fragen, die er – so glaube ich auf Grund meiner bisherigen Erfahrungen annehmen zu können – mit Sicherheit nicht im Raum stehen lassen wird, zu denen er vielmehr eine eigene Stellung beziehen wird.

Wie sehr sich die Beschäftigung mit allgemeinen gesellschaftspolitischen Fragen in allen Reihen und auf allen Ebenen der Deutschen Beamtenbund-Jugend vollzieht, das kommt eindeutig in den an den Sechsten Bundesjugendtag gestellten Anträgen zum Ausdruck. Lassen Sie mich das an einigen wenigen Beispielen belegen: da wird eine verstärkte Stellungnahme zu gesellschaftspolitischen Ereignissen gefordert; da wird Stellung bezogen zur Frage der Herabsetzung des Wahlalters, zur Vorbeugungshaft, zum Bildungswesen usw. Das alles zeigt, mit welchem Eifer man sich um die Auseinandersetzung mit der Gegenwart und um die Mitgestaltung der Zukunft bemüht.

Diese Zukunft, meine jungen Kollegen, wird wesentlich von Ihnen mitgeprägt werden. Sie muß von Ihnen schon deshalb mitgeprägt werden, weil Sie es sind, die immer mehr hineinwachsen in verantwortliche Stellen, die immer mehr hineinwachsen in eine Gesellschaft, deren Bild in wenigen Jahren schon überwiegend von Ihnen gestaltet wird.

Es ist selbstverständlich, daß Ihre Mitarbeit zunächst in dem Kreis Gestalt annimmt, dem Sie sich angeschlossen haben, in dem Kreis Ihrer Deutschen Beamtenbund-Jugend also. Ebenso selbstverständlich aber ist, daß sich diese Ihre Mitarbeit auch innerhalb des Deutschen Beamtenbundes, dem Sie angehören, auswirken muß. Diesem Erfordernis haben wir bisher schon Rechnung getragen, indem nämlich Ihrem Vorsitzenden in den mehrmals jährlich tagenden Beschlußgremien des Deutschen Beamtenbundes Sitz und Stimme zusteht. Sie haben also die Möglichkeit, direkten Einfluß auf unsere Entscheidungen zu nehmen. Sie haben – was noch wichtiger ist – auch die Möglichkeit, Entscheidungen auf Ihre Anregungen hin auszulösen. Daß diese Möglichkeiten nicht nur satzungsmäßig gegeben sind, daß sie von Ihnen vielmehr genutzt werden, dafür gibt es eine Reihe von Beispielen. Ich darf hier nur an die Stellungnahme des Deutschen Beamtenbundes zu links- und rechtsgerichteten Parteien in der Bundesrepublik erinnern.[1] Und ich darf auch erinnern an den Beschluß unses Bundesvorstandes, Ihre Arbeit dadurch zu fördern, daß wir die Errichtung der »Bildungsstätte der Deutschen Beamtenbund-Jugend« möglich machten.[2]

Nun ist es in allen Bereichen unseres Lebens so, daß man – insbesondere wenn man jung ist – mit dem Erreichten nicht zufrieden ist, daß man glaubt, das Absolute noch nicht erreicht zu haben. So ist es selbstverständlich auch im Verhältnis der Deutschen Beamtenbund-Jugend zu ihrer Spitzenorganisation. Da ich insoweit nun aber nicht den Beratungen vorgreifen will, möchte ich mir weitere Ausführungen zu dieser Frage ersparen. Eines aber lassen Sie mich in diesem Zusammenhang anführen: wir werden sorgfältig prüfen, inwieweit das Mitspracherecht unserer jungen Kollegen innerhalb unserer Organisation verbessert werden kann, inwieweit diesen jungen Kollegen mehr Einfluß auf Entscheidungen allgemeiner Art und inwieweit ihnen mehr Einfluß auf gerade sie betreffende Entscheidungen eingeräumt werden kann. Diese Prüfung können Sie selbst dadurch erleichtern, daß Sie uns konkrete Vorschläge machen, konkrete Vorschläge allerdings, die nicht Privilegiencharakter haben dürfen, sondern die den Nutzen für die Gesamtorganisation im Auge haben und erkennbar machen.

1 In einer einstimmig angenommenen Entschließung lehnte der Bundesvorstand des DBB alle Kontakte zu radikalen staatsgefährdenden Gruppen ab und mißbilligte die Mitgliedschaft in deren Organisationen. Vgl. Niederschrift über die Sitzung des Bundesvorstands des DBB am 31. Oktober 1968 in Hamburg, S. 14ff., in: DBB-Archiv, Abt. Bulei, Bundesvorstand-Niederschriften.

2 Vgl. dazu Niederschrift über die Sitzung des Bundesvorstands des DBB am 8. und 9. Dezember 1967 in Bad Godesberg, S. 25f., in: DBB-Archiv, Abt. Bulei, Bundesvorstand-Niederschriften.

Lassen Sie mich zum Schluß – wieder in bezug auf die Ihrem Jugendtag vorliegenden Anträge – noch kurz einige Schwerpunkte unserer Arbeit erwähnen, aus denen Sie ersehen mögen, wie sehr sich der Deutsche Beamtenbund um die Lösung der Zukunftsaufgaben des öffentlichen Dienstes gerade auch im Interesse seiner jungen Mitglieder müht: wir haben bereits vor längerer Zeit ein umfassendes Konzept für eine völlige Neugestaltung des Vor- und Ausbildungssystems erarbeitet, das nicht nur das Bild des gehobenen Dienstes, sondern auch das des mittleren und höheren Dienstes entscheidend prägen wird. Darüber hinaus bemühen wir uns ständig um eine zeitgemäße Fortbildung der Beamten, um die Beseitigung der vor allem für die jungen Kollegen hinderlichen und dem Leistungsprinzip entgegenstehenden Schranken des Laufbahnrechts sowie um eine Verstärkung des gesellschaftspolitischen Interesses der Beamtenschaft. Unsere Vorschläge zum Personalvertretungsgesetz sehen im übrigen in besonderem Maße eine Verstärkung des Mitspracherechts der Jugendvertretung vor. Das alles wird im Laufe der Arbeitstagung sicher noch diskutiert und also im einzelnen erörtert werden. Ich brauche darauf jetzt wohl nicht einzugehen.

Zum Schluß meiner Begrüßungsworte bleibt mir nur noch, Ihrem Sechsten Bundesjugendtag im Namen des DBB und seiner Mitgliedsverbände einen erfolgreichen Verlauf zu wünschen und diesen Wunsch mit dem weiteren zu verbinden, daß sich die Zusammenarbeit mit dem DBB weiterhin im Interesse unserer gemeinsamen Ziele festigen möge. Daß unsere Ziele eine gemeinsame Grundlage haben müssen, beruht auf einer weisen Erkenntnis des Vorsitzenden Mao, dem wir uns insoweit, aber auch nur insoweit, anschließen: »Die Welt ist Euer, so gut wie unser. Aber genau gesehen ist sie Euer.«

8. Juni 1969

Ansprache

Ansprache vor dem Gesamtvorstand des Verbandes der Bundesbankbeamten im DBB (VdB) in Hann. Münden

Quelle: DBB-Archiv, Abt. Bulei 15000–10 (maschinenschriftlich mit handschriftlichen Zusätzen A. Krauses)

Die gegenwärtige beamtenpolitische Situation zu beleuchten, war wohl zu keinen Zeiten interessanter als heute. In den Jahren und Jahrzehnten nämlich, als das Berufsbeamtentum seinen sicheren Platz in unserer Gesellschaftsordnung hatte, als der Beamte schlichtweg als Respektsperson galt, verkörpert durch den allmächtigen Beamten hinter seinem Postschalter, durch den Beamten einer Gemeinde, dem der Bürger kaum seine Wünsche vorzutragen wagte oder gar verkörpert durch den in jeder Weise gewichtigen Polizeibeamten, dessen Schnurrbartenden nur bedrohlich zu zittern brauchten, um ein ganzes Volk zu Ruhe und Ordnung anzuhalten, in diesen Jahren war der Beamte keinen ständigen Anfeindungen ausgesetzt. Wo aber Anfeindungen ausbleiben, wo Kritik von außen und daher erst recht von innen fehlt, da hält man treulich fest an dem, was zur Gewohnheit geworden ist. Und so war es bis weit in unsere Zeit. Man nahm hin, was als unumstößlich galt, und man unterließ geflissentlich alles, was auch nur annähernd vom Schein der Unruhe beleuchtet sein konnte. In jenen Zeiten zur beamtenpolitischen Situation Stellung zu beziehen, sie zu erläutern, sie verständlich zu machen, war – daran dürfte kaum ein Zweifel bestehen – recht eintönig, konnte man sich doch tatsächlich nur darauf beschränken, immer wieder ein Loblied auf den braven Beamten, den treuen Diener des Staates, zu singen.

Heute aber ist die Situation eine ganz andere. Heute steht der Beamte, steht das Berufsbeamtentum als solches im Mittelpunkt von Auseinandersetzungen, wie sie bisher unbekannt waren und wie sie auch u.a. im Jahre 1919 unbekannt waren, als die deutsche Beamtenschaft in mehreren Demonstrationen eine ausreichende Bezahlung auch ihrer Arbeit forderte. Heute kommt das »Infragestellen« nicht nur von außen. Es kommt auch von innen her, von den Beamten selbst und von den Verbänden. Sich mit all diesen, von den verschiedensten Seiten vorgebrachten Kritiken auseinanderzusetzen, sie auf ihre Begründetheit zu prüfen, sie – soweit sie für uns alle, d.h. für die Allgemeinheit förderlich sind – zum Anlaß von Überlegungen in Richtung auf eine Besserung der bestehenden Verhältnisse zu nehmen, das ist es, was ich am Anfang als interessant bezeichnete, wenn man sich mit der gegenwärtigen beamtenpolitischen Situation beschäftigt.

Wenn man versucht – und das möchte ich nun tun – den gegenwärtigen Standort des Berufsbeamtentums zu fixieren, dann wird man zunächst an eine bekannte Werbeformel erinnert, die da lautet: ». . . und fährt und fährt und fährt.« Diese Wiederholung steigert die Überzeugung von der Notwendigkeit einer Anschaffung des angepriesenen Artikels so sehr, daß man schließlich glaubt, gar nicht mehr anders handeln zu können. Und so lautet im übertragenen Sinne dann – bezogen auf das Berufsbeamtentum – die Formel: . . . und muß abgeschafft werden, abgeschafft werden, abgeschafft werden. Die ständige Wiederholung, das ständige Einhämmern dieser Formel, führt schließlich dazu, daß man die Überzeugung gewinnt, was ständig wiederholt werde, sei richtig; man plädiert schließlich selbst für eine Abschaffung und ist überrascht, wenn einem die Frage vorgelegt wird, was denn nun eigentlich an die Stelle dessen treten soll, was abgeschafft wird.

Diese Situation ist nun nicht einseitig nur auf das Berufsbeamtentum beschränkt. Sie ist überall dort zu beobachten, wo man mit dem Bestehenden nicht mehr einverstanden ist – und das, meine Damen und Herren, ist schließlich in jedem, noch so kleinen und unbedeutenden Bereich unseres Lebens der Fall. Ich darf an dieser Stelle einmal die Worte des neuen rheinland-pfälzischen Ministerpräsidenten Dr. Kohl wiederholen, die dieser – einen Tag nach seinem Amtsantritt – anläßlich seines Besuches beim Bundeshauptvorstand des Deutschen Beamtenbundes gesagt hat, als er über einen Teil unserer Jugend – nämlich den radikalen Teil – sprach[1]: »Der radikale Teil unserer Jugend, das ist der Teil, der schon fast gewerbsmäßig den Umsturz betreibt, ohne uns sagen zu können, wie dieser Staat aussehen soll, wenn er erst einmal gestürzt ist.«

Diese Worte eines Mannes, den man gewiß nicht »verdächtigen« kann, zu den Traditionalisten zu gehören, kennzeichnen meiner Meinung nach sehr treffend die gegenwärtige Situation. Alles Bestehende ist anrüchig, alles Überkommene verdächtig, alles zweifelhaft, was mehr als fünf Jahre zu einer festgefügten Einrichtung des öffentlichen Lebens geworden ist. Daher muß alles umgestürzt, muß alles ersetzt werden. Wie der Ersatz aussehen wird, kann man sich in etwa vorstellen, wenn man sich die Institutionen derer ansieht, die den Umsturz propagieren.

Wenn man sich heute also mehr als je zuvor mit der gegenwärtigen Situation des Berufsbeamtentums befaßt und Mängel feststellt, dann ist die Frage nach der Abschaffung dieses Berufsstandes unbedingt mit der Frage zu verknüpfen, was denn nun an die Stelle dieses Berufsbeamtentums treten soll; denn Abschaffung kann immer nur da sinnvoll sein, wo ein Ersatz möglich ist, und zwar ein Ersatz, der erkannte – oder vielfach auch nur behauptete – Mißstände beseitigt.

Viele von denen, die das Berufsbeamtentum abschaffen wollen, werden von bestimmten Klischeevorstellungen geleitet, die mit dem Bild des Beamten und mit den sog. hergebrachten Grundsätzen untrennbar verbunden sind. Vielleicht wäre vieles schon erheblich leichter zu diskutieren, wenn heute an die Stelle der Berufsbezeichnung »Beamter« eine andere Berufsbezeichnung treten würde und wenn der Schöpfer des Grundgesetzes statt des Begriffes »hergebrachte Grundsätze« – oft auch zur besonderen Betonung als althergebrachte Grundsätze bezeichnet – einen anderen Begriff gefunden hätte.

Nun sind gewiß auch viele der Kritiker einfach von ihrer Sachkenntnis her kaum berufen, ein gültiges Urteil über die gegenwärtige Situation des Berufsbeamtentums abzugeben. Sie sind – und lassen Sie mich hier einmal einen Begriff verwenden, der von einem Wiener Gericht jetzt tref-

1 Vgl. Beilage zur Niederschrift über die Sitzung des Bundeshauptvorstandes des DBB am 20. und 21. Mai 1969 in Bad Kreuznach, in: DBB-Archiv, Abt. Bulei, Bundeshauptvorstand-Niederschriften.

fend definiert wurde – sie sind schlichtweg als Banausen zu bezeichnen. »Ein Banause – so das Wiener Gericht – ist ein Mensch, der mit dem Anspruch auf Richtigkeit ein allgemein gültiges Urteil äußert, obwohl er nicht die dafür notwendigen Vorkenntnisse besitzt. Ein Banause ist also jemand, der über eine Sache urteilt, ohne von ihr etwas zu verstehen.«

Sicher aber gibt es ebenso auch eine Vielzahl durchaus ernst zu nehmender Kritiker, die für eine Abschaffung des Berufsbeamtentums eintreten. Und mit ihnen muß man sich auseinandersetzen, muß ihre Argumente prüfen und sich ernstlich fragen, was tatsächlich stichhaltig ist.

Die erste Frage aber muß lauten: Würde eine öffentliche Verwaltung ohne ein Berufsbeamtentum, das selbstverständlich nicht mit Hergebrachtem behaftet bleiben soll, sondern zeitgemäß fortzuentwickeln wäre, der Gesamtgesellschaft bessere Dienste leisten, als eine Verwaltung, die sich auf einen Personalkörper zu stützen vermag, dessen Dienst ausschließlich am Wohl der Allgemeinheit ausgerichtet ist? Nur wenn diese Frage zu bejahen wäre, nur dann hätte man begründeten Anlaß, das Berufsbeamtentum tatsächlich abzuschaffen. Sicherlich kann man das Ende des Berufsbeamtentums nicht so dramatisch sehen wie es in diesen Tagen eine große Illustrierte getan hat, als sie schrieb: »Ohne die 1,3 Millionen Beamten würde unser Staat schnell im Chaos untergehen.«

Wenn man nun den bekannt übersteigerten Illustriertenstil versachlicht, dann kann man folgendes feststellen: der Allgemeinheit ist am besten gedient, wenn ihre unterschiedlichsten Interessen von unabhängigen, neutralen, objektiven Sachwaltern wahrgenommen werden; denn eine moderne, so oft als Industriegesellschaft bezeichnete Gesellschaft kann nur dann gedeihlich miteinander leben, wenn die Mittel, derer sie zu ihrem Leben bedarf, soweit wie nur irgend möglich nach objektiven Maßstäben den unterschiedlichen Bedürfnissen entsprechend verwaltet und im Rahmen der immer weiter um sich greifenden Daseinsvorsorge auf den einzelnen verteilt werden. Weitgehend objektiv kann aber nur der sein, der seine Entscheidung fällen kann, ohne ängstlich auf die Interessen dritter Personen oder Personengruppen Bedacht nehmen zu müssen. Der entscheiden kann, ohne befürchten zu müssen, daß ihn diese Entscheidung seinen Arbeitsplatz kosten kann, und der sicher ist, wegen der von ihm getroffenen Entscheidung nicht aus sachfremden Erwägungen zur Rechenschaft gezogen zu werden.

Ich glaube, meine Damen und Herren, diese Umstände sprechen sehr deutlich für eine grundsätzliche Beibehaltung des Berufsbeamtentums, weil sie einfach ausschließen, daß ein anderer Berufsstand ähnlich wirksam die Interessen aller wahrnehmen kann. Damit ist aber auch zugleich gesagt, daß das Berufsbeamtentum nicht um seiner selbst willen aufrechterhalten bleiben muß, etwa um der Erhaltung sog. Privilegien willen. Das Berufsbeamtentum muß einfach um der Allgemeinheit willen aufrechterhalten bleiben, um jedes einzelnen willen also, um des Angestellten, des Arbeiters und auch um des einzelnen Beamten als eines Gliedes dieser Allgemeinheit willen.

Wenn also alles für die Beibehaltung eines Berufsbeamtentums spricht, so besagt das selbstverständlich noch gar nichts darüber, ob das Berufsbeamtentum in seiner gegenwärtigen Struktur aufrechterhalten bleiben muß. Der überwiegende Teil der Kritiker plädiert denn auch nicht gegen das Berufsbeamtentum als solches, sondern gegen das, wie es heute besteht. Vieles Kritische wird seine Ursache weniger in der Erkenntnis haben, daß das Berufsbeamtentum in unser aller Interesse umzugestalten sei. Vieles hat seine Ursache einfach in dem Gefühl, von überall her vom Beamten und seinen Entscheidungen »erdrückt« zu werden. Dieses »beklemmende« Gefühl fand einen sehr einprägsamen Ausdruck in dem bereits erwähnten Artikel einer Illustrierten, wo es hieß: »Die Beamten sind allgegenwärtig. Es gibt kein Entkommen. Sie kassieren Zoll und Steuern, stempeln unsere Briefe und Ausweise, knipsen unsere Fahrkarten, registrieren unsere Geburt und unseren Tod, impfen uns gegen Pocken, schützen den deutschen Wald und schreiben vor, welche Neigung unser Dachstuhl haben darf.«

Nun möchte ich an dieser Stelle nicht nachprüfen, wie oft jemand in seinem Leben einen Dachstuhl baut oder wie oft ein Spaziergänger einem Beamten begegnet, der gerade dabei ist, den deutschen Wald zu schützen. Statt dessen möchte ich fragen, welche Ursachen denn nun eigentlich der latente Unmut gegenüber den Beamten hat und was zu tun ist, um das Bild des Beamten in der Öffentlichkeit freundlicher zu gestalten.

Eine der wichtigsten, zugleich aber auch oberflächlichsten Ursachen dürfte darin liegen, daß wir in den Augen der einen zu viele sog. Privilegien besitzen, die nicht mehr in die so oft und so gern zitierte moderne Leistungsgesellschaft passen. In den Augen der anderen sind wir rückständig – nicht fortschrittlich genug, reaktionär im Denken. Das alles sind Vorurteile, die einer Prüfung nicht standhalten; es sind Pauschalurteile, die ohne nähere Beschäftigung mit den Problemen selbst gefällt werden. Aber Pauschalurteile waren schon immer ein ausgezeichnetes Mittel, die Menschen in gute und böse, in reaktionäre und fortschrittliche einzuteilen. Und schließlich liefern sie einfache Erklärungen für höchst komplizierte Sachverhalte. Sicher aber liegt auch in Pauschalurteilen ein Kern von Wahrheit und den gilt es herauszuschälen. Der Vorwurf der Rückständigkeit, der mir zwar nicht als Pauschalvorwurf, wohl aber als Vorwurf gegenüber einer Vielzahl von Einzelfällen begründet zu sein scheint, wird heute immer wieder erhoben. Und wenn wir an Rückständigkeit denken, dann denken wir an etwas, was sich dem zügigen Ablauf der Verwaltungstätigkeit, also der möglichst umgehenden Erledigung eines Vorgangs entgegenstellt. Wenn man sich Schriftstücke der verschiedensten Behörden ansieht, die mit Unterschriften förmlich bespickt sind, dann, meine Damen und Herren, muß man sich tatsächlich fragen, ob es notwendig ist, daß hier die so oft zitierte und so oft beschworene Eigenverantwortlichkeit auf der Strecke bleibt. Wer weiß, daß nach ihm immer und immer noch einer dieselben Prüfungen und Überlegungen anstellen muß, die man selbst bereits angestellt hat, der macht sich keine so großen Sorgen darum, wie weit er »seine« Entscheidung überhaupt verantworten kann. Sicherlich ist das ein sehr mißlicher Zustand. Aber ein solches – im Grunde doch sehr menschliches – Verhalten wird einfach von den Umständen gefördert.

Lassen Sie mich auch ganz kurz auf unser Laufbahnsystem eingehen. Ich möchte hier nur eins erwähnen: wir sind der Auffassung, daß ein wirklich qualifizierter junger Mann für seine Leistungen nicht erst dann mit einer Beförderung belohnt werden darf, wenn er ein bestimmtes Alter erreicht und außerdem noch eine verhältnismäßig lange Dienstzeit zurückgelegt hat. Solche Bestimmungen sind einfach untragbar. Sie halten junge Menschen vom Eintritt in den öffentlichen Dienst ab und sie hindern die von allen Seiten so sehr gewünschte Austauschbarkeit von Kräften der Wirtschaft und der Verwaltung.

Darüber hinaus ist eine zu geringe Anpassung der Bildungsvoraussetzungen an die Anforderungen, die die moderne Entwicklung an den öffentlichen Dienst stellt, zu beklagen. Wenn man z.B. bedenkt, daß noch vor wenigen Jahren ganze –,50 DM jährlich für Fortbildungsmaßnahmen für einen Beamten vorgesehen waren, dann kann man so ungefähr ermessen, wie unzureichend jene Anpassung betrieben wurde und heute noch betrieben wird.

Sicherlich wird nun einiges auf diesem Gebiet getan. Der derzeitige Innenminister Benda hat sich – wie er uns auf unserer diesjährigen beamtenpolitischen Arbeitstagung auf der Bühler Höhe eindringlich versicherte – sehr um die Fortbildung der Beamten bemüht.[2] Nun gibt es zwar ein bekanntes Wort aus Goethes Faust: »Wer immer strebend sich bemüht, den können wir erlösen . . . .«

Aber wir alle fragen uns schon lange, wann denn nun der Tag der Erlösung naht. Sicher gibt es Schwierigkeiten. Aber – lassen Sie mich das einmal ganz banal sagen – Schwierigkeiten sind da, um ausgeräumt zu werden. Wenn sie nur allzu langsam ausgeräumt werden, dann – und das ist eben das Bedauerliche – fällt das wieder auf den Beamten zurück und ihm werden die Verzögerungen am Ende angelastet.

Schließlich ist noch die Zuordnung von Personal und Funktion zu bemängeln. Häufig werden Funktionen von Inhabern höher bewerteter Ämter wahrgenommen, die dem Funktionswert der einzelnen Ämter nicht entsprechen. Das trifft natürlich umgekehrt genauso zu, daß nämlich Inhaber geringer bewerteter Ämter mit der Wahrnehmung höherwertiger Funktionen betraut werden.

Mit diesen wenigen Aufzählungen möge es genug sein. Die Reihe der verbesserungswürdigen Punkte könnte noch fortgesetzt werden. Ich glaube aber, daß ich damit Ihre Aufmerksamkeit zu sehr strapazieren würde. Zudem wissen Sie alle aus Ihrer eigenen Erfahrung nur allzu gut, wo anzusetzen ist, um die Funktionsfähigkeit des öffentlichen Dienstes und damit das Ansehen der Beamten zu steigern.

Wenn bisher vielleicht der Eindruck entstanden sein mag, als schließe auch ich mich der Kritik vieler an, die die Ursache der Misere in der Person des Beamten selbst sehen, so glaube und hoffe ich, daß ich mit meinen nun folgenden Ausführungen diesen möglichen Eindruck schnell

2 Vgl. Ernst Benda: Ein Zukunftsbild des öffentlichen Dienstes, in: Zukunftsbezogene Politik – Notwendigkeit, Möglichkeiten, Grenzen (= Godesberger Taschenbücher 4. Schriften zur Staats- und Gesellschaftspolitik), Bad Godesberg 1969, S. 17ff.

verwischen kann. Gestatten Sie mir aber vorher noch ganz kurz zu der Kritik am Beamten selbst etwas zu sagen: es ist sicher nicht von der Hand zu weisen, daß einige Beamte ihre Hauptaufgabe im betulichen Bewahren althergebrachter Grundsätze sehen. Das mag einmal möglicherweise altersmäßig bedingt sein, zum anderen vielleicht auch der tatsächlichen Überzeugung entspringen, daß das Alte sich nun mal – mit wenigen Ausnahmen – bewährt habe und daher durch nichts Neues ersetzt werden dürfe. Diese Einstellung dürfte zwar nur bei einem sehr geringen Teil der Beamtenschaft anzutreffen sein – aber von ihm gehen die Kritiker aus. Und wo sie einen Mißstand entdecken, da wird er bloßgelegt und da wird der Eindruck erweckt, als treffe die in sensationellem Stil aufgemachte Schilderung auf alle, zumindest aber auf die überwiegende Mehrheit zu.

Mancher glaubt auch durch eigene Erfahrung die allgemeine Kritik am Beamten bestätigt zu finden. Wer beispielsweise am Schalter eines Postamtes einen Beamten antrifft, der sich gerade mehr um sein Frühstücksbrot als um die gewünschten Briefmarken kümmert, meint nun schon Anlaß genug zu haben, in die allgemeine Kritik mit einstimmen zu müssen. Allerdings vergißt er, daß er selbst an seinem Arbeitsplatz eine halbe Stunde zum Frühstück benötigt – denn solange dauert der Verzehr der Bildzeitung nun einmal. Vom Beamten aber wird Allgegenwärtigkeit verlangt. Von ihm verlangt man, was sonst nur vom Pfadfinder verlangt wird, allzeit bereit zu sein. Und man vergißt nun allzu schnell, daß nicht nur der Arbeiter oder der Angestellte in der Industrie, sondern daß auch die Beamten nur Menschen sind.

Lassen Sie mich nun versuchen nachzuweisen, daß die eigentliche Ursache für die gegenwärtige, wenig befriedigende beamtenpolitische Situation nicht bei dem Beamten selbst liegt. Diesen Nachweis möchte ich nicht mit Bemerkungen zur Besoldungspolitik führen – und ich darf Sie bitten, sich insoweit noch ein wenig zu gedulden. Ich möchte vielmehr anhand jüngerer Ereignisse auf dem beamtenpolitischen Sektor, anhand von Entscheidungen der verantwortlichen Politiker nachweisen, daß die entscheidende Ursache bei eben diesen Politikern liegt.

Als ein jüngeres Ereignis sehe ich das an, das uns alle Jahre wieder »beschert« wird. Zur Weihnachtszeit, der allgemein friedlichsten Zeit des Jahres, entbrennt immer wieder aufs neue der Kampf um die sog.

Sonderzuwendung, der zumindest im vergangenen Jahr dazu geführt hat, daß so manches Beamtenherz des Weihnachtsfriedens nicht so recht teilhaftig wurde.

Das entscheidende an der ganzen Misere um die Sonderzuwendung war meiner Meinung nach nicht so sehr die Tatsache, daß man dem Beamten vorenthalten wollte, was man kurz zuvor über andere bereitwilligst ausgestreut hatte. Entscheidend war vielmehr, daß man einseitig vom Beamten Enthaltsamkeit und Verzicht forderte, obwohl hierzu keine finanzielle Notwendigkeit bestand. Erst als der Deutsche Beamtenbund anhand des Haushalts exakt nachweisen konnte, daß die für eine Erhöhung der Sonderzuwendung nötigen Mittel tatsächlich vorhanden sind, erst da tat man überrascht, daß man doch noch genügend Geld gefunden hatte.

Solches Verhalten einer Regierung ist wenig dazu angetan, den Beamten die Erfüllung ihrer Treuepflicht zu erleichtern. Es steht auch in einem bemerkenswerten Gegensatz zu den Beteuerungen führender Politiker, die sie so gerne vor einer Festversammlung abzugeben pflegen. Hier sei beispielhaft an den Festakt zum 50. Geburtstag des Deutschen Beamtenbundes im Dezember 1968 erinnert. Dort sprach der Kanzler – mit hochgezogenen Augenbrauen, um die Bedeutungsschwere seiner Worte zu unterstreichen und mit erhobenen Zeigefinger – auf die Anwesenden herab[3]: »Zu den hergebrachten Grundsätzen des Berufsbeamtentums gehört in besonderem Maße auch die Fürsorgepflicht des Dienstherrn für den Beamten und seine Familie.«

Alle waren ob dieser inneren Wandlung des Bundeskanzlers erstaunt, hatte das Kabinett doch unter seiner Führung gerade wenige Wochen zuvor die Erhöhung der Sonderzuwendung für Beamte abgelehnt. Und da Angehörige der Apo nicht anwesend waren, so rief niemand in den Saal: Laß' Deinen Worten nun auch Taten folgen. Aber jeder dachte es bei sich.

Wenn ich hier die Fürsorgepflicht des Dienstherrn angesprochen habe, so deshalb, weil ich meine, daß zwischen eben dieser Fürsorgepflicht des Staates und der Funktionsfähigkeit der Verwaltung ein Zusammenhang

3 Für den Wortlaut der Rede Kiesingers vom 12. Dezember 1968 in Bad Godesberg vgl. Der Beamtenbund. 18. Jg., Nr. 1, Januar 1969, S. 3f. (Zitat S. 4).

besteht. Ein Staat, der sich seiner Fürsorgepflicht nicht nur auf Festversammlungen bewußt wird, sondern der sich ihrer auch erinnert, wenn entscheidende Kabinettsbeschlüsse anstehen, ein solcher Staat kann auch auf die Treue seiner Beamten bauen, die eine wesentliche Voraussetzung für die Funktionsfähigkeit des Staates ist. Diese Feststellung soll nicht als Drohung gemeint sein. Sie basiert schlicht auf der Tatsache der gegenseitigen Abhängigkeit der beiden Pflichtenkreise, auf der einen Seite die Fürsorgepflicht, auf der anderen die Treuepflicht. So wie der Staat bei Verletzung der Treuepflicht durch die Beamten seiner Fürsorgepflicht in entsprechendem Ausmaß enthoben wird, so ist es auch im umgekehrten Fall.

Meine Damen und Herren, mit dem Hinweis darauf, alles sei bereits einmal dagewesen, gehen viele unserer Zeitgenossen weiteren Diskussionen aus dem Wege. Sicher trifft es zu, daß vieles, was heute im Streit ist, vor Jahren, vor Jahrzehnten oder gar vor Jahrhunderten bereits einmal die Gemüter erregt hat. Und das möchte ich an einem – wie mir scheint – recht eindrucksvollen Beispiel einmal belegen. Seine Exzellenz, Friedrich Karl von Moser, Geheimrat und Minister in Hessen-Darmstadt, verfaßte 1759 in altfränkischem Deutsch eine Schrift mit dem Titel: »Der Herr und der Diener – geschildert mit patriotischer Freyheit.«

Darin steht folgendes zu lesen: »Es geht in den Civil-Bedienungen, wie bey dem Kriegs-Stand. Ein wohl besoldetes und unterhaltenes Corps wird allemal größere Thaten thun, als ein noch so zahlreiches Heer, so nur defensive gefüttert wird, und wie das abnehmende Licht gekleidet ist. Ein ehrlicher Mann machte jüngst gegen mir in vollem patriotischen Eifer die Anmerckung: Die Preussen fressen dreymal so viel, sie fechten aber auch dreymal so gut. ...«

Nun ist Moser zwar Minister in Darmstadt, also in Südhessen gewesen, einem Landstrich, aus dem recht schrille Töne an unser Ohr zu klingen pflegen. Damals aber soll das anders gewesen sein. Und daß es tatsächlich anders war, geht aus den eben zitierten Sätzen hervor.

Wenn ich nun erwähnt habe, daß viele Zeitgenossen weiteren Diskussionen über Themen aus dem Wege gehen, die bereits einmal das Blut in Wallung gebracht haben, dann möchte ich hiervon den Deutschen Beamtenbund ausnehmen. Wir haben bisher jedenfalls keine Gelegenheit ungenutzt verstreichen lassen, auf den Zusammenhang zwischen Fürsorgepflicht und Funktionsfähigkeit hinzuweisen. Und das, meine Damen und Herren, werden wir weiter tun, und wir werden es immer dann tun, wenn wir erkennen, daß die Treuepflicht der Beamten betont, die Fürsorgepflicht aber verschwiegen wird.

Sollten nicht noch unerwartete Ereignisse eintreten, so hoffen wir – das möchte ich in diesem Zusammenhang der Vollständigkeit halber noch erwähnen –, daß in diesem Jahr die Vorweihnachtszeit mit friedlicheren Tönen eingeläutet wird. Nach dem »Gesetz über die erhöhte Sonderzuwendung« wird in diesem Jahr eine Sonderzuwendung von 50 Prozent des Dezembergehalts gezahlt werden.[4]

Wer nun glaubt, daß ich damit bereits bei dem besoldungspolitischen Teil meiner Ausführungen angekommen bin, den muß ich wiederum um etwas Geduld bitten. Mein Thema lautet nämlich: die gegenwärtige beamtenpolitische Situation. Und diese Situation wäre nur unvollständig geschildert, würde nicht einiges wenige noch zu der Frage gesagt, wie denn nun eigentlich ein Ausweg aus der derzeit unbefriedigenden Lage gefunden werden kann.

Zunächst möchte ich noch einige Ereignisse erwähnen, die die zwiespältige Haltung der verantwortlichen Politiker verdeutlichen und beweisen sollen, wie sehr das ungünstige Bild der Verwaltung in der Öffentlichkeit auf eben diese Haltung zurückzuführen ist. Aus Anlaß des Streites um die Sonderzuwendung rief die Deutsche Postgewerkschaft im Deutschen Gewerkschaftsbund zum sog. »Dienst nach Vorschrift« auf. Gleiches tat der Verband der Flugleiter, als seine Forderungen nach Besoldungserhöhungen nicht erfüllt wurden, und gleiches tat auch die Gewerkschaft »Erziehung und Wissenschaft« im DGB, als die Lehrer nicht besser besoldet wurden. Die Lehrer allerdings machten im Gegensatz zu den Postlern und den Flugleitern kein Hehl aus ihrer Streikabsicht, als sie in Hessen – vorwiegend natürlich in Hessen-Süd – ihre Schüler sich selbst überließen, die Klassenräume verließen und zu den Fahnen ihrer Gewerkschaft eilten, um flammenden Protest zu erheben.

In all diesen Fällen waren Disziplinarmaßnahmen angekündigt. Und

4 Vgl. Art. 10 des Zweiten Gesetzes zur Neuregelung des Besoldungsrechts (Zweites Besoldungsneuregelungsgesetz – 2. BesNG) vom 14. Mai 1969; BGBl I. 1969, S. 374f.

in all diesen Fällen vergaß man in schöner Regelmäßigkeit seine Ankündigung. Einzig der hessische Kultusminister Schütte vergaß seine Drohungen nicht ganz. Er sprach Mißbilligungen aus, die – so kann man sich unschwer vorstellen – die hessischen Lehrer ganz furchtbar »erschreckt« haben dürften.

Eine solche Haltung der Politiker beweist deren unsichere Einstellung gegenüber Maßnahmen, die den Beamten nicht anstehen, die vielmehr dazu beitragen, die Öffentlichkeit noch mehr als bisher gegen den öffentlichen Dienst aufzubringen. Daß Maßnahmen wie der »Dienst nach Vorschrift« dem Beamten nicht anstehen, ist – so meine ich – schon des öfteren mit aller Klarheit nachgewiesen worden. Im Hinblick auf die täglich wieder neu entbrennenden Diskussionen – ich erinnere an den Streikbeschluß der SPD Hessen-Süd – möchte ich aber dennoch ganz kurz auf diese Frage eingehen.

Sie wissen alle, meine Damen und Herren, daß der Deutsche Beamtenbund sich ganz klar gegen den Streik und gegen streikähnliche Maßnahmen ausgesprochen hat. Wir sind deswegen nicht nur von außen, sondern auch von einigen unserer Mitglieder angegiffen worden. Lassen Sie mich eines ganz klar sagen: das gegenwärtige Recht, sei es nun das Beamtenrecht oder sei es die Verfassung, erlaubt dem Beamten nicht, zu streiken. Streik und streikähnliche Maßnahmen sind Arbeitskampfmaßnahmen und dem kollektiven Arbeitsrecht zuzurechnen. In der Arbeitsrechtswissenschaft ist anerkannt, daß dem Streikrecht auf seiten der Arbeitnehmer das Recht zur Aussperrung auf seiten der Arbeitgeber gegenübersteht. Auf das Beamtenrecht übertragen bedeutet das: in dem Moment, in dem die Beamten Streik oder streikähnliche Maßnahmen ergreifen, steht das Prinzip der lebenslangen Anstellung zur Diskussion, denn der Dienstherr wird in einem solchen Falle das Recht für sich in Anspruch nehmen und auf Druck der Öffentlichkeit nehmen müssen, streikende Beamte zu suspendieren oder zu entlassen. Andernfalls wäre die sog. Kampfparität nicht gewahrt.

In diesem Falle wäre jedoch eine Voraussetzung des Berufsbeamtentums tangiert und damit das Ende des Berufsbeamtentums in Sicht. Es ist daher äußerst kurzsichtig, daß andere Beamtengewerkschaften um den Preis von Augenblickserfolgen das Berufsbeamtentum in Frage stellen, wenn nicht – und dieses Eindrucks kann ich mich oftmals nicht erwehren – diese Absicht bewußt hinter den Maßnahmen der Konkurrenzgewerkschaften steht. Nur noch Arbeitnehmer und Tarifverhandlungen im öffentlichen Dienst, damit wäre auch diese Lücke in der gewerkschaftlichen Einheitsfront geschlossen. Im übrigen führen aber auch streikähnliche Maßnahmen, wie z.B. der Bummelstreik, nicht zu den angestrebten Erfolgen. Mich erstaunt immer nur, was Propaganda daraus machen kann.

Lassen Sie mich dies ganz kurz an Hand eines Geschehens am Rande des Streiks um die Weihnachtszuwendung erklären: die Deutsche Postgewerkschaft hatte zum »Dienst nach Vorschrift« – einer feinen Umschreibung für Bummelstreik – aufgerufen. Da diesem Aufruf nur ein bescheidenes Häuflein aufrechter Mitglieder folgte, wurden Fotografen damit beauftragt, die sich bekanntlich um 18 Uhr stauenden Pakete bei den Paketumschlagstellen zu fotografieren. Diese Bilder wurden dann benutzt, um der Öffentlichkeit und den verantwortlichen Politikern den Beweis für die »verheerenden« Folgen des Dienstes nach Vorschrift zu liefern.

Und noch eine kurze Anmerkung zu demselben Ereignis: Die erhöhte Sonderzuwendung sollte ausschließlich den Angehörigen der unteren Besoldungsgruppen zugute kommen, denen also, von denen vor allem bei Bahn und Post der reibungslose Ablauf der Dienstgeschäfte abhängt. Diese Beamten sind es, die entscheidenden Einfluß auf das Funktionieren der großen Betriebsverwaltungen haben. Sollen diese Beamten aber bei aller notwendigen Solidarität unter der Beamtenschaft zu Maßnahmen verleitet werden, die sich positiv nicht auf sie, sondern auf andere Beamte auswirken würden? Sollen jene Beamte das für sie selbst und ihre Familie nicht unerhebliche Risiko einer disziplinären Verfolgung auf sich nehmen? Ich glaube, daß das einfach unzumutbar ist. Und Unzumutbares darf eine Beamtenorganisation auch dann nicht von einem Teil ihrer Mitglieder fordern, wenn es einem anderen Teil von Vorteil sein könnte.

Nun mögen manche es bedauern, daß Beamte sich nicht jener Mittel bedienen können, die die Tarifparteien – hier also speziell die Gewerkschaften – wenn auch nicht immer, so doch oft erfolgreich anwenden. Ich muß es jedoch noch einmal in aller Deutlichkeit sagen: Streik oder streikähnliche Maßnahmen gefährden das Berufsbeamtentum in seiner Wurzel. Wer das nicht einsehen will, der sollte sich erst gar nicht für eine

Beamtenlaufbahn entscheiden. Gezwungen wird hierzu schließlich keiner.

Ohne den Streik als letztes Mittel zur Durchsetzung ihrer Interessen bleiben die Möglichkeiten der organisierten Beamtenschaft beim Scheitern friedlicher Verhandlungen auf Protest und Provokation als »Kampfmaßnahmen« beschränkt. Die Anwendung dieser Mittel, die sich in ihren einzelnen Spielarten nicht in einem Katalog erschöpfend erfassen lassen, darf in einem verhältnismäßig weiten, grundrechtlich gewährleisteten Rahmen bis zum Erreichen der durch die Strafgesetze und das Verbot der Störung der öffentlichen Sicherheit und Ordnung gezogenen Grenzen gehen.

Im Grunde dürfte aber die Frage nach dem in dieser Hinsicht rechtlich Zulässigen gegenüber der Frage nach dem beamtenpolitisch und verbandspolitisch Zweckmäßigen weniger ins Gewicht fallen; denn man wird sich darüber im klaren sein müssen, daß im Bewußtsein des überwiegenden Teils der Öffentlichkeit sich die Grenze des Zulässigen nicht mit der Grenze des rechtlich Zulässigen deckt, sondern daß im Falle eines demonstrativen Vorgehens der organisierten Beamtenschaft an deren Verhalten andere, vor allem moralische Maßstäbe angelegt werden. So, wie man von einem Theologen erwartet, daß er nie lügt, von einem Richter, daß er nie Unrecht tut, so erwartet der Durchschnittsbürger vom Beamten stille Ergebenheit in das, was ihm der Staat beschert bzw. nicht beschert. Diese Erwartung kann und darf der Beamte allerdings nicht erfüllen.

Sicher mag man das Anlegen übertriebener moralischer Maßstäbe bedauern. Man muß diesen Umstand aber – ob man will oder nicht – in seine Überlegungen als Faktum miteinbeziehen, und zwar als das Risiko, das man im Konfliktfall bei der Wahl der Mittel eingeht und das darin besteht, daß man durch ein allzu »lautstarkes«, wenn auch rechtlich zulässiges Vorgehen gegebenenfalls Reaktionen in der Öffentlichkeit hervorruft, die dem verfolgten Ziel, nämlich der Durchsetzung eines bestimmten Interesses, nicht förderlich sind, die vielmehr geradezu bewirken, es zu verfehlen.

Wir sind daher der Auffassung, daß spektakuläre Aktionen nicht den Ausweg aus der derzeit unbefriedigenden Lage weisen. Sie sind allenfalls geeignet, das Berufsbeamtentum noch stärker in Frage zu stellen. Und sie sind außerdem geeignet, den Rechtsstaat als solchen in Frage zu stellen. Daß das keine leere Floskel ist, daß das vielmehr eine sehr realistische Betrachtungsweise ist, wird u.a. durch einen Kommentar einer bedeutenden Tageszeitung bestätigt, in dem folgendes zu lesen war: »Vielleicht ist der öffentliche Dienstherr manchmal harthörig. Vielleicht gibt er durch sein Verhalten jenen recht, die behaupten, nur wer sich auf Knall und Krawall verstehe, der setze sich durch und komme in die Schlagzeilen und zum Minister. Doch in Wirklichkeit höhlt die Anwendung extremer Mittel den Rechtsstaat aus. Sie weitet die Pression zur Erpressung. Sie setzt an die Stelle der Sacherwägungen den Marktschreier, und zum bösen Schluß bestimmt nicht mehr die Vernunft die Mehrheit, sondern es diktiert die Grellheit der Protesttrompeten und der Wink mit dem Revolver.«

Lassen Sie mich nun, meine Damen und Herren, zu einer Darstellung der gegenwärtigen besoldungspolitischen Situation kommen. Sie wissen, das Zweite Besoldungsneuregelungsgesetz hat neben einer Anhebung der Beamtengehälter um 5,6 Prozent im Gesamtdurchschnitt Stellenplanverbesserungen mit sich gebracht.[5] Das sind gewiß zu begrüßende Verbesserungen, mit denen wir uns aber nicht zufriedengeben können. Wir können uns schon deshalb nicht zufriedengeben, weil der Verfassungsauftrag, auch die Beamten an der allgemeinen Einkommensentwicklung teilhaben zu lassen, nicht erfüllt wurde. Das Neuregelungsgesetz reicht nämlich nicht einmal aus, die Beamtengehälter und Versorgungsbezüge an denjenigen Einkommens- und Rentenerhöhungen teilhaben zu lassen, mit denen die übrige erwerbstätige Bevölkerung in diesem Jahr rechnen kann. Die bisher vereinbarten Lohn- und Gehaltserhöhungen liegen bei durchschnittlich 7 Prozent, die Sozialrenten sind ab 1. Januar 1969 durchschnittlich auf 8,3 Prozent angehoben worden, während die durchschnittlichen Verbesserungen des Zweiten Besoldungsneuregelungsgesetzes – wie bereits gesagt – auf das ganze Jahr bezogen 5,6 Prozent ausmachen.

5 Das Gesetz wurde am 22. Februar 1969 vom Bundestag verabschiedet. Vgl. Verhandlungen des Deutschen Bundestages. 5. Wahlperiode 1965. Bd. 69, 220. Sitzung, S. 11864ff. Vgl. ferner BGBl I. 1969, S. 365ff.

Bereits Ende 1968 war aber der Rückstand der durchschnittlichen Beamtenbezüge auch unter Einschluß aller strukturellen Verbesserungen seit 1957 im Vergleich mit dem durchschnittlichen Einkommen aller Erwerbstätigen auf über 17 Prozent angestiegen. Der dem Beamten im einfachen Dienst vergleichbare angelernte Industriearbeiter verdiente bereits im Juni 1968 rund 100 DM mehr als der Beamte.

Die Anhebung der Beamtengehälter ist aber auch im Hinblick auf die von dem Bundeswirtschaftsminister selbst nahegelegte Steigerung der Löhne und Gehälter um ca. 6 bis 7 Prozent für 1969 unzureichend. Wie bedeutsam diese von Schiller genannte Steigerungsrate ist, wird dem erst recht bewußt, der sich an die einträchtigen Zeiten von Plisch und Plum erinnert. Heute folgt auf jedes Bellen von Plisch ein »Gegenbellen« von Plum. Strauß alias Plum hat hierzu aber noch nicht sein Gebell ertönen lassen. Und das kann aus der Sicht des Finanzministers nur bedeuten, daß der Wirtschaftsminister tatsächlich »einmal etwas Richtiges« gesagt hat.

Der Deutsche Beamtenbund hat daher immer wieder auf den dringend notwendigen Abbau des Besoldungsrückstandes der Beamten von zur Zeit 17,2 Prozent gegenüber der allgemeinen Einkommensentwicklung seit 1957 hingewiesen. Wenn der Einkommensrückstand nicht schnell abgebaut wird, dann wird sich die verständliche Kritik der Beamten gegenüber den Dienstherren in offenen Unwillen verwandeln. Regierung und Parlament werden zu überprüfen haben, ob sie noch weiterhin vor den berechtigten Anliegen einer Berufsgruppe, die immer loyal zu diesem Staat gestanden hat und deren Pflichterfüllung erst das Funktionieren der staatlichen Ordnung ermöglichte, die Augen verschließen können. Besonders benachteiligt sind die Versorgungsempfänger. Bei ihnen ist der Rückstand noch größer, weil sie nicht – wie die aktiven Beamten – an den strukturellen Verbesserungen teilgenommen haben.

Die von mir kurz angerissene gegenwärtige besoldungspolitische Situation war eines der Zentralthemen der Sitzungen von Bundesvorstand und Bundeshauptvorstand des Deutschen Beamtenbundes Ende vergangenen Monats in Bad Kreuznach. Nach eingehenden Beratungen hat der Bundeshauptvorstand eine Entschließung zur allgemeinen Besoldungssituation verabschiedet, die Sie inzwischen vielleicht schon in der neuesten Ausgabe unserer Zeitung gelesen haben, die ich wegen ihrer Bedeutung dennoch kurz wiedergeben möchte[6]:

»Die bisherige Besoldungspolitik hat – so die Entschließung – entgegen den Zusagen der Bundesregierung und des Deutschen Bundestages bisher nicht zu einer Verringerung des Besoldungsrückstandes geführt. Unter Berücksichtigung der zu erwartenden Einkommensentwicklung des laufenden Jahres sowie der völlig unzureichenden Anpassung der Beamtenbezüge durch das Zweite Besoldungsneuregelungsgesetz ist bis Ende dieses Jahres sogar mit einer weiteren Vergrößerung des Rückstandes zu rechnen. Der Deutsche Beamtenbund fordert deshalb ein ›Gesetz zum Abbau des Besoldungsrückstandes für Beamte und Versorgungsempfänger‹, mit dem ein stufenweiser Abbau des bestehenden Besoldungsrückstandes sichergestellt wird. Die fiskalische Lage des Bundes und der Länder läßt eine solche Maßnahme durchaus zu. Soweit konjunkturpolitische Gründe einem Abbau des Rückstandes durch Gehaltszahlungen entgegenstehen sollten, besteht die Möglichkeit zu konjunkturneutralen Maßnahmen durch vermögenswirksame Zuwendungen. Der Deutsche Beamtenbund fordert ferner, daß in der mittelfristigen Finanzplanung sowie in dem Haushaltsentwurf für das Jahr 1970 Personalverstärkungsmittel in einem Umfang eingestellt werden, die eine volle Teilnahme der Beamten an der allgemeinen Einkommensentwicklung sicherstellen. Bereits im April 1969 sind die Verbraucherpreise gegenüber dem Vorjahr um 2,5 v.H. gestiegen. Es besteht die Gefahr, daß weitere Preissteigerungen eintreten, von denen insbesondere die unteren Einkommensgruppen der Beamten und Versorgungsempfänger betroffen werden. Eine solche Entwicklung macht nach Auffassung des Deutschen Beamtenbundes zusätzliche gezielte Maßnahmen gegebenenfalls durch die Gewährung einer einmaligen Teuerungszulage als Ausgleich für die gestiegenen Preise erforderlich.«

Nun haben wir es bei dieser Entschließung nicht bewenden lassen. Die einfache Zuweisung solcher Entschließungen nämlich würde bei den Politikern ohnehin den Weg alles Vergänglichen nehmen und zusammen mit anderen »geistigen« Ergüssen gleich in den Papierkorb wandern. Wir

6 Für den Wortlaut der Entschließung vgl. Deutscher Beamtenbund. Bundesvertretertag. Geschäftsbericht der Bundesleitung 1969. Hrsg. von der Bundesleitung des Deutschen Beamtenbundes, Bad Godesberg o. J., D/9.

haben daher – und das wiederum werden Sie den Tageszeitungen entnommen haben – jene Entschließung zusammen mit einem Begleitschreiben[7], auf das ich noch eingehen werde, dem Bundeskanzler, dem Bundesinnenminister und dem Bundesfinanzminister übersandt. In dem Begleitschreiben weisen wir darauf hin, daß der Rückstand der Beamtengehälter gegenüber der allgemeinen Einkommensentwicklung ein Ergebnis sei, das in krassem Gegensatz zu den wiederholten Zusagen von Bundesregierung und Bundestag seit 1957 stehe, die laufende Beteiligung der Beamtenbesoldung und Versorgungsbezüge an der allgemeinen Einkommensentwicklung erreichen zu wollen. Sie steht ferner im Widerspruch zu der vom Bundeskanzler am 22. August 1968 gegenüber der Bundesleitung des Deutschen Beamtenbundes abgegebenen Erklärung, in dieser Legislaturperiode des Deutschen Bundestages auf alle Fälle ein Anwachsen des damals 11,9 v.H. betragenden Besoldungsrückstandes verhüten zu wollen, wenn eine Verringerung noch nicht möglich sein sollte.[8]

Nach unseren Informationen – so wird in dem Begleitschreiben weiter ausgeführt – sei trotz der geschilderten Lage beim Bundesminister der Finanzen offensichtlich noch nicht die Bereitschaft vorhanden, die Ansätze der Personalausgaben für das Jahr 1970 in der mittelfristigen Finanzplanung und dem Entwurf des Bundeshaushaltsplanes 1970 so zu berichtigen, daß das Anwachsen des Besoldungsrückstandes verhindert werde, ganz abgesehen von seit langem notwendigen Maßnahmen zur Verringerung des Besoldungsrückstandes.

Allerdings, meine Damen und Herren, verschließen wir uns nicht der Erkenntnis, daß der ohne zwingenden Grund in so ungewöhnlicher Höhe entstandene Besoldungsrückstand nunmehr nicht auf einmal abgebaut werden kann. Da jedoch alle zu dieser Frage von Bundesregierung und Bundestag abgegebenen Erklärungen bisher ihre Bedeutungslosigkeit erwiesen haben, kann nach unserer Meinung mit einem Erfolg nur gerechnet werden, wenn das Problem – wie bereits gesagt – durch ein besonderes »Gesetz zum Abbau des Besoldungsrückstandes für Beamte und Versorgungsempfänger« geregelt wird.

7 Vgl. a.a.O., D 8f.
8 Vgl. dazu Der Beamtenbund. 19. Jg., Nr. 9, September 1968, S. 1.

Die notwendigen Maßnahmen müssen allerdings – und darauf haben wir mit besonderem Nachdruck hingewiesen – noch in dieser Legislaturperiode des Deutschen Bundestages eingeleitet werden. Der von uns gemachte Vorschlag zum Abbau des Besoldungsrückstandes fällt in eine Zeit, in der die fiskalische Lage des Bundes mehr denn je einen allmählichen Abbau erlaubt. Wenn nämlich erwogen und beschlossen wird, öffentliche Gelder stillzulegen und zur Tilgung von Schulden bzw. zur Bildung einer Konjunkturausgleichsrücklage vorzusehen – dann ist der Zeitpunkt gekommen, vor Schaffung eines neuen Juliusturmes erst einmal die Schulden gegenüber den Beamten abzutragen.

Auch mit diesem Vorgehen – das möchte ich an dieser Stelle einmal einflechten – haben wir bestätigt, was ich eingangs sagte: konkrete Vorschläge, nicht Knall und Krawall, sind geeignet, eine unbefriedigende Situation verbessern zu helfen. Und mit derartigen konkreten Vorschlägen will der Deutsche Beamtenbund alles versuchen, um aus einer recht unbefriedigenden Lage herauszufinden. Wir glauben, daß wir mit unserem Vorschlag einen Weg gewiesen haben, den – mit etwas gutem Willen, mit etwas Verständnis und mit etwas Entgegenkommen – die Politiker beschreiten könnten, um den anwachsenden Mißmut unter der Beamtenschaft abzubauen. Sollte dies nicht der Fall sein, und sollte sich tatsächlich der Eindruck verstärken, daß der Staat nur auf Grund massiven Drucks und der Androhung von Pressionen bereit ist, berechtigten Forderungen nachzukommen, dann kann sich leicht eine gefährliche oder gar explosive Situation entwickeln, die nicht bei einer allgemeinen Staatsverdrossenheit der Beamten Halt macht, sondern die geeignet ist, auf den Mechanismus der parlamentarischen Demokratie einzuwirken.

Das, so meine ich, ist der Hintergrund, vor dem die Verabschiedung des Zweiten Besoldungsneuregelungsgesetzes gesehen werden muß. Das Gesetz selbst enthält eine Reihe von Veränderungen und Verbesserungen, die zum Teil auch den Anträgen des Deutschen Beamtenbundes Rechnung tragen und um die wir hart genug ringen mußten. Diese Verbesserungen reichen jedoch nicht aus, um eine allgemein befriedigende Regelung herbeizuführen.

Wenn wir trotz der geschilderten Situation nicht ohne jeden Optimismus in die nächsten Monate gehen, so nicht nur deshalb, weil ich

Pessimismus und Resignation für Begriffe halte, die im Interesse einer wirksamen Vertretung der Mitgliederinteressen im Wortschatz einer Spitzenorganisation unbekannt sein sollten. Wir sollten vielmehr auch deshalb mit etwas Optimismus in die nächste Zukunft schauen, weil einige Ereignisse der letzten Monate doch ein zunehmendes Verständnis für die Sorgen der Beamtenschaft gezeigt haben. Da ist einmal die zusätzliche Bereitstellung von 135 Millionen DM durch den Haushaltsausschuß und die größere Bereitschaft, sich sachlich mit Argumenten auseinanderzusetzen und nicht nur Beschlüsse und Standpunkte zu verteidigen. Auch die Bereitschaft des Finanzministers – bereits zu einem Zeitpunkt geäußert, als die Finanzverfassungsreform noch nicht verabschiedet und damit die rein formellen Voraussetzungen für eine Auszahlung der erhöhten Bezüge noch nicht gegeben waren –, eben jene Bereitschaft, den Beamten spätestens zum 1. Juni 1969 eine Abschlagszahlung zukommen zu lassen, weist in diese Richtung.

Meine Damen und Herren, mir war daran gelegen, Ihnen eine Schilderung der gegenwärtigen beamten- und damit auch besoldungspolitischen Situation zu geben, die gleichzeitig auch einen Einblick in die beamtenpolitische Arbeit des DBB einschloß. Das konnte natürlich nur streiflichtartig geschehen. Ich hoffe aber, daß Sie erkannt haben, daß unsere Probleme gewiß nicht geringer werden. Die Durchsetzung unserer Forderungen wird insbesondere in Zeiten, in denen der politische Stil gelitten hat und in denen – lassen Sie mich das nochmals sagen – Aktionen an die Stelle der sachlichen Auseinandersetzungen treten, bestimmt nicht einfacher werden. Wir hoffen aber, daß wir – auch mit Ihrer Hilfe – die als richtig erkannten Ziele nicht aus den Augen verlieren und zur rechten Zeit das Richtige tun. [. . .][9]

9 An dieser Stelle befinden sich im Redemanuskript einige handschriftliche Stichworte zu grundsätzlichen Organisationsproblemen.

9. Oktober 1969

Bildungsreform und öffentlicher Dienst

Ansprache auf der Kundgebung des DBB-Landesbundes Rheinland-Pfalz anläßlich des 20jährigen Bestehens des Bezirksverbandes Trier
(Auszug)

Quelle: DBB-Archiv, Abt. Bulei 15000–10 (Auszug; maschinenschriftlich)

[. . .][1]. Viele, die sich mit der Problematik der Bildungsreform im Hinblick auf den öffentlichen Dienst befassen, betrachten – aus der Sicht des öffentlichen Dienstes – die Reformmaßnahmen auf dem Bildungssektor wie das Kaninchen die Schlange. Sie sind geradezu hypnotisiert von der Entwicklung im Bildungsbereich und haben nichts eiligeres zu tun, als die Anpassung des öffentlichen Dienstes an Maßnahmen zur Bildungsreform zu fordern.

Tatsächlich jedoch müßte die Problematik genau umgekehrt betrachtet werden; nicht die Ausgestaltung des öffentlichen Dienstes hat sich an

1 Das Redemanuskript ist nicht vollständig erhalten. Bevor A. Krause das eigentliche Vortragsthema behandelt, geht er vor allem auf Besoldungsfragen ein; dieser Manuskriptteil fehlt fast gänzlich. Deshalb sei aus der »Information für die Presse« über diese Rede eine wichtige beamtenpolitische Passage zitiert, die in der Vorlage ebenfalls nicht erhalten ist: »Es kann auch nicht unsere Aufgabe allein sein, die Bedeutung des Berufsbeamtentums für die Allgemeinheit herauszustellen und Konsequenzen daraus mit einer ständigen Selbstbescheidung in wirtschaftlicher Hinsicht zu ziehen, wenn wir uns damit aus den Lebensverhältnissen mit bisher vergleichbaren Gruppen entfernen und überdies feststellen müssen, daß die Träger der politischen Verantwortung an allem, was uns betrifft, weitgehend uninteressiert sind. Daß ein solches Verhalten nicht ohne Konsequenzen bleibt, haben die Bundestagswahlen bewiesen. Nach den bisher vorliegenden Wahlanalysen haben gerade die Angehörigen des öffentlichen Dienstes der CDU/CSU ihr Vertrauen weitgehend entzogen und es als Vertrauensvorschuß auf die SPD übertragen, die nunmehr zeigen muß, ob dieses Vertrauen von ihr gerechtfertigt wird.«

der Bildungspolitik zu orientieren, sondern die Bildungspolitik hat auch die besonderen Belange des öffentlichen Dienstes zu berücksichtigen. Ich möchte es mir nun versagen, diese Relation an Hand des Kaninchen-Schlange-Beispiels zu erläutern, um mich nicht dem Vorwurf auszusetzen, ich wolle unsere Bildungspolitik beleidigen, was mir in jeder Weise fernliegt.

Bildung hat keinen Selbstzweck, sie ist immer funktionell, d.h. tätigkeitsbezogen. Bildung in diesem Sinne bedeutet Vorbereitung auf Tauglichkeit in der Berufserfüllung. Alle Maßnahmen zur Bildungsplanung müssen daher unter dem übergeordneten Gesichtspunkt der Berufswirklichkeit betrachtet werden. Insofern sind zunächst Berufsbilder zu entwickeln und von hier aus ist eine Optimierung der beruflichen Bildung zu erwirken.

Berücksichtigt man nun, daß in der hochtechnisierten Zivilisationsgesellschaft, die in Zukunft noch verstärkt sich entwickeln wird, empirisch nachweisbar der Arbeitskräftebedarf auf dem Dienstleistungssektor erheblich ansteigen, während er auf dem industriellen und landwirtschaftlichen Sektor abnehmen wird, so wird deutlich, daß der Dienstleistungsbereich die Bildungsstrukturen entscheidend beeinflussen wird. Innerhalb des Dienstleistungssektors stellt die öffentliche Verwaltung das größte Kontingent dar. Die öffentliche Verwaltung wird sich in den kommenden Jahren und Jahrzehnten gewaltig ausdehnen, nicht weil hier – wie manche etwas bieder meinen – das Parkinsonsche Gesetz in hohen Ehren steht, sondern weil die Aufgabenstellung der Verwaltung sich erheblich ausweitet und anders als im industriellen Bereich ihr Aufgabengebiet nur zu einem geringen Teil automatisierbar ist.

Der kontinuierliche Prozeß der Ausdehnung staatlicher Funktionsbereiche auf fast alle Gebiete des gesellschaftlichen Zusammenlebens hat seinen Grund in der Wandlung des Staatsverständnisses vom liberalen Rechtsstaat, in der die Aufgaben der Verwaltung in der Aufrechterhaltung von Sicherheit und Ordnung gesehen wurden, zum sozialen Rechtsstaat und tendenziell zum Wohlfahrtsstaat, in dem die individuelle Daseinsvorsorge des einzelnen von der kollektiven Vorsorge der Solidargemeinschaft, des Staates, abgelöst wird.

Wir alle mögen diese Entwicklung als Staatsbürger bedauern, weil der individuelle Freiheitsraum hierdurch mehr und mehr eingeschränkt wird; wir können uns jedoch der Tatsache nicht verschließen, daß der einzelne zunehmend nicht mehr in der Lage ist, sich in der für ihn komplexen hochtechnisierten und differenzierten Umwelt zurechtzufinden. Hier wird daher ein übergeordneter Steuerungsmechanismus erforderlich, dessen Funktion der Staat und damit die öffentliche Verwaltung übernehmen.

Neben dieser deutlich werdenden Ausweitung der Fürsorgeverwaltung erwächst der Verwaltung ein neues Aufgabengebiet in der Planung und Steuerung wirtschaftssoziologischer Zusammenhänge. Raumordnung, Infrastruktur, Bedarfsplanung, Arbeitsmarktpolitik, Wirtschafts- und Konjunkturplanung sind nur willkürlich aufgeführte Teilbereiche, in denen die öffentliche Verwaltung in zunehmendem Maße Aufgaben übernehmen muß. Während die Verwaltung in der Meinung der Öffentlichkeit noch weitgehend als Ordnungsverwaltung verstanden wird, hat sie sich zu einem wesentlichen Teil zu einer Leistungs- und Planungsverwaltung gewandelt.

Mit diesem Funktionswandel ändert sich auch das Berufsbild der Angehörigen des öffentlichen Dienstes. Der Beamte der Zukunft wird in ungleich größerem Maße als bisher in einer Art Gesamtsicht die verschiedenen Aspekte staatlichen Handelns überblicken und ihre Auswirkungen in der Projektion auf die Zukunft erkennen müssen. Er muß wirtschaftlich und soziologisch fundiert und planend tätig sein.

Hieraus ergibt sich eine völlige Neukonzeption der beruflichen Bildung der Angehörigen des öffentlichen Dienstes, und zwar hinsichtlich Vorbildung, Ausbildung und Fortbildung. Der Beamte der Zukunft muß künftig in ungleich stärkerem Maße als bisher interdisziplinär geschult sein, damit er sein Aufgabengebiet umfassend überblicken und sachgerecht Entscheidungen kraft Sachzusammenhangs treffen kann.

In Konsequenz hierzu ergeben sich auf allen Funktionsebenen des öffentlichen Dienstes Anforderungen an eine Neugestaltung der Vorbildung: Im Bereich der oberen Führungskräfte fordern wir nach wie vor ein wissenschaftliches Studium. Das Regelstudium für diese Führungskräfte muß jedoch auf die Belange des administrativen Bereichs zugeschnitten sein. Hier kommt ein spezielles verwaltungswissenschaftliches Studium in Betracht, das interdisziplinär ausgerichtet ist und etwa die jetzigen Fächer Rechtswissenschaft, Volks- und Betriebswirtschaft,

Soziologie, Politologie und Psychologie integriert. Erste Versuche mit diesem Modell werden augenblicklich in der Universität Konstanz durchgeführt. Hier müssen wir zunächst das empirische Material abwarten, um zu entscheiden, ob der konzipierte Weg gangbar ist. Das derzeitige juristische Studium muß für die künftige Vorbildung der Führungskräfte als ungeeignet angesehen werden, weil es rein justizbezogen ist. Es schafft mithin nur die notwendigen Voraussetzungen für Tätigkeiten auf dem justiziellen Sektor, läßt aber die Belange der Verwaltung außer Acht. Die Notwendigkeit des Verwaltungsjuristen herkömmlicher Prägung ist immer noch am Bild der Ordnungsverwaltung orientiert; die eben geschilderte Strukturwandlung der Verwaltung zur Leistungsverwaltung erfordert einen ganz neuen Typ des wissenschaftlich vorgebildeten Beamten. Daß die derzeitige Juristenausbildung im Hinblick auf die öffentliche Verwaltung unzureichend ist, kann man am besten daran erkennen, daß die Verwaltungen in zunehmendem Maße dazu übergehen, für neu in die Verwaltung eintretende Assessoren Einführungslehrgänge von meist achtzehnmonatiger Dauer zu veranstalten. Diese Einführungslehrgänge sind im übrigen wesentlicher Inhalt der vom Bund konzipierten Bundesakademie für öffentliche Verwaltung, auf die ich später noch im einzelnen eingehen werde.

Ganz neu konzipiert werden muß nach unserer Auffassung die Vorbildung für die Beamten des mittleren Führungsbereiches, die in etwa die Laufbahnen des gehobenen und der unteren Ämter des höheren Dienstes umfaßt. In dieser mittleren Führungsebene wird sich der Strukturwandel der öffentlichen Verwaltung wahrscheinlich am meisten auswirken. Als Berufsbild dieser mittleren Führungsebene zeichnet sich ab, daß sie den Tätigkeitsablauf der Elemente des Verwaltens im Rahmen vorgegebener Grundsatzentscheidungen selbständig zu gestalten haben wird. Dieser Funktionsrahmen erfordert die Befähigung, selbst Ideen zu entwickeln und umzusetzen. Dies begreift die Fähigkeit zur Teamarbeit in sich.

Für den hier nur im groben geschilderten neuen Aufgabenbereich der mittleren Führungsebene reicht die gegenwärtige Vor- und Ausbildung nicht mehr aus. Sie vermittelt nicht in genügendem Maße die Fähigkeit zu analytischem und systematisierendem Denken. Sie vermittelt ebenso nicht die Fähigkeit, in wirtschaftlichen Kategorien zu handeln und die

Tätigkeiten vorausplanend zu gestalten. Der Beamtenanwärter des derzeitigen gehobenen Dienstes hat oftmals Schwierigkeiten, die Funktionsabläufe der Verwaltung in ihrem Zusammenspiel zu erfassen. Daß der derzeitige gehobene Dienst dennoch seine Aufgaben so zweckentsprechend erfüllt, liegt daran, daß die Mängel der Vor- und Ausbildung durch die individuelle Fortbildung der Beamten selbst und durch die steigende Berufserfahrung ausgeglichen werden.

Aus der vorangestellten Kritik ergeben sich folgende neue Bildungsziele:

- Die Anwärter für die mittlere Führungsebene müssen künftig in einem Umfang in analytischem Denken geschult werden, der das bisherige Maß weit übersteigt;
- die Anwärter müssen künftig die Sachbereiche ihrer Tätigkeit mit einer Tiefe kennenlernen, die ihnen erlaubt, die Verwaltungsverrichtung in ihre Elemente zu zerlegen und zu neuen Abläufen zusammenzusetzen;
- die Anwärter müssen insbesondere im Hinblick auf den zunehmenden Einsatz elektronischer Datenverarbeitungsgeräte in der Lage sein, ihr Sachgebiet datengerecht einzurichten.

Aus dieser Analyse ergibt sich gleichzeitig, daß die bisherige Bildungsstruktur in diesem Bereich nicht beibehalten werden kann. Sie ist zu praxisbezogen und vermag daher nicht die Notwendigkeit interdisziplinärer Bildung zu vermitteln. Vielmehr ist eine nach wissenschaftlichen Grundsätzen ausgerichtete Vorbildung erforderlich, die zwar nicht die Praxisbezogenheit verläßt, aber doch mehr als bisher theoretische Wissensgrundlagen vermittelt. Für diese Bildungsziele bietet sich nach unserer Auffassung die Fachhochschule an, wenn sie im Sinne der Belange des öffentlichen Dienstes ausgestaltet wird.

Wie Ihnen bekannt sein dürfte, hat sich der Deutsche Beamtenbund dafür ausgesprochen, daß künftig Mindesteingangsvoraussetzung für den unmittelbaren Eintritt in den gehobenen Dienst neuer Art, der diese mittlere Führungsebene umfaßt, ein abgeschlossenes Fachhochschulstudium sein soll; hierin liegt die Konsequenz, das Studium an den Fachhochschulen in den Vorbildungs- und nicht in den Ausbildungssektor zu verlagern; die Vorbildung für die Anwärter des gehobenen Dienstes neuer Art an Fachhochschulen soll zusammen mit Nachwuchskräften der Wirtschaft erfolgen, d.h. an einer gemeinsamen Fachhochschule, der wir den Namen »Fachhochschule für Wirtschaft und Verwaltung« gegeben haben.

Wir haben uns deswegen für eine gemeinsame Vorbildung der Nachwuchskräfte in Wirtschaft und Verwaltung ausgesprochen, weil eingehende Untersuchungen ergeben haben, daß sich die administrativen Tätigkeiten im Bereich der Wirtschaft wie der Verwaltung immer mehr angleichen. Sie sind nach gleichen Ordnungsprinzipien eingerichtet und folgen aus innerem Sachzwang den gleichen fundamentalen Grundsätzen. Diese Tendenz wird noch verstärkt durch die zunehmende Verflechtung von Wirtschaft und Verwaltung. Neben diesem funktionalen Bezug ist es aber auch der Grundsatz der Mobilität und Flexibilität, der für unsere Forderung spricht.

Das Ausmaß der Spezialisierung der Berufstätigkeit, die Schnelligkeit der technischen und wirtschaftlichen Entwicklung und soziale Umschichtungen haben zur Folge, daß viele Berufstätige ihren Arbeitsplatz im Laufe ihres Lebens mehrfach wechseln müssen. Diese berufliche Mobilität erfordert ein möglichst breit angelegtes Grundlagenwissen sowie die Fähigkeit, sich ohne große Schwierigkeiten in ein neues Sachgebiet einzuarbeiten. Darüber hinaus ist aber auch eine verstärkte Austauschbarkeit zwischen den Kräften der Wirtschaft und Verwaltung wünschenswert und notwendig. Von seiten der Wirtschaft wird diese Austauschbarkeit – nicht ganz zu Unrecht – als mangelhaft kritisiert.

Aus dieser Gesamtzielsetzung heraus haben wir in einem ausführlich begründeten Gutachten unsere Vorstellung über die Ausgestaltung einer Fachhochschule für Wirtschaft und Verwaltung entwickelt.[2] Die Fachhochschulgesetzentwürfe der Länder wie auch die bereits verabschiedeten Gesetze in Schleswig-Holstein und Nordrhein-Westfalen lassen abstrakt die Möglichkeit zu, Fachhochschulen für Wirtschaft und Verwaltung zu errichten. Derzeit arbeitet ein von der Konferenz der Kultusminister eingesetzter Ausschuß an dem Entwurf einer Vereinbarung über die Fachrichtungen an Fachhochschulen. Wir fordern und erwarten von der Kultusministerkonferenz, daß sie im Hinblick auf die

2 Vgl. dazu Deutscher Beamtenbund. Bundesvertretertag. Geschäftsbericht der Bundesleitung 1969, S. 23f.

speziellen Belange auch des öffentlichen Dienstes zumindest eine Fachrichtung »Wirtschaft und Verwaltung« in Fachhochschulen schafft.

Für den Bereich der unteren Führungsebene, die in etwa mit dem derzeitigen mittleren Dienst umschrieben werden kann, ergeben sich ebenfalls Konsequenzen im Hinblick auf die Neukonzeption der Vor- und Ausbildung. Die Überlegungen, die ich eben eingehend für den Bereich der mittleren Führungsebene dargestellt habe, treffen gleichermaßen auf den Funktionsbereich der unteren Führungsebene zu. Auch hier ist eine Ausweitung und Komplizierung der Aufgabenstellung zu erwarten, die noch dadurch verstärkt wird, daß Aufgaben im Zuge der Verwaltungsreform von oben nach unten verlagert werden. Um auch im Bereich der unteren Führungsebene qualifiziert vorgebildete Anwärter zu erhalten, halten wir eine Anhebung der Vorbildungsvoraussetzungen auf das Niveau des Fachoberschulabschlusses für dringend geboten. Der Fachoberschulabschluß kann jedoch nur dann für den administrativen Sektor etwas hergeben, wenn die Fachbereiche an Fachoberschulen um den Bereich Wirtschaft und Verwaltung erweitert werden. Insofern fordern wir eine Änderung der Vereinbarung der Kultusministerkonferenz über die Fachoberschulen.

Die geschilderte Verstärkung der Vorbildung in allen Funktionsbereichen erfordert eine Umschichtung im Verhältnis zwischen Vor- und Ausbildung. Die Vorbildung bereitet auf das Berufsfeld vor, sie betont mithin die bildungspolitisch wünschenswerte breite Grundlagenvermittlung. Sie dient in weiteren Bereichen dazu, »zu lernen, wie man lernt«, um es einmal schlagwortartig auszudrücken. Der Ausbildung obliegt demnach die berufsspezifische Komponente.

Nach unserer Gesamtkonzeption ergibt sich, daß viele Bildungsinhalte, die derzeit noch zum Bereich der Ausbildung gehören, in den Vorbildungssektor verlagert werden, was wiederum eine Straffung, d.h. Verkürzung der Ausbildung zur Folge haben wird, so daß insgesamt gesehen die Dauer des Bildungsprozesses auch durch Verlängerung des Vorbildungssektors nicht ausgedehnt wird.

Lassen Sie mich zuletzt noch einige Bemerkungen zur Fortbildung machen: Die Fortbildung vollzieht sich heute fast ausschließlich aufgrund individueller Initiative des einzelnen Beamten selbst. Versteht man Fortbildung aber als das, was sie sein soll, nämlich den einzelnen an die ständig neuen Wissenserkenntnisse heranzuführen, um seinen hohen Leistungsstandard zu erhalten, so wird deutlich, daß die Fortbildung zentral gesteuert werden muß. Als Fortbildungsmaßnahmen bieten sich die verwaltungsexterne und die verwaltungsinterne Fortbildung an. An verwaltungsexternen Fortbildungseinrichtungen kommen neben den bereits vorhandenen Verwaltungs- und Wirtschaftsakademien die Einrichtung von Kontaktstudien an Universitäten und Fachhochschulen in Betracht. Als verwaltungsinterne Fortbildungseinrichtung sind eine oder mehrere Fortbildungszentralen in verwaltungseigener Regie zu fordern. Erste Ansätze in dieser Richtung zeichnet die Bundesakademie für öffentliche Verwaltung auf, die am 28. August 1969 für die Bediensteten des Bundes errichtet worden ist. Die Bundesakademie ist im Augenblick nur Träger der Fortbildung für die Beamten des höheren Dienstes. Es bedarf jedoch eigentlich keiner Erwähnung, daß die Beschränkung von Fortbildungsmaßnahmen nur auf eine Laufbahngruppe keinesfalls ausreicht. Sie muß vielmehr auf alle Gruppen ausgedehnt werden. Wir haben daher gefordert, daß das Fortbildungsprogramm der Bundesakademie auch auf die Laufbahnen des gehobenen und mittleren Dienstes ausgedehnt wird.

Das derzeitige vierstufige Fortbildungssystem der Bundesakademie, zu dem sich die einzelnen Fortbildungsmaßnahmen zusammenfügen, gliedert sich in eine allgemeine berufsbegleitende Fortbildung von Beamten des höheren Dienstes; die Heranbildung von Führungskräften für den nationalen, supranationalen und internationalen Verwaltungsdienst, in Seminarveranstaltungen für Führungskräfte innerhalb des höheren Dienstes und die bereits erwähnte Einführungszeit von 18 Monaten für die neu in den Bundesdienst eintretenden Assessoren.

Zusammenfassend darf ich abschließend feststellen, daß Vorbildung, Ausbildung und Fortbildung aufeinander abgestimmt sein müssen. In allen drei Bildungsbereichen muß die Bildungsplanung viel mehr als bisher auf die Belange des öffentlichen Dienstes Rücksicht nehmen. Nur dann, wenn es gelingt, den hohen Leistungsstandard der öffentlichen Verwaltung im Hinblick auf die Aufgaben der Zukunft nicht nur zu erhalten, sondern auch zu verbessern, wird die öffentliche Verwaltung in der Lage sein, die auf sie zukommenden Aufgaben sachgerecht zu erfüllen. Das aber ist nötig sowohl der positiven Entwicklung unserer

Gesellschaft und unseres Staates wegen wie aber auch des Zieles wegen, das wir alle gemeinsam anstreben sollten: Den öffentlichen Dienst in der Bundesrepublik Deutschland wieder zu einem allseits anerkannten, geachteten und richtig bewerteten Berufsstand zu machen. Um dieses Ziel zu erreichen, ist auch zukünftig Ihre Mitarbeit nötig, die ich heute von Ihnen erbitte und die in den nächsten 20 Jahren – wie wir alle wissen – an der Lösung besonders schwieriger Fragen sich bewähren muß.

18. November 1969

Das Berufsbild des Beamten in der modernen Gesellschaft

Vortrag vor Angehörigen des Bundesamtes für Wehrtechnik und Beschaffung in Koblenz
(Auszug)

Quelle: DBB-Archiv, Abt. Bulei 15000–11 (maschinenschriftlich mit handschriftlichen Änderungen A. Krauses)

[. . .][1]. Neue Aufgaben werden auf den Beamten zukommen. Neue Aufgaben, die auch zur weiteren Vergrößerung des öffentlichen Dienstes führen werden. Wir alle haben erlebt, wie insbesondere in den letzten Jahren beispielsweise auf dem Bildungssektor neue Aufgaben entstanden sind, die eine Veränderung der bisherigen Strukturen mit sich gebracht haben. Das wird in Zukunft nicht anders sein. Die ständig größer werdenden Städte erfordern den ständigen Ausbau der städtischen Einrichtungen, der Schulen, der Sportstätten, der Erholungsanlagen, der Kultureinrichtungen. Die steigenden Lebenserwartungen bedingen ein notwendiges Anwachsen der sozialen Versorgung und Betreuung. Alles dies zeigt mit besonderem Nachdruck, daß die Hoheitsverwaltung der Daseinsverwaltung weicht, daß nicht mehr die Anordnung von oben, sondern daß Planen und Verwalten den öffentlichen Dienst ausmachen.

Mit den neuen Aufgaben muß ein Wandel des öffentlichen Dienstes und seiner Angehörigen einhergehen. Nur dann kann der öffentliche Dienst den ihm von der Gesellschaft und vom Staat aufgetragenen Aufgaben gerecht werden. Hierauf muß sich der öffentliche Dienst einrichten. Hierauf muß sich auch – und in ganz besonderem Maße – der

1 Im ersten Teil seiner Rede geht A. Krause vor allem auf ungerechtfertigte Kritik in der Öffentlichkeit am Berufsbeamtentum ein.

Beamte einstellen. Er muß Gewohntes zurücklassen, muß sich trennen von dem, was ihm bisher Richtschnur seines Handelns war.

Dies, meine Damen und Herren, kommt so überraschend, wie es auf den ersten Blick scheinen mag, nicht. Auch in den letzten Jahren hat es bereits genügend Anzeichen einer Wandlung gegeben. Der Aufgabenzuwachs auf dem Gebiet des Erziehungs- und Bildungswesens hat bereits eine Umstellung erfordert. Der Computer – vielleicht schon öfter vertreten als allgemein angenommen – hat viele gezwungen, sich umzustellen. Und mit dieser Umstellung hätte notwendigerweise auch eine verstärkte »Umbildung« der Beamten einhergehen müssen. Eine Regierung aber, die es vor noch nicht vier Jahren für ausreichend hielt, Fortbildungskosten in Höhe von 50000 DM für die Bundesbediensteten – also für Beamte und Angestellte – aufzubringen, hat die Zeichen der Zeit nicht erkannt. Sie hält wohl ein Einrichten auf die Zukunft nicht für erforderlich.

Heute sieht es schon »besser« aus. Die jetzt im Haushaltsplan ausgewiesenen Mittel belaufen sich auf 180000 DM für insgesamt 170000 Bedienstete, d.h. also etwas mehr als eine DM pro Kopf. Das ist immerhin eine »Steigerung« von 100 Prozent und eine solche Steigerungsrate ist ja doch nun gewiß »sehr beachtlich«.

An einer wesentlichen und umfassenden Änderung der Fortbildung in ihrem bisherigen Zuschnitt aber muß umgehend gearbeitet werden. Andernfalls geht der öffentliche Dienst unvorbereitet in die nächsten Jahre. Die veränderten Aufgaben fordern auch eine veränderte Ausbildung. Für alle nach dem bisherigen System Ausgebildeten aber erfordern sie eine viel umfangreichere Fortbildung.

An dieser Stelle möchte ich Thomas Ellwein zitieren, der unter dem Titel »Der Beamte des Jahres 2000« zur Frage der Fortbildung folgendes schrieb[2]:

»Sie – die Fortbildung – muß einerseits gewährleisten, daß der Beamte am sich verändernden Wissen seiner Zeit teilhat und einen Blick für die anstehenden Aufgaben erhält, und sie muß andererseits bewirken, daß

2 Vgl. Thomas Ellwein: Der Beamte des Jahres 2000, in: Deutscher Beamtenbund. Ursprung – Weg – Ziel. Zur 50. Wiederkehr des Gründungstages am 4. Dezember 1918. Hrsg. von der Bundesleitung des DBB, Bad Godesberg 1968, S. III/103ff. (Zitat S. III/109f.).

innerhalb der Verwaltung durch ihre Mitarbeiter ständig über notwendige und mögliche Reformen diskutiert und der politischen Führung nachdrücklich unterbreitet wird, was ihr entgeht oder wem sie sich zu entziehen trachtet.«

Nun wird uns zwar von den verantwortlichen Politikern immer wieder versichert, daß die ersten Schritte bereits eingeleitet seien. Das mag vielleicht auch zutreffen. Aber wieviel mehr wäre uns allen gedient, wenn man weniger lange gezögert hätte und heute statt der ersten Schritte die ersten Erfolge melden könnte? Und so bleibt es dann meist bei der Ankündigung. Ich darf hier zitieren, was der ehemalige Bundesminister des Innern, Benda, anläßlich eines Vortrages auf der Bühler Höhe im Rahmen der beamtenpolitischen Arbeitstagung des DBB ausgeführt hat[3]:

»Die Errichtung einer Akademie für die öffentliche Verwaltung ist in Vorbereitung. Sie soll in einem mehrstufigen Fortbildungssystem – schwerpunktmäßig für den höheren Dienst – praxisbezogenes Wissen auf allen Gebieten des Verwaltungshandelns nach dem neuesten Stand und mit modernsten didaktischen Methoden vermitteln. Zunächst müssen wir uns – ohne daß es auf lange Sicht allein dabei bleiben soll – auf die Fortbildung im höheren Dienst konzentrieren. Hierbei ist ein vierstufiges Fortbildungssystem in Aussicht genommen:

1. Einführung der Nachwuchskräfte in die praktischen Aufgaben der Verwaltung. Dabei sollen die Bedürfnisse der verschiedenen Fachrichtungen, aus denen die Beamten und Angestellten kommen, berücksichtigt werden.
2. Berufsbegleitende Fortbildung der Bundesbediensteten zur Vermittlung aktuellen Fachwissens und moderner Planungs- und Entscheidungsmethoden.
3. Lehrgänge zur Heranbildung von Führungskräften für Aufgaben im nationalen Bereich und für internationale Aufgaben.
4. Lehrgänge für obere Führungskräfte in enger Zusammenarbeit mit der Wirtschaft sowie mit den Ländern und Kommunalverwaltungen.

Ziel der Akademiearbeit in Verbindung mit der Modernisierung des

3 Vgl. Ernst Benda: Ein Zukunftsbild des öffentlichen Dienstes (vgl. die Angaben S. 335 Anm. 2), S. 24.

öffentlichen Dienstrechts ist es, einen leistungsstarken öffentlichen Dienst zu gewinnen, ohne daß dabei gleichzeitig eine ›Bundeselite‹ herangebildet werden soll. Das unterscheidet diese Bestrebungen von dem französischen System der ENA, das oft als Vorbild angeboten wird.«

Soweit das Zitat, das im Grunde also noch wie Zukunftsmusik klang. Und es ist auch noch Zukunftsmusik, nachdem die Akademie inzwischen in einem besonders feierlichen Akt aus der Taufe gehoben wurde – denn gelehrt wird an dieser Akademie noch immer nicht.

Und wenn dann gar noch darauf hingewiesen wird, daß die »Bemühungen im Bereich der Ausbildung . . . einstweilen an der nicht ausreichenden Bundeskompetenz scheitern«, dann muß einen das schlichtweg traurig stimmen. Wenn Politiker Zuständigkeiten für wichtiger als Reformen halten, wenn sie glauben, der sie unmittelbar umgebende Bereich sei wichtiger als das Ganze, dann, meine Damen und Herren, kann man in der Tat den ständigen Beteuerungen, in absehbarer Zeit werde alles besser, nur mit Pessimismus begegnen. Eine derartige Politik scheint der nahezukommen – und lassen Sie mich das vergleichsweise banale Beispiel einmal anführen – die bisher in der Bierbranche üblich war. Dort nämlich herrschte und herrscht auch heute noch der Grundsatz vor, wichtig sei nur das, was sich rings »um den Schornstein« abspiele.

Wie unzureichend bisher die Fortbildung seitens der Regierungen betrieben wurde, geht auch daraus hervor, daß sämtliche Verbände in unserem Staat von sich aus Veranstaltungen zur Fortbildung abhalten. Damit nehmen sie dem Staat ein gutes Stück Arbeit ab, ohne daß das von ihm anerkannt wird.

Insgesamt scheint es also tatsächlich so zu sein, daß – wie Ellwein einmal sagte – Staat und Kommunen wenig von der Frage belästigt sind, wie es gelingen könnte, auch nach Ausbildung und Studium des Beamten dessen Vertrautheit mit der weiteren Entwicklung einigermaßen zu gewährleisten und sich dabei nicht gänzlich auf seine eigene ökonomisch nicht motivierte Initiative zu verlassen.

Die Fortbildung ist also eine der wesentlichsten Voraussetzungen für die Bewältigung der Zukunftsaufgaben des öffentlichen Dienstes. Ebenso aber wie die Fortbildung, so muß auch – das wurde bereits angedeutet – die Ausbildung neu gestaltet werden. Die nächsten Jahre werden eine weitere Vermehrung der bereits vorhandenen Datenverarbeitungsanlagen mit sich bringen. Das setzt voraus, daß diejenigen, die diese Anlagen steuern, gut ausgebildet sind für die Steuerung selbst, aber auch, daß sie in der Lage sind, die Ergebnisse auszuwerten und die Verwaltungsarbeit auf Grund der Ergebnisse in neue Bahnen zu lenken.

Darüber hinaus werden die nächsten Jahre noch mehr gesellschaftliche Umstrukturierungen mit sich bringen als wir das bisher schon erlebt haben. Nicht nur das Zuwachsen neuer Verwaltungsaufgaben, sondern auch z.B. die ständig fortschreitende Arbeitszeitverkürzung werden neue Probleme mit sich bringen. Fachleute behaupten – das darf ich in diesem Zusammenhang einmal anführen –, daß bereits um das Jahr 1980 im Durchschnitt nur noch an 30 Wochenstunden gearbeitet werde. Viele mögen heute noch darüber lächeln – ähnlich jenen, denen man vor nur knapp zehn Jahren unsere heutige wöchentliche Arbeitszeit vorhergesagt hatte.

Ich sprach gerade von den zu erwartenden gesellschaftlichen Umstrukturierungen. Auf die muß sich der öffentliche Dienst einstellen. Und das kann er nur dann tun, wenn seine Angehörigen von ihrer Ausbildung her in der Lage sind, sich diesen Wandlungsprozessen rechtzeitig zu stellen, sie zu lenken und sie in positivem Sinne zu beeinflussen. Daher muß auch die Ausbildung darauf gerichtet sein, den Beamten beweglicher zu machen; denn schon heute zeigt es sich, daß der einmal gewählte Tätigkeitsbereich bis zur Pensionierung nicht derselbe bleiben wird, und zum anderen werden sich auch in den Tätigkeitsbereichen selbst ständige Wandlungen vollziehen. War bisher die Anwendung des Gesetzes Schwerpunkt einer Ausbildung, so muß es morgen das Vorbereiten auf die Veränderungen und die Vermittlung der Fähigkeit sein, sich ihnen rechtzeitig anzupassen.

Die Umstellung der Verwaltungsorganisation wird wesentliche Auswirkungen auch auf die Berufsordnung des öffentlichen Dienstes haben. Heute gibt es den einheitlichen Beamtentyp als Berufstyp. Und hat es schon bisher manche Schwierigkeiten bei der Einordnung bestimmter Berufsgruppen in das starre Laufbahnsystem gegeben – ich erinnere in diesem Zusammenhang an die Beamten der Flugsicherung –, so wird dies in Zukunft noch mehr der Fall sein. Ob man dem mit Stellenzulagen begegnen kann und auf diese Weise etwas auszugleichen versucht, was nur durch eine Anpassung an die jeweils gegebene Organisation und die besonderen Aufgaben möglich wäre, darf mehr als zweifelhaft erscheinen.

So tut es denn not, das bisherige Laufbahnsystem gründlich zu überdenken, es offen zu machen für die Einordnung und Bewertung neuer Gruppen, die neue Aufgaben zu erfüllen haben. Das sture Einstufen in das Eingangsamt einer bestimmten Laufbahn beispielsweise, die Notwendigkeit, ein bestimmtes Lebensalter und eine bestimmte Dienstzeit vor einer Beförderung erreichen zu müssen, das Wahrnehmen von Funktionen, die längst nicht mehr der vorgeschriebenen Bewertung entsprechen, das alles sind Hindernisse, die einer rein leistungsbezogenen Bewertung entgegenstehen.

Eine Gesellschaft und ein Staat, der seine Aufgaben in der bestmöglichen Weise erfüllen will, können es sich nicht länger leisten, daß durch überholte Formen gerade auf dem Sektor des Laufbahnwesens junge leistungsfähige Menschen von einem Eintritt in den öffentlichen Dienst abgehalten oder angehalten werden, zugunsten besserer Aufstiegschancen den öffentlichen Dienst zu verlassen. Die Interessen der Gesellschaft bzw. einzelner Gruppen der Gesellschaft und die Funktionsfähigkeit des Staates fordern hier eine Abkehr vom bisherigen, zu wenig flexiblen System.

Aus diesem Grunde haben wir seit einiger Zeit Überlegungen in Richtung auf eine Neuordnung des Laufbahnwesens angestellt. Wir sind der Auffassung, daß das gegenwärtige Laufbahngruppenprinzip nicht mehr flexibel genug ist, sich den abzeichnenden Veränderungen einer funktionalen Verwaltungsreform und des gesamten Bildungswesens anzupassen. Der Bundesvorstand des DBB hat sich daher dem Grundsatz nach dafür ausgesprochen, das Laufbahngruppenprinzip durch die sog. einheitliche Laufbahn abzulösen.

Jetzt hat auch der Bundesvertretertag die Bundesleitung beauftragt, folgendes zu veranlassen[4]:

1. Weitere Konkretisierung der Folgerungen, die aus der vom Bundesvorstand grundsätzlich gebilligten Abkehr von dem viergliedrigen

4 Vgl. Deutscher Beamtenbund. Bundesvertretertag. Geschäftsbericht der Bundesleitung 1972, S. 28ff.

Laufbahngruppensystem zugunsten einer »Einstiegslaufbahn« (einheitliche Laufbahn) zu ziehen sind.

2. Erarbeitung von Vorschlägen, wie das damit aufs engste verknüpfte Beurteilungswesen, gegebenenfalls unter Zugrundelegung automationsgerechter Beurteilungsmaßstäbe, in geeigneter Weise vereinheitlicht und versachlicht werden kann.
3. Weiterführung der Überlegungen, die auf eine Neuordnung für die Bekleidung von Ämtern auf den einzelnen Funktionsstufen der Verwaltung abzielen (Reform des Hochschulstudiums, Fachhochschulstudiums, Fachoberschule).
4. Aufstellung von Modellen für Sonderlaufbahnen, die auf die fortschreitende Differenzierung der Aufgaben des öffentlichen Dienstes zugeschnitten sind.
5. Erarbeitung von Vorschlägen, wie eine moderne Personalpolitik und Personalführung erzielt werden kann, die zugleich dem Übelstand der Ämterpatronage entgegenwirkt.
6. Prüfung der Frage, welche Konsequenzen sich aus einer am Leistungsgedanken ausgerichteten Neuordnung des Laufbahnwesens gegebenenfalls für die bisherigen beamtenrechtlichen Statusregelungen ergeben.

Diesem Auftrag liegen folgende Überlegungen zugrunde: Für uns ist vor allem die Überlegung maßgeblich, daß sich das geltende viergliedrige Laufbahngruppensystem an den bislang bestehenden vier Bildungsabschlüssen, nämlich Volksschul-/Hauptschulabschluß, mittlere Reife, Realschulabschluß, Abitur und Abschluß eines wissenschaftlichen Studiums, orientiert; tatsächlich bestehen jedoch erheblich mehr Abschlüsse, insbesondere im Bereich des berufsbildenden Schulwesens und des zweiten Bildungswesens. Darüber hinaus wird in allernächster Zukunft zu den bestehenden Bildungsabschlüssen noch der Fachoberschulabschluß und der Abschluß des Fachhochschulstudiums hinzukommen.

Das geltende Laufbahngruppensystem ist nicht in der Lage, diesen Veränderungen in den Bildungsstrukturen Rechnung zu tragen. Es ist nämlich nicht möglich, die Schulabschlüsse, die in ihrer Wertigkeit zwischen den für den Eingang in eine bestimmte Laufbahngruppe maßgeblichen liegen, systemrichtig einzuordnen.

Ein zweiter Gesichtspunkt spricht für die Einführung einer einheitlichen Laufbahn: die jetzige Einteilung der Laufbahn in vier Gruppen stellt eine erhebliche Behinderung der Aufstiegschancen von einer in die nächsthöhere Laufbahngruppe dar. So sehr zuzugeben ist, daß auch die jetzigen Laufbahnvorschriften die Möglichkeit des Aufstiegs eröffnen, so stellt doch personalpolitisch der Übertritt von einer Laufbahngruppe in die andere eine nur schwer überwindbare Schranke dar und steht damit dem Leistungsgrundsatz entgegen.

Hinzu kommt, daß der Aufstieg von so vielen Voraussetzungen abhängig ist, daß heute keinesfalls gewährleistet ist, daß immer nur die befähigten Beamten aufsteigen. Vielmehr sind die auslösenden Faktoren für den Aufstieg oftmals Beziehungen, die zum Leistungsgrundsatz in keinem Zusammenhang stehen. Würde man dagegen die einheitliche Laufbahn einführen, so wäre die Aufstiegsfrage jedenfalls vom Grundsatz her gelöst, da diese Laufbahn nach oben offen ist und mithin keinerlei Laufbahnschranken mehr kennt.

Wir glauben, meine Damen und Herren, daß auch eine so ins Auge gefaßte Neukonzeption des Laufbahnwesens mit dazu beiträgt, das Berufsbild des Beamten freundlicher zu gestalten. Es trägt dazu bei, den öffentlichen Dienst attraktiver zu machen. Es trägt außerdem dazu bei, den Beamten aus dem bisherigen Schema zu lösen, ihn tatsächlich seiner Leistung entsprechend zu behandeln und ihn damit in einen besseren Einklang mit seinem Beruf zu bringen. Dieser erstrebte Einklang wird viel dazu beitragen, den Beamten entscheidungsfreudiger zu machen, ihn mit mehr Hingabe an seinen Beruf denken und ihn sich in diesem seinem Beruf einfach freier bewegen zu lassen.

Was aber muß bleiben von dem, was einstmals und in großem Umfang auch heute noch das Berufsbild bestimmt? Es wird so viel und so oft vom Beamtenethos gesprochen. Viele meinen damit, daß – weil der Beamte angeblich so viele Privilegien besitzt – er durchaus damit einverstanden sein muß, daß sein Rock nun einmal etwas enger ist als der anderer Lohn- oder Gehaltsempfänger. Für diese Leute gilt auch heute noch ein Ihnen allen bekannter Ausspruch aus dem Jahre 1759: »Wer auf die preußische Fahne schwört, hat nichts, was ihm selbst gehört.« Dem steht ein anderer Ausspruch gegenüber, den ein junger Beamter kürzlich auf ein Transparent anläßlich einer Demonstration aufgemalt hatte: »Tausche Beamtenethos gegen angemessene Besoldung.«

Meine Damen und Herren, lassen Sie es mich einmal ganz deutlich sagen: die Zeiten sind endgültig vorbei, in denen sich Beamte mit einem engen Rock nur deshalb zufriedengaben, weil sie die Ehre hatten, im Staatsdienst tätig zu sein. Wer früher alleine schon dadurch satt wurde, daß er sich an der Vorstellung berauschte, schon alleine deshalb wer zu sein, weil er Staatsdiener war, der hungert heute. Heute ist niemandem mehr damit gedient, daß ihm die Bedeutung seines Einsatzes für das Gemeinwohl immer wieder vor Augen geführt wird. Wer ein schmales Gehaltskonto nur deshalb besitzt, verzichtet zu Recht auf diese Ehre in einer Zeit, die, durch mancherlei Erfahrungen gewitzt, sich wenig um hehre Begriffe schert.

Was einstmals als unumstößlich galt, was einfach außerhalb jeder Kritik lag, das ist heute durchaus in Frage zu stellen. Heute wäre ein Brief undenkbar, aus dem ich auszugsweise zitieren möchte, ein Brief, den ein bayerischer Staatsdiener im Jahre 1857 an seinen König schrieb: »In allen diesen Stürmen und Drangsalen hält die bayerischen Staatsdiener nur noch das unbegrenzte Vertrauen in ihren Allergenaedigsten Koenig und Herrn aufrecht, welcher in allergerechtester und allerweisester Fürsorge für Seine Diener diese wohl nicht länger den Sorgen für die Bedürfniße eines standesmäßigen Lebens und dem Kampfe zur Wahrung ihrer Stellung als Koenigliche Diener, dann der desfalls offenbaren Zurücksetzung gegen alle Privat-Diener preisgeben wird.«

Heute gibt es niemanden mehr, an den man trotz aller Enttäuschungen Hoffnung knüpfen könnte. Heute gibt es den Staat als anonymes Wesen, dem sich ein Beamter mit seiner Berufswahl zwar verschrieben hat, dem er sich aber nicht mit dem stillen Einverständnis verschrieben hat, stets an seine Treuepflicht zu denken und tief ergeben mit dem zufrieden zu sein, was dieser Staat ihm gibt bzw. vorenthält.

Der Beamte ist heute kein Diener mehr, der viel und manchmal nahezu alles vertrauensvoll in die Hand des Staates legt, der sich in ein Über- und Unterordnungsverhältnis begibt und im wesentlichen von der Vorstellung lebt, Vollstrecker des Willens der Allgemeinheit zu sein. Sicher ist der Beamte ein solcher Vollstrecker, dessen Ethos aber ganz schlicht darin liegt, daß er sich zu möglichster Objektivität verpflichtet und daß er keine Spezialinteressen im Auge hat, sondern sein Handeln danach ausrichtet, was der Allgemeinheit dient.

Und dieses Ethos wird nicht dadurch künstlich auf eine höhere Ebene gestellt, daß man an das Verhalten eines Beamten besondere moralische Maßstäbe legt. So wie man von einem Pastor bzw. einem Pfarrer erwartet, daß er nie lügt, so erwartet man von einem Beamten bis ins letzte Lauterkeit, Sauberkeit, Unfehlbarkeit. Pfarrer und Beamte aber sind Menschen, die – wie jeder andere auch – einmal danebentreten können. Müßte dies nicht in jede Rechnung mit einbezogen werden, dann hätte sich beispielsweise der Schöpfer des Strafgesetzbuches jene Strafbestimmungen ersparen können, die sich mit Bestechung, Begünstigung etc. befassen.

Was für das Beamtenethos gilt, gilt in gleicher Weise für das so oft strapazierte Alimentationsprinzip. Dieses Prinzip wird als Korrelat gesehen zu dem Treueprinzip, dem der Beamte sich mit seinem Eintritt in den »Staatsdienst« verschrieben hat. Danach wird ein Beamter nicht dafür bezahlt, daß er seine konkreten Aufgaben erfüllt, sondern dafür, daß er sich ein Leben lang zur vollen Berufshingabe verpflichtet hat. Aus dieser Anschauung erwächst dann als Charakteristikum des Beamtentums folgender bemerkenswerte Satz: »Es ist für das Beamtentum kennzeichnend, daß auch und gerade dann Bezüge zu zahlen sind, wenn der Beamte die erwartete Arbeitsleistung nicht erbringen kann.« Bemerkenswert an diesem Satz ist auch, daß er einem bekannten Kommentar zum Grundgesetz entnommen ist.[5]

Derlei Definitionen des Alimentationsprinzips halten wir für verfehlt. Der Gedanke der Gegenleistung muß unbedingt mit in eine Begriffsbestimmung einbezogen werden. Zwar betont das Bundesverfassungsgericht in einer vor mehr als zwei Jahren veröffentlichten Entscheidung[6], daß die Besoldung »kein Entgelt im Sinne einer Entlohnung für konkrete Dienste« sei, daß aber der »Kernbestand des Anspruchs« des Beamten auf einem »durch seine Dienstleistung erworbenem Recht« beruhe. Besoldung und Versorgung seien die »Gegenleistung« des Dienstherrn dafür, »daß sich ihm der Beamte mit seiner ganzen Persönlichkeit zur Verfügung stellt und gemäß den jeweiligen Anforderungen seine Dienstpflicht nach Kräften erfüllt«.

5 Vgl. Maunz-Dürig: Grundgesetz. Kommentar, Art. 33, S. 36 (8. Lieferung, März 1966).

6 Vgl. das Urteil vom 11. April 1967; BVerfGE. Bd. 21, S. 229ff., insbesonders S. 344ff.

Sicherlich ist diese Entscheidung noch als recht konservativ zu bezeichnen, weil sie die volle Bindung der ganzen Persönlichkeit in den Vordergrund stellt. Dennoch – ein erster Schritt scheint getan, um das Alimentationsprinzip aus seiner übertriebenen ideellen Umklammerung heraus- und in wirklichkeitsnahe Bahnen hineinzuführen. Wenn es gilt, das Bild des Beamten in der Öffentlichkeit zu korrigieren, dann muß hier angesetzt werden. Dann muß endlich mit der Vorstellung aufgeräumt werden, Beamte seien Menschen einer besonderen Gattung, denen um des Wohles der Allgemeinheit willen alles das zumutbar ist, was man sich selbst nicht zumuten würde.

Es ist erfreulich, daß sich auch die neue Bundesregierung an dieser Korrektur des Bildes vom Beamten beteiligen will. Wie uns der Bundesinnenminister in seiner Ansprache auf dem Bundesvertretertag vor wenigen Tagen in Kassel versicherte, hat die Bundesregierung es sich zur Aufgabe gestellt, das Verständnis für die veränderte Aufgabenstellung des öffentlichen Dienstes und die daraus folgende erhöhte Bedeutung des öffentlichen Dienstes zu wecken und zu stärken.[7]

Genscher führte dann folgendes aus:

»Die politische Führung kann dem Bürger gegenüber nur die Garantie für eine leistungsfähige Verwaltung übernehmen, wenn sie den Menschen, die in dieser Verwaltung tätig sind, in der Gesellschaft die Achtung und den Platz einzuräumen weiß, die der Bedeutung ihrer Aufgaben entspricht. . . . Auf dieser Erkenntnis fußend, daß in der Öffentlichkeit das Bild des öffentlichen Dienstes korrigiert werden muß, ist es mein Ziel – so Genscher –, den öffentlichen Dienst und die Beamtenschaft zu befreien von dem falschen und unverdienten Bild des ewigen Bittstellers in Besoldungsfragen. Das bedeutet, daß wir auch angesichts der allgemeinen Einkommensentwicklung in unserem Land die notwendigen Konsequenzen für den öffentlichen Dienst ziehen und zusammenstehen, wenn es darum geht, denjenigen entgegenzutreten, die in der Öffentlichkeit aus Unverständnis oder bösem Willen die Bedeu-

7 Für den Wortlaut der Rede von Bundesinnenminister Genscher auf dem Bundesvertretertag 1969 (6. bis 8. November 1969) in Kassel vgl. Der Beamtenbund. 18. Jg., Nr. 12, Dezember 1969, S. 5f. (Zitat S. 5).

tung dieses Dienstes für die Allgemeinheit und das Recht auf angemessene Besoldung in Zweifel ziehen.«

Meine Damen und Herren, vergangene Ereignisse haben uns skeptisch werden lassen, und so kann der Zwischenruf eines aufmerksamen Zuhörers in Kassel nicht verwundern, der – als Beifall aufrauschte – meinte, man solle erst einmal abwarten. Die ersten Zeichen aber sind gesetzt, die uns hoffen lassen. In der vergangenen Woche nämlich fand bereits ein Gespräch zwischen dem Bundesinnenminister und der Bundesleitung des DBB statt, bei dem der positive Eindruck von Kassel bestätigt und verstärkt wurde. Wir alle wollen hoffen, daß dieser gute Beginn auch zu konkreten Ergebnissen führt.

Eine moderne Gesellschaft stellt andere Anforderungen an einen Berufsstand als eine ausschließlich an Traditionen ausgerichtete Gesellschaft. Diesen Anforderungen aber kann – und das ist unbestritten – ein Berufsstand nur dann gerecht werden, wenn seine Interessen in dem bekannten Wechselspiel der Kräfte in ausreichender Weise wahrgenommen werden. Darum ist einer Beamtenorganisation eine besondere Verantwortung übertragen, die sie dazu verpflichtet, mit allen Kräften um Verständnis für die von ihr Vertretenen zu werben, um auf der Grundlage dieses Verständnisses die berechtigten Wünsche ins Gespräch zu bringen und für deren Erfüllung zu sorgen.

Das ist keineswegs leicht und es wird noch schwerer in einer Gesellschaft, die nur ungern bereit ist, verantwortungsvolles, d. h. am Gesamtinteresse ausgerichtetes Verhalten zu honorieren. Als der Deutsche Beamtenbund sich im vergangenen Jahr eindeutig von streikähnlichen Maßnahmen distanzierte, haben ihm das nur wenige gedankt. Wir haben und hatten bei unserer damals getroffenen Entscheidung vollstes Verständnis für die Verbitterung der Beamten. Von einer verantwortungsbewußten, sich an Recht und Gesetz gebunden fühlenden Leitung des DBB kann aber nicht verlangt werden, daß sie das Eigeninteresse der Beamtenschaft, das nachdrücklich zu vertreten ihr wohl aufgegeben ist, höher stellt als die Autorität der Gesetze. Ich stelle das mit aller Entschiedenheit fest, und ich bin sehr froh darüber, daß einer der angesehensten Politiker unseres Landes, nämlich Carlo Schmid, in einem am 29. Oktober, also vor wenigen Tagen, veröffentlichten Interview in dieser Hinsicht einige seit langem fällige, klärende Worte gesprochen hat, indem er u. a. sagte[8]: »Ein Staat kann so sein, kann anders sein, er kann sozialistisch, er kann liberal oder konservativ sein. Aber jeder Staat muß die Autorität verlangen, daß seine Gesetze, demokratisch beschlossene Gesetze, auch angewandt werden gegen jedermann. Autorität des Gesetzes, das ist es, worauf es ankommt. . . .«

Mir jedenfalls hat Carlo Schmid aus dem Herzen gesprochen, wenn er unseren Staat der Gefahr ausgesetzt sieht, daß Liberalität mit Libertinage, der gänzlichen Bindungslosigkeit, verwechselt werde. Er spricht vom »verkümmerten Staat, der sich dafür entschuldigt, daß er überhaupt existiert, daß er Steuern und auch Soldaten einziehen und Polizei zur Verfügung halten muß (zu der er, wenn es hart auf hart geht, dann nicht einmal steht)«.

Ich würde es aufs tiefste bedauern, wenn sich in den Reihen des DBB und der Beamtenschaft insgesamt ein Geist ausbreiten würde, der demjenigen gleicht, der uns aus einem Leitartikel des Organs der Deutschen Postgewerkschaft »Deutsche Post« vom 20. Oktober entgegenschlägt. Dort heißt es unter der Überschrift »Erfolg der Solidarität: 300 DM«[9]:

»Das Dilemma der Gewerkschaften bestand in der Tatsache, daß sie, durch die noch gültigen Tarifverträge gebunden, keinen Druck auf die Arbeitgeber ausüben und zu keinen Kampfmaßnahmen gegen sie aufrufen konnten, ohne Gefahr zu laufen, für alle ›Schäden‹, die durch solche Kampfmaßnahmen den Arbeitgebern entstanden wären, haftbar gemacht zu werden. Die IG-Metall kann aus den Erfahrungen des Metallarbeiterstreiks in Schleswig-Holstein ein Lied davon singen.

Das Nachdenken, wie man diese Situation lösen könnte, nahmen die Belegschaften in den Hütten und Bergwerken an Ruhr und Saar den Gewerkschaften ab. Leider und Gott sei Dank, kann man sagen. Sie warfen den Konzernherren den Bettel hin, gingen auf die Straße, kümmerten sich um juristische Probleme einen Dreck, forderten 50 Pfennig mehr in der Stunde – und bekamen sie.

Das waren die deutschen Arbeiter, denen nachgesagt wurde, sie hätten das Streiken verlernt. Der Funke sprang über. Im öffentlichen Dienst

8 Es handelt sich um ein Interview mit dem Bonner »General-Anzeiger« (»Nur ja keinen Wischi-Waschi-Staat . . .«).

9 Artikel von Erich Huber. Vgl. Deutsche Post. Nr. 20, 20. Oktober 1969, S. 544.

waren es bezeichnenderweise die Letzten in der Rangreihe, die die Gunst der Stunde am ehesten begriffen. Die Müllkutscher und Müllarbeiter ließen den Dreck einfach liegen. Bei der Post dauerte es etwas länger, und nur wenige taten etwas mehr als nur zu fragen, was nun wohl der Hauptvorstand unternehmen werde.«

Wer sich um juristische Probleme einen Dreck kümmert, d. h. also um Recht und Gesetz, und wer ein solches Verhalten billigt oder es gar noch preist, der stellt sich außerhalb unserer Verfassungsordnung. Der trägt dazu bei, dem Berufsbild des Beamten kaum wiedergutzumachenden Schaden zuzufügen. Der handelt unverantwortlich, weil er nicht nur den Beamten selbst schadet, sondern auch dem Staat als einer auf Recht und Gesetz aufgebauten Ordnungskraft.

Der Deutsche Beamtenbund, meine Damen und Herren, hat sich seine Entscheidung damals bestimmt nicht leicht gemacht. Er hat diese Entscheidung auch immer wieder aufs neue überdacht. Und wer von Ihnen die Diskussionen auf dem Bundesvertretertag in Kassel miterlebt hat, wird dies bestätigen können. Nach langem Ringen wurde dort folgende Entschließung gefaßt, die als eine der entscheidenden Grundlagen für die Arbeit des Deutschen Beamtenbundes in den nächsten Jahren angesehen werden muß: Mit dem Beamtenstatus sind Kampfmaßnahmen im Rahmen der Gesetze vereinbar. Der Streik bleibt also ausgeschlossen. Es müssen dafür aber ständige, auf dem Grundsatz der Gleichberechtigung beruhende Verhandlungseinrichtungen geschaffen werden, die den Spitzenorganisationen der Beamten die sachgerechte Interessenvertretung gegenüber Regierung und Parlament ermöglichen. Das Parlament hat der Regierung insbesondere in Fragen der Besoldung und Versorgung einen breiteren Verhandlungsspielraum als bisher einzuräumen und sich auf die Festlegung der Grundsätze zu beschränken, nach denen die Regierung die vom Parlament bewilligten finanziellen Mittel einzusetzen hat. Nur im Falle der Nichteinigung entscheidet der Gesetzgeber.

Es ist die ständige Aufgabe der Parlamente, der Regierungen und des öffentlichen Dienstes in Bund und Ländern,

– in allen Bevölkerungskreisen ein vorurteilsfreies Verständnis für die Aufgaben, Belastungen und Leistungen des öffentlichen Dienstes und seiner Träger anzustreben und

– für lebendige demokratische Formen der Zusammenarbeit innerhalb der Verwaltung zu sorgen.

Das sind die Voraussetzungen für ein Selbstverständnis des öffentlichen Dienstes, der sich von kritischem Verantwortungsbewußtsein und Vertrauen getragen weiß. Nur so kann der öffentliche Dienst den hohen Anforderungen gerecht werden und die Leistungen erbringen, die die politische und soziale Lage erfordern.

Wir hoffen, meine Damen und Herren, auf dieser Grundlage unseren Teil dazu beisteuern zu können, daß das Berufsbild des Beamten in der modernen Gesellschaft ein neues Gepräge erhält, daß die Öffentlichkeit mehr Verständnis für den Beamten aufbringt und daß er damit die ihm gebührende Stellung in unserer Gesellschaftsordnung erhält.

1970–1976
Selbstbehauptung des Berufsbeamtentums

März 1970

Personalpolitik nach politischer Zweckmäßigkeit?

Ehmkes »Entpflichtungserklärungen« sind Alarmzeichen

Die personalpolitischen Maßnahmen des Leiters des Bundeskanzleramtes, Horst Ehmke, bildeten den Anlaß für diesen Beitrag

Quelle: Der Beamtenbund. Monatszeitung des Deutschen Beamtenbundes. 21. Jg., Nr. 3, März 1970, S. 3f.

Im Verständnis des Bundesverfassungsgerichts ergibt sich aus der Gesamtbetrachtung der Grundsätze, die das Grundgesetz in Art. 33 Abs. 2 bis 5 aufstellt, daß das Berufsbeamtentum als eine Institution anzusehen ist, »die, gegründet auf Sachwissen, fachliche Leistung und loyale Pflichterfüllung, eine stabile Verwaltung sichern und damit einen ausgleichenden Faktor gegenüber den das Staatsleben gestaltenden politischen Kräften darstellen soll«.[1] Das Berufsbeamtentum gewinnt, wie Kurt Sontheimer einmal gesagt hat, »seinen Sinn und seine Würde durch die sachgerechte Erfüllung der dem Gemeinwesen obliegenden Aufgaben im Rahmen der Gesetze«.[2]

Es wird heute darüber gestritten, ob alles dies genügend stichhaltige Gründe sind, um an der institutionellen Eigenständigkeit eines Berufsbeamtentums künftig noch festzuhalten. Solange jedoch das geltende Verfassungsrecht diese Einrichtung garantiert, darf auch an ihrem vom

1 Vgl. das Urteil vom 17. Oktober 1957; BVerfGE. Bd. 7, S. 155ff. (Zitat S. 162).

2 Vgl. Kurt Sontheimer: Staatsidee und staatliche Wirklichkeit heute, in: Welchen Sinn hat es, diesem Staat zu dienen? Vorträge und Ansprachen auf der 6. beamtenpolitischen Arbeitstagung des DBB vom 9. bis 11. Januar 1964 auf Bühler Höhe (= Schriftenreihe des Deutschen Beamtenbundes. Hrsg. von der Bundesleitung. Heft 33), Bad Godesberg 1964, S. 44ff. (Zitat S. 59).

Bundesverfassungsgericht umschriebenen verfassungspolitischen Auftrag nicht gerüttelt werden. Weder Parlament noch Regierung und natürlich erst recht nicht die Beamten selber können sich selbstherrlich von ihm entbinden. Der Bundesvorsitzende des DBB nimmt im folgenden aus dieser Sicht Stellung zu einigen akuten beamtenpolitischen Fragen, die zugleich Fragen an die neue Bundesregierung in sich schließen.

Niemand wird der Leitung des DBB nachsagen können, sie habe den nach der letzten Bundestagswahl eingetretenen Regierungswechsel nur widerstrebend hingenommen und sei ihm von vornherein mit Argwohn begegnet. Ohne sich, wie es ihrer Verpflichtung zur parteipolitischen Unabhängigkeit entspricht, von kritischen Meinungsäußerungen, wie z. B. im Falle der Regierungserklärung[3], abhalten zu lassen, hat sich die Leitung des DBB vielmehr der neuen Bundesregierung gegenüber loyal verhalten.

Als die öffentliche Diskussion über die personalpolitischen Maßnahmen einsetzte, die der Regierungswechsel nach sich zog und deren Umfang vielfach stark übertrieben wurde, hat sich die Leitung des DBB, habe ich selber mich darum bemüht, die Kritik auf ein sachlich vertretbares Maß herunterzuschrauben. Das hat mir keineswegs nur Zustimmung, sondern, wenn auch nur vereinzelt, heftige Kritik aus der Mitgliederschaft oder – insofern mit der Regierung im selben Boote sitzend – einen wütenden Angriff z. B. P. W. Wengers vom »Rheinischen Merkur« eingetragen, der damals schrieb: »Den Exekutoren dieser ›Machtwechsel‹ – Selbstermächtigung, die in der Wahlnacht aus dem Sukkurs der geschlagenen FDP bezogen wurde, ist die im Organ des Deutschen Beamtenbundes präsentierte Anbiederung ein Beweis für die Erfolgschance ihrer Drucktaktik.

Sie benützen die Vokabel ›Machtwechsel‹ . . . in Hoffnung auf feige Anpassung und Selbstgleichschaltung.«[4]

3 Vgl. dazu Der Beamtenbund. 20. Jg., Nr. 11, November 1969, S. 1.

4 Vgl. Rheinischer Merkur. Nr. 46, 14. November 1969 (»Kahlschlag und Anpassung. Dokumente des Drucks nach dem ›Machtwechsel‹«).

Vorwarnung

Schon damals, im November vorigen Jahres, als ich dazu aufforderte, die personalpolitische Integrität der neuen Regierung nicht an den personellen Umbesetzungen unmittelbar nach dem Regierungswechsel zu messen, sondern ihr fairerweise eine zeitliche Vorgabe einzuräumen – schon damals hätte man freilich nicht übersehen dürfen, daß ich diese Aufforderung mit einer deutlichen Warnung verbunden habe. Ich schrieb nämlich: »Sollte sie« (die Regierung) »beabsichtigen, Schlüsselpositionen mit der Zeit planmäßig nach sachfremden Gesichtspunkten, das heißt einseitig zugunsten der parteipolitischen Richtung unter Vernachlässigung fachlicher Befähigung, zu besetzen, würde sie mit nachdrücklichem Widerstand des Deutschen Beamtenbundes zu rechnen haben.«[5]

Seitdem ist nun ein Vierteljahr ins Land gegangen, und es läßt sich an manchen Einzelerscheinungen jetzt schon eher übersehen, wohin – zumindest tendentiell – der personalpolitische Kurs der neuen Bundesregierung gehen könnte. Bevor ich darauf näher eingehe, muß ich jedoch, um die Einstellung des DBB zu diesen Fragen vor Mißdeutungen zu bewahren, einige grundsätzliche Bemerkungen einschalten.

Stabile Verwaltung

Der verfassungspolitische Auftrag des Berufsbeamtentums, so wie ihn das Bundesverfassungsgericht beschrieben hat, wird von zwei Grundeinsichten abgestützt: die eine bezieht sich auf bestimmte Eigenschaften, die für die Ausübung einer Beamtentätigkeit unerläßlich sind (Sachwissen, fachliche Leistung, loyale Pflichterfüllung); die andere betrifft die Funktion des Berufsbeamtentums in der freiheitlichen rechts- und sozialstaatlichen Demokratie (Sicherung einer stabilen Verwaltung und ausgleichender Faktor gegenüber den das Staatsleben gestaltenden politischen Kräften).

5 Vgl. Deutsches Allgemeines Sonntagsblatt. Nr. 48, 30. November 1969 (»Der ›Kahlschlag‹ fand nicht statt. Zum Revirement in der Ministerialbürokratie nach dem Regierungswechsel«).

In diesem Punkte nun macht sich in der politischen Wirklichkeit eines demokratischen Parteienstaates eine Spannung geltend, die es deutlich zu erkennen gilt, wenn der Kern der Sache, um die es mir hier geht, getroffen werden soll.

Soweit das Bundesverfassungsgericht dem Berufsbeamtentum eine ausgleichende Funktion gegenüber dem das Staatsleben gestaltenden politischen Kräften zuschreibt, bedeutet das nicht, es habe eine überparteiliche Funktion insofern, als es in eigener Machtvollkommenheit am Gemeinwohl ausgerichtete politische Entscheidungen zu treffen habe. In der parteienstaatlichen Demokratie sind an der Bildung des Gemeinwillens grundsätzlich alle an der Gestaltung des gesellschaftlichen Lebens interessierten Gruppen beteiligt, in erster Linie aber die politischen Parteien. Sie wirken nach dem Grundgesetz bei der politischen Willensbildung des Volkes mit und üben insoweit die Funktionen eines Verfassungsorgans aus.

Aber nur insoweit! »Oberste Staatsorgane« wie Parlament und Regierung sind sie nicht. In die rechtlich-staatliche Ordnung sind sie nicht unmittelbar einbezogen, wenn darunter verstanden wird »die übergreifende organisierte Institution einer Gesellschaft, die sich allen vorpolitischen Ordnungen und Institutionen überlagert und diese in wirklich-maßgeblicher Weise koordiniert, und letztlich stabilisiert« (Hans Ryffel).[6]

Konkret: Die Parteizentrale als Führungsgremium einer politischen Partei und die von einer politischen Partei gebildete Regierung als oberstes Staatsorgan sind nicht ein und dasselbe. Ein Regierungsmitglied darf die Bindung an seine Partei in keinem Fall höher stellen als die Bindung an seinen Amtseid, der ihm u.a. gebietet, seine Kraft dem Wohle des deutschen Volkes (also nicht nur einer Partei) zu widmen und Gerechtigkeit gegen jedermann zu üben. Das ist für eine freiheitliche geordnete Demokratie eine Lebensnotwendigkeit, weil es sonst dahin käme, daß eine Partei in den Staat hineinregiert, und wir mit der Zeit einem »Parteienabsolutismus« ausgeliefert würden.

Ein Regierungsmitglied ist danach, wenn auch auf ganz anderer Ebene

6 Vgl. Hans Ryffel: Grundprobleme der Rechts- und Staatsphilosophie. Philosophische Anthropologie des Politischen, Neuwied – Berlin 1969, S. 168.

und unter anderen Voraussetzungen, im Prinzip nicht anders gestellt als ein Beamter, dem die Grundpflicht auferlegt ist, »dem ganzen Volk, nicht einer Partei« zu dienen, ohne daß dadurch eine persönliche parteipolitische Bindung ausgeschlossen würde.

Loyales Verhalten

In die Praxis übertragen bedeutet das für den Beamten vor allem, daß er imstande sein muß, den wechselnden politischen Willen wechselnder Regierungen loyal zu vollziehen, und zwar ohne Rücksicht auf seine persönliche politische Einstellung und gegebenenfalls auch Bindung an eine bestimmte Partei.

Ein Engländer wird mit diesem in einer Demokratie im Grunde selbstverständlichen, bei uns jedoch, wie sich gezeigt hat, nach wie vor problematischen Sachverhalt sogleich vertraut gemacht, wenn er in den Staatsdienst eintritt. Ein von der britischen Regierung herausgegebener Leitfaden belehrt ihn über seine Rechte und Pflichten, und es steht da zu lesen: »Ihre Loyalität gebührt dem jeweils amtierenden Minister. Wenn eine andere Partei an die Macht gelangt, wird Ihr neuer Minister vielleicht darauf bestehen, die politische Linie Ihres Ministeriums von Grund auf zu ändern. Es ist Ihre Pflicht, sich der neuen Politik gegenüber ebenso loyal wie gegenüber der früheren Politik zu verhalten.«

Billigerweise entspricht dieser dem Beamten auferlegten Pflicht jedoch auch eine Pflicht des Dienstherrn, nach einem Regierungswechsel dem Beamten die Chance zu geben, in seiner Position zu bleiben, solange er nicht tatsächlich ein illoyales Verhalten dem neuen Minister gegenüber an den Tag gelegt hat. Bei uns jedoch scheint dieser Grundsatz nicht mehr unangefochten zu sein. Über den Kreis der sog. politischen Beamten hinausgreifend, für den in dieser Hinsicht besondere Rechtsvorschriften gelten, ist in einer Reihe von Fällen auch in die Rechte von anderen Beamten eingegriffen worden.

Ehmkes schlechtes Beispiel

So hat der Chef des Bundeskanzleramtes, Bundesminister Prof. Ehmke, in »freier Rechtsschöpfung« einer Reihe von Beamten seines Amtes sog. Entpflichtungserklärungen zugehen lassen. Eindeutig contra legem sind diese Beamten von ihren Amtspflichten entbunden und vorläufig »in die Wüste« geschickt worden.

In der Personalversammlung des Bundeskanzleramtes am 4. Februar 1970 ist Bundesminister Dr. Ehmke im Bericht des Personalrates erneut die Unrechtmäßigkeit seiner Maßnahme vorgehalten worden: Mit seiner Amtsübernahme habe er, so hat ihm der Personalrat gesagt, durch die Verteilung sogenannter Entpflichtungserklärungen zwei Kategorien von Beamten geschaffen, die Entpflichteten und die noch nicht Entpflichteten, wobei aber auch zahlreiche nicht Entpflichtete mindestens ebenso frustriert seien, wie die Entpflichteten, die einen mit einer »Bescheinigung politischer Verfolgung«, die anderen ohne. Der Personalrat hat seine Rechtsauffassung mit einschlägiger Judikatur belegt und sich auf den Standpunkt gestellt, daß auch im Interesse der Amtsleitung diese Frustrationserscheinungen möglichst rasch beseitigt werden sollten, da man nicht guten Gewissens im Haushaltsausschuß zahlreiche neue Stellen beantragen könne, während andere Amtsangehörige nichts anderes täten, als ihre Anzüge spazierenzuführen. Diese Vorhaltungen haben jedoch den Standpunkt Ehmkes nicht zu erschüttern vermocht.

»Wo kommen wir denn eigentlich hin, wenn wir es jetzt so konstruieren, daß jeder Beamte ein Recht hat, an seiner Stelle zu bleiben! Wo gibt es denn so etwas?« rief Ehmke, in der Bundestagsdebatte am 22. Februar zur Rede gestellt, aus, und das Sitzungsprotokoll verzeichnet an dieser Stelle: »Beifall der Regierungsparteien. – Zurufe von der CDU/CSU. – Abg. Dr. h. c. Kiesinger: »Er darf aber auch nicht in der Luft hängen!«[7]

Genau das ist es: Er darf aber auch nicht in der Luft hängen! Wenn das

7 Für die Rede Ehmkes in der Bundestagsdebatte vom 20. Februar 1970 vgl. Verhandlungen des Deutschen Bundestages. 6. Wahlperiode 1969. Bd. 72, 32. Sitzung, S. 1483 ff. Für den Zwischenruf Kiesingers vgl. a.a.O., S. 1484.

von Ehmke gegebene schlechte Beispiel Schule machen sollte, dann hätte das schwerwiegende Folgen.

Nicht im Interesse des Beamten, sondern im Interesse der Allgemeinheit hat das Grundgesetz das Beamtenverhältnis als Ausgleich für die mit ihm verbundenen Pflichten mit besonderen rechtlichen Sicherungen ausgestattet. Es handelt sich dabei um institutionelle Sicherungen, um Sicherungen, die gewährleisten sollen, daß das Berufsbeamtentum die ihm in der freiheitlichen rechts- und sozialstaatlichen Demokratie zufallende Funktion sachgerecht erfüllen kann.

Alarmzeichen

Wenn die politische Führung diesen Zusammenhang nicht mehr erkennt, wenn sie die grundgesetzlichen Sicherungen einer für die freiheitliche Ordnung unseres Gemeinwesens wesentlichen politischen Institution mit ihr lästigen individuellen Sicherungen der Rechtsstellung eines einzelnen Beamten verwechselt, wenn sie infolgedessen das an einseitigen Machtmißbrauch und Willkür grenzende Verhalten Ehmkes nicht nur hinnimmt, sondern sogar mit Beifall bedenkt, dann allerdings sind das aus meiner Sicht Alarmzeichen, die schweigend nicht mehr hingenommen werden können.

Totalitäre, freiheitsbedrohende Störungen der verschiedensten Richtungen machen sich mehr oder weniger offen schon jetzt bemerkbar. Es liegt mir fern, diesen Umstand zu dramatisieren. Der Vergleich mit den politischen Verhältnissen zur Zeit der ersten deutschen Republik ist abgegriffen. Bonn ist nicht Weimar, das mag schon stimmen. Aber eine freiheitlich geordnete Demokratie ist potentiell zu jeder Zeit der Gefahr ausgesetzt, entweder in Anarchie oder in Diktatur umzuschlagen. Das ist eine Binsenwahrheit.

Um so mehr gilt es aber streng darauf zu achten, daß die Herrschaft eines wirklich alle verpflichtenden Rechts nicht in Frage gestellt wird. Es gibt zu denken, wenn im Falle des Sozialdezernenten der Stadt Köln, Dr. Brisch, eines der CDU angehörenden kommunalen Wahlbeamten, dessen Nichtwiederwahl vom Präsidenten des nordrhein-westfälischen Landtages, van Nes Ziegler (SPD), u.a. damit begründet wird, »Brisch habe sich auf revisionsbedürftige Gesetze gestützt, anstatt sie so auszulegen, wie es die

SPD von ihm erwartet hätte« (Kölnische Rundschau vom 20. Januar 1970).[8]

SPD-Minister besser?

Es stimmt höchst bedenklich, wenn der Parteitag des SPD-Unterbezirks Frankfurt/Main in geheimer Abstimmung mit Zweidrittelmehrheit dem der SPD angehörenden Frankfurter Polizeipräsidenten Littmann das politische Vertrauen entzogen und dessen Versetzung in den einstweiligen Ruhestand gefordert hat und wenn vieles darauf hindeutet, daß der Frankfurter Magistrat diesem Beschluß eines Parteigremiums folgen wird.

Oder was soll es bedeuten, wenn in einem amtlichen Schreiben des Bundesministers für Gesundheitswesen einem Petenten mitgeteilt wird, auf Anordnung von Frau Strobel sei ihre »Eingabe dem sozialdemokratischen Arbeits- und Sozialminister des Landes Nordrhein-Westfalen in Düsseldorf mit der Bitte übersandt« worden, sich um ihren Fall wohlwollend zu kümmern? Soll der Empfängerin des Bescheids damit suggeriert werden, daß eine bestimmte Parteizugehörigkeit eines Ministers Einfluß auf die Qualität der zu treffenden Entscheidung habe?

Mit den betroffenen Personen haben meine Ausführungen wohlgemerkt nichts zu tun. Mir geht es hier ausschließlich um die prinzipielle Seite der Vorgänge, die ich erwähnt habe, um die Frage vor allem, ob wir vor einer Entwicklung stehen, mit der die Gefahr heraufbeschworen wird, daß zumal in der Personalpolitik Recht und Gesetz von neuem der politischen Zweckmäßigkeit zum Opfer fallen könnten.

8 Vgl. Kölnische Rundschau. Nr. 16, 20. Januar 1970 (»Keine einzige Stimme für Dr. Brisch. SPD: Wechsel ist kein Mißbrauch, sondern Konsequenz des Wahlausgangs«).

Wie geht es weiter?

Wer gibt uns die Gewißheit, daß Fälle der geschilderten Art nicht bereits symptomatisch für die befürchtete Entwicklung sind? Gewiß handelt es sich bei ihnen vorerst noch um Einzelfälle. Sie können nicht ohne weiteres verallgemeinert, sie dürfen aber auch nicht bagatellisiert werden. Wenn die Rechtsordnung erst einmal von Krankheitskeimen befallen ist, so breiten sich diese schnell aus.

Muß es nicht jeden, der sich an seinem Platz um die Erhaltung einer freiheitlichen Gesamtordnung unserer Demokratie bemüht, mit ernster Sorge erfüllen,

– wenn der Boden der geltenden Rechtsordnung mit so fadenscheinigen Argumenten verlassen wird wie im Falle Ehmke,

– wenn die Auffassung einer einzelnen politischen Partei zur maßgeblichen Richtschnur bei der Anwendung demokratisch beschlossener Gesetze erklärt wird wie im Falle van Nes Ziegler,

– wenn die nach der Kommunalverfassung allein zuständigen, demokratisch gewählten Organe zum bloßen Vollzugsorgan eines Parteigremiums gestempelt werden sollen wie im Falle des Bezirkstages der Frankfurter SPD!?

Noch manches andere deutet darauf hin, daß hier vorerst nur die Spitze eines über dem Wasser herausragenden Eisberges sichtbar wird.

– Läuft das, was man jetzt an Einzelerscheinungen beobachten kann, womöglich auf eine planmäßige und umfassende Parteipolitisierung des öffentlichen Dienstes hinaus und nicht nur auf die Besetzung strategisch wichtiger Positionen in Regierung und Verwaltung?

– Sind sich die möglichen Verfechter einer solchen Strategie darüber im klaren, welche Rückwirkungen dies auf die Funktionsfähigkeit des öffentlichen Dienstes hätte?

– Soll es dahin kommen, daß jeder, der in den öffentlichen Dienst eintritt und dort vorwärtskommen will, zuvor den Loyalitätsbeweis in Gestalt eines Mitgliedsbuches der jeweils an der Macht befindlichen Parteimehrheit zu erbringen hat, und daß nach dem Befähigungsnachweis erst in zweiter Linie gefragt wird?

– Sollen unter der Flagge einer »Demokratisierung der Verwaltung« auch Bestrebungen segeln, eines der das Berufsbeamtentum tragenden

Prinzipien, nämlich dessen innere und äußere Unabhängigkeit, zu untergraben, so daß sich dann die polemischen Worte Wengers von der »Hoffnung auf feige Anpassung und Selbstangleichung« der im öffentlichen Dienst Tätigen bewahrheiten würden?

Ich befürchte und ich habe Beweise dafür, daß sich im öffentlichen Dienst ein Gefühl der Rechtsunsicherheit auszubreiten beginnt. Ich warne eindringlich vor den Folgen dieser Entwicklung. Die Bereitschaft, den von der Bundesregierung angekündigten Reformkurs mitzugehen und gerade auch an der notwendigen Neuordnung des öffentlichen Dienstes konstruktiv mitzuarbeiten, kann ich bei den Mitgliedern des DBB voraussetzen. Die Bundesregierung würde aber auf schärfsten Widerstand stoßen, wenn sich zeigen sollte, daß die vor uns liegenden Reformen mit einer Auflösung unverzichtbarer Rechtspositionen bezahlt werden müßten.

»Dadurch, daß man die Dinge offen ausspricht, werden sie besser und nicht schlechter«, hat Bundeskanzler Brandt unlängst in einem von der »Zeit« veröffentlichten Gespräch mit Werner Höfer gesagt.[9] Ich wünsche mir, auch meine offenen Worte würden in diesem Sinne verstanden und aufgenommen.

9 Vgl. Die Zeit. Nr. 7, 13. Februar 1970 (»Der Kanzler und die Gazetten. Ein Gespräch mit Willy Brandt über den Fall Ahlers und die Pressefreiheit«).

21. Mai 1970

Aufgaben, Ziele und Bedeutung des Deutschen Beamtenbundes

Vortrag auf dem gewerkschaftspolitischen Seminar der Polizeigewerkschaft im DBB (PDB) in Bad Münstereifel

Quelle: DBB-Archiv, Abt. Bgst 1983 (maschinenschriftlich)

Das von mir übernommene Referat hat den Titel »Aufgaben, Ziele und Bedeutung des Deutschen Beamtenbundes«. Würde ich das Thema voll ausschöpfen wollen, müßte ich, da es eine Gesamtdarstellung des DBB in allen Bereichen beinhaltet, den Rahmen der mir zur Verfügung stehenden Zeit erheblich überschreiten. Ich erbitte daher Ihr Einverständnis, daß ich manches hier nur kurz streife und mich insgesamt nur auf wichtige Grundsätze beschränke. Erwarten Sie bitte von mir auch nicht bloß eine Aufzählung, insbesondere von Erfolgen des Deutschen Beamtenbundes, ich möchte im Gegenteil in einer Art »Problemrede« eine kritische Bestandsaufnahme unserer Arbeit, unserer Ziele und auch unserer Bedeutung vor Ihnen ausbreiten.

Eine ganz allgemeine Vorstellung von den Aufgaben des DBB verschafft bereits ein Blick in die Satzung. In § 3 der Satzung[1] ist nämlich ausgeführt, daß die Aufgaben des Deutschen Beamtenbundes in der Vertretung und Förderung der berufspolitischen, rechtlichen und sozialen Belange seiner Mitglieder liegen. Mit dieser Umschreibung des Zwecks unserer Gewerkschaft wird auch zugleich deutlich, daß der

1 Vgl. Sammlung der für den Deutschen Beamtenbund geltenden satzungs- und vertragsrechtlichen Bestimmungen (Stand: 8. November 1969), o.O. und o.J., S. 5ff., hier S. 5.

Deutsche Beamtenbund eine jener Vereinigungen ist, die unter dem besonderen verfassungsrechtlichen Schutz des Art. 9 Abs. 3 des Grundgesetzes stehen. In dieser Vorschrift wird nämlich das Recht jedermanns und aller Berufe, zur Wahrung und Förderung der Arbeits- und Wirtschaftsbedingungen Vereinigungen zu bilden, als ein gewöhnlich als »Koalitionsfreiheit« bezeichnetes besonderes Grundrecht angeführt. Es ist allgemein anerkannt, daß sich der damit verbundene verfassungsrechtliche Schutz nicht nur auf die einzelnen Staatsbürger, die sich in Ausübung dieses Grundrechts zu solchen Vereinigungen zusammenschließen, sondern auch auf die jeweilige Vereinigung oder Koalition selbst erstreckt.

Ich werde später noch ausführen, daß sich hieraus einige wichtige Konsequenzen im Hinblick darauf ergeben, über welche Mittel der Deutsche Beamtenbund verfügt, um die ihm gestellten Aufgaben zu erfüllen. Zunächst möchte ich jedoch noch etwas über die Aufgaben selbst ausführen.

Zunächst ist festzustellen, daß der Deutsche Beamtenbund als eine Spitzenorganisation keine Vereinigung von Einzelmitgliedern, sondern ein Zusammenschluß von Verbänden ist. Die Mitgliedsverbände des Deutschen Beamtenbundes gliedern sich in die drei großen Gruppen der Landesbünde, der Bundesbeamtenverbände und der Bundesfachverbände. Die Landesbünde setzen sich zusammen aus den Landesgliederungen der Bundesbeamten- und Bundesfachverbände sowie der Verbände, die nicht auf Bundesebene zusammengeschlossen sind, sondern nur in einem Land oder mehreren Ländern bestehen. In den Bundesbeamtenverbänden sind ausschließlich Bundesbeamte einschließlich der Angehörigen der großen Betriebsverwaltungen Bahn und Post zusammengeschlossen. Die Bundesfachverbände organisieren im wesentlichen die dem Landesbeamtenrecht unterliegenden Beamtengruppen, die sich, wie die Kommunalbeamten, Steuerbeamten, Lehrer und die Polizeibeamten nach ihrer jeweiligen Fachrichtung überregional zusammengeschlossen haben.

Es versteht sich von selbst, daß dieser organisatorische Aufbau des DBB nicht ohne Einfluß auf dessen Aufgaben ist. Der einzelne Beamte ist ja nicht unmittelbar Mitglied des DBB; zum DBB besteht für den einzelnen Angehörigen des öffentlichen Dienstes nur eine mittelbare

Mitgliedschaft, die durch den korporativen Beitritt seines jeweiligen Fachverbandes zum DBB begründet wird. Die besonderen, rein fachlichen Interessen eines Eisenbahners, Zöllners, Gerichtsvollziehers oder Polizeibeamten hat also der Deutsche Beamtenbund nicht zu vertreten; das ist Sache des jeweiligen Mitgliedsverbandes. Der DBB ist für die Vertretung der alle Beamten angehenden Fragen da. Er hat sich um die berufspolitischen, rechtlichen und sozialen Belange der gesamten Beamtenschaft zu kümmern. Er soll die Stelle sein, die für die Gesamtheit der Mitgliedsverbände spricht, er soll deren vielfache Interessen koordinieren, auf einen Nenner bringen und sie alsdann mit den ihm durch den Zusammenschluß der Mitgliedsverbände verliehenen zahlenmäßigen Gewicht gegenüber dem Dienstherrn und gegenüber der Öffentlichkeit vertreten.

Natürlich kann es vorkommen, und es ist sogar ziemlich häufig der Fall, daß der Deutsche Beamtenbund sich mit seiner repräsentativen Stärke auch hinter Forderungen stellt, die an sich nur Interessen eines einzelnen Mitgliedsverbandes berühren. Voraussetzung für eine solche Schützenhilfe ist aber natürlich immer, daß sie die Interessen anderer Mitgliedsverbände nicht beeinträchtigen darf. Denn der DBB muß insoweit ein »ehrlicher Makler« der Interessen aller seiner Mitgliedsverbände sein und darf deshalb nicht ein Mitglied dem anderen vorziehen. Das wäre ein grober Verstoß gegen die Satzung.

Die Satzung legt im einzelnen auch die Modalitäten für die Bildung des Verbandswillens fest. Es sind eine Reihe von Vorkehrungen getroffen, daß sich dieser Prozeß der Willensbildung auf demokratische Weise vollzieht. Dies ist deswegen von besonderer Bedeutung, weil davon die dem DBB gestellten Aufgaben ebenfalls wesentlich berührt werden.

Die allgemeine Aufgabenstellung, die ich eingangs erwähnte, nämlich die Vertretung und die Förderung der berufspolitischen, rechtlichen und sozialen Belange seiner Mitglieder, bedarf der näheren Bestimmung und Abgrenzung. Das oberste Organ des DBB, der Bundesvertretertag, also die Mitgliederversammlung, entspricht diesem Erfordernis mit der Festlegung beamtenpolitischer Grundsätze und mit der Aufstellung von Aktionsprogrammen. Der Bundesvertretertag, der alle drei Jahre tagt, setzt sich aus den Delegierten der Mitgliedsverbände entsprechend deren Größe zusammen.

Zwischen den Bundesvertretertagen wird die grundsätzliche Verbandspolitik bestimmt durch den Bundeshauptvorstand, der über berufspolitische, rechtliche und soziale Grundsatzfragen berät und beschließt. Im Bundeshauptvorstand sind alle Mitgliedsverbände des Deutschen Beamtenbundes, also Landesbünde, Bundesbeamtenverbände und Bundesfachverbände entsprechend ihrer Größe mit einem oder mehreren Mitgliedern vertreten. Der Bundeshauptvorstand tagt zweimal im Jahr. Zur Vorbereitung seiner Willensbildung bedient er sich einiger ständiger Kommissionen, von denen ich hier nur einige aufzählen möchte, nämlich die Kommissionen für Beamtenrecht, Besoldung und Versorgung und Organisations- und Satzungsfragen.

Der Bundesvorstand, in dem die Vorsitzenden oder deren Stellvertreter der großen Mitgliedsverbände vertreten sind, entscheidet über beamtenpolitische Angelegenheiten, soweit nicht deren Bedeutung die Verweisung an den Bundeshauptvorstand erforderlich erscheinen läßt. Der Bundesvorstand tagt regelmäßig viermal im Jahr. Zwischen Bundesvorstand und Bundeshauptvorstand ist die wünschenswerte Kontinuität dadurch gewährleistet, daß die Mitglieder des Bundesvorstandes geborene Mitglieder des Bundeshauptvorstandes sind.

Die Verantwortung, die Beamten- und Verbandspolitik des DBB im Rahmen der von den drei genannten Organen (Bundesvertretertag, Bundeshauptvorstand, Bundesvorstand) gefaßten Beschlüsse zu betreiben, hat die Satzung der Bundesleitung des Deutschen Beamtenbundes, bestehend aus dem Bundesvorsitzenden und drei Stellvertretern übertragen. Sache der Bundesleitung ist es vor allem, die sich aus der allgemeinen Aufgabenstellung für den DBB ergebenden Einzelfragen zunächst richtig zu erkennen und sie sodann so vorzuklären, daß die dafür zuständigen Beschlußgremien darüber entscheiden können. Hierzu bedient sich die Bundesleitung der Bundesgeschäftsstelle, in der sechs Referenten und eine Anzahl weiterer Mitarbeiter tätig sind.

Ich hoffe, Ihnen damit einen einigermaßen verständlichen Aufriß über den allgemeinen Rahmen gegeben zu haben, innerhalb dessen die Aufgaben des DBB liegen und sie auch ausreichend darüber unterrichtet zu haben, wie vom organisatorischen Aufbau des DBB und seiner inneren Verfassung, d.h. von seiner Satzung her, auf ihre Bestimmung im einzelnen eingewirkt wird.

Dieser kurze Abriß der Organisations- und Willensbildungsstruktur mag aber vielleicht die Frage bei Ihnen aufkommen lassen, ob der uns zur Verfügung stehende Gesamtmechanismus nicht zu schwerfällig ist, wenn es gilt, kurzfristig zu bestimmten Angelegenheiten Stellung zu beziehen. Das kann in der Tat im Einzelfall so sein, aber der Grundsatz der innerverbandlichen Demokratie, der in unserem Organisationssystem zum Ausdruck kommt, zwingt – und ich meine zu Recht – dazu, die entsprechenden Beschlußgremien zu befragen. Allerdings scheut sich die Bundesleitung entsprechend ihres Auftrags als Führungsgremium auch nicht, zu eiligen Angelegenheiten eine vorläufige Stellungnahme abzugeben und sie nachträglich durch die Beschlußgremien genehmigen zu lassen.

In der Aufgabenabgrenzung zwischen DBB Bund und Mitgliedsverbänden beginnt sich ein Wandel im Hinblick darauf abzuzeichnen, daß durch die Änderung des Art. 75 des Grundgesetzes[2] dem Bund in beamten- und besoldungspolitischen Fragen eine erweiterte Rahmenkompetenz zugestanden worden ist. Durch die Neufassung des Art. 75 wird dem Bund in beamten- und insbesondere in besoldungspolitischen Angelegenheiten eine echte Führungsrolle gegenüber den Ländern dadurch eingeräumt, daß er Rahmenvorschriften erlassen kann, innerhalb deren Rahmen allein noch die Länder die Möglichkeit der Einzelausgestaltung haben. Diese Verstärkung und Verdichtung der Zuständigkeiten auf Bundesebene kann natürlich nicht ohne Auswirkungen auf die Struktur des DBB bleiben, die sich – zunächst noch als Trend angedeutet – in einem stärkeren Zentralismus hinsichtlich der Aufgabenwahrnehmung, d. h. in einer Verstärkung der Zuständigkeiten des DBB Bund äußern wird. Es muß mithin die Zuständigkeit des DBB im Verhältnis zu den Mitgliedsverbänden neu überdacht werden. Das gilt sowohl hinsichtlich der Zuständigkeiten zwischen DBB Bund und DBB Landesbünden, aber auch im Verhältnis zwischen DBB Bund und Bundesbeamten- bzw. Bundesfachverbänden. Hier bedarf die Faustformel, die ich eingangs erwähnte: Zuständigkeit der Mitgliedsverbände hinsichtlich der Fachfragen, Zuständigkeit des DBB bei Angelegenheiten, die über den Fachbereich hinausgehen, einer eingehenden Präzisierung.

2 Vgl. dazu die Angaben S. 266 Anm. 8.

Insgesamt gesehen aber wird es unser aller Aufgabe sein, den DBB, verstanden als DBB Bund und Mitgliedsverbände, noch schärfer zu profilieren und noch schlagkräftiger zu machen. Ich darf hier auf eine Erscheinung aufmerksam machen, die mir besonders bedeutsam erscheint. Die Einzelmitglieder verstehen sich zunehmend nicht mehr als Mitglieder des Bundesbeamten- oder Bundesfachverbandes X im DBB, sondern als Mitglied des Deutschen Beamtenbundes. Hieraus schließe ich, und ich wäre Ihnen dankbar, wenn Sie mir andernfalls in der nachfolgenden Diskussion widersprechen würden, daß bei den Einzelmitgliedern die Bereitschaft wächst, den Deutschen Beamtenbund noch stärker als bisher als eine homogene Einheit zu betrachten. Diesem Trend sollte durch eine entsprechende Anpassung der Organisationsstärke Rechnung getragen werden. Dazu gehört auch die Schaffung von Gliederungen des DBB nicht nur auf Landes-, sondern auch auf Kreis- und Ortsebene überall. Die gewerkschaftspolitische Auseinandersetzung vollzieht sich ja nicht nur auf Bundesebene, sondern sie ist oftmals besonders bedeutsam im örtlichen Bereich. Nur dann, wenn sich auch im örtlichen Bereich überall Organisationen des DBB bilden, ist die notwendige gewerkschaftspolitische Präsenz auf allen Ebenen erreicht. Nur so wird auch der besonderen Aufgabenstellung des DBB Rechnung getragen.

Wenn ich nun dazu übergehe, die Aufgaben des DBB im einzelnen zu schildern, so wäre es wohl nicht angebracht, die Dinge, um die sich der Deutsche Beamtenbund zu kümmern hat, gewissermaßen beziehungslos in den Raum zu stellen und sich mit einer bloßen Aufzählung von zur Zeit aktuellen Tagesforderungen und langfristig geplanten beamten- und verbandspolitischen Fragen zu begnügen. Man muß nach meiner Auffassung die Aufgaben des DBB in einem größeren Zusammenhang unserer heutigen Staats- und Gesellschaftsordnung sehen, muß sich Rechenschaft darüber geben, welche Bedeutung Großorganisationen wie die unsrige im öffentlichen Leben einer Demokratie haben, welche politische Rolle sie darin spielen muß, also, um es auf eine kurze Formel zu bringen, klar erkennen, daß sich die Existenzberechtigung eines solchen Verbandes nicht allein aus der Vertretung der Mitgliederinteressen herleiten läßt, sondern daß er darüber hinaus auch noch eine wichtige staatspolitische Funktion zu erfüllen hat.

Gerade die weitergehende, und wie ich eben sagte, staatspolitische Bedeutung der Verbände in unserem demokratischen Gemeinwesen wird heute immer noch nicht richtig erkannt. Sie alle kennen die abfälligen Bemerkungen wie »Interessenklüngel« »Lobbyistenverein«, mit denen die Verbände teilweise belegt werden. Der mit dieser Bezeichnung verbundenen Abwertung liegt die Vorstellung zugrunde, daß das Wirken der Verbände der staatlichen Ordnung abträglich sei, weil die Verbände mit ihrer sich in aller Öffentlichkeit vollziehenden Vertretung bestimmter Gruppeninteressen und mit der Austragung von Interessengegensätzen das Gemeinwohl gefährdeten. Die Verbände spielten, so ist jedenfalls die Meinung dieser Kritiker, eine durchaus destruktive Rolle und führten hierbei den Zerfall des Staates und dessen Ausartung in reine Anarchie herbei.

Wenn ich mich nun so scharf gegen diese Auffassungen wende, so vor allem deshalb, weil die Heraufbeschwörung des Gespenstes einer totalen Verbändeherrschaft entscheidende Wesenszüge einer freiheitlich geordneten Demokratie verkennt. Da nämlich der Prozeß der politischen Willensbildung entsprechend dem demokratischen Grundprinzip, daß alle Staatsgewalt vom Volke ausgeht, von unten nach oben verläuft, da es mit anderen Worten das Volk selbst ist, das seinen Staat hervorzubringen hat, muß es zwischen dem grundsätzlich unorganisierten Volk und dem in Ämtern und Gesetzen repräsentierenden Staat gesellschaftliche Kräfte geben, die in der Lage sind, den, wie ein bekannter Staatsrechtler das einmal ausgedrückt hat, »Vorgang der Selbstaufbereitung eines Volkes zum Staat von seinen Anfängen jeweils ein Stück zum Endpunkt weiterzuführen«[3].

Es sind nun ganz bestimmte gesellschaftliche Gebilde, denen diese Aufgabe in einer Demokratie zufällt; es sind dies, um nur die drei wichtigsten zu nennen, die politischen Parteien, die Verbände und die Presse (natürlich einschließlich Rundfunk und Fernsehen). Es kann also gar keine Rede davon sein, daß das Wirken dieser gesellschaftlichen Kräfte, und zwar eben gerade auch der Verbände, auf eine sozusagen illegale, gegen den Staat gerichtete Ausübung politischer Macht gerichtet sei. Vielmehr haben sowohl die politischen Parteien als auch die

3 Vgl. Herbert Krüger: Allgemeine Staatslehre, Stuttgart 1964, S. 395.

Verbände sowie die Presse dem Volkswillen Ausdruck zu verleihen, damit er dann durch die zuständigen Organe unserer Verfassung, insbesondere also die Regierung und das Parlament, in entsprechende politische Entscheidungen und Gesetze umgeformt werden kann.

Mit ihrer Tätigkeit sorgen die Verbände und sorgt mithin auch der Deutsche Beamtenbund dafür, daß ihre Mitglieder in geordneter Weise an der staatlichen Willensbildung teilnehmen können, was ihnen ohne organisatorischen Zusammenschluß sonst gar nicht möglich wäre. Der Wille der Mitglieder formt sich, wie ich vorher schon kurz ausführte, in den satzungsmäßig dazu berufenen Organen auf demokratische Weise zum Verbandswillen aus. Auf diese Weise werden bereits innerhalb eines Verbandes die möglicherweise zwischen einzelnen Gruppen von Mitgliedern bestehenden Interessengegensätze ausgeglichen, und der Verband selbst ist danach in der Lage, dem Gesetzgeber oder der Öffentlichkeit gegenüber mit präzisen, dem Willen seiner Mitglieder entsprechenden Vorschlägen, Forderungen, Stellungnahmen usw. aufzutreten. Im vorstaatlichen, d.h. in dem zwischen Volk und Staat liegenden gesellschaftlichen Raum, in dem die Verbände wirken, wird so in einem geordneten Verfahren herauskristallisiert und an die Staatsorgane herangetragen, was der einzelne Verband im Interesse seiner Mitglieder erreichen will und worüber nun im staatlichen Raum, letztlich also durch den Gesetzgeber, die politische Entscheidung zu fällen ist.

Ich habe mich deswegen etwas länger bei der Schilderung dieser Zusammenhänge aufgehalten, weil mir das Wissen darum eine unerläßliche Voraussetzung für das richtige Verständnis auch der Aufgaben des Deutschen Beamtenbundes zu sein scheint. Selbstverständlich bin ich mir vollkommen darüber im klaren, daß das Wirken der Verbände und ihrer Teilnahme an der staatlichen und politischen Willensbildung in der Praxis keineswegs so ideal und unproblematisch ist, wie ich dies soeben aufzuzeigen versucht habe. Die uneingeschränkte Beteiligung der von den Verbänden vertretenen Gruppeninteressen am Prozeß der politischen Willensbildung, die ein Wesensmerkmal einer freiheitlichen demokratischen Ordnung ist, hat natürlich auch Schattenseiten. Sie treten insbesondere dann hervor, wenn sich Gruppeninteressen ohne Rücksicht auf das Allgemeininteresse durchzusetzen versuchen oder wenn sie sich anschicken, politische Macht gegen den Staat auszuspielen. In einem solchen Falle wird nämlich das einem demokratischen Staat wesenseigentümliche Bemühen, ein Gleichgewicht zwischen den verschiedenen im Wettbewerb miteinander befindlichen Gruppeninteressen herzustellen, gefährdet und die Folge davon kann sein, daß sich das freiheitsstiftende Prinzip der aufteilenden Macht, das mit dem offenen Wettbewerb der gesellschaftlichen Gruppen, das mit dem freien Spiel der Kräfte verfolgt wird, in sein Gegenteil verkehrt.

Unter diesen Vorzeichen muß auch der immer wieder erhobene Anspruch unserer Konkurrenzorganisation, nämlich des DGB, gesehen werden, unter Betonung des Prinzips der Einheitsgewerkschaft der alleinige Interessenvertreter der Arbeitnehmer zu sein, zu denen der DGB bekanntlich ja auch die Beamten mitzählt. Nur aus der Tatsache, daß der DBB den Monopolanspruch des DGB mit seinen machtmäßigen Folgen gebrochen hat, zumindest so weit es die Beamten angeht, ist die Voraussetzung dafür geschaffen, daß die besonderen berufspolitischen Interessen der Beamten überhaupt ausreichend vertreten werden können.

Aus der Gleichsetzung von Arbeitnehmern und Beamten in der Optik des DGB folgt nämlich zwangsläufig, daß der DGB eine eigenständige Beamtenpolitik nicht zu betreiben vermag. Für den DGB ist die Beamtenpolitik der Arbeitnehmerpolitik untergeordnet, und man darf sich durch nach außen hin geäußerte Bekenntnisse des DGB zum Berufsbeamtentum nicht darüber hinwegtäuschen lassen, daß der DGB gerade auch in Fragen der Beamtenbesoldung eindeutig den Grundsatz der Vorrangigkeit der Tarifpolitik huldigt, was praktisch besagt, daß nach Auffassung des DGB die Beamten Besoldungserhöhungen erst erwarten können, wenn zuvor im Wege der Tarifpolitik Erfolge erzielt worden sind.

Auf diese Zielvorstellungen sind demgemäß auch die jüngsten Forderungen des DGB und seiner Mitgliedsverbände hin fixiert, so die Forderung des DGB und der ÖTV nach einem einheitlichen Dienstrecht auf der Basis des Arbeitnehmerrechtes, so die Forderung des DGB nach einem Status- und Folgerecht mit der Maßgabe, daß fast alle das Beamtenverhältnis betreffenden Angelegenheiten durch Tarifverträge geregelt werden sollen, so nicht zuletzt die durch ein bestelltes Gutachten eines Arbeitswissenschaftlers fixierte Auffassung der ÖTV, daß das Streikrecht für Beamte auch nach der geltenden Rechtslage zulässig sei.

In diesen Fragen zeichnet sich die große Kontroverse des Deutschen

Beamtenbundes mit dem DGB und seinen Mitgliedsverbänden in der kommenden Zeit ab. Hier müssen klare Fronten bezogen und verteidigt werden. Wie Sie wissen, fordert der Deutsche Beamtenbund ein einheitliches Dienstrecht auf der Grundlage eines reformierten Beamtenrechtes. Er lehnt die Vorstellung des DGB zum Status- und Folgerecht als mit den spezifischen Kriterien des Berufsbeamtentums unvereinbar ab und fordert statt dessen einen größeren Verhandlungsspielraum der Regierung in Besoldungsfragen mit der hieraus folgenden Möglichkeit gleichberechtigter Verhandlungspartner bestehend aus Regierungsvertretern einerseits und Gewerkschaften auf der anderen Seite, so daß nur noch im Falle der Nichteinigung das Parlament zu entscheiden hat. Schließlich lehnt der Deutsche Beamtenbund kompromißlos den Arbeitskampf als mit den Grundprinzipien des Berufsbeamtentums unvereinbar strikt ab. Gerade zur Frage des Streiks auch für Beamte erscheinen im Hinblick auf die Vorstellungen der ÖTV noch einige klärende Worte angebracht. Man könnte sich sicherlich über die Frage des Streikrechtes auch für Beamte unterhalten, wenn lediglich einige formale Rechtsvorschriften der Anwendung des Streiks entgegenstünden. Gerade das aber, und hierauf wird in der öffentlichen Diskussion viel zu wenig Gewicht gelegt, ist nicht der Fall. Vielmehr lassen Grundkriterien und Aufgabenstellung des öffentlichen Dienstes, insbesondere des Berufsbeamtentums, ein Streikrecht nicht zu. Der Beamte ist auf Lebenszeit angestellt. Er wird vom Dienstgeber auf Lebenszeit besoldet bzw. versorgt. Diese, wie es manche nennen, »Privilegien« sind nicht zu Gunsten der Beamten um ihrer selbst willen geschaffen, sondern sie haben einen funktionalen Sinn, sie haben einen bestimmten Zweck. Dieser Sinn besteht darin, den Beamten innerlich und äußerlich unabhängig, d.h. unabhängig im Dienstbetrieb gegenüber seinem Vorgesetzten und unabhängig gegenüber von außen wirkenden Drittinteressen zu machen. Diese Unabhängigkeit ist unabdingbare Voraussetzung dafür, daß der Beamte die ihm gestellte Aufgabe, zum Wohl der Allgemeinheit tätig zu sein, auch sachgerecht erfüllen kann. Die tragenden Prinzipien des Berufsbeamtentums wollen somit keine Privilegien zu Gunsten der Angehörigen des öffentlichen Dienstes schaffen, sondern die Funktionsfähigkeit des Staates auch in Krisensituationen gewährleisten.

Diese Grundüberlegung wird aber in dem Moment hinfällig, in dem

dem Beamten das Recht auf Streik eingeräumt wird. Denn es liegt auf der Hand, daß der Dienstgeber, oder, wie er dann heißen müßte, Arbeitgeber im Falle der Beamte streiken darf, das Recht für sich in Anspruch nehmen würde, seinerseits mit entsprechenden Kampfmitteln, d.h. mit Aussperrung, zu antworten. Damit würde aber ein wesentliches und unverzichtbares Element des Berufsbeamtentums tangiert, nämlich der Gesichtspunkt der lebenslänglichen Anstellung und Besoldung. Es würde nicht nur tangiert, sondern es würde sogar auf lange Sicht völlig aufgegeben werden müssen. Dann aber wäre die notwendige Unabhängigkeit, insbesondere die äußere Unabhängigkeit, der Beamten nicht mehr lückenlos gegeben. Der Schaden, der für den Staat und die Gesellschaft, d.h. mithin für alle Staatsbürger eintreten würde, wäre nicht zu verantworten. Darüber hinaus, und auch dieser Gesichtspunkt muß gesehen werden, würde ein Streik im öffentlichen Dienst den Staat funktionsunfähig machen. Hierbei bedürfte es nicht einmal des Streiks aller Beamten, sondern nur des Streiks der Beamten in Schlüsselstellungen. Hierbei ist an die Bereiche Bahn, Post und nicht zuletzt auch öffentliche Sicherheit, also die Polizei, zu denken. Die den Gewerkschaften durch das Streikinstrument zufließende Macht wäre so gewaltig, daß sie die Macht des Staates übersteigen würde. Das Gespenst eines Gewerkschaftsstaates, in dem die Funktionäre die entscheidenden Machtmittel in Händen halten, zeichnet sich ab. Obwohl selbst verantwortlicher Gewerkschaftspolitiker, lehne ich ein solches Zukunftsbild entschieden ab.

Lassen Sie mich, um diesen Punkt zum Abschluß zu bringen, noch aus dem Gutachten des Arbeitsrechtlers Däubler, das dieser im Auftrag der ÖTV zur Frage des Streiks erarbeitet hat, einige Passagen zitieren, soweit sie Ihren Bereich betreffen[4]:

»Die juristische Betrachtung«, so schreibt Däubler, »hat von der Tatsache auszugehen, daß dem Grundsatz nach auch dem Polizeibeamten das Recht zum Arbeitskampf zusteht. Freilich machen sich hier die Grenzen des Streikrechtes in besonders starkem Maße bemerkbar. Da eine Arbeitsniederlegung nicht gegen die allgemeinen Strafgesetze ver-

4 Vgl. Wolfgang Däubler: Der Streik im öffentlichen Dienst (= Juristische Studien. Hrsg. von Mitgliedern des Fachbereichs Rechtswissenschaft der Universität Tübingen. Bd. 17), Tübingen 1970, S. 239f.

stoßen darf, muß wegen des Verbotes der Amtsbegünstigung die Verfolgung strafbarer Handlungen fortgesetzt werden. Das gilt nicht bei geringfügigen Übertretungen und Ordnungswidrigkeiten, die dem Opportunitätsprinzip unterliegen. Auf die Vornahme gebührenpflichtiger Verwarnungen wegen falschen Parkens kann daher ohne Bedenken verzichtet werden. Die Regelung des Straßenverkehrs darf dann nicht eingestellt werden, wenn man dadurch die Gefahr von Unfällen vergrößert. Verkehrsstockungen als solche müssen hingenommen werden. Eine Arbeitsniederlegung kann sich außerdem auf reine Routinemaßnahmen erstrecken, die nicht unmittelbar mit der Strafverfolgung zusammenhängen. Zu denken ist dabei an Telefon- und Briefüberwachung durch Verfassungsschutz oder Bundesnachrichtendienst.«

Nun, ich meine eigentlich, daß diese Ausführungen von Herrn Däubler für sich selbst sprechen. Abgesehen von der Grundsatzfrage eines Streikrechtes, ja oder nein, ist hier auf besonders drastische Weise gezeigt, daß bei Anwendung dieser Grundsätze kein Polizeibeamter mehr wüßte, ob er nun eine bestimmte Diensthandlung vornehmen muß oder nicht.

Ich bin nun aufgrund der Überlegungen des DGB und der ÖTV zu der »Reform« des Berufsbeamtentums etwas über den Rahmen meines Referates hinausgegangen. Mir schien das Problem aber so wichtig zu sein, daß es hier einer Verdeutlichung und Präzisierung bedurfte. Das Beispiel macht aber zugleich deutlich, daß in der ständigen Auseinandersetzung mit den Auffassungen der konkurrierenden Gewerkschaft eine wichtige, wenn natürlich auch bei weitem nicht die wichtigste Aufgabe, die der DBB bei der Vertretung der berufspolitischen Interessen seiner Mitglieder wahrzunehmen hat, liegt. In dieser Hinsicht, d.h. in der Hervorhebung und einprägsamen Erklärung der Eigenartigkeit und Bedeutung des Berufsbeamtentums, muß sich der DBB vieler Mittel bedienen, muß er an mehreren Fronten zugleich kämpfen. Er muß die verantwortlichen Politiker, Minister sowie Parlamentarier, er muß die Öffentlichkeit und – was etwas merkwürdig erscheinen mag, aber tatsächlich erforderlich ist – vielfach auch die Beamten selbst von seinen Aufgaben zu überzeugen versuchen.

Diese Aufgabe läßt sich am besten unter dem Begriff »Öffentlichkeitsarbeit« bringen. Ihr wird mit den verschiedensten Mitteln nachgekommen. Im Vordergrund steht die eigene publizistische Tätigkeit des DBB (Zeitung, Nachrichtendienst, Informationen, Schriftenreihe, Publizierungen im DBB-eigenen Godesberger Taschenbuchverlag und nicht zuletzt die wissenschaftliche Reihe, die ebenfalls im Godesberger Taschenbuchverlag erscheint). Die publizistische Tätigkeit des DBB wirkt sich auch auf die Pressearbeit der Mitgliedsverbände aus. Ebenso wichtig ist aber auch, die allgemeinen Publikationsmittel, Presse sowie Rundfunk und Fernsehen, im Sinne der berufspolitischen Auffassungen des DBB zu beeinflussen. Hinzu kommen unsere alljährlichen Arbeitstagungen auf Bühler Höhe, mit denen wir die Öffentlichkeit unmittelbar ansprechen wollen, sowie Gespräche mit den Spitzen und anderen maßgebenden Vertretern der Regierungen und der politischen Parteien.

Ziel aller dieser Bemühungen ist es, das Verständnis für die Unentbehrlichkeit eines leistungsfähigen Berufsbeamtentums zu wecken und zu vertiefen, die Bedeutung des öffentlichen Dienstes für die Allgemeinheit, für die sachgerechte Erfüllung der ständig wachsenden Anforderungen an den öffentlichen Dienst bewußt zu machen, die Verantwortlichen auf Fehlentwicklungen hinzuweisen, ihnen bestimmte Maßnahmen nahezulegen, die das nach wie vor weitverbreitete Unverständnis für die Notwendigkeit öffentlicher Dienstleistungen beheben können und dergleichen mehr; alles mit dem Ziele, dem Beamtenberuf die ihm zukommende gesellschaftliche Geltung zu verschaffen.

Die Vertretung und Förderung der berufspolitischen Interessen, die die Satzung dem DBB aufgibt, hängt natürlich eng mit der Vertretung und Förderung der rechtlichen und sozialen Interessen der Mitglieder zusammen. Diese weitere satzungsmäßig festliegende Aufgabe des DBB kann man sogar als Voraussetzung für eine erfolgreiche Berufspolitik des DBB bezeichnen; denn für gewöhnlich wird dem Mitgliederinteresse erst entsprochen, wenn sich die berufspolitischen Bestrebungen des DBB in angemessenen Maßnahmen rechtlicher oder sozialer Art niederschlagen.

Ich brauche Ihnen nun wohl nicht im einzelnen aufzuzählen, was der DBB in Erfüllung dieser Aufgabe tut. Sie wissen, daß der DBB laufend darum besorgt ist, die rechtliche und soziale Stellung des Beamten, vor allem die aus dem Beamtenverhältnis hervorgehenden rechtlichen und wirtschaftlichen Sicherheiten, in einer den jeweiligen Notwendigkeiten angemessenen Weise fortzuentwickeln. Über die dahin gehenden Forderungen werden Sie aus der Verbandspresse, durch Flugblätter und Werbeschriften ausreichend informiert sein. Die aktuelle und künftige Problematik, mit der wir es in dieser Hinsicht zu tun haben, will ich vorläufig auf sich beruhen lassen. Ich werde dazu noch einige Ausführungen machen, wenn ich auf die Zielvorstellungen des DBB zu sprechen komme.

Hier, wo es nun um die Vertretung der rechtlichen und sozialen Interessen der Mitglieder geht, scheint mit der geeignete Ansatzpunkt zu sein, um zunächst einmal auf die bereits einleitend angedeutete und Sie wahrscheinlich doch alle interessierende Frage einzugehen, über welche Mittel der DBB eigentlich verfügt, die von ihm vertretenen Interessen nicht nur zu vertreten, sondern sie, was ja schließlich das entscheidende ist, auch durchzusetzen.

Ich möchte dabei auf die Bedeutung des Grundrechtes der Koalitionsfreiheit zurückkommen, von dem ich schon sagte, daß es nicht nur den einzelnen Staatsbürger, die sich zu einer Gewerkschaft zusammenschließen, sondern zugleich auch dem gewerkschaftlichen Zusammenschluß selbst einen bestimmten verfassungsrechtlichen Schutz gewährleistet. Über den Umfang dieses Schutzes besteht weitgehende Übereinstimmung, und zwar geht er dahin, daß außer der Existenz der Koalition von diesem Schutz auch die Möglichkeit einer dem jeweiligen Koalitionszweck entsprechenden Betätigung mit erfaßt wird. Der Koalition wird also von Verfassung wegen das Recht zugestanden, mit den rechtlich zulässigen Mitteln auf die Erreichung des Koalitionszwecks hinzuarbeiten, und jede Beeinträchtigung in der Anwendung dieser Mittel wäre verfassungswidrig.

Bei dem DBB – darauf wies ich schon hin – liegen die Dinge nun deswegen besonders, als wir aus in der Natur des Beamtenverhältnisses liegenden Gründen nicht über das ganze Instrumentarium von Druckmitteln verfügen, das die Sozialpartner im Bereich des Arbeits- und Tarifrechtes besitzen, insbesondere also nicht zum Streik aufrufen dürfen. Auf diese Problematik bin ich oben eingegangen, wobei hier noch ergänzend darauf hinzuweisen ist, daß dem Streik gleichzusetzen und damit ebenfalls unzulässig ist der Dienst nach Vorschrift, weil auch er zu dem Zweck durchgeführt wird, den Dienstgeber unter Druck zu setzen und mithin den Mitteln des Arbeitskampfes, die nicht zulässig sind, zuzurechnen ist.

Im folgenden werde ich mich nun darauf beschränken, die Betätigungsmöglichkeiten des DBB im Rahmen des Grundrechtes der Koalitionsfreiheit nach der gegenwärtigen Rechtslage, die ganz offensichtlich den Streik nicht zuläßt, und in Übereinstimmung mit der von den satzungsmäßigen Organen des DBB vertretenen Auffassung zu behandeln.

Die unmittelbar aus den Besonderheiten des Beamtenstatus sich ergebende Beschränkung der Beamtenvertretung in ihren Aktionsmöglichkeiten muß im Hinblick auf das Grundrecht der Koalitionsfreiheit dadurch ausgeglichen werden, daß die den Beamtenvertretungen sonst zur Verfügung stehenden Mittel, die Mitgliederinteressen zu wahren, eine echte Chance, auf den Dienstgeber mit Aussicht auf Erfolg einzuwirken, nicht ausschließen dürfen.

Als eine solche Möglichkeit ist die in § 94 des Bundesbeamtengesetzes[5] und in entsprechenden Vorschriften der Landesbeamtengesetze enthaltene Vorschrift anzusehen, in der das Recht der Spitzenorganisation der Beamtengewerkschaften niedergelegt ist, bei der Vorbereitung allgemeiner Regelungen der beamtenrechtlichen Verhältnisse beteiligt zu werden. Die praktischen Erfahrungen, die wir im Laufe der Jahre mit der Ausübung dieses Beteiligungsrechtes gemacht haben, sind nun sehr unterschiedlich zu beurteilen. Von der gesetzlichen Konzeption her ist das Beteiligungsrecht nicht nur eine bloße Anhörung, sondern beinhaltet eine partnerschaftliche Zusammenarbeit zwischen Dienstgeber und Beamtengewerkschaften. Nach sehr unterschiedlichen Erfahrungen mit den jeweils im Amt befindlichen Ressortministern muß jedenfalls für die Jetztzeit festgestellt werden, daß etwa die partnerschaftliche Zusammenarbeit zwischen dem Bundesinnenminister [Genscher] als dem für beamtenrechtliche Fragen zuständigen Fachminister und dem Deutschen Beamtenbund sehr gut ist. In den Beteiligungsgesprächen werden die Vorschläge des DBB offen diskutiert. Es werden Kompromisse gesucht und auch gefunden. Ich darf in diesem Zusammenhang auf die am 1. Mai

5 Für den Wortlaut vgl. S. 138 Anm. 6.

1970 in Kraft getretene neue Bundeslaufbahnverordnung[6] und die Verordnung über die Beamten in Laufbahnen besonderer Fachrichtungen[7] hinweisen. Hier ist es während mehrerer Beteiligungstermine gelungen, maßgebliche Vorschläge des Deutschen Beamtenbundes in den Gesetzestext einzubauen. Als ein Beispiel darf ich nur das sogenannte Personalgespräch nennen, durch das dem Beamten vor Abfassung der endgültigen Beurteilung der Entwurf der Beurteilung eröffnet und ihm somit Gelegenheit gegeben wird, mit seinem Vorgesetzten über die vorgesehene Beurteilung zu sprechen.[8] Hierdurch kann erreicht werden, daß Fehler, die sich in die Beurteilung eingeschlichen haben, bereits vor der endgültigen Fixierung der Beurteilung ausgemerzt werden können.

Das eigentlich gravierende Problem taucht, wie Sie alle wissen, bei der förmlichen Beteiligung erst dann auf, wenn wir uns mit dem Dienstgeber über unsere Forderungen nicht einigen können. Für einen solchen Fall hat der Deutsche Beamtenbund einen praktikablen Lösungsvorschlag erarbeitet, der von dem letzten Bundesvertretertag akzeptiert worden ist.[9] Ausgehend von dem Beteiligungsrecht der Spitzenorganisationen in §94 sollte nach Auffassung des Deutschen Beamtenbundes in näher abzugrenzenden Fällen das Beteiligungsrecht im Sinne einer echten Mitbestimmung der Spitzenorganisationen ausgestaltet werden. Im Falle der Nichteinigung zwischen Dienstgeber und Beamtengewerkschaften läge dann die letzte Entscheidung wie bei der Mitbestimmung nach dem Personalvertretungsgesetz des Bundes bei einer neutralen Einigungsstelle.

Eine so ausgestaltete verstärkte Beteiligung der Spitzenorganisationen setzt allerdings eine Reform des bisherigen Gesetzgebungsverfahrens voraus. Nur dann nämlich, wenn der Gesetzgeber von der Praxis abginge, die Beamtenbesoldung und Beamtenversorgung bis ins kleinste Detail selbst zu regeln und sich nur noch auf die Aufstellung einer die leitenden Gesichtspunkte berücksichtigenden Rahmenregelung beschränken würde, die Einzelregelung im übrigen aber dann im Wege einer Ermächtigung zum Erlaß von Rechtsverordnungen der Regierung

6 Vgl. BGBl I. 1970, S. 422ff.
7 Vgl. BGBl I. 1970, S. 431ff.
8 Vgl. § 34 der Bundeslaufbahnverordnung (vgl. die Angaben in Anm. 6, hier S. 429).
9 Vgl. Der Beamtenbund. 20. Jg., Nr. 11, November 1969, S. 10.

überließe, bliebe für eine Mitbestimmung der Spitzenorganisation in der skizzierten Form Raum.

Für eine solche Reform des Gesetzgebungsverfahrens spricht vor allem, daß der Gesetzgeber im Falle der Beamtenbesoldung und Beamtenversorgung von der Sache her ganz einfach überfordert ist, wenn er sich hin bis zur Ämterbewertung und Einstufung in die einzelnen Besoldungsgruppen und dergleichen mehr mit der Materie beschäftigen soll. Darüber hinaus wird allgemein auch von anderen Gruppen die Forderung erhoben, der Gesetzgeber solle jeweils nur die tragenden Grundsätze eines bestimmten Gesetzes festlegen, die Detailregelung jedoch der Regierung überlassen. Diese Konzeption weist gegenüber der, die in den Überlegungen des DGB zum Status- und Folgerecht enthalten sind, die nach unserer Auffassung entscheidende Abweichung auf, daß nämlich die Kontrolle über die vorgeschlagenen Lösungen bei dem Gesetzgeber verbliebe, wie es den verfassungsrechtlichen Erfordernissen entspricht. Er hätte den finanziellen Rahmen abzustecken, in dem sich die Einzelregelungen zu halten haben. Er hätte ferner die Ermächtigung für die verordnungsgebende Bundesregierung hinsichtlich der tragenden Grundsätze so zu präzisieren, daß sie sich in den vom Grundgesetz abgesteckten Rahmen des Art. 80 Abs. 1 einfügt, dessen Satz 2 besagt: »dabei müssen Inhalt, Zweck und Ausmaß der erteilten Ermächtigung im Gesetz bestimmt werden«.

Aber auch wenn dieser Lösungsvorschlag nicht verwirklicht werden sollte, bleiben dem Deutschen Beamtenbund im Falle der Nichteinigung im Rahmen des förmlichen Beteiligungsrechtes noch weitere Möglichkeiten, seinen Forderungen Anerkennung zu verschaffen.

Der eine Weg führt zum Parlament, der andere in die Öffentlichkeit. Wir vertreten die Auffassung, daß wir auch dem Gesetzgeber gegenüber ein Anspruch auf Ausübung unseres gesetzlich verbürgten und durch das Grundrecht der Koalitionsfreiheit geschützten Beteiligungsrechtes haben. Denn Dienstherr der Beamten ist ja nicht etwa nur die Regierung oder womöglich nur eine oberste Dienstbehörde. Dienstherr der Beamten ist der Bund, das Land oder die Gemeinde; und Organ beispielsweise des Bundes, und zwar sogar das oberste, ist auch das Parlament. In der Praxis hat sich auch alles ganz gut eingespielt. Wir haben die Möglichkeit, außer mit den politischen Parteien selbst, ständig auch mit den

Bundestagsfraktionen, mit Mitgliedern des Innenausschusses oder mit einzelnen Abgeordneten, die wir für einflußreich halten, über unsere Forderungen zu verhandeln.

Ich sage Ihnen aber sicher nichts Neues damit, wenn wir in allen diesen Fragen – durch den gegebenen rechtlichen Ausgangspunkt dazu gezwungen – die Generallinie verfolgen, nur solche im Mitgliederinteresse liegenden Forderungen zu erheben, deren sachliche Berechtigung wir begründen können. Wir unterscheiden uns auch insofern vom DGB, der vielfach nur aus rein propagandistischen Gründen und um der Mitgliederwerbung willen sachlich nicht vertretbare Forderungen hinausposaunt. Ich erwähne das vor allem deshalb, weil Sie ja sicherlich oft genug von Ihren Kollegen auf irgendwelche Forderungen der DGB-Gewerkschaften angesprochen werden und weil man Sie dann fragt, was denn eigentlich der DBB in dieser Hinsicht tue. Es bedarf eines bestimmten persönlichen Mutes, aber auch eines bestimmten Vertrauens zur Aktivität der eigenen Spitzenorganisation, die Fragesteller in solchen Fällen ruhig einmal darauf hinzuweisen, daß der DBB das Vertrauenskapital, das er sich beispielsweise bei allen Stellen, die für die Entscheidung über unsere Forderungen zuständig sind, erworben hat, und zwar gerade durch die nachweisbar sachliche Berechtigung seiner Forderungen – daß der DBB also nicht gewillt ist, dieses Vertrauenskapital aus reinen Konkurrenzgründen zu verwirtschaften. Denn darüber müssen wir uns alle im klaren sein: Der uns zur Verfügung stehende, durch bestimmte rechtliche Gegebenheiten eingeengte Spielraum, der uns bei der Durchsetzung unserer Interessen zur Verfügung steht, läßt uns gar keine andere Wahl, als uns dem Gebot der Sachlichkeit unserer Argumente zu beugen. Würden wir anders operieren, fänden wir ganz gewiß nicht das Gehör, das wir uns inzwischen durch unser Vorgehen verschafft haben. Und niemand wird bestreiten können, daß wir bei aller Sachlichkeit trotzdem auch die notwendige Härte in der Vertretung unserer Forderungen aufbringen. Dafür ließen sich genügend Beispiele anführen.

Lassen Sie mich nun noch etwas zu den Zielvorstellungen des Deutschen Beamtenbundes ausführen. Sie werden aber sicherlich dafür Verständnis haben, daß ich wegen der Kürze der Zeit mich nur auf wesentliche Zielvorstellungen beschränken muß. Einzelfragen können in der nachfolgenden Diskussion noch geklärt werden.

Grundsätzliche Zielvorstellung des Deutschen Beamtenbundes zum öffentlichen Dienstrecht ist die Beibehaltung des Berufsbeamtentums und die Fortentwicklung des öffentlichen Dienstrechtes im Hinblick auf die Änderungen von Staat und Gesellschaft. Zu dieser Frage hat der Bundesvertretertag 1969 eine »Entschließung zur gesellschafts- und beamtenpolitischen Lage« gefaßt, die ich Ihnen nachfolgend im Wortlaut zitieren möchte, weil sie mir besonders deutlich die Zielvorstellungen des DBB für die kommenden Jahre zu präzisieren scheint. Ich darf zitieren[10]:

»Die dauernde Wahrnehmung öffentlicher Aufgaben im Bereich der unmittelbaren und mittelbaren Staatsverwaltung allein solchen Personen vorzubehalten, die in einem öffentlich-rechtlichen Dienstverhältnis stehen. Artikel 33 Abs. 4 des Grundgesetzes erfaßt nicht nur die eingreifende hoheitliche Tätigkeit. Er bezieht jede vom Staat wahrgenommene Daseinsvorsorge mit ein, weil im Vordergrund der gewandelten staatlichen Aufgaben steht, die elementaren Lebensbedürfnisse der Gesellschaft zu sichern und zu gestalten. Danach sind bald Folgerungen für alle Angehörigen des öffentlichen Dienstes, die dauernd öffentliche Aufgaben wahrnehmen, zu ziehen. Unterschiedliche Rechtsstellungen können nur durch die Funktion oder durch eine nur vorübergehende Tätigkeit bedingt sein.

Das öffentlich-rechtliche Dienstverhältnis ist in seinen Grundlagen bestimmt durch die verfassungsrechtlich abgesicherten Grundsätze des deutschen Beamtenrechts. Sie sind in einer zeit- und sachgerechten Form fortzuentwickeln.

Mit dem Beamtenstatus sind Kampfmaßnahmen im Rahmen der Gesetze vereinbar. Der Streik bleibt also ausgeschlossen. Es müssen dafür aber ständige, auf dem Grundsatz der Gleichberechtigung beruhende Verhandlungseinrichtungen geschaffen werden, die den Spitzenorganisationen der Beamten die sachgerechte Interessenvertretung gegenüber Regierung und Parlament ermöglichen. Das Parlament hat der Regierung insbesondere in Fragen der Besoldung und Versorgung einen breiteren Verhandlungsspielraum als bisher einzuräumen und sich auf

10 Zu dieser und zu der nachfolgend zitierten Entschließung vgl. Der Beamtenbund. 20. Jg., Nr. 12, Dezember 1969, S. 3.

die Festlegung der Grundsätze zu beschränken, nach denen die Regierung die vom Parlament bewilligten finanziellen Mittel einzusetzen hat. Nur im Falle der Nichteinigung entscheidet der Gesetzgeber.

Es ist die ständige Aufgabe der Parlamente, der Regierungen und des öffentlichen Dienstes in Bund und Ländern,

– in allen Bevölkerungskreisen ein vorurteilsfreies Verständnis für die Aufgaben, Belastungen und Leistungen des öffentlichen Dienstes und seiner Träger anzustreben und
– für lebendige demokratische Formen der Zusammenarbeit innerhalb der Verwaltung zu sorgen.

Das sind die Voraussetzungen für ein Selbstverständnis des öffentlichen Dienstes, der sich von kritischem Verantwortungsbewußtsein und Vertrauen getragen weiß. Nur so kann der öffentliche Dienst den hohen Anforderungen gerecht werden und die Leistungen erbringen, die die politische und soziale Lage erfordern.«

Weitere grundsätzliche Zielvorstellung des DBB ist die Ausweitung der Mitbestimmung in der öffentlichen Verwaltung, um den immer wieder zitierten Gesichtspunkt der Demokratisierung der Verwaltung Rechnung zu tragen. Ich habe in vielen Gesprächen bisher die Erfahrung machen können, daß der Begriff der »Demokratisierung der Verwaltung« schillernd ist, daß er meist nur umschrieben wird mit dem ebenso schillernden Begriff »Abbau hierarchischer und obrigkeitsstaatlicher Strukturen«. Hier stellt man immer wieder fest, daß mit Schlagworten operiert wird, die nicht näher präzisierbar sind. Ich möchte deshalb auch zur Frage der Mitbestimmung Ihnen die Entschließung des Bundesvertretertages 1969 im Wortlaut wiedergeben, weil hier meiner Meinung nach deutlich gemacht wird, worin eine echte Demokratisierung der Verwaltung bestehen sollte. Ich zitiere:

»Der Bundesvertretertag des Deutschen Beamtenbundes erwartet auf der Grundlage der bereits seit geraumer Zeit erhobenen Forderung nach Mitbestimmung im öffentlichen Dienst den Ausbau des Beteiligungsrechts mit einem verstärkten Minderheitenschutz. Der Deutsche Beamtenbund wird die in der Regierungserklärung des Bundeskanzlers angekündigte Absicht, das Personalvertretungsrecht zügig auszubauen, mit seinen jetzt verabschiedeten Novellierungsvorschlägen aktiv unterstützen. Von der in der Regierungserklärung bekundeten Absicht, bereits vor entsprechenden gesetzlichen Maßnahmen dem Recht des einzelnen auf Mitbestimmung zu entsprechen, erwartet der DBB beispielgebende Impulse für eine Konzeption, die schon zu Beginn der Legislaturperiode von den zuständigen Stellen den Parlamenten zur Beschlußfassung vorgelegt werden kann.

Die angekündigten gesetzlichen Maßnahmen müssen dazu führen, vor allem die Rechte des einzelnen zu stärken bzw. seinen gewählten Vertretern eine Mitbestimmung in allen sozialen und personellen Angelegenheiten einzuräumen. Durch diese Forderung wird die Zweckbestimmung der Verwaltung nicht berührt. Der DBB stellt dazu fest, daß wegen der Zweckbestimmung der Verwaltung die Notwendigkeit einer parlamentarischen Kontrolle unabdingbar ist.

Der Deutsche Beamtenbund strebt den Ausbau der Mitbestimmung für alle Bereiche des öffentlichen Dienstes an, also auch für den Bereich von Bundesbahn und Bundespost sowie für deren Selbstverwaltungsorgane, für die Sozialversicherungsträger, für die Kommunaleinrichtungen und die öffentlichen Sparkassen. In den Selbstverwaltungsorganen müssen die bereits bestehenden Mitgliederrechte gewahrt werden.

Alle zuständigen Stellen müssen nach Auffassung des Bundesvertretertages umgehend geeignete gesetzliche Schritte zur Ausweitung der Mitbestimmung im öffentlichen Dienst einleiten. Der DBB fordert, daß das von ihm erarbeitete Konzept berücksichtigt wird.«

Unsere Zielvorstellungen im Beamtenrecht zielen auf eine grundsätzliche Reform des Laufbahnrechtes ab, auf eine Novellierung des Personalvertretungsrechtes, eine Reform des Disziplinarrechtes, eine Verbesserung der Urlaubsregelung, fortschrittliche Arbeitszeitregelungen, Anpassung des Beamtenhaftungsrechtes an die Strukturen einer modernen Verwaltung, Novellierung des Arbeitsplatzschutzgesetzes und nicht zuletzt eine Abschlußgesetzgebung zum G 131 und zum BWGöD [Gesetz zur Regelung der Wiedergutmachung nationalsozialistischen Unrechts für Angehörige des öffentlichen Dienstes]. Daß diese Aufzählungen nur beispielhaft sind, mögen Sie erkennen, wenn Sie etwa in den Deutschen Beamtenkalender 1970 hereinschauen, in dem das Aktionsprogramm des DBB im einzelnen abgedruckt ist. Lassen Sie mich aus diesen Zielvorstellungen zum Beamtenrecht nur unsere Forderungen zum Laufbahnrecht kurz präzisieren, weil es sich hier um eine Frage handelt, die auch für Sie von besonderer Bedeutung sein dürfte.

Wir fordern eine grundsätzliche Neuregelung des Laufbahnwesens durch Aufgabe des Laufbahngruppenprinzips und Einführung einer einheitlichen Laufbahn. Hierunter verstehen wir ein durchgehendes Laufbahnsystem mit unterschiedlichen Einstiegsmöglichkeiten entsprechend der jeweiligen Vorbildung. Nur ein solches flexibles Laufbahnsystem vermag die Unzulänglichkeiten der jetzigen Regelung zu beseitigen. Die einheitliche Laufbahn ist nach oben offen. Jeder Beamte, der an einer bestimmten Stelle in die Laufbahn einsteigt, hat die Möglichkeit, entsprechend seiner Leistung ohne Beschränkungen befördert zu werden. Hierdurch würde dem Leistungsgrundsatz zum wirklichen Durchbruch verholfen. Darüber hinaus würden die Veränderungen im Bildungssystem, die bereits durchgeführt sind oder sich erst andeuten – ich verweise auf den gerade vorgelegten Strukturplan für das Bildungswesen des Deutschen Bildungsrates –, ohne Schwierigkeiten aufgefangen werden können. Das Prinzip der einheitlichen Laufbahn läßt sich in praxi jedoch nur verwirklichen, wenn es gelingt, das Beurteilungswesen noch weiter zu objektivieren, damit wirklich ausschließlich Leistungsgesichtspunkte die Karriere eines Beamten bestimmen. In einer Modellstudie zur Objektivierung des Beurteilungswesens sind wir davon ausgegangen, daß sich jeder Beamte durch entsprechend ausgewiesene Fragebögen selbst beurteilt und die Auswertung dieser Bögen in die EDV-Anlagen übertragen wird. Hierdurch könnte die subjektivierte Beurteilung, die in der Beurteilung durch den Vorgesetzten liegt, unter Umständen ausgeschaltet werden. Das alles sind aber Fragen, die noch eingehender Prüfung bedürfen. Das langfristige Programm zur Reform des Laufbahnwesens darf nicht verhindern, daß bereits kurzfristig Verbesserungen durchgeführt werden. In diesem Zusammenhang fordern wir die Neuregelung der Eingangsvoraussetzungen zu den einzelnen Laufbahngruppen, so für den höheren Dienst ein spezielles verwaltungswissenschaftliches Studium, für den gehobenen Dienst ein Fachhochschulstudium an Fachhochschulen für Wirtschaft und Verwaltung und für den mittleren Dienst den Abschluß der Fachoberschule. Daß sich aus einer solchen qualifizierteren Vor- und Ausbildung auch Konsequenzen auf die Ausgestaltung der Besoldung ergeben müssen, liegt auf der Hand.

Zur Besoldung generell fordern wir den Abbau des Besoldungsrückstandes und die laufende Anpassung der Beamtenbesoldung und -versorgung an die allgemeine Einkommensentwicklung. Mit der Einbeziehung der Beamtenbesoldung in die mittelfristige Finanzplanung[11] ist hier bereits ein erster wichtiger Schritt gelungen. Endziel unserer Bemühungen ist es, eine Automatik zwischen Einkommensentwicklung und Besoldungsentwicklung im öffentlichen Dienst herbeizuführen. Darüber hinaus werden strukturelle Verbesserungen angestrebt, insbesondere für die Versorgungsempfänger, zusätzliche soziale Maßnahmen, insbesondere für die niedrigen Besoldungsgruppen, Wegfall der Ortsklasse A, Abbau der Tarifklasse 3 des Ortszuschlages, Erhöhung des familienbezogenen Bestandteils der Dienstbezüge und dergleichen mehr.

Hinsichtlich der Vermögensbildung ist uns durch die Gewährung vermögenswirksamer Leistungen in Höhe von 13,– DM pro Monat ein erster Schritt gelungen, bei dem es selbstverständlich nicht bleiben kann. Im gegenwärtigen Stadium kann eigentlich noch nicht von Vermögensbildung gesprochen werden, da die ausgewiesenen Beträge zu gering sind. Wir fordern daher eine grundlegende Neuregelung des bestehenden Systems zur Förderung der Vermögensbildung von unselbständigen Tätigen vor allem durch eine Reform des Prämienrechts auf der Grundlage einer in sich geschlossenen Konzeption sowie durch entsprechende steuerliche Maßnahmen, die wir für ein vorrangiges gesellschaftspolitisches Anliegen halten.

Ich konnte nun leider nicht den gesamten Fächer unserer Zielvorstellungen vor Ihnen ausbreiten, ich glaube aber bereits mit diesem kurzen und in keiner Weise vollständigen Überblick gezeigt zu haben, wohin unsere Bemühungen gehen.

Lassen Sie mich nur noch ein kurzes Wort zur Bedeutung des Deutschen Beamtenbundes in unserer heutigen Gesellschaftsordnung sagen. Ich habe bereits eingangs etwas über die Bedeutung der Verbände in unserer freiheitlich-demokratischen Grundordnung ausgeführt. Darüber hinaus bleibt speziell für den Deutschen Beamtenbund noch nachzutragen, daß dieser die größte Beamtengewerkschaft in der Bundesrepublik Deutschland ist. Er vertritt eine homogene gesellschaftliche

11 Vgl. dazu S. 241 Anm. 10.

Gruppe, die zwar keine Gesellschaft in der Gesellschaft ist, sondern in die Gesellschaft integriert ist, die aber nach Größe, Strukturierung und Aufgabenstellung eine bedeutsame Rolle spielt. Die Bedeutung, die der Deutsche Beamtenbund dadurch gewinnt, wird vor allem in der Tatsache deutlich, daß der Deutsche Beamtenbund aufgerufen ist, zu allen bedeutsamen politischen Entwicklungen, auch soweit sie nicht den speziellen Fachbereich betreffen, Stellung zu beziehen. Wir geben unsere Stellungnahme ab in Wirtschaftsfragen, kulturellen Angelegenheiten, und insbesondere hier in Bildungsfragen, in verfassungsrechtlich relevanten Fragen, kurz in allen Angelegenheiten, die die Fortentwicklung unseres Staates und unserer Gesellschaft betreffen. Der Deutsche Beamtenbund ist, so möchte ich es schlagwortartig formulieren, ein gesellschaftspolitischer Faktor, der aus dem staatlichen Leben nicht mehr hinweggedacht werden kann. Wir nehmen diese Tatsache ohne Stolz und ohne Überheblichkeit zur Kenntnis, leiten aus ihr aber auch die Verpflichtung her, uns mit allem Nachdruck nicht nur für die speziellen Fachbelange unserer Mitglieder einzusetzen, sondern mit dafür Sorge zu tragen, daß sich dieser Staat immer mehr hin zu einer gelebten Demokratie, in der Freiheit und Gleichheit fundamentale und immer wieder neu verwirklichte Prinzipien sind, entwickelt und formt.

10. Oktober 1970

Mitbestimmung und öffentlicher Dienst

Vortrag auf der Tagung der Kommunalpolitischen Vereinigung der CDU Heidelberg und der Politischen Akademie Eichholz in Heidelberg

Quelle: DBB-Archiv, Abt. Bulei 15000–13 (maschinenschriftlich mit handschriftlichen Zusätzen A. Krauses)

Mitbestimmung im öffentlichen Dienst ist heute zu einem feststehenden Begriff geworden. Mit diesem Begriff wird – praktisch zur Begründung der Forderung – der Ruf nach »Demokratisierung der Verwaltung« oder nach dem »Abbau hierarchischer Strukturen« verbunden.

Wer auf der Höhe seiner Zeit sein will – und wer wollte das nicht –, hantiert sehr gern mit diesen Begriffen; sie tauchen fast täglich auf, aber die Begriffsinhalte werden sehr unterschiedlich gesehen.

Erlauben Sie mir deshalb eine kritische Vorbemerkung: Die von mir erwähnten Begriffe sind in der allgemeinen Diskussion zunächst nur Schlagworte und häufig sogar inhaltlose Floskeln, deren Bedeutungsgehalt erst herausgearbeitet werden muß, wenn auch der Wirklichkeitsgehalt zutreffend bestimmt werden soll.

Derartige Floskeln, derartige Schlagworte aber erschweren die Diskussion und sie erschweren vor allem das Verständnis füreinander sowie die Verständigung über das gemeinsame Ziel. »Schlagworte«, so schrieb jüngst ein bekannter Wissenschaftler, »vereinfachen Ziele nicht nur, sie verschleiern sie auch. Im übrigen waren sie schon immer ein ausgezeichnetes Mittel, die Menschen in gute und böse, in reaktionäre und fortschrittliche einzuteilen. Und schließlich liefern sie einfache Erklärungen für höchst komplizierte Sachverhalte.«

Es war immer schon schwer, sich über Begriffsinhalte zu einigen und

Begriffe eindeutig zu bestimmen. Von dem chinesischen Philosophen Konfuzius, der 551 bis 479 v. Chr. gelebt hat, also bereits vor geraumer Zeit in die Ewigkeit abberufen worden ist, wird berichtet, daß ihm von einem Schüler die Frage vorgelegt wurde: »Wenn Dich der Fürst von Wei bitten würde, die Regierung zu übernehmen, was würdest Du zuerst beginnen?« »Zuerst«, antwortete darauf der Meister, »müssen die Begriffe richtig bestimmt werden. Wenn die Begriffe nicht richtig bestimmt sind, stimmen die Aussagen nicht mit den Tatsachen überein; wenn die Aussagen nicht mit den Tatsachen übereinstimmen, sind die Geschäfte schlecht zu führen; wenn die Geschäfte schlecht zu führen sind, gedeiht keine Ordnung und Harmonie; wenn keine Ordnung und Harmonie gedeiht, wird Gerechtigkeit zu Willkür; wenn Gerechtigkeit zu Willkür wird, weiß das Volk nicht, wohin Hand und Fuß setzen.«

Das ist, so werden Sie mir sicher zugeben, eine in sich schlüssige und auf den ersten Blick auch durchaus überzeugende Aussage. Aber – und nun kommt bereits wieder das große Aber: Vor die Aufgabe gestellt, die Begriffe richtig zu bestimmen, stoßen wir im allgemeinen von neuem auf eine Schwierigkeit, die zu überwinden nicht so ohne weiteres in unserer Macht steht. Denn wer sagt uns denn, was richtig und was falsch ist?

An diesem Punkte setzt die Wertung ein. Die Frage stellt sich: Gibt es ein für allemal gültige Werte, absolute Werte also, die uns die festen Maßstäbe dafür an die Hand geben, Werturteile zu fällen, in Gestalt eines Wahrheitsnachweises sozusagen, der jeden Gegenbeweis ausschließt?

Ich will diesen Gedankengang hier nicht fortführen, weil ich nicht beabsichtige, in das philosophische Labyrinth einzudringen, in das wir unweigerlich gerieten, wenn wir uns näher mit der gestellten Frage beschäftigen wollten. Es dürfte auch, ohne daß ich das im einzelnen erläutern müßte, jedermann einleuchten, wenn ich feststelle: Auf der Suche nach festen Maßstäben für Werturteile stehen wir alsbald vor der Tatsache, daß es in jeder menschlichen Gesellschaft die verschiedensten Richtungen und Tendenzen gibt: geistige, soziale, weltanschauliche, religiöse, politische Einstellungen, die sich an die Interessen der einzelnen Gesellschaftsmitglieder oder ganzer gesellschaftlicher Gruppen heften.

Meinungs- und Interessengegensätze sind die Folge dieser Erscheinung. Wer schlichtet diese Gegensätze und von welchen Wertmaßstäben soll dabei ausgegangen werden? Wie gelangen wir zu gesicherten Aussagen darüber, was sich bei der festzustellenden Vielfalt von gegensätzlichen Meinungen und Interessen nun als richtig oder falsch erweist?

Ich will nicht ins Philosophieren geraten und mich jetzt auch nicht darauf einlassen, die Probleme der Meinungsbildung in der pluralistischen modernen Industriegesellschaft mit den unterschiedlichen, häufig einseitigen Informationsmöglichkeiten – wer nur eine Zeitung liest und sei es auch eine Gewerkschaftszeitung, ist einseitig informiert –, dem möglichen Mißbrauch der Kommunikationsmittel und der Massenmedien, der deshalb und aus anderen Gründen unterschiedlichen Einstellung zu Staat und Gesellschaft, zu untersuchen.

Schon aus Zeitgründen muß ich die genannten und andere mit dem Thema zusammenhängenden Fragen unerörtert lassen. Stattdessen verwende ich die Maßstäbe, die zunächst gesichert und durch Mehrheitsentscheidung anerkannt sind und die uns deshalb in der Praxis helfen, wie z.B. die Postulate in den Artikeln des Grundgesetzes.

In einer freiheitlichen demokratischen Gesellschaft trifft jede Form der Machtausübung – und auf die Machtausübung richten sich Demokratisierungs- und Mitbestimmungsforderungen – mit dem grundrechtlichen Postulat zusammen, daß oberster Grundsatz für die Stellung des einzelnen in einer organisierten Gemeinschaft die Achtung des grundlegenden Bekenntnisses zur Würde der Person, zu den unverletzlichen und unveräußerlichen Menschenrechten als Grundlage jeder menschlichen Gemeinschaft und zum Recht auf freie Entfaltung der Persönlichkeit zu sein hat.

Die Selbstbestimmtheit des einzelnen, d.h. die ihm rechtlich zuerkannte Möglichkeit, seine Zwecke selbst zu wählen und eigene Initiativen zu entfalten, kann nun unter bestimmten Voraussetzungen mit auf Herrschaftsbeziehungen beruhender Machtausübung durch andere kollidieren, und zwar so, daß im Blick auf die vorrangige grundgesetzliche Wertentscheidung zugunsten der Würde der Person und des Rechtes auf freie Entfaltung der Persönlichkeit ein gesteigertes Schutzbedürfnis vor möglichem Machtmißbrauch entstehen kann.

Im Grunde liegt hierin die Wurzel der Forderung nach »Demokratisierung« (Mitbestimmung). Sie besagt so verstanden – und ich zitiere hier aus dem Bericht der von der Bundesregierung eingesetzten »Sachverständigenkommission zur Auswertung der bisherigen Erfahrungen bei der Mitbestimmung«[1] – folgendes:

»In einer freiheitlichen Demokratie entspreche der personalen Würde und Freiheit des einzelnen der Schutz vor der Willkür gesellschaftlicher Macht. Der – mit jeder Ordnung verbundenen – Machtausübung müsse die institutionell gesicherte Verpflichtung gegenüberstehen, diese Macht nur zum Wohle der Betroffenen auszuüben, sie auf das sachnotwendige Maß zu beschränken und die Freiheitsrechte derer zu respektieren, die ihr untergeordnet sind. Für eine freiheitliche Ordnung sei die Legitimierung gesellschaftlicher Machtausübung unabdingbarer Grundsatz.«

So steht denn auch die Mitbestimmung in der privaten Wirtschaft unter dem Leitbild einer herrschaftsfreien Sozialordnung, d.h. einer Sozialordnung, die durch die an ihr beteiligten privaten Kräfte selbstverantwortlich gestaltet wird. Folgerichtig versteht die erwähnte Sachverständigenkommission unter Mitbestimmung »die institutionelle Teilnahme der Arbeitnehmer oder ihrer Vertreter an der Gestaltung und inhaltlichen Festlegung des Willensbildungs- und Entscheidungsprozesses im Unternehmen«.

Nach den Vorschlägen der Kommission soll sich die Mitbestimmung der Arbeitnehmer in den privatwirtschaftlichen Unternehmen auch auf die Leitungs- und Direktionskompetenz des Unternehmers erstrecken, und zwar deshalb, weil nur dadurch die Abhängigkeit des Arbeitnehmers in Übereinstimmung mit dem allgemeinen Grundsatz gebracht werden könne – ich zitiere wieder wörtlich aus dem Kommissionsbericht – »daß die Unterwerfung unter fremde Leitungs- und Organisationsgewalt mit der Würde des Menschen nur dann vereinbar ist, wenn dem Betroffenen die Möglichkeit der Einwirkung auf die Gestaltung der Leitungs- und Organisationsgewalt eingeräumt wird, der er unterworfen ist. Durch die Mitbestimmung wird die Leitungs- und Organisationskompetenz im Unternehmen in Übereinstimmung mit diesen Grundsätzen ausgestaltet und damit in die Wertordnung

1 Vgl. Drucksache VI/334; Verhandlungen des Deutschen Bundestages. 6. Wahlperiode 1969, Anlagen-Bd. 135.

integriert, die auch die Privatrechtsordnung bestimmt und von der auch die Organisation des sozialen Verbandes Unternehmen ausgehen muß.«

Im Kommissionsbericht wird des weiteren festgestellt:

»Soweit mit ›Demokratisierung der Wirtschaft‹

- die Grundsätze der Selbstbestimmung,
- der Achtung vor der Würde des Menschen und
- der Ausgleich oder der Abbau einseitiger Machtstellungen durch Kooperation der Beteiligten und die Mitwirkung an Entscheidungen durch die von den Entscheidungen Betroffenen

verstanden werden, ist die Formel von der Demokratisierung der Wirtschaft verwendbar. Sie verweist auf die allen vergleichbaren Vorgängen gemeinsame, wertbezogene Entscheidung.«

Die Kommission führt dazu im weiteren noch aus: »Soweit jedoch mit ›Demokratisierung‹ Vorstellungen von direkter, unmittelbarer Demokratie verbunden werden, sind sie bei allen größeren rational arbeitenden Organisationen, also auch bei der Führung von Unternehmungen einer Größenordnung, die für eine institutionelle Mitbestimmung in Frage kommen, undurchführbar und illusionär. Das gleiche gilt nach bisherigen Erfahrungen für Rätesysteme in Marktwirtschaften.«

Die Frage, die jetzt offenbleibt, ist – das liegt nach den verhältnismäßig eingehenden Ausführungen und längeren Zitaten zum Thema »Mitbestimmung in der Wirtschaft« ja auf der Hand –, inwieweit sich die Leitgedanken für eine Mitbestimmung im Bereich der privaten Wirtschaft unter dem Gesichtspunkt einer »Demokratisierung« auch auf die öffentliche Verwaltung übertragen lassen.

Ich beginne damit, daß ich zunächst einmal die Ausgangslage zu bestimmen versuche. Dabei setze ich voraus, Sie sind mit mir einer Meinung, daß zwischen jenen beiden Bereichen grundlegende Unterschiede in der rechtlichen Stellung und Ordnung, in der Funktion und in den Zielen bestehen. Es wird zwar immer wieder versucht, diese Unterschiede zu verwischen, so etwa wenn geradezu vom »Unternehmen Staat« gesprochen, der heutige Staat als ein einziger großer »Dienstleistungsbetrieb« verstanden und mit einer beliebigen kaufmännischen Firma gleichgesetzt wird.

Wenn sich insoweit auch im Zuge der allgemeinen Technisierung eine Verwandtschaft der Funktionen und der Methoden herausgebildet haben mag, so darf diese Verwandtschaft aber nach meiner Meinung nicht als Gleichheit mißverstanden werden, und schon gar nicht als Gleichheit der Interessen und Ziele. Die politische Ordnung eines demokratischen Gemeinwesens ist nicht identisch mit dessen sozialer Ordnung – das bedarf wohl keiner weiteren Begründung.

Wenn es das Ziel der Mitbestimmung in der privaten Wirtschaft sein soll, eine herrschaftsfreie Sozialordnung im Wege der selbstverantwortlichen Gestaltung der an ihr beteiligten Kräfte zu verwirklichen, so kann für die öffentliche Verwaltung als einer in die Verfassungsordnung eingebundenen Institution, die selbst Herrschaftsträger ist, nicht gleiches etwa in dem Sinne gelten, daß die an ihr beteiligten Kräfte – und hier denke ich vor allem an das Verwaltungspersonal – selbstverantwortliche Aufgaben und Ziele der Verwaltung mitgestalten dürften.

Die Herrschaftsfunktion und die damit verbundene Machtausübung der Verwaltung ist demokratisch in doppelter Weise legitimiert: einmal dadurch, daß sie als vollziehende Gewalt einen ihr unmittelbar von der Verfassung erteilten Auftrag auszuführen hat, zum anderen dadurch, daß die Aufgaben der Verwaltung – die Verwaltungsziele – durch die politische Führung festgelegt werden, unbeschadet des tatsächlichen Vorschlagsrechts der Verwaltung. Zuletzt muß ein Gesetz verabschiedet werden oder eine klare politische Entscheidung in anderer Form zustande kommen, damit die öffentliche Verwaltung auch nach außen hin tätig werden kann. Mithin gibt es hier nichts mitzubestimmen.

Die Problematik einer »Demokratisierung« mit Hilfe der Mitbestimmung stellt sich in der Verwaltung unter anderen Aspekten: verwaltungsintern insofern, als der Verwaltungsangehörige in einem Abhängigkeitsverhältnis zu seinem Dienstherrn steht, das dem Abhängigkeitsverhältnis eines privaten Arbeitnehmers vergleichbar ist, und verwaltungsextern, d.h. im Verhältnis zu dem von Verwaltungsentscheidungen betroffenen Bürgern insofern, als gefragt werden kann, ob ihnen – den Bürgern – nicht weitergehende Möglichkeiten der »demokratischen Partizipation« eingeräumt werden müßten als die zur Zeit bestehenden.

Ich will mich nur dem ersten dieser beiden Aspekte zuwenden und fragen, wie es im Innenbereich der Verwaltung um die Respektierung der Freiheitsrechte derjenigen bestellt ist, die in einem Abhängigkeitsverhältnis zur Verwaltung stehen und dieser ihre Arbeitskraft zur Verfügung stellen.

In diesem Zusammenhang sind drei Fragen zu stellen:

1. Gewährleistet die gegenwärtige Gestaltung der Stellung des einzelnen im Organisationsgefüge der Verwaltung hinreichende Möglichkeiten der freien Entfaltung seiner Persönlichkeit und bietet sie genügend Schutz vor Machtmißbrauch?

2. Sind, wenn diese Frage zu verneinen wäre, dafür rechtliche, organisatorische oder faktische Gründe ausschlaggebend?

3. Bedarf es weitergehender institutioneller Sicherungen, um die Vertretung des Personals gegenüber der Verwaltung effektiver zu gestalten?

Wenn ich zur ersten Frage übergehe und dazu einmal kurz rekapitulieren darf, so fallen mir auf Anhieb die folgenden Sicherungen ein, mit denen nach meiner Kenntnis eine Respektierung der Freiheitsrechte und der Schutz des Beamten vor Rechtsmißbruch seitens des Dienstherrn oder – wirklichkeitsnäher ausgedrückt – seitens seiner Vorgesetzten bezweckt wird:

- die rechtlichen und wirtschaftlichen Sicherungen, die das Beamtenverhältnis selbst verbürgt:
  - Unkündbarkeit
  - Fürsorgepflicht des Dienstherrn
  - Eröffnung des Rechtsweges in allen die Rechte und Pflichten des Beamten berührenden Angelegenheiten
  - Petitionsrecht gegenüber dem Parlament
  - Beschwerdeweg zum Bundespersonalausschuß
- die Möglichkeit, den Personalrat anzurufen
- die allgemeine Vertretung und die Gewährung von Rechtsschutz durch die zuständige Gewerkschaft.

Stimmt es nun trotzdem, daß alle diese institutionellen Sicherungen ihre Schutzfunktion nicht wirklich erfüllen, weil – wie man häufig hört – das Beamtenrecht überholt und die Personalräte – und ich selber schließe die Gewerkschaften gleich noch mit ein – weitgehend zur Ohnmacht verurteilt seien? Würden, so müßte ich dann weiter fragen, völlig neue oder zusätzliche Sicherungen und gegebenenfalls welche einen stärkeren und vor allem wirksameren Schutz erwarten lassen?

Ich kann mir im Grunde nicht denken, daß wir auf dem Weg, die bereits vorhandenen institutionellen Sicherungen durch neue und vielleicht noch weitergehende zu vermehren, viel weiter kämen. Es wird vereinzelt daran gedacht, einen dem Wehrbeauftragten entsprechenden »Beamtenbeauftragten« zu installieren, eine Art »Klagemauer« also, an die sich ein Beamter, der sich in seinen Freiheitsrechten beeinträchtigt fühlt, ohne Einhaltung des Dienstweges begeben könnte.

Kann man sich davon wirklich den erhofften »Demokratisierungseffekt« versprechen? Ich bezweifle das. Denn wenn nicht einmal die vorhandene beamtenrechtliche Schutzfunktion, besonders das auf die Unabhängigstellung des Beamten abzielende Beamtenverhältnis selber, als freiheitssichernd im Bewußtsein des Beamten lebendig ist, dann dürfte auch mit der Institutionalisierung zusätzlicher Rechtssicherungen nicht viel zu erreichen sein.

Gut, eine Erweiterung der Mitbestimmung, wie sie auch der DBB fordert, wäre vielleicht ein Weg. Aber wenn es zuträfe, daß die Personalräte in der Verwaltung weitgehend zur Ohnmacht verurteilt wären, dann könnte das doch nicht nur daran liegen, daß sie bisher zu wenig Kompetenzen gehabt hätten. Immerhin billigt ihnen das Personalvertretungsrecht doch auch jetzt schon Schutzfunktionen zu, die, sachgerecht wahrgenommen, zumindest groben Machtmißbrauch zu verhindern geeignet sein dürften.

Ich suche nach anderen Gründen für bestimmte Frustrierungserscheinungen, auf die ich vielfach von Kollegen angesprochen werde. Vielleicht werden Sie selber mir entgegenhalten: Wir sind eingebunden in eine hierarchische Ordnung; müssen uns von oben kommenden Weisungen fügen; werden nicht entsprechend unseren Fähigkeiten eingesetzt; dürfen nicht eigenverantwortlich arbeiten; werden nicht wirklich leistungsgerecht beurteilt und dadurch bei Beförderungen benachteiligt; sind den Launen unserer Vorgesetzten ausgeliefert; müssen hinnehmen, daß uns durch Ämterpatronage Aufstiegschancen verdorben werden usw. usw.

Ich kann das alles gut begreifen und halte auch manche dieser Klagen für berechtigt. Geht man ihnen auf den Grund, so stellt sich meistens heraus, daß sie wirklich schwer zu fassen sind. Wir stoßen dabei auf »Verkrustungen« im Führungsstil, im Organisationsaufbau, in der Arbeitsweise usw.

Zu jedem einzelnen der von mir soeben mehr oder weniger willkürlich herausgegriffenen Punkte Stellung zu nehmen, ist mir natürlich nicht möglich. Das darin zum Ausdruck kommende Unbehagen hat vielfach außerordentlich tiefgreifende Ursachen, die teilweise psychologisch, teilweise mit den Wirkungen einer nicht mehr zeitgemäßen Erziehung zu erklären sind, die aber auch auf Anpassungsschwierigkeiten hinweisen, die der rasante Wandel unserer gesamtgesellschaftlichen Situation hervorruft.

Lassen Sie mich jetzt zur Frage des hierarchischen Aufbaus der Verwaltung ein klärendes Wort sagen, weil dieser Punkt in der Diskussion um die »Demokratisierung der Verwaltung« eine besondere Rolle spielt und gewöhnlich recht unsachlich behandelt wird.

Kann man den hierarchischen Aufbau der Verwaltung ohne Schaden für deren Funktionsfähigkeit einfach wegräumen? Diese Frage dürfte sich allgemein weder mit einem glatten Ja noch mit einem glatten Nein beantworten lassen. Der hierarchische (von interessierter Seite mit »obrigkeitsstaatlich« gleichgesetzte) Aufbau der Verwaltung wird ganz sicher in den Verwaltungszweigen beibehalten werden müssen, in denen im Vollzug von Gesetzen Massenaufgaben der Verwaltung anfallen. Hier hat sich die Über- und Unterordnung im Verwaltungsaufbau, kurz »hierarchischer« Aufbau genannt, wegen der klaren Verteilung der Zuständigkeiten und der Verantwortung als eine Organisationsform und als eine Arbeitstechnik bewährt, so daß an ihr im Interesse der Funktionsfähigkeit der Verwaltung auch in Zukunft festzuhalten sein wird.

Dagegen wird man in Verwaltungen, die vornehmlich Dienstleistungen erbringen, durchaus zu anderen, effektiveren Organisationsformen und Arbeitstechniken übergehen können und müssen. Überall da, wo es um die Hereinnahme moderner Mittel des Verwaltungshandelns in die Verwaltung geht, wo sog. Managementmethoden angewendet werden können, wo die EDV ins Spiel kommt, wo sich dadurch die überkommene Organisation und der herkömmliche Arbeitsstil und die Verfahrensweisen der Verwaltung gewissermaßen zwangsläufig ändern, erhält die Frage nach der Zweckmäßigkeit eines hierarchischen Verwaltungsaufbaus natürlich ein ganz anderes Gesicht und Gewicht.

Aber hat das im Grunde viel mit »Demokratisierung der Verwaltung« zu tun!? Das wäre nur dann der Fall, wenn man, wie es häufig geschieht, mit dem Begriff »Hierarchie« irrationale Vorstellungen ständischer Art verbindet, die das menschliche Verhältnis zwischen den einzelnen Mitarbeitern einer Behörde belasten. Das aber ist nicht unser Problem.

Ein wirkliches Problem ist dagegen das Einzwängen der Verwaltungsangehörigen in das Korsett strenger Weisungsgebundenheit. Daß im Grenzfall auch hier die Funktionsfähigkeit der Verwaltung den Vorrang hat, bedarf keiner Begründung. Wohl aber ist die Frage angebracht, ob die auf dem Mechanismus von Befehl und Gehorsam beruhende schlichte Weisung das unserer Zeit angemessene Führungsmittel in der Verwaltung auch weiterhin sein darf.

Ich habe schon als meine Meinung ausgeführt[2], daß das, was der Personalvertretung bisher an möglicher Beteiligung bei Angelegenheiten der Organisation und Arbeitsweise einzelner Behörden und ganzer Verwaltungszweige kraft Gesetzes eingeräumt ist, nicht ausreicht. Und ich habe gesagt: »Ich sehe jedenfalls keinen zwingenden Grund, weshalb dem Personal beispielsweise die Mitwirkung bei der Gestaltung des inneren Aufbaus der Behörde und der Geschäftsverteilung, bei der Regelung des Arbeitsablaufs und der Verfahren, soweit es dafür keine besonderen gesetzlichen Bestimmungen gibt, verwehrt sein soll.«

Daß dieser früher von mir geäußerte Gedankengang richtig war, beweisen einige Verwaltungen, in denen jetzt so verfahren wird, z. B. vor dem Regierungswechsel schon auf Anweisung des damaligen Bundesministers für Arbeit und Sozialordnung, Katzer, und nach dem Regierungswechsel im Postministerium.

Auf der Linie dieses Gedankenganges liegt nun auch, was die »Mitbestimmungs-Kommission« zur Verbesserung der Information und

2 Auf dem 14. Deutschen Evangelischen Kirchentag vom 16. bis 20. Juli 1969 in Stuttgart. Vgl. Alfred Krause: Wieweit läßt sich die Verwaltung demokratisieren?, in: Hindernisse der Demokratie. Vorträge und Bibelarbeit in der Arbeitsgruppe Demokratie des 14. Deutschen Evangelischen Kirchentags Stuttgart 1969. Hrsg. im Auftrag der Leitung des Deutschen Evangelischen Kirchentags von Friedebert Lorenz, Stuttgart-Berlin 1969, S. 64ff. (Zitat S. 69).

Kommunikation im Unternehmen sowie zur Verbesserung der Kooperation zwischen Arbeitgeber und Arbeitnehmer vorgeschlagen hat. Ich würde keine Bedenken haben, die im folgenden Zitat aus dem Kommissionsbericht zum Ausdruck kommenden Überlegungen dem Sinne nach auch für die öffentliche Verwaltung gelten zu lassen.

So heißt es an einer Stelle des Berichts[3]:

»Eine wesentliche Aufgabe der Mitbestimmung sieht die Kommission weiterhin in der Begründung eines Zwanges zur Kooperation zwischen Arbeitgeber und Arbeitnehmer und in der Einführung von Argumentations- und Diskussionszwängen. Die Schaffung solcher Argumentationszwänge und der damit verbundenen Begründungspflichten zugunsten der Arbeitnehmer hält die Kommission für erforderlich. Sie ist der Auffassung, daß die Ausübung der aus dem Arbeitsvertrag resultierenden Direktions- und Weisungsbefugnisse des Arbeitgebers ebenso einer allgemeinen Begründungspflicht unterliegen sollte wie die Reaktion der Unternehmensleitung auf Initiativen aus dem Arbeitnehmerbereich. Ein solcher Argumentations- und Diskussionszwang ergibt sich jedoch weder aus den arbeitsrechtlichen Schutzgesetzen noch aus der Tarifautonomie, noch in ausreichendem Umfang aus den Grundsätzen des geltenden Betriebsverfassungsrechtes. Eine Fortentwicklung der sozialen und wirtschaftlichen Mitbestimmung der Arbeitnehmer durch institutionelle Mitbestimmung im Unternehmen erscheint der Kommission somit auch aus diesem Grunde unverzichtbar.«

Im selben Zusammenhang stehend wird im erwähnten Kommissionsbericht des weiteren ausgeführt:

»Sowohl die Vertreter der Arbeitnehmer wie die Mitglieder der Unternehmensleitungen haben in den Anhörungen der Kommission übereinstimmend die Auffassung geäußert, daß eine Optimierung des Informations- und Kommunikationsflusses innerhalb des Unternehmens zu den wichtigsten Aufgaben der Mitbestimmung gehöre. In der rechtzeitigen, eine Chance zur aktiven Teilnahme an der Willensbildung begründenden Information der Arbeitnehmer oder ihrer Vertreter über alle wichtigen betrieblichen und unternehmerischen Entscheidungen sieht die Kommission nicht nur eine unter dem Gesichtspunkt rationaler

3 Vgl. oben Anm. 1.

Unternehmensführung zweckmäßige und das allgemeine Betriebsklima fördernde Unternehmenspolitik, sondern einen selbständigen Wert. Der Anspruch auf rechtzeitige und umfassende Information über geplante Maßnahmen, die sich kraft der Abhängigkeit des einzelnen Arbeitnehmers von der inhaltlichen Ausgestaltung der Unternehmenspolitik auf das persönliche und wirtschaftliche Schicksal des Arbeitnehmers auswirken, läßt sich unmittelbar aus dem grundrechtlich verbürgten Schutz der Menschenwürde ableiten. Eine Einrichtung entsprechender Informations- und Begründungszwänge gehört deshalb zu den elementaren Voraussetzungen einer sozialen und menschenwürdigen Gestaltung der betrieblichen und unternehmerischen Ordnung.«

Eine solche Einrichtung von Informations- und Begründungszwängen sollte auch Maßstab und Grundlage für eine Mitbestimmung im öffentlichen Dienst sein. Darüber hinaus kommt es darauf an, die bisherigen Beteiligungsrechte der Personalvertretungen zu Gunsten der einzelnen Bediensteten auszuweiten und dadurch mehr als bisher die Anhörung der Betroffenen zu gewährleisten. Hier ist der entscheidende Ansatzpunkt für eine Mitbestimmung im öffentlichen Dienst. Deshalb sollte auch hier der entscheidende Schritt zur Mitbestimmung hin getan werden.

Demgegenüber sollte die Ausweitung der sogenannten überbetrieblichen Mitbestimmung, d.h. der Mitbestimmung im kommunalen Bereich, im Bereich der Sozialversicherung, im Bereich der Sparkassen usw. von zweitrangiger Bedeutung sein. Sicherlich werden auch hier die Interessen der Bediensteten berührt – aber eben erst in zweiter Linie und bei weitem nicht so unmittelbar wie durch Entscheidungen im personellen, sozialen oder organisatorischen Bereich der Verwaltung selbst. Hier kommt es ganz besonders darauf an, die Grenzen einer möglichen Mitbestimmung zu erkennen, die – wie ich bereits eingangs ausführte – dort liegen, wo die Aufgaben und Ziele der Verwaltung durch die politische Führung festgelegt werden. Im öffentlichen Bereich haben wir es nicht mit privatrechtlicher Autonomie, sondern mit öffentlichrechtlich begründeter, verfassungsrechtlich legitimierter Entscheidungskompetenz zu tun. Eine Teilhabe an dieser Entscheidungskompetenz mit der Folge, daß der Inhalt der Entscheidungen beeinflußt werden kann, wäre verfassungsrechtlich nicht möglich. Es würde nämlich zur Beseitigung der Möglichkeit einer externen Leistungskontrolle des öffentlichen Dienstes durch politische Wahlen führen. Damit müßte eine Verselbständigung des öffentlichen Dienstes, eine Lösung aus der Gebundenheit an die politische Aufgabenstellung und eine Veränderung zu einer »Selbstzweck-Veranstaltung« einhergehen. Die Möglichkeit, den öffentlichen Dienst durch politische Prozesse extern zu kontrollieren, ist gewissermaßen konstitutive Voraussetzung für die Gewährung von Entscheidungskompetenzen im öffentlichen Bereich. Würde also das Personal des öffentlichen Dienstes, das die politischen Aufträge ausführen soll, über den Inhalt dieser Aufträge mitentscheiden können, so müßte der öffentliche Dienst aus seiner Zweckorientiertheit und damit aus seiner Unterwerfung unter den politisch gestalteten Willen ausscheiden.

18. März 1971

Über aktuelle Fragen des öffentlichen Dienstes

Vortrag auf dem Vertretertag des DBB-Landesbundes Niedersachsen in Hannover

Quelle: DBB-Archiv, Abt. Bulei 15000-13 (maschinenschriftlich mit handschriftlichen Zusätzen A. Krauses)

Wenn ich mich nunmehr dem Thema meines Sachvortrages zuwende, der – einer Absprache mit der Leitung Ihres Landesbundes entsprechend – aktuelle Fragen des öffentlichen Dienstes behandeln soll, so muß ich Sie schon im voraus um Verständnis für eine Schwierigkeit bitten, vor der ich dabei stehe. Die Fülle der den öffentlichen Dienst angehenden aktuellen Fragen ist heute so groß, daß ich sie nicht einmal nur annähernd werde ausschöpfen können. Ich werde mich daher notgedrungen auf die Herausarbeitung einiger allgemeiner Probleme beschränken müssen, die für die gegenwärtige Lage des öffentlichen Dienstes insgesamt bestimmend sind. Den damit verbundenen Verzicht auf die Erörterung spezieller Sorgen und Nöte einzelner Gruppen von Angehörigen des öffentlichen Dienstes bitte ich Sie in Kauf zu nehmen. Ich käme sonst auch nicht mit meiner verhältnismäßig kurzen Redezeit aus.

Um nun gleich mit dem Aktuellsten zu beginnen: Am Freitag voriger Woche ist mit der Zustimmung des Bundesrates zu den vom Bundestag beschlossenen Besoldungsmaßnahmen eine für uns alle – Beamte in Bund, Ländern und Gemeinden – wichtige Entscheidung gefallen.[1] Ihre Vorbereitung hat uns beim DBB während der vergangenen Monate

1 Vgl. Verhandlungen des Bundesrates 1971. 363. Sitzung (12. März 1971), S. 79ff.

ständig in Atem gehalten. Nachdem jetzt der Verkündung des Ersten Gesetzes zur Vereinheitlichung und Neuregelung des Besoldungsrechts in Bund und Ländern[2] und der mit ihr zusammenhängenden Grundgesetzänderung[3] nichts mehr im Wege steht, ist es an der Zeit, uns Rechenschaft über Verlauf und Ergebnis des soeben abgeschlossenen Gesetzgebungsverfahrens zu geben und daran zugleich zu prüfen, ob sich die vom DBB betriebene Besoldungspolitik bewährt oder ob, und gegebenenfalls aus welchen Gründen, sie versagt hat.

Das erfordert zunächst eine kurze Erläuterung der Leitgedanken unserer besoldungspolitischen Konzeption. Sie lassen sich auf drei kurze Formeln bringen:

1. Gerechtigkeit im Besoldungsgefüge,
2. Herstellung einer gesunden Relation zwischen den Einkommensverhältnissen im öffentlichen Dienst und den Einkommensverhältnissen außerhalb des öffentlichen Dienstes,
3. Versachlichung der Besoldungspolitik.

Im ersten Fall handelt es sich um die Lösung des Problems einer leistungsgerechten Besoldung, wobei von den strukturellen Maßstäben der Vor- und Ausbildung und der mit den einzelnen Ämtern verbundenen Sachverantwortung unter Beachtung von gegebenenfalls differenzierenden Gesichtspunkten auszugehen ist, die sich aus fachlichen Gründen ergeben können, und wobei nivellierende Tendenzen nach Möglichkeit ausgeschaltet werden müssen.

Im zweiten Fall geht es um das einfache Prinzip der Anpassung der Beamtenbesoldung an die allgemeine Einkommensentwicklung, dessen praktische Anwendung den öffentlichen Dienst vor einer Deklassierung gegenüber der allgemeinen Entwicklung des Lebensstandards anderer Bevölkerungsgruppen bewahren soll.

Im dritten Fall schließlich haben wir es mit dem Streben nach bestimmten objektiven Maßstäben zu tun, die dem Gesetzgeber, wenn Sie so wollen, als »Orientierungshilfen« dienen können, die es ihm mit anderen Worten also ermöglichen, besoldungspolitische Entscheidungen

2 Vgl. Erstes Gesetz zur Vereinheitlichung und Neuregelung des Besoldungsrechts in Bund und Ländern (1. BesVNG) vom 18. März 1971; BGBl I. 1971, S. 208 ff.

3 Vgl. Achtundzwanzigstes Gesetz zur Änderung des Grundgesetzes (Artikel 74a GG) vom 18. März 1971; BGBl I. 1971, S. 206.

an fixen, aus der gesamtwirtschaftlichen Lage oder Entwicklung ablesbaren Daten auszurichten.

Die hier grob skizzierten Überlegungen sind nun nicht etwa nur unserer eigenen Phantasie entsprungen. Wir stehen mit ihnen vielmehr auf durchaus festem Boden. Sie sind durch die Rechtsprechung des Bundesverfassungsgerichts, durch die Verfassung selbst und, was sich im einzelnen nachweisen läßt, durch offizielle Erklärungen der Regierung und des Parlaments abgesichert.

Gemessen an diesen Leitgedanken unserer Besoldungspolitik haben wir auch bei der soeben zu Ende gegangenen jüngsten Besoldungsauseinandersetzung nicht schlecht abgeschnitten. Ich bin mir natürlich bewußt, daß die Meinungen darüber, ob die im Ersten Besoldungs-Vereinheitlichungs- und Neuregelungsgesetz (1. BesVNG) getroffenen Einzelregelungen sowie die durch eine Grundgesetzänderung vorgenommene Einfügung eines neuen Art. 74 a, der dem Bund in Fragen der Besoldung und Versorgung die konkurrierende Gesetzgebungskompetenz überträgt, positiv oder negativ zu beurteilen sind, weit auseinandergehen. Mit diesen Maßnahmen des Gesetzgebers werden auch in der Tat keineswegs alle unsere Wünsche und ebensowenig die Wünsche aller Beamten und Beamtengruppen erfüllt. Im Gegenteil, manchenorts schwelt die Unzufriedenheit trotz des jetzt Erreichten weiter, und das hat vielfach seine guten Gründe.

Andererseits muß man sich aber auch darüber im klaren sein: Politik – und das gilt auch für die Besoldungspolitik – ist stets die Kunst des Möglichen, und wer den Blick zurücklenkt auf die Ausgangslage – und die war geschaffen mit dem von der Bundesregierung eingebrachten Entwurf eines Ersten Besoldungsvereinheitlichungsgesetzes, der kaum eine unserer Forderungen zu berücksichtigen gedachte und im wesentlichen nur ein Abklatsch der tarifvertraglichen Vereinbarungen war –, wer also den Blick zurücklenkt auf diese Ausgangslage, der wird gerechterweise doch zugeben müssen, daß dank der zähen, von der Opposition im Bundestag unterstützten, dann aber von allen Fraktionen mitgetragenen, Bemühungen des DBB ein im großen und ganzen recht beachtlicher Erfolg erzielt worden ist. Wer das leugnet, verschließt die Augen vor den Widerständen, die es zu überwinden, und vor der Schwierigkeit der Aufgabe, die es zu lösen galt.

Die Beamtenbesoldung – das ist nun mal leider so – steht nicht beziehungslos im Raum des öffentlichen Lebens. Sie ist nicht nur eine Gleichung, die sich durch die im gegebenen Fall einzusetzenden finanziellen Mittel auflösen läßt. Sie zieht konjunkturelle Folgen nach sich, die gesamtwirtschaftlich nicht unbeträchtlich zu Buche schlagen. Sie ist darüber hinaus und rund heraus gesagt ein Politikum ersten Ranges. Infolgedessen löst bereits eine uns so vertraute und im allgemeinen auch nicht mehr als recht und billig erscheinende Forderung wie die Forderung nach Anpassung der Beamtenbesoldung an die allgemeine Einkommensentwicklung so gut wie jedesmal, wenn es um ihre Erfüllung geht, politische Widerstände der unterschiedlichsten Art aus. In welchem Maße das der Fall sein kann, will ich an zwei Beispielen veranschaulichen.

Das erste ist ein Zeugnis der »veröffentlichten Meinung«, welches unser Interesse vor allem deshalb finden sollte, weil es zeigt, wie selbst Geschichtsklitterungen dazu herhalten müssen, um den vom Bundesverfassungsgericht aufgestellten Grundsatz, daß die Angemessenheit der Beamtenbesoldung sich an der Entwicklung der allgemeinen wirtschaftlichen und finanziellen Verhältnisse und des allgemeinen Lebensstandards auszurichten hat, ad absurdum zu führen.[4]

In einem am 13. Dezember 1970 in einer Wochenzeitung erschienenen Artikel, der die Tarifabschlüsse für die Arbeitnehmer des öffentlichen Dienstes kommentiert, konnte man folgendes lesen (ich zitiere wörtlich und im Interesse des besseren Verständnisses der Problematik ausführlich)[5]:

»Aber auch für die Anhebung der Beamtenbezüge sind durch dieses Ergebnis« (d. h. durch den bei einer siebenprozentigen Einkommenserhöhung liegenden Tarifabschluß der Gewerkschaft ÖTV) »präjudizierende Signale gesetzt, denn es war wohl nicht ernst gemeint oder zumindest Wunschdenken, wenn man beim Beamtenbund vorsorglich erklärte, die Verhandlungen im öffentlichen Dienst hätten nichts mit der

4 Vgl. dazu die Angaben S. 60 Anm. 6.

5 Vgl. Hans Ziegler: Sogenannte 7 Prozent. Neue Tarife des öffentlichen Dienstes sind sozialgefächert, in: Deutsches Allgemeines Sonntagsblatt. Nr. 50, 13. Dezember 1970.

Beamtenbesoldung zu tun. Angesichts des Abschlusses von Stuttgart sind die Forderungen der Beamten vermutlich illusionär geworden.«

Der eigentliche Tiefschlag kommt aber erst noch; denn der Artikel fährt fort:

»Der frühere Reichskanzler Brüning soll kurz vor seinem Tod gesagt haben, daß er im nachhinein zu der Überzeugung gekommen sei, das Weimarer Debakel habe begonnen mit der Forderung der Beamten nach einkommensmäßiger Gleichstellung mit den Beschäftigten in der Wirtschaft.«

Sie täuschen sich nicht: der Satz steht wortwörtlich so, wie ich ihn vorgetragen habe, in dem zitierten Artikel. Man traut zwar kaum seinen Augen, aber es steht tatsächlich so geschrieben: Die Beamten sind dem Sinne nach die eigentlichen Totengräber der Weimarer Republik – als ob man sie und gerade sie nicht hinreichend durch die sattsam bekannten »Brüningschen Notverordnungen« zur Kasse gebeten hätte!

Dem Verfasser des Aufsatzes, einem Hans Ziegler, ist offenbar selbst nicht wohl bei seiner wer weiß woher geholten Behauptung. Deshalb schränkt er sie teilweise ein, um dann jedoch seinen »Gegner« um so treffsicherer zu erledigen. Er schreibt nämlich:

»Damit mag nicht die Vergangenheit beschworen werden; doch es ist angesichts der Wünsche der Beamten vielleicht nützlich, über diese Äußerung nachzudenken. Keinem Beruf kann das Recht auf einen bestimmten Platz in der Rangordnung der Einkommen auf alle Zeiten verbrieft werden. Die Bergleute mußten das vor Jahren schmerzlich zur Kenntnis nehmen, als sie von der Spitze der Lohnskala verdrängt wurden. Daß es in der Beamtenbesoldung derzeit himmelschreiende Ungerechtigkeiten gibt, darf indessen nicht vergessen lassen, daß die Beamten – abgesehen von ihrer Unkündbarkeit – eine ganze Reihe weiterer Privilegien besitzen. Verglichen mit den Arbeitnehmern in anderen Bereichen sind sie beachtlich.«

Womit hier und in anderen Artikeln bewiesen werden sollte, wie schief die Beamten und ihre Berufsvertretung liegen, wenn sie sich mit den ihnen zur Verfügung stehenden Mitteln gegen eine einkommensmäßige Deklassierung wehren.

Die in dem zitierten Artikel zum Ausdruck kommende feindselige Einstellung gegen die Beamten wäre ganz sicher weniger wirkungsvoll, wenn den Beamten nicht ein neuer, weitaus gefährlicherer Widersacher in den eigenen Reihen entstanden wäre. Auf sein Wirken bezieht sich das zweite der beiden Beispiele, die ich zur Verdeutlichung des Umstandes anführen wollte, daß es sich bei der Beamtenbesoldung um ein Politikum ersten Ranges handele.

Wir wissen inzwischen – und ich werde darauf noch näher zu sprechen kommen –, daß der Deutsche Gewerkschaftsbund seit geraumer Zeit darum bemüht ist, das Berufsbeamtentum vom Beamtenstatus zu »befreien«. Es paßt zu diesem eigentümlichen »Reformkonzept«, daß auch er, der DGB, nichts hält von einer eigenständigen Beamtenbesoldungspolitik, wie sie der DBB in der von mir skizzierten Form verfolgt. Bei der allseits bekannten Organisationsstruktur des DGB ist das auch nicht weiter verwunderlich. Daß bei rund zehn Prozent, die von der Gesamtmitgliederschaft des DGB auf Beamte entfallen, eine eigenständige Beamtenbesoldungspolitik sich nicht zu entfalten vermag, sondern daß aus dem besagten Grund die Beamtenbesoldungspolitik des DGB nur ein Ableger der Tarifpolitik des DGB sein kann, versteht sich von selbst.

Wir bekommen das auch dauernd zu spüren. Die Beamtenvertretung des DGB war jedenfalls nie erkennbar bereit, sich auf den Grundsatz der Anpassung der Beamtenbesoldung an die allgemeine Einkommensentwicklung festzulegen. Den Bestrebungen des DBB, die Besoldungsverhandlungen zu versachlichen, stand sie regelmäßig ablehnend gegenüber. Für sie galt stets das Prinzip: die Spielräume, innerhalb derer Besoldungsverbesserungen zugunsten der Beamten möglich sind, werden durch die Tarifabschlüsse für die Arbeitnehmer des öffentlichen Dienstes eingegrenzt. Die Tarifpartner, so kann man es immer wieder in den Publikationen des DGB lesen, sind es, die »die Bresche schlagen, durch die die Beamten dann nachziehen können«. (Kein Wunder, daß die Beamtenvertretung des DGB – darüber dann noch mehr – vorrangig für das Beamtenstreikrecht statt für Besoldungsverbesserungen ficht!)

So konnten wir es auch bei den Verhandlungen über das 1. BesVNG mehrfach erleben, daß der DGB sich an ihnen entweder überhaupt nicht interessiert zeigte oder einzelne Regelungen, die, wie der neue § 60 des Bundesbesoldungsgesetzes, aus der Sicht des DBB einen Fortschritt bedeuten, direkt und nachdrücklich ablehnte.

In diesem § 60, um das hier kurz einzuflechten, wird bestimmt[6]: »Die Bezüge nach diesem Gesetz werden entsprechend der Entwicklung der allgemeinen und finanziellen Verhältnisse unter Berücksichtigung der mit den Dienstaufgaben verbundenen Verantwortung durch Gesetz regelmäßig angepaßt.«

Im Grunde wird zwar damit nur gesetzlich fixiert, was auf Grund der Rechtsprechung des Bundesverfassungsgerichts und des erklärten Willens führender Politiker praktisch schon immer galt. Die Tatsache aber, daß das 1. BesVNG die Tatsache bekräftigt, daß die Besoldungsanpassung Sache des Gesetzgebers, d. h. des Parlaments, sei, läuft den Intentionen des DGB völlig entgegen. Denn der DGB will durch eine Reform des Dienstrechts ja gerade erreichen, daß über Besoldungsregelungen künftig Tarifverträge abgeschlossen werden, bei denen der Gesetzgeber gar nichts mehr zu sagen hat.

So betrachtet hat der DGB mit der Aufnahme des neuen § 60 in das Bundesbesoldungsgesetz eine empfindliche Schlappe erlitten. Sie wird in ihrer Tragweite noch deutlicher zu erkennen sein, wenn man sie in den Gesamtzusammenhang mit den »Reformbestrebungen« des DGB stellt.

Es wäre natürlich grundfalsch, die geschilderten Reibungen zwischen uns und dem DGB zur Grundlage einer Erfolgsbilanz der besoldungspolitischen Aktivitäten des DBB zu machen. Nur muß man sie eben mit berücksichtigen, wenn man sich ein vollständiges Bild von den Schwierigkeiten verschaffen will, auf die die Verwirklichung unseres Anspruchs auf eine eigenständige, von einer durch tarifpolitische Vorstellungen möglichst nicht verwässerten Besoldungspolitik regelmäßig stößt.

Wenn ich vorhin sagte, wir hätten gemessen an den Leitgedanken unserer Besoldungspolitik bei der soeben zu Ende gegangenen Besoldungsauseinandersetzung im großen und ganzen nicht schlecht abgeschnitten, so soll das natürlich nicht etwa heißen, es sei um die Beamtenbesoldung (die Beamtenversorgung immer mit einbegriffen) nunmehr alles bestens bestellt. Sie alle kennen die zahlreichen ungelösten Probleme, die wir seit Jahren vor uns herschieben, zur Genüge. Da ist das Problem des Besoldungsrückstandes, zu dessen Klärung der Bundesinnenminister eigens einen besonderen Beirat eingesetzt hat, ohne daß

6 Vgl. die Angaben oben in Anm. 2, Zitat S. 211.

sich bereits jetzt absehen ließe, wann ein Untersuchungsergebnis vorliegen wird. Da sind die vielen Beeinträchtigungen der inneren Gerechtigkeit in unserem Besoldungsgefüge, die zu beheben insbesondere Aufgabe einer ebenfalls längst fälligen Neubewertung der Ämter sein wird. Da sind teilweise gravierende Mängel im System der Beamtenversorgung, die es zu beseitigen gilt. Insgesamt gesehen ist der Komplex von Fragen, die einer befriedigenden Lösung harren, noch so groß, daß es mit dem jetzt erlassenen Besoldungsvereinheitlichungsgesetz noch längst nicht getan ist; darauf deutet ja auch die Bezeichnung dieses Gesetzes als 1. BesVNG selbst schon hin.

Sorgen bereitet uns auch die Frage, welche tatsächlichen Auswirkungen die Übernahme der Beamtenbesoldung und -versorgung in die konkurrierende Gesetzgebungszuständigkeit des Bundes haben wird:

- Wird der Bund seiner Führungsrolle in der Besoldungspolitik durch die Vorlage überzeugender Konzeptionen gerecht werden?
- Werden die Länder aus ihrer Verantwortung heraus ihre Initiativen im Besoldungsrecht auf der Bundesebene verstärken?
- Wird eine berufs- und funktionsbezogene Differenzierung im Besoldungsrecht gewährleistet sein?

Das sind einige schwerwiegende Fragen, deren Beantwortung noch völlig im dunkeln liegt. In verfassungsrechtlicher Sicht kommt es entscheidend auf die Handhabung der konkurrierenden Gesetzgebungszuständigkeit durch den Bund an. Die Ausübung dieser Zuständigkeit braucht durchaus nicht zur vollständigen Einflußlosigkeit der Landesgesetzgeber zu führen. Insofern ist es auch nicht ganz richtig zu sagen, der neue Art. 74 a GG verschaffe dem Bund im Besoldungs- und Versorgungsrecht eine oder die »Vollkompetenz«. Denn wie die Rahmengesetzgebung ist nach Art. 72 GG auch die konkurrierende Gesetzgebung streng an das Bedürfnis nach bundesgesetzlicher Regelung geknüpft.

Der Zusammenhang des Art. 74 a mit dem Art. 72 GG darf also nicht übersehen werden.

Die »Komplexität« der Materie, über die ich jetzt wohl ausgiebig genug gesprochen habe, bringt es von selbst mit sich, daß man nach Wegen zu deren »Reduktion« sucht. Nun gibt es zwar in der Organisationssoziologie neuerdings die nach ihrem Urheber benannte »Luhmannsche Formel zur Reduktion von Komplexität«. Sie beruht auf vorwiegend kybernetischen Vorstellungen, ist aber – vielleicht auch mit aus diesem Grunde – in sich selbst wiederum so kompliziert, daß ihre Anwendung auf den verwickelten Komplex der Beamtenbesoldung nur wenig herzugeben scheint. Es sind in dieser Hinsicht handgreiflichere Lösungsmöglichkeiten gefragt. Daher ist es bis zu einem gewissen Grade verständlich, wenn auch höchst bedenklich, daß mit der Zeit Überlegungen Anklang finden, wie man sich auf möglichst einfache Weise die Beschäftigung mit Fragen der Beamtenbesoldung überhaupt vom Halse schaffen könne.

Unter dem Stichwort »Reform des öffentlichen Dienstrechts« machen sich mehr und mehr Bestrebungen geltend, die auf eine Herauslösung der Beamtenbesoldung, aber auch anderer dienstrechtlicher Gebiete aus der Zuständigkeit der Parlamente, abzielen. Es soll die Regelungsbefugnis für diese Fragen in die Eigenverantwortlichkeit der Tarifpartner, in diesem Falle also der öffentlichen Arbeitgeber und der gewerkschaftlichen Vertretungen der Beamten, verlegt werden.

Die Vokabeln »Einheitsdienstrecht«, »Status- und Folgerecht«, »Beamtenstreikrecht« usw. sind Ihnen allen vertraut. Zu den unter mein Thema fallenden aktuellen Fragen des öffentlichen Dienstes gehört ganz sicher auch eine zumindest geraffte Übersicht über den gegenwärtigen Stand der speziell den öffentlichen Dienst angehenden Reformdiskussion. Wir selbst, der DBB, beschäftigen uns seit einer Reihe von Jahren ja ebenfalls sehr nachdrücklich mit Reformfragen. Wo also stehen wir zur Zeit?

Der DBB hat sich zur Reform des Dienstrechts zuletzt auf seinem Bundesvertretertag 1969 in Kassel in einer programmatischen Entschließung geäußert.[7] Danach tritt der DBB für eine Vereinheitlichung des öffentlichen Dienstrechts auf der Grundlage des Art. 33 Abs. 4 und 5 des Grundgesetzes ein. Die dauernde Wahrnehmung öffentlicher Aufgaben im Bereich der unmittelbaren und mittelbaren Staatsverwaltung ist allein solchen Dienstkräften vorzubehalten, die in einem öffentlich-rechtlichen Dienst- und Treueverhältnis stehen. Unterschiedliche Rechtsstellungen können nur durch die Funktion oder durch eine nur vorübergehende Tätigkeit bedingt sein.

7 Vgl. die Angaben S. 405 Anm. 10.

Der Aufgabenwandel der öffentlichen Verwaltung, der insbesondere durch das quantitative Überwiegen der Staatstätigkeit im Bereich der Leistungsverwaltung gekennzeichnet ist, ist nach Auffassung des DBB kein Grund, die in Art. 33 Abs. 4 und 5 GG niedergelegte institutionelle Garantie des Berufsbeamtentums in Frage zu stellen. Auch da, wo die öffentliche Verwaltung im Rahmen der Daseinsvorsorge tätig ist, steht sie der hoheitlich handelnden Verwaltung gleich. Der Struktur- und Aufgabenwandel der öffentlichen Verwaltung berührt jedenfalls nicht die verfassungsrechtlichen Grundlagen und institutionellen Sicherungen des öffentlichen Dienstes. Diesem Wandel ist vielmehr durch eine zeit- und sachgerechte Reform des Beamtenrechts Rechnung zu tragen.

Einer solchen Reform steht Art. 33 Abs. 5 GG, der dem Gesetzgeber gebietet, bei der Regelung des Rechts des öffentlichen Dienstes die hergebrachten Grundsätze des Berufsbeamtentums zu berücksichtigen, nicht entgegen. Nach ständiger Rechtsprechung des Bundesverfassungsgerichts räumt Art. 33 Abs. 5 GG dem Gesetzgeber einen weiten Spielraum ein, innerhalb dessen er das Beamtenverhältnis entsprechend den sich wandelnden staats- und gesellschaftspolitischen Erfordernissen fortentwickeln kann.

Zum Kernbestand der Strukturprinzipien, die durch Art. 33 Abs. 5 GG gesichert sind und gesichert bleiben müssen, gehören nach Auffassung des DBB insbesondere:
- die öffentlich-rechtliche Ausgestaltung des Dienstverhältnisses,
- die lebenslängliche Anstellung als Regelfall,
- das Laufbahnprinzip,
- das Leistungsprinzip,
- eine angemessene und funktionsgerechte Besoldung,
- eine Versorgung auf der Grundlage der zuletzt bezogenen ruhegehaltsfähigen Dienstbezüge,
- die Fürsorgepflicht der Anstellungskörperschaft.

Damit ist der Rahmen, innerhalb dessen der DBB Reformen für erforderlich hält, zunächst einmal nach der grundsätzlichen Seite hin abgesteckt. Es dürfte aus meinen thesenartig vorgetragenen Ausführungen deutlich hervorgegangen sein, daß der DBB nicht gewillt ist, an den verfassungsrechtlichen Grundlagen des Berufsbeamtentums rütteln zu lassen.

Insofern mag man ihn »konservativ« nennen. Wir selbst verstehen freilich das Berufsbeamtentum als einen unverzichtbaren Bestandteil moderner Staatlichkeit und nicht als »Relikt obrigkeitsstaatlichen Denkens«. Wir glauben erkannt zu haben, was Helmut Quaritsch gemeint hat, als er sagte[8]: »Schon heute hat die Intensität des staatlichen Zugriffs auf den Bürger einen Grad erreicht, demgegenüber der Obrigkeitsstaat des 19. Jahrhunderts als schnauzbärtige Spitzwegidylle erscheint.«

Womit gesagt sein soll, daß der Beamtenstatus mit seinen rechtlichen und wirtschaftlichen Sicherungen gerade heute ein bewährtes Mittel ist und bleiben muß, um zu verhindern, daß die Intensivierung staatlicher Verwaltung und damit auch der Macht der Verwaltung und ihrer Beamten in Machtmißbrauch umschlägt.

Daran sollten diejenigen nicht vorbeisehen, die heute die Abschaffung des Berufsbeamtentums mit dem Hinweis auf seine mit obrigkeitsstaatlichen Zielsetzungen verquickte Entstehungsgeschichte fordern. In diesem Punkte stehen gesamtgesellschaftliche Interessen auf dem Spiele, mit denen unter dem Gesichtspunkt der Freiheitsverbürgung gegenüber dem gewährenden, leistenden, umverteilenden Sozialstaat nicht so leichtfertig umgegangen werden sollte, wie das heute – bisher zum Glück nur in Wort und Schrift und noch nicht in Form einer Verfassungsänderung – so häufig geschieht; meist in der Absicht, gegen den Staat gerichtete Macht zu gewinnen und damit die legitimen Vertreter des Allgemeininteresses aus dem Interessenkampf herauszudrängen.

Was will der DBB denn aber nun überhaupt reformieren, wenn er sich für die Bewahrung des Berufsbeamtentums und die Beibehaltung des dieser Einrichtung innewohnenden Beamtenstatus ausspricht?

Ich habe schon erwähnt, daß er für eine gründliche Reform des Beamtenrechts entsprechend den sich wandelnden staats- und gesellschaftspolitischen Erfordernissen eintritt. Unsere Vorschläge zur Neuordnung des Personalvertretungsrechts unter beträchtlicher Erweiterung der Mitbestimmung liegen seit längerem vor. Wir haben auch bereits Vorstellungen zur Reform des Laufbahnwesens entwickelt. Herr

8 Vgl. das Referat von Helmut Quaritsch auf dem 48. Deutschen Juristentag: Empfiehlt es sich, das Beamtenrecht unter Berücksichtigung der Wandlungen von Staat und Gesellschaft neu zu ordnen? Sitzungsbericht O zum 48. Deutschen Juristentag, München 1970, S. O/34 ff. (Zitat S. O/54).

Staatsminister Lehners hat auf unsere Vorschläge zur Einrichtung verwaltungsexterner Fachhochschulen für Wirtschaft und Verwaltung hingewiesen.[9] Ich möchte meinerseits seine Vorreiterrolle für eine funktionsgerechte Bildung dankbar anerkennen. Unsere Vorschläge sind ein Teilstück aus einer in den Grundzügen bereits festliegenden Konzeption zur Neuordnung des Laufbahnwesens, die stichwortartig aufgeführt folgende Punkte umfaßt:

- den Abbau von laufbahnrechtlichen Schranken, die eine volle Ausschöpfung des im öffentlichen Dienst vorhandenen Leistungspotentials verhindern;
- eine Arbeitsorganisation, durch die die Mit- und Eigenverantwortlichkeit des einzelnen Mitarbeiters gefördert wird;
- eine Neuordnung und Ausgestaltung der Vorbildung, Ausbildung und Fortbildung mit dem Ziel, das Bildungsniveau der Angehörigen des öffentlichen Dienstes auf einen Stand zu heben und zu erhalten, der sie befähigt, mit den wachsenden Anforderungen Schritt zu halten, welche die Staat und Gesellschaft gemeinsam aufgegebene Daseinsbewältigung an die öffentliche Verwaltung stellt;
- die Abkehr von dem bisherigen viergliedrigen Laufbahnsystem zugunsten einer »einheitlichen« Laufbahn, bei der sich die Einstiegsmöglichkeiten nach den verschiedenartigen Bildungsabschlüssen, die Aufstiegsmöglichkeiten hauptsächlich nach fachlicher Leistung und praktischer Bewährung richten.

Alles nur Stückwerk, könnten Sie sagen; wo bleibt die Gesamtkonzeption? Sie ist unterwegs, antworte ich darauf. Da, wie Sie gleich noch sehen werden, rundweg alles ins Rutschen geraten ist, bedarf es verständlicherweise außerordentlicher Anstrengungen, die Dinge wieder so in den Griff zu bekommen, daß sie sich zu einer wirklich geschlossenen und überzeugenden Gesamtkonzeption zusammenfügen.

Der Bundesvertretertag 1969 des DBB hat deshalb den Bundeshauptvorstand beauftragt, dem 1972 stattfindenden nächsten Bundesvertretertag eine solche Gesamtkonzeption vorzulegen[10], und die Bundesleitung des DBB ist laufend um deren Vorbereitung bemüht. Eine Experten-

9 Vgl. Der Beamtenbund. 22. Jg., Nr. 4, April 1971, S. 6.

10 Vgl. Vorschlag des Deutschen Beamtenbundes zur Reform des öffentlichen Dienstrechts – Teil A: Allgemeines (Vorwort).

kommission arbeitet seit Jahresfrist das umfangreiche Material Schritt für Schritt auf und versetzt so die Bundesleitung in die Lage, den Willensbildungsprozeß im Gesamtverband in Gang zu bringen.

Eine inzwischen gebildete Reformkommission des Bundeshauptvorstandes berät über die Arbeitsergebnisse der Expertenkommission; die Bundesleitung übergibt die Beratungsergebnisse den Mitgliedsverbänden zur Stellungnahme, um danach wieder die Reformkommission zur weiteren Beratung und zur Formulierung ihrer Empfehlungen an den Bundeshauptvorstand aufzufordern; mit den Empfehlungen der Reformkommission befaßt sich anschließend der Bundeshauptvorstand, und so wird schrittweise die vom vorigen Bundesvertretertag verlangte Gesamtkonzeption entstehen, über die dann 1972 der nächste Bundesvertretertag endgültig zu beschließen haben wird.

Ich habe die Reformarbeit des DBB mit vollem Bedacht so ausführlich geschildert, um zum ersten den möglichen Irrtum aufzuklären, der DBB rede zwar ständig von Reformen, tue aber praktisch nichts für ihre Verwirklichung, und zum zweiten, um Sie darauf vorzubereiten, daß von jetzt an laufend die Mitarbeit der Mitgliedsverbände gefordert werden wird, und zwar in dem Sinne, daß die Bundesleitung des DBB Ihnen Unterlagen übersendet, mit denen Sie sich Ihrerseits auseinandersetzen sollen.

Das ist nun allerdings nur die eine Seite der Reformdiskussion, über deren Stand ich Sie kurz unterrichten wollte und die sich mehr und mehr zuspitzt. Eine pluralistische Gesellschaft, wie die unsrige, hat es an sich, daß sie vom Meinungs- und Interessenwettstreit lebt. Es ist daher nur recht und billig, wenn ich Ihnen nicht nur die Meinung des DBB zur Reform des öffentlichen Dienstrechts vortrage. Ich habe sie vielmehr auch über die Reformkonzepte konkurrierender Organisationen zu unterrichten. Ich werde mir dabei zwar aus zeitlichen Gründen eine gewisse Beschränkung auferlegen müssen. Das soll aber nicht bedeuten, daß ich Sie nur unvollständig über die Absichten der anderen Seite ins Bild setzen werde. Über die wesentlichsten Meinungsgegensätze – davon gehe ich aus – werden Sie ohnehin bereits orientiert sein.

Herr Dr. Hartkopf, amtierender Staatssekretär im Bundesministerium des Innern, hat auf unserer diesjährigen beamtenpolitischen Arbeitstagung auf Bühler Höhe die Problemstellung, um die es bei der jetzigen

Reformdiskussion geht, einmal recht griffig formuliert, als er nämlich sagte[11]:

»Die Entwicklung hat jetzt einen Reifegrad erreicht, der zu der für das Berufsbeamtentum existentiellen Grundsatzentscheidung herausfordert, ob der bisherige Weg: Statusrecht in Form zweier – dem Grunde nach wesensverschiedener – Rechtssysteme im Prinzip fortgesetzt werden soll oder ob das Heil in einem einheitlichen, für alle gleichen Statussystem liegt. Die nächste Frage wäre dann«, so immer noch Dr. Hartkopf, »ob dieses Dienstrecht mehr nach beamtenrechtlichen oder mehr nach tarifrechtlichen Kriterien oder auf der Basis einer Mischung aus beiden ausgerichtet sein soll.«

Nachdem ich Ihnen den Standpunkt des DBB zu dieser Frage bereits vorgetragen habe, komme ich nun kurz auf die »Kontrastprogramme« zu sprechen. Mit einem solchen ist auch bereits die Seite der Dienstherren hervorgetreten. Sie alle kennen oder haben zumindest schon einmal den Entwurf des Berliner Bürgermeisters und Innensenators Neubauer gesprächsweise erwähnen gehört.[12] Er lehnt sich in vielen Punkten an das sogleich noch zu erörternde Konzept des DGB an und liegt auf der Linie der von Staatssekretär Dr. Hartkopf zuletzt herausgestellten Alternative, d. h. er schlägt eine Mischung von beamtenrechtlichen und tarifrechtlichen Kriterien vor, was bedeutet: auf der einen Seite öffentlichrechtliche, jedoch vertragliche Ausgestaltung des Dienstverhältnisses, auf der anderen Seite tarifvertragliche Regelung der materiellen Dienstbedingungen unter Einschluß eines an bestimmte Modalitäten gebundenen Streikrechts.

Der Reformansatz des DGB ist etwas differenzierter. Er steuert ein Einheitsdienstrecht nicht wie Neubauer direkt an, sondern er will zu einem Einheitsdienstrecht stufenweise gelangen. Das Reformkonzept, das der DGB vorgelegt hat[13], bezieht sich zunächst nur auf die

11 Vgl. Günter Hartkopf: Vor einer Reform des öffentlichen Dienstes, in: Modernes Management im öffentlichen Dienst am Beispiel technischer Sonderverwaltungen (= Godesberger Taschenbücher. Schriften zur Staats- und Gesellschaftspolitik 8), Bonn-Bad Godesberg 1971, S. 17 ff. (Zitat S. 18).

12 Vgl. dazu S. 453 mit Anm. 6.

13 Vgl. Grundsätze des Deutschen Gewerkschaftsbundes zur Neuordnung des Beamtenrechts. Gliederung in Statusrecht und Folgerecht, in: Der Deutsche Beamte. 20. Jg., Nr. 10, Oktober 1970, S. 185 ff.

Neuordnung des Beamtenrechts mit dem Untertitel: »Gliederung in Statusrecht und Folgerecht.«

Das erklärte Ziel dieses Konzepts ist die Erlangung des Streikrechts für die Beamten. Es soll dadurch erreicht werden, daß nur die Grundrechte und -pflichten des Beamten gesetzlich, die Einzelrechte, wie Besoldung, Laufbahnrecht, Arbeitszeit, Urlaub usw., dagegen tarifvertraglich zu bestimmen sind.

In der darüber vorliegenden Veröffentlichung wird unumwunden gesagt, daß die mit den öffentlichen Arbeitgebern ausgehandelten Folgerechtsvereinbarungen unmittelbar rechtsverbindlich werden, daß sie also auch den Haushaltsgesetzgeber, d. h. das Parlament, unmittelbar binden. Im Falle der Nichteinigung mit dem öffentlichen Arbeitgeber können gewerkschaftliche Kampfmaßnahmen eingeleitet, kann also auch der Streik ausgerufen werden.

Die dem DGB angehörende Einzelgewerkschaft ÖTV will weniger umständlich vorgehen. Sie will mit einem nur dürftig verhüllten Schritt die Abschaffung des Berufsbeamtentums und damit des Beamtenstatus erreichen und an die Stelle eines öffentlich-rechtlichen Dienstverhältnisses das private Arbeitsverhältnis für alle Angehörigen des öffentlichen Dienstes setzen.

Dorthin will der DGB, soweit sich das aus den einander dauernd widersprechenden Verlautbarungen ergibt, erst im zweiten Schritt oder aber überhaupt nicht gelangen. Er möchte, so scheint es, den Beamtenstatus, so wie er ihn versteht, allen Angehörigen des öffentlichen Dienstes verschaffen; sie sollten aber gleichzeitig auch in den »Genuß« vermeintlicher Vorteile des Tarifrechts kommen, also mit dem Streikrecht verbundene Tarifvereinbarungen abschließen können.

Am Berufsbeamtentum will aber der DGB trotzdem festhalten. Jedenfalls verwahren sich sowohl der DGB als die ÖTV regelmäßig dagegen, wenn man ihnen aus in der Natur der Sache liegenden Gründen gegenteilige Absichten unterstellt: Der Beamtenstatus ist aber nun einmal eine Einheit und läßt sich nicht willkürlich zerlegen, indem man »Folgerechte« aus ihm ableitet und sie einer systemfremden Regelung unterwirft.

Die Harlekinade, die der DGB nach der Ansprache von Bundesinnenminister Genscher auf unserer Bühler-Höhe-Tagung[14] aufgeführt hat, spricht in dieser Hinsicht Bände. Das rückhaltlose Bekenntnis Genschers zum Berufsbeamtentum und seine Warnung, die Forderung nach einem Streikrecht für Beamte könne das Berufsbeamtentum als solches in Frage stellen, hat die Beamtenvertretung des DGB so in Harnisch gebracht, daß sie deswegen sogar die Richtlinienkompetenz des Bundeskanzlers anrief[15], und Genscher schrieb einen langen Brief an den Beschwerdeführer Waldemar Reuter, in dem es an einer Stelle heißt[16]: »Ich muß jedenfalls für mich in Anspruch nehmen, daß es weder in meiner Absicht lag, noch daß es aus meinen Ausführungen herausgelesen werden kann, daß ich dem DGB die Absicht unterstellen wollte, das Berufsbeamtentum abzuschaffen.«

Mit Begriffen läßt sich's trefflich streiten, kann man dazu nur frei nach Goethe sagen. Hat nun Genscher recht, der erklärt, nach seiner Ansicht sei ein Streikrecht mit den Grundsätzen des Berufsbeamtentums nicht vereinbar, oder wird er durch das Lippenbekenntnis des DGB widerlegt, der wörtlich erklärt, »daß die Aufgliederung des Beamtenrechts in das vom Gesetzgeber festzulegende ›Statusrecht‹ und das durch Verhandlungen und Vertragsabschlüsse zu gestaltende ›Folgerecht‹ die Möglichkeit bietet, unter Wahrung der vollen Funktionsfähigkeit des öffentlichen Dienstes den Beamten die bislang vorenthaltene volle Inanspruchnahme des Koalitionsrechts zu gewährleisten«?

Man muß sich das einmal – das Beispiel Schwedens vor Augen, woher der DGB sein Status- und Folgerechtsmodell entlehnt hat –, man muß sich das einmal vorstellen: »unter Wahrung der vollen Funktionsfähigkeit des öffentlichen Dienstes« will der DGB den Beamten endlich das Streikrecht verschaffen. Wozu will er es denn dann überhaupt haben, wenn er die Funktionsfähigkeit des öffentlichen Dienstes im gegebenen Fall nicht auch wirklich nachhaltig zu beeinträchtigen gedächte?

14 Gemeint ist die 13. beamtenpolitische Arbeitstagung vom 14. bis 16. Januar 1971 auf Bühler Höhe. Für den Wortlaut der Rede Genschers vom 15. Januar 1971 vgl. Der Beamtenbund. 21. Jg., Nr. 2, Februar 1971, S. 4.

15 Für den Wortlaut des Schreibens des DGB-Vorstandes an Bundeskanzler Brandt vom 19. Januar 1971 vgl. Der Deutsche Beamte. 21. Jg., Nr. 2, Februar 1971, S. 22.

16 Für den Wortlaut des Schreibens von Bundesinnenminister Genscher an den Leiter der Hauptabteilung Beamte im DGB, Reuter, vom 21. Januar 1971 vgl. Der Deutsche Beamte. 21. Jg., Nr. 3, März 1971, S. 38.

Aber das sind, auf die Bevölkerung gesehen, dann immer rein platonische Fragen, die, solange alles seinen geordneten Gang geht, keinen Hund hinter dem Ofen hervorlocken. Ich möchte nicht wissen, wie aufgeschreckt unsere an Ruhe und Ordnung gewohnten Bürger reagieren würden, wenn eines Tages plötzlich einträte, womit die Öffentlichkeit in Italien, England, Frankreich laufend behelligt und neuestens erstmalig auch die Öffentlichkeit in Schweden konfrontiert wird: der öffentliche Verkehr liegt lahm, die Post bleibt aus, die Stromversorgung ist unterbrochen, die Schulen schließen, die Steuergelder versiegen, die Verkehrs- und die Gesundheitspolizei fällt aus, die Rentenzahlungen und die Zahlung sonstiger staatlicher Leistungen stocken, die Leichenbestattung ruht – das sind nur einige wenige Beispiele für Folgen von Streikbewegungen im öffentlichen Dienst, mit denen der DGB endlich auch die Bevölkerung unseres Landes »beglükken« will.

Daran ist noch kein Staat zugrunde gegangen, so lautet die stereotype Antwort der Befürworter des Beamtenstreiks, wenn man ihnen entgegenhält, wohin Beamtenstreiks führen würden. Daß im heutigen Verständnis des öffentlichen Dienstes aber nicht mehr der Staat, sondern die Gesellschaft, die Gesamtheit der Bürger, im Mittelpunkt aller Überlegungen zur Erhaltung der Funktionssicherheit des öffentlichen Dienstes zu stehen haben, wollen dann ausgerechnet diejenigen nicht wahrhaben, denen bereits die bloße Erwähnung des Wortes »Staat« Brechreize verursacht. Ist es denn wirklich so schwer zu begreifen, daß ein Beamtenstreik in erster Linie auf dem Rücken der Bürger ausgetragen und der Staat nur mittelbar davon betroffen würde? Das gilt sicher auch für streikähnliche Maßnahmen, zu denen nach meiner Überzeugung der Dienst nach Recht und Gesetz in der Finanzverwaltung nicht gehört. Das ist kein »Dienst nach Vorschrift« als Bummelstreik, sondern ein Dienst gegen Vorschriften, die contra legem gehandhabt werden.

Eine andere Situation ist es, wenn die Forderung nach Beamtenstreik mit dem Bestreben bemäntelt wird, den öffentlichen Dienst voll in die Gesellschaft zu integrieren. Die Gesellschaft wird auf Integrationsversuche dieser Art liebend gern verzichten. Und was sollen diese Sprüche überhaupt: die öffentlichen Bediensteten, der öffentliche Dienst müßten voll in unsere heutige Gesellschaft integriert werden? Stehen sie denn etwa außerhalb unserer Gesellschaft an einem exklusiven Platz in unserer Gesellschaftsordnung? Ich möchte solchen Anspielungen aufs entschiedenste widersprechen. Die Beamtenschaft, der öffentliche Dienst insgesamt sind längst voll in unsere Gesellschaft eingegliedert – Beamte sind Bürger unter Bürgern, Sachwalter und Wahrer des Grundgesetzes und der darin garantierten freiheitlichen demokratischen Grundordnung. Wenn sie ihr Eigeninteresse dem Allgemeininteresse unterzuordnen und damit in ihrer überwiegenden Mehrheit auf arbeitsrechtliche Kampfmaßnahmen zu verzichten bereit sind, so stehen sie deshalb nicht außerhalb unserer Gesellschaft, sondern beweisen gerade dadurch, daß das zwischen ihnen und der Gesellschaft geknüpfte Band in jeder Hinsicht unzerreißbar ist.

Was hätten aber die Beamten selbst von einem Streikrecht zu erwarten? Der Staat – das hat sich am Beispiel Schwedens doch ganz klar gezeigt – ist auf alle Fälle der Mächtigere. Außer mit der Aussperrung selbst streikunwilliger Beamten kann er jederzeit den Streik auch mit dem Mittel der Dienstverpflichtung unterbinden. Und wie schnell und sozusagen zwangsläufig sich ein Streik des öffentlichen Dienstes aus einem Arbeitskampf in einen politischen Streik verkehrt, das kann jeder feststellen, der sich einmal die Mühe macht, die Hintergründe und Verläufe von Streikbewegungen im öffentlichen Dienst anderer Länder zu analysieren.

Soll also die Beamtenschaft weiterhin auf schlagkräftige Mittel zur Durchsetzung ihrer berechtigten Interessen verzichten? Das ist nicht die Meinung des Beamtenbundes. Natürlich ist das Beteiligungsrecht der Spitzenorganisationen nicht hinreichend ausgebaut, um der gewerkschaftlich organisierten Beamtenschaft als Ersatz für die ultima ratio des Streiks zu dienen. Aber an jenem Beteiligungsrecht kann man ja ansetzen und es so ausbauen, daß es eine wirklich effektive Interessenwahrnehmung garantiert. In dieser Beziehung wird der DBB schon sehr bald mit einer Initiative an die Öffentlichkeit treten, damit das ständige Gerede vom »Beamtenstreikrecht« endlich einmal aufhört.

Im übrigen – das darf ich abschließend sagen – wird über die insoweit, aber auch sonst anstehenden zahlreichen Reformfragen auf dem Gebiet des öffentlichen Dienstrechts mit politischen Entscheidungen vorerst noch nicht zu rechnen sein. Sie sind darüber unterrichtet, daß sich Ende vorigen Jahres beim Bundesminister des Innern eine Studienkommission zur Reform des öffentlichen Dienstes konstituiert hat. Der DBB ist darin vertreten durch mich und Herrn Kollegen Wernery als meinen Stellvertreter. Im Augenblick läßt sich über den Verlauf der Beratungen und mögliche Arbeitsergebnisse natürlich noch gar nichts sagen. Aber Sie dürfen versichert sein, daß der DBB sein ganzes Gewicht in die Waagschale zu werfen gewillt ist, um die Reformarbeit so zu beeinflussen, daß sie nicht nur unseren eigenen Interessen genügt, sondern daß auch der Allgemeinheit ein funktionsfähiger, aber auch ein integrer öffentlicher Dienst erhalten bleibt, ein unbestechlicher, die Freiheitsverbürgungen für den Bürger achtender, umfassend vor-, aus- und fortgebildeter öffentlicher Dienst, auf den die Gesellschaft eines hochentwikkelten Industriestaates mehr denn je angewiesen ist.

14. Juni 1971

Reform des Beamtenrechts – aber wie?

Vortrag auf der Veranstaltung des CDU-Ausschusses »Öffentlicher Dienst« in Euskirchen

Quelle: DBB-Archiv, Abt. Bulei 15000-14 (maschinenschriftlich)

Wie schon die Formulierung meines Vortragsthemas erkennen läßt, stimmen die Auffassungen über eine heute lebhaft diskutierte Reform des Beamtenrechts nicht überein. Im Gegenteil: Die Meinungen darüber stehen sich vielmehr diametral gegenüber. Weitgehende Einigkeit besteht zwar über die Notwendigkeit reformerischer Schritte auch auf diesem Gebiet. Über das Ob einer Reform wird also kaum gestritten. Das Wie einer Reform ist dagegen ein ständiger Streitpunkt der daran interessierten Gruppen.

Was aus der Sicht des DBB die Notwendigkeit einer Klärung der Grundpositionen der miteinander streitenden Parteien so sehr erschwert, ist der Umstand, daß in dieser Auseinandersetzung vielfach mit »gezinkten Karten« gespielt wird. Da werden vermeintliche Trümpfe ausgespielt, die in Wirklichkeit nicht stechen, oder es werden ganz unverhohlen doppelte Karten ins Spiel gebracht.

Ich will das an einem konkreten Beispiel erläutern. Uns ist bekannt, daß die ÖTV auf eine Beseitigung des Berufsbeamtentums und damit auch des Beamtenrechts hinarbeitet. Wie ich später noch im einzelnen aufzeigen werde, richten sich die Angriffe gegen die grundgesetzliche Sicherung des Berufsbeamtentums, d. h. gegen Art. 33 Abs. 4 und 5 des Grundgesetzes. Diese Vorschriften sind verfassungsfest, d. h. sie können nur durch eine mit Zweidrittelmehrheit der gesetzgebenden Körperschaften angenommene Verfassungsänderung beseitigt oder eingreifend geändert werden.

Die Grenze im Blick auf eine solche Änderung verläuft da, wo der gesetzgeberische Eingriff den Wesensgehalt des Berufsbeamtentums in seiner hergebrachten Form antasten würde. Das kann nicht durch eine bloße Mehrheitsentscheidung des Bundestages und des Bundesrates geschehen.

Nun wissen wir aber, daß auf seiten des DGB und seiner Mitgliedsgewerkschaften mit grundgesetzlichen Bindungen mitunter recht leichtfertig umgegangen wird. Man braucht da nur an die jüngste »Brandrede« des GEW-Vorsitzenden, Erich Frister, zu denken, der sich nicht gescheut hat, ganz unumwunden zu erklären, das Streikrecht für Beamte sei heute keine juristische Frage mehr, vielmehr gehe es dabei um eine politische Machtfrage.[1]

Das heißt doch nichts anderes als: Was kümmert uns, die GEW, daß nach übereinstimmender Meinung der Rechtslehre und der Rechtsprechung bis hinauf zum Bundesverfassungsgericht, daß aber auch nach Meinung prominenter Mitglieder der heutigen Regierungskoalition, in erste Linie des Beamtenministers Genscher und seines Staatssekretärs Dr. Hartkopf, sowie neuestens sogar des alten Gewerkschaftsführers Leber, das Streikrecht der Beamten unmittelbar durch Art. 33 Abs. 4 und 5 des Grundgesetzes ausgeschlossen wird!? Wir, die GEW, bestimmen selbst, was in dieser Hinsicht grundgesetzlich erlaubt oder grundgesetzlich verboten ist. Für uns, die GEW, ist das alles nur eine Frage der Macht, und wir werden uns diese Macht dadurch zu verschaffen wissen, daß wir einen Kampffonds bilden und zu gegebener Zeit dann auch einsetzen werden.

Daß eine solche Einstellung nicht zu einer sachgerechten Reform des Beamtenrechts, sondern zu einer Revolutionierung des gesamten öffentlichen Dienstes, ganz zu schweigen von den damit verbundenen staats- und gesellschaftspolitischen Folgen, führen würde, dürfte jedermann klar sein, soweit er noch auf dem Boden der freiheitlichen demokratischen Grundordnung, der parlamentarischen Demokratie und des freiheitlichen Rechts- und Sozialstaates unseres republikanischen Gemeinwesens steht.

1 Vgl. Der Beamtenbund. 22. Jg., Nr. 11, November 1971, S. 7 (»Meinungsstreit um Lehrerstatus. GEW in der Isolation«).

Die Achtung vor dem Grundgesetz ist – das wollte ich einleitend besonders herausstellen – auch bei der ÖTV-Führung nicht besonders stark ausgeprägt. Wenn gegen Bestimmungen des Grundgesetzes in einer Form polemisiert wird, wie das der ÖTV-Vorsitzende in der Februar-Ausgabe 1970 der vom DGB herausgegebenen Zeitschrift »Der Deutsche Beamte« getan hat, braucht man sich nicht zu wundern, daß, wie schon einmal in der Weimarer Zeit, unsere Verfassung allmählich wieder zu einem »Fetzen Papier« abgewertet zu werden droht – mit welchen Folgen, das wissen wir alle.

Kluncker schrieb damals wörtlich[2]:

»Nach meiner Meinung haben die Väter des Grundgesetzes mit dem Artikel 33 GG die Weichen falsch gestellt. Artikel 33 GG und die aus ihm entwickelten Beamtengesetze sind zu Hindernissen für wirkliche Reformen des öffentlichen Dienstes geworden. Die Stimmen derer, die diese Entwicklung vorhergesehen haben, wurden damals nicht gehört, ihre Argumente nicht geprüft. Überspitzt, aber den Kern der Sache verdeutlichend, sage ich: Das Berufsbeamtentum wurde damals im Zustand der Geistesabwesenheit konzipiert.«

Das hält aber die ÖTV nicht davon ab, weiter Lippenbekenntnisse zum Berufsbeamtentum abzugeben, denn einige Monate später schrieb der Leiter des Beamtensekretariats, Gerhard Schmidt, in den »Gesellschaftspolitischen Kommentaren« am 15. Oktober 1970, die alte Legende vom »DGB als dem eigentlichen Retter des Berufsbeamtentums« wieder aufwärmend, folgendes, wobei es sich ebenfalls um ein wörtliches Zitat handelt[3]:

»Um das Berufsbeamtentum zu erhalten, bedurfte es großer Anstrengungen. Vor allem waren es die in den Augen der herrschenden Besatzungsmächte politisch nicht kompromittierten Gewerkschaften, die, wie in ihrem Einsatz gegen Demontagen, so auch in dieser Frage am wirkungsvollsten operieren konnten. Das Verdienst des Ersten Vorsitzenden des DGB, Hans Böckler, und anderer damals wirkender Persönlichkeiten, z. B. des früheren Dritten Vorsitzenden der ÖTV,

2 Vgl. Der Deutsche Beamte. 20. Jg., Nr. 2, Februar 1970, S. 22 (»Für ein einheitliches Dienstrecht. Ein Wort zur Klarstellung«).

3 Vgl. ÖTV und Berufsbeamtentum, in: Gesellschaftspolitische Kommentare. 17. Jg. (1970), Nr. 20, S. 238 f.

Karl Gröbing, hierbei ist unbestritten. Damals hatte das Deutsche Berufsbeamtentum keine anderen und besseren Sachwalter und Verteidiger.«

Schmidt vertritt in diesem Artikel keineswegs die Meinung Klunckers, daß Art. 33 GG den Weg zu vernünftigen Reformen des öffentlichen Dienstes versperre, sondern er schreibt:

»Neben manchen Änderungsbestrebungen – das Laufbahnrecht, die Aus- und Fortbildung, die Eingruppierung der einzelnen Beamtenkategorien betreffend – steht im Mittelpunkt beamtenrechtlicher Reformen die grundsätzliche Neuordnung des Beamtenrechts in Status- und Folgerecht. Die ÖTV geht dabei davon aus, daß diese Grundsätze berührende Reform auch unter den gegebenen Bestimmungen des Grundgesetzes (Artikel 33 Abs. 4 und 5) möglich sein muß. Sie glaubt, daß die Bestimmungen des Grundgesetzes weit genug gefaßt sind, um eine Weiterentwicklung des öffentlichen Dienstes in ihrem Sinne, so es politisch gewollt ist, möglich zu machen.«

Ich hoffe, daß an diesem Beispiel die »Doppelzüngigkeit« in der Beurteilung der Entstehungsgeschichte und des Wertes des Art. 33 durch zwei führende Vertreter ein und derselben Organisation deutlich genug geworden ist. Schließlich ist die Konsequenz dessen, was Schmidt über die Verdienste des DGB und der ÖTV bei der Wiederherstellung des Berufsbeamtentums ausführt, daß dann ja wohl auch führende Männer des DGB sich wie die Väter des Grundgesetzes im Zustand der Geistesabwesenheit befunden haben müssen, wenn sie ihre Hand zur Konzeption des Art. 33 GG gereicht haben, den im übrigen Schmidt im Gegensatz zu Kluncker noch heute für durchaus auslegungsfähig im Sinne notwendiger Reformen des öffentlichen Dienstes hält.

Sie sehen also, welches mit Fußangeln bestückte Gebiet wir betreten, wenn wir uns jetzt nun unserem Thema im einzelnen zuwenden.

Zur Begründung seiner Vorstellungen tritt beispielsweise der DGB auf und sagt: Die Beamten sind so gut wie zur Rechtlosigkeit verurteilt. Sie haben nichts zu sagen, wenn über ihre Dienstbedingungen, wenn also über ihre Besoldung und Versorgung, über ihre Arbeitszeit, ihren Urlaub usw. entschieden wird. Sie müssen nach dem Motto »Friß Vogel oder stirb« hinnehmen, was durch ein einseitiges »Diktat« des Gesetzgebers festgesetzt wird: eine – so wörtlich – »fast völlige Rechtlosigkeit der

Beamtenschaft bei der Gestaltung ihrer eigenen sozialen Lebensbedingungen«!

Das muß anders werden, sagt der DGB: die Beamten müssen ein volles Verhandlungsrecht ebenso wie die Angestellten und Arbeiter des öffentlichen Dienstes haben. Der Gesetzgeber mag zwar auch weiterhin die Rechtsstellung, den Status der Beamten, dem Grunde nach regeln, gesetzlich demnach die Begründung des Beamtenverhältnisses und die daraus hervorgehenden Rechte und Pflichten festlegen. Über alles aber, was daraus folgt, über die, wie der DGB es nennt, Folgerechte jedoch müssen die Beamten, wie bisher schon die dem Tarifrecht unterliegenden Dienstkräfte, tarifvertragliche Vereinbarungen abschließen können.

Das Ihnen allen bekannte DGB-Konzept vom »Status- und Folgerecht«[4] sei, so wird in einer pausenlos laufenden Propagandaaktion den Beamten eingehämmert, die Heilsbotschaft für die Beamtenschaft, der einzige Weg zudem, der das den Beamten bisher entgegen demokratischen Prinzipien vorenthaltene Streikrecht nach sich ziehe.

Ist das die richtige und fortschrittliche Reform des Beamtenrechts!? Nein, meine Damen und Herren! Lassen wir uns doch nichts vormachen: Das Beamtenrecht ist kein besonderes Arbeitsrecht, es ist ein eigenständiges, auf die besonderen Verhältnisse des öffentlichen Dienstes zugeschnittenes Recht, welches trotz mancher Überschneidungen mit dem allgemeinen Arbeitsrecht, seine Sonderstellung aus ganz bestimmten Gründen, die ich noch erläutern werde, bewahren und verteidigen muß.

Eine Reform des Beamtenrechts kann also nicht damit beginnen, daß man seine verfassungsrechtlichen und verfassungspolitischen Grundlagen aufweicht und schließlich gänzlich beseitigt. Das aber würde geschehen, wenn sich die »Reform«-Vorstellungen des DGB durchsetzen würden.

Das Gefährliche ist nun, daß der DGB sein Status- und Folgerechtskonzept nicht etwa unter der Flagge Einheitsdienstrecht oder »Reform des öffentlichen Dienstrechts« segeln läßt. Nein, die offizielle Publikation, die darüber vom DGB am 18. September vorigen Jahres herausgebracht worden ist, trägt den Titel »Grundsätze zur Neuordnung des

4 Vgl. dazu die Angaben S. 438 Anm. 13.

Beamtenrechts«. Und wenn man sie sich näher ansieht, entpuppt sich das Ganze als weiter nichts als eine Neufassung des Bundesbeamtengesetzes, aus der lediglich alle Vorschriften ausgemerzt sind, die eine Regelung der vom DGB so genannten »Folgerechte« durch Gesetz oder Rechtsverordnung vorschreiben. Insoweit, also vor allem bei der Besoldung mit allen Nebengebieten, wie etwa Reise- und Umzugskosten, bei der Arbeitszeit, beim Urlaub, aber auch beim jetzigen Laufbahnrecht, sollen künftig »Folgerechtsvereinbarungen« – und das heißt in Wirklichkeit nichts anderes als Tarifverträge – an die Stelle bisheriger gesetzlicher Regelungen treten.

Es ist ganz konsequent gedacht, wenn die dazu zwischen den öffentlichen Arbeitgebern und den zuständigen Spitzenorganisationen abzuschließenden Beamtentarifverträge nach ihrem Abschluß unmittelbare Rechtsverbindlichkeit erlangen und hinsichtlich ihrer finanziellen Auswirkungen auch unmittelbar den Haushaltsgesetzgeber – also das Parlament – binden sollen.

Zwangsläufig folgt aus dieser Konstruktion, daß die Gewerkschaften im Falle der Nichteinigung mit dem öffentlichen Arbeitgeber vom Mittel des Arbeitskampfes Gebrauch machen dürfen. Denn das ist klar: Wer Tarifvertrag sagt, muß auch Streik sagen. Um diesen Sachverhalt nicht zu verschleiern, wie das andere »Reformer« vielfach versuchen, trägt der DGB auch keine Bedenken.

Daß wir uns auf eine solche Begriffsverwirrung nicht einlassen können, dürfte klar sein. Eine Reform des Beamtenrechts wollen auch wir. Eine revolutionäre Veränderung des Beamtenrechts, die das Status- und Folgerechtskonzept des DGB in sich schließt und damit das Beamtenrecht durch die Hintertür beseitigt, lehnen wir jedoch mit aller Entschiedenheit ab. Für uns ist eine Reform des Beamtenrechts nur im Rahmen der geltenden Regeln des Grundgesetzes denkbar und akzeptabel. An der verfassungsrechtlichen Gewährleistung des Berufsbeamtentums durch Art. 33 Abs. 4 und 5 des Grundgesetzes und damit seine krisenfeste Absicherung lassen wir nicht rütteln. Gerade auf deren Beseitigung läuft aber das DGB-Konzept hinaus.

Nun sind das freilich zunächst nur »markige« Worte, die über unsere eigenen Überlegungen, wie das Beamtenrecht reformiert werden müßte, um sich den gewandelten Verhältnissen in Staat und Gesellschaft anzupassen, noch gar nichts aussagen. Bevor ich deshalb auf Einzelheiten der Reform des Beamtenrechts aus der Sicht des DBB eingehe, will ich aber ganz kurz den gegenwärtigen Stand der Reformdiskussion und deren Problematik schildern. Es wird sich dabei um die Charakterisierung einzelner »Denkmodelle« handeln, deren Urheber hauptsächlich Konkurrenzorganisationen sind.

Ich schicke voraus, daß ich nur solche Reformkonzepte behandeln werde, mit deren Urheberschaft sich zugleich eine gewisse politische Relevanz verbindet. Die zu Dutzenden herumschwirrenden »Reformideen« von Einzelpersonen ohne politisches Gewicht lasse ich beiseite.

Eine spezielle Bemerkung erscheint mir an dieser Stelle angebracht: Es dürfte Ihnen bekannt sein, daß auf einen Bundestagsbeschluß hin beim Bundesminister des Innern eine Studienkommission zur Reform des öffentlichen Dienstrechts gebildet worden ist. Ihr Auftrag geht dahin, der politischen Führung Vorschläge für eine zeitgemäße und aufgabenadäquate Reform des öffentlichen Dienstes zu unterbreiten. Die Kommission setzt sich aus Vertretern des Parlaments, der Verwaltungen des Bundes und der Länder, der Wissenschaft, der Wirtschaft sowie des DBB, des DGB und der DAG zusammen. Der DBB ist in der Kommission durch mich als ordentliches Mitglied und durch Herrn Kollegen Wernery, einen meiner Stellvertreter in der Bundesleitung des DBB, als stellvertretendes Mitglied vertreten. Die Kommission hat ihre Arbeit im vorigen Dezember aufgenommen. Der Bundestag erwartet ihren Bericht zum 31. Dezember 1972.[5]

Ich führe das hier an, weil die Reformvorstellungen, die ich anschließend vortragen werde, gewissermaßen alle unter dem Vorbehalt der Arbeitsergebnisse der Studienkommission beim BMI stehen. Ganz exakt ist das allerdings auch noch nicht ausgedrückt. Ich sollte lieber sagen: Solange die Arbeit der Studienkommission noch nicht abgeschlossen ist, bleibt ohnehin alles offen; denn irgendwelche Initiativen der politischen Führung in Richtung einer einschneidenden Änderung der bestehenden

5 Als Ergebnis vgl. Studienkommission für die Reform des öffentlichen Dienstrechts. Bericht der Kommission, Baden-Baden 1973. Vgl. dazu ferner: Übersicht über die Vorschläge der Studienkommission zur Reform des öffentlichen Dienstrechts vom Mai 1973, in: Auf dem Weg zur Dienstrechtsreform? Eine Zwischenbilanz, DBB-Dokumente 6, S. 37 ff.

Rechtsverhältnisse im öffentlichen Dienst sind vorher nicht zu erwarten. Aber selbst wenn die Studienkommission mehrheitlich zu dem Ergebnis käme, daß, sagen wir einmal, das Grundgesetz in seinen den öffentlichen Dienst angehenden Artikeln zu ändern sei, weil sich das DGB-Konzept vom Status- und Folgerecht als zweckmäßig erweise, ist damit politisch noch nichts weiter entschieden. Denn es käme auch dann noch darauf an, ob im 6. Deutschen Bundestag eine verfassungsändernde, d. h. Zweidrittelmehrheit, für eine Streichung oder den bisherigen Wesensgehalt des Art. 33 Abs. 4 und 5 des Grundgesetzes antastende Änderung zu finden wäre.

Aus heutiger Sicht kann ich dazu mit ziemlicher Sicherheit sagen: eine Zweidrittelmehrheit ist nicht zu erwarten. Wie sich die Dinge in der nächsten Legislaturperiode entwickeln werden, muß ich offenlassen; denn ich bin kein Prophet.

Obwohl nach allem die derzeitige parteipolitische Konstellation eine Sperrwirkung im Blick auf eine Änderung der das Berufsbeamtentum garantierenden grundgesetzlichen Vorschriften hat, enthebt uns das selbstverständlich nicht der Pflicht, die sich außerhalb des Parlaments vollziehende Meinungsbildung äußerst wachsam zu verfolgen. Wir haben dazu um so mehr Anlaß, als wir ja bereits jetzt vor der Tatsache stehen, daß ein tragender Pfeiler des Berufsbeamtentums, nämlich der in Art. 33 Abs. 4 GG festgelegte Funktionsvorbehalt zugunsten der Ausübung bestimmter Tätigkeiten nur durch Beamte, durch eine verfassungswidrige Personalwirtschaft laufend untergraben wird.

Die »normative Kraft des Faktischen« dürfen wir auf keinen Fall unterschätzen. Ich begegne in den Beratungen der Dienstrechtskommission laufend dem Argument, daß sich die Verfassungswirklichkeit (ein Begriff, mit dem man völlig sinnwidrig auch bindende Verfassungsgebote auszuhöhlen versucht!) ja schon jetzt so weit vom geschriebenen Verfassungsrecht entfernt habe, daß es im Grunde nur noch darum gehe, das geschriebene Verfassungsrecht an die Verfassungswirklichkeit anzupassen.

Das aber nur als warnender Hinweis darauf, daß wir allen »Denkmodellen« mit der gebotenen Entschiedenheit entgegentreten müssen, auch wenn im Augenblick die Gefahr einer Grundgesetzänderung noch nicht akut ist.

Im Gegensatz zum DBB, der an den geltenden verfassungsrechtlichen Grundlagen des öffentlichen Dienstes festhalten will, laufen alle bisher bekanntgewordenen anderen Konzeptionen auf eine Beseitigung oder einschneidende Änderung der Absätze 4 und 5 des Art. 33 GG und damit letztlich auf die Abschaffung des Berufsbeamtentums hinaus. Unterschiedlich ist in dieser Hinsicht nur das Geschick, mit dem die Urheber der verschiedenen »Denkmodelle« den Umstand zu verschleiern verstehen, daß sie mit deren Konzeption den Boden des geltenden Verfassungsrechts verlassen.

Im einzelnen sind – in der Reihenfolge ihrer offiziellen Verlautbarung – insbesondere folgende »Denkmodelle« zu nennen[6]:

1. Der Entwurf des Berliner Innensenators Neubauer: Er strebt ein Einheitsdienstrecht auf öffentlich-rechtlicher Grundlage an, wobei beamtenrechtliche und arbeitsrechtliche Vorstellungen miteinander vermengt werden. Das Berliner Modell übernimmt das DGB-Postulat vom Status- und Folgerecht und leitet daraus folgerichtig ein Streikrecht her. Den Ablauf der Verhandlungen und die mögliche Entstehung eines Streikfalles schildert der Entwurf wie folgt:

»Regierung bzw. Verwaltung und die bedeutenden Gewerkschaften des öffentlichen Dienstes verhandeln und legen das Verhandlungsergebnis dem Parlament zur Ratifizierung vor. Soweit ein übereinstimmendes, wenn vielleicht auch nicht alle Teile befriedigendes Ergebnis bei solchen Verhandlungen herauskommt und das Parlament dieses Ergebnis ratifiziert, entstehen keine weiteren Probleme. Im Falle der Nichteinigung zwischen Verwaltung und Gewerkschaften oder im Falle der Ablehnung einer erzielten Einigung durch das Parlament sollten die Streitpunkte in einer Schiedsstelle verhandelt werden, die mit einer Drittelparität aus Abgeordneten, Vertretern der Verwaltung und Vertretern der Gewerkschaften besetzt ist. Der Vorschlag der Schiedsstelle sollte alsdann sowohl der Regierung und dem Parlament wie auch den Gewerkschaften unterbreitet werden. Im Falle der Annahme würde die Vereinbarung wirksam werden, gegebenenfalls nach Ratifizierung durch das Parlament. Im Falle der Ablehnung durch die Verwaltung bzw. das Parlament oder die Gewerkschaften muß mit Streik gerechnet werden.«

2. Das »Denkmodell« der DAG geht von der Abschaffung des Berufsbeamtentums aus. Es strebt ein Einheitsdienstrecht auf der Grundlage

6 Vgl. dazu a.a.O., S. 5ff. Vgl. auch: dbb intern. Informationen und Meinungen zu aktuellen Fragen des öffentlichen Dienstes, November 1970, S. 2 ff.

von Status- und Folgerecht an. Dieser Ausdruck kommt zwar bei der DAG nicht vor. In dem veröffentlichten Papier heißt es aber (nur in umgekehrter Reihenfolge wie beim DGB): »Die Arbeitsbedingungen werden durch Verhandlungen bzw. Verträge geregelt. Die grundlegenden Pflichten und Rechte der Mitarbeiter bleiben gesetzlicher Regelung vorbehalten ...« Das Streikrecht wird von der DAG für alle Angehörigen des öffentlichen Dienstes uneingeschränkt in Anspruch genommen: »Das Koalitions- und Streikrecht steht allen Mitarbeitern zu; gesetzliche Einschränkungen sind nicht erforderlich.«

3. Die Grundsätze des DGB zur Neuordnung des Beamtenrechts – Gliederung in Statusrecht und Folgerecht – habe ich bereits behandelt.

4. Das »Denkmodell« des Christlichen Gewerkschaftsbundes (CGB) tritt zwar mit Worten für das Berufsbeamtentum ein, beschreitet jedoch den Weg zu seiner Abschaffung ebenfalls. Der Konstruktionsfehler liegt dort in der Annahme, man könne durch die Gliederung des »einheitlichen Beamtenrechts« in ein »Beamten-Gesetzesrecht« und in ein »gesetzliches Folgerecht« die verfassungsrechtlich bedenklichen Folgen der anderen Modelle ausräumen. Denn auch nach den Vorstellungen des CGB sollen die Bedingungen des gesetzlichen Folgerechts (Besoldungsordnung, Besoldungsanpassung, Zulagen, Zuschläge und sonstiger Entschädigungen sowie Arbeitszeit und Urlaub) »zwischen den jeweiligen Tarifpartnern in Bund-Ländern-Gemeinden (Dienstgeber und Einzelgewerkschaft) frei ausgehandelt« werden. Nur vom Streikrecht ist nicht die Rede. Es ergibt sich aber, wie ich bereits ausgeführt habe, wenn tarifverhandelt wird, zwangsläufig.

5. Das »Denkmodell« der Christlich-demokratischen Arbeitnehmerausschüsse (CDA) geht aus der Stellungnahme des Bundesvorstandes der CDA zur Neufassung des CDU-Programms hervor. Danach haben die CDA – allerdings erfolglos – folgende Fassung des Programmpunktes zur Neuordnung des öffentlichen Dienstes gefordert:

»Wir treten für die Schaffung eines einheitlichen öffentlichen Dienstrechts ein. Wir wollen ein öffentlich-rechtliches Dienstverhältnis, das auf Zeit, auf Lebenszeit sowie auf Kündigung begründet werden kann. Die vom Gesetzgeber dem Grunde nach festgelegten Pflichten und Rechte der Arbeitnehmer sollen durch Vereinbarungen zwischen den Tarifpartnern ausgestaltet werden.«

Also ebenfalls »Status- und Folgerecht«!

Ich will es bei dieser (unvollständigen) Aufzählung bewenden lassen, um daraus nun ein allgemeines Fazit aus unserer Sicht einer Reform des Beamtenrechts zu ziehen: Die geschilderten Modelle lassen die Problematik eines als »einheitliches öffentliches Dienstrecht« angebotenen Einheitsdienstrechts in aller Deutlichkeit hervortreten: die verfassungsrechtlichen Grundlagen des Berufsbeamtentums werden aufgegeben; an die Stelle des Beamtenstatus tritt ein mit gewissen beamtenrechtlichen Elementen »angereicherter« Arbeitnehmerstatus; in der Praxis würde das Gesetzbuch mit dem Statusrecht im Bewußtsein der Bediensteten dieselbe untergeordnete Rolle spielen wie heute der BAT; in den Vordergrund rücken würden diejenigen Elemente, die im Gegensatz zum Beamtenstatus den Arbeitnehmerstatus prägen: Tarifverhandlungsrecht, gekoppelt mit Arbeitskampfrecht; aus der Hand des Gesetzgebers würden sich die Beamten in die Hand der Gewerkschaften begeben.

Im einzelnen würde das folgendes bedeuten:

- Dem Parlament wird mit der Bindung an die Vereinbarungen der Tarifpartner nicht nur die Entscheidung über die Folgerechte genommen, es wird in zentralen Bereichen der Staatlichkeit überhaupt aus der Entscheidung gedrängt.
- Die Tarifvereinbarungen entscheiden dann im Ergebnis auch über wesentliche Fragen der Staatsorganisation.
- Dies höhlt den Parlamentarismus aus, opfert die Volkssouveränität den Interessen partikularer Gruppen und gibt dadurch staatlich nicht kontrollierter oder kontrollierbarer Macht Raum, was zu einer Umschichtung der vom Grundgesetz gewollten Machtverteilung zu Lasten der parlamentarischen Demokratie führen müßte, und zwar in Richtung auf räte- oder ständestaatliche Verhältnisse.

Demgegenüber ist die Dienstrechtskonzeption des DBB unmittelbar auf eine Verhinderung von solchen nicht verfassungskonformen Machtverschiebungen im Gefüge der parlamentarischen Demokratie gerichtet. Das Berufsbeamtentum ist vom Grundgesetzgeber als institutionelle Sicherung gegenüber Machtmißbrauch konzipiert. Der Berufsbeamte ist die Personifizierung gemäßigter Staatsgewalt.

Gerade das Beamtenverhältnis stellt in besonderem Maße sicher, daß die Ausübung freiheitsgefährdender Hoheitsgewalt nicht mit eigensüchtigen Interessen verbunden wird. Gerade dies verlangt das Grundgesetz. Wer deshalb z. B. die bewaffnete Macht in besondere Disziplin nimmt, darf aber auch die dienstrechtliche Ordnung der Hoheitsverwaltung nicht zerstören. Wer heute mit Recht Abbau der Macht verlangt, muß wünschen, daß Macht nur in Händen kontrollierter Bürger, d. h. von Berufsbeamten, liegt.

Für die Leistungsverwaltung, zu der auch die mit monopolartiger Stellung ausgestatteten großen Betriebsverwaltungen der Bahn und der Post zu rechnen sind, gilt dasselbe. Gerade weil die Versagung oder unvollkommene, verspätete Gewährung wichtiger Leistungen des modernen Staates den Bürger ebenso oder schwerer treffen können als Akte der Hoheitsverwaltung – deshalb muß auch hier die Entscheidung in der Regel in der Hand der Beamten liegen. Ihre erhöhte Sicherung vermindert die Versuchung des Eigennutzes; ihr Verzicht auf Arbeitskampf sichert Kontinuität und öffentliche Ordnung. Der Bürger des Versorgungsstaates ist nur frei, wenn er es nicht allein in der Hoheitsverwaltung, sondern auch in der Leistungsverwaltung grundsätzlich mit dem zu tun hat, der in besonderer Bindung steht – dem Berufsbeamten.

Wer hier den öffentlichen Bediensteten in Tarifstreit und Arbeitskampf führen oder seine rechtlichen und wirtschaftlichen Sicherungen antasten will, setzt lebenswichtige Interessen der Bürger privatem Belieben aus. Das mag für manchen ein reizvoller Gedanke sein, eigene Stärke – und möglichst ohne Risiko – zu erproben. Das Interesse der Allgemeinheit verschwindet dann aber aus den Überlegungen.

Daher fordert der DBB mit Recht: Je mehr der Staat zum Leistungsstaat wird, desto mehr braucht er den Berufsbeamten. Der Beamte unterliegt hinsichtlich seiner Ansprüche auf Gehalt, auf Freizeit usw. keinem Diktat des Dienstherrn. Sein Sozialstatus ist vielmehr unmittelbar dem Parlament anvertraut, den Vertretern des souveränen Volkes. Nichts kann besser demokratisch sein als ein solcher Zustand. Wer ihn im Namen der Demokratie durch Verhandlung und Kampf ersetzen will, wendet sich gegen die parlamentarische Staatsform, spielt die Demokratie gegen die Volksvertretung aus. Hier müssen wir uns entscheiden, was wir wollen: parlamentarische Demokratie oder ihre Vergewaltigung durch Gruppenmacht.

Für den DBB leitet sich die Forderung nach einem einheitlichen öffentlichen Dienstrecht, begriffen als die Übertragung der dauernden Wahrnehmung öffentlicher Aufgaben im Bereich der unmittelbaren und mittelbaren Staatsverwaltung an Personen, die in einem öffentlich-rechtlichen Dienst- und Treueverhältnis stehen, aus dem Verfassungsgebot des Art. 33 Abs. 4 GG her. Die Verfassung ist nach jahrelangen Verstößen gegen ihr zwingendes Gebot schnellstens zu erfüllen, nicht zu ändern.

Die Schaffung eines Einheitsdienstrechts unter Aufhebung des Berufsbeamtentums wäre nicht mit Wortlaut und Geist der Verfassung vereinbar. Sie würde zudem einer überholten Geisteshaltung entspringen: Gerade die kaum mehr zu übersehende, in ihrer Komplexität sich ständig weiter auffächernde Vielfalt öffentlicher Aufgaben verbietet eine nivellierende Vereinheitlichung im öffentlichen Dienst. Sie verlangt tatkräftige Reformen des Bestehenden. Wer jedoch das Schlagwort vom »einheitlichen öffentlichen Dienstrecht« zur Zerstörung des Berufsbeamtentums einsetzt, denkt in einer völlig überholten Weise undifferenziert und pauschalierend. Ihm ist entschiedener Kampf anzusagen.

Bei dieser entschiedenen Kampfansage bleibt natürlich ein für uns als Interessenverband ganz wesentlicher Gesichtspunkt zunächst noch unberücksichtigt. Denn das eine steht fest, und darin ist auch dem DGB bis zu einem gewissen Grade zuzustimmen: Um die Chancen, mit dem uns zur Verfügung stehenden interessenpolitischen Instrumentarium auch wirklich zum Erfolg zu kommen, ist es bislang nicht zum besten bestellt. Das ist ja auch der Punkt, an dem sich immer wieder die Frage nach dem Beamtenstreik entzündet.

Man kann über diesen Punkt Überlegungen der verschiedensten Art anstellen. Zur Frage des Streikrechts und dessen Problematik will ich mich hier nicht im einzelnen äußern. Die gegensätzlichen Standpunkte und ihre Begründung dürften im wesentlichen bekannt sein. Der DBB hat sich auf seinem vorigen Bundesvertretertag 1969 eindeutig gegen den Streik ausgesprochen.[7] Aber auch der einzelne soll sich keinen Illusionen hingeben. Streikrecht ohne Risiko gibt es nicht. Wer das Streikrecht will, muß auch die Folgen – Aussperrung, Gehaltskürzung, im äußersten Fall sogar Entlassung – bejahen. Das bedeutet auf alle Fälle Aufhebung der

7 Vgl. Der Beamtenbund. 20. Jg., Nr. 12, Dezember 1969, S. 3.

Anstellung auf Lebenszeit und damit Beseitigung des Berufsbeamtentums.

Daß es interessenpolitisch betrachtet mit der Ablehnung des Streiks nicht sein Bewenden haben kann, sondern daß sich hinter der lautstark erhobenen Forderung nach dem Beamtenstreik ein sehr ernstes Reformproblem verbirgt, das es möglichst schnell zu lösen gilt, ist aber völlig klar.

Der Bundeshauptvorstand des DBB hat bereits im November 1970 eine Entschließung gefaßt[8], die den aus unserer Sicht kritischen Punkt deutlich anspricht. Die Entschließung besagt, daß die notwendige Wahrnehmung der Interessen der Beamtenschaft durch die bisherige Regelung und Handhabung des Beteiligungsrechts der Spitzenorganisationen bei der Vorbereitung allgemeiner Regelung der beamtenrechtlichen Verhältnisse nur unzureichend gewährleistet ist. Der DBB fordert daher ständige, auf dem Grundsatz der Gleichberechtigung beruhende Verhandlungseinrichtungen. Wörtlich heißt es in der Entschließung sodann:

»Zur partnerschaftlichen Dienstrechtsgestaltung sind paritätisch aus Vertretern der Regierung und der Spitzenorganisationen besetzte Beamtenkommissionen zu bilden, die ein Initiativ- und Verhandlungsrecht haben und deren Verfahren sicherstellt, daß die Regierung auch bei Nichteinigung verpflichtet ist, dem Parlament den Vorschlag der Beamten zugleich mit ihrer Vorlage und Begründung zuzuleiten. Eine solche partnerschaftliche Dienstrechtsgestaltung unter parlamentarischer Letztentscheidung wäre fest zu institutionalisieren und mit Publizität auszustatten. Der Vorteil dieses Verfahrens liegt in einer wesentlichen Erweiterung der Rechte der Beamten. Außerdem bekommt das Parlament begründete Alternativen anstelle einseitiger Regierungsvorschläge. Die Gleichgewichtigkeit beider Seiten wird deutlich.«

Wir haben inzwischen eine diese Leitgedanken berücksichtigende Konzeption bis in die Einzelheiten organisatorischer und verfahrensmä-

8 Zur sog. Freiburger Entschließung des Bundeshauptvorstandes des DBB zur partnerschaftlichen Dienstrechtsgestaltung vom November 1970 vgl. Mehr Demokratie durch mehr Partnerschaft. DBB für paritätisch besetzte Kommissionen, in: Der Beamtenbund. 21. Jg., Nr. 12, Dezember 1970, S. 1. Vgl. auch DBB-Nachrichten. Nr. 220, 19. November 1970.

ßiger Art erarbeitet und haben eine entsprechende Vorlage vor wenigen Tagen dem Bundeshauptvorstand zur Beschlußfassung unterbreitet, der unseren Vorstellungen seine Zustimmung gegeben hat.

Was beinhaltet nun diese Konzeption?

Das vom DBB entwickelte Verfahren sieht gleichberechtigte Verhandlungen zwischen den Spitzenorganisationen der Beamten und ihren Dienstherren vor. Es soll ferner sicherstellen, daß dem Parlament der Standpunkt der Gewerkschaften vorgetragen wird. Außerdem empfiehlt der DBB ein institutionalisiertes Verfahren, das auch der Öffentlichkeit stärkere Einblicke verschafft. Damit soll die bisherige Formlosigkeit und Heimlichkeit der Beteiligung fallen. In dem neuen System muß der Beamte zum Partner werden, der sich nur dem Willen des Parlaments beugt.

Im Mittelpunkt der Vorschläge steht die Einrichtung einer sog. Beamtenkommission, in der die Vertreter der Beamten und der Dienstherren grundsätzlich alle Fragen erörtern, die allgemeiner Regelung zugänglich sind. Diese Beamtenkommission ist nach unseren Vorstellungen ähnlich dem englischen Beispiel der Whitley-Councils paritätisch zu besetzen.

Vertreter der Dienstherren und Vertreter aller Gewerkschaften stehen sich in »zwei Lagern« gegenüber. Damit kann keine der beiden Seiten die andere überstimmen. Beide stimmen stets getrennt ab und erarbeiten auch ihre Verhandlungsangebote zunächst getrennt.

Spitzenorganisationen, die in der Beamtenkommission vertretungsberechtigt sind, sind für den Bereich des Bundes oder eines Landes gebildete Zusammenschlüsse von Gewerkschaften, die für die Vertretung der Interessen von Beamten erhebliche Bedeutung haben. Zur Organisation der Beamtenkommission schlägt der Deutsche Beamtenbund die Bildung von Unterkommissionen für besonders wichtige Fachgebiete vor. Der Vorsitzende der Kommission soll von der Regierungsseite, der stellvertretende Vorsitzende von der Beamtenseite gestellt werden.

Im Modell des DBB ist die Beamtenkommission ein unabhängiges Staatsorgan mit Vorschlagsrecht und Beratungsfunktion. Für das weitere Verfahren ist im Falle einer Einigung der Beamtenkommission vorgesehen, daß die Regierung das Verhandlungsergebnis als Vorlage beim Parlament einbringt oder eine entsprechende Verordnung erläßt.

Für den Fall, daß es zu keiner Einigung kommt (Dissensfall), würde das Parlament einen oder mehrere Ausschüsse damit beauftragen, in einem öffentlichen Hearing über den Dissens mit beiden Seiten zu verhandeln. Kommt auch dabei keine Einigung zustande, würde der Ausschuß dem Parlament einen Bericht über diese Verhandlung erstatten. Bei diesem Verfahren würde also nochmals ein Einigungsversuch stattfinden, das Verfahren würde weiter formalisiert und das Parlament würde durch diese Vorarbeiten weitgehend entlastet.

Dieses vom Deutschen Beamtenbund entwickelte System, das mit Hilfe einer Beamtenkommission die partnerschaftliche Dienstrechtsgestaltung unter parlamentarischer Letztentscheidung sicherstellen soll, weist gegenüber der geltenden Regelung unter anderem folgende Vorzüge auf:

1. Die Rechte der Beamten werden erweitert. Sie stehen nicht mehr dem Dienstherrn allein gegenüber, sondern kommen in geordnetem Verfahren vor dem Parlament zu Wort, wodurch ihre allzu starke Abhängigkeit entfällt.
2. Das Parlament registriert nicht mehr einseitige Dienstherrnvorschläge, es hat vielmehr im Dissensfall echte, begründete Alternativen vor sich.
3. Das parlamentarische System wird damit nicht ausgehöhlt, sondern gestärkt, ihm eröffnen sich weitere Funktionsmöglichkeiten für die Letztentscheidung in dienstlichen Angelegenheiten.
4. Dienstherren und Beamte werden laufend zu partnerschaftlichen Gesprächen angehalten. Die Gleichgewichtigkeit beider Seiten wird deutlich.
5. Die Gespräche verlaufen in einem geordneten Verfahren, das beiden Seiten Gleichheit und der Öffentlichkeit Einblick verschafft.
6. Die wünschenswerte Publizität wird verstärkt. Die Gesellschaft wird über die Lage ihrer Beamten laufend informiert. Geschlossene Gesprächsrunden, Briefwechsel und Lobbyismus wären überwunden.

Als erster Parlamentarier hat am 21. Mai 1971 der Vorsitzende des Arbeitskreises für allgemeine und Rechtsfragen der CDU/CSU-Fraktion des Deutschen Bundestages und frühere Bundesinnenminister Ernst Benda zu diesem vom Deutschen Beamtenbund entwickelten Modell einer »partnerschaftlichen Dienstrechtsgestaltung« Stellung genommen.[9] In der Stellungnahme Bendas heißt es wörtlich:

»Die Vorschläge des Deutschen Beamtenbundes sind ein sehr interessanter und wichtiger Beitrag um die Reform des öffentlichen Dienstrechts. Die vom Deutschen Beamtenbund vorgeschlagene Institutionalisierung der partnerschaftlichen Beteiligung der Beamtengewerkschaften an beamtenrechtlichen Regelungen erscheint mit den Grundsätzen des Berufsbeamtentums durchaus vereinbar. Sie trägt auch der Grundtatsache Rechnung, daß Arbeitgeber des Beamten nicht ein Wirtschaftsunternehmen, sondern die Allgemeinheit ist und infolgedessen die Rechte der Volksvertretung bei der Gestaltung des Beamtenrechts nicht beeinträchtigt werden dürfen. Die Ständige Kommission zur Reform des öffentlichen Dienstrechts beim Bundesministerium des Innern sollte die Vorschläge des Deutschen Beamtenbundes vorrangig in ihre Überlegungen einbeziehen.«

Beratungen über dieses vom Bundeshauptvorstand des DBB einmütig beschlossenen Modells partnerschaftlicher Dienstrechtsgestaltung strebt der Deutsche Beamtenbund mit allen für die Fortentwicklung des Beamtenrechts zuständigen Stellen an. Die Durchsetzungschancen dieses Modells werden von uns optimistisch beurteilt, nachdem in letzter Zeit immer deutlicher geworden ist, daß demgegenüber die vom DGB entwickelten Vorstellungen mit der Forderung nach dem Streikrecht auf eine Beseitigung des Beamtentums, auf eine Aushöhlung der parlamentarischen Verantwortung und auf Verhandlungen hinter verschlossenen Türen hinauslaufen.

Der Deutsche Beamtenbund ist sicher, daß die mit dieser Entwicklung verbundenen staats- und gesellschaftspolitischen Risiken weiter erkannt werden und eine Neuregelung getroffen wird, die – wie das DBB-Modell – auf dem Beamtenstatus aufbaut, das Mitwirkungsrecht der Beamten und den Einblick der Öffentlichkeit verstärkt und das Parlament nicht aus seiner Verantwortung entläßt.

Ich habe aus der Fülle aktueller Reformprobleme bisher nur eine Auswahl getroffen. Trotzdem hoffe ich, die zentrale Frage getroffen und herausgehoben zu haben, deren Behandlung Ihnen zugleich auch eine

9 Vgl. DBB-Nachrichten. Nr. 96, 21. Mai 1971.

einigermaßen zutreffende Beurteilung der heutigen beamtenpolitischen Lage ermöglicht. Ihre Ungewißheit und ihre Gefahren dürften Ihnen, wie ich glaube, hinreichend bewußt geworden sein.

Ich weiß, daß es Sie nicht ganz zufriedenstellen wird, wenn ich mich heute zu der Frage, wie sich der DBB eine Reform des Beamtenrechts in weiteren speziellen Bereichen vorstellt, noch nicht in allen Einzelheiten äußern kann. Ich habe schon erwähnt, daß der DBB für eine gründliche Reform des Beamtenrechts entsprechend den sich wandelnden staats- und gesellschaftspolitischen Erfordernissen eintritt. Unsere Vorschläge zur Neuordnung des Personalvertretungsrechts unter beträchtlicher Erweiterung der Mitbestimmung liegen seit längerem vor. Wir haben auch seit langem Vorstellungen zur Reform des Laufbahnwesens entwikkelt. Unsere Vorschläge beispielsweise zur Einrichtung verwaltungsexterner Fachhochschulen für Wirtschaft und Verwaltung sind ein Teilstück aus einer in den Grundzügen bereits festliegenden Konzeption zur Neuordnung des Laufbahnwesens, die stichwortartig aufgeführt folgende Punkte umfaßt:

- den Abbau von laufbahnrechtlichen Schranken, die eine volle Ausschöpfung des im öffentlichen Dienst vorhandenen Leistungspotentials verhindern;
- eine Arbeitsorganisation, durch die die Mit- und Eigenverantwortlichkeit des einzelnen Mitarbeiters gefördert wird;
- eine Neuordnung und Ausgestaltung der Vorbildung, Ausbildung und Fortbildung mit dem Ziel, das Bildungsniveau der Angehörigen des öffentlichen Dienstes auf einen Stand zu heben und zu erhalten, der sie befähigt, mit den wachsenden Anforderungen Schritt zu halten, welche die Staat und Gesellschaft gemeinsam aufgegebene Daseinsbewältigung an die öffentliche Verwaltung stellt;
- die Abkehr von dem bisherigen viergliedrigen Laufbahnsystem zugunsten einer »einheitlichen« Laufbahn, bei der sich die Einstiegsmöglichkeiten nach den verschiedenartigen Bildungsabschlüssen, die Aufstiegsmöglichkeiten hauptsächlich nach fachlicher Leistung und praktischer Bewährung richten.

Das alles ist, wie ich zugebe, zunächst nur Stückwerk. Aber soweit sie selbst Mitglieder des DBB sind, dürfte Ihnen sicherlich bekannt sein, daß der Bundesvertretertag 1969 des DBB dessen Bundeshauptvorstand beauftragt hat, ihm zum 1972 stattfindenden nächsten Bundesvertretertag eine geschlossene Reformkonzeption des DBB vorzulegen.[10] Wir sind froh darüber, daß uns die Terminierung dieses Auftrags Zeit läßt, die äußerst verwickelte Reformproblematik in allen Einzelheiten und mit der gebotenen Gründlichkeit durchzuberaten.

Eine von der Bundesleitung vor 1½ Jahren eingesetzte Kommission unabhängiger Experten hat bereits wesentliche Vorarbeit in Erfüllung des vom Bundesvertretertag erteilten Auftrags geleistet. Unter Beteiligung der Mitgliedsverbände erarbeitet eine vom Bundeshauptvorstand gewählte Reformkommission auf der Grundlage der Arbeitsergebnisse die zur Beschlußfassung durch den Bundeshauptvorstand erforderlichen Empfehlungen.

So baut sich Stück für Stück eine Reformkonzeption des DBB auf, die, wie ich zuversichtlich hoffe, dann im November 1972 auch die Zustimmung seitens der Delegierten der Gesamtmitgliederschaft des DBB finden wird.

Die Sorge, daß es dann bereits zu spät sei, um noch Einfluß auf die Reformentscheidungen der politischen Führung selbst zu gewinnen, teile ich nicht. Ich sagte schon, daß in der laufenden Legislaturperiode des Bundestages nicht mit eingreifenden Reformentscheidungen auf dem Gebiet des öffentlichen Dienstrechts zu rechnen ist. Auch das von der Bundesregierung bestellte Beratergremium, die beim BMI gebildete Dienstrechtskommission, wird ihre Empfehlungen nicht vor dem 31. Dezember 1972 vorlegen. Und deren Vorarbeit soll ja die Entscheidungsfindung durch die politische Führung überhaupt erst ermöglichen.

Ich komme damit zum Schluß meines Vortrags. Wie Sie gesehen haben, umgreift das mir gestellte Thema eine äußerst vielschichtige Problematik. Daß ich sie nicht im entferntesten ausschöpfen konnte, dafür werden Sie sicher Verständnis haben. Mich würde es freuen, wenn es mir gelungen wäre, Ihnen wenigstens in einigen wichtigen Punkten die für Ihre persönliche Beschäftigung mit dem Reformkomplex notwendigen Informationen zu geben.

Der DBB wird seinen reformpolitischen Kurs auch künftig unbeirrt dorthin steuern, wo er das Reformziel erblickt. Das ist die Erhaltung

10 Vgl. dazu S. 436 Anm. 10.

und Förderung eines leistungsfähigen öffentlichen Dienstes auf der bewährten Grundlage der verfassungsrechtlich abgesicherten Grundsätze des deutschen Beamtenrechts. Denn er erblickt allein darin die Sicherung einer freiheitlichen Gesamtordnung unseres Gemeinwesens, in dessen Dienst wir uns gestellt haben und das wir gegen alle Angriffe zu verteidigen gewillt sind.

22. September 1971

Probleme des Personalvertretungsrechts aus der Sicht des DBB

Vortrag auf der Veranstaltung des Finanzamtes Düsseldorf für Vorsteher und zukünftige Vorsteher von Finanzämtern

Quelle: DBB-Archiv, Abt. Bulei 15000-15 (maschinenschriftlich)

20 Jahre sind inzwischen ins Land gegangen, seit die Diskussionen und Verhandlungen um das Personalvertretungsgesetz des Bundes begannen. Schon der lange Zeitraum, der zwischen der auf schwierige Vorverhandlungen folgenden ersten Einbringung eines Regierungsentwurfs im Juni 1952 bis zur Verabschiedung des Gesetzes in seiner im wesentlichen heute noch geltenden Fassung durch den Bundestag am 8. Juni 1955[1] lag, deutet auf heftige Kontroversen hin. Sie machten sich auch bei der namentlichen Schlußabstimmung noch geltend. Der Bundestag nahm das Gesetz mit nur 206 gegen 180 Stimmen bei 20 Enthaltungen an.[2]

Die Entstehungsgeschichte des Gesetzes wird den meisten von Ihnen kaum noch erinnerlich sein. Ich will sie daher, wenn auch nur ganz kurz, schildern, weil sie uns am schnellsten an die Probleme des Personalvertretungsrechts heranführt, die heute nach wie vor aktuell sind, und zwar weniger wegen ihres rechtspolitischen als vielmehr wegen ihres staats- und gesellschaftspolitischen Gehalts.

Der Streit entbrannte 1952 zuerst um die Frage, ob es überhaupt

1 Vgl. BGBl I. 1955, S. 477 ff.

2 Vgl. dazu und zum Folgenden Walter Grabendorff, Clemens Windscheid, Dr. Wilhelm Ilbertz, Dr. Ulrich Widmaier: Bundespersonalvertretungsgesetz mit Wahlordnung. Kommentar, Stuttgart-Berlin-Köln-Mainz [6]1986, S. 26 ff.

eines Personalvertretungsgesetzes bedürfe, nachdem mit dem Betriebsverfassungsgesetz das Vertretungsrecht des Personals gegenüber den Arbeitgebern bereits abschließend geregelt sei. DGB und DAG stellten sich jedenfalls auf den Standpunkt, es gäbe keine nennenswerten Unterschiede zwischen der Tätigkeit der Arbeitnehmer des öffentlichen Dienstes und der Tätigkeit von Arbeitnehmern in privaten Betrieben und Verwaltungen. Infolgedessen sei die Anwendung des Betriebsverfassungsgesetzes auch auf die Verwaltungen des Bundes und der bundesunmittelbaren Körperschaften des öffentlichen Rechts sowie auf die Betriebsverwaltungen zu erstrecken.

Der DBB hat sich dieser Forderung mit Erfolg widersetzt: In das am 19. Juli 1952 verabschiedete Betriebsverfassungsgesetz[3] wurde eine Vorschrift aufgenommen, derzufolge die Personalvertretung für die Beamten, Angestellten und Arbeiter des gesamten öffentlichen Dienstes in einem eigenen Gesetz zu regeln sei.

Als danach dann die Vorbereitung des Personalvertretungsgesetzes zügig in Angriff genommen wurde, befand sich der DBB insofern in einer taktisch günstigeren Ausgangsposition, als er im Gegensatz zum DGB und zur DAG, die ihre ganze Kraft auf die Verhinderung eines Sondergesetzes für den öffentlichen Dienst gerichtet hatten, von vornherein mit einer eigenen Konzeption und entsprechend konkretisierten Einzelvorschlägen in die Verhandlungen über den Entwurf eines Personalvertretungsgesetzes einsteigen konnte.

Das hat uns während des nun einsetzenden jahrelangen Kleinkrieges um die endgültige Gestaltung des Personalvertretungsgesetzes viel genützt. Während DGB und DAG sich im wesentlichen darauf beschränkten, das verlorene Terrain dadurch wiederzugewinnen, daß sie in das Personalvertretungsgesetz möglichst viele dem Betriebsverfassungsgesetz entsprechende Regelungen hineinzubekommen versuchten, konnte der DBB konstruktiv zur Gestaltung eines auf die besonderen Verhältnisse im öffentlichen Dienst zugeschnittenen Gesetzes beitragen. In vollem Umfang hat freilich auch er sich nicht mit seinen Vorstellungen durchsetzen können. Erreicht hat er aber zumindest eine Kompromißlösung, mit der die ärgsten Verfälschungen einer dem Recht des öffent-

3 Vgl. BGBl I. 1952, S. 681 ff., hier S. 694.

lichen Dienstes und nicht dem Arbeitsrecht zuzuordnenden Rechtsmaterie vermieden worden sind.

Der Streit fing schon mit der Terminologie an. DGB und DAG wandten sich gegen die Bezeichnung »Personalrat«, die sie durch »Betriebsrat« ersetzt sehen wollten. Für den vom Personalvertretungsgesetz erfaßten Personenkreis hatte der Regierungsentwurf den Ausdruck »Bedienstete« vorgesehen. Der DGB forderte, ihn durch den Ausdruck »Arbeitnehmer« zu ersetzen. Der DBB wollte dafür »Verwaltungsangehörige« sagen. Das trug ihm später in einer wissenschaftlichen Untersuchung über die Entstehung des Personalvertretungsgesetzes unter besonderer Berücksichtigung der darauf von den Verbänden ausgeübten Beeinflussungsversuche einen versteckten Tadel wegen seiner »Rückschrittlichkeit« ein. In dieser Untersuchung wird nämlich ausgeführt[4]:

»Das war keineswegs nur ein Streit um Worte, denn bereits hier traten die einander entgegengesetzten gesellschaftspolitischen Leitbilder der Verbände zutage. Schon die Wahl des Terminus ›Verwaltungsangehörige‹ im DBB-Entwurf erinnert an das Bild einer hierarchisch gegliederten Gesellschaft, stammt doch das Wort ›Angehöriger‹ aus dem ursprünglich patriarchalischen Familienrecht.«

Man sieht also, wie vorsichtig man heute in der Wahl seiner Worte sein muß (den Ausdruck »hierarchisch« wollen wir uns übrigens merken, auf ihn wird später noch zurückzukommen sein).

Von den terminologischen Unstimmigkeiten abgesehen, waren insbesondere folgende Sachfragen lebhaft umstritten:

- Wahlmodus: Die Regierung setzte sich für die Gruppen- und Verhältniswahl ein. Das forderte außer dem DBB auch die DAG, weil beide Verbände sich davon einen wirksamen Minderheitenschutz versprachen. Der DGB dagegen sprach sich für die Gemeinschafts- und Mehrheitswahl aus.
- Gruppenprinzip: Das Problem der Gruppenwahl stand in engem Zusammenhang mit den Fragen der Gruppenberatung und des Gruppenentscheides. Im Regierungsentwurf war vorgesehen, daß in Angelegenheiten, die nur Beamte, nur Angestellte oder nur Arbeiter

4 Vgl. Otto Stammer, Wolfgang Hirsch-Weber u. a.: Verbände und Gesetzgebung. Die Einflußnahme der Verbände auf die Gestaltung des Personalvertretungsgesetzes (= Schriften des Instituts für politische Wissenschaft. Bd. 18), Köln-Opladen 1965, S. 78.

betreffen, allein die Vertreter der jeweiligen Gruppe stimmberechtigt sein sollten. Der DGB forderte die Streichung der Vorschrift mit dem Argument, dadurch werde das gute Einvernehmen zwischen den Beamten, Angestellten und Arbeitern erheblich gestört.

- Zulassung von Vertretern der Gewerkschaften zu Personalratssitzungen: DGB und DAG sprachen sich mit der Begründung dafür aus, daß den Beamten und Arbeitnehmern eine wirksame Vertretung ihrer Interessen nur möglich wäre, wenn sie sich des sachverständigen Beistandes ihrer Verbandsvertreter bedienen dürften. Der DBB war dagegen, weil er, wie sich später herausstellte, mit Recht befürchtete, die Gewerkschaftsvertreter würden sich nicht mit der Rolle von Beratern begnügen, sondern die Personalräte zu Instrumenten ihrer Gewerkschaftspolitik umfunktionieren.
- Parteipolitische Neutralität: Hier trat der DBB für eine ausdrückliche Verpflichtung des Personalrats zu strenger parteipolitischer und gewerkschaftlicher Neutralität ein; dem Personalrat sollte jede parteipolitische und gewerkschaftliche Betätigung bei der Erfüllung seiner Aufgaben untersagt werden. Der DGB wies diese Forderung zurück, weil er darin eine Herabsetzung des Personalrates und ein Mißtrauen gegen dessen Willen zur objektiven Meinungsfindung erblickte.
- Beteiligungs- und Versagungskatalog: In diesem Punkte gab es im Grunde nur graduelle Meinungsverschiedenheiten zwischen DBB auf der einen und DGB und DAG auf der anderen Seite. Der DBB trat dafür ein, daß in sämtlichen sozialen Fragen die Mitbestimmung zu gewähren sei und daß ferner in allen personellen Fragen eine verantwortliche Mitwirkung Platz zu greifen habe. Die Meinungen gingen namentlich dort auseinander, wo die Beteiligungsrechte des Personalrats in die höchstpersönliche Sphäre des Bediensteten eingriffen. Hier forderte der DBB, daß Personalangelegenheiten, die gesetzliche Rechte oder den Privatbereich betreffen, nicht ohne Zustimmung des Betroffenen einer Entscheidung durch den Personalrat unterworfen werden dürften. Dagegen wandten sich DGB und DAG, weil eine solche Begrenzung der Personalratstätigkeit zu einer beträchtlichen Einengung führen würde.
- Rechtsweg und Gerichtszuständigkeit: Diese Frage war besonders

umstritten. DGB und DAG sprachen sich für die Zuständigkeit der Gerichte in Arbeitssachen aus. Der DBB forderte dagegen in Übereinstimmung mit dem Regierungsentwurf, daß die Verwaltungsgerichte zuständig sein sollten. Nach Auffassung des DBB sollte das Recht der Personalvertretung im öffentlichen Dienst nach anderen Prinzipien gestaltet werden als das der Betriebsvertretung in der privaten Wirtschaft, da die Arbeitgeber- und Arbeitnehmerfunktionen im öffentlichen Dienst nur mit Einschränkungen zu scheiden seien. Der Dienststellenleiter, der den Angehörigen seiner Dienststelle gegenüber gleichsam Arbeitgeberfunktionen wahrnehme, sei selbst ein »abhängiges Glied des dienstlichen Organismus«. Außerdem müßten die verfassungsmäßige und beamtenrechtliche Sonderstellung des Berufsbeamtentums berücksichtigt werden, die die Einbeziehung der Beamtenschaft in eine arbeitsrechtliche Regelung ausschließe. Das Betriebsverfassungsrecht sei ein Teil des Arbeitsrechts. Eine gemeinsame Regelung für die in einem öffentlich-rechtlichen Dienstverhältnis stehenden Beamten mit den in einem tarifvertraglichen Arbeitsverhältnis stehenden Arbeitern und Angestellten des öffentlichen Dienstes sei nur dann möglich, wenn dieses Gesetz unzweifelhaft öffentlich-rechtlichen Charakter trage. Das bedinge jedoch die Zuständigkeit der Verwaltungsgerichte.

Die Probleme, die bei der Vorbereitung eines Personalvertretungsgesetzes des Bundes umstritten waren, haben bis heute nichts von ihrer Brisanz eingebüßt. In einigen Punkten hat sich diese sogar noch verschärft. Das erklärt wohl auch, daß die von der Regierung Brandt/Scheel in ihr Regierungsprogramm aufgenommene Novellierung des Personalvertretungsgesetzes bis heute noch keinen Niederschlag in einem Regierungsentwurf gefunden hat. Der Bundesinnenminister hütet den inzwischen fertiggestellten Referentenentwurf wie seinen Augapfel, und nur sporadisch sickern Informationen über die wahrscheinliche Regelung dieser oder jener Einzelfrage durch. Im übrigen bleibt strenge Vertraulichkeit gewahrt.

Warum diese Geheimniskrämerei, wo doch in sonstigen Fällen den Spitzenorganisationen auf Grund ihes Beteiligungsrechts ohne weiteres Einblick in die Gesetzesmaterialien gewährt wird?

Das ist einmal auf den Sachzusammenhang zurückzuführen, der

zwischen dem Betriebsverfassungsgesetz und dem Personalvertretungsgesetz in gewisser Hinsicht trotz vieler Unterschiede im Grundsätzlichen besteht. Bekanntlich hat es bereits bei der Vorbereitung der Novelle zum Betriebsverfassungsgesetz Kontroversen zwischen den Koalitionspartnern der Bundesregierung, und dies zumal in den Punkten gegeben, in denen sich der DGB auf ganz bestimmte Forderungen, wie z. B. die ungehinderte parteipolitische Betätigung der Betriebsratsmitglieder oder die weitgehende Gleichschaltung der Betriebsräte mit den Gewerkschaften, versteift hat. Diese und andere Forderungen – sie betreffen vor allem die Ausweitung der Mitbestimmung – greifen auch ins Personalvertretungsrecht über.

Offensichtlich ist daher der Bundesinnenminister bestrebt, seinen Entwurf zum Personalvertretungsgesetz solange zurückzuhalten, bis die Novelle zum Betriebsverfassungsgesetz verabschiedet ist. Darauf deutet auch hin, daß die Amtszeit der gegenwärtig amtierenden Personalräte durch ein besonderes Gesetz bis zum 1. April 1973 verlängert worden ist. Dadurch hat sich der Bundesinnenminister einen ziemlich langen Zeitraum verschafft, um die zu erwartenden Meinungsgegensätze bei der Beratung der PersVG-Novelle ausgleichen zu können.

Wie dem auch sei, der DBB hat sich rechtzeitig für eine langwierige und heftige Auseinandersetzung gewappnet. Seine Änderungsvorschläge sind dem Bundesinnenminister vor mehr als Jahresfrist zugeleitet worden.[5] Aus dem Katalog seiner Forderungen führe ich vor allem die folgenden an:

- Stärkung der Rechtsstellung der Jugendvertretung,
- Entsendung von Beobachtern durch die Gewerkschaften in den Wahlvorstand,
- verstärkter Schutz des Wahlvorstandes und der Wahlbewerber,
- Festlegung der Zahl der freizustellenden Personalratsmitglieder nach der Zahl der Bediensteten in einer Dienststelle,
- Erweiterung des Katalogs von Pflichten, die der Personalrat gegenüber den Bediensteten hat (Entgegennahme von Anfragen und Anregungen einzelner Bediensteter oder Bedienstetengruppen),

5 Vgl. Deutscher Beamtenbund. Vorschläge zur Änderung des Personalvertretungsgesetzes, o. O. und o. J. (Bonn-Bad Godesberg 1970).

- grundsätzliche gesetzliche Festlegung des Gebots rechtzeitiger und umfassender Information des Personalrats durch die Dienststelle,
- bessere Ausgestaltung des bisherigen Mitbestimmungsverfahrens (Initiativrecht der Personalvertretung),
- Begrenzung der Maßnahmen, die als vorläufige Regelung getroffen werden können,
- grundsätzliche Anpassung der Landesgesetzgebung durch entsprechende Rahmenvorschriften.

Im Grunde sind das jedoch zumeist Forderungen, die sich im Rahmen einer »kleingärtnerischen Arbeit« am personalvertretungsrechtlichen Detail halten. Die wirklichen Probleme, um die bei der Novellierung des PersVG gerungen werden wird, liegen tiefer. Es geht einmal darum, die Unabhängigkeit der Mitglieder von Personalräten und damit zugleich auch dieser Institution zu wahren; es geht ferner darum, zu verhindern, daß der einzelne Bedienstete aus der Abhängigkeit vom Dienstherrn in die Abhängigkeit vom Personalrat gerät; und es geht schließlich darum, die Mitbestimmung durch die Personalvertretungen in den verfassungsrechtlich gebotenen Grenzen zu halten.

Hier, hauptsächlich in diesen drei soeben genannten Fragen, steht nun der DBB in einem scharfen Gegensatz zum DGB. Was der DGB anstrebt, das hat er erst kürzlich wieder deutlich zu erkennen gegeben, als er dem Bundesinnenminister zum Vorwurf gemacht hat, er beabsichtige offenbar nicht, den (so lautet das Zitat) »von uns mehrfach verkündeten Grundsatz der Einheit von Gewerkschaften, Personalräten und Personal« in die PersVG-Novelle eingehen zu lassen.[6] Dieser Ausspruch dürfte die wahren Ziele des DGB deutlich genug erkennen lassen. Er hat sie auch bereits in der Personalvertretungspraxis der vergangenen Jahre konsequent zu verfolgen versucht. Das Motto vom »Personalrat als dem verlängerten Arm des DGB« ist keineswegs nur eine polemische Formulierung des DBB. Es trifft vielmehr unmittelbar das eigene Verständnis des DGB von der Funktion der Personalräte. Sie sollen Gewerkschaftspolitik betreiben, die Wahrung der Interessen dem Dienststellenleiter gegenüber also den vom DGB ausgegebenen Parolen

6 Vgl. Die Regierung steht im Wort. Karl-Heinz Hoffmann betont die Notwendigkeit eines neuen Personalvertretungsgesetzes, in: ÖTV-Magazin. Nr. 7, Juli 1971, S. 9.

unterordnen und zugleich damit auch das Personal selbst gewerkschaftspolitischen Einflüssen aussetzen.

Wie das im einzelnen zu praktizieren ist und praktiziert wird, haben wir, der DBB, jahrelang in den von DGB-Gewerkschaften beherrschten Personalvertretungen bei den großen Betriebsverwaltungen des Bundes, bei Bahn und Post, beobachten können. Auf der Stufe der Länderverwaltungen ist davon bisher noch kaum etwas zu verspüren gewesen, weil dort der DGB in aller Regel in der Minderheit ist. Deshalb mag es sein, daß manchem von Ihnen meine Ausführungen zur gewerkschaftspolitischen Indoktrination der Personalräte und darüber hinaus auch des Personals als Schwarzmalerei erscheint, deren tieferer Grund ausschließlich in dem Konkurrenzverhältnis zwischen DBB und DGB zu suchen sei. Aber glauben Sie mir, daß ich mich frei weiß von irgendwelchen Übertreibungen. Der DGB weiß, was er will, und er handelt auch nach dem, was er sagt. Der Personalrat als verlängerter Arm des DGB ist kein Phantasiegebilde; dort, wo den DGB die Mehrheitsverhältnisse im Personalrat begünstigen, ist es harte Wirklichkeit.

Dort steht auch nur auf dem Papier, was das Bundesverfassungsgericht in einer Entscheidung vom 26. Mai 1970 ausgesprochen hat. Es ging dabei um eine Verfassungsbeschwerde, die sich auf die Frage bezog, ob es rechtlich zulässig sei, daß gewerkschaftlich organisierte Personalratsmitglieder während der Dienstzeit in ihrer Dienststelle Mitglieder für ihre Gewerkschaft werben.

Das Bundesverfassungsgericht führt in den Entscheidungsgründen über die grundsätzliche Stellung eines Personalrats im Gefüge einer Dienststelle u. a. folgendes aus[7]:

»In Personalangelegenheiten weist ihm (d. h. dem Personalrat) das Gesetz eine Reihe von wichtigen Mitsprachebefugnissen zu, durch deren Ausübung der berufliche Werdegang des Bediensteten innerhalb der Dienststelle von der Einstellung bis zur Entlassung maßgeblich beeinflußt werden kann. Die Beteiligung des Personalrats an den personellen und sozialen Angelegenheiten kann aber nur dann sinnvoll zur Gestaltung des Arbeitslebens beitragen, wenn der Personalrat gleichmäßig die Interessen aller Bediensteten vertritt und wenn das Vertrauen der

7 Vgl. BVerfGE. Bd. 28, S. 295 ff. (Zitat S. 308 f.).

Bediensteten in die Objektivität und Neutralität der Mitglieder des Personalrats nicht erschüttert wird.«

Und das Bundesverfassungsgericht fährt dann fort:

»Das Gewicht seiner Beteiligungsrechte und seiner allgemeinen Aufgaben macht es notwendig, daß der Personalrat alles vermeidet, was geeignet ist, seine Stellung als Repräsentant der Gesamtheit der Bediensteten und als neutraler Sachwalter ihrer Interessen zweifelhaft erscheinen zu lassen. Der Gesetzgeber hat deshalb die Personalräte verpflichtet, mit der Dienststelle zusammenzuarbeiten und den Arbeitsfrieden in der Dienststelle nicht zu gefährden; sie dürfen das Gleichbehandlungsgebot und die Vereinigungsfreiheit der Bediensteten, für deren Wahrung in der Dienststelle sie sich einzusetzen haben, auch selbst nicht verletzen.«

Wie der DGB diese vom Bundesverfassungsgericht aufgestellten Rechtsgrundsätze mit seinem »Grundsatz der Einheit von Gewerkschaften, Personalräten und Personal« in Einklang bringen will, das wissen die Götter. Aber ich ließ ja schon anklingen, daß es bei der Auseinandersetzung um die Fortentwicklung des Personalvertretungsrechts dem DGB nicht um dessen rechtspolitische Seite, sondern um die Verwirklichung seiner gesellschaftspolitischen Vorstellungen geht.

Insoweit ist der DGB nun drauf und dran, eine Bastion nach der anderen zu nehmen, die ihm bisher noch weitgehend die unmittelbare Einflußnahme auf die öffentliche Verwaltung und ihren öffentlichen Dienst verwehrt haben. Das Personalvertretungsrecht ist nur eine dieser Bastionen, die zu Fall gebracht werden müssen, um den »Grundsatz der Einheit von Gewerkschaften, Personalräten und Personal« durchzusetzen. Die Reform des öffentlichen Dienstes ist ein weiteres Mittel zu diesem Ziel. Denn würde das DGB-Konzept von der Gliederung des Beamtenrechts in Statusrecht und Folgerecht verwirklicht und damit den Beamten das Streikrecht zugebilligt werden, fiele eine weitere wichtige Bastion, die den Weg zur Vergewerkschaftung des öffentlichen Dienstes zur Zeit noch versperrt.

Über diese Zusammenhänge und deren Folgen muß man sich im klaren sein, wenn man die anstehenden Reformen, sei es des Personalvertretungsrechts, sei es des Rechts des öffentlichen Dienstes, auf ihre staats- und gesellschaftspolitische Relevanz hin untersucht.

Vom verantwortlichen Leiter der vorhin schon einmal erwähnten Untersuchung der Entstehungsgeschichte der Personalvertretungsgesetze des Bundes, Nordrhein-Westfalens und Berlins, dem Berliner Soziologen Otto Stammer, stammt das nachstehende Zitat aus einem Vortrag, den Stammer 1966 auf einer der beamtenpolitischen Arbeitstagungen des DBB über seine Untersuchung gehalten hat. Er sagte dort[8]:

»Im Streit um die Personalvertretungsgesetze traten unterschiedliche, zum Teil entgegengesetzte gesellschaftspolitische Ordnungsvorstellungen und Staatsauffassungen zutage. So bot sich die Untersuchung dieses Fragenkomplexes auch seiner staatspolitischen Bedeutung wegen an. Daß die Integrität und die Leistungsfähigkeit einer öffentlichen Verwaltung von ihrer ungebrochen hierarchischen Struktur und der Geschlossenheit des in ihr zum Ausdruck kommenden Dienstleistungssystems abhängen, ist schließlich von einer entsprechenden Staatskonzeption her ebenso begründbar wie die staatstheoretisch wesentlich anders abgestützte Auffassung, erst durch die Mitwirkung bzw. die Mitbestimmung der Bediensteten in personellen und sozialen Fragen und die dadurch erwartete Neutralisierung verwaltungsinterner beruflicher und sozialer Interessengegensätze sei die Leistungsfähigkeit einer Verwaltung sicherzustellen.«

Von Stammer war diese Gegenüberstellung von seiner Meinung nach gegensätzlichen Staatskonzeptionen sicher so gemeint, daß er mit der ersten (ungebrochene hierarchische Struktur) den DBB und mit der zweiten (Neutralisierung verwaltungsinterner beruflicher und sozialer Interessengegensätze) den DGB identifizieren wollte. Wenn es so einfach wäre, würden wir uns umsonst Sorgen um die von mir angedeuteten gefährlichen Entwicklungen machen.

Aus meinem nun schon mehr als zwei Jahrzehnte währenden Einblick in die Meinungs- und Willensbildung innerhalb des DBB und seiner Mitgliedsverbände kann ich jedenfalls mit aller Bestimmtheit sagen, daß

8 Vgl. Otto Stammer: Chancen und Grenzen interessenpolitischer Einflußnahme. Zur Frage der Einwirkung von Verbänden auf die Gesetzgebung, in: Die Beamten stellen sich der Zukunft. Vorträge, Ansprachen und Diskussionen auf der 8. beamtenpolitischen Arbeitstagung des DBB vom 13. bis 15. Januar 1966 auf Bühler Höhe (= Schriftenreihe des Deutschen Beamtenbundes. Hrsg. von der Bundesleitung. Heft 40), Bad Godesberg, S. 130 ff. (Zitat S. 141).

aus unserer Sicht die Stammersche Interpretation sowohl nach der einen wie nach der anderen Seite für den DBB allein in Anspruch genommen werden kann, nicht jedoch kennzeichnend ist für die gegensätzlichen Auffassungen, die in dieser Hinsicht zwischen uns und dem DGB bestehen.

Die »ungebrochene hierarchische Struktur« der Verwaltung ist für uns keine Frage, mit der unsere Staatsauffassung steht und fällt. Ebensowenig träfe es zu, wenn man uns absprechen wollte, daß wir die Personalvertretungen für ein geeignetes Mittel zur »Neutralisierung verwaltungsinterner beruflicher und sozialer Interessengegensätze« hielten.

Das setzt allerdings ein anderes Verständnis von deren Stellung und Aufgaben in der Dienststelle voraus, als das Verständnis, auf das wir in dieser Beziehung beim DGB stoßen. Wir machen uns die Auffassung zu eigen, die das Bundesverfassungsgericht in der von mir zitierten Entscheidung vertritt, und zwar auch insofern, als das Bundesverfassungsgericht im weiteren noch ausführt[9]:

»Im Hinblick auf die Einflußmöglichkeiten des Personalrats auf den beruflichen Werdegang der Bediensteten kann von den Personalratsmitgliedern in der Dienststelle ein Verhalten erwartet werden, das nicht einzelnen Bediensteten Anlaß zu der Befürchtung gibt, bei der Ausübung der gesetzlichen Beteiligungsrechte werde die Mitgliedschaft in einer bestimmten Gewerkschaft eine Rolle spielen.«

Gerade auch darin liegt für uns ein Grund für den Argwohn, mit dem wir auf Grund jahrelanger praktischer Erfahrungen, vor allem bei den großen Betriebsverwaltungen des Bundes, die Bestrebungen des DGB beobachten, die Personalvertretungen in noch stärkerem Maße als bisher in die Hand zu bekommen. Daß dies nicht, wie Stammer meint, zur Neutralisierung von Interessengegensätzen, sondern gerade umgekehrt zu deren Zuspitzung führt, dürfte ohne weiteres einleuchten. Im Vorgehen des DGB liegt eine akute Gefahr für das notwendige Vertrauen der Bediensteten in die Neutralität des Personalrats und im Fall des Wettbewerbs mehrerer Gewerkschaften auch eine Gefahr für den Arbeitsfrieden in der Dienststelle. Dies widerspruchslos hinzunehmen,

9 Vgl. die Angaben in Anm. 7 (hier S. 309).

ist der DBB nicht gewillt, auch wenn ihm das den Ruf einträgt, im »konservativen« und nicht im Lager des »Fortschritts« zu stehen.

Die geschilderte Problematik spitzt sich nun noch weiter dadurch zu, daß der DGB seine Mitbestimmungsforderungen auch für den öffentlichen Dienst immer weiter überzieht. Auch der DBB tritt für eine angemessene Ausweitung der Mitbestimmung in personellen und sozialen Fragen ein, etwa in dem Rahmen, den das Landespersonalvertretungsgesetz Nordrhein-Westfalen bereits 1958 abgesteckt hat, und lediglich mit dem Unterschied, daß im Fall der Nichteinigung zwischen Personalrat und Dienststellenleiter nicht das Kabinett, sondern eine neutrale Einigungsstelle die Letztentscheidung trifft.

Wegen der Entscheidung des Bundesverfassungsgerichts in Sachen des Bremischen Personalvertretungsgesetzes[10], nach der bekanntlich die Letztentscheidung in den personellen Fragen der Einstellung, Anstellung und Beförderung von Beamten der Regierung vorbehalten ist, tritt in diesen Fällen auch nach unseren Vorschlägen die Einigungsstelle nicht in Funktion. Im übrigen sind aber auch das wieder nur Detailfragen, die angesichts der vom DGB erhobenen Mitbestimmungsforderungen im Grunde von untergeordneter Bedeutung sind.

Einen Vorgeschmack von den Zielen, die der DGB unter dem Motto »Mehr Mitbestimmung im öffentlichen Dienst und weitergehende Demokratisierung der öffentlichen Verwaltung!« ansteuert, haben wir inzwischen durch die Manipulation der ÖTV im kommunalen Bereich (paritätische Mitbestimmung der Arbeitnehmer in den kommunalen Eigenbetrieben und Eigengesellschaften) bekommen. Dabei handelt es sich aber nach den Worten des Initiators dieser Mitbestimmungskampagne, des stellvertretenden ÖTV-Vorsitzenden Karl-Heinz Hoffmann, nur um einen ersten Schritt.

Der Ehrgeiz und die Phantasie der Mitbestimmungsexperten des DGB kennen keine Grenzen. So sind sie neuerdings mit dem Vorschlag herausgekommen, einen »Bundespersonalvertretungsausschuß« zu bilden. Ihm soll die Entscheidung in allen personellen Fragen der Beamten zugewiesen werden.

Begründet wird dieser Vorschlag mit der Notwendigkeit, auch bei

10 Vgl. BVerfGE. Bd. 9, S. 268 ff. (Urteil vom 27. April 1959).

personellen Angelegenheiten das Beteiligungsrecht des Personals zu verstärken. Das vorgeschlagene Verfahren für die Mitbestimmung sei verfassungskonform; es berücksichtige die Entscheidung des Bundesverfassungsgerichts in Sachen des Bremischen Personalvertretungsgesetzes. Außerdem gewährleiste die vorgeschlagene Besetzung des Ausschusses (die Spitzenorganisationen bestimmen fünf Mitglieder und den Vorsitzenden), daß die politische Verantwortung gewahrt bleibe. Stillschweigend vorausgesetzt wird hierbei also, daß die fünf Vertreter der Spitzenorganisationen stets von den vom Bundesinnenminister bestellten fünf Vertretern und dem Vorsitzenden überstimmt werden könnten.

Mit anderen Worten: reine Augenwischerei! Wenn der DGB nicht damit rechnen würde, daß sich auch einzelne der vom Bundesinnenminister bestellten Vertreter auf die Seite der Vertreter der Spitzenorganisationen schlagen würden, hätte die ganze Sache ja überhaupt keinen Sinn.

Die Forderung des DGB nach einem Ausbau der Mitbestimmung enthält noch eine weitere Variante. So war in der Septemberausgabe des DGB-Organs »Der Deutsche Beamte« zu lesen[11]: »Eine der entscheidensten Forderungen ist, für die Personalräte das Mitbestimmungsrecht bei der Besetzung der Stellen mit Personalführungsaufgaben und der Besetzung der Stellen der Leiter von Personalaufgaben zu erringen.«

Begründung: »Ohne das Vertrauen des Personals können Kräfte mit Personalführungsaufgaben auf die Dauer nicht wirken. Die Zustimmung wird ihnen ihre schwierige Arbeit erleichtern. Darüber hinaus ist mit der Verwirklichung einer solchen Forderung eine Verbesserung des Betriebsklimas und der zwischenmenschlichen Beziehungen verbunden.«

Der DGB will also, wie man sieht, unter allen Umständen und mit allen Mitteln die Personalführung selbst in die Hand bekommen, und es ist höchst aufschlußreich, daß er seine Absichten stets mit gängigen Floskeln, wie hier einer Verbesserung des Betriebsklimas und der zwischenmenschlichen Beziehungen, zu bemänteln und dadurch attraktiv zu machen versteht.

Was bedeutet das schon angesichts einer personalvertretungsrechtlichen Praxis, die von dem »Grundsatz der Einheit von Gewerkschaften,

11 Vgl. Theo Brinkmann: Personalräte bleiben länger im Amt. Novelle zum PersVG noch in der Schublade des Bundesinnenministers, in: Der Deutsche Beamte. 21. Jg., Nr. 9, September 1971, S. 159 f.

Personalräten und Personal« beherrscht wird!? Wenn ich es einmal ganz hart sagen darf: die Auslieferung der einzelnen Bediensteten an die im Gegensatz zu deren dienstlichen Vorgesetzten nicht in der Verantwortung gegenüber Recht und Gesetz stehenden, sondern anonym handelnden Gewerkschaftsfunktionäre.

Der Mitbestimmungsanspruch des DGB im öffentlichen Dienst greift aber weit hinaus über die bisher besprochenen Angelegenheiten. Er verbirgt sich, wenn er nicht offener ausgesprochen wird, beispielsweise hinter so nebulösen Äußerungen wie den folgenden, die von Karl-Heinz Hoffmann (ÖTV) stammen, der in einem Interview seine Bestrebungen im kommunalen Bereich nur als einen ersten Schritt bezeichnete.[12] »Es ist ein Schritt«, sagt er, »der dazu dienen soll, das Wertsystem der reinen Hoheitsverwaltung abzulösen. Dienstleistungs- und Hoheitsaufgaben müssen in einen neuen Bezug gebracht werden.«

Das kann, so muß der Leser aus dem Zusammenhang folgern, nur dadurch erreicht werden, daß die vom DGB und seinen Mitgliedsgewerkschaften ferngesteuerten Bediensteten der öffentlichen Verwaltung unmittelbar auch mitbestimmen sollen über Fragen der Staatsorganisation und die Art der Erfüllung staatlicher Aufgaben.

Auf den Einwand, daß dadurch in unzulässiger Weise in die grundgesetzliche Ordnung unseres Gemeinwesens eingegriffen würde, würde Hoffmann wahrscheinlich nur entgegnen, was er auf die Frage, ob er mit seinen bisherigen Erfolgen zufrieden oder ob er überrascht sei, geantwortet hat. Nämlich dies: »Ich bin mit dem Erfolg zufrieden. Überrascht hat mich allerdings, daß die Auseinandersetzung um die Einführung der paritätischen Mitbestimmung in kommunalen Unternehmen oder auch bei den Sparkassen von den Gegnern vorwiegend unter rechtspolitischen Gesichtspunkten geführt wurde. Uns lag daran, die Auseinandersetzung mit gesellschaftspolitischen Argumenten zu führen . . .«

So könnte man nun ein langes Kapitel über das Thema »Das gesellschaftspolitische Engagement des DGB und der soziale Rechtsstaat« schreiben. Denn immer noch und Gott sei Dank wird unsere grundgesetzliche Ordnung mit ihrem persönliche Freiheit stiftenden

12 Vgl. dazu auch oben S. 471 Anm. 6.

Institutionen getragen von einer Rechtsordnung, deren verpflichtende Kraft nicht in das Belieben des einzelnen und auch nicht in das Belieben eines einzelnen Interessenverbandes gestellt ist. Darauf hat schon der Bundesinnenminister kürzlich hingewiesen, als er sagte[13]: »Dem Bestreben nach Mitbestimmung sind allerdings drei Grenzen gesetzt: die verfassungsrechtliche Zulässigkeit, die Funktionsfähigkeit der Verwaltung und der Schutz der persönlichen Sphäre des einzelnen Bediensteten.«

Diese Grenzen zu achten, wird auch der DGB gehalten sein. Und er sollte dabei zugleich die erfrischend offenen Worte des Präsidenten des Bundesarbeitsgerichts, Professor Gerhard Müller, beherzigen, der in einem Aufsatz »Zur Problematik der Mitbestimmung im öffentlichen Dienst« vor wenigen Wochen geschrieben hat[14]:

»Das Reden von der Mitbestimmung im öffentlichen Dienst führt letztlich zu einer Verwirrung der Begriffe. Im Bereich der privaten Wirtschaft ist das Arbeitsleben zu einem Teil durch die Direktionsbefugnis des Unternehmer-Arbeitgebers gekennzeichnet; die Arbeitsleistung des Arbeitnehmers ist insofern fremdbestimmt. Der öffentliche Dienst unterscheidet sich davon gerade dadurch, daß alle seine Angehörigen – einschließlich der Behördenleiter, der Minister und der Regierungschefs – im Dienst stehen, nämlich im Dienste des Gemeinwesens. Es ist vielleicht für unsere Zeit kennzeichnend, daß sich das Bekenntnis zum Dienen an der Gemeinschaft abschwächt; das sogenannte gesellschaftliche Engagement, das demgegenüber gefordert wird, scheint gerade den dienenden Charaker der Tätigkeit für die Gemeinschaft zu verneinen. Die Hintergründe dieses Appells zu einem gesellschaftlichen Engagement, ob es nun um den Mitmenschen und um das Gemeinwesen gehen soll oder ob hier eine Selbstentfaltung der Persönlichkeit das Primäre ist, sollten einmal aufgehellt werden. Es bleibt aber dabei, und das kann nicht nachdrücklich genug betont werden, daß für unseren gesamten

13 Vgl. die Rede von Hans-Dietrich Genscher auf der Delegiertentagung des DBB-Landesverbandes Nordrhein-Westfalen am 21. Mai 1971 in Essen; Bulletin des Presse- und Informationsamtes der Bundesregierung. Nr. 80, 26. Mai 1971, S. 851 ff. (Zitat S. 855).

14 Vgl. Gerhard Müller: Zur Problematik der Mitbestimmung im öffentlichen Dienst, in: Gesellschaftspolitische Kommentare. 18. Jg. (1971), Nr. 16, S. 181 ff. (Zitat S. 183).

öffentlichen Dienst dem Wesen der Sache nach die Ausrichtung auf das Gemeinwesen hin kennzeichnend ist. Er und alle seine Angehörigen stehen in diesem Sinne ›im Dienst‹.«

Damit komme ich zum Schluß meiner kurzen Betrachtungen zu den Problemen des Personalvertretungsrechts aus der Sicht des DBB. Sollte es mir gelungen sein, Sie davon zu überzeugen, daß die sich jetzt anbahnende Fortentwicklung des Personalvertretungsrechts wesentlich schwererwiegende Probleme in sich birgt als eine bloße Anpassung des geltenden Rechts an die Erfahrungen einer 16jährigen Personalvertretungspraxis, so würde mich das freuen. Denn der Zweck meines Vortrags wäre damit erreicht.

Januar 1972

Mit Realismus ins neue Jahr

Eine Zwischenbilanz zum Jahreswechsel

Jahresausblick 1972

Quelle: Der Beamtenbund. Monatszeitung des Deutschen Beamtenbundes. 23. Jg., Nr. 1, Januar 1972, S. 1 f.

An in die Zukunft weisenden beamtenpolitischen Ereignissen war das abgelaufene Jahr verhältnismäßig arm. Eine Zäsur brachte nur das am 10. März 1971 verabschiedete Erste Gesetz zur Vereinheitlichung und Neuregelung des Besoldungsrechts in Bund und Ländern.[1] Es war mit einer gleichzeitigen Grundgesetzänderung verknüpft. Ein neu in das Grundgesetz eingefügter Artikel 74 a erweiterte die Gesetzgebungszuständigkeit des Bundes für die Beamtenbesoldung und -versorgung.[2] Die Einbeziehung dieser Rechtsmaterien in die konkurrierende Gesetzgebung ermächtigt den Bund, besoldungs- und versorgungsrechtliche Regelungen mit unmittelbarer Wirkung für die Länder zu treffen, wenn der Bundesrat ihnen zustimmt.

Der Weg zur Vereinheitlichung des Besoldungsrechts in Bund und Ländern war lang und dornenvoll. Am Ende waren es die Länder selbst, die ihre Gesetzgebungszuständigkeit und damit ihre Eigenverantwortung für die Besoldung und Versorgung ihrer Beamten dem Bund zuschoben.

Ob der neue Verantwortungsträger, eben der Bund, die in ihn gesetzte Erwartung erfüllen wird, er werde die ihm grundgesetzlich übertragene

1 Vgl. BGBl I. 1971, S. 208 ff.
2 Vgl. Achtundzwanzigstes Gesetz zur Änderung des Grundgesetzes (Artikel 74a GG) vom 18. März 1971; BGBl I. 1971, S. 206.

Rolle besser zu spielen wissen als in den vielen Jahren zuvor, wo ihm diese Rolle nur de facto zukam, muß abgewartet werden. Ein wirklicher Fortschritt wird mit der Umverteilung der Gesetzgebungszuständigkeit nur verbunden sein, wenn sich die Länder ihrer weiteren Mitverantwortung für die Fortentwicklung des Besoldungs- und Versorgungsrechts bewußt bleiben. Sonst würden sich schon wegen der völlig unterschiedlichen Personalstruktur der Verwaltungen des Bundes auf der einen und der Verwaltungen der Länder auf der anderen Seite alsbald neue Fehlentwicklungen herausstellen.

Gewisse Ansätze dafür haben sich bereits bei den langwierigen und kontroversen Verhandlungen über die Entwürfe der Rechtsverordnungen nach den §§ 5[3] und 53[4] des Bundesbesoldungsgesetzes gezeigt, wo es um die Bestimmung einzelner Sonderlaufbahnen und die Ausfüllung bestimmter Stellenplanobergrenzen ging. Diese Rechtsverordnung ist in den letzten Tagen des abgelaufenen Jahres noch verabschiedet worden, ohne daß gesagt werden könnte, sie habe bahnbrechend gewirkt.

Reformen »eingefroren«

Im übrigen – und daran wird sich in dieser Legislaturperiode des Deutschen Bundestages auch nichts mehr ändern – ist die beamtenpolitische Entwicklung zunächst einmal »eingefroren«. Mit der Einsetzung der Studienkommission für die Reform des öffentlichen Dienstrechts beim Bundesminister des Innern sind alle tiefgreifenden Reformvorhaben auf diesem Gebiet aufgeschoben. Soweit solche amtlicherseits überhaupt erwogen worden sein sollten, sind sie fürs erste in die Schublade verbannt. Regierung und Parlament warten die Beratungsergebnisse der Studienkommission ab. Sie sollen am 31. Dezember 1972 vorliegen – zu spät, um bis zum Ablauf der Legislaturperiode noch in entsprechende Gesetzesinitiativen umgemünzt zu werden.

Unterschiedlich ist in dieser Hinsicht nur die Lage beim Personalver-

3 Vgl. Verordnung zu § 5 Abs. 6 Satz 3 des Bundesbesoldungsgesetzes vom 23. Dezember 1971; BGBl I. 1971, S. 2162 ff.

4 Vgl. Verordnung zu § 53 Abs. 2 Satz 3 des Bundesbesoldungsgesetzes vom 23. Dezember 1971; BGBl I. 1971, S. 2165.

tretungsgesetz. Hier wird nun hoffentlich das Gesetzgebungsverfahren bald eingeleitet werden. Nach der Verabschiedung des Betriebsverfassungsgesetzes[5] ist der von der Regierung unserem Drängen gegenüber immer wieder angeführte Grund für die Verzögerung, den längst fertigen Referentenentwurf den Spitzenorganisationen bekanntzugeben und mit ihnen nach § 94 des Bundesbeamtengesetzes[6] zu beraten, endlich hinfällig geworden. Hier wird uns das Jahr 1972, wie wir hoffen, ein Stück weiterführen.

Sonst dürfte dieses Jahr nicht unter besonders günstigen beamtenpolitischen Vorzeichen stehen. Ich denke dabei insbesondere an die bevorstehenden Besoldungsauseinandersetzungen. Abgesehen von dem »konjunkturbewußten« Standpunkt, den die Bundesregierung in dieser Frage bezogen hat, ist für uns auch das von der veröffentlichten Meinung zielstrebig hervorgerufene und nunmehr in der Öffentlichkeit vorherrschende Meinungsklima nicht sonderlich ermutigend. Die Massenmedien haben einen Sperrfeuergürtel um die Besoldungs- und Tarifverhandlungen im öffentlichen Dienst gelegt. Und allenthalben stößt man auf Appelle an die Bundesregierung, gegenüber den »keineswegs als maßvoll zu bezeichnenden Forderungen der Gewerkschaften und des Beamtenbundes für den öffentlichen Dienst« hart zu bleiben (Deutsche Zeitung/Christ und Welt vom 10. Dezember 1971).[7] Oder: »Die Bundesregierung besitzt die Waffen, mit denen sie den Kampf für sich entscheiden kann. ... Sie darf es sich auf keinen Fall noch einmal leisten, durch leichtfertige Zugeständnisse unter Alfred Krauses Beamtenbundsmitgliedern um Wählerstimmen zu werben ... Sie muß klarmachen, daß Forderungen bis zu 13 Prozent mittlerweile ein Witz sind« (Die Zeit vom 24. Dezember 1971).[8]

5 Vgl. Betriebsverfassungsgesetz vom 15. Januar 1972; BGBl I. 1972, S. 13ff.
6 Für den Wortlaut vgl. S. 138 Anm. 6.
7 Vgl. Deutsche Zeitung/Christ und Welt. Nr. 50, 10. Dezember 1971 (»Keine Ruhe an der Tariffront. Die Löhne dürfen auch 1972 nicht in den Himmel wachsen«).
8 Vgl. Dieter Piel: Kein Alibi mehr für Karl Schiller, in: Die Zeit. Nr. 52, 24. Dezember 1971.

Besoldung im Schatten der Konjunktur

Es ist also wieder einmal so weit: den Beamten wird die Gegenrechnung für ihre angeblich »vielen Vorteile«, die sie gegenüber der privaten Wirtschaft genießen, aufgemacht, und es wird ihnen zugleich das rechte Maß für die Höhe ihrer Forderungen abgesprochen.

Ich brauche, weil dies an dieser Stelle oft genug geschehen ist, wohl nicht noch einmal die Gründe für die von uns jetzt erhobene Forderung auseinanderzulegen. Bei ihrer Festlegung hat der Bundeshauptvorstand des DBB alle Aspekte berücksichtigt, die unter gesamtwirtschaftlichen und insbesondere konjunkturellen Gesichtspunkten ins Gewicht fallen. Unsere Forderung als »keineswegs maßvoll« zu bezeichnen, grenzt an eine gröbliche Verdrehung der Tatsachen und zeugt vor allem von einer geradezu leichtfertig zu nennenden Verkennung der Möglichkeiten, die Einkommensentwicklung im öffentlichen Dienst als »Konjunkturbremse« zu benutzen.

Vor sechs Jahren...

Die Regierung hat schon einmal ein »Beispiel« gegeben, das man ihr jetzt wieder abverlangt. Das war zur Zeit der Jahreswende 1965/1966 – zum Beginn eines Jahres also, das als Krisenjahr in die Geschichte der BRD eingegangen ist. Auch damals wurde der Ruf nach einer »antizyklischen Finanzpolitik« laut, gezielt vor allem auf den öffentlichen Dienst.

Die Bundesregierung Erhard ist diesem Ruf gefolgt. Ausweislich der vom Presse- und Informationsamt der Bundesregierung herausgegebenen »Aktuellen Beiträge zur Wirtschafts- und Finanzpolitik« (Nr. 3/1966 vom 28. Januar 1966) hieß es seinerzeit: »Der Bund hat... als Arbeitgeber in seinem Bereich das gute Beispiel gegeben. Die Beamtengehälter werden ab 1. Januar um 4 Prozent und am 1. Oktober um weitere 4 Prozent angehoben. Das entsprechende Gesetz ist schon beschlossen. Auf das ganze Jahr bezogen bedeutet dies eine Gehaltserhöhung um 5 Prozent gegenüber dem Vorjahr. Das Wachstum der Gesamtausgaben des Bundes und der Beamtengehälter stimmt also genau überein. Auch hier hat sich der Bund als Arbeitgeber beispielhaft verhalten, obwohl in dem Sachverständigengutachten des Vorjahres bescheinigt worden war, daß der öffentliche Dienst in der Lohn- und Gehaltsentwicklung deutlich gegenüber der privaten Wirtschaft zurückgeblieben war, weil der Staat als Arbeitgeber auch in den vergangenen Jahren schon bereit war, ein gutes Beispiel zu geben und infolgedessen die Lohn- und Gehaltserhöhungen bei den im öffentlichen Dienst stehenden Arbeitnehmern geringer gehalten worden sind als in der privaten Wirtschaft.«

»Das Beispiel der Regierung« – hat es die Rezession zu verhindern gemocht!? Nein, natürlich nicht! Der Versuch, die Einkommen der Angehörigen des öffentlichen Dienstes zur Sanierung der öffentlichen Finanzen und zur Dämpfung von konjunkturell unerwünschten Entwicklungen zu benutzen, ist vor 40 Jahren schon Brüning gründlich mißglückt. Sollen auch im Jahre 1972 die Angehörigen des öffentlichen Dienstes wieder diejenigen sein, auf deren Rücken mit untauglichen Mitteln laboriert wird, um einen möglichen konjunkturellen Engpaß nicht entstehen zu lassen!?

Der Deutsche Beamtenbund wird sich dagegen zu wehren wissen. Die Berechtigung seiner Forderungen steht außer jedem Zweifel. Sie liegen in jeder Hinsicht im Rahmen des allgemein anerkannten besoldungspolitischen Grundsatzes, demzufolge die Dienst- und Versorgungsbezüge Schritt halten müssen mit der allgemeinen Einkommensentwicklung. Die Regierung sollte es lieber nicht darauf ankommen lassen, gesicherten Rechtsboden mit neben der Sache liegenden konjunkturellen Argumenten aufzugeben.

In der Vorausschau auf das Jahr 1972 nimmt die bevorstehende Besoldungsauseinandersetzung zwar einen wichtigen Rang ein. Über ihr darf aber nicht vergessen werden, daß das neue Jahr dem DBB noch bedeutsame andere Entscheidungen abverlangen wird.

Gefülltes Arbeitsprogramm

Anfang November wird in Bad Godesberg der nächste Bundesvertretertag zusammentreten. Auf ihn ist die Arbeit der Bundesleitung bereits seit geraumer Zeit eingestellt. Es gilt, bedeutsame Reformvorhaben zu verabschieden. Neben einer in sich geschlossenen Konzeption zur Reform des öffentlichen Dienstrechts wird dieser Bundesvertretertag auch über eine Organisationsreform zu beschließen haben, über einen Reformplan, der den innenverbandlichen Aufbau straffen und die Leistungsfähigkeit der Spitzenorganisation auf allen Ebenen heben soll.

Hier kommen für die weitere Entwicklung unseres Verbandes äußerst wichtige Aufgaben auf uns zu, und ich richte namens der Bundesleitung an die Gesamtmitgliederschaft den Appell, sich der sachgerechten Lösung dieser Aufgaben nicht zu verschließen. Nur die gemeinsame Arbeit an den vielen Fragen, die vor uns liegen, wird uns weiterhin den Erfolg garantieren, der bisher immer auf unserer Seite war.

Mit dem Dank an alle, die im vergangenen Jahr für unsere Ziele eingetreten sind, verbinde ich namens der Bundesleitung die besten Wünsche für ein glückliches, arbeitsfrohes und erfolgreiches neues Jahr.

6. Januar 1972

Modernes öffentliches Dienstrecht aus der Sicht des Deutschen Beamtenbundes

Vortrag auf der Jahrestagung des Verbandes Bildung und Erziehung (VBE) Pfalz im DBB in Neustadt a.d.W.
(Auszug)

Quelle: DBB-Archiv, Abt. Bulei 15 000-16 (maschinenschriftlich mit handschriftlichen Zusätzen A. Krauses)

Das Thema meines Vortrages führt unmittelbar an ein Reformvorhaben heran, über das gegenwärtig sehr lebhaft diskutiert wird. Es handelt sich um eine die Neuordnung des öffentlichen Dienstrechts einschließende grundlegende Reform des öffentlichen Dienstes überhaupt. Es steht nicht erst seit neuestem auf der Tagesordnung. Die Reformbestrebungen, die vielfach mit dem Schlagwort »Demokratisierung des öffentlichen Dienstes« gekennzeichnet werden, reichen zurück in die Zeit der Weimarer Republik.

Damals bereits glaubte man dem Staatsumbruch von 1918 dadurch Rechnung tragen zu sollen, daß man insbesondere das Beamtenrecht von vermeintlichen oder tatsächlichen »Relikten obrigkeitsstaatlichen Denkens« säubern müsse. Damals wie heute wurde von bestimmten politischen Richtungen auch die Einrichtung des Berufsbeamtentums in Frage gestellt. Damals wie heute regten sich Kräfte, die dem Beamten unter dem Vorzeichen des demokratischen Gleichheitsprinzips das Streikrecht verschaffen wollten. Damals wie heute wurde aber auch ohne Beimischung von gesellschaftspolitischen Sonderinteressen ernsthaft und sachlich über eine Neuordnung des Beamtenrechts debattiert. Als Beweis dafür lassen sich die Themen anführen, über die im Oktober

1931 die Vereinigung der Deutschen Staatsrechtslehrer und im September 1970 der 48. Deutsche Juristentag verhandelt haben. 1931 hieß das Thema: »Entwicklung und Reform des Beamtenrechts«, 1970 hieß es: »Empfiehlt es sich, das Beamtenrecht unter Berücksichtigung der Wandlungen von Staat und Gesellschaft neu zu ordnen?«[1]

Nun ist es natürlich richtig – und insofern hinkt mein Vergleich etwas: der Reformzwang ist heute ungleich stärker als vor 1933. Denn wir müssen berücksichtigen, daß der soziale Wandel, hervorgerufen insbesondere durch die zweite industrielle Revolution, Maßnahmen auf vielen Gebieten erfordert, an die vor 40 oder 50 Jahren noch kaum jemand gedacht hat, und daß insbesondere der öffentliche Dienst selbst es ist, dem entsprechende Maßnahmen abverlangt werden, obwohl er in mancherlei Hinsicht dafür noch nicht ausreichend gerüstet ist.

Dieses Manko scheint mir nun allerdings weniger durch die im öffentlichen Dienst bestehenden Rechtsverhältnisse als vielmehr dadurch begründet zu sein, daß der öffentliche Dienst verhältnismäßig spät Anschluß gefunden hat an neue Formen und Mittel der Personalführung und des Verwaltungshandelns. Obwohl man dies auch nicht verallgemeinern kann, sondern die Verhältnisse in den einzelnen Verwaltungszweigen ganz unterschiedlich sind, so scheint mir doch eines festzustehen: Wir kommen gerade auf den Gebieten der Personalpolitik, der Arbeitsorganisation und des Arbeitsstils um eingreifende Reformen nicht herum. Notwendig ist dabei nur, sich nicht von einer heute weithin üblichen Reformeuphorie den Blick dafür trüben zu lassen, daß das alles seine Zeit braucht und zufriedenstellende Reformergebnisse nicht von heute auf morgen zu haben sind.

Mit anderen Worten gesagt: Auch die Reform des öffentlichen Dienstes und des öffentlichen Dienstrechts ist ein ständiger, langwieriger Prozeß, zumal da es hier um die Veränderung geschichtlich gewachsener Verhältnisse und damit um die Veränderung von festen Strukturen geht, es sich also nicht darum handelt, das Bestehende einfach zu beseitigen und morgen ganz von neuem anzufangen.

So ähnlich verhält es sich mit der Sie, meine Damen und Herren,

1 Vgl. dazu S. 435 Anm. 8.

besonders berührenden Bildungsreform ja auch. Und ich stimme in diesem Punkte durchaus mit dem Kanzleramtsminister Ehmke überein, der kürzlich einmal allzu hoch gespannte Erwartungen in den zeitlichen Reformablauf dämpfen zu müssen geglaubt hat, als er schrieb[2]:

»So ist die Politik der inneren Reformen, die die Bundesregierung 1969 in Angriff genommen hat, teilweise dahin verstanden worden, als sei es möglich, die Reform etwa unseres Schulwesens in einer Legislaturperiode durchzuführen. In Wirklichkeit wird sie fünfzehn oder zwanzig Jahre erfordern. Nur müssen dafür vorher Konzepte und Durchführungspläne entwickelt werden. Ihre Verwirklichung kann nur schrittweise erfolgen.«

So ist es in der Tat, und alles, was ich Ihnen über die Schaffung eines modernen öffentlichen Dienstrechts vorzutragen habe, steht unter dem gleichen Vorbehalt. Wir, d. h. auch der Deutsche Beamtenbund, müssen Konzepte und Durchführungspläne dafür haben – das ist selbstverständlich. Aber damit zu rechnen, daß wir bereits in allernächster Zeit mit einer völligen Neuordnung des öffentlichen Dienstes zu rechnen hätten, wäre utopisch und würde auf eine revolutionäre Veränderung unserer Staats- und Gesellschaftsordnung hinauslaufen.

Ich spiele grade in Ihrem Kreis auf politische Kräfte an, die bestrebt sind, an die Stelle der Reform die Revolution zu setzen. Sie werden sicher schon gehört haben, daß sich Ihre Konkurrenzorganisation, die GEW, neuerdings in verstärktem Maße mit revolutionären Gruppen in ihrer eigenen Mitgliederschaft konfrontiert sieht – mit einer Entwicklung also, die – regional zur Zeit noch unterschiedlich stark – eines Tages sehr bedrohlich werden könnte.

Mir liegt eine Aufzeichnung aus der »Hamburger Lehrerzeitung« vom 11. Dezember 1971 vor, die neun Thesen zum Selbstverständnis der GEW enthält[3] und in deren Vorspann es heißt: »Die folgenden Überlegungen sind als Beitrag zur Meinungsbildung in der GEW Hamburg gedacht. Sie sind auf die heutige Situation bezogen, in der sich auf der Linken innerhalb der GEW eine DKP-Gruppe gebildet hat, die

2 Vgl. Horst Ehmke: Praktische Vernunft, in: Deutsche Zeitung/Christ und Welt. Nr. 25, 18. Juni 1971.

3 Vgl. Dieter Wunder: 9 Thesen zum Selbstverständnis der GEW, in: Hamburger Lehrerzeitung. 24. Jg., Nr. 18, 11. Dezember 1971.

im Verband – besonders auf den Hauptversammlungen – eine aktive Rolle spielt.«

Der dann folgende Eiertanz in den neun Thesen ist zwar höchst ergötzlich zu lesen; strenggenommen ist er jedoch gar kein Grund, sich über das Dilemma, in das sich die GEW wegen ihrer radikalen Gangart selbst hineinmanövriert hat, zu amüsieren, sondern weit eher ein Grund zu ernster Sorge.

Denn ob die GEW-Führung, wie sie sich den Anschein gibt, auf die Dauer wirklich das Heft in der Hand behält, wenn es den der DKP angehörenden Mitgliedern gelingt – und nach den Thesen scheinen sie auf dem besten Wege dazu zu sein – die übrigen Mitglieder gegen die GEW-Vorstände zu mobilisieren, dürfte doch sehr fraglich sein.

Allein schon die Abgrenzung zu den DKP-angehörigen Mitgliedern der GEW spricht Bände: So heißt es dazu:

»Zwischen GEW/GEW-Vorstand und DKP-Mitgliedern muß es immer wieder zu schwerwiegenden Differenzen kommen. Der Vorstand kann seine Ziele nur auf dem Boden der Grundordnung der BRD, in Akzeptierung gegebener Verfahrensweisen« – ich unterbreche hier das Zitat, um Sie besonders auf einen an dieser Stelle folgenden Klammersatz hinzuweisen; in der Klammer nach den Worten »in Akzeptierung gegebener Verfahrensweisen« steht nämlich: »mit vorsichtiger Ausdehnung, siehe Streikrecht!« – Um den Zusammenhang wiederherzustellen, noch einmal den Anfang des Satzes ohne die Klammer: »Der Vorstand kann seine Ziele nur auf dem Boden der Grundordnung der BRD, in Akzeptierung gegebener Verfahrensweisen und in Ausrichtung an den realen Bedingungen von Politik verfolgen; insofern bestehen Grundgemeinsamkeiten zwischen GEW und Regierung, herrschenden Parteien und Behörden. Diese Gemeinsamkeit, die für die große Mehrheit der Mitglieder selbstverständlich ist, greifen die DKP-Vertreter an, wenn sie dem Vorstand mangelndes Verständnis für die Mitglieder vorwerfen; sie vertuschen damit zugleich die durchaus scharfen Gegensätze von GEW und Politikern in bildungspolitischen Fragen.«

Und einige Sätze weiter wird dann ausgeführt:

»Die DKP-Anhänger streben nicht primär Verbesserungen des Bildungswesens in dieser Gesellschaft an, sondern suchen durch politisches Handeln Anhänger für eine Änderung der gesellschaftspolitischen

Grundordnung der BRD zu gewinnen; Bildungspolitik ist nur Mittel zum Zweck. Folglich hat die Tätigkeit in der GEW für einen DKP-Anhänger anderen Charakter als für einen Anhänger der etablierten Parteien CDU, FDP, SPD.«

Ich wollte Sie, obwohl es sich hier scheinbar um einen außerhalb meines eigentlichen Themas liegenden Exkurs gehandelt hat, doch vorsorglich auch noch auf diesen Aspekt einer Reform des öffentlichen Dienstrechts hinweisen. Einmal zur Bestätigung dessen, was ich vorhin sagte: Es gibt politische Kräfte, die bestrebt sind, an die Stelle der Reform die Revolution zu setzen; zum andern deshalb, weil Sie sich bei meinen weiteren Ausführungen immer vor Augen halten sollten, in welchem Maße und wie leicht bestimmte, von unseren Gegenspielern bei der Reformdiskussion vertretene Auffassungen geeignet sind, von Anhängern revolutionärer Bestrebungen für ihre eigenen Zwecke mißbraucht zu werden. [. . .].[4]

»Neue technologische Entwicklungen« – dies ist ein leichtes Wort, um allgemein und unklar die Notwendigkeiten fundamentalen Neubeginns im öffentlichen Dienst zu begründen. Bei näherer Betrachtung zeigt sich, daß es keine »ganz neuen Aufgaben« sind, die nun der Staat übernehmen soll, und daß für sie mehr oder weniger all das gilt, was schon früher in Hoheitsverwaltung, Sozialleistungsverwaltung oder Daseinsvorsorge das Berufsbeamtentum zur besten Stütze der Verwaltung gemacht hat: In allen neuen Bereichen der »Technologie« ist vor allem Kontinuität, interessenunabhängige Sachlichkeit erforderlich; gerade hier darf Wartung und Vorsorge unter keinen Umständen unterbrochen werden.

Mit steigender Technologisierung verstärken sich alle Gründe, die gegen einen Arbeitskampf im öffentlichen Dienst sprechen. Eine wohlverstandene Entwicklung arbeitet nicht gegen, sondern für das Berufsbeamtentum. Die planende Gemeinschaft braucht den geplanten Dienst – das Beamtentum.

Dies mag noch mit wenigen Worten für einen Bereich erläutert werden, der einerseits im Mittelpunkt der »neuen Entwicklung« steht,

4 Anschließend setzt sich A. Krause mit den beamtenpolitischen Vorstellungen des DGB auseinander und trägt die Reformkonzeption des DGB vor.

für den zum anderen die Abschaffung des Beamtenstatus erwogen wird – der Bildungs- und Unterrichtssektor.

Gegen die Verbeamtung der Lehrpersonen wird hier insbesondere vorgebracht: Unterricht sei keine »typisch staatliche Veranstaltung«, er werde auch von privaten Institutionen erteilt, wo Angestellte tätig seien. Das Unterrichtsverhältnis habe nichts »Hoheitsrechtliches«, bestehende autoritäre Strukturen müßten durch antiautoritäre Erziehung abgelöst werden, hierfür sei der Beamtenstatus weder erforderlich noch geeignet. Bildung sei überhaupt eine Leistung eigener Art, mit »Verwaltung« habe sie nichts gemein, deshalb sei dort der Beamtenstatus unangebracht.

All diese Argumente liegen neben der Sache, gerade im Bildungssektor spricht alles entscheidend für das Berufsbeamtentum:

– Die Privatschule ist heute kein gleichberechtigter Partner der staatlichen Schulgewalt mehr, keine wesentliche Ergänzung zu ihr, kein organisatorisches Gegenmodell: allenfalls ist sie punktuelles Komplement, sie ist weitgehend von der öffentlichen Schulgewalt überwacht, auf diese öffentliche Schule ausgerichtet, daß aus der Privatschulorganisation heute nicht mehr gegen die Organisationsformen der öffentlichen Schule argumentiert werden kann. In allem und jedem muß sich die Privatschule der öffentlichen Unterrichtsanstalt angleichen – und gerade im Status der Lehrpersonen sollte das Gegenteil gelten? Und wer den Staat hier in die Bildungsentwicklung ruft, muß doch überzeugt sein, daß sich der Überhang und damit die Beispielhaftigkeit öffentlicher Schulorganisation in der Zukunft noch verstärken werden.
– Der Status des Beamten ist als solcher nicht »autoritärer« als der des Angestellten. »Antiautoritären Unterricht« kann er geben wie jener – besser vielleicht, denn seine unbedingte Sicherung im Status stellt ihn freier gegenüber seiner vorgesetzten »Schulautorität«.
– Wenn Bildung eine »Leistung eigener Art« ist, so muß sie der Staat doch nur deshalb erbringen oder garantieren, weil sie von eminenter Wichtigkeit für die Entfaltung der menschlichen Persönlichkeit ist. Eben diese vitale Notwendigkeit hat dann aber der Unterricht mit Sozialleistung und Daseinsvorsorge gemein, mit denen er ja oft genug identifiziert wird. Wie aber nur das Berufsbeamtentum deren ununterbrochene, sichere Leistung verbürgt, so gilt dies auch von Bildung

und Unterricht. Letztlich kann heute nur anachronistischer Materialismus glauben, ein Lehrerstreik sei weniger verheerend für die Gemeinschaft als ein Eisenbahnerausstand.

- Gerade im Unterrichtswesen nehmen, mit seiner steigenden sozialen Bedeutung, Pressionsversuche und Pressionsmöglichkeiten rasch zu. Nur der unbedingt gesicherte Lehrer kann sich gegen den Interessendruck von Eltern und Schülern, von Verbänden, Parteien und Kirchen auf die Dauer halten. In seiner unnachprüfbaren Beurteilungsgewalt liegt etwas Richterliches. Der Sicherung der Judikative muß daher nicht nur der Schutz der Wissenschaft, sondern auch des Unterrichts soweit irgend möglich entsprechen.

Das Beispiel von Bildung und Unterricht erweist es wieder: Gerade wer eine soziale Funktion der Staatlichkeit höher bewerten will, als sie bisher stand, der muß dort das Berufsbeamtentum erhalten, ja einführen. [. . .][5]

5 Es folgt eine Zusammenfassung der Reformvorstellungen des DBB.

24. Juni 1972

Rede

Rede auf dem Bundesdelegiertentag der Polizeigewerkschaft (PDB) im DBB in Stuttgart

Quelle: DBB-Archiv, Abt. Bulei 15 000-16 (maschinenschriftlich)

So sehr ich es bedauere, daß ich an der gestrigen festlichen Eröffnung Ihres Bundesdelegiertentages nicht teilnehmen konnte, so sehr freue ich mich andererseits doch darüber, heute in weniger festlichem Rahmen in Ihrer Mitte zu weilen und für einige Zeit Beobachter des heutigen Teiles Ihrer Arbeitstagung zu sein. Unsere Begegnung läßt sich auf diese Weise vielleicht fruchtbringender gestalten, als wenn ich mich nur eingespannt in ein bestimmtes Festprogramm an Sie wenden könnte. Hier, im Rahmen Ihrer Arbeitstagung, kommen wir vielleicht eher zu einem Dialog über die eine oder die andere Frage, die Sie besonders beschäftigt und zu der Sie gern die Meinung der Leitung Ihrer Spitzenorganisation hören möchten.

Einen Nachteil hat freilich meine Abwesenheit von Ihrer gestrigen Veranstaltung ganz sicher: Ich halte meine Rede, zu der Sie mich aufgefordert haben, in Unkenntnis der Ansprachen, die prominente Politiker vor Ihnen gehalten haben. Wahrscheinlich haben sie mir bereits viel Stoff von meiner eigenen Rede weggenommen, und »Wiederholungsgefahr« besteht auch insofern, als es Ihnen meiner Meinung nach mit Ihrem Geschäftsbericht gelungen ist, die aktuellen Probleme Ihres Berufs und Ihrer Gewerkschaft jedermann einsichtig zu machen. Ich hätte dem wenig Neues hinzuzufügen, und so wäre es womöglich das beste, ich begnügte mich mit einem Hinweis auf den Geschäftsbericht.[1] Darin steht alles, was es auch aus meiner Sicht zum Thema Polizei im allgemeinen und Polizeigewerkschaft im besonderen zu sagen gäbe. Sie sehen, ich befinde mich da in einer gewissen Verlegenheit, die Sie als ein Kompliment für die Qualität Ihrer Arbeit auffassen können. Ihnen dieses Kompliment verpackt in meine Verlegenheit zu machen, wäre aber wohl doch nicht ganz die richtige Art, der PDB und Ihren hier versammelten Delegierten meine besondere Anerkennung für Ihre in den vergangenen Jahren geleistete Arbeit auszusprechen.

Ich will es deutlicher sagen: Niemand weiß wohl besser als ich, mit welchen Sorgen Sie zu kämpfen haben. Daß es Ihnen in ständiger mühseliger Kleinarbeit dennoch gelungen ist, sich gegenüber einer nach Mitgliederstärke und Finanzkraft überlegenen Konkurrenz zu behaupten, daß Sie Ihr Organisationsgefüge trotz so manchen Tiefschlags immer mehr festigen konnten und daß, wie Vorgänge der jüngsten Zeit zeigen, die Stimme der PDB in zunehmendem Maße auch bei den Politikern und in der Öffentlichkeit Gehör findet – dies alles sind Tatsachen, die, so meine ich, als beachtliche Erfolge gewürdigt zu werden verdienen.

So steht der Bundesdelegiertentag 1972 der PDB deutlich im Zeichen einer Aufwärtsbewegung, und es ist nicht mehr als recht und billig, als daß ich Ihnen allen, die Sie stellvertretend für Ihre Gesamtmitgliederschaft hier versammelt sind, namens der Bundesleitung des DBB aufrichtig für die in den vergangenen Jahren unverdrossen und gegen Widerstände der verschiedensten Art geleistete Arbeit danke.

Ich meine, Sie haben mit dieser Arbeit auch bewiesen, daß es selbst in unserer von so vielen auseinanderstrebenden und zerstörerischen Kräften gekennzeichneten Zeit durchaus noch möglich ist, sich mit Erfolg in den Dienst einer Sache zu stellen, die man für richtig erkannt hat und an der man nicht bloß um rein materieller Vorteile willen festzuhalten gewillt ist.

Diese Aussage geriete nun allerdings allzuleicht in den Geruch einer leeren Phrase, wenn es mir nicht auch gelänge, zu erklären, was es denn

1 Vgl. Bundesdelegiertentag 1972 der Polizeigewerkschaft im Deutschen Beamtenbund. Geschäftsbericht zum ordentlichen Bundesdelegiertentag der Polizeigewerkschaft im Deutschen Beamtenbund am 22./23. Juni 1972 in Stuttgart (hektographiert).

mit jener »Sache« auf sich habe, in deren Dienst zu stellen sich nach meinen Worten lohnen solle. Die Gesellschaftskritiker unserer Tage würden dahinter wohl gleich wieder eine verderbliche Ideologie wittern – nach der Art Richard Wagners: »Deutsch sein, heißt, eine Sache um ihrer selbstwillen tun.«

Denn im allgemeinen ist es ja heute so, daß man sich im Grunde nur auf die Mehrung des persönlichen Wohlstandes einzustellen hat, wenn man vor der Masse unserer Mitbürger bestehen will, es sei denn, man würde sich, um abfälliger Kritik zu entgehen, auf die Seite derjenigen schlagen, die gerade dieser »Wohlstandsgesellschaft« den Kampf bis aufs Messer angesagt haben und sich ihrem Leistungsdruck entziehen wollen.

Sollte es aber zwischen diesen beiden Extremen, der Jagd nach dem Wohlstand um jeden Preis auf der einen Seite und der Verdammung dieser Jagd auf der anderen Seite, nicht vielleicht doch noch ein mittleres Feld geben, auf dem sich weder die Vorkämpfer der einen noch die Verfechter der anderen Richtung tummeln, von denen die eine, die des Wohlstandsmenschen, für die andere, die des Wohlstandsverächters – merkwürdig genug – eine geheimnisvolle Sympathie zu empfinden scheint?

Nun, zu dieser Frage ließe sich viel sagen. Aber es würde zu weit führen, würde ich im einzelnen die Verhältnisse zu interpretieren versuchen, auf die Sie in Ihrem eigenen beruflichen Erfahrungsbereich in letzter Zeit häufig genug selbst gestoßen sind. Erst kürzlich hat ja der hamburgische Innensenator und jetzige Vorsitzende der Konferenz der Innenminister der Länder, Heinz Ruhnau, eine Breitseite gegen die »Sympathisanten der Baader-Meinhof-Bande« abgefeuert und gesagt, nach seinen Informationen gehörten diese Helfer alle gutbürgerlichen Kreisen an: »Es sind Professoren, Ärzte, Journalisten und Schriftsteller. Also gehobenes Bürgertum«, sagte er. Der Fall des millionenschweren Schriftstellers Heinrich Böll, vor allem durch die Übersetzungen im Ausland millionenschwer, liegt ja in derselben Richtung.[2]

Aber ich nehme an, daß Sie darüber gestern schon mehr aus dem Munde von Herrn Ruhnau oder auch des Bundesinnenministers Gen-

2 Vgl. dazu Frankfurter Rundschau. Nr. 136, 15. Juni 1972 (»Ruhnau antwortet Heinrich Böll. Schriftsteller warnen in offenem Brief vor Diskriminierung«).

scher gehört haben. Im Blick auf meine Frage, ob es noch eine Sache gäbe, für die einzusetzen, in deren Dienst zu stellen sich lohne, und ob dafür noch ein mittleres Feld zwischen den extremen Richtungen, die sich bei einer Analyse unserer heutigen Gesellschaft herausschälen lassen, liegen die soeben angesprochenen Dinge ja auch mehr am Rande.

Es kommt mir im Grunde auf etwas anderes an. Ich möchte nämlich etwas näher auf die Erkenntnis eingehen, daß das Spannungsfeld zwischen persönlicher Freiheit und gesellschaftlicher Disziplin der neuralgischste Punkt des menschlichen Daseins ist.

Und wenn ich recht sehe, ist dieser Punkt ja auch die »Sache«, um die es in Ihrem Beruf letztlich geht. Hier insbesondere taucht für Sie die Frage auf, ob Ihr Dienst überhaupt noch einen Sinn hat oder ob er angesichts einer fortschreitenden Zerrüttung unserer Gesellschaft nachgerade sinnlos zu werden droht.

Bevor ich in diesem Gedankengang fortfahre, noch eine kurze Zwischenbemerkung: Es mag Ihnen etwas zu weit hergeholt erscheinen, wenn ich das von mir so bezeichnete »Spannungsfeld zwischen persönlicher Freiheit und gesellschaftlicher Disziplin« in den Mittelpunkt von Ausführungen stellen will, die Ihnen etwas Auftrieb für Ihre künftige Gewerkschaftsarbeit geben sollen. Schließlich, so werden Sie mit einem gewissen Recht einwenden, ist eine Gewerkschaft kein Verein, der sich mit der Lösung von gesellschaftspolitischen Problemen zu beschäftigen habe; denn das sei Sache der Fachleute der Politik. Gewerkschaftlich relevant sei allein die konsequente und unnachgiebige Vertretung der materiellen – oder um es etwas weniger hart zu sagen: der rechtlichen und sozialen Interessen der in einer Gewerkschaft zusammengeschlossenen Mitglieder.

Ich stimme diesem Einwand mit der Einschränkung zu, daß ich darin nicht den alleinigen Zweck eines gewerkschaftlichen Zusammenschlusses und dessen Arbeit sehen möchte. Denn wäre es anders, würden Sie sich nicht dem Deutschen Beamtenbund angeschlossen haben, sondern Mitglieder der GdP oder der ÖTV geworden oder geblieben sein.

Irgendwo und irgendwie muß es also noch einen Zweck gewerkschaftlicher Betätigung geben, der über die Vertretung rein materieller Interessen der Mitglieder hinaus die Vertretung ideeller Interessen dieser Mitglieder mit einbegreift. Und diese ideellen Interessen liegen für meine

Begriffe eben in dem von mir so genannten Spannungsfeld zwischen persönlicher Freiheit und gesellschaftlicher Disziplin, und zwar in einem doppelten Sinne: Einmal schätze ich Ihre Gewerkschaft so ein, daß sie bei der Vertretung der Mitgliederinteressen den Mittelweg zwischen den beiden Polen jenes Spannungsfeldes zu gehen bereit ist, und zum andern setze ich in sie die Erwartung, daß sie auch die berufliche Tätigkeit ihrer Mitglieder im Sinne einer Vermittlung von persönlicher Freiheit und gesellschaftlicher Disziplin zu lenken versucht. Und genau dies eben ist die »Sache«, von der ich meine, daß Sie Ihnen, weil Sie sich in ihren Dienst gestellt haben und für sie eingetreten sind, zu Ihren bisherigen Erfolgen verholfen hat.

Sie liegen nicht nur im gewerkschaftlichen, sondern auch im dienstlichen Bereich. Im Augenblick jedenfalls hat sich das Bild der Polizei in der Öffentlichkeit schlagartig verbessert. Die Polizei hat insgesamt eine »gute Presse«; selbst diejenigen Gazetten, die sich bis vor kurzem nicht genugtun konnten, die Polizei zu verteufeln, haben eine Schwenkung um 180 Grad vollzogen. Die »vox populi«, die Stimme des Volkes, spricht hierbei natürlich ein gewichtiges Wort mit. Denn – das ist nun mal der zeitgerechte Maßstab – die Auflagenhöhe zu halten, ist wichtiger, als der eigenen Meinung treu zu bleiben. Vor kurzem noch als »Bullen« und als »Stiefelputzer der Nation« gescholten, breitet sich mit einem Mal Wohlwollen für »unsere Ordnungshüter« aus. Wo kämen wir hin, wenn wir unsere Polizei nicht hätten – brav, brav, diese Jungens, und Pressemeldungen der letzten Tage ist zu entnehmen, daß die politische Führung erwäge, die Besoldung der Polizeibeamten zu verbessern. Na, also!

So stünde denn alles bestens, wenn, ja wenn nicht von heute auf morgen irgendein »Mißgriff« der Polizei, d.h. irgendeines einzelnen Polizeibeamten, alsbald wieder für einen kräftigen Umschwung des gegenwärtigen Meinungsklimas sorgt. Bei dem »Besuch« einer Polizeistreife im Hause des Schriftstellers Heinrich Böll war es schon beinahe wieder so weit. Ein bislang dem Namen nach nicht bekanntes Mitglied des Innenausschusses des Deutschen Bundestages sprach von »Fahndungshysterie« und äußerte den ungewöhnlich wirkungsvollen Verdacht, »rechtsgerichtete Polizeibeamte« versuchten auf diese Weise ihr Mütchen zu kühlen. Wörtlich sagte er: »Die Fahndungshysterie hat offensichtlich dazu geführt, daß rechtsgerichtete Beamte der Ermittlungsbehörden jetzt einen Kleinkrieg auf eigene Faust führen. Für sie ist jeder liberale Staatsbürger schon suspekt.«[3]

Kurzum, auf ein dauerhaftes Hoch des Meinungsklimas wird sich die Polizei nicht einrichten können. Störungsausläufer eines Tiefs aus östlicher Richtung können jederzeit zu einer Wetterverschlechterung führen. Es wird gut sein, sich darauf durch Beschaffung entsprechend wetterharter Kleidung vorzubereiten.

Natürlich wird jetzt seitens der politischen Führung alles getan, um wenigstens die allerbeunruhigstenden Terrorakte zurückzudrängen, und man wird nicht leugnen können, daß insbesondere die Zusammenarbeit zwischen der Polizei des Bundes und den Länderpolizeien im Sinne eines »kooperativen Föderalismus« neuestens eine wirkliche Bewährungsprobe bestanden hat. Bei nüchterner Einschätzung der Lage wird man allerdings nicht umhinkönnen zu fragen, ob die zahlreichen rhetorischen Wechsel, die die verantwortlichen Politiker auf künftige Entwicklungen der Kriminalität gezogen haben, auch durch entsprechende Taten gedeckt sind.

Hellwach scheint man nun inzwischen wenigstens hinsichtlich einer das vernünftige Maß bei weitem übersteigenden Liberalisierung des Strafprozeßrechts, insbesondere des Haftrechts, geworden zu sein. Was man in dieser Hinsicht hört, ist ja auch einfach hanebüchen.

Der Wiesbadener Polizeipräsident Karl Ender berichtete darüber in einem von der »Deutschen Zeitung / Christ und Welt« veröffentlichten Artikel, gestützt auf in München, Hamburg und Köln gleichlaufende kriminalistische Untersuchungen und bezogen auf Berufs- und Gewohnheitsverbrecher, Serientäter und Bandenmitglieder für Wiesbaden u. a. folgendes (die Wiesbadener Untersuchung bezieht sich auf den Zeitraum vom 1. April 1965 – Inkrafttreten des neuen Haftrechts – bis zum 1. April 1972).[4] Ender teilt dazu mit:

»Basis: 140 Serientäter mit 3033 Straftaten, pro Täter also 21,7 Straftaten. 73 Straftäter, also mehr als die Hälfte, mit zusammen 1082

3 Vgl. Süddeutsche Zeitung. Nr. 134, 14. Juni 1972 (»Polizeiaktion gegen Böll ohne Wissen der Bundesanwaltschaft«).

4 Vgl. Karl Ender: Die Ganoven lachen nur, in: Deutsche Zeitung/Christ und Welt. Nr. 7, 18. Februar 1972.

Straftaten konnten mangels gesetzlicher Haftgründe nicht in Untersuchungshaft genommen werden und machten also munter weiter. (Sie hatten einen festen Wohnsitz, allerdings keinen festen Lebensmittelpunkt; wie könnte auch ein Berufs- und Gewohnheitsverbrecher einen solchen haben, wenn er es in seinem Metier zu etwas bringen will!) Gegen die restlichen 67 Täter wurden wechselnd Haftbefehle erlassen, die aber teilweise unter Auflagen wieder ausgesetzt wurden.

Ergebnis: Ein Täter mußte 29,7 Straftaten begehen, ehe Haftbefehl erging. Einen ›Spitzenmann‹ mit über 200 Straftaten haben wir neunzehnmal dem Richter vorgeführt, bis ein Haftbefehl erlassen wurde. Sechs der 140 Serientäter haben 66 bis 162 Straftaten begangen, vier haben es auf 51 bis 58, zehn auf 41 bis 47, elf auf 31 bis 37, 24 Täter auf 20 bis 30 und fünfzig auf 10 bis 19 Straftaten gebracht, nur um die ›Crème de la Crème‹ zu nennen. Untersuchungen anderer Kriminalpolizeien ergeben ein fast gleiches Bild.

Neben diesen Grotesken gibt es noch andere, die unsere Arbeit nahezu unmöglich machen: Der Haftgrund der Verdunkelungsgefahr ist zur völligen Bedeutungslosigkeit herabgesunken, weil nämlich die Polizei an Hand bestimmter Tatsachen die innere Absicht des Beschuldigten, Tatspuren zu beseitigen und Zeugen zu beeinflussen, nachweisen muß. Eine unlösbare Aufgabe, der nicht einmal ein Psychologe gewachsen wäre.

Endlich, um noch etwas zur Erheiterung beizutragen, kann der Richter einen bereits erlassenen Haftbefehl unter der Auflage aussetzen, daß der Beschuldigte die Wohnung nur unter Aufsicht einer bestimmten Person verlassen darf (so wörtlich § 116 Abs. I Ziff. 3 StPO). Wer soll diese bestimmte Person wohl sein? Die Schwiegermutter oder ein Mitganove? Solche Auflagen rufen bei den Berufs- und Gewohnheitsverbrechern nur ein mitleidiges Lächeln hervor.«

Nach diesem langen Zitat dürfte es an der Zeit sein, wieder einmal auf unseren Ausgangspunkt, auf das »Spannungsfeld zwischen persönlicher Freiheit und gesellschaftlicher Disziplin als dem neuralgischen Punkt des menschlichen Daseins« zurückzublenden. Da ist es vielleicht ganz nützlich, einmal den griechischen Philosophen Sokrates zu Wort kommen zu lassen, der bereits vor 2500 Jahren die einleuchtende Erkenntnis ausgesprochen hat: »Ein unvernünftiges Übermaß von Freiheit ist gefährlich und führt letztlich zum Untergang der Freiheit und zur Tyrannei.«

Ich befürchte, wir befinden uns genau auf diesem Wege, und geistige Kapazitäten unseres Landes, wie z. B. der Karlsruher Professor Dr. Steinbuch, der sich in zwei offenen Briefen an den Bundeskanzler Willy Brandt mit seinen Sorgen wegen der Krisenfestigkeit der Bundesrepublik gewandt hat, bestärken mich darin.[5]

Ich greife aus dem zweiten Brief Steinbuchs nur den einen Satz heraus, der mir in der gebotenen Vereinfachung auch auf Ihre Lage zuzutreffen scheint: »Man sollte sich«, schreibt Steinbuch, »auch von der Illusion freimachen, die angebliche ›Demokratisierung‹ ziele in jedem Fall auf Befreiung unterdrückter Gruppen, vielmehr erkennen, daß sich unter dieser Überschrift häufig eine Machtergreifung von Funktionären abspielt, die mit den angeblich Unterdrückten wenig zu tun haben.«

Wenn Sie an die Stelle von »Funktionären« das Wort »Rechtsbrecher« setzen, so haben Sie Ihren Fall. Eine Liberalisierung des Strafrechts und des Strafverfahrensrechts sollte sich dieser unausweichlichen Gefahr bewußt sein. So weit, daß an den unabdingbaren Erfordernissen einer geordneten und sinnvollen Verbrechensbekämpfung gerüttelt wird, sollte sie jedenfalls nicht gehen. Hier müssen Schranken gegen ein Übermaß an den Rechtsbrecher einzuräumenden Freiheiten aufgerichtet bleiben. Sonst ufert das alles aus und zieht die gesamte Rechtsordnung in Mitleidenschaft. Denn natürlich besteht in diesem Punkt auch ein innerer Zusammenhang mit der Welle von Gewaltakten, die gegenwärtig über unser Land hinwegrollt.

Daß die Gefahr, die ein Umsichgreifen des Terrors für die moderne Gesellschaft und ihre verletzliche technische Zivilisation darstellt, bereits in ihren Anfängen mit aller Energie und mit allen dem demokratischen Rechtsstaat zur Verfügung stehenden Mitteln bekämpft werden muß – darüber sollten Meinungsverschiedenheiten unter verantwortungsbewußten Staatsbürgern nicht bestehen. Ein Einreißenlassen der Gewalt in der politischen Auseinandersetzung hätte zwangsläufig Folgen, über deren Tragweite man sich ebenfalls einig sein sollte.

5 Vgl. Die Welt. Nr. 258, 4. November 1972 (»Professor Steinbuch bricht endgültig mit den Sozialdemokraten. Abschied ohne Haß, aber mit dem Gefühl der Enttäuschung«).

Aber allzuviel ist bei uns bereits an klaren Einsichten in diese Zusammenhänge verwirtschaftet worden. Haben unsere Massenmedien nicht laufend die Meinung verbreitet, daß »ein bißchen Gewalt« nichts schaden könne und einer freiheitlichen Demokratie im Gegenteil wohl anstehe und ihr noch längst keinen Abbruch tue?

Die Quittung für dieses anfängliche Gewährenlassen bekommen wir nun ausgestellt. Ist dies ein Wunder, wenn man sich vor Augen hält, daß der Staat selbst von seinen Machtmitteln nur zögernd Gebrauch macht? Wie oft haben wir nun inzwischen schon erlebt, daß er in verfänglichen Situationen »mutig« einen Schritt zurückgewichen ist!

Mit vollem Recht schrieb der Bundesverfassungsrichter von Schlabrendorff vor kurzem[6]:

»Es gibt eben Situationen, in denen der Staat mit der großen Schärfe seiner Autorität eingreifen muß. Der Staat darf dem Verbrecher keinen Vorsprung einräumen. Aus dem Grundsatz der Legalität folgt, daß die Staatsanwaltschaft gehalten ist, ohne Verzug gegen strafbare Handlungen einzuschreiten, ohne Abwägung, ob dieses Einschreiten opportun oder inopportun erscheint. Die gleiche Verpflichtung trifft auch die Polizei. Sie trifft auch die Justizminister. Deshalb durften Staatsanwaltschaft und Polizei im Falle der Kölner Bankräuber nicht die Räuber nach Koblenz fahren und aus ihren eigenen Reihen Geiseln stellen. Der einzige Mann, der in diesem Falle richtig gehandelt hat, war jener Polizeibeamte, der den Führer der Bankräuberbande mit einem Pistolenschuß niederstreckte. Jede Unterlassung der sofortigen Verfolgung einer strafbaren Handlung wirft die Frage auf: Haben die zuständigen Beamten sich nicht der Begünstigung im Amte schuldig gemacht?«

Hier nun wird sehr eindringlich die persönliche Verantwortung des Beamten angesprochen. Dies ist ein Punkt, der wiederum deutlich zurückweist auf unsere Ausgangsfrage. Niemandem in unserer Gesellschaft ist klarer aufgegeben als dem Beamten und damit auch dem Beamten der Polizei, was in den Beamtengesetzen des Bundes und der Länder mit den Worten ausgedrückt ist: »Der Beamte trägt für die

6 Vgl. Fabian von Schlabrendorff: Präsident Heinemann und der Staat, in: Die Welt. Nr. 42, 19. Februar 1972.

Rechtmäßigkeit seiner dienstlichen Handlungen die volle persönliche Verantwortung.«

Das ist gerade für Sie, meine Kollegen, ein folgenschwerer Satz, insbesondere dann, wenn man folgendes bedenkt: Ein totalitäres Regime hat vielerlei Wege, um nicht genehme politische Anschauungen zu bekämpfen und seine eigenen Grundsätze durchzusetzen; eine unter rechtsstaatlichen Bedingungen arbeitende Regierung hat es damit schwerer.

Mag dieser Satz zunächst nur auf politische Delikte gemünzt sein, mit denen Sie sich heute in größerem Umfang als noch vor wenigen Jahren auseinanderzusetzen haben – er trifft natürlich für die gewöhnliche Kriminalität auch zu. Und hier tritt uns nun ein Umstand entgegen, der auch erst neuestens sein Eigengewicht entfaltet. Ich denke dabei an die enge Verflechtung Ihrer Arbeit mit der Justiz.

Die Polizei wird, wenn man die Entwicklung richtig einschätzt, in eine Zange genommen. Ihr setzt nicht nur die veröffentlichte Meinung, sondern in mindestens demselben Maße auch die Justiz zu, indem sich nämlich dort mehr und mehr Kräfte einnisten, die vom Schlage des Herrn Wassermann, des derzeitigen Oberlandesgerichtspräsidenten in Braunschweig, auf eine Aufweichung rechtsstaatlicher Ordnungsvorstellungen hinarbeiten, indem sie in politischen Strafsachen ohnehin, indem sie aber auch bei sonstiger Kriminalität die Verursachung nicht bei dem Täter selbst, sondern bei unserer angeblich total verrotteten Gesellschaft suchen.

Was dabei herauskommt, ist klar: persönliche Freiheit, der nach Meinung dieser Leute unanfechtbare, im Zweifelsfall sogar grundgesetzlich verbürgte Anspruch des einzelnen auf – so lautet der Fachausdruck – »Selbstverwirklichung«, geht in jedem Falle der gesellschaftlichen Disziplin vor.

Die Folgen dieses »Glaubensbekenntnisses« zeigen sich allenthalben, nicht nur an den lächerlich geringen Strafen, die insbesondere bei Gewaltvergehen ausgesprochen werden, sondern mehr noch in einer »Liberalisierung« des Strafvollzugs, dessen Folgen man nur mit Grauen zur Kenntnis nehmen kann.

An einer Stelle Ihres Geschäftsberichts weisen Sie u. a. auch auf die baulichen Unzulänglichkeiten Ihrer Dienststellen hin. Zur Behebung dieses Mißstandes ist natürlich kein Geld vorhanden. Mich wundert das nicht, wenn ich bedenke, welche Unsummen für die bauliche Verbesserung der Strafvollzugseinrichtungen veranschlagt sind.

Daß auch in dieser Hinsicht manches im argen liegt, wer wollte das bestreiten. Aber sollte man nicht wenigstens dieselben Maßstäbe von menschenwürdiger Unterbringung an beide Seiten anlegen? Schließlich sind die Polizeibeamten ja auch Menschen, die Anspruch auf den Schutz ihrer Menschenwürde haben. Aber offenbar soll mit der Zeit die Fürsorgepflicht, die der Dienstherr seinen Beamten schuldet, im Zuge eines oft überdrehten Resozialisierungsprogramms der Fürsorge für die Strafgefangenen vorgezogen werden.

Ich kann Sie, meine Kollegen, gut verstehen, wenn Sie auf die von mir hier nur angedeuteten Entwicklungen mit Skepsis, ja mit ausgesprochener Verbitterung reagieren.

Aber es hilft ja nun alles nichts: Wir haben einen Justizminister, der der Meinung ist, die Rechtspolitik müsse vorausgreifend den Rahmen abstecken, in dem sich gesellschaftliche Veränderungen frei entwickeln können. Wohin dieses Rezept führt, haben wir an der Praxis des 1965 eingeführten (fortschrittlichen) Haftrechts, an dem der heutige Bundesjustizminister Jahn maßgeblich mitgewirkt hat, deutlich gesehen. Die Schraube, die damals gelockert worden ist, wird demnächst, wie zu hoffen ist, wieder festgedreht. Kriminalpolitisch betrachtet wäre dies eine »Reform der Reform«, der man nur hundertprozentig zustimmen könnte.

Es blieben da allerdings trotzdem noch manche Fragen offen. Denn inzwischen haben sich »fortschrittliche« Kriminologen der Kriminalität bemächtigt, deren Ansichten, wenn sie sich durchsetzen sollten, die Polizei vor ganz neue Probleme stellen würden.

Mir liegt ein Ende Mai veröffentlichtes Interview mit dem Kriminologen Professor Armand Mergen vor. Wenn man es aufmerksam liest, sträuben sich einem selbst als Laien die Haare. Unter dem Leitgedanken »Das Geschäft mit der Erpressung: Ist die Polizei machtlos?« vertritt dieser Professor Mergen Ansichten, die eine Emanzipation der Kriminologen von der Jurisprudenz erkennen lassen, vor der man nur erschrekken kann.

Dieser Professor Mergen sagt, nach Erfahrungen mit der Geiselnahme befragt, u. a.[7]: »Die Amerikaner haben mit Geiselnahme natürlich viel mehr Erfahrung als wir hier in Deutschland. Es ist so, daß es in Deutschland eigentlich keine Verbrecher mehr gibt, die Phantasie haben oder denen etwas Neues einfällt. Das bedauere ich sehr, denn sie sind nur noch Epigonen der Amerikaner, sie spielen nach, was die Amerikaner vor zwanzig Jahren im Gangsterwesen bereits gemacht haben. Aber daß ihnen etwas Originelles einfällt wie damals den Brüdern Saß, die als erste einen Tunnel zur Bank bauten, das ist bei denen nicht mehr drin.«

Man spürt förmlich die Enttäuschung eines Kriminologen, der dauernd nur mit Verbrechen zu tun hat, die in seinen Augen »alte Hüte« sind.

Aber kurz danach flackert auch sein Zorn auf die Juristen auf. Befragt, ob es denn nach seiner Meinung richtig sei, daß es sich im Falle von Absprachen zwischen Entführern und Entführten um Geschäfte handele, die keinesfalls juristisch einklagbar seien, da sie unter Nötigung entstanden seien, antwortet unser Kriminologieprofessor: »Die Juristen sollen hier kein Unheil stiften. Hier sind die Kriminologen am Werk und nicht die Juristen. Es handelt sich um eine Situation, die völlig außerhalb einer jeden juristischen Möglichkeit liegt. Wir haben ein Strafgesetzbuch von 1870, wir haben nicht einmal einen Paragraphen, der etwas über Wirtschaftskriminalität aussagt. Unser Strafgesetzbuch und die Juristen sind in der Konzeption des Rechtes um fünfzig Jahre zurück; die Entwicklung geht schnell, und sie kommen nicht nach.«

Hier greift nun gänzlich nahtlos ineinander die Meinung des Kriminologieprofessors Mergen und des Bundesjustizministers Jahn: Die Juristen sind allesamt große Flaschen, weil es ihnen nicht gelungen ist, »vorausgreifend den Rahmen abzustecken, in dem sich gesellschaftliche Veränderungen frei entfalten können«.

So der Tadel des Bundesjustizministers und damit übereinstimmend der Tadel des Kriminologieprofessors Mergen: Eine verdammenswerte Sünde der Juristen, daß sie nicht bereits im Jahre 1870, erst recht natürlich im Jahre 1970 vorausgesehen haben, zu welchen kriminalpolitisch unerträglichen Exzessen es eines Tages kommen werde, wenn die

7 Vgl. Welt der Arbeit. Nr. 7, 18. Februar 1972 (»Es gibt kein Patentrezept, wie sich die Polizei bei Geißelnahmen verhalten soll«).

Geiselnahme und die Flugzeugentführung eines Tages nach Abhilfe schreien, ohne daß dafür die Juristen mit einschlägigen Straftatbeständen vorgesorgt hätten!

Aber lassen wir das und fühlen wir uns noch einige weitere Augenblicke als Fahrgäste im »Narrenschiff des Zeitgeistes«. Fahren wir also noch ein Stück weiter in diesem Schiff, und dann fällt uns ein, daß unsere Besoldung seit sechs Monaten keine wirkliche gesetzliche Grundlage hat, sondern auf einer vom Haushaltsausschuß des Bundestages ausgesprochenen Ermächtigung beruht, daß andere Gesetzesvorhaben, wie z. B. die Novellierung des Personalvertretungsgesetzes, obwohl vom Bundeskabinett verabschiedet, auf Eis liegt, daß summa summarum beamtenpolitisch überhaupt nichts mehr vorwärtsgeht, weil die beim BMI gebildete Studienkommission für die Reform des öffentlichen Dienstrechts zunächst einmal mit ihren Vorschlägen herauskommen soll – erhebend ist diese Situation weiß Gott nicht.

Aber uns allen, auch Ihrer Spitzenorganisation, sind in diesen Fragen vorläufig die Hände gebunden. Sie, meine Kollegen, sind hinreichend über die parlamentarische Lage unterrichtet, die auf Neuwahlen hinauslaufen dürfte. Dazu gibt es meinerseits nichts Wegweisendes zu sagen.

Ich bin ohnehin am Schluß meiner Rede angelangt. Deshalb habe ich nur noch den Wunsch auszusprechen, daß Sie Ihren Bundesdelegiertentag erfolgreich zu Ende führen.

Sie sollen wissen, daß der Deutsche Beamtenbund Ihre gewerkschaftliche Arbeit mit großer Anteilnahme verfolgt. Wie schon in meinem schriftlich vorliegenden Grußwort geschehen, wiederhole ich die Versicherung, daß Sie jederzeit mit der Unterstützung Ihrer berechtigten Forderungen durch den DBB rechnen können. Sie sind also nicht völlig auf sich allein gestellt.

Sie sollten aber auch nicht außer acht lassen, daß die Unterstützung durch den DBB Ihre eigenen Initiativen erfordert. Die mitunter aus Ihren Reihen zu hörende Klage, der DBB tue ja nichts für Sie, und im Grunde müßten Sie alles allein machen, wäre nur berechtigt, wenn Sie nachweisen könnten, daß der DBB sich besserer Einsicht zuwider Ihren Interessen gegenüber verschlossen hätte.

Sollte dieser Nachweis geführt werden können, bin ich jederzeit bereit zu versuchen, die Bundesleitung des DBB in Ihrem Sinne umzustimmen. Bei den ständigen Kontakten, die zwischen dem DBB und der PDB bestehen, habe ich jedoch den Eindruck, Sie hätten bei uns immer den Rückhalt gefunden, den Sie – das ist mir völlig klar – in Ihrer schwierigen Lage dringend brauchen.

Nochmals also die besten Wünsche für den weiter erfolgreichen Verlauf Ihres Bundesdelegiertentages 1972! Wenn Sie das nächste Mal zu dieser Veranstaltung zusammenkommen, sind Sie, so hoffe ich zuversichtlich, wieder ein gutes Stück Ihrem Ziel nähergekommen, die Polizei der BRD in Ihrer Gewerkschaft vereinigt und die PDB zur maßgeblichen Repräsentation der in ihr organisierten Interessen der Polizeibeamtenschaft ausgebaut zu haben.

13. März 1973

Zur Reform des öffentlichen Dienstrechts aus der Sicht des DBB

Vortrag auf der Kundgebung des DBB-Kreisverbandes Düsseldorf

Quelle: DBB-Archiv, Abt. Bgst 143 (maschinenschriftlich)

Um nun ohne Verzug zum hauptsächlichen Thema meines Vortrags zu kommen, nämlich zur Reform des öffentlichen Dienstrechts aus der Sicht des DBB, beginne ich am besten mit einer kurzen Schilderung und Beurteilung der gegenwärtigen Lage. Welches sind die treibenden Kräfte und wie haben wir ihre Reformvorstellungen und ihre Einflußnahme auf deren Verwirklichung einzuschätzen?

Zunächst ganz allgemein!

Bundesinnenminister Genscher sagte in seiner Ansprache, die er am 8. Januar auf unserer diesjährigen beamtenpolitischen Arbeitstagung auf Bühler Höhe gehalten hat[1]: »Wir stehen unmittelbar vor dem Eintritt in die eigentliche Reformphase des öffentlichen Dienstes. In den letzten Jahren wurde die Lokomotive vor dem Reformzug geheizt, jetzt steht sie sozusagen schon pfeifend vor dem Bahnhof. Natürlich fragen wir uns alle, wohin die Reise gehen wird?«

Als Genscher dies sagte, lag die Regierungserklärung der neuen Bundesregierung noch nicht vor. Sie wurde, wie Sie wissen, erst am 18. Januar abgegeben. Prüft man sie speziell auf diesen Punkt, gibt sie für die Frage, welche Reformpläne die Regierung für das öffentliche

1 Vgl. Funktion und Bedeutung des öffentlichen Dienstes in der modernen Industriegesellschaft, in: Bulletin des Presse- und Informationsamtes der Bundesregierung. Nr. 3, 11. Januar 1973, S. 21ff. (Zitat S. 21).

Dienstrecht hat, nicht allzuviel her. Dieser Punkt wird dort im Grunde nur beiläufig erwähnt. Im 10. Abschnitt der Regierungserklärung, der die Überschrift »Staatliche Ordnung« trägt, wird an einer Stelle lediglich gesagt[2]: »In der vergangenen Legislaturperiode haben wir begonnen, die verschiedenen Laufbahnen des öffentlichen Dienstes stärker nach der Leistung auszurichten und sie durchlässiger zu machen. Die Leistung muß gesteigert und nicht gerechtfertigte Differenzierungen im Status müssen abgebaut werden. Sicherlich müssen wir uns auch der Gefahren bewußt sein, die von der Bürokratisierung ausgehen. Unsere Mitarbeiter in der Verwaltung sollen sich als Bürger unter Bürgern verstehen.«

Damit ist nicht viel anzufangen. Im wirklichen Sinne richtungweisend ist hier die Regierungserklärung nicht. Man kann die mit ihr gemachten Aussagen so oder so auslegen. Der DBB kann sich durch sie in seinen Reformvorstellungen genauso bestätigt fühlen wie der DGB in den seinigen. Darauf komme ich dann noch im einzelnen zu sprechen.

Aber vermutlich wollte sich der Bundeskanzler in diesem Punkte absichtlich nicht festlegen. Denn eine wesentliche Unterlage, auf welche die Regierung ihre Entscheidung über eine Reform des öffentlichen Dienstrechts stützen könnte, steht zur Zeit noch aus. Es handelt sich um das Gutachten einer am 11. Dezember 1970 von der Bundesregierung eingesetzten Studienkommission für die Reform des öffentlichen Dienstrechts (kurz »Dienstrechtskommission« genannt).[3] Sie hat den Auftrag, praktikable Reformvorschläge für eine zeitgerechte Gestaltung des öffentlichen Dienstrechts zu erarbeiten.

Dieser Auftrag geht auf ein Ersuchen des Deutschen Bundestages vom 27. Februar 1970 an die Bundesregierung zurück.[4] Mit seiner Ausführung ist demnächst – nach meiner Schätzung im Laufe des Monats Mai – zu rechnen.

2 Für den Wortlaut der Regierungserklärung von Bundeskanzler Willy Brandt vgl. Verhandlungen des Deutschen Bundestages. 7. Wahlperiode 1972. Bd. 81, 7. Sitzung, S. 121 ff. (Zitat S. 132).

3 Vgl. dazu die Angaben S. 451 Anm. 5.

4 Vgl. Verhandlungen des Deutschen Bundestages. 6. Wahlperiode 1969. Bd. 72, 35. Sitzung, S. 1688.

Der Bundesminister des Innern wertete dieses bevorstehende Ereignis in seiner schon einmal erwähnten Ansprache auf unserer beamtenpolitischen Arbeitstagung 1973 wie folgt[5]:

»Der Augenblick der Wahrheit kommt mit der Vorlage des Gutachtens der Studienkommission . . . Das wird in diesem Frühjahr noch der Fall sein. Ich bin dabei offen für alle Vorschläge der Kommission. Die Zusammensetzung und die Mühe, die sich ihre Mitglieder in den vergangenen Jahren gemacht haben, machen es für alle, die es angeht, zu einer selbstverständlichen Pflicht, die Arbeitsergebnisse unvoreingenommen zu würdigen. Es darf dabei keine vorgefaßte Meinung geben. Wir brauchen vielmehr eine uneingeschränkte Diskussionsbereitschaft . . . alles, was gesagt wird, muß sich der kritischen Überprüfung im Vergleich zu allen Vorschlägen der Kommission stellen.«

Soweit also Bundesinnenminister Genscher! Mich persönlich lassen Sie dazu im Augenblick nur folgendes sagen: Ich selbst bin Mitglied dieser Studien- oder Dienstrechtskommission. Ich hatte also »die Ehre«, an deren in der Tat oft mühevollen und langwierigen Beratungen unmittelbar teilzunehmen. In der Beurteilung dessen, was nun schließlich dabei herauskommen und sich in Kommissionsgutachten niederschlagen wird, sind meine Erwartungen – das lassen Sie mich in aller Offenheit sagen – allerdings nicht ganz so hochgespannt wie die Erwartungen Genschers.

Das liegt ganz einfach daran, daß ich im Unterschied zu Genscher die Beratungsergebnisse der Dienstrechtskommission aus erster Hand kenne. Zum anderen fällt in dieser Hinsicht wohl aber auch ins Gewicht, daß Genscher als der für diese Dinge verantwortliche Ressortchef natürlich gern sehen würde, wenn ihm das Kommissionsgutachten die Möglichkeit gäbe, sich als »Reformminister« zu profilieren – ein Ehrgeiz, der in meinem Falle nicht durchschlägt.

Denn mir ist eine weitaus unproblematischere Aufgabe gestellt, nämlich die, das, was in dem besagten Gutachten stehen wird, mit dem Maßstab der Interessenpolitik des DBB zu messen. Und an diesem Punkt scheiden sich nun eben einmal die Geister.

Das soll nicht heißen, daß der DBB blind wäre für alles das, was eine

5 Vgl. oben Anm. 1.

Dienstrechtsreform auch im Blick auf die Allgemeinheit nach sich ziehen könnte, wenn sie von vornherein falsch angesetzt würde. Im Gegenteil! Der DBB muß sich ja von der Gegenseite immer wieder nachsagen lassen, er verliere vor lauter Rücksichtnahme auf das Interesse der Gesamtheit sein Gesicht, d.h. die Vorrangigkeit der von ihm zu vertretenden Mitgliederinteressen nur allzu leicht aus den Augen.

Gerade in diesem Punkte setzt aber nun die besondere Betrachtungsweise ein, die den DBB deutlich von den mit ihm konkurrierenden Gewerkschaften unterscheidet. Gerade in diesem Punkt entscheidet es sich, ob das Thema meines Vortrags, das die Dienstrechtsreform aus der Sicht des DBB zur Erörterung stellt, überhaupt Sinn hat, oder ob es sich dabei nur um eine leere Floskel handelt.

Darüber freilich dürften wir uns alle einig sein: reformiert muß werden – nicht bloß, um dem Zeitgeist ein Opfer zu bringen. Denn in der Tat haben sich sowohl die Aufgaben des öffentlichen Dienstes wie auch das Selbstverständnis der Angehörigen des öffentlichen Dienstes von ihrer Aufgabe gewandelt, und das geltende Dienstrecht ist diesen Wandlungen in vielem noch nicht in der erforderlichen Weise gefolgt.

Aber diese Erkenntnis besagt natürlich noch lange nicht, daß eine Dienstrechtsreform über den soeben angedeuteten Sachverhalt hinaus, der eine Anpassung des geltenden Dienstrechts an die gewandelte politisch-gesellschaftliche Wirklichkeit nahelegt, das geltende Dienstrecht gleichsam mit Stumpf und Stiel auszuroden hätte, um an seine Stelle ein gänzlich neues, vom geltenden Verfassungsrecht abgehendes Dienstrechtssystem aufzubauen.

Hier bereits deuten sich die unterschiedlichen Auffassungen an, die auch kennzeichnend für die Beratungen in der Dienstrechtskommission waren. Man kann sie ruhig, wenn vielleicht auch etwas vereinfachend, auf den Nenner bringen: hie DBB, hie DGB.

Es gab und gibt sie selbstverständlich noch in der Tat diese Frontenbildung und sie wird in dem zu erwartenden Gutachten der Dienstrechtskommission auch deutlich sichtbar werden. Ganz schlicht gesagt, geht es in diesem Zusammenhang darum, ob sich eine Dienstrechtsreform in das geltende Verfassungsrecht einfügen oder ob eine solche Reform das geltende Verfassungsrecht sprengen soll.

Sie, meine Damen und Herren, entbinden mich gewiß davon, nun in eine detallierte Erörterung der für oder gegen Art. 33 Abs. 4 und 5 des Grundgesetzes sprechenden Argumente einzutreten. Sie alle wissen, was dort steht, nämlich einmal – Art. 33 Abs. 4 – der sog. Funktionsvorbehalt, und zum zweiten – Art. 33 Abs. 5 – der Hinweis auf die sog. hergebrachten Grundsätze des Berufsbeamtentums.

Der Grundgesetzgeber hat uns bestimmt keinen Gefallen damit getan, diese beiden Rechtsprinzipien so schwammig – oder weniger drastisch formuliert –, so unbestimmt zu formulieren: »hoheitsrechtliche Befugnisse« – was ist das? – »hergebrachte Grundsätze des Berufsbeamtentums« – was ist das?

Streng politisch genommen ging es aber dem Grundgesetzgeber im Grunde nur darum, das Berufsbeamtentum wieder fest in der Verfassung zu verankern. Der Bestand dieser Verfassungsinstitution sollte unter allen Umständen durch die Verfassung garantiert werden.

Trotz des weiten Ermessensspielraums, den das Grundgesetz dem Staat läßt, wie er seinen öffentlichen Dienst im einzelnen ausgestalten will, sollte er im Art. 33 dennoch auf eine absolute Sperre stoßen: »hoheitsrechtliche Befugnisse« gehören in die Hand von Beamten, und wie deren Rechtsverhältnis zu gestalten ist, richtet sich nach den »hergebrachten Grundsätzen«.

Und daran, das folgt aus der Entscheidung des Grundgesetzgebers zwingend, kann der einfache Gesetzgeber nichts ändern. Der Gesetzgeber braucht dazu eine Zweidrittelmehrheit der Mitglieder des Bundestages und eine ebensolche Mehrheit der Stimmen des Bundesrates.

Hierin drückt sich der unwiderlegbare Wille des Grundgesetzgebers aus, das Berufsbeamtentum unter den Schutz der Verfassung zu stellen. An dieser unumstößlichen Tatsache kann auch das unqualifizierte Gerede eines gewissen Herrn Kluncker nichts ändern, der, wie Ihnen allen bekannt sein dürfte, die »Väter des Grundgesetzes« deswegen am liebsten heute noch ins Irrenhaus einweisen möchte, weil er der Meinung ist, sie hätten damals das Berufsbeamtentum im »Zustand der Geistesabwesenheit« wieder eingesetzt.[6]

Punkt 1 meiner einleitenden Bemerkungen, d. h. die Frage nach den treibenden Kräften einer Dienstrechtsreform, wäre damit bereits so gut

6 Vgl. die Angaben S. 447 Anm. 2.

wie erledigt. Von weniger wichtigen Kräften abgesehen, sind an der Dienstrechtsreform aktiv in erster Linie beteiligt: die Dienstrechtskommission, der DGB und wir, der DBB.

Wenn ich uns zuletzt nenne, so erblicken Sie bitte darin keine falsche Bescheidenheit. »Die Letzten werden die Ersten sein« – dieses Bibelwort kann der DBB mit gutem Grund auf sich selbst beziehen. Denn wir allein sind es, die im November vorigen Jahres, auf unserem Bundesvertretertag, das einzig bisher vorliegende, in sich geschlossene und vollständige Reformprogramm vorgelegt haben.[7]

Hier bin ich nun bei dem zweiten Punkt meiner einleitenden Frage: Wie haben wir im Blick auf die treibenden Kräfte, deren Reformvorstellungen und ihre Einflußnahme auf ihre Verwirklichung einzuschätzen?

Rekapitulieren wir, bevor ich diese Frage im einzelnen beantworte, noch einmal kurz, was ich bisher besonders zu den treibenden Kräften der Dienstrechtsreform gesagt habe: Da ist also der Bundesinnenminister, der die »Erleuchtung« in Sachen dieser Reform von seiner Dienstrechtskommission erwartet. Er ist, wie er bei uns auf der Bühler-Höhe-Tagung gesagt hat, »offen für alle Vorschläge der Kommission«.

Damit spricht er ein großes Wort gelassen aus. Denn mittlerweile hat er sich ja in einigen aus unserer Sicht entscheidenden Punkten festgelegt[8]: »Das Berufsbeamtentum ist eine tragende Säule unserer Verfassungsordnung«, hat er auf unserer Arbeitstagung im Januar nach vielen entsprechenden Äußerungen vorher noch einmal bekräftigt. Dasselbe gilt für den folgenden Satz: »Das Streikverbot ist ein elementares Strukturprinzip des heutigen Berufsbeamtentums.«[9]

Sollte er sich in dieser Hinsicht die Augen reiben müssen, wenn er im erwähnten Kommissionsgutachten auf möglicherweise ganz andere, völlig gegensätzliche Äußerungen stößt? Denn immerhin hat der DGB von 19 Kommissionsmitgliedern 9 auf seine Seite gebracht, die in diesen für uns entscheidenden Punkten eine abweichende Meinung vertreten.

Das ist das eine. Es bedeutet keineswegs, daß der DBB »geschlafen« hätte. Immerhin ist es gelungen, die Kommissionsmehrheit, wenn auch

7 Vgl. Auf dem Weg zur Dienstrechtsreform? Eine Zwischenbilanz; DBB-Dokumente 6, S. 28ff.
8 Vgl. oben Anm. 1; hier S. 22.
9 Vgl. oben Anm. 1; hier S. 23.

nur mit einer Stimme, auf unsere Seite zu ziehen. Zehn Mitglieder der Kommission haben gegen das Konzept des DGB gestimmt, das sich für ein sog. Mischmodell ausspricht.

Aus durchsichtigen Gründen sollen nach diesem Modell beamtenrechtliche und arbeitsrechtliche Grundsätze miteinander vermengt werden. Das führt dann dazu, daß alle drei zur Zeit im öffentlichen Dienst vertretenen Gruppen (Beamte, Arbeiter, Angestellte) auf einen einheitlichen oder besser: Einheitsstatus zurechtgetrimmt werden.

Im Klartext gesprochen: Das Dienstverhältnis aller drei Gruppen soll dem Grunde nach – und das bedeutet hinsichtlich der Begründung und der Beendigung sowie hinsichtlich der Rechte und Pflichten – einheitlich vom Gesetzgeber geregelt werden.

Das würde, wie jedermann sieht, zu einer Beschränkung der bisherigen Tarifautonomie, in welche die Angestellten und Arbeiter des öffentlichen Dienstes einbezogen sind, natürlich insofern führen, als das, was bisher im Bundes-Angestelltentarifvertrag (BAT) oder in den Manteltarifverträgen für die Arbeiter steht, künftig nicht mehr der freien Tarifvereinbarung zwischen den autonomen Sozialpartnern unterläge.

Dafür hat man aber sogleich ein Beruhigungsmittel zur Hand. Denn – und das bitte ich besonders aufmerksam zu registrieren: Für die Beamten würde das bedeuten, daß sie aus ihrem bisherigen Status herausgelöst und nunmehr ihrerseits, wie bisher die Angestellten und Arbeiter, über die sog. Folgerechte, als da sind Besoldung, Urlaub, Arbeitszeit usw., dem Tarifrecht unterworfen würden.

Ich hoffe, daß dieser entscheidende Punkt von mir klar genug herausgearbeitet worden ist. Die Parole des DGB von einer Gliederung des Beamtenrechts in Status- und Folgerecht macht ja seit langem die Runde.

Ursprünglich hat also der DGB immer nur beim Beamtenrecht angesetzt und gesagt: Wenn wir das hinkriegen und dadurch im sog. Folgerecht den Gesetzgeber ausschalten, dann haben wir gewonnenes Spiel. Dann haben wir nämlich a) die Entscheidung über die Beamtenrechte, soweit sie sich materiell (Besoldung, Urlaub, Arbeitszeit usw.) auswirken, dem Gesetzgeber, d.h. dem Parlament, aus der Hand genommen und in unsere eigene Hand gelegt. Damit ist b) der Beamtenstatus kaputt und der Weg zu einem Einheitsdienstrecht für alle sog. Arbeitnehmer des öffentlichen Dienstes frei, zumal die Beamten – logische Folge aus ihrer Einbeziehung in die Tarifautonomie – ja dann auch streiken dürften.

Im Laufe der Beratungen in der Dienstrechtskommission hat der DGB jedoch inzwischen erkannt, daß sein ursprüngliches Konzept, das den Beamten geben soll, was die Angestellten und Arbeiter des öffentlichen Dienstes seit jeher haben (Tarifautonomie plus Streikrecht), nicht so recht hinhaut. Und deshalb hat nun der DGB begierig einen anderen Gedanken aufgegriffen. Ich habe ihn schon geschildert: gesetzliche Regelung des Statusrechts für alle Angehörigen des öffentlichen Dienstes; tarifvertragliche Regelung des Folgerechts ebenfalls für alle, die zu den genannten Personengruppen gehören.

Bitter ist für den DGB in diesem Zusammenhang nur, daß er zur Durchsetzung seines »Reformkonzepts« eine Verfassungsänderung braucht. Mit Art. 33 Abs. 4 und 5 GG ist das, was er anstrebt, nicht in Einklang zu bringen. Aber das ist seine Sache.

Der DBB hat, als er seinen Vorschlag für die Reform des öffentlichen Dienstrechts konzipierte und dafür die Zustimmung seines vorjährigen Bundesvertretertages fand, diese Klippe bewußt umschifft. Sein Reformkonzept beruht auf dem Gedanken: im Rahmen der geltenden Verfassung.

Uns geht es gerade darum, den öffentlichen Dienst wieder näher an das Grundgesetz heranzuführen. Unsere Reformvorschläge sind daher auch vorrangig darauf gerichtet, den mehrfach erwähnten Rechtsgrundsätzen in Art. 33 GG wieder die ihnen gebührende Beachtung zu verschaffen und Abweichungen von dem in Art. 33 Abs. 4 niedergelegten zwingenden Gebot, wonach die Ausübung hoheitsrechtlicher Befugnisse als ständige Aufgabe grundsätzlich Beamten vorzubehalten ist, rückgängig zu machen und für die Zukunft zu verhindern.

Das systemlose Nebeneinander von Beamten und Arbeitnehmern des öffentlichen Dienstes in Funktionen, die unter Art. 33 Abs. 4 GG oder den in § 4 Nr. 2 des Bundesbeamtengesetzes[10] und § 2 Abs. 2 des Beamtenrechtsrahmengesetzes[11] vorgesehenen Funktionsvorbehalt für

10 Vgl. Bundesbeamtengesetz (BBG) in der Fassung vom 17. Juli 1971; BGBl I. 1971, S. 1181 ff., hier S. 1183.

11 Vgl. Rahmengesetz zur Vereinheitlichung des Beamtenrechts (Beamtenrechtsrahmen-

Aufgaben fallen, die aus Gründen der Sicherung des Staates oder des öffentlichen Lebens nicht ausschließlich Arbeitnehmern übertragen werden dürfen, muß aufhören. Alle Arbeitnehmer des öffentlichen Dienstes, die in dem soeben umschriebenen Sinne reine Beamtenaufgaben erfüllen, gehören deshalb auch ins Beamtenverhältnis.

So jedenfalls verstehen wir die aus der Regierungserklärung vom 18. Januar zitierte Wendung, daß »nicht gerechtfertigte Differenzierungen im Status« abgebaut werden müssen. Wir fordern eine im Blick auf Art. 33 GG verfassungskonforme Vereinheitlichung des öffentlichen Dienstrechts und begreifen darunter die Beseitigung des gegenwärtigen systemlosen und verfassungswidrigen Nebeneinanders von Beamten und Arbeitnehmern in gleicher Funktion. Die jetzigen Arbeitnehmer des öffentlichen Dienstes sind daher, soweit ihre Funktion dies erfordert, in das Beamtenverhältnis zu übernehmen.

Komme uns nun niemand und sage, wir forderten Unmögliches; denn niemand sei heute imstande, noch einigermaßen exakt zu definieren, was denn nun in Wahrheit jene ominösen »hoheitsrechtlichen Befugnisse« seien, von denen das Grundgesetz in Art. 33 Abs. 4 spricht.

Mag sich insoweit auch in der Tat eine unvorstellbare Begriffsverwirrung breit gemacht haben. Sie ist aber von bestimmter Seite bewußt erzeugt worden in der offenkundigen Absicht, durch die Verwischung eines das Berufsbeamtentum tragenden Begriffes diese politische Einrichtung selbst in einem Lebensnerv zu treffen. Nach wie vor arbeitet jedoch die Gesetzessprache mit diesem Begriff. Für die jüngste Zeit läßt sich dies am Beispiel der vom Bund und von den Ländern erlassenen Abfallbeseitigungsgesetze eindeutig beweisen.[12] Sie enthalten übereinstimmend die Klausel, daß die in diesen Gesetzen vorgesehenen Maßnahmen als »hoheitsrechtliche Befugnisse« im Sinne des Art. 33 Abs. 4 GG zu verstehen und auszuüben sind.

Nach wie vor erblicken auch die Rechtsprechung und die seriöse Wissenschaft in diesem Begriff etwas Feststehendes und sie umschreiben ihn allgemein wie folgt: »Im Prinzip wird man stets dann von

gesetz – BRRG) in der Fassung vom 17. Juli 1971; BGBl I. 1971, S. 1025ff., hier S. 1027.

12 Vgl. Gesetz über die Beseitigung von Abfällen (Abfallbeseitigungsgesetz – AbfG) vom 7. Juni 1972; BGBl I. 1972, S. 873ff.

›hoheitsrechtlichen Befugnissen‹ sprechen müssen, wenn es sich um verantwortlich ausgeübte Funktionen handelt, die unmittelbar oder mittelbar zu öffentlich-rechtlichen Rechtsakten führen, die die Rechtssphäre des Bürgers berühren.«

Vor allem diese Rechtsfolgen sind es ja doch, die das besondere Rechtsverhältnis des Beamten, d. h. den Beamtenstatus, überhaupt erst rechtfertigen. Nur ein der Allgemeinheit nach Maßgabe der Gesetze besonders verpflichtetes, entsprechend gestaltetes und gesichertes, von sachfremden Einflüssen weitgehend freies Berufsbeamtentum kann seiner Aufgabe gerecht werden, die nach den Worten des Bundesverfassungsgerichtes darin besteht, eine stabile Verwaltung zu sichern und einen ausgleichenden Faktor gegenüber den das Staatsleben gestaltenden politischen Kräften darzustellen.[13]

Die vom Grundgesetzgeber in klarer Erkenntnis der Notwendigkeit und Zweckmäßigkeit getroffene Entscheidung, den öffentlichen Dienst als treuhänderischen Sachwalter der Gesamtheit der Staatsbürger auszugestalten, ist auch aus heutiger Sicht als sachgerechte, den berechtigten Interessen der Allgemeinheit am ehesten gerecht werdende Lösung anzusehen, und zwar keineswegs nur im Bereich der sog. Eingriffsverwaltung.

Diese Entscheidung ist nach wie vor und sogar in erhöhtem Maß auch gerechtfertigt für das an Umfang und Bedeutung stetig zunehmende Gebiet der öffentlich-rechtlichen Daseinsvorsorge und der leistungsgewährenden Verwaltung. Denn hier ist der Exekutive in weit größerem Umfang als im Bereich der Eingriffsverwaltung Rechtsanwendungs- und verwaltungspolitisches Ermessen eingeräumt. Deshalb kommt gerade hier dem Berufsbeamtentum und seiner die Sachgerechtigkeit und die Unparteilichkeit gewährleistenden Ausgestaltung entscheidende Bedeutung zu.

Die grob umrissene Forderung des DBB nach einer verfassungskonformen Vereinheitlichung des öffentlichen Dienstrechts wird von den hier kurz ausgeführten Grundgedanken getragen. Bei ihr geht es in erster Linie darum, welche Regelung des öffentlichen Dienstrechts am besten geeignet ist, den Interessen der Gesamtheit der Staatsbürger an einer

13 Vgl. das Urteil vom 17. Oktober 1957; BVerfGE. Bd. 7, S. 155ff., hier S. 162.

funktionierenden, sparsamen, sach- und fachkundigen, objektiven und unparteiischen Verwaltung gerecht zu werden.

Eine Dienstrechtsreform aus der Sicht des DBB muß natürlich mit gleichem Gewicht auch die Eigeninteressen der Beamten ins Auge fassen. Insofern hat es in der Vergangenheit oft genug an einem auf die besondere Interessenlage zugeschnittenen Instrumentarium gefehlt, das der Beamtenschaft auch ohne Inanspruchnahme der arbeitsrechtlichen Formen der Tarifverhandlungen und des Arbeitskampfes eine möglichst wirksame Durchsetzung ihrer Interessen sichert.

Das im geltenden Beamtenrecht vorgesehene Recht der Beteiligung der gewerkschaftlichen Spitzenorganisationen der Beamten bei der Vorbereitung allgemeiner Regelungen der beamtenrechtlichen Verhältnisse hat sich nicht voll bewährt. Deshalb ist der DBB bestrebt gewesen, bei seinen Reformüberlegungen nach einer angemessenen Regelung für die Interessenwahrnehmung zu suchen. Er hat eine solche Lösung auch gefunden. Sie läuft auf einen Ausbau des bisherigen Beteiligungsrechts zur partnerschaftlichen Dienstrechtsgestaltung hinaus. Der DBB fordert die Bildung von fest institutionalisierten, paritätisch mit Vertretern der Regierungen des Bundes oder der Länder und Vertretern der gewerkschaftlichen Spitzenorganisationen besetzten Beamtenkommissionen. Sie haben die Aufgabe, in einem geordneten Verfahren die gegensätzlichen Interessen von Dienstherren und Beamten auszugleichen. Dabei soll das parlamentarische Letztentscheidungsrecht gewahrt bleiben. Im Gegensatz zum Reformkonzept des DGB, das ich vorhin geschildert habe, hält der DBB an seiner beamtenpolitischen Grundposition fest: Er lehnt daher für die Beamten auch weiterhin die arbeitsrechtlichen Formen der Tarifverhandlungen und des Arbeitskampfes einschließlich des sog. Dienstes nach Vorschrift entschieden ab.

Hinsichtlich der Reform des Laufbahnwesens stimmen die Vorschläge des DBB weitgehend mit der in der Regierungserklärung vom 18. Januar zum Ausdruck gekommenen Auffassung der neuen Bundesregierung überein. Festigung des Leistungsprinzips; sachgerechte Erneuerung und Vereinheitlichung des Beurteilungswesens; Aufhebung des bisherigen viergliedrigen Laufbahngruppensystems; Schaffung eines Laufbahnsystems, bei dem sich der Einstieg nach dem jeweiligen Bildungsabschluß und der Aufstieg nach der Leistung richtet – das sind einige wesentliche

Stichworte für Reformvorschläge, die der DBB in dieser Hinsicht erhoben und im einzelnen begründet hat.

Eine Systembereinigung strebt der DBB mit seinem Reformvorschlag auch an, wenn er die Forderung erhebt, daß das geltende Beamtenrecht der gewandelten Auffassung im Selbstverständnis des heutigen Beamten Rechnung tragen muß. Strenge Pflichtenbindung im Dienst, das ist selbstverständlich. Aber außerhalb des Dienstes ist der Beamte ein Bürger wie jeder andere. Daher darf das in »Personalordnungsrecht« umzubenennende Disziplinarrecht auch nur bei Tatbeständen mit unmittelbarem Dienstbezug eingreifen.

Daß der Reformvorschlag des DBB auch Grundsätze für eine Reform des Besoldungsrechts und der Beamtenversorgung enthält, versteht sich. Ich rücke diese Seite des Vorschlags des DBB zur Reform des öffentlichen Dienstrechts hier absichtlich etwas in den Hintergrund, weil ich zum Schluß meines Vortrags – und in gewisser Hinsicht etwas »außerhalb des Programms« – doch gern auch noch einige Ausführungen zu einigen uns gerade im Augenblick bewegenden aktuellen Fragen machen möchte. Ich gehe dabei davon aus, daß Sie, meine Damen und Herren, mir diese, wenn man es streng nimmt, Abweichung von meinem eigentlichen Thema nachsehen, und zwar im Interesse Ihres eigenen Informationsbedürfnisses.

Zu den aktuellen Fragen, die ich hier behandeln will, gehört zunächst der Entwurf eines Bundespersonalvertretungsgesetzes.[14] Er liegt, wie Ihnen vielleicht bekannt ist, schon seit langem vor. Da ihn die Bundesregierung jedoch erst im Mai vorigen Jahres im Bundestag eingebracht hat, konnte ihn das Parlament wegen der vorgezogenen Neuwahlen nicht mehr beraten. Er mußte im 7. Bundestag erneut eingebracht werden. Das ist im Wege einer Gesetzesinitiative aus der Mitte des Bundestages inzwischen geschehen.

Der Innenausschuß des Bundestages hat für den 21. März ein Hearing der Verbände anberaumt. Die Sache kommt also jetzt endlich in Gang.

Durch den langen Zeitraum, der zwischen der Fertigstellung des bereits in der Regierungserklärung vom 28. Oktober 1969[15] als beson-

14 Vgl. dazu und zum Folgenden Grabendorff, Windscheid, Ilbertz, Widmaier (wie oben S. 465 Anm. 2), S. 26ff.

15 Für den Wortlaut der Regierungserklärung von Bundeskanzler Brandt vgl. Verhand-

ders vordringlich angekündigten Entwurfs eines Bundespersonalvertretungsgesetzes und der Wiederingangsetzung des Gesetzgebungsverfahrens gelegen hat, ist eine wahrscheinlich nur schwer wieder zu behebende Zersplitterung des Personalvertretungsrechts in den Ländern eingetreten. Einige Länder, so insbesondere Niedersachsen, Hamburg und Rheinland-Pfalz, haben die Bundesregelung nicht abgewartet und im Alleingang neue Landespersonalvertretungsgesetze erlassen, die teilweise gravierende Abweichungen vom Entwurf eines Bundespersonalvertretungsgesetzes enthalten.

Dieser Entwurf entspricht in seiner jetzt vorliegenden Fassung weitgehend den vom DBB erhobenen Forderungen. Deren Schwerpunkte lassen sich kurz wie folgt zusammenfassen:

- Ausweitung der Beteiligungsrechte des Personalrats in Richtung auf eine Mitbestimmung in allen personellen, sozialen und organisatorischen Angelegenheiten;
- Initiativrechte des Personalrats in allen beteiligungspflichtigen Angelegenheiten mit der Möglichkeit der Einschaltung einer unabhängigen Einigungsstelle;
- Stärkung der Stellung der Jugendvertretung und der Vertretung der Schwerbeschädigten;
- umfassende Berücksichtigung des Gruppenprinzips;
- Beachtung demokratischer Gepflogenheiten bei der Durchführung der Personalratswahlen, bei der Bildung des Vorstandes und der Freistellung von Personalratsmitgliedern für die Geschäftsführung.

Soweit es um die Frage der Mitbestimmung geht, werden Sie, wenn Sie an das Personalvertretungsrecht Nordrhein-Westfalens denken[16], vielleicht sagen: Das ist für uns nichts Neues; denn die »Mitbestimmung« haben wir bereits seit 1958. Ich muß dazu jedoch feststellen, daß der Begriff der Mitbestimmung im Personalvertretungsrecht des Bundes sich nicht mit dem Begriff der Mitbestimmung in Ihrem Landespersonalvertretungsrecht deckt. Im Bund entscheidet schon nach bisherigem Recht

lungen des Deutschen Bundestages. 6. Wahlperiode 1969. Bd. 71, 5. Sitzung, S. 20ff., insbesondere S. 28.

16 Vgl. Personalvertretungsgesetz Nordrhein-Westfalen. Für die Praxis erläutert von Dr. Helmut Schmidt und Franz-Josef Reinartz. Hrsg.: Deutscher Beamtenbund, Landesbund Nordrhein-Westfalen, Düsseldorf o. J.

eine unabhängige Einigungsstelle über die im Gesetz vorgesehenen Mitbestimmungsfälle, wenn zwischen Dienststelle und Personalvertretung keine Einigung zustande kommt. In Nordrhein-Westfalen dagegen liegt die letzte Entscheidung in solchen Fällen bei der Regierung.

Das ist ein großer Unterschied, weil natürlich die für die Verwaltung bindende Entscheidung einer unabhängigen Einigungsstelle ein Mehr an wirklicher Einflußnahme der Personalvertretung bedeutet. Deshalb wiegt auch unsere Forderung nach einer Ausweitung der Beteiligungsrechte in Richtung auf eine Mitbestimmung in allen personellen, sozialen und organisatorischen Angelegenheiten schwerer, als sie sich im Blick auf den anderen Mitbestimmungsbegriff des nordrhein-westfälischen Personalvertretungsrechts ausnehmen könnte.

Für den DBB kann die Grenze der Mitbestimmung nur dort liegen, wo das Prinzip des demokratischen Rechtsstaats es nicht zuläßt, die parlamentarische Verantwortung der Regierung einzuschränken. Dies wird vor allem bei der Beteiligung des Personalrats in den personellen Fragen der Einstellung, Anstellung und Beförderung akut. Hier ist die Entscheidung des Bundesverfassungsgerichts verbindlich, nach der über Personalangelegenheiten eines Beamten in der Regel allein die ihm vorgesetzten Dienstbehörden entscheiden.[17]

Ob sich der DBB mit seinen vom Bundesinnenminister geteilten Vorstellungen bei der weiteren parlamentarischen Beratung des neuen Bundespersonalvertretungsgesetzes wird durchsetzen können, bleibt abzuwarten. Es ist natürlich in einigen Punkten mit einem massiven Widerstand des DGB zu rechnen, der Genscher schon in den vergangenen Monaten wegen seiner angeblich rückständigen Auffassung ziemlich rüde angegriffen hat. Streitpunkte sind aus der Sicht des DGB vor allem das Gruppenprinzip, die gewerkschaftliche Betätigung eines Personalratsmitgliedes in der Dienststelle sowie die uneingeschränkte politische Betätigung der Personalratsmitglieder in der Dienststelle.

Die Erklärung für die ablehnende Einstellung des DGB gegenüber dem vorliegenden Entwurf ist einfach; sie ist auch nicht neu. Schon immer gingen die Bestrebungen des DGB dahin, das Betriebsverfassungsgesetz zur Grundlage auch des Personalvertretungsrechts im

17 Vgl. das Urteil vom 27. April 1959; BVerfGE. Bd. 9, S. 268ff.

öffentlichen Dienst zu machen. Es entspricht der Grundeinstellung des DGB, die Behörden Fabriken gleichzustellen, vor allem aber in den Personalvertretungen lediglich den »verlängerten Arm« der DGB-Gewerkschaften zu sehen.

Daß die Personalräte einer Neutralitätspflicht unterliegen und daß ihre Mitglieder ihr Amt unabhängig von ihrer Gewerkschaftszugehörigkeit und parteipolitischen Überzeugung allein im Interesse aller Dienststellenangehörigen auszuüben haben, kümmert den DGB nicht. Er stellt auch in dieser Hinsicht sein partielles, ausschließlich gewerkschaftspolitisch geprägtes Interesse über das allgemeine Interesse der Dienststellenangehörigen. Die vom Bundesverfassungsgericht getroffene Feststellung[18], daß der Personalrat alles zu vermeiden hat, »was geeignet ist, seine Stellung als Repräsentant der Gesamtheit der Bediensteten und als neutraler Sachwalter ihrer Interessen zweifelhaft erscheinen zu lassen«, nötigt dem DGB allenfalls ein mitleidiges Lächeln ab. In der Praxis der Personalräte verfolgt er rücksichtslos gerade den vom Bundesverfassungsgericht als rechtswidrig bezeichneten Kurs, und sein Bestreben geht jetzt dahin, sich dafür im neuen Bundespersonalvertretungsgesetz eine rechtliche Legitimation zu verschaffen.

Daß der DGB im übrigen auch das Gruppenprinzip scharf bekämpft, ist nicht verwunderlich, wenn man weiß, daß er das gegenwärtige, von ihm als »Dreiklassendienstrecht« bezeichnete Dienstrechtssystem überhaupt abschaffen und es durch ein Einheitsdienstrecht ersetzen will, das die Gruppen der Beamten überhaupt nicht mehr kennt.

Soviel in der gebotenen Kürze zum Personalvertretungsrecht! Der DBB ist für die zu erwartende heftige Auseinandersetzung über die endgültige Fassung des neuen Bundespersonalvertretungsgesetzes gewappnet. Bei den augenblicklichen Mehrheitsverhältnissen im Bundestag wird es freilich nicht immer ganz einfach sein, die Angriffe des DGB abzuwehren, zumal wenn man bedenkt, daß von den in den 7. Bundestag gewählten Abgeordneten fast die Hälfte, nämlich 244, die Mitgliedschaft einer DGB-Gewerkschaft hat.

Zum Schluß nun noch einige Bemerkungen zur Besoldung und zur Versorgung!

18 Vgl. die Angaben S. 472f. Anm. 7.

Sie alle kennen unsere Forderung; wir haben sie bereits auf unserem Bundesvertretertag, also Anfang November vorigen Jahres, konkretisiert[19], noch bevor DGB und ÖTV ein Gleiches taten. 8 Prozent linear und 50 DM Sockelzuschlag sowie einige von uns mit Vorrangigkeit versehene Forderungen für die Versorgungsempfänger – das war der Ausgangspunkt, von dem aus wir in die Verhandlungen hineingegangen sind.

Unsere Forderung nimmt sich im Licht der Zahlen, über die wir jetzt verfügen, mehr als bescheiden aus. Denn nach dem von uns an fällige Besoldungserhöhungen angelegten Maßstab – das ist die allgemeine Einkommensentwicklung – bleiben unsere Zahlen deutlich darunter. Im Vorjahr betrug nämlich die allgemeine Einkommensentwicklung, wie wir jetzt wissen, mehr als 10 Prozent.

Die uns jetzt zugestandene Besoldungserhöhung (6 Prozent linear und 40 DM Sockelzuschlag) beläuft sich dagegen nur auf durchschnittlich, keineswegs für alle Besoldungsgruppen, 7,7 Prozent. Das bedeutet zweierlei, nämlich einmal, daß, gemessen an der Preisentwicklung, die wir für das vergangene und für das laufende Jahr äußerst zurückhaltend mit 6 Prozent veranschlagt haben, daß also in dieser Hinsicht die Masse der Beamten, wenn überhaupt, so nur eine minimale Verbesserung ihres Realeinkommens für sich verbuchen kann. Bereits von der Besoldungsgruppe A 10 an bleibt das Realeinkommen auf dem bisherigen Stand; die höheren Besoldungsgruppen geraten ins Minus.

Zum anderen kann überhaupt keine Rede von einer Anpassung an die allgemeine Einkommensentwicklung sein, von einer Beachtung des Grundsatzes also, an den sich frühere Bundesregierungen nach dem bekannten Spruch des Bundesverfassungsgerichts vom 11. Juni 1958 selbst gebunden hatten.[20]

Hier liegt also eine eklatante Disparität in der Berücksichtigung von bisher für verbindlich geltenden Rechtsansprüchen der Beamten vor. Dasselbe gilt auch für die leichtfertige Art, in der man mit den Ansprüchen der Versorgungsempfänger umgeht. Unsere Forderungen nach einer angemessenen Festsetzung der Stellenplananpassungszu-

19 Vgl. Der Beamtenbund. 23. Jg., Nr. 12, Dezember 1972, S. 4.
20 Vgl. BVerfGE. Bd. 8, S. 1 ff.

schläge sind ebenso unter den Tisch gefallen wie die dringend erforderliche Verbesserung der Mindestversorgungsbezüge.

Die drastische Veränderung des Meinungsklimas im Verhältnis zu den Beamten ist nach allem offenkundig. Sie läßt sich nicht allein mit der selbstverständlich auch nach unserer Auffassung berechtigten Sorge der Bundesregierung um die Wiedergewinnung der Preisstabilität erklären. Hier sind ganz andere Kräfte am Werke. Der DGB macht ja auch gar kein Hehl mehr daraus, daß es für ihn keine besonderen Beamteninteressen mehr gibt, daß ihm vielmehr allein noch daran gelegen ist, die Beamteninteressen als absolut zweitrangig im Vergleich zu den für ihn erstrangigen Interessen der Tarifbediensteten einzustufen.

Wer miterlebt hat, wie sich die DGB-Vertretung beim ersten Besoldungsgespräch mit dem BMI etwa vor acht Wochen verhalten hat, wer miterlebt hat, wie der Beamtenvertreter des DGB, Gerhard Schmidt, in einem Akt der Selbstverbrennung – anders kann man es nicht nennen – es weit von sich gewiesen hat, sich überhaupt auf ein Besoldungsgespräch einzulassen, um dafür dann die Rede zu verlesen, die sein Freund Kluncker zu Beginn der Tarifverhandlungen gehalten hat –, wer das alles miterlebt hat, wird sich zwangsläufig fragen müssen, woher der DGB überhaupt noch die Unverfrorenheit hernimmt, sich öffentlich als Beamtenvertretung zu gerieren.

Der DGB hat das Berufsbeamtentum, er hat die Beamten als Träger eigener Interessen längst abgeschrieben. Für ihn sind die Beamten Arbeitnehmer x-beliebiger Art, die z. Z. noch im Schlepptau der Tarifverhandlungen segeln, aus der Sicht des DGB aber schon in nicht allzu ferner Zukunft selbst Partner von Tarifverhandlungen sein werden: Das Status- und Folgerecht marschiert; wenn Regierung und Parlament sich querlegen und dessen Einführung von einer Verfassungsänderung abhängig machen sollten, wird der DGB den erforderlichen Druck unter Bruch des geltenden Rechts zu finden wissen, d. h., wie es Herr Schmidt erst vor kurzem wieder einmal gesagt hat, in einer völlig unangemessenen Reaktion auf die plötzliche Absage des zum 30. Januar anberaumten Beteiligungstermins in Sachen Zweites Bundesbesoldungserhöhungsgesetz »Mittel ergreifen, die ähnliche Effekte wie ein Streik« haben.

So sieht es also z. Z. aus, und Sie werden nun, so könnte ich mir vorstellen, an mich die Frage richten: Wäre der DBB nicht gut beraten, wenn er sein Gerede von einer »eigenständigen Beamtenbesoldungspolitik« endlich an den Nagel hinge; denn schließlich sprächen doch die Realitäten eindeutig für die Richtigkeit des Standpunkts der Gegenseite? 8 Prozent linear und 50 DM Sockelzuschlag hat der DBB gefordert, und, friß Vogel oder stirb, mit 6 Prozent und 40 DM muß er sich als Ergebnis des Tarifabschlusses zufriedengeben. Auf das tatsächliche Maß der Besoldungserhöhung kann er nicht mehr den geringsten Einfluß nehmen; dieses Maß ist durch das Ergebnis der Tarifverhandlungen vorausbestimmt. Was also soll's!?

Alle, die so reden, geben wegen einer bestimmten Optik ohne Not wieder einmal ein Stück ihres Beamtenstatus preis. Vor allem übersehen sie den Mechanismus, der sozusagen naturnotwendig im Gesamtzusammenhang der Einkommenspolitik für alle, die diese betrifft, wirkt.

Man müßte das Streikrecht haben, so sagen auch viele Beamte. Die von der ÖTV und von der DAG vertretenen Arbeitnehmer des öffentlichen Dienstes haben es. Haben sie, um nur die letzten vier Jahre in den Blick zu nehmen, irgend etwas damit erreicht? Die Tarifabschlüsse kamen meist sang- und klanglos zustande, die beiden vorletzten frappierend schnell und ohne Reibungen und keineswegs zur Zufriedenheit der ÖTV- und DAG-Mitglieder.

Warum? Es hat sich zeitlich so gefügt, daß den Tarifverhandlungen für den öffentlichen Dienst regelmäßig die Tarifrunde der IG-Metall vorausgeht. Ihre Ergebnisse setzen den ersten und regelmäßig ausschlaggebenden Maßstab auch für die darauf folgenden Tarifrunden.

Innerhalb des Gesamt-DGB werden die Forderungen und Ergebnisse für alle DGB-Gewerkschaften aufeinander abgestimmt. Meinen Sie, Herr Kluncker könnte da aus der Reihe tanzen? Er geht mit gebundener Marschroute in seine Verhandlungen. Zwar klappert er dann ab und zu mal mit den Deckeln der Mülltonnen. Aber Streik!?

Und selbst wenn – ohne daß ich dieses Problem im Augenblick weiter vertiefen möchte –, was käme denn dabei heraus, zumal bei einer Regierung, die so eng mit dem DGB verflochten ist!?

Wir kennen das doch: Kluncker zum Gespräch beim Bundeskanzler, Kluncker beim Bundeswirtschaftsminister usw. usf.: Vergatterung!

Aber das ist noch nicht unser eigentliches Problem. Ich bin von der

Frage ausgegangen, ob es noch Sinn hat, von einer »eigenständigen Beamtenbesoldungspolitik« zu reden.

Da kommen unsere Kollegen und sagen: Welcher Quatsch! Da gehe ich doch lieber zur ÖTV, die hat wenigstens das Streikrecht.

Ja, und? Viele wollen von dort gerade weg, und sie täten es auch, wenn sie nicht politisch bedingte berufliche Nachteile zu befürchten hätten. Diejenigen aber, die hingehen wollen, was gewönnen sie denn? Bekämen sie mehr, als was die ÖTV ausgehandelt hat? 8 Prozent + 50 DM Sockelzuschlag hat der DBB gefordert. Mit 6 Prozent + 40 DM hat die ÖTV abgeschlossen. Daß der DBB nicht mehr schafft, zeigt, daß er ein lahmer Verein ist; deshalb gehe ich zur ÖTV, weil – ja, was denn weil? –, weil er auch ein müder Verein ist und nicht mehr als 40 DM Sockelzuschlag geschafft hat, obwohl er 70 DM haben wollte?

So kann man also offensichtlich nicht argumentieren. Der Kollege, der uns den Rücken kehrt und zur ÖTV geht, weil die einen Abschluß getroffen hat, der unterhalb unserer eigenen Forderung liegt: was gewinnt denn der – das möchte ich einmal wissen.

Die Kernfrage scheint nach allem irgendwo anders zu liegen. Ich will es kurz zu erklären versuchen, und es braucht Sie nicht zu schrecken, wenn ich dabei etwas ins Grundsätzliche gerate.

Nach geltendem, aus dem Grundgesetz abgeleiteten Recht, hat der Beamte ein grundrechtsähnliches Individualrecht auf eine angemessene Besoldung. Das, was in diesem Zusammenhang »angemessen« ist, richtet sich nach der mit dem Amt verbundenen Verantwortung und – nach Maßgabe der Bedeutung des Berufsbeamtentums für die Allgemeinheit – nach der Entwicklung der allgemeinen wirtschaftlichen und finanziellen Verhältnisse und des allgemeinen Lebensstandards. Das ist das eine. Das andere ist, daß der Gesetzgeber in alleiniger Zuständigkeit über die jeweilige Höhe der Besoldung entscheidet.

Nach wie vor beruht unser Dienstrechtssystem – wir waren uns darüber schon klar geworden – auf einer Differenzierung zwischen Beamtenrecht, für das die Gesetzesmaxime, und dem Tarifrecht, für das die Vertragsmaxime gilt. Daran will der DBB auch festhalten.

Wenn der DBB also das Prinzip einer »eigenständigen Beamtenbesoldungspolitik« vertritt, so bringt er damit zum Ausdruck, daß die Beamtenbesoldungspolitik anderen Rechtsgrundsätzen folgt als die

Tarifpolitik. Sobald ich diesen Sachverhalt von den jährlich fälligen linearen Besoldungserhöhungen abziehe und ihn beispielsweise auf strukturelle Besoldungsregelungen anwende, fällt das auch sofort ins Auge.

Denken Sie beispielsweise an das Erste Gesetz zur Vereinheitlichung und Neuregelung des Besoldungsrechts in Bund und Ländern von 1971![21] Da kann doch nur ein Tor behaupten, auch die darin getroffenen Regelungen seien ein bloßer Abklatsch von Tarifverhandlungen.

Wir haben bei den Verhandlungen über dieses soeben erwähnte Gesetz auch erreicht, und zwar gegen heftigsten Widerstand des DGB erreicht, daß in das Bundesbesoldungsgesetz eine besondere Vorschrift (§ 60)[22] aufgenommen worden ist, die den Gesetzgeber zur regelmäßigen Anpassung der Dienst- und Versorgungsbezüge an die allgemeine wirtschaftliche und Einkommensentwicklung verpflichtet. Der Gesetzgeber selbst bekennt sich demnach uneingeschränkt dazu, daß die Beamtenbesoldung allein in seiner Hand liegt und demnach »eigenständig«, wie wir sagen, ist. Daran gibt es nichts zu rütteln und zu deuteln.

Etwas ganz anderes ist es, wenn es um die Anpassung der Dienstbezüge im Rahmen des § 60 geht. Da ist der Gesetzgeber an die Haushaltsansätze gebunden, auch wenn diese keineswegs mit den von uns anhand amtlicher statistischer Unterlagen errechneten Zahlen zusammenstimmen.

Man kann diese Dinge auch nicht kurzschlüssig so betrachten, daß »eigenständige Beamtenbesoldungspolitik« immer ein Mehr an linearer Anpassung erbringen müsse, als sie den Angestellten und Arbeitern des öffentlichen Dienstes zukommt. In diesem Punkt besteht ein und dieselbe Wechselbeziehung, wie wir sie aus dem Arbeitszeit- und Urlaubsrecht, bei den Reise- und Umzugskosten und ähnlichen Dingen mehr kennen. Uns bricht kein Zacken aus der Krone, wenn ab und zu einmal im Tarifbereich Verbesserungen zuerst herausgeholt werden, obwohl wir es waren, die sie seit langem gefordert haben.

Es gibt genügend Bestimmungen im BAT und in den Manteltarifver-

21 Vgl. Erstes Gesetz zur Vereinheitlichung und Neuregelung des Besoldungsrechts in Bund und Ländern (1. BesVNG) vom 18. März 1971; BGBl I. 1971, S. 208ff.

22 Vgl. Bundesbesoldungsgesetz (BBesG) in der Fassung vom 5. August 1971; BGBl I 1971, S. 1281ff. (§ 60, S. 1297).

trägen der Arbeiter, die an das Beamtenrecht gebunden sind, wo also Regelungen im Beamtenrecht automatisch in das Tarifrecht hineinwirken.

Warum also diese Hektik, wenn die Entwicklung auch einmal umgekehrt verläuft!? Wissen die Beamten denn nicht, wie erregt die Angestellten und Arbeiter sind, weil bei ihnen vieles noch weit schlechter ist?

Die Frage ist allein, ob dadurch eine eigenständige Beamtenpolitik oder Beamtenbesoldungspolitik schlechthin vereitelt wird oder nur in eine in der Natur der Sache liegende Wechselbeziehung gerät.

Kann man es einem Bundesinnenminister ernstlich verübeln, wenn er sich auf den Standpunkt stellt: Mit den Beamten verhandle ich erst, wenn ich weiß, wie die IG-Metall abschließt und ich daraus meinen Verhandlungsspielraum ablesen kann, den ich bei der Tarifrunde mit ÖTV und DAG habe.

Würde er die Sache umgekehrt aufziehen und ohne Rücksicht auf die Tarifabschlüsse im öffentlichen und außeröffentlichen Bereich zuerst mit den Beamten verhandeln – bitte sehr, wir haben diese Fälle mehrfach gehabt, so z. B. 1964, wo die Beamten am 1. Oktober mit 8 Prozent Besoldungserhöhung in der Vorhand lagen –, dann kamen die Tarifpartner immer günstiger davon, meist lagen sie dann um 2 Prozent besser als die Beamten.

Nicht, weil sie das Streikrecht hatten, sondern weil sie sich auf die zur Jahreswende herausgekommenen höheren Zuwachsraten der allgemeinen Einkommensentwicklung usw. berufen konnten. Der langen Rede kurzer Sinn: Das Prinzip einer eigenständigen Beamtenbesoldungspolitik behält auch dann seinen Sinn, wenn sich das Maß der Besoldungsverbesserung nach einem vorausgegangenen Tarifabschluß richtet.

Daraus zu schließen, die Sache sähe wesentlich besser aus, wenn auch die Beamten das Streikrecht hätten, weil sie tarifverhandeln dürften, ist ein fataler Kurzschluß. Wäre dies so und wäre beispielsweise der DBB als die für die Beamtenschaft maßgebliche Berufsvertretung tariffähig und streikberechtigt wie jetzt die ÖTV für die Angestellten und Arbeiter, würde dies an der augenblicklichen Sachlage wesentliches ändern?

Ich bin nicht dieser Meinung. Der DBB hätte vielmehr in einem solchen Fall mit schärfstem Widerstand der DGB-Gewerkschaften zu rechnen. Und warum? Weil der DGB niemals zulassen würde, daß andere Gewerkschaften als die ihm angeschlossenen höhere Forderungen durchsetzen, als er sie selbst (im Einvernehmen mit der Regierung) für richtig hält.

Wer das bezweifelt, braucht nur daran zu denken, wie kläglich wiederum die DAG bei den letzten Tarifverhandlungen mit ihrer Forderung untergegangen ist, deren Höhe noch etwas über der Forderung des DBB lag. Und dies trotz Tariffähigkeit und Streikrecht!

Der augenblickliche Stand und der Fortgang des Gesetzgebungsverfahrens im Falle des Zweiten Bundesbesoldungserhöhungsgesetzes stellt sich wie folgt dar: Den Gesetzentwurf hat die Bundesregierung am 23. Februar dem Bundesrat zugeleitet, der darüber voraussichtlich am 23. März abschließend beraten wird. Es ist damit zu rechnen, daß der Entwurf dann Anfang April den Bundestag erreicht. Vom 1. April an sind Abschlagszahlungen im Vorgriff auf die endgültige gesetzliche Regelung zu erwarten. Der DBB verfolgt seine ursprüngliche Forderung (8 Prozent linear und 50 DM Sockelzuschlag) unbeschadet der ablehnenden Entscheidung durch die Bundesregierung weiter. In gleichlautenden Schreiben hat er sich am 26. Februar an den Präsidenten des Bundesrates und an den Vorsitzenden des Innenausschusses des Deutschen Bundestages gewandt und auf einer Berücksichtigung seiner Forderung bestanden.[23]

Er ist in diesen Schreiben auch noch einmal auf die vordringlichen Forderungen des DBB zugunsten der Versorgungsempfänger eingegangen. Dazu hat er im einzelnen ausgeführt:

»Eine weitere Forderung, die nach einstimmiger Auffassung sowohl des Bundesvertretertages 1972 als auch des Bundeshauptvorstandes des Deutschen Beamtenbundes unbedingt Vorrang hat, ist die Erhöhung der Stellenplananpassungszuschläge von 5 auf 10 Prozent bzw. von 8 auf 12 Prozent. Durch die im Entwurf vorgesehene Erhöhung von 5 auf 6 Prozent bzw. von 8 auf 10 Prozent wird genau das Gegenteil von dem erreicht, was der Deutsche Beamtenbund mit seiner Forderung beabsichtigt: Die Annäherung der beiden Zuschläge zueinander als ersten

23 Vgl. dazu DBB-Nachrichten. Nr. 45, 6. März 1973.

Schritt für eine Vereinheitlichung bzw. Fortfall der Zuschläge zugunsten der Anhebung um eine Besoldungsgruppe für die Versorgungsempfänger. Damit wäre auch das Problem der ›Überholung‹ innerhalb verschiedener Besoldungsgruppen gelöst. Die sich durch unsere Forderung hinsichtlich der Erhöhung der Stellenplananpassungszuschläge ergebenden Kosten belaufen sich auf 71,5 Mio. DM = 0,5 Prozent der gesamten Personalaufwendungen des Bundes.«

Sie sehen also, daß mit einem bißchen guten Willen dieses Problem leicht zu lösen wäre.

Damit will ich schließen.

Ich habe versucht, Ihnen aus der Sicht des DBB einen gedrängten Überblick über die Probleme zu geben, die bei einer Reform des öffentlichen Dienstrechts eine wesentliche Rolle spielen. Vieles, was es dazu noch zu sagen gäbe, mußte wegen der knappen Zeit, die mir für meinen Vortrag zur Verfügung stand, ungesagt bleiben. Meine Ausführungen konnten daher wenig mehr als eine Anregung für Sie sein, sich selbst mehr in die Zusammenhänge der Dienstrechtsreform hineinzudenken und sich mit den dadurch aufgeworfenen berufspolitischen, aber auch staats- und gesellschaftspolitischen Fragen auseinanderzusetzen. Der DBB ist bestrebt, Ihnen hierbei mit geeigneten Informationsmitteln zur Hand zu gehen. Soweit dies nicht bereits bisher erfolgt ist, wird es in allernächster Zeit in verstärktem Maße geschehen.

Daß uns die längerfristig wirkende Diskussion um die Reformfrage nicht davon ablenkt, mit allem Nachdruck auch insofern am Feind zu bleiben, als es um die Lösung akuter interessenpolitischer Fragen geht, dürften Sie, wie ich hoffe, aus dem Schlußteil meines Vortrags entnommen haben.

Die augenblickliche Lage ist für uns in beiderlei Hinsicht schwierig. Wir haben sowohl nach der einen wie nach der anderen Seite erhebliche Widerstände zu überwinden. Die Zeiten also, wo unseren Mitgliedern vieles sozusagen in den Schoß fiel, sind vorbei. Wir sind in der Spitze des DBB und in dessen Mitgliedsverbänden mehr denn je auf die aktive Mitarbeit jedes einzelnen Mitglieds angewiesen. Nur wenn wir auf diese breite Resonanz und Unterstützung rechnen können, werden wir die uns gestellte Aufgabe erfolgreich lösen.

25. Mai 1973

Aktuelle beamtenpolitische Fragen

Vortrag auf dem Vertretertag des Bundes Deutscher Verwaltungsbeamtenverbände im DBB in Stuttgart
(Auszug)

Quelle: DBB-Archiv, Abt. Bulei 15 000–18 (maschinenschriftlich mit handschriftlichen Zusätzen A. Krauses)

Ich möchte zu drei Problemkreisen Stellung nehmen, ich will
- eine Bewertung des von der Studienkommission zur Reform des öffentlichen Dienstrechts vorgelegten Gutachtens vornehmen,
- mich zur Reform der Berufsbildung im öffentlichen Dienst und hier insbesondere der aktuellen Frage der Fachhochschulausbildung äußern
- und schließlich auf die gegenwärtige Besoldungssituation im öffentlichen Dienst – auch unter Berücksichtigung des Stabilitätsprogramms der Bundesregierung – eingehen[1].

Wenn ich mich zunächst mit dem von der Studienkommission zur Reform des öffentlichen Dienstrechts vorgelegten Gutachten[2] befasse, so schließe ich hiermit an die Ausführungen von Herrn Dr. Brockmann an[3], der eine inhaltliche Darstellung der Reformvorschläge gegeben hat.

So weit sind Sie also informiert, und ich will nun den Versuch machen, das Gutachten aus der Sicht des DBB zu bewerten und zu gewichten.

1 Dieser Teil der Rede wurde weggelassen.
2 Vgl. die Angaben S. 451 Anm. 5.
3 Vgl. dazu DBB-Nachrichten. Nr. 103, 30. Mai 1973.

Das Gutachten der Dienstrechtskommission kann hierbei gemessen werden an den eigenen Vorschlägen des Deutschen Beamtenbundes zur Reform des öffentlichen Dienstrechtes, die vom Bundesvertretertag 1972 des DBB verabschiedet worden sind.[4]

Diese Vorschläge sind von der Notwendigkeit ausgegangen, ein modernes, d. h. geänderten Verhältnissen und neuen Möglichkeiten entsprechendes Dienstrecht zu schaffen, diese Vorschläge berücksichtigen aber auch den Verfassungsauftrag des Grundgesetzes, den freiheitlich-sozialen Rechtsstaat zu verwirklichen.

Der Bundeshauptvorstand des DBB hat in seiner Sitzung in Berlin am 11./12. Mai 1973 seine Stellungnahme bereits abgegeben und in einer Entschließung das Gutachten insgesamt positiv bewertet.[5] Sie – diese Entschließung – faßt unsere Meinung zu den wichtigsten Punkten kurz zusammen und kann von mir nicht verbessert werden. Ich darf deshalb daraus zitieren:

»Der DBB nimmt mit Befriedigung vom Bericht der Studienkommission Kenntnis. Die Reformvorstellungen der Kommission entsprechen weitgehend dem Reformvorschlag des DBB. In allen wichtigen Grundsatzfragen sowie in den meisten Einzelheiten läßt sich die Übereinstimmung zwischen den Ergebnissen der Studienkommission und den im November 1972 vom Bundesvertretertag beschlossenen Reformvorschlägen des DBB feststellen.

Die Studienkommission hat sich im ganzen eindeutig für einen öffentlichen Dienst auf der Grundlage eines reformierten Beamtenrechtes ausgesprochen. Dies ist eine klare Entscheidung für das Berufsbeamtentum, eine Absage an alle diejenigen, welche die öffentlichen Dienstleistungen zum Schaden der Allgemeinheit und der Mitarbeiter im öffentlichen Dienst der parlamentarisch-demokratischen Entscheidung entziehen wollen.

Für die Vorstellungen des DGB, insbesondere für das sog. ›Status- und Folgerecht‹, hat sich in der Studienkommission keine Mehrheit gefun-

4 Vgl. Auf dem Weg zur Dienstrechtsreform? Eine Zwischenbilanz; DBB-Dokumente 6, S. 28ff.

5 Vgl. DBB für konkrete und realistische Konsequenzen aus Reformgutachten. Die Entschließung des Hauptvorstands im Wortlaut, in: Der Beamtenbund. 24. Jg., Nr. 6, Juni 1973, S. 3.

den. Die Kommission tritt vielmehr mehrheitlich für die Regelung des Dienstrechtes durch Gesetz ein und lehnt Tarifverträge und Arbeitskampf im öffentlichen Dienst ab.

Der DBB begrüßt nachdrücklich die Bestrebungen der Studienkommission, ein vereinheitlichtes Dienstrecht zu schaffen. Der Kommissionsbericht enthält hinreichende Ansätze für eine funktionsgerechte Gestaltung der Beschäftigungsverhältnisse.

Besonderen Wert legt die Studienkommission auf Leistungssteigerung und Leistungsgerechtigkeit. Auch dies deckt sich voll mit den Grundvorstellungen des DBB, der stets mit Nachdruck für eine noch stärkere Berücksichtigung des Leistungsprinzips eingetreten ist.

Der DBB hat allen Anlaß, in der weitgehenden Durchsetzung seiner Vorstellungen einen bedeutenden Erfolg auch seiner Arbeit zu sehen.«

Soweit das auszugsweise Zitat aus der Entschließung des Bundeshauptvorstandes. Die Vorschläge der Dienstrechtskommission sind also ein sachgerechter Ausgangspunkt für die Reform des öffentlichen Dienstrechts. Es wird unsere gemeinsame Aufgabe sein, diesen Vorschlägen der Experten auch im politischen Raum Wirkung und Durchsetzungsmöglichkeiten zu verschaffen, und in den Punkten, in denen die Dienstrechtskommission hinter den Vorschlägen des DBB zurückgeblieben ist, unsere eigenen Auffassungen deutlich und pointiert zu vertreten.

Ziel aller Bemühungen zur Reform des öffentlichen Dienstes muß es hierbei sicher sein, den in der öffentlichen Verwaltung tätigen Menschen bessere Bedingungen zu verschaffen, zugleich aber die Funktionsfähigkeit der öffentlichen Verwaltung nicht nur zu erhalten, sondern zu verbessern. Dienst in der öffentlichen Verwaltung ist Dienst am Bürger und für den Bürger. Wer also eine Reform des Dienstrechtes nur unter Gruppeninteressen betreibt, läuft Gefahr, daß die Funktion der Verwaltung als Dienst für die Allgemeinheit nicht mehr genügend berücksichtigt wird und deshalb politisch keine Resonanz findet.

Um es konkret zu sagen, wer der Durchsetzung von Interessengesichtspunkten absolute Priorität vor der Funktionserhaltung der Verwaltung im Interesse der Bürger einräumt und das Streikrecht im gesamten öffentlichen Dienst fordert, betreibt – zumindest langfristig – auch eine gegen seine eigenen Interessen gerichtete Politik; denn ein solches Verhalten wird die Öffentlichkeit mit dem rigorosen Abbau der besonderen sozialen Sicherung des öffentlichen Dienstes beantworten, vielleicht ohne zu erkennen, daß damit die relative Unabhängigkeit des öffentlichen Dienstes restlos verlorengehen muß.

Wir halten es daher für eine der ganz substantiellen Entscheidungen der Dienstrechtskommission, daß sie sich gegen den Streik im öffentlichen Dienst ausgesprochen hat. Diese vermeintliche Schwächung für die Durchsetzung von Interessenstandpunkten eröffnet in Wirklichkeit neue Dimensionen für eine sachgerechte und wirksame Interessenpolitik.

Hierfür haben wir das Modell der partnerschaftlichen Dienstrechtsgestaltung entwickelt, in dessen Mittelpunkt die paritätisch besetzten Beamtenkommissionen mit weitgehenden Initiativ- und Antragsrechten stehen. Leider hat sich die Dienstrechtskommission für diese Konzeption nicht in vollem Umfang ausgesprochen, sondern lediglich einen Besoldungsbeirat gefordert, der jedoch nur Entscheidungshilfe geben kann.

Wir sind demgegenüber der Auffassung, daß eine Ablehnung des Tarif-Streik-Modells im öffentlichen Dienst die zwingende Konsequenz hat, die Einwirkungsmöglichkeiten der Gewerkschaften bei der Vorbereitung gesetzlicher Regelungen entsprechend zu stärken und sie zu gleichberechtigten Partnern gegenüber den Regierungen in Bund und Ländern zu machen. Gerade darauf zielen aber die Vorschläge des DBB zur Einrichtung von Beamtenkommissionen ab.

Um zu diesem Punkt noch einmal zusammenzufassen: Wir halten eine Verstärkung und Verbesserung der Mitwirkung der Bediensteten über ihre Gewerkschaften für dringend erforderlich, lehnen aber die Einführung des Streiks im öffentlichen Dienst, gegen den es zunächst keinen Schutz der Öffentlichkeit gibt, ab, weil die Öffentlichkeit aufgrund von Arbeitskämpfen im öffentlichen Dienst die Regierung und Parlamente zwingen wird, sämtliche besonderen sozialen Sicherungen abzubauen, um die Arbeitskampfparität sicherzustellen, und damit den öffentlichen Dienst in den Zustand reduzierter sozialer Sicherheit zurückzuversetzen, die wir keinesfalls wollen, die auch nicht im Interesse der Allgemeinheit liegt.

Lassen Sie mich noch etwas zur Durchsetzung der Reformvorschläge sagen: Die Vorschläge der Dienstrechtskommission werden nunmehr dem Deutschen Bundestag zugeleitet. Damit beginnt die Diskussion im allgemeinen politischen Raum. Die Parteien haben sich hinsichtlich der Grundentscheidung, auf welche Weise die Vereinheitlichung des Dienstrechtes vorgenommen werden soll, noch nicht endgültig entschieden.

Zwar hat der SPD-Parteitag vor Vorlage des Gutachtens der Dienstrechtskommission sich die DGB-Forderung nach Einführung des Status- und Folgerechtes zu eigen gemacht.[6] Ich gehe jedoch davon aus, daß dies noch kein wirklich »reflektierter« Beschluß war – wie man neuhochdeutsch zu sagen pflegt. Andernfalls müßte man sich sehr ernsthaft die Frage stellen, ob sich die SPD nur noch als Vollzugsorgan von DGB-Beschlüssen versteht, was das Selbstverständnis dieser Partei, die sich als Volkspartei versteht, erheblich in Frage stellen dürfte.

Wir erwarten von der SPD, daß sie sich mit den Beschlüssen der Dienstrechtskommission sachlich auseinandersetzt und ihren Parteitagsbeschluß in ihrem endgültigen Orientierungsrahmen revidiert.

Welche Art von politischer Auseinandersetzung wir im Zusammenhang mit den Vorschlägen der Dienstrechtskommission zu erwarten haben, macht eine Äußerung des ÖTV-Chefs Kluncker deutlich. Kluncker, noch niemals zimperlich in der Beurteilung oder Prognostizierung von Vorgängen, erklärte, wenn man entsprechenden Presseberichten Glauben schenken darf, daß in Deutschland eher die Lichter ausgingen, als daß das Gutachten der Dienstrechtskommission Gesetz würde.[7]

Wir werden den Zustand dieser Demokratie daran zu messen haben, inwieweit solche – man muß schon sagen – unqualifizierten Drohungen, die hart bis an die Grenze der Verneinung des demokratischen Staatswesens gehen Einfluß auf den politischen Willensbildungsprozeß in diesem Lande haben können.

Diese wenigen Bemerkungen zum Problem Dienstrechtsreform sollten nur die Schwierigkeiten aufhellen, mit denen wir es in diesem Bereich zu tun haben werden.

6 Vgl. dazu Öffentlicher Dienst auch im Orientierungsrahmen '85. SPD für Einheitsdienstrecht, in: Der Beamtenbund. 24. Jg., Nr. 5, Mai 1973, S. 2.

7 Vgl. Die Welt. Nr. 110, 12. Mai 1973 (»Kluncker: Um das Beamten-Streikrecht wird gekämpft«).

Unser gemeinsames Bemühen muß es bleiben, bei unseren Kollegen, aber auch in der Öffentlichkeit, das Verständnis dafür zu verstärken, daß nur ein öffentlicher Dienst, der auf den Prinzipien der inneren und äußeren Unabhängigkeit und damit der sozialen Sicherung beruht, in der Lage ist, als neutraler Sachwalter des Staates uneigennützig seinen Dienst zum Wohle der Allgemeinheit zu verrichten. Der öffentliche Dienst – von interessierter Seite bewußt fälschlich als Enklave der Unfreiheit, als Hort von risikofeindlichen, nur verwaltenden Menschen herausgestellt – muß im Bild der Öffentlichkeit wieder zurechtgerückt werden. Nur auf der Basis eines öffentlichen Meinungsklimas, das die Leistungen der öffentlichen Verwaltung richtig bewertet und anerkennt, können wir eine sachgerechte Reform des öffentlichen Dienstes erwarten. Dieser Prozeß der Bewußtseinsmachung wird hart und dornig sein. Dieser Weg muß jedoch im Interesse unserer Kollegen, im Interesse einer sachgerechten Neugestaltung des Berufsbeamtentums gegangen werden.

Ich darf mich nunmehr einem weiteren Problemkreis zuwenden, nämlich der Reform der Berufsbildung, insbesondere im gehobenen Dienst. Ich spreche damit einen Punkt an, bei dem der Deutsche Beamtenbund für sich in Anspruch nehmen kann, hier Initiator einer Entwicklung gewesen zu sein, deren politische Entscheidung inzwischen bereits weitgehend gefallen ist. Ich meine damit die Fachhochschulausbildung für den gehobenen Dienst. Diese Ausbildung haben wir immer als Hebel betrachtet, um zeitgerechte Lösungen der Vor- und Ausbildung aller Laufbahnen anzustoßen. Ohne jeden Zweifel wird die veränderte Ausbildung des gehobenen Dienstes zu Konsequenzen für alle Laufbahnen führen. Ohne allzusehr auf Einzelheiten einzugehen, möchte ich in diesem Zusammenhang wenigstens sagen, daß unser Konzept der Einstiegslaufbahn – d. h. der Aufhebung der Laufbahngruppen-Schranken, des Einstiegs nach Bildungsabschlüssen und des Aufstiegs nur nach Leistung und Bewährung – die eben erwähnten Veränderungen der Vor- und Ausbildung für alle jetzt noch vorhandenen Laufbahngruppen berücksichtigt.

Nachdem die Ministerpräsidenten der Länder am 30. Oktober 1968 beschlossen hatten, für den technischen Bereich die höheren technischen Lehranstalten in Fachhochschulen umzuwandeln, forderte der DBB in der Sitzung des Bundeshauptvorstandes in Hamburg bereits am 2. November 1968 die Errichtung von Fachhochschulen für Wirtschaft und Verwaltung auch für den gehobenen nichttechnischen Dienst.[8]

Konsequente Weiterverfolgung und Präzisierung dieser Forderung, damals zunächst noch etwas belächelt, zumindest aber skeptisch beurteilt, hat dazu geführt, daß in den Ländern Berlin und Baden-Württemberg bereits Verwaltungsfachhochschulen errichtet worden sind und in Nordrhein-Westfalen ein entsprechender Kabinettsbeschluß vorliegt, der die Einrichtung von Verwaltungsfachhochschulen vorsieht.

An der Entscheidung dieser Länder können auch die anderen Bundesländer und der Bund nicht vorbeigehen, so daß ich annehme, daß die politische Entscheidung zugunsten der Fachhochschulausbildung des gehobenen Dienstes im Grunde gefallen ist. Damit hat der konsequente und über viele Jahre lang stetig geführte Einsatz des DBB in dieser Frage einen ersten durchgreifenden Erfolg gehabt.

Ich sage deswegen ersten Erfolg, weil in der Frage der Fachhochschulausbildung noch viele Punkte regelungs- und klärungsbedürftig sind, nämlich

- die alsbaldige Errichtung von Fachhochschulen im Bund und in den übrigen Ländern,
- der endgültige Standort der Fachhochschulen für Verwaltung als interne oder externe Schulen,
- die sachgerechte besoldungsmäßige Einstufung der Fachhochschulabsolventen und
- schließlich das Problem der Nachgraduierung.

Ich will zu diesen Punkten jetzt kurz Stellung beziehen.

Es muß gewährleistet werden, daß im Bund und in allen Ländern Fachhochschulen für Verwaltung errichtet werden. Die Bemühungen des Bundesinnenministeriums konzentrieren sich im Augenblick darauf, ein einheitliches Vorgehen der Bundesländer, die noch keine Fachhochschulen errichtet haben, in Zusammenarbeit mit dem Bund zu erreichen.

Auch wir sind natürlich der Auffassung, daß ein einheitliches Vorgehen nützlich und notwendig ist, und zwar insbesondere hinsichtlich der

8 Vgl. Niederschrift über die Sitzung des Bundeshauptvorstandes des Deutschen Beamtenbundes am 1./2. November 1968 in Hamburg, S. 37, in: DBB-Archiv, Abt. Bgst, Bundeshauptvorstand 1968.

inhaltlichen Ausgestaltung der Fachhochschulen. Nur darf das Beschwören eines gemeinsamen Vorgehens nicht dazu führen, wie die Erfahrungen der Vergangenheit nur allzu oft gelehrt haben, daß die Reformen überhaupt nicht oder mit erheblicher zeitlicher Verzögerung durchgeführt werden. Eine weitere Verzögerung werden und können wir nicht hinnehmen. Für die Vorarbeiten bestand genügend Zeit, so daß ein Hinausschieben der Entscheidung auch sachlich nicht mehr darstellbar ist.

Wir erwarten daher, daß noch in diesem Jahr in allen Bundesländern und im Bund Verwaltungsfachhochschulen errichtet werden, die inhaltlich ein vergleichbares Studienangebot liefern.

Ebenfalls noch umstritten ist die Frage, ob Fachhochschulen für Verwaltung intern oder extern organisiert sein sollen. Die in Berlin und Baden-Württemberg errichteten Fachhochschulen sind als interne Bedarfsschulen konzipiert. Allerdings enthält das Berliner Errichtungsgesetz eine Bestimmung, daß die internen Fachhochschulen nach einer Übergangszeit von drei Jahren in den externen Hochschulbereich zu überführen sind. In Nordrhein-Westfalen ist beschlossen worden, Fachhochschulen für Verwaltung, Steuerverwaltung und Rechtspflege zu errichten und gleichzeitig als Versuchsmodell das Verwaltungsstudium an zunächst einer allgemeinen staatlichen Fachhochschule einzuführen. Diese konkurrierende Berufsbildung soll nach Auffassung der nordrhein-westfälischen Landesregierung zunächst praktische Erfahrungen über die Effektivität des verwaltungsexternen Studiums vermitteln. Sobald diese Erfahrungen vorliegen, will die Landesregierung die Möglichkeit einer generellen Einführung der verwaltungsexternen Ausbildung überprüfen.

Der DBB vertritt hierzu die Auffassung, daß für einen Übergangszeitraum die Errichtung von verwaltungsinternen Fachhochschulen akzeptiert werden kann, daß aber mittelfristig ihre Überführung in den allgemeinen Hochschulbereich erforderlich ist.

Gegen die verwaltungsexterne Lösung wird angeführt, daß externe Fachhochschulen Angebotsschulen seien, mit der Gefahr, daß am Bedarf »vorbeiproduziert« werde, während bei den internen Bedarfsfachhochschulen der Bedarf genau gesteuert werden kann.

Dieses Argument vermag deswegen nicht zu überzeugen, weil auch bei der verwaltungsinternen Lösung die Prozentzahl derjenigen, die den öffentlichen Dienst nach Durchlaufen der Ausbildung verlassen, nicht kalkulierbar ist.

Weiterhin wird eingewandt, bei den verwaltungsinternen Fachhochschulen vermeide man die im externen Hochschulbereich vorhandenen studentischen Unruhen. Ob man dies tatsächlich durch eine interne Lösung vermeiden kann, muß ich stark bezweifeln. Im übrigen klingt dieses Argument aber so etwas danach, als wolle man die Studenten an den internen Fachhochschulen mit Disziplinierung und Zwang steuern.

Ich rede hier nicht der Notwendigkeit studentischer Unruhen das Wort, auf der anderen Seite werden wir uns aber allen Tendenzen widersetzen, die darauf abzielen, aus mündigen Staatsbürgern nach einer durchlaufenen Ausbildung unkritische Nachvollzieher vorgegebener Verhaltensprozesse zu machen. Nur der kritische Staatsbürger erfüllt die Ansprüche an das Berufsbeamtentum, so wie wir es verstehen.

Das letzte Argument gegen die externe Fachhochschule ist, daß hier nicht die erforderliche Verbindung von Studium und Praxis herzustellen sei. Auch dies muß bezweifelt werden. Wir erleben gerade im Bereich der Juristenausbildung den Versuch der sog. einphasigen Juristenausbildung, in der auch Studium und Praxis, also der verwaltungsinterne Vorbereitungsdienst, integriert werden sollen. Noch niemand ist auf die Idee gekommen, hieraus die Forderung herzuleiten, die einphasige Juristenausbildung könne nur dann praktiziert werden, wenn verwaltungsinterne Juristenhochschulen errichtet würden.

Wer es mit der Wissenschaftlichkeit der Ausbildung des gehobenen Dienstes an Fachhochschulen ernst meint, kann sich nach unserer Auffassung nur für eine externe Lösung entscheiden, da nur hierdurch die Verbindung zu anderen Disziplinen, der Austausch wissenschaftlicher Erkenntnisse und die Möglichkeit der Forschung in ausreichender Weise sichergestellt ist.

Verwaltungsexterne Lösung bedeutet aber auch eine Verstärkung der Mobilität des einzelnen; denn bei der verwaltungsexternen Lösung ist die Ausbildung auf das Berufsfeld »Wirtschaft und Verwaltung« ausgerichtet, impliziert also die Wahlmöglichkeit, in den Bereich öffentlicher oder privater Administration zu gehen.

Unser Eindruck ist, daß von seiten der Dienstherren gerade diese verstärkte Mobilität befürchtet wird, weil sich hier die unter Umständen besseren finanziellen Angebote in der Wirtschaft auswirken könnten.

Dazu ein klares Wort: Wenn man sich zum Leistungsprinzip bekennt, und die Verbesserung der Ausbildung ist eine solche Auswirkung des Leistungsprinzips, dann kann dieses Leistungsprinzip nicht immer nur im Hinblick auf die Leistung des Bediensteten angewandt werden, sondern es muß in gleicher Weise auch für die Leistungen des Staates, d. h. die Bezahlung der Angehörigen des öffentlichen Dienstes gelten. Wenn man die Konkurrenz privater Unternehmen befürchtet, dann muß die Verwaltung eben eine attraktivere Besoldung anbieten.

Das leitet dazu über, wie die Fachhochschulabsolventen besoldet werden müssen: Der Bundeshauptvorstand des DBB hat hierzu gefordert, daß die Absolventen von Fachhochschulen mindestens in der Besoldungsgruppe A 11 eingestuft werden müssen. Diese Forderung wird vom Bundesinnenminister als Richtwert für das Jahr 1975 ins Auge gefaßt. Wir meinen demgegenüber, daß diese Einstufung bereits für Fachhochschulabsolventen, die jetzt die Fachhochschulen verlassen, gelten muß.

Für die Beamten des gehobenen Dienstes, die bereits in der Verwaltung tätig sind, muß nach unserer Auffassung eine sog. Nachgraduierung erfolgen. Wenn man davon ausgeht, daß sie eine erhebliche praktische Erfahrung in ihrem Berufsleben bereits erreicht haben, so ist ihr Leistungsstand dem der künftigen Fachhochschulabsolventen gleich zu bewerten. Dies rechtfertigt und zwingt zu zweierlei:

erstens müssen die Beamten den Absolventen der Fachhochschulen besoldungsmäßig gleichgestellt werden, d. h. auch mindestens nach A 11 übergeleitet werden;

zweitens muß diesen Beamten ebenfalls eine Graduierung zuteil werden, die der der Fachhochschulabsolventen entspricht. Es muß also im Bereich des nichttechnischen gehobenen Dienstes genauso verfahren werden, wie im Bereich des technischen gehobenen Dienstes.

Lassen Sie mich zusammenfassen: Fachhochschulen für Verwaltung sind umgehend im Bund und allen Bundesländern einzurichten. Die zunächst verwaltungsinternen Fachhochschulen sind nach einer Übergangszeit in den externen Hochschulbereich zu überführen. Den Fachhochschulabsolventen muß die Besoldungsgruppe A 11 als Einstiegsbesoldungsgruppe angeboten werden. Die bereits in der Verwaltung befindlichen Beamten des gehobenen Dienstes sind entsprechend überzuleiten; ihnen ist eine Graduierung zu verleihen, die der der Fachhochschulabsolventen entspricht. Nur auf diese Weise kann vermieden werden, daß es künftig im Bereich des gehobenen Dienstes Beamten erster und zweiter Klasse gibt. [...][9]

9 Vgl. oben Anm. 1.

1. Juli 1973

Öffentlicher Dienst mit Schlüsselrolle im Sozialstaat

Beitrag anläßlich des Fluglotsen-Streiks im Sommer 1973

Quelle: Deutsches Allgemeines Sonntagsblatt. Nr. 26, 1. Juli 1973, S. 4
Der Beamtenbund. Monatszeitung des Deutschen Beamtenbundes. 24. Jg., Nr. 8, August 1973, S. 3 (nach Deutsches Allgemeines Sonntagsblatt)

Wenn der Staat bestreikt wird

Die »Alle-Jahre-wieder-Rebellion« der Fluglotsen erregt diesmal weitaus breitere Kreise der Öffentlichkeit als früher. Waren es sonst im wesentlichen nur die mittelbar Betroffenen, die Flugreisenden, die ihrem Unmut über die als »Dienst nach Vorschrift« kaschierte Bummelei der Fluglotsen Luft machten, ist jetzt die Empörung darüber nahezu allgemein. Die gezielte Störung der Urlaubsreisen, die im Fernsehen gezeigten, an Unmenschlichkeit grenzenden Zustände in den Warteräumen der deutschen Flughäfen sowie eine bestimmte Sachzusammenhänge offenlegende Informationspolitik der Bundesregierung haben bewirkt, daß den Fluglotsen kaum noch jemand ihre Beteuerung abnimmt: »Die Fluglotsen handeln nicht gegen die Passagiere, sondern für deren Sicherheit.«

Trotz allem ist es schwierig, in dem Streit des Verbandes Deutscher Flugleiter mit der Bundesregierung zu einem ausgewogenen, beiden Seiten gerecht werdenden Urteil zu gelangen. Ohne jeden Zweifel handeln die Fluglotsen rechtswidrig; sie verletzen geltendes Recht.

Allein die Berufung auf geltendes Recht hilft aber noch nicht dessen flagrantem Bruch ab. Wenn die Bundesregierung, wie es den Anschein hat, keine Mittel und Wege sieht, dem verantwortungslosen Handeln der Fluglotsen wirksam entgegenzutreten, sollte sie das Recht lieber aus dem Spiel lassen. Nichts ist dem Rechtsbewußtsein abträglicher als die Erkenntnis, daß die Bindung an geltendes Recht nicht mehr greift und die »normative Kraft des Faktischen« den Staat zur Ohnmacht verurteilt.

Die Fluglotsen berufen sich auf einen Dienst, der ihnen besondere Verantwortung, übergroße nervliche Beanspruchung, blitzschnelles Reagieren abverlangt. Sie werfen der Regierung vor, ihnen die personellen, organisatorischen, technischen und finanziellen Voraussetzungen vorzuenthalten, unter denen die von ihnen geforderten dienstlichen Leistungen zumutbar seien: Personalmangel trotz ständig wachsender Anforderungen; unzureichende Koordination der zivil-militärischen Zusammenarbeit sowie schwerwiegende Unterlassungen in Fragen der Ausbildung; rückständige Ausstattung mit technischen Geräten, unangemessene Honorierung der tatsächlich erbrachten Leistungen.

Kein Risiko des Arbeitsplatzes

Die Bundesregierung beruft sich auf seit mehreren Jahren eingeführte Vergünstigungen, die in dieser weitgehenden Form noch keiner anderen, unter ähnlich schwierigen Bedingungen wie die Fluglotsen arbeitenden Beamtengruppe zugestanden worden sind:

- Herabsetzung der wöchentlichen regelmäßigen Arbeitszeit von 42 auf 37 bis 31 Stunden mit Wirkung vom 1. September 1970;
- Regenerationskuren von vier bis sechs Wochen in Abständen von fünf Jahren;
- großzügige Pausenregelung, bei entsprechender Personalbemessung und Bereitstellung von Ruheräumen;
- Einführung eines neuen Ausbildungssystems im Jahre 1972;
- Bereitschaft zur Herabsetzung der Altersgrenze, die im übrigen öffentlichen Dienst bei der Vollendung des 65. Lebensjahres liegt, um 13 Jahre (Vollendung des 52. Lebensjahres);
- Verbesserung der Beförderungsmöglichkeiten: Anstellung in der Besoldungsgruppe A 10 (Grundamtsbezeichnung »Oberinspektor«), Beförderung nach der Besoldungsgruppe A 11 (Grundamtsbezeich-

nung »Amtmann«) in der Regel mit dem 25. Lebensjahr, nach Besoldungsgruppe A 12 (Grundamtsbezeichnung »Amtsrat«) mit dem 32. Lebensjahr;
- Zahlung von ruhegehaltfähigen Stellenzulagen von monatlich 145 DM; 45 DM mehr als im allgemeinen Verwaltungsdienst;
- Erschwerniszulagen von monatlich 120 DM;
- Gehaltsvorsprung vor gleichaltrigen Beamten der allgemeinen Verwaltung im Regelfall (ohne Berücksichtigung der den Fluglotsen bewilligten sonstigen Erleichterungen) bei einem 27jährigen Fluglotsen monatlich rund 480 DM, bei einem 33jährigen Fluglotsen rund 470 DM.

Nun liegen Forderungen der Fluglotsen auf dem Tisch, die bei einem 24jährigen rund 587 DM, bei einem 33jährigen rund 825 DM, bei einem 47jährigen rund 885 DM ausmachen. Das sind Steigerungsbeträge zwischen 33 und 37 v. H. Zugestanden hat die Bundesregierung Beträge von rund 121 DM, 156 DM und 181 DM.

Ich übernehme die Angaben im letzten Absatz hier ungeprüft, ich lasse auch außer Betracht, daß im Einzelfall diese oder jene Angabe der Bundesregierung rechnerisch nicht voll aufgeht. Insgesamt ergibt sich jedoch: Die Bundesregierung ist nicht, wie ihr die Fluglotsen vorwerfen, untätig gewesen. Sie hat vielmehr dieser Berufsgruppe im öffentlichen Dienst Zugeständnisse gemacht, die weit über das hinausgehen, was dienstlich ebenso belastete Berufsgruppen des öffentlichen Dienstes auch für sich in Anspruch nehmen könnten.

Der Bundesregierung kann deshalb auch nicht der Vorwurf erspart bleiben, daß sie, unter Druck gesetzt, Forderungen nachgegeben hat, wodurch, bezogen auf den gesamten öffentlichen Dienst, das Besoldungsgefüge gesprengt worden ist und von dessen »innerer Gerechtigkeit« nicht mehr die Rede sein kann.

Vor dem Innenausschuß des Deutschen Bundestages hat Bundesinnenminister Genscher am 6. Juni 1973[1] nach Aufzählung der den Fluglotsen gemachten Zugeständnisse erklärt: »Das bedeutet, daß nicht alle ihre Forderungen erfüllt sind. Das aber gilt ja auch für andere Gruppen des öffentlichen Dienstes, die ihre Forderungen zurückstellen

1 Vgl. Deutscher Bundestag. Innenausschuß. Protokoll Nr. 12: Kurzprotokoll der 12. Sitzung des Innenausschusses am 6. Juni 1973, S. 19.

mußten. Diese Angehörigen des öffentlichen Dienstes tun dennoch vorbildlich ihre Pflicht als Bahnbeamte, in der Krankenpflege, in der Steuerverwaltung, im technischen Dienst, als Polizeibeamte, um nur einige Beispiele zu nennen.«

Das ist völlig richtig. Aber ich muß dagegen fragen: Wie lange gedenkt man eigentlich die Geduld der von Genscher erwähnten Berufsgruppen – und es sind nach seiner eigenen Darstellung nur einige beispielhaft aufgezählte – zu strapazieren, wenn die Bundesregierung sich nicht imstande sieht, den im Flugsicherungsdienst schwelenden Brand endlich rücksichtslos zu löschen? Es ist doch geradezu absurd, von den unzähligen Benachteiligten, die sich auf mindestens dieselben dienstlichen Belastungen wie die etwa 2500 Leute in der Flugsicherung berufen können, ständig »Enthaltsamkeit« zu erwarten, wenn ihnen vorexerziert wird, daß das »Faustrecht« die einzige Sprache ist, die dieser Staat zu verstehen scheint.

Man schaue sich doch einmal an, welchen Vorsprung sich die Fluglotsen im Vergleich zu anderen Beamtengruppen »erkämpft« haben. Heute sieht dies so aus:

Im Eingangsamt befinden sich bei den Fluglotsen 10,9 v. H., bei den Steuerbeamten 52,0 v. H., bei den technischen Beamten 48,0 v. H. Im ersten, zweiten und dritten Beförderungsamt stellt sich dieses Verhältnis wie folgt dar: Fluglotsen 36,3 v. H., 42,0 v. H., 10,8 v. H.; bei den Steuerbeamten 31,0 v. H., 13,0 v. H., 4,0 v. H.; bei den technischen Beamten 34,0 v. H., 13,5 v. H., 4,5 v. H.

Die fragwürdige Politik der Bundesregierung, Forderungen auf rechtswidrigen Druck einer zahlenmäßig absolut unbedeutenden Gruppe von Angehörigen des öffentlichen Dienstes nachzugeben, wird sich eines Tages ad absurdum führen. Dann gibt es kein Halten mehr, dann wird zur Regel, was Bundesinnenminister Genscher im Blick auf die rechtswidrigen Kampfhandlungen der Fluglotsen gesagt hat: Sie werden »auf den Rücken unbeteiligter Bürger« ausgetragen. Das hat der Streik, das haben streikähnliche Maßnahmen im öffentlichen Dienst nun einmal so an sich.

Daran ist noch kein Staat zugrunde gegangen, sagen die Neunmalklugen. Nein, wahrhaftig nicht. Den Staat kann man bestreiken, sooft und solange man will. Dieses »Unternehmen« kann durch Streik nicht ruiniert werden; es hat jederzeit die Möglichkeit, die ihm zugefügten finanziellen Verluste durch Steuererhöhungen wettzumachen, und seine Beschäftigten tragen das Arbeitsplatzrisiko, das heißt jenes Risiko nicht, das bei privaten Unternehmen die Austragung von Arbeitskämpfen im letzten doch noch durch die Sorge um den Verlust des Arbeitsplatzes zügelt.

Der Gesichtspunkt, ob der Staat »an den Rand des Abgrunds« gebracht würde, ist daher auch völlig nebensächlich. Entscheidend ist vielmehr, ob die im Staat lebenden Menschen die für ein soziales Zusammenleben existentiell notwendigen Leistungen kontinuierlich erhalten. Wenn das Sozialstaatsprinzip, ein unantastbarer Grundwert unserer Verfassungsordnung, nicht leerlaufen soll, ist ein Streik im öffentlichen Dienst schon aus diesem Grunde ein Unding.

Das Rechtsstaatsprinzip hat in diesem Zusammenhang dasselbe Gewicht. Es kommt weniger darauf an, daß sich ein Arbeitskampf letztlich gegen das Parlament richtet und daher als »politischer« Streik dem Verdikt des Verfassungsbruchs verfiele. Klar zu erkennen gilt es vielmehr: Im Falle eines Streiks wäre die Verwaltung behindert, den ihr vom Parlament erteilten Auftrag zur Ausführung der Gesetze zu erfüllen.

Beamtenrecht soll Bürger schützen

Daher steht eindeutig fest: Da die vollziehende Gewalt ohne dienstliche Tätigkeit ihrer Mitarbeiter nicht handlungsfähig wäre, schließt jeder Streik in diesem Bereich zugleich einen Streik der vollziehenden Gewalt in sich.

Und auf wessen Rücken würde ein solcher Streik ausgetragen? Nach den Worten von Bundesinnenminister Genscher: einzig und allein »auf dem Rücken unbeteiligter Bürger«!

Aber wem sage ich das! Aus dem Blätterwald unserer Presse schallt mir immer nur der Ruf entgegen: Das Beamtenrecht ist schuld an der ganzen Misere, die uns im Falle der Fluglotsen Jahr für Jahr heimsucht. »Wenn Beamte also streiken wollen, dann sollten sie auf ihre Privilegien verzichten und in den Status des Angestellten zurückkehren.« Diesen

Lösungsvorschlag bietet zum Beispiel Hans Mundorf im »Handelsblatt« an.[2]

Als ob damit das Problem gelöst wäre, das er unter der Überschrift »Rückfall in das Mittelalter: Tarifautonomie als Fehderecht?« mit vielen beachtlichen Argumenten am Beispiel der Fluglotsen aufgezeigt hat! Würde denn nicht durch Rückführung der Fluglotsen aus dem Beamtenverhältnis in das Angestelltenverhältnis gerade das, was Mundorf nicht will, legalisiert?

Ich habe schon vor einem Jahr im »Deutschen Allgemeinen Sonntagsblatt« auf folgendes aufmerksam gemacht[3]: Eine Berufsgruppe, die schon bisher über lange Zeit hinweg zu erkennen gegeben hat, daß sie selbst bei der Anwendung illegaler Kampfmaßnahmen keine Skrupel kennt, wird in der Stunde des Konflikts vor härtestem Kampf erst recht nicht zurückschrecken, wenn sie sich vom Buchstaben des Gesetzes gedeckt weiß.

Hat man denn noch immer nicht begriffen, daß das Beamtenverhältnis nicht dazu bestimmt ist, eine bestimmte Berufsgruppe in unserer Gesellschaft zu privilegieren, sondern daß mit ihm auch bezweckt wird, gerade das auszuschließen, was im Falle der Fluglotsen Ärgernis erregt?

Man sollte sich endlich frei machen von dem gängigen Vorurteil, das Beamtenrecht konserviert Privilegien, die nicht durch entsprechende Leistungen aufgewogen werden. Das Beamtenrecht ist nicht zuletzt dazu da, den »Rücken unbeteiligter Bürger« von Belastungen zu verschonen, unter denen die von den Fluglotsen verursachten nur zu den vergleichsweise geringfügigen zählen.

Wer genügend Phantasie besitzt, um sich die Folgen entsprechender Verhaltensweisen im Bereich von Bahn und Post, bei Polizei, Strafvollzug, Zoll, Steuer, Kriegsopfer- und Rentenversorgung, geschweige denn von Gesundheitspflege, Umweltschutz, Unterrichtswesen, Versorgung mit Wasser und Strom vorzustellen, den würde sicher ein Gruseln überfallen, wenn diese Bereiche eines Tages bestreikt würden.

Dabei ist noch gar nicht einmal in Betracht gezogen, was allein der technische Dienst an Streikpotential besitzt. Die unbedeutende Zahl, die

2 Vgl. Handelsblatt. Nr. 113, 14. Juni 1973.

3 Vgl. Im Undienst der Öffentlichkeit, in: Deutsches Allgemeines Sonntagsblatt. Nr. 28, 9. Juli 1972.

im Augenblick den Luftverkehr durcheinanderbringt, ist ein Pappenstiel gegen die vielen Hunderttausende von Technikern in den verschiedensten Dienstzweigen der öffentlichen Verwaltung. Wenn die erst einmal auf die Barrikaden gingen, um es den Fluglotsen gleichzutun – und dazu hätten sie und andere Beamtengruppen manchen Grund –, dann würde sich mit einem Schlage herausstellen, wo die Wurzeln für ein einigermaßen geordnetes Zusammenleben der in die politische Ordnung unseres Gemeinwesens eingebundenen relevanten gesellschaftlichen Gruppen liegen: nämlich in einem öffentlichen Dienst, auf dessen sichere und ständige Aufgabenerfüllung Verlaß ist, der die Leistungskraft der Verwaltung nicht durch unvorhersehbare, unkontrollierbare Unterbrechungen beeinträchtigt und der das berechtigte Vertrauen der Bürger darauf nicht zerstört.

5. September 1973

Reform des öffentlichen Dienstrechts unter Berücksichtigung der Rechtsverhältnisse der Lehrer

Rede auf der Veranstaltung der Lehrerverbände des DBB in Bonn (Auszug)

Quelle: DBB-Archiv, Abt. Bulei 15 000–19 (maschinenschriftlich)

Nach Angaben des Statistischen Bundesamtes werden 1972 in der Bundesrepublik Deutschland, d. h. bei Bund, Ländern und Gemeinden, 1,5 Mio. Beamte, 983 000 Angestellte und 830 000 Arbeiter beschäftigt. Davon sind 658 000 im gesamten Bildungsbereich tätig. Insgesamt werden also im öffentlichen Dienst rund 3,3 Mio. beschäftigt und die Zahl wird weiter wachsen.[1]

Die zur Zeit aus den öffentlichen Haushalten aufzuwendenden Kosten betragen insgesamt rund 32 Prozent der Gesamtausgaben; in den Ländern und Gemeinden haben die Personalausgaben vielfach die 50-Prozent-Marke z. T. beachtlich überschritten.

Vor diesem Hintergrund ist in letzter Zeit das Stichwort Reform des öffentlichen Dienstrechts immer stärker in das Bewußtsein der Angehörigen des öffentlichen Dienstes, aber auch der Öffentlichkeit, gerückt worden, und vor diesem Hintergrund wird sich die Frage entscheiden, ob für den öffentlichen Dienst und die darin Beschäftigten die Chance einer Reform im Sinne der sachgerechten Fortentwicklung des Dienstrechts oder der Zwang der Unterordnung unter sachfremde politisch bestimmte Zielsetzungen Boden gewinnt.

1 Vgl. Statistisches Jahrbuch 1972, S. 118ff. Vgl. ferner Der Beamtenbund. 24. Jg., Nr. 10, Oktober 1973, S. 8 (»1980 über 4 Millionen im öffentlichen Dienst«).

Der öffentliche Dienst wird allerdings seit mindestens einem halben Jahrhundert dauernd reformiert. Selbst wenn man von den Denkschriftenfriedhöfen der Verwaltungsreform absieht, in denen sich aktive und ausgediente Beamte, Politiker und Wissenschaftler Monumente zu setzen versuchten – nahezu ebensoviel Tinte ist zur Reform des Statusrechts, der Rechte und Pflichten der öffentlichen Bediensteten verbraucht worden. Ausgangspunkt dafür war und ist noch heute das, was man als das deutsche Beamtenproblem bezeichnen kann.

Dieses sog. Beamtenproblem ist durch das Eindringen der Angestellten in den öffentlichen Dienst entstanden, einer Kategorie von Mitarbeitern im öffentlichen Dienst also, deren Dienstverhältnis nicht die besonderen Merkmale des öffentlich-rechtlich geregelten Beamtenverhältnisses aufwies, sondern dem für alle sonstigen Arbeitnehmer geltenden privat-rechtlichen Arbeitsverhältnis entsprach.

Was vor 1914 noch Ausnahme gewesen war, verstärkte sich im Zuge der Kriegswirtschaft und während der ganzen Weimarer Zeit: Es entstanden und veränderten sich in rascher Folge neue Staatsaufgaben, die man zunächst als vorübergehend ansah, die sich aber als endgültig oder doch langfristig herausstellten. Man stellte daher zunächst Angestellte ein, weil die Voraussetzungen für eine Verbeamtung zu fehlen schienen, man mußte jedoch diese Beschäftigungsverhältnisse beibehalten, ja ausbauen. Die Zahl der Angestellten wuchs stetig und näherte sich rasch der der Beamten; die Vertragsbediensteten nahmen nicht selten dieselben Funktionen wahr, wie die Beamten, sie wurden jedoch im privaten Angestelltenverhältnis beschäftigt und durften streiken, was den Beamten verboten war.

So also kam es zu jener eigentümlichen »Zweigleisigkeit« im öffentlichen Dienst, die bald systemlos wirkte und heftige Kritik hervorrief. Zugleich nahm die extreme Linke, schon in der Weimarer Zeit, den Kampf gegen das Berufsbeamtentum auf, indem sie nach sowjetischem Vorbild eine einheitliche Staatsarbeiterschaft forderte. Das Problem erhielt damit eine politische Dimension.

Durch den Nationalsozialismus wurde dies im Ergebnis verschärft. Zwar ebnete die streng autoritäre Arbeitsgesetz- und Tarifordnungsregelung des Dritten Reiches gewisse Unterschiede zwischen Beamten und Arbeitnehmern ein und es lag im System, daß möglichst viel Macht in

Staat und Gesellschaft in beamtenähnlicher »Amtsträgerschaft« ausgeübt werden sollte. Doch nach dem Zusammenbruch sah sich der deutsche öffentliche Dienst und vor allem das Berufsbeamtentum wieder der alten und noch heftigerer neuer Kritik ausgesetzt: Die Zweispurigkeit Beamte – Angestellte war nicht nur erhalten geblieben, sie hatte sich im Krieg noch verstärkt.

Man hielt den Beamten ihre auch im Dritten Reich bewiesene Staatstreue vor. Die Angriffe von links führten in der sowjetischen Besatzungszone zur Aufhebung des Beamtentums und zur Einführung des Staatsarbeitertums sowjetischer Prägung. Doch auch die Westalliierten, vor allem die Amerikaner hatten tiefgreifende Veränderungen im Sinn: In Verkennung der geschichtlichen Entwicklung wollten sie das Berufsbeamtentum abschaffen, in dem sie den Ausdruck der deutschen Obrigkeitsstaatlichkeit sehen und das sie für das Funktionieren des NS-Machtapparates verantwortlich machten. An seine Stelle sollte eine Staatsangestelltenschaft amerikanischer Prägung treten. Durch die Entlassung zahlloser Beamter wegen »politischer Belastung« wurde dem Gedanken der Lebenszeitsicherung schwerer Schaden zugefügt.

Die Verfassungsgeber von Bonn widerstanden jedoch diesem Druck. Sie erkannten, daß die wenigen noch funktionierenden Elemente deutschen öffentlichen Lebens nicht auch noch zerstört werden durften. Das Berufsbeamtentum wurde nicht nur als Kern des öffentlichen Dienstes aufrechterhalten, es wurde sogar erneut institutionell gesichert: Art. 33 Abs. 4 und 5 GG sieht vor, daß die Ausübung hoheitsrechtlicher Befugnisse in der Regel Beamten vorbehalten bleiben muß, deren Status, wie bisher, ausdrücklich auf ein »besonderes Dienst- und Treueverhältnis« gegründet wird. Das Recht des öffentlichen Dienstes ist unter Berücksichtigung der hergebrachten Grundsätze des Berufsbeamtentums zu regeln.

Die Angriffe gegen das Beamtentum flauten zunächst ab, von seiner Abschaffung war für Jahre nicht mehr die Rede, ja, der DGB erhob sich selbst zum Retter des Berufsbeamtentums. Doch das »Beamtenproblem« blieb, es verschärfte sich weiter, ohne daß die Öffentlichkeit, die Parteien, die Medien sich darum wesentlich gekümmert hätten. Die Staatsaufgaben nahmen weiter zu, die Zahl der Angestellten, ihr prozentualer Anteil am öffentlichen Dienst stieg weiter, immer systemloser wurde das Nebeneinander der beiden Bedienstetenkategorien. Das Angestelltenrecht näherte sich immer mehr dem Beamtenrecht an, das seinerseits auch einige Einzelheiten aus dem Arbeitsrecht übernahm. Der erhöhte Kündigungsschutz für Arbeitnehmer stellte ältere Angestellte in der Arbeitsplatzsicherung den Beamten weitgehend gleich.

Es lag nicht allzu fern, daß diese Entwicklung fruchtbaren Boden für die Forderung nach einer mehr oder weniger radikalen Vereinheitlichung der Dienstverhältnisse entstehen ließ, und zwar auch mit dem Ziele einer gänzlichen Verdrängung des Beamtenrechts zugunsten des Arbeitsrechts. So hat z. B. erst kürzlich der noch amtierende Hamburger Innensenator Ruhnau im betriebspolitischen Informationsdienst seiner Partei erklärt, auf die Dauer sei ein öffentliches Dienstrecht, das in einen immer größeren Widerspruch zu dem Arbeitsrecht der übrigen Wirtschaft gerät, nicht aufrechtzuerhalten oder gar zu konservieren.[2]

Wohlgemerkt: Hier ist nicht mehr die Rede allein vom Abbau des Beamtenrechts, sondern bereits die Eingliederung des öffentlichen Dienstrechts insgesamt – also auch des speziellen Tarifrechts für den öffentlichen Dienst – in das allgemeine Arbeitsrecht vorgesehen. Die Stimme Ruhnaus ist keine Einzelstimme, nur am Rande will ich jetzt schon vermerken, daß bei den Beratungen der sog. Dienstrechtskommission des BMI angeklungen ist, daß in einem einheitlichen Versorgungsrecht keine Möglichkeiten für Sonderregelungen für den öffentlichen Dienst bestehen würden.

Allerdings wird die Alternative des Herrn Ruhnau beim gegenwärtigen Stand der Reformdiskussion – obwohl von vielen als Endziel anvisiert – noch nicht als die einzig denkbare und vernünftige Reformlösung herausgestellt. Vordergründig wird mehr über die Zweckmäßigkeit einheitsdienstrechtlicher Regelungen auf beamtenrechtlicher oder auf tarifrechtlicher Grundlage debattiert: Alle Mitarbeiter des öffentlichen Dienstes sollen entweder Beamte oder Tarifbedienstete werden. Wie diese Reformvorstellungen aus der Sicht des DBB zu beurteilen sind, werde ich noch darstellen.

Daß eine Reform des öffentlichen Dienstes auch ein Politikum sein

2 Vgl. Der Beamtenbund. 24. Jg., Nr. 10, Oktober 1973, S. 6 (»Ruhnau mit Vorurteilen«).

kann, ist nie geleugnet worden. Dennoch hätte es bei einer weitgehend »technischen« Vereinheitlichungsdiskussion mit gewissen sozialpolitischen Aspekten bleiben können, wenn sich nicht Mitte des vergangenen Jahrzehnts die politische Landschaft verändert, wenn nicht der politische Wind rauher in alle Ecken geblasen hätte.

Spätestens mit dem Beginn der Großen Koalition 1967 wurde die Dienstrechtsdiskussion in die partei- und sozialpolitische Auseinandersetzung hineingerissen, ja, sie wurde zu einer ihrer großen Themen. Die »Systemüberwinder« griffen mit größter Härte das Berufsbeamtentum an, das sie als eine der Stützen der konservativen, bourgeoisen Ausbeutergesellschaft brandmarkten, als eine Schöpfung des Spätabsolutismus, in dem heute das Staatssklaventum des Neo-Obrigkeitsstaates das Fürstendienertum der alten Zeit fortsetze. Ton und Niveau dieser Attacken entsprachen dem, was auch sonst in den letzten Jahren üblich geworden ist und von manchem als Ausdrucksweise »mündiger Bürger« gefeiert wird. Die marxistischen Kategorien der Sklavenhalter- und Feudalgesellschaft wurden ausgiebig bemüht.

Diese groben Angriffe waren um so erfolgreicher, als sie auf einen weithin in sich nicht mehr geschlossenen und durch die Zurückhaltung der Dienstherren und Parlamente in der Besoldungspolitik weithin demoralisierten öffentlichen Dienst trafen, der sich immer mehr sozial an den Rand der Gesellschaft gedrängt sah, dessen bisheriger Vorsprung in der Sicherung durch die Entwicklung des Arbeitsrechts weithin aufgeholt war und der auch in der »Dienstleistungsgesellschaft« die kärglichen Reste früherer »Hoheit« noch einbüßte.

Auch die Beamten wurden daher zunächst weithin in ihrem Selbstverständnis verunsichert. Sie sahen ihre Reihen von Arbeitnehmern durchsetzt, ihren Status fragwürdig werden. Die Rechtswissenschaft, das Beamtenrecht, bot ihnen nur wenig Halt. Sie übte ihr kritisches Denkvermögen in dauerndem »Weiterproblematisieren« des Beamtenstatus, etwa in der schwierigen Abgrenzung von Hoheits- und Leistungsaufgaben. Über diesen reizvollen wissenschaftlichen Glasperlenspielen wurde nur zu oft übersehen, welche wahrhaft ungeheueren staatspolitischen Konsequenzen sich aus manchen dieser Aussagen ergeben mußten.

Der »Fortschritt« jedoch, von den gemäßigten Liberalen bis zu den

Systemüberwindern, erkannte sehr bald die neue politische Dimension der Dienstrechtsreform. Hinter der wüsten Polemik wurden bald ernsthafte und weittragende Argumente sichtbar. In eigenartiger Ehe verbanden sich hier politische Amerikanismen und Sowjetismen: Einerseits wurden die Fortschrittlichen von Effizienzbegeisterung erfaßt; der öffentliche Dienst sei so schwerfällig wie das Beamtenrecht mit seinen »starren Laufbahnen«, seinen überzogenen Sicherungen. Was not tue, sei der Manager-Beamte, der humane, dynamische, kreative, flexible usw., usw. Bürgerfreund; dieser müsse endlich den Staatsdiener ablösen, der noch immer geistig in Uniform zu Bett gehe.

Doch auf diese amerikanomane, effizienzstrotzende Wettbewerbsfreudigkeit folgte sogleich die sozialistische Welle bis hin zur Rätestaatlichkeit: Der Leistungsstaat müsse allgegenwärtig sein, Beamte könnten nur verwalten, nicht aber »Bedürfnisse befriedigen«. Dazu aber sei der Staatsdienst immer mehr aufgerufen, weil die Regelungsmechanismen des neokapitalistischen Systems versagten. Parteipolitische Demokratisierung im Parlament genüge nicht, die »echte« (rätestaatliche) Demokratie müsse in den Behörden, in Personalvertretung, Mitbestimmung, Tarifvertrag, Streik eingeführt werden. [...][3]

Mir scheint nun der Punkt gekommen zu sein, an dem ich Gefahr laufe, über die Behandlung der allgemeinen Gesichtspunkte einer Reform des öffentlichem Dienstrechts deren besonderen, nämlich die auf die Rechtsverhältnisse der Lehrer gerichteten Gesichtspunkte, allzu sehr zu vernachlässigen. Einer so krassen Unterlassungssünde möchte ich mich natürlich nicht schuldig machen, zumal die Ankündigung meines Vortrags ausdrücklich den Zusatz »unter Berücksichtigung der Rechtsverhältnisse der Lehrer« enthält.

Ich bin ganz froh darüber, in diesem Teil meines Vortrags noch ein paar Erklärungen über Fragen nachschieben zu können, über die ich, als ob sie unproblematisch wären, für Ihren Geschmack vielleicht zu schnell hinweggegangen bin.

So habe ich beispielsweise das Berufsbeamtentum in meine Reformrechnung als eine so feste Größe eingestellt, als ob an ihr überhaupt nicht zu rütteln sei. Ich habe mit einer allgemeinen Bemerkung auch alle

3 Es folgen Ausführungen über die Diskussion zu einem einheitlichen Dienstrecht.

Mitarbeiter des öffentlichen Dienstes für das Beamtenverhältnis beansprucht, unter weiter keiner Voraussetzung, als daß es sich um Mitarbeiter handeln müsse, die Ordnungs- oder Leistungsaufgaben erfüllen. Was im einzelnen unter solchen Aufgaben zu verstehen ist, wie es sich damit beispielsweise bei den Lehrern verhält und dergleichen mehr – das alles ist offengeblieben.

So will ich nun wenigstens jetzt, wo es speziell um Ihre Rechtsverhältnisse geht, etwas mehr Farbe bekennen, ohne daß Sie nun etwa einen ausführlichen Vortrag über Sinn und Zweck des Berufsbeamtentums in unserer Zeit oder über die Zuteilung von Beamtenfunktionen unter dem Gesichtspunkt ordnender oder leistender Verwaltung von mir erwarten dürfen, weil es sich dabei wieder um abendfüllende Sondervorträge handeln würde.

Um gleich mit der Tür ins Haus zu fallen: Ist der Beamtenstatus für Lehrer noch zeitgemäß? Wenn ich dem renommierten Bildungspolitiker Hellmut Becker, dem Leiter des Instituts für Bildungsforschung in der Max-Planck-Gesellschaft in Berlin, folge, so gehört der Lehrer nicht mehr ins Beamtenverhältnis hergebrachter Art.

»Zu den Voraussetzungen eines modernen Bildungswesens«, so schreibt Becker in dem bei Suhrkamp erschienenen Bändchen »Bildungsforschung und Bildungsplanung«[4], »paßt die Rationalität herkömmlicher Verwaltung nicht, weil sie die Trennung von oben und unten impliziert; ebensowenig kann der Lehrende Staatsdiener sein, der hoheitliche Aufgaben erfüllt und Weisungen nachkommt... Es wird nötig sein, für alle Lehrenden eine vom herkömmlichen Beamtenrecht abweichende juristische Form zu finden..., viele bestehenden Bestimmungen des Beamtenrechts passen nicht für den Lehrer... .«

Die daraus für eine Dienstrechtsreform zu ziehende Konsequenz wäre demnach ganz klar diese: Lehrer gehören nicht in das herkömmliche Beamtenverhältnis, sondern in ein Dienstverhältnis eigener Art. Wie dieses zu gestalten wäre, bleibt zunächst offen; auch Becker spricht sich darüber nicht näher aus – er läßt nur durchblicken: mit der »Aufgabe von Altersversorgung und ähnlichem« (d.h. wohl Siche-

4 Vgl. Hellmut Becker: Bildungsforschung und Bildungsplanung (= edition suhrkamp 483), Frankfurt a. M. 1971, S. 133 (die folgenden Zitate ebenda).

rung des Arbeitsplatzes) dürfe die »Entbeamtung« natürlich nicht verbunden sein.

Wir haben hier wieder einmal ein aufschlußreiches und vielsagendes Beispiel vor uns, das uns zeigt, wie durch eine falsche Interpretation des Beamtenverhältnisses und des ihm zugrunde liegenden Beamtenrechts dessen wirklicher Sinn und Zweck gänzlich entstellt werden.

Der Beamtenstatus zielt primär nicht darauf ab, den Beamten mit der Fuchtel der dienstlichen Weisung und der Unterordnung unter Vorgesetzte ständig in die Knie zu zwingen. Bezweckt wird mit dem Beamtenstatus vielmehr, dessen Inhaber zu innerer und äußerer Unabhängigkeit zu verhelfen, damit er sich bei seinen dienstlichen Handlungen ausschließlich von den Interessen der Allgemeinheit leiten lassen kann, ohne darin durch den Druck partikularer Interessen, seien es – im Falle der Lehrer – solche der Eltern, der Schüler, bestimmter Verbände usw., beeinträchtigt zu werden.

Diesen Urzweck des Beamtenstatus gilt es also zunächst einmal unverfälscht festzuhalten. Daß ihn viele (viele auch von uns) heute nicht mehr so im Bewußtsein haben, daß er für sie möglicherweise eher eine Belastung statt eine Stütze ist – dafür gibt es viele Gründe.

Aber ich darf vielleicht doch einmal fragen, ob nicht gerade heute, wo sich der schulische Bereich immer mehr zu einem Tummelplatz unterschiedlichster und gegensätzlichster Ideologien entwickelt – ob nicht gerade heute dem Lehrer aus dem Beamtenstatus jenes Maß an Unabhängigkeit zuwächst, das er zur Behauptung seiner persönlichen Autorität in Wahrung staatlicher Verantwortung für die ihm anvertrauten Aufgaben des Bildungswesens bitter notwendig hat.

Denn nach wie vor ist es doch so – und das bestreitet auch Becker nicht –, entsprechend Art. 7 GG ist der Zusammenhang zwischen Staat und Schulwesen unauflöslich. Über die Schulaufsicht (siehe Art. 7 Abs. 1 GG) – hier nicht etwa nur als Dienst- und Fachaufsicht, sondern als die Gesamtheit der staatlichen Befugnisse zur Organisation, Planung, Leitung und Beaufsichtigung des Schulwesens begriffen – wird die Lehrerschaft in die Staatsorganisation inkorporiert. Daß sie dafür in ein Rechtsverhältnis zum Staat tritt, das die in solchen Fällen üblichen Rechte und Pflichten nach sich zieht, sollte, wenn man es nüchtern betrachtet, so schrecklich problematisch eigentlich nicht sein.

Wenn Becker bewegt Klage darüber führt, daß »viele bestehenden Bestimmungen des Beamtenrechts« nicht für den Lehrer passen, weil er andere Rechte und andere Pflichten habe – ja nun, haben wir dann nicht besondere Regelungen für Hochschullehrer, Polizeibeamte, Feuerwehrleute usw. auch? Es handelt sich doch nur darum, das Grundverhältnis, den Status als solchen, einheitlich für alle jene zu gestalten, in deren Hand Funktionen liegen, die die Ausübung staatlicher Verantwortung, sei es unmittelbar oder mittelbar, in sich schließen, wodurch Sonderregelungen nicht ausgeschlossen sind.

Und wenn ich bei Becker lese, »daß die Verantwortung für das gesamte Bildungswesen unabhängig von der Trägerschaft beim Staat liegt, der sie durch Parlament, Regierung und Verwaltung ausübt«, so frage ich mich, was unter diesem Aspekt die Herauslösung der Lehrerschaft aus dem Beamtenverhältnis bzw. dessen Umwandlung in ein Rechtsverhältnis eigener Art eigentlich bewirken soll. Hier drängt sich mir eben der Verdacht auf, daß die von Bildungsreformern á la Becker ins öffentliche Dienstrecht hineingezielten »Reformimpulse« nichts weiter bezwecken als unter dem Motto »Mehr Freiheit für die Lehrer« das Signal zur Heranbildung des in jeder Hinsicht willfährigen Lehrers zu geben – willfährig gegenüber den »Schuloberen«, willfährig gegenüber den Eltern, willfährig gegenüber den Schülern, willfährig gegenüber der GEW...

Dort, wo Becker über die Notwendigkeit schreibt, das herkömmliche Beamtenverhältnis abzuschaffen und für die Lehrer ein neues Rechtsverhältnis anzuschaffen, steht nach dem auf den Lehrer bezogenen Satz: »Er hat andere Rechte und andere Pflichten« der bezeichnende weitere Satz: »Auch der Aufstieg zum Direktor sollte die zeitliche Übernahme einer besonderen Funktion, nicht die Beförderung an eine ›höhere Stelle‹ sein, auf der man dann verbleiben muß.«

Damit wird jener »reformträchtige« Punkt sehr deutlich angesprochen, der uns – im Augenblick noch beschränkt auf die nördlichen Bundesländer – demnächst zu schwierigen verfassungsrechtlichen Auseinandersetzungen zwingen wird. Stichwörter: Hamburgisches Schulverfassungsgesetz[5], Entwurf eines Niedersächsischen Schulverwaltungsgesetzes[6].

5 Vgl. die Angaben S. 567 Anm. 3.
6 Vgl. die Angaben S. 567 Anm. 4.

Dort ist nicht nur die »zeitliche Übernahme einer besonderen Funktion« akut, dort geht es um die Wahl (also Mitbestimmung einschließlich der Eltern und Schüler) in eine solche besondere Funktion, deren zeitlicher Übernahme zusätzlich noch eine Probezeit vorgeschaltet ist.

Damit sind so gut wie alle Sicherungen, die mit dem Beamtenstatus bisher verbunden waren, durchgebrannt. Dies ist der Anfang vom Ende der beruflichen Sicherung im Beamtenverhältnis. Denn der geschilderte, zunächst auf Rektoren beschränkte »Ernennungsmodus« würde sich als Muster für viele entsprechende Funktionsübertragungen anbieten.

Dem Berufsbeamtentum schlägt dieses Verfahren mitten ins Gesicht. Höherwertigen Dienstposten obliegt häufig die Kontrolle von Mitarbeitern. Überwachen und führen kann aber in der Regel nicht oder nur unvollkommen, wer selbst in seiner Position nicht gesichert ist, während es die zu Kontrollierenden – noch! – sind. Wer nur »auf Probe befördert« wird, verliert jedenfalls für diesen Zeitraum praktisch alle Statussicherungen des Beamtenrechts. Er unterliegt Pressionen von »oben«, von »unten«, von »außen«.

Ich meine, an diesem Beispiel wird deutlicher, was es mit dem ständigen Manipulieren am Beamtenstatus der Lehrer ganz allgemein auf sich hat.

Im Augenblick sind die Eingriffe in das gewachsene Dienstrechtsgefüge der Lehrerschaft noch begrenzt. Deutlich genug tritt jedoch der Trend hervor, der auf eine völlige Aushöhlung der Beamteneigenschaft der Lehrer hinausläuft.

Der geschilderten Entwicklung in den nördlichen Bundesländern sieht der DBB natürlich nicht tatenlos zu. Er hat inzwischen ein verfassungsrechtliches Gutachten in Auftrag gegeben, das die hier nur grobfädig geschilderten Zusammenhänge aufs genaueste unter die Lupe nehmen soll.[7] Mit der Veröffentlichung dieses Gutachtens ist im Laufe des nächsten Monats zu rechnen. Es wäre wünschenswert, wenn sich die im DBB organisierten Lehrerverbände mit dem DBB gemeinsam dieser äußerst wichtigen Sache annähmen und daraus das gehörige verfassungs- und verbandspolitische Kapital schlügen.

7 Vgl. S. 567 ff. mit Anm. 2.

Über die Reform des öffentlichen Dienstrechts kann ich vor Ihnen aber wohl nicht sprechen, ohne auch die aktuellen Fragen der Lehrerbildung und Lehrerbesoldung behandelt zu haben:

1. Lehrerbildung

Wie Sie sicherlich wissen, hat sich die Bund-Länder-Kommission für Bildungsplanung sehr intensiv mit der Reform der Lehrerbildung befaßt.[8] Hier sind zwischen den Vertretern der CDU-regierten Länder und den Vertretern der SPD-regierten Länder wesentliche Streitpunkte aufgetaucht, die bislang nicht bereinigt werden konnten. Dies hat zu einem Minderheitsvotum der CDU-Länder in der Bund-Länder-Kommission für Bildungsplanung geführt.

Der Streit besteht darin, ob die Lehrerbildung hinsichtlich der Stufenlehrer im wesentlichen gleich oder differenziert werden sollte. Die CDU-regierten Länder bestehen auf einer Differenzierung.

Der Deutsche Beamtenbund hat sich aufgrund einer Vorlage seiner Expertenkommission Schule, Bildung und Wissenschaft, in der die Vorsitzenden aller dem DBB angeschlossenen Lehrerverbände vertreten sind, mit dieser Frage ebenfalls befaßt. Nach Auffassung des DBB muß sich die Ausbildung für alle Lehrämter in zwei Phasen gliedern, nämlich das Studium und den Vorbereitungsdienst. Das Studium für alle Lehrämter hat an wissenschaftlichen Hochschulen zu erfolgen und Erziehungs- und Fachwissenschaft zu umfassen.[9]

Es soll nach Auffassung des DBB folgende Lehrämter mit stufenbezogenem Schwerpunkt geben, nämlich erstens das Lehramt für die Primarstufe, zweitens das Lehramt für die Sekundarstufe I und drittens das Lehramt für die Sekundarstufe II.

Das Studium zum Lehramt für die Primarstufe umfaßt ein für alle Lehrämter verbindliches erziehungswissenschaftliches Studium und ein stufenspezifisches erziehungswissenschaftliches Studium, das sich auf

8 Vgl. dazu und zum Folgenden: Beratungen der Regierungschefs von Bund und Ländern, Besprechung am 20. September 1973, in: Bulletin des Presse- und Informationsamtes der Bundesregierung. Nr. 116, 22. September 1973, S. 1149f.

9 Zum Ergebnis vgl. Bildungspolitische Konzeption des Deutschen Beamtenbundes (Beschluß des Bundeshauptvorstands vom 31. Oktober 1973), in: Deutscher Beamtenbund. Bundesvertretertag. Geschäftsbericht der Bundesleitung 1975. Hrsg. von der Bundesleitung des Deutschen Beamtenbundes, Bonn-Bad Godesberg 1975, S. D/54ff.

die Didaktik der Primarstufe bezieht und das Studium eines Fachs für die Sekundarstufe I, das zugleich die Lehrbefähigung für diese Stufe umfaßt. Die Mindeststudiendauer soll sieben Semester betragen.

Das Studium zum Lehramt für die Sekundarstufe I umfaßt ein für alle Lehrämter verbindliches erziehungswissenschaftliches Studium und das Studium von zwei Fächern. Die Mindeststudiendauer soll ebenfalls sieben Semester betragen.

Das Studium zum Lehramt für die Sekundarstufe II umfaßt ein für alle Lehrämter verbindliches erziehungswissenschaftliches Studium, das vertiefte Studium von zwei Fächern und eine Studiendauer von neun Semestern. Das Lehramt für die Sekundarstufe II soll die Lehrbefähigung für die Sekundarstufe I grundsätzlich einschließen.

2. Lehrerbesoldung

Aufgrund dieser Grundvorstellungen zur Lehrerbildung ergeben sich auch Konsequenzen hinsichtlich der Lehrerbesoldung. Da für Lehrer aller Schulstufen ein wissenschaftliches Studium und ein Vorbereitungsdienst gefordert wird, sind Lehrer aller Schulstufen nach dieser Reformkonzeption dem höheren Dienst zuzurechnen. Diese Konzeption steht im Widerspruch zu den Überlegungen etwa im Ministerium für Bildung und Wissenschaft, das zumindest die Lehrer der Primarstufe dem gehobenen Dienst weiterhin zurechnen will. Der Deutsche Beamtenbund wird sich hier mit allem Nachdruck dafür einsetzen, daß alle Lehrer, wenn die Voraussetzung, die das Beamtenrechtsrahmengesetz stellt, nämlich Hochschulausbildung und Vorbereitungsdienst, erfüllt sind, in den höheren Dienst gelangen.

Im übrigen muß aber innerhalb der Einstufung des höheren Dienstes eine Differenzierung nach der Dauer und der Qualifikation des Studiums gefunden werden. Hier wird man unter Umständen mit Zulagen oder einer höheren Einstufung arbeiten müssen.

Im übrigen darf ich darauf verweisen, daß der Entwurf des Zweiten Gesetzes zur Vereinheitlichung und Neuregelung des Besoldungsrechts in Bund und Ländern (2. BesVNG) verstärkt davon ausgeht, daß die Besoldung künftig funktionsgerecht ausgestaltet werden soll.[10]

10 Für den Gesetzestext vgl. BGBl I. 1975, S. 1173ff.

In Zusammenarbeit mit den Experten der Lehrerverbände haben wir inzwischen einen Katalog von Funktionen innerhalb des Schulbereichs erarbeitet. Diesen Funktionen sind dann Besoldungsgruppen zuzuordnen. Der DBB wird sich in seiner Bundeshauptvorstandssitzung im Oktober mit diesem Problem gezielt befassen und hierbei selbstverständlich auch die Lehrerverbände beteiligen.

Ein weiterer aktueller Punkt ist die Frage der

3. Arbeitszeit der Lehrer

Diese Frage ist im Augenblick unter zweierlei Gesichtspunkten besonders aktuell. Das Bundeskabinett hat inzwischen beschlossen, die Arbeitszeit für den allgemeinen Bereich des öffentlichen Dienstes von derzeit 42 Stunden pro Woche ab 1. Oktober 1974 auf 40 Stunden herabzusenken. Wir gehen als selbstverständlich davon aus, daß die Lehrer an dieser generellen Verkürzung der Arbeitszeit teilhaben müssen. Hierfür werden wir uns ebenfalls gezielt einsetzen.

Weiterhin wird aber derzeit von einer von den Ständigen Konferenzen der Innen-, Kultus- und Finanzminister der Länder eingesetzten Staatssekretärsgruppe die Arbeitszeit der Lehrer speziell untersucht. Diese Staatssekretärsgruppe hat eine Schweizer Unternehmensberatungsgesellschaft mit einer Untersuchung über die durchschnittliche Gesamtarbeitsbelastung der Lehrer beauftragt. Der DBB und die ihm angeschlossenen Lehrerverbände haben in mehreren Gesprächen Gelegenheit gehabt, zu der Untersuchungsmethode der Schweizer Unternehmensberatungsfirma Stellung zu nehmen. Das Gutachten der Firma wird für die nächsten Wochen erwartet.[11] Das Gutachten soll eine Entscheidungsgrundlage unter anderem für die Ständige Konferenz der Kultusminister bilden, welche Empfehlungen sie zur Verkürzung der Arbeitszeit der Lehrer, das ist eine Verkürzung der Pflichtstundenzahl, geben wird. [...][12]

11 Zum Gutachten der Zürcher Firma Knight-Wegenstein vgl. die Angaben oben in Anm. 9; hier S. 94.

12 A. Krause behandelt abschließend nochmals Aspekte der geplanten Dienstrechtsreform.

29. September 1973

Zu allgemeinen beamtenpolitischen und schulpolitischen Fragen

Ausführungen auf der Bundesvorstandssitzung des Deutschen Philologenverbandes in Deidesheim
(Auszug)

Quelle: DBB-Archiv, Abt. Bulei 15000–19 (maschinenschriftlich)

[...][1] Im Augenblick sind die Eingriffe in das gewachsene Dienstrechtsgefüge der Lehrerschaft noch begrenzt. Deutlich genug tritt jedoch der Trend hervor, der auf eine völlige Aushöhlung der Beamteneigenschaft der Lehrer hinausläuft.

Der DBB hat, wie Ihnen wahrscheinlich bekannt sein wird, Herrn Professor Dr. Leisner, Ordinarius für öffentliches Recht an der Universität Erlangen/Nürnberg, beauftragt, rechtsgutachtlich zu prüfen[2], ob verschiedene Bestimmungen des geltenden Hamburgischen Schulverfassungsgesetzes[3] sowie des Vorentwurfs für ein Niedersächsisches Schulgesetz[4] mit dem Grundgesetz sowie mit den Beamten- und Besoldungsgesetzen des Bundes vereinbar sind. Geprüft werden sollten dabei vor allem die beiden schon angedeuteten Fragen, nämlich:

1. Kann der Landesgesetzgeber vorsehen, daß die Position von Schullei-

1 Eingangs beschäftigt sich A. Krause mit Fragen einer Reform des öffentlichen Dienstrechts und setzt sich dann mit der Kritik am Beamtenstatus auseinander.

2 Vgl. Walter Leisner: Vorgesetztenwahl? dargestellt am Beispiel der Schulleiterwahl. Ein Beitrag zur Mitbestimmung im öffentlichen Dienst und zum Schulverfassungsrecht (= Godesberger Taschenbücher. Wissenschaftliche Reihe. Bd. 11), Bonn-Bad Godesberg 1974.

3 Vgl. Leisner, a.a.O., S. 81 ff. (Anhang).

4 Vgl. Leisner, a.a.O., S. 86 ff. (Anhang).

tern und andere herausgehobene Posten im Bereich der Schulverwaltung im Wege der Wahl durch Gremien besetzt werden, denen Vertreter von Lehrern, Eltern und Schülern angehören?

2. Darf der Landesgesetzgeber diese bisherigen Ämter abschaffen und ihre Funktionen von nun an auf Zeit bestimmten Beamten anvertrauen, welche für die Dauer der Funktionswahrnehmung eine Zulage erhalten?

Das Gutachten Professor Leisners ist kurz vor meiner Abreise bei mir eingegangen, so daß ich in der glücklichen Lage bin, Ihnen zum Schluß meiner heutigen Ausführungen bereits das Gesamtergebnis und einige wichtigere Passagen aus der Begründung vorzutragen. Im übrigen werden wir die sehr gründliche und daher auch ziemlich umfängliche Arbeit so rasch wie möglich drucken lassen, um sie über den Kreis der unmittelbar beruflich Interessierten hinaus möglichst breit zu streuen, vor allem auch die politischen Instanzen aller Stufen damit zu befassen.

Zunächst: Professor Leisner ist zu folgendem Gesamtergebnis seiner Untersuchungen gelangt: »Die Regelungen des Hamburgischen Schulverfassungsgesetzes und des Vorentwurfs zu einem Niedersächsischen Schulgesetz sind, soweit sie die Übertragung von Funktionen der Schulleiter und ähnlicher herausgehobener Dienstposten auf Zeit vorsehen und die Exekutive bei deren Besetzung an den Willen anderer Instanzen binden, mit dem Grundgesetz nicht vereinbar. Die Zulagenregelung für derartige Fälle nach dem Hamburgischen Schulverfassungsgesetz verstößt überdies gegen geltendes Bundesbesoldungsrecht.«

Professor Leisner hat nicht nur die Vereinbarkeit der Einschaltung von Gremien und der Bestellung auf Zeit mit dem Grundgesetz untersucht. Er ist auch sehr ausführlich auf die Zulässigkeit der wahlweisen Bestellung von Schulleitern auf Zeit nach Schulverfassungsrecht eingegangen.

Sie werden schon aus den Hauptüberschriften dieses einen Hauptteils des Gutachtens erkennen, wie weit dessen Rahmen gezogen ist und wie er deshalb verspricht, für uns auch noch allgemeine schulpolitische Erkenntnisse abzuwerfen, die wir, wie ich hoffe, über den unmittelbaren Anlaß und Zweck des Gutachtens hinaus für unsere Verbandsarbeit in einem noch größeren Umfang werden nutzbar machen können.

So setzt sich Professor Leisner in dem schulverfassungsrechtlichen Teil seines Gutachtens u. a. mit Fragen auseinander, wie:

- »Demokratisierung« und »demokratische Aufgabe« der Schule,
- angebliche Wandlung des Begriffs der »Schulaufsicht«,
- »Pädagogische Freiheit« als Begründung der Schulleiterwahl,
- Elternrecht und Schulleiterwahl,
- Schülerrecht und Mitbestimmung bei der Bestellung von Schulleitern.

Um den zeitlichen Ablauf Ihrer heutigen Sitzung nicht zu stören, möchte ich abschließend lediglich noch einige Kerngedanken aus dem beamtenverfassungsrechtlichen Teil des Leisnerschen Gutachtens herausstellen und damit dann meine kurzen Ausführungen beenden.

Der Gedankengang Professor Leisners verläuft in dem hier erwähnten Punkt hauptsächlich wie folgt: Die Ausübung »hoheitlicher Befugnisse« ist in der Regel Beamten vorzubehalten (Art. 33 Abs. 4 GG). Die Beförderung von Beamten ist ein Hoheitsakt. Daß dasselbe für die Bestellung von Schulleitern auf Zeit gelten muß, sei sie nun Übertragung eines höherwertigen Amtes auf Zeit oder von besonderen Funktionen, bedarf hier keines Nachweises.

Hier werden nun Nichtbeamten, den Eltern- und Schülervertretern, wesentliche Bestellungsbefugnisse übertragen und damit die »Ausübung hoheitlicher Befugnisse«. Zwar können Verwaltungsexterne in dieser Weise »beliehen« werden, es darf dies aber nicht zur »Regel« werden. Gegen die Verfassung verstößt es jedenfalls, wenn in einem großen und wichtigen Verwaltungssektor Entscheidungen, welche die gesamte Verwaltungstätigkeit betreffen, an verwaltungsexternen Willen gebunden werden. Dies aber geschieht hier, und zwar nicht in punktuellen Ausnahmebereichen oder durch »beliehene Unternehmer«, deren Figur als traditionell und daher als vom Grundgesetz gebilligt angesehen werden könnte. Vielmehr soll gerade die Bestellung von Beamten in externe Hand gelegt werden, welche dann die Ausübung anderer Hoheitsbefugnisse zur Folge hat.

Diese aber sollen deshalb grundsätzlich in Beamtenhand liegen, weil die Ausübung solcher Befugnisse mit Recht aus rechtsstaatlicher Sicht »gefährlich« erscheint und daher nur in besonderer Bindung an den Staat gestattet sein soll. Dieser klar erkennbaren Ratio der Verfassung widerspricht eine Regelung, die gerade die Bestellung solcher besonders »staatsverbundener« Bediensteten in verwaltungsexterne Hand legt. Eine solche allgemeine Gestaltung kann auch nicht mehr als eine

Ausnahme von einer sonst allgemeinen Regel angesehen werden, wie sie Art. 33 Abs. 4 GG erlaubt.

Mit Recht kommt daher ein vom Deutschen Bildungsrat in Auftrag gegebenes Gutachten zu dem Ergebnis, daß nur ein Wahlgremium mit suspensivem Veto geschaffen werden dürfe, da die Schulleiterwahl mit den hergebrachten Grundsätzen des Berufsbeamtentums unvereinbar sei.[5]

Das Beamtenverfassungsrecht verlangt nicht nur, daß die personellen Angelegenheiten der Beamten von staatlichen Instanzen geregelt werden, es erfordert darüber hinaus, daß »über Personalangelegenheiten eines Beamten in der Regel allein die ihm vorgesetzten Dienstbehörden entscheiden, die in einem hierarchischen Über- und Unterordnungsverhältnis stehen«.

Nach dem Bundesverfassungsgericht ist dies ein »hergebrachter Grundsatz des Berufsbeamtentums« im Sinne des Art. 33 Abs. 5 GG und damit bei jeder Neuordnung des öffentlichen Dienstrechts »zu berücksichtigen«.

»Berücksichtigt« wird der Grundsatz jedoch nicht, wenn bei Bestellungen von Schulleitern die Behörde an den Willen anderer gebunden wird, er wird vielmehr insoweit abgeschafft. Dies läßt sich auch nicht damit rechtfertigen, daß es sich eben um eine »Ausnahme« von einer im übrigen anzuerkennenden »Regel« handle: Hier wird für einen großen Verwaltungsbereich die praktisch wohl wichtigste Entscheidung generell der Exekutive entzogen. Wenn das »Ausnahme« sein soll, was erklärtermaßen so tiefgreifend einen großen Sektor der Zweiten Gewalt umgestalten soll, so hat es keinen Sinn mehr, hier überhaupt noch von Regel-Ausnahme-Verhältnis zu sprechen.

Wesentlich ist an dem Hierarchiegrundsatz, daß das Über-Unterordnungsverhältnis erhalten bleiben muß. Er wird also nicht nur dadurch verletzt, daß die verwaltungsexterne Eltern- und Schülervertretung mitbestimmen, sondern vor allem auch durch die Mitbestimmungsrechte der Lehrer. Deren Vorgesetzter ist ja der Schulleiter, die Vorgesetztenwahl verkehrt also einen hergebrachten Grundatz des Berufsbeamtentums in sein Gegenteil.

5 Vgl. dazu Leisner, a.a.O., S. 24.

10. Oktober 1973

Der öffentliche Dienst in der Bundesrepublik Deutschland

Vortrag auf der Studientagung des Ostkollegs der Bundeszentrale für politische Bildung in Köln zum Thema: Politik und Gesellschaft in Deutschland – Bundesrepublik Deutschland und DDR im Vergleich

Quelle: DBB-Archiv, Abt. Bulei 15 000–19 (maschinenschriftlich)

Bevor ich im Sinne des Leitgedankens dieser Studientagung einige Ausführungen mehr grundsätzlicher Art mache, möchte ich den Gegenstand meines Themas, den öffentlichen Dienst der Bundesrepublik Deutschland, an Hand der wichtigsten Fakten beschreiben. Dies scheint mir unerläßlich zu sein, wenn wir uns den richtigen Zugang zu der eigentlichen Problematik erschließen wollen, die im Mittelpunkt Ihrer hiesigen Erörterungen steht.

Andererseits gehe ich jedoch davon aus, daß ich es bei Ihnen in der Hauptsache mit »Insidern« zu tun habe, mit Zuhörern also, die selbst im öffentlichen Dienst tätig sind und daher das erforderliche Grundwissen über diese Einrichtung bereits haben. Infolgedessen habe ich nicht vor, Sie mit einer möglichst vollständigen Bestandsaufnahme zu langweilen. Mir geht es lediglich darum, sicherzustellen, daß wir mit den gleichen begrifflichen und tatsächlichen Vorstellungen an unser Thema herangehen.

Unter »öffentlichem Dienst« verstehe ich im folgenden den uns im Grunde bereits geläufigen engeren Begriff. Ich rechne zu ihm weder die Rechtspflege, soweit darunter die von Richtern und Staatsanwälten ausgeübte Tätigkeit verstanden wird, noch den rein militärischen Bereich. Gerichtsbarkeit und Bundeswehr gelten zwar in einem weiteren Sinne ebenfalls als öffentlicher Dienst. Ihre Besonderheiten und die sich daraus herleitenden, vielfach vom allgemeinen öffentlichen Dienst abweichenden Regelungen im Deutschen Richtergesetz sowie im Soldatengesetz und Wehrpflichtgesetz schließen aber eine Einbeziehung in unser Thema aus. Wir haben es hier allein zu tun mit dem Personal und den Verhältnissen bei den Gebietskörperschaften der Bundesrepublik Deutschland, d. h. also bei Bund, Ländern, Gemeinden und Gemeindeverbänden, sowie bei den Nichtgebietskörperschaften, d. h. den Körperschaften, Anstalten und Stiftungen des öffentlichen Rechts.

Nach der kürzlich veröffentlichten Personalstandsstatistik, die das Statistische Bundesamt jeweils nach dem Stand vom 2. Oktober des vorausgegangenen Jahres herausbringt, wurden am Stichtag des Jahres 1972 bei den Gebietskörperschaften, d. h. bei Bund, Ländern, Gemeinden, Gemeindeverbänden, einschließlich der Wirtschaftsunternehmen, bei der Deutschen Bundesbahn und bei der Deutschen Bundespost insgesamt knapp 3,3 Mio. Mitarbeiter gezählt.[1] Sie verteilen sich auf die einzelnen Beschäftigungsbereiche wie folgt: In der Bundesverwaltung sind (immer in runden Zahlen) 296 000, in den Länderverwaltungen 1,27 Mio., in den Gemeindeverwaltungen 720 000 Vollbeschäftigte zu verzeichnen. Die Wirtschaftsunternehmen ohne eigene Rechtspersönlichkeit haben 145 000, die Deutsche Bundesbahn hat 427 000 und die Deutsche Bundespost 438 000 Mitarbeiter.

Die Aufschlüsselung des Personals des öffentlichen Dienstes nach Beschäftigungsbereichen ist, soweit man an Bund, Länder und Gemeinden denkt, noch nicht besonders aussagekräftig. Interessanter ist hier die Aufschlüsselung nach Aufgabenbereichen. In welchen Verwaltungszweigen sind die hier in Betracht kommenden rd. 2,3 Mio. Mitarbeiter tätig?

Wir stellen fest, daß die politische Führung und zentrale Verwaltung an der genannten Zahl mit rd. 425 000 Mitarbeitern (=18,6 Prozent) beteiligt ist, wobei jedoch zu berücksichtigen ist, daß davon rd. 192 000 oder 8,4 Prozent auf die Finanzverwaltung entfallen. Besonders personalintensiv sind sodann die Aufgabenbereiche Verteidigung (rd. 180 000 = 7,8 Prozent), Öffentliche Sicherheit und Ordnung (rd. 222 000 = 9,7 Prozent) sowie Gesundheit, Sport und Erholung (rd. 267 000 = 11,7 Prozent).

1 Vgl. dazu die Angaben S. 553 Anm. 1.

Die absolute Spitze hält jedoch der Bildungsbereich (Schulen und Hochschulen zusammengenommen) mit fast 610 000 oder rd. 26 Prozent Mitarbeitern. In diesem Bereich ist auch die mit Abstand größte Zunahme an Personal gegenüber 1969 festzustellen, und zwar beträgt in diesem Zeitraum der Zuwachs rd. 110 000 Mitarbeiter; im Hochschulbereich allein wird eine Zuwachsrate von 50,9 Prozent verzeichnet.

Insgesamt gesehen hat sich die Zunahme des Personals in erträglichen Grenzen gehalten. Gegenüber dem Jahre 1971 hat sie 3,1 Prozent betragen. Im Vergleich zum Zeitraum 1970/71 hat sich das Wachstum damit jedoch sogar um fast einen Prozentpunkt ermäßigt.

Diese statistischen Hinweise abschließend, will ich nur noch die Zahlen der einzelnen Mitarbeitergruppen, gegliedert nach Dienstverhältnissen, nennen. Am 2. Oktober 1972 standen im öffentlichen Dienst der Bundesrepublik Deutschland rd. 1,5 Mio. Beamte, 982 000 Angestellte und 830 000 Arbeiter.

Im Sinne des geflügelten Wortes »Mit Zahlen kann man alles beweisen« knüpft sich an dieses hier nur reichlich grob ausgebreitete statistische Material eine ständige, mitunter äußerst heftige Polemik der Öffentlichkeit. »Der öffentliche Dienst frißt allmählich den Staat auf«, so oder ähnlich kann man die Reaktion auf das ständig wachsende »Heer der Staatsdiener« fast täglich lesen oder hören.

Ein renommierter Journalist, Ernst Müller-Meiningen, machte erst kürzlich seinem Herzen, stellvertretend für das Gros der Staatsbürger, wieder einmal Luft, als er in der »Süddeutschen Zeitung« unter der Überschrift »Der Staat wird aufgefressen« u. a. schrieb[2]:

»Der Bürger empfindet Hilflosigkeit gegenüber der wuchernden Behördenapparatur. Planstellen, Höhereinstufungen, Zuständigkeiten, Ämter, Sonderämter, Bürokraten, Dienstweg, Instanzenwirrwarr, Gesetzesdschungel, das alles ist ihm wie ein böser Traum, zu dem Kafka und Parkinson Pate gestanden haben könnten. Die Unbeweglichkeit, der Stumpfsinn der von der Entwicklung oft längst überholten Vorschriften, da und dort persönlich erlebte Behördenwillkür, das Gefühl des Ausgeliefertseins, dies sind nur ein paar Facetten massiven staatsbürgerlichen Unbehagens.«

2 Vgl. Süddeutsche Zeitung. Nr. 195, 25./26. August 1973.

Die »Personalkostenexplosion« ist aus diesen und anderen Gründen ein Streitpunkt, mit dem sich der Deutsche Beamtenbund in seiner Verbandsarbeit permanent auseinandersetzen muß. Da die in dieser Hinsicht geübte Kritik sich vielfach als billige Polemik entlarvt, sind wir natürlich darum bemüht, zu einer Versachlichung der laufenden Diskussion über die wahren Ursachen und Wirkungen der Personalkostenentwicklung zu gelangen.

Dem amtierenden Bundesminister des Innern, Hans-Dietrich Genscher, ist es zu verdanken, damit einen Anfang gemacht zu haben. Vom DBB darum gebeten, hat er sich bereitwillig vor die Beamtenschaft gestellt und öffentlich davor gewarnt, den öffentlichen Dienst »zum Prügelknaben für die Situation der öffentlichen Haushalte« zu machen. Mit einer entsprechenden Erklärung gegenüber unserer Monatszeitung, dem »Beamtenbund«, schaltete sich der Bundesinnenminister in die anhaltende Diskussion über die Entwicklung der Personalausgaben im öffentlichen Dienst ein. In der Erklärung des Bundesinnenministers gegenüber dem »Beamtenbund« heißt es u. a.[3]:

»Die Haushaltslage von Bund, Ländern und Gemeinden zwingt zu kritischer Überprüfung aller Etatposten, das gilt auch für die Personalausgaben. Die Entwicklung der Personalausgaben im öffentlichen Dienst ist aber keine isolierte Erscheinung, sondern sie entspricht der Entwicklung in allen Dienstleistungsbereichen der Wirtschaft. Aus diesem Grunde muß vor einer vordergründigen Betrachtung dieser sehr ernsten Frage gewarnt werden. Es gibt keinen Zweifel, daß die politisch Verantwortlichen wie jeder einzelne Angehörige des öffentlichen Dienstes sich der Aufgabe der Rationalisierung in der Vergangenheit gestellt haben und in Zukunft verstärkt stellen werden. Der öffentliche Dienst darf aber nicht zum Prügelknaben für die Situation der öffentlichen Haushalte gemacht werden. Man kann nicht mehr innere Sicherheit und damit mehr Polizeibeamte, ein besseres Bildungswesen und damit mehr Lehrer, einen wirksameren Umweltschutz und damit mehr Personal in diesem Bereich verlangen und gleichzeitig die Entwicklung der Personalausgaben kritisieren. Die Bundesregierung wird weitere Anstrengungen

3 Vgl. Minister Genscher will öffentlichen Dienst vor unberechtigter Kritik schützen. Personalkostenanstieg soll nüchtern untersucht werden, in: Der Beamtenbund. 23. Jg., Nr. 9, September 1972, S. 1f.

zur Rationalisierung der Verwaltung unternehmen. Sie wird aber gleichzeitig auch durch eine Untersuchung vergleichbarer Dienstleistungsbereiche der Öffentlichkeit objektive Beurteilungskriterien liefern und damit eine emotionsfreie Behandlung dieses brennenden Problems ermöglichen.«

Mit dieser Erklärung hat der für die Personalausgaben und die Einkommenspolitik im öffentlichen Dienst verantwortliche Bundesinnenminister nach Meinung des DBB abgewogen und überzeugend zu den Kernpunkten der Auseinandersetzung über die Entwicklung der Personalausgaben im öffentlichen Dienst Stellung genommen. Die von Genscher angekündigte Klarstellung der tatsächlichen Ursachen und Zusammenhänge der Personalkostenentwicklung bieten darüber hinaus die Basis für die gemeinsamen Beratungen unter Beteiligung der Spitzenorganisationen des öffentlichen Dienstes über mögliche und angemessene Konsequenzen.

Dazu werde ich dann gleich noch einiges sagen. Ich wollte zu diesem Punkt vorher nur noch zwei Beispiele anführen, die zeigen, wie sich das bereits zitierte Wort »Mit Zahlen kann man alles beweisen« tagtäglich bewahrheitet.

Erstes Beispiel: In dem erwähnten Artikel schreibt Müller-Meiningen: »Nahezu 50 Prozent der öffentlichen Haushalte sind heute schon Personalkosten.« Das ist eine unzulässige Verallgemeinerung. Für einzelne Gemeinden mag dies in der Tat zutreffen. Auf Bund, Länder und Gemeinden bezogen, liegt der Anteil der Personalausgaben an den Gesamtausgaben aber immer noch unter 35 Prozent. Er hat in den rund 20 Jahren vor 1969 praktisch unverändert bei rund 27 bis 28 Prozent gelegen. Nur durch die überdurchschnittliche Zunahme des Personals seit 1969, die, wie wir gesehen haben, hauptsächlich im Bildungsbereich vor sich gegangen ist, ist der Personalausgabenanteil in den letzten Jahren um etwa einen Prozentpunkt gestiegen. Er lag 1971 bei 32,2 Prozent und hat inzwischen die 35-Prozent-Marke noch nicht überschritten.

Ich meine, die journalistische Sorgfaltspflicht sollte es gebieten, in diesen Dingen doch etwas differenziertere Angaben zu machen und dadurch zu zutreffenderen und ausgewogeneren Urteilen zu kommen. Schließlich ist es immerhin noch ein erheblicher Unterschied, ob nun die

Hälfte oder nur etwa ein Drittel der gesamten Ausgaben der öffentlichen Hand für das Personal ausgegeben werden müssen.

Zweites Beispiel: Im August hat der Bund der Steuerzahler in Niedersachsen mit einer Untersuchung über die »Explosion der Personalkosten« Furore gemacht. Er ist dabei, wie es in einem Kommentar der »Hannoverschen Allgemeinen Zeitung« heißt, »zu der Auffassung gelangt, daß die Besoldungspolitik einer Kugel gleicht, die das Prinzip der Schwerkraft durchbricht und permanent nach oben rollt«[4].

Schon das ist natürlich ein eindrucksvolles Bild, dem gar nicht mehr viel hinzugefügt zu werden braucht, um schon dadurch die Mitgliederschaft des Steuerzahlerbundes, die, wie es in dem Pressekommentar heißt, »zu mehr als 90 Prozent aus dem mittelständischen Gewerbe, dem Handel und dem Handwerk sowie aus den Freien Berufen kommt«, von den Stühlen zu reißen. Und in der Tat – da gehen einem wirklich die Augen über, wenn man in der Dokumentation liest: von 1950 bis 1972 hat sich die Zahl der niedersächsischen Landesbeamten von 51 879 um 155 Prozent auf 132 132 erhöht.

Leider muß sich der Steuerzahlerbund dann allerdings nachweisen lassen, daß er bei der Berechnung des Personalzuwachses eine wichtige Tatsache übersehen hat. Bei der angegebenen Ausgangszahl von 51 879 Landesbediensteten für 1950 sind über 28 000 Lehrer und Polizeibedienstete unberücksichtigt geblieben, die bereits damals im Lande gearbeitet, jedoch erst in den Jahren 1954 bzw. 1951 aus der Kommunalverwaltung und anderen Bereichen in die unmittelbare Landesverwaltung übernommen worden sind. Rechnet man nun diese mehr als 28 000 Bediensteten der Ausgangszahl hinzu, wodurch das Zahlenmaterial erst vergleichbar wird, so vermindert sich die behauptete Personalzunahme von 155 auf 64 Prozent.

Nun, diese beiden Beispiele sind, aufs Ganze gesehen, verhältnismäßig harmlos; ich könnte wesentlich schlimmere anführen. Daß ich sie überhaupt hier vorbringe, hat zwei Gründe: Erstens will ich daran zeigen, daß mit der ständigen Wiederholung solcher Behauptungen, wie: der öffentliche Dienst der Bundesrepublik Deutschland bläht sich immer

4 Vgl. Hannoversche Allgemeine Zeitung. Nr. 186, 11./12. August 1973 (»Niedersachsens Justiz steht im Schatten der Beamtenpolitik«).

mehr auf und verursacht dadurch Personalkosten, die langsam aber sicher zum Staatsbankrott führen, mit der Zeit ein ziemlich starker Reformdruck erzeugt wird. Zweitens machen die geschilderten Vorgänge und Zusammenhänge aber auch deutlich, daß wir in der Bundesrepublik Deutschland eine politische Ordnung haben, die sich als eine sog. »offene Gesellschaft« kennzeichnen läßt. Das, was darunter und im Gegensatz zu einer »geschlossenen Gesellschaft«, als die ich wegen der Eigenart ihrer politischen Ordnung die DDR ansprechen möchte, zu verstehen ist, werde ich dann gleich noch näher darlegen, weil ich darauf meine Thesen über die unterschiedlichen Auffassungen von öffentlichen Dienst hier und dort sehr stark mit stützen möchte.

Bleiben wir aber zunächst noch beim ersten Punkt, den ich soeben erwähnt und mit Erzeugung von Reformdruck umschrieben hatte.

Dieser Druck wirkt sich auf den öffentlichen Dienst der Bundesrepublik Deutschland in doppelter Weise aus. Er hat eine organisatorische und eine dienstrechtliche Komponente.

Organisationsweise und Arbeitsstil im öffentlichen Dienst sind gänzlich veraltet, so lautet ein landläufiges Argument. Statt sich an den Wirtschafts- und Managementlehren der freien Wirtschaft auszurichten, statt das Kosten-Nutzen-Denken zum Leitgedanken auch der Tätigkeit des öffentlichen Dienstes zu machen, vergeudet die Staats- und Gemeindebürokratie die Steuergelder der Bürger durch umständliches und gänzlich unwirtschaftliches Arbeiten in einer Weise, die nur sträflich genannt werden kann. Schleunige Abstellung dieser Mängel ist unumgänglich.

Aber nicht nur dieser Mängel! Der öffentliche Dienst steht unter einem doppelten Verdikt.

Die Rechtsverhältnisse seiner Mitarbeiter sind nämlich ähnlich umständlich und unwirtschaftlich, ja, schlicht gesagt, rückschrittlich geregelt. Auch hier gilt es, so schnell wie möglich Abhilfe zu schaffen. Vor allem das Beamtenrecht steht einer durchgreifenden Modernisierung des öffentlichen Dienstes und damit dem Fortschritt im Wege. Das öffentliche Dienstrecht muß daher kostensparend vereinfacht und vereinheitlicht, am besten jedoch wie das allgemeine Arbeitsrecht geregelt werden. Sonst treibt das Staatsschiff auch aus diesem Grund auf den völligen finanziellen Ruin zu.

Mit diesen kritischen Einwänden einer breiteren Öffentlichkeit gegen unseren öffentlichen Dienst sage ich Ihnen nichts Neues. Ich muß sie aber ebenso wie die darauf folgenden zur Reform des öffentlichen Dienstrechts, der anderen Komponente des von mir so genannten Reformdrucks, mit erwähnen, um den Boden für den Vergleich unseres öffentlichen Dienstes mit dem öffentlichen Dienst der DDR hinreichend vorzubereiten.

Was also den ersten Punkt anbelangt, die Organisationsreform des öffentlichen Dienstes, so wäre es sicher allzu einfach, den Grund für das »Schneckentempo«, das hier die Verwaltung und damit auch der öffentliche Dienst dem äußeren Anschein nach eingeschlagen hat, allein im Ressortdenken, in Kompetenzstreitigkeiten, in Einfallslosigkeit und anderen Widerständen zu suchen.

Der öffentliche Dienst hat es bei der Suche nach rationelleren Verwaltungstechniken von Haus aus schwerer als die private Wirtschaft, die insofern in vielem der öffentlichen Verwaltung voraus sein mag. Zu bedenken ist nämlich, daß die private Wirtschaft in ihren organisatorischen Gestaltungsmöglichkeiten weitaus freizügiger ist als die öffentliche Verwaltung.

Das gilt einmal für die weniger strenge Bindung der privaten Wirtschaft an gesetzlich, unter Umständen sogar verfassungsrechtlich festgelegte Organisationsformen und Verfahrensabläufe. Das gilt des weiteren aber auch für die freie Verfügungsgewalt über die zu Beginn einer Organisationsreform und Verwaltungsvereinfachung zunächst einmal erforderlichen finanziellen Mittel. Die Wirtschaft kann diese leichter einsetzen, weil es sich bei ihnen um selbstverdientes Geld handelt. Der öffentliche Dienst kann nicht so ohne weiteres auf ein bestimmtes Experiment losmarschieren; er muß darauf bedacht sein, mit den von den Bürgern aufgebrachten Steuergeldern sorgfältig umzugehen, was zur Folge hat, daß den Experimentiermöglichkeiten engere Grenzen als in der privaten Wirtschaft gezogen sind. Trotz allem ist es nun nicht etwa so, als habe der öffentliche Dienst überhaupt nichts vorzuweisen, was sich hinsichtlich der Modernität mit den Verhältnissen in der privaten Wirtschaft messen könnte. Das Gegenteil ist der Fall, und wir selbst, der DBB, haben uns darüber auf einer unserer beamtenpolitischen Arbeitstagungen Anfang 1971 einen Überblick verschaffen können. Dort hatten wir uns zum Generalthema »Modernes Management im öffentlichen Dienst – am Beispiel technischer Sonderverwaltungen« gewählt.[5]

Es zeigte sich dabei, daß in einzelnen Zweigen des öffentlichen Dienstes die Rationalisierung der Aufgaben durchaus Schritt gehalten hat mit entsprechenden Entwicklungen in der privaten Wirtschaft. Der Schwerpunkt unseres Tagungsthemas lag freilich, wie Sie gehört haben, auf den technischen Sonderverwaltungen. So versteht es sich, daß z. B. die sog. Betriebsverwaltungen, Bahn und Post, modernen technischen und wirtschaftswissenschaftlichen Erkenntnissen am meisten und schnellsten zugänglich gewesen sind. Neben ihrer Tradition auf diesem Gebiet und ihrer geringeren rechtlichen Gebundenheit spielte dabei jedoch eine nicht geringe Rolle die Tatsache, daß sich die Modernisierung in den genannten Bereichen vor allem auf Arbeitsabläufe bezog und nur zu einem geringeren Teil auf die Aufgabenstellung selbst.

Das wird man bei allen Überlegungen über Möglichkeiten einer Verwaltungsvereinfachung nicht aus dem Auge verlieren dürfen: Arbeitsabläufe zu rationalisieren ist etwas grundlegend anderes als die Rationalisierung der Aufgabenstellung. Es liegt nicht in der Macht des öffentlichen Dienstes, sich die Arbeit dadurch einfacher zu machen und damit zugleich Personal einzusparen, daß er bestimmte Aufgaben nicht mehr wahrnimmt. Gewiß wäre dies der kostensparendste Weg; er schwebt wohl auch allen denjenigen vor, die so vehement, wie wir dies in letzter Zeit erlebt haben, gegen die »Kostenexplosion« im öffentlichen Dienst zu Felde ziehen. Beschritten werden könnte dieser Weg aber nur, wenn der Staat selbst – der Staat, vertreten durch den Gesetzgeber – die von ihm zu erfüllenden Aufgaben drastisch beschnitte.

Daß es unter den gegebenen Umständen dazu kommen könnte, liegt aber abseits aller vernünftigen Überlegungen. Von dem zu erwartenden heftigsten Widerstand gerade derjenigen abgesehen, die auf diesem Punkt immer wieder herumreiten, um den öffentlichen Dienst in Mißkredit zu bringen, würde dem auch das Sozialstaatsgebot des Grundgesetzes entgegenstehen. Denn in dem heutigen Dilemma befinden wir uns ja vor allem, weil die Gesamtgesellschaft auf einer beständigen Verwirklichung des Sozialstaatsprinzips besteht und da-

5 Vgl. zu dieser Tagung die Angaben S. 438 Anm. 11.

durch dem Staat immer mehr Aufgaben zuschiebt, über deren Kostenaufwand sie sich dann wiederum bitter beklagt.

Ein paradoxer Zustand, ganz gewiß; aber wir werden auch weiterhin mit ihm leben müssen. Denn selbst eine noch so gezielte Aufklärungsarbeit in der Öffentlichkeit über die wirklichen Zusammenhänge und Gründe der Aufgaben- und in deren Gefolge dann eben auch Ausgabenentwicklung wird uns wahrscheinlich nicht über das eherne Gesetz hinweghelfen, das da lautet: »Weil das Denken zu anstrengend ist, ziehen die Menschen es vor zu urteilen.«

Zu allem Überfluß werden diese an sich schon komplizierten Dinge durch einen weiteren Umstand noch zusätzlich kompliziert – ich will das schon an dieser Stelle erwähnen, obwohl es auch für die Dienstrechtsreform gilt: die Öffentlichkeit hat zum öffentlichen Dienst selbst offenbar kein Zutrauen, daß er selbst sich einer Reform an Haupt und Gliedern unterwirft. Der vorhin schon einmal zitierte Journalist Müller-Meiningen schrieb am Schluß seines Artikels gegen die »Personalkostenexplosion« z. B.: »›Wer einen Sumpf austrocknen will, wird nicht nach den Fröschen fragen‹, so sagt ein Sprichwort. Die Schwierigkeit liegt freilich darin, daß die Austrocknungs-Ingenieure zum großen Teil selbst Frösche sind.«

Ein Kommentator der Wochenzeitung »Die Zeit« drückt denselben Gedanken unter der Überschrift »Öffentlicher Dienst – Leerlauf nach Vorschrift« etwas unverblümter aus und schreibt[6]: »Solange Beamte über Beamte urteilen, ist nicht mit einer gründlichen Reform der Verwaltung zu rechnen.«

Zum Prügelknaben dieser ganzen Misere läßt sich dann ohne weitere Umschweife das Berufsbeamtentum stempeln: Man muß es abschaffen, je eher, desto besser, und man wird dann schon sehen, wie das öffentliche Leben in der Bundesrepublik Deutschland zu blühen beginnt, wenn es sich endlich seiner Beamten entledigt hat.

Ich frage mich immer, was sich der einzelne Bürger eigentlich davon verspricht, wenn die Mitarbeiter des öffentlichen Dienstes künftig nicht mehr den Beschäftigtentyp des Beamten aufweisen und sich nur noch

6 Vgl. Dieter Piel: Öffentlicher Dienst. Leerlauf nach Vorschrift, in: Die Zeit. Nr. 23, 1. Juni 1973.

aus Einheitsbediensteten, aus dem sog. Beschäftigtentyp neuer Art, zusammensetzen sollten. Ich frage bewußt zunächst einmal aus der Sicht des Bürgers und lasse die gegensätzlichen Meinungen unter den Angehörigen des öffentlichen Dienstes darüber zunächst außer Betracht.

Ob denn, wenn man den Beamten eines Tages aus dem öffentlichen Dienst eliminiert haben sollte, die Verwaltung nichts mehr kostet? Arbeiten die umbenannten Dienstkräfte umsonst oder zumindest wesentlich billiger, etwa weil man sie leichter hinauswerfen und mit eigenen Beiträgen an ihrer Altersversorgung beteiligen kann? Sollte vielleicht das Streikrecht, zu dem bestimmte Kreise den jetzigen Beamten verhelfen wollen, wesentlich auf die Kosten des öffentlichen Dienstes drücken?

Sie spüren schon an diesen ironischen Fragen, daß doch hier offenbar etwas nicht stimmt. Da müssen doch ganz andere Intentionen dahinterstecken, wenn man das Berufsbeamtentum loswerden will, um dafür den »Staatsarbeiter« einzutauschen.

Bitte, lösen Sie sich jetzt von dem möglichen Verdacht, ich wolle hier irgendwie werten: den Beamten gegen den Arbeiter oder Angestellten ausspielen, als sei der eine etwas Besseres. Der eine Mitarbeitertyp ist nicht wegen seiner bloßen Bezeichnung besser als der andere. Im soziologischen Sinne ist auch der Beamte Arbeitnehmer; das ist nichts Neues. Ich habe hier aber die Frage aufgeworfen, ob das an den Kosten etwas ändert, über die sich die Öffentlichkeit so bitter beklagt.

Ich fürchte – und das sage ich nicht als Interessenvertreter eines vorwiegend aus Beamten bisherigen Rechts zusammengesetzten Verbandes, sondern als Bürger –, ich fürchte, man wird, wenn man die Reformvorstellungen etwa des DGB verwirklichen sollte, noch ein bißchen tiefer in die öffentlichen Kassen greifen müssen, als dies jetzt der Fall ist. Irgendwelche Streikhandlungen im öffentlichen Dienst kosten bekanntlich viel, viel Geld. Sie werden aus den öffentlichen Kassen finanziert, in Wahrheit also aus Steuergeldern der Bürger. Die öffentliche Hand wird in solchen Fällen die Bürger zur Kasse bitten; der Staat kann nicht mehr ausgeben als das, was er vorher seinen Bürgern abgenommen hat. Deshalb ist er auch selbst gegen einen Streik immun. Auf die Knie kann ihn ein Streik nicht zwingen, weil er sich immer wieder durch die Inanspruchnahme von Steuergeldern schadlos halten kann.

So stehen wir jetzt bei uns vor der Frage, ob wir auf die vielen tendenziösen Ratschläge hören sollen, die am Berufsbeamtentum kein gutes Haar mehr lassen und dafür den »fortschrittlichen«, am allgemeinen Arbeits- und Tarifrecht ausgerichteten Bedienstetentyp im öffentlichen Dienst einführen wollen. Sie wissen, daß sich die Auseinandersetzung um die Reform des öffentlichen Dienstrechts hauptsächlich auf diese Frage zugespitzt hat, obwohl doch eigentlich die konkreten Reformen, die Reform des Laufbahnrechts, der Besoldung und Versorgung und vieles andere mehr viel wichtiger wären als jene mit viel Ideologie aufgeladene allgemeine Frage. Denn sie dreht sich ja vorwiegend darum, ob für die Reform in erster Linie das Parlament zuständig sein soll oder ob man die Reform im Rahmen der Tarifautonomie durchführen will.

Der DBB sowohl – das können Sie unserem Ihnen vorliegenden Reformvorschlag entnehmen – als auch mehrheitlich die Studienkommission für die Reform des öffentlichen Dienstrechts, die ihren Bericht am 7. Mai dieses Jahres vorgelegt hat, plädieren für die erste Alternative, d. h. für eine Reform auf dem Boden des geltenden Beamtenrechts und damit des Berufsbeamtentums.[7]

Die Einzelheiten der erwähnten Reformkonzeptionen kann ich in meinem heutigen Vortrag verständlicherweise nicht behandeln. Ich muß mich mit der Feststellung begnügen, daß der öffentliche Dienst der Bundesrepublik Deutschland vor einer Reform steht. Einige der dafür ins Feld geführten Gründe habe ich Ihnen vorgetragen. Im folgenden wird es sich darum handeln, Reformdiskussion und Reformziele im Blick auf die DDR zu erörtern.

Dabei komme ich auf meine Gegenüberstellung von offener und geschlossener Gesellschaft zurück. Sie sind, gleichviel wie Sie persönlich dazu eingestellt sind, mit mir sicher einer Meinung, daß die offene Austragung der Meinungs- und Interessengegensätze, wie wir sie hier in der Bundesrepublik Deutschland auch hinsichtlich der uns in dieser Stunde interessierenden speziellen Reformfragen beobachten können, in der DDR nicht möglich wäre.

Das beruht nach meiner Meinung darauf, daß nur in einer freiheitlich geordneten Demokratie der Prozeß der öffentlichen Meinungs- und

7 Vgl. dazu die Angaben S. 451 Anm. 5.

politischen Willensbildung nach allen Seiten hin offengehalten werden kann. Ein solcher Prozeß ist geradezu die Voraussetzung für das Funktionieren eines solchen politischen Systems.

Das Problem eines gerechten Ausgleichs der vielfach auseinanderstrebenden und in Gegensatz zueinander tretenden gesellschaftlichen Interessen ist so alt wie das Denken über die menschliche Gemeinschaft selbst und eigentlich das Kernproblem aller Politik. Im Laufe der Menschheitsgeschichte hat nun auch stets ein Widerstreit zwischen zwei Grundauffassungen bestanden: die eine beruht auf der Vorstellung von einer harmonischen Gesamtgemeinschaft, in der es Interessenkonflikte nicht gibt oder jedenfalls nicht geben sollte und in der, wenn sich Interessenkonflikte trotzdem geltend machen, deren offene Austragung gegebenenfalls mit autoritären Mitteln verhindert werden muß; die andere Grundauffassung beruht dagegen auf der Vorstellung, daß Interessenkonflikte eine naturgegebene Erscheinung in jeder menschlichen Gemeinschaft sind und daß sich ein gerechter Ausgleich gegensätzlicher gesellschaftlicher Interessen nur anbahnen läßt, wenn der Interessenkampf nicht unterdrückt, sondern offen ausgetragen wird.

Damit ist in kurzen Worten der Gegensatz zwischen einer geschlossenen und einer offenen Gesellschaft umschrieben. Beide Gesellschaftsformen unterscheiden sich nun grundlegend auch noch durch einen gegensätzlichen Gemeinwohlbegriff.

In einer geschlossenen Gesellschaft, der zwangsläufig kollektivistische und totalitäre Züge anhaften, gilt das Gemeinwohl als etwas der Gemeinschaft oder der Herrschaft Vorgegebenes. Am Freiheitsraum des einzelnen orientiert sich hier jedenfalls der Gemeinwohlbegriff nicht. Als einziges Kriterium für die Gestaltung einer Gemeinschaft, ihrer Organisation und ihrer Normen schließt ein Gemeinwohlbegriff, der als eindeutig vorausbestimmt ausgegeben wird und über den sich das ganze Volk kraft rationaler Argumente angeblich einig wäre oder zur Einigkeit gebracht werden könnte, eine Unterbewertung des Freiheitsraumes des einzelnen in sich. Das Gerechte, dem Gemeinwohl Entsprechende wird in diesem Verständnis zu nichts anderem als dem abgewertet, was dem Stärkeren zuträglich ist. In einer offenen Gesellschaft ist demgegenüber auch der Gemeinwohlbegriff offen und nicht vorgegeben. Was im konkreten Fall das Gemeinwohl sei, wird hier zu einer Frage, die sich immer wieder von neuem stellt und auch je und je wieder neu entschieden werden muß. Damit soll nicht gesagt sein, daß Gemeinwohl sei absolut offen. Es gibt keine soziale Gemeinschaft ohne ein Mindestmaß an grundsätzlichen Übereinstimmungen. Aus ihnen läßt sich aber in der Regel nur herleiten, was nicht geschehen soll, und das Wissen darüber, was nicht geschehen soll, ist noch nicht gleich dem Wissen darüber, was geschehen soll.

In Übereinstimmung mit Ernst Fraenkel können wir den Gemeinwohlbegriff der offenen Gesellschaft nach allem wie folgt umschreiben[8]:

»Das Gemeinwohl stellt die Resultante dar, die sich jeweils aus dem Parallelogramm der ökonomischen, sozialen, politischen und ideologischen Kräfte einer Nation dann ergibt, wenn ein Ausgleich angestrebt und erreicht wird, der objektiv den Mindestanforderungen einer gerechten Sozialordnung entspricht und subjektiv von keiner maßgeblichen Gruppe als Vergewaltigung empfunden wird.«

Wenn es das Kennzeichen einer geschlossenen Gesellschaft ist, daß in ihr eine offene Austragung der Interessengegensätze nicht zugelassen wird und sich der Interessenausgleich demzufolge vollzieht, indem auf ein der Herrschaft inhaltlich vorgegebenes, definitiv feststehendes »Gemeinwohl« zurückgegriffen wird, so ist es im Grunde nur konsequent, daß unter solchen Voraussetzungen auch eine offene politische Willensbildung ausgeschlossen sein muß. Und in der Tat ist nun ein weiteres Merkmal der geschlossenen Gesellschaft die monopolisierte politische Willensbildung, während im Gegensatz dazu die offene Gesellschaft vom Prinzip der konkurrierenden politischen Willensbildung beherrscht wird.

Im einen Falle hat eine Institution, eine Gruppe oder eine Person das Monopol der Willensbildung. Im anderen Falle können die verschiedenen Meinungen, Überzeugungen, Interessen und Willensrichtungen miteinander um den Inhalt der politischen Entscheidungen konkurrieren. Ich brauche sicher nicht erst noch weitschweifig zu erklären, daß mit einer freiheitlich geordneten Demokratie wie der unsrigen die monopolisierte politische Willensbildung nicht zu vereinbaren wäre.

8 Vgl. Ernst Fraenkel: Deutschland und die westlichen Demokratien, Stuttgart – Berlin – Köln – Mainz ^{4}1968, S. 21.

Es gilt also das, was ich mit anderen Worten, aber im gleichen Sinne schon einmal gesagt habe: Eine freiheitlich geordnete Demokratie funktioniert nur, wenn der Prozeß der politischen Willensbildung nach allen Seiten hin offengehalten wird.

Wenn ich unter Zugrundelegung dieses Leitsatzes das Fazit aus meinen bisherigen Ausführungen ziehe, so läßt sich sagen:

Der öffentliche Dienst der Bundesrepublik Deutschland ist gegenwärtig in eine öffentliche Auseinandersetzung um seine Um- oder Neugestaltung hineingerissen, die viele seiner gewachsenen organisatorischen und dienstrechtlichen Eigenarten in Frage stellt.

Diese Auseinandersetzung hat mannigfache Ursachen – vordergründige und hintergründige:

- Vordergründig wird um die – unvermeidliche – Kostenlast gestritten, die das – ebenfalls unvermeidliche – Anwachsen des Personals des öffentlichen Dienstes zur Folge hat.
- Hintergründig wird ein Streit über die Grundlagen der Staatsorganisation ausgetragen, der sich, auf eine einfache Formel gebracht, um die Frage dreht, ob der öffentliche Dienst als einfaches Unternehmen zur Erbringung von öffentlichen Dienstleistungen für die Gesellschaft aus dem Zusammenhang mit der Staatsorganisation überhaupt herauszulösen ist oder ob er als deren wesentlicher Bestandteil auch weiterhin vornehmlich freiheitssichernde, ordnende, stabilisierende und ausgleichende Aufgaben hat.

Unter diesen Voraussetzungen ist das Reformkonzept des DGB eindeutig auf eine »Umfunktionierung« der gesamten Tätigkeit des öffentlichen Dienstes auf »reine« Dienstleistungen abgestellt. Dies kann an zahlreichen authentischen Äußerungen führender DGB-Funktionäre nachgewiesen werden. So sagte etwa der ÖTV-Vorsitzende Kluncker: »Das Verhältnis des öffentlichen Dienstes zum Bürger wird durch einen wechselseitigen Leistungsaustausch bestimmt... noch bestehende Herrschaftspositionen müssen zu Dienstleistungsfunktionen werden.«[9] Das Reformkonzept des DGB läuft deshalb auch auf eine Abschaffung der

9 Vgl. dazu auch die Ausführungen Klunckers auf dem 7. Bundesangestelltentag des DGB am 26. November 1971 in Mainz; Eine Million Angestellte im DGB. Protokoll. 7. Bundesangestelltentag. Hrsg. vom Bundesvorstand des DGB, Abt. Angestellte, Düsseldorf 1971, S. 192ff.

Unterscheidung von Staat und Gesellschaft und auf deren Ineinssetzung hinaus. Damit jedoch würden institutionelle Freiheitssicherungen mit für überholt erklärt werden, weil sie durch die Unterscheidung von Staat und Gesellschaft bedingt sind, und zu ihnen gehört auch das Berufsbeamtentum, das dem staatlichen Bereich zuzuordnen ist.

Auch der in diesem Zusammenhang regelmäßig auftauchende Begriff »Demokratisierung« zeigt insoweit seine schillernde Bedeutung. Demokratisierung kann eine sinnvolle politische Forderung sein, wenn sie bedeutet, daß die demokratische Struktur der staatlichen Entscheidungsgewalt verbessert und daß gesellschaftliche Machtpositionen, die die Freiheit anderer oder den demokratischen Staat selbst gefährden, demokratischer Kontrolle unterstellt werden müssen. Bedeutet sie hingegen, daß alle Bereiche gesellschaftlicher Freiheit einer »demokratischen« Bestimmungsgewalt partieller Kollektive unterstellt werden müssen, wie es den Verfechtern eines Rätesystems vorschwebt, um so die Gesellschaft einerseits vom Staat »frei« zu machen und andererseits in sich zu demokratisieren, so ist sie eine Wegmarke zum Totalitarismus. Sie löst dann eben jene Konzentrierung der politischen Entscheidungsgewalt bei der staatlichen Organisation auf, die eine notwendige Bedingung zur Sicherung individueller Freiheit ist, um sie gegenüber den Lenkungs- und Vereinheitlichungsansprüchen partieller gesellschaftlicher Kollektive zu gewährleisten.

Ich hebe diesen letzten Satz noch einmal heraus: Auflösung jener Konzentrierung der politischen Entscheidungsgewalt bei der staatlichen Organisation, die eine notwendige Bedingung zur Sicherung individueller Freiheit ist, um sie gegenüber den Lenkungs- und Vereinheitlichungsansprüchen partieller gesellschaftlicher Kollektive zu gewährleisten.

Dies, die Sicherung individueller Freiheit in der Abwehr von Lenkungs- und Vereinheitlichungsansprüchen partieller gesellschaftlicher Kollektive, ist eine der zentralen Aufgaben des Berufsbeamtentums. Frage sich daher jeder, der auf die Forderung nach dessen Abschaffung stößt, welche Kräfte hinter dieser Forderung stehen!

Mich jedenfalls stimmt es in hohem Maße bedenklich, wenn ich in einer Abhandlung über »Die Auseinandersetzung um eine Beamtenrechtsreform in der BRD«, die in der Februar-Ausgabe 1971 der im Staatsverlag der DDR herauskommenden Zeitschrift »dokumentation der zeit« erschienen ist, den Schlußabsatz lese, der wie folgt lautet[10]: »Der Kampf um ein einheitliches Dienstrecht, das die privilegierte Stellung des Berufsbeamtentums aufhebt, die Forderung nach Mitbestimmung und Streikrecht können im öffentlichen Dienst durchaus zu einer tragfähigen Basis für eine antiimperialistische Bewegung in diesem Bereich werden.«

Hier bekommt der DGB mit seinen Forderungen zur Dienstrechtsreform offensichtlich Beifall aus der, wie er sagen wird, »falschen Ecke«. Aber diese »Ecke« weiß natürlich ganz genau, wo die empfindlichen Punkte unserer politischen Ordnung liegen, sie weiß ganz genau auch, daß aus ihrer Sicht eine mit der Abschaffung des Berufsbeamtentums verbundene Ausdehnung des Streikrechts auf die bisherigen Beamten den öffentlichen Dienst in der Bundesrepublik Deutschland aus den Angeln heben und die geltende Verfassungsordnung dieser Bundesrepublik Deutschland zum Einsturz bringen würde.

Ob sich Kräfte hier bewußt zum Vorspann von politischen Kräften dort machen wollen, das möchte ich bezweifeln. Daß sie de facto diese Rolle spielen, steht fest.

Den DDR-Publizisten, den ich zitiert habe und der über ausgezeichnete Informationen über die Diskussion um unsere Dienstrechtsreform verfügt, geht es sicherlich nicht um totale Mitbestimmung und Einführung des Streikrechts in unseren öffentlichen Dienst, um damit eine Angleichung der hiesigen Rechtsverhältnisse an die in der DDR geltenden zu erzielen. Mir ist jedenfalls nicht bekannt, daß im öffentlichen Dienst der DDR Mitbestimmung und Streikrecht gelten. Oder irre ich mich da?

Wenn nicht, so dürfte im Grunde genommen klar sein, daß aus der DDR Forderungen des DGB zur Reform des öffentlichen Dienstrechts propagiert werden, die nicht etwa den Vorstellungen der DDR von ihrem eigenen öffentlichen Dienst entsprechen. Forderungen des DGB zur Dienstrechtsreform in der Bundesrepublik Deutschland werden vielmehr aus der DDR belobigt, weil sie aus deren Sicht zum Zusammensturz unserer freiheitlich geordneten Demokratie führen würden.

10 Vgl. Günter Tautz: Die Auseinandersetzungen um eine Beamtenrechtsreform in der BRD, in: dokumentation der zeit. 2. Januarheft 1971, S. 10ff. (Zitat S. 18).

Sollte uns das nicht stutzig machen? Ist es unsere Sache, eine »antiimperialistische Bewegung« im öffentlichen Dienst der Bundesrepublik Deutschland auszulösen? Sollen wir uns für das Streikrecht einsetzen, weil es der DDR als Hebel erscheint, mit dem man diese ganze »monopolkapitalistische BRD« aus einer freiheitlichen Demokratie zu einem volksdemokratischen Paradies emporheben kann?

Sie denken vielleicht, ich sauge mir alle diese Dinge aus lauter Voreingenommenheit gegen das politische System der DDR aus den Fingern. Nichts dergleichen! Ich halte mich an die von dort kommenden Stimmen, und die eine, die ich hier mehrfach zitiert habe, ist immerhin im »Staatsverlag der DDR« beheimatet; also muß ich sie doch für voll nehmen, wenn sie beispielsweise sagt[11]:

»Der staatlich-bürokratische Apparat der Monopolmacht in der BRD ist infolge der wachsenden inneren und äußeren Widersprüche des spätkapitalistischen Systems in Bewegung geraten. Ein Ausdruck dessen ist die seit vielen Jahren geführte Auseinandersetzung um eine Beamtenrechtsreform. Dabei geht es im Kern um die Frage, ob der vom preußisch-deutschen Obrigkeitsstaatsdenken geprägte und in der BRD noch geltende rechtliche Status des Berufsbeamtentums (Treueverpflichtung – Alimentationsprinzip) in seinen ›hergebrachten Grundsätzen‹ angetastet oder lediglich den neuen Existenzbedingungen des staatsmonopolistischen Systems entsprechend modifiziert und konserviert werden soll.«

Und das sind eben alles auch die Vokabeln, die wir hier bei uns dauernd zu lesen bekommen:

- preußisch-deutsches Obrigkeitsstaatsdenken,
- Treueverpflichtung – Alimentationsprinzip,
- hergebrachte Grundsätze,
- konserviert.

Der öffentliche Dienst der Bundesrepublik Deutschland wird sich in nächster Zeit dieser Herausforderung mit abgegriffenen Schlagworten und billigen Vorurteilen noch mehr zu stellen haben als bisher. Bedauerlich ist nur, daß auf den verschiedenen Schienen, die zu einer Dienstrechtsreform hinführen, auch ein Zug mitfährt, der höchst

11 Vgl. a.a.O., S. 10.

fragwürdiges Frachtgut mit sich führt, Frachtgut nämlich, das auf der einen Seite den uns in diesem Punkte nicht befriedigenden Verhältnissen in der DDR entspricht, das auf der anderen Seite aber, obwohl diesen Verhältnissen kraß zuwiderlaufend, von der DDR beifällig aufgenommen wird aus Gründen, die nur auf eine Beseitigung unserer freiheitlichen Demokratie hinauslaufen können. Anders kann ich mir den geschilderten Widerspruch zwischen eigenem Tun und Beifall für diesem Tun entgegengesetzte Absichten nicht erklären.

Ich komme zum Schluß: Der öffentliche Dienst in der Bundesrepublik Deutschland ist eine äußerst komplexe und für die Lebensbedürfnisse unserer Gesellschaft äußerst wichtige, ja unverzichtbare Einrichtung. Ich habe versucht, Ihnen einige Einblicke in seine aktuellen Probleme zu geben, die Ihnen im Grunde bekannt sind und die ich lediglich in Ihr Bewußtsein gerufen habe, um einige Aspekte seines Gegenbildes, des öffentlichen Dienstes in der DDR, herausarbeiten zu können.

Ich fasse abschließend die den öffentlichen Dienst der Bundesrepublik Deutschland tragenden Grundsätze kurz zusammen und beziehe sie zugleich auf bestimmte Reformgedanken, über die heute eine heftige Diskussion ausgetragen wird. Ich hoffe, daß vor dem Hintergrund der Informationen, die Sie gestern von Herrn Heller über den öffentlichen Dienst der DDR bekommen haben[12], die unterschiedlichen Grundauffassungen dann klar genug herauskommen.

Auch der Bestand einer demokratischen Gesellschaft setzt einen funktionierenden Staat voraus. Ohne Rechtsbindungen des Bürgers, deren Beachtung nötigenfalls durch die vom Staat ausgeübten Herrschaftsfunktionen erzwungen werden kann, ist auch keine freiheitliche Ordnung möglich. Das mag zwar manchen Utopisten »machbar« erscheinen. Wer jedoch diese Zusammenhänge realistisch betrachtet, für den steht fest, daß es neben der leistenden Hand auch die ordnende Hand des Staates geben muß. Sonst fällt das komplizierte Gefüge unserer Gesellschaftsordnung in sich zusammen.

Es steht daher nicht zur Debatte, ob es überhaupt noch einen

12 Am 9. Oktober 1973 referierte Friedrich Heller, Abteilungsleiter im Untersuchungsausschuß Freiheitlicher Juristen (Berlin), über das Thema: Der öffentliche Dienst in der DDR.

Herrschaftsfunktionen ausübenden Staat geben muß. Die entscheidende Frage ist vielmehr, wie diese Herrschaftsfunktionen und staatliche Funktionen insgesamt ausgeübt werden sollen.

Das kann sachgerecht und wirksam nur durch einen Personalkörper der öffentlichen Verwaltung geschehen, der unter den Bedingungen in eine besondere Bindung zum Staat gestellt wird, wie sie auf der Grundlage des Berufsbeamtentums das heutige Beamtenrecht vorsieht. Gerade das gewährleisten aber manche der heute zur Diskussion stehenden »Reformkonzepte« nicht. Nach dort entwickelten Vorstellungen soll auch das Beamtentum unmittelbar in den Interessenkampf der pluralistischen Gesellschaft, der verschiedensten gesellschaftlichen Gruppen also, einbezogen werden. Damit geht mit der besonderen Bindung des Beamten an den Staat zugleich auch das eigentliche Berufsverständnis des Beamten verloren.

Das Berufsbeamtentum ist eine Institution, die das Allgemeininteresse oder, anders ausgedrückt, die für die Gesamtgesellschaft lebenswichtigen allgemeinen Interessen zu wahren hat. Mit der Bestellung des Beamten zum Sachwalter dieses Allgemeininteresses ist es unvereinbar, daß er sein Eigeninteresse gegebenenfalls auf Kosten übergeordneter gesamtgesellschaftlicher Interessen vertritt.

Ich will die einzelnen Prinzipien unserer Verfassungsordnung, welche die Kontinuierlichkeit und Funktionssicherheit staatlichen Handelns sichern, hier nicht näher behandeln. Bereits aufgrund des Sozialstaatsgebotes ist der Staat verpflichtet, existentiell notwendige Leistungen für die Allgemeinheit bereitzustellen. Das bedeutet zugleich, daß der Staat verpflichtet ist, die Behinderung der Bereitstellung dieser Leistungen durch Dritte, erst recht aber durch seine eigenen Beamten, zu unterbinden. Aus dem Rechtsstaatsprinzip ergibt sich entsprechendes.

Dienstkampf und Berufsbeamtentum schließen sich gegenseitig aus. Entweder tritt man für den Beamtenstreik ein, dann richtet man das Berufsbeamtentum zugrunde, oder man stellt sich auf die Seite des Berufsbeamtentums, dann kann es keinen Beamtenstreik geben.

Die zum Träger einer wichtigen Ausgleichsfunktion bestimmte Institution des Berufsbeamtentums kann nicht die ihr zugewiesene ureigene Aufgabe dadurch im Stich lassen, daß es sich in einen Klüngel von nur ihr eigenes Interesse verfolgenden Klassenkämpfern verwandelt. Damit ist nicht das mindeste gegen die entschiedene Wahrnehmung von Beamteninteressen, auch in den Formen des gewerkschaftlichen Zusammenschlusses, gesagt, wohl aber den Formen der Interessenvertretung eine unmißverständliche Absage erteilt, die dem allgemeinen Arbeitskampfrecht entlehnt sind.

Wir lehnen diese, wie sich im einzelnen nachweisen ließe, in den Händen von Beamten ohnehin stumpfe Waffe ab. Denn der Staat hat jedesmal die Macht, mit der Waffe der Aussperrung oder der Dienstverpflichtung Streiks im öffentlichen Dienst, welche die gesellschaftliche Ordnung gefährden, zu unterbinden. Die Leidtragenden sind dann die streikenden Beamten und nicht die Gewerkschaftsfunktionäre, die sie in den Streik haben ziehen lassen, ohne sie hinreichend auch über die damit für sie verbundenen Nachteile aufzuklären.

Ich glaube, bereits mit den aus dem östlichen Deutschland zitierten Stimmen deutlich gemacht zu haben, wer den Nutzen daraus zöge, wenn ein rücksichtslos geführter Beamtenstreik die gesellschaftliche Ordnung binnen kurzem in ein Chaos verwandeln und mit seinen gesamtwirtschaftlichen Folgen auf die Beamten in ihrer Eigenschaft als Bürger selbst zurückschlagen würde.

Das Berufsbeamtentum als ein tragender Pfeiler unserer freiheitlichen rechts- und sozialstaatlichen Demokratie und ihres öffentlichen Dienstes muß also erhalten bleiben. Daß es reformierend fortentwickelt und laufend an die sich wandelnden Verhältnisse angepaßt werden muß, ist eine Sache für sich. Wie ernst sie zumindest der Deutsche Beamtenbund nimmt, hat er durch die frühzeitige Vorlage eines in sich geschlossenen, umfassenden Reformvorschlags bewiesen.

26. Februar 1975

Über aktuelle Fragen des öffentlichen Dienstes und insbesondere der Polizei

Rede vor dem 4. Ordentlichen Landeskongreß der Polizeigewerkschaft im DBB (PDB), Landesverband Schleswig-Holstein, in Plön

Quelle: DBB-Archiv, Abt. Bulei 15000–21 (maschinenschriftlich mit handschriftlichen Zusätzen A. Krauses)
Druck: Polizeispiegel. 11. Jg., Nr. 4, April 1975. Landesteil: Kurier für die Polizei des Landes Schleswig-Holstein, S. 57ff.

Nachdem am Montag vor acht Tagen ein gewisser Schlußstrich unter die langwierigen Auseinandersetzungen um die Frage gezogen worden ist, in welchem Maße die Einkommen der im öffentlichen Dienst Beschäftigten 1975 angehoben werden sollen,[1] ist Ihr Landeskongreß die erste Veranstaltung, auf der ich wieder etwas unbeschwerter von dem Streit um die rechtlichen und wirtschaftlichen Interessen vor DBB-Mitgliedern sprechen und deshalb die Schwerpunkte meiner Ausführungen anders setzen kann. Ich werde infolgedessen auch nicht noch einmal in aller Breite auf die Gründe für die in den zurückliegenden Monaten vom DBB betriebene Besoldungspolitik und deren stimmungsmäßigen Auswirkungen in der Öffentlichkeit wie auch im Verband selbst eingehen.

An einigen Klarstellungen liegt mir, weil ja auch der DBB selbst und ich, sein Bundesvorsitzender, vielfach unmittelbare Adressaten der Stimmungsmacher gegen den öffentlichen Dienst gewesen sind. Ich bin

1 Gemeint ist der Tarifabschluß für die Arbeiter und Angestellten des öffentlichen Dienstes, der am 17. Februar 1975 zustande kam. Vgl. dazu »Sechs Prozent mehr Lohn und Gehalt im öffentlichen Dienst« im Bonner »General-Anzeiger« vom 18. Februar 1975.

Ihnen daher, wie ich glaube, einige aufklärende Worte über bestimmte Hintergründe und Zusammenhänge der DBB-Politik im letzten halben Jahr schuldig, die von den gegen uns arbeitenden Kräften in einer Weise entstellt oder unterdrückt worden sind, daß ich einer solchen Informationspolitik den Vorwurf einer bewußten Lenkung der öffentlichen Meinung wider besseres Wissen nicht ersparen kann.

Es fing bereits mit der Berichterstattung über ein Gespräch an, zu dem ich am 24. Juli vorigen Jahres Bonner Pressevertreter eingeladen hatte, um sie über die besoldungspolitische Lage und ihre Rückwirkungen auf die damals beginnenden Vorarbeiten für den Bundeshaushalt 1975 zu unterrichten.[2]

Ausgehend von dem anerkannten und im § 60 des Bundesbesoldungsgesetzes[3] angesprochenen Grundsatz, demzufolge die Dienst- und Versorgungsbezüge regelmäßig an die allgemeine Einkommensentwicklung anzupassen sind, habe ich den Journalisten anhand schriftlicher Aufzeichnungen dargelegt, daß aufgrund der uns seinerzeit vorliegenden Daten, nach denen für 1974 die durchschnittliche allgemeine Einkommensentwicklung bei etwa zehn Prozent liegen werde, und unter vorsichtiger Abschätzung der Entwicklung des kommenden Jahres im Haushaltsentwurf 1975 die Personalverstärkungsmittel nicht unter zehn Prozent liegen dürften.

Auf entsprechende Fragen habe ich sodann wiederholt klargestellt, es handele sich bei dieser vorsorglichen Anmeldung des Finanzbedarfs für 1975 selbstverständlich noch um keine konkrete Forderung des DBB. Zu ihrer Aufstellung sei ich selbst auch gar nicht berechtigt, weil die Satzung des DBB dies dessen Bundeshauptvorstand vorbehalte, der erst auf seiner nächsten, Ende Oktober stattfindenden Sitzung eine entsprechende Entscheidung treffen werde.

Das Ihnen allen bekannte Ergebnis dieses im Vertrauen auf die Fairneß der anwesenden Journalisten geführten offenen Gesprächs, bei dem ich großen Wert auch auf die Offenlegung der rechtlichen und tatsächlichen Zusammenhänge gelegt hatte, durch die sich die Beamtenbesoldungspolitik von der Tarifpolitik unterscheidet, war: einige – wenn auch nicht

2 Vgl. dazu dbb-aktuell. Nr. 117, 25. Juli 1974 und Nr. 118, 26. Juli 1974.
3 Vgl. S. 528 Anm. 22.

alle – am 25. Juli erscheinenden Zeitungen brachten unter großen Schlagzeilen die Meldung[4]: »Beamtenbund fordert für 1975 mindestens zehn Prozent mehr Besoldung!«

Dieser wissentlichen Verdrehung folgte wenige Monate später eine wissentliche Unterdrückung wahrer Tatsachen. Als nämlich der Ende Oktober 1974 tagende Bundeshauptvorstand die vom DBB für 1975 zu erhebende Besoldungsforderung wirklich beschloß,[5] verband er ihre Höhe – es waren insgesamt zehn Prozent – mit der Erklärung seiner Bereitschaft, daß er mit seiner Mitgliedschaft im Rahmen eines abgestimmten Gesamtverhaltens der gesellschaftlichen Gruppen nicht zögern werde, seinen Beitrag zur wirtschaftlichen Stabilität zu leisten. Wörtlich heißt es in dem Beschluß des Bundeshauptvorstandes sodann: »Deshalb fordert der Deutsche Beamtenbund die Bundesregierung auf, einen umfassenden Stabilitätspakt zu organisieren, in den er dann eine entsprechende Angleichung seiner Forderungen einbringen wird.«

Nicht nur beim allergrößten Teil der Presse, sondern auch bei der Bundesregierung stieß dieses faire Angebot des DBB jedoch auf taube Ohren. Die Angriffe gegen den DBB, der sich seiner Verantwortung gegenüber den Gesamtinteressen offenkundig in keiner Weise bewußt sei, ging in beinahe noch zügelloserer Form als vorher weiter, unbekümmert darum – und das betone ich –, daß inzwischen die DGB-Gewerkschaften mindestens gleich hohe, wenn nicht sogar höhere Forderungen als der DBB beschlossen hatten.

Ich will dies hier und heute nicht weiter vertiefen, soviel es im einzelnen dazu auch noch zu sagen gäbe. Ich begnüge mich – damit zugleich das Fazit unserer Erfahrungen des vergangenen halben Jahres ziehend – mit einigen Kernsätzen, die die Politik des DBB auch künftig bestimmen werden:

- Der DBB als eine Interessenvertretung von 730 000 Angehörigen des öffentlichen Dienstes ist nach seinem Verbandszweck dazu da, die berufsbedingten politischen, rechtlichen und sozialen Interessen seiner Mitglieder zu vertreten und zu fördern.

4 Vgl. Die Welt. Nr. 170, 25. Juli 1974.

5 Vgl. DBB regt umfassenden Stabilitätspakt an. Die Besoldungsanpassung kann stabilitätsgerecht verwirklicht werden, in: Der Beamtenbund. 25. Jg., Nr. 11, November 1974, S. 1.

- Der DBB nimmt mit dieser Aufgabe als eine von der Koalitionsfreiheit des Art. 9 Abs. 3 des Grundgesetzes geschützte Vereinigung mit demselben Anspruch auf eine unvoreingenommene, streng sachliche Prüfung der von ihm vertretenen Mitgliederinteressen wahr wie alle anderen durch Art. 9 Abs. 3 garantierten Zusammenschlüsse.
- Er wird sich wie bisher auch künftig in seinen Forderungen auf dasjenige Maß beschränken, das ihm dem Grunde und der Höhe nach das Grundgesetz und die gesetzlichen Grundlagen des Beamtenverhältnisses zugestehen.
- Ein freiwilliger Verzicht auf das ihnen rechtlich Zustehende kann den Beamten solange nicht zugemutet werden, solange nicht auch andere gesellschaftliche Gruppen einen solchen Verzicht in gleicher Weise zu leisten gewillt sind.
- Die Beamtenbesoldung fällt in die Regelungskompetenz des Parlaments; die Volksvertretung hat das Letztentscheidungsrecht, infolgedessen auch über die Höhe der Dienst- und Versorgungsbezüge und damit die Aufgabe, das von uns vertretene Einzelinteresse abzustimmen mit dem Gesamtinteresse.
- Wenn dieses aus der Sicht der Beamten für die Regelung von Interessenkonflikten zwischen Beamten- und Gesamtinteresse allein zuständige Verfassungsorgan, eben das Parlament, diese ihm kraft Verfassung zufallende Verpflichtung nicht mehr wahrnimmt, weil es auf den Selbstregelungsmechanismus im Rahmen der Tarifautonomie mehr vertraut, als auf seine eigene Kraft zu einem angemessenen Interessenausgleich zwischen Beamten und Staat, so geht diese grundgesetzwidrige Kompetenzverschiebung nicht zu unseren Lasten, sondern zu Lasten des Parlaments.
- Der DBB wird sich dadurch nicht beirren lassen und auch in Zukunft an die verfassungsmäßige Verpflichtung des Parlaments appellieren und alles in seiner Macht stehende tun, um die hier sichtbar werdende Einbruchsstelle zu verriegeln, die das von uns verteidigte Dienstrechtssystem zum Wanken und zum Einsturz bringen würde.

Ich sagte schon einleitend, daß ich zu den uns alle interessierenden aktuellen Fragen nur das Allernotwendigste sagen werde, um genügend Zeit zu haben, mich auch zu Ihren persönlichen Sorgen zu äußern. Sie werden, wie ich mir denken kann, darauf besonders großen Wert legen, weil Ihnen die Konkurrenz immer wieder mit der Frage in den Ohren liegt: Was tut denn nun eigentlich euer DBB für die Polizei? Diese »Standesvereinigung« habe sich doch noch nie sonderlich für die Polizei engagiert, für die besonderen Interessen der Polizei habe sie doch so gut wie nichts übrig.

Im Grunde ist natürlich die Frage oder das Problem so nicht richtig gestellt. Der DBB ist eine gewerkschaftliche Spitzenorganisation; sie vertritt als »Bund der Gewerkschaften des öffentlichen Dienstes« die Interessen sämtlicher Dienstzweige. Infolgedessen ist der DBB auch kein Sprachrohr nur für besondere Interessen von Bahn, Post oder Zoll, auch nicht von Steuer-, Gemeinde-, Unterrichts- oder Gesundheitsverwaltung und ebensowenig der Polizei. Aufgabe des Deutschen Beamtenbundes ist es, das Gesamtinteresse der in allen diesen und vielen anderen Dienstzweigen organisierten Einzelinteressen abzuklären.

Die Regel ist also: Jeder Dienstzweig, und so auch die Polizei, repräsentiert durch die PDB, vertritt seine besonderen Interessen gegenüber den zuständigen Stellen zunächst einmal selbst. Die Einbindung in eine Gesamtvertretung, wie sie der DBB darstellt, ist dafür kein Hinderungsgrund. Die PDB beispielsweise ist wie alle übrigen Mitgliedsverbände des DBB eigenverantwortlich für die Wahrnehmung ihrer speziellen Mitgliederinteressen.

In der Gesamtvertretung des öffentlichen Dienstes spricht jedoch der DBB nach vorheriger Meinungsbildung in den von der DBB-Satzung bestimmten Beschlußorganen das letzte Wort.

Die Frage also, die Ihnen wahrscheinlich oft vorgelegt wird: Was tut eigentlich der DBB für euch? ist falsch gestellt. Darauf können Sie immer nur antworten: Für die Vertreter des besonderen Interesses der Polizei ist unsere PDB zuständig, und sie tut dafür eine ganze Menge.

Ich wollte zu diesem Verhältnis des DBB zu seinen Mitgliedsverbänden diese wenigen klärenden Worte nur einmal sagen, weil in dieser Hinsicht immer wieder Mißverständnisse auftauchen, in Ihrem Fall insbesondere deshalb, weil eben die GdP aus ihrem Ausschließlichkeitsdenken heraus laufend versucht, Sie zu verunsichern.

Trotz allem kann es keinem Zweifel unterliegen, daß der DBB in den Fällen, wo das Polizeiinteresse auf Bundes- oder Landesebene das Gesamtinteresse der Beamtenschaft berührt hat, auch stets zur Stelle gewesen ist, um Sie in der Vertretung auch Ihrer besonderen Interessen nachdrücklich zu unterstützen. Davon zeugen viele Verlautbarungen und Schritte des DBB, die er in kritischen Lagen, in denen Sie sich in vergangenen Jahren vielfach befunden haben (denken Sie an die Studentenunruhen und ähnliches mehr), zu Ihrem Schutze veranlaßt hat. Dem DBB sind Ihre Sorgen also keineswegs gleichgültig, er kann aber immer nur, die eigenen Schritte der PDB unterstützend, zum Zuge kommen. Das dürfen Sie nicht vergessen.

Wenn ich nun versuche, kritisch zu der Lage Stellung zu nehmen, in der sich die Polizei gegenwärtig befindet, hoffe ich wenigstens mit einigen meiner Gedanken Ihrem verständlichen Wunsch zu entsprechen, den DBB an Ihrer Seite zu wissen.

Ich habe mich etwas mit dem »Programm für die Innere Sicherheit in der Bundesrepublik Deutschland« vertraut gemacht, und zwar in der im Februar 1974, also genau vor einem Jahr, von der Ständigen Konferenz der Innenminister und -senatoren des Bundes und der Länder verabschiedeten Fassung.[6] Es ist ja sehr schön aufgemacht und sicher auch in vielem, was es anstrebt, zu begrüßen.

Daß es meine Redezeit und auch meine fachliche Kompetenz überfordern würde, wenn ich das Programm jetzt Punkt für Punkt abhandeln und kritisch bewerten wollte, werden Sie mir sicher einräumen. Nach den dazu gemachten sachverständigen Ausführungen würde ich nur selbst deutlich als Dilettant erscheinen. Aber ich darf doch einmal mit dem Blick einer möglichen – und so heißt es ja im Jargon der GdP – »polizeilichen Bezugsperson«, d. h. als Bürger, an einzelne Programmsätze herangehen. Und da ist mir z. B. einiges aufgefallen.

Einen breiten Raum nimmt im ersten Abschnitt des Programms die Verbrechensbekämpfung, untergliedert in Verbrechensverhütung und Strafverfolgung, ein. Greife ich jetzt einmal den Punkt »Verbrechensverhütung« heraus, der ja nach menschlichem Ermessen wohl eine der Polizei besonders am Herzen liegende Aufgabe sein dürfte, so frage ich mich, welche Chancen sie, unter den heutigen personellen und tatsächlichen Verhältnissen betrachtet, denn überhaupt hat, verwirklicht zu

6 Vgl. Ständige Konferenz der Innenminister/-senatoren des Bundes und der Länder. Programm für die Innere Sicherheit in der Bundesrepublik Deutschland. Teil I, Juni 1972; Teil II, Februar 1974.

werden. Ich höre, daß die Polizei bei steigenden Kriminalitätsziffern, insbesondere bei der Eigentumskriminalität, in Ermittlungsaufgaben erstickt. Mir ist bekannt, daß in neuerer Zeit einzelne Verbrechensarten, so insbesondere die Wirtschaftskriminalität in ihren mannigfachen Verzweigungen oder die mit Rauschgift und Drogen zusammenhängenden Straftaten unverhältnismäßig zugenommen haben.

Entsprechende Strafgesetze werden vorbereitet oder sind bereits erlassen. Zur gleichen Zeit lese ich, daß bei der Beratung der Frage, welche strafrechtlichen Mittel sich für die wirksame Bekämpfung der Wirtschaftskriminalität empfehlen, nicht einmal der Deutsche Juristentag 1972 sich der Erkenntnis entziehen konnte, daß im Hinblick auf die fehlende Grundlagenforschung im Bereich der Wirtschaftskriminalität keine konkreten kriminalpolitischen Maßnahmen vorgeschlagen werden können.[7] Denn so hieß es: »Grundlagenforschung, Analysen, Verbesserung der personellen und technischen Ausstattung von Strafverfolgungsbehörden und Gerichten verlangen allerdings erhebliche Investitionen – die vorbeugende Verwahrung von Untersuchungsgefangenen ist billiger.«

Worauf ich hinaus will, bemerken Sie vielleicht bereits. Die vorbeugende Verbrechensbekämpfung, eine der vornehmsten Aufgaben der Polizei, ist – ich sage es drastisch – von vornherein zum Scheitern verurteilt. Da ist auf der einen Seite die personelle Ausstattung der Polizei, und da ist auf der anderen Seite die in keinem angemessenen Verhältnis dazu stehende Überforderung der Polizei mit Aufgaben, die eine wirksame Verbrechensverhütung von vornherein verhindern.

Die Überhäufung mit Ermittlungsaufgaben in Sachen Eigentumskriminalität nannte ich schon. Die Überflutung mit Aufgaben in Sachen Verkehrsregelung kommt hinzu (und es ist nach vorausschauenden Schätzungen mit einer weiteren Zunahme der Verkehrsdichte auch in den vor uns liegenden Jahren zu rechnen). Man muß sich das noch einmal vorstellen: Nach dem Stand von 1971 verliefen von rund 700000 Verkehrsunfällen rund 18000 tödlich, rund 500000 brachten Körperschäden, was soviel bedeutet, daß die Polizei alle 30 Minuten mit einem Todesfall und beinahe minütlich mit einem Unfallverletzten befaßt war.

7 Zum 49. Juristentag 1972 (vom 19. bis 22. September 1972 in Düsseldorf) vgl. Neue Juristische Wochenschrift. 25. Jg., Heft 46, 14. November 1972, S. 2073ff.

In den letzten Jahren ist aber auch der Objektschutz und der Schutz sicherheitsgefährdeter Politiker ständig verstärkt worden.

Wenn ich mir diesen Aderlaß der vorhandenen Polizeistärke für sicher ebenfalls wichtige Aufgaben vor Augen führe, muß ich mich allerdings fragen, ob der Verbrechensverhütung tatsächlich noch die vorrangige Bedeutung zugedacht werden kann, von der das Sicherheitsprogramm ausgeht.

Hinzu kommt eben doch auch noch, daß die gesetzgebenden Organe, z. B. was die vorbeugende Bekämpfung der Wirtschaftskriminalität anbelangt, auf wissenschaftlich bislang völlig unabgesichertem Boden arbeiten müssen. Woraus folgt: Das Gesetz zur Bekämpfung der Wirtschaftskriminalität wird zwar kommen. Der Gesetzgeber wird sagen: Ich habe meine Pflicht und Schuldigkeit getan; nun sieh du zu, Polizei, wie du das alles in den Griff bekommst.

Hierin, in dieser Diskrepanz zwischen dem Willen des Gesetzgebers und den personellen und fachlichen Möglichkeiten der Polizei, den Willen des Gesetzgebers in die Tat umzusetzen, scheint mir ein ganz entscheidender, wenn nicht sogar der entscheidende Konflikt zu bestehen, den auszutragen der Polizei aufgegeben wird, ohne sie mit den dafür erforderlichen personellen und sachlichen Mitteln auszustatten.

Und wenn es dann zu irgendwelchen Fehlleistungen kommt, wenn die Kriminalitätsziffern, z. B. der Wirtschaftskriminalität, nach wie vor nicht sinken, sondern steigen – dann hat man den »Schuldigen« leicht gefunden: die unfähigen Polizeibeamten sind es, nicht die politisch Verantwortlichen, die es unterlassen haben, bevor sie gesetzliche Maßnahmen ergriffen, zunächst einmal sorgfältig zu prüfen, ob die Polizei auch in der Lage ist, sie zu verwirklichen.

Was hat es denn im Blick auf die Polizei und die an sie gestellten Anforderungen zum Beispiel für einen Sinn, daß vor einiger Zeit für die Entführung von Luftfahrzeugen oder Attentate auf Luftfahrzeuge sowie bestimmte Vorbereitungshandlungen dafür oder für die Geiselnahme besondere Straftatbestände geschaffen worden sind? Daß diese Straftaten noch verbotener sind als bisher?

Diese Straftaten waren auch schon vorher, wenn vielleicht auch nicht mit so harten Strafen bedroht. Aber ändert denn die Strafverschärfung auch nur das geringste an der Lage des einzelnen Polizeibeamten, in die er sich in einem akuten Fall der Luftpiraterie oder der Geiselnahme gestellt sieht? Er muß diese schwierige Lage ganz allein auf sich gestellt meistern. Die Wahrscheinlichkeit spricht zu 90 Prozent dafür, daß er es, gleichviel wie er sich in einem solchen Fall verhält, nach Meinung all der vielen Besserwisser, die über ihn moralisch zu Gericht sitzen, falsch gemacht hat: er hätte nicht in diesem Zeitpunkt, sondern erst ein paar Augenblicke später schießen dürfen. Daß er aber überhaupt geschossen hat – das allein ist natürlich schon ein unverzeihlicher Verstoß gegen die Menschenwürde.

Und Ihre Konkurrenz, die GdP, sie reitet auf dieser Woge einer allgemeinen Verunsicherung der Polizei, von der ich hier nur andeutungsweise gesprochen habe, munter mit.

So hat z. B. die GdP ein »Reformbewußtsein« entwickelt, in dem so ungefähr alles aufgehoben ist, was Anarchisten und sonstige »Menschenfreunde« seit Jahrzehnten predigen. Wenn ich einmal aus dem Ende 1972 unter dem Titel »Die gebremste Polizei« vorgelegten »Reformprogramm« der GdP zitieren darf, so erfahren wir daraus folgendes[8]:

»Das tradierte Berufsbild der deutschen Polizei widerspricht den Grundsätzen und Anforderungen einer demokratischen und sozialrechtsstaatlichen Ordnung. Polizeiliche Funktionswahrnehmung darf sich nicht in Verdeutlichung und Verwirklichung von Staatsmacht erschöpfen. Sie darf sich nicht unbeeindruckt von den Auffassungen und Haltungen polizeilicher Bezugspersonen vollziehen. Die Emanzipierung des Bürgers gegenüber der staatlichen Autorität, die daraus folgende Konsequenz, daß polizeiliche Anordnungen und Maßnahmen nicht fraglos hingenommen werden, bedingen eine andere Auffassung vom Wesen polizeilicher Funktionswahrnehmung. Der emanzipierte Bürger einer freiheitlichen und demokratischen Gesellschaft verlangt eine andere Polizei.«

So weit, so gut! Was sich in diesem akademischen Wortschwall an praktikablen »Reformvorschlägen« niedergeschlagen hat: dies zu beurteilen, darf ich getrost Ihnen überlassen. Für meine Begriffe ist dies alles »Geschwafel«, aber keine realistische Handlungsanweisung für eine

8 Vgl. dazu Die gebremste Polizei, in: Deutsche Polizei. Zeitschrift der Gewerkschaft der Polizei. Heft 1, Januar 1973, S. 8f.

Polizei, und zwar auch nicht für eine sog. moderne Polizei. Ob auch nicht für eine andere Polizei, das steht auf einem ganz anderen Blatt.

Die andere Polizei, die Polizei, deren Handeln sich an den »Auffassungen und Haltungen polizeilicher Bezugspersonen« orientieren soll, ist jedenfalls unsere Polizei nicht. Polizeiliches Handeln, so will es unser Grundgesetz, ist Teil der vollziehenden Gewalt. Selbstverständlich muß sich dieses Handeln im Rahmen der Gesetze halten. Es muß auch vor dem verfassungsrechtlichen Grundsatz der Verhältnismäßigkeit der Mittel bestehen können. Das Verbot, nicht mit Kanonen auf Spatzen zu schießen, gilt auch hier.

Wenn es sich aber im Ernstfall darum handelt, einen Rechtsbrecher, d. h. eine »polizeiliche Bezugsperson«, daran zu hindern, mit gezogener Pistole oder gezündeter Bombe einen Bankeinbruch zu begehen, so dürfte es doch wohl die Grenzen des Zumutbaren sprengen, den Polizeibeamten, bevor er eingreift, dazu zu verpflichten, sich zunächst einmal an die Erforschung der Motive zu begeben, die diese »polizeiliche Bezugsperson« zu seinem Handeln veranlaßt haben könnten.

Ich bestreite keineswegs, daß in anderen, weniger spektakulären Fällen ein solches Abwägen des Für und Wider im Handeln der »polizeilichen Bezugspersonen« geboten sein kann.

Aber zunächst einmal hat der Polizeibeamte den Auftrag, gegen sich objektiv als Rechtsbruch darstellende Handlungen einzuschreiten. Abzuwägen, was den Rechtsbruch subjektiv entschuldigen oder rechtfertigen könnte, ist dann Sache des Gerichts, das für die rechtliche Kontrolle des polizeilichen Eingriffs zuständig ist.

Den Polizeibeamten als »Sozialingenieur«, den Polizeibeamten als »Beauftragten gesellschaftlicher Kräfte«, der zwischen dem Staat und dem Bürger vermittelt, wollen wir ebensowenig wie den »Bullen«, der nach den von einigen Ländern erlassenen Rahmenrichtlinien für den Sprachunterricht im Deutschen bereits als ein zu beherzigendes Beispiel in den »Sprachschatz« der Vulgärsprache einzugehen für würdig befunden worden ist.

Wir wollen und wir haben den Polizeibeamten, der weiß, wann ein polizeilicher Eingriff gerechtfertigt ist und wann nicht. Wir brauchen keine andere Polizei im Sinne einer Institution, die dem polizeilichen Eingriff die vorherige Motiverforschung der »polizeilichen Bezugsperson« vorausgehen läßt. Wir brauchen eine Polizei, die eingreift, wenn es Gesetz und Recht gebietet, eine Polizei zugleich, die dienstlichen Weisungen im Rahmen der durch das Beamtenrecht gezogenen Grenzen folgt.

Das hat nichts mit schrankenloser Brutalität zu tun; ihr begegnet das Beamten- und das Strafrecht mit den entsprechenden Sanktionen. Es hat aber sehr viel damit zu tun, ob durch eine Aufweichung der öffentlichen Sicherheit und Ordnung das Leben in Freiheit und Recht für die Bürger dieses Staates aufhört und an ihre Stelle das mittelalterliche Faustrecht tritt.

Es gibt genügend bedrohliche Anzeichen dafür, daß dort, wo sich die GdP mit ihren Parolen durchzusetzen beginnt, der Ruf nach einem »Selbstschutz« der Bürger ertönt. Dazu hat nicht zuletzt auch das ständige Liebäugeln der GdP mit dem Arbeitskampf, mit dem Streik, geführt.

Der Vorsitzende der GdP, Kuhlmann, hat die Frage, ob Beamte (auch Polizeibeamte) streiken dürfen, ständig wieder hochgespielt. Er hat Urabstimmungen veranstaltet, ob Polizeibeamte, wenn sie streiken dürften, streiken würden. Er hat entsprechende Umfragen selbst unter den Ehefrauen der Polizeibeamten inszeniert. Die insgesamt negativen Ergebnisse dieser Umfragen hat Kuhlmann in den Wind geschlagen. Noch heute hegt er den »Polizistenstreik« wie ein Lieblingskind an seiner Brust. Wenn es allerdings dazu käme, müßten wir wohl alle unser Haupt verhüllen und die Sterbestunde des Berufsbeamtentums einläuten.

Wenn ich nun zum Schluß komme, so mag es Sie nicht enttäuschen, daß ich auf das »Programm für die Innere Sicherheit in der Bundesrepublik Deutschland« nicht systematisch, sondern nur sporadisch eingegangen bin. Woran mir lag, war allein, die außerordentlich schwer durchzuhaltende Konfliktlage unserer Polizei heute zu verdeutlichen.

Den übergroßen Anforderungen, die von Ihren Aufgaben her auf Sie zukommen, stehen nur unzureichende personelle und sachliche Mittel gegenüber. Die Rolle, die Sie nach dem »Programm« beispielsweise bei der Verbrechensbekämpfung zu spielen hätten, ist meiner Meinung nach unter den heutigen Verhältnissen nur höchst unvollkommen zu verwirklichen. Wenn ich noch einmal aus einer einschlägigen Schrift zitieren darf, so heißt es da: »So könnte beispielsweise eine technisch und personell ausreichende Ausstattung von Polizei, Staatsanwaltschaft und Gerichten zu einer erheblichen Beschleunigung von Ermittlungs- und Strafverfahren führen, ebenso wie die Einführung von modernen Organisationsformen. Realität aber sind: schlecht besoldete Polizeibeamte, mit einem wenig attraktiven Berufsbild, unzureichend ausgebildet und an Zahl zu wenig . . .«

Dies dürften, auf den kleinsten Nenner gebracht, auch die hauptsächlichsten Sorgen sein, mit denen Sie sich auf diesem Landeskongreß vordringlich auseinandersetzen zu haben werden.

»An Zahl zu wenig . . .«, nun, das »Sicherheitsprogramm« hat auch dafür eine »attraktive« Aussage gemacht: Auf 400 Einwohner müsse mindestens 1 Polizeibeamter entfallen – 1 : 400, eine griffige Formel. Ich habe mir einmal von Herrn Kollegen Erlenkötter die augenblicklichen Personalbestände in Nordrhein-Westfalen geben lassen. Um dort diese »magische Zahl« zu erreichen, wären gegenwärtig mindestens 9 000 weitere Beamte erforderlich: beim augenblicklichen Bestand von etwa 33 000 macht das einen Fehlbestand von etwa 27 Prozent aus. Ginge die Personalverstärkung weiterhin so schleppend voran wie bisher, wäre das Ziel (1 : 400) in Nordrhein-Westfalen in 27 Jahren, also im Jahre 2002, erreicht.

Damit dürfte ich, wie ich glaube, einen hinreichend konkreten Beitrag zum Motto Ihres Landeskongresses: »Polizei 2 000« geliefert haben, um nunmehr mit den besten Wünschen für einen harmonischen und erfolgreichen Verlauf Ihrer Veranstaltung meine Ausführungen zu beenden.

16. April 1975

Reform des öffentlichen Dienstrechts

Vortrag auf der Sitzung des Ständigen Ausschusses »Organisations- und Grundsatzfragen« des Bundes der Deutschen Zollbeamten im DBB (BDZ) in Hann. Münden

Quelle: DBB-Archiv, Abt. Bulei 15000–21 (maschinenschriftlich)

Die Meinungen über Mittel und Wege, die zu einer Reform des öffentlichen Dienstrechts (kurz »Dienstrechtsreform« genannt) führen, gehen, wie Sie alle wissen, weit auseinander. Um dem mir gestellten Thema einigermaßen gerecht zu werden, betrachte ich es daher als meine erste Aufgabe, Ihnen in großen Zügen einen Überblick über den gegenwärtigen Stand der Auseinandersetzung um eine Dienstrechtsreform zu geben.

Wie an alle Reformen kann man auch an die uns hier beschäftigende mit unterschiedlichen Zielvorstellungen herangehen. Die am nächsten liegenden Möglichkeiten sind dabei: Totalrevision oder Teilrevision. Im ersten Fall wird das bisher Bestehende mitsamt seinen Fundamenten eingerissen, um etwas völlig Neues an seine Stelle zu setzen. Im zweiten Fall bleiben die Fundamente des Bestehenden erhalten; erneuert werden jedoch einzelne Elemente des darauf ruhenden Baukörpers.

Auf unser geltendes Dienstrechtssystem bezogen, bedeutet dies: Bei einer Totalrevision müßten dessen vom Grundgesetz in Art. 33 Abs. 4 und 5 niedergelegten Grundlagen durch eine Verfassungsänderung beseitigt werden. Bei einer Teilrevision brauchte sich an der geltenden Fassung des Grundgesetzes nichts zu ändern. Dessen Abs. 5, wo es heißt, daß bei der Regelung des Rechts des öffentlichen Dienstes die »hergebrachten Grundsätze des Berufsbeamtentums« zu berücksichtigen sind, läßt einen genügend großen Spielraum für zeitgemäße Reformen. Auch Abs. 4 hat – richtig und im Einklang mit der Verwaltungswirklichkeit interpretiert – nichts von seiner Geltungskraft eingebüßt.

Das Bundesverfassungsgericht hat sich mit der Problematik des Art. 33 Abs. 5 wiederholt beschäftigt und mehrfach ausgesprochen[1]:

»Das Grundgesetz beläßt in Art. 33 Abs. 5 dem Bundesgesetzgeber grundsätzlich einen weiten Ermessensspielraum, um die Beamtengesetzgebung den Erfordernissen des freiheitlich demokratischen Staates und seiner fortschrittlichen Entwicklung anpassen zu können. Andererseits gewährt es nicht völlige Regelungsfreiheit. Der einzelne hergebrachte Grundsatz ist vielmehr in seiner Bedeutung für die Institution des Berufsbeamtentums in der freiheitlich rechts- und sozialstaatlichen Demokratie zu würdigen; davon hängt ab, in welcher Weise und in welchem Ausmaß er zu beachten ist.«

Soweit also das Bundesverfassungsgericht – das übrigens, wenn ich mich einmal so ausdrücken darf, das in Art. 33 Abs. 5 steckende »Reformpotential« in anderem Zusammenhang noch deutlicher umschrieben hat, indem es sagte[2]:

»Art. 33 Abs. 5 meint mit dem Recht des öffentlichen Dienstes, das nach bestimmten Grundsätzen geregelt werden soll, offensichtlich die Neugestaltung des Rechts der im Dienst befindlichen Beamten als eine in die Zukunft weisende Aufgabe.«

Aber nicht nur das! Vom Bundesverfassungsgericht stammt auch der Leitsatz:

»Für den Bereich des Beamten- und Beamtenbesoldungsrechts stellt die Garantie der hergebrachten Grundsätze eine spezielle Konkretisierung der Sozialstaatsklausel dar. Diese Grundsätze des Berufsbeamtentums sichern, daß die Besoldung und Versorgung der Beamten den Mindestanforderungen genügen, die sich aus dem Sozialstaatsprinzip (Art. 20) ergeben.«

Was sollen bei einem so modernen Verständnis der durch Art. 33 Abs. 5 geschützten hergebrachten Grundsätze des Berufsbeamtentums die von unseren Gegenspielern ständig gegen sie gerichteten Attacken!?

1 Vgl. das Urteil vom 11. Juni 1958; BVerfGE. Bd. 8, S. 1ff. (Zitat S. 16).
2 Vgl. das Urteil vom 11. Dezember 1962; BVerfGE. Bd. 15, S. 167ff. (Zitat S. 196).

Mit ihrer Polemik gegen Art. 33 Abs. 4 GG verhält es sich ja nicht anders. Die gegen ihn gerichteten Behauptungen lauten kurz zusammengefaßt wie folgt:

- Der Begriff »hoheitsrechtliche Befugnisse« ist völlig überholt und läßt sich heute überhaupt nicht mehr exakt definieren.
- Deshalb eignet sich dieser Begriff auch nicht mehr zum Kriterium für die Abgrenzung von Funktionen, die grundsätzlich von Beamten wahrzunehmen sind.
- Die sog. »hoheitsrechtlichen Befugnisse« sind heute nahezu vollständig zu »Dienstleistungen« umfunktioniert oder jedenfalls so weit zurückgedrängt worden, daß sie gegenüber den »reinen Dienstleistungsfunktionen« kaum noch ins Gewicht fallen.
- Die Verwaltungswirklichkeit weist ein immer mehr um sich greifendes Überwuchern der beamteten durch die nichtbeamteten Dienstkräfte auf, so daß Art. 33 Abs. 4 auch aus diesem Grunde gestrichen werden muß.

Alle diese Behauptungen halten näherer Prüfung nicht stand:

- Es stimmt nicht, daß der Begriff »hoheitsrechtliche Befugnisse« heute nicht mehr überzeugend zu definieren sei. Denn nach wie vor arbeitet die neuere und neueste Gesetzgebung mit diesem Begriff, und die höchstrichterliche Rechtsprechung legt ihn so aus, daß von »hoheitsrechtlichen Befugnissen« stets dann gesprochen werden müsse, wenn es sich um verantwortlich ausgeführte Funktionen handele, die unmittelbar oder mittelbar zu öffentlich-rechtlichen Rechtsakten führen, die die Rechtssphäre des Bürgers berühren.
- Es stimmt auch nicht, daß die »hoheitsrechtlichen Befugnisse« in der heutigen Verwaltungswirklichkeit nur noch eine untergeordnete Rolle spielten, weil sie weitgehend von »reinen Dienstleistungsfunktionen« verdrängt worden seien. Diese sog. »reinen Dienstleistungsfunktionen« werden nämlich von dem Begriff der hoheitsrechtlichen Befugnisse mit erfaßt. Denn wird vom Verwaltungshandeln im Bereich der öffentlich-rechtlichen Daseinsvorsorge und der leistungsgewährenden Verwaltung die Rechtssphäre des Bürgers etwa nicht berührt? Genau das Gegenteil ist der Fall: Hier ist der Exekutive in weit größerem Umfang als im Bereich der Eingriffs- oder Ordnungsverwaltung Rechtsanwendungs- und verwaltungspolitisches Ermessen einge-

räumt. Deshalb kommt gerade hier der Art. 33 Abs. 4 zugrunde liegende Gedanke zum Tragen, daß die Ausübung bestimmter Funktionen den unabhängigen, unparteiischen und von Sonderinteressen unbeeinflußten Beamten voraussetzt.

– Der Hinweis auf die »personelle Desorganisation« des öffentlichen Dienstes, auf das systemlose Nebeneinander von Beamten und Arbeitnehmern in gleicher Funktion, schließlich beruht auf einer Verwechslung von Ursache und Wirkung, wenn er dazu benutzt wird, die »hoheitsrechtlichen Befugnisse« als unbrauchbares Abgrenzungsmerkmal zu verwerfen. Die Ursache für dieses Nebeneinander liegt nicht im Begrifflichen, sondern im wissentlichen Mißbrauch eines zwingenden Verfassungsgebots durch die Dienstherren. Mögen es nun haushaltsrechtliche, personalwirtschaftliche oder bewußt auf eine »Entbeamtung« abzielende Erwägungen sein, die in vielen Bereichen wegen der Nichtbeachtung des Funktionsvorbehalts zu dem verfassungswidrigen Zustand geführt haben, vor dem wir jetzt stehen, wo z. B. im gemeindlichen Bereich nur noch ein Viertel des Personals Beamte, drei Viertel des Personals dagegen Tarifbedienstete sind. Das alles ist jedoch kein Grund, um Art. 33 Abs. 4 abzuschreiben. Vielmehr hat eine Dienstrechtsreform gerade die Aufgabe, dem Funktionsvorbehalt endlich wieder volle Geltung zu verschaffen. Hier hat eine Dienstrechtsreform anzusetzen, und das ist auch eine Kernforderung des DBB.

Gehen wir auch noch im Falle des Art. 33 Abs. 5 der Sache auf den Grund, indem wir fragen, worum es sich bei diesen ominösen »hergebrachten Grundsätzen« denn nun wirklich handelt! Dann wird nämlich schlagartig klar, daß damit weiter nichts als bestimmte Strukturprinzipien eines auf dem Berufsbeamtentum aufbauenden öffentlichen Dienstes gemeint sind, die, solange an der politischen Einrichtung des Berufsbeamtentums festgehalten wird, nicht aufgegeben werden dürfen, ohne die Grundlagen dieser Institution zu zerstören.

Hergebrachte Grundsätze im Sinne des Art. 33 Abs. 5 sind unter Berücksichtigung der Rechtsprechung des Bundesverfassungsgerichts insbesondere die folgenden:

– die öffentlich-rechtliche Ausgestaltung des Dienstverhältnisses, aus der sich die einseitige Regelung durch den Gesetzgeber ergibt;

- das Lebenszeitprinzip;
- das Laufbahnprinzip, das den Nachweis der Eignung für die Ausübung des zu übertragenden Amtes voraussetzt, ohne das viergliedrige Laufbahngruppensystem verbindlich zu machen;
- das Leistungsprinzip;
- die Beschränkung der Pflichtenbindung auf den Dienst;
- die Weisungsgebundenheit;
- der Anspruch auf angemessene Besoldung und Versorgung.

Dies also ist jener »Kernbestand von Strukturprinzipien«, der für den Gesetzgeber nach der Rechtsprechung des Bundesverfassungsgerichts verbindlich sein soll, wenn er die Rechtsverhältnisse der Beamten unter Berücksichtigung der »hergebrachten Grundsätze des Berufsbeamtentums« zu regeln hat. Bei unvoreingenommener Betrachtung der Fragen, um die es in meinem Vortrag geht, werden Sie mir sicher darin zustimmen, daß damit der Rahmen einer Dienstrechtsreform bereits abgesteckt ist.

Aber gerade hier setzt nun ein, was ich das »Reformdilemma« nennen möchte. Obwohl in vielen Einzelfragen mit dem DGB einig, blockiert die Kontroverse über die Grundkonzeption jeden Fortschritt, den wir uns von einer Reform erhoffen.

Damit Sie ein möglichst genaues Bild von diesem entscheidenden Punkt und damit zugleich von dem gegenwärtigen Stand der Überlegungen gewinnen, die eine Verwirklichung der Dienstrechtsreform ermöglichen sollen, möchte ich einmal von den Alternativen ausgehen, die es, hier beschränkt auf das anzustrebende Dienstrechtssystem, gibt. Es lassen sich in dieser Hinsicht vier Positionen ausmachen:

Position 1: Reform auf der Grundlage der bisherigen Zweispurigkeit;

Position 2: Einheitsdienstrecht auf der Grundlage des Beamtenrechts;

Position 3: Einheitsdienstrecht auf der Grundlage des allgemeinen Arbeitsrechts;

Position 4: Mischung von Beamten- und Arbeits- bzw. Tarifrecht (Status- und Folgerecht).

Aus beamtenpolitischer Sicht scheiden die Positionen 3 und 4, d. h. ein Einheitsdienstrecht auf der Grundlage des allgemeinen Arbeitsrechts oder die Mischung von Beamten- und Arbeits- bzw. Tarifrecht (Status- und Folgerecht), von vornherein aus. Hier haben wir es mit Positionen zu tun, die unter den gegebenen Verhältnissen auch politisch nicht durchsetzbar wären – einfach deshalb nicht, weil sie eine Verfassungsänderung und damit eine Zweidrittelmehrheit im Bundestag und Bundesrat voraussetzen würden.

Wenn der DGB und mit ihm verbündete politische Kreise trotzdem immer wieder jene Positionen in die Debatte werfen, so beweist das weniger ihre Unkenntnis der verfassungsrechtlichen Zusammenhänge. Sie wissen ganz genau, daß sie die Hürde der Verfassungsänderung in absehbarer Zeit nicht überspringen werden. Sie setzen aber auf die sog. normative Kraft des Faktischen. Sie stellen sich vor, daß nach dem Motto »Steter Tropfen höhlt den Stein« mit der Zeit ein Bewußtseinswandel eintreten könnte, der bewirkt, daß ihnen eines schönen Tages der Erfolg wie eine reife Frucht in den Schoß fällt.

In diesem Zusammenhang möchte ich Ihre Aufmerksamkeit nun auf zwei Kampfbegriffe lenken, auf die die Gegner des Berufsbeamtentums eingeschworen sind. Der eine dieser beiden Kampfbegriffe lautet »Einheitsdienstrecht« (im allgemeinen unter dem weniger hart klingenden Ausdruck »einheitliches Dienstrecht« segelnd); der andere trägt das Markenzeichen »Stufenkonzept«.

Beide Kampfbegriffe hängen aufs engste miteinander zusammen. Da sie für harmlose Gemüter harmlos klingen, erblicke ich meine Aufgabe darin, Sie von den außerordentlichen Gefahren zu überzeugen, die bei einer Beleuchtung der Dienstrechtsreform aus beamtenpolitischer Sicht dahinterstecken.

Bevor ich das näher ausführe, will ich jedoch erst noch ein paar Worte zu den Positionen 1 und 2 sagen, d. h. zur Reform auf der Grundlage oder im Rahmen der bisherigen Zweispurigkeit des Dienstrechtssystems (hier: Gesetzesmaxime = Beamtenrecht; dort Vertragsmaxime = Tarifrecht) oder (Position 2) Einheitsdienstrecht auf der Grundlage des Beamtenrechts.

Sie dürften alle wissen, daß der DBB mit seinem Reformvorschlag auf die Position 1 gegangen ist. Er will eine Reform im Rahmen des geltenden Dienstrechtssystems, wobei die reformerische Absicht des DBB auf eine Vereinheitlichung in der Weise zielt, daß gleiche Funktionen im gleichen Rechtsverhältnis ausgeübt werden sollen. In beamtenpolitischer Sicht bedeutet das: Wer Beamtenfunktionen wahrnimmt, gehört ins Beamtenverhältnis; die im Widerspruch zu Art. 33 Abs. 4 stehende Praxis, daß in einer Unzahl von Fällen Beamtenfunktionen heute auch von Arbeitnehmern wahrgenommen werden, soll aufhören und rückgängig gemacht werden. Daher unsere Forderung: »verfassungskonforme Vereinheitlichung des öffentlichen Dienstrechts«.

Es ist also klar, daß der DBB außer der gesamtarbeitsrechtlichen und der Lösung, die in einer Mischung von Beamtenrecht und Tarifrecht bestehen würde, auch die gesamtbeamtenrechtliche Lösung ablehnt. Der DBB tritt nicht für eine totale Verbeamtung der Mitarbeiter im öffentlichen Dienst ein; er lehnt sie vielmehr ebenso ab wie die beiden anderen Lösungen.

Das bringt mich nun auf die naheliegende Frage, wie denn dieser Standpunkt des DBB mit der von mir als Mitglied der beim BMI gebildeten Studienkommission für die Reform des öffentlichen Dienstrechts eingenommenen Haltung zu vereinbaren sei. Denn, wie Sie wissen, hat sich ja die Mehrheit der Studienkommission mit meiner Stimme für eine der gesamtbeamtenrechtlichen Lösung sehr nahekommende Reform entschieden. Sie ist in dem Kernsatz zusammengefaßt worden: »Das Dienstrecht aller öffentlichen Bediensteten wird durch Gesetz geregelt.«

In diesem von der Kommissionsmehrheit getragenen Reformvorschlag steckt eine weitgehende Übernahme der beamtenrechtlichen Pflichten und Rechte auch auf die jetzigen Arbeitnehmer des öffentlichen Dienstes und vor allem die gänzliche Verbannung der Tarifautonomie sowie des mit ihr gekoppelten Streikrechts aus dem öffentlichen Dienst – an sich also ein einleuchtender und begrüßenswerter Vorschlag.

Lassen Sie mich zu diesem Sachverhalt einige erläuternde Bemerkungen machen, ohne hier dessen Hintergründe in allen Einzelheiten aufhellen zu können.

Die Sache war ganz einfach die, daß in den Stimmzetteln, die den Kommissionsmitgliedern vorgelegt worden sind, nur die beiden im Kommissionsbericht erscheinenden Positionen – das »Gesetz-Modell« und das »Gesetz-Tarif-Modell« (Status- und Folgerecht) – vorgesehen waren. Die Position des DBB (Trennung von Beamtenrecht und

Tarifrecht) war nicht vorhanden. Den Befürwortern dieser Position war vor der Abstimmung gesagt worden, sie sollten für das »Gesetz-Modell« stimmen.

Das klingt natürlich äußerst befremdend und löst die Frage aus: Kann man denn unabhängige Sachverständige in ihrer Entscheidungsfreiheit so einengen?

Das Ganze beruht aber auf einer rein taktischen Überlegung. Wäre nämlich anders verfahren worden, hätte es auf der Seite der Gegner des Mischmodells (Status- und Folgerecht) eine Stimmenzersplitterung gegeben, und das Abstimmungsergebnis hätte dann nicht 10:9 gegen das Mischmodell, sondern, wenn die Position des DBB berücksichtigt worden wäre, etwa 4:6:9 gelautet, so daß den Abstimmungssieg die Gegner des Berufsbeamtentums davongetragen hätten.

Leider eignen sich diese Hintergründe z. Z. noch nicht dazu, öffentlich aufgeklärt zu werden. Das würde nur Wasser auf die Mühlen unserer Gegenspieler leiten. Ich wollte Ihnen aber über die Vorgänge, die mit der Abstimmung über die Grundkonzeption der Dienstrechtsreform zusammenhängen, wenigstens einmal kurz Aufschluß geben. Denn nur in Kenntnis dieser Umstände werden Sie das rechte Verständnis dafür aufbringen, daß der Bundesvorsitzende des DBB sich bei der Abstimmung in der Studienkommission in einen scheinbaren Gegensatz zum Reformvorschlag des DBB begeben hat.

Hier ist nun auch der Punkt gekommen, an dem ich mit dem gebotenen Nachdruck feststellen möchte: Für den DBB ist Grundlage seines Reformziels und seiner Reformforderungen nicht das »Gesetz-Modell« der Studienkommission, sondern einzig und allein das vom Bundesvertretertag 1972 des DBB beschlossene Reformprogramm,[3] das Sie alle zur Hand haben.

Als die Studienkommission ihren Bericht am 7. Mai 1973[4] dem damaligen Bundesinnenminister Genscher überreicht hat, hat der DBB sich im wesentlichen positiv dazu geäußert. Er hat dies deshalb getan, weil der Bericht im grundsätzlichen tatsächlich viele Vorstellungen übernommen hat, die aus beamtenpolitischer Sicht zu begrüßen sind.

3 Vgl. die Angaben S. 514 Anm. 7.
4 Vgl. die Angaben S. 451 Anm. 5.

Vor allem aber war es ja gelungen, die Gegenseite in die Minderheit zu drängen. Und insofern haben wir auch mit gutem Grund das Abstimmungsergebnis in der Studienkommission als einen Erfolg des DBB begrüßt.

Das bedeutet aber noch lange nicht, daß wir die im Bericht der Kommission wiedergegebenen Beratungsergebnisse in allen Einzelheiten billigen. Vor allem in der Begründung der einzelnen Reformvorschläge stecken so viele Ungereimtheiten, daß man bei einer genaueren Durchsicht oft Zweifel bekommt, ob die Begründung eigentlich die Beschlüsse trägt, die die Kommission in einer aus beamtenpolitischer Sicht durchaus erfreulichen Weise gefaßt hat.

In der grünen Drucksache, die ich zur Verteilung an Sie mitgebracht habe, wird daher der Kommissionsbericht auch einer ziemlich harten Kritik unterzogen.[5] Diese Kritik richtet sich gegen die Begründung der Beratungsergebnisse. Hier waren eben viele am Werk, die ihre Auffassungen in den Einzelheiten doch noch irgendwie zum Ausdruck bringen wollten, obwohl sie in der Hauptsache den Kürzeren gezogen haben.

Nun aber wieder zurück zu den Stichworten »einheitliches Dienstrecht« und »Stufenkonzept«!

Das »einheitliche Dienstrecht« spielt ja nun eben nicht nur bei den Befürwortern des Status- und Folgerechts, sondern wegen der geschilderten Zusammenhänge auch bei dessen Gegnern eine Rolle. Die Unterscheidung zwischen Beamten, Angestellten und Arbeitern soll auch nach dem Mehrheitsvotum der Studienkommission als nicht mehr zeitgemäß fallen. Die dafür vorgetragenen Gründe gehören mit zu dem Unsachlichsten, was man sich denken kann. »Absurdes Theater«, könnte man es nennen. Bei einigen Befürwortern des Mehrheitsvotums spielt z. B. der Gesichtspunkt eine Rolle, der Ausdruck »Beamter« habe sich, wie die gegen ihn gerichtete Polemik zeige, überlebt; man müsse ihn also möglichst bald verschwinden lassen und durch den (besonders wohlklingenden) Ausdruck »öffentlicher Bediensteter« (in Klammern: »neuer Art«) ersetzen.

Von den Verfechtern des Status- und Folgerechts werden »soziale

5 Vgl. Dienstrechtsreform. Der DBB zum Bericht der Studienkommission für die Reform des öffentlichen Dienstrechts (= dbb-intern. Dokumentation) o. O., o. J. (Bonn-Bad Godesberg 1975).

Spannungen« ins Spiel gebracht, die dieses jetzige »Dreiklassendienstrecht« im öffentlichen Dienst erzeuge und dort den Arbeitsfrieden störe.

Auch folgendes wird nach einer kürzlichen Meldung im »Kölner Stadt-Anzeiger« vom DGB vorgebracht[6]: »Der Beamte möchte nicht mehr Beamter sein. Denn das Prestige, die Vorrechte und die ›schöne Pension‹, die früher seine Tätigkeit als ›Diener des Staates‹ auszeichneten, fielen kaum noch ins Gewicht, erklärte der Leiter der Abteilung Beamte im DGB-Bundesvorstand, Theo Brinkmann, vor Mitgliedern der Beamtenausschüsse in Köln.«

Dies vom »Leiter der Abteilung Beamte« vor »Mitgliedern der Beamtenausschüsse« gesagt, spricht ja bereits Bände.

Aber es gibt außer DGB-Funktionären auch in politischer Verantwortung stehende Persönlichkeiten, die mit ähnlich fadenscheinigen Argumenten den Weg zu einem Einheitsdienstrecht bahnen wollen. Denken Sie etwa an den Berliner Innensenator Kurt Neubauer, der ein Dienstrechtsmodell favorisiert, das weitgehend dem Minderheitsgutachten der Studienkommission gleicht.[7] Oder hören Sie, mit welcher Begründung sich der Hessische Ministerpräsident Albert Osswald für ein Einheitsdienstrecht im Sinne des DGB erwärmt. In einem Namensartikel, der am 1. März 1975 in der »Frankfurter Rundschau« erschien, schreibt er, er sei für ein Einheitsdienstrecht, und zwar deshalb (so wörtlich), »weil ja nicht einzusehen ist, daß etwa ein Angestellter, der am gleichen Schreibtisch sitzt wie ein Beamter, und dieselbe Tätigkeit ausübt wie dieser, nur wegen seines dienstrechtlichen Status anders besoldet und behandelt wird«[8].

Osswald scheint, wie man daraus ersieht, ganz vergessen zu haben, daß das zwingende Gebot des Art. 33 Abs. 4 GG nach wie vor gilt und daß er es aus eigener Machtvollkommenheit und Verpflichtung, d. h. auch ohne Dienstrechtsreform, in der Hand hätte, jenen verfassungswidrigen Zustand auf die einfachste Weise zu bereinigen, nämlich durch die Berufung jenes Angestellten, sollte er wirklich Beamtenfunktionen ausüben, in das Beamtenverhältnis.

6 Vgl. Kölner Stadt-Anzeiger. Nr. 248, 24. Oktober 1973 (»Welcher Typ soll Beamte ersetzen?«).
7 Vgl. dazu S. 451 mit Anm. 5.
8 Vgl. Albert Osswald: Der öffentliche Dienst braucht Reformen, in: Frankfurter Rundschau. Nr. 51, 1. März 1975.

Ich darf Ihnen die Gefährlichkeit des Begriffs »einheitliches Dienstrecht«, den ich hier immer in der Bedeutung eines »Einheitsdienstrechts« verwende, an zwei Beispielen erklären:

Das erste: Noch während der Amtszeit Genschers wurde im BMI eine Kabinettvorlage unter dem Betreff »Konzeption zur Realisierung der Reform des öffentlichen Dienstrechts« vorbereitet. Sie ging von folgenden Grundgedanken aus:

- In der Grundfrage des künftigen Regelungsverfahrens bestehe sowohl nach den Beratungsergebnissen der Studienkommission wie auch nach den Reformvorstellungen der beiden gewerkschaftlichen Spitzenorganisationen ein unüberbrückbarer Meinungsgegensatz: beim DGB Vorrang der Tarifautonomie, beim DBB Vorrang des Berufsbeamtentums und damit des Gesetzgebers.
- Infolgedessen müsse unter den gegebenen politischen Verhältnissen (gemeint ist die z. Z. nicht durchsetzbare Grundgesetzänderung) die Entscheidung über diese Frage vorläufig ausgeklammert werden.
- Das hindere aber nicht daran, mögliche Reformen im bisher zweispurigen Dienstrecht trotzdem in Angriff zu nehmen, und zwar mit dem Ziel, Beamtenrecht und Tarifrecht, soweit als nur irgendmöglich einander anzugleichen.
- Dabei müsse, den Beschlüssen der Studienkommission folgend, von einem »einheitlichen Dienstrecht« als Reformziel ausgegangen werden.
- Art. 33 Abs. 4, der bestimmte, dort als »hoheitsrechtlich« bezeichnete Befugnisse Beamten vorbehalte, sei nicht mehr praktikabel, da sich keine überzeugenden Abgrenzungsmerkmale zwischen Beamten- und Arbeitnehmerfunktionen mehr feststellen ließen.
- Die Tarifautonomie im jetzigen Arbeitnehmerbereich bleibe unberührt; es dürfe auch nichts an dem gegenwärtig bestehenden Zahlenverhältnis Beamte – Arbeitnehmer geändert werden.
- Stufenweise sei das (im Kommissionsbericht mit einer Zeitdauer von etwa acht Jahren veranschlagte) Personalsteuerungssystem, worunter, ausgehend von einer Arbeitsplatzanalyse, darauf folgender Dienstpostenbewertung, Erarbeitung sog. Leistungsprofile, Reform des Beurteilungswesens u.a.m., also ein das bisherige Laufbahnrecht übergreifendes, mit unmittelbarer Auswirkung auf das Besoldungssystem

behaftetes Reformprojekt in bezug auf das gesamte Personalwesen verstanden wird, in Angriff zu nehmen.

– Beteuert wird, das »Stufenkonzept« habe keinerlei präjudizierende Wirkung für das künftige Regelungsverfahren, das selbstverständlich eines Tages auch einheitlich geregelt werden müsse, weil nach Abschluß des Stufenkonzepts keinerlei Notwendigkeit für ein zweispuriges Regelungsverfahren (Gesetzgeber für Beamtenrecht, Tarifautonomie für Arbeitnehmerrecht) mehr geltend gemacht werden könne.

So, das wäre also der, wie man so schön sagt, im Raume stehende Plan, das »Stufenkonzept« des Bundesinnenministeriums, an dem sich auch nach dem Amtswechsel zwischen Genscher und Maihofer nichts Entscheidendes geändert hat.

Zweites Beispiel: die im November 1974 in Wiesbaden beschlossenen »Thesen der FDP zur Dienstrechtsreform«. Hier haben wir authentische Äußerungen eines prominenten Politikers dieser Partei, nämlich des Landesvorsitzenden der FDP Berlin, Wolfgang Lüder. Er hat die Wiesbadener Thesen der FDP in einer Fachzeitschrift interpretiert, und zwar wie folgt[9]:

– »In These 8 wird als politisches Fernziel die Einheitlichkeit des öffentlichen Dienstrechts postuliert. Nach einmütiger Auffassung des Bundesfachausschusses ist dieses Ziel nur in einem mehrere Legislaturperioden andauernden Prozeß der Annäherung und Angleichung zu erreichen.« (Stufenkonzept!) »Es wird dann Aufgabe des Gesetzgebers sein, nach der Angleichung der Regelungsinhalte auch das Regelungsverfahren zu vereinheitlichen.«

– Mit anderen Worten will also die FDP, und zwar insoweit in voller Übereinstimmung mit dem BMI, über die nächsten fünf, sechs, sieben oder auch acht Jahre hinweg eine Art »beamtenpolitisches Floating« in Gang bringen und damit die vom Grundgesetz vorgegebenen, festen »Kurswerte« außer Kraft setzen, und zwar in der stillen Hoffnung, daß sich danach schon von selbst wieder ein fester

9 Vgl. Wolfgang Lüder: Reform des öffentlichen Dienstrechts. F.D.P.-Thesen vom Bundesfachausschuß für Innen- und Rechtspolitik, in: Die öffentliche Verwaltung. Zeitschrift für Verwaltungsrecht und Verwaltungspolitik. 27. Jg., Heft 2, Januar 1974, S. 56ff. (Abdruck der Thesen S. 57f.; Zitat S. 57).

»Wechselkurs« herausbilden werde, der möglichst in der Nähe des von der Minderheit der Studienkommission verfochtenen Gesetz-Tarif-Modells liegen würde.

- Herr Lüder schreibt: »In der Kommission« (gemeint ist die Studienkommission) »haben sich sowohl der Vertreter des BMI, Staatssekretär Dr. Hartkopf, wie auch der Vertreter der FDP, MdB Krall, für das Gesetzmodell entschieden. Diese Haltung ist in der Partei nicht unumstritten gewesen.«
- Herr Lüder weist dann auf die inzwischen verabschiedeten »Wiesbadener Thesen« hin und fährt fort: »Diese Thesen bekennen sich zum Anspruch des Bürgers auf eine leistungsfähige öffentliche Verwaltung. Sie relativieren die in den Kommissionsvorschlägen aufgetretenen Alternativen. Die FDP bekennt sich zur Einheitlichkeit des öffentlichen Dienstrechts als Ziel (These 2). In den von These 3 an durchgängigen Vorschlägen«, so führt Herr Lüder weiter aus, »gehe die FDP davon aus, daß auch bei zeitweiser Beibehaltung des unterschiedlichen Regelungsverfahrens für Beamte auf der einen und Arbeitnehmer auf der anderen Seite Regelungsinhalte angeglichen und das Regelungsverfahren angenähert werden soll.«

Wenn ich diesen Ausführungen Lüders nun einmal die Kernsätze gegenüberstelle, die der frühere Beamtenminister des Bundes, Genscher, Anfang 1974 auf unserer 16. beamtenpolitischen Arbeitstagung vorgetragen hat, so ergibt sich folgendes:

Genscher sagte[10]: »1974 geht es um die Einleitung der Dienstrechtsreform. Wenn ich Reform sage, dann meine ich eine verfassungskonforme Reform, das heißt, eine Reform unter Beachtung des Berufsbeamtentums. Das bedeutet aber auch Respektierung der Tarifautonomie, dort, wo es sie gibt. Wenn ich sage: Beachtung des Berufsbeamtentums, so soll damit auch gesagt werden, daß damit auch in Zukunft ein Streikrecht für Beamte nicht vereinbar ist. Um so wichtiger ist es deshalb, daß bei einer stufenweisen Durchführung der Dienstrechtsreform – und ich trete für einen solchen Stufenplan ein – eine grundlegende Reform des Beteili-

10 Vgl. Hans-Dietrich Genscher: Aufgaben des öffentlichen Dienstes im demokratischen Rechtsstaat, in: Öffentlicher Dienst und Gesellschaft – eine Leistungsbilanz (= Godesberger Taschenbücher. Schriften zur Staats- und Gesellschaftspolitik. Bd. 11), Bonn-Bad Godesberg 1974, S. 13ff. (Zitat S. 20).

gungsverfahrens ganz am Anfang stehen muß. Eines gilt für das Beteiligungsverfahren heute und in Zukunft: es kann und es darf nicht zum notariellen Vollzug der Tarifverhandlungen werden.«

Genscher hat also seine Auffassung damit zum wiederholten Male bekräftigt: Es bleibt beim Berufsbeamtentum, und es bleibt bei der Tarifautonomie: die Reform soll und muß verfassungskonform sein. Und das kann nur bedeuten: die Reform hat sich im Rahmen des vom Grundgesetz mit Art. 33 Abs. 4 und 5 vorgegebenen geltenden Dienstrechtssystem zu halten. Sonst hätte auch der Hinweis auf die Beachtung des Berufsbeamtentums und auf die sich daraus ergebenden Folgen des auch in Zukunft geltenden Streikverbots für Beamte keinen Sinn.

Genschers Standpunkt hat auch dessen Amtsnachfolger, Maihofer, sowohl uns, dem DBB, als auch, was mir noch schwerer zu wiegen scheint, dem DGB gegenüber öffentlich vertreten: Festhalten am Berufsbeamtentum und Ablehnung des Beamtenstreiks.

Und nun frage ich mich eben, wie man nach allem zu einem einheitlichen Dienstrecht gelangen will.

Einheitliches Dienstrecht bedeutet: erstens Beseitigung des Berufsbeamtentums (das hat dankenswerterweise einmal in aller Offenheit der Berliner Innensenator Neubauer am 24. Januar 1974 vorm Berliner Abgeordnetenhaus ausgesprochen).[11]

Einheitliches Dienstrecht bedeutet: zweitens die Beseitigung des Streikverbots für die Beamten und damit die Öffnung des gesamten öffentlichen Dienstes für den Arbeitskampf; denn auch die Tarifautonomie soll ja nach den Worten des Innenministers weitergelten.

Kann man sich unter diesen Umständen wirklich in der Hoffnung wiegen, man könne zu einem einheitlichen Dienstrecht gelangen und zugleich den Arbeitskampf draußen vor der Tür lassen? Nein, das gibt es nicht! Nach den Gesetzen der Logik gibt es hier kein Sowohl-als-Auch, sondern nur ein Entweder-Oder.

Gewiß, dann kommen die berühmten »Ausnahmen« vom Streikrecht: diese Gruppe darf streiken, jene Gruppe wegen ihrer für die Bevölkerung lebenswichtigen Aufgaben darf es nicht, und danach kommt der

11 Vgl. Plenarprotokolle des Abgeordnetenhauses von Berlin. 6. Wahlperiode. Bd. 4, 66. Sitzung, S. 2572ff., insbesondere S. 2575.

von den nicht streikberechtigten Gruppen ausgeübte Druck, vom Streikverbot befreit zu werden – eine Schlange von Konflikten ohne Ende, alles innerhalb des öffentlichen Dienstes.

Sehen denn unsere verantwortlichen Politiker nicht, was sich hinter der Forderung nach einem einheitlichen Dienstrecht für Folgewirkungen verbergen?

Ich will hier auf die Verschiebung der Machtfrage nicht näher eingehen. Eines steht aber doch fest: Staatsmacht stünde hier gegen Gewerkschaftsmacht, und nicht die Gesetze des Staates, sondern an ihrer Stelle würden Gewerkschaftsbeschlüsse über die Fragen entscheiden, die für unsere Bevölkerung von lebenswichtiger Bedeutung sind.

Wenn man unsere Politiker in der Öffentlichkeit, vor allem bei Festveranstaltungen des DBB reden hört, so heißt es immer: Die öffentliche Verwaltung müsse nicht nur in der Lage sein, ein Minimum an Sicherheit und Ordnung zu gewährleisten, sondern auch den sich aus dem gesamten hoheitlichen und dem Bereich der öffentlichen Daseinsvorsorge ergebenden Verpflichtungen kontinuierlich und optimal nachkommen.

Ich kann mir schlecht vorstellen, daß dieser von uns, dem DBB, in vollem Umfang gestützten Erwartung entsprochen werden könnte, wenn mit der Reformfrage weiterhin so leichtfertig umgegangen wird, wie dies jetzt der Fall ist. Was allein an Verunsicherung ständig in den öffentlichen Dienst dadurch hineingetragen wird, daß es auf der einen Seite heißt, es müsse dringend reformiert werden, daß aber auf der anderen Seite die Politiker nun sagen: Wir können vorläufig nicht so reformieren, wie wir gerne möchten; denn uns sind die Hände gebunden!

Die Reform wird – dazu bedarf es keiner prophetischen Gaben, um dies vorauszusagen – im Sande verlaufen, wenn vor ihrem Beginn nicht die klare Entscheidung über den Fortbestand des Berufsbeamtentums und die Beibehaltung der Zweispurigkeit des Regelungsverfahrens steht. Denn schon sehr bald werden die in der Realisierungskonzeption des BMI vorgesehenen Teilschritte auf unüberwindliche Hindernisse stoßen, wenn die Grundentscheidung über die Gestalt des künftigen Dienstrechtssystems ausgeklammert wird.

Den Weg zur Reform weist das Grundgesetz, dessen Art. 33 Abs. 5

GG nach der Rechtsprechung des Bundesverfassungsgerichts wirklich notwendige Reformen jederzeit ermöglicht. Nachdrücklich zu warnen ist jedoch davor, statt zu reformieren, über Jahre hinweg zu experimentieren – nach der Art der Realisierungskonzeption, die unter Genscher im BMI ausgearbeitet worden ist und zur Zeit unter Maihofer überarbeitet wird, ohne daß sich dabei, ich deutete es schon an, wesentlich Neues ergibt: die Entscheidung über die Grundkonzeption bleibt ausgeklammert.

Um es noch einmal ganz deutlich zu machen: Dankenswerterweise hat Gerhard Schmidt, der sog. Beamtenvertreter des DGB, dessen »Reformziel« in einem förmlichen »Striptease« enthüllt. Dem »Spiegel« gegenüber (Ausgabe vom 7. Mai 1973)[12] sagte er wörtlich: »Der DGB will viele kleine Schritte tun, um das Beamtenrecht auszuhöhlen, so daß davon nur noch eine leere Hülle bleibt, die man wegschmeißen kann, um an ihre Stelle etwas völlig Neues zu setzen.«

Wer bei solcher Offenheit die Augen vor den sich darin andeutenden Gefahren auch weiterhin verschließt, dem ist nicht zu helfen. »Viele kleine Schritte tun« – also Stufenkonzept –, Beamtenrecht aushöhlen, um an dessen Stelle etwas völlig Neues zu setzen – also Einheitsdienstrecht nach dem Modell Status- und Folgerecht –: noch eindeutiger läßt sich wohl kaum hervorheben, was bei einer Reform des öffentlichen Dienstrechts aus beamtenpolitischer Sicht auf dem Spiel steht.

Nebenbei gesagt: Nicht für unsere persönlichen Interessen, sie bleiben durch eine Besitzstandswahrung für alle diejenigen, die heute Beamte sind, weitgehend geschützt, wohl aber für diesen Staat!

Es ist hohe Zeit, daß die politischen Parteien als einen Gefahrenpunkt erster Ordnung »das Dienstrecht entdecken«. Vor allem einer sich offenkundig anbahnenden Politisierung des öffentlichen Dienstes sollten sie mit allen Kräften Widerstand leisten. Eine solche Politisierung wird von extrem linken Kräften offen angestrebt; mit ihnen verbinden sich zahlreiche andere, die mit dem guten Willen der Effizienzsteigerung und Modernisierung antreten, im Ergebnis aber nichts anderes sind als das, was Marxisten-Leninisten, in der ihnen eigenen plastischen Sprache,

12 Vgl. »Rauf und runter – über 40 Schreibtische«, in: Der Spiegel. Nr. 19, 7. Mai 1973, S. 38ff.

mit einem Kraftwort bezeichnen, dem sie das Beiwort »nützlich« hinzufügen. Für nützliche Idioten sind wir uns aber, weiß Gott, zu schade.

In falsch verstandener Liberalität und einem selbstzerstörerischen Demokratieverständnis wird von diesen Kräften ein öffentlicher Dienst gefordert,

- in dem es keine Hierarchie mehr geben soll;
- in dem auf allen Ebenen das Personal die staatlichen Entscheidungen gegenüber dem Bürger »demokratisch« mitbestimmen soll;
- in dem parteipolitische Auseinandersetzungen in die Amtsstuben getragen werden können;
- wo möglichst alle Spitzenpositionen von Parteileuten oder diesen ergebenen besetzt sind;
- einen öffentlichen Dienst schließlich, der ständig durch Tarifgespräche und Arbeitskämpfe politisch erschüttert wird. Nur in einem »völlig vereinheitlichten« öffentlichen Dienst soll dies möglich sein, wo eine möglichst straff und natürlich einheitlich gewerkschaftlich organisierte, kompakte Arbeitnehmerschaft den Dienstherren gegenübersteht, deren Spitzen wiederum gewerkschaftlich organisiert sind.

Die Parteien sollten erkennen, daß hier kein Platz für Experimente ist, daß solche Forderungen den Staat in Gefahr bringen:

- Die politische Auseinandersetzung muß sich in der Öffentlichkeit, vor allem aber in den Parteien abspielen, nicht im öffentlichen Dienst. Dieser vollzieht den demokratisch gebildeten politischen Willen, er bildet ihn nicht. Eine radikale Dienstrechtsreform erschüttert die Parteiendemokratie. Sie schafft im Zentrum der Demokratie den Rätestaat.
- Ein politisierter öffentlicher Dienst bricht das Gleichgewicht der parlamentarischen Demokratie. Die Opposition hat keine Chance mehr. Die Schwerkraft der Regierung verstärkt sich unmäßig durch einen politisierten Beamtenapparat. Kommt die Opposition wieder an die Macht, so steht sie weit mehr noch als bisher vor einem »Beamtenbeton«, den die frühere Regierung geschaffen hat. Sie kann ihn nur sprengen, indem sie durch ein »Beutesystem« den öffentlichen Dienst völlig zerstört.
- Der Bürger findet eines Tages dann nicht mehr den neutralen Helfer,

sondern den politischen Gegner hinter Schalter und Schreibtisch. Sein Vertrauen zum Staat, der doch auch sein Staat sein soll, schwindet, die Solidarität in der Gemeinschaft zerbricht in rabiater Konfrontation.

Ich habe hier nun soeben die politischen Parteien angesprochen, und es wird Sie sicher interessieren, ob deren Einstellung zur Reform des öffentlichen Dienstrechts bereits erkennbar oder vielleicht sogar durch einschlägige Parteitagsbeschlüsse festgelegt ist. Darauf zunächst eine allgemeine Antwort: teils ja, teils nein. Verbindliche Beschlüsse haben die vier im Deutschen Bundestag vertretenen Parteien noch nicht gefaßt. Wohl aber lassen von bestimmten Parteigremien gefaßte Beschlüsse oder vorgelegte Entwürfe programmatischer Art sowie Äußerungen führender Parteipolitiker die Richtung erkennen, in der die einzelnen Parteien den Prozeß der Meinungs- und Entscheidungsbildung zu lenken gedenken.

Wenn wir mit der SPD anfangen, ergibt sich folgendes Bild: Die Erörterung von Grundfragen einer Dienstrechtsreform innerhalb der SPD stellt sich dem außenstehenden Beobachter als ein großes »Verwirrspiel« dar. Es ist vorderhand noch keine einigermaßen einheitliche Linie zu erkennen. Bekenntnisse zum Berufsbeamtentum mischen sich mit dem Eintreten für ein einheitliches Dienstrecht nach den Vorstellungen des DGB. Der Trend zum einheitlichen Dienstrecht muß nach den bisherigen Beschlüssen der Parteigremien als wesentlich stärker eingeschätzt werden als das Bestreben, an der Einrichtung des Berufsbeamtentums festzuhalten.

Kompliziert wird eine annähernd zutreffende Beurteilung des Kräfteverhältnisses zwischen diesen unterschiedlichen Einstellungen zusätzlich dadurch, daß der Begriff »Berufsbeamtentum« vielfach verfälscht wird. Verstanden wird darunter dann nicht die auf Art. 33 Abs. 4 und 5 GG beruhende Verfassungsinstitution, sondern eine soziale Einrichtung, die eine bestmögliche Sicherung der Arbeitsplätze und eine beitragsfreie Alters- und Hinterbliebenenversorgung garantiert. So kann man den Anhängern des Berufsbeamtentums Sand in die Augen streuen, ohne ihre Ansichten wirklich zu teilen.

Ein typisches Beispiel dafür sind folgende Ausführungen eines SPD-Abgeordneten in einer Debatte des Hessischen Landtages über die

Reform des öffentlichen Dienstrechts. Er sagte[13]: »Für uns ist aber die Entscheidung für ein einheitliches öffentliches Dienstrecht und auch für ein Gesetz-Tarif-Modell, Aufteilung in Status- und Folgerecht, keine Entscheidung gegen das Berufsbeamtentum, das möchte ich zum Schluß deutlich machen . . . Mit einer solchen Reform würde das Berufsbeamtentum nicht abgeschafft werden, sondern es erhielte eine neue Qualität.«

Daher ist es notwendig, das Bekenntnis zum Berufsbeamtentum jeweils daraufhin zu untersuchen, was der »Bekenner« unter Berufsbeamtentum wirklich versteht.

Auszugehen ist im übrigen von der Beschlußfassung des SPD-Parteitages vom 10. bis 14. April 1973 in Hannover[14]:

Dort wurde gegen die Empfehlung der Antragskommission: »Annahme in der Fassung: ›Der Bundesparteitag spricht sich für ein Dienstrecht aus, das die ungerechtfertigten Unterschiede zwischen Beamten, Angestellten und Arbeitern abbaut‹« ein vom Bezirk Braunschweig eingebrachter Antrag folgenden Wortlauts angenommen: »Der Bezirksparteitag fordert den Bundesparteitag auf, sich für die Einführung eines einheitlichen Dienstrechts für alle im öffentlichen Dienst beschäftigten Arbeiter, Angestellten und Beamten einzusetzen.«

Die SPD-Arbeitsgemeinschaft für Arbeitnehmerfragen hat auf ihrer vom 19. bis 21. Oktober 1973 veranstalteten Bundeskonferenz einen Antrag des Bezirks Ostwestfalen-Lippe angenommen.[15]

Ich verlese den Beschluß in vollem Wortlaut, weil er mir eine äußerst lehrreiche Zusammenstellung aller gängigen Vorurteile gegen das Berufsbeamtentum zu sein scheint, die ich bereits im ersten Teil meines

13 Vgl. die Ausführungen des SPD-Abg. Ernst vom 27. August 1974; Hessischer Landtag. 7. Wahlperiode. Stenographische Berichte. Bd. 4, 96. Sitzung, S. 5222f.

14 Vgl. Parteitag der Sozialdemokratischen Partei Deutschlands vom 10. bis 14. April 1973, Stadthalle Hannover, Bd. 1: Protokoll der Verhandlungen. Anlagen. Hrsg. vom Vorstand der SPD, Hannover o. J. (1974) (Zitat S. 1114).

15 Vgl. dazu: Soziale Demokratie verwirklichen. Dokumentation. Bundeskonferenz der Arbeitsgemeinschaft für Arbeitnehmerfragen, 19.–21. Oktober 1973, Duisburg. Hrsg. vom Vorstand der SPD, Düsseldorf o. J. (1973).

Vortrags aufgenommen habe, um sie zu widerlegen. Die Bundeskonferenz der SPD-Arbeitsgemeinschaft für Arbeitnehmer hat danach also folgendes beschlossen:

»Zur Demokratisierung aller Bereiche von Staat, Wirtschaft und Gesellschaft gehört insbesondere die Modernisierung des öffentlichen Dienstes. Eine umfassende Modernisierung ist nur dann möglich, wenn das Tarif- und Dienstrecht des öffentlichen Dienstes generell neu geordnet wird. Jede Reform des öffentlichen Dienstrechts muß zur Ausgestaltung des Sozialstaates beitragen. Die bestehende Dreiteilung in Arbeiter, Angestellte und Beamte ist überholt und funktional nicht mehr gerechtfertigt. Das veröffentlichte Gutachten der Studienkommission für die Reform des öffentlichen Dienstrechts gelangt zu Lösungsvorschlägen, die unvereinbar sind mit der sozialstaatlich-demokratischen Ordnung der Bundesrepublik. Nach dem Mehrheitsvorschlag sollen die gesamten Rechtsverhältnisse aller Beschäftigten im öffentlichen Dienst einseitig durch den Gesetzgeber geregelt werden. Für das Verhandlungs- und Streikrecht ist in dem Gutachten kein Raum.

Die Verwirklichung dieses Vorschlages käme einem Rückfall in das 19. Jahrhundert gleich. Millionen Arbeitnehmern würden damit verfassungsrechtlich garantierte Grundrechte genommen. Wir lehnen diese Absichten, demokratische Grundrechte zu demontieren, entschieden ab. Unabdingbarer Grundsatz einer Reform des Tarif- und Dienstrechtes im öffentlichen Dienst ist das Koalitions-, Verhandlungs- und Streikrecht für alle Beschäftigten. Es steht im Widerspruch zur Tarifautonomie, zum Koalitionsrecht und zum Sozialstaatsprinzip, daß den Beamten als einziger Arbeitnehmergruppe das Recht auf eigenverantwortliche Gestaltung ihrer wirtschaftlichen, sozialen und dienstrechtlichen Verhältnisse vorenthalten wird.

Wir fordern daher Regierungen und Parlamente in Bund und Ländern auf, den Beamten das Verhandlungsrecht bei der Dienstrechtsgestaltung nicht länger vorzuenthalten. Wir sehen in der sofortigen Ausdehnung der Tarifautonomie auf die Beamten einen ersten konstruktiven Beitrag zur Gesamtreform des öffentlichen Dienstes.«

Der vom SPD-Vorstand am 30. Januar 1975 verabschiedete »Zweite Entwurf eines ökonomisch-politischen Orientierungsrahmens für die Jahre 1975–1986 (OR '85)« nimmt die Forderung nach einem einheitlichen Dienstrecht im Sinne des Gesetz-Tarif-Modells der Studienkommission auf. Es heißt sodann wörtlich[16]:

»Alle Angehörigen des öffentlichen Dienstes sind in die gesetzliche Sozialversicherung einzubeziehen. Im Zuge der Vereinheitlichung des öffentlichen Dienstrechts soll auch das Streikrecht des öffentlichen Dienstes prinzipiell anerkannt werden. Notwendige Ausnahmen vom Streikrecht für lebenswichtige Bereiche des Staates sind von der Aufgabenstellung der jeweiligen Gruppe her durch Gesetz festzulegen.«

Der Vorschlag wird mit großer Wahrscheinlichkeit vom nächsten, im November 1975 stattfindenden SPD-Parteitag angenommen werden.

Ich lasse hier außer Betracht die nicht unerhebliche Zahl von Beschlüssen, die Untergliederungen der SPD sowie der Bundesvorstand der Jungsozialisten gefaßt haben und die mit nur wenigen Ausnahmen (ich nenne den von Wilhelm Dröscher geleiteten SPD-Bezirk Rheinland/Hessen-Nassau, der einstimmig für die Erhaltung des Berufsbeamtentums eingetreten ist) die Abschaffung des Berufsbeamtentums fordern.

Was über die FDP in Sachen Dienstrechtsreform zu sagen ist, habe ich im wesentlichen bereits ausgeführt. Bei den sog. »Wiesbadener Thesen« handelt es sich jedoch noch nicht um einen verbindlichen Parteitagsbeschluß, sondern erst um Empfehlungen des zuständigen Fachausschusses. Infolgedessen sind auch die von mir zitierten Ausführungen von Wolfgang Lüder noch nicht als offizielle Meinung der FDP anzusehen. So hat sich erst vor kurzem mit erstaunlicher Offenheit der FDP-Generalsekretär Bangemann gegen die unkritische Übernahme der Forderung nach einem Einheitsdienstrecht gewandt und erklärt, wir brauchten nach wie vor den Beamten als rechtlichen Grundtypus im öffentlichen Dienst.

Die DBB-Bundesleitung hat mit Bangemann darüber ein Gespräch geführt, das im Gegensatz zu einem später geführten Gespräch mit Vertretern der SPD-Fraktion viele Gemeinsamkeiten in der Beurteilung der aus unserer Sicht bei einer Dienstrechtsreform zu beachtenden Gesichtspunkte erbrachte.

Wenden wir uns abschließend noch den beiden Unionsparteien zu!

16 Vgl. Zweiter Entwurf eines ökonomisch-politischen Orientierungsrahmens für die Jahre 1975–1986. Hrsg. vom Vorstand der SPD, Hamburg o. J. (1975) (Zitat S. 106).

Bei der CSU kann davon ausgegangen werden, daß die Parteimeinung mit dem von der Bayerischen Staatsregierung eingenommenen Standpunkt übereinstimmt. Die Bayerische Staatsregierung hat die Grundsätze ihrer Beamtenpolitik am 5. Dezember 1972 festgelegt und veröffentlicht. Es genügt, wenn ich feststelle, daß sich der Beschluß der Bayerischen Staatsregierung vom 5. Dezember 1972[17] in so gut wie allen wesentlichen Punkten mit den Vorstellungen deckt, die sich in dem einen Monat zuvor, nämlich am 8. November 1972, vom Bundesvertretertag nahezu einstimmig verabschiedeten »Vorschlag des DBB zur Reform des öffentlichen Dienstrechts« niedergeschlagen haben.

Bei der CDU ist die Einstellung zur Reform des öffentlichen Dienstrechts nicht so eindeutig auszumachen wie bei der CSU. In der CDU gibt es dazu ein in vielen Farben schillerndes Meinungsspektrum. Das hängt ganz einfach damit zusammen, daß in den Grundauffassungen stark voneinander abweichende Gruppen in dieser Partei vereinigt sind. Von den Sozialausschüssen, von der Katholischen Arbeiter-Bewegung, vom Christlichen Gewerkschaftsbund oder vom CDU-Wirtschaftsrat kann man natürlich nicht erwarten, daß sie sich rückhaltlos zum Berufsbeamtentum bekennen.

Die erwähnten Zusammenschlüsse von Arbeitnehmern stehen, wie sich denken läßt, stark unter dem Einfluß der DGB-Auffassungen. Der CDU-Wirtschaftsrat neigt den sattsam bekannten Auffassungen des Bundes der deutschen Steuerzahler zu: In der freien Wirtschaft ist das Problem des Leistungsprinzips, der Mobilität und der Produktivität aufs beste gelöst; würde sich nur endlich auch der öffentliche Dienst dazu bequemen, die bewährten Managementmethoden der freien Wirtschaft zu übernehmen, und alle Probleme wären gelöst.

Ich brauche das nicht weiter zu kommentieren, weil Sie diese Redensarten ja tagtäglich von den Massenmedien serviert bekommen und Sie genauso gut wie ich wissen, daß sich die sog. Bürokratieprobleme in der sog. freien Wirtschaft in nichts von denen des öffentlichen Dienstes unterscheiden, wobei zugunsten des öffentlichen Dien-

17 Vgl. Grundsätze bayerischer Beamtenpolitik vom 5. Dezember 1972, in: Bayerische Staatszeitung und Bayerischer Staatsanzeiger. Nr. 49, 8. Dezember 1972, S. 7.

stes noch zu berücksichtigen ist, daß ihm im Vergleich zur Wirtschaft grundverschiedene Ziele vorgegeben sind.

Soweit ich sehe, orientiert die CDU ihren Standpunkt zu den Reformfragen des öffentlichen Dienstes an Leitsätzen, die der Bundesfachausschuß »Öffentlicher Dienst« der CDU beschlossen und nach dem Stand vom 1. Dezember 1974 veröffentlicht hat.[18] Mehr als »Wischiwaschi« geht daraus allerdings nicht hervor.

Gemessen an den Reformvorstellungen des DBB, die ich Ihnen in ihren grundsätzlichen Bezügen darzustellen versucht habe, würde ich die Aussagen, die die CDU in den erwähnten Leitsätzen macht, für bedenklich halten. Auch in ihnen kommt der Trend zu einem Einheitsdienstrecht zum Ausdruck, im Gegensatz zur SPD allerdings zu einem Einheitsdienstrecht auf beamtenrechtlicher Grundlage entsprechend dem Mehrheitsvotum der Studienkommission.

Unter Voranstellung eines Leitsatzes aus der zweiten Fassung des Berliner Programms, der besagt[19]: »Wir treten für die Schaffung eines einheitlichen öffentlich-rechtlichen Dienstrechts auf der Grundlage eines nach zeitgemäßen Gesichtspunkten fortzuentwickelnden Beamtenrechts ein« beginnen die vom Fachausschuß »Öffentlicher Dienst« beschlossenen Leitsätze mit der Forderung: »Die Mehrgleisigkeit des öffentlichen Dienstrechts ist zu beseitigen. Die Dienstverhältnisse im öffentlichen Dienst sind öffentlich-rechtlich zu begründen. Dabei soll eine Anstellung auf Lebenszeit grundsätzlich das Ziel sein.«

Ich halte die mit dieser Forderung bezweckte totale Verbeamtung des öffentlichen Dienstes aus den bereits vorgetragenen Gründen für nicht glücklich. Sie ist sowohl verfassungsrechtlich bedenklich als auch politisch meiner Meinung nach nicht realisierbar.

Damit beende ich den Überblick über die bisher erkennbar gewordene Einstellung der politischen Parteien zur Dienstrechtsreform. Er hat gezeigt, daß die Diskussion darüber noch nicht abgeschlossen ist, wie denn überhaupt in politischen Kreisen merkwürdig verschwommene Vorstellungen von einem so wichtigen Reformvorhaben bestehen. Über

18 Vgl. Verwaltung und öffentlicher Dienst. Stand: 1. Dezember 1974 (= Argumente, Dokumente, Materialien. Nr. 5322. Hrsg. von der CDU-Bundesgeschäftsstelle), Bonn o. J.

19 Vgl. die Angaben oben in Anm. 18, hier S. 6.

die staatspolitische Tragweite und die unmittelbaren Rückwirkungen auf die Verfassungsordnung, die jeder radikale Eingriff in die geltende Ordnung haben würde, ist man sich offenbar noch weitgehend im unklaren.

Wenn ich nun zum Schluß komme, bleibt im Grunde kaum noch etwas zu sagen übrig. Ein »glanzvolles« Resümee kann ich Ihnen nicht vortragen. Sie haben selbst gesehen, wie verworren und verfahren der ganze Komplex der Dienstrechtsreform ist. Ein auch allgemeinpolitisch, vor allem aber verfassungs- und staatspolitisch so verwickeltes und empfindliches Werk, wie es eine wirkliche Dienstrechtsreform wäre, könnte nur gelingen, wenn sich die daran zur Zeit herumkurierenden, in ihren Zielen und Interessen völlig auseinanderstrebenden politischen Kräfte im Interesse dieses Staates auf eine Reformkonzeption verpflichten ließen, die die heute so heillos zerstrittenen Beteiligten wieder zusammenzuführen vermöchte.

Dies aber würde zweierlei voraussetzen: Kompromißlosigkeit in grundsätzlichen und Kompromißbereitschaft in Einzelfragen. An der ersten und zugleich wichtigsten Voraussetzung fehlt es jedoch. Die Folge wird sein: Da einer Reform in einem großen geistigen Wurf durch die politischen Verhältnisse der Durchbruch verbaut ist, wird man sich, wie bereits seit langem gehabt, wieder auf den Weg einer »Politik der kleinen Schritte« begeben. Ein darauf passendes Argument hat man ja bereits gefunden, indem man sagt: Die Dienstrechtsreform ist ohnehin kein einmaliger Vorgang, sondern ein »ständiger Prozeß«. Also müssen wir das »große Reformwerk« Schritt für Schritt in laufender Anpassung des Dienstrechts an die sich wandelnden gesellschaftlichen Verhältnisse zuwege bringen.

13. Juni 1975

Grußwort

Grußwort auf der öffentlichen Veranstaltung des Bundesdelegiertentages der Polizeigewerkschaft im DBB (PDB) in Bonn-Bad Godesberg

Quelle: DBB-Archiv, Abt. Bulei 15000–21 (maschinenschriftlich mit handschriftlichen Zusätzen A. Krauses)

Wem wie mir so häufig die Rolle zufällt, dann ans Rednerpult zu treten, wenn eine stattliche Zahl prominenter Vorredner bereits zu Wort gekommen ist und ein ebenso prominenter Festredner darauf wartet, endlich auch zu Wort zu kommen, der tut gut daran, sich in die Lage der Zuhörer zu versetzen. Hoffentlich macht er's kurz, ist eine zwar nicht hörbare, aber trotzdem doch deutlich spürbare Auffassung.

Und diesen stillen Wunsch will ich Ihnen gern erfüllen als Letzter in der Reihe der »Grußwortner«. Es kurz zu machen, bietet sich aber wohl auch von der Sache her an. Ich bin im Laufe der verhältnismäßig kurzen Zeit von kaum mehr als einem Vierteljahr heute zum dritten Male Gast bei der PDB: Ende Februar auf dem Landeskongreß der PDB Schleswig-Holstein,[1] Mitte April auf der entsprechenden Veranstaltung der PDB Hamburg[2]. Nun freue ich mich ganz besonders, am heutigen Tage auch an Ihrem Bundesdelegiertentag teilnehmen zu können.

Ich habe Ihrer Bundesleitung zunächst für die freundliche Einladung zu danken und Ihnen sodann allen die besten Grüße und Wünsche des DBB zugleich im Namen der hier anwesenden Vorsitzenden oder Vertreter seiner Mitgliedsverbände zu überbringen. Ich wünsche Ihrem

1 Vgl. S. 593 ff.

2 Für einen Auszug aus der Rede A. Krauses vgl. Polizeispiegel. 11. Jg., Nr. 6, Juni 1975 (Landesteil: Kurier für die Polizei des Landes Hamburg, S. 86 f.).

Bundesdelegiertentag einen Verlauf, der Sie ermutigt, auch weiterhin Ihr Möglichstes zur Festigung und Profilierung Ihrer PDB, aber auch zum Erreichen unserer gemeinsamen Ziele beizutragen.

Die Polizeigewerkschaft im DBB – ich habe dies schon bei anderer Gelegenheit einmal gesagt – ist spät und nach den meisten anderen Mitgliedsverbänden des DBB gegründet worden, sie hat es deshalb besonders schwer gehabt. Die Besonderheiten des Polizeidienstes haben zudem vielen Kollegen den Blick für die Notwendigkeit solidarischen Verhaltens mit anderen Beamtengruppen verstellt und sie nicht erkennen lassen, daß wir für mehr einzutreten haben als für Verbesserungen und für mehr Annehmlichkeiten des Alltags allein, so wichtig und unmittelbar in unserem Verbandszweck liegend die hier auftauchenden Probleme auch sind.

Inzwischen hat nun die PDB ein beträchtliches Stück Arbeit geleistet. Sie hat es verstanden, ihren inneren Zusammenhalt zu kräftigen und damit zugleich ihr Ansehen in der Öffentlichkeit zu heben. Im Unterschied zu ihrer Konkurrenzorganisation, der GdP, die sich darin gefällt, die Polizei durch irgendwelche »Knüller« (die spektakuläre »Knöllchen-Affäre« haben wir noch in frischer Erinnerung)[3] ins Gerede zu bringen, hat die PDB den einzig richtigen Weg beschritten: Sie hat das sachlich, nüchtern abwägende Gespräch gesucht. Es ist ihr dadurch auch gelungen, das törichte Geschwätz zu beenden, das die GdP vor einiger Zeit über Möglichkeiten und Grenzen eines Streiks von Polizeibeamten vom Zaune gebrochen hat, nur weil es gerade »modisch« war.

Die Antwort, die damals die GdP auf diese Gedankenspielerei, in die sinnigerweise sogar die Ehefrauen der Polizeibeamten durch eine Meinungsumfrage mit einbezogen waren, von einem eigens zu diesem Zweck bestellten Rechtsgutachter, dem Staatsrechtler v. Münch, erhielt, ist dann auch deutlich genug ausgefallen.[4] Der GdP wurde nämlich dem Sinne nach erklärt, daß der Streik von Polizeibeamten, einmal ganz

3 Vgl. dazu Jürgen Diebäcker: Polizeigewerkschaft greift Innenminister an: Mehr »Knöllchen« – eher befördert, in: Rheinische Post. Nr. 79, 5. April 1975. Vgl. auch Key L. Ulrich: Das Wechselspiel von Verkehrssündern und Polizeikarrieren, in: Frankfurter Allgemeine Zeitung. Nr. 80, 7. April 1975.

4 Vgl. Rechtsgutachten zur Frage des Streikrechts der Beamten unter besonderer Berücksichtigung der Rechtsstellung der Polizeibeamten. Im Auftrag des Vorstandes der Gewerkschaft der Polizei erstattet von Dr. jur. Ingo von Münch, Professor für

abgesehen von einem Verstoß gegen das Sozialstaatsprinzip, unmittelbar auch das Rechtsstaatsprinzip verletze und sich konsequent zu Ende gedacht gegen das Parlament richte, mithin also als »politischer Streik« zu qualifizieren sei.

Wie der Gutachter im einzelnen begründet, treffe nämlich aufgrund des Rechtsstaatsprinzips des Grundgesetzes das Parlament außer der Pflicht, die für die Aufrechterhaltung von Sicherheit und Ordnung notwendigen Gesetze zu beschließen, gleichzeitig auch die Pflicht, für deren kontinuierliche Durchführung zu sorgen. Wer es daran hindere, handele grundgesetzwidrig.

Ich wollte daran nur noch einmal erinnern, weil ich aus Ihren Tagungsunterlagen, aber auch aus mündlichen Gesprächen mit Kollegen Ihrer Bundesleitung entnommen habe, daß hinsichtlich der Streikfestigkeit in einzelnen Bereichen der Polizei keineswegs die vom Grundgesetz gebotenen Voraussetzungen bestehen. Die Ausübung polizeilicher Funktionen im Angestelltenverhältnis ist ein Widerspruch in sich.

Wenn auch die Meinung verbreitet wird, der Funktionsvorbehalt des Art. 33 Abs. 4 des Grundgesetzes sei erledigt, weil er von den Dienstherren nicht mehr beachtet werde, so möchte ich hier mit aller Entschiedenheit feststellen: Nichts ist abwegiger als diese Laxheit im Verständnis unserer verfassungsmäßigen Ordnung!

Art. 33 Abs. 4 des Grundgesetzes enthält ein zwingendes Gebot, wonach die ständige Ausübung hoheitsrechtlicher Befugnisse in der Regel Beamten vorbehalten ist, also nur ausnahmsweise Dienstkräften übertragen werden darf, die in einem privatrechtlichen Dienstverhältnis stehen.

Mögen sich die Rechtsgelehrten und die Verwaltungspraktiker auch noch so sehr die Köpfe darüber heiß reden, welche Funktionen als »hoheitsrechtliche Befugnisse« im Sinne des Art. 33 Abs. 4 zu gelten haben und welche nicht: im Falle der Polizei ist unbestreitbar, daß die von ihr ausgeübten Funktionen als »hoheitsrechtliche Befugnisse« zu qualifizieren sind.

Es ist ein Skandal – ein milderes Wort paßt, so leid es mir tut, leider nicht auf den hier erörterten Sachverhalt –, es ist ein Skandal, daß sich nicht

Staatsrecht, Verwaltungsrecht und Völkerrecht an der Ruhr-Universität Bochum vom 2. Mai 1970 (maschinenschriftlich).

wenige Dienstherren über das geltende Verfassungsrecht mit der fadenscheinigen Behauptung hinwegsetzen, der Funktionsvorbehalt des Art. 33 Abs. 4 GG sei überholt, weil nicht mehr praktikabel; denn für die funktionelle Abgrenzung zwischen Beamten und Arbeitnehmern biete er keine hinreichend brauchbaren Merkmale mehr.

Und nicht nur das: die laufenden Verstöße gegen geltendes Verfassungsrecht müssen auch noch dazu herhalten, um eine Dienstrechtsreform zu begründen, die Verfassungsverstöße zum »Rechtsgrund« für ein Einheitsdienstrecht nach dem Muster »Gliederung des Beamtenrechts in ein Statusrecht und ein Folgerecht« zu erheben.

Ich wende mich aufs schärfste gegen diese Verdrehung geltenden Verfassungsrechts. Wer auf ein Einheitsdienstrecht im Sinne des vom DGB geforderten Status- und Folgerechts lossteuert, der soll gefälligst sagen, daß er eine Grundgesetzänderung, d. h. die Streichung des Art. 33 Abs. 4 fordert. Dann sieht die Sache anders aus.

Aber sein Ziel mit der völlig falschen Behauptung erreichen zu wollen, der Funktionsvorbehalt des Art. 33 Abs. 4 sei überholt, weil sich die Dienstherren in der Vergangenheit, aus welchen Gründen auch immer, nicht an ihn gehalten haben, betreibt im wahrsten Sinne des Wortes »Roßtäuscherei«. Mir jedenfalls ist kein Rechtsgrundsatz bekannt, aus dem abzuleiten wäre, daß aus permanenten Rechtsbrüchen am Ende Recht erwächst.

In dieser Hinsicht gibt auch die Konstruktion der sog. normativen Kraft des Faktischen nichts her. Wenn der Bund laufend in die Befugnisse der Länder eingriffe mit der Begründung, der nicht mehr zeitgemäße Föderalismus behindere den Bund in der Wahrnehmung seiner für den Gesamtstaat notwendigen Aufgaben – ich möchte nicht wissen, wie die Länder darauf reagierten.

Nach wie vor garantiert das Grundgesetz ebenso wie den Föderalismus auch das Berufsbeamtentum. Diejenigen, die an der Schraube drehen, mit der das sog. herkömmliche Berufsbeamtentum endlich aus unserer politischen Ordnung verschwinden soll, sollten sich sehr sorgfältig überlegen, was sie damit bewirken – im Grunde nämlich nichts anderes als den Einsturz einer Säule, die ein geordnetes, kontinuierlich sich fortentwickelndes, gegen Terror unanfälliges Staatsleben und Staatswesen zu einem wesentlichen Teil mit verbürgt.

Ich habe aus der Durchsicht des Entwurfs Ihres Grundsatzprogramms, das Ihrem Bundesdelegiertentag zur Beschlußfassung vorliegt, zu meiner Genugtuung entnommen, daß Sie den Punkt, von dem auch die Verwirklichung Ihres dieser Veranstaltung gegebenen Mottos »Sicherheit in Freiheit« entscheidend abhängt, klar erkannt haben.[5]

Und ich darf Ihnen mit dem nochmaligen Wunsche eines guten Abschlusses Ihrer Beratungen zugleich die volle Unterstützung des DBB bei Ihrem Bemühen um das Erreichen Ihrer Ziele zusichern.

5 Vgl. Grundsatzprogramm der Polizeigewerkschaft im Deutschen Beamtenbund (PDB). Hrsg. von der Polizeigewerkschaft im Deutschen Beamtenbund, Bonn-Bad Godesberg o.J.

20. November 1975

Für Gerechtigkeit – gegen Diffamierung und Sonderopfer

Ansprache auf der Großkundgebung des DBB-Landesbundes Rheinland-Pfalz in Koblenz

Quelle: DBB-Archiv, Abt. Bulei 15000–22 (maschinenschriftlich mit handschriftlichen Änderungen A. Krauses)

Wenn ich heute zu Ihnen spreche, sind gerade acht Tage vergangen seit den Beratungen, Entschließungen und Entscheidungen unseres diesjährigen Bundesvertretertages[1], der die Weichen für die berufspolitische Arbeit des Deutschen Beamtenbundes der nächsten vier Jahre gestellt hat. Zu Beginn des Bundesvertretertages habe ich festgestellt, daß unsere Berufswelt, die Berufswelt im öffentlichen Dienst, so heil gewiß nicht ist, wie dies in den vielen an uns gerichteten, wohlgemeinten Grußworten und Glückwünschen zum Ausdruck kam, sondern daß im Gegenteil es in dieser Berufswelt an allen Ecken und Enden brenne.

Die Gründe dafür werden – je nach dem Standpunkt des Betrachters – unterschiedlich gesehen. Und diese Gründe werden in der Regel auch nicht nüchtern erforscht, sondern erweisen sich häufig nur als unausrottbares Vorurteil, als Produkt einseitiger und unsachlicher Beobachtung, als in der eigenen persönlichen Situation begründete Emotion.

Ich sage das nicht nur so daher, meine verehrten Zuhörer. Wir haben uns die Mühe gemacht, eine repräsentative Auswahl von Tages- und Wochenzeitungen einmal über einen längeren Zeitraum hinweg mit

1 Vgl. dazu Deutscher Beamtenbund. Bundesvertretertag. Geschäftsbericht der Bundesleitung 1975. Hrsg. von der Bundesleitung des Deutschen Beamtenbundes, Bonn-Bad Godesberg 1975.

modernen wissenschaftlichen Methoden quantitativer und qualitativer Inhaltsanalyse daraufhin zu überprüfen, was über den öffentlichen Dienst, trotz aller Anstrengungen unsererseits aufklärend und versachlichend auf die öffentliche Meinungsbildung einzuwirken, was dennoch über diesen öffentlichen Dienst berichtet, behauptet, verfälscht oder verkürzt wiedergegeben wird.

Es ist danach geradezu ungeheuerlich, welches Defizit an Wissen hier in der Öffentlichkeit noch vorzuherrschen scheint, und ich füge hinzu, es ist mehr als unverantwortlich, mit welcher Laxheit die politische Führung es zugelassen hat, daß neben einem solchen Defizit an Wissen ein solcher Überschuß an Vorurteilen in der Öffentlichkeit an Raum gewinnen konnte. Hier hat die Politik schlichtweg versagt, denn in erster Linie wäre es ihre Aufgabe, die Aufgabe der Dienstherren, aufklärend zu wirken, und nicht die eines Interessenverbandes, wenngleich ich feststellen möchte, daß wir vom DBB es schon immer als eine wichtige Pflicht angesehen haben, um mehr Verständnis für die besondere Rolle des öffentlichen Dienstes in unserer Verfassungsordnung zu werben und die Einsicht des Bürgers in die daraus notwendigerweise folgenden besonderen Gestaltungsprinzipien des öffentlichen Dienstes zu schärfen.

Freiheit der Meinungsäußerung – darüber darf es nicht den geringsten Zweifel geben – ist selbstverständlich ein unveräußerliches Rechtsgut! Kritische Öffentlichkeit kann sich jedoch immer nur auf der Grundlage des Abwägens und der Gegenüberstellung verschiedener Standpunkte herausbilden. Kritische, vorwiegend von den Massenmedien hergestellte Öffentlichkeit ist insofern also immer auch ein Reflex auf sachlich korrigierende Gegendarstellungen. Solche Gegendarstellungen haben wir im Verlauf der letzten Jahre vermißt. Die jüngsten »Ehrenrettungen« sind allenfalls Tropfen auf einem heißen Stein.

In diesem Verhalten sehen wir eine schwerwiegende Verletzung der den Dienstherren ihren Beschäftigten gegenüber von Gesetzes wegen aufgegebenen Fürsorgepflicht. Sie hat nicht nur ein Meinungsklima in der Öffentlichkeit entstehen lassen, das dem öffentlichen Dienst gegenüber mißtrauisch, um nicht zu sagen: feindlich gesinnt ist. Sie hat auch politisch-psychologisch den Boden dafür aufbereitet, daß im Zuge der jüngsten Sparmaßnahmen im Bereich des Bundes der öffentliche Dienst in besonderem Maße betroffen und zu allem Überfluß auch aller Welt ohne große Mühe suggeriert werden konnte, hier gehe es durchaus mit gerechten Dingen zu.

Aber wem sollte man dies verübeln, wenn der Öffentlichkeit in der Vergangenheit fortwährend »Weisheiten« verkauft wurden, wie dies etwa vor einigen Wochen in der Tageszeitung »Die Welt« unter der ebenso zugkräftigen wie unwahren Überschrift geschehen ist: »Am meisten verdienen die Diener des Staates«[2]. Unter Bezug auf die Besoldungsverhandlungen im Frühjahr 1974 war dort zu lesen: »Der Friedenskanzler (Willy Brandt) mußte kapitulieren vor dem Egoismus eines Standes« – meine Damen und Herren, nun bitte ich um Ihre besondere Aufmerksamkeit – »er mußte also kapitulieren vor dem Egoismus eines Standes

- der vom Wachstum der vergangenen Jahre profitierte wie kein anderer,
- der unproduktiv ist wie kein anderer,
- der unantastbar ist wie kein anderer und
- der besser entlohnt wird als jeder andere.«

Wem sollte man dies verübeln, wenn ein Hauptgeschäftsführer beim Deutschen Landkreistag jüngst zum besten gab, »eine Verwaltung arbeitet immer dann am effektivsten, wenn sie 20 Prozent unbesetzte Stellen hat.« (Nachzulesen in der Wochenzeitung »Die Zeit« vom 14. November 1975.)[3]

Wem sollte man dies verübeln, wenn in innerparteilichen Denkschriften funktional bedingte und verfassungsmäßig gesicherte Strukturprinzipien des öffentlichen Dienstes und des Berufsbeamtentums ganz einfach als Wildwuchs von Privilegien »qualifiziert« und zur Disposition gestellt werden.

Und schließlich: wem sollte man dies verdenken, wenn selbst Sachkenner Schwierigkeiten haben, die Flut an sog. Reformmodellen, Thesen und Papieren zu übersehen, geschweige denn zu bewerten, die gegenwärtig, einem modischen Bedürfnis folgend, an allen Ecken und Enden entwickelt werden, für sich natürlich in Anspruch nehmen,

2 Vgl. Manfred Geist: Am meisten verdienen die Diener des Staates, in: Die Welt. Nr. 209, 9. September 1975.

3 Vgl. Die Zeit. Nr. 47, 14. November 1975 (unter der Rubrik »Worte der Woche«, von Adalbert Leininger, Hauptgeschäftsführer beim Deutschen Landkreistag).

jeweils das Patentrezept zur Verbesserung des öffentlichen Dienstes gefunden zu haben und zum Teil mit nur als abenteuerlich zu bezeichnenden Sparprogrammen die öffentliche Meinung für sich zu gewinnen trachten.

So sehr wir prinzipiell Diskussionen und Engagement in Reformfragen des öffentlichen Dienstes begrüßen, eines darf nicht geschehen: daß über die Hektik oder Profilierungssucht einzelner Gruppen und Politiker der so bitter nötige Sachbezug aus den Augen verloren wird. Die Reform des öffentlichen Dienstes ist eine der schwierigsten Aufgaben, die sich Staat und Gesellschaft gestellt haben. Das mindeste, was man deswegen erwarten kann, ist, daß mit der nötigen Verantwortung und mit dem nötigen Sachverstand an diese Aufgabe herangegangen wird.

Mangelnde Informiertheit, Vorurteile, Diffamierungen verhindern aber nicht nur die Verwirklichung des anspruchsvollen Ziels einer sachgerechten Reform, für viele unserer Kollegen beeinträchtigen sie bereits jegliche Freude an der Arbeit, die von uns allen täglich zu leisten ist. Mißtrauen und Skepsis seitens der Öffentlichkeit sind der Feind positiver Arbeitsmotivation, sie verhindern ein vertrauensvolles Zusammenwirken mit den Bürgern und einen vertrauensvollen Dienst am Bürger.

Ich appelliere deswegen an Sie: Lassen Sie sich nicht durch das viele Gerede über den öffentlichen Dienst in eine gesellschaftliche Abseitsstellung drängen, machen Sie sich nicht das Selbstverständnis eines »ungeliebten Bürgers« unserer Gesellschaft zu eigen, sondern tragen Sie selbst aktiv dazu bei, durch entsprechendes Verhalten und offene Diskussion jenen Wall an Vorurteilen gegenüber dem öffentlichen Dienst abzubauen, den die veröffentlichte Meinung leider noch nicht abzutragen in der Lage war oder eben nicht abtragen will.

Einen sehr massiven Eindruck davon, wie viel wir hier noch zu leisten haben, erhielt ich erst kürzlich, als mir die August/September-Ausgabe der Zeitschrift »liberal« in die Hände geriet und ich dort auf einen Aufsatz mit dem bezeichneten Titel stieß: »Die Abschaffung des Berufsbeamtentums«.[4] Einige Kostproben der darin enthaltenen Gedan-

4 Vgl. Helmut Lindemann: Die Abschaffung des Berufsbeamtentums. Die utopischste aller Reformen, in: liberal. 17. Jg., 1975, Nr. 8/9, S. 648ff.

ken möchte ich Ihnen nicht vorenthalten, da sie mir beispielhaft erscheinen für viele der Ungereimtheiten, die auch heute noch über den öffentlichen Dienst verbreitet werden.

So umschreibt der Verfasser das von ihm unterstellte »Ärgernis in der Bürokratie« mit den Worten: »Es besteht einmal in dem Gefühl des Bürgers, daß er einem Berufsstand ohnmächtig ausgeliefert sei, der nicht nur immer zahlreicher wird, sondern außerdem von einem besonderen, häufig überhöhten Standesbewußtsein getragen wird und aufgrund dieses berufsständischen Sonderbewußtseins die öffentlichen Angelegenheiten eigenmächtig verwaltet. Viele Beamte behaupten, daß solche Vorstellungen unbegründet seien, doch schaffen sie sie damit nicht aus der Welt. Das Ärgernis bleibt, und es wird fortdauern, solange die privilegierte Stellung des Berufsbeamtentums erhalten bleibt.«

Weiterhin folgert der Verfasser, das Ärgernis werde noch dadurch verstärkt, daß die besondere Stellung des Berufsbeamtentums im Ergebnis gegen das in unserer Gesellschaft immer noch verbindliche Leistungsprinzip verstoße, und schließlich verursache das Berufsbeamtentum Ärgernis auch innerhalb des öffentlichen Dienstes, weil es ein Klassenbewußtsein schaffe, das sich abhebe von den Angestellten und Arbeitnehmern des öffentlichen Dienstes. Abgesehen davon, daß der Verfasser die hergebrachten Grundsätze des Berufsbeamtentums ohnehin für obsolet hält, bedauert er es, daß mehrfach die Chance vertan worden sei, dieses überkommene Relikt »Berufsbeamtentum« abzuschaffen: einmal 1918, als infolge des Ersten Weltkrieges die Monarchie beseitigt wurde; zum zweiten nach 1945. Wörtlich schreibt er:

»Die Deutschen aber waren unbelehrbar und versäumten auch diese Chance, den Verhältnissen im öffentlichen Dienst eine neue, demokratische, von Privilegien freie und zeitgemäße Struktur zu geben. Das Berufsbeamtentum blieb erhalten, und seither hat keine der demokratischen Parteien es gewagt, seine Abschaffung zum Programm zu erheben. Eine der notwendigsten inneren Reformen erweist sich als die am meisten utopische.«

Angesichts solcher Argumente und verkrampfter Beweisführungen brauche ich wohl nicht näher zu erläutern, daß die Ausführungen mit dem hoffnungsvollen Ausblick enden, es möge ein Einheitsdienstrecht für alle Beschäftigten im öffentlichen Dienst geschaffen werden, wobei diesen selbstverständlich auch das Streikrecht zu gewähren sei – eine Reformposition also, die, wie Ihnen wahrscheinlich ja bekannt ist, im Wesen auf die des Deutschen Gewerkschaftsbundes hinausläuft. Kein Wort und keine Überlegung sind auf die entscheidende Frage gerichtet, die das Bundesverfassungsgericht schon 1957 beantwortet hat. Das Grundgesetz sieht, so sagt das Bundesverfassungsgericht, im Berufsbeamtentum eine Institution, die, »gegründet auf Sachwissen, fachliche Leistung und loyale Pflichterfüllung, eine stabile Verwaltung sichern und damit einen ausgleichenden Faktor gegenüber den das Staatsleben gestaltenden politischen Kräften darstellen soll«.[5] Dieser Auftrag steht im Mittelpunkt der Aufgabenstellung für den öffentlichen Dienst. Das Berufsbeamtentum erfüllt diesen Auftrag, und wer sich mit der Reform des öffentlichen Dienstes befaßt, muß seine Vorstellungen daran messen lassen, ob mit ihnen der Verfassungsauftrag zu erfüllen ist.

Ich hätte die Ausführungen in der Zeitschrift »liberal« nicht für erwähnenswert gehalten, wenn sie nicht in einer Zeitschrift erschienen wären, die zum Teil durchaus namhaften und einflußreichen Autoren als Forum dient, ihre Ansichten darzulegen. Das läßt aufhorchen und unterstreicht meine Meinung, daß Resignation das allerletzte ist, was wir uns in der heutigen Zeit leisten dürfen, wenn wir die Institution des Berufsbeamtentums erhalten und mit dazu beitragen wollen, einer Reform zum Gelingen zu verhelfen, die auf dem Boden der Verfassung steht und die Funktionstüchtigkeit unseres Staates stärkt, nicht schwächt.

Man kann den klassenkämpferisch unterlegten Unsinn von Privilegien, Ungleichheit, Diskriminierung usw. schon gar nicht mehr hören! Daß der öffentliche Dienst in vielfältiger Hinsicht reformbedürftig ist, wissen wir selber längst. Aber wir spekulieren und phantasieren nicht darüber, sondern wir entwickeln Konzepte, von denen wir mit Fug und Recht behaupten können, daß sie Hand und Fuß haben:

- Konzept Nr. 1 ist unser Vorschlag zur Reform des öffentlichen Dienstrechts, verabschiedet auf dem Bundesvertretertag 1972.[6]
- Konzept Nr. 2 ist unser Vorschlag zur funktionalen Verwaltungsre-

5 Vgl. die Angaben S. 199 Anm. 4.
6 Vgl. die Angaben S. 514 Anm. 7.

form, verabschiedet auf unserem diesjährigen Vertretertag in Hamburg.[7]

Beide ergänzen sich zu einem aufeinanderbezogenen Gesamtvorschlag zur Reform des öffentlichen Dienstes. Und hier finden sich auch jene Leitlinien, die für uns Maßstab für ein höheres Maß an Gerechtigkeit und Leistungsfähigkeit im öffentlichen Dienst sind.

Vor allem aber möchte ich hier noch einmal nachdrücklich unterstreichen, daß für uns Reformen im öffentlichen Dienst immer nur Reformen auf dem Boden der Verfassung sein können: im Interesse der Festigung der Demokratie, im Interesse der Sicherung sozialer Rechtsstaatlichkeit und im Interesse erhöhter Wirtschaftlichkeit des Verwaltungshandelns.

Für den dienstrechtlichen Teil gelten als programmatische Ausgangspositionen:

- Das Dienstrecht ist unter Beseitigung des bisherigen systemlosen und verfassungswidrigen Nebeneinanders von Beamten und Arbeitnehmern in gleicher Funktion zu vereinheitlichen.
- Die Erfüllung von Ordnungs- und Leistungsaufgaben ist, wie die Verfassung es verlangt, grundsätzlich Beamten zu übertragen. Jetzige Arbeitnehmer des öffentlichen Dienstes sind daher, soweit ihre Funktion es erfordert, in das Beamtenverhältnis zu übernehmen.
- Beamtenstreik bleibt ausgeschlossen, dafür ist das Beteiligungsrecht der Spitzenorganisationen bei der Vorbereitung allgemeiner Regelungen der beamtenrechtlichen Verhältnisse zu einer partnerschaftlichen, fest institutionalisierten Dienstrechtsgestaltung auszubauen.

Dies ist gewissermaßen die Plattform, von der aus wir das gesamte bisherige Rechtssystem im öffentlichen Dienst durchforstet und detaillierte Vorschläge zu dessen Modernisierung unterbreitet haben. Vieles, was heute am öffentlichen Dienst kritisiert wird und innerhalb des öffentlichen Dienstes zu Unmut und Unlust geführt hat, hätte mit Sicherheit vermieden werden können, wenn die politische Führung den Mut aufgebracht hätte, eine solche verfassungskonforme, also jederzeit praktikable Reform des öffentlichen Dienstrechts zu beginnen. Statt

7 Vgl. Entschließungen verdeutlichen die Prioritäten. Bundesvertretertag Hamburg '75, in: Der Beamtenbund. 26. Jg., Nr. 12, Dezember 1975, S. 5ff. Vgl. auch Deutscher Beamtenbund. Bundesvertretertag 1979. Geschäftsbericht der Bundesleitung, Bonn-Bad Godesberg o. J. (1979), S. 27f.

dessen haben sich in der politischen Praxis die Fronten im Widerstreit ideologischer Gegenpositionen so verhärtet, daß praktisch nichts geschieht – allenfalls fleißig Argumente dafür gesammelt werden, was man tun könnte, wenn man sollte, was man dürfte.

Kritischer Punkt ist zweifellos das Problem der Tarifautonomie, jene vom DGB betriebene Strategie und geschürte Versuchung, das Streikrecht auf alle Beschäftigten im öffentlichen Dienst zu übertragen, zusammen mit der Uniform eines einheitlichen Personalrechts, wie man neuerdings zu sagen pflegt.

Unser Reformkonzept, dies erwähnte ich, lehnt die Streikmöglichkeit für Beamte ab. Wir haben hierbei das Recht auf unserer Seite. Ich will die glasklaren Begründungen, die hierfür geltend gemacht werden können, nicht wiederholen, sondern Ihre Aufmerksamkeit in diesem Zusammenhang einmal auf einen anderen Aspekt lenken, auf die faktischen Auswirkungen von Streiks und Ihnen hierzu einen Artikel in der FAZ vom 15. November 1975 mit dem Titel: »Der Streik – kein Motor des Fortschritts« zur Lektüre empfehlen.[8]

Die dort vorgenommene Analyse der »Streikerrungenschaften« im europäischen Vergleich zeigt, daß in den einzelnen Ländern ein um so größerer Wohlstand erzielt werden konnte, je weniger Streiks zu verzeichnen waren. U. a. werden in diesem Artikel die Fragen gestellt: »Haben die monströsen Arbeitskämpfe den sozialen Ausgleich gefördert, den Wohlstand der Arbeiter, Fluglotsen, Staatsbeamten erhöht? Oder kam es nur zur Beeinträchtigung von Produktion und Lebensqualität der unter chaotischen Streiks leidenden Bevölkerung?« Die Antwort des Verfassers darauf lautet: »Diese Sorge machen sich die Streikmacher nicht. Sie kümmern sich nicht um die Folgen für die Bevölkerung, wenn die Müllabfuhr, der Flugverkehr, Post und Stromversorgung zusammenbrechen. Der Erfolg allein rechtfertigt die Mittel. Und je rabiater der Ausstand, um so sicherer der Erfolg. So meinen sie jedenfalls. Eine kritische Prüfung zeigt indessen, daß der gemeinsame Wohlstand dort am wenigsten gewachsen ist, wo am meisten gestreikt wurde.«

8 Vgl. Karl Jetter: Der Streik – kein Motor des Fortschritts. Eine Erfolgsbilanz europäischer Arbeitskämpfe 1969–1974, in: Frankfurter Allgemeine Zeitung. Nr. 266, 15. November 1975.

Zum Nachdenken sollte uns vielleicht auch das am Schluß gezogene Resümee anregen. Ich zitiere wörtlich: »Eine wirksame Reformpolitik und stabile Währungsverhältnisse erscheinen am besten geeignet, kräfteverzehrende Konflikte zu vermeiden. Große Streiks mit großen Lohnerhöhungen sind meist nur großer Selbstbetrug. Starke Preissteigerungen, schrumpfende Ausfuhren, Abwertungen, Produktionsausfälle sind der Preis. Noch immer gilt die Regel, daß ein Kuchen erst gebacken werden muß, bevor er verteilt werden kann.«

Meine sehr verehrten Damen und Herren, diese Aussagen beziehen sich vorwiegend auf den privatwirtschaftlichen Bereich. Und nun bedenken Sie bitte, welch ungleich höheren Einfluß streikende Beamte ausspielen könnten, die ja an den Schaltstellen staatlicher Macht sitzen und nach Belieben das gesamte öffentliche Leben lahmzulegen in der Lage wären. Schon aus diesen Gründen kann für uns im Interesse der uneingeschränkten Verwirklichung der rechts- und sozialstaatlichen Demokratie ein Beamtenstreik nicht in Frage kommen. Die darin enthaltene Verantwortung wird jedoch leider von der öffentlichen Meinung kaum honoriert.

Der thematisierte Appell meines Vortrags: »Für Gerechtigkeit – gegen Diffamierung« schließt deswegen auch die Bitte und Aufforderung an die Öffentlichkeit ein, einzusehen, daß die in Art. 33 Abs. 5 GG verankerten hergebrachten Grundsätze des Berufsbeamtentums, wie sie sich z. B. im öffentlichen Dienst- und Treueverhältnis oder in der grundsätzlich lebenslangen Anstellung der Beamten erweisen, keine Privilegien darstellen, sondern anzuerkennen, daß es bei diesen Grundsätzen einzig und allein um die Sicherstellung einer bestmöglichen Erfüllung der öffentlichen Aufgaben geht, insbesondere durch Sicherung der Unabhängigkeit der Amtsführung und Ermöglichung völliger Hingabe an die dienstliche Aufgabe.

Der thematische Leitsatz: »Für Gerechtigkeit – gegen Diffamierung« appelliert in Ergänzung dieses Gedankens zugleich an erhöhte Sachlichkeit, wenn es um die Bewertung der Aufgaben- und Personalentwicklung im staatlichen Bereich geht. Denn diese ist eben untrennbar verbunden mit dem, was die Bürger unserer Gesellschaft als öffentliche Aufgaben geregelt wissen wollen bzw. was der Staat aus seiner eigenen Verantwortung heraus nicht an Private delegieren kann.

Eine simple Formel, könnte man meinen, doch gerade hier findet sich der entscheidende Zündstoff für die aufflackernde kritische Diskussion um die Zulässigkeit gewisser Entwicklungstendenzen im öffentlichen Dienst. Sie kennen all die bösen Worte vom aufgeblähten Staatsapparat, von seiner angeblichen Schwerfälligkeit, von seiner Faulheit, von seiner immanenten Tendenz, sich zu vermehren, ohne daß dies vom Aufgabenzuwachs her begründet werden könne.

Zugestanden: Niemand wird behaupten wollen, daß sich sämtliche Beschäftigte des öffentlichen Dienstes ständig im Arbeitsstreß verschleißen. Andererseits grenzt das, was hier dem öffentlichen Dienst an pauschaler Kritik vor den Kopf geworfen wird, nun wirklich an Verleumdung und Verlogenheit. Man komme mir im übrigen nicht mit dem beliebten Vergleich zur ach so effizienten Privatwirtschaft. Es ist eine völlig unbewiesene Behauptung, daß Arbeitsmotivation und Leistungsbereitschaft dort größer seien. Vieles deutet im Gegenteil darauf hin, daß insbesondere in den Dienstleistungsunternehmungen der Privatwirtschaft Arbeitsweisen und Arbeitsorganisationsprinzipien an Bedeutung gewinnen, die denen der öffentlichen Verwaltung durchaus ähneln, ganz einfach deswegen, weil sich in allen Großorganisationen bestimmte Sachzwänge für geordnete und überprüfbare Verfahrensprinzipien herausbilden.

In diesem Zusammenhang mag für Sie vielleicht auch das Ergebnis einer eben abgeschlossenen Umfrage der Forschungsstelle für empirische Sozialökonomie in Köln von Interesse sein. Ich entnehme dies einem Bericht der Tageszeitung »Die Welt« vom 15. November 1975.[9] Diese Studie widerlegt jene weitverbreitete Ansicht, daß Führungskräfte in der öffentlichen Verwaltung weniger mobil seien als ihre Kollegen in der Privatwirtschaft. Nach den Erhebungen ist in beiden Gruppen ein Arbeitsplatzwechsel im Zeitraum von fünf bis sechs Jahren üblich. Dies nur als Hinweis für jene, die in einer verstärkten Rotation von Führungskräften das Allheilmittel für eine effizientere Verwaltung zu erblicken glauben – und hierbei allenfalls offene Türen einrennen.

Kehren wir jedoch noch einmal kurz zum strittigen Punkt der öffentlichen Aufgaben zurück. Mit Recht hat Professor Wittkämper im

9 Vgl. Die Welt. Nr. 267, 15. November 1975 (»Vorsprung bei der Karriere«).

Rahmen seines Festvortrages auf unserem Bundesvertretertag in Hamburg darauf hingewiesen, daß die Bürger in dieser Frage ein merkwürdiges, widersprüchliches Rollenverständnis aufweisen.[10] Die einen verharren in einem geradezu frühliberalen Verständnis vom Staatszweck und fordern, der Staat möge sich soweit wie möglich aus der Gestaltung gesellschaftlicher Sachverhalte heraushalten, andere kultivieren wiederum ein ausgesprochenes Anspruchsdenken, das dem Staat möglichst umfassende Regelungsverantwortung für die Gestaltung unserer Gesellschaft aufbürden will.

Im Spannungsfeld dieser Interessenlagen versucht die praktische Politik, jenen Weg zu finden, der ihr den meisten Zuspruch, oder besser gesagt: den möglichst geringsten Widerspruch zu sichern verspricht. Und da der Staat ja durch Verwaltung handelt, stehen demgemäß auch öffentliche Verwaltung und öffentlicher Dienst im Kreuzfeuer der Kritik, wenn dieses oder jenes als unnötig, zu aufwendig oder politisch falsch angekreidet wird.

Bei allem Verständnis für die Bequemlichkeit vieler Bürger, über diese Zusammenhänge nicht tiefer nachdenken zu wollen: eines können wir zumindest verlangen, nämlich daß sich die meinungsbildenden Kräfte in unserem Lande einer solchen differenzierteren Betrachtung nicht verschließen. Alle Welt redet von der ungerechtfertigten Vermehrung, von ungezügeltem Wachstum des öffentlichen Dienstes, von den Beamten, die den Staat geradezu auffressen, wirtschaftspolitische Aktivitäten infolge überhöhter Personalkosten verunmöglichen! Doch wie sieht die Wahrheit aus?

Gerade in diesen Tagen sind in Heft 10 von »Wirtschaft und Statistik« neueste Daten des Statistischen Bundesamtes über das Personal im Bundesdienst veröffentlicht worden.[11] Sie beziehen sich auf den Personalstand am 30. Juni 1975. Und es lohnt sich, einen genaueren Blick auf die darin enthaltenen Ergebnisse und Argumente zu werfen. In der amtlichen Begründung heißt es dort u. a. – ich zitiere wörtlich: »Mit der Abschwächung der wirtschaftlichen Entwicklung hat sich die Kritik am

10 Vgl. Wittkämper: Der »neue soziale Rechtsstaat« als Herausforderung, in: Der Beamtenbund. 26. Jg., Nr. 12, Dezember 1975, S. 4.

11 Vgl. Erwerbstätigkeit, in: Wirtschaft und Statistik. 1975, Heft 10, S. 675ff. (Zitate S. 675).

öffentlichen Dienst in zunehmendem Maße verstärkt. Hierbei ist zu beobachten, daß Pauschalurteile die Diskussion in der Öffentlichkeit bestimmen. Dies gilt insbesondere für Aussagen über die Personalvermehrung ›im öffentlichen Dienst‹. Dabei wird aber meistens außer acht gelassen, daß es nur in einigen Aufgabenbereichen durch die ständig gestiegenen Anforderungen an die öffentliche Hand zu einer erheblichen Personalvermehrung und damit zu einem besonders starken Anstieg des Personalaufwands gekommen ist. In den meisten Bereichen ist es dagegen gelungen, trotz auch dort eingetretener Aufgabenerweiterungen durch organisatorische und technische Rationalisierungsmaßnahmen Personal abzubauen oder sein Anwachsen in mäßigen Grenzen zu halten.«

Schlaglichtartig sei hier nur auf folgende Ergebnisse verwiesen: Gegenüber dem 30. Juni 1974 hat sich die Zahl der im unmittelbaren Bundesdienst Beschäftigten um 15 355 Personen oder 1,3 Prozent verringert. Hierzu wird ausgeführt: »Auch unter Berücksichtigung dessen, daß die Veränderungsrate 1974 gegenüber 1973 mit minus 0,6 Prozent durch die Vorverlegung des Stichtages nur die Veränderung innerhalb eines Zeitraums von knapp neun Monaten wiedergibt, ist ein Beschleunigungseffekt des Personalrückgangs im unmittelbaren Bundesdienst damit unverkennbar.«

Selbstverständlich sieht die Entwicklung des Personalstands in den einzelnen Aufgabenbereichen unterschiedlich aus. Das ist eine natürliche Folge politischer Prioritäten, und gleichwohl erweist sich auch hier der erkennbare Trend alles andere als spektakulär: So blieb im Bereich »Politische Führung und zentrale Verwaltung« insgesamt der Personalstand gegenüber dem Vorjahr unverändert. Der darin enthaltene größte Teilbereich, die Finanzverwaltung, konnte Beschäftigte einsparen und verringerte den Personalstand um 0,7 Prozent. Im Aufgabenbereich »Verteidigung« wurden am Stichtag knapp 60 Prozent aller Bediensteten der Bundesbehörden gezählt. Auch in diesem Bereich ist seit dem 30. Juni 1974 keine nennenswerte Personalvermehrung eingetreten. In den Aufgabenbereichen »Energie und Wasserwirtschaft, Gewerbe und Dienstleistungen« sowie »Auswärtige Angelegenheiten« waren Personalrückgänge um 2,2 bzw. 1,5 Prozent zu verzeichnen. Die leichte Zunahme (+ 0,4 Prozent) der Zahl der Bediensteten bei den Bundesbehörden ist ausschließlich auf Personalvermehrungen in den Bereichen »soziale Sicherung, Gesundheit, Sport und Erholung« (+ 8,9 Prozent), »Rechtsschutz« (+ 6,9 Prozent), »Ernährung, Landwirtschaft und Forsten« (+ 5,7 Prozent) und »Öffentliche Sicherheit und Ordnung« (+ 5,5 Prozent) zurückzuführen, die seit der letzten Erhebung zum Teil erhebliche Aufgabenerweiterungen (z. B. auf dem Gebiet der Verbrechensbekämpfung, der sozialen Leistungen usw.) zu verzeichnen hatten.

Ich möchte es mit diesen Zahlen und Hinweisen bewenden lassen. Aber ich meine: Sie besagen in ihrer Nüchternheit mehr als es die vielen polemischen Husarenritte gegen den öffentlichen Dienst zu erreichen versuchen. Vielleicht gelingt es damit auch, etwas von der überschäumenden Euphorie wegzunehmen, die sich im Zusammenhang mit der viel diskutierten Reprivatisierung von Staatsleistungen breitzumachen droht. Wir würden gründlich mißverstanden, wenn man uns das Argument unterschieben wollte, wir seien nicht bereit, auch nur einen Zentimeter staatlichen Handelns aufgeben lassen zu wollen, nur weil es uns um die Sicherung der Weiterbeschäftigung von Beamten gehe. Eine solche Begründung wäre uns zu eng, bei aller Legitimität, die sie für eine gewerkschaftliche Spitzenorganisation haben könnte.

Unser Blick reicht weiter, unsere Sorge richtet sich darauf, ob mit einer Privatisierung von Staatsfunktionen wirklich das bewirkt werden kann, was allein hierfür sinnvollerweise geltend gemacht werden könnte, nämlich:

- daß tatsächlich eine Entlastung des Staates, des Landes, der Kommune erreicht werden kann;
- daß tatsächlich eine bessere, und das will heißen wirtschaftlichere Erfüllung der Aufgaben zu erzielen ist;
- daß tatsächlich die Kontinuität der Aufgabenwahrnehmung im öffentlichen Interesse nicht beeinträchtigt wird.

Der DBB verschließt sich keineswegs der Erkenntnis, daß es, wie kürzlich der Kieler Professor von Unruh schrieb,[12] notwendig ist, »um

12 Vgl. Georg von Unruh: Schutz durch den Staat und Schutz vor dem Staat, in: Die öffentliche Verwaltung. Zeitschrift für Verwaltungsrecht und Verwaltungspolitik. 28. Jg., Heft 19, Oktober 1975, S. 653ff. (Zitat S. 656).

eine Bestimmung der stets variablen ›Grenzen des Staates‹ bemüht zu sein, um festzustellen, welche Leistungen von Menschen für Menschen unbedingt unter dem Einsatz von hoheitlicher Gewalt, d. h. durch den Staat oder eines seiner Glieder, erbracht werden müßten. Diese Überlegungen anzustellen, gebietet das Subsidiaritätsprinzip – wonach der Mensch zunächst im natürlichen oder im gesellschaftlichen Verband sein Leben gestalten soll –, welchem der Staat verfassungsrechtlich unterworfen ist, da er einen ›sozialen Rechtsstaat‹ und einen ›Sozialstaat‹ bildet. Deshalb leiten Ansätze zu einer Umdeutung von manchen der auf Schutz vor dem Staat angelegten Grundrechte in Ansprüche an den Staat eine bedenkliche Entwicklung ein, die schließlich zu ›wohlfahrtsstaatlichen‹ Praktiken und zur ›Ruhe als der ersten Bürgerpflicht‹ führen kann.«

Gleichwohl muß vor übertriebenen Hoffnungen durch Privatisierungen gewarnt werden. Dies können wir einem zur Klärung dieser Frage eigens von uns in Auftrag gegebenen Gutachten entnehmen. Es belegt eindeutig, daß Reprivatisierung keine Zauberformel ist, mit deren Hilfe Wunder vollbracht und gleichsam im Handumdrehen Milliardeneinsparungen erzielt werden können. Allein Praktikabilität und Rentabilität können die maßgeblichen Gesichtspunkte sein, nicht ideologische Positionen und Überlegungen. Im übrigen erweist sich der Spielraum für Reprivatisierungen in der Tat als nicht besonders groß. Entscheidend ist vor allem, daß durch die Leistungsübertragung der mit der Leistung beabsichtigte Zweck nicht ernsthaft gefährdet oder gar ganz aufgegeben wird. Hier bieten einschlägige Erfahrungen in amerikanischen Städten warnende Beispiele, wo im Anschluß an Privatisierungen neu entstandene private Monopole die Kommunen in noch stärkere Bedrängnis gebracht haben, als dies vor der Privatisierung der Fall war.

Auch hier gilt es also, differenzierter zu denken und die denkbaren, sozialstaatlich unerwünschten Nebenwirkungen aufs sorgfältigste ins Kalkül mit einzubeziehen. In keinem Fall ist etwas gewonnen, wenn Privatisierung über kurz oder lang zur Subventionierung der aus eigener Kraft nicht überlebensfähigen Privatunternehmen führen sollte oder die dem Sozialstaatsgebot verpflichtete Dauerhaftigkeit bestimmter Leistungen in Frage gestellt wird.

Wenn in der Ausgabe des »Spiegels« vom 3. November 1975 zu

diesem Thema festgestellt wird[13]: »Sachgerecht aber scheint in weiten Bereichen der Kommunalverwaltung weniger Privatisierung denn Rationalisierung«, so läßt sich gegen diese Bewertung sicherlich nichts einwenden. Wenn dann aber weiter gefolgert wird: »Verfehlt ist häufig nicht, daß Aufgaben von der Bürokratie erledigt werden, sondern wie dies geschieht: nach dem leistungsfeindlichen Reglement des öffentlichen Dienstrechts«, so kann dies aus unserer Sicht nicht unwidersprochen bleiben – zumindest nicht in dieser verallgemeinernden Form. Denn:

erstens besagen die Bemühungen um eine leistungssteigernde Reform des öffentlichen Dienstrechts noch lange nicht, daß das bisherige leistungslos oder leistungsfeindlich angelegt gewesen sei. Wer dies nicht glaubt, dem sei empfohlen, die entsprechenden beamtenrechtlichen Bestimmungen über Auslese, Eignung und leistungsgerechten Aufstieg nachzulesen;

zweitens macht es sich die Öffentlichkeit wahrhaftig zu leicht, wenn sie einerseits eingesteht, daß gewisse Leistungen privatwirtschaftlich nicht erfüllt werden können, und dann nichts anderes zu tun weiß, als im Anschluß daran herumzumeckern, wie diese Leistungen von staatlicher Hand erfüllt werden. So einfach kann man sich wahrhaftig die Kritik nicht machen!

Meine sehr verehrten Damen und Herren, diese Feststellung bedeutet nicht Negation von Wirtschaftlichkeitsüberlegungen im öffentlichen Bereich, sondern sie erhofft sich lediglich etwas mehr Augenmaß bei der Kritik am Handeln der öffentlichen Hand. Wie ernsthaft sich der Deutsche Beamtenbund mit Fragen der Aufgabenkritik und Verwaltungsverbesserung auseinandergesetzt hat, mögen Sie aus dem von uns auf dem Bundesvertretertag beschlossenen Konzept zur funktionalen Verwaltungsreform[14] erkennen, deren Ziel es ist, in Ergänzung zur Dienstrechtsreform und zur gebietlichen Neuordnung, die öffentliche

13 Vgl. Der Spiegel. Nr. 45, 3. November 1975, S. 67ff. (»›Dann müssen Behörden Brötchen backen.‹ Privatisierung – Ausweg aus der Finanznot der Gemeinden?«).

14 Vgl. Funktionale Verwaltungsreform – aber wie? Teil 1: Ergebnisse einer Befragung von Personalratsmitgliedern; DBB-Dokumente 7, S. 12ff. Vgl. auch: Durch Reformen sparen! Der DBB weist neue Wege zur Funktionalen Verwaltungsreform, in: Der Beamtenbund. 26. Jg., Nr. 9, September 1975, S. 4.

Verwaltung wirkungsvoller, wirtschaftlicher und bürgerfreundlicher zu machen. Nach den Vorstellungen des Deutschen Beamtenbundes soll die funktionale Verwaltungsreform in der öffentlichen Verwaltung unserer freiheitlichen Demokratie die Möglichkeiten verbessern, den sozialen Rechtsstaat weiterzuentwickeln im Rahmen der Leistungsfähigkeit der Gesellschaft. Unter dem Gesichtspunkt der Realisierbarkeit, insbesondere der Vereinbarkeit mit der angespannten öffentlichen Finanzlage und Personallage fordert der DBB, ein Sofortprogramm zu verwirklichen, das zumindest folgende vier Bereiche erfassen könnte:

- Ziel 1 lautet Verwaltungsverbesserung: Das heißt, wir fordern, es sind von Bund und Ländern Konzeptionen zur Verwaltungsvereinfachung zu entwickeln und eine Gemeinschaftsstelle für Verwaltungsverbesserung zu schaffen, wobei Fragen der Aus- und Fortbildung besonderes Gewicht zugeordnet werden muß.
- Ziel 2 betrifft die Personalwirtschaft und Personalführung: Hier geht es um die Einführung einheitlicher Verfahren von Personalbedarfsberechnungen sowie um die Entwicklung moderner Mittel flexibler Personalsteuerung.
- Ziel 3 spricht das Verhältnis zu Bürgern und Parlament an. Dies betrifft Regelungen zum weiteren Ausbau bürgernaher Verwaltung, zur verstärkten Offenlegung parlamentarisch-gesetzgeberischer Maßnahmen mit ihren Folgewirkungen und zur Erprobung neuer Formen der Bürgerbeteiligung an der staatlichen Willensbildung.
- Ziel 4 schließlich erfaßt das große und schwierige Gebiet der Kontrolle, und zwar in ihren Formen der Zweckkontrolle wie der Vollzugskontrolle. Gedacht ist hier vor allem an eine verstärkte Anwendung von Kosten- und Nutzenüberlegungen, um die Konsequenzen staatlicher Entscheidungsakte besser einschätzen und übersehen zu können.

Wir sehen es als unsere Pflicht an, Vorschläge dieser Art zu entwickeln und der Öffentlichkeit vorzustellen. Sache der politisch Verantwortlichen ist es zu prüfen, inwieweit hieraus Impulse auf ein politisches Realisierungskonzept ausgehen können. Unsere Erwartungen richten sich jedenfalls darauf, daß jetzt vielleicht doch etwas mehr Bewegung in die allseits gewünschte Reform des öffentlichen Dienstes gerät.

Wäre mit der Dienstrechtsreform bereits früher begonnen worden, hätten sich unserer Überzeugung nach viele der für uns unverständlich harten Sparmaßnahmen im öffentlichen Dienst als unnötig, zumindest nicht in der verordneten Schärfe als nötig erwiesen. Daß im Zuge der Beratungen und als Folge unserer unermüdlichen und hartnäckigen Bemühungen um eine Milderung der Lasten, die dem öffentlichen Dienst im Rahmen des Sparprogramms des Bundes aufgebürdet hätten werden sollen, einige »Giftzähne«, wie es einmal ausgedrückt wurde, gezogen werden konnten, ist für uns zwar ein Trost, aber nur ein schwacher.

Ich darf noch einmal stichwortartig die wichtigsten gesetzlichen Bestimmungen in Erinnerung rufen, die am 6. November der Deutsche Bundestag in Zweiter und Dritter Lesung verabschiedet hat.[15] Sie betreffen folgende Bereiche:

1. Die Abschaffung der Bewährungsförderung: Für die Eingangs- und Beförderungsämter wurde ein fester Stellenkegel festgelegt, und zwar für die Eingangsämter 35 Prozent, für die ersten Beförderungsämter 65 Prozent der Gesamtzahl der jeweiligen Planstellen.
2. Die Einführung eines einheitlichen »Verheiratetenzuschlags« in Höhe von 90,– DM.
3. Die Änderung der Ortszuschlagsregelung bei der Beschäftigung beider Ehepartner im öffentlichen Dienst. In Zukunft erhalten beide Beschäftigte jeweils nur noch die Hälfte des Unterschiedsbetrages zwischen Stufe 1 und Stufe 2 des maßgebenden Ortszuschlags. Die kinderbezogenen Anteile werden demjenigen gewährt, der Kindergeld nach dem Bundeskindergeldgesetz erhält. Entsprechendes gilt für verheiratete Anwärter.
4. Ledige, die das 40. Lebensjahr vollendet haben sowie Geschiedene erhalten den Ortszuschlag der Stufe 1. Besitzstandswahrung ist vorgesehen.
5. Der Kindergeldanspruch entfällt, wenn Kindern aus dem Ausbildungsverhältnis Bruttobezüge von wenigstens 750,– DM monatlich zustehen.
6. Vorgezogene Altersgrenzen für den Ruhestand werden um ein Jahr ausgedehnt.

15 Vgl. Verhandlungen des Deutschen Bundestages. 7. Wahlperiode 1972. Bd. 95, 200. Sitzung, S. 13743 ff. Vgl. Gesetz zur Verbesserung der Haushaltsstruktur (Haushaltsstrukturgesetz – HStruktG) vom 18. Dezember 1975; BGBl I. 1975, S. 3091 ff.

7. Ansprüche auf Versorgungsbezüge aus einem Amt sind zukünftig nur möglich, wenn dieses Amt zwei Jahre ausgeübt wurde; Übergangsregelungen sind vorgesehen.
8. Nur mehr Fachhochschulabsolventen des gehobenen technischen Dienstes werden nach der Besoldungsgruppe A 10 eingestuft, übrige Fachhochschulabsolventen sowie Aufstiegsbeamte für den gehobenen technischen Dienst sind wieder mit A 9 einzustufen. Bestehende Einstufungen nach A 10 bleiben erhalten.
9. Ministerialzulagen, Bankzulagen, Sparkassenzulagen und ähnliches werden eingefroren; sie nehmen mit Wirkung vom 1. Januar 1975 künftig an allgemeinen Besoldungsverbesserungen nicht mehr teil.
10. Die bisher gewährte einmalige Ausgleichszulage für Polizeivollzugsbeamte, Soldaten und Fluglotsen bei Zurruhesetzung wurde von 12 000,– DM auf 8 000,– DM reduziert; anstatt des 7½ fachen der letzten Monatsbezüge kann nur noch das Fünffache zugrunde gelegt werden.

Überblickt man diesen Sparkatalog, bedenkt man zusätzlich die kumulierenden Wirkungen, die sich für einzelne Beschäftigtengruppen daraus ergeben können, und berücksichtigt man, daß die Beschäftigten des öffentlichen Dienstes ja nicht in einer abgekapselten heilen Wirtschaftswelt leben, sondern von Inflation und Steuererhöhungen gleichermaßen betroffen werden, so verdient dieses Einsparungsergebnis wahrhaftig nicht das ihm angedichtete Attribut »sozialer Ausgewogenheit«.

Auch jetzt trägt der öffentliche Dienst noch die Hauptlast der Einsparungen im Bundesbereich, wobei zum gegenwärtigen Zeitpunkt noch unklar ist, inwieweit tatsächlich eine Gleichbehandlung zwischen gesetzlichem und tariflichem Bereich erreicht werden kann. Das Versprechen des Herrn Bundesinnenministers haben wir hierzu erhalten. Er bekräftigte es anläßlich seiner Ansprache auf unserem Bundesvertretertag mit folgenden Worten[16]: »Die Bundesregierung hat sich bei ihren Überlegungen von dem Grundsatz leiten lassen, daß die notwendigen Einsparungen im Bereich des öffentlichen Dienstes nach den gleichen Maßstäben erfolgen müssen, wie in vergleichbaren Bereichen außerhalb

16 Für einen Auszug aus der Rede von Bundesinnenminister Maihofer auf dem Hamburger Bundesvertretertag (6. bis 12. November 1975) vgl. Der Beamtenbund. 26. Jg., Nr. 12, Dezember 1975, S. 4f.

des öffentlichen Dienstes. Sie müssen darüber hinaus im Gleichklang zwischen den Tarifbereichen der Arbeiter und Angestellten und im gesetzlichen Bereich der Beamten geschehen. Dem dienen die inzwischen aufgenommenen Verhandlungen über den Vollzug der Einsparungsmaßnahmen auch im Tarifbereich. Wir werden im weiteren Gang des Gesetzgebungsverfahrens darüber wachen, daß hier in allen Bereichen nach gleichen Maßstäben verfahren wird.« Soweit das Zitat des Bundesinnenministers.

Zugleich wies Professor Maihofer darauf hin, daß seiner Ansicht nach die mit den Sparmaßnahmen auflebende Diskussion eine große Chance für den öffentlichen Dienst in sich berge. Sie sichere ihm eine öffentliche Aufmerksamkeit, wie schon lange nicht, eine Aufmerksamkeit, die Möglichkeiten eröffne, den anfänglichen pauschalen Kritiken, wie sie noch zu Beginn des Jahres von allen Seiten auftauchten, differenzierte Analysen der tatsächlichen Mängel und Schwächen des öffentlichen Dienstes entgegenzusetzen, nach ihren Ursachen zu fragen und nach Lösungen zu ihrer Überwindung zu suchen.

Zugestanden, meine sehr verehrten Damen und Herren, ein solcher Aufmerksamkeitswert sollte nicht unterschätzt werden – besonders nicht, wenn er positiv wäre! In unserem Fall führte er leider lediglich dazu, daß wir alle unsere Anstrengungen mobilisieren mußten, um neu auftauchenden Vorurteilen gegenüber dem öffentlichen Dienst entgegenzuwirken.

Die anstehende Gestaltung der Berufswelt im öffentlichen Dienst wird für uns nunmehr zum Prüfstein für die Ernsthaftigkeit der Fürsorgepflicht der öffentlichen Dienstherren werden. Der Deutsche Beamtenbund hat hierbei einen festen Standpunkt. Lassen Sie mich ihn im Blick auf das Berufsbeamtentum als Kernbestand des öffentlichen Dienstes wie folgt formulieren:

Wie die besondere Pflichtenbindung des Beamten an den Staat in der beamtenrechtlichen Treuepflicht zum Ausdruck kommt, so prägt auf seiten des Dienstherren kraft Verfassung die besondere Fürsorgepflicht für den Beamten das wechselseitige Treueverhältnis. Soll das gegenseitige Treueverhältnis auch in Zukunft gerechtfertigt bleiben, so muß die vor uns stehende Reform mit der Verwirklichung der staatlichen Fürsorge in allen Bereichen ernst machen.

Dieser Fürsorgegrundsatz vermittelt u. a. auch ein Recht auf die gesetzliche Gewährleistung angemessener Besoldung. Dieser Gedanke wird auch in einer Entschließung aufgegriffen, die wir auf unserem Bundesvertretertag gefaßt haben. Sie lautet[17]:

»Öffentliche Haushalte, die zum Sparen zwingen, können nicht rechtfertigen, den öffentlichen Dienst von der durch die Verfassung und § 14 Bundesbesoldungsgesetz vorgeschriebenen Anpassung an die allgemeine Einkommensentwicklung abzuhängen. Die Bezahlung der Angehörigen des öffentlichen Dienstes ist Leistungsentgelt und kein Privileg. Sie kann deshalb nicht unter den gleichen Spargesichtspunkten gesehen werden, die für andersartige öffentliche Leistungen, wie sie z. B. für Subventionen und Steuervergünstigungen sowie für die nicht vom öffentlichen Dienst zu vertretenen Personalausweitungen ihre Berechtigung haben mögen.«

Ergänzend möchte ich in diesem Zusammenhang noch auf einen Sachverhalt hinweisen, der gleichfalls in der Öffentlichkeit in geradezu sträflicher Weise unterzugehen droht. Auf den Sachverhalt, daß sich die von mir zitierte Fürsorgepflicht der Dienstherren nicht lediglich auf unsere aktiven Beamten beziehen kann, sondern daß sich diese Fürsorgepflicht im Ruhestand und in der Fürsorge für die Hinterbliebenen der Beamten fortsetzen muß. Nach Meinung des Deutschen Beamtenbundes hat hier der Gesetzgeber noch eine ganze Menge gutzumachen, wenn er für sich in Anspruch nehmen will, ein gerechter Gesetzgeber gegenüber seinen Beamten zu sein. Und auch hier bedarf es endlich einmal der Korrektur jenes völlig falschen, aber so weit verbreiteten Öffentlichkeitsbildes, das im Ruhestandsbeamten den Prototyp des schmarotzenden Pensionärs sieht.

Aus diesen Gründen haben wir auf unserem diesjährigen Bundesvertretertag »Leitsätze für ein Programm des Deutschen Beamtenbundes zum Beamtenversorgungsrecht« verabschiedet[18],

– Leitsätze, von denen wir zum einen hoffen, daß sie die Öffentlichkeit differenzierter über die wahre, alles andere als rosige Lage der Ruhestandsbeamten informieren;

17 Vgl. Der Beamtenbund. 26. Jg., Nr. 12, Dezember 1975, S. 7.
18 Vgl. Der Beamte im Ruhestand. 24. Jg., Nr. 12, Dezember 1975, S. 5ff.

– Leitsätze, in denen zum zweiten all jene Punkte zusammengefaßt sind, die wir für änderungswürdig halten.

Es fehlt mir hier leider die Zeit, im einzelnen auf die in diesen Leitsätzen enthaltenen Feststellungen und Forderungen einzugehen. Ich beschränke mich deswegen lediglich darauf, zu erwähnen,

1. daß in ihnen als Kernproblem auf die ungerechte Pensionsbesteuerung und unzulängliche Krankenfürsorge verwiesen und deren Änderung gefordert wird;
2. daß wir eine Teilnahme der Versorgungsempfänger an strukturellen und quasi-strukturellen Besoldungsverbesserungen für unverzichtbar erklären;
3. daß wir eine Vereinheitlichung und Neuregelung des Versorgungsrechts für überfällig halten; hierzu werden gezielte Vorschläge unterbreitet;
4. daß wir für den Personenkreis der »131er« und der Wiedergutmachungsberechtigten gerechte Abschlußgesetze fordern.

Meine sehr verehrten Damen, meine Herren, liebe Kolleginnen und Kollegen, mit diesen Hinweisen möchte ich meine Ausführungen beenden. Ich darf Ihnen lediglich noch abschließend versichern, daß wir vom Deutschen Beamtenbund auch in Zukunft nicht müde werden – so wie das mir gestellte Thema es nicht besser umschreiben könnte –, für Gerechtigkeit – gegen Diffamierung und zusätzliche Sonderopfer zu kämpfen.

16. Januar 1976

Grußwort

Manuskript für ein Grußwort an die Vertreterversammlung des Verbandes Hochschule und Wissenschaft im DBB (vhw) in Stuttgart[1]

Quelle: DBB-Archiv, Abt. Bgst 500-18 (maschinenschriftlich)

Ich freue mich, daß Sie mir Gelegenheit gegeben haben, anläßlich dieser öffentlichen Veranstaltung einige Grußworte im Namen des Deutschen Beamtenbundes an Sie zu richten.

Mit Ihrer ersten Vertreterversammlung, in der Sie die nach der Satzung des Verbandes Hochschule und Wissenschaft vorgeschriebenen Wahlen durchgeführt haben und in der Sie wichtige verbandspolitische Grundsatzentscheidungen fällen werden, schließen Sie die Gründungsphase des vhw ab und leiten über in eine, wie ich Ihnen wünschen möchte, recht erfolgreiche Aufbauphase.

Der Deutsche Beamtenbund ist ja, wie Sie alle wissen, sozusagen Pate des neu gebildeten Verbandes Hochschule und Wissenschaft gewesen. Denn der DBB hat den Anstoß zur Gründung Ihrer Organisation gegeben, nachdem das Fehlen einer Fachorganisation, die die Interessen aller Hochschulangehörigen vertritt, in immer stärkerem Maße bedauert worden war. Im Hochschulbereich gab es bis dahin nur Organisationen, die entweder ausschließlich Professoren an wissenschaftlichen Hochschulen vertraten oder solche, bei denen die Hochschullehrer lediglich eine Randgruppe im organisatorischen Gefüge bildeten.

Wir haben uns von der nach unserer Auffassung noch immer

1 Das Manuskript trägt den handschriftlichen Zusatz: Rede nicht gehalten; wegen Autounfall keine Teilnahme.

zukunftweisenden Idee leiten lassen, daß es notwendig sei, eine Organisation zu schaffen, die bereit und in der Lage ist, die Gesamtheit des Personals an Hochschulen aller Art zu organisieren und deren Belange zu vertreten. Daß diese Idee in die Tat umgesetzt werden konnte, ist das Verdienst einiger Kollegen, die mit großem Idealismus, Optimismus und persönlichem Engagement den Verband Hochschule und Wissenschaft gründeten und nach Kräften weiterentwickelten. Ihnen auch im Namen des Deutschen Beamtenbundes hierfür zu danken, ist mir ein besonderes Anliegen.

Als der vhw gegründet wurde, war die hochschulpolitische Szenerie vorwiegend von heftigen ideologischen Auseinandersetzungen mit der extremen Linken geprägt. Wenn man heute die hochschulpolitische Lage überblickt, so wird man feststellen dürfen, daß die Diskussion über Ideologien abgeflaut, dafür aber das Ringen um die vielfältigen noch unbewältigten praktischen Probleme sehr viel härter geworden ist. Zwar weist das mittlerweile verabschiedete Hochschulrahmengesetz[2] einen Weg für die Neuordnung des deutschen Hochschulwesens, doch wird es noch erheblicher Anstrengungen bedürfen, um die Rahmenregelungen des Bundes in Länderregelungen umzusetzen, die dem Geist dieses Gesetzes entsprechen. So wird etwa die sachgerechte Überleitung der Hochschullehrer in die neue Personalkörperstruktur für Ihren Verband eine besondere Rolle spielen.

Angesichts des zunehmenden Andrangs an die Hochschulen stellt sich darüber hinaus mehr denn je das Problem, wie die unerwünschten Folgen und Härten einer schematischen Nachwuchsauslese durch den Numerus clausus vermieden werden können und wie andererseits sichergestellt werden kann, daß die Qualität der Hochschulausbildung auch bei steigender Studentenzahl nicht absinkt.

Wenn gegenwärtig der Versuch gemacht wird, über den Entwurf einer Regellehrverpflichtung der Kultusministerkonferenz die Lehrverpflichtungen der Hochschullehrer und der sonstigen an Hochschulen Lehrenden erheblich heraufzusetzen, sehen wir darin z. B. eine Gefahr für die Qualität der Hochschulausbildung.

2 Für den Wortlaut des Hochschulrahmengesetzes (HRG) vom 26. Januar 1976 vgl. BGBl I. 1976, S. 185ff.

Ich habe aus Ihren Tagungsunterlagen entnommen, daß dieser Punkt einen wichtigen Beratungsgegenstand Ihrer Vertreterversammlung darstellt. Ohne im einzelnen auf diesen Entwurf eingehen zu wollen, möchte ich jedoch folgendes dazu sagen: Der Deutsche Beamtenbund vertritt die Auffassung, daß die Länder derzeit eine Vereinbarung über die Regellehrverpflichtung nicht treffen können, weil sie hierbei gegen Bundesrecht verstoßen würden. Die Rechtsverordnung über die Regellehrverpflichtung hat der zuständige Bundesminister für Bildung und Wissenschaft zu erlassen. Bis zum Erlaß der Rechtsverordnung aber müssen nach den entsprechenden Bestimmungen des Zweiten Gesetzes zur Vereinheitlichung und Neuregelung des Besoldungsrechts in Bund und Ländern[3] die derzeitigen Länderregelungen in Kraft bleiben.

Ein weiteres Ziel Ihrer verbandspolitischen Arbeit richtet sich darauf, die Rechtsstellung der Angehörigen von außeruniversitären wissenschaftlichen Einrichtungen zu verbessern. Die Rechtsverhältnisse dieser Gruppe sind bislang alles andere als befriedigend gelöst, ja zum Teil noch nicht einmal hinreichend definiert. Es wäre insofern zu begrüßen, wenn es Ihnen gelänge, die lösungsbedingten Probleme auch dieses Personenkreises etwas schärfer herauszuarbeiten und einer breiteren Öffentlichkeit bewußtzumachen.

Zu den Aufgaben, die wir gemeinsam zu bewältigen haben werden, gehört die – wie wir meinen – längst überfällige Reform des öffentlichen Dienstrechts – zweifellos ein Kapitel, über das es sehr viel zu sagen gäbe. Da ich den zeitlichen Rahmen für ein Grußwort nicht über Gebühr ausdehnen will, möchte ich hierzu im Blick auf den von Ihrem Verband vertretenen Personenkreis lediglich grundsätzlich feststellen: Nach unserer Auffassung kann der Regelstatus auch der Hochschulangehörigen nur der des Beamten auf Lebenszeit sein. Daran darf auch eine Reform des öffentlichen Dienstrechts nichts ändern, wenn sie glaubhaft die Handlungsgrundlagen und die Leistungsfähigkeit unseres Staates stärken und nicht schwächen will.

Im vergangenen Jahr war zwar viel von Reformpolitik die Rede, tatsächlich handelte es sich jedoch um eine einseitige, gegen den öffentlichen Dienst gerichtete Sparpolitik, die sich nur um des politi-

3 Vgl. die Angaben S. 564 Anm. 10.

schen Erfolges willen mit dem publikumswirksamen Beiwort »Reform« schmückte.

Die einschneidenden, insbesondere mit dem Haushaltsstrukturgesetz verordneten Sparmaßnahmen haben dem öffentlichen Dienst deutliche Sonderopfer gegenüber anderen Berufs- und Beschäftigungsgruppen in der Bundesrepublik auferlegt. Wir werden uns energisch dagegen zur Wehr setzen, wenn die Bundesregierung versuchen sollte, eine solche Politik der »Sonderopfer« auch bei den bevorstehenden Besoldungsverhandlungen fortzusetzen.

Haben Sie bitte Verständnis dafür, daß ich Zahlen über die Höhe der Besoldungsverbesserungen, die wir in diesem Jahr für notwendig erachten, hier noch nicht nennen möchte. Entsprechende Beschlüsse sollen auf der am kommenden Montag beginnenden außerordentlichen Sitzung des Bundesvorstandes des Deutschen Beamtenbundes gefaßt werden.

Mit diesem Hinweis will ich schließen. Vielleicht konnte ich mit meinen kurzen Ausführungen verdeutlichen, daß zu Beginn dieses Jahres 1976 vor Ihnen wie vor uns eine Fülle von Aufgaben liegt, deren Bewältigung unseren vollen Einsatz erfordern wird. In diesem Sinne wünsche ich Ihrer berufspolitischen Arbeit eine erfolgreiche Zukunft und Ihrer Vertreterversammlung weiterhin einen guten Verlauf.

30. April 1976

Strafvollzug, Vollzugsbedienstete und Gesellschaft

Festvortrag auf der Veranstaltung des Landesverbandes Rheinland-Pfalz des Bundes der Strafvollzugsbediensteten Deutschlands im DBB (BSBD) aus Anlaß seines 25jährigen Bestehens in Koblenz
(Auszug)

Quelle: DBB-Archiv, Abt. Bulei 15000-22 (maschinenschriftlich)

Bevor ich das mir gestellte Vortragsthema aufnehme, liegt mir daran, Sie namens des Deutschen Beamtenbundes und seiner Mitgliedsverbände aufs herzlichste zu Ihrer heutigen Jubiläumsveranstaltung zu beglückwünschen. 25 Jahre Verbandsarbeit der Strafvollzugsbediensteten in Rheinland-Pfalz – dies ist sicher ein Grund, der von der Zeit wie von der Sache her betrachtet, gewichtig genug ist, daß Sie sich in festlichem Rahmen auf das bisher Geleistete und Erreichte besinnen und daraus zugleich neue Impulse für die weitere Arbeit schöpfen.

Einer alten Lebensregel folgend, scheint es mir auch im Verbandsleben darauf anzukommen, daß wir uns nicht unablässig unter das Joch einer gleichförmig fortlaufenden Arbeit beugen lassen. Wir haben von Zeit zu Zeit auch einmal eine Besinnungspause nötig, in der es gilt, unsere Ziele von neuem zu überprüfen, ihre Richtigkeit und Schlüssigkeit an den eingetretenen Erfolgen oder Mißerfolgen zu messen, kurzum, das Umfeld unserer Arbeit in seiner ganzen Breite im Blick zu behalten.

Nur so kann sich bilden, worauf wir als Motor einer erfolgversprechenden Verbandsarbeit besonders dringend angewiesen sind:
- der Überblick über die jeweils lösungsbedürftigen Sachfragen,
- die Umsicht, welcher Mittel und Wege es bedarf, um den gesteckten Zielen möglichst nahezukommen, und schließlich

– die Kraft, die einem Zusammenschluß von Menschen mit gleichgewichteten Interessen daraus erwächst, daß er sich im freiwilligen Streben nach einem gemeinsamen Ziel auf das vertrauensvolle Miteinander angewiesen weiß.

Ich habe beim Bund der Strafvollzugsbediensteten Deutschlands, dessen Arbeit ich lange genug verfolge, um mir dieses Urteil erlauben zu können, immer den Eindruck gehabt, er verstehe die drei von mir erwähnten Gesichtspunkte des Überblicks, der Umsicht und des persönlichen Zusammenhalts vorbildlich miteinander zu vereinbaren. In diesem Sinne bitte ich Sie auch, die Wünsche zum 25jährigen Bestehen Ihres Landesverbandes entgegenzunehmen – als Ausdruck der Wertschätzung Ihrer Arbeit und als Ausdruck des Vertrauens in Ihre weitere sachkundige Mitarbeit im Deutschen Beamtenbund auf allen seinen Stufen.

Nun aber gleich zu meinem Vortrag!

Manche werden sich vielleicht fragen, ob es nicht besser gewesen wäre, wenn ein Mann vom Fach zum Thema »Strafvollzug, Vollzugsbedienstete und Gesellschaft« gesprochen hätte. Diese Frage habe ich mir natürlich selbst auch vorgelegt, ehe ich zugesagt habe, den Vortrag zu halten. Die Leitung Ihres Verbandes und ich stimmten aber von vorneherein darin überein, daß mein Vortrag die Problematik nicht so sehr fachbezogen als vielmehr aus allgemeiner staats-, gesellschafts- und verbandspolitischer Sicht beleuchten solle.

Ich schicke diese kurzen persönlichen Bemerkungen meinem Vortrag voraus, um bei Ihnen, meine verehrten Zuhörerinnen und Zuhörer, keine falsche »Erwartungshaltung« aufkommen zu lassen. Ich spreche als kritischer Laie und als Vorsitzender einer Spitzenorganisation zu Ihnen, die u. a. auch die berufsbedingten politischen, rechtlichen und sozialen Interessen der Vollzugsbediensteten mit zu vertreten und zu fördern hat.

Soviel also zu meiner Legitimation als Redner und nun zur Sache!

Es jährt sich im Herbst dieses Jahres zum neunten Mal ein Ereignis, dessen Erwähnung wahrscheinlich ganz gut geeignet ist, uns ohne Umschweife an den Kern der von mir zu erörternden Thematik heranzuführen. Damals stand die Bildung einer »Großen Strafvollzugskommission« durch den Bundesjustizminister Heinemann auf der Tagesordnung der Bundesregierung. In Absprache mit Ihrem Verband und gestützt auf dessen vorzügliche Vorarbeit beschloß der Bundeshauptvorstand des DBB, den Mitgliedern der »Großen Strafvollzugskommission« zu deren am 5. Oktober 1967 vorgesehenen Konstituierung eine umfangreiche Dokumentation mit dem Titel »Probleme des Strafvollzugs und seiner Beamten« vorzulegen.[1]

Eine ebenfalls vom Bundeshauptvorstand des DBB gefaßte Entschließung[2], die der Dokumentation beigefügt war, würdigte die langjährigen Reformbemühungen Ihres Verbandes und hob vor allem hervor, daß der Bund der Strafvollzugsbediensteten Deutschlands jahrelang, aber leider vergeblich, vor den unausbleiblichen Folgen offenkundiger Fehlentwicklungen im Strafvollzug gewarnt habe. Die Entschließung des DBB verwies sodann auf die Notwendigkeit, »die innere Ordnung des Strafvollzugs namentlich von der menschlichen Seite her in Einklang mit den Reformvorstellungen zu bringen«, und sie fuhr daran anknüpfend wörtlich fort:

»Dazu gehört insbesondere die alsbaldige Verwirklichung der von der Berufsvertretung der Strafvollzugsbediensteten seit vielen Jahren erhobenen Forderungen, und zwar

- die Ausbildung der im Strafvollzug tätigen Dienstkräfte an den Erkenntnissen der Sozialpädagogik auszurichten,
- die Einrichtung einer sachdienlichen Behördenorganisation, die es ermöglicht, die Zielsetzung eines modernen Strafvollzugs zu verwirklichen,
- die Voraussetzungen für die Resozialisierung der Gefangenen zu schaffen, d. h. Maßnahmen für ihre Wiedereingliederung in die Gesellschaft zu treffen.«

Diese Entschließung stammte, wie gesagt, aus dem Herbst 1967, aus einer Zeit heißt das, in der die Gesellschaft der Bundesrepublik Deutschland in mehrfacher Hinsicht von reformerischer Unruhe erfaßt war. Sie erinnern sich an die Unruhe an den Universitäten, aber auch an einige der gerade den Strafvollzug diskreditierenden Vorfälle in einzelnen Strafvollzugsanstalten. Es war eine für rasche Reformen aufgeschlossene Zeit. Unsere Entschließung hatte infolgedessen bei den

1 Vgl. Probleme des Strafvollzugs und seiner Beamten; DBB-Dokumente 2.

2 Vgl. Erster Schritt zur Reform des Strafvollzugs, in: Der Beamtenbund. 18. Jg., Nr. 10, Oktober 1967, S. 94.

zuständigen Stellen und darüber hinaus bei den Massenmedien eine unverhältnismäßig gute Resonanz.

Aber der Leidensweg eines in sich geschlossenen Reformwerks, auf das besonders die Vorschläge Ihres Verbandes abzielten, begann gewissermaßen erst von da an. Die einzelnen Stationen brauche ich hier nicht zu erwähnen. Die kennen Sie besser als ich. Das »große Reformwerk« in Gestalt eines »Gesetzes über den Vollzug der Freiheitsstrafe und der freiheitsentziehenden Maßregeln der Besserung und Sicherung« (kurz: »Strafvollzugsgesetz«) vom 16. März 1976 liegt jetzt vor.[3] Sie, meine Kolleginnen und Kollegen, haben nun das Instrument, nach dem Sie so lange gerufen haben. Was bringt es Ihnen, was bringt es unserem Strafvollzug insgesamt?

Diese pauschale Frage läßt sich gewiß nicht so pauschal beantworten, wie sie gestellt ist. Sie muß – dies jedenfalls ist mein Eindruck – recht differenziert gesehen und ebenso behandelt werden.

Beginnen wir mit dem Negativen und einem ganz allgemeinen Urteil!

Gemessen an den Forderungen, die Ihr Verband für eine durchgreifende Reform erhoben hat, bleibt der Inhalt des Strafvollzugsgesetzes natürlich weit hinter den Erwartungen zurück, und zwar nicht etwa nur im Punkte einer Personalreform, in einem Punkt also, auf den ich seiner Wichtigkeit wegen später noch ausführlicher eingehen werde – er bleibt genauso weit zurück auch hinter den Erwartungen im Punkte der eigentlichen Vollzugsreform.

Denn deren großes Ziel war ja die Resozialisierung, die Vorbereitung des Gefangenen auf ein Leben in Freiheit. Das Strafvollzugsgesetz formuliert diese Aufgabe des Vollzuges zwar ausdrücklich. In § 2 Satz 1 heißt es[4]: »Im Vollzug der Freiheitsstrafe soll der Gefangene fähig werden, künftig in sozialer Verantwortung ein Leben ohne Straftaten zu führen (Vollzugsziel).«

Das neue Gesetz formuliert auch die Vorschriften über die rechtlichen und organisatorischen Maßnahmen, die erforderlich sind, um den Resozialisierungsgedanken zu verwirklichen. Es schiebt deren Inkraft-

3 Vgl. Gesetz über den Vollzug der Freiheitsstrafe und der freiheitsentziehenden Maßregeln der Besserung und Sicherung – Strafvollzugsgesetz (StVollzG); BGBl I. 1976, S. 581 ff.

4 Vgl. a. a. O., S. 581.

treten jedoch um drei, fünf oder neun Jahre hinaus oder macht das Inkrafttreten sogar vom Erlaß besonderer Bundesgesetze abhängig. Damit wird der Resozialisierung der Lebensfaden auf längere Zeit zunächst einmal abgeschnitten.

Gibt es plausible Gründe für dieses negative Ergebnis?

Im Vordergrund stehen natürlich finanzielle Erwägungen. Da von Anfang an klar war, daß es äußerst kostspielig sein werde, den Resozialisierungsgedanken in der Praxis zu einem wirklichen Durchbruch zu verhelfen, haben engagierte Reformer, wie z. B. der nordrhein-westfälische Justizminister Posser, schon Ende 1974 vorausgesagt: »Der Aufbau eines sozialen Strafvollzugs wird noch Jahrzehnte dauern.«

Infolgedessen kann man insoweit auch nicht etwa die CDU/CSU-Mehrheit im Bundesrat für das Scheitern an weitergesteckten Zielen in der Strafvollzugsreform verantwortlich machen. Den auf sie mit der Verwirklichung der Resozialisierung zukommenden finanziellen Lasten sind alle Bundesländer ausgewichen. Die Farbe ihrer Regierungsparteien hat dabei keine Rolle gespielt.

Abgesehen davon, daß das nun seit bereits 100 Jahren so ist – sowohl im Kaiserreich als auch in der Weimarer Republik sind verabschiedungsreife Gesetzentwürfe mit dem Ziel, den Strafvollzug durchgreifend zu reformieren, am Widerstand der auf ihre begrenzten Haushaltsmittel verweisenden Länder steckengeblieben –, ganz abgesehen davon, wird man wohl aber doch einräumen müssen, daß die augenblickliche Haushaltslage den hohen finanziellen Beanspruchungen, wie sie mit einer sofort durchzuführenden Reform verbunden gewesen wären, nicht gewachsen sein würde.

Ich würde auch wegen anderer Beobachtungen, die ich gemacht habe, den mitunter ausgesprochenen Verdacht nicht gelten lassen, die finanziellen Bedenken würden nur vorgeschoben, in Wirklichkeit zeige sich jetzt, daß die Zeit wieder gegen den Resozialisierungsgedanken arbeite.

Dafür gibt es zumindest bei den für den Strafvollzug Verantwortlichen keinerlei Anzeichen. Die Landesregierungen haben – auch hier wieder ohne jede Rücksicht auf ihre parteipolitische Färbung – in den vergangenen Jahren schon vieles im Sinne der Resozialisierung auf den

Weg gebracht, und ich weiß, daß Rheinland-Pfalz mit entspechenden Reformbestrebungen eine Spitzenposition unter den übrigen Bundesländern einnimmt.

Was meiner Meinung nach den Durchbruch zur Resozialisierung in der Vorstellungswelt der Gesamtbevölkerung immer wieder aufhält und sich auf diesem Weg dann auch lähmend auf den Reformwillen der Regierenden legt, weil sie ja die öffentliche Meinung nicht einfach negieren können, ist vor allem folgendes: Es gibt ideologisch gerichtete Gruppen, die nicht einzuräumen gewillt sind, daß der Resozialisierungsgedanke zwar eine Chance in sich schließt, die beim gegenwärtigen Strafvollzug mitunter enorm hohen Rückfallquoten drastisch zu verringern, daß unwiderlegliche Beweise für die Richtigkeit dieser Behauptung bisher allerdings noch nicht erbracht worden sind. Das Pochen auf das Vor-Urteil: nur der Resozialisierungsgedanke sei geeignet, die Kriminalität drastisch einzuschränken, dient in diesen Fällen dann aber meist nur als Vorwand dafür, den Strafvollzug insgesamt als die »Zwingburg« zu diffamieren, in der Menschen unter Verletzung ihrer Würde unterdrückt werden.

Und auf diesem Wege stößt man dann endlich doch noch zur »Klasse der Unterdrückten« vor, als die man heute die Arbeiterschaft nicht mehr hinstellen kann, um mit ihr marxistisch gerichtete Propaganda gegen die »Klasse der Besitzenden und Ausbeuter« zu treiben.

Wir haben es mit einer ähnlichen Problematik in dem Fall der »lebenslangen Freiheitsstrafe« zu tun, in dem jüngst das Landgericht Verden an der Aller das Bundesverfassungsgericht angerufen hat, um dessen Spruch über die Verfassungsmäßigkeit einer solchen, wie das Verdener Gericht meint, gegen die Menschenwürde verstoßenden »Maximalstrafe« zu erbitten.[5]

»Lebenslange Freiheitsstrafe« schreibt das Strafgesetzbuch bekanntlich zwingend nur in einem Fall vor, nämlich bei Mord. Über die

5 Das Landgericht Verden hatte am 5. März 1976 ein Strafverfahren ausgesetzt und die entsprechende Akte dem Bundesverfassungsgericht zur Entscheidung über die Frage vorgelegt, ob die lebenslange Freiheitsstrafe bei Mord verfassungswidrig sei. Vgl. dazu die Mitteilung des Landgerichtspräsidenten H. Beckmann, in: Neue Juristische Wochenschrift. 29. Jg., Heft 21/22, 2. Juni 1976, S. 980ff. Für das Urteil vom 21. Juni 1977 vgl. BVerfGE. Bd. 45, S. 187ff.

physischen und psychischen Auswirkungen der Verbüßung dieser Strafe wird nicht erst seit heute diskutiert. Gesicherte wissenschaftliche Erkenntnisse gibt es indessen auf keiner der sich streitenden Seiten. Trotzdem wiederholt die eine, die gegen die lebenslange Freiheitsstrafe ist, ihre Argumente so permanent und vehement, daß sie schließlich wie mathematisch gesicherte Erkenntnisse dastehen.

Ich habe diese Auseinandersetzung über die verfassungsrechtliche Beurteilung der lebenslangen Freiheitsstrafe hier vor allem deswegen mit herangezogen, um einen Trennungsstrich zwischen denjenigen anzuempfehlen, die sich in solchen oder ähnlichen Streitfragen in die Rolle von Alleinverteidigern der Menschlichkeit hineinsteigern. Vor ihnen ist zu warnen, weil sie im Grunde die einseitige Beurteilung zum Rechtsgrundsatz erheben wollen, und das bedeutet: der Rechtssicherheit den Todesstoß versetzen.

Das alte Wort: »Eines Mannes Rede ist keines Mannes Rede, man muß sie hören alle beede« ist auch noch heute das A und O jeder Gerechtigkeitsübung, und ich stimme, um meine Bemerkungen zum Streit über die »lebenslange Freiheitsstrafe« abzuschließen, voll und ganz der Klarstellung zu, die Friedrich Karl Fromme von der FAZ an den Schluß eines mit »Rechtspolitik aus Verden« überschriebenen Artikels gesetzt hat[6]:

»Diejenigen, die so heftig und – Inhaber kritischen Bewußtseins, die sie sind – auf so merkwürdig vor-urteilsbefangene Weise von der Unzuträglichkeit, Schädlichkeit und Grausamkeit der lebenslangen Freiheitsstrafe sprechen, wirkten überzeugender, wenn sie in ihre Predigten ein kleines Gedenken an bestimmte Menschen einschöben, die keine Gelegenheit mehr hatten, hinter grausame Gefängnismauern zu kommen: die Ermordeten. Auch ihre Grundrechte sind verletzt. Was ihre Bewegungsfreiheit angeht, sind sie sehr ungleich behandelt worden, und ihre Menschenwürde wird nirgends anders mehr behütet als auf dem Friedhof.«

Ich habe mich in dem mir durch das gestellte Thema vorgegebenen Spannungsfeld bisher, wie ich selbst einzuräumen bereit bin, ziemlich

6 Vgl. Frankfurter Allgemeine Zeitung. Nr. 78, 1. April 1976 (»Rechtspolitik aus Verden. Ein Landgericht hält lebenslange Freiheitsstrafe für verfassungswidrig«).

unbekümmert bewegt. Ausgegangen war ich von der Frage, ob es plausible Gründe gibt, aus denen das Strafvollzugsgesetz sich bei der Verwirklichung der Resozialisierung außerordentlich zurückgehalten und in dieser Hinsicht eine Fülle von zeitlichen und noch stärkeren Bremsen eingeschoben hat. Ich habe das in der Hauptsache mit Schwierigkeiten erklärt, die sich aus der augenblicklichen Lage der Länderhaushalte herleiten lassen. Ich bin dann kurz auf mehr unterschwellig auf die öffentliche Meinung einwirkende Einflüsse und deren Folgen eingegangen, auf Folgen vor allem, die den Resozialisierungsgedanken in Mißkredit bringen könnten.

Bei aller Vorsicht, die ich bei alledem mir auferlegt zu haben glaube, wird möglicherweise nicht alles, was ich kritisch angemerkt habe, allgemeine Zustimmung im Auditorium gefunden haben.

Nun sehe ich aber meine Aufgabe als Ihr heutiger Redner nicht darin, zu einer »Stunde der Erbauung« auszugestalten, was Sie sich in Erinnerung an den Tag Ihrer Gründung vor 25 Jahren wohl selber als eine Art »kritischer Bilanzierung« der Sie angehenden berufspolitischen Probleme vorgestellt haben. Ich bin mir, wie ich schon andeutete, durchaus bewußt, daß ich mich in einem Feld von beträchtlichen Spannungen bewege:

- hier der Strafvollzug – dort die Gesellschaft,
- hier der Strafvollzug – dort die Vollzugsbediensteten,
- hier die Vollzugsbediensteten – dort die Gesellschaft.

Mit diesen Spannungen werden Sie weiter leben müssen, und deshalb müssen sie offen angesprochen werden.

Der frühere Bundesjustizminister Jahn hat 1973 in einem Vortrag vor der Gesellschaft für die gesamte Kriminologie einmal gesagt[7]:

»Dem Strafvollzug kommt kraft seiner Eigenart als freiheitsentziehende Maßnahme auch die Aufgabe einer Sicherung der Allgemeinheit zu. Hier besteht die Aufgabe darin, von unnötigen, übertriebenen Sicherungen fortzukommen zu dem Maße von Sicherung, das unumgänglich ist, um die Allgemeinheit vor gefährlichen Tätern zu schützen. Obwohl letztlich eine geglückte Resozialisierung auch die beste Siche-

7 Für die Rede Gerhard Jahns am 6. Oktober 1973 in Bad Nauheim (»Die Vollzugsreform als kriminalpolitische Aufgabe«) vgl. Bulletin des Presse- und Informationsamtes der Bundesregierung. Nr. 129, 11. Oktober 1973, S. 1276ff. (Zitat S. 1277f.).

rung für die Allgemeinheit ist, so treten doch als Aufgaben des Vollzuges diese beiden Grundsätze zueinander in ein Spannungsverhältnis. Mit dieser Spannung muß der Strafvollzug leben. Es ist Aufgabe der Regelungen im Einzelfall, ein ausgewogenes Verhältnis zwischen diesen beiden Grundsätzen herzustellen.«

Gerade dies ist natürlich ein Punkt, der bei einer freimütigen Auseinandersetzung um die Möglichkeiten, die Reform zu verwirklichen, meist heftig umstritten ist. Man macht es sich wohl dann doch etwas zu leicht, wenn man denjenigen, die im Spannungsverhältnis zwischen dem Vollzugsziel der Resozialisierung und dem Schutz der Allgemeinheit den Schutzgedanken für gewichtiger halten, ein übertriebenes Sicherheitsbedürfnis vorwirft und ihnen zusätzlich auch noch den moralischen Makel der Unmenschlichkeit anzuhängen versucht. Schließlich darf nicht vergessen werden, daß sich gerade in den allerletzten Jahren die Kriminalität in aller Welt erschreckend ausgebreitet und vor allem verhärtet hat. […][8]

In den USA läßt sich seit einiger Zeit verfolgen, wie die dort bereits ziemlich weit fortgeschrittene Resozialisierung »in aller Stille« zurückgeschraubt wird.

Ich las darüber schon vor einem Jahr einmal einen Bericht, ohne ihn allzu ernst zu nehmen. Denn es hieß da am Anfang ziemlich reißerisch: »Zwei Jahrzehnte lang ist in den USA ein ›liberaler Romantizismus‹ über die Natur des Verbrechens und den Strafvollzug gehegt worden. Gesetzesbrecher galten eher als Kranke denn als schlechte Menschen – als Patienten, die auf der Couch des Psychiaters oder im Krankenhaustrakt besser aufgehoben seien als in ihrer Zuchthauszelle. Jetzt werden diese Vorstellungen in aller Stille über Bord geworfen.«

Einer der üblichen »Knüller«, mit denen sich gewisse Zeitungen gern »schmücken«, dachte ich mir.

Nun las ich aber vor etwa 14 Tagen in der amerikanischen Wochenzeitschrift »Time« (Ausgabe vom 12. April)[9] erneut von heftigen Absagen an den am Resozialisierungsgedanken ausgerichteten modernen Strafvollzug in den USA. Diesmal kam die vernichtende Kritik aus

8 A. Krause belegt diese Feststellung mit einem damals aktuellen Fall von Geiselnahme.
9 Vgl. Time, 12. April 1976, S. 32.

einem Kreis hochqualifizierter Wissenschaftler, die über das Ergebnis von Untersuchungen berichteten, die ihnen mit dem Ziel übertragen worden waren, aus Anlaß der diesjährigen 200-Jahr-Feier der USA die kritischen Punkte festzustellen und zu begründen, vor die sich die USA bei ihrem Weg in das dritte Jahrhundert ihres Bestehens gestellt sehen werden. Damit verbunden war zugleich eine kritische Bestandsaufnahme über den Erfolg oder Mißerfolg der auf jene Punkte gerichteten bisherigen Politik.

Der Punkt »Kriminalität« ist in dieser Bestandsaufnahme nicht ausgespart worden, und man liest da höchst seltsame, aber doch andererseits auch alarmierende Dinge. Nachdem schon der vor dem Punkt »Kriminalität« behandelte Punkt »Sozialpolitik« keine Gnade vor den gestrengen Professoren gefunden hatte, heißt es alsdann zur Verbrechensbekämpfung u. a.:

»Aus einer ähnlichen geistigen Verwirrung und einem ähnlichen Experiment, bei dem enorm viel Geld und nationale Anstrengungen mit geringem Nutzen verschwendet wurden, kommen die sich widersprechenden Meinungen, wie man der Kriminalität beikommen solle. In früheren Tagen wurden Straftaten einfach bestraft. Rechtsbrecher wurden hinter Schloß und Riegel gebracht, ohne daß man sich viel Gedanken darüber machte, wie man den Verbrecher bessern könne. In den 30er Jahren entstand die Ansicht, Kriminalität werde durch das soziale Milieu und persönliche Umstände verursacht.«

An diesen Sachverhalt knüpft der Harvard-Professor James Wilson die grimmige Bemerkung, daß danach also keine Abschreckung eines Verbrechens möglich sei, weil das Verbrechen ja durch nicht in der Person des Verbrechers liegende Umstände erregt werde. Man könne den Fall eines Verbrechers aber behandeln wie eine Krankheit, wie etwa einen Anfall von Masern. Daraufhin seien dann Pläne zur Rehabilitation, zur Psychotherapie, zur Berufsausbildung, zum offenen Vollzug und zur Bewährung gefolgt. Genützt habe dies alles aber gar nichts. Die Kriminalität nehme trotzdem laufend zu. Daher solle man lieber wieder zur früheren Praxis zurückkehren, was soviel heißt wie: Rechtsbrecher einfach einsperren und alle Versuche einstellen, sie zu anständigen Menschen zu erziehen. Eigentlich sollte man doch endlich gelernt haben, daß es unmöglich sei, einen menschlichen Charakter umzuformen.

Ich habe diese aus Amerika kommenden Stimmen, denen ich noch drastischere hinzufügen könnte, in meinem Vortrag ziemlich ausführlich wiedergegeben, nicht weil ich der Meinung bin, sie seien gewissermaßen ein Beweis dafür, daß auch wir mit unserem Resozialisierungsprogramm in der Bundesrepublik Deutschland zwangsläufig scheitern müßten. Das wäre eine reichlich simple Schlußfolgerung aus den zitierten Äußerungen mehr oder weniger maßgeblicher amerikanischer Publizisten und Wissenschaftler.

Im übrigen müßten, um diese Schlußfolgerung zu ziehen, erst einmal die grundverschiedenen Ursachen für die Entstehung und Ausbreitung von Kriminalität in den beiden Staaten sorgfältig untersucht und in Beziehung zu den hier und dort ins Werk gesetzten Rehabilitationsprogrammen und deren Ergebnissen gesetzt werden.

Ich hielt es aber für wichtig, einmal etwas deutlicher auf die jederzeit vorhandene Möglichkeit des plötzlichen Umschlagens eines allgemein für gut befundenen Vollzugsziels (wie jetzt der Rehabilitation) in sein Gegenteil hinzuweisen, und zwar vor allem deshalb, weil wir in der Bundesrepublik Deutschland (von skandinavischen Vorbildern abgesehen) geistig sehr stark von den in den USA vertretenen Denkrichtungen angeregt worden sind.

Unter diesen Umständen ist es vielleicht gar nicht so sehr und uneingeschränkt zu bedauern, daß das Strafvollzugsgesetz – finanzielle Schwierigkeiten hin, finanzielle Schwierigkeiten her – nicht bereits mit seinem Erlaß grünes Licht für die volle Realisierung des Rehabilitationsgedankens im bundesdeutschen Strafvollzug gegeben hat. Es bleibt ein ausreichender Zeitraum, in Modellversuchen zu erproben, was realisierbar und effektiv ist. Bei sinnvoller Aufgabenteilung zwischen den Bundesländern könnte dadurch erreicht werden, daß sich kostspielige Experimente, die vom heutigen Erfahrungsstand ausgehen müssen, nicht eines Tages als völlig utopisch entpuppen.

Wenn, bezogen auf das Vollzugsziel, die Rehabilitation, und gemessen an den von Ihrem Verband vertretenen Reformvorstellungen, das Strafvollzugsgesetz im Ergebnis auch nicht viel mehr bringt als die gesetzliche Fundierung zahlreicher bisheriger Reformversuche oder tatsächlicher Reformen, denen der Rehabilitationsgedanke zugrunde liegt, so ist doch zu dem Gesetzeswerk positiv folgendes anzumerken:

- Der bisherige, vom Bundesverfassungsgericht mehrfach gerügte gesetzlose und damit rechtsstaatswidrige Zustand im Strafvollzug ist behoben.
- Den »rechtsfreien Raum«, der vorher durch anstaltsinterne, nicht auf fester gesetzlicher Grundlage beruhende Maßnahmen ausgefüllt wurde, das »besondere Gewaltverhältnis«, in dem vorher – darin dem Beamten vergleichbar – der Gefangene stand, gibt es nicht mehr.
- Dem Grundgesetz ist durch die Beachtung der in Art. 19 Abs. 1 Satz 2 enthaltenen Vorschrift entsprochen, wo es heißt, daß bei der Einschränkung von Grundrechten das Gesetz das Grundrecht unter Angabe des Artikels nennen muß. (Nach § 196 des Strafvollzugsgesetzes werden die Grundrechte aus Art. 2 Abs. 2 Satz 1 und 2 [körperliche Unversehrtheit und Freiheit der Person] und Art. 10 Abs. 1 [Brief-, Post- und Fernmeldegeheimnis] eingeschränkt.[10])
- Das Gesetz umreißt Aufgaben und Strukturen eines modernen, am Vollzugsziel der Rehabilitation ausgerichteten Strafvollzugs. Es ist, soweit die in ihm enthaltenen Vorschriften erst zu einem späteren Zeitpunkt in Kraft treten sollen, als Orientierungsmittel für den gegenwärtigen Strafvollzug wertvoll.

Ich denke, daß ich damit die aus allgemeiner Sicht erwähnenswerten Punkte einigermaßen erfaßt habe, und kann mich nun der für Sie, meine Kolleginnen und Kollegen, sicherlich wichtigsten Frage zuwenden, der Personalfrage.

Das Strafvollzugsgesetz selbst ist in diesem Punkt bemerkenswert wortkarg. Obwohl der auch vom Bund der Strafvollzugsbediensteten Deutschlands seit jeher an die Spitze seiner personalpolitischen Vorstellungen gestellte Grundgedanke als gesicherte Erkenntnis gelten kann: Die Reform des Strafvollzugs steht und fällt mit dem Vollzugspersonal, spricht sich das neue Gesetz mit keinem Wort hierüber aus.

Die von Ihrem Bund vorgeschlagenen Änderungen des Regierungsentwurfs, die aus verständlichen Gründen gerade zum mit »Vollzugsbedienstete« überschriebenen § 155 der Gesetzesfassung besonders ausführlich waren, sind trotz ihres sachlichen Gewichts unberücksichtigt geblieben. Ja, der Gesetzgeber hat nicht einmal den auch von der

10 Vgl. die Angaben oben Anm. 3, hier S. 610.

Strafvollzugskommission gemachten Änderungsvorschlag aufgenommen, demzufolge zumindest der allgemeine Grundsatz im Gesetz festgelegt werden sollte: »Die Vollzugsbediensteten werden vor der Einstellung auf ihre Eignung überprüft und für ihre Aufgaben umfassend ausgebildet und fortgebildet.«

Wer dafür nach einer Erklärung sucht, wird vermutlich den Bundesgesetzgeber wegen dieser Unterlassung damit entschuldigen, daß die Regelung von Personalfragen in die Gesetzgebungszuständigkeit der Länder fällt. Aber schließlich hat der Bund nach Art. 75 Nr. 1 GG die Kompetenz zum Erlaß von Rahmenvorschriften und um mehr als eine solche hätte es sich bei dem erwähnten Grundsatz nicht gehandelt.

Wenn sich im Laufe der letzten Jahre auch manches im Bildungswesen der Vollzugsbediensteten gebessert haben mag, so ist ein wirklicher Durchbruch zu dem in dieser Hinsicht unausweichlich Notwendigen jedoch noch längst nicht erzielt. Es zeigt sich in Fällen, die wegen irgendwelcher Unregelmäßigkeiten die Öffentlichkeit beschäftigen (ich denke beispielsweise an Mannheim[11]), immer wieder, mit wieviel unzureichend ausgebildetem Personal sich der Strafvollzug heute noch behelfen muß. Da wird dann in der Presse berichtet, daß einzelne Vollzugsbedienstete, die sich als völlig Berufsfremde um Einstellung in den Vollzugsdienst beworben hatten, bereits nach einer Kurzausbildung von drei Monaten ihren Dienst, wenn auch im Anfang in Begleitung eines älteren und erfahrenen Beamten, aufnehmen konnten.

Da fragt man sich natürlich, wie unter solchen Voraussetzungen ein so anspruchsvolles Vollzugsziel wie die Resozialisierung erreicht werden soll. Denn hier werden, einmal ganz abgesehen von den an die charakterliche Eignung des Bewerbers zu stellenden hohen Anforderungen, über rein mechanische Verrichtungen weit hinausgehende Fachkenntnisse vorausgesetzt.

Die Wichtigkeit der von Ihnen geforderten Eignungsprüfung und die Unentbehrlichkeit einer umfassenden Ausbildung und Fortbildung

11 Vgl. dazu Der Vollzugsdienst. Mitteilungen des Bundes der Strafvollzugsbediensteten Deutschlands. 21. Jg., Nr. 6, 1. November 1974, S. 3ff. Vgl. auch Der Spiegel. Nr. 35, 26. August 1974, S. 30 (»Freddy, die Ratte. Terror und Schikane waren im Mannheimer Landesgefängnis alltäglich. Viele Häftlinge wurden mißhandelt; einer starb«).

steht außer jedem Zweifel. Sonst kann man die weiteren Reformbemühungen sofort einstellen.

Auf diesem Gebiet die Ziele zu erreichen, die Sie sich gesteckt haben, wird wohl in den nächsten Jahren mit zu den wichtigsten Aufgaben Ihres Verbandes gehören, ebenso wie Sie natürlich nicht in Ihren ständigen Bemühungen werden nachlassen dürfen, das gesellschaftliche Ansehen der Vollzugsbediensteten zu heben.

Unsere Gesellschaft macht Ihnen dies wahrhaftig nicht leicht. Nach wie vor geistert in den Massenmedien beispielsweise die Vorstellung herum vom »enormen Beharrungswillen einer Vollzugsbürokratie, deren Räson es ist, den Menschen zu zerbrechen, statt ihn zu bessern«.

Aus vielfach geringfügigen und vereinzelt dastehenden Vorfällen werden verallgemeinernde Urteile über den gesamten Vollzugsdienst abgeleitet, die an Gehässigkeit und gezielter Diffamierung manchmal kaum zu überbieten sind.

Auf der anderen Seite muß natürlich auch bedacht werden, daß es in den eigenen Reihen nicht zu strafbaren Übergriffen und ausgesprochenen Disziplinwidrigkeiten kommen darf. Vorfälle wie in Mannheim werfen Sie in Ihren dankenswerten Bemühungen, aus den Auseinandersetzungen um Ihr Ansehen in der Öffentlichkeit mit blankem Schild hervorzugehen, jedesmal aufs empfindlichste zurück.

Hier zeigt sich aber eben auch das von Ihnen seit langem beklagte Dilemma ganz deutlich: Man kann vom Personal des Strafvollzugs nicht mehr erwarten als das, was man an sorgfältiger Auslese und umfassender Bildung in den Vollzugsdienst zu investieren bereit ist. Solange man dabei sozusagen mit jeder Mark knausert, wird es immer wieder zu unliebsamen Vorkommnissen im Vollzugsdienst kommen.

Davor warnt Ihr Verband nun schon zwei Jahrzehnte. Aber selbst wenn sich diese Warnungen dann bewahrheiten, ändert sich nur selten etwas an den wesentlichen, genau bestimmbaren Ursachen. Die für den Strafvollzug Verantwortlichen vertrauen lieber darauf, daß über peinliche Pannen bald Gras wachsen wird. Vor entschlossener Abhilfe durch Beseitigung der Ursachen scheuen sie in der Regel zurück.

Lassen Sie mich meine Ausführungen abschließend kurz zusammenfassen: Die Betrachtungen, die ich angestellt habe, dürften gezeigt haben, daß sich die drei Töne, die im Thema angeschlagen werden:

Strafvollzug, Vollzugsbedienstete und Gesellschaft zu keinem harmonischen Dreiklang zusammenfügen. Es überwiegen nach wie vor die Dissonanzen. Geht man deren Gründen nach, ist festzustellen, daß sich der Erneuerungswille auf ein Gebiet richtet, das nichts weniger als populär ist. Verfestigte Meinungsgegensätze, Mißverständnisse, mangelnde Aufklärung über die Reformziele sind nur einige Punkte, die im Spannungsverhältnis zwischen Strafvollzug und Gesellschaft wirksam sind und das Fortschreiten der Reform hemmen.

Hier werden wir uns auch für die weitere Zukunft auf ein nur schleppendes Vorwärtskommen einstellen müssen, zumal zu den aus der Öffentlichkeit kommenden, eher emotional begründeten Vorbehalten gegen eine allzuweit ausgreifende Reform handfeste Verzögerungsgründe im bestehenden Strafvollzug selbst liegen.

Die im § 201 des Strafvollzugsgesetzes enthaltenen Übergangsbestimmungen für bestehende Anstalten[12] beziehen sich auf die räumlichen, personellen und organisatorischen Anstaltsverhältnisse und machen diese zum Maßstab dafür, mit wie großer zeitlicher Verzögerung besonders eingreifende Resozialisierungsmaßnahmen eingeführt werden dürfen. Hier kommen dann auch wieder die leidigen Finanzen ins Spiel.

In diesem ziemlich verwickelten Komplex stehen nicht nur die Gefangenen als Benachteiligte, weil völlig ungewiß und unterschiedlich ist, zu welchem Zeitpunkt sie in den Genuß der das Vollzugsziel der Resozialisierung tragenden Maßnahmen kommen werden.

Erst recht als Benachteiligte müssen sich aber die Vollzugsbediensteten fühlen, die in ein doppeltes Spannungsverhältnis einbezogen sind und daraus hervorgehende verstärkte Spannungen auszuhalten haben werden. Im Verhältnis zum Vollzug erwartet man von ihnen ein an dessen Ziel, d. h. an der Resozialisierung, ausgerichtetes dienstliches Handeln, obwohl die dafür notwendigen Mittel wegen der räumlichen, personellen und organisatorischen Verhältnisse in den meisten bestehenden Anstalten noch gar nicht vorhanden sind. Im Verhältnis zur Gesellschaft bleibt das Spannungsverhältnis, in dem der Resozialisierungsgedanke und der Schutz der Allgemeinheit zueinander stehen,

12 Vgl. die Angaben oben Anm. 3, hier S. 612.

aufrechterhalten, freilich mit der Tendenz, daß die Forderung nach vorrangigem Schutz der Allgemeinheit verstärkt erhoben werden wird.

Alles in allem also ein Zustand, der Ihre vielen alten Probleme nicht lösen, Sie aber möglicherweise vor ebenso unerfreuliche neue Probleme stellen wird. Ich wünschte sehr, meine pessimistische Prognose würde sich schon bald als Schwarzmalerei entpuppen. Ich fürchte allerdings nach reiflicher Überlegung der zur Zeit erkennbaren Zusammenhänge, daß kaum etwas für eine optimistischere Lagebeurteilung spricht.

8. September 1976

Die Funktionale Verwaltungsreform

Vortrag auf dem Seminar des Bayerischen Beamtenbundes bei der Akademie für politische Bildung in Tutzing

Quelle: DBB-Archiv, Abt. Bulei 15000-23 (maschinenschriftlich mit handschriftlichen Zusätzen A. Krauses)

Wenn von Reformen im öffentlichen Bereich die Rede ist, werden üblicherweise drei größere Teilkomplexe unterschieden: die Gebietsreform, die Dienstrechtsreform und schließlich die funktionale Verwaltungsreform, die mir heute als Thema aufgegeben ist. Diese notwendige Unterscheidung nach verschiedenen Reformbereichen darf allerdings nicht so verstanden werden, daß es sich hier um isolierte, voneinander unabhängige Reformbereiche handelt, die nichts miteinander zu tun haben und insofern auch ohne Rücksicht auf den benachbarten Reformbereich jeweils für sich weiterentwickelt werden können. Ein solches Verständnis wäre falsch. Funktionale Verwaltungsreform bildet mit Dienstrechtsreform und Gebietsreform eine Einheit. Alle drei Reformen bedingen sich gegenseitig in vielfältiger Weise und sind wirkungsmäßig in hohem Maße voneinander abhängig und miteinander verknüpft. Reform der öffentlichen Verwaltung heißt insgesamt: den wirksamsten dienstrechtlichen, gebietsmäßigen und funktionalen Zuschnitt für den öffentlichen Dienst zu finden, um effizienter zu gewährleisten, daß die Aufgabenerfüllung der gesamten Verwaltung jederzeit zuverlässig gesichert bleibt und sich damit der soziale Rechtsstaat uneingeschränkt verwirklichen kann – entsprechend dem Verfassungsauftrag unseres Grundgesetzes.

Während nun die Begriffe »Gebietsreform« und »Reform des öffentlichen Dienstrechts« den meisten doch relativ vertraut sind, zumal man sich im großen und ganzen recht gut vorstellen kann, worum es bei diesen beiden Reformvorhaben geht, muß man immer wieder feststellen, daß in der öffentlichen Diskussion der Begriff »funktionale Verwaltungsreform« zwar recht gerne und häufig gebraucht wird, daß aber die Meinungen darüber, wie dieser Begriff konkret auszulegen sei, zum Teil weit auseinandergehen und von einer überraschenden Unsicherheit in der Bewertung dieses Reformbereichs zeugen.

Was also ist, was will Funktionale Verwaltungsreform? Bevor ich dies erläutere, möchte ich vorausschicken, daß ich mich bei der Beantwortung dieser Frage auf die Überlegungen stütze, die wir hierzu im Deutschen Beamtenbund entwickelt haben. Der Deutsche Beamtenbund befaßt sich seit Jahren mit Fragen der Funktionalen Verwaltungsreform und hat – was Ihnen bekannt sein wird – auf seinem letztjährigen Bundesvertretertag in Hamburg ein Sofortprogramm zur Funktionalen Verwaltungsreform verabschiedet.[1]

Wie wir aufgrund unserer Überlegungen meinen, läßt sich der Gegenstand der Funktionalen Verwaltungsreform wohl am besten anhand von fünf Zielen umreißen. Funktionale Verwaltungsreform hat zum Zweck,

1. die Arbeit der öffentlichen Verwaltung durch Erhöhung und Verbesserung der Leistung in allen Bereichen kosten- und nutzenoptimal zu gestalten,
2. das dafür erforderliche Instrumentarium zu rationalisieren, zu modernisieren und überschaubar zu machen,
3. die Fähigkeit des Regierungsapparates zu konzeptioneller Gestaltung der Politik auszubauen,
4. den Dienst am Bürger durch individuelle und sachgerechte Bedienung zu verbessern und
5. das Arbeitsleben auch des öffentlichen Dienstes weiter zu humanisieren.

Knapper, vielleicht aber dadurch noch treffender und verständlicher, heißt es in dem von mir erwähnten Sofortprogramm des DBB: Ziel der Funktionalen Verwaltungsreform ist es, die öffentliche Verwaltung wirkungsvoller, wirtschaftlicher und bürgerfreundlicher zu machen.

1 Vgl. die Angaben S. 649 Anm. 14.

Wie Sie aus diesen Zielsetzungen erkennen können, handelt es sich um ein relativ weit gefaßtes Reformanliegen. Und ich möchte in diesem Zusammenhang darauf hinweisen, daß der Begriff Funktionale Verwaltungsreform nicht verwechselt werden darf mit dem Begriff Funktionalreform. Funktionalreform erfaßt speziell den Teilbereich der Überprüfung und Neuzuordnung von Verwaltungszuständigkeiten auf die verschiedenen Verwaltungsträger, Verwaltungsebenen und -dienststellen. Sie ist ein Teilbereich, ein Ausschnitt aus dem weiterreichenden Anliegen Funktionale Verwaltungsreform und kann auch nur in dem größeren Rahmen einer Funktionalen Verwaltungsreform mit Erfolg durchgeführt werden.

Demgemäß sind auch die Fragen, die sich eine Funktionale Verwaltungsreform zu stellen hat, umfassender. Sie lauten:

- In welcher Form soll sich Verwaltung vollziehen, damit ihre Aufbau- und Ablauforganisation als wirksam und bürgerfreundlich bezeichnet werden kann?
- Bis zu welcher Grenze und mit welcher Intensität darf und muß überhaupt Verwaltung praktiziert werden?
- Und vor allem aus unserer Sicht: Wie berücksichtigt die Verwaltungswelt die in ihr tätigen Menschen, wie steht es mit der Verantwortungsstufung, der Kompetenzabgrenzung, der Beteiligung der Mitarbeiter, dem Arbeitsklima, der Kollegialität, dem Vorgesetztenverhältnis, der Zusammenarbeit usw., usf.?

Meine sehr verehrten Damen und Herren, all diese Fragen sind natürlich nicht neu. Sie stellen sich lediglich stets aufs Neue und sie stellen sich mit besonderer Dringlichkeit, seitdem die in den vergangenen Jahren zu verzeichnende Verknappung der öffentlichen Finanzen den Ruf nach einer sparsameren und effektiveren Verwendung öffentlicher Mittel außerordentlich verstärkt hat. Ich verweise hier beispielhaft auf entsprechende Aussagen des Gutachtens »Zur Lage und Entwicklung der Staatsfinanzen in der Bundesrepublik Deutschland«, das der wissenschaftliche Beirat beim Bundesministerium der Finanzen im August vergangenen Jahres vorgelegt hat.[2] Dort ist unter der Überschrift

2 Vgl. Zur Lage und Entwicklung der Staatsfinanzen in der Bundesrepublik Deutschland. Gutachten des wissenschaftlichen Beirats beim Bundesminister der Finanzen.

»Einsparungen bei der Erstellung öffentlicher Leistungen« zu lesen, ich zitiere wörtlich:

»Soll auch in den folgenden Haushaltsjahren das vorgesehene staatliche Leistungsniveau beibehalten werden, so sind Ausgabensenkungen nur denkbar, wenn es gelingt, die staatlichen Leistungen billiger zu erstellen. Hierzu ist es zunächst einmal erforderlich, sämtliche Rationalisierungsreserven zu erschließen, die bei der Erbringung öffentlicher Leistungen zweifellos noch vorhanden sind. Das setzt jedoch voraus, daß moderne und in der Wirtschaft bereits weitgehend praktizierte und auch für die öffentliche Verwaltung geeignete Managementmethoden, Planungsverfahren und Erkenntnisse der Organisationslehre eingesetzt werden, um insbesondere eine zweckmäßige Aufgabenverteilung zwischen den Behörden und einen aufgabenbezogenen und funktional gebotenen Aufbau der einzelnen Behörden zu erreichen.«

Und weiter heißt es:

»Grundsätzlich geht es bei den Bemühungen um Rationalisierung auch darum, in allen Tätigkeitsbereichen der öffentlichen Hand mehr als bisher Kosten- und Leistungskontrollen durchzuführen, damit das Kostenbewußtsein gefördert wird. Um dies zu erreichen, müssen über allgemeine Appelle hinaus institutionelle Vorkehrungen getroffen werden.«

Nun – mögen diese Aussagen auch zutreffen – so spürt man doch etwas davon, daß sich auch Wissenschaftler allzu leicht von der Faszination allgemeiner Bürokratieschelte anstecken lassen. Nichts scheint so selbstverständlich zu sein wie die Ineffektivität des Verwaltungsapparates und die Umständlichkeit, ja Faulheit der Beamten. Es wäre freilich schade und im übrigen der Sache wenig dienlich, wenn ein solches Vorurteil gleichsam als Prämisse in anzustellende Reformüberlegungen einfließen würde.

Fragen wir uns doch einmal, worin denn die hauptsächlichen Mängel der heutigen Verwaltung gesehen werden, die Mängel, die Reformbedürftigkeit im Urteil von Sachkennern und kritischer Öffentlichkeit begründen. Professor Frido Wagener hat in seinem vielbeachteten Buch

Hrsg. vom Bundesminister der Finanzen, Bonn: Bundesminister der Finanzen, Referat Presse und Information, 7. August 1975, hier S. 6f.

»Neubau der Verwaltung« hierzu vier Gesichtspunkte zusammengetragen.[3] Er bezeichnet sie:

1. mangelnde Anpassungsfähigkeit, 2. Mängel der Aufgabenerfüllung, 3. Mängel im organisatorischen Aufbau und 4. Mängel im Personalwesen und in der Verwaltungsführung.

- Mangelnde Anpassungsfähigkeit an die gewandelten Anforderungen sei eine Folge der überwiegend gesetzlichen und damit relativ starren Normierung der Verwaltungsordnung sowie eine Folge mangelnder Anpassungsbereitschaft seitens der von potentiellen Veränderungen Betroffenen.
- Mängel in der Aufgabenerfüllung würden sich im unwirtschaftlichen Vollzug staatlichen Willens zeigen. Dies wiederum sei vorwiegend eine Folge zu komplizierter Regelungen und einer nicht ausgewogenen Finanzausstattung von Bund, Ländern und Gemeinden. Außerdem müsse die Verwaltung immer vorsichtiger und langsamer vorgehen, je komplizierter die Gesetze würden.
- Mängel im organisatorischen Aufbau seien durch ineffektive Aufgaben- und Zuständigkeitszuweisungen im föderativen Staats- und Verwaltungsaufbau gegeben.
- Mängel im Personalwesen und in der Verwaltungsführung schließlich seien begründet durch mangelhafte Ausbildung der Führungskräfte für die Erfordernisse der Verwaltung in der industriellen Gesellschaft, durch Fehlen moderner Methoden der Verwaltungsführung sowie durch Fehlen einer rationalen mittel- oder langfristigen Personalplanung.

An diesem Mängelkatalog Frido Wageners läßt sich ersehen, wie vielschichtig die Probleme sind, mit denen sich eine Reform der öffentlichen Verwaltung auseinanderzusetzen hat. Die Vielschichtigkeit der darin eingeschlossenen Erwartungen an eine Funktionale Verwaltungsreform – seien sie nun berechtigt oder überzogen – zwingt aber meines Erachtens auch zu einigen Klarstellungen, die unbedingt beachtet werden sollten, wenn man sich ein realistisches und kein utopisches Bild von den Möglichkeiten einer Funktionalen Verwaltungsreform machen will. Ich will diese Klarstellungen in drei Thesen fassen.

3 Vgl. Frido Wagener: Neubau der Verwaltung. Gliederung der öffentlichen Aufgaben und ihrer Träger nach Effektivität und Integrationswert (= Schriftenreihe der Hochschule Speyer. Bd. 41), Berlin 1969, insbesondere S. 96f.

These 1: Funktionale Verwaltungsreform darf nicht allein als technokratisches und wirtschaftliches Problem aufgefaßt werden.

Wie Sie meiner einführenden Abgrenzung der Zielrichtungen einer Funktionalen Verwaltungsreform entnehmen konnten, ist nach den Vorstellungen des Deutschen Beamtenbundes das mehr technokratische Anliegen »Wirtschaftlichkeitssteigerung« um zwei Gesichtspunkte zu ergänzen: Um den Gesichtspunkt bürgerfreundlicher und bürgernaher Verwaltung sowie um den Gesichtspunkt humaner Dienstgestaltung für die Mitarbeiter der Verwaltungen. Ich halte die Beachtung des Dreiklangs dieser Zielsetzungen für sehr wichtig. Funktionale Verwaltungsreform kann auf Dauer nur dann erfolgreich sein, wenn sie zugleich angemessene Antworten zu geben vermag – sowohl auf die Interessen des Bürgers als staatsbürgerlich und menschlich Berechtigten und Verpflichteten, wie auf die Interessen der in der Verwaltung in der Erfüllung von Staatsaufgaben tätigen Mitarbeiter, wie auch auf die Interessen der politischen Führung an einem störungsfreien und effizienten Vollzug des staatlichen Willens (was natürlich ebenso im Interesse der Bürger liegt).

Möglicherweise auftretende Zielkonflikte müssen in Abwägung der Interessen von Bürger und Staat partnerschaftlich gelöst werden. So könnte sich beispielsweise ein Zielkonflikt einstellen bei dem Bemühen, möglichst bürgerfreundlich und zugleich möglichst sparsam zu verwalten. Hier wäre zu fragen, was das Oberziel und was das Nebenziel sein soll: Der mehr »demokratische Wert« der Bürgerfreundlichkeit oder der mehr »technokratische Wert« der Sparsamkeit. Mit Sicherheit wäre es falsch, beide Ziele als miteinander unverträglich zu bezeichnen. Es kommt vielmehr darauf an, ihr Verhältnis zueinander nach politischen Vorgaben und in Kenntnis der jeweils entstehenden Kosten zu optimieren. Ganz abgesehen davon müßte man sich sehr genau überlegen, was eigentlich Bürgerfreundlichkeit heißt. Um es bewußt zuzuspitzen: Eine fachlich kompetente, verläßliche und schnell arbeitende Verwaltung kann u. U. als viel bürgerfreundlicher bewertet werden als eine zwar freundliche und diskussionsfreudige, im übrigen aber reichlich schlampige und langsam arbeitende Bürokratie.

So gesehen könnten also die Ziele Wirtschaftlichkeit und Bürgerfreundlichkeit sogar miteinander korrespondieren. Und entsprechend diesen Zielbeziehungen müssen andererseits auch die Handlungsgrundlagen der Verwaltenden gestaltet werden. So kann dem Beamten z. B. nicht zugemutet werden, daß er das Wunder vollbringt, zwei Dinge zugleich zu tun: ausgiebige und aufgeschlossene Diskussionen mit Bürgern und Bürgerinitiativen zu führen, zugleich aber so rasch, sparsam und wirtschaftlich wie irgend möglich zu arbeiten und zu entscheiden. Hier muß genau klargestellt werden, was Priorität hat. Es kommt also darauf an, das von den Beamten in den einzelnen Verwaltungszweigen wirklich erwartete Rollenverhalten so eindeutig zu definieren, daß es wirkungsvoll und mit gutem Gewissen ausgeübt werden kann.

These 2 möchte ich wie folgt formulieren: Funktionale Verwaltungsreform muß die Besonderheit staatlicher Aufgabenerfüllung gegenüber der Andersartigkeit privatwirtschaftlicher Leistungserbringung in Rechnung stellen.

Sie werden sich vorstellen können, worauf ich mit dieser These ziele: auf die beliebte Praxis, unkritisch alles, was sich im privatwirtschaftlichen, marktwirtschaftlichen Bereich organisationsmäßig abspielt, als vorbildlich und nachahmenswert hinzustellen. So notwendig der Vergleich mit privatwirtschaftlichen Organisationsmodellen und Führungstechniken erscheint, so sehr muß darauf geachtet werden, daß »der Staat« eben nicht ein Dienstleistungsunternehmen üblicher Art ist, das man beliebig marktwirtschaftlichen Zwängen unterwerfen und nötigenfalls wegen Ineffizienz vom Markt entfernen kann.

Von einem abstrakten Blickwinkel aus kann man zwar in der Tat Wirtschaftsunternehmen und Verwaltungseinheiten miteinander vergleichen, die Frage ist nur, wie weit dieser Vergleich trägt. Die Studienkommission für die Reform des öffentlichen Dienstrechts hat sicherlich nicht unrecht, wenn sie in ihrem Bericht[4] ausführt, daß beide – die Wirtschaftsunternehmer und die Verwaltung – Systeme darstellen, in denen Menschen und Sachmittel zur Erfüllung bestimmter Zwecke vereinigt und aufeinander angewiesen sind: Sowohl hier wie da müssen die organisatorische Struktur und der Ablauf ihrer Prozesse insofern funktions- und personalgerecht gestaltet sein, mithin den an sie gestell-

4 Vgl. die Angaben S. 451 Anm. 5.

ten Sachanforderungen entsprechen, zum anderen den Bedingungen Rechnung tragen, unter denen von den Mitarbeitern möglichst hohe Leistungsbeiträge erwartet werden können.

Und sicher stimmt es auch, daß der vielzitierte gesellschaftliche Wandel ähnlich geartete Herausforderungen an Wirtschaft und Verwaltung herangetragen hat. Im Mittelpunkt: die technisch-wirtschaftliche Entwicklung sowie die fortschreitende Spezialisierung und Arbeitsteilung. Während es die Privatwirtschaft fertiggebracht habe, angemessen auf die dadurch entstandenen andersartigen Führungs- und Organisationserfordernisse zu reagieren, so heißt es nun aber, sei dies der öffentlichen Verwaltung bislang kaum gelungen. Der traditionale Verwaltungsapparat sichere zwar im allgemeinen die reibungslose Durchsetzung der von der Spitze ausgehenden Weisungen und die zuverlässige Reaktion auf Störungen oder Gefahren, sei aber zu wenig auf zukunftsgestaltendes Verwaltungshandeln ausgerichtet, im ganzen also kooperativem und schöpferischem Handeln zu wenig zugänglich.

Hier muß man sich allerdings fragen, meine Damen und Herren, welches die wesentlichen Zwecke staatlichen Handelns durch Verwaltung in der Demokratie überhaupt sind! Ein ganz wesentlicher Zweck ist nun einmal der uneingeschränkte Vollzug des demokratisch gebildeten Mehrheitswillens, dem die Verwaltung – jedenfalls in der Vollzugsphase – keine »schöpferischen Abänderungsideen« entgegensetzen darf. Völlig zu Recht erkennt deswegen auch die Studienkommission zur Reform des öffentlichen Dienstrechts an[5]: »Bei der Lösung von Organisationsproblemen der öffentlichen Verwaltung ist . . . zu berücksichtigen, daß die Übertragbarkeit von Organisations- und Führungsmethoden der Unternehmenswirtschaft, insbesondere die Delegation von Entscheidungsbefugnissen, ihre Grenze findet in den Verfahrensregeln der parlamentarischen Demokratie, in der politischen Verantwortung der Behördenleitung und in den rechtsstaatlichen Grundsätzen, die eine Gleichbehandlung gleicher Sachverhalte erfordern.« Dieser Satz kann nicht deutlich genug unterstrichen werden!

Aber schließlich muß auch noch bedacht werden, daß die Leistungswirksamkeit und die Qualität des Verwaltungshandelns weithin sehr

5 Vgl. Bericht der Kommission (vgl. oben Anm. 4), S. 128.

schwer zu messen sind. Die private Wirtschaft findet die Bewertung ihrer Leistungen auf den Absatzmärkten anhand der dort erzielten Erträge. Sie bieten in der Regel einen recht guten Hinweis auf die Einschätzung der jeweiligen Leistungsqualität. Anders im öffentlichen Bereich! Die öffentlichen Leistungen werden nach Maßstäben bewertet, die in einer demokratischen Gesellschaft nach den Regeln des politischen Willensbildungsprozesses bestimmt werden und sich aus den hier festzulegenden, im Zeitablauf veränderlichen Prioritäten ergeben: So kann gesunkenes Schutzbedürfnis der Bürger nicht schon zur Auflösung von Polizeibehörden führen, aus übergeordnetem Interesse wäre eine solche »marktgerechte« Lösung nicht hinnehmbar.

Ich darf deshalb festhalten: Die öffentliche Verwaltung sollte zwar im Rahmen von Reformüberlegungen die beachtlichen Erkenntnisse der Organisations- und Managementlehre überprüfen und berücksichtigen, im Bemühen um Modernisierung darf aber niemals die funktionale Besonderheit der Aufgabenstellung des öffentlichen Dienstes außer acht gelassen werden.

Diese Feststellung möchte ich durch eine dritte These ergänzen. Sie lautet: Ein Konzept zur Funktionalen Verwaltungsreform muß die außerordentliche Verschiedenartigkeit der Aufgabenstellungen unserer Verwaltung in Rechnung stellen. Allgemeingültige Aussagen können deswegen nur um den Preis relativer Unverbindlichkeit gewonnen werden. Konkrete Empfehlungen sind nur für den Einzelfall möglich.

Ihnen als Kenner des Verwaltungsgeschehens brauche ich das nicht groß zu erläutern. Es ist eine Binsenweisheit: Die Aufgaben des Strafvollzugs stellen sich anders dar als die von Standesämtern, die der Polizei anders als die in Lastenausgleichsämtern, Planungsaufgaben in Ministerien unterscheiden sich grundlegend von reinen Vollzugsaufgaben, Postdienst ist etwas wesentlich anderes als Justizdienst usw., usf. Die außerordentliche Differenziertheit der Organisation verschiedener Bereiche der öffentlichen Verwaltung sowie die unterschiedlichen Funktionen verbieten es, allgemeinverbindliche Detailaussagen im Rahmen der Funktionalen Verwaltungsreform zu machen, die für alle Verwaltungsinstanzen und Behördentypen zutreffend sein könnten. Zentralisierung oder Dezentralisierung der Aufgaben, Rationalisierungsmöglichkeiten, Aufgabenplanung, Arbeitsorganisation, Personalführung, Innovation und Kontrolle werden stark von Auftrag und Charakter der Einzelbehörde bestimmt und können allgemeinverbindlich nur in Ausnahmefällen geregelt werden.

Bei all dem ist schließlich noch zu bedenken, daß es für die Funktionale Verwaltungsreform in der Bundesrepublik Deutschland weder eine zusammengefaßte Zuständigkeit noch eine zentrale Stelle gibt, welche mit dem Ziel der Allgemeinverbindlichkeit für den gesamten öffentlichen Dienst tätig ist. Das Grundgesetz und die Verfassungen der Bundesländer liefern für die Funktionale Verwaltungsreform nur allgemeine Regelungen; Bundes- und Landesgesetze sowie zahllose Geschäftsordnungen, Dienstvorschriften usw. Regeln für die verschiedenen Aufgabenbereiche, deren Bestand und Verteilung sowie die weithin überkommenen Formen der Geschäftsabwicklung. Der größte Teil heutiger Verwaltungsorganisation und Geschäftstätigkeit vollzieht sich also noch immer nach unterschiedlichen und zersplitterten Richtlinien und Anordnungen.

Meine sehr verehrten Damen und Herren, die in diesen drei Thesen zum Ausdruck kommende Eingrenzung dessen, was im Rahmen einer Funktionalen Verwaltungsreform beachtet werden sollte und geleistet werden kann, umreißt zugleich den Anspruch, den wir unseren Arbeiten an einem Vorschlag zur Funktionalen Verwaltungsreform zugrunde gelegt haben. Nach unseren Vorstellungen dürfte man dem Vorhaben Funktionale Verwaltungsreform am besten gerecht werden, wenn man die Aufgaben und Tätigkeitsmerkmale öffentlicher Verwaltung unter drei Gesichtspunkten überprüft. Es sind dies die Gesichtspunkte »Planung«, »Durchführung« und »Kontrolle«. Ich will im folgenden versuchen, anhand einiger Beispiele aufzuzeigen, inwiefern wir diese Einteilung für sinnvoll halten und wo wir die Schwerpunkte möglicher Verbesserungen sehen.

Wenn wir den Problembereich Planung ins Auge fassen, meinen wir hier vor allem das Verhältnis von Parlament und öffentlicher Verwaltung. Unseres Erachtens ist es unabdingbar, daß dem Parlament bei Gesetzentwürfen der Gesamtbetrag der voraussichtlichen Kosten und die konkreten verwaltungsmäßigen Folgen seiner Entscheidungen offengelegt werden. Das Parlament muß wissen,

– wieviel Arbeitszeit jährlich die Durchführung von Gesetzen in den

Verwaltungen des Bundes, der Länder, der Gemeinden und Gemeindeverbände sowie sonstiger öffentlicher Stellen zusätzlich erfordern wird,

– wieviel Arbeitszeit durch Abbau oder Vereinfachung von Aufgaben eingespart wird,
– wieviel und welche Stellen für Beschäftigte in den Verwaltungen des Bundes, der Länder, der Gemeinden und Gemeindeverbände sowie sonstiger öffentlicher Einrichtungen dadurch zusätzlich erforderlich oder eingespart werden.

Meine Damen und Herren, es ist ja fast ein bißchen kurios, daß man diese Forderungen erheben muß, normalerweise sollte man eigentlich voraussetzen, daß solche Berechnungen längst vorgenommen werden. Das ist aber leider nicht bzw. nur in sehr unzureichendem Ausmaß der Fall. Mich verwundert es immer wieder, mit welcher Selbstverständlichkeit sogar bei Gesetzentwürfen, die relativ komplizierte Sachverhalte regeln, brav hineingeschrieben wird: Alternativen: keine, Kosten: keine.

Offensichtlich wird hier zunächst einmal schlicht davon ausgegangen, daß die Beamten über genügend Zeit verfügen würden, um sich ohne Schaden für die übrigen zu erledigenden Arbeiten ausführlich mit der neuen Materie befassen zu können. Die Verwaltungswirklichkeit – das wissen Sie – sieht wahrhaftig anders aus! In weiten Bereichen der Verwaltung haben die Mitarbeiter Mühe, die Masse an ständig neuen gesetzlichen Bestimmungen und Vorschriften zu verarbeiten, geschweige denn ständig parat zu haben.

Der Appell an eine rationalere Planung im Zusammenwirken von Parlament und Verwaltung verweist insofern darauf, daß die Belastungsfaktoren ebenso wie die Entfaltungsbedingungen für die öffentliche Verwaltung kausal im Gestaltungsanspruch des Parlaments angelegt sind. Je mehr das Parlament über die verwaltungsmäßigen Folgen seines Handelns weiß, um so leichter wird es sein, auch die parlamentarischen Aktivitäten zeitlich und sachlich so zu steuern, daß sie vom Verwaltungsapparat problemlos bewältigt werden können.

Daß aber selbst dann natürlich noch ein breites Spektrum an Verbesserungsmöglichkeiten für die Organisation der Arbeitsabläufe bestehenbleibt, versuchen wir mit dem zweiten von mir erwähnten Schwerpunkt aufzuzeigen. Wir haben ihn »Durchführung« genannt.

Vorrangig sind hier jene Sachverhalte angesprochen, die sich aus den Forderungen nach Bürgerbezogenheit, Funktionssicherheit und Aufgabengerechtigkeit der Arbeitsorganisation im öffentlichen Dienst ergeben. Allgemein muß diese Arbeitsorganisation dahin entwickelt werden, daß der Einsatz der menschlichen Leistung bei der öffentlichen Aufgabenerfüllung optimiert wird. Hierfür kann man im Grunde keine allgemeinen Regeln aufstellen, hierzu bedarf es erst einmal eingehender arbeitswissenschaftlicher Untersuchungen, die sich am Einzelfall ausrichten müssen mit dem Ziel, das Zusammenwirken menschlicher, technischer und organisatorischer Faktoren so günstig wie möglich zu gestalten.

Nach dem Stand des heutigen Wissens kann man immerhin mit einiger Verläßlichkeit behaupten, daß der heutige Formalisierungsgrad der öffentlichen Verwaltung häufig einen unnötigen Zeitaufwand für die Aufgabenerledigung zur Folge haben dürfte. Deshalb wird in einer Analyse der bestehenden Organisations- und Formalisierungsgrade der Verwaltung zu prüfen sein, welche Teile vereinfacht oder gar aufgehoben werden können. Vordringlich ist dabei, die Vielzahl der allgemeinen und besonderen Dienst- und Geschäftsanweisungen durch solche für große Funktionsbereiche zu ersetzen.

Für den reibungslosen und konfliktfreien Vollzug öffentlicher Aufgaben spielt im übrigen die Einstellung der Mitarbeiter in den öffentlichen Verwaltungen zu ihrer Tätigkeit, die Motivation der Mitarbeiter, eine sehr bedeutsame Rolle. In der öffentlichen Personalwirtschaft wird bislang erfahrungsgemäß nicht überall die Zufriedenheit des Mitarbeiters am Arbeitsplatz als ein leistungssteigerndes Organisationsziel anerkannt und verfolgt. Deswegen wird es unseres Erachtens künftig mehr als bisher darauf ankommen, die genauen Gründe persönlicher Arbeitszufriedenheit aufzudecken und für die Zwecke verbesserter Organisation nutzbar zu machen. Die Erfahrungen der Verwaltungspraxis belegen, daß hierbei vor allem der eignungs- und neigungsgerechte Personaleinsatz von Bedeutung ist. Dies veranlaßt uns zu fordern, daß ein umfassendes, unterschiedlichen Funktionen Rechnung tragendes System von analytischer oder summarischer Dienstpostenbewertung in der öffentlichen Personalwirtschaft auch dort zu entwickeln ist, wo es bisher nicht eingeführt wurde. Denn ohne ein solches Hilfsmittel ist eine überzeugende Rechenschaftslegung von geforderter sowie erbrachter Leistung nicht möglich.

Ein weiterer wichtiger Punkt betrifft die Personalführung. So schwer es auch aus den von mir bereits dargelegten Gründen ist, die Tauglichkeit bestimmter Führungssysteme für die öffentliche Verwaltung generell zu bescheinigen, so lassen sich doch einige allgemeine Feststellungen treffen. Es ist z. B. davon auszugehen, daß auch in der öffentlichen Verwaltung künftig mehr als bisher eine Konzentration des eigentlichen Managements auf echte Führungsaufgaben sowie ein Instrumentarium erforderlich wird, das eine möglichst schnelle und fundierte Führung erlaubt und gewährleistet. Dazu gehört eine Organisation, welche die Führung von allen administrativen und routinemäßigen Detailaufgaben planmäßig und wirkungsvoll entlastet, von allen Aufgaben entlastet, die nicht zur Führung im engeren Sinne gehören. Die Delegation von Verantwortung als ein Führungsprinzip und die Konzentration auf die eigentlichen Leitungsfunktionen durch Weitergabe von nicht zur Leitung gehörenden routinemäßigen Detailaufgaben sind hierbei wesentliche Elemente.

Um es aber nochmal zu betonen: Dabei ist von dem Grundsatz auszugehen, daß unkritisches Kopieren von Managementsystemen der Wirtschaft für die öffentliche Verwaltung ebenso unbrauchbar ist wie krampfhaftes Bemühen um Eigenständigkeit dort, wo bereits Bewährtes vorliegt. Auch deshalb sollten einheitliche Grundsätze für die Verwaltungsführung in Bund, Ländern und Gemeinden entwickelt und eingeführt werden, deren Grundlage die verfassungsmäßige Bindung der Verwaltung an Recht und Gesetz ist.

Im Zusammenhang mit Führungsaufgaben verdient schließlich der Aspekt »Informieren und Beteiligen« gesonderte Erwähnung. Es geht hierbei um die Überlegung, daß die Leistungsqualität einer Organisation sehr wesentlich durch die Gestaltung des Informationsflusses innerhalb der Organisation beeinflußbar ist. Die verschiedenen Führungssysteme ziehen ja daraus bereits die Konsequenz. Es sollte unseres Erachtens angestrebt werden, daß neben die Öffentlichkeitsarbeit nach außen eine behördeninterne Öffentlichkeitsarbeit zu treten hat. Deren Sinn muß es sein, die Information der Mitarbeiter über alle wesentlichen Aufgaben und Ziele der Behörde auf dem laufenden zu halten, dem einzelnen seine

Rolle im Behördenganzen zu verdeutlichen, bei den Beschäftigten ein Zusammengehörigkeitsgefühl entstehen zu lassen und die Identifikation mit der Verwaltung zu steigern. Behördeninterne Öffentlichkeitsarbeit ist nicht nur zur Pflege des Betriebsklimas und zur Leistungsmotivation von Bedeutung, sie sollte auch vor dem Hintergrund der Mitbestimmung des Personals und kooperativer Führungsformen gesehen werden.

Nun einige Bemerkungen zum dritten Komplex, den Funktionale Verwaltungsreform als Problembereich einbeziehen sollte: zur Kontrolle. Ein wichtiges Problem, das sich hier stellt, besteht darin, daß viele Aufgaben es nicht möglich machen, ihren Nutzen nach Maßstäben einzelwirtschaftlicher Rentabilität zu bestimmen. Wir gehen deswegen davon aus, daß versucht werden sollte, an ihre Stelle einen dem sozialen Rechtsstaat angepaßten eigenen Katalog von Zielen und Maßstäben zu setzen. Vereinfacht gesagt geht es darum zu fragen: Lohnt sich eigentlich der gesamte Aufwand, den wir benötigen, um eine bestimmte Aufgabe zu erfüllen, wenn man diesen Aufwand am Nutzen mißt, den die Gesellschaft von dieser bestimmten Aufgabenerfüllung hat bzw. bei andersartigen Aufgabenerfüllungen haben würde. Natürlich ist das eine politische Frage. Um sie rationaler als bisher beantworten und entscheiden zu können, wäre es erforderlich, den Aufwand und den Nutzen der mit dem Aufwand alternativ erstellbaren Verwaltungsleistungen zu bestimmen. Wenn man den Aussagen der Finanzwissenschaftler trauen kann, sind die Fortschritte in der Kosten-Nutzen-Rechnung mittlerweile so weit gediehen, daß eine verstärkte Anwendung dieses Rechnungsverfahrens möglich und sinnvoll erscheint. Gleichzeitig wäre zu fragen, ob die für die Erstellung einer bestimmten Verwaltungsleistung verantwortliche öffentliche Organisation wirtschaftlich gearbeitet hat oder nicht und warum. Dies ließe sich im Wege geeigneter Fortentwicklungen des betrieblichen Rechnungswesens im öffentlichen Bereich sicherlich besser feststellen als bisher!

Anhand der auf diese Weise aufstellbaren Maßstäbe könnte unter dem Gesichtspunkt der Kontrolle als neuartige Form öffentlicher Kontrolle Vollzugskritik eingeführt werden, um Hinweise für die günstigste Erfüllung gleichartiger Aufgaben zu gewinnen. Zugleich sollte nach den Vorstellungen des DBB durch ergänzende Zweckkritik sichergestellt werden, daß nur erforderliche Aufgaben erfüllt und Dringlichkeitsstufen eingehalten werden. Eine weitere Forderung geht dahin, Sachmittelkontrollen dort abzubauen, wo der Kontrollaufwand in keinem Verhältnis zum Nutzen steht und die Kontrolle der Verwaltung durch Rechnungshöfe und Parlamente zeitnäher durchzuführen.

Ich will es bei diesen wenigen Beispielen bewenden lassen, weil sie – wie ich meine – hinreichend umreißen, wo die wesentlichen lösungsbedürftigen Probleme einer Funktionalen Verwaltungsreform liegen und wie weitgespannt der Bereich ist, den sie abdecken.

Diese Beispiele machen aber zugleich überdeutlich, daß es unmöglich ist, Funktionale Verwaltungsreform sozusagen in einem Zug durchzuführen. Dagegen stehen mindestens vier Gründe:

- Erster Grund: die Komplexität des Vorhabens. (Eine ganze Reihe von Maßnahmen bedarf zunächst einmal der wissenschaftlichen Überprüfung und praktischen Erprobung, bevor an eine Einführung zu denken ist.)
- Zweiter Grund: Eine Reihe von Maßnahmen muß sozusagen in einer Feinabstimmung für die Bedürfnisse der konkreten Verwaltungseinheiten umgesetzt werden. (Dies eben deswegen, weil allgemeinverbindliche Aussagen der Verwaltungsvielfalt nicht gerecht werden können. Patentrezepte für die gesamte Verwaltung gibt es nicht.)
- Dritter Grund: Die angespannte Finanzlage der öffentlichen Haushalte läßt erwarten, daß in nächster Zeit nur solche Vorhaben eine Chance erhalten, verwirklicht zu werden, die möglichst wenig kosten. (Auch wenn diese Rechnung insofern kurzsichtig ist, als damit der mittelfristig leistungssteigernde und kostensenkende Effekt heutiger Aufwendungen übersehen wird.)
- Vierter Grund schließlich: Die Tätigkeit der Verwaltung darf durch Reformmaßnahmen nicht unterbrochen und beeinträchtigt werden. Man kann die Verwaltung nicht vorübergehend abstellen, neue Regeln einführen und es dann darauf ankommen lassen, ob das Experiment funktioniert. Das ist in einem sozialen Rechtsstaat, der Unbedingtheit und Uneingeschränktheit staatlicher Präsenz garantiert, nicht möglich.

Deswegen kann Funktionale Verwaltungsreform immer nur schrittweise und in sorgfältiger Dosierung vollzogen werden. Wir sprechen hier insofern von einem kurz-, mittel- und langfristig zu vollziehenden

Innovationsprozeß ohne zeitliche Grenzen. Bei diesem Erneuerungsprozeß ist eine Vielzahl von Einzelmaßnahmen zu realisieren, die sich auf unterschiedliche Ebenen und Bereiche von Aufgaben und Zuständigkeiten erstrecken.

Das vom Bundesvertretertag des Deutschen Beamtenbundes im vergangenen Jahr verabschiedete Sofortprogramm zur Funktionalen Verwaltungsreform berücksichtigt diese Zusammenhänge und bezieht sich auf Forderungen, die kurzfristig realisierbar, insbesondere aber mit der angespannten Finanz- und Personallage vereinbar sind. Als vorrangig verbesserungsbedürftig im Sinne meiner Ausführungen zu den Ansatzpunkten der Reform werden bezeichnet: die Personalwirtschaft und Personalführung; das Verhältnis zu Bürgern und Parlament und die Kontrolle.

Unter dem Stichwort »Verwaltungsverbesserung« fordert das Aktionsprogramm darüber hinaus Bund, Länder und Gemeinden dazu auf, über unverbindliche Bekenntnisse hinaus endlich wirksame Schritte zu unternehmen. Dazu sind von Bund und Ländern entsprechende Konzeptionen zu entwickeln. Außerdem sollte nach unseren Vorstellungen eine Gemeinschaftsstelle für Verwaltungsverbesserung geschaffen werden, wobei im übrigen dem Anliegen »Verwaltungsverbesserung« schon bei der Aus- und Fortbildung im öffentlichen Dienst besonderes Gewicht eingeräumt werden sollte. Hand in Hand damit ist die Verwaltungsforschung zu intensivieren sowie die Zusammenarbeit der verschiedenen Stellen zu verbessern.

Meine sehr geehrten Damen und Herren, möglicherweise werden nun manche von Ihnen fragen: Warum beschäftigt sich eigentlich der Deutsche Beamtenbund mit all diesen Fragen, was bezweckt er damit?

Nun, ein erster Grund ergibt sich schon aus der Sache der Reform selbst. Als wir 1972 unseren Vorschlag zur Reform des öffentlichen Dienstrechts vorgelegt hatten[6], waren wir uns darüber im klaren, daß die Neuordnung der dienstrechtlichen Grundlagen staatlicher Tätigkeit zu ergänzen ist durch eine zeitgerechte Fortentwicklung und Modernisierung der organisatorischen Bedingungen öffentlichen Verwaltungshandelns. Wenn man auch mit guten Gründen sagen kann, daß die

6 Vgl. die Angaben S. 514 Anm. 7.

Dienstrechtsreform gleichsam das Herzstück aller Reformbestrebungen im öffentlichen Dienst darstellt, weil mit ihr grundlegend über den persönlichen Status, über die Sicherheit, die Unabhängigkeit und die Gestaltungsfähigkeit der Amtsführung entschieden wird, kommt den organisatorischen Bedingungen gleichwohl eine sehr hohe Bedeutung zu. Dienstlicher Einsatz, dienstliches Verhalten und berufliches Fortkommen in der öffentlichen Verwaltung vollziehen sich ja nicht abstrakt, sondern nach Maßgabe von Leistung und Bewährung in konkreten Organisationen. Mögen Dienstrechtsreformen dem leistungsbereiten Mitarbeiter zügige Karrieren verheißen, sie bleiben Versprechungen auf dem Papier, wenn die Verwaltungswirklichkeit, sprich: Organisation, hierfür keine Möglichkeiten bereitstellt und entsprechende Wege eröffnet. Oder denken Sie an all die leistungsmindernden Zwänge, die von unzweckmäßig gestalteten Organisationen ausgehen können, etwa durch unsachgerechte Arbeitsaufteilung, etwa durch zu hektische Personalführung, durch zu hohe oder zu geringe Arbeitsbelastung, etwa durch Unterordnung dort, wo Teamarbeit besser wäre und umgekehrt.

All dies schafft Unzufriedenheit und Unsicherheit, womit im Ergebnis der positive Effekt einer isolierten Rechtsreform beeinträchtigt oder gar beseitigt werden könnte. Funktionale Verwaltungsreform bildet insoweit eine notwendige Ergänzung zur Dienstrechtsreform und schafft erst mit ihr zusammen (und natürlich zusammen mit der Gebietsreform) jene Bedingungen, die den öffentlichen Dienst befähigen, den ihm aufgegebenen Verfassungsauftrag nicht nur uneingeschränkt, sondern auch effizient erfüllen zu können.

Im übrigen meine ich aber, daß wir es den Mitarbeitern der Verwaltungen schuldig sind, die Öffentlichkeit über diese doch recht komplizierten Bedingungen staatlicher Aufgabenerfüllung und deren Reform aufzuklären. Manche der den Beamten entgegengebrachten Kritik erweist sich bei näherem Besehen eigentlich als Kritik an der Organisation, an bestimmten überkommenen Verfahrenspraktiken, die verbesserungsfähig sind. Die Öffentlichkeit differenziert hier aber nicht. Schuldig ist für die meisten der Beamte, der verschleppt, nicht die Organisation, die bestimmte Verhaltensweisen u. U. unnötigerweise verlangt. So fällt der Verdacht der Unwirtschaftlichkeit immer wieder auf den Beamten zurück und belastet dessen Verhältnis zur Öffentlichkeit.

Erfreulicherweise wird jedoch dieses Problem zunehmend erkannt. Wir sehen dies an dem großen Interesse, das unseren Überlegungen zur Verwaltungsreform entgegengebracht wird, und wir sehen dies daran, daß nicht wenige Verwaltungen bereits dabei sind, die organisatorischen Bedingungen ihrer Tätigkeit kritisch zu durchleuchten, insbesondere das Verhältnis zu den Bürgern zu verbessern sowie die Angemessenheit gewachsener Zuständigkeiten zu überdenken. Ich verweise beispielhaft auf die ernsthaften Arbeiten an der Funktionalreform hier in Bayern, die mittlerweile ja schon Jahre zurückreichen sowie auf die Programmsätze, die die bayerische Staatsregierung am 27. Juli dieses Jahres zur Verbesserung der Bürgerfreundlichkeit und Steigerung der Leistungsfähigkeit und Wirtschaftlichkeit der öffentlichen Verwaltung beschlossen hat.[7]

Was uns betrifft, wollen wir mit unseren Anregungen und Vorschlägen der Reformdiskussion auf diesem Teilbereich »Funktionale Verwaltungsreform« neue Impulse vermitteln und alle an der Gestaltung des öffentlichen Lebens beteiligten und interessierten Kräfte dazu auffordern, sich mit unseren Vorstellungen auseinanderzusetzen. Sollte es dabei im übrigen gelingen, die Kritik am öffentlichen Dienst zu versachlichen, wäre selbst dies kein gering zu veranschlagender Erfolg.

7 Vgl. dazu Frankfurter Allgemeine Zeitung. Nr. 227, 9. Oktober 1976 (»Beamte hinter die Ohren geschrieben. Was die bayerische Staatsregierung von öffentlichen Dienern erwartet«).

1977–1987
Jenseits der Defensive zu neuen Aufgaben

Januar 1977

Defensiver Kurs muß endlich korrigiert werden

Jahresausblick 1977

Quelle: Der Beamtenbund. Monatszeitung des Deutschen Beamtenbundes. 28. Jg., Nr. 1, Januar 1977, S. 1 f.

Was bereits Anfang 1976 zu befürchten war, hat sich bewahrheitet: Es ist dabei geblieben, daß die hektische Suche nach Einsparungs- und Rationalisierungsmöglichkeiten im öffentlichen Dienst das ernsthafte Bemühen um eine vernünftige und funktionsgerechte Fortentwicklung seiner rechtlichen und organisatorischen Handlungsgrundlagen verdrängt hat. Schon zu Beginn des Jahres bekamen die Angehörigen des öffentlichen Dienstes eine bittere Kostprobe davon, was herauskommt, wenn sich Politik systemlos und übereilt zu zweifelhaften Sanierungsexperimenten hinreißen läßt.

Das mit großem Spektakel noch 1975 durchgepeitschte Haushaltsstrukturgesetz[1] hat 1976 alles mögliche bewirkt, nur nicht das, was ihm als Begründung zugeschrieben worden war: Nämlich eine ausgewogene und sozial gerechte Verteilung der Sparlasten zu sichern, Fehlentwicklungen zu vermeiden und das Tor zur Reform des öffentlichen Dienstes zu öffnen.

Die mit diesem Gesetzeswerk zur Schau gestellte Entschlossenheit des Gesetzgebers, für eine schmerzhafte, aber gerechtere Ordnung im öffentlichen Dienst zu sorgen, hat sich längst als kleinkarierte Sparerei an einzelnen Symptomen entpuppt, für die man vom öffentlichen Dienst

1 Vgl. Gesetz zur Verbesserung der Haushaltsstruktur (Haushaltsstrukturgesetz – HStruktG) vom 18. Dezember 1975; BGBl I. 1975, S. 3091 ff.

Verständnis nicht erwarten kann. Schon gar nicht, wenn man bedenkt, wie groß der zusätzliche Verwaltungsaufwand ist, den diese Sparpolitik infolge der Kompliziertheit ihrer Durchführungsbestimmungen provoziert hat.

Die Folgen des »Rotstifts«

Einmal mehr erweist sich daran, daß alle Bemühungen, den öffentlichen Dienst allein mit dem Rotstift zu gestalten, fehlschlagen müssen. Dies heißt nun keineswegs, der öffentliche Dienst würde sich notwendig gewordenen Einsparungserfordernissen verschließen wollen, wie dies gängige Kritik immer wieder zu unterstellen versucht. Dies heißt allerdings, daß eine Politik für den öffentlichen Dienst, auch wenn sie unter Kostenzwängen steht, dessen rechts- und sozialstaatliche Funktionsbedingungen zu respektieren hat. Maßnahmen, die in ihrer punktuellen Wirkung das Gefühl diskriminierender Behandlung aufkommen lassen, Maßnahmen, die bei Arbeitnehmern und bei Beamten zweierlei Maß anlegen, ohne daß dies von der Funktion her berechtigt wäre, schaffen Unzufriedenheit, machen mißtrauisch und belasten die Leistungsbereitschaft eher als daß sie sie fördern. Aus diesen Gründen ist eine Kurskorrektur in der den öffentlichen Dienst betreffenden Politik unabdingbar.

Eine bedeutsame Kurskorrektur freilich haben wir 1976 erreichen können. Mit dem im Mai des Jahres verabschiedeten Aktionsprogramm zur Dienstrechtsreform[2] hat erstmals und endlich die Bundesregierung festgelegt, daß sich die Reform des öffentlichen Dienstrechts auf dem Boden der geltenden Verfassung zu vollziehen habe. Dieser nunmehr regierungsoffizielle Standpunkt markiert den vorläufigen Endpunkt eines jahrelangen Tauziehens um die grundsätzlichen Leitlinien für eine Reform des öffentlichen Dienstrechts. Noch im Erstentwurf des Aktionsprogramms vom November 1975[3] war in dieser Hinsicht alles offen

2 Für das Aktionsprogramm zur Dienstrechtsreform vom 19. Mai 1976 vgl. Auf dem Weg zur Dienstrechtsreform? Eine Zwischenbilanz; DBB-Dokumente 6, S. 58ff.

3 Vgl. Entwurf eines Aktionsprogramms zur Dienstrechtsreform (Stand: 25. November 1975), in: a.a.O. (vgl. oben Anm. 2), S. 51ff. (Auszug).

gelassen, sollte Reformpolitik im Detail mit ungewissem Ausgang betrieben werden – ein Verfahren, dem der DBB von Anfang an energisch widersprochen und den Kampf angesagt hat.

Bestätigung für DBB-Konzept

Dank der Initiativen des DBB ist dieses erste, Kompromisse suchende und Entscheidungen meidende Reformpapier, das im übrigen durch geradezu überfallartige Veröffentlichung vom Stückwerk des Haushaltsstrukturgesetzes ablenken sollte, doch noch zur verbindlichen Erklärung der Bundesregierung geworden, die Reform des öffentlichen Dienstrechts an die Leitentscheidungen des Grundgesetzes zu binden. Und das heißt: Reform auf der Grundlage der hergebrachten Grundsätze des Berufsbeamtentums sowie Reform unter Beachtung des Funktionsvorbehalts, demzufolge staatliche Funktionen auch in Zukunft von Beamten wahrzunehmen sind. Diese Sachentscheidung ermöglicht es endlich, funktionsgerecht und statusgerecht an die Reformarbeit zu gehen. Der Deutsche Beamtenbund wird hierzu seine eigenen, seit langem vorliegenden Reformvorstellungen einbringen. Er kann dies jetzt besser tun denn je, denn Verfassungskonformität war von Anfang an die sachliche Basis seiner Reformposition.

So sehr wir die grundgesetzliche Ausrichtung der Reformpolitik begrüßen, so unabdingbar erscheint uns gleichwohl die Revision mancher Maßnahmen, die das Aktionsprogramm für die inhaltliche Gestaltung der Dienstverhältnisse anvisiert. Die Überlegung, Spitzenpositionen auf Zeit einzuführen, Herabstufungsmöglichkeiten vorzusehen und ein System individueller Leistungszulagen aufzuziehen, verdeutlicht, daß hier eine fatale Bereitschaft vorherrscht, Statussicherheit durch falsch verstandenes Effizienz- und Leistungsdenken aufzuweichen.

»Leistungsprinzip« mit umfassender Bedeutung

Die Stärkung des Leistungsprinzips ist ein zentrales Anliegen auch der Reformvorstellungen des DBB. Stärkung des Leistungsprinzips heißt für uns aber: Stärkung der Funktionstüchtigkeit des öffentlichen Dienstes auf der Grundlage einer durch Eignung, Befähigung und Leistung bewirkten und zugleich statusmäßig abgesicherten fachlichen Kompetenz und Unabhängigkeit. Die Einführung des Leistungsprinzips darf sich nicht in der Bereitstellung neuer Bestrafungs- und Belohnungsmöglichkeiten erschöpfen. Solche Maßnahmen würden mangels verläßlicher Bewertungsmaßstäbe mehr Ungerechtigkeit als Ordnung in die Berufspolitik bringen und die Gefahr opportunistischen Verhaltens der Dienstherrn wie der Mitarbeiter heraufbeschwören. Leistungsprinzip im öffentlichen Dienst versteht sich deswegen nicht nur als ein Prinzip des leistungsgerechten, sondern vor allem auch als Prinzip des geschützten, gesicherten und geordneten beruflichen Werdegangs im öffentlichen Dienst. Nur so sind Unabhängigkeit, Neutralität und fachliche Kompetenz unserer öffentlichen Verwaltung auch in Zukunft zu sichern.

Keine isolierten Reformschritte

Mit Nachdruck muß aber auch auf die Unvollständigkeit der mit dem Aktionsprogramm gebotenen Reformmaßnahmen hingewiesen werden. So halten wir es für untragbar, einen so wichtigen Komplex wie die Beamtenversorgung bei den Reformüberlegungen einfach auszuklammern. Wer hier einen Trennungsstrich zieht, stellt letztlich das dem Berufsbeamtentum eigene Lebenszeitprinzip in Frage. Unsere Position ist eindeutig: Berufsbeamtentum, Lebenszeitprinzip und Beamtenversorgung bilden ein Ganzes, aus dem nicht ein Element herausgelöst werden kann, ohne daß der Bestand der anderen zerstört würde. Deswegen muß im Zuge einer Reform des öffentlichen Dienstrechts zugleich ernst gemacht werden mit einer Reform der Beamtenversorgung. Diese Reform wird um so dringlicher, als sich infolge der hier bestehenden ungerechten Verhältnisse die Situation der Versorgungsempfänger immer mehr zu verschlechtern droht.

An aktiver Verfassungstreue festhalten

Leider bleibt die erkennbare Tendenz der politisch Verantwortlichen, sich mit unscharfen oder modischen Zielvorstellungen zu begnügen, was die Handlungsbedingungen des öffentlichen Dienstes angeht, nicht auf den Bereich der Reform beschränkt. Ich erinnere an die höchst unerquickliche Auseinandersetzung in der Frage, auf welche Weise das Eindringen verfassungsfeindlicher Kräfte in den öffentlichen Dienst verhindert werden kann. Auch hier drohten 1976 die Maßstäbe zu verschwimmen, lenkten der politische Streit über »richtige« Auswahlverfahren und die sattsam bekannte »Berufsverbot«-Diskussion vom eigentlichen Sachverhalt ab: Daß nämlich die Gewähr aktiver Verfassungstreue ganz unbestritten ein Eignungsmerkmal für eine Beschäftigung im öffentlichen Dienst ist. Bestehen Zweifel an dieser Gewähr und gelingt es dem Bewerber nicht, diese Zweifel auszuräumen, fehlt es an der erforderlichen Eignung des Bewerbers. Um nichts anderes geht es hier in der Sache.

So lange freilich die politischen Ansichten darüber, wann solche Zweifel angebracht erscheinen, derartig weit auseinander gehen, wie wir dies im vergangenen Jahr erlebt haben, muß allerdings bezweifelt werden, ob es in absehbarer Zeit zu einer einheitlichen Regelung kommt. Die politische Szene erinnert hier in der Tat an absurdes Theater. Alle geben vor, das gleiche zu wollen, nur über den einzuschlagenden Weg scheiden sich dann die Geister. Hier Klarheit und Einigung zu schaffen, muß eine vorrangige Aufgabe verantwortlicher Politik der Zukunft sein. Die Verhaltenspraxis der öffentlichen Dienstherren in dieser Frage darf sich im Interesse der Funktionsfähigkeit des öffentlichen Dienstes und im Interesse des in ihn gesetzten Vertrauens der Bürger nicht noch weiter auseinander entwickeln, als dies schon geschehen ist.

Gerede über Privatisierung versachlichen

Ganz allgemein zeigt sich in der Art und Weise, wie über das Problem des Heraushaltens von Verfassungsfeinden aus dem öffentlichen Dienst diskutiert wird, ein bedenklicher Hang zum Bagatellisieren, zur Kompromißbereitschaft, zum Experimentieren.

Wir erleben dies auch auf anderem Gebiet sehr deutlich. Zum Beispiel im Zusammenhang mit dem anhaltenden Gerede über die Privatisierbarkeit öffentlicher Aufgaben. Nicht nur, daß hier völlig falsche Vorstellungen hinsichtlich möglicher Einsparungen durch Privatisierung geweckt wurden, viel schwerer wiegt, daß dadurch in der Öffentlichkeit der Eindruck verbreitet wurde, die Besonderheit staatlicher Aufgabenerfüllung, nämlich: Dauerhaftigkeit, Unbedingtheit, soziale Angemessenheit in »Preis« und Umfang, könnte ebenso durch Private gewährleistet werden. Bei typisch öffentlichen Aufgaben, die ja ausschließlich im Interesse der Gesellschaft an den Staat delegiert wurden, ist dies in aller Regel nicht der Fall. Um aber Mißverständnissen vorzubeugen: Die Angehörigen des öffentlichen Dienstes haben als Repräsentanten der staatlichen Exekutive kein Eigeninteresse an wachsenden oder schrumpfenden Aufgaben, sie haben allerdings ein Interesse daran, daß sie den gegebenen öffentlichen Aufgabenbestand korrekt und unbehelligt von Verdächtigungen und Vorwürfen bewältigen können. Und sie haben im Blick auf die allseits verlangte Kontinuität staatlicher Aufgabenerfüllung auch ein Interesse daran, über verläßliche Leitlinien hinsichtlich der Dauerhaftigkeit der ihnen übertragenen Aufgaben zu verfügen.

Deswegen appellieren wir an die politisch Verantwortlichen, den ausufernden Privatisierungsspekulationen mit präzisen politischen Leitlinien entgegenzutreten. Wer die Austauschbarkeit privater und öffentlicher Leistungserstellung propagiert, braucht sich im übrigen nicht zu wundern, wenn in der Öffentlichkeit über kurz oder lang jedes Verständnis für die Notwendigkeit des ausschließlich funktional begründeten Sonderstatus des Beamten erlahmt.

Neuorientierung ist zwingend

Das in das Jahr 1976 fallende Ende der 7. Legislaturperiode des Deutschen Bundestages läßt aus der Sicht des öffentlichen Dienstes insoweit eine Vielzahl lösungsbedürftiger Probleme zurück. Das kommende Jahr wird im Zeichen des Auftakts der parlamentarischen Arbeit des 8. Deutschen Bundestages stehen. Der Deutsche Beamtenbund erwartet für den öffentlichen Dienst hiervon grundlegende Neuorientierungen. Rezession, Knappheit der öffentlichen Finanzen, Arbeitslosigkeit haben im vergangenen Jahr Zwänge geschaffen, hinter denen sich die politische Führung zu verschanzen wußte. Positive Gestaltung kann aus einer solchen Defensivhaltung heraus auf Dauer jedoch nicht zustande kommen und dies widerspricht der den öffentlichen Dienstherrn aufgegebenen Fürsorgepflicht. Daß sich diese Einsicht durch- und in praktische Politik umsetzt, darauf werden wir im Interesse des öffentlichen Dienstes und seiner Funktionsfähigkeit mit Nachdruck hinwirken. Ein erstes positives Signal muß der Verlauf der bevorstehenden »Besoldungsrunde« setzen.

Höchste Wirksamkeit kann der DBB in seiner Verbandspolitik jedoch nur entfalten, wenn er sich der Unterstützung durch seine Mitglieder und des Zusammenhalts aller sicher weiß. Wir werden angesichts der vielfältigen berufspolitischen Probleme, die auf uns zukommen, diesen gemeinsamen Zusammenhalt mehr denn je benötigen. Im Namen der Bundesleitung des DBB danke ich allen Kolleginnen und Kollegen sehr herzlich für die Unterstützung unserer Arbeit im vergangenen Jahr und verbinde dies mit den besten Wünschen für ein zufriedenes und erfolgreiches neues Jahr.

8. November 1978

Das Berufsbeamtentum gestern – heute – morgen

Thesen zur Dienstrechtsreform

Referat vor der Hauptversammlung des Bundes Deutscher Forstmänner im DBB (BDF), Landesverband Hessen, auf Burg Gleiberg bei Gießen

Quelle: DBB-Archiv, Abt. Bgst 500-22 (maschinenschriftlich)

Es gibt Themen, die sich über die Zeit hinweg eine fast überraschende Aktualität bewahren. Dies ist auch bei dem mir gestellten Thema der Fall. Heute, genauso wie vor 10 oder 20 Jahren regt es immer wieder zu kontroversen Diskussionen an. Und nicht selten ist es mehr Aufregung als Anregung, die den Argumenten entspringt. Die Materialschlacht rechtswissenschaftlicher Analysen um die Zukunft des Berufsbeamtentums Anfang der 70er Jahre war kaum ausgestanden, als bereits neue Fragestellungen gebieterisch Antworten verlangten: Ist das Berufsbeamtentum für den Staat finanziell noch verkraftbar? Gibt es nicht billigere Alternativen? Brauchen wir überhaupt so viel Staat? Muß die Devise nicht Privatisierung lauten – als Kampfansage gegen den sich unmerklich ausweitenden Staatsapparat?

Und dann ist da natürlich die Bürokratisierungsdiskussion, die heute alle Welt bewegt. Ist nicht das Berufsbeamtentum Verursacher und Motor dieser bedrohlichen Verbürokratisierung unserer Welt, wird gefragt. Ist nicht das Berufsbeamtentum der verantwortliche Ideenproduzent für jenen Prozeß, der uns ein immer dichteres Netz von Verwaltungsvorschriften und Verwaltungsregularien beschert?

Fragen und Verdächtigungen, die fast schon symptomatisch sind für ein Phänomen, das sich mit fast naturwissenschaftlicher Berechenbarkeit immer wieder einstellt: Sobald der öffentliche Dienst ins Blickfeld des politischen und öffentlichen Geschehens rückt, finden sich regelmäßig Stimmen, die dies zum Anlaß nehmen, um sich am Beamtenstatus, am Berufsbeamtentum zu reiben. So erscheint die hochschäumende Extremistendiskussion als willkommene Gelegenheit, in Umkehrung des Ursache-Wirkung-Zusammenhanges das – wie gesagt wird – vordemokratische Beamtenrecht zu beseitigen. Die Arbeitsmarktlage wird als Argumentationshilfe benutzt, um im Namen von mehr Flexibilität Wesensmerkmale des Berufsbeamtentums, wie Lebenszeitprinzip, Leistungsprinzip und Hauptberuflichkeit in Frage zu stellen. Und wenn das mir gestellte Thema lautet: »Das Berufsbeamtentum gestern, heute, morgen – Thesen zur Dienstrechtsreform«, würden sich zweifelsohne nicht wenige finden, die das »Gestern« und »Heute« in der Themenformulierung zwar mit einem lakonischen »Ja« abhaken würden, hinter dem »Morgen« aber ein dickes Fragezeichen setzen wollten in der Erwartung, daß dann mit den Thesen zur Dienstrechtsreform Alternativen zum Berufsbeamtentum aufgezeigt würden.

Bedarf es eines solchen Fragezeichens?

Um schon hier eine klare Antwort darauf zu geben: Ich meine nein! Und ich will versuchen, dies unter Einbeziehung der aktuellen Herausforderungen, denen öffentlicher Dienst und Berufsbeamtentum heute ausgesetzt sind, zu belegen. Zu bedenken ist dabei, daß wir uns, was das Reformgeschehen angeht, nicht mehr in der Stunde Null befinden, sondern Betroffene und Mitgestalter eines bereits laufenden, wenn auch in den Ergebnissen bislang recht mageren Planungsprozesses sind. Andererseits: Gerade wenn man die mit meinem Thema eröffneten Perspektiven nicht als lose Gedankenspielerei, sondern als Reflexionen über zukunftsweisende und verpflichtende Normen für den öffentlichen Dienst begreift, kommt man nicht darum, die eine oder andere grundsätzliche Erwägung anzustellen. Ich meine insoweit, daß wir uns den aus meiner Sicht zu formulierenden Thesen für eine Dienstrechtsreform am besten nähern, wenn wir uns an folgende Verfahrensschritte halten:

1. uns auf den Sinn der Leitentscheidungen des Grundgesetzes für das Berufsbeamtentum besinnen;
2. uns vergegenwärtigen, wo die Schwerpunkte der Reformbedürftigkeit des öffentlichen Dienstes eigentlich liegen;

3. das aktuelle Reformgeschehen daraufhin befragen, inwieweit es den wünschenswerten Zielsetzungen einer Reform gerecht wird und
4. darauf aufbauend jene Thesen formulieren, auf die es ankommt, wenn Reform des Berufsbeamtentums zweierlei bewirken soll: sozial vertretbare und sachlich gebotene Lösungen zu bieten.

Was den ersten Punkt angeht, kann ich mich bei dem hier versammelten sachkundigen Publikum auf wenige Anmerkungen und Feststellungen beschränken. Das Grundgesetz beläßt es nicht dabei, durch seine Verfassungsentscheidungen Leitlinien für die Ausgestaltung des öffentlichen Dienstrechts zu geben. Es konkretisiert die allgemeinen Gesichtspunkte vielmehr verbindlich selbst und dokumentiert damit, daß es die zentrale Bedeutung der Materie für das Gemeinwesen sieht und respektiert wissen will.

Nach Art. 33 Abs. 5 GG ist das »Recht des öffentlichen Dienstes unter Berücksichtigung der hergebrachten Grundsätze des Berufsbeamtentums zu regeln«. Art. 33 Abs. 4 GG schreibt vor: »Die Ausübung hoheitsrechtlicher Befugnisse ist als ständige Aufgabe in der Regel Angehörigen des öffentlichen Dienstes zu übertragen, die in einem öffentlich-rechtlichen Dienst- und Treueverhältnis stehen.«

Was besagen diese nüchternen juristischen Formulierungen?

Sie besagen, daß damit mehrere wichtige Grundentscheidungen getroffen sind: Zum einen beschreibt die Verfassung Verwaltungstätigkeiten unterschiedlicher Natur: hoheitsrechtliche und andere. Zweitens ordnet sie der einen Aufgabengruppe, der Ausübung hoheitsrechtlicher Befugnisse, eine bestimmte Form der Rechtsverhältnisse zu, in denen die damit betrauten Mitarbeiter stehen sollen: das öffentlich-rechtliche Dienst- und Treueverhältnis – kurz Beamtenverhältnis genannt. Und schließlich ergibt die Zusammenfassung der beiden Bestimmungen, daß Funktion und Dienstgestaltung aufeinander bezogen sind. D. h. die beamtenrechtlichen Abweichungen vom allgemeinen Arbeitsrecht finden ihre Rechtfertigung in den Sachgesetzlichkeiten der wahrgenommenen Verwaltungsfunktion.

Worin bestehen nun diese Besonderheiten, die mit dem Beamtenstatus und den hergebrachten Grundsätzen gemeint und verknüpft sind?

Auch hier nur in Stichworten das Wesentliche: Im Unterschied zum Arbeitsrecht unterstellt das Grundgesetz die Rechtsverhältnisse der Beamten dem öffentlichen Recht und entzieht sie damit bewußt dem freien Aushandeln unter Gleichgeordneten. Ihr Inhalt wird vom parlamentarischen Gesetzgeber festgelegt. Der Zugang ist kein Privileg, maßgeblich sind allein Eignung, Befähigung und fachliche Leistung. Die hergebrachten Grundsätze vervollständigen das Bild: Prinzipiell wird das Dienstverhältnis auf Lebenszeit begründet. Der berufliche Aufstieg durchschreitet eine normativ festgelegte Stufenfolge aufeinander aufbauender Ämter wachsender Anforderung und Verantwortung. Der Beamte ist in seiner Tätigkeit weisungsgebunden und unterliegt gesteigerten Pflichten, z. B. der politischen Treuepflicht. Anstelle von Tarifautonomie und Arbeitskampffreiheit ist ihm ein grundrechtsähnlicher, gerichtlich durchsetzbarer Individualanspruch auf gesetzlich zu regelnde angemessene Besoldung und Versorgung eingeräumt. Nicht als Gegenleistung für bestimmte Arbeitsleistungen, sondern als Ausgleich für den lebenslangen, vollen beruflichen Einsatz insgesamt.

Man kann sich den Sinn dieser Regelungen nicht deutlich genug vor Augen führen: Er beruht einzig und allein in der störungsfreien und wirksamen Wahrnehmung der Verwaltungsaufgaben. Die gesteigerte Pflichtigkeit soll einen ununterbrochenen, reibungslosen Verwaltungsablauf sichern. Leistungsprinzip, Laufbahnprinzip, amtsangemessene Besoldung und Lebenszeitprinzip sollen einen Standard an persönlicher Unabhängigkeit gewährleisten, der gegen sachfremde Einflüsse immun macht – eine Grundvoraussetzung dafür, von eigenen Belangen bei der Amtsausübung abzusehen und seine Tätigkeit allein an der Sache, an Recht und Gesetz zu orientieren.

Soweit also durchaus eine positive Bilanz der grundgesetzlichen Idee des Berufsbeamtentums. Warum – so könnte man fragen – dann der Ruf nach Reform? Man sollte sich hierzu vielleicht an eine sehr treffende Feststellung Immanuel Kants erinnern, wonach »eine Idee nichts anderes (ist) als der Begriff von einer Vollkommenheit, die sich in der Erfahrung noch nicht vorfindet«.

Nicht anders verhält es sich mit der Idee des Berufsbeamtentums. Niemand kann bezweifeln, daß das Beamtenrecht im Detail verbesserungsbedürftig ist, daß es in mehrfacher Hinsicht der Anpassung an die im Zeitablauf gewandelten Gegebenheiten der politischen, sozialen und rechtlichen Landschaft unseres Gemeinwesens bedarf. Drei Quellen der Reformbedürftigkeit halte ich dabei für vorrangig:

Zum einen ist darauf hinzuweisen, daß der Auftrag des Art. 33 Abs. 4 GG, der Funktionsvorbehalt für Beamte, über Jahrzehnte hinweg mißachtet und nicht konsequent genug angewendet wurde. Die Wurzeln reichen weit zurück: in den Ersten Weltkrieg und in die erste Nachkriegszeit. Aufgaben, die man für vorübergehend hielt, die sich aber nicht als solche herausstellten, wurden Angestellten übertragen, ohne daß es zu späteren Vorbeamtungen kam. Eine willkürliche, oft purer Bequemlichkeit entspringende Personalzuteilung und Statuszuordnung zementiert heute noch in vielen Verwaltungen das regellose Nebeneinander von Beamten und Arbeitnehmern in gleicher Funktion. Daß dadurch Reibungen entstehen müssen, Verständnislosigkeit erwächst, liegt auf der Hand. Und wen wundert es, wenn nicht nur bei den Betroffenen, sondern auch in der Öffentlichkeit das Verständnis für die funktionsbedingte Eigenart und Differenzierung der Statusformen nur sehr schwer aufrechtzuerhalten ist.

Eine zweite wichtige Ursache für die Reformbedürftigkeit des öffentlichen Dienstrechts ist darin zu sehen, daß die gesetzliche Ausgestaltung des Beamtenverhältnisses mit den durch das Grundgesetz vorgezeichneten Leitlinien nicht Schritt gehalten hat. So fehlt es vielfach an der gebotenen rechtlichen Durchnormierung und Präzisierung der Pflichten wie an ihrer klaren Begrenzung auf dienstlich relevante Bezüge. Gleiches gilt etwa für das Disziplinarwesen, das Nebentätigkeitsrecht, aber auch für die Maßstäbe und Verfahren der Beurteilung. Ebenso gehören hierher die verbesserungsbedürftige Teilhabe der gewerkschaftlichen Zusammenschlüsse an der Schaffung der allgemeinen beamtenrechtlichen Regelungen und die noch immer nicht befriedigend verwirklichte und verfahrensmäßig abgesicherte Eigenständigkeit bei der Festlegung der Besoldung und Versorgung.

Drittens schließlich erweist sich die Berufsordnung selbst als verbesserungsfähig: So stellt die Einteilung in vier Laufbahngruppen auf ein Bildungssystem ab, das längst nicht mehr besteht. Die überkommene Undurchdringlichkeit der Laufbahngruppen wirkt leistungsfeindlich und verstößt gegen die Chancengleichheit. Wenngleich sich das Laufbahnprinzip selbst, die Zusammenfassung aller Ämter derselben Fachrichtung, die eine gleiche Vorbildung und Ausbildung voraussetzen, bewährt hat und bewahrt werden muß. Auch zwingen die veränderten

Aufgaben, Tätigkeitsarten und Verantwortungsformen zur Überprüfung, ob die Zahl der vorhandenen Laufbahnen, ihr Zuschnitt, ihre innere Stufung und besoldungsmäßige Zuordnung noch den heutigen gewandelten Gegebenheiten entsprechen. Die Rückwirkungen auf Ämterbewertung, Beförderungswesen, Beurteilungsmethoden, Aus- und Fortbildungswesen sind evident und in die Revision miteinzubeziehen.

Ein durchaus respektabler Mängelkatalog also. Doch muß hier mit aller Deutlichkeit gesagt werden: Keine dieser Fehlentwicklungen kann als Argument gegen die Grundstruktur des gewachsenen Dienstrechtssystems ins Feld geführt werden. Keiner der erwähnten Mängel beruht darauf, daß nur eine der verfassungsrechtlichen Leitlinien für das öffentliche Dienstrecht nicht mehr sach- und zeitgerecht wäre. Dies hat auch die 1971 beim Bundesminister des Innern eingerichtete Studienkommission für die Reform des öffentlichen Dienstrechts unmißverständlich festgestellt: daß die bestehenden Mängel im öffentlichen Dienstrecht nicht auf die strukturelle Unbrauchbarkeit der beamtenrechtlichen Institutionen für die künftigen Anforderungen zurückzuführen seien, sondern vielmehr optimal durch eine sachgerechte Fortentwicklung eben dieser Institutionen beseitigt werden können.[1]

Die langjährige intensive, oft erbitterte Diskussion, die sich um die Reform des öffentlichen Dienstrechts entwickelt hat, ging freilich nicht den an sich vorgezeichneten pragmatischen Weg. Sie geriet zu prinzipiellen Auseinandersetzungen um das überkommene Dienstrechtssystem, das sie insgesamt – einschließlich seiner verfassungsrechtlichen Veränderungen – in Frage stellt. Sie spitzte sich schließlich zu zu einem grundsätzlichen Kampf um das Berufsbeamtentum. Zwei Fragen beherrschten dabei von Anfang an die Auseinandersetzung:

Soll das künftige Dienstrecht für alle Verwaltungsangehörigen einheitlich gestaltet sein oder nach Funktionen differenzieren?

Soll – einheitlich oder differenziert – das künftige Dienstrecht auf beamtenrechtlicher oder arbeitsrechtlicher Grundlage beruhen?

Die bereits erwähnte Studienkommission für die Reform des öffentlichen Dienstrechts stand in ihrer zweieinhalbjährigen Arbeit ebenfalls unter dem Zeichen dieser gegensätzlichen Standpunkte. Sie vermochte

1 Vgl. dazu die Angaben S. 451 Anm. 5.

sie nicht zu überwinden. Mit einer Stimme Mehrheit wurde ein Modell vorgeschlagen, das für den gesamten öffentlichen Dienst materiell beamtenrechtliche Regelungen vorsieht, als es die ausschließliche Rechtssetzungskompetenz beim Gesetzgeber beläßt. Eine Minderheit von neun Mitgliedern machte sich dagegen dafür stark, die vom DGB favorisierte Zweiteilung in gesetzliche und tarifvertragliche Regelungsmaterien einheitlich für alle Verwaltungsangehörigen einzuführen, wobei man sich klar darüber war, daß ohne Verfassungsänderung dieses Minderheitsmodell nicht zu verwirklichen sein würde.

Kommissionen, so sagt man, werden manchmal aus Verlegenheit eingesetzt, der politische Wert ihrer Arbeit gering eingeschätzt. Hier war es nicht so. Noch heute leidet die Reformarbeit unter der scharfen Kontroverse in dieser Grundsatzfrage, begünstigt natürlich durch den knappen Mehrheitsentscheid. Man kann darin sicher auch einen wesentlichen Grund dafür sehen, daß 5½ Jahre nach Vorlage der Kommissionsergebnisse die heutige Bilanz der Reformarbeit – gelinde gesagt – als traurig bezeichnet werden muß. Man benötigt nicht einmal fünf Finger einer Hand, um die reformpolitische Entwicklung der letzten 5½ Jahre zu skizzieren:

Stufe 1 war gezeichnet durch Ratlosigkeit. Wie sollte man verfahren, was sollte man anvisieren: eine Reform auf dem Boden der Verfassung oder eine verfassungsändernde Reform? Vorsichtshalber gingen die Reformplaner erst einmal zwei Jahre in den Untergrund, um Ende 1975 der überraschten Öffentlichkeit folgende Patentlösung anzubieten: Ausklammerung der Grundsatzfrage, ob man am Berufsbeamtentum festhalten wolle oder nicht, dafür erst einmal Beginn mit den sogenannten inhaltlichen Reformschritten, das andere – die Grundsatzfrage – würde sich dann schon noch zu gegebener Zeit, vielleicht unter anderen politischen Konstellationen, entscheiden lassen. Es paßte natürlich gut in die politische und wirtschaftliche Landschaft Ende 1975, wenn in diesem ersten Entwurf eines Aktionsprogramms zur Dienstrechtsreform viel von Leistungssteigerung und von Minderung der Kostenbelastung die Rede war, weniger von rechtsstaatlichen Erfordernissen. Es war die Zeit der Haushaltseinsparungen. Und welche Sparmaßnahmen würden sich nicht gern mit dem Etikett der Reform schmücken?

Stufe 2 des Reformgeschehens hatte ihren Beginn im Mai 1976, also ein knappes halbes Jahr später. Diesen Termin zu nennen, halte ich insoweit für wichtig, weil als Ergebnis der energischen Intervention des DBB das Aktionsprogramm zur Dienstrechtsreform in seinen Grundsatzaussagen von reformpolitischen Träumereien zurückgeholt werden konnte auf den Boden jener Verpflichtungen, die in der Verfassung des Grundgesetzes festgeschrieben sind. Seit dem 19. Mai 1976 ist es regierungsoffiziell: Dienstrechtsreform hat sich an den Leitentscheidungen des Grundgesetzes zu orientieren, die inhaltlichen Reformschritte haben den Sinn dieser Leitentscheidungen zu respektieren und sie als positive Gestaltungsaufforderung zu begreifen.[2] Damit war auch der Weg frei für eine konstruktive Mitarbeit und für die Unterstützung der Reformarbeit seitens des DBB.

Stufe 3 bezeichnet sodann den Beginn der Auseinandersetzung mit den inhaltlichen Veränderungen, die nach den Zielvorgaben des Aktionsprogramms anvisiert werden sollten. Es geht hier im wesentlichen um zwei Komplexe: um die Etablierung einer funktions- und leistungsgerechten Bezahlung einerseits sowie die Verwirklichung einer funktions- und leistungsgerechten Personalsteuerung andererseits. Die eleganten und einsichtigen Formulierungen dieser Zielvorgaben sowie der einschlägigen Beschreibungen im Aktionsprogramm dürfen nicht über die Sprengkraft hinwegtäuschen, die sich hinter der einen oder anderen Idee verbirgt, mit denen diese Zielvorgaben verwirklicht werden sollten. Mittlerweile hat sich wohl die Erkenntnis durchgesetzt, daß zurücknehmbare Leistungsprämien etwa oder Herabstufungsdrohungen nicht geeignet sind, die Leistungskraft des öffentlichen Dienstes, vor allem seine Unabhängigkeit, zu stärken. Und auch die fixe Idee, Spitzenpositionen auf Zeit würden mehr Schwung in die Führungsetagen der Verwaltung bringen, hat sich inzwischen als Trugschluß erwiesen. Die Gefahren der Politisierung von oben und die Begünstigung von Ämterpatronagen überwiegen, wie eine Bund-Länder-Arbeitsgruppe in einer exzellenten Analyse herausgearbeitet hat. Damit konzentrieren sich die gegenwärtigen Arbeiten auf drei Schwerpunkte: auf die Schaffung eines für den gesamten öffentlichen Dienst einheitlichen Arbeitsplatzbewertungssystems, auf die Verbesserung des Beurteilungswesens und auf die

2 Vgl. dazu die Angaben S. 698 Anm. 2.

Fortentwicklung des Laufbahnrechts. Die Neufassung einer Bundeslaufbahnverordnung liegt seit Januar auf dem Tisch, Modelle für ein verbessertes Beurteilungswesen befinden sich in der Erprobung, am Arbeitsplatzbewertungssystem wird weiter gearbeitet, die methodischen Probleme türmen sich immer höher, wenngleich man auch hier neue Erkenntnisse von einzelnen praktischen Tests erwartet.

Überblickt man so das Geschehen auf dem Gebiet der Reform, kommt man nicht umhin, heute so etwas wie Resignation zu registrieren. Und dies kennzeichnet wohl am besten die gegenwärtige Stimmungslage. Nach dem Führungswechsel im Bundesinnenministerium[3] soll sogar die Devise ausgegeben worden sein, nicht mehr von Reform, sondern weit bescheidener von Fortentwicklung oder Weiterentwicklung des Dienstrechts zu sprechen.

Die Situation ist die, daß sich die Reformbemühungen in ein Netz widersprüchlicher Zielvorgaben zu verstricken drohen, bei denen es passieren kann, daß nicht einmal mehr der Status quo im Dienstrecht aufrechterhalten werden kann, sondern gar Verschlechterungen möglich sind. Dieses magische Viereck an Zielvorgaben besteht erstens in den Bemühungen um eine Besserung der Arbeitsmarktlage durch Maßnahmen auch im öffentlichen Dienst; zweitens in der konsequenten Zielbegrenzung: keine kostenwirksamen Maßnahmen im öffentlichen Dienst; drittens im lautstarken Ruf nach Abbau von Bürokratisierung, was nicht wenige als Statusabbau fehlinterpretieren; und schließlich viertens in der – durchaus ideologisch motivierten – Forderung nach einem andersartigen Selbstverständnis des öffentlichen Dienstes in unserer Verfassungsordnung. Dies betrifft den mit dem SPD-Parteitagsbeschluß vom vergangenen November neu angezettelten Grundsatzstreit um die Zukunft des Berufsbeamtentums ebenso wie die Frage der politischen Konsequenz bei der Abwehr von Verfassungsfeinden aus dem öffentlichen Dienst.[4]

3 Am 6. Juni 1978 war Bundesinnenminister Werner Maihofer zurückgetreten. Zwei Tage später wurde sein bisheriger Parlamentarischer Staatssekretär Gerhart Rudolf Baum neuer Innenminister.

4 Vgl. Parteitag der Sozialdemokratischen Partei Deutschlands vom 15. bis 19. November 1977, Congress-Centrum. Protokoll der Verhandlungen. Anlagen. Hrsg. vom Vorstand der SPD, Lübeck o. J. (1978), S. 807ff.

Reformen, meine Damen und Herren, können in komplexen Gesellschaften wie der unsrigen natürlich nicht losgelöst betrieben werden von den wirtschaftlichen, sozialen, politischen und gesellschaftspsychologischen Gegebenheiten. Dies gilt ganz besonders für eine Dienstrechtsreform, die immer ein Stück Staatsreform zugleich ist. Und wir sollten auch nicht übersehen, daß die Materie, um die es geht, unglaublich kompliziert ist. Immerhin haben wir es mit einem Organisationsbestand zu tun, in dem 3,6 Mio. Menschen in unterschiedlichsten Funktionen tätig sind. Aber gerade weil das so ist, sollten Reformen vor allem eines vermeiden: überzogene Ansprüche zu setzen und utopische Zielvorgaben zu verfolgen. Echte Fortschritte sind nur mit maßvollen Zielvorgaben zu erreichen, die das politisch Machbare nicht aus den Augen verlieren und sich vor allem auf zwei Punkte konzentrieren: Annäherung an die von der Verfassung vorgezeichneten Leistungsvorgaben für das öffentliche Dienstrecht, stärkere Beachtung zum anderen der sozialen und beruflichen Belange der Mitarbeiter, die mit ihrer Motivation ja das wichtigste Leistungspotential des öffentlichen Dienstes überhaupt bilden.

Ich meine, unter Berücksichtigung der wirtschaftlichen und politischen Großwetterlage, aber auch unter Einbeziehung der bisherigen Erfahrungen mit den Reformaktivitäten, scheint mir eine Neuorientierung oder jedenfalls Neubesinnung auf das, was Dienstrechtsreform wirklich bewirken sollte, nützlich zu sein. Ich will meine Überlegungen hierzu in fünf Thesen zusammenfassen und bei ihrer Begründung mir wichtig erscheinende Fakten und Tendenzen des aktuellen Geschehens im öffentlichen Dienst miteinbeziehen.

Meine These 1 lautet: Die bevorzugte Beschäftigung mit Einzelaspekten inhaltlicher Reformschritte hat zur Vernachlässigung einer der wichtigsten Reformaufgaben geführt: der verfassungsgerechten Abgrenzung von Beamtenfunktionen. Dabei ist diese Reformaufgabe aktueller denn je: Gerade die Diskussion um Entbürokratisierung und Entstaatlichung verlangt energische Bemühungen, hier zu befriedigenden Ergebnissen zu kommen.

Worum geht es in der Sache?

Ich habe bereits darauf hingewiesen, daß zu den entscheidenden Mängeln heutiger Verwaltungswirklichkeit das regellose Nebeneinander von Beamten und Angestellten in gleicher Funktion gehört. Mit Recht schreibt Herbert Zeitler in der diesjährigen September-Ausgabe der Bayerischen Verwaltungsblätter, wie wichtig das Anpacken dieser Reformaufgabe, der Beseitigung des Statusdurcheinanders, ist, um unnötige Rivalitäten und Reibereien zwischen Berufsbeamtentum und Tarifbediensteten im öffentlichen Dienst zu überwinden.[5] Es ist unglaublich, wie wenig Aufmerksamkeit, jedenfalls auf Bundesebene, diesem Problem bisher geschenkt wurde. Die Antwort auf die Frage, wie weit nach dem Sinn der Verfassungsbestimmungen der Kreis der Verwaltungsaufgaben zu ziehen ist, die auf Dauer regelmäßig Beamten übertragen werden müssen, gibt im Grunde die Verfassung selbst: Geht es nämlich bei der Ausgestaltung des Beamtenrechts um die Verläßlichkeit der Verwaltungstätigkeit, so kann nur eine Abgrenzung befriedigen, welche die anfallenden Verwaltungsaufgaben danach unterscheidet, in welchem Maße ihre störungsfreie Erfüllung für den Staat und für seine Bürger unverzichtbar ist. Die traditionelle Formulierung »hoheitsrechtliche Befugnisse« scheint zwar eine Beschränkung auf die ordnenden, mit Zwang und Eingriffarbeiten in der Verwaltung nahezulegen. Für den demokratischen und sozialen Rechtsstaat der Gegenwart kommt eine solche Eingrenzung jedoch nicht in Frage. Sie widerspräche seinem Selbstverständnis von Grund auf. Die staatlichen Aufgaben haben sich nicht nur im ordnenden Sektor weit ausgedehnt, Daseinsvorsorge, Planung, Lenkung, Verteilung sind in vielfältigen Formen hinzugetreten. Außerdem lassen sich Leistung und Eingriff weithin kaum trennen, man denke etwa an das Schulrecht, an die Subvention unter Benachteiligung von Konkurrenten, an die Gewährung unter Auflagen und dergleichen mehr.

Auf die daseinsnotwendigen Leistungen der Verwaltung ist der Bürger nicht weniger angewiesen als auf die Aufrechterhaltung der Ordnung. Vor allem den sozial Schwachen träfe hier die Leistungsverweigerung besonders schwer. Um noch einmal Herbert Zeitler zu zitieren, der hierzu schreibt:

»Unter Beachtung der geänderten Verfassungswirklichkeit wird man

5 Vgl. Herbert Zeitler: Das Berufsbeamtentum im Staat der Gegenwart, in: Bayerische Verwaltungsblätter. Zeitschrift für öffentliches Recht und öffentliche Verwaltung. 109. Jg., Heft 18, 15. September 1978, S. 549ff., insbesondere S. 552.

deshalb den Begriff der hoheitsrechtlichen Befugnisse dynamisch interpretieren müssen. So, wie die öffentliche Gewalt im Sinne des Art. 19 GG nicht mehr auf die Eingriffsverwaltung eingeschränkt werden kann, so müssen auch die hoheitsrechtlichen Befugnisse in einer Weise ausgelegt werden, die nicht den zahlenmäßigen, aber den materiellen Schwerpunkt der Staatstätigkeit bei den Berufsbeamten konzentriert. Es entspricht deshalb der Rechtslage, in den Beamtengesetzen den Funktionsvorbehalt auch auf den Bereich der Daseinsvorsorge zu erstrecken. Die gesetzmäßige Anwendung des Funktionsvorbehalts und die Übernahme geeigneter Angestellter, die unter den Funktionsvorbehalt fallende Dienstposten innehaben, in das Beamtenverhältnis auf freiwilliger Grundlage würde den Dualismus im öffentlichen Dienst schon bald wesentlich mindern und schließlich beseitigen. Vorschläge in dieser Richtung sind gemacht, sie harren lediglich der Realisierung.«

Es verfängt auch der Einwand nicht, die Abgrenzung der Aufgabenarten sei schwierig zu bewerkstelligen. Er verfängt deshalb nicht, weil es die Fülle der eindeutigen Fälle nicht betrifft, in denen gegen Art. 33 Abs. 4 GG verstoßen wird. Er verfängt ferner deswegen nicht, weil die Wissenschaft hinreichende Abgrenzungskriterien auch für den Grenzbereich entwickelt hat. Erfreulicherweise gibt es neuerdings in einigen Ländern Ansätze, auf eine diesem modernen Verständnis des Funktionsvorbehalts entsprechende Personalstruktur im öffentlichen Dienst hinzuwirken, so etwa in Bayern und in Rheinland-Pfalz.

Meine These geht dahin, daß erst die überzeugende sach- und zeitgerechte Verwirklichung des Funktionsvorbehalts es möglich machen wird, das Berufsbeamtentum auch freizuhalten von Privatisierungsspekulationen und zu einer konfliktfreien Bestimmung und Zuordnung staatlicher und privater Handlungsräume zu kommen. Genau genommen führt die Betrachtung des Funktionsvorbehalts unter Privatisierungsgesichtspunkten zu einem doppelten Ergebnis – und ich schließe mich hier den Überlegungen an, die erst kürzlich Walter Leisner sehr eindrucksvoll dargelegt hat[6]:

1. Die Grenzen von Privatisierungsmöglichkeit und Funktionsvorbehalt

6 Vgl. Walter Leisner: Berufsbeamtentum und Entstaatlichung, in: Deutsches Verwaltungsblatt. 93. Jg., Heft 18, 15. September 1978, S. 733ff., hier S. 736.

sind im Grunde identisch. Sie bestimmen sich nämlich in einer vergleichend abwägenden Betrachtung typischer beamtlicher und privatwirtschaftlicher Leistungsfähigkeit.

2. Die herrschende Lehre von der Geltung des Funktionsvorbehalts für die Daseinsvorsorge und Leistungsverwaltung gewinnt unter Privatisierungsgesichtspunkten sogar eine neue Begründung: Da Leistungsverwaltung alles ist, was Private an unmittelbarer Bedürfnisbefriedigung nicht übernehmen können, handelt es sich hier ex definitione um wesentliche Staatsaufgaben, damit aber gilt der Funktionsvorbehalt.

Und hier zeigen sich interessante Querbezüge zwischen Dienstrechtsreform, Staatsverständnis und Wirtschaftsordnung: Das Berufsbeamtentum erweist sich gleichsam als institutionelle Garantie der staatlichen Zurückhaltung im ökonomischen Bereich und damit der grundsätzlichen Wirtschaftsfreiheit. Wer die Aufhebung der Wirtschaftsfreiheit in Staatswirtschaft, total oder sektoral, fordert, kann in der Tat den Beamten nicht brauchen, dessen Status auf ganz andersartige Aufgaben zugeschnitten ist. So stellt sich beamtenpolitische Standfestigkeit gewissermaßen als Kehrseite eines speziellen Verständnisses von der als wünschenswert anzusehenden Wirtschaftsordnung dar. Es wäre gut, wenn sich auch einmal das privatwirtschaftliche Lager dieser Zusammenhänge bewußt würde, anstatt Beamtenfeindlichkeit zu kultivieren.

Ich komme zu These 2. Ich will sie so formulieren:

Es muß ein ständiges Bemühen der Dienstrechtsreform sein, die zu ergreifenden Einzelmaßnahmen am verfassungsgewollten Leistungsauftrag des öffentlichen Dienstes zu orientieren und sie nicht sachfremden Zielsetzungen unterzuordnen. Arbeitsmarktlage und knappe Finanzen dürfen nicht als Vorwand dienen, die Instrumentalität des öffentlichen Dienstes, des Berufsbeamtentums insbesondere, auf Kosten seiner Leistungskraft zu mißbrauchen.

Um zu verdeutlichen, was ich mit dieser zweiten These meine, brauche ich nur in Erinnerung zu rufen, was seinerzeit im Namen der Reform mit dem Haushaltsstrukturgesetz angerichtet worden ist. Als erster Reformschritt, hieß es damals, werde bei den Beamten die Bewährungsförderung abgeschafft zugunsten einer Leistungsbeförderung. Im nachhinein hat sich das nicht nur als purer Spartrick entpuppt, zugleich ist es nicht gelungen, den versprochenen Gleichklang bei Beamten und Arbeitnehmern einzuhalten. Im Gegenteil: Bei den Arbeitnehmern des öffentlichen Dienstes wurde der vergleichbare Bewährungsaufstieg sogar noch ausgebaut und damit die Einheit des öffentlichen Dienstes in unverantwortlicher Weise aufs Spiel gesetzt.

In einem anderen Gewande zeigen sich heute ähnliche Bedrohungen. Anlaß ist diesmal die Arbeitsmarktlage. Wie dem letzten Zwischenbericht des Bundesinnenministeriums zur Dienstrechtsreform zu entnehmen ist, sollen die sich im Zusammenhang mit der Arbeitsmarktlage und ihrer Überwindung stellenden Fragen ausdrücklich in die Reformplanungen miteinbezogen werden. Grundsätzlich wird man gegen ein solches Ansinnen nichts einzuwenden haben. Es gibt ja hier nicht ausschließlich widerstreitende Zielsetzungen. Sehr bedenklich wird es aber dann doch, wenn man zur Kenntnis nehmen muß, was in diesem Zusammenhang die Regierungschefs von Bund und Ländern am 4. November 1977 zum Auftrag verdichtet haben, daß zu prüfen sei, ob und inwieweit die Aufnahmekapazität des öffentlichen Dienstes bei im wesentlich gleichbleibenden Gesamtbesoldungsaufwand erhöht werden kann.[7] Dieser einer Bund-Länder-Arbeitsgruppe übertragene Auftrag ist im Mai dieses Jahres dahingehend erneuert und erweitert worden, daß alle Laufbahngruppen in derartige Überlegungen einzubeziehen seien und – man höre gut zu – ein Gleichklang mit dem Tarifbereich angestrebt werde.

Es bedarf keiner großen Phantasie, um zu erkennen, worauf dieser Auftrag zielt: auf die Beschneidung von Einkommensperspektiven, wie immer man das organisatorisch hinbekommen will, auf Abschichtung, auf Herabstufung insbesondere des Eingangsamtes für den höheren Dienst. Kein Zweifel, daß sich unter den theoretischen Modellüberlegungen auch anderes finden wird, was auf den ersten Blick nicht schlecht klingen mag: Verlängerung des Urlaubs, Verkürzung der Lebensarbeitszeit, vielleicht auch der Wochenarbeitszeit. Denn wenn man das Problem theoretisch angeht, ist alles hilfreich, was zu einer künstlichen Verknappung des Arbeitsangebots im öffentlichen Dienst führt und damit

7 Vgl. dazu Deutscher Beamtenbund. Bundesvertretertag 1979. Geschäftsbericht der Bundesleitung. Hrsg. von der Bundesleitung des Deutschen Beamtenbundes, Bonn-Bad Godesberg o. J. (1979), S. 12.

tendenziell Nachfrageeffekte auslöst, die arbeitsmarktpolitisch gewünscht sind.

Nun, die Bund-Länder-Arbeitsgruppe wird ihren Bericht voraussichtlich im Februar vorlegen, rechtzeitig also noch vor der nächsten Besoldungsrunde. Und Sie können überzeugt sein: Auch wenn heute noch so viele abwinken und solche Erwägungen als politisch nicht relevant und durchsetzbar abtun, man sollte nicht den psychologischen Aufwind unterschätzen, den da eine mobilisierte Öffentlichkeit zur rechten Zeit entfachen kann.

Ich halte jedenfalls diese Ansätze für reformpolitisch gefährlich und für arbeitsmarktpolitisch verfehlt. Reformpolitisch würden Maßnahmen der Einkommensnivellierung – nichts anderes wäre im Effekt z. B. die Herabstufung des Eingangsamtes im höheren Dienst – ein Schlag gegen das beamtenrechtlich verankerte Leistungsprinzip, das ja durch Reformen eigentlich noch gestärkt werden soll. Ganz zu schweigen von dem Verdrängungswettbewerb, der sich aufgrund der Konkurrenzlage im gehobenen und höheren Dienst auch in den mittleren und einfachen Dienst fortpflanzen müßte. Arbeitsmarktpolitisch wäre insoweit wenig gewonnen, weil der finanzielle Freisetzungseffekt bei weitem nicht ausreichen würde, um wesentliches zur Entlastung auf dem Arbeitsmarkt beizutragen. Ich lasse die Frage der Eignung und Befähigung von Bewerbern dabei noch ganz beiseite.

Um es ganz klar zu sagen: Dirigistische Eingriffe in gewachsene Berufsordnungen sind kein geeignetes Mittel der Arbeitsmarktpolitik. Sie waren es auch noch nie gewesen. Sie ersticken jeglichen reformpolitischen Spielraum und bewirken auf dem Arbeitsmarkt wenig bis nichts. Demgegenüber verursachen sie Kosten, die sich aus einer Minderung der Leistungsmotivation bei den Mitarbeitern ergeben müssen, das alles bleibt aber bei diesen Überlegungen außer Ansatz. Ich brauche hier im übrigen nicht groß erläutern, daß es höchst zweifelhaft erscheint, ob es gelänge, den Tarifbereich gegebenenfalls miteinzubeziehen. Gelänge dies aber nicht, stünde die Einheit des öffentlichen Dienstes erneut und verschärft auf dem Spiel.

Wer mit dem öffentlichen Dienst arbeitsmarktpolitisch etwas Gutes tun will, sollte erst einmal den bestehenden Personalbedarf auffüllen. Im Bildungssektor, im Gesundheitswesen, im Bereich der inneren Sicherheit, beim Strafvollzug und vor allem auch bei der Arbeitsverwaltung, die ja unmittelbar an der Überwindung der Arbeitslosigkeit mitwirkt, fehlt es an Personal, und zwar im beachtlichen Umfang. Was sollen also unter diesen Umständen die Manipulationsversuche mit einem festgeschriebenen Arbeitsvolumen im öffentlichen Dienst! Es wäre im übrigen auch volkswirtschaftlich ein unvertretbarer Fehler, damit aufzuhören, die Leistungsgrundlagen im öffentlichen Dienst zu verbessern und ihn stattdessen als ein aufgabenunabhängiges Arbeitsplatzreservoir zu begreifen. Im Effekt würde man Arbeitslosigkeit damit nur verdecken und sie nicht mindern.

Ich halte es in diesem Zusammenhang auch nicht für legitim, die ins Auge gefaßte Erweiterung der Teilzeitbeschäftigung für Beamte als Reformmaßnahme bezeichnen zu wollen. Eine unbeschränkte Teilzeitbeschäftigungsmöglichkeit für Beamte ist weder personalwirtschaftlich effizient noch rechtlich vertretbar. Sie provoziert darüber hinaus einen Zuwachs an Bürokratie, weil sie völlig neue, zeitraubende Formen der Aufgabenbewältigung erfordern würde. Im übrigen aber stünde sie im krassen Widerspruch zum Prinzip der Hauptberuflichkeit, einem Wesensmerkmal des Beamtenverhältnisses, das nur aus besonderem Anlaß aufgegeben werden darf. Ein solcher besonderer Anlaß liegt z. B. im Schutz der Familie, etwa wenn es um die Betreuung von Kindern oder Pflegebedürftigen geht. Und er ist sicherlich auch dann zu konzedieren, wenn sich unabweisbare berufliche Notlagen auftun, etwa für solche Personen, die für einen ausschließlich oder überwiegend im öffentlichen Dienst auszuübenden Beruf ausgebildet sind und keinen ihrer Ausbildung entsprechenden Arbeitsplatz finden.

Dies ist etwas ganz anderes als die unkritische, uneingeschränkte Freigabe, ja Preisgabe der Hauptberuflichkeit des Beamtenverhältnisses. Wer dies als Reformschritt versteht, gibt zu erkennen, daß ihm die funktionsbezogenen Merkmale des Beamtenverhältnisses einerlei sind oder daß er sie nicht verstanden hat bzw. nicht akzeptieren will. Um so wichtiger ist es, auf die Fehlentwicklungen hinzuweisen, die aus einer solchen Einstellung erwachsen können. Man kann es nicht häufig genug wiederholen: Der verfassungsmäßige Auftrag des öffentlichen Dienstes besteht in der rechtsstaatlich durchorganisierten Erfüllung der öffentlichen Aufgaben. Das öffentliche Dienstrecht ist hierfür Instrument –

bezogen auf diesen Auftrag. Dienstrechtsreform darf diesen Pfad der Instrumentalität nicht verlassen, sie darf aber auch nicht von den politischen Entscheidungsträgern bewußt von ihm weggelenkt werden.

Ich komme zu These 3. Sie lautet:

Die Instrumentalität des öffentlichen Dienstrechts als Mittel optimaler Aufgabenerfüllung darf nicht vergessen lassen, daß dienstrechtliche Regelungen soziales und berufliches Dasein gestalten und individuelle Entfaltungsmöglichkeiten begründen. Dieser personalbezogene, humane Aspekt der Dienstrechtsreform muß künftig – auch unter Gesichtspunkten der Leistungsfähigkeit – stärker in den Vordergrund gerückt werden.

Was hierzu zu sagen ist, schließt sich nahtlos an das vorher Gesagte an. Zu Recht hat Wittkämper im April dieses Jahres anläßlich des Vertretertages des Landesbundes Rheinland-Pfalz angemerkt[8], daß die Gesamtheit der durch den Beamtenstatus begründeten Pflichten und Rechte in der Rechtsprechung eine überraschend moderne, in der heutigen Arbeitswissenschaft würde man sagen »motivationstheoretische Begründung« finden. Auf diesen Sachverhalt habe ich eingangs, bei der Erläuterung der Strukturprinzipien des Beamtenverhältnisses, bereits hingewiesen: Alles ist von der Idee her auf uneigennützige Amtsführung ausgerichtet, soll auf uneigennützige Einsatzbereitschaft hinwirken. Es wäre fatal, wenn die Dienstrechtsreform Hemmnisse, die sich hier eingestellt haben, nicht nur nicht beseitigt, sondern sie schlicht ignoriert. Zu viele Anzeichen deuten freilich darauf hin, daß dem so ist. So muß schon zu denken geben, daß nach der Zielsetzung des Aktionsprogramms zur Dienstrechtsreform die »angemessenen Arbeitsbedingungen der Mitarbeiter« zuletzt genannt werden. Vorgeschaltet ist die Zielsetzung »Verbesserung der Leistungsfähigkeit des öffentlichen Dienstes einschließlich einer Minderung der Kostenbelastung der öffentlichen Haushalte«.

Eine solche Rangordnung verkennt die enge Verzahnung von Arbeitszufriedenheit – aufgrund angemessener Arbeitsbedingungen – und Leistungsbereitschaft. Sie verkennt, daß angemessene Arbeitsbedingungen maßgeblich ein Produkt dienstrechtlicher Regelungen sind, ein

8 Vgl. G. W. Wittkämper: Die hergebrachten Grundsätze des Berufsbeamtentums. Eine verfassungspolitische Bilanz samt Gewinn- und Verlustrechnung, in: Der Beamte in Rheinland-Pfalz. 30. Jg., Nr. 6, Juni 1978, S. 99ff.

Produkt auch der durch dienstrechtliche Regelungen eröffneten Karriere- und Einkommensperspektiven.

Was haben in dieser Hinsicht die bisherigen Reformbemühungen gebracht?

Das Ergebnis ist mehr als enttäuschend. Dabei liegt es nicht einmal an dem hier und da feststellbaren guten Willen, sondern an der politischen Unfähigkeit, einen befriedigenden Konsens über das Verhältnis von Kosten und Nutzen herbeizuführen, das man bei Verbesserungen im öffentlichen Dienst einfach einkalkulieren muß.

Nehmen Sie das Beispiel des Laufbahnrechts: Die im Juni vom Kabinett verabschiedete neue Bundeslaufbahnverordnung[9] schafft zwar keine gesetzliche Änderung, wie wir sie uns wünschen würden, nämlich die Abschaffung der vier Laufbahngruppen. Sie eröffnet aber immerhin nennenswerte Verbesserungen. So zum Beispiel erweiterte Aufstiegsmöglichkeiten, vertiefte Ausbildungen und mehr Spielraum für die Entfaltung von Eigeninitiative bei der Fortbildung. Es gibt da zwar noch einige Haken und Ösen, aber insgesamt handelt es sich durchaus um einen akzeptablen Ansatz.

Die breite Einführung dieses neuen Laufbahnrechts wird nun aber dadurch in Frage gestellt, daß die Länder unter Berufung auf das sog. Besoldungsmoratorium ihre Zustimmung verweigern wollen. Mit dem Besoldungsmoratorium, es ist erstmals im Dezember 1974 vereinbart worden, sollten zunächst bis Ende 1976 kostenwirksame strukturelle Maßnahmen im Gesamtbereich des öffentlichen Dienstes unterbunden werden. Daraufhin wurde es stillschweigend verlängert und im Juli 1977 – nicht weniger unauffällig – zu einer Verfahrensregelung umgebaut, die es zu einem Kinderspiel macht, jede strukturelle Maßnahme im Reformbereich abzublocken, bei der Kostenauswirkungen erwartbar sein könnten.

Kostenneutralität als Innovationsbremse für Reformen ist aber alles andere als geeignet, bei den Mitarbeitern die Einsicht zu fördern, man nehme sich ihrer beruflichen Entfaltungsmöglichkeiten an. Das gleiche Dilemma haben wir ja bei den Funktionszuweisungsverordnungen, die

9 Vgl. Verordnung über die Laufbahnen der Beamten (Bundeslaufbahnverordnung – BLV) vom 15. November 1978; BGBl I. 1978, S. 1763ff.

unter dem Diktat der Kostenneutralität niemals sachgerechte und in ihren Auswirkungen sozial angemessene Lösungen versprechen können. Eine solche These ließe sich nur dann aufrechterhalten, wenn die Kostenlast der heute ungerecht bewerteten Amtsinhalte identisch wäre mit den erwartbaren Besoldungsauswirkungen einer funktionsgerechten Amtsbewertung. Mit welchem Grund könnte man aber eine solche These aufstellen? Hierzu muß man doch erst einmal prüfen, wie sich die sachgerechte Bewertung der betreffenden Amtsinhalte insgesamt darstellt, ohne unter dem Diktat zu stehen, jeden Einzelfall einer Höherbewertung mit einer Herunterbewertung anderswo legitimieren zu müssen.

Ich halte das alles für sehr demotivierend und einengend. Und unter solchen Umständen vermögen auch neue Beurteilungsrichtlinien als Instrument einer verbesserten Personalsteuerung wenig auszugleichen. Präzisere Leistungsbeurteilungen gewinnen für den einzelnen nur dann an Wert, wenn sie die reale Chance, und nicht nur die theoretische Chance, der leistungsgerechteren Verwendung und des leistungsgerechteren Aufstiegs eröffnen mit den entsprechenden einkommensmäßigen Konsequenzen.

Eine Philosophie der Kostenneutralität oder gar Kostenminderung sieht nur die eine Seite der Medaille. Sie unterschlägt oder unterschätzt den Nutzen des Denkens in Alternativen.

Im übrigen: Was heißt denn eigentlich Kostenneutralität? Es kommt ganz darauf an, worauf man diesen Anspruch bezieht: Man kann ihn auf den Gesamtbesoldungsaufwand beziehen, ebenso aber auf den Gesamtaufwand für Besoldung plus Sachaufwand; oder auch auf den Gesamtaufwand für die organisatorische und personalmäßige Bewältigung der Staatsaufgaben insgesamt! So gesehen stellt sich die Situation anders, unter Umständen flexibler dar. Und dies will ich in meiner vierten und letzten These zum Ausdruck bringen. Sie lautet:

Dienstrechtsreform kann für sich allein nur zu einem Teil für die Erhöhung der Leistungsfähigkeit des Staatsapparates beitragen. Hinzutreten müssen Bemühungen um eine effektivere organisatorische und planerische Gestaltung des Verwaltungsgeschehens. Die hierbei erzielbaren Einsparungen sollten als Investitionspotential betrachtet werden, das der Dienstrechtsreform neue Impulse geben könnte.

Mit dieser vierten These verlassen wir die rein rechtlichen Überlegungen und betreten das Feld der Bürokratiediskussion und der Funktionalen Verwaltungsreform. Ihnen ist wahrscheinlich bekannt, daß der DBB nie einen Zweifel daran gelassen hat, daß die Reform des öffentlichen Dienstes ein umfassendes Anliegen ist, das neben rechtlichen Maßnahmen flankierende im Bereich der Verwaltungsorganisation und vor allem auch im Bereich der staatlichen Aufgabenfindung verlangt. Wahrscheinlich liegt beim letzteren sogar das größte Rationalisierungspotential. Solange der »furor legislativus« wütet, wie dies Minister Herzog einmal in Anspielung auf den fürchterlichen Fleiß des Gesetzgebers gesagt hat, hat der öffentliche Dienst alle Hände voll zu tun, um den Gesetzesstrom verwaltungsmäßig verkraftbar und für den Bürger nutzbar zu machen. Sicherlich: Es gibt dabei Fehlleistungen und falschen Perfektionismus. Zu erinnern ist andererseits an die bitteren Erfahrungen mit den Folgelasten einmal beschlossener Aufgabenausweitungen. Hier tut sich ein weites Feld für Rationalisierung, Beschränkung, planvollere Aufgabengestaltung im öffentlichen Sektor auf.

Die Beamten verstehen sich nicht als Bremse solcher Bemühungen, sie selber sind es, wie uns aus einschlägigen empirischen Untersuchungen bekannt ist, die das Änderungsbedürftige beim Namen zu nennen wissen, und mit Kritik, aber auch nicht mit konstruktiven Vorschlägen zurückhalten. Ich verweise hierzu auf die aktuellen Arbeiten des DBB auf dem Gebiet der Funktionalen Verwaltungsreform, die erst jüngst zu konkreten Leitsätzen geführt haben, zu Leitsätzen betreffend den Abbau von Bürokratisierung, den Bereich der Aus- und Fortbildung, die effektivere Gestaltung der Arbeitsbedingungen, Fragen der Arbeitszufriedenheit, Methoden der Führungskräfteschulung und der Aufgabenkritik im öffentlichen Dienst.[10]

Was der öffentliche Dienst insgesamt benötigt, ist also so etwas wie eine Doppelstrategie der Reform, wobei die jeweiligen Nutzengewinne wechselseitig günstigere Bedingungen schaffen.

Dienstrechtsreform hat dabei den Vorteil, daß sie relativ einheitlich gestaltbar ist. Die Kompetenzen sind hier überschaubarer und eindeuti-

10 Vgl. Leitsätze zur Funktionalen Verwaltungsreform, Beschluß des Bundeshauptvorstandes des DBB vom 28. Oktober 1978, in: Geschäftsbericht der Bundesleitung (vgl. oben Anm. 7), S. D/17ff.

ger. Dienstrechtsreform stellt sich insoweit als ein Integrationspotential dar, das – konsequent genutzt – zum festen Fundament für alles Weitere werden kann.

Speziell für das Berufsbeamtentum und seine Zukunft gilt dabei, was Klaus Stern in der Festschrift zum 70. Geburtstag von Professor Carl Hermann Ule knapp und nüchtern so ausgedrückt hat[11]: »Wer das Berufsbeamtentum abschaffen will, muß Besseres präsentieren können. Daran fehlt es. Das Ziel muß auf eine Reform mit Maß und in Maßen gerichtet sein.«

11 Vgl. Klaus Stern: Berufsbeamtentum – gestern, heute, morgen. Art. 33 GG und sein verfassungsrechtlicher Kontext, in: Öffentlicher Dienst. Festschrift für Carl Hermann Ule zum 70. Geburtstag am 26. Februar 1977. Hrsg. von Klaus König, Hans-Werner Laubinger und Frido Wagener, Köln-Berlin-Bonn-München 1977, S. 193ff. (Zitat S. 213).

Mai 1979

Dreißig Jahre Grundgesetz

Bilanz und Erwartungen aus der Sicht des öffentlichen Dienstes

Beitrag anläßlich des 30. Jahrestages der Verabschiedung des Grundgesetzes

Quelle: forum E. Zeitschrift des Verbandes Bildung und Erziehung. 32. Jg., Heft 5, Mai 1979, S. 118ff.

Die Grundwertentscheidungen der Verfassung sind in Art. 33 Abs. 4 und 5 GG enthalten, nämlich in dem Auftrag, die Ausübung hoheitsrechtlicher Befugnisse in der Regel Angehörigen des öffentlichen Dienstes zu übertragen, die in einem öffentlich-rechtlichen Dienst- und Treueverhältnis stehen (Art. 33 Abs. 4 GG), und der Anweisung, das Recht des öffentlichen Dienstes unter Berücksichtigung der hergebrachten Grundsätze des Berufsbeamtentums zu regeln (Art. 33 Abs. 5 GG).

Setzt man den in Art. 33 Abs. 4 GG verwandten Begriff des »Dienst- und Treueverhältnisses« als Synonym für das »Beamtenrechtsverhältnis«, so ergibt sich hieraus zweierlei. Das Grundgesetz hat in Art. 33 Abs. 4 GG den Kernbereich staatlichen Handelns dem Berufsbeamtentum zur Erfüllung zugewiesen. Die Verfassung hat weiterhin in Art. 33 Abs. 5 GG das Berufsbeamtentum in die gute Tradition des in Deutschland gewachsenen Beamtentums gestellt, ohne Fortentwicklungen verhindern zu wollen; denn nicht ohne Grund hat die Verfassung zwar einerseits auf die hergebrachten Grundsätze verwiesen, die bei der Regelung des öffentlichen Dienstrechts zu berücksichtigen sind. Sie sind auf der anderen Seite aber eben nur zu berücksichtigen, d. h. Fortentwicklungen sind zulässig.

Berufsbeamtentum?

Warum aber eine Entscheidung für ein in der Tradition gewachsenes Berufsbeamtentum? Warum ein Sonderstatus für eine Gruppe Beschäftigter? Hätte nicht das allgemeine Arbeitnehmerrecht ausgereicht? Der herausgehobene Sonderstatus des Beamtenrechts hat in den letzten Jahren eine nicht endenwollende polemische Diskussion ausgelöst bis hin zu der verstiegenen Behauptung, die Väter des Grundgesetzes hätten das Berufsbeamtentum im Zustand geistiger Umnachtung konzipiert. Die Polemik gegen den Beamtenstatus richtet sich je nach dem Blickwinkel des Betrachters einerseits und in aktuellen politischen Bezügen andererseits von der Brandmarkung angeblicher Privilegien, die der Beamtenstatus mit sich bringe, bis zu der Anklage, die Beamten seien Menschen zweiter Klasse, sozusagen die Heloten der modernen Demokratie.

Wenn man sich, ohne diesen emotionalen Bezügen nachgehen zu wollen, einmal ganz nüchtern in die Zeit vor und um 1949 zurückversetzt, als das Grundgesetz konzipiert wurde, in eine Zeit also, als die Bundesrepublik politisch noch keine Substanz hatte und wirtschaftlich völlig darniederlag, so wird man bereits hieraus sehr schnell zu der Erkenntnis gelangen, daß es den Vätern der Verfassung sicherlich nicht einmal im Traume eingefallen ist, für eine bestimmte Gruppe von Beschäftigten von Verfassungs wegen bestimmte Privilegien zu sichern.

Und sicherlich haben sich die Verfasser des Grundgesetzes ganz bewußt für ein Berufsbeamtentum deutscher Prägung entschieden und nicht, was doch wegen des Genehmigungsvorbehaltes der drei Westmächte zur Verfassung nahegelegen hätte, für ein Beamtentum angelsächsischer oder amerikanischer Prägung ausgesprochen. Die Entscheidung für das Berufsbeamtentum begründete sich allein und ausschließlich daraus, daß der Staat und seine Verwaltung im Kernbereich staatlichen Handelns unter allen Umständen funktionsfähig, unabhängig und neutral bleiben sollten.

Also eine rein funktionale Begründung für das Berufsbeamtentum?! Dieser Ansatz wird sehr schnell deutlich, wenn man sich die in Art. 33 Abs. 5 GG erwähnten hergebrachten Grundsätze des Berufsbeamtentums kurz ansieht.

Das Berufsbeamtentum in der Bundesrepublik Deutschland ist ein auf Lebenszeit angelegtes Dienstverhältnis, nicht etwa deswegen, um den darin befindlichen Angehörigen des öffentlichen Dienstes zu einem frühen Zeitpunkt bereits den Lebenskampf abzunehmen oder zu erleichtern, sondern ausschließlich unter einem sehr funktionalen Bezug, nämlich die innere und äußere Unabhängigkeit eines Berufsstandes zu wahren, der in ganz besonderem Maße für die Erfüllung staatlicher Ordnung zuständig ist. Nur die Lebenszeitanstellung sichert die Verhinderung von sachfremden Einflüssen durch Dritte.

Für das Beamtenverhältnis gilt als ein hergebrachter Grundsatz das Laufbahnprinzip, verstanden als eine normativ geregelte Berufs- und Karriereordnung, die verhindern soll, daß Beamte nach sachfremden Gesichtspunkten in bestimmte berufliche Positionen einrücken können.

Der Unabhängigkeit des Berufsbeamtentums dient auch das sogenannte Alimentationsprinzip, das in seinem Kern besagt, daß der Beamte eine lebenslange amtsangemessene Bezahlung und Versorgung erhält. Gerade das Alimentationsprinzip ist besonderen Angriffen und nachdrücklicher Kritik ausgesetzt gewesen, weil man der Meinung war, daß es leistungsfeindlich und leistungshemmend sei. Aus dem Begriff der amtsangemessenen Bezahlung folgt aber gleichzeitig ein starker Leistungsbezug. Das Amt hat einen fest umrissenen Aufgaben- und Verantwortungshorizont, der sich entsprechend in der Bezahlung niederschlägt. Der Leistungsgrundsatz ist ein tragendes Prinzip des Berufsbeamtentums. Er besagt nichts anderes, als daß der Beamte nur seiner Fähigkeit und Leistung entsprechend in seiner beruflichen Laufbahn aufsteigen soll.

Schließlich, und dies ist der ganz entscheidende Unterschied zu den arbeitsrechtlichen Regelungen, ist das Recht des öffentlichen Dienstes durch Gesetz bzw. Rechtsnorm zu gestalten. Das Beamtenrecht steht damit unter dem Gesetzesvorbehalt und entzieht die Regelung der

Arbeits- und Wirtschaftsbedingungen dem Prinzip des Aushandelns, wie wir es bei Tarifverträgen kennen.

Insofern unterscheidet sich das Beamtenverhältnis ganz grundlegend von den anderen Rechtsverhältnissen für Arbeitnehmer in der Bundesrepublik. Der Staat als Dienstherr setzt die Rechtsverhältnisse im Ergebnis einseitig fest. Er ist dafür auf der anderen Seite im Rahmen einer umfassenden Fürsorgepflicht gehalten, den Beamten nicht schlechter zu stellen als Arbeitnehmer in der privaten Wirtschaft. Dies findet z. B. seinen Ausdruck in der Bestimmung der Beamtengesetze, daß die Beamten Anspruch auf Teilnahme an der allgemeinen Einkommensentwicklung haben.

Mit diesem System geht einher der Verzicht auf Tarifautonomie und damit auch auf Arbeitskampf. Das Grundgesetz hat sich ganz bewußt für diese Form entschieden, weil es zu Recht der Auffassung war und ist, daß der Staat vom Grundsatz her und in seiner praktischen Handhabung nur dann funktionsfähig ist und bleibt, wenn die Erfüllung staatlicher Aufgaben kontinuierlich gesichert ist.

Darauf hat der Bürger einen Anspruch. Er hat einen Anspruch auf ununterbrochene staatliche Leistungen, was sich insbesondere aus dem Sozialstaatsgebot des Grundgesetzes (Art. 20 GG) unmittelbar ableiten läßt.

Macht des Faktischen?

Nun wird man an dieser Stelle sicherlich einwenden können, daß Anspruch und Wirklichkeit der Verfassung hier weit auseinanderklaffen, weil es in weiten Bereichen staatlichen Handelns Bedienstete gibt, die eben nicht in einem solchen Beamtenrechtsverhältnis stehen, sondern als Angestellte des öffentlichen Dienstes rechtlich als Arbeitnehmer zu betrachten sind mit der daraus folgenden Konsequenz, daß für sie die Grundsätze des Tarifrechts, der Tarifautonomie und damit auch des Arbeitskampfes gelten. Und, so werden Kritiker an dieser Stelle anfügen, Art. 33 Abs. 4 des Grundgesetzes selbst verlangt ja das Beamtenverhältnis als Regelverhältnis nur für die Erfüllung hoheitsrechtlicher Aufgaben, die aber im Kreis staatlichen Verwaltungshandelns nur noch den geringeren Teil ausmachen würden, während den größeren Teil eben die Aufgaben des modernen sozialen und Leistungsstaates ausmachen.

Eine solche Auffassung würde sich die Argumentation wohl zu leicht machen.

Als im Jahre 1949 das Grundgesetz verabschiedet wurde, war die politische Entwicklung, die die Bundesrepublik nehmen würde, erst in Umrissen und in Perspektiven erkennbar und markiert. Der soziale Rechtsstaat war zwar als Auftrag postuliert, die Dimension des Sozialstaatsgebotes aber noch nicht ausgefüllt. Verfassungspolitisch gesehen wollten die Väter des Grundgesetzes alle wesentlichen staatlichen Aufgaben denjenigen übertragen, die in einem Beamtenverhältnis stehen.

Bereits aus dieser Überlegung heraus wird man den Begriff der hoheitsrechtlichen Befugnisse in einem sehr viel extensiveren Sinne auslegen müssen, als es die klassische Rechtsterminologie getan hat und teilweise noch tut. Man wird aber auch unter dem Gesichtspunkt des Sozialstaatsgebots des Art. 20 den Begriff anders sehen müssen. Versteht man die Besonderheit des Beamtenverhältnisses streng aufgabenbezogen, also unter dem Gesichtspunkt, daß die Erfüllung staatlichen Handelns durch eine besondere Rechtsform der für sie verantwortlichen Bediensteten gefordert ist, dann wird man unter diesem Gesichtspunkt alle staatlichen Aufgaben, die die Belange des Bürgers unmittelbar betreffen und in seinen Rechtskreis eingreifen, in diesem Sinn als hoheitsrechtliche Befugnisse anzusehen haben.

Das wird auch dadurch erhärtet, daß Art. 33 Abs. 5 GG nicht vom Dienstrecht der Beamten, sondern vom Recht des öffentlichen Dienstes ganz allgemein spricht, das nach den hergebrachten Grundsätzen des Berufsbeamtentums zu regeln sei.

Gewachsene Strukturen sind sicher nicht von heute auf morgen zu verändern; bei künftigen Einstellungen allerdings müßte das Verfassungsgebot, den Bürger unmittelbar berührende staatliche Aufgaben durch Beamte erfüllen zu lassen, strikt beachtet werden.

Als in der ersten Hälfte der 70er Jahre die Diskussion um die Reform des öffentlichen Dienstrechts besonders intensiv geführt wurde, wurde die Forderung nach Abschaffung des Berufsbeamtentums, die eine Verfassungsänderung vorausgesetzt hätte, insbesondere mit dem Argument verlangt, Verfassungsauftrag und Verfassungswirklichkeit klafften im Bereich des öffentlichen Dienstrechtes inzwischen so weit auseinander, daß der Verfassungsauftrag, nämlich die Aufgaben essentiellen staatlichen Handelns durch Berufsbeamte erfüllen zu lassen, inhaltsleer, ja geradezu obsolet geworden sei und man das Verfassungsrecht der Verfassungswirklichkeit anpassen müsse.

Würde das Berufsbeamtentum abgeschafft, der gesamte öffentliche Dienst in den Arbeitnehmerstatus überführt, so hätte der öffentliche Dienst nach den Grundsätzen der Tarifautonomie selbst am wirtschaftlichen Verteilungskampf teilzunehmen. Damit könnte auch der gesamte öffentliche Dienst Arbeitskämpfe durchführen. Hierbei könnte der Staat völlig lahmgelegt, politische Entscheidungen nicht mehr vollzogen werden, der Gesetzesvollzug selbst wäre ausgesetzt.

Der Arbeitskampf im öffentlichen Dienst hätte aber auch deswegen so bedrückende Aspekte, weil er auf dem Rücken der unbeteiligten Bürger der Bundesrepublik Deutschland ausgetragen würde.

Schließlich muß man sich einmal bewußtmachen, daß ein Arbeitskampf im öffentlichen Dienst fast ausschließlich die wirtschaftsschwächeren Bürger unseres Staates treffen würde. Die sogenannten Privilegierten können beim Ausfall staatlicher Leistungen auf andere Ersatzleistungen notfalls ausweichen. Nur der sozial Schwächere ist hierzu nicht in der Lage. Der Streik im öffentlichen Dienst ist daher in einem ganz hohen Maße sozialstaatswidrig.

Erwartet werden muß also, daß das Verfassungsgebot des Art. 33 wieder voll zum Tragen kommt und daß die tragenden Elemente des Berufsbeamtentums, nämlich die Sachneutralität, die innere und äußere Unabhängigkeit wieder als essentielle Prinzipien staatlicher Aufgabenerfüllung angesehen werden.

Auf der anderen Seite muß der Staat seine Beamten für diesen Verzicht auf die Teilnahme am Arbeitskampf und auf die eigenständige Aushandlung der Arbeits- und Wirtschaftsbedingungen in angemessener Weise an den sozialen und wirtschaftlichen Fortschritten teilnehmen lassen.

Die Bezahlung der Beamten muß sich an der allgemeinen Einkommensentwicklung orientieren. Ihre Versorgung muß dem Alimentationsgebot gerecht werden.

Kommt der Dienstherr dieser Verpflichtung auf Dauer nicht nach, so wird das ausgewogene System der gesetzlichen Regelung der Beamtenrechtsverhältnisse einerseits und der Fürsorgeverpflichtung des Staates andererseits nachhaltig gestört.

Verfassungsfeinde

An dieser Stelle sei noch ein Wort zu der Diskussion um die Verfassungsfeinde im öffentlichen Dienst gestattet:

Es ist sicherlich ein Zeichen einer starken Demokratie, wenn die Bundesrepublik auch diejenigen, die unsere freiheitlich demokratische Grundordnung bekämpfen, toleriert und sich mit ihnen nur politisch auseinandersetzt, also auf administrative und strafrechtliche Sanktionen verzichtet.

Es ist aber ein Zeichen der Schwäche einer Demokratie, wenn sie die Verfassungsfeinde in den öffentlichen Dienst eindringen läßt, die nur das Ziel haben, die Demokratie von innen heraus zu bekämpfen. Verfassungsfeinde haben im öffentlichen Dienst keinen Platz. Darüber besteht auch Einigkeit. Nur wird diese Erkenntnis dann sehr durchlöchert, wenn durch Verfahrensvorschriften die Abwehr von Verfassungsfeinden vom öffentlichen Dienst mindestens außerordentlich erschwert, wenn nicht unmöglich gemacht wird.

Die Diskussion um die Verfassungsfeinde im öffentlichen Dienst entzündet sich in der Regel an der Einstellung von Lehrern, die als Verfassungsfeinde anzusehen sind. Ich bekenne mich ausdrücklich zur pädagogischen Freiheit des Lehrers und zum Meinungspluralismus in der Schule. Dieser muß aber da seine Grenzen haben, wo versucht wird, Schüler gegen unsere demokratische Grundordnung, gegen unseren Staat aufzuwiegeln. Kinder sind in besonders hohem Maße Manipulationen zugänglich. Auch von hierher begründet sich die Notwendigkeit des Beamtenstatus für Lehrer zwingend.

Selbstverständlich müssen Lehrer auch deswegen Beamte sein, weil sie im Rahmen der dem Staat zugewiesenen Schulhoheit einen Teil des Erziehungsrechts gegenüber den Kindern und Heranwachsenden ausüben und aus dieser Aufgabenstellung heraus in den allgemeinen Freiheitsraum der jungen Menschen eingreifen müssen. Sie entscheiden z. B. durch die Notengebung über Versetzung und damit auch über berufliche Chancen; sie beeinflussen die geistige und soziale Entwicklung der jungen Menschen, indem sie neben der Wissensvermittlung auch Meinung bilden und die Aufgabe haben, den einzelnen zu eigenverantwortlicher Handlungsfähigkeit in einem demokratischen Staat heranzuführen. Diese Aufgaben sind zweifellos hoheitsrechtlicher Natur im Sinne des Art. 33 Abs. 4 des Grundgesetzes und fallen damit unter den Funktionsvorbehalt der Verfassung.

Ebenso bedeutsam für den dienstrechtlichen Status des Lehrers ist aber die aus der pädagogischen Freiheit erwachsende besondere Verantwortung.

Der Staat hat daher die Aufgabe, dafür Sorge zu tragen, daß die pädagogische Freiheit nicht dazu mißbraucht wird, Kinder zu indoktrinieren, sondern sie in dem vom Grundgesetz gesteckten breiten freiheitlichen Rahmen zu erziehen. Dies setzt auf der Seite der Lehrer ein aktives Eintreten für die im Grundgesetz abgesteckte freiheitliche demokratische Grundordnung voraus. Ein aktives Eintreten für diese Grundordnung schreiben indes nur die Beamtengesetze zwingend vor.

Der im Beamtenrecht festgelegte ausgewogene Katalog der Rechte und Pflichten korrespondiert mit der besonderen Aufgabenstellung der Lehrer in prägnanter Weise.

So kann sich die unverzichtbare pädagogische Freiheit des Lehrers in besonderem Maße nur in einem Dienstrechtsverhältnis entfalten, das die innere und äußere Unabhängigkeit in vollem Umfang sichert, andererseits aber Mißbrauch dieser Freiheit durch die besonders strenge Bindung der Beamten an Verfassung, Recht und Gesetz hindert. Verfassungsrechtlich wie auch von der besonderen Aufgabenstellung der Lehrer her kann also gar kein Zweifel daran bestehen, daß die Ausübung des Lehrerberufs in der Regel den Beamtenstatus voraussetzt.

Bilanz

Bilanziert man nach dreißig Jahren Bestehens des Grundgesetzes, so bleibt festzustellen, daß sich die Verfassungsbestimmungen in bezug auf den öffentlichen Dienst bewährt haben und keiner Änderung bedürfen. Worum es geht, ist – und dies sind zugleich die Erwartungen des öffentlichen Dienstes –, daß die zwingenden Zielvorgaben des Grundgesetzes auch tatsächlich durchgesetzt bzw. eingehalten werden. Die Beamten wollen keinen Sonderstatus, um sich Privilegien zu erhalten.

Der Rahmen, den das Grundgesetz für die Regelung des öffentlich-rechtlichen Dienstverhältnisses setzt, erscheint flexibel genug, sich allen aufgabenbedingten Änderungen anzupassen. Selbstverständlich ist die Ausgestaltung des Beamtenverhältnisses noch in vielen Punkten dringend verbesserungsbedürftig. Nur – und darauf muß hingewiesen werden –, die Verfassung hindert solche Reformbemühungen nicht. Im Gegenteil, in vielen Punkten ist der in den Art. 33 Abs. 4 und 5 zum Ausdruck kommende Auftrag der Verfassung noch nicht erfüllt.

Einen notwendigen Reformansatz sehe ich in der Fortentwicklung des Laufbahnrechtes durch Wegfall des Laufbahngruppenprinzips und Einführung einer einheitlichen Laufbahn. Die Verfassung selbst sichert nur das Laufbahnprinzip als tragenden Grundsatz des Berufsbeamtentums. Zwingend erscheint auch eine stärkere Verankerung des Leistungsprinzips einschließlich einer leistungsgerechten Bezahlung, eine Forderung, die auch von der Verfassung selbst durch die besondere Betonung des Leistungsprinzips im öffentlichen Dienst aufgestellt wird. Eine stärkere Mitwirkung und Mitentscheidung der Beamten ohne Gefährdung für den Staat durch Gesetz übertragener Aufgabenerfüllung wird ebenfalls noch durchzusetzen sein.

Die Bestimmungen des Grundgesetzes in bezug auf den öffentlichen Dienst sind also weit genug, alles dieses zu verwirklichen. Erwartet werden muß jedoch, daß der Widerspruch zwischen Verfassungsrecht und Verfassungswirklichkeit beseitigt wird. Dieser Appell richtet sich indes ausschließlich an die Politik.

10. Mai 1979

Abschied von Reformen im öffentlichen Dienst?

Rede auf der Veranstaltung des Orts- und Kreiskartells Oldenburg im DBB-Landesbund Niedersachsen in Oldenburg

Quelle: DBB-Archiv, Abt. Bulei 15000-28 (maschinenschriftlich mit handschriftlichen Zusätzen A. Krauses)

»Abschied von Reformen im öffentlichen Dienst« – das Thema, über das ich heute zu Ihnen sprechen darf – ist mit einem Fragezeichen versehen. Es enthält also nicht etwa eine lapidare Feststellung oder gar eine mit einem Ausrufezeichen bekräftigte Forderung.

»Abschied von Reformen im öffentlichen Dienst« als Fragestellung soll vielmehr dazu anregen – und so will ich auch meine Ausführungen verstehen –, darüber nachzudenken und kritisch zu prüfen, wo wir heute, 1979, eigentlich stehen, was die Reform des öffentlichen Dienstes angeht.

Daß der Anlaß für eine solche Bilanz und solch kritisches Fragen nicht eben atemberaubender Fortschritt ist, können Sie dem im Thema enthaltenen Wort »Abschied« entnehmen. Andererseits begegnen mir und sicher auch Ihnen zu dem Thema Reformen im öffentlichen Dienst immer wieder zwiespältige Meinungen. Auf der einen Seite finden sich jene, denen es nicht schnell und energisch genug mit der Reform des öffentlichen Dienstes gehen kann, die enttäuscht sind über jedes Hinhalten, Überdenken, Verzögern. Auf der anderen Seite gibt es nicht wenige, denen das gesamte Spektakulum »Reform des öffentlichen Dienstes« irgendwie suspekt, verdächtig vorkommt, die von der Sorge geplagt sind, es könnten die guten Grundlagen des öffentlichen Dienstes durch Reformen eher in Frage gestellt als gestärkt werden, wegreformiert werden. Und so mag es sein, daß – aus diesem Blickwinkel – so mancher einem Abschied von Reformen jedenfalls nicht nachtrauern würde.

Natürlich muß man das alles vor dem Hintergrund einer langjährigen Entwicklung sehen. Hätte ich vor zehn Jahren über das Thema »Abschied von Reformen im öffentlichen Dienst« gesprochen, man hätte mir vermutlich empört entgegengehalten, wie ich denn auf einen solchen Gedanken kommen könnte! Ich selbst wäre auch nicht darauf gekommen. Das Wort Reform hatte damals noch einen guten Klang. Alle Welt war reformbewußt. Reformen signalisierten Neuanfang, Tatendrang, Aufbruch, Grundlage für eine bessere Zukunft, für verbesserte Lebens- und Daseinsbedingungen. Ich erinnere mich z. B. an eine politische Formel aus dem Jahre 1970, mit der »Sicherheit durch Reform« versprochen wurde.

Heute geht man schon vorsichtiger mit dem Reformbegriff um. Der Grund: Enttäuschte Erwartungen, Reformruinen, Fehlentwicklungen als Begleiteffekt, unerwartete Kostenlasten, vielfach auch Einsicht in die Grenzen der Planbarkeit allgemein. Ich nenne als Stichworte die Bildungsreform, Hochschulreform, Studienreform, Steuerreform, Haushaltsreform, Eherechtsreform, Gebietsreform usw., usf. Kurzum, es macht sich weithin Ernüchterung breit, und hier und da taucht sogar die Forderung nach der »Reform der Reform« auf.

Was ist von dieser Entwicklung zu halten? Ganz allgemein gesehen meine ich, daß dieser Ernüchterungsprozeß durchaus positive Seiten hat. Ich habe schon früher mit großer Skepsis beobachtet, wie sehr sich unsere Gesellschaft, unterstützt und vorangetrieben von politischem Gestaltungsdrang, in eine wahre Reformeuphorie hineingesteigert hat. Wandel schien schon aus Prinzip vielfach wichtiger als Bewahrung.

Und je umfassender der Anspruch, um so fortschrittlicher das Anliegen und um so leichter die Anerkennung. Bezeichnenderweise wurde auch die Reform des öffentlichen Dienstes erst dann zum großen öffentlichen Thema, als einschlägige Reformpolitiker die »gesellschaftspolitische Reichweite« einer solchen Reform erkannten und die Chance für Systemüberwindung witterten. Auch wenn die gesellschaftsgestaltende Kraft des öffentlichen Dienstes, nämlich als Instrument des demokratischen Staates, unbezweifelbar ist – dem DBB lag nie daran, den Begriff der Reform des öffentlichen Dienstes mit solchen emanzipatorischen Inhalten zu befrachten. Reform bedeutete für den DBB von Anfang an – und die Anfänge der Reformtradition des DBB reichen zurück bis in die Anfänge der 60er Jahre – nichts anderes als sachbezogene, aber konsequent und zielgerichtete Anpassung der beruflichen Entfaltungsmöglichkeiten im öffentlichen Dienst mittels rechtlicher und organisatorischer Besserungen im Interesse eines dauerhaft leistungsfähigen öffentlichen Dienstes.

Mir liegt heute wie früher daran, den Begriff Reform freizuhalten von ideologischem Beiwerk gleich welcher Art und ihn streng auf die Sache zu konzentrieren, um die es geht. Die Feststellung, daß Reform des öffentlichen Dienstes immer zugleich ein Stück Staatsreform ist, hat dabei mit Ideologie nichts zu tun.

Diese Feststellung verweist allerdings und zu Recht auf die weitreichenden Auswirkungen für Bürger und Staat, die Maßnahmen der Reform des öffentlichen Dienstes haben können. Es war deswegen auch kein Zugeständnis an einen modischen Begriffstrend, daß der DBB in Anknüpfung an seine langjährigen Vorarbeiten im Jahre 1972 ein umfassendes Konzept vorgelegt hat, dem er den Namen gegeben hat »Vorschlag des DBB zur Reform des öffentlichen Dienstrechts«.[1]

Die Bezeichnung entsprach und entspricht dem Ziel, das mit den Vorschlägen verfolgt wird: umfassende, systematische, konkrete und vor allem auch vollziehbare, weil auf dem Boden der Verfassung stehende Verbesserung der rechtlichen und organisatorischen Grundlagen im öffentlichen Dienst. Reform – das bedeutete und bedeutet für den DBB: das Ganze im Auge behalten, auf Ausgewogenheit und Gleichgewichtigkeit der Maßnahmen achten, sich nicht in Details verlieren, Verflechtungen erkennen, den Blick für das Wesentliche bewahren.

Der DBB sieht keinen Grund, von solchen Maßstäben heute etwas zurückzunehmen. Und er vermag auch nicht zu erkennen, daß die Ereignisse im öffentlichen Dienst dazu angetan wären, einen so definierten Reformanspruch 1979 oder in den nächsten Jahren als eingelöst oder gar als überflüssig zu betrachten. Aber heute deutet vieles auf zunehmende Reformmüdigkeit hin, auf die Erkenntnis, man tue vielleicht

1 Vgl. die Angaben S. 514 Anm. 7.

besser daran, sich mit kleinen Schritten und weniger anspruchsvollen Zielvorgaben zu begnügen.

Wenn es nach dem Bundesinnenminister geht, sollte am besten überhaupt nicht mehr von Reform gesprochen werden. Sein Argument: Eine Dienstrechtsreform im Sinne einer einmaligen, alles umfassenden Entscheidung liege weder im Interesse des Bürgers noch der Allgemeinheit, noch im Interesse der Mitarbeiter im öffentlichen Dienst. Sie würde keinen Schritt weiterführen auf dem mühsamen Weg zur Bewältigung der Zukunftsprobleme. Das Wort der »Dienstrechtsreform« sei als Schlagwort inzwischen belastet mit falschen Erwartungen. Er werde dieses Wort daher in Zukunft vermeiden, führte der Bundesinnenminister vor den Teilnehmern der 20. beamtenpolitischen Arbeitstagung des DBB am 8. Januar dieses Jahres in Bad Kissingen aus.[2] Angemessener, nüchterner und realistischer erscheine ihm stattdessen die Bezeichnung »Fortentwicklung der Struktur des öffentlichen Dienstrechts«.

In der Tat könnte man dem Bundesinnenminister zustimmen, wenn seine Argumentation nicht einen Schönheitsfehler hätte: Niemand von denen, die sich ernsthaft mit Fragen der Reform des öffentlichen Dienstrechts beschäftigt und einschlägige Konzeptionen erarbeitet haben, ist jemals davon ausgegangen, man könne alles in einem Stück erledigen. Das Bundesinnenministerium selbst war nie müde geworden, in seinen Arbeitspapieren immer wieder nur von Reformen in Schritten zu sprechen, von stufenweiser Verwirklichung. Und eben weil das alles nicht neu ist, erscheint die große Geste der begrifflichen Bescheidung weniger als Ausdruck einer neuen geläuterten Grundhaltung, sie erweist sich vielmehr als durchsichtiger und nicht ganz verständlicher Versuch, Probleme künstlich hochzuspielen und damit von nachweisbaren Versäumnissen abzulenken!

Denn selbst die nicht so sehr an Reformfragen Interessierten werden erkannt haben, daß die mittlerweile sechs Jahre währende Regierungsarbeit an der Reform des öffentlichen Dienstrechts von beispiellosen Rückzugsgefechten geprägt ist. Auch wenn quantitative Angaben nicht

2 Vgl. Gerhart Rudolf Baum: Die Lage des öffentlichen Dienstes und Entwicklung des Beamtenrechts, in: Der öffentliche Dienst und die Medien (= Godesberger Schriften zur Staats- und Gesellschaftspolitik. Bd. 16), Bonn-Bad Godesberg 1979, S. 15ff., hier S. 18.

unbedingt etwas zu besagen haben – sie verdeutlichen jedoch ganz gut, wie sich im Laufe der Zeit jedenfalls die Arbeitsbasis verändert hat.

Die 1972 vom DBB eingebrachten Vorschläge zur Reform des öffentlichen Dienstrechts beanspruchten immerhin 102 Druckseiten, Materialbände nicht eingerechnet. Die seinerzeit beim Bundesinnenminister eingerichtete Studienkommission für die Reform des öffentlichen Dienstrechts legte im Mai 1973 ihre Vorschläge in einem 375 Druckseiten umfassenden Berichtsband vor, Materialbände auch hier nicht eingerechnet.[3]

Und das Bundesinnenministerium? Es reduzierte dieses gesamte Gedankengut nach dreijähriger Vorbereitungsarbeit auf ein »Aktionsprogramm zur Dienstrechtsreform«, das zur Darstellung seiner Vorhaben nicht mehr als 20 Seiten im aufgelockerten DIN-A-5-Druck benötigt.

Geblieben sind lediglich zwei, wenn auch sicherlich wichtige Vorhaben: Die Verwirklichung einer funktions- und leistungsgerechten Personalsteuerung sowie die Verwirklichung einer funktions- und leistungsgerechten Bezahlung. Aber schon dieser Anspruch der »Funktions- und Leistungsgerechtigkeit« – er geht einem leicht über die Lippen und gehört zum bereits klassischen Repertoire der Reformsprache – wirft bei näherem Besehen mehr Fragen auf, als daß er Lösungswege aufzuzeigen vermag.

Was ist funktionsgerecht, was leistungsgerecht? Wie mißt man beides? Wie vergleicht man Leistungen und Funktionen so, daß das Ergebnis des Vergleichs einigermaßen gerecht ausfällt? Was ist, wenn man es mit gänzlich unterschiedlichen Funktionen zu tun hat, die aber doch leistungsmäßig in ein System gebracht in ihrer Wertigkeit verglichen werden sollen?

An solchen und ähnlichen Fragen haben sich die Reformüberlegungen gegenwärtig und eigentlich schon seit Jahren festgebissen. Testobjekte sind vor allem das Beurteilungswesen und das Arbeitsplatzbewertungssystem im öffentlichen Dienst. Darüber hinaus gilt die seit Februar in Kraft befindliche neue Bundeslaufbahnverordnung[4] – jedenfalls in den

3 Vgl. die Angaben S. 451 Anm. 5.
4 Vgl. die Angaben S. 722 Anm. 9.

Augen ihrer Erfinder – als Modellfall für bereits erfolgreich vollzogene Reform.

Es geht mir nicht darum, um das klar zu sagen, die Schwierigkeiten herunterzuspielen, denen ernsthafte Besserungen auf diesen drei Gebieten begegnen. Der DBB weiß sehr wohl aus seinen eigenen Vorarbeiten um die Komplexität der Sachverhalte, die hier angesprochen sind. Andererseits halte ich es im Blick auf mein Vortragsthema für nützlich, kurz bei diesen drei Beispielen zu verweilen. Sie bieten nämlich Anschauungsmaterial dafür, warum viele Mitarbeiter des öffentlichen Dienstes das Reformgeschehen mit einer Mischung aus Verärgerung und Resignation verfolgen.

Um beim konkreteren anzufangen, dem Laufbahnrecht: Wer hier die offiziellen Begründungen für die vollzogene Fortschreibung der Bundeslaufbahnverordnung zu hören bekommt, wird in der Tat in einen Zustand gespannter Erwartung versetzt. Es werden darin die Konsequenzen gezogen aus der Einführung der Fachhochschulausbildung in die Ausbildung des gehobenen Dienstes, parallel dazu wird auch die Ausbildung für den mittleren und einfachen Dienst qualitativ verbessert. Leitgedanke ist, die Attraktivität eines früheren Eintritts in den öffentlichen Dienst als Alternative zu einem langen Studium zu erhöhen. Geeignete Mitarbeiter sollen sich früher als bisher durch eine weitere Ausbildung für die nächsthöhere Laufbahn qualifizieren können. Besonders leistungsfähigen dienstälteren Beamten wird darüber hinaus ein Aufstieg durch die Einführung in Aufgaben bestimmter Verwendungsbereiche ermöglicht, die sich an ihre bisherige berufliche Entwicklung anschließen.

Insgesamt soll die neue Laufbahnverordnung dazu beitragen, daß die Mitarbeiter im öffentlichen Dienst besser als bisher ihre beruflichen Entwicklungsmöglichkeiten überschauen können und in die Lage versetzt werden, »durch Leistungs- und Lernbereitschaft« – so die offizielle Begründung – diese Entwicklungsmöglichkeiten selbst mitzugestalten.

Meine Damen und Herren, dieser wohlformulierte Anspruch steht leider im krassen Gegensatz zu dem, wie das neue Laufbahnrecht von den Mitarbeitern draußen an der Verwaltungsfront aufgenommen wird. Wann immer ich ins Gespräch mit Kollegen komme, erreicht mich die besorgte und zum Teil verärgerte Frage, worin man denn nun eigentlich den Reformeffekt dieser Neuregelung zu sehen habe. Insbesondere befürchtet man, daß die in Aussicht gestellte erhöhte Durchlässigkeit zwischen den Laufbahngruppen, speziell der Aufstieg vom mittleren in den gehobenen Dienst, aufgrund der hochgeschraubten Anforderungen nicht erleichtert, sondern eher noch erschwert werde.

Wem aber nützen Verheißungen des Leistungsprinzips, wenn es durch neue Sperren wieder abgewürgt wird! Ich glaube, wir haben hier in der Tat ein sehr ernstes Problem vorliegen, das von nicht zu unterschätzender Bedeutung für die allgemeine Stimmungslage und Arbeitszufriedenheit im öffentlichen Dienst ist. Das Ja des DBB zur Festigung des Leistungsprinzips im öffentlichen Dienst bedeutet keinen Freibrief für die Einführung von Leistungszwängen, die sich nicht an der Aufgabenstellung orientieren, sondern vornehmlich der Personalwirtschaft als Karrierekiller dienen könnten. Es liegt in der Hand der Dienstherren, den mit dem Laufbahnrecht gegebenen Spielraum mitarbeiterfreundlich auszuschöpfen. Sie sollten diese Chance im Interesse des zu erhaltenden Vertrauens in die Personalführung konsequent nutzen.

Ohnehin bietet das geänderte Laufbahnrecht keinen Reformersatz. Die Ziele müssen hier – bei einer wirklichen Reform – viel weiter gesteckt sein, sie müssen auch die gesetzlichen Grundlagen erfassen. Es ist im Grunde verlorene Liebesmühe, in den Gesetzen am Laufbahngruppenprinzip und anderen revisionsbedürftigen Sachverhalten festzuhalten, auf Vorschriftenniveau hingegen dem Recht aber neuen Glanz verleihen zu wollen. Die Novellierung der Bundeslaufbahnverordnung kann deswegen nur ein Zwischenschritt sein.

Im Mittelpunkt einer echten Laufbahnreform muß die Beseitigung der durch das Laufbahngruppenprinzip eingebauten unangemessenen Sperren stehen. Es geht also nicht um die Beseitigung des Laufbahnprinzips, dies möchte ich hier unmißverständlich feststellen. Das Laufbahnprinzip hat sich als sachgerechte Ordnung des Berufswegs im öffentlichen Dienst bewährt. Es ist nur freizuhalten von unnötigem Ballast und von Sperren, die einfach nicht mehr in unsere Zeit passen. So gesehen ist die neue Bundeslaufbahnverordnung natürlich für die Mitarbeiter eine Enttäuschung. Sie kann all das nicht leisten. Sollte sich der Reformeifer der Regierung mit der Vorlage der Bundeslaufbahnverordnung erschöpft haben, käme dies allerdings einem Abschied von Reformen auf diesem zentralen Gebiet dienstrechtlicher Gestaltung gleich.

Eine derartige resignierende Selbstbescheidung wird sich der DBB weder zu eigen machen noch mittragen, sondern mit neuen Initiativen darauf hinwirken, daß die noch offenen Fragen aufgegriffen werden. Das Gebot der Stunde ist unabhängig davon und darüber hinaus, die Praktikabilität der jetzt vorliegenden neuen Laufbahnvorschriften aufs genaueste zu überprüfen. Es mag noch etwas verfrüht sein, Bilanz zu ziehen, wir werden aber sehr sorgfältig alle Reaktionen auswerten, die uns aus den Verwaltungen erreichen, um diese Erfahrungen für gegebenenfalls vordringlich vorzunehmende Korrekturen und Verbesserungen nutzbar zu machen.

Am Laufbahnrecht wird im übrigen sehr gut deutlich, wie eng die verschiedenen Regelungsmaterien des öffentlichen Dienstes aufeinander bezogen und miteinander verzahnt sind. Und auch: wie sehr es darauf ankommt, über die richtigen Instrumente und Informationen zu verfügen, wenn sich Personalführung an den Grundsätzen der Funktions- und Leistungsgerechtigkeit ausrichten soll. Es ist insoweit dringend zu hoffen, daß die Vorschläge zur Fortentwicklung des Beurteilungswesens – dies betrifft den zweiten von mir erwähnten Reformbereich – aus der Erprobungsphase herausgeführt und im Benehmen mit den Spitzenorganisationen und Personalvertretungen auf Anwendungsreife überprüft werden.

Erlauben Sie mir in wenigen Strichen zu skizzieren, worum es hier geht. Das künftige Beurteilungssystem soll die Beurteilung des Könnens – der Befähigung – von der Beurteilung des erzielten Arbeitsergebnisses – der Leistung – trennen. Ein zweifellos richtiger Ansatz! In den bisher üblichen Beurteilungen steht nämlich beides vielfach ungeordnet nebeneinander. Dadurch wird nicht immer ausreichend deutlich, wofür der Mitarbeiter besonders geeignet ist, wofür er weniger geeignet ist und wie bestehende Schwächen behoben werden können. In der nunmehr vorgesehenen Befähigungsbeurteilung sollen sich Aussagen zu einzelnen Fähigkeiten des Mitarbeiters ohne Gesamturteil finden. Ergänzend dazu versucht die Leistungsbeurteilung eine Versachlichung des Beurteilungsvorganges insoweit zu erreichen, als die erbrachten Leistungen bestimmten Leistungsvorgaben gegenübergestellt werden. Das heißt: vor Beginn des Beurteilungszeitraums soll in Abstimmung mit den Mitarbeitern konkret festgelegt werden, was an Leistungen erwartet wird.

Genau dies ist aber wieder ein Punkt, an dem sich eine Bruchstelle in der gegenwärtigen Reformarbeit auftut und der einmal mehr unterstreicht, daß sachgerechte Fortentwicklung im öffentlichen Dienst ohne aufeinander abgestimmtes Vorgehen, ohne umfassende Bemühungen immer nur sehr begrenzt erreichbar sein wird. Denn es ist zwar richtig, daß persönliche Leistungen nur auf dem Hintergrund von objektiven Leistungsvorgaben sachgerecht zu würdigen sind – auch heute wird ja im Grunde nicht anders verfahren.

Doch was nützt der Wille, dieses Verfahren zu perfektionieren, wenn die hierzu erforderlichen, entsprechend präzisen Funktionsbeschreibungen weithin fehlen?! Die langjährigen Bemühungen um die Einführung eines einheitlichen Arbeitsplatzbewertungssystems im öffentlichen Dienst scheinen mir noch nicht so weit vorangekommen zu sein, daß hier von einem Durchbruch die Rede sein könnte. Dies kann auch den Anmerkungen des Bundesinnenministers entnommen werden, der zu Beginn dieses Jahres das Anliegen der Arbeitsplatzbewertung mit folgenden zurückhaltenden Worten umschrieb – ich zitiere[5]:

»Wenn sich der Weg, der hier beschritten wird, als gangbar erweisen sollte, dann haben wir einen interessanten neuen Aspekt der Durchdringung von Komplexität gewonnen. Dann werden Beurteilungsentscheidungen nicht nur besser nachvollziehbar als bisher, sondern dann wird auch eine bewußte Entscheidung über die Gesichtspunkte erleichtert, welche die Bewertung bestimmen sollen – also z. B. die geforderte Ausbildung, der Schwierigkeitsgrad der Informationsverarbeitung oder der Verantwortungsgrad. Die für die Bewertung notwendigen Informationen werden zugleich Schwachstellen in den Organisationsstrukturen aufdecken, die Aufstellung von Anforderungsprofilen ermöglichen und ... Verantwortungen bewußtmachen.«

Gerade weil die Mitarbeiter des öffentlichen Dienstes selbst ein Interesse daran haben, daß Personalsteuerungsentscheidungen nicht über den Daumen gepeilt werden, sondern daß die erbrachte Leistung

5 Vgl. Baum: Die Lage des öffentlichen Dienstes (wie oben Anm. 2), hier S. 25.

Vorrang hat, liegt ihnen mit dem DBB daran, hier zu überschaubaren und nachprüfbaren Daten zu kommen. Wenig versprechen wir uns allerdings von einem Superbewertungssystem, das alles und jedes mit Gewalt in ein einziges Bewertungsmodell pressen will. Man sollte hier einen Weg der Mitte gehen und Ansprüche nicht überziehen. Auch das gehört zu einer Reform mit Maß. Dem Theoretiker mag es zur Ehre gereichen, wenn er ein Beurteilungsraster vorweisen kann, das den Hausmeister in seiner Leistung ebenso zu klassifizieren mag wie den Vermessungstechniker, den Lehrer ebenso wie den Lokomotivführer. Aber überziehen wir so nicht vielleicht doch den Perfektionsdrang?

Ich meine, man sollte den Blick mehr auf das jeweilige Aufgabenfeld als auf die Universaltauglichkeit eines Instruments richten. Mir wurde das erst vor kurzem wieder bewußt, als mir eine Zeitungsnotiz in die Hände kam – sie findet sich in der Frankfurter Allgemeinen Zeitung vom 5. Mai 1979[6] –, in der über eine Untersuchung zum Verhältnis zwischen Finanzbeamten und Bürgern berichtet wird. Es handelt sich um eine Untersuchung von Sozialwissenschaftlern der Universität Bielefeld. Ein Ergebnis daraus verdient erwähnt zu werden: 82 Prozent der befragten Sachbearbeiter in den Finanzämtern meint danach, die persönliche Abgabe der Steuererklärung erhöhe die Chance einer gerechteren und gleichen Behandlung aller Bürger. 55 Prozent der Beamten würde dem Steuerzahler den Vordruck vollständig ausfüllen, wenn die dafür notwendige Zeit vorhanden wäre. Und obwohl 95 Prozent des Steuerpersonals überzeugt ist, daß nicht jeder Finanzbeamte mit dem Publikum gleich gut umgehen kann, haben über 50 Prozent – also mehr als die Hälfte – den Eindruck, daß die Fähigkeit im Umgang mit Menschen weder beim Arbeitseinsatz noch bei der Beförderung berücksichtigt wird.

Ich meine, dieses Ergebnis unterstreicht sehr eindrucksvoll, daß wir noch viel Klarheit zu gewinnen haben über die wirklichen Zwecke, denen das Verhalten und Handeln der Mitarbeiter in den einzelnen Verwaltungen dienen soll. Widersprüchlichkeiten in den Zielvorgaben, kontroverse Leistungserwartungen müssen hier zwangsläufig zu Unsi-

6 Vgl. Der Finanzbeamte als Steuerberater. Auch ohne großen Aufwand läßt sich noch viel verbessern, in: Frankfurter Allgemeine Zeitung. Nr. 104, 5. Mai 1979.

cherheiten führen, die auch mit einem noch so ausgefeilten Beurteilungswesen nicht ausgeräumt werden können, ja, wachsende Skepsis und vorsichtiges Taktieren vielleicht sogar noch zum Nachteil des Bürgers begünstigen.

Ein Abschied von Reformen wäre also auch hier das Letzte, was im Interesse berufspolitischer Verbesserungen und Verbesserungen im Verhältnis zwischen Verwaltung und Bürger empfohlen werden könnte.

Im Gegenteil: Es kommt darauf an, bislang Vernachlässigtes aufzuarbeiten und einen Gleichschritt auf den Gebieten anzustreben, die sachlich zusammengehören. Ein Abschied empfiehlt sich allenfalls von solchen Vorstellungen, die den Bezug zur Realität verloren haben, Ideologien pflegen oder nur in die eigenen Modellvorstellungen verliebt sind. Die Reform des öffentlichen Dienstes ist kein Fall für abstrakte oder ästhetische Betrachtungen. Sie legitimiert sich durch praktischen Nutzen. Und dieser kann nur erzielt werden, wenn Lösungsvorschläge dem Verfassungsauftrag des öffentlichen Dienstes gerecht werden, ihn als positive Herausforderung begreifen und angemessene Antworten auf die hautnahen Probleme des beruflichen und sozialen Daseins der Mitarbeiter zu geben vermögen. Das gilt selbstverständlich nicht nur für die aktiv im Berufsleben stehenden Mitarbeiter, sondern in übertragener Weise für die bereits aus dem Berufsleben ausgeschiedenen Kolleginnen und Kollegen. Um dies hier nur einzufügen: Ich halte es schlechterdings für einen Skandal, daß speziell die Fragen der Versorgungsempfänger von vornherein aus der regierungsoffiziellen Reformplanung des Aktionsprogramms herausgenommen worden sind und lediglich auf Umwegen über die Aufarbeitung berufspolitischer Strukturprobleme eine Chance erhalten, weiterverfolgt zu werden.

Wenn also die Reformbilanz 1979 noch viele Fragen offenläßt und neue geschaffen hat, weil ja die Zeit nicht stillsteht, so hat das seinen Grund mit darin, daß der politische Stellenwert der Reformen in den letzten fünf Jahren zunehmend gelitten hat. Ein zentraler Punkt ist hier die Kostenfrage. Heute gilt nämlich: Was Zusatzkosten verursacht, hat keine Chance!

Über allen Planungen schwebt die Norm der Kostenneutralität. So verständlich aus der Sicht der Finanzminister das sein mag, der Spielraum für sachgerechte Lösungen wird dadurch auf unerträgliche

Weise eingeengt. Rationalisierung macht noch lange keine Reform. Wer immer nur nach Einsparungsmöglichkeiten sucht, vergißt über den Nutzen von Kosten nachzudenken. Es wäre schlimm um die Reform des öffentlichen Dienstes bestellt, würde sie nicht immer beides zugleich im Auge behalten: die Kosten und den Nutzen. Ein Beispiel dafür, wohin ein krampfhaftes Festhalten allein an Kostenneutralität führen muß, bietet das traurige Kapitel der Funktionszuweisungsverordnungen. Es geht hier um die Erfüllung des in § 18 Bundesbesoldungsgesetz[7] festgelegten Grundsatzes funktionsgerechter Besoldung. Danach sind die Funktionen der Beamten nach den mit ihnen verbundenen Anforderungen sachgerecht zu bewerten, den Ämtern zuzuordnen und die Ämter nach ihrer Wertigkeit unter Berücksichtigung der gemeinsamen Belange aller Dienstherren den Besoldungsgruppen zuzuordnen.

Die bisher bekanntgewordenen Entwürfe von Funktionszuweisungsverordnungen – eben weil sie mit der sinnwidrigen Auflage der Kostenneutralität und der gesetzlich nicht vorgeschriebenen Beibehaltung der Stellenplanobergrenzen belastet sind – tragen dem Anspruch einer funktionsgerechten Besoldung in keiner Weise Rechnung. Sie können es auch nicht, denn ohne ein Mindestmaß an Flexibilität wird es niemals möglich sein, angemessen und sachgerecht die enorme Verschiedenartigkeit von Amtsinhalten zu erfassen und entsprechend differenziert zu bewerten. Der Bundeshauptvorstand des DBB hat deswegen vergangene Woche in einem anläßlich seiner Sitzung in Frankfurt gefaßten Beschluß an den Bundesinnenminister appelliert, das Diktat der Kostenneutralität aufzugeben, die vorliegenden Entwürfe unter diesem Gesichtspunkt gründlich zu überarbeiten und sie den parlamentarischen Gremien zur alsbaldigen Beratung zuzuleiten.[8]

Meine Damen und Herren, der DBB würde gründlich mißverstanden, würde ihm der Vorwurf gemacht werden, ihm gehe es hier

7 Vgl. die Angaben S. 564 Anm. 10. Für den Wortlaut von § 18 vgl. BGBl I. 1975, S. 1177.

8 Für die sog. Frankfurter Beschlüsse vgl. Der Beamtenbund. 30. Jg., Nr. 6, Juni 1979, S. 3f.

lediglich darum, den Mitarbeitern sozusagen durch die Hintertür Vergünstigungen zu verschaffen. Es geht ganz im Gegenteil darum, zu verhindern, daß unter dem Deckmantel des wohlklingenden Anspruchs »Funktionsgerechtigkeit« in Wirklichkeit Sparprogramme auf dem Rükken der Mitarbeiter durchgezogen werden. Reformplanung muß offen sein, Alternativen erlauben, Flexibilität ermöglichen, Gestaltungsspielräume anbieten und vor allem auch mittelfristig denken. Wenn all dies mit Argumenten der Kostenneutralität vom Tisch gewischt werden soll, bliebe für Reform in der Tat kaum mehr etwas übrig.

Der DBB hat sich aus diesen Gründen auch von Anfang an gegen das Moratorium gewandt und seine Ablehnung in der von mir erwähnten Sitzung des Bundeshauptvorstandes erneut bekräftigt. Stillhalteabkommen dieser Art – das Moratorium bezweckt, kostenwirksame Strukturmaßnahmen im öffentlichen Dienst zu verhindern bzw. an komplizierte Abstimmungsverfahren zu binden – sind ein Bremsklotz für reformpolitischen Fortschritt.

Insoweit ergibt sich eigentlich schon ein sprachlicher, aber auch ein politischer Widerspruch, wenn der Bundesinnenminister von der Fortentwicklung der Struktur des öffentlichen Dienstrechts spricht, die strukturelle Fortentwicklung des Dienstrechts aus der Sicht des Moratoriums aber möglichst begrenzt bzw. mit wesentlichen Einschränkungen versehen werden soll.

Dieser Widerspruch muß aufgelöst werden! Die Chance dafür bietet unseres Erachtens das für 1979 geplante Strukturänderungsgesetz. Nachdem sich im Rahmen der bisherigen Reformüberlegungen das allgemeine Interesse vorwiegend auf Fragen der funktions- und leistungsgerechten Personalsteuerung konzentriert hat, bestünde mit diesem Strukturänderungsgesetz endlich die Chance, auch im Besoldungsbereich etwas in Bewegung zu bringen. Denn nicht zu vergessen ist ja, daß neben der Personalsteuerung die funktions- und leistungsgerechte Bezahlung als zentrales Reformziel im Aktionsprogramm der Bundesregierung zur Dienstrechtsreform verankert ist.

Erneut kann ich aus den jüngsten Beratungsergebnissen des Bundeshauptvorstandes berichten, der sich hier eingehend mit der Frage einer sachgerechten Anpassung der Besoldungsstruktur befaßt hat – ein Thema, das uns bekanntlich seit vielen Jahren beschäftigt, mit besonderer Dringlichkeit seit dem durch das Haushaltsstrukturgesetz von 1976[9] vollzogenen Einschnitt.

Um hier nur einige Punkte zu nennen:

- Die Abschaffung der Bewährungsbeförderung durch das Haushaltsstrukturgesetz war ein Schlag ins Wasser. Sie hat die beruflichen Entwicklungsmöglichkeiten der Berufsanfänger im öffentlichen Dienst einseitig verschlechtert und reformpolitisch keinerlei Nutzen gebracht. Die Bewährungsbeförderung in das jeweils erste Beförderungsamt der Laufbahngruppe muß deswegen unseres Erachtens wieder unverzüglich eingeführt werden.
- Überfällig ist es weiterhin, den durch das Haushaltsstrukturgesetz verwehrten Einstieg der Fachhochschulabsolventen in A 10 endlich zu ermöglichen, zumal er schon im Besoldungsgesetz von 1975 vorgesehen war.[10]
- Und dann muß natürlich das gesamte Zulagenwesen auf die Tagesordnung mit dem Ziel, Verzerrungen zu beseitigen, den Berechtigtenkreis sachgerecht auszuweiten und überholte Festschreibungen zu annullieren. Sie werden es mir ersparen, auf Einzelheiten einzugehen. Es handelt sich hier um ein weites Feld, das in sorgsamer Kleinarbeit aufzubereiten ist und von uns unter Berücksichtigung der zum Teil sehr verschiedenartigen Ausgangslagen bei den einzelnen Mitarbeitergruppen des öffentlichen Dienstes in konkrete Forderungen umzumünzen sein wird.
- Als weitere Forderungspunkte für das Strukturänderungsgesetz möchte ich nur noch beispielhaft nennen: den Wegfall der durch das Haushaltsstrukturgesetz eingeführten Ehegattenkonkurrenzklausel beim Ortszuschlag sowie den Wegfall der zweijährigen Verweildauer in einer Besoldungsgruppe als Voraussetzung für die Berücksichtigung bei der Ruhegehaltsberechnung.

Dieser Katalog ist nicht erschöpfend, er signalisiert aber, meine ich, hinreichend, welche Verspannungen das heutige Besoldungsgefüge durchziehen, und daß es höchste Zeit ist, sich dieser Fragen anzunehmen. Auch hier also mehr Reformdefizite als Reformerfolge. Auch hier dringender Bedarf für Fortentwicklung.

9 Vgl. die Angaben S. 651 Anm. 15.
10 Vgl. oben Anm. 7, hier S. 1179.

Es ist nun nicht so, daß wir und die Mitarbeiter des öffentlichen Dienstes der Ansicht wären, es sei nur dann etwas zu bewegen, wenn man seine Argumente möglichst spektakulär auf dem Markt der öffentlichen Meinung ausspielt. Dazu taugt die Materie nicht. Und wenn es stimmt, daß nicht wenige der Ansicht sind, der beste öffentliche Dienst sei immer noch der, von dem man am wenigsten bemerkt, der also in aller Stille und möglichst effizient arbeitet, warum sollen dann nicht auch berufs- und reformpolitische Besserungen ohne großen Wirbel, jedoch konsequent und planvoll durchgesetzt werden können!

Umgekehrt wäre andererseits zu wünschen, daß nicht jede erste beste, den öffentlichen Dienst auf- oder angreifende öffentliche Diskussion reformpolitische Verwirrung auslösen dürfte.

Vergegenwärtigen Sie sich hierzu bitte den Zusammenhang zwischen öffentlichem Dienst und Arbeitsmarktlage. Natürlich hat der öffentliche Dienst arbeitsmarktpolitisch eine immense Bedeutung! Nämlich insoweit, als eine konsequent betriebene, aufgabenbezogene und bedarfsgerechte Personaleinstellungspolitik – sie war bekanntlich jahrelang aufgegeben worden – zigtausenden von Menschen sichere Arbeitsplätze zu verschaffen vermag.

Der DBB beansprucht, hier das Eis gebrochen zu haben, indem er Modellrechnungen über den tatsächlichen Bedarf an Arbeitskräften im öffentlichen Dienst bereits vor Jahren vorgelegt und die kritische Öffentlichkeit darauf gestoßen hat. Die neuesten Haushaltsansätze für Personaleinstellungen, insbesondere in den Bundesländern, bestätigen – wie schon im vergangenen Jahr – die Richtigkeit der vom DBB verdeutlichten Bedarfslage im öffentlichen Dienst.

Einen völlig falschen Weg haben hingegen die Regierungschefs von Bund und Ländern eingeschlagen, als sie im November 1977 den Beschluß faßten, den Arbeitsmarktschwierigkeiten mit Eingriffen in die innere Struktur des öffentlichen Dienstes begegnen zu wollen.[11] Ihre Vorstellung: Mehraufnahme von Personal im öffentlichen Dienst bei möglichst gleichbleibendem Besoldungsaufwand.

Solche Einkommensumverteilungsplanspiele zur Besserung der Ar-

11 Vgl. dazu Deutscher Beamtenbund. Bundesvertretertag 1979. Geschäftsbericht der Bundesleitung. Hrsg. von der Bundesleitung des Deutschen Beamtenbundes, Bonn-Bad Godesberg o. J. (1979), S. 83 f.

beitslosigkeit sind bestimmt kein Ausweg. Im übrigen begegnen sie grundsätzlichen ordnungspolitischen Bedenken. Niemand in der Privatwirtschaft käme auf einen vergleichbaren Gedanken. Um so verwunderlicher ist es, daß offizielle Reformpapiere den Gedanken – sprachlich natürlich sorgfältig verpackt – aufgreifen. Für uns ist das kein Thema. Das vorgesehene Strukturänderungsgesetz 1979 sollte mit einer klaren Absage an derartige Gedankenspielereien die Diskussion um diesen Punkt beenden!

Es besteht auch kein Grund – um ein weiteres Beispiel aufzugreifen – Reformbremsen anzuziehen, weil sich alle Welt in neuerer Zeit der Entbürokratisierungsdiskussion widmet. Wer meint, aufgrund der Aktualität der Bürokratisierungsdiskussion haben Vorschläge zur Entbürokratisierung Vorrang vor Reformmaßnahmen, verkennt den Zusammenhang zwischen Reform und Bürokratisierung von Grund auf. Eine Reform des öffentlichen Dienstes, die einen Zuwachs an Bürokratisierung provoziert, verdient nicht, Reform genannt zu werden. Im Gegenteil, beides muß Hand in Hand gehen: Entbürokratisierung und Reform.

Es liegt mir aber daran, hier sogleich anzumerken: Es wäre ein naiver Irrglaube zu meinen, der Schuldige für all das, was man heute als Überbürokratisierung beklagt, sei der öffentliche Dienst. Wer so argumentiert, hat von der Bürokratisierungsproblematik nicht den Schimmer einer Ahnung.

Ohne Bürokratie könnte sich kein Staat unter den Bedingungen unserer modernen technischen Zivilisation behaupten. Was zu beklagen ist, das sind Auswüchse im Regelungsperfektionismus. Hier kann man manches abbauen, und hier ist in allererster Linie der Gesetzgeber angesprochen, der im falsch verstandenen Ehrgeiz alles und jedes in Normen zu fassen versucht. Mit Recht hat der Deutsche Städte- und Gemeindebund am vergangenen Montag die Parlamente in der Bundesrepublik Deutschland aufgefordert, wesentlich kritischer die Notwendigkeit neuer Gesetzesverordnungen zu prüfen, weil Bürokratismus sonst die Demokratie zu ersticken drohe.[12] Ich meine, die Städte und Gemeinden sind hier besonders berufene Mahner, weil sie der Ort der

12 Vgl. Ruhr-Nachrichten. Nr. 106, 8. Mai 1979.

Begegnung zwischen Bürger und Staat sind, weil der hier erfahrbare Umgang mit den Behörden die Einstellung der Bürger zur staatlichen Bürokratie, ja zum Staat allgemein, entscheidend prägt.

Bemühungen um Entbürokratisierung sollten sich deswegen aus Reformsicht als mitarbeiterorientierte Verwaltungsverbesserung verstehen. Dies reicht über das Gebiet der Dienstrechtsreform hinaus und betrifft Fragen der Personalführung und Organisationsgestaltung. Es kann hier vieles getan werden, um die »Innenausstattung der Macht« – wie ich das in Anspielung an das Buch von Peter Glotz bezeichnen möchte, humaner, bürgerfreundlicher und überschaubarer zu gestalten. Das beginnt beim Verwaltungszuschnitt, betrifft die Zugänglichkeit von Behörden, schließt Fragen der Amtssprache ein, der Personalführung, der Aus- und Fortbildung und darf natürlich auch die Aufgabenkritik nicht ausklammern.

Um es nochmals und abschließend zu wiederholen: Resignation und Reformverzicht sind nicht die Antwort, die all diese drängenden Fragen verdienen würden. Ihnen mag vielleicht aufgefallen sein, daß ich die Worte Reform, Fortentwicklung oder Verbesserung des öffentlichen Dienstes häufig für die Beschreibung des gleichen Sachverhalts verwendet habe. Dies geschah mit Absicht. Denn nicht der Begriff ist entscheidend, sondern der Inhalt, der dahintersteht.

Dennoch würde ich es nicht für gut halten, wenn wir den Begriff der Reform des öffentlichen Dienstes fallenlassen würden. Und sei es nur, weil sich mit ihm die immerwährende Mahnung verbindet, daß Verbesserungen im öffentlichen Dienst mehr sein müssen als Kurieren am Detail. In seinem Bericht über den Stand zur Fortentwicklung der Struktur des öffentlichen Dienstrechts vom Dezember 1978 legt der Bundesinnenminister Wert darauf, die von ihm bevorzugte Abkehr vom Reformbegriff mit den Worten zu kommentieren: »Der politische Stellenwert dieser Vorhaben wird dadurch nicht gemindert.«[13] Der Bundesinnenminister wird die Ernsthaftigkeit dieser Aussage unter Beweis zu stellen haben.

13 Vgl. Anlage zum Rundschreiben Nr. 20/1979 der Bundesleitung des Deutschen Beamtenbundes, S. 2.

5. Oktober 1979

Integration der Frauenarbeit in gemischten Verbänden – Wunschbild und Wirklichkeit

Vortrag auf der Schulungsveranstaltung der Bundesfrauenvertretung des DBB in Wiesbaden

Quelle: DBB-Archiv, Abt. Bulei 15000–29 (maschinenschriftlich mit handschriftlichen Zusätzen A. Krauses)

Als Vorbemerkung vorweg: Ich finde es besser, über das mir gestellte Thema mit Ihnen zu diskutieren, als vor Ihnen darüber lange zu monologisieren. Deswegen werde ich mit Ihrem Einverständnis so verfahren, daß ich Ihnen zunächst einige Gedanken vortrage, die aus meiner Sicht erwähnenswert bzw. bedenkenswert erscheinen. Und um dies gleich hinzuzufügen: Ich tue dies zum Teil durchaus ungeschützt und ganz und gar nicht in der Absicht, Ihnen ein fertiges Konzept zu präsentieren. Dazu fühle ich mich weder berufen noch in der Lage. Außerdem wäre es auch wenig hilfreich. Integration von oben ist fast immer schiefgegangen. Und sie hat einen negativen Beigeschmack. Integration läßt sich nicht verordnen. Sie wächst aus sich heraus. Vor allem durch Überzeugungskraft, durch wachgehaltene Bereitschaft, Integration als Aufgabe zu verstehen, als Aufgabe, die Verbündete sucht, Verständnis weckt, überzeugt.

Ich weiß – das sagt sich so schön dahin, ist aber in der Praxis gar nicht so einfach. Und damit bin ich schon beim Thema. Drei Punkte werde ich ansprechen:

1. Wie sieht die Ausgangslage aus – wie groß ist die Spanne zwischen Wunschbild und Wirklichkeit im Sinne meines Themas?
2. Was kann organisatorisch getan werden, um Integration der Frauenarbeit im DBB zu fördern?

3. Welche Rolle kommt hierbei der Berufspolitik zu?

Zu 1.: Ausgangslage, Spanne zwischen Wunschbild und Wirklichkeit.

Wären Wunschbild und Wirklichkeit – was die Integration der Frauenarbeit angeht – deckungsgleich, hätte man mir das Thema nicht gestellt. Und vielleicht würde Frauenarbeit dann noch nicht einmal als notwendig empfunden. Dem ist aber nicht so.

Ich brauche Ihnen nicht die Benachteiligungstatbestände – deren Spanne vom objektiv Nachweisbaren bis zum subjektiv Empfundenen reicht – im einzelnen darzulegen. Sie kennen das alles ganz genau.

Andererseits muß man hier ansetzen. Realität ist, wie Sie selbst in Ihren Publikationen nachweisen, daß Frauen vorwiegend in einer sehr eingegrenzten Anzahl an Berufsfeldern zu finden sind – speziell auch im öffentlichen Dienst. Weiter ist Realität, daß bestimmte Altersgruppen – die der zwanzig- bis dreißigjährigen weiblichen Mitarbeiter – stark besetzt sind, die höheren Altersgruppen schwächer. Und daß es schlecht aussieht, wenn man die Führungspositionen durchleuchtet und dort die Zahl der weiblichen Mitarbeiter ins Verhältnis setzt zur Zahl der insgesamt im öffentlichen Dienst beschäftigten Frauen.

Schon hier warne ich aber vor Fehlschlüssen. Eine nüchterne Einschätzung der Karrieremöglichkeiten muß die Zu- und Abwanderungsbewegungen in den öffentlichen Dienst hinein und aus ihm heraus mitberücksichtigen. Wer in der dahinterstehenden zum Teil massenhaften Preisgabe der berufspolitischen Rolle der Frau nur Resignation oder Opfertum zu erkennen meint, schätzt die Lage nicht weniger falsch ein als derjenige, der eine begrenzte Karriereerwartung als das für die Frauen normale hinzustellen versucht. Beides wäre Unsinn!

Auseinanderzusetzen haben wir uns aber gleichwohl mit den Spielregeln, nach denen sich in unserer Gesellschaft Frauen berufliche Positionen suchen, sie aus familiären Gründen verlassen wollen und sie nach einer gewissen Zeit möglicherweise erneut suchen. Solange diese Spielregeln bei den Frauen anders aussehen als bei den Männern – zumindest gewisse Unterschiede dürfte es ja hier wohl immer geben –, entsteht natürlich ein Spannungsverhältnis. Aber man kann dieses Spannungsverhältnis künstlich aufladen, und man kann es abzubauen versuchen. Letzteres zu tun, sollte nicht allein Anliegen der Frauenvertretung sein.

Was ich sagen will, ist dies: Integration der Frauenarbeit – wo auch immer und wie auch immer – hat sich zwangsläufig immer auch auseinanderzusetzen mit der sozialen Stellung und dem Selbstverständnis der Frau in unserer Gesellschaft allgemein. Die berufliche Rolle ist hier Ausschnitt und Reflex von Sicherheit und Unsicherheit. Gibt es keinen Konsens, ist Berufspolitik – auf sich allein gestellt! – ziemlich machtlos.

Ein Weiteres: Wir sprechen von Frauenarbeit in gemischten Verbänden – und jetzt verlasse ich die Bezüge zur Gesellschaft und bleibe innerhalb des öffentlichen Dienstes. Die Chance integrativer Frauenarbeit ist ja schon fast ein statistisches Problem. Wir haben Dienstzweige, in denen Frauenarbeit dominiert und umgekehrt. Wir haben verschiedentlich ausgesprochene »closed shop«-Situationen für Männer wie für Frauen. Dies in Verbindung gesehen mit der erwähnten Altersschichtung berufstätiger Frauen und den von ihnen bevorzugten, gar nicht so breit gestreuten Berufsfeldern macht eine allgemeine Aussage nahezu unmöglich. Nicht, daß ich der Ansicht wäre, es gäbe hier keinerlei Grundregeln, keinerlei Formeln, die allgemein gelten. Entscheidend ist hier aber doch die Kenntnis der Praxis, der Schwierigkeiten vor Ort, die sich nicht nur nach Dienstbereichen, sondern bekanntlich auch noch regional unterscheiden.

Meine Empfehlung also: Verzicht auf Patentrezepte von oben zugunsten der Erkenntnissammlung vor Ort, die sicherlich Gemeinsamkeiten zutage fördert und die ich als die wohl noch verläßlichste Integrationsbasis bezeichnen würde.

Zu 2.: Was kann organisatorisch getan werden, um Integration zu fördern?

Das geht uns als Verband an und unsere Verbandsarbeit. Darauf gibt es zunächst eine ebenso einfache wie richtige Antwort: Möglichst viele Mitglieder werben. Der Anteil der Frauen im DBB und die Entwicklung dieses Anteils zeigen einen guten Trend. Einbindung in Organisationen ist der erste Schritt von Integration – dem freilich viele andere folgen müssen. Rund ein Viertel der Mitglieder im DBB sind Frauen. Das ist viel und wenig zugleich. Es ist viel, wenn man bedenkt, daß Frauen fast traditionell einen geringeren Hang zeigen, sich Organisationen anzuschließen. Die Ursachen sind komplex und wiederum in gesellschaftliche Bezüge eingebettet. Frau Katharina Focke findet hierfür in einem Beitrag mit dem Titel »Auf dem Weg zur Gleichberechtigung« folgende Begründung[1]:

»Das Handikap der Frauen, ihre geringe Organisationsneigung, ist ebenfalls auf die über Generationen hinweg abhängige Stellung zurückzuführen. Erst zu Anfang dieses Jahrhunderts wurde den Frauen das Recht zugestanden, politische Vereinigungen zu gründen und ihnen als Mitglieder beizutreten. Es fehlt verständlicherweise am vertrauten Umgang und an Erfahrungen mit Organisationen. Hinzu kommt, daß es auch heute noch nicht weiblichem Stil entspricht, Interessen mit Macht – mit organisierter Macht – durchzusetzen. Die Sozialtechniken Teamwork und Fraktionsbildung zum Beispiel sind für Frauen Instrumente, die in der Regel noch außerhalb ihres Handlungsrepertoirs liegen.«

Das mag überspitzt klingen, ist aber wohl nicht ganz wegzudiskutieren. Es verlangt besondere Sensibilität wie auch besondere Überzeugungskraft bei der Mitgliederwerbung. Und wer könnte über das erforderliche Einfühlungsvermögen besser befinden als die Frauenvertretung. Die Mitgliedsverbände des DBB brauchen insoweit den Rat, die Hilfe, den Sachverstand der Frauenvertretungen schon hier bei der so wichtigen Aufgabe, neue Mitglieder zu gewinnen.

Spätestens hier beginnt es dann spannend zu werden. Und ich meine dies durchaus ernst im Blick auf die innerverbandliche Integration. Die berufliche Integration der weiblichen Beschäftigten wird immer nur so gut sein können wie die innerverbandliche Integration der Frauenarbeit in unseren eigenen Verbandsreihen. Eine Frauenvertretung, die sich als verschworene Solidargemeinschaft in bewußter berufspolitischer Abgrenzung gegenüber den Männern versteht, mag getreue Anhängerinnen um sich scharen, baut damit aber nur Fronten auf, die es gerade abzutragen gilt. Ich finde es insoweit absolut richtig, wenn Frau Kollegin Helga Schulz einen einschlägigen Beitrag hierzu schlicht mit den Worten überschrieben hat: »Es geht um Partnerschaft.«[2] Zutreffender kann man

1 Vgl. Katharina Focke: Auf dem Weg zur Gleichberechtigung. Sonderbeitrag zu: Meyers Enzyklopädisches Lexikon. Bd. 9, Mannheim-Wien-Zürich 1973, S. 349 ff. (Zitat S. 351).

2 Vgl. Helga Schulz: Es geht um Partnerschaft, in: Frauen im DBB. Informationsdienst des Deutschen Beamtenbundes – Bundesfrauenvertretung. Sonderausgabe, 23. Mai 1977, S. 2f.

es eigentlich nicht ausdrücken. Partnerschaftliche Mitwirkung wird dabei unter anderem als Plattform verstanden, »die es den weiblichen DBB-Mitgliedern ermöglichen soll, über die Frauenarbeit einen leichteren Einstieg in die aktive Verbandsarbeit zu finden«.

Da aktive Verbandsarbeit immer auch einen Organisationsaspekt hat, lautet nunmehr aus Ihrer Sicht die Frage an den DBB: »Wie hältst Du es mit der Vertretung der Frauen in Deinen Gremien, speziell in den Spitzengremien?« Die Zahlen – soll ich besser sagen: Zahl – kennen Sie: Unterrepräsentation.

Ich würde mir wünschen, daß sich dies ändert, und zwar deutlich.

Andererseits müssen wir hier wie in der Politik statistische Repräsentativität und politische Repräsentanz auseinanderhalten. Das erste wäre die in der Praxis niemals zu leistende spiegelbildliche, verkleinerte Wiedergabe der tatsächlichen Mitgliederstruktur, das andere ist das Ergebnis von Wahlen, aus denen Legitimation erwächst. Wir dürfen das eine mit dem anderen nicht vermischen. Die Aufforderung an die Frauenvertretung kann deswegen nur dahin gehen, ihre Legitimationsbasis durch noch aktivere Teilhabe an der innerverbandlichen Willensbildung – und zwar speziell solcher, die sich in Personalentscheidungen niederschlägt – zu verbessern. Daß Sie sich mit der sog. »Konzessions-Frau« in Vorstandsgremien begnügen, kann der Wahrheit letzter Schluß nicht sein.

Interessanterweise stellt sich dieses Problem im übrigen aber nicht nur bei uns und in Verbänden. In diesen Tagen wird bekanntlich viel über die Situation in der DDR geschrieben. Die Frauen erfahren dabei wahre Lobeshymnen. Fast 90 Prozent sind dort berufstätig. Wie die Frankfurter Allgemeine Zeitung vom 2. Oktober berichtet, habe sich zwar auch der Anteil der Frauen unter den Mitgliedern und Kandidaten der SED deutlich erhöht.[3] Doch dort, heißt es dann, »wo die eigentlichen Entscheidungen getroffen werden, sind die Männer unter sich und lassen allenfalls eine Alibi-Frau zu«.

Ich weiß – ein schwacher Trost und sicherlich ein schiefer Vergleich. Immerhin: »Alibi- und Konzessions-Frauen« scheinen jedenfalls ein gesamtdeutsches Problem zu sein.

3 Vgl. Frankfurter Allgemeine Zeitung. Nr. 229, 2. Oktober 1979 (»Viele Frauen in der DDR berufstätig. Fast neunzig Prozent. Nur wenige in der politischen Führung«).

Zu 3.: Welche Rolle kommt der Berufspolitik zu, und zwar als Integrationschance?

Es mag vielleicht überraschen: Für mich ist das der wichtigste Punkt. Berufspolitik als Verbandspolitik ist Ausdruck und Ergebnis eines fortwährenden innerverbandlichen Ausgleichs von Meinungen und Interessen, an dem alle teilhaben. Das ist das Band, das alle Untergliederungen des DBB zusammenführt und zusammenhält. Kompromisse lassen sich hierbei leichter mittragen, wenn man sicher sein kann, daß die eigenen Standpunkte die erforderliche Beachtung gefunden haben und angemessen berücksichtigt wurden.

Andererseits: Die gleiche dienstrechtliche Grundlage eint zwar die männlichen und weiblichen Beschäftigten im öffentlichen Dienst, verleitet aber möglicherweise gerade deswegen eher dazu, zu selten den Blick hinter die Kulissen der Dienstrechtsnormen zu werfen. Dienstrechtsnormen erfüllen erst dann ihren Zweck, wenn sie tatsächlich zugunsten der Mitarbeiter ausgeschöpft und nicht umgangen werden. Frauen ziehen hier im Vergleich zu Männern – dies ist leider eine unerfreuliche Erfahrung – häufig den kürzeren. Daß sich dabei manches im Dunstkreis des schwer Nachprüfbaren oder von Ermessensentscheidungstricks abspielt, macht die Sache noch schwieriger. Für den DBB sind solche Gegebenheiten kein Kavaliersdelikt, sondern ein Fall für ernsthafte berufspolitische Auseinandersetzung. Jeder Rat, jeder Hinweis, den die Frauenvertretung hierzu einbringt, wird dankbar aufgegriffen. Jeder Erfolg, der daraufhin erzielt werden kann, ist Erfolg nicht nur für den DBB, sondern Beleg für die Funktionsfähigkeit innerverbandlicher Integration, an der wir alle ein Interesse haben.

Ihre Sorge mag aber einen anderen Punkt betreffen: Ist Berufspolitik, Dienstrechtspolitik, Verbandspolitik, bei allen freundlichen Bekundungen nicht doch etwas, was vorwiegend Männerhirne sich ausdenken und was insoweit zwangsläufig, vielleicht ganz unbewußt, aber eben doch interessenmäßig vorgeprägt und einseitig ist? Ich wage diese Frage zu verneinen, wobei ich selbstverständlich zugestehe, daß es berufspolitische Interessen aus der Sicht der Frauen gibt, die – und nicht nur im Einzelfall – anders gelagert sein mögen, eine andere Dringlichkeit haben. Beispiel: Teilzeitbeschäftigung!

Doch auch dies ist ein Integrationstest und eine Selbstverständnisfrage. Sollte nicht gerade in solchen Punkten im Interesse der Bewahrung und des Ausbaus von Gleichberechtigung nach Lösungen gesucht werden, die alle mittragen können? Vielleicht eine geeignete Stelle, um abzubrechen und mit Ihnen darüber zu diskutieren.

30. Mai 1980

Umweltschutz – Aufgabe für den öffentlichen Dienst

Ansprache auf dem Bundesvertretertag des Bundes der Technischen Beamten im DBB (BTB) in Mainz

Quelle: DBB-Archiv, Abt. Bulei 15000–30 (maschinenschriftlich mit handschriftlichen Zusätzen A. Krauses)

Sie haben mich gebeten, Ihnen einige Gedanken zum Thema Umweltschutz – Aufgabe für den öffentlichen Dienst vorzutragen. Die Umweltthematik ist ein ergiebiges Themenfeld und umweltbezogene Themen erweisen sich zunehmend als dankbare Gesprächsgegenstände: Umweltpolitik und in noch stärkerem Maße »Umweltschutz« sind – wie die Soziologen und Meinungsforscher zu sagen pflegen – positiv besetzte Begriffe; wer vorhat, sich zur Umweltthematik zu äußern, darf im allgemeinen auch auf geneigte, aufgeschlossene Zuhörerschaft hoffen. Aber – und das ist sicher wichtiger – Umweltpolitik und Umweltschutz sind zudem Themen, die zu diskutieren allgemein als notwendig, ja als dringlich anerkannt sind, denen allerdings im politischen Handeln ausreichende Aufmerksamkeit häufig versagt blieb, weil – und das ist ganz verständlich – die krisenhaften weltpolitischen Entwicklungen in den vergangenen Monaten praktisch das gesamte Blick- und Aktionsfeld der politisch Verantwortlichen beanspruchten.

Die Einsicht »Vorbeugen ist besser als heilen«, die für zahlreiche Lebensbereiche gilt, scheint jedoch an Boden zu gewinnen! Aber was den Schutz der Umwelt und die dahinterstehende Umweltpolitik betrifft, so dürfen wir uns sicher nicht mit dieser Einsicht und dem Einverständnis, daß etwas und wenn möglichst bald getan werden muß, begnügen. Vielmehr gilt für das weite Feld der Umweltpolitik, daß

Versäumnisse, also unterbliebenes Handeln, aus welchen Gründen auch immer, zu sich ausweitenden Schäden führen, die in der Folge wesentlich größere Anstrengungen zur Schadensbeseitigung erfordern, sofern diese Möglichkeit überhaupt noch besteht; allzu häufig sehen wir uns nämlich irreparablen, also nicht wieder gutzumachenden Schäden gegenüber.

Wenn Sie nun, als Gewerkschaft Technik und Naturwissenschaft im öffentlichen Dienst, in Verbindung mit Ihrem Bundesvertretertag 1980 die Umweltthematik zum Leitthema dieser Veranstaltung bestimmt haben, so möchte ich daraus schließen,

- daß über die tagespolitischen Probleme und die berufspolitischen Belange hinaus Sie sich der Aufgaben und der Verantwortung, die sich aus der Umweltthematik für den Fortbestand unserer Gesellschaft ableiten, bewußt sind,
- daß Sie mittels der hier vorgetragenen Gedanken das »Umweltgespräch« beleben und seine ihm zukommende Bedeutung hervorheben wollen.

Ich werde nun versuchen, den mir übertragenen Teil des »Umweltgesprächs«, nämlich den Umweltschutz als Aufgabe für den öffentlichen Dienst zu erläutern, derart vorzutragen, daß zum einen die besonderen Probleme für den öffentlichen Dienst als Vollzugsorgan staatlicher Politik – in diesem Fall der Umweltpolitik – wie auch der im öffentlichen Dienst mit diesen Aufgaben Beschäftigten deutlich werden und daß zum anderen die Möglichkeiten, die die Umweltthematik als eben positiv besetztes Thema bietet – gerade für den öffentlichen Dienst verdeutlicht werden.

Es bietet sich an, bei der Behandlung meines Themas folgende Fragen im Kopf zu behalten:

- Wer begann mit der Umweltdiskussion und warum?
- Von wem und wie wird diese Diskussion heute geführt?
- Hat diese Diskussion konkrete Ergebnisse gebracht und wenn ja, welche?
- Welche Rolle wird die Umweltpolitik im nächsten Jahrzehnt spielen?
- Und schließlich: welche besondere Rolle hat der öffentliche Dienst in der Umweltpolitik wahrzunehmen?

Vorweg zu bemerken ist, daß ich mich auch bemühe, unter Berücksichtigung der bislang bekannten Tatsachen und gewonnenen Einsichten zulässige und solide Schlußfolgerungen zu ziehen, daß aber angesichts der gewaltigen Veränderungen gerade in diesem Bereich die Gültigkeit etwaiger Schlußfolgerungen und Anforderungen immer wieder neu überprüft werden muß. Ich darf in diesem Zusammenhang daran erinnern, daß der vor rund zehn Jahren aufgekommene Begriff der »Lebensqualität« damals kaum bzw. gar nicht mit umweltbezogenen Inhalten verbunden wurde, daß das »Europäische Naturschutzjahr« 1970 damals bei weniger als der Hälfte der Bevölkerung Gedanken an einen aktiven Umweltschutz provozierte.

Inzwischen – nach nur einem Jahrzehnt – ist Umweltpolitik an sich eine unstrittige Angelegenheit geworden, umweltschützende Gesetze werden von allen Bürgern und Gruppen unserer Gesellschaft als unerläßlich betrachtet, so daß keine politische Partei, ob mit der Führung beauftragt oder ob um die Übernahme der Führung bemüht, heute noch ohne umweltpolitisches Konzept bestehen kann.

Interessant scheint mir ebenfalls die Tatsache, daß »Die Grünen« mit ihrem zentralen Anliegen, die Umwelt zu schützen und zu erhalten, als einzige parteipolitische Neugründung der vergangenen Jahre in der Lage waren, die bestehende Parteienlandschaft aufzubrechen. Allerdings kamen die Grünen über Achtungserfolge wie den Einzug in zwei Länderparlamente, in den Berliner Senat und in eine Reihe von Stadt- und Gemeinderäten nicht hinaus; und das, obwohl das Umweltbewußtsein der Bevölkerung – so wie es Meinungsumfragen immer wieder zutage bringen – eine wesentlich höhere Zustimmung erwarten ließ.

Die Schlußfolgerung ist: Die Bejahung einer aktiven, umfassenden Umweltschutz-Politik ist also nicht als eine isolierte Aufgabe zu verstehen, sondern als eine Aufforderung, in allen Lebens- und Politikbereichen umweltpolitische Erkenntnisse und Erfordernisse stärker zu berücksichtigen. Fachleute sprechen hier vom Querschnittscharakter der Umweltpolitik: dem Handeln, ob in der Politik oder in der Wirtschaft, wird eine zusätzliche Maxime, nämlich die Leitlinie »umweltfreundliche Politik«, zur Seite gestellt, und ich sage bewußt »zur Seite gestellt«, um die Gleichgewichtigkeit dieser Maxime zu anderen ebenfalls zu berücksichtigenden Leitlinien hervorzuheben.

Gewiß, es wird Zielkonflikte geben und etliche derzeit vor den Gerichten ausgetragene Streitigkeiten geben ein deutliches Zeugnis davon, daß eben bei früheren Plänen und Vorhaben, die Umweltpolitik nicht in der geforderten Form integraler Bestandteil war. Zwar betrifft eine Vielzahl der noch bei den Gerichten anhängigen Streitfälle den Bereich der privaten Wirtschaftspolitik, doch die Unsicherheit der Richter begründet sich zum großen Teil in Versäumnissen staatlichen Handelns.

Die vom Staat aufgestellten Ziele und Orientierungen schaffen schließlich die Rahmenbedingungen, in denen sich gesellschaftliche und wirtschaftliche Aktivitäten vollziehen, und hier fehlte es eben bislang an einem überzeugenden Konzept der staatlichen Für- und Vorsorge, das beispielhaft umweltpolitische Leitsätze integriert hat. Allerdings ist erkennbar, daß an einem solchen Konzept gearbeitet wird, daß verstärkt die Vereinbarkeit von Ökologie und Ökonomie angestrebt wird und daß schließlich weitere staatliche Lenkungsmittel mit Signalcharakter, wie die Vergabe von Subventionen anhand umweltgerechter Kriterien, zum Einsatz kommen. All dies läßt erwarten, daß die Ressource »Umwelt« – das ist auch meine Überzeugung – den Stellenwert im staatlichen Planungs- und Ordnungsprozeß erhält, der erforderlich ist, um weiterhin ein Leben in einer intakten Umwelt zu gewährleisten.

Dem öffentlichen Dienst als dem Vollzugsorgan staatlichen Handelns obliegt nun eine sehr schwierige Aufgabe bei der Aus- und Durchführung einer umweltgerechten Politik. Ich will hier auf die Frage, inwieweit der Umweltschutz eine Staatsaufgabe ist, nicht näher eingehen. Ich glaube, es genügt festzuhalten, daß der staatliche Gemeinwohlauftrag zur Existenzsicherung für die jetzige sowie für die zukünftigen Generationen auch die Pflicht, mittels einer längerfristigen, umfassenden Umweltpolitik eine intakte Umwelt zu sichern, umfaßt. Allerdings ist der Umweltschutz nicht ausdrücklich im Grundgesetz als Staatsaufgabe verankert. Sollte dies geschehen?

Auch dies ist ein Aspekt, den ich an dieser Stelle nicht näher beleuchten kann.

Ich gehe zur Vereinfachung vom Ist-Stand aus: es fehlt noch an einem umfassenden, in sich stimmigen staatlichen Konzept zur Umweltpolitik; so jedenfalls stellt es sich aus der Sicht des öffentlichen Dienstes dar.

Andererseits sind Gruppen unserer Gesellschaft – da umweltbewußt orientiert – verstärkt bemüht, den Staat zum Instrument ihrer Interessen zu machen, aber auch, weil Umweltschutzpolitik dem Gemeinwohl dient. In den zurückliegenden Jahren mußten wir nun eine wahre Gesetzesflut in Sachen Umweltschutz über uns ergehen lassen, Gesetze, von denen jedes für sich wichtig und richtig ist, die allerdings überwiegend problem- bzw. fachspezifisch, kaum je entscheidungs- und durchführungsorientiert konzipiert waren. Nun ja, es waren Rahmengesetze, deren inhaltliche Ausfüllung in den Zuständigkeitsbereich der Länderregierungen fiel. Die den Länderregierungen nachgeordneten Verwaltungen hatten diese Bestimmungen dann auszuführen bzw. die Einhaltung dieser Vorschriften zu überwachen.

Der Staat und die gesetzgebenden Organe waren damit, wie es so heißt, zunächst aus dem Schneider. Dieser Eindruck verstärkt sich, wenn Regierungsvertreter wiederholt auf die Vielzahl der von ihnen »gemachten« Umweltschutzgesetze verweisen, sich damit quasi aus der weiteren Verantwortung ziehen. Der Sündenbock ist dann das ausführende Organ, also der öffentliche Dienst bzw. die jeweils zuständigen Ämter und Verwaltungsbereiche. Und dieses Abschieben der Verantwortung, daß die Schuld eben bei der örtlichen Verwaltung zu suchen sei, endet dann zumeist damit, daß der zuständige Beamte, manchmal auch sein Vorgesetzter oder auch – noch – der jeweilig politisch verantwortliche Ressortverwalter, Konsequenzen verschiedenster Art zu ziehen haben.

Abgesehen von wenigen Ausnahmefällen, in denen wirklich einem einzelnen Angehörigen des öffentlichen Dienstes fehler- und schuldhaftes Verhalten zur Last gelegt werden kann, halte ich diese Art von Delegation der Schuld und Verantwortung natürlich nur für eine Scheinlösung der Probleme.

Gewiß, man spricht dann vom sog. Vollzugsdefizit, von erheblichen Koordinierungsproblemen zwischen den nachgeordneten Verwaltungen und von Problemen bei der Abgrenzung der Zuständigkeiten innerhalb der Verwaltung. Aber alle diese Erklärungen treffen nicht die eigentliche Problematik:

- daß nämlich erstens ein umfassendes, die Erfordernisse der Umweltschutzpolitik berücksichtigendes Konzept fehlt,
- daß zweitens die einzeln verabschiedeten Umweltschutzgesetze zwar an der jeweiligen Problemlage orientiert sind, ausreichenden Praxis-

bezug und ausreichendes Verständnis, wie diese Gesetze vor Ort verwirklicht werden können, vermissen lassen,

- daß drittens durch den Vollzug dieser Gesetze der öffentlichen Verwaltung völlig neue Aufgaben zugewachsen sind, Aufgaben, die zusätzlich zu den bekannten verrichtet werden müssen und die, um eine solide Ausführung der Gesetze zu sichern, sowohl personell wie sachlich entsprechende Anforderungen stellen.

Es geht also nicht nur darum, daß überhaupt Umweltschutzgesetze erlassen werden, sondern daß richtige Gesetze mit einfachen, aber wirksamen Prozeduren zur Durchführung von den jeweils zuständigen Verwaltungsbereichen korrekt ausgeführt werden können. Bei der Kompliziertheit der Materie, die die Umweltthematik mit sich bringt, ist weiterhin erforderlich, daß bestqualifizierte Mitarbeiter die Durchführung und Einhaltung dieser Gesetze leiten und überwachen, daß diesen Mitarbeitern ferner die erforderlichen technischen Hilfsmittel an die Hand gegeben werden und daß schließlich diese Arbeit, der Dienst an der Umwelt, von einer engagierten und gezielten Informations- und Öffentlichkeitsarbeit unterstützt wird.

Gerade bei den drei letztgenannten Punkten scheint mir vieles im argen zu liegen. Es ist z. B. sicher viel zu wenig bekannt, welche besondere Aufgabe dem öffentlichen Dienst bei dem Vollzug der Umweltschutzgesetze zukommt; besonders deswegen, weil in der Wirtschaft wegen der damit verbundenen Kosten und Anstrengungen entsprechende Bemühungen sehr schnell unterbleiben würden.

Zu wenig bedacht wird meines Erachtens auch die zusätzliche Aufgabenfülle, die nicht nur ausreichendes Personal, sondern auch entsprechend qualifiziertes Personal verlangt.

Die in den zurückliegenden Jahren betriebene Personalpolitik für den öffentlichen Dienst allerdings hat dazu geführt, daß zu wenig Mitarbeiter für einen wirksamen Vollzug der Aufgaben vorhanden sind, daß bei der Einrichtung neuer Planstellen wegen der zusätzlich wahrzunehmenden Aufgaben eben für diese Planstellen auch nicht immer die bestqualifizierten Bewerber gefunden werden konnten, weil diese attraktivere Tätigkeiten in der Wirtschaft vorziehen.

Diesen Tatbestand, daß nämlich vor allem für den technischen Dienst nicht mehr genügend Bewerber gefunden werden können, hat die

Bundesregierung jüngst eingestanden. Die Ursachen für den erwähnten Tatbestand sind allen bekannt: die von der Bundesregierung beabsichtigte Änderung, daß die Absolventen der Fachhochschulen Technik künftig im Eingangsamt A 9 und nicht wie bisher in A 10 ihren beruflichen Weg beginnen, eine Verschlechterung, der sich der DBB nachdrücklich widersetzt, sowie der ersatzlose Wegfall der Anwärtersonderzuschläge haben hier jetzt schon eine unhaltbare Situation heraufbeschworen, in der der technisch ausgebildete Beamtenlaufbahnbewerber für sich eine zusätzliche Ausbildung bei unzureichender Bezahlung in Kauf nehmen muß, in der ihn außerdem aufgrund der knappen, ja überknappen Personaldecke und mangelhaften sachlichen Ausstattung nicht mehr vertretbare Belastungen erwarten.

Nahezu unerträglich wird diese Situation jedoch durch die Praxis, in der technischen Verwaltung als Lückenfüller vermehrt Angestellte zu beschäftigen und diese besser zu bezahlen und mit besseren Karriereerwartungen auszustatten. Dieses Verhalten ist nicht verfassungskonform, es führt zu einer Aushöhlung des Berufsbeamtentums und gefährdet die staatliche Funktionsfähigkeit. Wir fragen deshalb, was eigentlich noch alles passieren muß, damit die für die Funktionsfähigkeit des öffentlichen Dienstes politisch Verantwortlichen endlich handeln? Muß, um auf Ihre Tätigkeit Bezug zu nehmen, die Bedrohung der Umwelt ein noch größeres Ausmaß annehmen, damit sich bei den mit der Umweltpolitik Befaßten die Einsicht einstellt, daß eine funktions- und personalgerechte Ausstattung eine notwendige Voraussetzung ist, um den gegenwärtigen umweltbezogenen Aufgaben und Anforderungen zu entsprechen und um zukünftige Gefahren frühzeitig zu erkennen und abzuwehren?

Die Versäumnisse der Umweltpolitik werden zumeist sehr schnell publik, denn das Umweltbewußtsein der Bevölkerung ist geschärft. Die Versäumnisse im gesamten Bereich des öffentlichen Dienstes, so die längst überfällige, allerdings nicht einmal ansatzweise vollzogene Dienstrechtsreform, so auch die politisch bedenkliche Behandlung des Besoldungsstrukturgesetzes, die zunehmend erkennbar wird – alle diese Versäumnisse werden uns in den kommenden Jahren mit zusätzlichen Problemen belasten. Diese Probleme wurden vom DBB stets frühzeitig erkannt und stets hat der DBB vernünftige Lösungsvorschläge unterbreitet, die zudem, da der jeweilige Dienstherr seine Fürsorgepflicht erkennbar vernachlässigte, den dienstrechtlichen und berufspolitischen Interessen, und zwar den berechtigten Interessen der Mitarbeiter, Rechnung trugen. Die gegenwärtige Entwicklung birgt inzwischen Gefahren in sich, die häufig zwar nur Fachleute erahnen können, Gefahren aber, die erhebliche negative Auswirkungen auf die Bevölkerung haben können.

Die Umweltpolitik ist ein, wie bereits erwähnt, positiv besetztes Thema, d. h. hier bietet sich ein Bereich der öffentlichen Verwaltung geradezu an, einen neuen, verbesserten Dialog mit dem Bürger aufzunehmen. Nicht die Theorie zur Umweltpolitik interessiert nach meiner Meinung den Bürger, ihn interessiert vor allem die praktische Umweltpolitik. Deswegen scheint es mir geboten, daß in diesem Bereich verstärkt Aufklärung und Information betrieben werden. Die bei anderen Themen immer wieder gehörten und teilweise auch berechtigten Einwürfe, es gehe nicht an, daß der Staat alles an sich reißt, und all dies führe zu einer unnötigen Aufblähung des Beamtenapparates, diese Vorhaltungen sind bei der Umweltpolitik durch sachliche Argumente nachhaltig zu widerlegen.

Wenn ich also die Forderung erhebe, daß mehr Öffentlichkeitsarbeit zur Rolle des öffentlichen Dienstes bei der Umweltpolitik geleistet werden soll, so verknüpfe ich damit den Wunsch, daß Sie, der Bund der Technischen Beamten, diese Aufgabe ebenfalls übernehmen sollten. Denn Sie dürften aufgrund Ihrer täglichen Arbeit in allen Bereichen der Technik und Naturwissenschaften besonders gut dazu geeignet sein, Aufklärungsarbeit glaubwürdig und kompetent zu leisten. Der Deutsche Beamtenbund wird Sie dabei gerne unterstützen und Ihre sachkundige Mitarbeit dankbar begrüßen.

28. Oktober 1981

Auswirkungen neuer Technologien aus verbandspolitischer Sicht

Ansprache auf dem Technikerkongreß 1981 des DBB in Fellbach bei Stuttgart

Quelle: DBB-Archiv, Abt. Bulei 15000–31 (maschinenschriftlich)
Druck: BTB-Informationen. Zeitschrift für Ingenieure und Techniker im öffentlichen Dienst. Heft 1, Februar 1982, S. 18ff.

Die Bundesleitung des Deutschen Beamtenbundes ist über das rege Interesse, das der Technikerkongreß 81 in der Öffentlichkeit, vor allem bei unseren Mitgliedern gefunden hat, erfreut. Ich möchte diese Feststellung gleich zu Beginn meiner Ausführungen treffen, weil ich glaube, daß damit gleichzeitig auch die Bedeutung des von uns gewählten Themas hervorgehoben und unterstrichen wird, welchen Stellenwert die Beschäftigten selbst den mit der technischen Entwicklung verbundenen Auswirkungen auf ihre berufliche Zukunft einräumen. Wir sind zuversichtlich, daß die Arbeit, die hier geleistet worden ist, von allen, die es angeht, zur Kenntnis genommen wird und darüber hinaus Eingang auch in die eigenen Überlegungen findet.

In den letzten Tagen ist das Umfeld, in dem sich technischer Wandel zur Zeit vollzieht, bereits in Vorträgen und Diskussionsbeiträgen eingehend erörtert und umschrieben worden. Dennoch haben Sie Anspruch darauf, von der Bundesleitung zu erfahren, wie sie jenes Umfeld sieht, vor allem, wie sie die augenblicklichen und die künftigen berufspolitischen Rahmenbedingungen einschätzt.

Der Deutsche Beamtenbund hat in den vergangenen Wochen immer wieder vor Stellenkürzungen gewarnt, wenn nicht zuvor Überlegungen im Hinblick auf eine Aufgabenreduzierung mit entsprechenden Konsequenzen angestellt werden. Anderenfalls würde die Funktionsfähigkeit der öffentlichen Verwaltung zu Lasten der Bürger ernsthaft beeinträchtigt. Es liegt auf der Hand, daß bei unzureichender Personalausstattung Verzögerungen und Verschlechterungen der Aufgabenerledigung unvermeidbar sind. Und im Grunde wird hier weniger eingespart als man sich erhofft. Denn wenn auf diese Weise Sand in das Getriebe der Verwaltung gerät, führt das zu mannigfachen Komplizierungen und Reibungsverlusten, die wiederum Zeit und damit Geld kosten – von der Verschlechterung des Arbeitsklimas und der daraus folgenden Demotivation der Mitarbeiter ganz abgesehen.

Ich glaube, daß es angesichts der Haushaltssituation in Bund, Ländern und Gemeinden, die sich trotz vieler schneller Bekundungen in den nächsten Jahren nicht bessern wird, zu einer unserer wesentlichen Aufgaben gehört, immer wieder auf die gefährlichen Folgen aufmerksam zu machen, die mit solchen falsch angelegten Sparmaßnahmen verbunden sein werden.

Und ein weiteres: Wer durch Einstellungs- und Beförderungsstopps, wer durch Stellenkürzungen und Beschneidung von Anwärterbezügen die ohnehin schon in Mitleidenschaft gezogene Attraktivität des öffentlichen Dienstes weiter mindert, trägt die Schuld dafür, wenn die öffentliche Verwaltung ihren Nachwuchsbedarf künftig nur noch aus Bewerbern zweiter Wahl decken kann. Es ist ein fataler Fehlschluß zu meinen, die Arbeitsplatzsicherheit allein mache hier alles wett. Der öffentliche Dienst braucht, um seine immer komplizierter werdenden Aufgaben sachgerecht bewältigen zu können, einsatzfreudige, leistungsbereite und aufstiegswillige Bewerber. Eine Berufswelt, in der Einsatz und Leistung ins Leere laufen, nicht lohnend sind, wird solche Bewerber bestimmt nicht anziehen. Mit leistungsindifferenten Sicherheitsaposteln aber läßt sich mit dem öffentlichen Dienst »kein Staat« machen.

Wie zugespitzt die Aufgabenbelastung im öffentlichen Dienst im übrigen schon jetzt ist, wird an folgendem deutlich: Wegen der kritischen Personalsituation beispielsweise bei den technischen Fachverwaltungen hat man bereits in den vergangenen Jahren in erheblichem Umfang Aufgaben an freischaffende Architekten und Ingenieure vergeben. Bei der Flurbereinigungsverwaltung des Landes Nordrhein-Westfalen wurden etwa 80 Prozent aller vermessungstechnischen Arbeiten öffentlich bestellten Vermessungsingenieuren übertragen. Die Entwurfsbearbeitung für wasserwirtschaftliche, kulturbautechnische und landschaftspflegerische Maßnahmen erfolgt in immer größerem Ausmaß durch freie Ingenieur- und Planungsbüros. Kosten werden damit keineswegs eingespart, im Gegenteil. Entsprechende Tendenzen sind bei den meisten anderen technischen Fachverwaltungen erkennbar, so vor allem bei den Bauverwaltungen des Bundes, der Länder und Gemeinden.

Der Deutsche Beamtenbund hat keine Bedenken dagegen, gewisse Arbeitsspitzen durch Vergabe an freie Büros abzubauen. Was aber bedenklich ist, ist dies: Die Mangelsituation in der Personalwirtschaft der technischen Fachverwaltungen wird durch übersteigerte Vergabe an freischaffende Ingenieurbüros kaschiert und somit die Leistungskraft der öffentlichen Verwaltung insgesamt auf Dauer in Frage gestellt.

Gleichzeitig aber werden die Aufgaben für die technischen Fachverwaltungen immer weiter ausgedehnt und erschwert. Bürokratisierungs-, Beteiligungs- und Perfektionierungswucherungen machen sich insbesondere bei den Planfeststellungsverfahren zunehmend negativ bemerkbar. Mißtrauen und Planungsskepsis stellen sich ein.

Wenn wir aufgrund aller bisher gegebenen Vorzeichen nicht mit einer angemessenen Aufgabenreduzierung rechnen können, und wenn wir keinen Rückgang in der Zahl der Gesetze und Verordnungen, der Richtlinien und Erlasse zu erwarten haben, dann wird es schon alleine deshalb zu einem verstärkten Einsatz neuer Technologien kommen. Welche Folgen hat das für die Beschäftigten, wie ist die Position des Deutschen Beamtenbundes?

Zunächst zu den Folgen: Der derzeitige Stand der technischen Entwicklung läßt – und das wurde bereits auf unserer diesjährigen beamtenpolitischen Arbeitstagung in Bad Kissingen deutlich[1] – noch keine gesicherte Vorhersage zu. Weder kann man neue Technologien als »Jobkiller« definieren, noch darf man sich mit allzu großer Unbekümmertheit darauf verlassen, daß alles schon zur Zufriedenheit der Beschäftigten geregelt werde. Es wird eben aufgrund der völlig veränderten

1 Die 22. beamtenpolitische Arbeitstagung des DBB fand vom 8. bis 10. Januar 1981 in Bad Kissingen statt. Vgl. Technisierte Verwaltung. Entlastung oder Entfremdung des Menschen? (= Godesberger Taschenbücher. Schriften zur Staats- und Gesellschaftspolitik. Bd. 18), Bonn-Bad Godesberg 1981.

Wirtschaftslage nicht so sein, wie der Bundeskanzler es auf dem »Forum Zukunft« der SPD geschildert hat[2]: Bisher sei es sowohl im Zeichen der Industrialisierung während des vorigen Jahrhunderts wie auch im Zeichen technologischer Umwälzungen in diesem Jahrhundert immer wieder gelungen, ständig neue Arbeitsplätze zu schaffen.

Wenn wir bedenken, daß in den nächsten fünf Jahren schätzungsweise etwa eine Million mehr Jugendliche auf den Arbeitsmarkt drängen und wenn wir angesichts der zu befürchtenden Stellenkürzungen im öffentlichen Dienst feststellen müssen, daß gerade hier immer weniger Arbeitsplätze bereitstehen werden, dann gibt es schon allein deswegen genug Anlaß, besorgt in die arbeitsmarktpolitische Zukunft zu schauen. Die Frage, welche Aufgaben der öffentlichen Verwaltung zuzuweisen sind, wird auch unter dieser Perspektive verantwortungsbewußt diskutiert werden müssen.

Ich glaube im übrigen nicht, daß es zulässig ist, unter Hinweis auf die Statusverhältnisse der Beschäftigten des öffentlichen Dienstes jegliche Angst – oder sachgerechter formuliert –, jegliche Skepsis vor neuen Technologien als unangemessen zurückzuweisen. Und es wäre zu fragen, ob vorhandene Skepsis nicht auch im öffentlichen Dienst – zumindest in Ansätzen – auf eine in letzter Zeit so oft beschworene »Technikfeindlichkeit« zurückzuführen ist.

Manche, die sich gestern noch über zu viele Ingenieure und Techniker beklagt haben, sind heute diejenigen, die den Ingenieurmangel kritisieren, ihn auf eine erhebliche Technikfeindlichkeit zurückführen und staatliche Maßnahmen fordern. Es kann in diesem Zusammenhang nicht frühzeitig genug auf die Folgen hingewiesen werden, die sich in einem Jahrzehnt wegen der geburtenschwachen Jahrgänge einstellen werden. Ich möchte an dieser Stelle den Leiter des Stuttgarter Fraunhofer-Instituts für Produktionstechnik und Automatisierung zitieren[3]: »Spätestens 1990 wird hierzulande wegen der geburtenschwachen Jahrgänge

2 Für das Grundsatzreferat von Bundeskanzler Schmidt vgl. Forum Zukunft der SPD. Dokumente. 1. Forum »Arbeit und Technik«. 1./2. Februar 1979 in Essen. Hrsg. vom Vorstand der SPD, Lübeck o. J., S. 41ff., hier S. 45f.

3 Vgl. Stern. Nr. 24, 4. Juni 1981 (»Der unmenschliche Kollege«). Leiter des Fraunhofer-Instituts für Produktionstechnik und Automatisierung ist Prof. Dr. Hans-Jürgen Warnecke.

wieder Arbeitskräftemangel herrschen, und wir werden froh sein, dann genug von diesen nützlichen Idioten (gemeint sind die Roboter) zur Verfügung zu haben.«

Es führt meines Erachtens wenig weiter, wenn bei der Auseinandersetzung über den Wert der Technisierung nur noch in extremen Gegensätzen gedacht wird. Während die einen ein »Zurück unter die Dorflinde« fordern, wollen die anderen nach dem Grundsatz vorgehen: »Wir müssen alles tun, was wir technisch können.« So steigen denn einige aus, wohl wissend, wie blendend unser soziales System funktioniert, während die anderen blindlings für einen rücksichtslosen Einsatz technischer Möglichkeiten plädieren, weil angeblich nur auf diese Weise die Stellung der deutschen Wirtschaft auf dem Weltmarkt haltbar wäre.

Gewiß, Vorbehalte gegenüber der Technik hat es – vielfach auch mit vollem Recht – immer wieder gegeben. Nun hat aber Technik die Menschen keineswegs nur negativ betroffen, sie hat das Leben auch leichter und reicher gemacht. Die Fehler, die vor allem in den beiden zurückliegenden Jahrzehnten gemacht worden sind, haben ihre wesentliche Ursache darin, daß man der Technik häufig zu blind vertraute, aber zu wenig bereit war, sich mit den sozialen, beruflichen und wirtschaftlichen Folgen des Technikeinsatzes auseinanderzusetzen.

Es ist an der Zeit, daß wir uns der Technik gegenüber nüchterner verhalten, daß wir von ihr nicht gleichzeitig die Lösung aller Lebensprobleme erwarten, aber dennoch eine stille Sehnsucht hin zu den Zeiten des Ohrensessels und der Pferdedroschken entwickeln. Wir müssen erkennen, daß wir selbst verantwortlich für die Technikfolgen sind, daß wir selbst darüber entscheiden müssen, inwieweit wir uns der Technik bedienen wollen, und daß wir selbst die Freiheit haben, uns für oder gegen Technik zu entscheiden. Eine ständige Pendelbewegung in der Art einer kritiklosen Hingabe an Technik und danach einer völligen Abwendung von Technik ist fruchtlos.

Vielleicht sollten wir bei technischen Fehlleistungen nicht immer gleich den Stab brechen, sondern uns informieren und unsere Sachkenntnis einsetzen, damit Fehler künftig vermieden werden. Ich möchte an dieser Stelle noch einmal das Wort von der sog. Technikfeindlichkeit aufgreifen. Es muß bezweifelt werden, daß es sie ernsthaft gibt. Denn tatsächlich kann von einem generellen, langfristigen und folgenschweren

Nachlassen des Interesses an Technik nicht die Rede sein. Dies wird eindeutig sowohl durch Befragungen von Abiturienten als auch durch die Zahlen der Studienanfänger belegt. Ingenieurwissenschaften stehen in der Gunst der studienwilligen Abiturienten wieder am höchsten. Dies ergab eine vom Statistischen Bundesamt durchgeführte Befragung von Abiturienten der Gymnasien und von Schulen des 12. Schuljahrgangs.

Nach dem neuesten Bericht des Bundesministers für Bildung und Wissenschaft vom 24. September 1981[4] hat der Anteil der Studierwilligen mit dem Studienwunsch Ingenieur an allen Studierwilligen von 22,6 Prozent im Jahr 1975 auf 21,6 Prozent im Jahre 1980, also lediglich um einen Prozentpunkt in einem Fünfjahreszeitraum abgenommen. Die Neigung zum Ingenieurstudium im Jahre 1981 ist inzwischen bereits wieder auf einen Anteil von 22,3 Prozent aller Studienwilligen angestiegen.

Und nun zur Einstellung der Bevölkerung zur Technik und zum technischen Fortschritt: Eine jüngst durchgeführte Repräsentativbefragung von 2000 Bundesbürgern im Alter von 14 bis 65 Jahren ergab folgendes[5]: 56 Prozent stehen überwiegend positiv zur Technik, 20 Prozent sind eher skeptisch und 24 Prozent nehmen eine neutrale Haltung ein.

Technikskepsis ist besonders stark bei denjenigen ausgeprägt, die ihrer eigenen Einschätzung nach wenig oder nichts von Technik verstehen. Technikängste – so heißt es weiter in der Untersuchung – beruhen aber nicht so sehr auf konkreten Erfahrungen, sondern auf Meinungen und Vorurteilen, die weitgehend durch Unkenntnis genährt werden.

Die Bundesleitung des Deutschen Beamtenbundes hat unter Beteiligung der betroffenen Mitgliedsverbände in den vergangenen Monaten zahlreiche Gespräche zu diesem Thema, dem wir eine sehr entscheidende Bedeutung beimessen, geführt. Über eines dieser Gespräche, über ein Gespräch mit dem Bundesminister für Bildung und Wissenschaft [Engholm], möchte ich hier kurz deshalb berichten, weil dabei insbeson-

4 An dieser Stelle folgt in der Druckfassung – abweichend vom ursprünglichen Redemanuskript – der Einschub: »der gestern im Arbeitskreis 2 von Frau Dr. Laurien zitiert wurde«.

5 Vgl. Mehrheit für Technik und technischen Fortschritt, in: BTB-Informationen. 19. Jg., Nr. 5, Oktober 1981, S. 149.

dere auch die Einstellung zu neuen Technologien und die Auswirkungen neuer Technologien angesprochen wurden.

Einigkeit bestand über folgende Problembereiche:

1. In Schule und Hochschule ist der Technik, den mathematischen und den naturwissenschaftlichen Fächern, ein höherer Stellenwert beizumessen. Das Studium selbst muß attraktiver gestaltet werden.
2. Eine bessere Didaktik und ein größerer Realitätsbezug der Wissensvermittlung sind unabdingbar. Dies zwingt auch zu einem Überdenken der Lehrerausbildung und der Lehrerfortbildung.
3. Eine verstärkte Beratung und Information gegenüber Schülern und Hochschülern ist vonnöten. Dabei ist auch die öffentliche Verwaltung einzubeziehen.
4. Eine wissenschaftliche Erforschung der vorhersehbaren sozialen Folgen neuer Technologien ist unabdingbar.

Dieser letzte Punkt leitet über zum Stichwort: »Humanisierung des Arbeitslebens«. Insgesamt 1 167 Bewilligungen sind von der Bundesregierung unter diesem Stichwort ausgesprochen worden.

Dagegen stehen insgesamt fünf Vorhabenkomplexe für den unmittelbaren und mittelbaren öffentlichen Dienst.

Wenn der DBB dies zum Anlaß seiner Kritik nimmt, dann dürfte das schon aufgrund der Zahlenrelation wohl mehr als verständlich sein. Wir haben Sorge, daß die öffentliche Verwaltung und die in ihr tätigen Mitarbeiter insoweit wieder einmal mehr als Stiefkinder denn als Erwachsene behandelt werden. Unsere Forderung heißt deswegen: Angemessener Einbezug auch der öffentlichen Verwaltung in die Humanisierungsprojekte. Anderenfalls befürchten wir folgendes:

1. So sicher die Beschäftigten des öffentlichen Dienstes bei den Sparplänen die Tabellenspitze einnehmen, so sicher werden sie bei den Negativfolgen neuer Technologien die »rote Laterne« halten.
2. Die jahrelange, fast blinde Übertragung von Managementmethoden der gewerblichen Wirtschaft auf die öffentliche Verwaltung (Bundesministerium der Verteidigung z. B.) hat nicht erkennbar zu einer Verbesserung der Funktionsfähigkeit der öffentlichen Verwaltung beigetragen. Vielmehr war nicht selten das Gegenteil festzustellen. Diese Folge könnte wiederum eintreten, wenn Erfahrungen aus dem Bereich der gewerblichen Wirtschaft unkritisch auf den öffentlichen

Dienst übertragen werden, ohne daß den jeweiligen Besonderheiten in ausreichendem Maße entsprochen wird.

3. Wir wollen im Interesse der Bürger nicht, daß die Leistungsfähigkeit des öffentlichen Dienstes deshalb nachläßt, weil die Folgen der Einführung neuer Technologien nicht rechtzeitig bedacht wurden. Und wir wollen im Interesse der Beschäftigten der öffentlichen Verwaltung vor allen Dingen nicht, daß wieder einmal aller Unmut auf den Schultern der Beamten, Angestellten und Arbeiter im öffentlichen Dienst abgeladen wird.

Wir haben die Hoffnung, daß wir insoweit in dem Bundesminister des Innern [Baum] einen Gleichdenkenden besitzen; denn – ich beziehe mich noch einmal auf die bisherige beamtenpolitische Arbeitstagung in Bad Kissingen – wir sind uns einig in der Zielsetzung: Auf dem Hintergrund einer verwaltungs- und organisationspolitischen Gesamtkonzeption muß möglichen negativen Auswirkungen im sozialen, organisatorischen, wirtschaftlichen und rechtlichen Bereich sowie der Verletzlichkeit durch Abhängigkeit von informationstechnischen Systemen entgegengewirkt werden.

Der DBB wird sich an entsprechenden Untersuchungen beteiligen, um sehr frühzeitig auch die Erfahrung und das Wissen der Betroffenen in die Überlegungen einzubringen, weil in beiderseitigem Interesse sichergestellt werden muß, daß jedes Konzept gleichermaßen die Interessen der Verwaltung wie der Beschäftigten zu berücksichtigen hat.

Dabei darf der Blick nicht auf organisatorische und technisch bedingte Maßnahmen beschränkt werden. Die Erfahrungen in den Verwaltungen, auch in denen von Industrie und Handel, haben gezeigt, daß die Einführung neuer Technologien erhebliche Schwierigkeiten bringt, wenn sie sich nicht primär an den Bedürfnissen, Wünschen und an der Motivation der Mitarbeiter orientiert. Wir hoffen, nach Ihrem Referat, sehr verehrter Herr Staatssekretär Dr. Hartkopf, etwas weniger sorgenvoll in die technische Zukunft der öffentlichen Verwaltung blicken zu können.[6] Wir haben bereits Ihre Zusage, daß Sie den Deutschen

6 Staatssekretär Hartkopf sprach anschließend zum Thema: Neue Technologien – Funktionssteigerung der öffentlichen Verwaltung? Vgl. dazu Auswirkungen neuer Technologien auf den öffentlichen Dienst; DBB-Dokumente 11. Für einen Auszug aus der Rede Hartkopfs vgl. DBB-Magazin. Nr. 4, Dezember 1981, S. 17ff.

Beamtenbund im Rahmen von Projektbeiräten und Gutachterausschüssen angemessen beteiligen werden.

Welchen Beitrag kann der Deutsche Beamtenbund darüber hinaus leisten, wie kann er konkret dazu beitragen, daß negative Folgen bei der Einführung neuer Technologien vermieden werden?

Zur Klärung dieser Fragen möchte ich folgende drei Problembereiche aufgreifen:

- die Arbeitsstättenverordnung,
- die Arbeitsbedingungen beim Einsatz an Bildschirmgeräten,
- die hieraus zu ziehenden Folgerungen für den Deutschen Beamtenbund.

Erstens zur Arbeitsstättenverordnung[7]: Wir haben gefordert, zu prüfen, in welchem Umfang und in welchen Bereichen der öffentlichen Verwaltung es angebracht erscheint, die Arbeitsschutzbestimmungen der Arbeitsstättenverordnung, die nur für den Bereich der gewerblichen Wirtschaft gilt, auf die öffentliche Verwaltung zu übertragen. Gewiß, es gibt in Struktur und Aufgaben sehr unterschiedliche Verwaltungszweige, die teilweise spezielle Schutzbestimmungen erfordern und für die bereits solche Bestimmungen gelten. Es kann aber nicht angehen – und lassen Sie mich dieses sehr menschliche Beispiel einmal vortragen –, daß private Firmen vor der Aufnahme von Straßenbauarbeiten ein kleines grünes Häuschen mit einem Herzen auf der Tür errichten müssen, während ein entsprechender Bautrupp aus der öffentlichen Verwaltung sich im wahrsten Sinne des Wortes in die Büsche schlagen muß.

Es kann auch nicht angehen, daß einzelne Länder für einige Bereiche ebenso wie der Bundesminister für Arbeit und Sozialordnung die Arbeitsstättenverordnung für entsprechend anwendbar erklären, während sich andere zurückhalten. Wir hoffen, daß nicht zuletzt auch im Hinblick auf neuere arbeitsmedizinische Erkenntnisse und wegen des verstärkten Einsatzes neuer Technologien alsbald auch für die öffentliche Verwaltung eine angemessene Lösung im Interesse eines einheitlichen Mindestschutzes aller Beschäftigten gefunden wird.

Zweitens zu den Arbeitsbedingungen beim Einsatz an den Bild-

7 Vgl. Verordnung über Arbeitsstätten (Arbeitsstättenverordnung – ArbStättV) vom 20. März 1975; BGBl I. 1975, S. 729ff.

schirmgeräten: Bitte haben Sie Verständnis dafür, wenn ich aus Zeitgründen aus dem Gesamtkomplex neuer Technologien nur die Bildschirmgeräte herausgreife, weil sie die am Arbeitsplatz im Augenblick wichtigste Neuerung darstellen. Zur Informations- und Kommunikationstechnologie werden Aussagen in den nachfolgenden Referaten erwartet.

Heute beträgt bereits die Zahl der Arbeitsplätze an Bildschirmgeräten in Wirtschaft und Verwaltung insgesamt 300 000. Die Prognosen gehen von einem Zuwachs von 1,7 Mio. Geräten in den nächsten zehn Jahren aus. Das sind ca. 13 Prozent der Gesamtarbeitsplätze. Bildschirmarbeitsplätze waren früher typische Attribute von EDV-Abteilungen; heute ziehen sie in alle Abteilungen ein, weil nur so dem immer stärker werdenden Drang nach schnellerer und immer besserer Information begegnet werden kann.

Der DBB hat es begrüßt, daß – auch ausgelöst durch seine Initiative – der Bundesminister des Innern mit Rundschreiben vom 27. August 1981 an die obersten Bundesbehörden Hinweise für die Regelung von Arbeitsbedingungen beim Einsatz von Bildschirmgeräten gegeben hat.[8] Auf diese Weise wird die Basis für möglichst einheitliche Schutzbestimmungen – und zwar für Beamte, Angestellte und Arbeiter – geschaffen.

Diese Hinweise – und das muß ich ausdrücklich betonen – verhindern nicht den Abschluß entsprechender Dienstvereinbarungen mit dem Ziel, für den betreffenden Bereich noch günstigere Einzelregelungen zu schaffen.

Diese Hinweise schließen es aber auch nicht aus, in Verhandlungen zwischen dem Bundesminister des Innern und dem Deutschen Beamtenbund als Spitzenorganisation zu verbesserten Regelungen zu kommen und insbesondere eine verbesserte Pausenregelung anzustreben.

In totaler Verkennung der Arbeitsbedingungen an Bildschirmgeräten kann man vereinzelt das Unverständnis hören, das unter Hinweis auf einen sehr langen Fernsehabend dann zum Ausdruck gebracht wird, wenn die Forderung nach regelmäßiger zusätzlicher Arbeitsunterbrechung für die sog. Bildschirmarbeitnehmer erhoben wird. Erstens

8 Vgl. Auswirkungen neuer Technologien auf den öffentlichen Dienst; DBB-Dokumente 11, S. 48.

nämlich sind in aller Regel Fernsehsendungen etwas einfacher zu betrachten als ein Gewirr von Zahlen und Schriftzeichen auf Bildschirmen. Zweitens: Zu mehr als 80 Prozent bringt nach Erkenntnissen der Arbeitsmedizin die Tätigkeit am Bildschirmarbeitsplatz eine erhebliche visuelle Belastung mit sich, die zu einer permanenten ärztlichen Kontrolle zwingt.

Der Deutsche Beamtenbund wird sich – anknüpfend an seine bisherigen Bemühungen – in den nächsten Jahren verstärkt dafür einsetzen, daß die äußeren Arbeitsbedingungen beim Einsatz an Bildschirmgeräten eine Beeinträchtigung der Gesundheit der Mitarbeiter nicht zulassen. Hier sind in erster Linie – so selbstverständlich und daher vielleicht auch banal dies klingen mag – die richtigen Bildschirmgeräte und die richtigen Arbeitstische auf der Grundlage jeweils neuester arbeitsmedizinischer Erkenntnisse einzusetzen. Uns ist nicht alleine wegen der Gesundheit der Mitarbeiter der öffentlichen Verwaltung sehr viel an der Verwirklichung des Grundsatzes gelegen: Vorbeugen ist besser als heilen.

Drittens zu den hieraus zu ziehenden Folgerungen für den Deutschen Beamtenbund: Der DBB hat im Interesse einer möglichst umfassenden Analyse und aufbauend auf ein von ihm bereits 1975 veröffentlichtes Konzept zu den Arbeitsbedingungen beim Einsatz der EDV[9] eine repräsentative Umfrage über die bisherigen Erfahrungen mit der Einführung neuer Technologien erhoben.[10] Die Auswertung ist von einer entsprechenden Expertengruppe, die der Bundesleitung des DBB beratend zur Seite steht, inzwischen vorgenommen worden. Aus der Diagnose dieser Erfahrungen läßt sich, ohne daß ich nun schon den Beschlüssen der zuständigen DBB-Gremien vorgreifen möchte, bereits eine vorläufige Therapie in Gestalt von Mindestforderungen ablesen, die ich stichwortartig wie folgt skizzieren kann:

a) Der Einführung neuer Technologien muß eine sorgfältige Analyse im Hinblick auf die spezielle Eignung und im Hinblick auf die personellen, sozialen und organisatorischen Folgen vorausgehen. An den

9 Vgl. Aufgabenzuwachs erfordert sinnvollen EDV-Einsatz. DBB legt Konzept für Datenverarbeitung in der Verwaltung vor, in: Der Beamtenbund. 27. Jg., Nr. 1, Januar 1976, S. 4.

10 Vgl. dazu: Auswirkungen neuer Technologien auf den öffentlichen Dienst; DBB-Dokumente 11, S. 27f.

entsprechenden Beratungen sind die Personalvertretungen von Beginn an ebenso zu beteiligen wie die Leiter jener Abteilungen, in denen neue Geräte eventuell zum Einsatz kommen sollen. Die Personalvertretungen sind insgesamt während der Planungs- und der Erprobungsphase zu beteiligen.

b) Mit dieser Analyse muß eine sorgfältige Wirtschaftlichkeitsberechnung einhergehen. Sie muß den Einsatz des Personals ebenso umfassen wie auch die Festlegung der Arbeitsmengen, und sie muß eine Erfolgskontrolle ermöglichen.

c) Rechtzeitige Personalplanungen werden mit dem Ziel erforderlich sein, den sogenannten unterwertigen Einsatz von Beschäftigten zu vermeiden.

d) Eine generelle Überprüfung der Personalvertretungsgesetze auf das Ausmaß der Mitbestimmung bei der »Gestaltung der Arbeitsbedingungen« und der »Einführung neuer Arbeitstechniken und Arbeitsmethoden« ist notwendig. Ein entsprechendes Konzept ist vom DBB im Mai dieses Jahres bereits vorgelegt worden.[11]

e) Zu große Arbeitsteilungen müssen vermieden werden, weil sie nicht nur die Mitarbeiter unzumutbar belasten, sondern den zügigen Arbeitsablauf behindern.

f) Ein besonderer Schutz älterer Mitarbeiter ist vonnöten, denen erfahrungsgemäß eine Einarbeitung in neue Arbeitstechniken schwerer als jungen Mitarbeitern fällt. Das bedingt auch ein möglichst sachgerechtes Auswahlverfahren hinsichtlich der Beschäftigten, die mit neuen Technologien arbeiten sollen.

g) Schließlich: rechtzeitige Überprüfung geltender Vor- und Ausbildungsmuster, Fort- und Weiterbildungsmaßnahmen sowie behutsame Einführung in die Funktion neuer Technologien am Arbeitsplatz.

Meine sehr verehrten Damen und Herren, liebe Kolleginnen und Kollegen, im Rahmen einer Ansprache kann man den vielfältigen Katalog neuer Technologien nur kurz aufschlagen und die Folgen dieser Innovationen sowie die notwendigen verbandspolitischen Forderungen ebenfalls nur gekürzt aufzeigen.

11 Vgl. dazu: Deutscher Beamtenbund. Bundesvertretertag 1983. Geschäftsbericht der Bundesleitung. Hrsg. von der Bundesleitung des Deutschen Beamtenbundes, Bonn-Bad Godesberg o. J. (1983), S. 113.

Zusammenfassend ist festzustellen:

1. Der DBB wendet sich nicht gegen die Einführung neuer Technologien, weil sie unter anderem
- zur Erleichterung von Arbeitsabläufen beitragen,
- eine schnellere Aufgabenerfüllung fördern und
- angesichts geplanter Stellenkürzungen die Beschäftigten vor einer übermäßigen Beanspruchung schützen können.

2. Der DBB erwartet
- eine sorgfältige wissenschaftliche Prüfung der Eignung neuer Technologien für den Einsatz in der öffentlichen Verwaltung,
- eine ebenso sorgfältige wissenschaftliche Prüfung der Auswirkungen auf die personellen, sozialen und organisatorischen Arbeitsbedingungen und
- eine ständige Einbeziehung der Betroffenen über die Spitzenorganisationen der Gewerkschaften sowie über die Personalvertretungen.

Abschließend möchte ich mich nochmal an den größten Teil der Teilnehmer dieses Technikerkongresses wenden. Ich bin mir nicht sicher, ob ich Sie besonders glücklich mache, Sie, die über einschlägige Erfahrungen verfügen, wenn ich die Überschrift aus einer Tageszeitung vom 3. September 1981 zitiere.[12] Ich bin mir aber sicher, daß Sie zumindest über diese Überschrift schmunzeln können, die wie folgt lautet: »Ingenieuren stehen alle Türen offen.«

12 In DBB-Dokumente 11 (»Auswirkungen neuer Technologien auf den öffentlichen Dienst«) sind unter der Überschrift »Ingenieurmangel ja oder nein?« zur Situationsbeschreibung Schlagzeilen aus Zeitungen und Zeitschriften zusammengestellt, darunter auch die nachfolgend zitierte. Als Quelle ist angegeben: »NRZ v. 3. 9. 1981«.

27. November 1981

Europäische Zusammenarbeit der Berufsverbände und Gewerkschaften

Vortrag auf dem Europa-Seminar in Brüssel

Quelle: DBB-Archiv, Abt. Bulei 15000–31 (maschinenschriftlich)

Zunächst eine Vorbemerkung: Ich beabsichtige nicht, einen längeren Vortrag über das mir gestellte Thema zu halten. Das Thema, um das es bei mir geht, verträgt keinen Monolog. Schon gar nicht vor einem Zuhörerkreis, der sich aus Personen zusammensetzt, die übernationale Verbandsarbeit betreiben und hierbei eine Menge an Erfahrungen gesammelt haben. Ich halte es für wünschenswert, daß die vor diesem Erfahrungshintergrund entwickelten Meinungen und Erwartungen in die Erörterung des Themas einbezogen werden. Deswegen sollte viel Zeit für die Diskussion bleiben. Außerdem ist es ja nicht Absicht dieses Nachmittags, nur unverbindlich über Entwicklungen nachzudenken, sondern zu möglichst konkreten Ergebnissen und praktischen Folgerungen für die europabezogene Verbandspolitik des DBB zu kommen.

Ich will mich bei meinen Ausführungen auf drei Punkte konzentrieren: Der erste Punkt betrifft den Stellenwert abgestimmter Interessenpolitik im europäischen Rahmen. Mit dem zweiten Punkt will ich die interessenpolitische Einwirkung skizzieren, so wie sie sich als politische Realität herausgebildet hat. Und im dritten Punkt geht es dann um eine Bilanz der internationalen Arbeit des DBB mit einigen sich in diesem Zusammenhang stellenden Fragen.

Punkt 1: Die Vorträge des Vormittags haben uns eine Fülle von Anschauungsmaterial dafür gegeben, vor welchen Herausforderungen eine gemeinsame Politik in Europa heute steht. Auf der einen Seite ist da insbesondere die Zerreißprobe aufgrund tiefgreifender ökonomischer Strukturkrisen mit dem daraus erwachsenden, immer komplizierteren Finanzierungsproblemen. Auf der anderen Seite kreuzt sich das mit neuen Versuchen und Initiativen, die Verwirklichung der europäischen Union voranzutreiben und hierfür politischen Konsens einzuholen. Dies geschieht fast beschwörend, als erhoffe man sich davon eine leichtere Lösung der anderen Fragen.

Doch wie immer man die damit entstandene aktuelle Situation einschätzen mag – jenseits davon ist es eine hinzunehmende und zu akzeptierende Tatsache, daß die Verflechtung und institutionelle Abstimmung von immer mehr Politikbereichen in Europa auf dem Vormarsch ist. Und darauf haben sich die Berufsverbände und Gewerkschaften einzustellen. Sie haben sich darauf einzustellen, wenn sie die Chance nutzen wollen, Mitgestalter europäischer Politik zu sein und nicht nur Adressat fremdgesetzter Entscheidungen.

Wer den Interessenpluralismus auf nationaler Ebene bejaht, muß dies auch auf europäischer Ebene tun. Und was für die Bedeutung der Interessenwahrnehmung im nationalen Bereich gilt, das darf auch im europäischen Raum, zumal es längerfristig um die Verwirklichung einer politischen Union geht, nicht gering geachtet werden. Die Funktion von Interessenorganisationen besteht darin, die Belange der von ihnen vertretenen Gesellschaftsgruppen zu artikulieren und sie in den politischen Willensbildungsprozeß einzubringen. Die Sammlung und Bündelung solcher Interessen, ihre organisatorische Formierung ermöglichen es, das jeweils gemeinsame Interesse auch nach außen, das heißt gegenüber politischen Entscheidungsträgern, gegenüber konkurrierenden Interessenverbänden, gegenüber der Öffentlichkeit darzustellen und nach Möglichkeit natürlich durchzusetzen.

Es ist wichtig, sich die Bedeutung dieser Gestaltungschance vor Augen zu halten. Berufsverbände und Gewerkschaften stellen sich damit als Träger eines notwendigen Informationsprozesses in unserem politischen System dar. Sie verfügen über das Wissen um die besonderen Bedingungen und Erfordernisse der von ihnen vertretenen Gruppe und sind in der Lage, diese Daten in den politischen Prozeß einzuführen. Umgekehrt sammeln sie die aus ihrer Sicht wichtigen Daten des sozialen und politischen Systems und machen diese für die Entscheidungsfindung innerhalb der Organisation nutzbar. Man kann sagen, daß sich auf diese Weise ein höheres Maß an gesamtgesellschaftlicher Rationalität herausbildet, worauf die unter Entscheidungsdruck stehende bzw. vom Gestaltungswillen bestimmte Politik letztlich angewiesen ist.

Im Blick auf die erwähnte wachsende Verflechtung der Politik im europäischen Raum bedeutet dies für die Berufsverbände und Gewerkschaften zweierlei: Sie sehen sich nicht nur in der Pflicht, unter Berücksichtigung dieser Zusammenhänge ihre Möglichkeiten im nationalen Bereich auszuschöpfen. Sie sind gut beraten, durch europaweite Kooperation mit Gruppierungen gleichen Interesses die Artikulations- und Einwirkungsmöglichkeiten auch im europäischen Rahmen zu nutzen und zu verbessern. Ich sollte aber hinzufügen: Es geht nicht nur um Effizienzsteigerung der Interessenpolitik. Europäische Orientierung in der Verbands- und Gewerkschaftspolitik hat auch eine bedeutende ideelle Komponente. Die – wenn auch interessenpolitisch gefilterte – Auseinandersetzung mit Fragen der europäischen Entwicklung ist geeignet, bei den Einzelmitgliedern das Bewußtsein und Verständnis für europäisches Gedankengut zu fördern und wachzuhalten.

Die europäische Orientierung vieler Mitgliedsverbände des DBB, ihr Zusammenschluß in übernationalen Organisationen unterstreicht, daß die darin liegende Verantwortung erkannt und ernstgenommen worden ist. Auch das jahrzehntelange Engagement des DBB als Spitzenorganisation versteht sich als Bemühung in dieser Richtung. Die Frage ist jedoch, ob wir uns mit den gewachsenen Formen der interessenpolitischen Darstellung zufriedengeben können oder ob es nicht Zeit ist, bessere Wege zu finden. Darauf werde ich unter Punkt 3 meiner Ausführungen eingehen.

Sicher ist jedenfalls dies: Je weiter die europäische Integration voranschreitet, in um so größerem Maß stehen politische Entscheidungen an, die für das Aufgabenfeld des öffentlichen Dienstes beziehungsweise der öffentlichen Dienste in der EG von Bedeutung sind. Überhaupt werden Fragen der verwaltungsmäßigen Umsetzung europapolitischer Entscheidungen an Gewicht gewinnen und eine verstärkte Abstimmung notwendig machen. Stichworte sind: Steuerpolitik, Zollpolitik, Verkehrspolitik, Infrastrukturpolitik, Energiepolitik, Bildungspolitik, Umweltpolitik, Politik der inneren und äußeren Sicherheit.

Die Frage, wie diese Politikbereiche zu gestalten sind, kann nicht losgelöst werden von der dringend notwendigen Erörterung der personellen, organisatorischen und rechtlichen Voraussetzungen, unter denen der öffentliche Dienst diese Aufgaben zu erfüllen in der Lage ist. Um so wichtiger wird es sein, die auf den öffentlichen Dienst bezogenen Folgen europapolitischer Vorhaben bewußtzumachen und dafür zu sorgen, daß diese bei den politischen Entscheidungen berücksichtigt und deutlich gemacht werden.

Ich komme zu Punkt 2: Überblickt man die interessenpolitische Landschaft in der Europäischen Gemeinschaft, so muß man – zumal aus der Sicht des öffentlichen Dienstes – eine außerordentlich ungleichgewichtige Macht- und Einflußverteilung feststellen. Sicherlich gibt es vielfältige bilaterale und multilaterale Beziehungen von berufspolitischem Gewicht, und sicherlich ist der dadurch ermöglichte Gedankenaustausch, die Erweiterung des eigenen Horizontes, hoch einzuschätzen. Was jedoch die politischen Einwirkungsmöglichkeiten angeht, sieht die Situation so aus, daß wir an allen Ecken und Enden dem Machtanspruch des Europäischen Gewerkschaftsbundes begegnen und daß dieser es verstanden hat, sich eine Vorrangstellung zu sichern. Der EGB entstand im Februar 1973 aus dem Zusammenschluß des Europäischen Bundes freier Gewerkschaften in der Gemeinschaft und des Gewerkschaftsausschusses der EFTA-Länder.

Er wurde von 17 nationalen Gewerkschaftsbünden des seit 1949 bestehenden Internationalen Bundes Freier Gewerkschaften als dessen Regionalorganisation gegründet. Inzwischen gehören dem EGB 32 europäische Gewerkschaftsbünde mit nahezu 40 Millionen Mitgliedern in 18 Ländern an.

Mit dieser Rückenstärkung glaubt der EGB zunehmend, konkurrierende Interessen an die Wand drücken zu können, um seinem Alleinvertretungsanspruch zum Schaden einer pluralistischen Entwicklung Geltung zu verschaffen. Mit den Worten Vetters kommt es dem EGB darauf an, ihn zum Ausgangspunkt einer umfassenden europäischen Gewerkschaftszusammenarbeit, zur beherrschenden gewerkschaftlichen Kraft in Europa zu machen.[1] Wie in einer neueren Untersuchung über Interes-

1 Vgl. dazu das Vortragsmanuskript Oskar Vetters im Rahmen des 3. Treffens ehemaliger

senverbände im EG-System festgestellt wird, ist es dem EGB gelungen, seinen politischen Einfluß äußerst wirksam zu organisieren.[2] Neben der institutionalisierten Interessenwahrnehmung im Rahmen des umfangreichen EG-Ausschußsystems habe der EGB seine ursprünglich fast ausschließliche Kommissionsorientierung in Folge der Machtverlagerung zwischen den Organen mittlerweile zugunsten einer flexiblen Einflußstrategie abgeändert. Kennzeichen und Zielsetzung der EG-bezogenen gewerkschaftlichen Aktivitäten seien eine Doppelstrategie aus Koordination und Zielfindung im EGB-Rahmen bei gleichzeitig flexibler nationaler Vorgehensweise der einzelnen Mitgliedsgewerkschaften.

Wie weit die einseitige Interessenverfilzung zwischen EGB und europäischer Politik vorangeschritten ist, wird an der Gründung des Europäischen Gewerkschaftsinstituts (EGI) deutlich. Die Kommission der Europäischen Gemeinschaften hat sich hier durch die Unterzeichnung einer Übereinkunft – sie stammt vom 7. Juli 1978 – in Brüssel verpflichtet, für sechs Jahre einen Zuschuß zum Haushalt des Instituts zu leisten. Das heißt, die Finanzierung dieses Gewerkschaftsinstituts erfolgt nicht nur aus Gewerkschaftsmitteln, sondern weitgehend aus Gemeinschaftsmitteln der EG. Nach den für das Europäische Gewerkschaftsinstitut verbindlichen Arbeitsleitlinien hat sich dieses vor allem an den Anforderungen und Wünschen des EGB zu orientieren. Es soll dabei Analysen und Begründungen erarbeiten, die für die Vorbereitung von gewerkschaftspolitischen Entscheidungen verwertbar und nützlich sind. In der Liste der Forschungsvorhaben finden sich folgende Beispiele:

– Bedeutung der staatlichen Unternehmen, des öffentlichen Sektors, der öffentlichen Kontrolle und Einfluß der Unternehmer auf die Unternehmenspolitik;

Mitglieder des SDS, Heimvolkshochschule der Friedrich-Ebert-Stiftung, 22. März 1980 in Bergneustadt »Die Situation der Gewerkschaften in Europa«, in: Archiv der sozialen Demokratie der Friedrich-Ebert-Stiftung, Bonn, Sammlung Personalia V. Vgl. ferner dazu: Oskar Vetter: Mitbestimmung muß europäische Dimensionen annehmen, in: Der Deutsche Beamte. 31. Jg., Nr. 6, Juni 1981, S. 122.

2 Vgl. dazu Hildegard Waschke: Supra-nationale Gewerkschaftspolitik. Ziele und Wege der internationalen Gewerkschaftsbewegung (= Beiträge zur Gesellschafts- und Bildungspolitik. Heft 25) Köln 1978, S. 16ff.

- Bestandsaufnahme der gewerkschaftlichen Bildungsarbeit;
- Strukturen und Arbeitsweise der nationalen Gewerkschaften und des EGB;
- Erstellung einer Informationsbroschüre und eines Faltblattes über den EGB.

Angesichts der komfortablen Finanzierungsmöglichkeiten des EGB stellt sich, wie ich meine, für alle außerhalb des EGB bestehenden Organisationen die Frage, ob eine derartige Platzherrschaft geduldet werden kann. Es genügt aber nicht, dies zu beklagen. Notwendig ist, zu überlegen, was organisatorisch getan werden kann, um nicht nur ein Gegengewicht zu schaffen, sondern zu verhindern, daß die aus unserer Sicht legitimen Belange der Mitarbeiter des öffentlichen Dienstes von andersartigen interessenpolitischen Positionen erdrückt werden.

Ein anderes Beispiel ist im übrigen die kürzlich erfolgte Gründung des Gewerkschaftskomitees der Lehrer.

Damit komme ich zu Punkt 3: Die europabezogene gewerkschaftspolitische Arbeit des DBB hat sich in zwei Richtungen ausgefächert: Auf der Ebene des Gesamtverbandes gibt es die europäische Arbeit im Rahmen der C.I.F. Daneben sind die internationalen und europäischen Zusammenschlüsse auf fachlicher Ebene zu nennen, die sich zum Teil ihrerseits unter jeweils eigenen Dächern zusammengefunden haben – Stichwort: EUROFEDOP. Das damit vorhandene, begrüßenswerte Potential an übernationalen Aktivitäten im DBB muß jedoch daraufhin überprüft werden, ob es nicht effektiver für politische Einwirkungsmöglichkeiten genutzt werden könnte. Ich glaube, es kann uns nur helfen, wenn wir hier ganz realistisch sind. Die lange Tradition der Mitwirkung des DBB in der C.I.F. ist sicherlich ein Kapital, das man nicht gering einschätzen sollte. Andererseits tut sich die C.I.F. schwer – trotz immer wieder neuer Versuche –, auf der interessenpolitischen Szene Europas Boden zu gewinnen und als akzeptierter Partner im politischen Dialog zu gelten.

Dies hat verschiedene Ursachen. Man mag sie im personellen Bereich ebenso wie in der Organisation oder im Entscheidungsverfahren sehen. Es liegt aber natürlich auch in der Konkurrenzsituation begründet. Und diese Konkurrenzsituation verlangt, wenn man vorankommen will, daß die interessenpolitische Arbeit professionell betrieben wird. Unabhängig davon stellt sich aber die Frage, ob selbst dann die Chance erhöht würde, wenn der DBB die ihn bewegenden Interessen wirksam zur Geltung bringen und zu seinem Nutzen in den politischen Prozeß einführen kann. Der Wert der C.I.F. besteht, um es einmal zugespitzt zu formulieren, mehr in einem Zugewinn an zwischenverbandlichem Verständnis als gesamtverbandlicher Außenwirkung und Einflußnahme. Das ist kein schlechtes Ergebnis, aber auch kein befriedigendes.

Andererseits sind die übrigen internationalen Engagements der Mitgliedsverbände des DBB nicht so gestaltet, daß sie in der derzeit bestehenden Form eine Alternative sein könnten. Ihr unbestreitbarer Wert liegt darin, den fachbezogenen interessenpolitischen Dialog über die Grenzen hinweg in Gang gesetzt zu haben und zu fördern. Das geschieht aufgrund des Gleichklangs der fachlichen Interessen· häufig weit intensiver, als dies ein Zusammenwirken von Organisationen leisten kann, die auf den Ausgleich sehr verschiedenartiger Interessenstandpunkte angewiesen sind. Dennoch entsteht damit ein System weitgehend unverbundener fachgewerkschaftlicher Beziehungen, dessen Bedeutungsmöglichkeit dadurch beeinträchtigt ist, daß es zwischen diesen Beziehungen keinen Querverbund gibt. Die aus der Sicht des DBB entscheidende Frage ist insoweit, was getan werden könnte, um diese Einzelaktivitäten so zusammenzuführen, und dies in einen organisatorischen Rahmen einzubinden, daß damit der DBB auch als Gesamtorganisation seine Chance verbessert, übernational als Ansprechpartner akzeptiert zu werden. Ein erster Schritt in dieser Richtung könnte darin bestehen, daß sich die europäischen und internationalen Zusammenschlüsse der Mitgliedsverbände des DBB darauf verständigen, einen organisatorischen Rahmen zu akzeptieren, der sich sozusagen als Clearingstelle für übernationale verbandspolitische Probleme versteht. Ein in diesem Fall möglicherweise zu erwägender Rückzug aus der C.I.F. würde die nötigen Mittel freisetzen, um dafür die Voraussetzungen zu schaffen. Aber genau das sollte jetzt zwischen uns diskutiert werden. Deswegen will ich mit diesen Hinweisen meine Ausführungen zunächst beschließen.

1. Oktober 1982

Grußwort

Grußwort anläßlich des Dritten Frauenkongresses der Bundesfrauenvertretung im DBB in Bonn

Quelle: DBB-Archiv, Abt. Bulei 15000-33 (maschinenschriftlich)

Ich freue mich, heute zugleich im Namen der anwesenden Vorsitzenden der Mitgliedsverbände des DBB anläßlich des 25jährigen Bestehens der Frauenvertretung des DBB zu Ihnen sprechen und Ihnen unseren Dank für Ihre kollegiale Hilfe und berufspolitische Mitarbeit ausdrücken zu können.

Das Interesse der Frauen an der Berufspolitik hat in den letzten 25 Jahren beachtlich zugenommen. Das zeigt sich schon an der Tatsache, daß die Zahl der im Deutschen Beamtenbund organisierten Frauen erheblich gestiegen ist. Zu Beginn der Frauenarbeit 1957 waren von den 620 000 DBB-Mitgliedern rund 71 000 Frauen, während es heute von den 820 000 Mitgliedern rund 210 000 sind; der Prozentsatz der weiblichen DBB-Mitglieder stieg also in den letzten 25 Jahren von rund 11,5 Prozent auf 25 Prozent. Bei einem weiblichen Anteil von 31 Prozent an den Vollbeschäftigten im öffentlichen Dienst ist das eine Zahl, die sicher auch ein positives Licht auf die Aktivitäten der Bundesfrauenvertretung wirft.

Nicht nur der Organisationsgrad unter den Frauen hat so stark zugenommen, sondern gleichzeitig zum Beispiel auch die Zahl der weiblichen Personalratsmitglieder. Im Bereich des Postverbandes sind zum Beispiel 25 Prozent der Personalräte Frauen und dies bei einem weiblichen Beschäftigtenanteil von 22 Prozent.

Und wenn seit dem 1. April dieses Jahres Gisela Fröbe für die

Gewerkschaft der Sozialversicherung im Deutschen Beamtenbund an der Spitze des Personalrats des größten deutschen Versicherungsträgers, nämlich der BfA in Berlin, steht, so ist das ein Zeichen dafür, daß die im DBB organisierten Frauen nicht nur zahlende Mitglieder sind, sondern daß sie bereit und fähig sind, aktiv in der Berufspolitik mitzuarbeiten.

Und das ist wichtig, denn Berufspolitik, die sich am Ziel sachgerechter Lösungen mißt, sollte nicht nur aus männlicher Sicht gemacht werden. Sachgerechtigkeit ist zwar geschlechtsneutral und nicht männlich oder weiblich, aber es gibt auch wichtige Bereiche, in denen der weibliche Blickwinkel notwendig ist und bisher oft gefehlt hat. Ich denke da zum Beispiel daran, daß unser Berufsleben weitgehend auf die traditionellen männlichen Bedürfnisse zugeschnitten ist. Ich meine, berufstätige Frauen sind besonders berufen, ihre Erfahrungen einzubringen, wenn man über Fragen der täglichen Arbeitszeit oder der Teilzeitarbeit spricht oder wenn es um die Schwierigkeiten geht, die entstehen bei der Rückkehr in den Beruf nach zeitweisem Ausscheiden, etwa zur Erziehung von Kindern. In solchen Fragen ist nicht die Alibifrau gefragt, sondern die Frau, die wegen einer größeren Problemnähe sachlich wichtige Impulse geben kann.

In diesem Sinne ist uns vom Deutschen Beamtenbund die Frauenvertretung nicht Alibi, wir brauchen keine Konzessionsfrauen, sondern wir brauchen sachkundige und zu sachlicher Arbeit befähigte Mitarbeiterinnen und Mitstreiterinnen. Die Bundesfrauenvertretung, vor allem auch die geschäftsführende Bundesfrauenvertretung, hat durch ihre bisherige Arbeit bewiesen, daß sie alle Erwartungen erfüllt. Lassen Sie mich in diesem Zusammenhang ein oft diskutiertes Thema anschneiden: die Vertretung der Frauen in den DBB-Gremien. Hier sind die Damen sicherlich im Zahlenvergleich unterrepräsentiert. Ich kann mir nun schon den Einwurf vorstellen: Das ist Schuld der Männer, die uns draußen vor halten wollen. Ich will das nicht, meine Damen, und ich glaube, ich spreche da auch im Namen meiner Kollegen, aber ich meine, es gibt einen plausiblen Grund, der ausgeräumt werden kann und muß: Es gibt bisher zu wenig Frauen, die bereit sind, den sicherlich recht steinigen Weg in die ehrenamtlichen Funktionen zu gehen. Ich bin sicher, hier kann keine Sorte von Quotierungsverfahren helfen, sondern nur die aktive Sacharbeit von Frauen, die dann auch überzeugen wird.

Bei einer Mitgliedschaft, die zu einem Viertel aus Frauen besteht, sollten mehr als bisher Frauen in den Gremien vertreten sein. Ich kann Ihnen da nur raten: Tun Sie etwas dafür, meine Damen, Sie werden mehr Unterstützung finden, als Sie vielleicht vermuten.

Sie haben auch die Unterstützung des ganzen Deutschen Beamtenbundes bei allen Problemen, von denen Frauen in dieser schwierigen Zeit besonders betroffen sind. Wir sind zum Beispiel der Meinung, daß bei aller Einsicht in die Notwendigkeit des Sparens angesichts der leeren öffentlichen Kassen der Mutterschaftsurlaub sicherlich keine sachgerechte Einsparmöglichkeit ist. Wenn Politiker, die noch vor kurzem die soziale Errungenschaft Mutterschaftsurlaub gepriesen haben, ihn heute wieder abschaffen wollen, so läßt das den Verdacht entstehen, daß Frauen hier nur als Manövriermasse benutzt werden sollen. In Zeiten der Hochkonjunktur mit ihrem Arbeitskräftemangel sind sie willkommen, und es werden Anreize für die Berufstätigkeit der Frauen geschaffen, und die Rückkehr ins Berufsleben nach einer Kindererziehungszeit wird erleichtert. Bei der jetzt bestehenden und anwachsenden Arbeitslosigkeit sieht mancher Mitbürger die Frauen wieder lieber in der Familie. Das ist keine sachgerechte Politik. Ich rede hier zwar nicht übertriebenen Emanzipationsbestrebungen das Wort. Ich bin nicht der Meinung, daß jede Frau zu ihrer Selbstverwirklichung der Berufstätigkeit bedarf, aber ich bin der Meinung, daß Umstände geschaffen und erhalten werden müssen, die jedem – Frau wie Mann – die Wahlmöglichkeit lassen zwischen Berufstätigkeit und Familienarbeit und mit keiner Wahl darf eine Diskriminierung verbunden sein.

Ein die sachliche Arbeit förderndes allgemeines Klima ist um so notwendiger, als wir alle vor großen Herausforderungen stehen: Zur Sanierung der öffentlichen Haushalte wird der Rotstift angesetzt. Die Sparmaßnahmen verschlechtern zunehmend die Funktionsfähigkeit des öffentlichen Dienstes. Dies zeigt sich besonders drastisch, wenn Personalpolitik sich als eine Politik der pauschalen Stellenstreichungen, der rigorosen Einstellungsstopps und der willkürlichen Beförderungssperren ohne Aufgabenabbau darstellt, wie das zunehmend der Fall ist.

Die Konzeptionslosigkeit solcher Politik zeigt sich besonders eklatant am Beispiel der erschreckend wachsenden Lehrerarbeitslosigkeit – und hier sind Frauen wieder besonders betroffen, denn sie stellen bis

September 1981 bereits 66 Prozent der rund 13 600 arbeitslosen Pädagogen. Und die Zahl der arbeitslosen weiblichen Lehrer verdreifachte sich seit 1976, die der männlichen nahm um 140 Prozent zu. Diese Zahlen stehen in einem besonderen Licht, wenn man folgende Situation in den Schulen bedenkt: Immer noch fallen viele Unterrichtsstunden aus – allein acht bis zehn Prozent im Gymnasialbereich –, Lernziele können deshalb nicht ordnungsgemäß erreicht werden und die Klassengrößen sind keineswegs optimal. Dennoch werden Lehramtsanwärter nur in geringem Umfang eingestellt, und das ganz allein aus fiskalischen Gründen.

Aus solchen Situationen ergibt sich nur eine Konsequenz: Die Politiker müssen endlich wieder zu vernünftigen personalwirtschaftlichen Grundsätzen zurückkehren. Dabei geht es nicht darum, die Personalstärken der Verwaltungen künstlich großzuhalten, wie das in der Öffentlichkeit oft polemisch behauptet wird. Es geht vielmehr darum, die zunehmende Mehrbelastung der Mitarbeiter zu beseitigen – Stichwort Überstundenabbau. Es muß endlich wieder das Personal eingestellt werden, das zur ordnungsgemäßen Erledigung der bestehenden Staatsaufgaben zum Wohle der Bürger dringend notwendig ist. Das sind nach unseren Erhebungen mindestens 100 000 Personen im Bund, in den Ländern und Gemeinden.

Angesichts der zunehmend hohen Arbeitslosigkeit ist ein Personalabbau ohnehin unverantwortlich, da damit der Druck auf den Arbeitsmarkt nur verstärkt wird.

Außerdem muß eine sachgerechte Personalpolitik ja auch nicht immer zu Belastungen der öffentlichen Haushalte führen: Man denke nur an die Steuermehreinnahmen, die eine personell besser ausgestattete Finanzverwaltung erzielen könnte.

Am heutigen Tage stehen wir nun wahrscheinlich vor einer völlig neuen Situation. Ein Regierungswechsel – wie er jetzt eingeleitet ist – sollte neue Impulse und neue Zielsetzungen klarmachen.

Wenn wir nun die Ergebnisse der Koalitionsgespräche zwischen CDU/CSU und F.D.P. betrachten, so können wir mit Genugtuung feststellen: Der Gesetzentwurf zur Änderung von Vorschriften über die Verfassungstreuepflicht im öffentlichen Dienst wird nicht verabschiedet werden. Damit ist eine Verunsicherung im öffentlichen Dienst zum Nachteil des Staatsganzen vom Tisch.

Wie sieht es aber sonst mit den Koalitionsvereinbarungen aus, die den öffentlichen Dienst betreffen?

Mir scheint die angestrebten Regelungen sind noch erheblich interpretationsbedürftig, und es besteht noch nicht die notwendige Klarheit darüber, wie sich die neue Regierung gegenüber dem öffentlichen Dienst verhalten wird. Deshalb wird der Deutsche Beamtenbund unmittelbar nach der Regierungsneubildung auf intensive Gespräche drängen. Dabei wird der DBB mit Nachdruck auf einer Gleichbehandlung des öffentlichen Dienstes bestehen sowohl im Verhältnis der Beschäftigungsgruppen zueinander als auch im Verhältnis zu allen anderen gesellschaftlichen Gruppen. Wir werden noch einmal betonen, daß der öffentliche Dienst bereit ist, seinen Sparbeitrag zu leisten; das kann jedoch nur im Rahmen eines vernünftigen politischen Gesamtkonzepts und im Gleichklang mit allen Gesellschaftsgruppen erfolgen.

Der weitgehend appellative Charakter der im öffentlichen Dienst angestrebten Regelungen und die unterstellte Signalwirkung der Besoldungspolitik für die allgemeine Einkommensentwicklung erscheint uns doch etwas unrealistisch. Wir werden uns mit Entschiedenheit gegen alle Entwicklungen wehren, die den gesetzlichen Anspruch der Beamten und Versorgungsempfänger auf die Anpassung ihrer Bezüge an die allgemeine Einkommensentwicklung untergraben könnten. Wir erwarten von der neuen Bundesregierung die Erkenntnis, daß die Funktionsfähigkeit und Leistungskraft des öffentlichen Dienstes nicht durch eine einseitige Schlechterstellung der Beschäftigten beschädigt werden darf. Wir werden immer wieder darauf hinweisen, daß unser demokratischer, freiheitlicher, sozialer Rechtsstaat nicht ohne funktionstüchtigen öffentlichen Dienst funktionieren kann. Die Umsetzung der politischen Vorgaben und die staatliche Aufgabenerfüllung im Interesse des Bürgers kann nämlich nur von einem loyalen öffentlichen Dienst garantiert werden.

Die international anerkannte rechtsstaatliche Leistungskraft unseres deutschen Verwaltungssystems ist inbesondere der Institution des Berufsbeamtentums zuzuschreiben. In den jetzigen schwierigen Zeiten ist seine Ausgleichs- und Stabilisierungsfunktion und seine Verläßlichkeit und Leistungsfähigkeit besonders gefragt. Wir vom Deutschen Beamtenbund sind daher im Interesse der Mitarbeiter, aber auch im Interesse der

Bürger und des Staatsganzen gefordert, unser interessenpolitisches Engagement darauf zu richten, den Entscheidungsträgern klarzumachen, was Fürsorgepflicht bedeutet. Wir hoffen darauf, daß die verantwortlichen Politiker erkennen, daß Verletzungen der Fürsorgepflicht nur den Kräften Auftrieb geben, die diese Fürsorge durch den Beamtenstreik erzwingen wollen. Eine solche Entwicklung würde aber nur Verlierer produzieren: die Mitarbeiter, die Dienstherren und vor allem die Bürger. Deshalb werden wir alle anstehenden Probleme nüchtern und realistisch angehen und in den Gesprächen mit der neuen Regierung klarmachen, daß eine sach- und aufgabengerechte Ausstattung des öffentlichen Dienstes und vernünftige Arbeitsbedingungen, Einkommensbedingungen und Fortkommensbedingungen unverzichtbar sind.

Bei all diesen Aufgaben, die uns in der Zukunft erwarten, bedürfen wir auch der solidarischen Unterstützung der weiblichen Mitglieder des Deutschen Beamtenbundes und insbesondere der Frauenvertretung. Ich hoffe auf eine weiterhin erfolgreiche berufspolitische Zusammenarbeit von Männern und Frauen im Sinne Ihres Kongreßmottos: Fortschritt durch Gemeinsamkeit.

Januar 1983

Mehr Gewicht für den öffentlichen Dienst

Der DBB-Bundesvorsitzende zur Lage des öffentlichen Dienstes am Jahreswechsel 1982/83

Jahresausblick 1983

Quelle: Der Beamtenbund. 34. Jg., Nr. 1, Januar 1983, S. 3

Das Jahr 1982 war in vielem ein Jahr bitterer Ernüchterung. Die Bewältigung der Wirtschafts-, Arbeitsmarkt- und Haushaltsprobleme erfordert, so wie es am Ende des Jahres aussieht, weit drastischere politische Anstrengungen, als dies noch zu Beginn des Jahres absehbar war. Der im Oktober vollzogene Regierungswechsel hat das ganze Ausmaß insbesondere der verfahrenen Haushaltslage deutlich gemacht. Bedrückende Daten begleiten uns in das neue Jahr: eine zunehmend dramatische Entwicklung der Arbeitslosenzahl, Konkurswellen und Branchenkrisen als alarmierende Begleiterscheinung eines wirtschaftlichen Behauptungskampfes, geschrumpfte Handlungsspielräume in Bund, Ländern und Gemeinden angesichts eines zu sorglosen Umgangs mit den Staatsfinanzen.

Ernüchterung auf allen Seiten

Ernüchterung dürfte sich auch bei denen zeigen, die angetreten sind, die Lage zum Besseren zu wenden. Das Bild vom Tanker ist so falsch nicht. Auch Kurskorrekturen in Politik und Wirtschaft sind nicht auf Knopfdruck herbeizuführen, Lenkmanöver brauchen Zeit. Dabei kann die Fahrt durch gefährliche Wasser gehen. In einer solchen Situation ist es besonders wichtig, die vom Kurswechsel Betroffenen von der Richtigkeit der Korrektur zu überzeugen und bei Entscheidungen darauf zu achten, daß mit ihnen nicht die Grundlagen von Konsens- und Vertrauensfähigkeit verspielt werden.

Genau dieses Problem stellt sich im öffentlichen Dienst. Auch für ihn brachte das Jahr 1982 Ernüchterung, mehr noch Verbitterung und Enttäuschung.

Vor einem Jahr: Trostlose Perspektiven

Erinnern wir uns: Zu Beginn des Jahres mußte der öffentliche Dienst erst einmal mit den Auswirkungen des gerade in Kraft getretenen 2. Haushaltsstrukturgesetzes[1] fertig werden. Es brachte einschneidende und noch weit in die Zukunft hineinreichende Sparmaßnahmen, insbesondere den Versorgungsempfängern, denen verdiente Versorgungsansprüche radikal gestrichen wurden, und den Anwärtern. Dazu kam die Absicht, allgemein eine einprozentige Kürzung der Einkommen aller Beschäftigten des öffentlichen Dienstes vorzusehen: eine trostlose Perspektive. Begründet wurde der beabsichtigte Einkommensschnitt damit, daß er punktuellen Eingriffen vorzuziehen sei und eine ausgewogene Belastung der Beamten, Angestellten und Arbeiter gewährleistet sein müsse.

So absolut ungerechtfertigt die geplante Einkommenskürzung in der Sache war, richtig war es, die Verteilungswirkungen zu bedenken. Es geht nicht an, die verschiedenen Statusgruppen des öffentlichen Dienstes dadurch gegeneinander aufzubringen, daß man sie unterschiedlich belastet. Ohnehin ist gegen den Grundsatz ausgewogener Behandlung in den zurückliegenden Jahren schon oft verstoßen worden. Deswegen hat sich der DBB mit Nachdruck auf den Standpunkt gestellt, daß hier nicht länger mit zweierlei Maß gemessen werden darf. Und das muß auch für die Zukunft gelten.

Mit einem solchen Grundsatz konnte sich die frühere Bundesregie-

1 Vgl. Zweites Gesetz zur Verbesserung der Haushaltsstruktur (2. Haushaltsstrukturgesetz – 2. HStruktG) vom 22. Dezember 1981; BGBl I. 1981, S. 1523ff.

rung freilich nur auf Zeit anfreunden. Zwar akzeptierte sie die Zurücknahme der einprozentigen Einkommenskürzung auch bei den Beamten, nachdem die öffentlichen Arbeitgeber darauf verzichtet hatten, diese Regelung im Tarifbereich durchzusetzen. Ein konsequenter Schritt. Jedoch beharrte sie darauf, den Zeitpunkt für die Anpassung der Beamtenbesoldung und -versorgung um drei Monate gegenüber dem Anpassungszeitpunkt für die Angestellten und Arbeiter hinauszuschieben: Beginn der Anpassung sollte also nicht der 1. Mai, sondern der 1. August sein. Niemand konnte begreiflich machen, was diese Sonderbelastung sollte. Sicher gab es eine entsprechende Absichtserklärung der Bundesregierung vom September 1981.[2] Aber sie war unter dem Eindruck einer ungewissen Einkommensentwicklung gefaßt worden und verstand sich als frühe Willensbekundung, die Kostenzuwächse für den öffentlichen Dienst in Grenzen halten zu wollen.

Sonderbelastung mit Folgen

Spätestens als unter Berücksichtigung des für den Tarifbereich gefundenen Ergebnisses erkennbar war, daß von der Einkommensentwicklung her eine sogar äußerst maßvolle Kostenbelastung einkalkuliert werden kann, spätestens dann hätte sich die Bundesregierung auf ihre Verpflichtung zu sozial ausgewogenen Entscheidungen besinnen müssen. Doch nichts dergleichen geschah.

Aus einem doppelten Grund mußten die Beamten dies als Affront betrachten. Zum einen gehört die ganz überwiegende Zahl unter ihnen den kleinen und bestenfalls mittleren Einkommensbeziehern an. Sie sind auf ihre Bezüge dringend angewiesen und können nicht so ohne weiteres generös Verzicht leisten. Wie sollte ihnen verständlich zu machen sein, daß im Tarifbereich selbst der höher eingestufte Kollege seine angehobenen Bezüge mehrere Monate früher erhält, sie aber in die Röhre schauen sollen. Zum anderen hat der Staat schon seit Jahren Geld dadurch gespart, daß die Einkommenszuwächse im öffentlichen Dienst deutlich

2 Vgl. Der Beamtenbund. 32. Jg., Nr. 10, Oktober 1981, S. 1 und 3 (»Nach Teilerfolgen weitere DBB-Initiativen gegen Sonderopfer im Sparprogramm« und »Schwerpunkte im Sparprogramm der Bundesregierung«).

hinter der durchschnittlichen Gesamtentwicklung zurückgeblieben sind. Nichts rechtfertigte den beabsichtigten nochmaligen Zugriff.

Vieles andere kam hinzu, was die Proteststimmung im öffentlichen Dienst anwachsen ließ. Ohne Rücksicht auf den Aufgabenbestand und auf die Arbeits- und Berufsbedingungen wurden landauf, landab Stellen gestrichen, Einstellungsstopps verfügt, Beförderungssperren verhängt: Überfallaktionen, allein dem Diktat des Rotstifts gehorchend und ohne die Folgen für die Verwaltungsarbeit zu bedenken. Eine derartige Mißachtung der Bedingungen sachgerechter Aufgabenerfüllung, insbesondere ihrer beruflichen und sozialen Grundlagen, konnten und wollten sich die Mitarbeiter nicht mehr bieten lassen.

September: Proteststimmung erreicht Höhepunkt

Rigoroser hätte die Umkehrung der Politik gegenüber dem öffentlichen Dienst nur innerhalb eines halben Jahrzehnts kaum ausfallen können: Sind noch in der zweiten Hälfte der siebziger Jahre anspruchsvolle Programme formuliert worden, mit denen sozial- und leistungsgerechte Berufsbedingungen im öffentlichen Dienst herbeigeführt werden sollten, so ist das Jahr um Jahr immer mehr vergessen und verdrängt worden. Heute tun viele mittlerweile so, als habe man nie etwas von den drängenden dienstrechtlichen und strukturellen Problemen des öffentlichen Dienstes vernommen.

Die Öffentlichkeit konnte von der Welle der Empörung, die durch den öffentlichen Dienst ging, am 11. September 1982 erfahren: Über 40 000 Mitglieder des DBB hatten sich auf dem Bonner Münsterplatz versammelt, um gegen Willkür und unsoziale Eingriffe zu protestieren, um eine gerechte Behandlung des öffentlichen Dienstes zu fordern. Die dreimonatige Hinausschiebung der Besoldungsanpassung war dabei nur ein Kritikpunkt unter vielen anderen.

Kurze Zeit später veränderte sich schlagartig die politische Landschaft: Regierungswechsel in Bonn, Adressatenwechsel damit auch für die Forderungen des DBB.

Mehr Gewicht für den öffentlichen Dienst

Regierungswechsel erfordert loyalen und intakten öffentlichen Dienst

Jenseits aller berufspolitischen Probleme wurde ein manchmal vergessener Sachverhalt deutlich: Der in der Demokratie normale Wechsel von politischen Führungen setzt einen loyalen und funktionsfähigen öffentlichen Dienst voraus. Die strenge Ausrichtung seines Handelns auf Sachgesichtspunkte, seine fachlichen Kenntnisse, seine Bindung an Recht und Gesetz, der Verzicht auf eigene Politik – all dies macht ihn zum verläßlichen Instrument der jeweils legitimierten politischen Mehrheit. Um so mehr muß jeder politischen Führung daran gelegen sein, den öffentlichen Dienst in diesem Sinne uneingeschränkt leistungs- und funktionsfähig zu erhalten.

Wo es an aufgabengerechter Personalausstattung fehlt, wo berufliche Hemmnisse und Sperren laufend Ärgernisse schaffen, wo personalwirtschaftliche Fehlentscheidungen zu einer ständigen Quelle von Spannungen werden, wo falsches Führungsverhalten die Motivation der Mitarbeiter zerstört, fehlt es sowohl an den objektiven wie an den subjektiven Voraussetzungen dafür. Dessen sollten sich alle bewußt sein, die für den öffentlichen Dienst politische Verantwortung tragen. Als Verfassungseinrichtung, die gegenüber dem Bürger die verläßliche und berechenbare Darbietung der staatlichen Leistungen garantieren soll, darf der öffentliche Dienst mit Recht höchste politische Aufmerksamkeit für sich und seine Handlungsgrundlagen beanspruchen. Daß dabei die Lage der Mitarbeiter, denn sie sind die handelnden Personen, im Mittelpunkt stehen muß, versteht sich von selbst.

Nach dem Bonner Regierungswechsel mußte als erstes der möglichen Einschätzung entgegengetreten werden, die Lage des öffentlichen Dienstes sei – weil von der früheren Bundesregierung zu vertreten – ein abgeschlossenes Kapitel, mit dem sich die neue Bundesregierung nicht weiter auseinanderzusetzen brauche. Gegenstand und Ziel der rasch nach dem Regierungswechsel zustande gekommenen Gespräche mit dem Bundeskanzler und dem Bundesinnenminister war es deswegen, ein eindringliches Bild der entstandenen Verhältnisse zu vermitteln und die Notwendigkeiten künftiger Politik aufzuzeigen.

Mehr Gespräche, aber geringe Ergebnisse

Dieser klärende Dialog war wichtig, aber er war zugleich durch zwei Sachverhalte belastet. Nach Prüfung der Ausgangsbedingungen für ihren politischen Neubeginn rechnete die Bundesregierung der Öffentlichkeit ein weit höheres Haushaltsdefizit vor, als dies die sozialliberale Bundesregierung ihrer Haushaltsplanung für 1983 noch zugrunde gelegt hatte. Die Folge: noch einmal verschärfter Konsolidierungsdruck. Das Schwergewicht der politischen Aktivitäten bis zur vorgezogenen Bundestagswahl im März 1983 sollte auf das Ziel ausgerichtet werden, in einer großen, von allen Gesellschaftsgruppen unterstützten Anstrengung Wege aus der Haushaltskrise zu finden und zugleich die Weichen für eine Neubelebung der Wirtschaft und des Arbeitsmarktes zu stellen.

Wieder einmal sollte also der öffentliche Dienst Verständnis zeigen und zurückstehen. Aber nicht nur das: Ihm wurde darüber hinaus, und das ist der zweite Punkt, sogar die Rolle zugeschrieben, Vorreiter bei der von der Bundesregierung für 1983 herbeigewünschten allgemeinen einkommenspolitischen Zurückhaltung zu sein: zwei Prozent Besoldungsanpassung ab Jahresmitte – alles schon 1982 festgemacht. Keine Frage, daß solche Vorgaben nach allem, was sich im öffentlichen Dienst angestaut hat, wie ein Schock auf die Mitarbeiter wirken mußten.

Vor neuen »Sonderopfern«?

Auftakt also zu neuen Sonderopfern? Die Bundesregierung will das so nicht gelten lassen. Sie betont den Signalcharakter der Maßnahmen und setzt darauf, daß alle Gesellschaftsgruppen solidarisch auf den Kurs einkommensmäßiger Selbstbeschränkung einschwenken. Was den Beamten zugemutet werden muß, so Bundeskanzler Dr. Kohl in seiner Regierungserklärung vom 13. Oktober 1982[3], muß für alle gelten. Auch meint sie, daß sich eine Gleichbehandlung der Statusgruppen verwirklichen lasse. Der veranschlagte finanzielle Rahmen für die Einkommens-

3 Für den Wortlaut der Regierungserklärung vgl. Verhandlungen des Deutschen Bundestages. 9. Wahlperiode 1980. Bd. 122, 121. Sitzung, S. 7213ff.

anpassung 1983 bezieht sich nicht nur auf die Beamten, sondern auf den gesamten öffentlichen Dienst.

Es ist müßig, aufgeregte Diskussionen darüber zu führen, ob bereits darin eine Mißachtung der Tarifautonomie gesehen werden könne. Entscheidend ist, wie das Ergebnis schließlich aussehen wird. Kann man davon ausgehen, daß unterm Strich ein einkommensmäßiges Sonderopfer des öffentlichen Dienstes unterbleibt und daß die Gleichbehandlung der Statusgruppen gewährleistet sein wird?

Kritiker des öffentlichen Dienstes halten schon die hinter dieser Frage stehende Position für zu weitgehend. Angesichts der allgemeinen Schwierigkeiten, speziell auf dem Arbeitsmarkt, könne man von den auf sicheren Arbeitsplätzen sitzenden Beschäftigten des öffentlichen Dienstes besondere Opferbereitschaft erwarten, wird gesagt. Eine solche Forderung ist populär, aber mit welcher Berechtigung wird sie erhoben? Den gesicherten Arbeitsplatz den Beamten vorzuhalten, ist unredlich. Wie jedermann wissen sollte, hat die mit dem Beamtenverhältnis verbundene Unkündbarkeit einen klaren rationalen Zweck: Sie ist das Fundament von Unabhängigkeit und Unparteilichkeit, nicht ein privilegienverdächtiger Sonderbonus.

DBB weiter zu Stabilitätspakt bereit

Natürlich wissen die Beamten gerade jetzt den Wert ihres gesicherten Arbeitsplatzes zu schätzen, genauso wie sie in günstigeren Konjunkturlagen die Fesseln der besonderen Bindung spüren. Und ihnen ist es alles andere als gleichgültig, wie sich die Dinge um sie herum entwickeln. Aber mit welcher Legitimation wird der Finger einseitig auf sie gerichtet? Wenn schon die Solidarität der »Arbeitsbesitzer« mit den Arbeitslosen angesprochen wird, gerade im Blick auf die Einkommenspolitik, geht das alle an, nicht nur eine einzelne Gruppe. In diesem Sinn hat der DBB erneut bekräftigt, was er schon vor Jahren auch der sozialliberalen Bundesregierung angeboten hatte: Einen einkommenspolitischen Stabilitätspakt aller wird er solidarisch mittragen.

Niemand aber kann eine Einbeziehung des öffentlichen Dienstes ohne Wenn und Aber verlangen. Die Bundesregierung ist in der Pflicht, dafür zu sorgen und mit allen Mitteln darauf hinzuwirken, daß am Ende des von ihr gewollten einkommenspolitischen Stabilitätskurses weder eine einseitige Schlechterstellung des öffentlichen Dienstes insgesamt noch eine solche einzelner seiner Beschäftigungsgruppen zurückbleibt. Der Rechtsanspruch der Beamten und Versorgungsempfänger auf Anpassung ihrer Bezüge an die allgemeine Einkommensentwicklung fügt sich dabei in diesen Rahmen, denn seine Verwirklichung setzt ja voraus, daß sich die Verhältnisse innerhalb und außerhalb des öffentlichen Dienstes im Gleichklang entwickeln.

Andererseits gehört auch Realismus zur Politik. Nach dem gegenwärtigen Erkenntnisstand kann nicht davon ausgegangen werden, daß die für das nächste Jahr erwartbare Einkommensentwicklung auf der für den öffentlichen Dienst anvisierten Marke verharrt. Die Prognosen aller einschlägigen Sachverständigen liegen deutlich darüber.

Wer darauf spekuliert, die Beamten mit einer 1982 für 1983 beschlossenen Einkommensregelung sozusagen bis 1984 mundtot machen zu können, hat sich gründlich getäuscht. Der DBB wird Monat für Monat bilanzieren, wie sich die Folgen der Vorabregelung auf die Lebenslage der Beamten und Versorgungsempfänger auswirken, und der Bundesregierung diese Bilanz präsentieren. Der neuen politischen Führung kann nur nachdrücklichst geraten werden, Zielvorstellungen, Grundsätze und Zusagen, auf die der öffentliche Dienst baut, nicht einfach mit leichter Hand wieder über Bord zu werfen, wenn dies opportun erscheint. Nie war der öffentliche Dienst so politisch sensibilisiert wie jetzt. Enttäuscht von der Art des Umgangs mit ihren Belangen reagieren die Angehörigen des öffentlichen Dienstes besonders allergisch auf taktische Manöver, die sie erst bei Laune halten, dann aber für dumm verkaufen wollen.

Gerade erst im Zusammenhang mit der Besoldungsanpassung 1982 hat die jetzige Bundesregierung ein gutes Stück ihrer Glaubwürdigkeit aufs Spiel gesetzt. Während die CDU/CSU noch in ihrer Rolle als Oppositionspartei in Übereinstimmung mit dem DBB dafür eingetreten ist, aus Gründen der Gleichbehandlung den Anpassungszeitraum wie im Tarifbereich auf den 1. Mai zu legen, galt das offenbar nach dem Regierungswechsel nicht mehr. Es reichte nur noch für eine Zurückverlegung um einen Monat, womit die Beamten immer noch um zwei Monate gegenüber den Angestellten und Arbeitern des öffentlichen Dienstes schlechtergestellt sind. Das Trostpflaster des einen Monats genügt nicht, um die Verunsicherung wettzumachen, die mit dieser Kehrtwendung bewirkt worden ist. Daran ändert auch der Hinweis nichts, die bereits vollzogenen Haushaltsdispositionen im Bund, bei den Ländern und Gemeinden wie auch die insgesamt verschlechterte Lage hätten keinen Spielraum für weitere Nachbesserungen gelassen. Zu häufig haben die Mitarbeiterinnen und Mitarbeiter diesen Hinweis vernehmen müssen, wenn zum Rotstift gegriffen wurde.

Gute Absichten verwirklichen!

In der Regierungserklärung des Bundeskanzlers Dr. Kohl vom 13. Oktober 1982 wurde ausdrücklich betont[4]: »Die Stärkung des Berufsbeamtentums ist für diese Bundesregierung eine Verpflichtung.« Ein deutliches Wort, das der DBB mit Genugtuung vernommen hat. Nur darf dies eben nicht eine abstrakte Aussage bleiben. In seinem Selbstverständnis und seinem Leistungsbewußtsein wird das Berufsbeamtentum bestimmt nicht gestärkt, wenn die Beamten erfahren müssen, daß Regierung und Gesetzgeber ihre leichteren Zugriffsmöglichkeiten auf den Beamtenstatus ausnutzen, um Belastungen durchzusetzen, im Tarifbereich hingegen die Entwicklung davon unbeeindruckt voranschreitet. Sowohl die politische Gesamtverantwortung für den öffentlichen Dienst als Ganzes wie auch die spezielle Fürsorgepflicht des öffentlichen Dienstherrn gegenüber den Beamten sollten eine solche Auseinanderentwicklung ausschließen und zu verhindern wissen. Konkret und aktuell bedeutet dies, daß mit einseitigen Benachteiligungen der Beamten endlich Schluß sein muß. Dies ist der allererste Schritt, den eine Politik zur Stärkung des Berufsbeamtentums gehen muß, und das mindeste, was verlangt werden kann. Daran werden die Beamten und Versorgungsempfänger die Politik der neuen Bundesregierung messen.

Verstärkt versuchen neuerdings die Bundesländer, sich ihren eigenen zusätzlichen Sparkuchen aus dem öffentlichen Dienst herauszuschnei-

4 Vgl. oben Anm. 3, hier S. 7224.

den. Bereits früh im zurückliegenden Jahr machte Nordrhein-Westfalen einen solchen Vorstoß, neuerdings versteht sich Baden-Württemberg als Speerspitze derartiger Bestrebungen. Drastisch gekürzt werden sollen das Weihnachtsgeld und das Urlaubsgeld der Beamten, die Kompetenz hierfür wolle man sich über eine Bundesratsinitiative beschaffen. Erst hieß es aus Baden-Württemberg, auf diese Weise könnten mehrere tausend Stellen erhalten werden. Mittlerweile ist davon nicht mehr die Rede. Die längerfristige Politik heißt: radikaler Stellenabbau. Wieder also geht es nach dem bekannten Strickmuster: Bei Haushaltsproblemen muß im Zweifelsfall der öffentliche Dienst herhalten, und dort versucht man es am besten erst einmal bei den Beamten und Versorgungsempfängern.

Auf der Länderebene neue Gefahren

Schlimm genug, wenn solche Winkelzüge überhaupt Gegenstand regierungsoffizieller Erwägungen werden können. Daß man aus den individuellen Einkommen der Beamten und Versorgungsempfänger Gelder herauspressen will, die man anderweitig etwa durch Aufgabenabbau, Verwaltungsvereinfachung und Entbürokratisierung hereinholen könnte, wird niemand ernsthaft für richtig halten können. Besonders empörend ist, daß dieser Abkassiervorstoß auch noch zu einer Zeit erfolgt, da auf Bundesebene ohnehin alle Angehörigen des öffentlichen Dienstes auf Verzichtbereitschaft eingeschworen werden sollen. Die Pläne des Ministerpräsidenten Späth sind für den DBB kein Diskussionsthema. Sie gehören schnellstens vom Tisch – so auch der dringende Appell der am 30. November 1982 in Stuttgart durchgeführten großen Protestkundgebung des Landesbundes Baden-Württemberg des DBB.[5]

5 Vgl. DBB-Protest gegen Späth-Attacken auf Einkommen des öffentlichen Dienstes, in: Der Beamtenbund. 34. Jg., Nr. 1, Januar 1983, S. 14.

Spielraum durch Aufgabenentlastung

Es ist ja nicht so, daß der Staat jeglichen Dispositionsspielraum verloren hätte. Er hat es, auch als Bundesland, in der Hand, den Umfang und die Zuwachsgeschwindigkeit der von ihm und das heißt der vom öffentlichen Dienst wahrzunehmenden Aufgaben zu bestimmen und zu begrenzen. Weniger Aufgabenumfang und weniger Aufgabenzuwachs, das bedeutet auch: weniger öffentlicher Dienst. Hier vor allem und in dieser Reihenfolge – erst die Aufgaben, dann das Personal – haben Konsolidierungsbemühungen einzusetzen. Hier vor allem lassen sich langfristig Kostenersparnisse einfahren. Der Zugriff auf die persönlichen Einkommen der Mitarbeiter ist demgegenüber ein ebenso untauglicher wie unmoralischer Verlegenheitsakt.

Wie ein roter Faden zieht sich damit durch die Ereignisse des Jahres 1982, daß die schwierige Lage der Wirtschaft, des Arbeitsmarktes und der öffentlichen Finanzen für den öffentlichen Dienst eine Quelle immer neuer Herausforderungen und Gefährdungen war. Das liegt nicht an den objektiven Daten, sondern daran, welche Schlußfolgerungen die zur Gestaltung berufene Politik daraus zu ziehen gewillt ist. Und bei allen Sachzwängen bleibt Gestaltungsspielraum. Dieser Rest an Spielraum muß mehr als bisher dazu genutzt werden, um zu einer Politik zurückzufinden, die für den öffentlichen Dienst wieder zu einer positiven Orientierung werden kann. Die Beachtung sozialer Gerechtigkeit und Ausgewogenheit gehört zu den Grundfesten solcher Politik, auch und gerade beim Durchstehen von Krisenlagen.

Kein Rückzug aus politischem Dialog

Nach den Enttäuschungen, nach der Ernüchterung, die das Jahr 1982 gebracht hat, bestimmen Skepsis und Sorge den Blick in die weitere Zukunft. Doch in Pessimismus zu verfallen, ist sowenig ein Ausweg wie eine Verweigerungshaltung, mit der man sich im politischen Dialog von jeder Einflußnahme ausschließt. Für den DBB bedeuten die bevorstehenden Unwägbarkeiten und Ungewißheiten, daß er verstärkt initiativ werden wird, um den Belangen der Mitarbeiterinnen und Mitarbeiter im politischen Raum durch überzeugende Argumente Gehör zu verschaffen. Darauf ist er vorbereitet, und dem wird er seine ganze Kraft widmen.

Meinen Dank an alle Kolleginnen und Kollegen für die Mitarbeit im vergangenen Jahr darf ich auch im Namen der DBB-Bundesleitung mit den besten Wünschen für den bevorstehenden Jahreswechsel und ein erfolgreiches Jahr 1983 verbinden.

7. Februar 1983

Medien und öffentlicher Dienst – der Deutsche Beamtenbund im Spannungsfeld von Interessenvertretung und Interessendarstellung

Vortrag auf der Dritten Fachtagung für Mitarbeiter von DBB-Presseorganen in Hennef/Sieg

Quelle: DBB-Archiv, Abt. Bulei 15000-34 (maschinenschriftlich)

»Interessenvertretung in unserer pluralistischen Gesellschaft ist ohne die Multiplikatorfunktion der Massenmedien kaum mehr vorstellbar.«[1] Diese Beurteilung stammt von einem Journalisten, der es wissen muß, von Friedrich Nowottny, dem Leiter des Bonner Studios des Westdeutschen Rundfunks. Mit dieser Bewertung teilt Nowottny die am Informationsprozeß Beteiligten – gewollt oder ungewollt – ein in den hilflosen, weil abhängigen Interessenvertreter und den allmächtigen Medienapparat, der darüber entscheidet, ob Interessenvertretung in Interessendarstellung einmünden kann oder nicht.

Wenn diese Abhängigkeit so einseitig zu Lasten der Interessenvertretung ginge, so wäre es sicher sinnvoller, sie abzuschaffen. Man könnte sich dann darauf verlassen, was Journalisten – und hier ziele ich besonders auf diejenigen in den öffentlich-rechtlichen Rundfunkanstalten – für darstellenswert halten und was nicht, je nach ihren gesellschaftspolitischen, parteipolitischen und interessenpolitischen Neigungen.

1 Vgl. zu dieser Problematik Conrad Ahlers u. a.: Der öffentliche Dienst und die Medien (= Godesberger Taschenbücher. Schriften zur Staats- und Gesellschaftspolitik 16), Bonn-Bad Godesberg 1979.

Glücklicherweise ist Interessenvertretung aber nicht so hilflos. Die Journalisten sind auch auf die Interessenvertretungen angewiesen. Sie müssen sich auf der Suche nach Neuigkeiten des Nachrichtenmarktes bedienen, und Interessenvertreter sind hier gesuchte Lieferanten. Die Interessenvertretungen haben zudem wohl in der Zukunft, was ihre Darstellung betrifft, die Chance, eine neue Unabhängigkeit zu erreichen. Die technischen Entwicklungen auf dem Medienmarkt, hier insbesondere Bildschirmtext und Kabelfernsehen, werden die Vermittlerrolle des Journalisten zwischen Interessenvertretung und Interessendarstellung eher verkleinern. Die eigenen Gestaltungsmöglichkeiten der Interessenvertretung werden sich hingegen vergrößern. Aber das ist Zukunftsmusik, auf die ich später noch näher eingehen werde.

Lassen Sie mich zunächst einige Differenzierungen treffen, die für unser Thema von Bedeutung sind.

Berufspolitische Interessenvertretung findet auf verschiedenen Ebenen statt.

Erstens: Der Deutsche Beamtenbund hat als Spitzenorganisation die Aufgabe, die Interessen seiner Mitgliedsverbände und der Einzelmitglieder gegenüber den politischen Entscheidungsinstanzen, insbesondere dem Gesetzgeber, zu vertreten. Dies geschieht sowohl durch direkte Gespräche mit den Repräsentanten von Regierung, Parteien und anderen gesellschaftlich relevanten Gruppen als auch durch indirekte Kontakte über die Massenmedien: Bewertungen von angestrebten Maßnahmen und Stellungnahmen zu getroffenen Entscheidungen werden öffentlich geäußert.

Zweitens: Neben der Interessenvertretung für seine Mitglieder ist der DBB ständig damit befaßt, die Bedeutung einer funktionsfähigen öffentlichen Verwaltung für unser Gemeinwesen in der Öffentlichkeit herauszustellen und plausibel zu machen, und das quasi anstelle des eigentlich dafür zuständigen Staates.

Drittens: Die innerverbandliche Meinungsbildung ist Grundlage für eine wirksame Interessenvertretung durch die Dachorganisation. Sie verlangt einen ständigen Gedanken- und Meinungsaustausch, vor allem aber die gegenseitige Information über berufspolitische Aktivitäten, Planungen und Ziele. Denn der Ausgleich von Interessen im Verband ist ohne Kommunikation nicht möglich. Eine tragende Säule dieser Kommunikation ist die Verbandspresse.

Viertens: Neben diesen auf der Ebene der Informationen anzusiedelnden Maßnahmen der Interessenvertretung in der Öffentlichkeit ist die Aufgabe der Eigen- oder Imagewerbung zu berücksichtigen. Nur wer langfristig erfolgreich Interessenpolitik betreibt und dies auch darstellt, kann sich auf Dauer seiner Mitgliedschaft sicher sein. Die Eigenwerbung hat dabei nicht nur das Ziel, neue Mitglieder zu gewinnen, sondern auch Mitglieder sozusagen bei der Stange zu halten durch überzeugende Darstellung der interessenpolitischen Arbeit.

Dieser Gesichtspunkt gewinnt in Zeiten wirtschaftlichen Abschwungs eine besondere Bedeutung. Wenn Mangel verwaltet werden muß, fallen interessenpolitische Erfolge, insbesondere im Sinne von Verbesserungen im Einkommensbereich, geringer aus als in Zeiten der Prosperität. Wo aber für das Mitglied meßbare Erfolge ausbleiben, wächst die Neigung, die vermeintliche Erfolglosigkeit der Interessenvertretung zum Anlaß zu nehmen, ihr den Rücken zu kehren.

Dies hat der Deutsche Gewerkschaftsbund im letzten Jahr sehr deutlich zu spüren bekommen. Über eine Viertel Million Austritte mußten die Mitgliedsgewerkschaften allein in den ersten neun Monaten hinnehmen, das entspricht einer Quote von etwa 3,3 Prozent.

Zum ersten Schwerpunkt: Interessenvertretung gegenüber dem Gesetzgeber findet teilweise in der Öffentlichkeit statt. Die Massenmedien übernehmen dabei eine Vermittlungsrolle. Die Journalisten sollen hier Mittler eines Informationsaustausches zwischen Interessenvertretung und politischen Entscheidungsträgern sein. Hier besteht also ein Anspruch der Interessenvertretung an die Journalisten, die verbandspolitischen Argumentationen in die Medien zu bringen. Dieser Anspruch kollidiert bisweilen mit dem journalistischen Selbstverständnis, als kritischer Beobachter des öffentlichen Geschehens aufzutreten.

Niemand will dieses Selbstverständnis der Journalisten beschneiden, im Gegenteil, es ist Aufgabe des Journalismus, als sozusagen vierte Gewalt in einer demokratischen Gesellschaft nicht nur Neuigkeiten zu vermitteln, sondern sie auch kritisch zu kommentieren. Wenn Journalisten ihrem eigenen Anspruch allerdings nicht gerecht werden, weil ihnen zur kritischen Begleitung von Sachverhalten die fachliche Kompetenz fehlt, so ist dies nicht hinnehmbar. Allzu oft zählen die Mitarbeiter im öffentlichen Dienst als Objekt unsachlicher Kritik zu den – man muß es schon sagen – unschuldigen Opfern der sich durch mangelnde Fachkompetenz selbst disqualifizierenden sogenannten kritischen Wächter. Weil es leichter fällt, bestehende Klischees und Vorurteile ungeprüft zu übernehmen als – zugegeben oftmals komplexe und komplizierte – Sachverhalte in der öffentlichen Verwaltung zu recherchieren, wird in unausgegorener Pauschalierung vor der Interessenvertretung selbstverständlich nicht Halt gemacht.

Ich möchte hier aus dem reichen Fundus von Beispielen nur ein aktuelles herausgreifen, nämlich einen Kommentar zum Thema Gewerkschaftsbeiträge unter dem Titel: »Was kostet Solidarität?« ausgestrahlt im Westdeutschen Rundfunk, 1. Hörfunkprogramm.

Ich zitiere: »Mitglied in einer Arbeitnehmerorganisation zu sein, kostet Geld ... wenn – wie zum Beispiel im öffentlichen Dienst – mehrere Verbände um die Gunst der Arbeitnehmer konkurrieren, macht oft der billigere Verband das Rennen. Wie etwa der Bund der Strafvollzugsbediensteten, eine Organisation des Deutschen Beamtenbundes, der von seinen Mitgliedern einen Einheitsbeitrag von 9,– DM im Monat erhebt, während die Kolleginnen und Kollegen in der ÖTV ein Prozent ihres Bruttoverdienstes an die Gewerkschaften abführen müssen – ohne Begrenzung nach oben ... Diese Unterschiede sind Ausdruck sehr unterschiedlicher Strukturen der verschiedenen Arbeitnehmerorganisationen ... Mit den Beiträgen finanzieren die Gewerkschaften zum Beispiel Schulung und Bildung für die Mitglieder ... und den Rechtsschutz, wenn es zu Konflikten mit dem Arbeitgeber kommt ... Das alles kann man beim Beamtenbund auch haben – nur mit dem Kern gewerkschaftlicher Politik, mit der Tarifarbeit, hapert es. Zwar führen die Verbände des Beamtenbundes auch Tarifverhandlungen für die Arbeiter und Angestellten, die bei ihnen organisiert sind, aber im wesentlichen kommt es ihnen doch darauf an, die herkömmlichen Rechte und Privilegien des Berufsbeamtentums zu sichern ...

Arbeitskämpfe widersprechen sowohl dem Selbstverständnis des Deutschen Beamtenbundes als auch der herrschenden juristischen Auffassung, wonach Beamte nicht streiken dürfen. Womit wir wieder bei den unterschiedlichen Mitgliedsbeiträgen wären. Weil es keine Rücklagen für Arbeitskämpfe, keine Streikkasse gibt, braucht der Deutsche Beamtenbund auch weniger Geld einzunehmen. Die Fähigkeit, für gewerkschaftliche Forderungen notfalls einen Streik durchzusetzen, unterscheidet eine Gewerkschaft aber von einem ständischen Interessenverband.«

Abgesehen von der blinden Übernahme der ÖTV-Argumentationsmuster wird hier dem Hörer der falsche Eindruck vermittelt, gewerkschaftliche Arbeit bestünde in erster Linie aus Tarifpolitik. Wo bleiben in der Argumentation alle anderen gewichtigen Felder der Interessenvertretung für Beamte? Zum weiteren, nie hat der DBB die Wichtigkeit der Tarifarbeit in Frage gestellt, nur Tarifverhandlungen finden eben ausschließlich für Angestellte im öffentlichen Dienst statt und die nimmt nicht der DBB wahr, sondern die Gemeinschaft tariffähiger Verbände. Und hier besteht natürlich auch eine Streikkasse. Nur das kurz zu dem von Unwahrheiten und Verzerrungen strotzenden Beitrag.

Sachgerechte und an Tatsachen orientierte Kritik und Kontrolle als journalistische Zielprojektion, anhand dieses Beispiels wird sie ad absurdum geführt.

Doch nicht nur in der Verzerrung von Sachverhalten, auch in der verkürzenden Darstellung liegen Ursachen für eine unseriöse journalistische Arbeitsweise, die zugegebenermaßen in der Regel unter Zeitmangel leidet. Wo aber die Zeit fehlt, die oft komplizierten und vielschichtigen Sachfragen des öffentlichen Dienstes, denen sich unsere Organisation stellen muß, journalistisch zu verarbeiten, da wird Information zur Momentaufnahme, wo nur noch Schlagzeilen wirken. Echte Information über komplexe Sachverhalte ist dann nicht mehr gegeben.

Lassen Sie mich das an einem Beispiel erläutern, das Jahr für Jahr wiederkehrt. Gemeint sind die Berichte des Bundesrechnungshofes und deren Behandlung in den Medien.

Zweifellos sind die Ausführungen des Bundesrechnungshofes für Journalisten von hohem Reiz. Denn wer diese Bemerkungen über Jahre hinweg zur Kenntnis nimmt, der weiß, darin wird nicht nur das Normale, gut Funktionierende dargestellt, sondern auch das Ungewöhnliche das von der Norm Abweichende, die »Patzer«. Dieser sogenannte Nachrichtenfaktor in den Rechnungshofberichten garantiert Leser-, Hörer- und Zuschauerinteresse. Hinzu kommt, daß den Journalisten, die sich mit den Bemerkungen des Bundesrechnungshofes befassen, klar ist, daß sie über eine gesicherte Grundlage verfügen. Der

Journalist erhält erstklassige, für ihn aufschlußreiche Informationen frei Haus geliefert; er braucht nur zuzulangen und erliegt dabei oft der Gefahr, unsachgemäß auszuwählen.

Lesen wir dazu die Presseberichterstattung vom 3. Dezember 1982, einen Tag nach der Pressekonferenz des Bundesrechnungshofes zum Prüfbericht 1982: Von öffentlicher Verschwendung ist die Rede, von hochbezahlter Untätigkeit, davon, daß der Staat über chronischen Geldmangel klage und daß trotz der Finanzmisere Beamte gedankenlos Mittel vergeudeten. Einzelbeispiele werden aneinandergereiht, und zwar so lange, bis der Eindruck entsteht, diese Beispiele seien verallgemeinerbar.

Die Krone des Ganzen: Zum Schluß zitieren die meisten Presseberichte die Schätzungen des Präsidenten des Bundes der Steuerzahler, daß rund 30 Milliarden Mark in der Bundesrepublik Deutschland Jahr für Jahr durch sogenannte Fehlplanungen, Schlampereien, durch Prunk und Protz, Überbürokratisierung oder gar rechtswidriges Verhalten von Beamten vergeudet würden. Davon war weder auf der Pressekonferenz noch in der Pressemitteilung des Bundesrechnungshofes die Rede. Aber es paßt, zeitlich geschickt plaziert, so vorzüglich in die verkürzte Berichterstattung über den Prüfbericht.

Nicht erwähnt wurden dagegen die Maßnahmen, die Mißstände abgebaut hatten, von vorbeugenden Initiativen der öffentlichen Verwaltung zur Vermeidung von Fehlausgaben ganz zu schweigen. Nur, auch das gehörte zum Prüfbericht des Bundesrechnungshofes, hatte jedoch keinen hinreichenden Nachrichtenwert.

Wenn an dieser Stelle die journalistische Rolle als Informationsmittler kritisch beleuchtet wird, so muß auch erwähnt werden, daß sich eine Organisation wie der Deutsche Beamtenbund selbstverständlich darauf einstellt, der Arbeitsweise der Journalisten entgegenzukommen. In seinen Pressekonferenzen und Pressemitteilungen, die man als Schnittstellen für den Informationstransport bezeichnen könnte, hebt er das für die Interessenvertretung besonders Wichtige deutlich heraus und plaziert es an entscheidender Stelle. Dabei ist – das zeigt die Erfahrung – die öffentliche Resonanz um so größer, je mehr es gelingt, die Multiplikatoren, also insbesondere die Agenturen und die Fernsehanstalten, für die eigenen Anliegen zu interessieren. Nicht die Anzahl der bei Pressekonferenzen anwesenden Journalisten macht einen Sachverhalt öffentlichkeitswirksam und bekannt. Die Auswahl der Journalisten ist entscheidend.

Deshalb ist die Kontaktpflege eine eminent wichtige Aufgabe für die Presse und Öffentlichkeitsarbeit schlechthin. Das Lancieren von Hintergrundinformationen an einen exklusiven Kreis von Journalisten zählt dabei ebenso häufig zum genutzten Instrumentarium wie die Gewährung von Vorabinformationen. Die werden aber nur denen gewährt, die sich bemühen, sachgerecht zu informieren und zu kommentieren, statt Klischees und Vorurteile wiederzugeben.

Damit bin ich beim zweiten, eingangs skizzierten Schwerpunkt interessenpolitischer Arbeit, nämlich der Aufgabe, die Bedeutung einer funktionsfähigen öffentlichen Verwaltung für unser Gemeinwesen herauszustellen. Eine Aufgabe, die eigentlich nicht Sache unserer Berufsorganisation wäre, sondern Sache des Staates.

Worin liegt nun der Grund für die oft bis zur Selbstrechtfertigung reichende Argumentation für eine funktionsfähige öffentliche Verwaltung? Die Medienberichterstattung setzt sich ständig mit der Frage auseinander, ob die heutige Lage im öffentlichen Dienst noch mit der Grundkonzeption übereinstimmt, von der ausgegangen wurde, als die Einrichtung des Berufsbeamtentums verankert wurde.

Reportagen unter dem Titel »Beamte fressen den Staat auf« oder Sendefolgen im Hörfunk unter dem Titel »Die Aufblähung der Bürokratie, deren Unbeweglichkeit und Anmaßung« oder Beiträge und Diskussionen im Fernsehen über »Vollzugsdefizite und Leistungsmängel in der öffentlichen Verwaltung« sprechen eine deutliche Sprache.

Da werden kalte Behördenprofis und der kenntnisreiche und machtbewußte Bürokrat in Reinkultur vorgeführt. Und so wird dann wohl vielen Lesern, Hörern und Zuschauern der unaufgelöste Widerspruch suggeriert zwischen der angeblich überbürokratischen Struktur und autoritären Traditionen des Beamtenapparates einerseits und den Grundprinzipien der demokratischen Gesellschaftsordnung andererseits, die allen vermeintlichen Privilegien und autoritären Ansprüchen abhold sind.

Was ist in dieser Situation unsere Aufgabe? Wir müssen der Öffentlichkeit ins Bewußtsein rücken, daß der öffentliche Dienst keine »fremde

Macht« ist, die den Bürger bedrückt, sondern eine gesellschaftliche Gruppe, die in einem doppelten Bezug steht: In ihrer amtlichen Tätigkeit leistet die öffentliche Verwaltung einen besonderen Dienst an der Allgemeinheit nach Regeln, die sie nicht selber setzt. Die öffentlich Bediensteten sind aber zugleich eine Bevölkerungsgruppe, welche mit dem gleichen Recht wie alle anderen ihre beruflichen, wirtschaftlichen und sozialen Interessen verfolgt. Im übrigen sind die Vorstellungen vieler Mitbürger, was alles öffentlicher Dienst ist und was zu seinen Tätigkeitsfeldern gehört, korrekturbedürftig. Wenn von »den Beamten« die Rede ist, sehen offenbar nicht wenige das Bild eines ärmelschonerbewehrten Bürokraten vor sich, der in der allgemeinen Innenverwaltung geduldig seinen gleichförmigen Dienst tut. Nur einer Minderheit ist bewußt, daß sich im öffentlichen Dienst oft hochspezialisierte Fachleute in einem breiten Spektrum beruflicher Tätigkeit zu bewähren haben.

Differenzierung tut not. Insbesondere auch unter einem Aspekt, der neuerdings eine bedeutende Rolle spielt: die Arbeitsplatzsicherheit im öffentlichen Dienst. In Zeiten der Hochkonjunktur eher gering geachtet und nicht selten abfällig kommentiert, gewinnt der gesicherte Arbeitsplatz im öffentlichen Dienst unter den Bedingungen einer wirtschaftlichen Krise mit hoher Arbeitslosigkeit einen völlig neuen Stellenwert. Er wird geradezu zum Inbegriff des Erstrebenswerten. Das ändert aber nichts am schlechten Image des öffentlichen Dienstes. Im Gegenteil: Neidkomplexe verhärten eher noch die Fronten. Die Fülle und Schwierigkeiten der Aufgaben werden nicht gesehen, aber der sichere Arbeitsplatz wird geneidet.

Darüber hinaus vollzieht sich Verwaltungshandeln nach gesetzlichen Vorgaben, die für den Bürger nicht immer angenehm sind und häufig schwer durchschaubar. Der Bürokratismusvorwurf trifft den Beamten, obwohl er sich doch nur an die für ihn bindenden Vorschriften hält, die von den Politikern zu verantworten sind. Das immer wieder deutlich zu machen, ist der Beamtenbund seinen Mitgliedern schuldig, denn sie sind ständig den oben geschilderten Vorwürfen ausgesetzt.

Wie kann nun der Deutsche Beamtenbund als Dachverband wissen, wo dem einzelnen Mitglied der Schuh drückt? Der Kontakt zu den Mitgliedern über die Mitgliedsverbände ist dabei von besonderer Wichtigkeit. Ebenso wichtig ist es aber auch für die Mitgliedsverbände und die Einzelmitglieder, Informationen über die Aktivitäten ihrer Dachorganisation zu bekommen.

Damit bin ich beim dritten Schwerpunkt: der internen Kommunikation, einem Feld, das Sie als Mitarbeiter von Verbandsorganen besonders interessieren wird. Der Deutsche Beamtenbund hat ein recht breites Informationsangebot, das verschiedenen Zielgruppen gerecht werden soll und muß. Die monatlich erscheinende Zeitung »Der Beamtenbund« mit einer Auflage von ca. 450 000 Exemplaren soll die Mitglieder über unsere Berufspolitik informieren. Der wöchentlich erscheinende Informationsdienst »dbb-aktuell« – Auflage ca. 840 Exemplare – erreicht Amtsinhaber, die bei ihrer Arbeit an der Basis zusätzliche Nachrichten und Hintergrundinformationen umsetzen können. Dieses Ziel will auch das vierteljährlich erscheinende DBB-Magazin erreichen. Die Auflage von 25 000 Exemplaren pro Ausgabe wendet sich an einen größeren Empfängerkreis. Die wöchentlich zum Aushang in den Dienststellen erscheinende Wandzeitung des DBB soll neben der schlagzeilenartigen Information der Mitglieder alle Beschäftigten im öffentlichen Dienst ansprechen. Insofern soll sie auch eine indirekte Werbefunktion für unseren Verband erfüllen. Den öffentlichen Dienst interessierende Fragen auf internationaler Ebene greifen die »Europa-Nachrichten« auf, die monatlich erscheinen. Zum Bezieherkreis zählen neben DBB-Mitgliedern zum Beispiel Europaparlamentarier ebenso wie Verwaltungsfachleute, die sich mit internationalen Angelegenheiten befassen. Im DBB-Pressedienst werden die Medien über Sachverhalte berufspolitischer Art, Stellungnahmen und Forderungen des Deutschen Beamtenbundes informiert. Die Bundesleitung erläutert ihre Berufspolitik auf Pressekonferenzen und bei Redaktionsbesuchen. Der DBB veröffentlicht Dokumentationen zu speziellen Sachfragen, zuletzt über »Führungsgrundsätze des DBB für die öffentliche Verwaltung«[2].

Ein weites Spektrum von Informationsmöglichkeiten; an der Quantität kann es eigentlich nicht liegen, wenn die Verbandspresse – im übrigen nicht nur unsere – häufig heftiger Kritik ausgesetzt ist. Lassen Sie mich dieses Problem am Beispiel unserer Monatszeitung aufgreifen. Die

2 Vgl. Führungsgrundsätze des DBB für die öffentliche Verwaltung (= DBB-Dokumente 10), Bonn-Bad Godesberg o. J. (1982).

Kritik an ihr betrifft ihre Aufmachung, ihr äußeres Erscheinungsbild, aber auch den redaktionellen Teil: Die Artikel seien oft zu lang und zu kompliziert dargestellt. Dies mag so sein, aber die Frage, die sich mir stellt, ist: Kann es die Aufgabe der Verbandszeitung sein, die oft sehr komplizierten Sachverhalte deshalb zu vereinfachen und zu verkürzen, damit mehr Mitglieder sich angesprochen fühlen? Wer garantiert überhaupt, daß bei veränderter Gestaltung, über die sich zugegebenermaßen streiten läßt, und bei verkürzter Darstellung die Akzeptanz steigt und die Lesewut zunimmt?

Das Problem der Verbandspresse – das weisen gerade wieder jüngere wissenschaftliche Untersuchungen aus – ist vor allem die jeweilige Fachbezogenheit und die sich ständig wiederholenden Akteure. Dies gilt selbstverständlich auch für unsere Organisation. Abwechslung, ein Kriterium für die privatwirtschaftlich organisierte und am Absatz orientierte Illustriertenpresse, ist bei uns nur in Grenzen möglich. Ich warne hier davor, Vergleiche mit dieser Illustriertenpresse anstellen zu wollen. Ich bin der Meinung, das Problem des geringer werdenden Interesses an Verbandspublikationen hat vor allem andere Ursachen: Zum einen erschlägt das Medienangebot die Leser, Hörer und Zuschauer. Über drei Stunden wendet der Durchschnittsbürger täglich für Zeitungslesen, Radiohören und Fernsehen auf. Diese Nutzungsdauer ist seit Jahren gleichbleibend, beziehungsweise leicht rückläufig. Das beweist, daß sich der Medienkonsum nicht beliebig erweitern läßt.

Nun könnte man meinen, daß bei einem übergroßen Angebot Auswahlkriterien eine Rolle spielen. Publikationen, die sich mit den beruflichen Belangen und Fragen auseinandersetzen, müßten eigentlich in Zeiten wirtschaftlichen Abschwungs und der damit verbundenen Beschneidung der persönlichen Fortkommensmöglichkeiten eine größere Chance haben, ausgewählt zu werden. Denn in solchen Zeiten sollten Informationen über berufliche Belange doch als besonders wichtig angesehen werden.

Aber auch das ist offenbar nicht der Fall. Besuchergruppen aus unseren Mitgliedsverbänden, die in der Geschäftsstelle zu Gast waren, und hier insbesondere jüngere Mitglieder, wurden nach ihrem Eindruck von den DBB-Publikationen gefragt und nach ihrem Leseverhalten. Viele registrieren nicht einmal die Existenz unserer Verbandsorgane. Es zeigte sich immer wieder: Die entschiedensten Kritiker waren jene, die die Informationen gar nicht lasen. Nachgefragt, ob sie die Arbeit ihrer Interessenvertretung denn nicht interessiere, gab es Antworten wie: »Mich interessiert, ob wir für unseren Dienst in der Winterkälte Rollkragenpullover gestellt bekommen« oder »Mich interessiert, ob ich tatsächlich kostenlos Rechtsschutz bekomme, wenn ich ihn brauche«. Diese Antworten könnte man mit dem Hinweis, daß das Anspruchsdenken zugenommen habe, abtun; aber ich glaube nicht, daß wir uns das so einfach machen dürfen. Ich meine, das sind Antworten, die auch in Ihre Richtung weisen; das sind fachspezifische Fragen, die von der Fachverbandspublikation aufgegriffen werden sollten.

Die wachsende skeptische Distanz der Mitglieder gegenüber ihren interessenpolitischen Vertretern macht sicher nicht vor den im Deutschen Beamtenbund zusammengeschlossenen Verbänden halt. Deshalb muß gerade die Presse- und Öffentlichkeitsarbeit sich stärker als bisher zur Aufgabe machen, den Dialog zu fördern. Bezogen auf die Verbandspresse möchte ich dazu folgende Überlegungen zur Diskussion stellen:

Erstens: Die Basis soll wissen, was die Verbandsspitze denkt und tut. Dabei gilt es, die Informationen der Mitglieder über die Aktivitäten der Führung so zu gestalten, daß sie der Gefahr ausweicht, zur reinen Hofberichterstattung zu verkommen.

Zum weiteren ist es wichtig, sich auf eine zweite Funktion der Verbandspresse zu besinnen: nämlich ein Forum für die Mitglieder zu sein, Leserbriefe sind dabei das eine, das Selbstverständliche; von mehr Selbstbewußtsein aber zeugt es, wenn auch Verbandszeitschriften Diskussionen führen, wenn unterschiedliche Meinungen der Mitglieder gegeneinandergestellt und veröffentlicht werden.

Der Deutsche Beamtenbund will etwas für seine Mitglieder bewirken. Als gesellschaftlich relevante Gruppe streben wir selbstverständlich an, von der Gesellschaft als Faktor ernstgenommen und positiv beurteilt zu werden. In diesem Bestreben sind wir auf Publikationen angewiesen, die unser Wollen und Wirken glaubhaft darstellen. So hat die Verbandspresse neben der Binnenkommunikation als drittes die Funktion, für die Präsentation nach außen zu sorgen.

Lassen Sie mich in diesem Zusammenhang noch auf ein technisches Problem zu sprechen kommen, das oft auch ein finanzielles ist. Das Ziel, möglichst viele Mitglieder direkt mit den DBB-Publikationen zu erreichen, wird oft deshalb verfehlt, weil Mitgliedsverbände als Sammeladressaten die Publikationen nicht weiterverteilen, entweder aus organisatorischen oder eben aus finanziellen Gründen.

Dazu ein Beispiel: Im Vorfeld unserer Protestveranstaltung am 11. September des vergangenen Jahres gab es eine Reihe von Veröffentlichungen, Flugblättern und Wandzeitungen über die Inhalte unseres Protestes. Wir hatten alle Mitgliedsverbände gebeten, uns möglichst detaillierte Verteiler zu benennen, damit das Informationsmaterial auch tatsächlich die Basis pünktlich erreichen konnte.

Hier eines von vielen ähnlichen Ergebnissen: Fünf Tage nach der Demonstration fragte ein Ortsverbandsvorsitzender telefonisch an, was er mit den 1500 Flugblättern anfangen solle, die bei ihm seit fünf Wochen herumlägen. Er hätte keine Möglichkeit gehabt, dieses Material unter die Leute zu bringen. Wenn die Binnenkommunikation scheitert, weil sie schlecht organisiert ist, so kann man durch Korrekturen Abhilfe schaffen. Das wäre das geringere Übel. Wenn die Binnenkommunikation allerdings aufgrund von Desinteresse nicht funktioniert, wird die Sache erheblich schwieriger. Denn Maßnahmen für eine sogenannte Reaktivierung der Gleichgültigen könnten kontraproduktiv wirken. Beispielsweise könnte eine populäre Themenwahl abseits der den öffentlichen Dienst drückenden Fragen und Probleme auch eine Abkehr unserer sogenannten Kerngemeinde oder unserer Stammkundschaft nach sich ziehen. Die fühlt sich nämlich – das zeigt eine kürzlich unter Mitgliedern durchgeführte Umfrage – mehrheitlich ausreichend und sachbezogen informiert.

Noch ein letzter Hinweis zum Vorwurf mangelnder Originalität bei der Aufmachung und Präsentation: Hinter gut gemachten, sozusagen pfiffigen Publikationen auf dem Zeitungs- und Zeitschriftenmarkt stehen in der Regel eine ganze Reihe von Redakteuren, die ressortbezogen arbeiten können. Hier kann sich fast zwangsläufig mehr Ideenreichtum entwickeln, mehr Abwechslung ins Spiel kommen als in Unternehmen, die aus Einzelkämpfern bestehen. Sie werden mir sicher beipflichten können, wenn ich behaupte, daß Kolleginnen und Kollegen, die sich ausschließlich ihren Verbandsorganen journalistisch widmen können, in unseren Mitgliedsverbänden fast nicht vorhanden sind. Hier liegt sicherlich eine Schwachstelle unserer auf Ehrenamtlichkeit konzipierten Verbandsstruktur.

Unsere Verbandspresse trägt wesentlich allein durch ihr Erscheinen dazu bei – und damit bin ich beim vierten Schwerpunkt –, die Präsenz unserer Mitgliedsverbände und des Dachverbandes im interessen- und berufspolitischen Dialog zu demonstrieren. Wachstumsraten gehören auch im Bezug auf unsere Mitgliederzahl der Vergangenheit an. Das Werben neuer Mitglieder ist dabei nicht nur aus den schon geschilderten wirtschaftlichen Gründen schwieriger geworden, sondern vor allem auch deshalb, weil der Organisationsgrad, zumindest in der Beamtenschaft, bereits sehr hoch ist. Von etwa 2,9 Millionen Beamten und Pensionären sind fast 1,7 Millionen organisiert, davon ca. 750 000 in unseren Mitgliedsorganisationen.

Gehen wir davon aus, daß zumindest mittelfristig ein Personalzuwachs im öffentlichen Dienst nicht zu erwarten ist, im Gegenteil, ein Stellenabbau befürchtet werden muß, so bieten sich hinsichtlich der Mitgliederressourcen in erster Linie zwei Bereiche an: nämlich die Abwerbung von anderen Organisationen und die Werbung junger Kolleginnen und Kollegen, die eine Laufbahn im öffentlichen Dienst beginnen. Die Abwerbung ist dabei das vergleichsweise schwierigere Unterfangen.

Langfristig sehe ich hier vor allen Dingen die Chance und Aufgabe darin, die beamtenfeindliche Strategie des DGB zu entlarven. Es muß deutlich gemacht werden, daß Forderungen nach Einheitsdienstrecht und nach dem sogenannten »Streikrecht für Beamte« nicht nur verfassungswidrig sind, sondern vor allem berufspolitische Irrwege einschlagen, die dem Anspruch einer sachgerechten Interessenvertretung für den öffentlichen Dienst widersprechen.

Dies haben wir unlängst in einer DBB-Dokumentation mit einer Auflage von 300 000 Exemplaren unter dem Titel »Interessenvertretung oder Machtstreben? Die ›Beamtenpolitik‹ des DGB auf dem Prüfstand«[3] deutlich zu machen versucht.

3 Vgl. Interessenvertretung oder Machtstreben? Die »Beamtenpolitik« des DGB auf dem Prüfstand. Anmerkungen und Hintergrundinformationen des Deutschen Beamtenbundes. Hrsg. von der Bundesleitung des Deutschen Beamtenbundes (= DBB-Dokumentation), Bonn-Bad Godesberg o. J. (1983).

Als Nahziel muß verstärkt ins Auge gefaßt werden, junge Kolleginnen und Kollegen mit der Berufspolitik des Deutschen Beamtenbundes und seiner Mitgliedsverbände bekanntzumachen und sie für eine Mitgliedschaft zu gewinnen. Hier sehe ich eine wichtige Aufgabe für die Verbandsorgane; neben der Darstellung der interessenpolitischen Arbeit sollten sie verstärkt an die Belange und Probleme der Berufsanfänger denken. Nur wer sich verstanden und repräsentiert fühlt, wird sich in einer Berufsorganisation wohlfühlen können. Wenn auch sicherlich persönliche Kontakte und Beratungen von Kollegen, wo und wie man sich organisieren soll, im Vordergrund stehen, so darf die Stützfunktion von Publikationen nicht unterschätzt werden. Noch in diesem Monat wird die Bundesleitung eine Broschüre herausgeben, die an die Mitgliedsverbände verteilt werden soll. Ziel dieser Broschüre ist es, über die Organisationen des Deutschen Beamtenbundes, seine Aufgaben- und Leistungsschwerpunkte und seine Entwicklung stichwortartig zu informieren.

Wenn auch die Notwendigkeit einer Selbstdarstellung außer Frage steht, so muß doch festgehalten werden: Die beste Eigenwerbung ist und bleibt die inhaltliche berufspolitische Arbeit unserer Organisation. Angesichts der ständig zunehmenden Komplexität und Kompliziertheit – ich bin geneigt zu sagen – aller Politikfelder, wird auch eine zunehmend differenziertere Darstellung unserer berufspolitischen Arbeit dringend geboten sein. Dabei denkt der DBB jedoch nicht daran, wie es etwa der Verein Deutscher Ingenieure jetzt tut, die Werbezeiten der öffentlich rechtlichen Rundfunkanstalten zur Darstellung der berufspolitischen Problemfelder zu nutzen.

Der VDI will in einer Serie von 16 Filmen in den Werbeblocks des ZDF eine Kampagne durchführen zur Stärkung des Vertrauens in das Verantwortungsbewußtsein der Ingenieure beim Umgang mit modernen Techniken. Bisher waren die Werbeblocks der öffentlich-rechtlichen Rundfunkanstalten nur der Rahmen für Wirtschaftswerbung. Abgesehen von den enorm hohen Kosten – 1 Minute Sendezeit im ZDF kostet ca. 90000,– DM – halte ich es nicht für günstig und öffentlichkeitswirksam, inmitten von kommerziellen Werbespots verbandspolitische Probleme darzustellen. Hier bieten viel eher die »Neuen Medien« zukünftig einen Ansatzpunkt, der für Interessenvertretungen wie geschaffen scheint, in seiner Handhabung jedoch auch sehr anspruchsvoll sein wird.

Die vom Bundesvertretertag 1979 gefaßte Entschließung zur Medienpolitik[4] fordert in diesem Zusammenhang – ich zitiere – »... der Funktion der Medien in einer demokratischen Gesellschaft durch angemessene organisatorische und rechtliche Gestaltung Rechnung zu tragen. Grundsatz für den DBB ist hierbei die Gewährleistung der die pluralistische Ordnung tragenden Informations- und Meinungsvielfalt. Neue technologische Perspektiven, die diesem Anspruch gerecht werden, sind auszuschöpfen.«

Der Deutsche Beamtenbund verfolgt die medienpolitischen Diskussionen mit Interesse, aber nicht nur passiv, sondern, wie das Beispiel Bildschirmtext zeigt, auch aktiv. Wir sind seit 1980 an den Pilotprojekten Düsseldorf und Berlin beteiligt. Wie wichtig dieser Test war, zeigen die wissenschaftlichen Begleituntersuchungen. Sie sagen diesem neuen Informations- und Dialogmedium vor allem im Bereich aktueller Informationen mit der Möglichkeit des schnellen Zugriffs eine große Zukunft voraus, aber die Untersuchungen erteilen auch allen Versuchen eine Absage, die nur mit Selbstdarstellung und werbenden Inhalten arbeiten.

Für die innerverbandliche Kommunikation wird dieses Dialogsystem an Bedeutung gewinnen und schließlich – so die Prognose – den Postbriefverkehr vollends ablösen. Durch den Anschluß an Datenbanken wird dem Benutzer der Zugriff auf Details erleichtert, die nicht nur im privaten, sondern auch und vor allem im beruflichen Bereich genutzt werden können.

Als zweites Stichwort in diesem Zusammenhang ist das Kabelfernsehen zu nennen. Der Startschuß für ein »Mehr an Fernsehprogrammen« dürfte schon Ende dieses Jahres fallen. In den Pilotprojekten Ludwigshafen und München werden zukünftig andere Programmanbieter zu Wort und ins Bild kommen, als bisher rechtlich, man sollte sagen, öffentlich-rechtlich möglich waren. Bisher haben insbesondere die Zeitungs- und Zeitschriftenverleger, Industrie und Handel, Kirchen und

4 Vgl. Deutscher Beamten-Kalender 1980. Hrsg. vom Deutschen Beamtenbund, Bonn-Bad Godesberg, S. 88.

kommunale Stellen ihr Interesse bekundet, Informations- und Meinungsvielfalt zu praktizieren.

Der große Unsicherheitsfaktor bei diesen Unternehmen sind die Kosten. Die Produktion von Fernsehprogrammen kostet ein Vielfaches der bisher von privaten Interessenten verwandten üblichen Informationsmittel. Sie werden sich im Laufe dieses Seminars noch ausführlich mit den Neuen Medien beschäftigen, deshalb will ich hier nur folgenden Gesichtspunkt erwähnen: In den medienpolitischen Diskussionen über Chancen und Risiken der Neuen Medien überwiegen oftmals die kritischen Stimmen, die vor allem vor den gesellschaftspolitischen Gefahren warnen. Es wird befürchtet, daß die mehr individuelle Nutzung der Neuen Medien zur sozialen und psychischen Isolierung der Menschen führt. Die Menschen seien bei Nutzung der Neuen Medien nicht mehr auf direkte zwischenmenschliche Kommunikation angewiesen, denn sie könnten ihre beruflichen, gesellschaftlichen, politischen und kulturellen Kontaktbedürfnisse über Telekommunikation von zu Hause aus befriedigen.

Diesen generellen Bedenken steht die Erfahrung entgegen, daß sich auf Dauer die unterschiedlichen Temperamente und Bedürfnisse der Menschen durchsetzen und zu entsprechend vielfältigem Nutzungsverhalten der Neuen Medien führen werden.

Es ist nicht zu erkennen, in welcher Hinsicht die Neuen Medien die Gefahren für die Struktur der demokratischen Gesellschaft vergrößern könnten. Eher läßt sich vermuten, daß durch das zunehmende Angebot an Informationen durch unterschiedliche soziale Gruppen und Organisationen der Blick für die Pluralität der Standpunkte und die Notwendigkeit toleranten Verhaltens geschärft wird. Zukünftig wird die Chance vorhanden sein, der journalistischen Vermittlung mit all ihren geschilderten Unzulänglichkeiten zu entgehen und quasi das Heft selbst in die Hand zu nehmen. Diese Chance auch zu nutzen, wird eine der Hauptaufgaben verbandspolitischer Interessendarstellung werden. Hier müssen wir uns stellen.

Januar 1985

Signale der Trendwende

Von der Sparpolitik zu sachgerechten Perspektiven für den öffentlichen Dienst

Jahresausblick 1985

Quelle: Der Beamtenbund. Monatszeitung für den öffentlichen Dienst. 36. Jg., Nr. 1, Januar 1985, S. 10f.

Beim Start ins neue Jahr ist dem öffentlichen Dienst zumindest eine Last genommen: Das Diktat der »Nullrunde« gehört der Vergangenheit an. Mit den Beschlüssen zur Einkommensanpassung besteht jetzt endlich wieder die Chance für Realeinkommensverbesserungen. Nach der deprimierenden Entwicklung in den zurückliegenden Jahren ist dies ein Lichtblick, aber auch eine Kurskorrektur, die mehr als überfällig war.

DBB mit klarer Position

Haushaltskonsolidierung durch Einkommensverzicht – das konnte in keiner Phase der politischen Auseinandersetzung eine für den DBB akzeptierbare Formel sein. Von Beginn des zurückliegenden Jahres an galten alle Bemühungen des DBB vor allem diesem Ziel: den politisch Verantwortlichen deutlich zu machen, daß es kein Weg sein kann, Einkommensgerechtigkeit im öffentlichen Dienst auf dem Altar finanzpolitischer Konsolidierungsziele zu opfern.

Dabei war nicht nur der über die Jahre angewachsene Einkommensrückstand des öffentlichen Dienstes ins Feld zu führen. Es ging darum, endlich wieder den politischen Konsens darüber zu erreichen, daß die Einkommen des öffentlichen Dienstes nicht fiskalische Manövriermasse, sondern Entgelt für berufliche Leistungen sind und daß der gesamtgesellschaftliche Leistungsbeitrag des öffentlichen Dienstes konsequenterweise die gleichrangige Teilhabe an der allgemeinen Einkommensentwicklung rechtfertigt.

Mit Vernunft zum Konsens

Wenn schließlich Einsicht und Vernunft die einkommenspolitische Trendwende ermöglichten, ist dies das Ergebnis einer Vielzahl von Gesprächen und beharrlicher Überzeugungsarbeit des DBB. Von entscheidender Bedeutung war dabei die vom DBB frühzeitig erreichte Zusage, die verschiedenartigen Regelungskompetenzen im Beamtenbereich und im Tarifbereich des öffentlichen Dienstes nicht zu Lasten der Beamten und Versorgungsempfänger auszuspielen. Die politische Substanz dieser Zusage enthält mehr als im Gleichklang des Anpassungsvolumens zum Ausdruck kommt.

Zum einen wurde erkennbar, daß es eben doch nicht nur eine politische Leerformel war, wenn die Bundesregierung erklärte, aus dem fehlenden Streikrecht dürfe den Beamten kein Nachteil erwachsen. Für dieses Signal war es hohe Zeit, da sich gerade die Beamten aufgrund des bisherigen Sparkurses in die Rolle der besonders Benachteiligten gedrängt sehen mußten. Zum anderen machte es aber auch der Dialog über die erforderlichen Kurskorrekturen möglich, die Notwendigkeit eigenständiger Regelungen im Beamtenbereich zu verdeutlichen und als beachtetes Ziel in die politische Diskussion einzubringen.

Die wichtigsten Merkposten

An erster Stelle ist hier die Lage des einfachen Dienstes zu nennen. Daß sie dringend verbessert werden muß, ist ein jetzt auch politisch anerkannter Merkposten, der in das Jahr 1985 hinübergenommen wird. Es geht dabei um ein Doppeltes: Um die Bereinigung eines sozialen

Mißstandes, aber auch um einen Testfall für die Wiederherstellung funktionsgerechter Bezahlung. Das Besoldungsgefüge ist einfach nicht mehr stimmig, wenn man im einfachen Dienst mittlerweile auf Einkommenslagen verwiesen wird, die sich auf dem Niveau von Sozialhilfesätzen bewegen. Hier zeigen sich in besonders krasser Weise die sozialen Spätfolgen, die als Ergebnis einer in Bewegungslosigkeit erstarrten Besoldungsstrukturpolitik entstanden sind.

Hier wird aber auch das Mißverhältnis deutlich, das sich zwischen der Bezahlung und den wahrgenommenen Funktionen ergibt: Eine Vielzahl von Funktionen des einfachen Dienstes ist durch ständig wachsende Anforderungen gekennzeichnet, ohne daß daraus Bewertungs- und Bezahlungskonsequenzen gezogen worden wären. All dies unterstreicht den strukturellen Regelungsbedarf, der sich dadurch angestaut hat. Der DBB begrüßt es, daß die Bundesregierung die Notwendigkeit struktureller Maßnahmen anerkennt und dabei die Priorität der Belange des einfachen Dienstes sieht. Diese Vorhaben dürfen aber nicht länger auf der Warteliste berufspolitischer Maßnahmen bleiben. Der Entscheidungsbedarf ist da, er ist in der Sache begründet und er ist dringlich. Entscheidungen müssen also schnell getroffen werden. Ein weiteres Beispiel für eigenständigen Regelungsbedarf bietet die Lage der Versorgungsempfänger. Hier waren es nicht nur die empfindlichen Sparmaßnahmen des 2. Haushaltsstrukturgesetzes[1] und des Haushaltsbegleitgesetzes 1984[2], die Unverständnis, Unruhe und Empörung auslösten. Hinzu kamen ideologisch motivierte Angriffe auf die rechtliche Eigenständigkeit der Beamtenversorgung insgesamt. Nachdem sich die Nebelschwaden der zum Teil in großer Hektik geführten Auseinandersetzungen verzogen haben, wozu nicht zuletzt die feste programmatische Position des Bundesinnenministers beigetragen hat, wird jetzt wieder mit größerer Klarheit deutlich, wo die eigentlichen Problempunkte liegen, um die man sich im politischen Raum bislang zu wenig gekümmert hat.

1 Vgl. Zweites Gesetz zur Verbesserung der Haushaltsstruktur (2. Haushaltsstrukturgesetz – 2. HStruktG) vom 22. Dezember 1981; BGBl I. 1981, S. 1523ff.

2 Vgl. Gesetz über Maßnahmen zur Entlastung der öffentlichen Haushalte und zur Stabilisierung der Finanzentwicklung in der Rentenversicherung sowie über die Verlängerung der Investitionshilfeabgabe (Haushaltsbegleitgesetz 1984) vom 22. Dezember 1983; BGBl I. 1983, S. 1532ff.

Härten bei der Versorgung

Beispiel: Pensionsbesteuerung. Schon im Frühjahr 1980 hat das Bundesverfassungsgericht gerügt, daß die Beamtenpensionen im Vergleich zu den Renten unangemessen hoch belastet werden.[3] Die Zeit ist also überreif, hier etwas zu tun. Das wird erfreulicherweise auch vom Bundesinnenminister anerkannt, der entsprechende Lösungsvorschläge unterbreiten will. Als positives Zeichen des wieder in Gang gekommenen politischen Dialogs ist weiterhin zu werten, daß nunmehr mindestens die Notwendigkeit angemessener Härteregelungen akzeptiert wird, um den fatalen Auswirkungen die Spitze zu nehmen, die mit der erwarteten Anrechnung von Renten auf die Beamtenversorgung entstanden sind.

Rotstift mit Spätfolgen

Gerade dieses letzte Beispiel zeigt, welche Ungereimtheiten und Ungerechtigkeiten zustande kommen, wenn in der Politik überhastet zum Rotstift gegriffen wird. In dieses Bild fügt sich die harsche Kritik des Bundesrechnungshofes an dem ausufernden Verwaltungsaufwand, den die Umsetzung speziell dieser »Sparmaßnahme« ausgelöst hat. Es sollte aber auch endlich eingesehen werden, daß Vorurteile ein denkbar schlechter Ratgeber bei politischen Entscheidungen sind. Auch die Diskussion um die Neuregelung der Beihilfevorschriften des Bundes bietet hierfür prägnantes Anschauungsmaterial.

Wenn es dem DBB 1984 gelungen ist, die auch hier drohende überhastete Neuordnungsabsicht hinauszuzögern, war schon das ein Gewinn in der Sache. Die dadurch möglich gewordene gründlichere Prüfung der Materie machte z. B. sehr bald deutlich, wie rechtlich fragwürdig und sozial problematisch die ursprünglich vorgesehene Einführung einer Selbstbeteiligung gewesen wäre. Das Thema ist inzwischen vom Tisch. Andere Fragen bleiben dagegen offen, vor allem die geplante Einführung einer 100-Prozent-Begrenzung der Leistungen

3 Vgl. das Urteil vom 26. März 1980; BVerfGE. Bd. 54, S. 11ff.

aus einer Krankenversicherung und Beihilfen. Über die damit aufgeworfenen schwerwiegenden rechtlichen Zweifelsfragen kann man sich nicht einfach per Dekret hinwegsetzen. Sie verdienen eine sorgfältige und umfassende Würdigung. Der DBB erwartet, daß dies im gebotenen Maß geschieht und damit Regelungen gefunden werden können, die fürsorgegerecht sind und nicht auch noch das Beihilferecht in das Arsenal sparpolitischer Marterwerkzeuge einreihen.

Allgemein muß jetzt die Chance genutzt werden, die Weiterentwicklung des öffentlichen Dienstes wieder in geordnete Bahnen zu lenken. Die Erfahrungen des Jahres 1984 haben gezeigt, daß größtmögliche Fortschritte bei der Haushaltskonsolidierung nicht der einzige und noch nicht einmal der vorrangige Maßstab für die Ausgestaltung der Berufspolitik im öffentlichen Dienst sein können. Sicher ist der öffentliche Dienst in seiner Größe und seiner Entwicklungsdynamik ein gewichtiger Kostenfaktor. Dennoch gibt es hier keine Unausweichlichkeit.

Es ist Sache der Politiker, über den öffentlichen Aufgabenbestand und dessen Wachstum zu befinden. Insofern folgt die Entwicklung des öffentlichen Dienstes den ordnungspolitischen Leitbildern, die der Abgrenzung des staatlichen Kompetenzbereichs zugrunde gelegt werden. Auch weiß der öffentliche Dienst um die Verpflichtungen, die ihm im Rahmen des Gebots sparsamer und wirtschaftlicher Verwaltung zukommen und auch von ihm verlangt werden können. Das ist selbstverständlich und wird beachtet.

Was politisch entschieden werden muss

Jenseits davon muß aber durch politische Entscheidungen gewährleistet bleiben, daß der öffentliche Dienst die ihm übertragenen Aufgaben auch tatsächlich ordnungsgemäß, wirksam und verläßlich erfüllen kann. Das hat insbesondere für die öffentliche Personalwirtschaft Konsequenzen. Sie darf nicht länger einseitig in die Dienste der Haushaltskonsolidierung eingespannt werden. Ihre vorrangige Aufgabe muß wieder darin bestehen, die erforderlichen Grundlagen der Leistungsfähigkeit des öffentlichen Dienstes abzusichern und weiterzuentwickeln.

Perspektiven statt Experimente

Die Abkehr vom Herumexperimentieren mit Einstellungssperren und Personalabbau, also die Rückkehr zu aufgabengerechteren Personaleinstellungen, ist dabei nur ein Aspekt. Die Leistungsfähigkeit des öffentlichen Dienstes ist ohne die persönliche Leistungsbereitschaft der im öffentlichen Dienst Beschäftigten nicht zu haben. Leistungsbereitschaft wiederum stellt sich nicht von selbst ein. Sie ist abhängig von ausgewogenen beruflichen Perspektiven, von der Überzeugung, daß sich persönliche Leistung in der beruflichen Karriere auszahlt. Wenn solche Perspektiven durch kurzsichtige Sparvorgaben verschüttet werden, ist das ein verhängnisvoller Irrweg. Wer deswegen meint, mit Beförderungssperren, mit der gleichgültigen Hinnahme von Beförderungs- und Verwendungsstaus oder auch mit der Zementierung nicht mehr leistungsgerechter Bezahlungsstrukturen Kasse machen zu können, wird ein böses Ende erleben. Enttäuschte Rückzüge der Mitarbeiter des öffentlichen Dienstes in die Schneckenhäuser beruflicher Frustration sind das letzte, was sich unser Staat angesichts der Herausforderung leisten kann, denen er sich gerade unter den Bedingungen der heutigen Zeit stellen muß.

Spielraum trotz Konsolidierung

Die Rezepturen der Politik dürfen keinen radikalen Schnitt zwischen dem Staats- und dem Privatsektor machen. Die wünschenswerte und zu Recht auch politisch geförderte Problemlösungskraft der privaten Wirtschaft darf nicht durch einen in seiner Handlungsfähigkeit geschädigten öffentlichen Dienst erkauft werden. So würde der öffentliche Dienst in der Tat in die Rolle jenes bürokratischen Hemmschuhs gedrängt, als den ihn manche Kritik hinzustellen versucht. Die Bewältigung der wirtschaftlichen und gesellschaftlichen Zukunftsaufgaben erfordert das partnerschaftliche Zusammenwirken von Staat und Privatwirtschaft, sie erfordert gleichgerichtete Leistungsmentalitäten in den zwar jeweils eigengesetzlichen, aber doch in enger Wechselbeziehung zueinanderstehenden Verantwortungsbereichen. Der Weg, den die künftige Haushaltskonsolidierung geht, muß im Bewußtsein um diesen Gesamtzusammenhang abgesteckt werden. Er muß der Dienstrechts- und Berufspolitik im öffentlichen Dienst jenen Spielraum belassen, der für eine ausgewogene Weiterentwicklung des öffentlichen Dienstes notwendig ist. Nach den positiven Signalen der jüngsten Zeit darf es nicht zu einem Rückfall in eine Politik einseitigen Sparens am öffentlichen Dienst kommen.

Meinen Dank an alle Kolleginnen und Kollegen für die Mitarbeit im vergangenen Jahr darf ich auch im Namen der DBB-Bundesleitung mit den besten Wünschen für ein erfolgreiches Jahr 1985 verbinden.

21. Mai 1985

Grußansprache

Grußansprache auf der Festveranstaltung des Bundesverbandes der Ärzte des öffentlichen Gesundheitsdienstes im DBB in Berlin

Quelle: DBB-Archiv, Abt. Bulei 15000-38 (maschinenschriftlich mit handschriftlichen Zusätzen A. Krauses)
Druck: Das öffentliche Gesundheitswesen. 47. Jg., 1985, S. 337f.

Als erstes möchte ich Ihnen die herzlichen Grüße und guten Wünsche der Bundesleitung des DBB übermitteln. Die Ergebnisse Ihrer Beratungen werden in Fragen der Berufspolitik wichtige Weichen stellen.

Ihre Veranstaltung bietet aber auch die Gelegenheit, der Öffentlichkeit und der Politik deutlich zu machen, in welche Lage der öffentliche Dienst gerät und welche Folgen für die Allgemeinheit entstehen, wenn Haushaltskonsolidierung zum alleinigen Maßstab gemacht wird.

Sie alle kennen die Sparmaßnahmen der Vergangenheit, die den öffentlichen Dienst bis über die Grenze des Vertretbaren belastet haben. Weder vor der berechtigten Einkommenserwartung der Mitarbeiter wurde haltgemacht noch vor der notwendigen Personalausstattung für den öffentlichen Dienst oder den beruflichen Entwicklungsmöglichkeiten.

Inzwischen wächst die Erkenntnis, daß es so nicht weitergeht und daher das Ruder herumgeworfen werden muß. Es muß endlich ein Ende haben mit dem krassen Mißverhältnis zwischen dem, was den Mitarbeitern im öffentlichen Dienst bei der Aufgabenerledigung in ihrer täglichen Arbeit vor Ort abverlangt wird und dem, was getan wird, damit die Handlungsfähigkeit und Leistungsbereitschaft des öffentlichen Dienstes erhalten bleibt. Immerhin beginnt man jetzt – und das ist ein Erfolg unserer Gewerkschaft – die gröbsten Fehlentwicklungen zu korrigieren, wenn auch – nach unserer Ansicht – viel zu zögerlich. Ein wichtiger Markstein ist die Tatsache, daß der öffentliche Dienst mit Beginn dieses Jahres wieder Anschluß an die Einkommensentwicklung außerhalb des öffentlichen Dienstes gefunden hat. Die Verkürzung der Nullrunde, die ja ursprünglich länger dauern sollte, war ein notwendiger Schritt.

Wir meinen jedoch, daß dies und auch die sicherlich erfreulichen Strukturmaßnahmen, insbesondere zugunsten des einfachen Dienstes, nicht ausreichen. Es gibt weiteren dringenden Korrekturbedarf.

In diesem Zusammenhang ist vor allem die allein aus Gründen der Haushaltssanierung vorgenommene Absenkung der Eingangsbezahlung im gehobenen und höheren Dienst zu nennen. Hier ist ein Angriff auf die Leistungsgerechtigkeit in der Bezahlungsstruktur und die Attraktivität des öffentlichen Dienstes unternommen worden, den wir nicht hinnehmen können.

Mit dem Hinweis auf die schwierige Arbeitsmarktlage versuchte man, diesen Sündenfall zu rechtfertigen. Man hat den Vorwand bemüht, daß Berufsanfänger wegen ihrer noch geringen Berufserfahrung mit weniger Einkommen zufrieden sein können. Alles fadenscheinige Argumente, die lediglich von den fiskalischen Interessen, die mit diesen Maßnahmen verbunden sind, ablenken sollen.

Tatsache ist demgegenüber, daß die Anziehungskraft einer Tätigkeit im gehobenen oder höheren Dienst durch die Absenkung der Eingangsämter leidet. Und dies hat vor allem in Bereichen, in denen ohnehin schon Bewerbermangel herrscht, fatale Folgen. Es geht kein Weg an der Erkenntnis vorbei, daß sich insbesondere qualifizierte Bewerber vom öffentlichen Dienst abwenden, weil die Bezahlung und die beruflichen Perspektiven nicht ihren Vorstellungen entsprechen.

Wir halten deswegen insbesondere den Finanzpolitikern den Satz vor Augen, der vom Presse- und Informationsamt der Bundesregierung als Begründung für die Strukturmaßnahmen im öffentlichen Dienst verbreitet wurde: »Leistung muß sich, im öffentlichen Dienst wie anderswo, lohnen.«[1] Kein Politiker, der über den Tellerrand des Tagesgeschehens

1 Vgl. Pressemitteilung des Presse- und Informationsamtes der Bundesregierung. Nr. 80/85, 13. Februar 1985.

hinausblickt, kann außer acht lassen, daß der öffentliche Dienst doch gerade auf einen qualifizierten Nachwuchs angewiesen ist, damit die öffentlichen Verwaltungen die Leistungs- und Gestaltungsaufgaben wahrnehmen können, die für das Funktionieren unserer Gesellschaft von so eminenter Bedeutung sind.

Der öffentliche Gesundheitsdienst ist ein Beispiel dafür, wie die Absenkung der Eingangsbesoldung zu den bereits bestehenden Engpässen bei der Rekrutierung von qualifizierten Mitarbeitern zusätzliche Personalprobleme schafft. Niemanden kann die Tatsache gleichgültig lassen, daß zur Zeit etwa 30 Prozent der ärztlichen und zahnärztlichen Stellen zumindest in den Flächenstaaten der Bundesrepublik nicht besetzt sind. Und dies angesichts der hohen Bedeutung, die die Tätigkeit des öffentlichen Gesundheitsdienstes in für den Bürger im wahrsten Sinne des Wortes lebenswichtigen Bereichen hat.

Das öffentliche Gesundheitswesen stellt mit seinen daseinsvorsorgenden und fürsorgenden Aufgaben eine unverzichtbare staatliche Tätigkeit dar. Wenn der öffentliche Gesundheitsdienst aufgrund von Personalmangel seine Aufgaben als Anwalt des Bürgers in gesundheitlichen Fragen nicht mehr optimal durchführen kann, so trifft das vitale Interessen der Allgemeinheit. Wir meinen, kein verantwortungsbewußter Politiker kann es allein aus fiskalischen Gründen hinnehmen, wenn über den bereits heute bestehenden Personalmangel hinaus in Zukunft nicht hinreichend qualifizierte Bewerber zum Eintritt in den öffentlichen Gesundheitsdienst bereit sein sollten, die dort dringend gebraucht werden. Und da kann auch der Hinweis auf eine auf uns zukommende Ärzteschwemme nicht überzeugen.

Wer – und das tun ja wohl verantwortungsvolle Politiker – auf ordnungsgemäße öffentliche Gesundheitsfürsorge im Interesse der Bürger setzt, kann nicht zulassen, daß die Aufgabenerledigung im öffentlichen Gesundheitswesen wegen wachsender Personalengpässe ihre bewährte Qualität verliert.

Der Deutsche Beamtenbund hat deshalb den Bundesinnenminister aufgefordert, zumindest von der Möglichkeit Gebrauch zu machen, wegen des erheblichen Bewerbermangels eine Ausnahme von den Absenkungsregelungen zu treffen. Im übrigen bleiben wir jedoch dabei, daß es den Grundsätzen einer sachgerechten Berufspolitik für den öffentlichen Dienst völlig widerspricht, wenn die Attraktivität des öffentlichen Dienstes den Bemühungen um die Haushaltskonsolidierung geopfert wird.

Besonders bedenklich erscheint aber, wenn Kostenüberlegungen dort plötzlich keine Rolle spielen, wo sie vernünftigerweise angestellt werden sollten. So sind in bezug auf den öffentlichen Gesundheitsdienst Tendenzen einer schleichenden Privatisierung auszumachen, bei denen der wichtige Gesichtspunkt einer Kostendämpfung im Gesundheitswesen völlig außer acht gelassen wird. Stichworte hierzu: Ausweitung der Krankheitsfrüherkennungsuntersuchung bei Kindern durch die RVO-Kassen oder Verbot der Vornahme von Impfungen durch den öffentlichen Gesundheitsdienst im Freistaat Bayern oder Übernahme von Jugendzahnpflegeaufgaben durch niedergelassene Zahnärzte.

Hier kann doch jeder sehen, daß solche Früherkennungsuntersuchungen oder Impfungen oder Jugendzahnuntersuchungen, die im Rahmen einer Einzelhonorierung mit den RVO-Kassen abgerechnet werden, bei weitem teurer sind, als wenn diese ärztlichen Leistungen durch im öffentlichen Dienst stehende Ärzte erbracht werden. Solche »Privatisierungen der ärztlichen Dienste« können zwar die Haushalte der Kommunen oder der Länder wegen eventueller Personaleinsparungen entlasten, es tritt jedoch im Grunde keine Kostenersparnis, sondern lediglich eine Kostenverlagerung ein. Die höheren Kosten müssen nämlich dann nicht von der öffentlichen Hand, aber von den RVO-Kassen aufgebracht werden.

Abgesehen von diesem im Widerspruch zu den Kostendämpfungsbemühungen stehenden Effekt haben die Erfahrungen in Bayern gezeigt, daß es bei den Impfungen schlagartig zu einem katastrophalen Rückgang der Impfbeteiligung kommt, was ja wohl keinesfalls der Erhaltung der Volksgesundheit dienen kann. Und nicht allein die geringere Effektivität bei der Erledigung solcher bevölkerungsmedizinischer Aufgaben nach einer Privatisierung stellt ein Problem dar. Die für eine vernünftige Gesundheitsvorsorge unerläßlichen Dokumentationen, z. B. über den Gesundheitszustand der Schuljugend, die der öffentliche Gesundheitsdienst erstellt, können nicht mehr umfassend erfolgen. Damit geht sinnvoll aufbereitetes Datenmaterial und Wissen verloren, das für eine durch Fakten abgesicherte Gesundheitspolitik unverzichtbar ist.

Wir können derartigen Entwicklungen nur ein entschiedenes »Nein« entgegensetzen. Wir fordern, daß dem öffentlichen Gesundheitsdienst die ärztlichen Aufgaben belassen werden, die er wahrnehmen muß, um seinen vielschichtigen Verpflichtungen im Dienste der Volksgesundheit wirksam nachkommen zu können.

Lassen Sie mich zum Schluß kommen. Der Deutsche Beamtenbund wird alles tun, damit die berufspolitische Aufräumarbeit geleistet wird, die notwendig geworden ist, weil die politischen Entscheidungen der zurückliegenden Jahre zu einseitig auf Einsparungen im öffentlichen Dienst ausgerichtet waren.

Umkehr ist geboten. Der Blick darf nicht allein auf die Kosten gerichtet sein, die der öffentliche Dienst verursacht. Es muß wieder verstärkt auf den Nutzen geachtet werden, den die Allgemeinheit aus der kontinuierlichen und zuverlässigen Erledigung der öffentlichen Aufgaben zieht.

23. Mai 1986

Interessenvertretung und neue Technologien in der öffentlichen Verwaltung

Vortrag auf der Landestagung des Verbandes der Landes-Beamten, -Angestellten und -Arbeiter Nordrhein-Westfalen im DBB in Thomasberg bei Bonn

Quelle: DBB-Archiv, Abt. Bulei 15000-39 (maschinenschriftlich mit handschriftlichen Zusätzen A. Krauses)

Ich freue mich, daß Sie als Rahmen für Ihre Tagung das Bildungszentrum des Deutschen Beamtenbundes gewählt haben. Das Konzept und die technische Ausrüstung dieses Hauses zeigen mehr als viele Worte, daß der Deutsche Beamtenbund die Bedeutung der Mikroelektronik für das Arbeitsleben sehr frühzeitig erkannt und sich den Konsequenzen gestellt hat.

Wir haben dabei von Anfang an den Standpunkt vertreten, daß es wenig sinnvoll ist, Technik blind zu verteufeln. Nur wer den neuen Weg mitgeht, hält sich die Möglichkeit offen, steuernd einzugreifen und die weitere Richtung zu beeinflussen.

Wie ist der Stand heute? Die Informationstechnologie hat eine sprunghafte Entwicklung erlebt. Die Bauteile und damit auch die Geräte werden immer kleiner, leistungsfähiger und dabei preisgünstiger. Die Wirtschaft hat die Möglichkeiten der neuen Technologien bereits aus Wettbewerbsgründen umfassend genutzt.

Der öffentliche Bereich kann sich von dieser Entwicklung nicht abkoppeln, ohne seine Leistungsfähigkeit zu verlieren. Die Einführung und Anwendung neuer Technologien dient dabei durchaus unterschiedlichen Zielen. Finanz- wie Arbeitsverwaltung müssen eine ständig steigende Flut von Vorgängen und Anfragen bewältigen. Die Personalausstattung hat mit diesem gesteigerten Arbeitsvolumen nicht Schritt gehalten. Ein Problem, das keinesfalls auf die genannten Verwaltungszweige beschränkt ist. In praktisch allen Bereichen der sog. »Massenverwaltung« ist es nur durch den Einsatz automatisierter Datenverarbeitung möglich, für den Bürger zumutbare Bearbeitungszeiten einzuhalten. Man muß sicherlich nicht besonders betonen, welche Bedeutung der Zeitfaktor etwa bei der Bewilligung von Arbeitslosengeld oder Arbeitslosenhilfe hat. Anders ist die Lage etwa bei den Bauaufsichtsbehörden, zu deren Aufgabe es z. B. gehört, komplexe statische Berechnungen nachzuprüfen. Diese Behörden können ihrer Kontrollaufgabe nur noch gerecht werden, wenn sie mindestens über den gleichen technischen Standard verfügen, wie die privaten Ingenieurbüros, die die Berechnungen erstellen.

Die Auswirkungen der fortschreitenden Automation sind deshalb auch im öffentlichen Dienst deutlich spürbar. Es ist zwar richtig, daß im Zusammenhang mit Rationalisierungsmaßnahmen das Arbeitsplatzrisiko hier geringer ist als in Wirtschaft und Industrie. Die Veränderung der Arbeitswelt, neue Arbeitsverfahren und veränderte Qualifikationsanforderungen betreffen aber alle Bereiche gleichermaßen. Dieser Wandel muß auch aus der Sicht der Beschäftigten nicht notwendigerweise negativ sein. Die Anwendung der modernen Datentechnik kann zum beiderseitigen Nutzen der Dienststelle und ihrer Mitarbeiter eingesetzt werden. Sachbearbeiter werden von Routineaufgaben entlastet, der Informationsfluß wird verbessert, Daten stehen auf Abruf zur Verfügung und machen Nachfragen überflüssig.

Es liegt aber in der Natur der Sache, daß wir, der DBB als Berufsverband, uns mehr und intensiver mit den negativen Begleiterscheinungen dieser Entwicklung auseinandersetzen müssen. Auch in der öffentlichen Verwaltung zielt der Einsatz der neuen Technologien vorrangig auf Rationalisierung und Leistungssteigerung ab. Datenverarbeitungsanlagen stellen neue Anforderungen an die Organisationsstruktur innerhalb der Dienststelle, ändern bislang gewohnte Arbeitsverfahren und verlangen eine neue Qualifikation von den Beschäftigten. Die Zusammenfassung früherer Mischarbeitsplätze in zentrale Schreibdienste mit gleichförmigem Arbeitsablauf, aber höherem Leistungsdruck ist nur ein Beispiel. Ich denke, daß jeder der hier Anwesenden weitere Beispiele hinzufügen könnte.

Neben diesen, auf den ersten Blick sichtbaren Veränderungen zeigen sich aber neue Phänomene, die vielleicht weniger spektakulär sind, die aber trotzdem unsere volle Aufmerksamkeit verdienen. Ich möchte hierfür drei Beispiele nennen: So wurden vor kurzem erste Versuche unternommen, Arbeitsplätze, konkret Bildschirmarbeitsplätze, auszugliedern. Das Büro im heimischen Wohnzimmer, mit der Dienststelle über Datenleitung oder Diskette verbunden, kann insbesondere für Väter oder Mütter mit Kleinkindern eine Chance sein, neben der Kinderbetreuung den Kontakt zum früheren Beruf aufrechtzuerhalten. Ob diese Hoffnungen in der Realität so erfüllbar sind, ist eine hier nicht zu beantwortende Frage.

Nicht zur Disposition stehen darf aber die soziale Absicherung. Hier könnte vor allem der Tarifbereich betroffen sein. Den Versuchen, auf dem Umweg über Werkverträge oder ähnliche rechtliche Konstruktionen aus Kostengründen Schutzrechte abzubauen, werden wir deshalb entgegentreten.

Der zweite Punkt betrifft die neu geschaffenen Kontrollmöglichkeiten. Die Datentechnik schafft die Voraussetzungen dafür, Leistung und Verhalten der Beschäftigten dauerhaft, umfassend und vor allem unbemerkt zu überwachen. So können, quasi als Nebeneffekt, verdeckte Leistungsvergleiche durchgeführt werden. Der Deutsche Beamtenbund tritt nachhaltig für die Wahrung des Leistungsprinzips im öffentlichen Dienst ein. Das bedeutet aber nicht, daß Entscheidungen auf anonyme Daten gestützt werden können, gegen die Beschäftigte sich nicht wehren können.

Damit im weiterem Zusammenhang steht die Frage, ob und in welchem Umfang die Dienststelle persönliche Daten ihrer Beschäftigten für andere Zwecke benutzen darf. Auf das Problem des Arbeitnehmerdatenschutzes, das seit der Entscheidung des Bundesverfassungsgerichts zum Volkszählungsurteil besondere Bedeutung gewonnen hat, komme ich später noch zurück.

Bei den beschriebenen Nachteilen könnte man leicht auf den Gedanken verfallen, die Technik als Gegner anzusehen und besser keine Experimente zu wagen. Genau das ist aber nicht gemeint. Bundespräsident v. Weizsäcker hat anläßlich der Eröffnung der diesjährigen Hannover-Messe auf zwei Punkte hingewiesen, die man, so meine ich, beherzigen sollte.[1]

Zum einen: Wer am technologischen Fortschritt teilhaben will, muß die damit verbundenen Gefahren und Risiken erkennen und lernen, sie zu beherrschen. Das beinhaltet die Notwendigkeit, die vorhandenen Probleme auch offen anzusprechen.

Der zweite Punkt betrifft die Frage der Akzeptanz. Aus Unsicherheit, aus der Verharmlosung von Risiken gegenüber den Betroffenen erwächst Mißtrauen bis zum offenen Widerstand. Nur der erkennbare Wille von Politik und Wirtschaft, vorhandene Probleme nicht zu leugnen, sondern zu bewältigen, läßt Vorbehalte in der Bevölkerung schwinden und schafft damit erst die Voraussetzung für die technologische Weiterentwicklung.

Was für die Gesellschaft im großen gilt, gilt ebenso für den abgegrenzten Bereich des Betriebes oder der Dienststelle: Komplexe technische Systeme, die dem Verständnis des einzelnen entzogen und die nur noch wenigen Spezialisten zugänglich sind, lösen Mißtrauen und Unbehagen aus. Dabei ist auch komplizierte Elektronik auf den Menschen angewiesen. Das wird häufig von sog. Experten übersehen, die am »grünen Tisch« nur die technischen Daten bewerten und dabei glauben, auf diese Weise die optimale Anlage zu planen. Wer aber die »Schnittstelle« Technik – Mensch übersieht, wer die Bedürfnisse derjenigen nicht ernst nimmt, die »vor Ort« tagtäglich mit den Geräten umgehen müssen, kann leicht eine böse Überraschung erleben.

Die Einführung einer neuen Technologie ist notwendigerweise mit neuen Arbeitsverfahren, mit Umstellungen verbunden. Das allein ist schwierig. Kommen dann noch theoretisch perfekte, aber praktisch ungünstige Arbeitsplatzgestaltungen hinzu oder gar Gerüchte über Gefahren der Anlage, dann steigert sich Mißtrauen zum Widerstand. Die erwarteten Leistungsvorteile werden durch Reibungsverluste kompensiert, schlimmstenfalls entstehen teuere Investitionsruinen. Schuld an solchen Resultaten ist dann nicht die Technik; schuld sind auch nicht die Beschäftigten, die ohne ausreichende Vorbereitung und Beteiligung von

1 Für den Wortlaut der Ansprache des Bundespräsidenten am 8. April 1986 vgl. Bulletin des Presse- und Informationsamtes der Bundesregierung. Nr. 35, 11. April 1986, S. 269ff.

einer neuen Entwicklung überrollt worden sind. Schuld sind in aller Regel die Planer, die den »Faktor Mensch« weitgehend aus ihren Konzepten eliminiert haben.

Wie aber sieht der Ausweg aus, um notwendige Modernisierungsmaßnahmen und berechtigte Bedürfnisse der Beschäftigten miteinander zu vereinbaren? Die Personalvertretungsgesetze in Bund und Ländern weisen prinzipiell den richtigen Weg. Die Personalräte sind das kollektive Schutz- und Mitwirkungsorgan der Beschäftigten. Ihre Aufgabe ist es, die Belange der Kollegen zu formulieren und in den Entscheidungsprozeß der Dienststelle einzubringen.

Soweit der Grundgedanke. Die Praxis sieht häufig anders aus: Beteiligungsverfahren werden formularmäßig abgewickelt; Personalvertretungen werden erst beteiligt, wenn das Planungsverfahren grundlegende Änderungen nicht mehr zuläßt.

Um die Lage zu verbessern, bieten sich zwei Wege an: Zum einen muß der Grundsatz der »vertrauensvollen Zusammenarbeit« wiederbelebt werden. Das Prinzip wird zwar gerne erwähnt, aber oft nicht ernst genommen. Viele Dienststellenleiter sehen Personalvertretungen auch heute noch als lästiges Übel an, das ihre Autorität einschränkt und den Ablauf stört. Die Zeiten haben sich – auch unter dem Einfluß des Sozialstaatsgebots – aber geändert. Die Arbeitsbedingungen sollen zum gemeinsamen Nutzen gemeinsam gestaltet werden. Das setzt ein Umlernen voraus. Beide Seiten, Dienststellenleiter wie Personalvertretung, müssen sich mehr als bisher bewußt machen, daß Grabenkämpfe und persönliche Angriffe weder die Effizienz der Dienststelle noch die Interessen der Beschäftigten fördern. Hier ist auch von seiten der Gewerkschaften noch ein gutes Stück an Überzeugungsarbeit zu leisten.

Vertrauensvolle Zusammenarbeit läßt sich nicht von Gesetzes wegen anordnen. Der Gesetzgeber kann allerdings, und damit komme ich zu dem zweiten Punkt, die Rechtsstellung der Personalvertretung konkreter und umfassender regeln, als das bisher der Fall ist. Das gilt besonders mit Blick auf die Auswirkungen der neuen Technologien. Klare Kompetenzen schaffen allein keinen Frieden, sie können aber doch einen großen Teil des Konfliktpotentials in der Dienststelle abbauen. Bisher ist es vor allem auf Bundesebene so, daß das Verhältnis zwischen Dienststellenleiter und Personalrat mehr von der Rechtsprechung als vom Gesetzgeber geprägt wird. Da die Gerichte nur jeweils den vorliegenden Einzelfall zu entscheiden haben, bleibt die Rechtslage unklar und lückenhaft. Nordrhein-Westfalen hat durch die Neufassung seines Landespersonalvertretungsgesetzes[2], das die neuen Technologien einbezieht, einem Teil dieser Schwierigkeiten den Boden entzogen.

Losgelöst vom bundesrechtlichen Novellierungsbedarf treten wir im DBB generell für eine den veränderten Bedürfnissen entsprechende Ausweitung der Informations- und Beteiligungsrechte der Personalräte ein. Anders als beim Betriebsverfassungsrecht, das grundsätzlich vor vergleichbaren Problemen steht, muß hier aber zusätzlich beachtet werden, daß die demokratische Legitimation der Verwaltung und die Verantwortung der Regierung gegenüber dem Parlament gewahrt bleibt. So hat das Bundesverfassungsgericht ausgeführt, daß es Regierungsaufgaben gäbe, die »wegen ihrer politischen Tragweite nicht generell der Regierungsverantwortung entzogen und auf Stellen übertragen werden dürfen, die von Regierung und Parlament unabhängig sind; . . .«[3]

In derselben Entscheidung aus dem Jahr 1959 hat das Gericht aber die Berechtigung der Mitbestimmung auch im öffentlichen Dienst grundsätzlich bestätigt und Auffassungen widersprochen, daß es keinerlei »ministerialfreien Raum« auf dem Gebiet der Verwaltung geben dürfe. Das bedeutet, daß die Organisationshoheit der Regierung zwar gewahrt werden muß, daß auf der anderen Seite nicht jede Maßnahme, die die Weisungsbefugnisse des Dienststellenleiters berührt, auch die Verantwortlichkeit der Regierung tangiert. Mitbestimmung ohne jede Außenwirkung wäre Etikettenschwindel.

Der Deutsche Beamtenbund hat ein Konzept entwickelt, das eine verfassungskonforme Ausweitung der Beteiligungsrechte beinhaltet. Ich möchte folgende Schwerpunkte herausgreifen:

1. Eine Verbesserung der Informationsrechte der Personalvertretungen. Das heißt: Die Personalräte müssen zu einem Zeitpunkt in das Planungsverfahren einbezogen werden, in dem Änderungen noch möglich sind. In diesem vorbereitenden Stadium können Fehlentscheidungen

2 Vgl. Gesetz zur Änderung des Personalvertretungsgesetzes für das Land Nordrhein-Westfalen vom 18. Dezember 1984; Gesetz- und Verordnungsblatt für das Land Nordrhein-Westfalen. 39. Jg., Nr. 3, S. 29ff.

3 Vgl. das Urteil vom 27. April 1959; BVerfGE. Bd. 9, S. 268ff. (Zitat S. 282).

noch problemlos korrigiert werden. Das gilt ebenso für Verbesserungsvorschläge aus der täglichen Praxis, die teure Fehlplanungen verhindern helfen. Das Ziel ist ohne umfassende und vollständige Information nicht zu erreichen. Die Personalvertretung muß deshalb das gesamte Planungsmaterial so rechtzeitig erhalten, daß eine sachgerechte Beratung und Beschlußfassung noch möglich ist. Ausgeklügelte Mitbestimmungstatbestände nützen in der Praxis wenig, wenn Unterlagen nur »stückchenweise« beschafft werden können. Die Personalvertretung steht ohne genaue Kenntnis der Gesamtplanung oft genug unerwartet vor vollendeten Tatsachen. Es leuchtet ein, daß dies nicht zur Klimaverbesserung beiträgt.

2. Die Mitbestimmungstatbestände müssen dem technologischen Fortschritt angepaßt werden. So muß die Beteiligung bei technischen Kontrolleinrichtungen konkretisiert und den erweiterten technischen Möglichkeiten angepaßt werden. Das gilt z. B. für solche Systeme, die ursprünglich gar nicht als Überwachungsanlagen geplant waren, dazu aber geeignet sind. Die Änderung von Arbeitsverfahren und Arbeitsmethoden, Maßnahmen zur Leistungssteigerung und zur Rationalisierung müssen gleichfalls der Mitbestimmung unterliegen. Nur auf diese Weise können die sozialen Belange der Beschäftigten ausreichend berücksichtigt werden.

3. Die Fortbildung verdient verstärkte Aufmerksamkeit. Die gegenwärtige Situation ist in aller Regel von einem erheblichen Wissensvorsprung der Dienststelle und ihrer Experten gekennzeichnet. Die Personalvertretungen stehen vor der Schwierigkeit, zu komplizierten technischen Fragen Stellung nehmen zu müssen, ohne immer über vergleichbares Fachwissen zu verfügen. Die Alternative kann sicherlich nicht heißen, die Entscheidung allein den Experten zu überlassen oder die Personalvertreter auf häusliches Studium zu verweisen. Vielmehr ist der öffentliche Dienst gefordert, durch ein verbessertes Angebot an Fortbildungsmöglichkeiten, vor allem aber durch erweiterte Freistellungen, die verlorengegangene Waffengleichheit wiederherzustellen. Das Bildungszentrum des Deutschen Beamtenbundes, in dem Sie sich heute zusammengefunden haben, hat die Aufgabe, Fortbildungslücken zu schließen, die die öffentlichen Dienstherren immer noch nicht füllen können oder wollen. Die hohe Resonanz der Kurse und die Zahl der Anmeldungen zeigen in aller Deutlichkeit, welcher Nachholbedarf noch zu decken ist.

Ich möchte abschließend noch kurz auf ein Thema eingehen, das ich eingangs bereits erwähnt habe, den Arbeitnehmerdatenschutz. Die Arbeitgeber, seien sie privat oder öffentlich, verfügen über eine Vielzahl von Informationen über ihre Mitarbeiter. Neben den Personalakten gibt es Vorgänge bei den Besoldungs- und Beihilfestellen; Anwesenheitszeiten, Telefondaten und Kantinenabrechnungen werden mit Zunahme der Speicherkapazitäten immer häufiger festgehalten. Die Auswahl der Beispiele ist willkürlich und die Notwendigkeit solcher Datensammlungen will ich auch gar nicht bestreiten.

Datensammlungen in Form von Akten gab es schon immer, die Suche nach bestimmten Informationen über eine Person war mindestens mühsam. Die moderne Datenverarbeitung schafft erstmals die Möglichkeit, einmal vorhandene Daten in Sekundenschnelle abzurufen, sie unabhängig von ihrem ursprünglichen Erhebungszweck beliebig zu ordnen und neu zu verknüpfen. Aus für sich genommen harmlosen Informationen kann so ein elektronisches »Persönlichkeitsbild« geschaffen werden. Die Datenschutzgesetze des Bundes und der Länder halten bislang keine befriedigende Antwort bereit. Dies ist aber nicht nur im Interesse der Beschäftigten erforderlich, sondern auch im Interesse der Arbeitgeber, die auf vollständige und wahrheitsgemäße Informationen über ihre Mitarbeiter angewiesen sind. Das Bundesverfassungsgericht hat in seiner Entscheidung zum Volkszählungsurteil das Recht auf informationelle Selbstbestimmung betont und eine bereichsspezifische Regelung des Datenschutzes gefordert.[4]

Der Deutsche Beamtenbund tritt dafür ein, Inhalt und Grenzen der Datennutzung in den Personalvertretungsgesetzen zu regeln. Der Personalrat, als Vertretung der Beschäftigten, ist das geeignete Organ, um die besonderen Bedürfnisse der Dienststelle und die berechtigten Ansprüche der Beschäftigten auf Wahrung der Vertraulichkeit in Übereinstimmung zu bringen. Der technologische Fortschritt bringt, wie ich darlegen wollte, auch für die gewerkschaftliche Arbeit neue und bisher unbekannte Probleme und Herausforderungen. Wir nehmen uns dieser Probleme an.

Der Rundgang durch dieses Haus wird Ihnen möglicherweise besser als lange Reden den grundsätzlichen Standpunkt des Deutschen Beam-

4 Vgl. das Urteil vom 15. Dezember 1983; BVerfGE. Bd. 65, S. 1ff.

tenbundes verdeutlichen: die Risiken zu erkennen, ohne die Chance für die Nutzung der neuen Möglichkeiten zu vergeben.

Januar 1987

Zeit zum Handeln

Jahresausblick 1987

Quelle: Der Beamtenbund. Monatszeitung für den öffentlichen Dienst. 38. Jg., Nr. 1, Januar 1987, S. 3ff.

Zum Jahreswechsel bestimmt der Wahlkampf die politische Landschaft, die damit wenig an weihnachtliche Ruhe und Beschaulichkeit erinnert. Wahlkampfzeiten bieten aber auch die Gelegenheit, Aussagen und Stellungnahmen zu erhalten, die über den Wahltag hinaus mehr als nur politischen »Erinnerungswert« bedeuten. Der Deutsche Beamtenbund hat daher alle Parteien aufgefordert, zu den berufspolitischen Kernproblemen Stellung zu beziehen. Die in der November-Ausgabe dieser Zeitung veröffentlichten Reaktionen[1] setzen, wie nicht anders zu erwarten, durchaus unterschiedliche Schwerpunkte. Jeder mag hieraus die eigenen Schlußfolgerungen ziehen. Jenseits aller Differenzen in der grundsätzlichen Betrachtung zeigt sich aber, daß über die Notwendigkeit von strukturellen Verbesserungen im öffentlichen Dienst, etwa in der Nachwuchspolitik, überraschende Einigkeit besteht.

Eine erste Gelegenheit, für den öffentlichen Dienst »Flagge zu zeigen« bietet die anstehende Einkommensrunde. Das Konjunkturbarometer für das kommende Jahr steht günstig. Nach dem jüngst veröffentlichten Gutachten des Sachverständigenrates ist von einer weiter gefestigten Wirtschaftsentwicklung auszugehen.[2] Dies ist auch dem öffentlichen

1 Vgl. Der Beamtenbund. 37. Jg., Nr. 11, November 1986, S. 3ff. (»Dokumentation. Wahl 87: Parteien zum öffentlichen Dienst«).

2 Vgl. dazu u. a. Handelsblatt. Nr. 226, 25. November 1986.

Dienst zuzurechnen, der die Infrastruktur »produziert«, auf der die gesamte übrige Wirtschaft erst ihre Erfolge erreichen kann. Die Beschäftigten des öffentlichen Dienstes haben auch deshalb einen Anspruch, an der allgemeinen Entwicklung der Einkommen in gleicher Weise beteiligt zu werden.

Zu Beginn des Jahres 1986 ist es gelungen, eine Anpassung von Vergütung und Gehälter um 3,5 Prozent durchzusetzen. Damit ist, wie bereits im vergangenen Jahr, ein auch von uns anerkannter Fortschritt bei der Entwicklung der Realeinkommen erreicht worden. Die gleiche Bewertung von öffentlichem und privatem Sektor gilt es auch in der kommenden Besoldungsrunde mit Nachdruck einzufordern. Daneben müssen aber auch noch die aus den vergangenen Jahren auf dem Weg liegenden Trümmer beiseite geräumt werden. Hierzu zählt z. B. der Abbau des seit dem Jahre 1975 aufgelaufenen Einkommensrückstandes. Noch im Oktober 1986 veröffentlichte Berechnungen des Statistischen Bundesamtes bestätigen den vom DBB errechneten Nachholbedarf von 13 Prozent.[3] Weitere Ziele sind die Rücknahme von Sparmaßnahmen und zusätzliche Schritte zur Verbesserung der Besoldungsstruktur. Der Bundeshauptvorstand des DBB wird diese Vorgaben und die sich aus dem kommenden Jahreswirtschaftsbericht ergebenden Eckwerte intensiv beraten und voraussichtlich am 11. Januar 1987, dem Vorabend der Bad Kissinger Arbeitstagung, die konkrete Forderung des DBB beschließen.

Gerechte Einkommens- und Fortkommensbedingungen sind der Motor für persönliche Leistungsfähigkeit und Leistungsbereitschaft. Motivation am Arbeitsplatz läßt sich in der öffentlichen Verwaltung ebensowenig wie in der Privatwirtschaft anordnen. Motivation braucht Anerkennung. Dazu gehört, daß der einzelne Beschäftigte seine Tätigkeit richtig bewertet weiß und daß die reale Möglichkeit besteht, besondere Leistungen auch in berufliche Fortentwicklung umzusetzen.

Daß diese eigentlich selbstverständliche Forderung keineswegs allgemeine Praxis ist, hat in besonderem Maße der einfache Dienst mit seiner Nähe zur Sozialhilfe zu spüren bekommen. Das zum 1. Januar dieses

3 Vgl. Wirtschaft und Statistik. Heft 10, 1986, S. 841 ff.

Jahres in Kraft getretene sog. »Besoldungsstrukturgesetz«[4] hat mit einem ganzen Bündel von Maßnahmen die Lage speziell der unteren Einkommensgruppen und der kinderreichen Familien verbessert. Die so beschlossenen Strukturverbesserungen wurden, dies sei nur am Rande angemerkt, als Ergebnis der anschließenden Tarifverhandlungen auf die Arbeitnehmer übertragen. Dies ist eines der Beispiele, die belegen, daß die Verbesserung der Einkommens- und Arbeitsbedingungen des Tarifbereichs auf Fortschritten in der Besoldungsentwicklung aufbaut, so wie dies auch umgekehrt geschieht.

Auch die Bedingungen, die Berufsanfängern geboten werden, sind eher geeignet, vom öffentlichen Dienst abzuschrecken, als Interesse an einer vielseitigen Tätigkeit zu wecken. Die Kürzung der Anwärterbezüge und die Absenkung der Eingangsbesoldung sind im Wettbewerb mit der Privatwirtschaft alles andere als Lockmittel. Der öffentliche Dienst kann aber ebensowenig wie jeder andere Bereich darauf verzichten, qualifizierte junge Mitarbeiter zu gewinnen. Von ihnen wird die Fähigkeit und die Bereitschaft zu dauernder Fortbildung ebenso erwartet wie berufliche Flexibilität. Diesen Anforderungen stehen naturgemäß auch entsprechende Gehaltserwartungen gegenüber. Betrachtet man die Stellungnahmen der Parteien zu dieser Frage, so könnte man fast von einer »großen Koalition der Vernunft« sprechen. Wenn auch mit unterschiedlichen Akzenten, so wird doch von allen Seiten die Notwendigkeit einer Rücknahme dieser Sparmaßnahmen anerkannt.

Diese gemeinsame Einsicht hat allerdings auf das Verhalten des Gesetzgebers bislang noch keine praktischen Auswirkungen gehabt. Vielmehr scheinen die gegenwärtigen Arbeitsmarktdaten immer noch den Blick auf die zwangsläufig eintretende Mangelsituation zu versperren. Spätestens Mitte der 90er Jahre werden aufgrund der demographischen Entwicklung personelle Engpässe auftreten. Auch ohne Belastung mit zusätzlichen Aufgaben wird es der öffentlichen Verwaltung bereits in Kürze schwerfallen, die aus Altersgründen ausscheidenden Beschäftigten durch qualifizierte Kräfte zu ersetzen.

Diese Feststellung betrifft erst recht die in einigen Bundesländern

4 Vgl. Viertes Gesetz zur Änderung besoldungsrechtlicher Vorschriften vom 20. Dezember 1985; BGBl I. 1985, S. 2466 ff.

immer noch praktizierte zwangsweise Teilzeitbeschäftigung von Berufsanfängern. Hieran wird festgehalten, obwohl die wissenschaftlichen Dienste der Landtage von Rheinland-Pfalz und Niedersachsen sowie kürzlich das Verwaltungsgericht Mainz[5] die vom DBB vertretene Rechtswidrigkeit dieses Vorgehens ausdrücklich bestätigt haben.

Der Wettbewerb mit der Wirtschaft, die bereits heute an Schulen und Hochschulen eine intensive »Nachwuchsbetreuung« übt, wird sich unter diesen Umständen verschärfen. Berücksichtigt man dann noch, daß Ausbildung und Einarbeitung ebenfalls Jahre in Anspruch nehmen, dann wird deutlich, daß die Zeit zum Handeln knapp wird. Dabei kann es nicht unser Ziel sein, mit mehr oder weniger objektiven Maßstäben Mangelbereiche auszumachen und über immer neue Ausnahmevorschriften zu reagieren, statt zu handeln. Auf diese Weise würde nur neuer »Flickschusterei« Vorschub geleistet. Eine auf Dauer tragfähige Lösung stellt nur die vollständige Aufhebung dieser Sparmaßnahmen dar. Der öffentliche Dienst muß damit insgesamt die Chance bekommen, neben der Wirtschaft als glaubwürdige berufliche Alternative in den Wettbewerb zu treten.

Nach einer Periode einschneidender Sparmaßnahmen mit ihren kurzatmigen Winkelzügen muß wieder Beständigkeit in die Berufspolitik einkehren. Das bedeutet zunächst einmal, daß endlich zu einer längerfristigen Personalplanung zurückgekehrt wird, die diesen Namen verdient und nicht als »Wurmfortsatz« der Haushaltspolitik angesehen wird. Der öffentliche Dienst ist in vielen Bereichen immer noch weit entfernt von einer aufgabengerechten Personalausstattung. Die Lage wird dabei durch die Übertragung zusätzlicher Aufgaben – etwa Meß- und Kontrolltätigkeiten im Umweltschutz – ebenso verschärft, wie durch die kaum eingedämmte Gesetzesflut beispielsweise im Steuerrecht. Der Bund hat aus diesem Umstand bereits vor längerer Zeit die Konsequenz gezogen und pauschale Stellenkürzungen und Wiederbesetzungssperren aufgegeben. Daneben wurden als weiterer positiver Ansatz vor allem im Sicherheitsbereich zusätzliche Stellen geschaffen.

Die Länder halten dagegen fast geschlossen an ihrer restriktiven

5 Vgl. das Urteil vom 27. August 1986 (7 K 22/86). Für einen Auszug aus dem Urteil vgl. Zeitschrift für Beamtenrecht. 34. Jg., Heft 12, Dezember 1986, S. 373f.

Politik der pauschalen Stellenkürzungen und Wiederbesetzungssperren fest. Das gilt in ganz besonderem Maße für den Schulbereich, wo ungeachtet fortbestehender Unterrichtsausfälle aufgrund Personalmangels weiterhin Stellen abgebaut werden. Bei allem Verständnis für die engen finanzpolitischen Spielräume dürfte aber doch feststehen, daß pauschale Stellenkürzungen ohne Rücksicht auf die höchst differenzierten Aufgabenentwicklungen in den einzelnen Verwaltungen sicherlich die schlechteste Lösung sind.

Im vergangenen Jahr hat es zwar keinen endgültigen Durchbruch in Richtung auf eine verbesserte Stellenstruktur gegeben, doch sind auch hier positive Ansätze spürbar. Immerhin sind in Sparten, in denen der Beförderungsstau die ärgsten Ausmaße angenommen hat, nach langer Zeit erstmals wieder Stellenhebungen wirksam geworden. Das betrifft insbesondere Zoll, BGS und Bundeswehrverwaltung. In einigen anderen Bereichen, z. B. bei der Polizei, sind Verbesserungen in Vorbereitung. Damit wurde zwar nur ein erster Schritt getan; für die Betroffenen bedeutet dies aber die Öffnung einer lange verschlossenen Sackgasse.

Die sich abzeichnenden Fortschritte ermutigen uns, den bisher beschrittenen Weg weiterzugehen. Der Deutsche Beamtenbund sieht seine Aufgabe allerdings nicht nur in der Reaktion auf Maßnahmen von Regierung und Parlament, sondern auch in dem Bemühen, eigene berufspolitische Akzente zu setzen.

Der Bundeshauptvorstand hat auf seiner letzten Sitzung in Lahnstein einen Vorschlag von Bundesarbeitsminister Blüm aufgegriffen, wonach ein Teil des Erholungsurlaubs nicht mehr – wie bisher üblich – am Ende des Jahres verfallen soll.[6] Den Beschäftigten bietet sich bei Verwirklichung dieses Vorschlages die Möglichkeit, über die Jahre Urlaub anzusparen, um beispielsweise eine längere Reise zu unternehmen.

Neben den bereits verwirklichten und in weitem Umfang auch genutzten Möglichkeiten von Teilzeitbeschäftigung und Beurlaubung würde damit ein völlig neuer Weg zur Flexibilisierung und individuellen Gestaltung der Arbeitszeit eröffnet.

Beschlossen wurde in Lahnstein aber auch ein umfassendes Konzept

6 Vgl. zu dieser Sitzung am 6. und 7. November 1986 und zu den sog. Lahnsteiner Beschlüssen Der Beamtenbund. 37. Jg., Nr. 12, Dezember 1986, S. 14f.

zur Novellierung des Bundespersonalvertretungsgesetzes. Dabei geht es insbesondere um die Anpassung der Beteiligungsrechte an den rasanten Fortschritt der Technik. Das Funktionieren des Gesamtsystems »Mensch – Maschine« hängt nicht allein von der immer weiteren Optimierung der Geräte und Programme ab. Ebenso wichtig ist die Akzeptanz durch diejenigen, bei denen das Arbeitsleben durch den täglichen Kontakt mit der Technik geprägt wird. Umfassende Information und die Möglichkeit zu frühzeitiger Mitgestaltung, wie sie in dem Konzept enthalten sind, schaffen die Grundlage für eine vertrauensvolle Zusammenarbeit in der Dienststelle.

Ein weiteres Ziel ist die notwendige Verbesserung der Minderheitenrechte. Es geht dabei um mehr Demokratie und Pluralismus in den Personalvertretungen, die ihrer Funktion nach alle Beschäftigten ausgewogen repräsentieren sollen. Dazu gehört, daß alle gewerkschaftlichen Richtungen sich mit gleichen Chancen an den Personalratswahlen beteiligen können, ohne bereits bei der Aufstellung der Vorschlagslisten »kaltgestellt« zu werden. Das beste Instrument hierzu ist ein eigenes Wahlvorschlagsrecht der Gewerkschaften, wie es bereits in zehn von elf Bundesländern ohne Beanstandung existiert. In der kommenden Legislaturperiode wird dieses Thema mit Sicherheit einen der vorderen Plätze im Forderungskatalog des DBB einnehmen.

Mehr denn je ins berufspolitische Blickfeld geraten ist die Frage der Sicherung und Erhaltung einer leistungsgerechten Altersversorgung. Und dies gleich in mehrfacher Hinsicht.

Schmerzliche Betroffenheit löst vor allem das unveränderte Festhalten an der Anrechnung der Renten auf die Versorgungsbezüge aus. Die quer über alle Parteigrenzen hinweg bekundete Einsicht in die Ungerechtigkeit des bestehenden Zustandes kann lange überfällige, durchgreifende Maßnahmen nicht ersetzen. Es hilft den Betroffenen wenig, wenn ihnen, zumal im Vorfeld der Wahl, vage Hoffnungen und Versprechungen gegeben werden. Es scheint wieder einmal das Bundesverfassungsgericht zu sein, das mit seiner für 1987 erwarteten Entscheidung das Gesetz des Handelns für sich in Anspruch nehmen muß.

Mehr als in den Jahren zuvor ist aber auch die Existenz der Beamtenversorgung, insgesamt die Existenz des gegliederten Systems der Altersversorgung, zum Thema der politischen Auseinandersetzung geworden. Der Deutsche Beamtenbund erkennt natürlich an, daß die demographische Entwicklung für die gesetzliche Rentenversicherung Probleme bringt, die gelöst werden müssen. Die Zerstörung eines eigenständigen und in der Vergangenheit bewährten Systems der Alterssicherung, um ein anderes System vorübergehend von seinen Schwierigkeiten zu befreien, kann aber nur die schlechteste Alternative sein. Die Bundesregierung hat in ihrer Antwort[7] auf die Große Anfrage der SPD-Fraktion zur »Strukturreform der Alterssicherung«[8] noch vor kurzem in erfreulicher Klarheit deutlich gemacht, daß die bestehenden eigenständigen Systeme erhalten bleiben.[9]

Die Lösung der bestehenden Probleme wird nicht dadurch erleichtert, daß die Sachfragen häufig durch politische, ja ideologische Erwägungen überlagert werden. Die Beamtenversorgung ist ein unlösbarer Teil des Berufsbeamtentums. Das ausbalancierte System von Rechten und Pflichten, von besonderen Bindungen und entsprechenden Gewährleistungen wird aus dem Gleichgewicht gebracht, wenn einzelne Elemente in ihrem Kern verändert werden. Und dies ist durchaus nicht zufällig. Es ist Teil einer an Schärfe zunehmenden Auseinandersetzung um die Institution des Berufsbeamtentums. Vor dem Hintergrund der Forderung nach Einführung eines einheitlichen Personalrechts werden grundlegende Bestandteile, wie die besondere Pflichtbindung der Beamten oder das Streikverbot, lauthals in Frage gestellt. Die Deutsche Postgewerkschaft hat diese Position deutlicher noch als kurz zuvor die GEW formuliert.[10] Sie verlangt unmißverständlich, auch für Beamte das »gewerkschaftlich anerkannte« Streikrecht in der Praxis durchzusetzen. Das bedeutet in klarer Konsequenz Aufforderung zum Rechts-, ja zum Verfassungsbruch. Koalitionsfreiheit und Berufsbeamtentum sind beides Verfassungsprinzipien, die miteinander in Einklang zu bringen, nicht gegeneinander auszuspielen sind. Der »Beamte« im Arbeitskampf hat mit dem Beamtenbild des Grundgesetzes – außer der Bezeichnung – nichts mehr

7 Vgl. Deutscher Bundestag. 10. Wahlperiode, Drucksache 10/6294.

8 Vgl. Deutscher Bundestag. 10. Wahlperiode, Drucksache 10/5857.

9 Zur Beratung der Großen Anfrage am 14. November 1986 vgl. Deutscher Bundestag. Stenographischer Bericht (Plenarprotokoll 10/247), 247. Sitzung, S. 19133 ff.

10 Vgl. dazu Frankfurter Allgemeine Zeitung. Nr. 275, 27. November 1986 (»Werden die Beamten künftig mitstreiken?«).

gemein. Dies und die damit verbundenen Konsequenzen werden verschwiegen.

In die gleiche Richtung geht der immer wieder aufgewärmte Vorwurf des »Streikbrechertums« von Beamten. Es ist schon beachtlich, wie trotz eines laufenden verfassungsgerichtlichen Verfahrens das Ergebnis der Prüfung vorweggenommen wird. Schlimmer noch ist aber, wenn im Vorfeld der anstehenden Tarifverhandlungen wieder einmal versucht wird, auf dem Rücken der Beschäftigten Politik zu machen, indem die Beamten entweder zu pflichtwidrigem Tun aufgerufen oder als unsolidarische Außenseiter abgestempelt werden. Jeder muß für sich selbst entscheiden, ob dieses Vorgehen noch mit gewerkschaftlicher Interessenvertretung zu vereinbaren ist.

Man kann das Jahr 1986 nicht rückblickend betrachten, ohne auf die Zeichen zunehmender Gewalt einzugehen. Die besonderen Belastungen, denen die Polizei anläßlich der gewalttätigen Auseinandersetzungen, z. B. in Wackersdorf, ausgesetzt ist, hat der Bundeshauptvorstand in seiner Frühjahrssitzung ausdrücklich gewürdigt.[11]

Fortgesetzt hat sich aber auch die abscheuliche Liste terroristischer Anschläge gegen Exponenten unseres Staates. Brutale Morde, zuletzt an dem Bonner Diplomaten, Herrn von Braunmühl, aber auch die Anschläge auf Vertreter der Berliner Verwaltung sollen Unsicherheit verbreiten und die verfassungsmäßige Ordnung aushöhlen. Gewalttaten und Anschläge können dieses Ziel aber nicht erreichen, solange die politischen Werte unserer Verfassung Gemeingut aller Bürger sind. Diese Gemeinsamkeit gilt es, bei Meinungsunterschieden in Einzelfragen, zu bewahren und nicht um kurzfristiger Ziele willen aufs Spiel zu setzen.

Das kommende Jahr 1987 wird nicht nur von der Bundestagswahl und der Bildung einer neuen Regierung geprägt; für den DBB werden wesentliche Impulse von dem im November in Bad Godesberg stattfindenden Bundesvertretertag erwartet. Das »Parlament des Deutschen Beamtenbundes« wird die berufspolitische Lage aufarbeiten und die zukünftige Marschrichtung des DBB festlegen. Nicht zuletzt wird auch

11 Für die am 29. April 1986 in Frankfurt/M. vom Bundeshauptvorstand verabschiedete Entschließung zur inneren Sicherheit vgl. Der Beamtenbund. 37. Jg., Nr. 6, Juni 1986, S. 4.

die neue Bundesleitung gewählt, die, getragen vom Vertrauen der Mitglieder, diese Ziele für die folgenden Jahre umzusetzen hat.
Ich wünsche, auch im Namen der Bundesleitung, allen Kolleginnen und Kollegen ein glückliches und erfolgreiches Jahr 1987.

Verzeichnis der Reden und Beiträge 1959–1987 von Alfred Krause

Zusammengestellt von Walter Schmitz

Reden

(Manuskripte)[1]

Ansprache
Bezirkstag der GDBA im DBB
Schwerte. 1959 Mai 13
DBB-Archiv, Abt. Bulei (HA) GDBA-Hauptvorstand (2)

Ansprache
Bezirkstag der GDBA im DBB
Hannover. 1959 Mai 21
DBB-Archiv, Abt. Bulei (HA) GDBA Hauptvorstand (2)

Ansprache
Bezirkstag der GDBA im DBB
München. 1959 Mai 29
DBB-Archiv, Abt. Bulei (HA) GDBA-Hauptvorstand (2)

Ansprache
Kundgebung des Kreisverbandes Ennepe–Ruhr Nord des Landesbundes Nordrhein-Westfalen im DBB
Hattingen. 1959 September 21
DBB-Archiv, Abt. Bulei 15000–2

* Kommunaldienst als staatspolitische Aufgabe (Festvortrag)
10. Ordentlicher Vertretertag des Komba im DBB
Berlin. 1959 September 23
DBB-Archiv, Abt. Bulei 15000–2
Druck: vgl. unten, S. 983

Ansprache
Veranstaltung des Kreisverbandes Warburg
Warburg. 1959 Oktober 1
DBB-Archiv, Abt. Bulei 15000–2

1 Die mit einem Asteriskus (*) gekennzeichneten Reden sind im vorliegenden Band abgedruckt.

Ansprache
Feierstunde des DBB in Goslar anläßlich des 10jährigen Bestehens des Ortskartells
Goslar. 1959 Oktober 1
DBB-Archiv, Abt. Bulei 15000–2

Vortrag
Schulungslehrgang für Personalräte der GDBA im DBB
Königswinter. 1959 November 19
DBB-Archiv, Abt. Bulei 11001

Rede
Kundgebung
Kleve. 1960
DBB-Archiv, Abt. Bulei 15000–2
Druck: vgl. unten, S. 983

Vortrag
Beamtengroßkundgebung
Mannheim. 1960 Januar 20
DBB-Archiv, Abt. Bulei 254

Begrüßungsansprache
11. ordentlicher Parteitag der FDP
Stuttgart. 1960 Januar 28
DBB-Archiv, Abt. Bulei 13102

Eröffnungs- und Begrüßungsansprache
2. beamtenpolitische Arbeitstagung
Bühler Höhe. 1960 Februar 3
DBB-Archiv, Abt. Bulei 14999–1
Druck: vgl. unten, S. 983

Schlußwort
2. beamtenpolitische Arbeitstagung
Bühler Höhe. 1960 Februar 5
Druck: vgl. unten, S. 983

Vortrag
Kundgebung der Zollbeamten des Regierungsbezirkes Düsseldorf
Kleve. 1960 März 6
DBB-Archiv, Abt. Bulei 13501

Vortrag
Kundgebung des Kreisverbandes Herne
Herne. 1960 März 9
DBB-Archiv, Abt. Bulei 13501

Ist die Beamtenbesoldung gerecht? (Rede)
Großkundgebung der Kreisverbände Düren, Euskirchen, Monschau und Schleiden des Landesbundes Nordrhein-Westfalen im DBB
Düren. 1960 März 13
DBB-Archiv, Abt. Bulei 13501

Aktuelle Beamtenfragen (Ansprache)
Beamtenkundgebung des Kreisverbandes Rastatt des Landesbundes Baden-Württemberg im DBB
Rastatt. 1960 März 18
DBB-Archiv, Abt. Bulei 13501

Hat sich die Berufsgesinnung der Beamten geändert? (Vortrag)
Schulungsseminar der GDBA im DBB
Königswinter. 1960 März 22
DBB-Archiv, Abt. Bulei 11001

Aktive Beamtenpolitik (Rede)
Beamtenkundgebung des Kreisverbandes Remscheid des Landesbundes Nordrhein-Westfalen im DBB
Remscheid. 1960 März 30
DBB-Archiv, Abt. Bulei 13501

Rede
Kundgebung des Kreisverbandes Dinslaken des Landesbundes Nordrhein-Westfalen im DBB
Dinslaken. 1960 April
DBB-Archiv, Abt. Bulei 15000–2

Vortrag über die Besoldungssituation
Vertretertag des Landesbundes Hamburg im DBB
Hamburg. 1960 April 8
DBB-Archiv, Abt. Bulei 12011

Vortrag
Kundgebung des Kreisverbandes Kiel des Landesbundes Schleswig-Holstein im DBB
Kiel. 1960 April 24
DBB-Archiv, Abt. Bulei 15000–2

Vortrag
12. ordentlicher Verbandstag des Komba Nordrhein-Westfalen im DBB
1960 Mai 7
DBB-Archiv, Abt. Bulei 15000–2

Über die Beamtenbesoldung (Vortrag)
Kundgebung des Kreisverbandes Hamm des Landesbundes Nordrhein-Westfalen im DBB
Hamm. 1960 Mai 17
DBB-Archiv, Abt. Bulei 13501

Vortrag
39. Schulungslehrgang der GDBA im DBB für Amtsinhaber
Königswinter. 1960 Juni 15
DBB-Archiv, Abt. Bulei 11001

Die beamtenpolitische Tätigkeit des DBB
50. Schulungslehrgang der GDBA im DBB
Königswinter. 1960 Juni 20
DBB-Archiv, Abt. Bulei 11001

Rede
Bundeskongreß der beamteten Ingenieure, Techniker und Werkmeister
Köln. 1960 Oktober 1
DBB-Archiv, Abt. Bulei 15000–2

Aktuelle beamtenpolitische Fragen (Rede)
Haupttagung der Fachabteilung 9 der GDBA im DBB
Königswinter. 1960 Oktober 6
DBB-Archiv, Abt. Bulei 11001

Über die beamtenpolitische Lage (Rede)
Großkundgebung des Landesbundes Schleswig-Holstein im DBB
Lübeck. 1960 Oktober 16
DBB-Archiv, Abt. Bulei 13501

Die beamtenpolitische Arbeit des DBB (Ansprache)
55. Schulungslehrgang der GDBA im DBB
Hann. Münden. 1960 Oktober 17–22
DBB-Archiv, Abt. Bulei 15000–2

Vortrag
Kundgebung
Augsburg. 1960 November 4
DBB-Archiv, Abt. Bulei 15000–2

Die beamtenpolitische Arbeit des DBB (Vortrag)
Schulungslehrgang für Amtsinhaber
Hahnenklee-Bockswiese. 1960 November 21
DBB-Archiv, Abt. Bulei 11001

Beamtenpolitische Arbeit des DBB (Ansprache)
Beamtenkundgebung des Kreisausschusses Schleswig des Landesbundes Schleswig-Holstein im DBB
Schleswig. 1960 November 29
DBB-Archiv, Abt. Bulei 13501

Beamtenpolitik des DBB (Vortrag)
Arbeitstagung für Personalsachbearbeiter
Königswinter. 1960 Dezember 6
DBB-Archiv, Abt. Bulei 11001

Eröffnungsansprache
3. beamtenpolitische Arbeitstagung
Bühler Höhe. 1961 Januar 9
DBB-Archiv, Abt. Bulei 15000–2
Druck: vgl. unten, S. 983

Schlußwort
3. beamtenpolitische Arbeitstagung
Bühler Höhe. 1961 Januar 11
DBB-Archiv, Abt. Bulei 14999–3
Druck: vgl. oben, S. 984

* Tradition und Zukunft des deutschen Beamten. Eine Betrachtung zum Jahresbeginn (Rede)
Großkundgebung des DBB-Landesbundes Berlin im DBB
Berlin. 1961 Januar 12
DBB-Archiv, Abt. Bulei 15000–2

Was erwarten wir? (Ansprache)
Beamtenkundgebung des Kreisverbandes Bielefeld des Landesbundes Nordrhein-Westfalen im DBB
Bielefeld. 1961 Februar 1
DBB-Archiv, Abt. Bulei 13501

Vortrag
Beamtenkundgebung des Landesbundes Baden-Württemberg im DBB
Mannheim. 1961 März 14
DBB-Archiv, Abt. Bulei 13505

Beamtenpolitische Arbeit des DBB (Ansprache)
GDBA-Arbeitstagung
Königswinter. 1961 März 20
DBB-Archiv, Abt. Bulei 13501

Beamtenpolitische Arbeit des DBB (Ansprache)
Kundgebung des Kreisverbandes Lippstadt des Landesbundes Nordrhein-Westfalen im DBB
Lippstadt. 1961 März 20
DBB-Archiv, Abt. Bulei 13501

Zur beamtenpolitischen Lage (Rede)
Bezirkstag des Bundes der Deutschen Zollbeamten, Bezirksverband Westfalen im DBB
Münster. 1961 April 13
DBB-Archiv, Abt. Bulei 13501

Vortrag
Kundgebung des Landesbezirksverbandes Südbaden des Landesbundes Baden-Württemberg im DBB
Freiburg. 1961 April 14
DBB-Archiv, Abt. Bulei 13501

Hauptreferat über aktuelle Beamtenfragen
Beamtenkundgebung des Kreisverbandes Flensburg des Landesbundes Schleswig-Holstein im DBB
Flensburg. 1961 April 14
DBB-Archiv, Abt. Bulei 13501

Aufgabe und Zukunft des deutschen Beamten (Festvortrag)
Bundesvertretertag 1961 des DBB
Bad Godesberg. 1961 Mai 30
DBB-Archiv, Abt. Bulei 15000–2
Druck: Der Beamtenbund 12 (1961) Nr. 7 S. 65f.

Beamtenpolitische Arbeit des DBB (Rede)
GDBA-Arbeitstagung für Dienststellenleiter
Königswinter. 1961 Juni 2
DBB-Archiv, Abt. Bulei 11001

* Der deutsche Beamtenbund als politischer und beamtenpolitischer Faktor (Vortrag)
Schulungskurs des DBB für Vertreter der DBB-Mitgliedsverbände
Hennef/Sieg. 1961 November 13
DBB-Archiv, Abt. Bulei 15000–2

Der Deutsche Beamtenbund als politischer und beamtenpolischer Faktor (Vortrag)
Jugendleiterschulung der DBB-Jugend
Wuppertal. 1961 November 14
DBB-Archiv, Abt. Bulei 15000–2

Ansprache
Verbandstag 1961 des Bundesgrenzschutzverbandes im DBB
Bad Honnef. 1961 November 15
DBB-Archiv, Abt. Bulei 12121

Begrüßungsansprache
4. beamtenpolitische Arbeitstagung
Bühler Höhe. 1962 Januar 8
DBB-Archiv, Abt. Bulei 14999-4
Druck: vgl. unten, S. 984

Schlußwort
4. beamtenpolitische Arbeitstagung
Bühler Höhe. 1962 Januar 10
Druck: vgl. unten, S. 984

Vortrag zur beamtenpolitischen Lage
Berlin. 1962 Februar 10
DBB-Archiv, Abt. Bulei 15000–2

Grußwort
Vertretertag des Landesbundes Niedersachsen im DBB
Hannover. 1962 März 23
DBB-Archiv, Abt. Bulei 15000–2

Vortrag
Veranstaltung in Bayern
1962 April 28
DBB-Archiv, Abt. Bulei 15000–2

Grußwort
Tage der Jugend im öffentlichen Dienst
1962 Mai 11
DBB-Archiv, Abt. Bulei 15000–2

* Gesellschaft–Staat–Beamter (Vortrag)
Veranstaltung des Deutschen Philologenverbandes im DBB, Landesbezirk Nordwürttemberg
Stuttgart. 1962 Juni 27
DBB-Archiv, Abt. Bulei 15000–2

Ansprache
10. Verbandstag des Bundesgrenzschutzverbandes im DBB
Alsfeld. 1962 Oktober 2
DBB-Archiv, Abt. Bulei 12121

Die staatspolitische Bedeutung des Berufsbeamtentums
Staatspolitische Arbeitstagung 1962
Schönau. 1962 Oktober 21–28. 1962 November 11–18
DBB-Archiv, Abt. Bulei 11001

* Kampfloser Fortschritt? Gedanken über neue Wege der Gewerkschaftspolitik im deutschen Beamtentum (Vortrag)
Tagung der Evangelischen Akademie Bad Boll
Bad Boll. 1962 Dezember 15
DBB-Archiv, Abt. Bulei 15000–3
Druck: vgl. unten, S. 984

Eröffnungsansprache
5. beamtenpolitische Arbeitstagung
Bühler Höhe. 1963 Januar 10
Druck: vgl. unten, S. 985

Schlußwort
5. beamtenpolitische Arbeitstagung
Bühler Höhe. 1963 Januar 12
Druck: vgl. unten, S. 985

* Das Beamtentum in Staat und Gesellschaft (Vortrag)
Vertretertag des Verbandes der Landesbeamten Nordrhein-Westfalen im DBB
Bielefeld. 1963 Februar 22
DBB-Archiv, Abt. Bulei 15000–2

Rede [nicht gehalten]
4. Bundesjugendtag der DBB-Jugend
Trier. 1963 März 1
DBB-Archiv, Abt. Bulei 15000–4

Grußwort
12. Ordentlicher Bundesvertretertag des Komba im DBB
Goslar. 1963 März 2
DBB-Archiv, Abt. Bulei 15000–4

Grußwort
Vertretertag des Landesbundes Nordrhein-Westfalen im DBB
Essen. 1963 März 29
DBB-Archiv, Abt. Bulei 15000–4

Industriegesellschaft und Berufsbeamtentum. Die Aufgabe des Deutschen Beamtenbundes in den nächsten Jahren (Ansprache)
Bundesvertretertag des DBB
Trier. 1963 Mai 2–4
DBB-Archiv, Abt. Bulei 12167
Druck: vgl. unten, S. 985

Vortrag
Bundesdelegiertentag des Bundes der Versorgungsbeamten im DBB
Frankfurt/M. 1963 Mai 16
DBB-Archiv, Abt. Bulei 15000–4

Grußwort
4. Steuerbeamtentag des Bundes Deutscher Steuerbeamten im DBB
München. 1963 Mai 20
DBB-Archiv, Abt. Bulei 12140

* Beamtenpolitik ist Staatspolitik (Vortrag)
Arbeitstagung »Dienststellenvorsteher« der GDBA im DBB
Königswinter. 1963 Mai 27
DBB-Archiv, Abt. Bulei 15000–4

Das Berufsbeamtentum als Grundlage des sozialen Rechtsstaats (Vortrag)
Kundgebung des Verbandes der Beamten der Bundeswehr im DBB
Koblenz. 1963 Juni 26
DBB-Archiv, Abt. Bulei 15000–4

Vortrag
Veranstaltung des Verbandes der Bundesbankbeamten im DBB
o.O. 1963 Oktober
DBB-Archiv, Abt. Bgst 500–7

Ansprache
Empfang zu Ehren des Altbundeskanzlers Dr. Konrad Adenauer anläßlich seiner Teilnahme an einer Sitzung des Bundesvorstandes des DBB
Bad Godesberg. 1963 Dezember 6
DBB-Archiv, Abt. Bulei 10106

Zur theoretischen Grundlegung des Berufsbeamtentums in der freiheitlichen rechts- und sozialstaatlichen Demokratie (Vortrag)
o.O. 1963
DBB-Archiv, Abt. Bgst 500–7

Über Sinn und Zweck eines Berufsverbandes, insbesondere des Deutschen Beamtenbundes (Vortrag)
o.O. 1963
DBB-Archiv, Abt. Bgst 500–7

Eröffnungsansprache
6. beamtenpolitische Arbeitstagung
Bühler Heide. 1964 Januar 9
DBB-Archiv, Abt. Bgst 140
Druck: vgl. unten, S. 985

Schlußwort
6. beamtenpolitische Arbeitstagung
Bühler Höhe. 1964 Januar 11
Druck: vgl. unten, S. 985

Die Beamtenpolitik des DBB (Ansprache)
Kundgebung des Kreisverbandes Bielefeld des Landesbundes Nordrhein-Westfalen im DBB
Bielefeld. 1964 Januar 16
DBB-Archiv, Abt. Bulei 13502

Die Beamtenpolitik des DBB (Ansprache)
Veranstaltung des Kreisverbandes Mühlheim a.d. Ruhr des Landesbundes Nordrhein-Westfalen im DBB
Mühlheim a.d. Ruhr. 1964 Januar 17
DBB-Archiv, Abt. Bulei 13502

Das Berufsbeamtentum im sozialen Rechtsstaat (Vortrag)
11. Arbeitstagung des Bundes der Deutschen Zollbeamten im DBB
Hahnenklee-Bockswiese. 1964 Januar 21
DBB-Archiv, Abt. Bulei 15000–4

Grußwort
16. Ordentlicher Verbandstag des Komba Berlin im DBB
Berlin. 1964 Februar 4
DBB-Archiv, Abt. Bulei 15000–4

* Aufgaben und Aussichten des Berufsbeamtentums (Vortrag)
Öffentliche Beamtenkundgebung der GDBA im DBB
Kassel. 1964 Februar 5
DBB-Archiv, Abt. Bulei 15000–4

Ist das Berufsbeamtentum noch zeitgemäß (Vortrag)
Landesverbandstag 1964 des Bundes Deutscher Forstmänner des Landesverbandes Niedersachsen im DBB
Hannover. 1964 Februar 13
DBB-Archiv, Abt. Bulei 15000–4

Die Beamtenpolitik des DBB (Ansprache)
Veranstaltung des Kreisverbandes Kulmbach des Deutschen Postverbandes im DBB
Kulmbach. 1964 Februar 28
DBB-Archiv, Abt. Bulei 15000–4

Die Beamtenpolitik des Deutschen Beamtenbundes (Vortrag)
Veranstaltung im Bundesverteidigungsministerium
Bonn. 1964 März 2
DBB-Archiv, Abt. Bulei 15000–4

Das Berufsbeamtentum in der heutigen Zeit (Festvortrag)
Veranstaltung anläßlich des 15jährigen Bestehens des Landesbundes Hessen im DBB
Wiesbaden. 1964 April 7
DBB-Archiv, Abt. Bulei 15000–4

Grußwort
9. Vertretertag des Landesbundes Berlin im DBB
Berlin. 1964 April 21
DBB-Archiv, Abt. Bulei 12000

Die Beamtenpolitik des DBB (Ansprache)
Versammlung der Vorstandsmitglieder der dem Kreisverband Gelsenkirchen angeschlossenen Fachverbände im DBB
Gelsenkirchen. 1964 Mai 12
DBB-Archiv, Abt. Bulei 13502

Die Beamtenpolitik des Deutschen Beamtenbundes (Rede)
Kundgebung des Ortsverbandes Schwenningen/N. des Landesbundes Baden-Württemberg im DBB
Schwenningen. 1964 Mai 19
DBB-Archiv, Abt. Bulei 15000–4

Vortrag
Deutscher Realschullehrertag, Bundeshauptversammlung des VDR im DBB
Würzburg. 1964 Mai 20
DBB-Archiv, Abt. Bulei 15000–4

Rede
Verbandstag des Verbaost im DBB
Nürnberg. 1964 Mai 24
DBB-Archiv, Abt. Bulei 15000–4

Die Beamtenpolitik des DBB (Ansprache)
Beamtenkundgebung des Landesbezirksverbandes Südwürttemberg-Hohenzollern im DBB
Schwenningen. 1964 Mai 29
DBB-Archiv, Abt. Bulei 15000–4

* Berufsbeamte oder Staatsfunktionäre? (Vortrag)
o.O. 1964 Juni 2
DBB-Archiv, Abt. Bgst 500–7

Berufsbeamte oder Staatsfunktionäre (Vortrag)
Veranstaltung des Kreisverbandes Wuppertal des Landesbundes Nordrhein-Westfalen im DBB
Wuppertal. 1964 Juni 3
DBB-Archiv, Abt. Bulei 15000–4

Aktuelle Fragen des Berufsbeamtentums (Vortrag)
Kundgebung
Paderborn. 1964 Juni 6
DBB-Archiv, Abt. Bulei 15000–4

Ansprache
10. Gewerkschaftstag der GDBA im DBB
Köln. 1964 September 30
DBB-Archiv, Abt. Bulei 15000–5

Aufgaben des Deutschen Beamtenbundes heute und in der Zukunft der GDBA im DBB
o.O. 1964 Oktober 19
DBB-Archiv, Abt. Bgst 500–7

Aktuelle Probleme der Bundesbeamtenpolitik (Vortrag)
Veranstaltung zum 10jährigen Bestehen des Verbandes der Beamten der BAVAV im DBB
Nürnberg. 1964 Oktober 23
DBB-Archiv, Abt. Bulei 15000–5

* Partnerschaftliche Dienstrechtsgestaltung (Vortrag)
Tagung der Evangelischen Akademie Bad Boll für die GDBA im DBB
Bad Boll. 1964 November 3
DBB-Archiv, Abt. Bulei 15000–5
Druck: vgl. unten, S. 985

Die parlamentarische Zusammenarbeit zwischen dem Dienstherren und den Beamtengewerkschaften bei der Regelung der beamtenrechtlichen Verhältnisse (Vortrag)
Tagung der GDBA im DBB
Bad Boll. 1964 November 2
DBB-Archiv, Abt. Bulei 15000–5

Gegenwartsfragen des öffentlichen Dienstes (Vortrag)
Kundgebung des Kreisverbandes Tecklenburg des Landesbundes Nordrhein-Westfalen im DBB
Ibbenbühren. 1964 November 6
DBB-Archiv, Abt. Bulei 15000–5

Ansprache
Tagung der Beamtenvertreter aus den Hauptpersonalräten der Bundesländer, veranstaltet vom Bund der Versorgungsbeamten im DBB
Bad Godesberg. 1964 November 19–20
DBB-Archiv, Abt. Bgst 500–7

Ansprache
Vertretertag des Landesbundes Saar im DBB
1964 November 27
DBB-Archiv, Abt. Bulei 15000–5

Der Beamte in Beruf, Staat und Gesellschaft (Vortrag)
Oeynhausener Staatsbürger-Gespräche 1964
Bad Oeynhausen. 1964 Juni 22–27, 1964 Juli 20–25 und 1964 August 8 – September 5
DBB-Archiv, Abt. Bulei 15000–5

Grußwort
Kuratorium Unteilbares Deutschland
o.O. o.D. [1964]
DBB-Archiv, Abt. Bulei 15000–5

Begrüßungsansprache
Bezirkstag Essen der GDBA im DBB
Essen. 1964
DBB-Archiv, Abt. Bulei 15000–4

Bürokratie in Diktatur und Demokratie (Vortrag)
Staatspolitische (Aufbau-) Arbeitstagung
Bad Oeynhausen. 1964
DBB-Archiv, Abt. Bgst 500–7

Eröffnungsansprache
7. beamtenpolitische Arbeitstagung
Bühler Höhe. 1965 Januar 14
DBB-Archiv, Abt. Bulei 14999–5
Druck: vgl. unten, S. 986

Schlußwort
7. beamtenpolitische Arbeitstagung
Bühler Höhe. 1965 Januar 16
DBB-Archiv, Abt. Bgst 500–8
Druck: vgl. unten, S. 986

Vortrag
Öffentliche Kundgebung des GDBA-Bezirks Kassel im DBB
Kassel. 1965 Februar 5
DBB-Archiv, Abt. Bulei 13502

Vortrag
Gründungsversammlung der PDB im DBB
Düsseldorf. 1965 Februar 10
DBB-Archiv, Abt. Bulei 15000–5

Neue Ziele der Beamtenpolitik (Ansprache)
Großkundgebung des Bezirks- und Kreisverbandes Gießen des Landesbundes Hessen im DBB
Gießen. 1965 März 6
DBB-Archiv, Abt. Bulei 15000–5

Neue Ziele der Beamtenpolitik (Ansprache)
Kundgebung des Kreisverbandes Altenkirchen
Altenkirchen. 1965 März 18
DBB-Archiv, Abt. Bulei 13502

Neue Ziele der Beamtenpolitik (Ansprache)
Kundgebung des Kreisverbandes Recklinghausen des Landesbundes Nordrhein-Westfalen im DBB
Recklinghausen. 1965 März 19
DBB-Archiv, Abt. Bulei 13502

Neue Ziele der Beamtenpolitik (Ansprache)
Kundgebung des Kreisverbandes Betzdorf/Sieg des Landesbundes Nordrhein-Westfalen im DBB
Betzdorf/Sieg. 1965 März 25
DBB-Archiv, Abt. Bulei 15000–5

Neue Ziele der Beamtenpolitik (Ansprache)
Vertretertag des Landesbundes Hessen im DBB
Frankfurt/M. 1965 März 26
DBB-Archiv, Abt. Bulei 15000–5

Das Beamtentum im Wandel der Zeit (Vortrag)
Veranstaltung der deutschen Spitzenverbände der deutschen Beamtenschaft
Bad Boll. 1965 April 1
DBB-Archiv, Abt. Bgst 500–8
Druck: vgl. unten, S. 985

Neue Ziele der Beamtenpolitik (Ansprache)
Großkundgebung des Kreisausschusses Würzburg des BBB im DBB
Würzburg. 1965 April 6
DBB-Archiv, Abt. Bulei 15000–5

Neue Ziele der Beamtenpolitik (Ansprache)
Kundgebung des Kreisverbandes Braunschweig des Landesbundes Niedersachsen im DBB
Braunschweig. 1965 April 11
DBB-Archiv, Abt. Bulei 13502

Neue Ziele der Beamtenpolitik (Ansprache)
12. Arbeitstagung der Ortsverbandsvorsitzenden des Bundes der deutschen Zollbeamten im DBB
Hahnenklee-Bockswiese. 1965 April 20
DBB-Archiv, Abt. Bulei 15000–5

Zeitgemäße Alters- und Hinterbliebenenversorgung – eine Staatsnotwendigkeit (Vortrag)
Vertretertag des BRH im DBB
o.O. 1965 April 22
DBB-Archiv, Abt. Bulei 15000–5

Ansprache
Delegiertentag des Landesbundes Schleswig-Holstein im DBB
Kiel. 1965 April 23
DBB-Archiv, Abt. Bulei 15000–5

Die beamtenpolitischen Vorstellungen des Deutschen Beamtenbundes unter dem Gesichtspunkt einer fortschrittlichen Personalpolitik (Vortrag)
Delegiertentag des Bundes der Versorgungsbeamten im DBB
Trier. 1965 April 29
DBB-Archiv, Abt. Bgst 500–8

Grußwort
Bundesvertretertag 1965 des VBB im DBB
o.O. 1965 April
DBB-Archiv, Abt. Bulei 15000–5

Grußwort
Delegiertentag des BBB im DBB
München. 1965 Mai 14
DBB-Archiv, Abt. Bulei 15000–6

Neue Ziele der Beamtenpolitik (Vortrag)
Kundgebung des Kreisverbandes Remscheid des Landesbundes Nordrhein-Westfalen im DBB
Remscheid. 1965/ Mai 25
DBB-Archiv, Abt. Bulei 15000–5

Rede
Festakt des Verbandes der Beamten der Bundeswehr im DBB
Koblenz. 1965 Juni 3
DBB-Archiv, Abt. Bulei 15000–6

Aktuelle Beamtenpolitik in Bund und Ländern (Ansprache)
Kundgebung des Kreisausschusses Nürnberg des BBB im DBB
Nürnberg. 1965 Juni 6
DBB-Archiv, Abt. Bulei 15000–6

Ansprache
Verbandstag des Bundesgrenzschutz-Verbandes im DBB
Regensburg. 1965 Juni 10
DBB-Archiv, Abt. Bulei 15000–6

Eröffnungs- und Einführungsansprache
Tagung des DBB zum Thema »Grundlagen, Aufbau und Personalstruktur des öffentlichen Dienstes in westeuropäischen Ländern und in den USA« mit ausländischen Experten
Sankelmark. 1965 Juni 15
DBB-Archiv, Abt. Bgst 282

Tradition und Fortschritt – ein unlösbarer Widerspruch für den Beamtenstand? (Vortrag)
Arbeitskreis »Öffentlicher Dienst« der CSU
Bayreuth. 1965 Juni 19
DBB-Archiv, Abt. Bulei 15000–6

Vortrag
Delegiertentag des Landesbundes Nordrhein-Westfalen im DBB
Essen. 1965 Juni 26
DBB-Archiv, Abt. Bulei 15000–6

Berechtigung und Zukunft des Beamtentums in der modernen Industriegesellschaft (Vortrag)
Veranstaltung des Fachverbandes Landwirtschaftskammer Rheinland/Westfalen
Düsseldorf. 1965/Juli 3
DBB-Archiv, Abt. Bulei 15000–6

Ansprache
Beamtenversammlung des Kreisausschusses Regensburg des BBB im DBB
Regensburg. 1965 Juli 9
DBB-Archiv, Abt. Bulei 15000–6

Berechtigung und Zukunftschancen des Beamtentums (Vortrag)
Veranstaltung der Katholischen Studentenverbindung Flamberg
Bonn. 1965 Juli 14
DBB-Archiv, Abt. Bulei 15000–6

Die beamtenpolitische Lage und zukünftige Entwicklung (Vortrag)
Kundgebung des Kreisverbandes Euskirchen des Landesbundes Nordrhein-Westfalen im DBB
Euskirchen. 1965 September 1
DBB-Archiv, Abt. Bulei 15000–6

Grußwort
Bundesvertretertag des Komba im DBB
Koblenz. 1965 September 25
DBB-Archiv, Abt. Bulei 12121

Neue Ziele der Beamtenpolitik des DBB (Ansprache)
139. Arbeitstagung der GDBA im DBB für Dienststellenleiter
Königswinter. 1965 Oktober 3–6
DBB-Archiv, Abt. Bulei 15000–6

* Eigenständige Beamtenpolitik – eine staatspolitische Notwendigkeit (Vortrag)
Veranstaltung des Verbandes der Bundesbankbeamten im DBB
o.O. 1965 November 14
DBB-Archiv, Abt. Bgst 500–8

Vortrag
Veranstaltung des Deutschen Philologenverbandes im DBB
Berlin. 1965 November 16
DBB-Archiv, Abt. Bulei 15000–6

Neue Ziele der Beamtenpolitik des DBB (Ansprache)
Kundgebung
Salzgitter. 1965 November 24
DBB-Archiv, Abt. Bulei 15000–6

Neue Ziele der Beamtenpolitik des DBB (Ansprache)
Kundgebung
Hattingen. 1965 November 26
DBB-Archiv, Abt. Bulei 15000–6

Ansprache
anläßlich der Anwesenheit des saarländischen Innenministers Schnur auf der Sitzung des Bundeshauptvorstands des DBB
Sarbrücken. 1965 Dezember 3
DBB-Archiv, Abt. Bulei 10220

Beamtenpolitik im 5. Deutschen Bundestag (Vortrag)
13. Arbeitstagung mit den Ortsverbandsvorsitzenden des Bundes der Deutschen Zollbeamten im DBB
Ulrichstein. 1965 Dezember 7
DBB-Archiv, Abt. Bulei 13502

Neue Ziele der Beamtenpolitik des DBB (Ansprache)
Kundgebung
Ulrichstein. 1965 Dezember 7
DBB-Archiv, Abt. Bulei 15000–6

Die Bedeutung der Verbände in der politischen Ordnung (Vortrag)
Staatspolitische Arbeitstagung des DBB
o.O. o.D. [1965]
DBB-Archiv, Abt. Bulei 15000–5

Ansprache
Remscheid. o.D. [1965]
DBB-Archiv, Abt. Bulei 15000–6

Grußwort
Tagung der GDBA im DBB
o.O. o.D. [1965]
DBB-Archiv, Abt. Bulei 15000–6

Die Bedeutung der Verbände in der politischen Ordnung (Vortrag)
Staatspolitische Arbeitstagung des DBB
o.O. o.D. [1965]
DBB-Archiv, Abt. Bulei 15000–6

Neue Ziele der Beamtenpolitik (Ansprache)
Kundgebung
Betzdorf. o.D. [1965]
DBB-Archiv, Abt. Bulei 15000–6

Eröffnungsansprache
8. beamtenpolitische Arbeitstagung
Bühler Höhe. 1966 Januar 13
DBB-Archiv, Abt. Bulei 14999–6
Druck: vgl. unten, S. 986

Schlußwort
8. beamtenpolitische Arbeitstagung
Bühler Höhe. 1966 Januar 15
DBB-Archiv, Abt. Bulei 14999–6
Druck: vgl. unten, S. 986

Ansprache
20. Wiederkehr des Gründungstages des Bundes der Deutschen Zollbeamten im DBB
Hamburg. 1966 Januar 20
DBB-Archiv, Abt. Bulei 15000–8

Der öffentliche Dienst in der Wohlstandsgesellschaft (Vortrag)
o.O. 1966 Januar 25
DBB-Archiv, Abt. Bulei 15000–7

Der öffentliche Dienst – Spielball der Politik? (Ansprache)
Kundgebung der GDL und GDBA im DBB
Hannover. 1966 Februar 7
DBB-Archiv, Abt. Bulei 13502

Vortrag
Veranstaltung der GDBA im DBB
Hannover. 1966 Februar 7
DBB-Archiv, Abt. Bulei 15000–7

Der öffentliche Dienst in der modernen Wohlstandsgesellschaft (Ansprache)
Kundgebung des Kreisverbandes Bochum, Landesbund Nordrhein-Westfalen im DBB
Bochum. 1966 Februar 15
DBB-Archiv, Abt. Bulei 13502

Der öffentliche Dienst in der modernen Wohlstandsgesellschaft (Ansprache)
Kundgebung des Ortskartells Herzberg, Landesbund Niedersachsen im DBB
Herzberg. 1966 Februar 16
DBB-Archiv, Abt. Bulei 13502

Der öffentliche Dienst in der modernen Wohlstandsgesellschaft (Ansprache)
Beamten-Großkundgebung des Kreisausschusses Landshut des BBB im DBB
Landshut. 1966 März 4
DBB-Archiv, Abt. Bulei 13502

Der öffentliche Dienst in der modernen Wohlstandsgesellschaft (Ansprache)
Beamtenkundgebung des Kreisausschusses Weiden in der Oberpfalz des Landesbundes Rheinland-Pfalz im DBB
Weiden/Opf. 1966 März 5
DBB-Archiv, Abt. Bulei 13502

Vortrag
Kundgebung des Bezirksverbandes Marburg/L. der Ruhestandsbeamten und Beamtenhinterbliebenen im DBB
Marburg/L. 1966 März 11
DBB-Archiv, Abt. Bulei 15000–7

Sorgen, Nöte, Wünsche, Hoffnungen der Beamtenschaft (Ansprache)
Delegiertentag des Landesbundes Hessen im DBB
o.O. 1966 März 22
DBB-Archiv, Abt. Bgst 500–10

Die Beamtenpolitik des DBB (Ansprache)
14. Arbeitstagung der Ortsverbandsvorsitzenden
Hahnenklee-Bockswiese. 1966 April 20
DBB-Archiv, Abt. Bulei 15000–7

Grußwort
Arbeitstagung des Bundes Deutscher Steuerbeamten im DBB
Berlin. 1966 April 25
DBB-Archiv, Abt. Bulei 15000–7

Modernes Beamtentum – auch im Strafvollzug (Festvortrag)
Delegiertentag des Bundes der Strafvollzugsbeamten Deutschlands im DBB
Weinheim. 1966 Mai 6
DBB-Archiv, Abt. Bgst 500–8

Grußwort
Delegiertentag des Landesbundes Baden-Württemberg im DBB
Reutlingen. 1966 Mai 14
DBB-Archiv, Abt. Bulei 13502

Beamte und Angestellte – Konkurrenten oder Partner im öffentlichen Dienst? (Ansprache)
Veranstaltung des Verbandes der Angestellten des öffentlichen Dienstes im DBB
o.O. 1966 Mai 18
DBB-Archiv, Abt. Bgst 500–8
Druck: vgl. unten, S. 986f.

Begrüßungsansprache
5. Bundesjugendtag der DBB-Jugend
Berlin. 1966 Juni 18
DBB-Archiv, Abt. Bgst 500–8

Ein modernes Beamtentum, auch im Strafvollzug? (Vortrag)
Kundgebung des Bundes der Strafvollzugsbeamten, Landesverband Nordrhein-Westfalen im DBB
Bochum. 1966 Juni 24
DBB-Archiv, Abt. Bulei 15000–7

Rede
Internationale Polizeiausstellung (IPA)
Hannover. 1966 September 7
DBB-Archiv, Abt. Bgst 500–23

Zehn Jahre Frauenausschuß (Rede)
Veranstaltung des DBB-Frauenausschusses
o.O. 1966 September 15
DBB-Archiv, Abt. Bgst 500–23

Tischrede
Mittagessen mit dem Bundeshauptvorstand und Vertretern der Stadt Bad Godesberg
Bad Godesberg. 1966 September 21
DBB-Archiv, Abt. Bgst 500–23

Eröffnungsansprache
Bundesvertretertag 1966 des DBB
Bad Godesberg. 1966 September 22
DBB-Archiv, Abt. Bgst 500–8
Druck: vgl. unten, S. 987

Tischrede
Mittagessen mit Ehrengästen des DBB
Bad Godesberg. 1966 September 22
DBB-Archiv, Abt. Bgst 500–23

Vortrag
Vertretertag 1966 der Fachgruppe Krankenversicherung des Bundes der Sozialversicherungs-Beamten und -Angestellten im DBB
Koblenz. 1966 September 29–30
DBB-Archiv, Abt. Bgst 500–8

Beamtentum heute und morgen (Ansprache)
Fachtagung des Arbeitskreises »Öffentlicher Dienst« der CSU
Nürnberg. 1966 November 5
DBB-Archiv, Abt. Bulei 15000–7

Vortrag
Kundgebung des Kreisverbandes Köln des Landesbundes Nordrhein-Westfalen im DBB
Köln. 1966 November 9
DBB-Archiv, Abt. Bulei 15000–7

Eröffnungsrede
Arbeitstagung für DBB-Mitglieder von Hauptpersonalräten
Bad Godesberg. 1966 November 11
DBB-Archiv, Abt. Bgst 500-23

Ansprache
Eröffnung der Besprechung mit DBB-Mitgliedern von Hauptpersonalräten
Bad Godesberg. 1966 November 11
DBB-Archiv, Abt. Bgst 500–8

Schlußwort
Arbeitstagung für DBB-Mitglieder von Hauptpersonalräten
Bad Godesberg. 1966 November 11
DBB-Archiv, Abt. Bgst 2036

Beamtenpolitik des DBB (Vortrag)
Arbeitstagung für Beamte des höheren Dienstes der Deutschen Bundesbahn
Königswinter. 1966 November 17
DBB-Archiv, Abt. Bulei 13502

Beamtentum heute und morgen (Ansprache)
Mitarbeiterkonferenz des Landesbundes Berlin im DBB
Berlin. 1966 November 23
DBB-Archiv, Abt. Bulei 15000–7

* Veränderte Grundlagen der Beamtenpolitik (Vortragsmanuskript)
Arbeitstagung der Ortsverbandsvorsitzenden des Bundes der Deutschen Zollbeamten im DBB
Hahnenklee. 1966 Dezember 1
DBB-Archiv, Abt. Bulei 15000–7

Die Bedeutung der Verbände in der politischen Ordnung (Vortrag)
Staatspolitische Arbeitstagung des DBB
o.O. o.D. [1966]
DBB-Archiv, Abt. Bulei 15000–7

Ansprache
Tagung des BDZ im DBB
o.O. o.D. [1966]
DBB-Archiv, Abt. Bulei 15000–7

Grußwort
Bundesdelegiertentag des Bundes Deutscher Polizeibeamten im DBB
o.O. o.D. [1966]
DBB-Archiv, Abt. Bulei 15000–7

Eröffnungsansprache
9. beamtenpolitische Arbeitstagung
Bühler Höhe. 1967 Januar 9
DBB-Archiv, Abt. Bgst 500–9
Druck: vgl. unten, S. 987

Schlußwort
9. beamtenpolitische Arbeitstagung
Bühler Höhe. 1967 Januar 11
Druck: vgl. unten, S. 987

Vortrag
Veranstaltung zur Ausstellung »Staat und Staatsdienst« des Landesbundes Bremen im DBB
Bremen. 1967 Februar 15
DBB-Archiv, Abt. Bulei 15000–8

Zur beamtenpolitischen Lage (Rede)
Jahreshauptversammlung der Bezirksgruppe Berlin des Verbandes der Beamten der Obersten Bundesbehörden im DBB
o.O. 1967 März 4
DBB-Archiv, Abt. Bulei 15000–8

Welchen Kurs steuert der DBB? (Ansprache)
Kundgebung des Verbandes der Beamten der Bundeswehr im DBB
Koblenz. 1967 März 9
DBB-Archiv, Abt. Bulei 15000–8

Vortrag
Kundgebung des Bezirksverbandes Köln des BDZ im DBB
Aachen. 1967 März 11
DBB-Archiv, Abt. Bulei 15000–8

Vortrag
Bezirkstag 1967 des Bezirksverbandes Hamburg des Bundes der Deutschen Zollbeamten im DBB
Hamburg. 1967 März 12
DBB-Archiv, Abt. Bulei 13503

Vortrag
Kundgebung.
Hamburg. 1967 März 13
DBB-Archiv, Abt. Bulei 15000–8

Vortrag
Öffentliche Beamtenversammlung des Bezirksverbandes Düsseldorf des Bundes Deutscher Zollbeamten im DBB
Kleve. 1967 März 16
DBB-Archiv, Abt. Bulei 13503

Beamtenpolitik, Grundsatzfragen und aktuelle Besoldungspolitik (Ansprache)
Arbeits- und Schulungsseminar des BDF, Landesverband Nordrhein-Westfalen, im DBB
Landesforstschule Obereimer. 1967 März 17
DBB-Archiv, Abt. Bulei 15000–8

Beamtenpolitik des DBB (Ansprache)
Beamtenkundgebung des Ortskartells Braunschweig des Landesbundes Niedersachsen im DBB
Braunschweig. 1967 März 22
DBB-Archiv, Abt. Bulei 13503

Beamtenpolitik des DBB – Grundsätze, Erfolge, Ziele (Ansprache)
Beamtenkundgebung des Kreisausschusses Deggendorf des BBB im DBB
Degendorf. 1967 März 22
DBB-Archiv, Abt. Bulei 15000–8

Staat – Verwaltung – Beamter (Vortrag)
Veranstaltung des CDU-Kreisverbandes Neuwied a.Rh.
Neuwied. 1967 März 29
DBB-Archiv, Abt. Bulei 15000–8

Grußwort
Vertretertag des Landesbundes Hamburg im DBB
Hamburg. 1967 April 12
DBB-Archiv, Abt. Bulei 15000–8

Grundlagen und Ziele moderner Beamtenpolitik (Vortrag)
Bezirkstag des BDZ im DBB
Berlin. 1967 April 14
DBB-Archiv, Abt. Bulei 15000–8

Ansprache
Bezirkstag der GDBA-Köln im DBB
Köln. 1967 April 22
DBB-Archiv, Abt. Bulei 15000–8

Ansprache
10. Vertretertag des Landesbundes Berlin im DBB
Berlin. 1967 April 27
DBB-Archiv, Abt. Bulei 15000-9

Festvortrag
Bezirkstag der GDBA-Frankfurt/M. im DBB
Weilburg/L. 1967 Mai 5
DBB-Archiv, Abt. Bulei 15000–8

Welchen Kurs steuert der DBB? (Ansprache)
Eröffnung der Generalversammlung der GDL im DBB
Köln. 1967 Mai 9
DBB-Archiv, Abt. Bulei 15000–8

Grundlagen und Ziele moderner Beamtenpolitik (Ansprache)
Kundgebung des Bezirksverbands Ludwigshafen des Landesbundes Rheinland-Pfalz im DBB
Ludwigshafen. 1967 Mai 10
DBB-Archiv, Abt. Bgst 500–23

Vortrag
Bezirkstag der GDBA-Essen im DBB
Wuppertal. 1967 Mai 11
DBB-Archiv, Abt. Bulei 15000–9

Beamtenpolitik des DBB (Ansprache)
181. GDBA-Arbeitstagung für Personalsachbearbeiter
Königswinter. 1967 Mai 23
DBB-Archiv, Abt. Bulei 15000–8

* Aktuelle Beamtenpolitik (Ansprache)
Bundeshauptversammlung des Bundes der Deutschen Zollbeamten im DBB
Münster. 1967 Juni 1
DBB-Archiv, Abt. Bgst 500–9
Druck: vgl. unten, S. 988

Die staatspolitische Aufgabe der Verbände (Vortrag)
Wirtschafts- und sozialpolitisches Informationsseminar für Amtsträger des DBB
Olpe. 1967 Juni 12–17 und 25–30
DBB-Archiv, Abt. Bulei 15000–10

* Aufgaben und Ziele moderner Beamtenpolitik (Rede)
Großkundgebung des Kreiskartells Uelzen des Landesbundes Niedersachsen im DBB
Uelzen. 1967 Juni 21
DBB-Archiv, Abt. Bulei 15000–8

Vortrag
Veranstaltung des Komba Nordrhein-Westfalen im DBB
Köln. 1967 Juli 1
DBB-Archiv, Abt. Bulei 15000–8

Wohin steuert der DBB? (Vortrag)
Kundgebung des VBB, Standortgruppe München, im DBB
München. 1967 Juli 7
DBB-Archiv, Abt. Bulei 15000–8

Ansprache
Gewerkschaftstag der GDBA im DBB
Karlsruhe. 1967 September 20
DBB-Archiv, Abt. Bgst 500–23

Ansprache
Festveranstaltung des Technikerkongresses 1967 des DBB
Bad Godesberg. 1967 Oktober 6
DBB-Archiv, Abt. Bgst 500–23

* Ansprache
Verbandstag des Bezirkes Schleswig-Holstein des Bundes Deutscher Forstmänner im DBB
Kiel. 1967 Oktober 11
DBB-Archiv, Abt. Bulei 15000–8
Druck: vgl. unten, S. 988

Ansprache
Bundesvertretertag des Bundes Deutscher Justizbeamten im DBB
Bad Godesberg. 1967 Oktober 21
DBB-Archiv, Abt. Bulei 10110

Ansprache
Kundgebung des Kreisverbandes Paderborn des Landesbundes Nordrhein-Westfalen im DBB
Paderborn. 1967 Oktober 26
DBB-Archiv, Abt. Bulei 13503

Eröffnungsansprache
Diskussionsveranstaltung des Bundesvorstandes des DBB mit dem Präsidenten des Bundesrats, Dr. Lemke
Bad Godesberg. 1967 Oktober 27
DBB-Archiv, Abt. Bulei 10110

Aktuelle Probleme der Beamtenpolitik (Ansprache)
Gemeinsame Beamtenkundgebung der Kreisverbände Ahaus, Bocholt, Borken, Coesfeld und Rees des Landesbundes Nordrhein-Westfalen im DBB
Bocholt. 1967 November 3
DBB-Archiv, Abt. Bulei 13503

Die Notwendigkeit und der Umfang einer Grundgesetzergänzung für den Notstandsfall (Ansprache)
Hearing zur Notstandsgesetzgebung vor dem Rechtsausschuß und Innenausschuß des Bundestages
Bonn. 1967 November 16
DBB-Archiv, Abt. Bgst 500–23

Verfassungspolitische Funktion und sozialer Standort des Beamtentums heute (Vortrag)
Veranstaltung des Bildungswerks der Stadt Marl
Marl. 1967 November 20
DBB-Archiv, Abt. Bgst 500–9

Die Beamtenpolitik des DBB (Ansprache)
Kundgebung des Kreisausschusses Passau des BBB im DBB
Passau. 1967 November 24
DBB-Archiv, Abt. Bulei 13503

Ansprache
Feier zum 80. Gründungsjubiläum des BBB im DBB
o.O. 1967 Dezember 1
DBB-Archiv, Abt. Bulei 15000–8

Die staatspolitische Aufgabe der Verbände (Vortrag)
Schulungslehrgang des Bundes Deutscher Forstmänner im DBB
Schönau. 1967 Dezember 4
DBB-Archiv, Abt. Bgst 500–23

Die Beamtenpolitik des DBB (Ansprache)
Kundgebung des Kreisverbandes Lörrach des Landesbundes Baden-Württemberg im DBB
Lörrach. 1967 Dezember 5
DBB-Archiv, Abt. Bulei 13503

Die Beamtenpolitik des DBB (Ansprache)
Kundgebung des Kreisverbandes Offenbach des Landesbundes Baden-Württemberg im DBB
Offenbach. 1967 Dezember 6
DBB-Archiv, Abt. Bulei 13503

Grußwort
Festakt des Philologenverband Rheinland-Pfalz im DBB
Mainz. 1967 Dezember 15
DBB-Archiv, Abt. Bulei 13503

Ansprache
Vertreterversammlung der GtV im DBB
Bad Godesberg. 1967 Dezember 16
DBB-Archiv, Abt. Bgst 500–9

Eröffnungsansprache
10. beamtenpolitische Arbeitstagung
Bühler Höhe. 1968 Januar 11
Druck: vgl. unten, S. 988

Haben wir die richtigen Leitbilder? (Vortrag)
10. beamtenpolitische Arbeitstagung
Bühler Höhe. 1968 Januar 12
DBB-Archiv, Abt. Bulei 15000–10
Druck: vgl. unten, S. 988

Schlußwort
10. beamtenpolitische Arbeitstagung
Bühler Höhe. 1968 Januar 13
Druck: vgl. unten, S. 988

Ansprache
Veranstaltung anläßlich der 20. Wiederkehr des Gründungstages des Bundes der Deutschen Zollbeamten im DBB
Hamburg. 1968 Januar 20
DBB-Archiv, Abt. Bulei 12300

Haben wir die richtigen Leitbilder? (Vortrag)
Veranstaltung der Landesverwaltungsbeamten Nordrhein-Westfalens im DBB
Münster. 1968 März 8
DBB-Archiv, Abt. Bulei 15000–10

Sorgen, Nöte, Wünsche, Hoffnungen der Beamtenschaft (Rede)
Delegiertentag des Landesbundes Niedersachsen im DBB
o.O. 1968 März 21
DBB-Archiv, Abt. Bulei 15000–9

* Rede
Öffentliche Kundgebung des Deutschen Postverbandes im DBB, Bezirksverband Koblenz
Koblenz. 1968 März 24
DBB-Archiv, Abt. Bulei 15000–9

Grußwort
Delegiertentag des Landesbundes Nordrhein-Westfalen im DBB
Essen. 1968 März 29
DBB-Archiv, Abt. Bulei 15000–9

Die Beamtenpolitik des Bundes – Eine kritische Würdigung (Festvortrag)
Bezirksvertretertag des Bundes Deutscher Zollbeamten im DBB
Kiel. 1968 März 30
DBB-Archiv, Abt. Bulei 15000–9

Vortrag
Hahnenklee. 1968 April 3
DBB-Archiv, Abt. Bulei 15000–9

* Zur beamtenpolitischen Lage (Rede)
Delegiertentag des Landesbundes Schleswig-Holstein im DBB
Kiel. 1968 April 19
DBB-Archiv, Abt. Bulei 15000–9

Das Selbstverständnis der Beamten aus der Sicht ihrer Berufsvertretung
Diskussionsveranstaltung der DBB-Jugend mit den Jungdemokraten
Bad Godesberg–Mehlem. 1968 April 20
DBB-Archiv, Abt. Bulei 15000–9

Vortrag
Jahresmitgliederversammlung des Verbandes der Beamten der obersten Bundesbehörden im DBB
Bonn. 1968 April 26
DBB-Archiv, Abt. Bgst 500–10

Beamtenpolitik des Deutschen Beamtenbundes (Ansprache)
Beamten-Großkundgebung des Kreisausschusses Bamberg des BBB im DBB
Bamberg. 1968 Mai 3
DBB-Archiv, Abt. Bulei 15000–9

Ansprache
Bundeskundgebung der Steuerbeamten
o.O. 1968 Mai 13
DBB-Archiv, Abt. Bulei 15000–9

Ansprache
Verbandstag des Deutschen Postverbandes im DBB
Göttingen. 1968 Mai 14–17
DBB-Archiv, Abt. Bulei 15000–9

Ansprache
Delegiertentag des BBB im DBB
o.O. 1968 Mai 17
DBB-Archiv, Abt. Bulei 15000–9

Grußwort
Veranstaltung des Verbaruv im DBB
Bonn. 1968 Mai 24
DBB-Archiv, Abt. Bulei 15000–9

Ansprache
Bundesjugendkongreß der Polizeigewerkschaft im DBB
Hannover. 1968 Mai 31
DBB-Archiv, Abt. Bgst 426

Grußwort
Bundesvertretertag des Bundes-Komba im DBB
Berlin. 1968 September 26
DBB-Archiv, Abt. Bulei 15000–10

* Vortrag
Veranstaltung »20 Jahre Kreisverband Gelsenkirchen des DBB«
Gelsenkirchen. 1968 Oktober 1
DBB-Archiv, Abt. Bgst 500–10

Rede
Klausurtagung des Komba-Berlin im DBB
Hahnenklee. 1968 Oktober 1
DBB-Archiv, Abt. Bulei 15000–10

Muß sich der Verwaltungsnachwuchs neue Leitbilder suchen?
2. Staatspolitische Bildungswoche der DBB-Jugend
Berlin. 1968 Oktober 2
DBB-Archiv, Abt. Bulei 13503

Vortrag
Sozialwissenschaftliche Schulung zum Thema »Gesellschaftspolitik und DBB« des Landesbundes Rheinland-Pfalz im DBB
Deidesheim. 1968 Oktober 5
DBB-Archiv, Abt. Bgst 500–10

Vortrag
Bundespersonalrätekonferenz des Deutschen Postverbandes im DBB
Bonn. 1968 Oktober 10
DBB-Archiv, Abt. Bulei 15000–10

Vortrag
Bundespersonalräte-Konferenz der GDL im DBB
o.O. 1968 Oktober 29
DBB-Archiv, Abt. Bgst 500–1

Vortrag
Verbandstag des BGS-Verbandes im DBB
Fulda. 1968 November 5
DBB-Archiv, Abt. Bulei 15000–10

Notwendige Entscheidungen in der Beamtenpolitik (Ansprache)
Kundgebung des Kreisverbandes Recklinghausen des Landesbundes Nordrheinwestfalen im DBB
Recklinghausen. 1968 November 15
DBB-Archiv, Abt. Bulei 15000–10

Ansprache
Bezirkstag des Bundes der Deutschen Zollbeamten im DBB
Bad Godesberg. 1968 November 21
DBB-Archiv, Abt. Bulei 13504

Aktuelle Fragen der Beamtenpolitik (Ansprache)
Kundgebung des Kreisverbandes Oberhausen des Landesbundes Nordrhein-Westfalen im DBB
Oberhausen. 1968 Dezember 2
DBB-Archiv, Abt. Bulei 13504

Wir lassen Tatsachen sprechen (Rede)
Festversammlung zur Feier der 50. Wiederkehr des Gründungstages des DBB
Bad Godesberg. 1968 Dezember 12
DBB-Archiv, Abt. Bgst 500–10
Druck: vgl. unten, S. 989

Die Harmonisierung im Beamtenrecht und dem G 131 (Vortrag); (nicht gehalten)
Veranstaltung des Verbaost im DBB
o.O. o.D. [1968]
DBB-Archiv, Abt. Bulei 15000–9

Aktuelle Fragen der Beamtenschaft.
Zur beamtenpolitischen Lage im Herbst 1967 (Ansprache)
o.O. o.D. [1968]
DBB-Archiv, Abt. Bulei 15000–9

Einführungsansprache
11. beamtenpolitische Arbeitstagung
Bühler Höhe. 1969 Januar 9
DBB-Archiv, Abt. Bgst 500–10
Druck: vgl. unten, S. 989

Erkenntnis und Ermutigung (Schlußwort)
11. beamtenpolitische Arbeitstagung
Bühler Höhe. 1969 Januar 11
DBB-Archiv, Abt. Bulei 14999–9
Druck: vgl. unten, S. 989

Beamtenstatus und Interessenvertretung – ein Widerspruch? (Vortrag)
Kundgebung des Kreisverbandes Neuß des Landesbundes Nordrhein-Westfalen im DBB
Neuß. 1969 Januar 20
DBB-Archiv, Abt. Bgst 500–10

Referat
10. Landesdelegiertentag der Polizeigewerkschaft des Landesverbandes Berlin des DBB
Berlin. 1969 März 20
DBB-Archiv, Abt. Bulei 15000–10

Beamtenpolitik des DBB (Ansprache)
Kundgebung des Kreisverbandes Kronach des BBB im DBB
Kronach. 1969 April 19
DBB-Archiv, Abt. Bulei 13503

Zum Verhältnis BDSt–DBB
6. Steuerbeamtentag des BDSt im DBB
Bad Godesberg. 1969 April 21
DBB-Archiv, Abt. Bulei 15000–10

Ansprache
Veranstaltung zum 20. Jubiläum des Landesbundes Rheinland-Pfalz im DBB
Koblenz. 1969 April 25
DBB-Archiv, Abt. Bulei 15000–10

Fragen der Beamten- und Besoldungspolitik (Ansprache)
Kundgebung des Kreisverbandes Darmstadt des Landesbundes Hessen im DBB
o.O. 1969 April 29
DBB-Archiv, Abt. Bulei 15000–10

* Grußwort
Sechster Bundesjugendtag der Deutschen Beamtenbund–Jugend
Bad Godesberg. 1969 Mai 5
DBB-Archiv, Abt. Bulei 15000–10

Begrüßungsansprache
Bundeshauptvorstandssitzung des DBB, Besuch von Ministerpräsident Dr. Helmut Kohl
Bad Kreuznach. 1969 Mai 20
DBB-Archiv, Abt. Bgst 500–10

Begrüßungsansprache
Veranstaltung des Landesbundes Rheinland-Pfalz im DBB
o.O. 1969 Mai 20
DBB-Archiv, Abt. Bgst 500–24

Grußwort
Bundesvertretertag des VBB im DBB
Koblenz. 1969 Mai 23
DBB-Archiv, Abt. Bulei 15000–10

Grußwort
Delegiertentag des Landesbundes Baden-Württemberg im DBB
o.O. 1969 Mai 30
DBB-Archiv, Abt. Bgst 500–23

* Ansprache
Sitzung des Gesamtvorstandes des Verbandes der Bundesbankbeamten im DBB
Hann.-Münden. 1969 Juni 8
DBB-Archiv, Abt. Bulei 15000–10

Begrüßungsansprache
Eröffnungsveranstaltung der Bundeshauptversammlung des BDZ im DBB
o.O. 1969 Juni 12
DBB-Archiv, Abt. Bulei 15000–10

Wie weit läßt sich die Verwaltung demokratisieren? (Referat)
Veranstaltung am 3. Verhandlungstag der Arbeitsgruppe »Demokratie«
Stuttgart. 1969 Juli 18
DBB-Archiv, Abt. Bgst 500–10
Druck: vgl. unten, S. 989

Aktuelle Beamtenprobleme (Rede)
Beamtenpolitische Tagung der Standortgruppe Meppen des VBB im DBB
Meppen. 1969 September 24
DBB-Archiv, Abt. Bulei 13503

Festvortrag
Festveranstaltung des Bezirksverbandes Bremen des BDZ im DBB
Bremen. 1969 September 25
DBB-Archiv, Abt. Bulei 13503

Allgemeine Fragen der Beamten- und Besoldungspolitik (Ansprache)
Delegiertentag des Bundes der Vermessungsbeamten im DBB
Hannover. 1969 Oktober 7
DBB-Archiv, Abt. Bgst 500–24

* Bildungsreform und öffentlicher Dienst (Ansprache)
Kundgebung des DBB-Landesbundes Rheinland-Pfalz anläßlich des 20jährigen Bestehens des Bezirksverbandes Trier
Trier. 1969 Oktober 9
DBB-Archiv, Abt. Bulei 15000–10

Moderne Beamtenpolitik (Rede)
Bundesvertretertag des Bundes Deutscher Vermessungsbeamten im DBB
Hannover. 1969 Oktober 10
DBB-Archiv, Abt. Bgst 1971

Ansprache
20jähriges Jubiläum des Bezirksverbandes Südbayern des Bundes Deutscher Zollbeamten im DBB
München. 1969 Oktober 24
DBB-Archiv, Abt. Bulei 15000–15

Ansprache
Eröffnungsveranstaltung des Bundesvertretertages 1969
Kassel. 1969 November 6
DBB-Archiv, Abt. Bgst 500–10
Druck: vgl. unten, S. 990

Begrüßungsrede
Bundesvertretertag 1969, Begrüßung des Bundesinnenministers H.-D. Genscher
Kassel. 1969 November 6
DBB-Archiv, Abt. Bgst 500–10

Vortrag [Das Zerrbild vom öffentlichen Dienst]
Veranstaltung der FDP-Bundestagsfraktion
Bonn. 1969 November 12
DBB-Archiv, Abt. Bgst 500–10
Druck: vgl. unten, S. 989

Die staatspolitische Aufgabe der Berufsverbände
Staatspolitisches Beamtenseminar des BBB im DBB
Deggendorf. 1969 November 15
DBB-Archiv, Abt. Bulei 13503

* Das Berufsbild des Beamten in der modernen Gesellschaft (Vortrag)
Vortrag vor Angehörigen des Bundesamtes für Wehrtechnik und Beschaffung
Koblenz. 1969 November 18
DBB-Archiv, Abt. Bulei 15000–11

Aktuelle Beamtenpolitik in Bund und Ländern (Rede)
Beamtenversammlung des Kreisausschusses Bayreuth des BBB im DBB
Bayreuth. 1969 November 21
DBB-Archiv, Abt. Bulei 15000–11

Die Bedeutung der Verbände in der Demokratie und ihre Mitwirkung bei staats- und gesellschaftspolitischen Reformen (Vortrag)
Staatspolitisches Bildungsseminar des BiSoWe 1969
o.O. o.D. [1969]
DBB-Archiv, Abt. Bgst 500–10

Beamtenpolitik des DBB (Rede)
o.O. o.D. [1969]
DBB-Archiv, Abt. Bulei 15000–10

Einführungsansprache
12. beamtenpolitische Arbeitstagung
Bühler Höhe. 1970 Januar 11
DBB-Archiv, Abt. Bgst. 500–11
Druck: vgl. unten, S. 990

Zusammenfassung und Ausblick (Schlußwort)
12. beamtenpolitische Arbeitstagung
Bühler Höhe. 1970 Januar 13
Druck: vgl. unten, S. 990

Grußwort
Jubiläumsveranstaltung des BDSt zum 50jährigen Bestehen im DBB
Bonn. 1970 Februar 20
DBB-Archiv, Abt. Bgst 500–11
Druck: vgl. unten, S. 990

Der Beamte in unserer Gesellschaft – heute und morgen (Rede)
Veranstaltung der GDBA im DBB für Führungspersonal der Bundesbahn
Frankfurt/M. 1970 März 4
DBB-Archiv, Abt. Bgst 426

Mitbestimmung im öffentlichen Dienst (Ansprache)
Veranstaltung in der Bischöflichen Akademie
o.O. 1970 März 5
DBB-Archiv, Abt. Bulei 15000–11

Grußwort
Landesvertretertag des Komba Berlin im DBB
Berlin. 1970 März 5
DBB-Archiv, Abt. Bgst 500–24

Der öffentliche Dienst. Standort und Perspektiven (Rede)
Kundgebung des Kreisverbandes Arnsberg des Landesbundes Nordrhein-Westfalen im DBB
Arnsberg. 1970 März 10
DBB-Archiv, Abt. Bulei 15000–11

Mitbestimmung im öffentlichen Dienst (Vortrag)
Arbeitskreis der Kommunalpolitischen Vereinigung der CDU und CSU Deutschlands
Bonn. 1970 März 14
DBB-Archiv, Abt. Bulei 15000–12

Notwendigkeit, Voraussetzungen und Folgen einer Ausbildungsreform für den gehobenen Dienst (Vortrag)
Tagung der Akademie Bad Boll
Bad Boll. 1970 März 6
DBB-Archiv, Abt. Bulei 15000–11

Demokratisierung der Verwaltung – Illusion oder mögliche Wirklichkeit? (Vortrag)
Staatspolitische Bildungsveranstaltungen des BiSoWe des DBB
1970 März
DBB-Archiv, Abt. Bulei 15000–13

Ansprache
Veranstaltung des BDZ im DBB
Saarbrücken. o.D. (1970 April 4)
DBB-Archiv, Abt. Bulei 15000–11

Grußwort
Jahresmitgliederversammlung des Verbandes der Beamten der obersten Bundesbehörden im DBB
Bonn. 1970 April 17
DBB-Archiv, Abt. Bulei 15000–11

Grußansprache
Landesvertretertag des Landesbundes Berlin im DBB
Berlin. 1970 April 24
DBB-Archiv, Abt. Bulei 15000–11

Die Bedeutung der Verbände in der Demokratie und ihre Mitwirkung bei staats- und gesellschaftspolitischen Reformen (Vortrag)
Staatspolitisches Bildungsseminar für den BBB im DBB
Pfettrach bei Landshut. 1970 April 25
DBB-Archiv, Abt. Bulei 15000-11

Vortrag
Bezirkstag der GDBA-Köln im DBB
Köln. 1970 Mai 4
DBB-Archiv, Abt. Bulei 15000–12

Aktuelle Beamten- und Besoldungspolitik des DBB (Festvortrag)
Bundesvertretertag des Bundes der Versorgungsbeamten – Kriegsopferversorgung im DBB
Hamburg. 1970 Mai 6
DBB-Archiv, Abt. Bulei 15000–12

* Aufgaben, Ziele und Bedeutung des Deutschen Beamtenbundes (Vortrag)
Gewerkschaftspolitisches Seminar der Polizeigewerkschaft im DBB
Bad Münstereifel. 1970 Mai 21
DBB-Archiv, Abt. Bgst 1983

Reformen im öffentlichen Dienst. Eine Aufgabe der 70er Jahre. (Vortrag)
Kundgebung des Kreisverbandes Münster des Landesbundes Nordrhein-Westfalen im DBB
Münster. 1970 Mai 22
DBB-Archiv, Abt. Bulei 15000–12

Begrüßungsansprache
Konstituierende Sitzung des Arbeitskreises Schule und Bildung
Bonn-Bad Godesberg. 1970 Mai 30
DBB-Archiv, Abt. Bgst 3013

Grußwort
12. Ordentlicher Bezirkstag der GDBA im DBB
Hannover. 1970 Juni 12
DBB-Archiv, Abt. Bgst. 5000–24

Rede
Veranstaltung des BBB im DBB
München. 1970 Juni 13
DBB-Archiv, Abt. Bulei 15000–12

Ist das Berufsbeamtentum noch zeitgemäß? (Rede)
Akademie für politische Bildung in Tutzing
Tutzing. 1970 Juli 10
DBB-Archiv, Abt. Bgst. 500–24

Bedrohung einer Verfassungsinstitution. Kritische Bemerkungen zum Gutachten Prof. Dr. Werner Thiemes über die Neuordnung des Beamtenrechts (Rede)
o.O. 1970 September 8
DBB-Archiv, Abt. Bgst 500–11

Sind Beamte noch zeitgemäß? (Vortrag)
Veranstaltung des Kreisverbandes Wuppertal des Landesbundes Nordrhein-Westfalen im DBB
Wuppertal. 1970 September 9
DBB-Archiv, Abt. Bulei 15000–12

Reformen im öffentlichen Dienst – Schlagwort oder Sachzwang (Ansprache)
Kundgebung des Kreisausschusses Erlangen des BBB im DBB
Erlangen. 1970 September 24
DBB-Archiv, Abt. Bulei 13503

Festvortrag
10. Verbandstag des Deutschen Postverbandes, Landesverband Bayern im DBB
Regensburg. 1970 September 24
DBB-Archiv, Abt. Bulei 15000–12

Demokratisierung in der Verwaltung – Illusion oder mögliche Wirklichkeit? (Rede)
Staatspolitisches Bildungsseminar für den Bund Deutscher Steuerbeamten im DBB
Hann. Münden. 1970 September 25
DBB-Archiv, Abt. Bulei 13503

Vorstellungen des DBB im Hinblick auf die künftige Entwicklung des Beamten- und Besoldungsrechts (Vortrag)
Landestagung des Arbeitskreises »Öffentlicher Dienst« der CDU
Nürnberg. 1970 September 26
DBB-Archiv, Abt. Bgst 500–11

Zu aktuellen beamtenpolitischen Fragen (Ansprache)
Jubiläumsfeier und Bezirksverbandstag des BDZ im DBB
Nürnberg. 1970 Oktober 3
DBB-Archiv, Abt. Bulei 15000–12

Grußwort
12. Gewerkschaftstag der GDBA im DBB
Nürnberg. 1970 Oktober 6
DBB-Archiv, Abt. Bulei 15000–12

Reform im öffentlichen Dienst – Eine Aufgabe der 70er Jahre (Rede)
Öffentliche Beamtenkundgebung des Landesbezirksverbandes Südbaden des Landesbundes Baden-Württemberg im DBB
Freiburg/Br. 1970 Oktober 9
DBB-Archiv, Abt. Bulei 13503

* Mitbestimmung und öffentlicher Dienst (Vortrag)
Tagung der Kommunalpolitischen Vereinigung der CDU Heidelberg und der Politischen Akademie Eichholz
Heidelberg. 1970 Oktober 10
DBB-Archiv, Abt. Bulei 15000–13

Reform des öffentlichen Dienstes – aber wie? (Vortrag)
Kundgebung des Kreisverband Soest des Landesbundes Nordrhein-Westfalen im DBB
Soest. 1970 Oktober 13
DBB-Archiv, Abt. Bulei 15000–13

Grußwort
Vertreterversammlung des Bayerischen Pensionistenbundes
Passau. 1970 Oktober 15
DBB-Archiv, Abt. Bulei 13503

Vortrag
Beamtenkundgebung der Standortgruppe Munster des VBB im DBB
Munster. 1970 Oktober 23
DBB-Archiv, Abt. Bulei 13503

Grußwort
Bundesvertretertag des Bundes Deutscher Justizbeamten im DBB
Koblenz. 1970 Oktober 30
DBB-Archiv, Abt. Bulei 15000–13

Reform des öffentlichen Dienstrechts – aber wie? (Vortrag)
Veranstaltung der Standortgruppe München des VBB und des Kreisausschusses München im DBB
München. 1970 November 5
DBB-Archiv, Abt. Bulei 15000–13

Mitbestimmung in der öffentlichen Verwaltung – Möglichkeiten und Grenzen (Vortrag)
Landschaftsverband Rheinland
Bergneustadt. 1970 November 13
DBB-Archiv, Abt. Bulei 15000–13

Ansprache
Protestversammlung des Bundes der Deutschen Zollbeamten im DBB
Bonn. 1970 November 24
DBB-Archiv, Abt. Bulei 15000–13

Grußwort
Bundesvertretertag des BRH im DBB
Bonn-Bad Godesberg. 1970 November 25
DBB-Archiv, Abt. Bulei 15000–14

Probleme des öffentlichen Dienstes (Vortrag)
Jahresveranstaltung der CDA-Betriebsgruppe beim Landschaftsverband Rheinland
Köln. 1970 November 28
DBB-Archiv, Abt. Bulei 15000–13

Der Beamte in unserer Gesellschaft (Rede)
Veranstaltung des Kreiskartells Peine des Landesbundes Niedersachsen im DBB
Peine. 1970 Dezember 7
DBB-Archiv, Abt. Bulei 13503

Vortrag
Veranstaltung der GDBA-Essen im DBB
1970
DBB-Archiv, Abt. Bulei 15000–12

Grußwort
BSBA-Vertretertag
o.O. o.D. [1970]
DBB-Archiv, Abt. Bulei 15000–12

Einführungsansprache
13. beamtenpolitische Arbeitstagung
Bühler Höhe. 1971 Januar 14
Druck: vgl. unten, S. 990

Zusammenfassung und Ausblick (Schlußwort)
13. beamtenpolitische Arbeitstagung
Bühler Höhe. 1971 Januar 16
Druck: vgl. unten, S. 991

Für und wider ein einheitliches Dienstrecht (Ansprache)
Tagung der Grenzakademie Sankelmark
Sankelmark. 1971 Januar 21
DBB-Archiv, Abt. Bulei 15000–15

Ansprache
Veranstaltung des VBB im DBB
Bad Godesberg. 1971 März 2
DBB-Archiv, Abt. Bulei 15000–14

Ansprache
Veranstaltung des Kreisverband Altenkirchen des Landesbundes Rheinland-Pfalz im DBB
Betzdorf/Sieg. 1971 März 9
DBB-Archiv, Abt. Bulei 15000–13

* Über aktuelle Fragen des öffentlichen Dienstes (Vortrag)
Vertretertag des Landesbundes Niedersachsen im DBB
Hannover. 1971 März 18
DBB-Archiv, Abt. Bulei 15000–13

Über aktuelle Fragen des öffentlichen Dienstes (Vortrag)
Landesvertretertag des Landesbundes Hessen im DBB
Frankfurt/Main. 1971 April 1
DBB-Archiv, Abt. Bulei 15000–13

Reform des Beamtenrechts – aber wie? (Rede)
Beamtenkundgebung des Landesbundes Niedersachsen im DBB
Emden. 1971 April 21
DBB-Archiv, Abt. Bgst 500–11

Ansprache
Bundesvertretertag des Deutschen Gerichtsvollzieher-Bundes im DBB
Bingen. 1971 April 24
DBB-Archiv, Abt. Bulei 15000–14

Das »schwedische Modell« (Vortrag)
1971 April 26
DBB-Archiv Abt. Bgst. 500–11

Ende des Berufsbeamtentums? (Diskussion um ein einheitliches Dienstrecht im öffentlichen Dienst) (Rede)
Arbeitstagung des Bezirks Düsseldorf des DPV, veranstaltet von der Bischöflichen Akademie des Bistums Aachen
Mönchengladbach. 1971 April 26
DBB-Archiv, Abt. Bgst 500–11

Ist das Berufsbeamtentum noch zeitgemäß? (Vortrag)
Tagung der GDBA im DBB
Bad Boll. 1971 April 26–28
DBB-Archiv, Abt. Bulei 15000–14

Kritische Bestandsaufnahme und Perspektiven auf den Gebieten des Beamtenrechts und der Besoldung (Rede)
Versammlung der Beamten der Bundeswehr im DBB
Koblenz. 1971 April 28
DBB-Archiv, Abt. Bulei 15000–14

Rede
anläßlich des 60. Geburtstages von Dr. Otto Fuhrmann, Vorsitzender des Landesbundes Nordrhein-Westfalen im DBB
Düsseldorf. 1971 Mai 3
DBB-Archiv, Abt. Bulei 15000–14

Aktuelle Fragen der Beamtenpolitik
Bezirkstag – Köln des Deutschen Postverbandes im DBB
Bad Godesberg. 1971 Mai 4/5
DBB-Archiv, Abt. Bulei 15000–14

Beamtenpolitik heute (Rede)
Beamtenkundgebung in Kiel
Kiel. 1971 Mai 11
DBB-Archiv, Abt. Bulei 15000–14

Beamtenpolitik heute (Rede)
Jahresmitgliederversammlung des Verbandes der Beamten der obersten Bundesbehörden im DBB
Braunschweig. 1971 Mai 21
DBB-Archiv, Abt. Bulei 15000–14

Reform des Beamtenrechts – aber wie? (Festvortrag)
Hauptversammlung des Landesbundes Rheinland-Pfalz im DBB
Mainz. 1971 Mai 24
DBB-Archiv, Abt. Bgst 500–1

Grußwort
Generalversammlung der GDL im DBB
Bremen. 1971 Mai 25
DBB-Archiv, Abt. Bulei 15000–14

Reform des Beamtenrechts – aber wie? (Vortrag)
Kundgebung der DBB-Kreisverbände Ahaus, Bocholt, Borken, Coesfeld und Steinfurt
Ahaus. 1971 Juni 8
DBB-Archiv, Abt. Bulei 15000–14

Demokratisierung der Verwaltung – Illusion oder mögliche Wirklichkeit? (Vortrag)
4. Staatspolitisches Bildungsseminar für den Verband der Bundesbankbeamten, veranstaltet vom BiSoWe
Hamburg. 1971 Juni 9
DBB-Archiv, Abt. Bulei 11000

* Reform des Beamtenrechts – aber wie? (Vortrag)
Veranstaltung des CDU-Ausschusses »Öffentlicher Dienst«
Euskirchen. 1971 Juni 14
DBB-Archiv, Abt. Bulei 15000–14

Grußwort
Vertretertag des Verbandes der Beamten der Bundesanstalt für Arbeit im DBB
Wiesbaden. 1971 Juni 22
DBB-Archiv, Abt. Bulei 15000–14

Grundsatzfragen des Personalvertretungsgesetzes (Ansprache)
Veranstaltung des Wirtschaftsrates der CDU
o.O. 1972 Juni 22
DBB-Archiv, Abt. Bgst 500–2

Grußwort
21. Wissenschaftlicher Kongreß des Bundesverbandes der Ärzte des Öffentlichen Gesundheitswesens im DBB
Bad Reichenhall. 1971 Juni 23
DBB-Archiv, Abt. Bulei 15000–14

Aktuelle Probleme der Beamtenpolitik (Rede)
Bundeshauptversamlung des BDZ im DBB
Freiburg. 1971 Juni 26
DBB-Archiv, Abt. Bulei 15000–14

Grußwort
15. Bundestagung der Sozialausschüsse der CDA
Koblenz. 1971 Juli 2
DBB-Archiv, Abt. Bgst 404

Das öffentliche Dienstrecht – Spielball der Reformpolitik? (Vortrag)
Veranstaltung der Bezirksgruppe Wilmersdorf des Komba Berlin im DBB
Berlin-Wilmersdorf. 1971 September 13
DBB-Archiv, Abt. Bulei 15000–15

Der Beamte im Spannungsfeld der modernen Demokratie (Vortrag)
Vertreterversammlung des VDB im DBB
Hamburg. 1971 September 18
DBB-Archiv, Abt. Bulei 15000–15

* Probleme des Personalvertretungsrechts aus der Sicht des DBB (Vortrag)
Veranstaltung des Finanzamtes Düsseldorf für Vorsteher und zukünftige Vorsteher von Finanzämtern
Düsseldorf. 1971 September 22
DBB-Archiv, Abt. Bulei 15000–15

Grußwort
Bundesvertretertag 1971 des Komba im DBB
Kiel. 1971 September 23
DBB-Archiv, Abt. Bulei 15000–15

Reform des Beamtenrechts – aber wie?
Kundgebung des Beamtenbundes Baden-Württemberg im DBB
Biberach an der Riß. 1971 Oktober 1
DBB-Archiv, Abt. Bulei 15000–15

Das öffentliche Dienstrecht – Spielball der Reformpolitik? (Vortrag)
Veranstaltung des Landesverbandes Bayern des BSBA im DBB
München. 1971 Oktober 2
DBB-Archiv, Abt. Bulei 15000–15

Ansprache
Verbandstag des BGS-Verbandes im DBB
Walsrode. 1971 Oktober 5
DBB-Archiv, Abt. Bulei 15000–16

Allgemeine beamtenpolitische Fragen (Vortrag)
Vertretertag des Landesbundes Schleswig-Holstein im DBB
Kiel. 1971 Oktober 8
DBB-Archiv, Abt. Bulei 15000–15

Über aktuelle beamtenpolitische Fragen (Referat)
Tagung der Ortsverbandsvorsitzenden des BDZ im DBB
Hahnenklee. 1971 Oktober 19
DBB-Archiv, Abt. Bulei 15000–15

Technischer öffentlicher Dienst – heute und morgen
Bad Godesberg. 1971 Oktober 29
DBB-Archiv, Abt. Bgst. 1971

Statement zur Frage: Brauchen wir ein neues Dienstrecht? Wenn ja, warum; wenn nein, warum nicht?
Diskussionsabend der Arbeitsgemeinschaft Sozialdemokratischer Juristen
Bonn. 1971 Oktober 29
DBB-Archiv, Abt. Bgst 500–12

Entwicklungstendenzen im Recht des öffentlichen Dienstes (Vortrag)
Veranstaltung des Arbeitskreises Öffentlicher Dienst des CDU-Kreisverbandes Herzogtum Lauenburg
Ratzeburg. 1971 November 2
DBB-Archiv, Abt. Bulei 15000–15

Das Beamtentum im Spannungsfeld von Kontinuität, gesellschaftlichem Wandel und sachgerechten Reformen – Zur Dienstrechtsreform aus der Sicht konkurrierender Verbände (Vortrag)
Seminar für Amtsinhaber des DBB vom 7.–12. November 1971 in der Bildungsstätte der DBB-Jugend in Bad Münstereifel-Langscheid
Bad Münstereifel. 1971 November 8
DBB-Archiv, Abt. Bgst. 500–1

Zu aktuellen Fragen der Beamtenpolitik (Rede)
Veranstaltung des Landesbundes Berlin für Mitarbeiter in Personalvertretungen im DBB
Berlin. 1971 November 8
DBB-Archiv, Abt. Bulei 15000–15

Grußwort
Vertreterversammlung des Deutschen Philologenverbandes im DBB
Münster. 1971 November 12
DBB-Archiv, Abt. Bgst. 3014

Modernes öffentliches Dienstrecht aus der Sicht des Deutschen Beamtenbundes (Vortrag)
Kundgebung des Landesbundes Rheinland-Pfalz im DBB
Mainz. 1972 Januar 5
DBB-Archiv, Abt. Bulei 15000–16

* Modernes öffentliches Dienstrecht aus der Sicht des Deutschen Beamtenbundes (Vortrag)
Jahrestagung des Verbandes Bildung und Erziehung, Pfalz im DBB
Neustadt a.d.W. 1972 Januar 6
DBB-Archiv, Abt. Bulei 15000–16

Einführungsansprache
14. beamtenpolitische Arbeitstagung
Bühler Höhe. 1972 Januar 9
DBB-Archiv, Abt. Bgst 500–1
Druck: vgl. unten, S. 991

Zusammenfassung und Ausblick (Schlußwort)
14. beamtenpolitische Arbeitstagung
Bühler Höhe. 1972 Januar 11
Druck: vgl. unten, S. 992

Ansprache
Großkundgebung der nordrhein-westfälischen Lehrerverbände im DBB
Essen. 1972 Februar 2
DBB-Archiv, Abt. Bulei 15000–15

Zur Reform des öffentlichen Dienstrechts aus der Sicht des Deutschen Beamtenbundes (Ansprache)
Veranstaltung des DBB-Kreisverbandes Hameln des Landesbundes Niedersachsen im DBB
Hameln. 1973 Februar 12
DBB-Archiv, Abt. Bgst 500–2

Begrüßungsansprache
Parlamentarischer Abend mit den DBB-Mitgliedern des 7. Deutschen Bundestages
Bonn. 1972 Februar 12
DBB-Archiv, Abt. Bgst 405

Rede
Veranstaltung des VBB im Bundesministerium der Verteidigung
Bonn. 1972 Februar 21
DBB-Archiv, Abt. Bulei 15000–16

Zur Dienstrechtsreform aus der Sicht des Deutschen Beamtenbundes (Rede)
Kundgebung des Landesbundes Niedersachsen im DBB
o.O. 1972 Februar 22
DBB-Archiv, Abt. Bulei 15000–16

Zur Reform des öffentlichen Dienstrechts (Rede)
Personalversammlung in der Bundeszentrale für politische Bildung
Bonn. 1972 Februar 25
DBB-Archiv, Abt. Bgst 500–1

Zu aktuellen beamten- und besoldungspolitischen Problemen (Referat)
Jahresmitgliederversammlung der Fachgruppe Bundesministerium für Wirtschaft des VBOB im DBB
o.O. 1972 März 2
DBB-Archiv, Abt Bulei 15000–16

Aktuelle Fragen des Strafvollzugdienstes und der Beamtenpolitik (Rede)
Kundgebung des Bundes der Strafvollzugsbeamten Deutschlands im DBB
Siegburg. 1972 März 14
DBB-Archiv, Abt. Bulei 15000–16

Zur Dienstrechtsreform aus der Sicht des Deutschen Beamtenbundes (Rede)
Kundgebung des Landesbundes Schleswig-Holstein im DBB
Flensburg. 1972 März 23
DBB-Archiv, Abt. Bulei 15000–16

Das Beamtentum im Spannungsfeld von Kontinuität, gesellschaftlichem Wandel und sachgerechten Reformen (Referat)
2. Seminar für Amtsinhaber des DBB
Berlin. 1972 April 9–14
DBB-Archiv, Abt. Bulei 15000–16

Grußwort
7. Steuerbeamtentag des Bundes Deutscher Steuerbeamten im DBB
Saarbrücken. 1972 April 24
DBB-Archiv, Abt. Bulei 15000–16

Reform des öffentlichen Dienstrechts
Staatspolitisches Bildungsseminar für Mitglieder des BDZ im DBB
Bonn-Bad Godesberg. 1972 April 25
DBB-Archiv, Abt. Bgst 500–2

Begrüßungsansprache
Verbandstag des Deutschen Postverbandes im DBB
Saarbrücken. 1972 Mai 16
DBB-Archiv, Abt. Bulei 15000–16

Vortrag
19. Verbandstag des Komba-Landesverbandes Nordrhein-Westfalen im DBB
Bonn-Bad Godesberg. 1972 Mai 24–26
DBB-Archiv, Abt. Bulei 15000–16

Ansprache
Festversammlung des Bundes der Strafvollzugbediensteten Deutschlands im DBB
Saarbrücken. 1972 Juni 2
DBB-Archiv, Abt. Bulei 15000–16

Rede
Bundesdelegiertentag des Bundes Deutscher Forstmänner im DBB
Bad Kreuznach. 1972 Juni 8
DBB-Archiv, Abt. Bulei 15000–16

Grußwort (Rede)
Bundesjugendtag der DBB-Jugend
Duisdorf. 1972 Juni 10
DBB-Archiv, Abt. Bulei 15000–16

Öffentlicher Dienst und Wirtschaft (Referat)
22. Zusammenkunft des Politischen Seminars
Bonn-Bad Godesberg. 1972 Juni 21
DBB-Archiv, Abt. Bulei 15000–16

* Rede
Bundesdelegiertentag der Polizeigewerkschaft im DBB
Stuttgart. 1972 Juni 24
DBB-Archiv, Abt. Bulei 15000–16

Zur Reform des öffentlichen Dienstrechts aus der Sicht des Deutschen Beamtenbundes (Vortrag)
Kundgebung in Ulm. 1972 September 26
DBB-Archiv, Abt. Bulei 12001

Reform des öffentlichen Dienstrechts. Wer schützt die Reform vor den Reformern? (Vortrag)
o.O. 1972 Sepember
DBB-Archiv, Abt. Bulei 15000–17

Funktion und Struktur des öffentlichen Dienstes in der Bundesrepublik Deutschland in der Zukunft (Vortrag)
Sonderseminar S 2 des BiSoWe des DBB
Köln. 1972 Oktober 9–12
DBB-Archiv, Abt. Bgst 500–2

Grußwort
Delegiertentag des Landesbundes Baden-Württemberg im DBB
Göppingen.
1972 Oktober 13
DBB-Archiv, Abt. Bulei 15000–17

Rede
Verbandstag des Landesbundes Niedersachsen im DBB
o.O. 1972 Oktober 31
DBB-Archiv, Abt. Bulei 15000–17

Eröffnungs- und Begrüßungsrede
Bundesvertretertag 1972 des DBB
Bonn-Bad Godesberg. 1972 November 6
DBB-Archiv, Abt. Bgst 500–13

Ansprache
Bundesvertretertag 1972 des DBB, öffentliche Veranstaltung
Bonn-Bad Godesberg. 1972 November 6
DBB-Archiv, Abt. Bgst 500–13

Schlußwort
Bundesvertretertag 1972 des DBB, öffentliche Veranstaltung
Bonn-Bad Godesberg. 1972 November 8
DBB-Archiv, Abt. Bgst 500–13

Der öffentliche Dienst – heute und in der Zukunft (Vortrag)
Versammlung des Kreisausschuß Nürnberg des BBB im DBB
Nürnberg. 1972 November 16
DBB-Archiv, Abt. Bulei 15000–17

Staats- und gesellschaftspolitische Hintergründe des Kampfes um die Erhaltung des Berufsbeamtentums (Vortrag)
Bad Münstereifel-Langscheid. 1972 November
DBB-Archiv, Abt. Bgst 500–13

Der Staatsdienst als besondere Verpflichtung (Rede)
o.O. 1972 November
DBB-Archiv, Abt. Bgst 500–2

Die Interessenverbände – Anwalt des einzelnen oder anonyme Machtfaktoren? (Referat)
GDBA-Arbeitstagung für Mitarbeiter der DB in der Bischöflichen Akademie Aachen
Aachen. 1972 Dezember 5
DBB-Archiv, Abt. Bulei 15000–17

Grußwort
100 Jahre DVB
o.O. o.D. [1972]
DBB-Archiv, Abt. Bulei 15000–16

Einführungsansprache
15. beamtenpolitische Arbeitstagung
Bühler Höhe. 1973 Januar 8
DBB-Archiv, Abt. Bgst 500–2
Druck: vgl. unten, S. 992

Schlußwort
15. beamtenpolitische Arbeitstagung
Bühler Höhe. 1973 Januar 10
Druck: vgl. unten, S. 992

Was erwartet der öffentliche Dienst vom 7. Deutschen Bundestag? (Vortrag)
Kundgebung des Kreisverbandes Unterwesterwald, Landesbund Rheinland-Pfalz im DBB
Montabaur. 1973 Januar 12
DBB-Archiv, Abt. Bulei 15000–17

Aktuelle beamtenpolitische Fragen (Vortrag)
Sitzung des Gesamtvorstandes der Bundesbankbeamten im DBB
Bergisch-Gladbach. 1973 Februar 2
DBB-Archiv, Abt. Bulei 15000–17

Zur Reform des öffentlichen Dienstrechts (Vortrag)
Dienstbesprechung mit leitenden Mitarbeitern der Stadtverwaltung Stuttgart
Stuttgart. 1973 Februar 21
DBB-Archiv, Abt. Bulei 15000–18

* Zur Reform des öffentlichen Dienstrechts aus der Sicht des DBB (Vortrag)
Kundgebung des DBB-Kreisverbandes Düsseldorf
Düsseldorf. 1973 März 13
DBB-Archiv, Abt. Bgst 143

Vortrag
Bezirksverband Köln des BDZ im DBB
Aachen. 1973 April 6
DBB-Archiv, Abt. Bulei 15000–18

Zur Reform des öffentlichen Dienstrechts aus der Sicht des DBB (Vortrag)
Arbeitssitzung der Ortsverbandsvorsitzenden des BDZ im DBB
Hahnenklee-Bockwiese.
1973 April 11
DBB-Archiv, Abt. Bulei 15000–18

Ansprache
Vertretertag des Landesbundes Berlin im DBB
Berlin. 1973 Mai 4
DBB-Archiv, Abt. Bulei 15000–18

Grußwort
Bezirkstag der GDBA-Essen im DBB
Essen. 1973 Mai 13
DBB-Archiv, Abt. Bulei 15000–18

Festansprache
Verbandstag des Bundes Deutscher Justizbeamten, Landesverband Nordrhein-Westfalen im DBB
Düsseldorf. 1973 Mai 15
DBB-Archiv, Abt. Bgst. 143

Grußwort
Veranstaltung aus Anlaß des 25jährigen Bestehens der GDBA im DBB
Frankfurt/M. 1973 Mai 23
DBB-Archiv, Abt. Bulei 15000–18

Brauchen unsere Städte noch Beamte? (Vortrag)
Versammlung des Zentralverbandes der Gemeindebeamten Bayerns
München. 1973 Mai 24
DBB-Archiv, Abt. Bulei 15000–18

Ansprache
Bundesdelegiertentag 1973 des Bundes der Versorgungsbeamten im DBB
München. 1973 Mai 24
DBB-Archiv, Abt. Bulei 15000–18

* Aktuelle beamtenpolitische Fragen (Vortrag)
Vertretertag des Bundes Deutscher Verwaltungsbeamtenverbände im DBB
Stuttgart. 1973 Mai 25
DBB-Archiv, Abt. Bulei 15000–18

Ansprache
Reform des öffentlichen Dienstrechts – aber wie?
Hamburg. 1973 Juni 4
DBB-Archiv, Abt. Bulei 15000–18

Grußwort
25jähriges Bestehen des Bundes der Deutschen Zollbeamten im DBB
Hamburg. 1973 Juni 6
DBB-Archiv, Abt. Bulei 15000–18

Reform des öffentlichen Dienstrechts aus der Sicht des DBB (Festansprache)
Kundgebung 25 Jahre Kreisausschuß Landshut des BBB im DBB
Landshut. 1973 Juni 15
DBB-Archiv, Abt. Bulei 15000–18

Beamtenpolitik des DBB (Rede)
Veranstaltung des VBB im DBB
Hannover. 1973 Juni 20
DBB-Archiv, Abt. Bulei 15000–19

Die Reform des öffentlichen Dienstrechts (Vortrag)
Staatspolitisches Bildungsseminar B-19 des BiSoWe des DBB
DBB-Bildungsstätte Langscheid. 1973 Juni 22
DBB-Archiv, Abt. Bulei 15000–18

Die Beamtenpolitik des DBB (Ansprache)
Bundesvertretertag des VBB im DBB
Koblenz. 1973 Juni 29
DBB-Archiv, Abt. Bgst 143

Aktuelle beamtenpolitische Fragen aus der Sicht des DBB (Rede)
Kundgebung des Kreiskartells Cuxhaven des Landesbundes Niedersachsen im DBB
Cuxhaven. 1973 August 31
DBB-Archiv, Abt. Bulei 15000–18

Zur Reform des öffentlichen Dienstrechts aus der Sicht des Deutschen Beamtenbundes (Vortrag)
Bezirkstag 1973 des BDZ-Bezirksverbandes Rheinland-Pfalz im DBB
Neustadt/Weinstraße. 1973 September 1
DBB-Archiv, Abt. Bulei 15000–18

* Reform des öffentlichen Dienstrechts unter Berücksichtigung der Rechtsverhältnisse der Lehrer (Rede)
Veranstaltung der Lehrerverbände des DBB
Bonn. 1973 September 5
DBB-Archiv, Abt. Bulei 15000–19

Zu aktuellen beamtenpolitischen Fragen (Grußwort)
Vertretertag des Landesbundes Schleswig-Holstein im DBB
Rendsburg. 1973 September 6
DBB-Archiv, Abt. Bulei 15000–19

Ansprache
13. Gewerkschaftstag der GDBA im DBB
Wiesbaden. 1973 September 10
DBB-Archiv, Abt. Bulei 15000–18

* Zu allgemeinen beamtenpolitischen Fragen (Ausführungen)
Bundesvorstandssitzung des Deutschen Philologenverbandes im DBB
Deidesheim. 1973 September 29
DBB-Archiv, Abt. Bulei 15000–19

Reform des öffentlichen Dienstrechts (Vortrag)
Kreisverband Warburg des Landesbundes Nordrhein-Westfalen im DBB
Warburg. 1973 Oktober 4
DBB-Archiv, Abt. Bulei 15000–19

Rede
Beisetzung des Herrn Joachim Gragert, Vorsitzender des Landesbundes Hamburg im DBB
Hamburg. 1973 Oktober 9
DBB-Archiv, Abt. Bulei 10131

* Der öffentliche Dienst in der Bundesrepublik Deutschland (Vortrag)
Studientagung des Ostkollegs der Bundeszentrale für politische Bildung in Köln zum Thema: Politik und Gesellschaft in Deutschland – Bundesrepublik Deutschland und DDR im Vergleich.
Köln. 1973 Oktober 10
DBB-Archiv, Abt. Bulei 15000–19

Personalratswahlen – Entscheidung über Interessenvertretung oder Machtanspruch (Kurzfassung des Vortrags)
Kundgebung des Kreisverbandes Düren des Landesbundes Nordrhein-Westfalen im DBB
Düren. 1973 Oktober 10
DBB-Archiv, Abt. Bulei 15000–19

Grußwort
Vertretertag des BRH im DBB
o.O. 1973 Oktober 11
DBB-Archiv, Abt. Bulei 15000–19

Der Einsatz des DBB für den technischen Dienst
Veranstaltung des Bundes Deutscher Vermessungsbeamten im DBB
Bielefeld. 1973 Oktober 12
DBB-Archiv, Abt. Bgst. 1965

Reform des öffentlichen Dienstrechts
Veranstaltung des Arbeitskreises »Öffentlicher Dienst« des CDU-Kreisverbandes Herzogtum Lauenburg
Ratzeburg. 1973 Oktober 31
DBB-Archiv, Abt. Bulei 15000–19

Zur Dienstrechtsreform und zu aktuellen Fragen der Beamten- und Tarifpolitik (Vortrag)
Kundgebung des DBB-Kreisverbandes Köln des Landesbundes Nordrhein-Westfalen im DBB
Köln. 1973 November 15
DBB-Archiv, Abt. Bulei 15000–19

Rede
Empfang aus Anlaß des 25jährigen Bestehens des Landesbundes Nordrhein-Westfalen des DBB
Düsseldorf. 1973 November 20
DBB-Archiv, Abt. Bulei 15000–19

Ansprache
19. Verbandstag des Komba im DBB
Bonn-Bad Godesberg. o.D. [1973]
DBB-Archiv, Abt. Bulei 15000–17

Einführungsansprache
16. beamtenpolitische Arbeitstagung
Bühler Höhe. 1974 Januar 10
DBB-Archiv, Abt. Bgst 500–3
Druck: vgl. unten, S. 993

Schlußwort
16. beamtenpolitische Arbeitstagung
Bühler Höhe. 1974 Januar 12
DBB-Archiv, Abt. Bulei 14999–13
Druck: vgl. unten, S. 993

Ausführungen zu Punkt 6 TO der Bundesvorstandssitzung des DBB zum »Konzept zur Realisierung der Reform des öffentlichen Dienstrechts« (Rede)
Bundesvorstandssitzung des DBB
Bonn-Bad Godesberg. 1974 Februar 11
DBB-Archiv, Abt. Bgst 500–3

Personalratswahlen – Entscheidung über Interessenvertretung oder Machtanspruch (Vortrag)
Kundgebung des VBB im DBB
Bundesministerium der Verteidigung. 1974 Februar 14
DBB-Archiv, Abt. Bulei 15000–19

Zu aktuellen beamtenpolitischen Fragen (Grußwort)
Vertretertag des Landesbundes Schleswig-Holstein im DBB
Rendsburg. 1974 März 15
DBB-Archiv, Abt. Bulei 15000–19

Grußwort
Veranstaltung aus Anlaß des 25jährigen Bestehens des Komba-Landesverbandes Nordrhein-Westfalen im DBB
Köln. 1974 März 16
DBB-Archiv, Abt. Bulei 15000–19

Grußwort
Vertretertag des Landesbundes Hessen im DBB
Wiesbaden. 1974 März 21
DBB-Archiv, Abt. Bulei 15000–19

Aktuelle beamtenpolitische Probleme (Festvortrag)
Vertretertag des Landesbundes Niedersachsen im DBB
Hannover. 1974 März 28
DBB-Archiv, Abt. Bulei 15000–19

Die Dienstrechtsreform auf der politischen Plattform (Rede)
Landesvertretertag des Landesbundes Niedersachsen im DBB
1974 März 28
DBB-Archiv, Abt. Bulei 15000–19

Modernes Beamtentum im demokratischen Rechtsstaat – zur gewerkschaftlichen Arbeit des DBB (Gesprächseinführung)
Mitarbeiterseminar des Landesbundes Nordrhein-Westfalen im DBB
Langscheid. 1974 März 29
DBB-Archiv, Abt. Bulei 15000–19

Aktuelle Fragen der Beamtenpolitik (Rede)
Vertretertag des Landesbundes Hamburg im DBB
Hamburg. 1974 April 18
DBB-Archiv, Abt. Bulei 15000–20

Ansprache
Veranstaltung des Landesbundes Rheinland-Pfalz im DBB
Koblenz. 1974 April 19
DBB-Archiv, Abt. Bulei 15000–20

Ansprache
Bundesvorstandssitzung des DBB
Darmstadt. 1974 April 30
DBB-Archiv, Abt. Bgst 500–25

Verwaltungsreform und Möglichkeiten ihrer Realisierung – Mündige Bürger bedenken ihre Lebens- und Arbeitsbedingungen für heute und morgen (Referat)
Studienwoche für Mitglieder des DBB in Zusammenarbeit mit dem BiSoWe
Bad Oeynhausen. 1974 April 29–Mai 3
DBB-Archiv, Abt. Bulei 15000–20

Ansprache
Delegiertentag 1974 des Landesbundes Nordrhein-Westfalen im DBB
Essen. 1974 Mai 17/18
DBB-Archiv, Abt. Bulei 15000–20

Ansprache
Vertretertag des BBB im DBB
München. 1974 Mai 20
DBB-Archiv, Abt. Bulei 15000–20

Reform des öffentlichen Dienstrechts (Vortrag)
Vertreterversammlung 1974 des Verbandes der Beamten der Bundesanstalt für Arbeit im DBB
Mainz. 1974 Mai 21
DBB-Archiv, Abt. Bulei 15000–20

Probleme der Leistung und Leistungsbemessung im öffentlichen Dienst (Rede)
Gesellschaftspolitisches Seminar des Walberberger Instituts in Zusammenarbeit mit dem Deutschen Bundeswehr-Verband »Der Soldat in der Leistungsgesellschaft«
o.O. 1974 Mai 27–31
DBB-Archiv, Abt. Bulei 15000–20

Die Beamtenschaft und der Selbsthilfegedanke im Spiegel der Zeiten (Vortrag)
o.O. o.D. [1974 Mai/Juni]
DBB-Archiv, Abt. Bgst 500–3

Zur Dienstrechtsreform und zu aktuellen beamtenpolitischen Fragen (Rede)
Kundgebung aus Anlaß des 25jährigen Bestehens des Ortskartells Osnabrück des Landesbundes Niedersachsen im DBB
Osnabrück. 1974 Juni 6
DBB-Archiv, Abt. Bulei 15000–20

Zu aktuellen Fragen der Beamtenpolitik (Rede)
13. Ordentlicher Vertretertag des Landesbundes Saar im DBB
Saarbrücken. 1974 Juni 7
DBB-Archiv, Abt. Bulei 15000–20

Die Reform des öffentlichen Dienstrechts aus der beamtenpolitischen Sicht (Vortrag)
8. staatspolitisches Bildungsseminar des Verbandes der Bundesbankbeamten im DBB
Hamburg-Rissen. 1974 Juni 17
DBB-Archiv, Abt. Bulei 15000–20

Die Aufgabe der Verbände in der pluralistischen Gesellschaft (Vortrag)
Studienwoche für Führungskräfte der DB und der GDBA im DBB
Bocholt (Europainstitut). 1974 Juni 20
DBB-Archiv, Abt. Bulei 15000–20

Grußwort
Bundesvertretertag 1974 des Komba im DBB
Coburg. 1974 Oktober 4
DBB-Archiv, Abt. Bulei 15000–20

Der öffentliche Dienst – ein finanzielles Schreckgespenst? (Rede)
Veranstaltung des Kreisausschusses Schweinfurt des BBB im DBB
Schweinfurt. 1974 Oktober 15
DBB-Archiv, Abt. Bulei 15000–20

Bezahlungssysteme im öffentlichen Dienst – Gesetz-Modell oder Gesetz-/Tarif-Modell? (Ansprache)
Tagung der Evangelischen Akademie Loccum
Loccum. 1974 Oktober 18–20
DBB-Archiv, Abt. Bulei 15000–20

Der öffentliche Dienst – ein willkommener Prügelknabe? (Rede)
Großkundgebung des Kreisausschusses Würzburg des BBB im DBB
Würzburg. 1974 Oktober 21
DBB-Archiv, Abt. Bulei 15000–20

Der öffentliche Dienst – ein willkommener Prügelknabe? (Rede)
Kundgebung des Kreisausschusses Nürnberg des BBB im DBB
Nürnberg. 1974 Oktober 22
DBB-Archiv, Abt. Bgst 500–25

Einführender Vortrag
Mitgliederversammlung des VBOB – Fachgruppe Bundeskanzleramt/Bundespräsidialamt – im DBB
Bonn. 1974 Oktober 28
DBB-Archiv, Abt. Bulei 15000–21

Grußwort
Vertreterversammlung der GtV im DBB
Bonn-Bad Godesberg. 1974 November 5
DBB-Archiv, Abt. Bulei 15000–21

Grußwort und Kurzreferat
3. Bundesjugendtag der PDB im DBB
Mainz. 1974 November 8
DBB-Archiv, Abt. Bulei 15000–21

Ansprache
Mitgliederversammlung der VBOB – Fachgruppe BMWi – im DBB
Bonn. 1974 November 14
DBB-Archiv, Abt. Bulei 15000–21

Grußwort
Vertreterversammlung des Deutschen Philologenverbandes im DBB
Freiburg. 1974 November 18
DBB-Archiv, Abt. Bulei 15000–21

Der öffentliche Dienst – ein willkommener Prügelknabe? (Rede)
Kundgebung des Bezirksverbandes Trier des Landesbundes Rheinland-Pfalz im DBB
Trier. 1974 November 21
DBB-Archiv, Abt. Bulei 15000–21

Forderungen zur Einkommensentwicklung im öffentlichen Dienst (Rede)
Veranstaltung des Komba Berlin aus Anlaß der Personalratswahlen
Berlin. 1974 November 26
DBB-Archiv, Abt. Bulei 15000–21

Einführungsansprache
17. beamtenpolitische Arbeitstagung
Bühler Höhe. 1975 Januar 9
DBB-Archiv, Abt. Bgst 500–4
Druck: vgl. unten, S. 993

Schlußwort
17. beamtenpolitische Arbeitstagung
Bühler Höhe. 1975 Januar 11
DBB-Archiv, Abt. Bulei 14999–14
Druck: vgl. unten, S. 993

Zu aktuellen Fragen der Beamtenpolitik (Rede)
Veranstaltung des FDP-Kreisverbandes
Bonn. 1975 Januar 29
DBB-Archiv, Abt. Bulei 15000–21

Zum Für und Wider der Besoldungsforderung des DBB für 1975 (Rede)
Veranstaltung des VBB im DBB
Bonn. 1975 Februar 17
DBB-Archiv, Abt. Bulei 15000–21

* Über aktuelle Fragen des öffentlichen Dienstes und insbesondere der Polizei (Rede)
4. Ordentlicher Landeskongreß der Polizeigewerkschaft im DBB-Landesverband Schleswig-Holstein
Plön. 1975 Februar 26
DBB-Archiv, Abt. Bulei 15000–21
Druck: vgl. unten, S. 993

Rede
Kundgebung des Bezirksverbandes Hessen des BDZ im DBB
Frankfurt. 1975 März 6
DBB-Archiv, Abt. Bulei 15000–21

Privater Wohlstand – öffentliche Armut (Rede)
43. Staatswissenschaftliche Fortbildungstagung der Hochschule in Speyer
Speyer. 1975 April 4
DBB-Archiv, Abt. Bulei 15000–21

Über aktuelle Fragen des öffentlichen Dienstes und insbesondere der Polizei (Vortrag)
Landeskongreß 1975 der PDB im DBB
Hamburg. 1975 April 5
DBB-Archiv, Abt. Bgst. 500–26
Druck: vgl. unten, S. 994

Über aktuelle und grundsätzliche Fragen des öffentlichen Dienstes (Rede)
Festveranstaltung des Kreiskartells Rotenburg des Landesbundes Niedersachsen im DBB
Rotenburg. 1975 April 12
DBB-Archiv, Abt. Bulei 15000–21

* Reform des öffentlichen Dienstrechts (Vortrag)
Sitzung des Ständigen Ausschusses »Organisations- und Grundsatzfragen« des BDZ im DBB
Hann. Münden. 1975 April 16
DBB Archiv, Abt. Bulei 15000–21
Druck: vgl. unten, S. 994

Grußwort
Kundgebung anläßlich des 8. Steuergewerkschaftstages im Congreß Centrum Hamburg
Hamburg. 1975 Mai 12
DBB-Archiv, Abt. Bulei 15000–21

Der öffentliche Dienst im Spannungsfeld der Politik (Vortrag)
Vertretertag 1975 des Landes-Komba Nordrhein-Westfalen im DBB
Paderborn. 1975 Mai 22
DBB-Archiv, Abt. Bulei 15000–21

Vortrag
Gesamtvorstandssitzung des DBB-Kreisverbandes Bonn des Landesbundes Nordrhein-Westfalen im DBB
Bonn. 1975 April 29
DBB-Archiv, Abt. Bulei 15000–21

Grußwort
5. Wissenschaftlicher Kongreß des Bundesverbandes der Ärzte des öffentlichen Gesundheitsdienstes im DBB und
1. Internationaler Kongreß der World Federation of Public Health Associations
Bonn-Bad Godesberg. 1975 Juni 4
DBB-Archiv, Abt. Bulei 15000–21

Grußwort
Generalversammlung der GDL im DBB
1975 Juni 5
DBB-Archiv, Abt. Bulei 15000–22

Streikrecht für die Beamten?
Veranstaltung des Kreisverbandes Euskirchen des Verbandes Bildung und Erziehung im DBB
Bad Münstereifel. 1975 Juni 9
DBB-Archiv, Abt. Bulei 15000–22

Grußwort
Delegiertenversammlung des Bundes Deutscher Forstmänner im DBB
Stuttgart. 1975 Juni 12
DBB-Archiv, Abt. Bulei 15000–22

* Grußwort
Öffentliche Veranstaltung des Bundesdelegiertentages der Polizeigewerkschaft im DBB
Bonn-Bad Godesberg. 1975 Juni 13
DBB-Archiv, Abt. Bulei 15000–21

Die Beamten im Spannungsfeld der Politik (Rede)
Bundeshauptversammlung des BDZ im DBB
Bonn-Bad Godesberg. 1975 Juni 19
DBB-Archiv, Abt. Bulei 15000–20

Ansprache
8. Bundesjugendtag 1975 der DBB-Jugend
Koblenz. 1975 Juni 19/20
DBB-Archiv, Abt. Bulei 15000–21

Geburtstagsrede für Ludwig Betzmeier zum 60. Geburtstag
Frankfurt am Main. 1975 Juni 30
DBB-Archiv, Abt. Bulei 15000–22

Der öffentliche Dienst im Spannungsfeld der Politik (Rede)
Vertretertag des Landesbundes Bremen im DBB
Bremen. 1975 September 5
DBB-Archiv, Abt. Bulei 15000–22

Öffentlicher Dienst – Dienst am Bürger (Vortrag)
Bezirkstag des DPV im DBB
Neuwied. 1975 September 7
DBB-Archiv, Abt. Bulei 15000–22

Ansprache
Veranstaltung des Landesbundes Saar im DBB aus Anlaß der Feier des 25jährigen Bestehens und der Feier des 65. Geburtstages des Landesbundesvorsitzenden Josef Fuhrmann
Saarbrücken. 1975 September 24
DBB-Archiv, Abt. Bulei 15000–22

Zur aktuellen Lage der Beamtenpolitik (Ansprache)
Sitzung des Hauptvorstandes des Bundes Deutscher Justizbeamten
Neuwied. 1975 September 26
DBB-Archiv, Abt. Bgst 500–26

Der öffentliche Dienst in der verfassungsmäßigen Ordnung der Bundesrepublik Deutschland (Vortrag)
Gemeinschaftsseminar A10/75 des DBB, des Deutschen Richterbundes und des Deutschen Bundeswehrverbandes (Thema: Beamte, Richter und Soldaten. Verwaltung, Rechtsprechung und Verteidigung in der freiheitlichen Demokratie)
Mayschoß/Ahr. 1975 September 29
DBB-Archiv, Abt. Bulei 15000–22

Grußwort
Frauenkongreß des DBB, öffentliche Veranstaltung
Bonn. 1975 Oktober 1
DBB-Archiv, Abt. Bulei 15000–22

Der öffentliche Dienst zwischen Spar- und Reformplänen (Rede)
Kundgebung des Kreisausschusses Nordoberpfalz des Landesbundes Rheinland-Pfalz im DBB
Weiden. 1975 Oktober 15
DBB-Archiv, Abt. Bulei 15000–22

Ansprache
Festveranstaltung aus Anlaß des 25jährigen Bestehens des Bezirksverbandes BMF des BDZ im DBB
Bonn-Bad Godesberg. 1975 Oktober 17
DBB-Archiv, Abt. Bulei 15000–22

Der öffentliche Dienst zwischen Spar- und Reformplänen (Rede)
Kundgebung des BBB im DBB
Passau. 1975 Oktober 20
DBB-Archiv, Abt. Bulei 15000–22

Das Berufsbeamtentum in der Kritik der Öffentlichkeit (Ansprache)
Kundgebung des Landesbezirksverbandes Süd-Baden des Landesbundes Baden-Württemberg im DBB
Freiburg i. Br. 1975 Oktober 22
DBB-Archiv, Abt. Bulei 15000–22

Möglichkeiten und Grenzen einer stärkeren Beteiligung des Personals und seiner Verbände im öffentlichen Dienst (Vortrag)
Seminar des Deutschen Bundeswehr-Verbandes im DBB
Walberberg (Albertus-Magnus-Akademie) 1975 Oktober 29
DBB-Archiv, Abt. Bulei 15000–22

Begrüßungs- und Eröffnungsrede
Bundesvertretertag 1975 des DBB
Hamburg. 1975 November 10
DBB-Archiv, Abt. Bgst 500–5

Ansprache
Bundesvertretertag 1975 des DBB, öffentliche Veranstaltung
Hamburg. 1975 November 10
DBB-Archiv, Abt. Bgst 500–5

Schlußwort
Bundesvertretertag 1975 des DBB
Hamburg. 1975 November 12
DBB-Archiv, Abt. Bgst 500–5

* Für Gerechtigkeit – gegen Diffamierung und Sonderopfer (Ansprache)
Großkundgebung des Landesbundes Rheinland-Pfalz im DBB
Koblenz. 1975 November 20
DBB-Archiv, Abt. Bulei 15000–22

Vortrag
Politisches Seminar der Staatsbürgerlichen Vereinigung 1974 e. V.
Bonn-Bad Godesberg. 1975 November 25
DBB-Archiv, Abt. Bulei 15000–22

Grußwort
Verbandstag 1975 des BGS-Verbandes im DBB
Kassel. 1975 November 27
DBB-Archiv, Abt. Bulei 15000–22

Aktuelle berufspolitische Fragen (Anprache)
Bezirkstag 1975 des DPV im DBB
Darmstadt. 1975 Dezember 2
DBB-Archiv, Abt. Bulei 15000–22

Fressen die Beamten den Staat auf? (Vortrag)
Veranstaltung des Juniorkreises der IHK Darmstadt
Darmstadt. 1975 Dezember 2
DBB-Archiv, Abt. Bulei 15000–22

Beamtenpolitik am Wendepunkt? (Rede)
Kundgebung des Verbandes der Beamten der Bundeswehr im DBB
Koblenz. 1975 Dezember 3
DBB-Archiv, Abt. Bulei 15000–22

Grußwort
Delegiertentag 1975 des Landesbundes Baden-Württemberg im DBB
o.O. 1975 Dezember 6
DBB-Archiv, Abt. Bulei 15000–22

Entwurf eines Statements
Parlamentarischer Abend des DBB
Bonn. 1975 Dezember 9
DBB-Archiv, Abt. Bgst 500–5

Geburtstagsrede für Werner Laude zum 50. Geburtstag
o.O. 1975
DBB-Archiv, Abt. Bulei 15000–22

* Grußwort
Vertreterversammlung des Verbandes Hochschule und Wissenschaft im DBB
Stuttgart. 1976 Januar 16
DBB-Archiv, Abt. Bgst 500–18

Die Arbeit des DBB nach dem Bundesvertretertag (Vortrag)
Veranstaltung des Landesbundes Nordrhein-Westfalen im DBB
Düsseldorf. 1976 Februar 19
DBB-Archiv, Abt. Bulei 15000–22

Beamtenpolitik 1976 – Herausforderung und Erwartung (Rede)
Veranstaltung des Verbandes der Beamten der Bundeswehr im DBB
Hannover. 1976 Februar 25
DBB-Archiv, Abt. Bulei 15000–22

Grußwort
13. Ordentlicher Vertretertag des Landesbundes Berlin im DBB
Berlin. 1976 März 17
DBB-Archiv, Abt. Bulei 15000–22

* Strafvollzug, Vollzugsbedienstete und Gesellschaft (Festvortrag)
Veranstaltung des Landesverbandes Rheinland-Pfalz des Bundes der Strafvollzugsbediensteten Deutschlands im DBB aus Anlaß seines 25jährigen Bestehens
Koblenz. 1976 April 30
DBB-Archiv, Abt. Bulei 15000–22

Beamtenpolitik 1976 – Herausforderung und Erwartung (Vortrag)
Großveranstaltung des Verbandes der Beamten der Bundeswehr im DBB
Oldenburg. 1976 Mai 5
DBB-Archiv, Abt. Bulei 15000–22

Dienstrechtsreform auf kaltem Wege? (Vortrag)
Veranstaltung des Verbandes der Beamten der Bundeswehr im DBB
Bonn (Bundesministerium der Verteidigung) 1976 Mai 6
DBB-Archiv, Abt. Bulei 15000–23

Aktuelle beamtenpolitische Fragen (Vortrag)
Bundesvertretertag des Bundes Deutscher Verwaltungsbeamten im DBB
Koblenz. 1976 Mai 21
DBB-Archiv, Abt. Bulei 15000–23

Der öffentliche Dienst im Spannungsfeld der Politik (Festvortrag)
Bundesdelegiertentag des Bundes der Versorgungsbeamten im DBB
Köln. 1976 Mai 26
DBB-Archiv, Abt. Bulei 15000–23

Möglichkeiten und Grenzen von Sparmaßnahmen im öffentlichen Dienst (Vortrag)
Arbeitstagung für Amtsinhaber der GDBA im DBB
Aachen. 1976 Juni 1
DBB-Archiv, Abt. Bulei 15000–23

Beamtenpolitik 1976 – Herausforderung und Erwartung (Vortrag)
Beamtenversammlung des Kreisverbandes Gütersloh des Landesbundes Nordrhein-Westfalen im DBB
Gütersloh. 1976 Juni 15
DBB-Archiv, Abt. Bulei 15000–23

* Die funktionale Verwaltungsreform (Vortrag)
Seminar des Bayerischen Beamtenbundes bei der Akademie für politische Bildung in Tutzing
Tutzing. 1976 September 8
DBB-Archiv, Abt. Bulei 15000–23

Vortrag
Veranstaltung der CDU
Plön. 1976 Juni 21
DBB-Archiv, Abt. Bulei 15000–23

Grundprobleme der Dienstrechtsreform (Vortrag)
Tagung der Akademie der Bundeswehr
Mannheim. 1976 Juni 28
DBB-Archiv, Abt. Bulei 15000–23

Gefahrenpunkte im öffentlichen Dienst – Haushaltsstrukturgesetz und Aktionsprogramm VBB Großveranstaltung
Stuttgart. 1976 Juni 30
DBB-Archiv, Abt. Bulei 15000–23

Der öffentliche Dienst im Spannungsfeld der Politik (Vortrag)
Veranstaltung des Kreisausschusses Regensburg des BBB im DBB
Regensburg. 1976 Juli 1
DBB-Archiv, Abt. Bulei 15000–23

Grußwort
13. Ordentlicher Verbandstag des Deutschen Postverbandes im DBB
Kiel. 1976 September 14–17
DBB-Archiv, Abt. Bulei 15000–23

Der öffentliche Dienst – Stiefkind der Politik (Vortrag)
Arbeitstagung des Landesbezirksverbandes Südwürttemberg-Hohenzollern
Tübingen. 1976 September 24
DBB-Archiv, Abt. Bulei 15000–23

Der öffentliche Dienst nach der Bundestagswahl (Vortrag)
Bezirkstag der GDBA-Saarbrücken
Kaiserslautern. 1976 Oktober 7
DBB-Archiv, Abt. Bulei 15000–23

Aktuelle Probleme der Berufspolitik (Vortrag)
Bezirkstag der GDBA-Hannover
Oldenburg. 1976 Oktober 13
DBB-Archiv, Abt. Bulei 15000–23

Aufgabe und Ziele der Gewerkschaften (Vortrag)
Herbstseminar des VHW im DBB
Bad Breisig. 1976 Oktober 30
DBB-Archiv, Abt. Bulei 15000–23

Die Bedeutung der Personalratsarbeit für den DBB und seine Verbände (Ansprache)
o.O. 1976 November 3
DBB-Archiv, Abt. Bulei 15000–23

Der öffentliche Dienst nach der Bundestagswahl (Festvortrag)
Bezirkstag der GDBA-Köln
Bonn-Bad Godesberg. 1976 November 15
DBB-Archiv, Abt. Bulei 15000–23

Einzelprobleme aus dem Bereich der Reformpolitik (Vortrag)
Bundesvorstandssitzung des BDF im DBB
Bad Münstereifel. 1976 November 15
DBB-Archiv, Abt. Bulei 15000–23

Was hat der öffentliche Dienst in der Zukunft zu erwarten? (Vortrag)
Großkundgebung des Landesbundes Nordrhein-Westfalen im DBB
o.O. 1976 November 18
DBB-Archiv, Abt. Bulei 15000–23

Dienstrechtsreform (Vortrag)
14. Bezirkstag der GDBA-Essen
Dortmund. 1976 November 19
DBB-Archiv, Abt. Bulei 15000–23

Grußwort
Empfang zum 20jährigen Bestehen der DBB-Jugend
o.O. 1976 November 26
DBB-Archiv, Abt. Bulei 15000–23

Privatisierung statt Reform?
Der öffentliche Dienst vor neuen Herausforderungen (Vortrag)
Veranstaltung des DBB-Kreisverbandes Kronach des BBB im DBB
Kronach/Bay. 1976 November 30
DBB-Archiv, Abt. Bulei 15000–23

Einführungsansprache
18. beamtenpolitische Arbeitstagung
Bad Kissingen. 1977 Januar 10
DBB-Archiv, Abt. Bulei 14999–16
Druck: vgl. unten, S. 995

Schlußwort
18. beamtenpolitische Arbeitstagung
Bad Kissingen. 1977 Januar 12
DBB-Archiv, Abt. Bulei 14999–16
Druck: vgl. unten, S. 995

Begrüßungsansprache
Parlamentarischer Abend des DBB
Bonn-Bad Godesberg. 1977 Januar 18
DBB-Archiv, Abt. Bulei (HA) 0–60–90

Lohnt es sich noch, Beamter zu sein? (Vortrag)
Großkundgebung des Kreisverbandes Olpe des Landesbundes Nordrhein-Westfalen im DBB
Olpe. 1977 Januar 19
DBB-Archiv, Abt. Bulei 15000–24

Die Möglichkeiten der Einflußnahme von Verbänden auf die politische Willensbildung in unserer Demokratie (Vortrag)
Seminar des Deutschen Bundeswehr-Verbandes
Walberberger Institut. 1977 Januar 24–28
DBB-Archiv, Abt. Bulei 15000–24

Ist der öffentliche Dienst reformierbar? Was muß sofort oder später geschehen? (Vortrag)
Veranstaltung der CDU-Mitglieder im DBB
Dortmund. 1977 Februar 26
DBB-Archiv, Abt. Bulei 15000–24

Neue Impulse für Vermögenspolitik des öffentlichen Dienstes
o.O. o.D. [1977 Februar/März]
DBB-Archiv, Abt. Bgst 1858

Wirtschaftliche und politische Gründe für das Wachstum der Personalratskosten im öffentlichen Dienst und Auswirkung der jetzigen Tarifrunde (Statement)
Podiumsdiskussion zum Thema »Finanzknappheit im öffentlichen Dienst – Modernisierung der Volkswirtschaft durch Rationalisierung des öffentlichen Dienstes?«
Bielefeld. 1977 März 3
DBB-Archiv, Abt. Bulei 15000–24

Gerechtigkeit für den öffentlichen Dienst – Resümee und Forderungen – (Vortrag)
Vertretertag des Landesbundes Schleswig-Holstein im DBB
Kiel. 1977 März 7
DBB-Archiv, Abt. Bulei 15000–24

Vortrag (interne Veranstaltung)
Vertretertag des Landesbundes Schleswig-Holstein des DBB
Kiel. 1977 März 8
DBB-Archiv, Abt. Bulei 15000–24

Der öffentliche Dienst – Stiefkind der Politik (Vortrag)
Landesvertretertag des Landesbundes Niedersachsen im DBB
Hannover. 1977 März 24
DBB-Archiv, Abt. Bulei 15000–24

Reform des Dienstrechts für den öffentlichen Dienst (Vortrag)
Vertretertag des Landesbundes Hessen im DBB
Frankfurt/M. 1977 März 29
DBB-Archiv, Abt. Bulei 15000–24

Grußwort
Bundesvertretertag des Verbandes der Beamten der Bundeswehr im DBB
Koblenz. 1977 April 28
DBB-Archiv, Abt. Bulei 15000–24

Kurzreferat
Delegiertentag des Landesbundes Nordrhein-Westfalen im DBB
Düsseldorf. 1977 April 30
DBB-Archiv, Abt. Bulei 15000–24

Vortrag
14. Ordentlicher Gewerkschaftstag der GDBA im DBB
Hamburg. 1977 Mai 4
DBB-Archiv, Abt. Bulei 15000–24

Der öffentliche Dienst als moderne Hoheits- und Leistungsverwaltung (Referat)
Bundesvertretertag des Bundes der Technischen Beamten im DBB
Hannover. 1977 Mai 6
DBB-Archiv, Abt. Bulei 15000–24

Ansprache
Delegiertentag des Bayerischen Beamtenbundes im DBB
München. 1977 Juni 3
DBB-Archiv, Abt. Bulei 15000–24

Ansprache
Vertretertag des Landesbundes Hamburg im DBB
Hamburg. 1977 Juni 9
DBB-Archiv, Abt. Bulei 15000–24

Rede
Bundesvertretertag des Bundes der Strafvollzugsbediensteten Deutschlands im DBB
Saarbrücken. 1977 Juni 10
DBB-Archiv, Abt. Bulei 15000–24

Vortrag
Vertretertag des Landesbundes Saar im DBB
Saarbrücken. 1977 Juni 24
DBB-Archiv, Abt. Bulei 15000–24

Rednotizen Alfred Krauses aufgrund des zusammengestellten Materials für eine Podiumsdiskussion anläßlich des gemeinsamen Seminars von DBB, DRB und DBwV
o.O. 1977 Juni 28
DBB-Archiv, Abt. Bulei 15000–24

Bedingungen grundgesetzgerechter Konfliktlösungen im öffentlichen Dienst (Vortrag)
Vortrag anläßlich des Gemeinschaftsseminars DBB, DRB und DBwV
Bad Neuenahr. 1977 Juni 29
DBB-Archiv, Abt. Bulei 15000–24

Grußwort
Bundesvertretertag des Komba im DBB
Siegen. 1977 Oktober 1
DBB-Archiv, Abt. Bulei 15000–25

Vortrag
Informationsabend des Landesbezirks Südbaden des Landesbundes Baden-Württemberg im DBB
Weil am Rhein. 1977 Oktober 4
DBB-Archiv, Abt. Bulei 15000–25

Ansprache
Kundgebung des Kreisverbandes Höxter des Landesbundes Nordrhein-Westfalen im DBB
Warburg. 1977 Oktober 7
DBB-Archiv, Abt. Bulei 15000–25

Grußwort
Bundesvertreterversammlung des Verbandes Bildung und Erziehung im DBB
o.O. 1977 Oktober 25
DBB-Archiv, Abt. Bulei 15000–25

Ansprache
Veranstaltung für Bundespersonalräte des Deutschen Postverbandes im DBB
Bonn. 1977 Oktober 26
DBB-Archiv, Abt. Bulei 15000–25

Klare Ziele für den öffentlichen Dienst (Vortrag)
Kundgebung des Bezirksverbandes Trier im Landesbund Rheinland-Pfalz im DBB
Trier. 1977 November 5
DBB-Archiv, Abt. Bulei 15000–25

Vortrag
Veranstaltung der Berliner Justizbeamtenverbände im DBB
Berlin. 1977 November 8
DBB-Archiv, Abt. Bulei 15000–25

Klare Ziele für den öffentlichen Dienst (Referat)
Öffentliche Mitgliederversammlung HVB der GDBA im DBB
Frankfurt/M. 1977 November 22
DBB-Archiv, Abt. Bulei 15000–25

Die aktuelle beamtenpolitische Situation (Vortrag)
Tagung des Ausschusses »Organisation und Grundsatzfragen«
Hann. Münden. 1977 Dezember 7
DBB-Archiv, Abt. Bulei 15000–25

Einführungsansprache
19. beamtenpolitische Arbeitstagung
Bad Kissingen. 1978 Januar 9
DBB-Archiv, Bulei 14999-17
Druck: vgl. unten, S. 995

Schlußwort
19. beamtenpolitische Arbeitstagung
Bad Kissingen. 1978 Januar 11
DBB-Archiv, Abt. Bulei 14999-17
Druck: vgl. unten, S. 995

Worauf es 1978 in der Berufspolitik für den öffentlichen Dienst ankommt (Rede)
Kundgebung des Kreisausschusses Landshut des BBB im DBB
Landshut. 1978 Februar 21
DBB-Archiv, Abt. Bulei 15000–25

Klare Ziele für den öffentlichen Dienst (Vortrag)
Kundgebung des Kreisausschusses Stadt und Land Bamberg des BBB im DBB
Bamberg. 1978 Februar 22
DBB-Archiv, Abt. Bulei 15000–25

Klare Ziele für den öffentlichen Dienst (Ansprache)
Kundgebung des Kreisverbandes Hochsauerland des Landesbundes Nordrhein-Westfalen im DBB
Arnsberg. 1978 März 7
DBB-Archiv, Abt. Bulei 15000–25

Statement
Parlamentarischer Abend des DBB
Bonn-Bad Godesberg. 1978 März 13
DBB-Archiv, Abt. Bgst 500–21

Aktuelle beamten- und tarifrechtliche Fragen unter Einbeziehung der Verhältnisse der DBB-Jugend (Vortrag)
7. Landesjugendtag der DBB-Jugend Baden-Württemberg
Offenburg. 1978 März 17
DBB-Archiv, Abt. Bulei 15000–25

Klare Ziele für den öffentlichen Dienst (Vortrag)
Bezirkstag 1978 des Bezirksverbandes Berlin des Bundes der Deutschen Zollbeamten im DBB
Berlin. 1978 März 30
DBB-Archiv, Abt. Bulei 15000–25

Zu aktuellen beamtenpolitischen Fragen unter Einbeziehung des Personalvertretungsrechts (Rede)
Versammlung des Kreisausschusses München des BBB im DBB
München. 1978 April 10
DBB-Archiv, Abt. Bulei 15000–26

Zu aktuellen beamtenpolitischen Fragen – insbesondere Anliegen der Nachwuchsbeamten (Ansprache)
Veranstaltung des Landesbundes Baden-Württemberg, des Bundes der Deutschen Zollbeamten und des Verbandes der Beamten der Bundeswehr im DBB
Sigmaringen. 1978 April 18
DBB-Archiv, Abt. Bulei 15000–26

Grußwort
Landesvertretertag 1978 des Landesbundes Rheinland-Pfalz im DBB
Mainz. 1978 April 21
DBB-Archiv, Abt. Bulei 15000–26

Grußwort
Öffentliche Veranstaltung des VBOB im DBB
Bonn. 1978 April 28
DBB-Archiv, Abt. Bulei 15000–26

Vortrag
Veranstaltung anläßlich des 30jährigen Bestehens des Landesbundes Nordrhein-Westfalen im DBB
Düsseldorf. 1978 Mai 10
DBB-Archiv, Abt. Bulei 15000–26

Der öffentliche Dienst im Zielkonflikt – Aktuelle Probleme der Berufs- und Reformpolitik in der öffentlichen Verwaltung (Vortrag)
Veranstaltung der IHK Hochrhein-Bodensee
Schopfheim. 1978 Mai 18
DBB-Archiv, Abt. Bulei 15000–26

Ist das Berufsbeamtentum 1978 die zeitgerechte Form der Organisation des öffentlichen Dienstes? (Vortrag)
Aktionskreis Wirtschaft-Politik-Wissenschaft e. V.
München. 1978 Mai 30
DBB-Archiv, Abt. Bulei 15000–26

Grußwort
9. Bundesjugendtag der DBB-Jugend
Oldenburg. 1978 Juni 1
DBB-Archiv, Abt. Bulei 15000–26

Ansprache
Bundeshauptversammlung des Bundes der Deutschen Zollbeamten im DBB
Braunschweig. 1978 Juni 8
DBB-Archiv, Abt. Bulei 15000–26

Beamtenrecht und Leistungsverwaltung (Vortrag)
Vortragsveranstaltung im Rahmen einer Serie »Neue soziale Fragen« bei der Gesamthochschule Paderborn
Paderborn. 1978 Juni 19
DBB-Archiv, Abt. Bulei 15000–26

Rede
Euro-Treff 78
Kiel. 1978 Juni 30
DBB-Archiv, Abt. Bulei 15000–26

Staat und Beamtentum – Aufgaben der Beamten in einer bürgernahen Verwaltung (Vortrag)
Fachtagung der CDU
Kiel. 1978 Juli 15
DBB-Archiv, Abt. Bulei 15000–27

Statement zum Thema Interessenvertretung – Parlament
Tagung der Evangelischen Akademie Tutzing
Tutzing. 1978 September 29
DBB-Archiv, Abt. Bulei 15000–27

Grußwort
2. Frauenkongreß des DBB
Bonn. 1978 Oktober 2
DBB-Archiv, Abt. Bulei 15000–27

Klare Ziele für den öffentlichen Dienst (Rede)
30jähriges Bestehen des Kreisverbandes Gelsenkirchen des Landesbundes Nordrhein-Westfalen im DBB
Gelsenkirchen. 1978 Oktober 3
DBB-Archiv, Abt. Bulei 15000–27

Die Reform des öffentlichen Dienstrechts aus der Sicht des Deutschen Beamtenbundes (Referat)
CDU/CSU-Arbeitskreis im BMF
Bonn. 1978 Oktober 4
DBB-Archiv, Abt. Bulei 15000–27

Vortrag
Landesdelegiertentag der PDB Niedersachsen im DBB
o. O. 1978 Oktober 5
DBB-Archiv, Abt. Bulei 15000–27

Rede
Bundesdelegiertentag der PDB im DBB
Duisburg. 1978 Oktober 12
DBB-Archiv, Abt. Bulei 15000–27

Der öffentliche Dienst – mehr Last als Leistung? (Referat)
Veranstaltung »Ratzeburger Begegnung« des DBB
Ratzeburg. 1978 Oktober 17
DBB-Archiv, Abt. Bulei 15000–27

Der öffentliche Dienst – Stiefkind der Politik (Vortrag)
Veranstaltung des Kreisverbandes Lippstadt und der GDBA-Ortsgruppe zum 25jährigen Bestehen der GDBA Lippstadt im DBB
Lippstadt. 1978 Oktober 20
DBB-Archiv, Abt. Bulei 15000–27

Grußwort
Bundesdelegiertenversammlung des BDF im DBB
Eltville. 1978 Oktober 25
DBB-Archiv, Abt. Bulei 15000–27

Grußwort
14. Deutscher Berufsschultag
Düsseldorf. 1978 November 3
DBB-Archiv, Abt. Bulei 15000–27

* Das Berufsbeamtentum gestern – heute – morgen. Thesen zur Dienstrechtsreform (Referat)
Hauptversammlung des Bundes Deutscher Forstmänner im DBB, Landesverband Hessen
Burg Gleiberg bei Gießen. 1978 November 8
DBB-Archiv, Abt. Bgst 500–22

Klare Ziele für den öffentlichen Dienst (Referat)
Großveranstaltung des VBB, Bereich BWB, im DBB
Koblenz. 1978 November 28
DBB-Archiv, Abt. Bulei 15000–27

Der öffentliche Dienst im Meinungsstreit (Vortrag)
Personalversammlung im Bundesministerium für Arbeit und Soziales
Bonn. 1978 November 30
DBB-Archiv, Abt. Bulei 15000–27

Grußwort
8. Ordentliche Vertreterversammlung der GtV im DBB
Düsseldorf. 1978 Dezember 1
DBB-Archiv, Abt. Bulei 15000–27

Die berufspolitische Situation an der Jahreswende aus der Sicht des Bundesvorsitzenden des Deutschen Beamtenbundes (Vortrag)
Informationstagung des BDF im DBB
Hübingen. 1978 Dezember 7
DBB-Archiv, Abt. Bulei 15000–27

Einführungsansprache
20. beamtenpolitische Arbeitstagung
Bad Kissingen. 1979 Januar 8
Druck: vgl. unten, S. 996

Schlußwort
20. beamtenpolitische Arbeitstagung
Bad Kissingen. 1979 Januar 10
Druck: vgl. unten, S. 996

Statement
Parlamentarischer Abend des DBB
Bonn-Bad Godesberg. 1979 Februar 15
DBB-Archiv, Abt. Bulei (HA) 0-60-90 A-Z

Öffentlicher Dienst 1979 – Bilanz und Auftrag der Berufspolitik im öffentlichen Dienst (Rede)
Veranstaltung anläßlich der Personalratswahlen im »Kreuzbau«
o.O. 1979 März 5
DBB-Archiv, Abt. Bulei 15000–28

Dienstrechtsreform (Vortrag)
Bundesbahndienst muß öffentlicher Dienst bleiben
Veranstaltung der GDBA im DBB
Hamburg. 1979 März 15
DBB-Archiv, Abt. Bulei 15000–28

Grußwort
Vertreterversammlung des VHW im DBB
Kiel. 1979 März 16
DBB-Archiv, Abt. Bulei 15000–28

Vortrag
Veranstaltung des VBOB und der PDB im Bundeskriminalamt im DBB
Wiesbaden. 1979 März 21
DBB-Archiv, Abt. Bulei 15000–28

Einleitende Worte
Veranstaltung des GDBA-Bezirks Berlin im DBB
Berlin. 1979 März 29
DBB-Archiv, Abt. Bulei 15000–28

Rede
Kreisjugendtag 1979 der DBB-Jugend, Kreisverband Düsseldorf, im DBB
Düsseldorf. 1979 April 6
DBB-Archiv, Abt. Bulei 15000–28

Berufspolitik für oder gegen den öffentlichen Dienst? (Rede)
Bezirksverband Essen der GDBA im DBB
Essen. 1979 April 18
DBB-Archiv, Abt. Bulei 15000–28

Öffentlicher Dienst 1979 – Bilanz und Auftrag der Berufspolitik im öffentlichen Dienst (Rede)
Veranstaltung des VBOB, Fachgruppe Auswärtiger Dienst, im DBB
Bonn. 1979 April 19
DBB-Archiv, Abt. Bulei 15000–28

Grußwort
9. Steuergewerkschaftstag der DStG im DBB
Stuttgart. 1979 April 23
DBB-Archiv, Abt. Bulei 15000–28

Aktuelle Probleme des öffentlichen Dienstes
Veranstaltung der GDBA Mainz, Ortsgruppe Zentrale Verkaufsleitung, im DBB
Mainz. 1979 April 24
DBB-Archiv, Abt. Bulei 15000–28

Statement
anläßlich einer Diskussionsveranstaltung
Frankfurt/M. 1979 Mai 2
DBB-Archiv, Abt. Bulei 15000–28

* Abschied von Reformen im öffentlichen Dienst? (Rede)
Veranstaltung des Orts- und Kreiskartells Oldenburg im DBB-Landesbund Niedersachsen
Oldenburg. 1979 Mai 10
DBB-Archiv, Abt. Bulei 15000–28

Grußwort
Landesverbandstag des Komba-Nordrhein-Westfalen im DBB
Aachen. 1979 Mai 18
DBB-Archiv, Abt. Bulei 15000–28

Ansprache
Bundesvertretertag des Bundes der Sozialversicherungsbeamten und -Angestellten im DBB
Bonn-Bad Godesberg. 1979 Mai 22
DBB-Archiv, Abt. Bulei 15000–28

Bürokratisierung – Entbürokratisierung (Ansprache)
Gemeinschaftsseminar der Bundesakademie für öffentliche Verwaltung im BMI und des DBB
Mayschoß. 1979 Juni 6
DBB-Archiv, Abt. Bulei 13537

Grußwort
Eröffnungsveranstaltung des 29. wissenschaftlichen Kongresses des Bundesverbandes der Ärzte des öffentlichen Gesundheitsdienstes im DBB
Malente. 1979 Juni 13
DBB-Archiv, Abt. Bulei 15000–28

Grußwort
Bundesvertetertag 1979 des Bundes der Strafvollzugsbediensteten Deutschlands im DBB
Bamberg. 1979 Juni 15
DBB-Archiv, Abt. Bulei 15000–28

Rede
Einweihung des Hauses der Deutschen Steuergewerkschaft im DBB
Bonn. 1979 Juni 18
DBB-Archiv, Abt. Bulei 12143

Grußwort
anläßlich des gemeinsamen Seminars DBB, DRG und DBwV
Bad Neuenahr. 1979 Juni 18/19
DBB-Archiv, Abt. Bulei 15000–28

Statement
Veranstaltung im Haus des DIHT (Deutscher Industrie- und Handelstag) anläßlich der Vorstellung des Buches »Schlankheitskur für den Staat«
Bonn. 1979 Juni 21
DBB-Archiv, Abt. Bulei 13514

Aktuelle Beamtenpolitik (Rede)
Mitarbeiterkonferenz des Landesbundes Berlin im DBB
Berlin. 1979 September 6
DBB-Archiv, Abt. Bulei 15000–29

Aktuelle Beamtenpolitik (Rede)
Mitgliederversammlung des Verbandes der Beamten der Bundeswehr im DBB
Hannover. 1979 September 6
DBB-Archiv, Abt. Bulei 15000–29

Entbürokratisierung – Schlagwort oder politisches Programm?
Vertretertag des Landesbundes Bremen im DBB
Bremen. 1979 September 19
DBB-Archiv, Abt. Bulei 15000–29
Druck: vgl. unten, S. 996

Ansprache
Veranstaltung des Bundesgrenzschutz-Verbandes im DBB
Bonn. 1979 September 25
DBB-Archiv, Abt. Bulei 15000-29

* Integration der Frauenarbeit in gemischten Verbänden – Wunschbild und Wirklichkeit (Vortrag)
Schulungsveranstaltung der Bundesfrauenvertretung des DBB
Wiesbaden. 1979 Oktober 5
DBB-Archiv, Abt. Bulei 15000–29

Grußwort
Eröffnungsveranstaltung des Bundesvertretertages 1979 des Bundes der Technischen Eichbeamten im DBB
Andernach. 1979 Oktober 12
DBB-Archiv, Abt. Bulei 15000–29

Grußwort
Eröffnungsfeier der Fachhochschule des Bundes für öffentliche Verwaltung
Bonn. 1979 Oktober 16
DBB-Archiv, Abt. Bulei 15000–29

Der Lehrerberuf im Spannungsfeld aktueller Berufspolitik (Ansprache)
Veranstaltung des Bayerischen Lehrer- und Lehrerinnen-Verbands Augsburg Land
Steppach. 1979 Oktober 17
DBB-Archiv, Abt. Bulei 15000–29

Grußwort
Bundesvertreterversammlung des Verbandes Bildung und Erziehung im DBB
Mainz. 1979 November 2–4
DBB-Archiv, Abt. Bulei 15000–29

Vortrag
Eröffnungsveranstaltung des Bundesvertretertages 1979 des Verbandes der Bundesbankbeamten im DBB
1979 November 30
DBB-Archiv, Abt. Bulei 15000–29

Grußansprache
Delegiertentag des Landesbundes Baden-Württemberg im DBB
Esslingen. 1979 Dezember 7/8
DBB-Archiv, Abt. Bulei 15000–29

Einführungsansprache
21. beamtenpolitische Arbeitstagung
Bad Kissingen. 1980 Januar 7
DBB-Archiv, Abt. Bulei 14999–21
Druck: vgl. unten, S. 997

Schlußwort
21. beamtenpolitische Arbeitstagung
Bad Kissingen. 1980 Januar 9
DBB-Archiv, Abt. Bulei 14999–21
Druck: vgl. unten, S. 997

Grußwort
4. Ordentliche Vertreterversammlung der GGVöD
Koblenz. 1980 Januar 23
DBB-Archiv, Abt. Bulei (HA) 0-30-30 (GtV)

Ansprache
Vertretertag des Landesbundes Berlin im DBB
Berlin. 1980 März 5
DBB-Archiv, Abt. Bulei 15000–30

Berufspolitik vor neuen Aufgaben (Kurzansprache)
Vertreterversammlung des Verbandes der Beamten der Obersten Bundesbehörden im DBB
Bonn. 1980 April 18
DBB-Archiv, Abt. Bulei 15000–30

Interessenvertretung im öffentlichen Dienst – Aufgabenstellung und Möglichkeiten der Verbände und Gewerkschaften in unserer Demokratie (Vortrag)
Veranstaltung des Verbandes der Bundesbankbeamten im DBB
Hann. Münden. 1980 April 23
DBB-Archiv, Abt. Bulei 15000–30

Vortrag
Bundesvertretertag 1980 des Bundes Deutscher Verwaltungsbeamten im DBB
Kassel. 1980 Mai 2
DBB-Archiv, Abt. Bulei 15000–30

Grußwort
Generalversammlung 1980 der GDL im DBB
Saarbrücken. 1980 Mai 6
DBB-Archiv, Abt. Bulei 15000–30

Grußwort
Eröffnungsveranstaltung des 30. wissenschaftlichen Kongresses des Bundesverbandes der Ärzte des öffentlichen Gesundheitswesens e. V. im DBB
Konstanz. 1980 Mai 7
DBB-Archiv, Abt. Bulei 12175

Aktuelle Probleme des öffentlichen Dienstes (Vortrag)
Vertretertag 1980 des Verbandes der Landesbeamten und -angestellten Nordrhein-Westfalens im DBB
Siegen. 1980 Mai 9
DBB-Archiv, Abt. Bulei 15000–30

Öffentlicher Dienst und Krisenmanagement: Alfred Krause zu aktuellen Fragen der Berufspolitik (Vortrag)
Kundgebung des VBB im Bundesministerium für Verteidigung
Bonn. 1980 Mai 28
DBB-Archiv, Abt. Bulei 15000–30

* Umweltschutz – Aufgabe für den öffentlichen Dienst (Ansprache)
Bundesvertretertag des Bundes der Technischen Beamten im DBB
Mainz. 1980 Mai 30
DBB-Archiv, Abt. Bulei 15000–30

Grußwort
Bundesvertretertag 1980 des Bundes der Strafvollzugsbeamten im DBB
Lübeck. 1980 Juni 6
DBB-Archiv, Abt. Bulei 15000–30

Grußwort
Bundesdelegiertentag 1980 des Bundes der Versorgungsbeamten im DBB
Rendsburg. 1980 Juni 13
DBB-Archiv, Abt. Bulei 15000–30

Rede
7. Sitzung des Bundesvorstands der GDBA im DBB
Köln. 1980 Juni 30/Juli 1
DBB-Archiv, Abt. Bulei 15000–30

Der künftige Weg des öffentlichen Dienstes (Vortrag)
14. Führungsseminar für Angehörige des höheren Verwaltungsdienstes der Hochschule für Verwaltungswissenschaften in Speyer
Speyer. 1980 September 15
DBB-Archiv, Abt. Bulei 15000–30

Grußwort
Gewerkschaftstag des Deutschen Postverbandes im DBB
Dortmund. 1980 September 17
DBB-Archiv, Abt. Bulei 15000–30

Leistungsgerechtigkeit – Leerformel oder Leitlinie der Berufspolitik im öffentlichen Dienst (Vortrag)
Veranstaltung der Vereinigung der Beamten des höheren Dienstes der DB
Bonn-Bad Godesberg. 1980 November 13
DBB-Archiv, Abt. Bulei 15000–30

Ansprache
Vertreterversammlung des Landesbundes Saar im DBB
Saarbrücken. 1980 November 14
DBB-Archiv, Abt. Bulei 15000–30

Aktuelle Probleme des öffentliche Dienstes (Vortrag)
Vertrauensleute- und Personalrätekonferenz des Bundes Deutscher Justizbeamten und des Verbandes der Justizvollzugsbediensteten Berlins im DBB
Berlin. 1980 November 18
DBB-Archiv, Abt. Bulei 15000–30

Grußwort
Eröffnungsveranstaltung der Bundesvertreterversammlung des Deutschen Philologenverbandes im DBB
Berlin. 1980 November 20
DBB-Archiv, Abt. Bulei 15000–30

Einführungsansprache
22. beamtenpolitische Arbeitstagung
Bad Kissingen. 1981 Januar 8
Druck: vgl. unten, S. 997

Schlußwort
22. beamtenpolitische Arbeitstagung
Bad Kissingen. 1981 Januar 10
DBB-Archiv, Abt. Bulei 14999–22
Druck: vgl. unten, S. 997

Zur Bedeutung der Personalvertretungen (Rede)
Schulungs- und Bildungsveranstaltung für Hauptpersonalräte bei den Innenministern der Länder bzw. des BMI
Bonn-Bad Godesberg. 1981 Januar 29
DBB-Archiv, Abt. Bulei (HA) 0-15-00

Statement
Parlamentarischer Abend des DBB
Bonn. 1981 Februar 19
DBB-Archiv, Abt. Bulei (HA), DBB/DRB/BBwV, Gemeinschaftsseminare
Druck: vgl. unten, S. 997

Gewerkschaftliche Erwartungen am Anfang der 80er Jahre (Rede)
15. Ordentlicher Landesvertretertag des Landesbundes Niedersachsen im DBB
Hanover. 1981 März 19
DBB-Archiv, Abt. Bulei 15000–31

Rede
Landesvertretertag 1981 des Landesbundes Schleswig-Holstein im DBB
Kiel. 1981 März 24
DBB-Archiv, Abt. Bulei 15000–31

Ansprache
Großkundgebung des Bundes der Ruhestandsbeamten und Hinterbliebenen im DBB im Rahmen des Bundesvertretertages
o.O. 1981 Mai 7
DBB-Archiv, Abt. Bulei 15000–31

Stillstand der Berufspolitik – Krise des öffentlichen Dienstes (Vortrag)
Delegiertentag des Landesbundes Nordrhein-Westfalen im DBB
Essen. 1981 Mai 8
DBB-Archiv, Abt. Bulei 15000–31

Vortrag
Jubiläumsveranstaltung des Verbandes der Bayerischen Staatsverwaltungsbeamten
Grafenau. 1981 Mai 15
DBB-Archiv, Abt. Bulei 15000–31

Rede
Landesvertretertag des Landesbundes Hessen im DBB
Frankfurt/M. 1981 Mai 18
DBB-Archiv, Abt. Bulei 15000–31

Statement
Podiumsdiskussion im Rahmen der Tagung für Führungskräfte im Bundesgrenzschutz zum Thema: »Zwischen Sicherheit und Freiheit: Wo steht, was tut, was soll die Polizei?«
Bad Neuenahr. 1981 Mai 19
DBB-Archiv, Abt. Bulei 15000–31

Grußwort
7. Bundesvertretertag des Verbandes der Beamten der Bundeswehr im DBB
Koblenz. 1981 Mai 21
DBB-Archiv, Abt. Bulei 15000–31

Grußwort
31. Wissenschaftlicher Kongreß des Bundesverbandes der Ärzte des Öffentlichen Gesundheitsdienstes im DBB
Garmisch-Partenkirchen. 1981 Juni 3
DBB-Archiv, Abt. Bulei 15000–31

Ansprache
Delegiertentag 1981 des BBB im DBB
Augsburg. 1981 Juni 5
DBB-Archiv, Abt. Bulei 15000–31

Ansprache
22. Bundeshauptversammlung des Bundes der Deutschen Zollbeamten im DBB
Stuttgart. 1981 Juni 11
DBB-Archiv, Abt. Bulei 15000–31

Statement
Gespräch mit Leitern der Fachhochschulen
Mayschoß/Ahr. 1981 Juni 14
DBB-Archiv, Abt. Bulei (HA) FH Fachhochschule

Referat
Bundesvertretertag 1981 des Bundes der Strafvollzugsbediensteten Deutschlands im DBB
Bad Dürkheim. 1981 Juni 18/19
DBB-Archiv, Abt. Bulei 15000–31

Statement
Expertengespräch über die Entwicklung von Wirtschaft und Finanzen
Bonn-Bad Godesberg. 1981 September 8
DBB-Archiv, Abt. Bulei 15000–31

Berufspolitische Perspektiven des DBB (Vortrag)
Bundesdelegiertenversammlung des Bundes Deutscher Forstmänner im DBB
Deidesheim. 1981 September 22
DBB-Archiv, Abt. Bulei 15000–31

Grußwort
18. Bundesvertretertag des Komba im DBB
Koblenz. 1981 September 25
DBB-Archiv, Abt. Bulei 15000–31

Grußansprache
25jähriges Jubiläum der Fachgruppe Bundeskriminalamt
Wiesbaden. 1981 Oktober 1
DBB-Archiv, Abt. Bulei 15000–31

Ansprache
10. Bundesjugendtag deer DBB-Jugend
Krefeld. 1981 Oktober 10
DBB-Archiv, Abt. Bulei 15000–31

Vortrag
Bezirksgewerkschaftstag des Deutschen Postverbandes im DBB
Andernach. 1981 Oktober 11
DBB-Archiv, Abt. Bulei 15000–31

Kommt uns der öffentliche Dienst zu teuer? – Der öffentliche Dienst zwischen neuen Aufgaben und Einsparungsdruck (Vortrag)
38. Zusammenkunft des Politischen Seminars
Bonn-Bad Godesberg. 1981 Oktober 27

* Auswirkungen neuer Technologien aus verbandspolitischer Sicht (Ansprache)
Technikerkongreß 1981 des DBB
Fellbach bei Stuttgart. 1981 Oktober 28
DBB-Archiv, Abt. Bulei 15000–31
Druck: vgl. unten, S. 997f.

Grußwort
15. Deutscher Berufsschultag des Bundesverbandes der Lehrer an beruflichen Schulen im DBB
Frankfurt/M. 1981 Oktober 30
DBB-Archiv, Abt. Bulei 15000–31

Vortrag
Großveranstaltung des VBB, Standortgruppe Landsberg, im DBB
Landsberg. 1981 November 13
DBB-Archiv, Abt. Bulei 15000–31
Druck: vgl. unten, S. 998

Eröffnungs- und Begrüßungsansprache
WIÖD-Fachtagung »Bürokratieüberwälzung«
Bonn. 1981 November 26
DBB-Archiv, Abt. Bulei 15000–31

Staat, öffentlicher Dienst und öffentliche Verwaltung im Spannungsfeld der Politik (Vortrag)
BiSoWe-Seminar A7/81
Bad Breisig. 1981 November 23
DBB-Archiv, Abt. Bulei 15000–31

* Europäische Zusammenarbeit der Berufsverbände und Gewerkschaften (Vortrag)
Europa-Seminar
Brüssel. 1981 November 27
DBB-Archiv, Abt. Bulei 15000–31

Einführungsansprache
23. beamtenpolitische Arbeitstagung
Bad Kissingen. 1982 Januar 7
DBB-Archiv, Abt. Bulei 14999–23
Druck: vgl. unten, S. 998

Schlußwort
23. beamtenpolitische Arbeitstagung
Bad Kissingen. 1982 Januar 12
DBB-Archiv, Abt. Bulei 14999–23
Druck: vgl. unten, S. 998

Ansprache
Mitgliederversammlung des VBOB, Fachgruppe Bundesministerium des Innern, im DBB
Bonn (Kasino des BMI). 1982 Januar 13
DBB-Archiv, Abt. Bulei 15000–32

Entwicklungspolitik aus der Sicht des DBB (Referat)
BiSoWe-Seminar
Berlin. 1982 Januar 18–20
DBB-Archiv, Abt. Bulei 15000–32

Rede
Veranstaltung aus Anlaß des 25jährigen Jubiläums des Magazins »Der junge Beamte«
Bonn-Bad Godesberg. 1982 Februar 11
DBB-Archiv, Abt. Bulei 15000–32

Zur aktuellen Situation des öffentlichen Dienstes in der Bundesrepublik Deutschland (Vortrag)
BiSoWe-Seminr
Dormagen. 1982 Februar 15
DBB-Archiv, Abt. Bulei 15000–32

Ansprache
Wahlveranstaltung der VBOB, Fachgruppe BZS, im DBB
Bonn-Bad Godesberg (Bundesamt für Zivilschutz). 1982 März 2
DBB-Archiv, Abt. Bulei 15000–32

Vortrag
Veranstaltung des Bereiches Schleswig-Holstein/Hamburg des VBB im DBB
Kiel. 1982 März 3
DBB-Archiv, Abt. Bulei 15000–32

Vortrag
Jahresmitgliederversammlung der Bezirksgruppe Berlin des VBOB im DBB
Berlin. 1982 März 5
DBB-Archiv, Abt. Bulei 15000–32

Ansprache
Landeskongreß der Polizeigewerkschaft Hamburg im DBB
Hamburg. 1982 März 10
DBB-Archiv, Abt. Bulei 15000–32

Statement
Parlamentarischer Abend 1982 des DBB
Bonn DBwV-Haus. 1982 März 1
DBB-Archiv, Abt. Bulei 15000–32

Vortrag
Veranstaltung der Fachgruppe BfV im Bundesamt für Verfassungsschutz
Köln. 1982 März 11
DBB-Archiv, Abt. Bulei 15000–32

Die Position des Deutschen Beamtenbundes im Hinblick auf die Arbeitsmarktlage und die Haushaltssituation in Bund, Ländern und Gemeinden (Vortrag)
29. Lehrgang zur Fortbildung von Führungskräften der Bundesakademie für öffentliche Verwaltung
Meckenheim-Merl. 1982 März 16
DBB-Archiv, Abt. Bulei 15000–32

Ansprache
Festveranstaltung des Landesbundes Rheinland-Pfalz im DBB
Mainz. 1982 April 23
DBB-Archiv, Abt. Bulei 15000–32

Ansprache
14. Delegiertentag des Landesverbandes Berlin der Polizeigewerkschaft im DBB
Berlin. 1982 April 29
DBB-Archiv, Abt. Bulei 15000–32

Grußwort
32. Wissenschaftlicher Kongreß des Bundesverbandes der Ärzte des öffentlichen Gesundheitsdienstes im DBB
Hannover. 1982 Mai 4–7
DBB-Archiv, Abt. Bulei 15000–32

Statement zum Thema »Innere Sicherheit«
Parlamentarischer Abend des DBB
Bonn-Bad Godesberg. 1982 Mai 11
DBB-Archiv, Abt. Bulei (HA) 0–60–90

Vortrag
Kongreß des Studienzentrums Weikersheim e. V.
Schloß Weikersheim. 1982 Mai 22/23
DBB-Archiv, Abt. Bulei 15000–32

Der öffentliche Dienst in Staat und Gesellschaft (Ansprache)
Beiratssitzung der Colonia-Versicherung
Köln. 1982 Mai 26
DBB-Archiv, Abt. Bulei 15000–32

Statement zum Entwurf eines dritten Gesetzes zur Änderung beamtenrechtlicher Vorschriften (Verfassungstreue)
Anhörungstermin beim Bundesminister des Innern
Bonn. 1982 Juni 8
DBB-Archiv, Abt. Bulei 15000–33

Grußwort
Bundesvertretertag des Bundes der Strafvollzugsbediensteten Deutschlands im DBB
Limburg. 1982 Juni 11
DBB-Archiv, Abt. Bulei 15000–33

Markt und Bürokratie (Vortrag)
FGM-Tagung 1982
Augsburg. 1982 Juli 16
DBB-Archiv, Abt. Bulei 15000–33

Rede
Großveranstaltung des DBB
Bonn, Münsterplatz. 1982 September 11
DBB-Archiv, Abt. Bulei 15000–33

Fortschritte, Hemmnisse, Notwendigkeiten – auf dem Weg zu einer gemeinsamen Politik in Europa (Vortrag)
BiSoWe-Seminar
Straßburg. 1982 September 15–18
DBB-Archiv, Abt. Bulei 15000–33

Eröffnungsstatement
Veranstaltung der Wirtschaftsjunioren
o.O. 1982 September 17
DBB-Archiv, Abt. Bulei 15000–33

Eröffnungsstatement
Podiumsdiskussion anläßlich eines Seminars der Deutschen Steuergewerkschaft im DBB
o.O. 1982 September 23
DBB-Archiv, Abt. Bulei 15000–33

Grußwort
9. Ordentlicher Vertretertag der GtV im DBB
Kiel. 1982 September 27/28
DBB-Archiv, Abt. Bulei 15000–33

* Grußwort
Dritter Frauenkongreß der Bundesfrauenvertretung im DBB
Bonn. 1982 Oktober 1
DBB-Archiv, Abt. Bulei 15000–33

Ein funktionsfähiger öffentlicher Dienst – Voraussetzung des sozialen Rechtsstaates (Referat)
GdS-Seminar
Sonthofen. 1982 Oktober 3–8
DBB-Archiv, Abt. Bulei 15000–33

Vortrag
Seminar für die Bundesvorstände von DSTG und BDZ im DBB
Sonthofen. 1982 Oktober 26
DBB-Archiv, Abt. Bulei 15000–33

Grußwort
Bundesvertreterversammlung des VBE im DBB
o.O. 1982 Oktober 29
DBB-Archiv, Abt. Bulei 15000–33

Statement
Klausurtagung von DBB, DRB und DBwV
Boppard/Rh. 1982 Oktober 30
DBB-Archiv, Abt. Bulei 15000–33

Grußwort
Bundesdelegiertentag 1982 der Polizeigewerkschaft im DBB
Lahnstein. 1982 November 5
DBB-Archiv, Abt. Bulei 15000–33

Statement
Bonner Forum' 82 der Wirtschaftswoche
Bonn. 1982 November 25
DBB-Archiv, Abt. Bulei 15000–33

»Innere Sicherheit« aus der Sicht des DBB (Vortrag)
Fachtagung S 2/82 des BiSoWe
Berlin. 1982 November 29
DBB-Archiv, Abt. Bulei 15000–33

Ansprache
Protestkundgebung des Landesbundes Baden-Württemberg im DBB
Stuttgart. 1982 November 30
DBB-Archiv, Abt. Bulei 15000–33

Einführende Worte
Arbeitskreis Angewandte Verwaltungswissenschaft
Bonn. 1982 Dezember 8
DBB-Archiv, Abt. Bulei 15000–33

Eröffnungsansprache
Arbeitstagung des WIÖD »Bürotätigkeit in der öffentlichen Verwaltung und technischer Wandel«
Bonn-Bad Godesberg. 1982 Dezember 8/9
DBB-Archiv, Abt. Bulei 15000–33

Einführungsansprache
24. beamtenpolitische Arbeitstagung
Bad Kissingen. 1983 Januar 6
Druck: vgl. unten, S. 998

Schlußwort
24. beamtenpolitische Arbeitstagung
Bad Kissingen. 1983 Januar 8
Druck: vgl. unten, S. 998

* Medien und öffentlicher Dienst – der Deutsche Beamtenbund im Spannungsfeld von Interessenvertretung und Interessendarstellung (Vortrag)
3. Fachtagung für Mitarbeiter von DBB-Presseorganen
Hennef/Sieg. 1983 Februar 7
DBB-Archiv, Abt. Bulei 15000–31
Druck: vgl. unten, S. 999

Vortrag
Veranstaltung des Landesbundes Nordrhein-Westfalen im DBB
Düsseldorf. 1983 Februar 17
DBB-Archiv, Abt. Bulei 15000–34

Möglichkeiten und Grenzen der Durchsetzung gewerkschaftlicher Interessen (Vortrag)
BiSoWe-Seminar (B8/83) für den Landesbund Bremen im DBB
Bassum. 1983 Februar 21
DBB-Archiv, Abt. Bulei 15000–34

Vortrag
Fortbildungsveranstaltung des Bundesministeriums der Verteidigung (vor Offizieren des Lufttransportgeschwaders 62)
Wunstorf. 1983 Februar 22
DBB-Archiv, Abt. Bulei 15000–34

Aktuelle Fragen des öffentlichen Dienstes (Rede)
Gesamtvorstandssitzung des Verbandes der Bundesbankbeamten im DBB
Frankfurt/M. 1983 April 14
DBB-Archiv, Abt. Bulei 15000–34

Rede
Bundesfrauenvertretertag des DBB
Bonn-Bad Godesberg. 1983 April 15
DBB-Archiv, Abt. Bulei 15000–34

Grußwort
Öffentliche Veranstaltung der Vertreterversammlung '83 des VHW im DBB
Regensburg. 1983 April 22
DBB-Archiv, Abt. Bulei 15000–34

Vortrag
Hauptversammlung 1983 des Bundes Deutscher Forstmänner, Landesverband Baden-Württemberg im DBB
Freudenstadt. 1983 April 28
DBB-Archiv, Abt. Bulei 15000–34

Ansprache
Vertreterversammlung 1983 des VBOB im DBB
Nürnberg. 1983 April 29
DBB-Archiv, Abt. Bulei 15000–34

Grußwort
Öffentliche Kundgebung der DStG im DBB zum 10. Steuer-Gewerkschaftstag
Hannover. 1983 Mai 3
DBB-Archiv, Abt. Bulei 15000–34

Grußwort
Landesverbandstag 1983 des Komba-Landesverbandes Nordrhein-Westfalen im DBB
Gütersloh. 1983 Mai 5/6
DBB-Archiv, Abt. Bulei 15000–34

Grußwort
14. Bundesrealschultag
Bonn-Bad Godesberg. 1983 Mai 6/7
DBB-Archiv, Abt. Bulei 15000–34

Statement
Parlamentarischer Abend des DBB
Bonn-Bad Godesberg. 1983 Mai 18
DBB-Archiv, Abt. Bulei (HA) 0–60–90

Unser Staat braucht Beamte (Vortrag)
Arbeitstagung der Bischöflichen Akademie des Bistums Aachen
Krefeld. 1983 Mai 30
DBB-Archiv, Abt. Bulei 15000–34

Grußwort
Bundesvertretertag der VBBA im DBB
Mannheim. 1983 Mai 31
DBB-Archiv, Abt. Bulei 15000–34

Ansprache
Bundesvertretertag des Bundes der Strafvollzugsbediensteten Deutschlands im DBB
Bremen. 1983 Juni 3
DBB-Archiv, Abt. Bulei 15000–34

Begrüßungsrede
Einweihung des neuen BSW-Gebäudes in Bayreuth, Mainstraße
Bayreuth. 1983 Juni 10
DBB-Archiv, Abt. Bulei 15000–34

Zur aktuellen Lage des öffentlichen Dienstes (Ansprache)
Arbeitsgemeinschaft christlich-demokratischer DBB-Gewerkschaften
Bonn. 1983 Juni 11
DBB-Archiv, Abt. Bulei 15000–34

Ansprache
50. deutschlandpolitisches Seminar des DBB-Kreisverbandes Bonn
Burg Lauenstein. 1983 Juni 18
DBB-Archiv, Abt. Bulei 15000–34

Vortrag
Landesvertretertag des Landesbundes Bremen im DBB
Bremen. 1983 August 30
DBB-Archiv, Abt. Bulei 15000–35

Vortrag
Mitgliederversammlung der Standortgruppe Hannover des VBB im DBB
Hannover. 1983 September 8
DBB-Archiv, Abt. Bulei 15000–35

Europa – Verpflichtung für alle! – Auftrag, Verpflichtung und Bewährung der Verbände und Gewerkschaften (Vortrag)
Internationales Seminar für Angehörige europäischer Zentralbanken und der Deutschen Bundesbank
Hamburg-Rissen. 1983 September 9.
DBB-Archiv, Abt. Bulei 15000–34

Erläuterung der DBB-Kritik an der ungerechten Sparpolitik anläßlich des Besuches von Bundeskanzler Dr. Helmut Kohl im DBB-Haus (Ansprache)
Bonn-Bad Godesberg. 1983 September 12
Druck: vgl. unten, S. 999

Ansprache
Studienseminar für das Lehramt am Gymnasium
Marburg 7 (Cappel). 1983 September 14
DBB-Archiv, Abt. Bulei 15000–34

Vortrag
Veranstaltung der Fachgruppe München (Bundesnachrichtendienst) des VBOB im DBB
München. 1983 September 22
DBB-Archiv, Abt. Bulei 15000–34

Maßnahmen des DBB zur Verhinderung der gegen die Beamten und Arbeitnehmer des öffentlichen Dienstes gerichteten Sparmaßnahmen der Bundesregierung (Vortrag)
Veranstaltung des Landesbundes Berlin im DBB (Personalrätekonferenz)
Berlin. 1983 September 22
DBB-Archiv, Abt. Bulei 15000–34

Ansprache
Empfang des Landesbundes Nordrhein-Westfalen und des Komba für Herrn Karhof (60. Geburtstag und Verleihung des Bundesverdienstkreuzes 1. Kl.)
Düsseldorf. 1983 September 26
DBB-Archiv, Abt. Bulei 15000–35

Ansprache
Verbandstag '83 des Bundesgrenzschutz-Verbandes im DBB
Bonn. 1983 September 28
DBB-Archiv, Abt. Bulei 15000–35

Aktuelle Berufspolitik im öffentlichen Dienst (Vortrag)
Dozententag des Landesbundes Rheinland-Pfalz im DBB
Bad Neuenahr. 1983 September 29
DBB-Archiv, Abt. Bulei 15000–35

Grußwort
75jähriges Bestehen des Verbandes der Lehrer an Wirtschaftsschulen im DBB
o.O. 1983 Oktober
DBB-Archiv, Abt. Bulei 15000–35

Vortrag
Mitgliederversammlung der Fachgruppe Deutscher Bundestag des VBOB im DBB
Bonn. 1983 Oktober 3
DBB-Archiv, Abt. Bulei 15000–35

Loyalität ist keine Einbahnstraße – Der öffentliche Dienst braucht sachgerechte Entscheidungen – (Ansprache)
Kundgebung im Rahmen der Warburger Oktoberwoche
Warburg. 1983 Oktober 7
DBB-Archiv, Abt. Bulei 15000–35

Einführende Worte
Gemeinschaftsseminar von DBB, DRB und DBwV
Bonn-Bad Godesberg. 1983 Oktober 8
DBB-Archiv, Abt. Bulei 15000–35

Ansprache
Bundespersonalrätekonferenz 1983 des Deutschen Postverbandes im DBB
Bonn-Bad Godesberg. 1983 Oktober 10
DBB-Archiv, Abt. Bulei 15000–35

Ansprache
Kundgebung des Kreisverbandes Warendorf des Landesbundes Nordrhein-Westfalen im DBB
Ahlen. 1983 Oktober 11
DBB-Archiv, Abt. Bulei 15000–35

Kurzvortrag zur aktuellen Lage
Hauptversammlung der Bundesfrauenvertretung im DBB
Brakel b. Höxter. 1983 Oktober 14
DBB-Archiv, Abt. Bulei 15000–35

Wie beamtenfeindlich ist die Regierungspolitik? (Vortrag)
Veranstaltung des Zentrums für Arbeitnehmerbildung – ZAK –
Königswinter. 1983 Oktober 15
DBB-Archiv, Abt. Bulei 15000–35

Rede
Sitzung des Landeshauptvorstandes des Landesbundes Schleswig-Holstein im DBB
Kiel. 1983 Oktober 18
DBB-Archiv, Abt. Bulei 15000–35

Ansprache
Veranstaltung des BBB-München im DBB
München. 1983 Oktober 19
DBB-Archiv, Abt. Bulei 15000–35

Grußwort
100jähriges Gründungsfest des Verbandes Bayerischer Staatsverwaltungsbeamten
München. 1983 Oktober 20
DBB-Archiv, Abt. Bulei 15000–35

Rede
Sitzung der Komba Nordrhein-Westfalen im DBB
Bonn-Bad Godesberg. 1983 Oktober 25
DBB-Archiv, Abt. Bulei 15000–35

Der öffentliche Dienst als Gegenstand haushaltspolitischer Experimente (Eröffnungsansprache)
Bundesvertretertag 1983 des DBB
Karlsruhe. 1983 November 10
Druck: vgl. unten, S. 999

Fürsorgeverantwortung statt Finanzbuchhaltermentalität (Schlußwort auf der Eröffnungsveranstaltung)
Bundesvertretertag 1983 des DBB
Karlsruhe. 1983 November 10
Druck: vgl. unten, S. 999

Solidarisch in die Zukunft (Schlußwort)
Bundesvertretertag 1983 des DBB
Karlsruhe. 1983 November 12
Druck: vgl. unten, S. 999

Eröffnungs- und Begrüßungsrede
Seminar mit britischen Vertretern aus dem Bereich des Strafvollzugs
Bad Neuenahr. 1983 November 16–18
DBB-Archiv, Abt. Bulei 15000–35

Einführende Worte
Seminar mit Repräsentanten der britischen Zoll- und Steuergewerkschaft
Bonn-Bad Godesberg. 1983 November 20–22
DBB-Archiv, Abt. Bulei 15000–36

Sparpolitik und öffentlicher Dienst (Ansprache)
Veranstaltung des Kreisausschusses Oldenburg des Landesbundes Niedersachsen im DBB
Oldenburg. 1983 November 28
DBB-Archiv, Abt. Bulei 15000–36

Grußwort
10jähriges Bestehen des BiSoWe des DBB-Kreisverbandes Bonn
Bonn-Bad Godesberg. 1983 Dezember 1
DBB-Archiv, Abt. Bulei 15000–36

Grußwort
Delegiertentag des Landesbundes Baden-Württemberg im DBB
Sindelfingen. 1983 Dezember 2/3
DBB-Archiv, Abt. Bulei 15000–36

Vorschlag für ein Statement
Podiumsdiskussion auf dem Delegiertentag des Landesbundes Baden-Württemberg im DBB
Sindelfingen. 1983 Dezember 2/3
DBB-Archiv, Abt. Bulei 15000–36

Vortrag
Mitgliederversammlung des VLW Schleswig-Holstein im DBB
Kiel. 1983 Dezember 7
DBB-Archiv, Abt. Bulei 15000–36

Begrüßung der Teilnehmer (Ansprache)
Seminar »Innere Sicherheit im Spannungsfeld von Gewalt und Freiheit«
Stuttgart. 1983 Dezember 11
DBB-Archiv, Abt. Bulei 15000–36

Eröffnungsansprache
25. beamtenpolitische Arbeitstagung
Bad Kissingen. 1984 Januar 9
Druck: vgl. unten, S. 999

Schlußwort
25. beamtenpolitische Arbeitstagung
Bad Kissingen. 1984 Januar 10
Druck: vgl. unten, S. 999

Aktuelle Probleme des öffentlichen Dienstes
Seminar des BisoWe
Bad Münstereifel-Langscheid. 1984 Januar 16
DBB-Archiv, Abt. Bulei 15000–36

Das Image des öffentlichen Dienstes als Herausforderung für Presse- und Öffentlichkeitsarbeit (Vortrag)
Fachtagung der Presse, Seminar F1/84
Berlin. 1984 Februar 13
DBB-Archiv, Abt. Bulei 15000–36

Zur aktuellen Lage des öffentlichen Dienstes (Vortrag)
Vertreter-Versammlung des Landesbundes Saar im DBB
Saarbrücken. 1984 März 16
DBB-Archiv, Abt. Bulei 15000–36

Die Aufgaben des öffentlichen Dienstes im Wandel von Staat und Gesellschaft (Vortrag)
Lehrertage 1984 des VBE im DBB
Dortmund. 1984 März 26
DBB-Archiv, Abt. Bulei 15000–36

Der öffentliche Dienst auf dem Prüfstand (Ansprache)
Arbeitstagung für Führungskräfte der GDBA, Bundesvorstand Frankfurt/M., im DBB
Mönchengladbach. 1984 April 11
DBB-Archiv, Abt. Bulei 15000–36

Erwiderung auf die Ansprache des Finanzministers von Schleswig-Holstein, Roger Asmussen (Rede)
Bundeshauptvorstandssitzung des DBB
Travemünde. 1984 Mai 4
DBB-Archiv, Abt. Bulei 15000–36

Grußwort
34. Wissenschaftlicher Kongreß des Bundesverbandes der Ärzte des öffentlichen Gesundheitsdienstes im DBB
Hamburg. 1984 Mai 10
DBB-Archiv, Abt. Bulei 15000–37

Vortrag
Vertretertag 1984 der Deutschen Verwaltungsgewerkschaft im DBB
Detmold. 1984 Mai 18
DBB-Archiv, Abt. Bulei 15000–37

Ansprache
Vertretertag des Landesbundes Berlin im DBB
Berlin. 1984 Mai 21
DBB-Archiv, Abt. Bulei 15000–37

Vortrag
Bundesvertretertag der GdS im DBB
Bonn. 1984 Mai 28
DBB-Archiv, Abt. Bulei 15000–37

Der öffentliche Dienst – Spielball der Politik (Vortrag)
Veranstaltung des Kreisverbandes Dortmund des Landesbundes Nordrhein-Westfalen im DBB
Dortmund. 1984 Mai 29
DBB-Archiv, Abt. Bulei 15000–37

Ansprache
Bundesdelegiertentag 1984 des Bundes der Versorgungsbeamten im DBB
Freiburg. 1984 Mai 30
DBB-Archiv, Abt. Bulei 15000–37

Der öffentliche Dienst und die Wirtschaft (Vortrag)
43. Tagungswoche des Politischen Seminars der staatsbürgerlichen Vereinigung
Bonn-Bad Godesberg. 1984 Juni 5
DBB-Archiv, Abt. Bulei 15000–37

Statement
Besuch einer Delegation aus Quebec im DBB-Haus
Bonn-Bad Godesberg. 1984 Juni 14
DBB-Archiv, Abt. Bulei (HA) 0–51–75, 80, 85, 90, 95, 96

Grußwort
Euro-Treff 1984
Kiel. 1984 Juni 20
DBB-Archiv, Abt. Bulei 15000–36

Wo steht der öffentliche Dienst heute?
700-Jahr-Feier der Stadt Flensburg
Flensburg (Kraftfahrt Bundesamt). 1984 Juni 21
DBB-Archiv, Abt. Bulei 15000–37

Statement (Plädoyer für einen leistungsfähigen öffentlichen Dienst)
Pressekonferenz
o.O. 1984 September 3
DBB-Archiv, Abt. Bulei 15000–37
Druck: vgl. unten, S. 999

Vortrag
Mitgliederversammlung des Ortsverbandes St. Annen des BDZ im DBB
St. Annen. 1984 September 4
DBB-Archiv, Abt. Bulei 15000–37

Vortrag
15. Gewerkschaftstag des Deutschen Postverbandes im DBB
Berlin. 1984 September 13
DBB-Archiv, Abt. Bulei 15000–37

Gewerkschaftliche Interessenvertretung in Institutionen der EG am Beispiel des Deutschen Beamtenbundes (Statement)
o.O. 1984 September 14
DBB-Archiv, Abt. Bulei 15000–37

Vortrag
Veranstaltung der Fachgruppe Deutscher Bundestag des VBOB im DBB
Bonn. 1984 September 26
DBB-Archiv, Abt. Bulei 15000–37

Ansprache
Parlamentarischer Abend des DBB
Bonn-Bad Godesberg. 1984 Oktober 2
DBB-Archiv, Abt. Bulei 15000–37

Zur aktuellen Lage des öffentlichen Dienstes (Ansprache)
BiSoWe-Seminar für Mitglieder der Frauenvertretung des DBB
Bonn. 1984 Oktober 3
DBB-Archiv, Abt. Bulei 15000–37

Ansprache
Werkstattgespräch »Computer und Bildung«
Bad Neuenahr. 1984 Oktober 3/4
DBB-Archiv, Abt. Bulei 15000–37

Zur aktuellen Situation des öffentlichen Dienstes und die Konsequenzen für seine Interessenvertretung
Seminar B 72a/84 (»Interessenvertretung im öffentlichen Dienst« – Leistungen, Herausforderungen und Perspektiven) für Mitglieder des VBOB im DBB
Ehlscheid. 1984 Oktober 5
DBB-Archiv, Abt. Bulei (HA) 0–41–05, 06 (6/1981-)

Statement
Kreisjugendtag und 25jähriges Jubiläum der DBB-Jugend Bonn
Bonn-Bad Godesberg. 1984 Oktober 16
DBB-Archiv, Abt. Bulei 15000–37

Aktuelle Probleme des öffentlichen Dienstes (Ansprache)
Seminar des BDZ im DBB
Sonthofen. 1984 Oktober 23
DBB-Archiv, Abt. Bulei 15000–37

Aktuelle Fragen des öffentlichen Dienstes (Vortrag)
Sitzung des Gesamtvorstandes des VDB im DBB
Hachenburg. 1984 Oktober 30
DBB-Archiv, Abt. Bulei 15000–37

Referat
Jahrestagung 1984 des Bezirks Nordwest des Fachverbandes Wasser- und Schiffahrtsverwaltung im DBB
Bremerhaven. 1984 November 6
DBB-Archiv, Abt. Bulei 15000–37

Vortrag
Hauptvorstandssitzung des Landesbundes Nordrhein-Westfalen im DBB
Düsseldorf. 1984 November 11
DBB-Archiv, Abt. Bulei 15000–38

Vortrag
Vertreterversammlung des Deutschen Lehrerverbandes Hessen im DBB
Frankfurt/M. 1984 November 14
DBB-Archiv, Abt. Bulei 15000–37

Der öffentliche Dienst und seine Zukunft (Vortrag)
Großveranstaltung des Ortskartells Meppen des Landesbundes Niedersachsen im DBB
Meppen. 1984 November 28
DBB-Archiv, Abt. Bulei 15000–37

Begrüßungsansprache
Eröffnung des Bildungszentrums am 11. 12. 1984
Königswinter-Thomasberg. 1984 Dezember 11
DBB-Archiv, Abt. Bulei 15000–37.
Druck: vgl. unten, S. 999

Eröffnungsrede
Gemeinschaftsseminar der Bundesakademie für öffentliche Verwaltung und des DBB
Königswinter-Thomasberg. 1984 Dezember 17
DBB-Archiv, Abt. Bulei 15000–37

Zur Lage des öffentlichen Dienstes (Referat)
Hauptausschußsitzung des BBB im DBB
München. 1984 Dezember
DBB-Archiv, Abt. Bulei 15000–37

Redemanuskript
Projektgruppe »Medienpolitik«
o.O. o.D. (1984)
DBB-Archiv, Abt. Bulei 15000–34

Grußwort
Deutscher Philologentag 1984
o.O. o.D. [1984]
DBB-Archiv, Abt. Bulei 15000–35

Herausforderung der Technik an unsere Gesellschaft (Statement)
Podiumsdiskussion im Rahmen des Seminars »Herausforderung der Technik an unsere Gesellschaft«
o.O. o.D. [1984]
DBB-Archiv, Abt. Bulei 15000–35

Rede
Gerhard Schmidt zum Jubiläum
o.O. o.D. [1984]
DBB-Archiv, Abt. Bulei 15000–37

Einführungsansprache
26. beamtenpolitische Arbeitstagung
Bad Kissingen. 1985 Januar 7
Druck: vgl. unten, S. 1000

Schlußwort
26. beamtenpolitische Arbeitstagung
Bad Kissingen. 1985 Januar 8
Druck: vgl. unten, S. 1000

Grußwort
Feier zum 75. Jahrestag der Gewerkschaftsbewegung der öffentlichen Funktion in Luxemburg
o.O. [Luxemburg]. 1985 Januar 18
DBB-Archiv, Abt. Bulei 15000–38

Rede
Feier zum 65. Geburtstag von Alois Zehnder
o.O. 1985 Januar 21
DBB-Archiv, Abt. Bulei 15000–38

Referat
Kundgebung des Bundes der Deutschen Zollbeamten im DBB
Passau. 1985 Januar 24
DBB-Archiv, Abt. Bulei 15000–38

Staatliche Aufgabenentwicklung und öffentlicher Dienst (Vortrag)
Gemeinsames Seminar des DBB und des Bundesverbandes der Freien Berufe
Königswinter-Thomasberg. 1985 März 12
DBB-Archiv, Abt. Bulei 15000–38

Staatsdiener – in der Haftung für diesen Staat? (Ansprache)
Vertretertag des Landesbundes Niedersachsen im DBB
Hannover. 1985 März 14
DBB-Archiv, Abt. Bulei 15000–38

Grußwort [nicht gehalten, weil an Teilnahme verhindert]
Bezirkstag der GDBA-Essen im DBB
Dortmund. 1985 März 15
DBB-Archiv, Abt. Bulei 15000–38

Ansprache
Landesvertretertag des Landesbundes Hamburg im DBB
Hamburg. 1985 April 11
DBB-Archiv, Abt. Bulei 15000–38

Vortrag
Veranstaltung des Bezirksverbandes Starkenburg des Landesbundes Hessen im DBB
Darmstadt. 1985 April 16
DBB-Archiv, Abt. Bulei 15000–38

Einführung neuer Technologien in die öffentliche Verwaltung (Rede)
Veranstaltung der CDA
o.O. 1985 April 19
DBB-Archiv, Abt. Bulei 15000–38

Leistung und angemessene Bezahlung – auch im öffentlichen Dienst?
Bezirkstag der GDBA-Hannover im DBB
Delmenhorst. 1985 April 25
DBB-Archiv, Abt. Bulei 15000–38

Ansprache
Landesvertretertag des Landesbundes Hessen im DBB
Frankfurt/M. 1985 Mai 6
DBB-Archiv, Abt. Bulei 15000–38

Grußwort
Kundgebung des BRH im DBB
Bonn-Bad Godesberg. 1985 Mai 9
DBB-Archiv, Abt. Bulei 15000–38

* Grußansprache
Festveranstaltung des Bundesverbandes der Ärzte des öffentlichen Gesundheitsdienstes im DBB
Berlin. 1985 Mai 21
DBB-Archiv, Abt. Bulei 15000–38
Druck: vgl. unten, S. 1000

Neue Technologien und Personalvertretung (Rede)
Symposium
o.O. 1985 Mai 22
DBB-Archiv, Abt. Bulei 15000–38

Einführende Worte
Sitzung des Hauptvorstands des VBOB im DBB
Königswinter-Thomasberg. 1985 Mai 31
DBB-Archiv, Abt. Bulei 15000–38

Statement
Gespräch mit dem Bundesminister für Arbeit und Sozialordnung
Bonn-Bad Godesberg. 1985 Juni 5
DBB-Archiv, Abt. Bulei (HA) 0–60–10

Ansprache
Delegiertentag 1985 des Landesbundes Nordrhein-Westfalen im DBB
Essen. 1985 Juni 7
DBB-Archiv, Abt. Bulei 15000–38

Vortrag
Bundeshauptversammlung des BDZ im DBB
Kiel. 1985 Juni 13
DBB-Archiv, Abt. Bulei 15000–38

Grußwort
Delegiertentag 1985 des BBB im DBB
München. 1985 Juli 12
DBB-Archiv, Abt. Bulei 15000–38

Statement
Herbst-Symposium des Verbandes Hochschule und Wissenschaft im DBB – Nachwuchs für die Wissenschaft – Zukunftssorge oder Ausnutzung?
Königswinter-Thomasberg. 1985 September
DBB-Archiv, Abt. Bulei 15000–38

Die aktuelle Lage des öffentlichen Dienstes (Vortrag)
Seminar B 81/85 für Mitglieder des Landesbundes Hessen im DBB, Thema: »Öffentlicher Dienst im Brennpunkt – Bedeutung und Funktion des Berufsbeamtentums im politischen System«
Königswinter-Thomasberg. 1985 September 12
DBB-Archiv, Abt. Bulei 15000–38

Vortrag
Veranstaltung des Bundesvorstands des Bundes Deutscher Justizbeamten im DBB
Hofgeismar. 1985 September 26
DBB-Archiv, Abt. Bulei 15000–38

Grußwort
Bundesvertretertag des Komba im DBB
Wiesbaden. 1985 September 27
DBB-Archiv, Abt. Bulei 15000–38

Grußwort
21. Bundestagung der CDA
Saarbrücken. 1985 Oktober 4
DBB-Archiv, Abt. Bulei 15000–38

Ansprache
16. Gewerkschaftstag der GDBA im DBB
o.O. 1985 Oktober 7
DBB-Archiv, Abt. Bulei 15000–38

Grußwort
8. Bundesvertretertag des Verbandes der Beamten der Bundeswehr im DBB
o.O. 1985 Oktober 16
DBB-Archiv, Abt. Bulei 15000–38

Vortrag
11. Bundesjugendtag der DBB-Jugend
Limburg. 1985 Oktober 18
DBB-Archiv, Abt. Bulei 15000–38

Grußwort
Bundesvertretertag des VBE im DBB
Würzburg. 1985 Oktober 25
DBB-Archiv, Abt. Bulei 15000–38

Vortrag
Hauptvorstandssitzung des Landesbundes Nordrhein-Westfalen im DBB
Düsseldorf. 1985 November 11
DBB-Archiv, Abt. Bulei 15000–38

Der öffentliche Dienst in der Konfliktsituation von Sparen und Leistung (Ansprache)
Kundgebung des Kreisverbandes Gütersloh des Landesbundes Nordrhein-Westfalen im DBB
Gütersloh. 1985 November 13
DBB-Archiv, Abt. Bulei 15000–38

Der öffentliche Dienst in der Konfliktsituation von Sparen und Leistung (Ansprache)
GDBA-Bezirk Frankfurt im DBB
Frankfurt/M. 1985 November 14
DBB-Archiv, Abt. Bulei 15000–38

Vortrag
Veranstaltung des Landesbundes Rheinland-Pfalz im DBB
Mainz. 1985 November 15
DBB-Archiv, Abt. Bulei 15000–38

Vortrag
vor der CDU-Landesfraktion im Landtag von Rheinland-Pfalz
Mainz. 1985 November 27
DBB-Archiv, Abt. Bulei 15000–39

Ansprache
BSW-Jubiläumsveranstaltung
Lehen. 1985 Dezember 10
DBB-Archiv, Abt. Bulei 15000–39

Zur Einführung neuer Technologien in der öffentlichen Verwaltung (Rede)
o.O. o.D. [1985]
DBB-Archiv, Abt. Bulei 15000–35

Grußwort
Deutscher Lehrertag des Verbandes Bildung und Erziehung im DBB
o.O. o.D. [1985]
DBB-Archiv, Abt. Bulei 15000–35

Einführung neuer Technologien in der öffentlichen Verwaltung (Rede)
o.O. o.D. [1985]
DBB-Archiv, Abt. Bulei 15000–38

Eröffnungsansprache
27. beamtenpolitische Arbeitstagung
Bad Kissingen. 1986 Januar 7
Druck: vgl. unten, S. 1000

Schlußwort
27. beamtenpolitische Arbeitstagung
Bad Kissingen. 1986 Januar 8
Druck: vgl. unten, S. 1000

Zur Lage des öffentlichen Dienstes – aktuelle Probleme und Perspektiven (Ansprache)
Fachtagung »Presse- und Öffentlichkeitsarbeit in der pluralistischen Gesellschaft«
Königswinter-Thomasberg. 1986 Januar 24
DBB-Archiv, Abt. Bulei 15000–39

Grußwort
Bundesvertretertag 1986 des VBOB im DBB
Bonn. 1986 April 10
DBB-Archiv, Abt. Bulei 15000–39

Grußwort
Festveranstaltung zum 25jährigen Bestehen der deutschen Verwaltungsgewerkschaft
Königswinter-Thomasberg. 1986 April 11
DBB-Archiv, Abt. Bulei 15000–39

Grußwort
Landesvertretertag 1986 des Landesbundes Rheinland Pfalz im DBB
Mainz. 1986 April 18
DBB-Archiv, Abt. Bulei 15000–39

Ansprache
50. Geburtstag des Herrn Adolf Hartmann, Vorsitzender der GDBA im DBB
Frankfurt/M. 1986 April 21
DBB-Archiv, Abt. Bulei 15000–39

Kurzansprache
60. Geburtstag des Herrn Wolfgang Bader, Vorsitzender des Verbandes der Bundesbankbeamten im DBB
o.O. 1986 Mai 8
DBB-Archiv, Abt. Bulei 15000–39

* Interessenvertretung und neue Technologien in der öffentlichen Verwaltung (Vortrag)
Landestagung des Verbandes der Landes-Beamten,- Angestellten und -Arbeiter Nordrhein-Westfalen im DBB
Königswinter-Thomasberg. 1986 Mai 23
DBB-Archiv, Abt. Bulei 15000–39

Grußwort
Bundesvertretertag des Bundes der Strafvollzugsbeamten Deutschlands im DBB
Freiburg. 1986 Mai 30
DBB-Archiv, Abt. Bulei 15000–39

Grußwort
36. Wissenschaftlicher Kongreß des Bundesverbandes der Ärzte des öffentlichen Gesundheitsdienstes im DBB
Aachen. 1986 Juni 10
DBB-Archiv, Abt. Bulei 15000–39

Eröffnungsansprache
Symposion »Sprache als Medium und Verständigungsmittel zwischen Wissenschaft, Wirtschaft, Verwaltung und Öffentlichkeit«
Königswinter-Thomasberg. 1986 September
DBB-Archiv, Abt. Bulei 15000–39

Eröffnungsansprache
Symposium zum Thema Innere Sicherheit – politische Verantwortung und öffentlicher Dienst
Königswinter-Thomasberg. 1986 Oktober 1
DBB-Archiv, Abt. Bulei 15000–39

Frauenarbeitsplätze: Gefährdet oder gefördert? (Grußwort)
Bundesfrauenkongreß des DBB 1986
Bonn. 1986 Oktober 4
DBB-Archiv, Abt. Bulei 15000–39

Grußwort (nicht gehalten)
5. Vertreterversammlung der GGVöD
Wiesbaden. 1986 Oktober 15
DBB-Archiv, Abt. Bulei 15000–39

Grußwort
Festveranstaltung zum 30jährigen Bestehen der DBB-Jugend
Bonn-Bad Godesberg. 1986 November 5
DBB-Archiv, Abt. Bulei 15000–39

Grußwort
5. Deutscher Lehrertag des VBE im DBB
Bad Honnef. 1986 November 27
DBB-Archiv, Abt. Bulei 15000–39

Eröffnungsansprache
28. beamtenpolitische Arbeitstagung
Bad Kissingen. 1987 Januar 12
DBB-Archiv, Abt. Bulei 15000–39

Schlußwort
28. beamtenpolitische Arbeitstagung
Bad Kissingen. 1987 Januar 13
DBB-Archiv, Abt. Bulei 15000–39

Beiträge[1]

Eröffnungsansprache des stellvertretenden Bundesvorsitzenden des Deutschen Beamtenbundes, Alfred Krause [zur 1. beamtenpolitischen Arbeitstagung], in: Staatsbürger – Beamter – Steuerzahler. Erste beamtenpolitische Arbeitstagung des Deutschen Beamtenbundes, 28. bis 30. Januar 1959 auf der Bühler Höhe. Referate – Diskussionen – Pressestimmen (= Schriftenreihe des Deutschen Beamtenbundes, H. 18) Oberhausen und Düsseldorf 1959, S. 5–10

Zehn Jahre erfolgreiche Zusammenarbeit. DBB und GDBA kämpfen in enger Verbundenheit für das gemeinsame Ziel der Festigung des Berufsbeamtentums, in: Der Deutsche Bundesbahnbeamte 10 (1959) S. 3 f.

* Kommunaldienst als staatspolitische Aufgabe. Festvortrag des Bundesvorsitzenden des Deutschen Beamtenbundes, Alfred Krause, [aus Anlaß des 10. Ordentlichen Vertretertages des Komba], in: Rundschau für Kommunalbeamte und -angestellte 53 (1959) Nr. 10, S. 210–214; leicht gekürzt auch in: Das Deutsche Wort, 26. Oktober 1959, S. 4

* Zum Jahreswechsel 1959/60, in: Der Beamtenbund 11 1960) Nr. 1, S. 3

Eröffnung und Begrüßung durch den Bundesvorsitzenden des Deutschen Beamtenbundes, Alfred Krause [der 2. beamtenpolitischen Arbeitstagung], in: Staat – Beamter – Wirtschaft. Zweite beamtenpolitische Arbeitstagung des Deutschen Beamtenbundes im »Kurhaus Plättig« (Bühler Höhe) vom 3. bis 5. Februar 1960 (= Schriftenreihe des Deutschen Beamtenbundes, H. 20) Oberhausen und Düsseldorf 1960, S. 115–120

Schlußwort [zur 2. beamtenpolitischen Arbeitstagung]; ebda, S. 208f.

Rede anläßlich einer Veranstaltung des DBB in Kleve, in: Der Zollbeamte 8 (1960) S. 5 (Auszug)

Tradition und Aufgabe des deutschen Beamten. Eine Betrachtung zum Jahresbeginn, in: Der Beamtenbund 12 (1961) Nr. 1, S. 3

Eröffnungsansprache des Bundesvorsitzenden des Deutschen Beamtenbundes [zur 3. beamtenpolitischen Arbeitstagung des Deutschen Beamtenbundes vom 9. bis 11. Januar 1961. Vorträge und Diskussionen (= Schriftenreihe des Deutschen Beamtenbundes, H. 24) Bad Godesberg 1961, S. 5–10

1 Die mit einem Asteriskus (*) gekennzeichneten Beiträge sind im vorliegenden Band abgedruckt.

Schlußwort des DBB-Bundesvorsitzenden [zur 3. beamtenpolitischen Arbeitstagung]; ebda, S. 93ff.

* Beamtenbund und Berufsverbände, in: Rechtspflegerblatt 9 (1961) H. 2, S. 42 f.

Verbände sind dem Ganzen verpflichtet. Maßhalten in der Krise, in: Deutsche Zeitung und Wirtschaftszeitung, 15. September 1961, Nr. 214, S. 3

Aufgabe und Zukunft des deutschen Beamten. Festvortrag des Bundesvorsitzenden Alfred Krause auf dem Bundesvertretertag 1961 des DBB, in: Der Beamtenbund 12 (1961) Nr. 7, S. 65f.; auch in: Der Standort der Beamten! Aufsätze aus der Bundeszeitung des Deutschen Beamtenbundes 1961, Bad Godesberg 1962, S. 5–21

Beamtentum und Beamtenorganisation. Alfred Krause über Stellung und Aufgaben des Deutschen Beamtenbundes, in: Der Beamtenbund 12 (1961) Nr. 12, S. 114

* Wege und Ziele. Was 1961 getan wurde – was 1962 zu tun ist, in: Der Beamtenbund 13 (1962) Nr. 1, S. 3f.

Begrüßungsansprache des Bundesvorsitzenden des Deutschen Beamtenbundes, Alfred Krause [zur 4. beamtenpolitischen Arbeitstagung], in: Vorzüge und Mängel des öffentlichen Dienstes. Vierte beamtenpolitische Arbeitstagung des Deutschen Beamtenbundes auf der Bühler Höhe 1962. Referate und Diskussionen (= Schriftenreihe des Deutschen Beamtenbundes, H. 29) Bad Godesberg 1963, S. 7–13

Schlußwort des DBB-Vorsitzenden [zur 4. beamtenpolitischen Arbeitstagung]; ebda, S. 229 ff.

* Die anderen laufen uns davon. Beamtenbesoldung, in: Sonntagsblatt, 20. Mai 1962, Nr. 20, S. 9

Das Berufsbeamtentum in der modernen Gesellschaft, in: Der Beamtenbund 13 (1962) Nr. 12, S. 115 f.

* Kampfloser Fortschritt? Gedanken über neue Wege der Gewerkschaftspolitik im Deutschen Beamtenbund. Vortrag auf der Tagung der Evangelischen Akademie Bad Boll, in: Evangelische Akademie Bad Boll. Protokolldienst, 1962, Nr. 44, S. 30ff. (Auszug)

Ergebnisse und Folgerungen 1962. Konsequente DBB-Politik überzeugte den Gesetzgeber, in: Der Beamtenbund 14 (1963) Nr. 1 S. 3 f.

Eröffnungsansprache zur 5. beamtenpolitischen Arbeitstagung, in: Sozialer Rechtsstaat – Weg oder Irrweg? Vorträge und Ansprachen auf der 5. beamtenpolitischen Arbeitstagung des DBB vom 10. bis 12. Januar 1963 auf Bühler Höhe (= Schriftenreihe des DBB, H. 31) Bad Godesberg 1963, S. 7–11

Schlußwort [zur 5. beamtenpolitischen Arbeitstagung]; ebda, S. 126 ff.

Industriegesellschaft und Berufsbeamtentum. Die Aufgaben des Deutschen Beamtenbundes in den nächsten Jahren, in: Der Beamtenbund 14 (1963) Nr. 5, S. 43f.

Harte Arbeit liegt noch vor uns. Die bisherigen Erfolge werden uns Ansporn sein, in: Der Beamtenbund 15 (1964) Nr. 1, S. 3

Eröffnungsansprache [zur 6. beamtenpolitischen Arbeitstagung], in: Welchen Sinn hat es, diesem Staat zu dienen? Staatsidee, Staatsautorität und Staatsbewußtsein in der modernen Demokratie. Vorträge und Ansprachen auf der 6. beamtenpolitischen Arbeitstagung des DBB vom 9. bis 11. Januar 1964 auf Bühler Höhe (= Schriftenreihe des DBB, H. 33) Bad Godesberg 1964, S. 7–13

Schlußwort [zur 6. beamtenpolitischen Arbeitstagung]; ebda, S. 154 ff.

Der Beamte in der Demokratie, in: Der Beamtenbund 15 (1964) Nr. 5, S. 45 f.

Der öffentliche Dienst ist unterbewertet [Ansprache], in: Im Dienst der Eisenbahner. Dokumente des 10. Gewerkschaftstages der GDBA, Köln 1964, S. 1[illegible]–20 (Auszüge)

* Partnerschaftliche Dienstrechtsgestaltung. Vortrag, gehalten am 3. November 1964 auf einer von der Evangelischen Akademie Bad Boll veranstalteten Tagung für die Gewerkschaft Deutscher Bundesbahnbeamten und Anwärter im DBB, in Deutscher Beamtenbund. Werden und Wirken. Alfred Krause zum 50. Geburtstag, Regensburg 1972, S. 81–92

Das Beamtentum im Wandel der Zeit. Vortrag, gehalten am 1. Dezember 1964 in der Akademie der HV, in: Einsichten – Ansichten. Hefte der Hildesheimer Volkshochschule für Kultur und Gesellschaft 8 (1965) Nr. 18/19, S. 12–15

Beamtentum sichert Kontinuität der staatlichen Ordnung. Begrüßungsansprache auf dem Vertretertag des Landesbundes Niedersachsen, in: Beamten Warte 26 (1964) Nr. 12, S. 3

Der Deutsche Beamtenbund an der Jahreswende 1964/65. Rückblick und Ausblick, in: Der Beamtenbund 16 (1965) Nr. 1, S. 3; auch in: Deutscher

Beamtenbund. Werden und Wirken. Alfred Krause zum 50. Geburtstag, Regensburg 1972, S. 93–98

Eröffnungsansprache des DBB-Bundesvorsitzenden [zur 7. beamtenpolitischen Arbeitstagung], in: Öffentliche Dienstleistungen – Vergeudung von Steuergeldern? Vorträge und Ansprachen auf der 7. beamtenpolitischen Arbeitstagung des DBB vom 15. bis 16. Januar 1965 auf Bühler Höhe (= Schriftenreihe des Deutschen Beamtenbundes, H. 35) Bad Godesberg 1965, S. 7–12

Schlußwort des DBB-Bundesvorsitzenden [zur 7. beamtenpolitischen Arbeitstagung]; ebda, S. 117 ff.

Antwort auf die Frage: »Was erwarten Sie von der wirtschaftlichen und sozialen Entwicklung des Jahres 1965?« Stimmen der Arbeit 7 (1965) Nr. 1, S. 9

Innere Gerechtigkeit im Besoldungssystem. Gegensätzliche Gedanken zu einer Besoldungsreform, in: Der Beamtenbund 16 (1965) Nr. 4, S. 35

Das Beamtentum im Wandel der Zeit. Vortrag, gehalten vor den deutschen Spitzenverbänden der deutschen Beamtenschaft in der Evangelischen Akademie Bad Boll am 1. April 1965, in: ders., Staat und Staatsdienst heute (= Godesberger Taschenbücher. Schriften zur Staats- und Gesellschaftspolitik, H. 1) Bad Godesberg 1968, S. 5–26 [bearbeitete Fassung]

* Wir werden auch 1966 zur Stelle sein!, in: Der Beamtenbund 17 (1966) Nr. 1, S. 1

Eröffnungsansprache des DBB-Bundesvorsitzenden [zur 8. beamtenpolitischen Arbeitstagung], in: Die Beamten stellen sich der Zukunft. Vorträge, Ansprachen und Diskussionen auf der 8. beamtenpolitischen Arbeitstagung des DBB vom 13. bis 15. Januar 1966 auf Bühler Höhe (= Schriftenreihe des DBB, H. 40) Bad Godesberg 1966, S. 7–13

Schlußwort des DBB-Bundesvorsitzenden [zur 8. beamtenpolitischen Arbeitstagung]; ebda, S. 166–170

Zur beamtenpolitischen Lage. »Kurswert« der Beamten im Rahmen der Haushaltspolitik oder »Marktwert«?, in: Deutsche Beamtenzeitung Landesbund Berlin 15 (1966) Nr. 2, S. 18 ff.; unter dem Titel: »Auf der Suche nach einer neuen Konzeption« auch in: Deutscher Beamtenbund. Werden und Wirken. Alfred Krause zum 50. Geburtstag, Regensburg 1972, S. 105–109

Beamte und Angestellte – Konkurrenten oder Partner im öffentlichen Dienst? Vortrag, gehalten am 18. Mai 1966 vor dem Verband der Angestellten im öffentlicher Dienst, in: Deutscher Beamtenbund. Werden und Wirken. Alfred Krause zum 50. Geburtstag, Regensburg 1972, S. 113–122 (Auszug)

10 Jahre DBB-Jugend. Begrüßungsansprache, gehalten auf dem 5. Bundesjugendtag der DBB-Jugend am 18. Juni 1966 in Berlin, in: Deutscher Beamtenbund. Werden und Wirken, Alfred Krause zum 50. Geburtstag, Regensburg 1972, S. 1[illegible]0 ff.

Eröffnung des Bundesvertretertages 1966. Ansprache, gehalten am 22. September 1966 in der Stadthalle Bad Godesberg, in: Der Beamtenbund 17 (1966) Nr. 10, S. 103 ff.; auch in: Deutscher Beamtenbund. Werden und Wirken. Alfred Krause zum 50. Geburtstag, Regensburg 1972, S. 123–132

Die Arbeit geht weiter [Schlußakt des Bundesvertretertages], in: Der Beamtenbund 17 (1966) Nr. 11, S. 119

Unsere Forderungen sind legitim, in: Die Welt, 22. Oktober 1966, Nr. 247, S. 2

Unser Arbeitsprogramm für 1967. Es geht um eine vorausschauende, planende und durchgreifende Konzeption, in: Der Beamtenbund 18 (1967) Nr. 1, S. 3; auch in: Deutscher Beamtenbund. Werden und Wirken. Alfred Krause zum 50. Geburtstag, Regensburg 1972, S. 133–138

Eröffnungsansprache des DBB-Bundesvorsitzenden [zur 9. beamtenpolitischen Arbeitstagung], in: Wie frei sind die Beamten? Vorträge, Ansprachen und Diskussionen auf der 9. beamtenpolitischen Arbeitstagung des DBB vom 9. bis 11. Januar 1967 auf der Bühler Höhe (= Schriftenreihe des Deutschen Beamtenbundes, H. 42) Bad Godesberg 1967, S. 7–14

Schlußwort des DBB-Bundesvorsitzenden [zur 9. beamtenpolitischen Arbeitstagung]; ebda, S. 136 ff.

Keine Angst vor Friedrich dem Großen, in: Deutsches Allgemeines Sonntagsblatt 5. Februar 1967, Nr. 6, S. 6

Staat und Staatsdienst. Ansprache, gehalten anläßlich der Eröffnung der gleichnamigen Ausstellung des Landesbundes Bremen, in: Der Beamtenbund 18 (1967), Nr. 3 S. 25 f.; unter dem Titel »Verfassungspolitische Funktion und Standort des Beamtentums« auch in: Staat und Staatsdienst heute (= Godesberger Taschenbücher, Schriften zur Staats- und Gesellschaftspolitik, H. 1) Bad Godesberg 1968, S. 27–38

Staat – Verwaltung – Beamte. Vortrag, gehalten vor verschiedenen Hörerkreisen im Frühjahr 1967, in: Deutscher Beamtenbund. Werden und Wirken. Alfred Krause zum 50. Geburtstag, Regensburg 1972, S. 144–158

* Aktuelle Beamtenpolitik. Ansprache auf der Bundeshauptversammlung der Deutschen Zollbeamten im DBB in Münster am 1. Juni 1967, in: Der Deutsche Zollbeamte 20 (1968) Nr. 8, S. 186 ff.

Die staatspolitische Aufgabe der Verbände. Vortrag, gehalten im wirtschafts- und sozialpolitischen Informationsseminar der Heimvolksschule Olpe, Haus Wildenstein im Sauerland, 25. bis 30. Oktober 1967, in: ders., Staat und Staatsdienst heute (= Godesberger Taschenbücher, Schriften zur Staats- und Gesellschaftspolitik, H. 1) Bad Godesberg 1968, S. 65–84

* Ansprache, gehalten auf dem Verbandstag des Bezirks Schleswig-Holstein des Bundes Deutscher Forstmänner im DBB in Kiel am 11. Oktober 1967, in: Der Deutsche Forstmann 7 (1967) Nr. 11, S. 4 ff.

Bonn will das Beamtengesetz ändern: Auch Ministerialräte sollen jederzeit in den Wartestand versetzt werden können, in: Die Welt, 29. November 1967, Nr. 278, Sonderblatt 2

Gibt es noch Unterschiede zwischen Beamten, Angestellten und Arbeitern des öffentlichen Dienstes?, in: Stimmen der Arbeit 9 (1967), Nr. 4

Im Notstand: Beamte der Alliierten? Der Bundesvorsitzende des DBB vor dem Rechtsausschuß und Innenausschuß des Bundestages, in: Der Beamtenbund 18 (1967) Nr. 12, S. 117

* Rückblick und Ausblick zur Jahreswende, in: Der Beamtenbund 19 (1968) Nr. 1, S. 1

Eröffnungsansprache [zur 10. beamtenpolitischen Arbeitstagung], in: Die Beamten und die Öffentlichkeit. Vorträge, Ansprachen und Diskussionen auf der 10. beamtenpolitischen Arbeitstagung des DBB vom 11. bis 13. Januar 1968 auf der Bühler Höhe (= Schriftenreihe des DBB, H. 45) Bonn-Bad Godesberg 1968, S. 7–10

Haben wir die richtigen Leitbilder? [Vortrag, gehalten auf der 10. beamtenpolitischen Arbeitstagung]; ebda, S. 159–180

Schlußwort [zur 10. beamtenpolitischen Arbeitstagung]; ebda, S. 185–188

Haben wir die richtigen Leitbilder? Vortrag, gehalten auf einer Veranstaltung der Landesverwaltungsbeamten in Nordrhein-Westfalen in Münster am 8. März

1968, in: ders., Staat und Staatsdienst heute (= Godesberger Taschenbücher, Schriften zur Staats- und Gesellschaftspolitik, H. 1) Bad Godesberg 1968, S. 39–63 [nicht identisch mit dem Vortrag auf der 10. beamtenpolitischen Arbeitstagung]

Verwaltungsreform – aber wie? Vortrag, gehalten vor dem Delegiertentag des Landesbundes Schleswig-Holstein des DBB in Kiel am 19. April 1968, in: Deutscher Beamtenbund. Werden und Wirken. Alfred Krause zum 50. Geburtstag, Regensburg 1972, S. 159–168

* »Nichts ist geregelt, das nicht gerecht geregelt ist!« Die Harmonisierung von Beamtenrecht und 131er Gesetzgebung, in: Der Beamtenbund 19 (1968) Nr. 8, S. 4

Das Zerrbild vom öffentlichen Dienst. Fahrlässige Kritik – Strukturwandel und Planung. Bildung und Besoldungsmaßstab. Vortrag, gehalten vor der FDP-Bundestagsfraktion, in: Der Beamtenbund 19 (1968) Nr. 12, S. 5 f.

50 Jahre Deutscher Beamtenbund. Zugleich ein Beitrag zur Problematik der Interessenpolitik einer Beamtengewerkschaft, in: Deutscher Beamtenbund. Ursprung. Weg. Ziel. Zur 50. Wiederkehr des Gründungstages am 4. Dezember 1918, Bad Godesberg o.J. (1968), S. I, 11–I, 50

Die Beamtenpolitik an der Jahreswende. Rückblick und Ausblick, in: Der Beamtenbund 20 (1969) Nr. 1, S. 1 f.

Wir lassen Tatsachen sprechen. Rede auf der Festversammlung des DBB, in: Der Beamtenbund 20 (1969) Nr. 1, S. 3

Wie weit läßt sich die Verwaltung demokratisieren?, in: Der Beamtenbund 20 (1969) Nr. 8, S. 3 f.; auch in: Hindernisse der Demokratie. Vorträge und Bibelarbeit in der Arbeitsgruppe Demokratie des 14. Deutschen Evangelischen Kirchentags Stuttgart 1969, hrsg. v. Friedebert Lorenz, Stuttgart 1969, S. 64–71

Den Status quo überwinden, in: Der Beamtenbund 20 (1969) Nr. 11, S. 7

Offensiv [Rede auf dem Bundesvertretertag 1969], in: Der Beamtenbund 20 (1969) Nr. 12, S. 1 f.

Einführung [in die Thematik der 11. beamtenpolitischen Arbeitstagung], in: Zukunftsbezogene Politik. Notwendigkeit, Möglichkeit, Grenzen (= Godesberger Taschenbücher – Schriften zur Staats- und Gesellschaftspolitik, H. 4) Bad Godesberg 1969, S. 9–15

Erkenntnis und Ermutigung [Schlußwort zur 11. beamtenpolitischen Arbeitstagung]; ebda, S. 125 ff.

Eröffnung des Bundesvertretertages 1969. Ansprache, gehalten in der Stadthalle Kassel am 6. November 1969, in: Deutscher Beamtenbund. Werden und Wirken. Alfred Krause zum 50. Geburtstag, Regensburg, 1972, S. 169–178

Der »Kahlschlag« fand nicht statt. Zum Revirement in der Ministerialbürokratie nach dem Regierungswechsel, in: Deutsches Allgemeines Sonntagsblatt, 30. November 1969, Nr. 48, S. 8

Auf Reformen konzentrieren, in: Der Beamtenbund 21 (1970) Nr. 1, S. 1 f.

Einführung [in die Thematik der 12. beamtenpolitischen Arbeitstagung], in: Moderne Mittel des Verwaltungshandelns. Chancen und Probleme elektronischer Informationsverarbeitung im öffentlichen Dienst (= Godesberger Taschenbücher. Schriften zur Staats- und Gesellschaftspolitik, H. 6) Bonn-Bad Godesberg 1970, S. 9–15

Zusammenfassung und Ausblick [Schlußwort zur 12. beamtenpolitischen Arbeitstagung]; ebda, S. 135–138

* Personalpolitik nach politischer Zweckmäßigkeit? Ehmkes »Entpflichtungserklärungen« sind Alarmzeichen, in: Der Beamtenbund 21 (1970) Nr. 3, S. 3 f.

Grußwort anläßlich der Jubiläumsveranstaltung des Bundes Deutscher Steuerbeamten im DBB am 20. Februar 1970, in: Der Steuerbeamte 19 (1970) Nr. 3, S. 22f.

Streikverbot für Beamte kein Handikap, in: Der Beamtenbund 21 (1970) Nr. 6, S. 3

Streikrecht für Beamte: Ein trojanisches Pferd, in: Vorwärts, 29. Oktober 1970, S. 12 f.

Der öffentliche Dienst im sozialen Rechtsstaat. Ansprache, gehalten anläßlich der Eröffnungsveranstaltung des Bundes der Sozialversicherungs-Beamten und -Angestellten im DBB, in: Der Sozialversicherungs-Beamte und -Angestellte (bsba) Nr. 12 (1970) S. 1–3

Öffentlicher Dienst in der Diskussion, in: Soziale Ordnung. Christlich-Demokratische Blätter der Arbeit, Dezember (1970) S. 17 ff.

Öffentlicher Dienst '71, in: Der Beamtenbund 22 (1971) Nr. 1, S. 1

Einführung [in die Thematik der 13. beamtenpolitischen Arbeitstagung], in: Modernes Management im öffentlichen Dienst am Beispiel technischer Sonderverwaltungen (= Godesberger Taschenbücher. Schriften zur Staats- und Gesellschaftspolitik, H. 8) Bonn-Bad Godesberg 1971, S. 9–15

Zusammenfassung und Ausblick [Schlußwort zur 13. beamtenpolitischen Arbeitstagung]; ebda, S. 127–131

Der Status der Beamten, in: Deutsches Allgemeines Sonntagsblatt, 28. Februar 1971, Nr. 9, S. 6; auch in: Deutscher Beamtenbund. Werden und Wirken. Alfred Krause zum 50. Geburtstag, Regensburg 1972, S. 179 ff.

Zu Fragen der Beamtenbesoldung und der Dienstrechtsreform. Vortrag, gehalten vor dem Landesvertretertag des Landesbundes Niedersachsen im DBB in Hannover am 18. März 1971, in: Deutscher Beamtenbund. Werden und Wirken. Alfred Krause zum 50. Geburtstag, Regensburg 1972, S. 182–193

Dienst nach Vorschrift als vorschriftswidriger Dienst, in: Juristenzeitung 26 (1971) Nr. 3, S. 73–80

Ist das Berufsbeamtentum noch zeitgemäß? Parteiabhängige Staatsfunktionäre oder unabhängige Berufsbeamte? Vortrag, gehalten in der Evangelischen Akademie Bad Boll am 27. April 1971, Sonderdruck, o.O., o.J. (Bonn-Bad Godesberg 1971)

Partnerschaftliche Dienstrechtsgestaltung statt Streikrecht. Begrüßungsansprache, gehalten vor dem Delegiertentag des Landesbundes Nordrhein-Westfalen im DBB in Essen am 21. Mai 1971, in: Deutscher Beamtenbund. Werden und Wirken. Alfred Krause zum 50. Geburtstag, Regensburg 1973, S. 194–199

Beamtenstatus »weder krank noch überlebt« in: Der Beamtenbund 22 (1971) Nr. 6, S. 5

Streik der Beamten – Mißbrauch der Macht, in: Die Welt, 23. Juni 1971, Nr. 142, S. 9

Die Beamten im Spannungsfeld moderner Staatlichkeit. Vortrag, gehalten vor der Vertreterversammlung des Verbandes der Bundesbankbeamten e.V. im DBB in Hamburg am 18. September 1971, in: Deutscher Beamtenbund. Werden und Wirken. Alfred Krause zum 50. Geburtstag, Regensburg 1973, S. 199–205

Zur Reform des öffentlichen Dienstrechts, in: Schriftenreihe des Landesbundes Nordrhein-Westfalen im DBB, H. 9. Düsseldorf 1971, S. 25–32

* Mit Realismus ins neue Jahr. Eine Zwischenbilanz zum Jahreswechsel, in: Der Beamtenbund 23 (1972) Nr. 1, S. 1 f.

Einführung [in die Thematik der 14. beamtenpolitischen Arbeitstagung], in: Der öffentliche Dienst am Scheideweg (= Godesberger Taschenbücher. Schriften zur Staats- und Gesellschaftspolitik, H. 9) Bonn-Bad Godesberg 1972, S. 9–14

Zusammenfassung und Ausblick [zur 14. beamtenpolitischen Arbeitstagung]; ebda, S. 185–189

Grußwort, gehalten vor dem 7. Steuerbeamtentag des Bundes Deutscher Steuerbeamter in Saarbrücken am 24. April 1972, in: Der Steuerbeamte 21 (1972), Nr. 6, S. 97 f.

Öffentlicher Dienst und Wirtschaft. Vortrag, gehalten auf der 22. Zusammenkunft des Politischen Seminars der Staatsbürgerlichen Vereinigung in Bonn-Bad Godesberg am 21. Juni 1972, in: Vortragsreihe des Deutschen Industrieinstituts 22 (1972) Nr. 32, S. 1–4 (Auszug)

Im Umdienst der Öffentlichkeit, in: Deutsches Allgemeines Sonntagsblatt, 9. Juli 1972, Nr. 23, S. 5

Um eine eigenständige Beamtenbesoldungspolitik, in: Deutscher Beamtenbund. Werden und Wirken. Alfred Krause zum 50. Geburtstag, Regensburg 1972, S. 99–101

Öffentlicher Dienst und Wirtschaft, in: Vortragsreihe des Deutschen Industrieinstituts, Köln 22 (1972) Nr. 32, S. 1–4

Ein Reformvorschlag ohne Reformideologie. Über die staats- und gesellschaftspolitischen Hintergründe des DBB-Reformkonzepts. Ansprache vor rund 1200 Teilnehmern der öffentlichen Veranstaltung des Bundesvertretertages, in: Der Beamtenbund 23 (1972) Nr. 12, S. 8 (Auszug)

Die Neuordnung des öffentlichen Dienstrechts. Der Reformbeschluß des Bundesvertretertages, in: Der junge Beamte (1972), Nr. 6, S. 5 ff.

Bilanz zum Jahreswechsel. Öffentlicher Dienst '72, in: Der Beamtenbund 24 (1973), Nr. 1, S. 1 f.

Einführung [in die Thematik der 15. beamtenpolitischen Arbeitstagung], in: Bildungsreform – Bilanz und Prognose (= Godesberger Taschenbücher. Schriften zur Staats- und Gesellschaftspolitik, H. 10) Bonn-Bad Godesberg 1973, S. 9–15

Schlußwort [zur 15. beamtenpolitischen Arbeitstagung]; ebda, S. 193 ff.

* »Öffentlicher Dienst mit Schlüsselrolle im Sozialstaat«. Alfred Krause zum Fluglotsenstreik, in: Der Beamtenbund 24 (1973) Nr. 8, S. 3

Anzeichen für Gefahr. [Ansprache, gehalten vor dem 13. ordentlichen Gewerkschaftstag der GDBA in Wiesbaden, in: 25 Jahre im Dienst der Eisenbahn. Dokumente des 13. Gewerkschaftstages, Düsseldorf o.J. (1973) S. 20 ff.

Sachliche Ergebnisse – unsachliche Reaktionen. Das Reform-Gutachten der Studienkommission: Gesprächsbasis oder Zankapfel?, in MIT. Mitteilungsblatt des Bundes Deutscher Kommunalbeamten und -angestellten. Komba-Jugend in der DBBJ 1974

Die Herausforderung annehmen! in: Der Beamtenbund 25 (1974) Nr. 1, S. 1f.

Vater Staat als Arbeitgeber, in: Deutsches Allgemeines Sonntagsblatt, 10. Februar 1974, Nr. 6, S. 19

Einführung [in die Thematik der 16. beamtenpolitischen Arbeitstagung], in: Öffentlicher Dienst und Gesellschaft – eine Leistungsbilanz (= Godesberger Taschenbücher. Schriften zur Staats- und Gesellschaftspolitik, H. 11) Bonn-Bad Godesberg 1974, S. 9–12

Schlußwort [zur 16. beamtenpolitischen Arbeitstagung]; ebda, S. 189 ff.

Dienstrechtsreform als Grundgesetzverwirklichung. Ziele und Möglichkeiten verfassungskonformer Interessenvertretung im öffentlichen Dienst, in: Der junge Beamte (1974) Nr. 2, S. 14

Beamtenpolitische Aspekte im Frühjahr 1974, in: Schriftenreihe des DBB, Landesbund Nordrhein-Westfalen, H. 12) Düsseldorf 1974, S. 23–27

Den Trend zum Staatsfunktionär stoppen, in: Der Beamtenbund 25 (1974) Nr. 6, S. 3

Grundfragen einer Dienstrechtsreform aus der Sicht des Deutschen Beamtenbundes, in: Kommunalpolitische Blätter 26 (1974) S. 841 f.

Ins neue Jahr mit alten Sorgen. Der DBB-Bundesvorsitzende zieht eine Bilanz zum Jahreswechsel, in: Der Beamtenbund 26 (1975) Nr. 1, S. 1 ff.

Einführung in die Thematik der [17. beamtenpolitischen Arbeits-]Tagung, in: Der öffentliche Dienst auf dem Prüfstand – Die Beamten stellen sich der Kritik (= Godesberger Taschenbücher. Schriften zur Staats- und Gesellschaftspolitik, H. 12) Bonn-Bad Godesberg 1975, S. 21–35

Schlußwort [zur 17. beamtenpolitischen Arbeitstagung]; ebda, S. 199–204

* Über aktuelle Fragen des öffentlichen Dienstes und insbesondere der Polizei. Vortrag, gehalten auf dem Landeskongreß der PDB in Schleswig-Holstein am 26. Februar 1975, in: Polizeispiegel 11 (1975) Nr. 4, Landesteil: Kurier für die Polizei in Schleswig-Holstein, S. 57–61

Über aktuelle Fragen des öffentlichen Dienstes und insbesondere der Polizei. Vortrag, gehalten auf dem Landeskongreß der PDB in Hamburg am 15. April 1975, in: Polizeispiegel 11 (1975) Nr. 6, Landesteil: Kurier für die Polizei des Landes Hamburg, S. 86 f. (Auszug)

* Reform des öffentlichen Dienstrechts. Vortrag, gehalten anläßlich der Sitzung des Ständigen Ausschusses »Organisations- und Grundsatzfragen« des BDZ in Hann. Münden am 16. April 1975, in: Auf dem Weg zur Dienstrechtsreform? Eine Zwischenbilanz (= DBB Dokumente, H. 6) Bonn-Bad Godesberg o.J. (1976) S. 49 ff.

Die formale Chancengleichheit ausfüllen. Alfred Krause zum »Jahr der Frau«, in: Der Beamtenbund 26 (1975) Nr. 5, S. 5

Hat sich das Grundrecht aus der Sicht des öffentlichen Dienstes bewährt?, in: Aspekte Mai (1975)

Der öffentliche Dienst als Sündenbock – die Beamten und die Haushaltskrise, in: Tagung. Politisches Seminar der Staatsbürgerlichen Vereinigung 1954, 27 (1975) S. 65–85

Bilanz ohne Glanz. Öffentlicher Dienst am Jahreswechsel, in: Der Beamtenbund 27 (1976) Nr. 1, S. 1 f.

Beamtenpolitik 1976 – Herausforderung und Erwartung. Vortrag, gehalten anläßlich der Großveranstaltung des Verbandes der Beamten der Bundeswehr e.V. (VBB) in Oldenburg am 5. März 1976, in: Auf dem Weg zur Dienstrechtsreform? Eine Zwischenbilanz (= DBB Dokumente, H. 6) Bonn-Bad Godesberg o.J. (1976) S. 55–58

Ohne Utopie und ohne Ideologie. Reformen mit Vernunft, in: Deutsches Allgemeines Sonntagsblatt, 21. März 1976, Nr. 12, S. 12 f.

Privater Wohlstand – öffentliche Armut, in: Der Staatssekretär in der sozialen Marktwirtschaft. Vorträge und Diskussionsbeiträge der 43. Staatswissenschaftlichen Fortbildungstagung 1975 der Hochschule für Verwaltungswissenschaften Speyer, hrsg. v. Dieter Duwendag (= Schriftenreihe der Hochschule Speyer, Bd. 59) Berlin 1976, S. 141–175

Bürgerfreundliche Verwaltung – verwaltungsfreundliche Politik? Der Gastkommentar, in: Westfälische Nachrichten, 11. September 1976, Nr. 209, S. 2

Aus Gründen der Rechtsstaatlichkeit kann die Art der Durchführung öffentlicher Aufgaben nicht beliebig gestaltet werden. [Stellungnahme zum Thema:

Privatisierung: »Der Staat ist zum Moloch geworden«], in: Manager Magazin von November 1976, Nr. 11, S. 173

Der öffentliche Dienst nach der Bundestagswahl, in: Der Bundeswehrbeamte 15 (1976) Nr. 12, S. 234–238

* Defensiver Kurs muß endlich korrigiert werden, in: Der Beamtenbund 28 (1977) Nr. 1, S. 1 f.

Einführung [in die Thematik der 18. beamtenpolitischen Arbeitstagung], in: Parlament, Regierung, öffentlicher Dienst. Droht eine Gleichgewichtsstörung im Verfassungsleben von Bund, Ländern und Gemeinden? (Godesberger Taschenbücher. Schriften zur Staats- und Gesellschaftspolitik, H. 14) Bonn-Bad Godesberg 1977, S. 9–17

Schlußwort [zur 18. beamtenpolitischen Arbeitstagung]; ebda, S. 139–144

Zur Lage des öffentlichen Dienstes im Frühjahr 1977, in: Schriftenreihe des DBB, Landesbund Nordrhein-Westfalen, H. 18, Düsseldorf, 1977, S. 15–19

Ganz andere Verhältnisse, in: Die Zeit, 29. Juli 1977, Nr. 32, S. 22

Welche Möglichkeiten bieten sich für den öffentlichen Dienst zur Entlastung des Arbeitsmarktes? in: Deutsche Beamtenzeitung 26 (1977) Nr. 11, S. 5 und 7

Berufspolitik im öffentlichen Dienst von Fremdbestimmung freihalten!, in: Der Beamtenbund 29 (1978) Nr. 1, S. 1 f.

Einführung [in die Thematik der 19. beamtenpolitischen Arbeitstagung], in: Beamtenstatus – Ärgernis oder Verpflichtung? (= Godesberger Taschenbücher. Schriften zur Staats- und Gesellschaftspolitik, H. 15) Bonn-Bad Godesberg 1978, S. 9–12

Schlußwort [zur 19. beamtenpolitischen Arbeitstagung]; ebda, S. 231 ff.

Mit Sorgen in die Zukunft, in: 30 Jahre Beamtenbund in Nordrhein-Westfalen. Ansprachen während der festlichen Veranstaltung am 10. Mai 1978, Düsseldorf o.J. (1978) S. 14–28

Aufgaben und Funktion bestimmen den Kurs. Personalpolitik im öffentlichen Dienst, in: Deutsches Allgemeines Sonntagsblatt, 1. Oktober 1978, Nr. 40, S. 16

Die falschen Fronten. Pauschale Beamtenschelte bringt nicht weiter, in: Deutsche Zeitung. Wochenzeitung für Deutschland, 6. Oktober 1978, Nr. 41, S. 5

Aufbruch zu solider Berufspolitik! Konsequenzen gegen Reformruinen, Notlösungen und Experimente, in: Der Beamtenbund 30 (1979) Nr. 1, S. 1 f. und S. 10

Einführung [in die Thematik der 20. beamtenpolitischen Arbeitstagung], in: Der öffentliche Dienst und die Medien (= Godesberger Taschenbücher. Schriften zur Staats- und Gesellschaftspolitik, H. 16) Bonn-Bad Godesberg 1979, S. 9–13

Schlußwort [zur 20. beamtenpolitischen Arbeitstagung]; ebda, S. 231–236

* Dreißig Jahre Grundgesetz. Bilanz und Erwartungen aus der Sicht des öffentlichen Dienstes, in: Forum E. Zeitschrift des Verbandes Bildung und Erziehung 32 (1979) Nr. 5, S. 118 ff.

Reformfortgang mit Augenmaß [Vortrag, gehalten unter dem Titel »Abschied von Reformen im öffentlichen Dienst« auf einer Veranstaltung des Ortskartells Oldenburg am 10. Mai 1979], in: Beamten Warte 41 (1979) Nr. 6, S. 3 (Auszug)

Verwaltung und Bürger. Thesen für ein am 6./7. Juni 1979 durchgeführtes Gemeinschaftsseminar des DBB mit der Bundesakademie für öffentliche Verwaltung, in: Bürokratisierung und Entbürokratisierung. Eine Bestandsaufnahme (= DBB Dokumente, H. 9) Bonn-Bad Godesberg o. J. (1979) S. 40 f.

Öffentlicher Dienst, Dienstrechtsreform, öffentliche Aufgaben – Wechselwirkungen, in: Schlankheitskur für den Staat, hrsg. v. Hubertus Zuber, Stuttgart 1979, S. 167–195

Die Lage des öffentlichen Dienstes nach 30 Jahren Grundgesetz, in: Verwaltungsrundschau 25 (1979) S. 368 ff.

Entbürokratisierung – Schlagwort oder politisches Programm? Vortrag, gehalten anläßlich des Vertretertages des Landesbundes Bremen des DBB am 19. September 1979, in: Bürokratisierung oder Entbürokratisierung. Eine Bestandsaufnahme (= DBB Dokumente, H. 9) Bonn-Bad Godesberg, o.J. (1979) S. 22–25

Plädoyer für ideologiefreie Entbürokratisierung, in: Deutsches Allgemeines Sonntagsblatt, 18. November 1979, Nr. 46, S. 15

Konsequente Dienstrechts- und Berufspolitik auf gesicherten Verfassungsgrundlagen [Grundsatzrede, gehalten auf dem Bundesvertretertag am 15. November 1979], in: Der Beamtenbund 30 (1979), Nr. 12, S. 8

Führungsanspruch durch sachgerechte Berufspolitik. DBB-Perspektiven zum öffentlichen Dienst der 80er Jahre, in: Der Beamtenbund 31 (1980) Nr. 1 S. 1 und S. 7

Einführung [in die Thematik der 21. beamtenpolitischen Arbeitstagung], in: Privatisierung – Gewinn für wen? (= Godesberger Taschenbücher. Schriften zur Staats- und Gesellschaftspolitik, H. 17) Bonn-Bad Godesberg 1980, S. 9–12

Schlußwort [zur 21. beamtenpolitischen Arbeitstagung]; ebda, S. 191–194

Bürokratisierung – Weg ohne Umkehr?, in: Der junge Beamte (1980) Nr. 3, S. 12f.

Wahl als Wende?, in: Der Beamtenbund 31 (1980) Nr. 10, S. 1 f.

Pro und Contra. Weniger Beamte. Contra: Alfred Krause. Gefährlich, in: Stuttgarter Nachrichten, 6. Dezember 1980, Nr. 283, S. 4

Öffentlicher Dienst braucht sachgerechte Perspektiven. Der DBB-Bundesvorsitzende zur beamtenpolitischen Lage am Jahreswechsel 1980/81, in: Der Beamtenbund 32 (1981) Nr. 1, S. 3

Der öffentliche Dienst und seine besondere Verpflichtung gegenüber den Behinderten, in: Die Entscheidung 16 (1981), Nr. 1, S. 18 f.

Einführung [in die Thematik der 22. beamtenpolitischen Arbeitstagung], in: Technisierte Verwaltung. Entlastung oder Entfremdung des Menschen? (= Godesberger Taschenbücher, Schriftenreihe zur Staats- und Gesellschaftspolitik, H. 18) Bonn-Bad Godesberg 1981, S. 9 ff.

Schlußwort [zur 22. beamtenpolitischen Arbeitstagung]; ebda, S. 203–208

Öffentlicher Dienst durch »systemfremde Eingriffe« gefährdet. Alfred Krause zur Lage des öffentlichen Dienstes vor Bundestagsabgeordnten [Statement, abgegeben auf dem Parlamentarischen Abend des DBB am 19. Februar 1981], in: DBB Magazin, März (1981) Nr. 1, S. 23 f.

Mehr »Leistungsschwung« durch neues Beurteilungssystem?, in: Realschulblätter (1981) Nr. 3

Der öffentliche Dienst muß Vorbild werden, in: Der junge Beamte (1981) Nr. 5, S. 32 f.

Zu den Personalratswahlen in Nordrhein-Westfalen, in: Der öffentliche Dienst an Rhein und Ruhr 25 (1981) Nr. 5, S. 1 und 3

Stillstand der Berufspolitik – Krise des öffentlichen Dienstes, in: Schriftenreihe des DBB, Landesbund Nordrhein-Westfalen, Düsseldorf 1981, S. 13–26

* Auswirkungen neuer Technologien aus verbandspolitischer Sicht. Ansprache,

gehalten vor dem Technikerkongreß 81 des DBB in Fellbach am 28. Oktober 1981, in: BTB-Informationen, Februar (1982) H. 1, S. 18 ff.; auch in: Auswirkungen neuer Technologien auf den öffentlichen Dienst (= DBB Dokumente. H. 11) Bonn-Bad Godesberg o.J. (1982) S. 14–20

Öffentlicher Dienst braucht »Wende« und »Kurswechsel«. Vortrag, gehalten auf einer Großveranstaltung des VBB, Standortgruppe Landsberg am 13. November 1981, in: DBB Magazin, Dezember (1981) Nr. 4, S. 6–15 (Auszug)

Öffentlicher Dienst braucht politische Rückendeckung. Der DBB-Bundesvorsitzende zur Situation des öffentlichen Dienstes am Jahreswechsel 1981/82, in: Der Beamtenbund 33 (1982) Nr. 1, S. 3

Einführung [in die Thematik der 23. beamtenpolitischen Arbeitstagung], in: Politische Parteien und öffentlicher Dienst (= Godesberger Taschenbücher, Schriften zur Staats- und Gesellschaftspolitik, H. 19) Bonn-Bad Godesberg 1982, S. 9–14

Schlußwort [zur 23. beamtenpolitischen Arbeitstagung]; ebda, S. 207 ff.

Die Funktion ist entscheidend. Öffentlicher Dienst im leistungsfähigen Staat: Unabhängiges Beamtentum in der Schlüsselrolle, in: Deutsches Allgemeines Sonntagsblatt, 7. März 1982, Nr. 10, S. 10

Schluß mit Schikanen und Buchhaltermentalität!, in: DBB Magazin, Juli (1982) Sonderausgabe, S. 2 f.

Pro und Contra. Einheits-Weihnachtsgeld 2000 DM? Contra. Alfred Krause, in: Weltbild, 23. Dezember 1982, Nr. 26, S. 24.

»Gleichbehandlung unter allen Umständen«. Der DBB-Bundesvorsitzende Alfred Krause zu den Besoldungsvorschlägen der Bundesregierung, in: Der Beamtenbund 33 (1982) Nr. 12, S. 4

* Mehr Gewicht für den öffentlichen Dienst. Der DBB-Bundesvorsitzende zur Lage des öffentlichen Dienstes am Jahreswechsel 1982/83, in: Der Beamtenbund 34 (1983) Nr. 1, S. 3

Einführung [in die Thematik der 24. beamtenpolitischen Arbeitstagung], in: Der öffentliche Dienst und die staatliche Aufgabenlast (= Godesberger Taschenbücher. Schriften zur Staats- und Gesellschaftspolitik, H. 20) Bonn-Bad Godesberg, S. 9–13

Schlußwort [zur 24. beamtenpolitischen Arbeitstagung]; ebda, S. 193–198

Medien und öffentlicher Dienst – der Deutsche Beamtenbund im Spannungsfeld von Interessenvertretung und Interessendarstellung. Vortrag, gehalten auf der 3. Fachtagung für Mitarbeiter von Presseorganen, in: Der Beamtenbund 34 (1983) Nr. 3, S. 15 (Auszug)

Erläuterung der DBB-Kritik an der ungerechten Sparpolitik anläßlich des Besuches von Bundeskanzler Dr. Helmut Kohl im DBB-Haus, in: Der Beamtenbund 34 (1983) Nr. 10, S. 3

Der öffentliche Dienst als Gegenstand haushaltspolitischer Experimente. Eröffnungsansprache des DBB-Bundesvorsitzenden Alfred Krause zum Bundesvertretertag im Karlsruhe am 10. November 1983, in: Deutscher Beamtenbund. Bundesvertretertag 1983, 10. bis 12. November 1983 in Karlsruhe. Reden – Entschließungen – Programme (= DBB Dokumente, H. 12) Bonn-Bad Godesberg o.J. (1983) S. 7–11

Fürsorgeverantwortung statt Finanzbuchhaltermentalität. Schlußwort des DBB-Bundesvorsitzenden Alfred Krause auf der Eröffnungsveranstaltung des Bundesvertretertages in Karlsruhe am 10. November 1983; ebda, S. 27

Solidarisch in die Zukunft. Schlußwort des alten und neuen DBB-Bundesvorsitzenden Alfred Krause zum Bundesvertretertag in Karlsruhe am 12. November 1983; ebda, S. 29 f.

Wende mit Täuschungen. Die Sparpolitik treibt den öffentlichen Dienst in eine Krise, in: Der Beamtenbund 34 (1984) Nr. 1, S. 3 f.

Einführung [in die Thematik der 25. beamtenpolitischen Arbeitstagung], in: Zukunftssicherung als Staatsaufgabe. Die neue Herausforderung für den öffentlichen Dienst (= Godesberger Taschenbücher. Schriften zur Staats- und Gesellschaftspolitik, H. 21) Bonn-Bad Godesberg 1984, S. 9–14

Berufspolitik in Zukunftsverantwortung [Schlußrede zur 25. beamtenpolitischen Arbeitstagung]; ebda, S. 145–157

Plädoyer für einen leistungsfähigen öffentlichen Dienst. Alfred Krause sieht Bundesregierung vor Bewährungsprobe. [Statement, abgegeben anläßlich einer Pressekonferenz am 9. September 1984], in: Kommunales Echo 19 (1984) Nr. 11, S. 203 f. (Auszug)

Begrüßungsrede zur Eröffnung des Bildungszentrums des DBB in Königswinter-Thomasberg am 11. Dezember 1984, in: Das Bildungszentrum des DBB, Düsseldorf, o.J. [1985], S. 18–21

* Signale der Trendwende. Von der Sparpolitik zu sachgerechten Perspektiven für den öffentlichen Dienst. Der DBB-Vorsitzende zur Lage des öffentlichen Dienstes am Jahreswechsel 1984/85, in: Der Beamtenbund 36 (1985) Nr. 1, S 10 f.

Einführung [in die Thematik der 26. beamtenpolitischen Arbeitstagung], in: Der öffentliche Dienst zwischen Sachzwängen und wirtschaftlicher Teilhabe (= Godesberger Taschenbücher. Schriften zur Staats- und Gesellschaftspolitik, H. 22) Bonn-Bad Godesberg 1985, S. 9–14

Schlußwort [zur 26. beamtenpolitischen Arbeitstagung]; ebda, S. 141 ff.

Besoldungssituation der Beamten des Justizwachtmeisterdienstes, in: Justiz Forum 3 (1985), S. 1 f.

* Grußansprache, gehalten anläßlich einer Festveranstaltung der Ärzte des öffentlichen Gesundheitswesens am 21. Mai 1985, in: Das öffentliche Gesundheitswesen 47 (1985) S. 337 f.

Mehr Sachlichkeit in der Kritik am Berufsbeamtentum, in: Wilhelmshavener Zeitung, 25. Oktober 1985

Der sichere Arbeitsplatz muß nicht mit besonderen Opfern erkauft werden, in: Handelsblatt, 16. Dezember 1985, Nr. 240, S. 6

Neues Bewußtsein. Von ungerechter Sparpolitik zur sachgerechten Berufspolitik für den öffentlichen Dienst – Der DBB-Bundesvorsitzende zur Lage des öffentlichen Dienstes am Jahreswechsel 1985/86, in: Der Beamtenbund 37 (1986) Nr. 1, S. 3 ff.

Eröffnungsansprache [zur 27. beamtenpolitischen Arbeitstagung], in: Umweltschutz und Verwaltung – der öffentliche Dienst zwischen politischem Anspruch und Realisierungsnot (= Godesberger Taschenbücher. Schriften zur Staats- und Gesellschaftspolitik, H. 23) Bonn-Bad Godesberg 1986, S. 9–13

Schlußwort [zur 27. beamtenpolitischen Arbeitstagung]; ebda, S. 168–171

Die Beamten sind Opfer der Sparpolitik, in: Die Welt, 6. März 1986, Nr. 55, S. 8

Pfahl im Fleisch. Pfründenwirtschaft gefährdet das Vertrauen in den öffentlichen Dienst – Ämterpatronage II, in: Deutsches Allgemeines Sonntagsblatt, 29. Juni 1986, Nr. 26, S. 6 f.

Grußwort, in: Programm zum 30. Kongreß der Lehrer an Gymnasien, 19.–22. September 1986, hrsg. v. Deutschen Philologenverband im DBB, o.O., o.J. [Düsseldorf 1986] S. 8

* Zeit zum Handeln. Beitrag zum Jahreswechsel 1986/87, in: Der Beamtenbund 38 (1987) Nr. 3, S. 1ff.

Abkürzungsverzeichnis

BBB	Bayerischer Beamtenbund
BDF	Bund Deutscher Forstmänner
BDSt	Bund Deutscher Steuerbeamten
BDZ	Bund der Deutschen Zollbeamten-Gewerkschaft Zoll und Finanzen
BfA	Bundesversicherungsanstalt für Angestellte
BfV	Bundesamt für Verfassungsschutz
BGBl	Bundesgesetzblatt
Bgst	Bundesgeschäftsstelle
BGS-Verband	Bundesgrenzschutz-Verband
BiSoWe	Bildungs- (dienst) und Sozialwerk
BMF	Bundesministerium der Finanzen
BMI	Bundesministerium des Innern
BMWi	Bundesministerium für Wirtschaft
BRH	Bund der Ruhestandsbeamten und Hinterbliebenen
BSBA	Bund der Sozialversicherungs-Beamten und Angestellten
Bulei	Bundesleitung
BVerfGE	Entscheidungen des Bundesverfassungsgerichts
BWB	Deutscher Beamtenwirtschaftsbund
BZS	Bundesamt für Zivilschutz
CDA	Christlich-Demokratische Arbeitnehmerschaft Deutschlands
DAG	Deutsche Angestelltengewerkschaft
DBB	Deutscher Beamtenbund
DBwV	Deutscher Bundeswehrverband
DGB	Deutscher Gewerkschaftsbund
DPV	Deutscher Postverband
DRB	Deutscher Richterbund
DStG	Deutsche Steuer-Gewerkschaft
ENA	École Nationale d'Administration
EFTA	European Free Trade Association (Europäische Freihandelsassoziation)
EUROFEDOP	Europäische Organisation des Internationalen Bundes der Gewerkschaften des Öffentlichen Dienstes
FGM	Fördergesellschaft Marketing an der Universität Augsburg

GDBA	Gewerkschaft Deutscher Bundesbahnbeamten, Arbeiter und Angestellten
GdS	Gewerkschaft der Sozialversicherung
GdP	Gewerkschaft der Polizei
GGVöD	Gemeinschaft von Gewerkschaften und Verbänden des öffentlichen Dienstes
GtV	Gemeinschaft tariffähiger Verbände
HA	Handakten
IHK	Industrie- und Handelskammer
Komba	Komba Gewerkschaft für den Kommunal- und Landesdienst
ÖTV	Gewerkschaft Öffentliche Dienste, Transport und Verkehr
PDB	Polizeigewerkschaft im Deutschen Beamtenbund
RVO	Reichsversicherungsordnung
StPO	Strafprozeßordnung
VBB	Verband der Beamten der Bundeswehr
VBBA	Verband der Beamten der Bundesanstalt für Arbeit
VBE	Verband Bildung und Erziehung
VBOB	Verband der Beamten der Obersten Bundesbehörden
VDB	Verband der Bundesbankbeamten
VDI	Verein Deutscher Ingenieure
VDR	Verband Deutscher Realschullehrer
Verbaost	Verband der heimatvertriebenen Beamten, Angestellten und Arbeiter
Verbaruv	Verband der Beamten und Angestellten der gesetzlichen Unfallversicherung
VHW	Verband Hochschule und Wissenschaft
VLW (vlw)	Bundesverband der Lehrer an Wirtschaftsschulen
WIÖD	Wissenschaftliches Institut Öffentlicher Dienst

Personenregister